外国法学精品译丛

主编 李昊

德国公司与合伙法

（第24版）

［德］克里斯蒂娜·温德比西勒（Christine Windbichler） 著

殷盛 王杨 译

Gesellschaftsrecht
(24. Auflage)

中国人民大学出版社
·北京·

主编简介 ◀

　　李昊，北京大学法学学士、民商法学硕士，清华大学民商法学博士，中国社会科学院法学所博士后。现任中南财经政法大学法学院教授、博士生导师。曾任北京航空航天大学人文社会科学高等研究院副院长、北京航空航天大学法学院教授（院聘）、博士生导师。德国慕尼黑大学、明斯特大学、奥地利科学院欧洲损害赔偿法研究所访问学者。兼任德国奥格斯堡大学法学院客座教授、中国网络与信息法学研究会理事、北京市法学会理事、北京市物权法学研究会常务理事兼副秘书长、北京中周法律应用研究院理事兼秘书长、北京法律谈判研究会常务理事、北京市金融服务法学会理事、北京市海淀区法学会理事，《燕大法学教室》和《北航法律评论》主编、《月旦法学杂志》副主编、《中德私法研究》和《法治研究》编委。著有《纯经济上损失赔偿制度研究》《交易安全义务论——德国侵权行为结构变迁的一种解读》《危险责任的动态体系论》《不动产登记程序的制度建构》（合著）、《中国民法典侵权行为编规则》（合著）等多部书稿。在《法学研究》《清华法学》《法学》《比较法研究》《环球法律评论》等期刊和集刊发表论文五十余篇。主持"侵权法与保险法译丛""侵权法人文译丛""外国法学精品译丛""法律人进阶译丛""欧洲法与比较法前沿译丛"等多部法学译丛。

代译序 ◄

什么是理想的法学教科书

李 昊

2009年上半年，我曾受《法治周末》之约，撰写过一篇小文《德国法学教科书漫谈》，择拾如下。

每一个初入德国法学之门者，必读之书定为德国教授所著教科书。笔者读硕士之时，梅迪库斯教授所著《德国民法总论》方由邵建东教授译成中文引入国内，一时洛阳纸贵。然当时习德文的法学者颇少，德文法学教科书更为罕见。及笔者2004年负笈德国，方得于慕尼黑大学图书馆大快朵颐，每日图书馆阅读疲倦之暇，便至图书馆楼下的小书店，翻阅新近出版的德国法学著作，耳濡目染，逐渐得窥德国法学教科书之堂奥。

德国的法学教科书通常可分为两类，即小型教科书（Kurzlehrbuch）与大型教科书（Großlehrbuch）。

Brox（布洛克斯）教授所著《民法总论》《债法总论/各论》，梅迪库斯教授所著《民法》《债法总论/各论》即属前者。该类教科书以篇幅简短、内容扼要著称（当然，我们看到梅迪库斯教授所著的《债法总论/各论》译成中文时已成大部头著作），多集中于对德国民法基本概念和制度的介绍和阐述。小型教科书最大的优势就是时效强、更新快。由于近年来德国民法修订频繁，民法教科书往往未过一两年即出新版，以2002年德国债法以及损害赔偿法修订前后为甚。另外，小型教科书价格也非常便宜，新书多为20欧元左右（不要换算成人民币，否则仍显昂贵）。而且这些教科书多是一两年便修订一次，每年在图书馆淘汰旧书时购买，往往仅需0.5至1欧元，这也让囊中羞涩的中国留学生得以保有一些原版的德文法学教科书。

后者中经典的如德国贝克出版社所出的绿皮书系列，包括拉伦茨教授所著的《德国民法通论》《债法总论/各论》，鲍尔/施蒂尔纳教授所著的《物权法》，以及德国Springer出版社出版的"法学与政治学百科全书"中属于法学部分的著作，如弗卢梅教授（已于2009年1月28日仙逝）所著的民法总论三部曲、拉伦茨教授所著的《法学方法论》等等。大型教科书多奠基于作者自己的理论体系，借以对相关领域阐幽发微，因而部头颇为庞大。以译成中文的鲍尔/施蒂尔纳教授所著的《物权法》为例，竟然煌煌两大巨册。这种以理论体系建构为特色的教科书不讲求时效性，这也导致它的修订过程比较漫长。以拉伦茨教授的《债法总论》为例，至今使用的仍是1987年出版的第14版。

如果仔细翻阅德国法学教科书，无论是大型的还是小型的，均具有如下特点。

1. 由名家撰写

德国法学教科书多由各大学成名的法学教授撰写，偶尔可以见到由律师撰写的教科书。这与德国的法学教育体制有关，在各大学法学院，大课通常只能由教授讲授，因而，与之配套的教科书也多由教授基于其讲义撰写而成。而且德国大多数法学教科书都是教授独著而成的，不像国内的教科书多采主编制。

如果在翻阅德国民法教科书后，我们还会发现，德国教授撰写的民法教科书中以民法总论最为常见，似乎没有写过民法总论就不能称其写过民法教科书，可见德国法学抽象思维已经深入德国法学家的骨子里了。

2. 通常附有缩略语表和参考文献

如果翻阅德国法学教科书会发现大多数教科书在目录后都会有一个缩略语表，各教科书所附缩略语表内容则略有不同，其中部分为各种法学期刊或者经典教科书的缩略语，如德国常见的法学杂志 NJW、JuS、JZ 等，部分为德国法学专有名词的缩略语，如无因管理即可略为 GoA。这可谓德国法学教科书的一个特色。同时，多数教科书在每章或重要的节次前会提供一个主要参考文献的目录，这可以引导学生在从事研究时有针对性地去查找阅读资料。对于中国留学生而言，查找资料最方便的途径莫过于此。

3. 多援引判例并常常通过小的案例来阐释具体的问题

德国法学教科书最大的特点就是与实务结合紧密。各种教科书中必然会援引重要的法院判例，并加以归类。而小型教科书在阐述具体问题时，也会结合判例设计小的案型帮助初学者来理解复杂的法律制度。这是由于德国法科学生最终的目标是通过国家考试，而国家考试的主要内容即是案例分析，在日常的教科书中结合判例加以阐述，有助于学生掌握判例的基本观点，并加以运用。与此相配套，德国还出版有大量的案例练习书和判例汇编书，而评注书也多是对法院判例的分析整理，目的都在于帮助学生掌握案例分析的基本工具。

4. 师承修订

德国的法学教科书虽然种类繁多，但生命力最长的是那些被奉为经典的教科书。在最初的作者去世后，这些经典教科书便多由其后人或学生修订。如鲍尔（Fritz Baur）教授所著的《物权法》其后便由教授之子 Jürgen Fritz 和学生 Rolf Stürner 教授（弗里茨·鲍尔和罗尔夫·施蒂尔纳教授）续订，韦斯特曼（Harry Westermann）教授所著的《德国民法的基本概念》和《物权法》也由其子 Harm Peter Westermann 教授续订。当然，也存在一些经典教科书并非由原作者的后人或学生修订的情况，如拉伦茨教授的《德国民法通论》后来便由与其并无师承关系的 Manfred Wolf 教授（曼弗雷德·沃尔夫教授，其《物权法》已由吴越和李大雪教授译成中文）续订。续订后，教科书的书名页便会写明本教科书由谁奠基，由谁修订，作者一栏也随着时间越变越长。

反观国内的法学教科书，是否也有很多可以向德国学习之处呢？

历时十年，该文反映的德国法学教科书的外在特征仍不过时，缺憾的是，没有进一步揭示出德国法学教科书与其法教义学及法典化的关系。就民法而言，可以说，作为 19 世纪民法法典化典范的《德国民法典》的五编制体系即奠基于该世纪萨维尼、普赫塔和温德沙伊德等法学大家基于对古罗马《学说汇纂》进行研究而形成的潘德克顿教科书及由此演化出的近代民法的概念体系之上。法典化之后的法学教科书则要进一步关注法典的解释和适用，促进法教义学的形成和发展。在此，小型/基础教科书和大型教科书/体系书发挥着不同的作用。德国小型/基础法学教科书最重要的作用就是以通说为基础，借助最精炼准确的语言来表达最为复杂的概念，并借助案例的导入和判例的引入，让抽象概念具象化，奠定学生的基础法学知识体系。而大型教科书/体系书则是在小型/基础教科书的体系之上凝聚作者的学术睿见和思想体系，通过对关键问题的深入分析促进法教义学的发展，进而开拓学生的思维和视野，使其形成更广博的知识结构。

早在 2001 年，谢怀栻先生就在其讲座《民法学习当中的方法问题》中提到了在专与博的基础上来学习民法。[①] 2019 年 8 月 15 日，在谢怀栻先生诞辰 100 周年纪念日之际，该讲座稿又以《谢怀栻先生谈民法的学习与研究》为题在微信朋友圈广泛传播，今日读来仍振聋发聩。

我看到有一些民法书，总觉得他们介绍民事权利，不是整体地从体系上介绍，而是零零碎碎地遇到一点介绍一点。我觉得这样不好。我认为学习民法要首先了解民法的全貌，然后对于民法的基础知识要有一个大概的认识：民法讲权利，什么是权利；民法讲义务，什么是义务；民法讲法律关系，什么是法律关系。当然这些东西你要彻底地搞清楚，不是一开始就行的。但是大体上是可以知道的。比如说我们民法学界直到最近还存在这种情况：讨论这样的问题，讨论民法讲的权利关系。特别是最近制定物权法，所以引起争论：物权法讲的是人与人的关系，还是人与物的关系？**这样的问题在西方国家一百年以前就透透彻彻地解决了，现在我们中国还有人又提出来。**现在还有很有名的法学家提出这个问题：物权究竟是人与人的关系还是人与物的关系？法律关系都是人与人的关系，怎么会有人与物的关系呢？所以这就说明开始学民法就应该把基础概念给学生讲清楚。法律就是解决人的关系，哪里有解决人与物的关系的呢？至于说法律牵涉到物，这是必然的，它是涉及到物，但是它主要的目的不是解决人与物的关系。……所以我就觉得很奇怪的是，有人现在还提物权是人与物的关系。这就是最初学民法时没有把民法学清楚。

那么最初应该怎么样弄清楚这些基本的知识呢？从学生学习方面来说，开始学的时候绝对不能把学习面搞得太广了，**应该抓住一两本书认真地读**（介绍书是导师的责任了）。先不要看外面有这么多民法书，本本都买来看，这样用不着。有的书里面甚至有错误的东西，你学了错误的东西将来就很麻烦了。开始抓住比较好的书，好好地研究透，脑子里有了民法的全貌、基本理论、基本知识，然后再去看别的书都可以。

这就是说看书应该越多越好还是少而精好？学的范围应该多好还是少好？这就是一个博与专的关系，我们做学问都会遇到这样的问题。我很赞成胡适讲的一句话："为学要如金字塔。"**做学问要像建金字塔一样，基础要广，而且要高。**高和广是一对辩证关系，基础越广才能越高，基础小而要建一个高建筑那是不可能的。但是高与广又不是我们一下子就能决定的，我们为了广，什么书都拿来读，那也是不可能的。我一定要把所有的书都读完，再来建高，那也不可能。**高与广是相互循环的，先高一下，就感觉我的基础不行了，就扩大基础，然后再高一下，如此循环。**所以，读书不要一开始就把所有的书都拿来读，先还是少一点、精一点，等到基础需要的时候，再扩大一下基础。

从谢老的文字中也可以看出，一本经典的法学教科书对于法科学生的基础概念的正确养成具有多么重要的地位，而且谢老提出的质疑也让人反思，作为法律继受国，法学教科书究竟应该怎么写。

德国作为近现代民法理论的滥觞国，其法教义学的理论架构已臻完善，理论和实践互动产生的通说已然形成，民法教科书的撰写和修订则可按部就班进行。反观中国近现代，作为民法继受国，清末民律继受自日本，民国民法则主要继受自德国，并参酌瑞士民法、日本民法、法

---

① 谢怀栻：《民法学习当中的方法问题》，载王利明主编：《民商法前沿论坛》（第 1 辑），北京，人民法院出版社 2004 年版，第 39－41 页。

国民法和苏联民法等。民法理论的继受则与民法典的继受相辅相成。教科书也有着内容和形式上的渐进转型过程，从早先的单纯照搬外国理论，进行简要的法条释义，到逐步有意识地由日入德，建构自己的体系。作为这一时期转型的代表性民法教科书可举例有三：一则为梅仲协先生之《民法要义》。作为概要性的民法教科书，梅先生有意识地追溯到民国民法的源头——德瑞民法进行理论阐述，不局限于民国民法体例，而以体系性为标称。该书亦借鉴德国法学教科书的体例，采用段码体系并提供了法条索引。梅先生还借助执掌台大法律系之便严限学生修习德文，实现了民法理论由日转德。① 二则为民国民法五立委之一的史尚宽先生所著之六卷本的民法全书。其特点为取材广泛，涉猎德日法英诸国法律，注重探本溯源，并结合参与立法之便，阐幽发微，该全书可谓有民法体系书之实。三则为王泽鉴先生所著之八册民法教科书，堪称华文世界民法教科书之典范。该系列教材奠基于先生一贯所倡的民法学说与判例的互动研究以及比较民法的研究，教材内容以德国法为根基，并广泛征引日本法和英美法，同时注重示例的导入和判例的引入，致力于台湾地区民法通说的形成，颇具德国基础法学教科书之神，而又不像德国教科书那样囿于一国。三位先生均具有留学欧陆背景，梅仲协先生留学法国，史尚宽先生遍历日德法，王泽鉴先生则留学德国，三者均精通德日英三国语言，其所撰教科书之厚重和旁征博引自有由来。

　　中华人民共和国成立后，我国曾经历了数十年的法律空窗期。自 1986 年《民法通则》颁布以来，我国民商事法律体系重现生机，日趋完善，2020 年民法典正式颁行。伴随着法律的发展，我国的民商事审判实践也日渐丰富，网络与大数据技术也进一步推动着民事司法和案例研究的转型。虽然此间我们的民商法教科书在借鉴我国台湾地区，以及日本、德国甚或英美私法理论的基础上层出不穷，也不乏偶见的精品，但与德国、日本乃至我国台湾地区的民商法教科书相比，我们所缺乏的仍是能够为广大法科生奠定准确的概念体系，并与审判实践互动，致力于形成通说的法学教科书。既有的民商法教科书或者局限于对法条的罗列和简要阐述，或者作者基于不同的学术背景和留学经历而阐发自己独特的学术观点，在基础概念的分析和外国法例的介绍上也存在诸多错讹，抑或人云亦云，对审判案例的关注也远未达到理想状态，学生并不能有效地借助阅读教科书形成准确的概念体系，并将之加以妥当运用，这也直接造成各地司法实践的差异化。究其成因，除我国现行立法粗疏，缺乏体系考量，并且立法理由无法有效呈现外，现有民法理论和清末民国时期的民法传统出现割裂，学术界对国外尤其是继受母国的基础民法理论不够熟稔及与现今民法学说发展无法有效接续也是重要原因，诸如法律行为的普适性和适法性之争、债与责任的关系之争以及物权行为与债权形式主义之争等等皆因此而来，而民法理论、民事立法和民事司法实践之间的疏离感及相互角力，也造成了我国现有法学教科书无法有效承载法教义学的重任。

　　正是基于自己对德国和中国民法教科书的阅读体验，我希冀能够回到中国民法理论的源头去探寻民法概念体系的原貌，梳其枝蔓、现其筋骨，促进中国民商法教科书的转型。2009 年，甫入教职的我就在人大社启动了"外国民商法教科书译丛"的翻译计划，第一批曾设想择取德国、日本、法国和意大利诸国的经典民法教材，邀请国外留学的民法才俊译介引入。当时留学海外的民法人才尚不如今日之繁盛，最后仅推出德国民法教科书 4 本和日本民法教科书 1 本。自 2012 年始，陆续出版了布洛克斯和瓦尔克的《德国民法总论》（第 33 版）、韦斯特曼的《德国民法基本概念》（第 16 版）（增订版）、吉村良一的《日本侵权行为法》（第 4 版）、罗歇尔德斯的《德国债法总论》（第 7 版）以及多伊奇和阿伦斯的《德国侵权法》（第 5 版）。参与的

---

　　① 参见谢怀栻先生为梅先生的《民法要义》所撰序言。

译者中除 2018 年年初不幸罹难的大军外，其他诸位今日已成为各自领域的翘楚。第一批中还有两本经典作品迟至今日尚未最终完成出版（比得林斯基的《私法的体系与原则》以及日本《民法的争点》）。

第一批译著的推出恰逢其时。鉴于德国债法在 2002 年进行了大幅修订，国内尚无最新的德国民法教科书译作跟进，本译丛中的多部译著受到广泛欢迎，尤其是《德国民法总论》多次加印，部分译作甚至因为断货而在旧书市场上被炒作到数百元不等。译丛的装帧设计也从最初的大 32 开变为 16 开本。

市场对译丛的积极反响也催生了本译丛第二批书目的诞生。第二批遴选的书目中除第一批未及纳入的传统合同法、亲属法和继承法教材外，侧重选择了国内尚不熟悉的德国商法教材。译丛的译者也更新为 20 世纪 80 年代中后期甚至 90 年代出生的新一批中国留德法科生。该批译著最早问世的为 2016 年出版的慕斯拉克与豪的《德国民法概论》（第 14 版），2019 年又推出了莱特的《德国著作权法》（第 2 版）。而第一批书目也将根据最新版次修订后陆续推出，2019 年即更新了布洛克斯和瓦尔克的《德国民法总论》（第 41 版）。借 2019 年改版之机，本译丛采用了更为精致的封面设计和更为精良的纸品。现负笈德国波恩大学的焕然君在网络媒体——微信公众号上对本译丛也进行了图文并茂的推送[1]，使其为更多的学子所知悉。

由于本译丛所选书目以德国基础民商法教科书为主，读者阅读时自当手边备有《德国民法典》[2] 和《德国商法典》等法律的条文参照阅读，对于中国法无规定或有不同规定者，自当斟酌差异及其理由，对于相似规定，则可比较有无细微差异，甚或是否为形似而实非，更重要的是要体悟民商法的重要基础概念之内涵及其体系以及司法之运用，以便形成个人体悟之架构。而欲深入学习者，尚可借助译著所附之参考文献，按图索骥，进行深入的专题阅读。对德国民法脉络的掌握也有助于对其历史渊源罗马法的学习，并可以以其为参照促进对属于德国法系的奥地利、瑞士、希腊乃至受到德国民法或多或少影响的日本、韩国、意大利、法国和俄罗斯诸法域民法的理解。

这套译丛是我所主持的数部外国法译丛的"头生子"，虽然自策划起算来已逾十年，拖延久许，但作为我初入法学出版领域的敲门砖，有着别样的意义！译丛得以推出要真诚地感谢人大社法律分社的杜宇峰女士，无论是选题的报送还是版权的联系，她都不辞辛劳！感谢施洋等诸位编辑的辛勤耕作，为译丛的及时出版和质量完善提供了有效的保障！感谢诸位年轻译者一直以来的支持，能够忍受我的催稿督促！

借助两批书目的译介，本译丛将基本完成德国民商法基础教科书的体系化引入。我期待能够通过对国外尤其是德国和日本最新的经典基础民商法教科书的引介，回到我国民法体系的理论源头去探寻准确的民法概念体系，为学生学习民商法和学者进一步深入研究提供更为准确的参照，同时为我们形成自己的民商法教科书体系迈出第一步。如有所成，当幸甚焉！

---

① 即"杰然不瞳"于 2017 年 5 月 30 日发布的《德国民法教科书中译本：书目概览》。

② 北大出版社的台译本采中德对照方式，有德语基础者可参照双语阅读。

译者序 ◀

本书已是第 24 版。如从其第 1 版的出版时间 1948 年算起，已纵跨近 70 年之久。经过三代人不间断的努力和传承，本书不仅全面而系统地介绍了德国合伙/公司法律制度及其与其他法律制度的功能划分和相互作用，充分而生动地展现了德国合伙/公司法的法律变革、观念演进以及立法技术演进的发展历程，而且深刻而精准地把握了德国合伙/公司法的内在逻辑、思想精髓以及价值取舍。

为便于读者阅读和理解本书，译者就以下问题进行说明。

第一，关于"Gesellschaft"和"Gesellschaftsrecht"等概念的翻译。相对于我国的"公司"概念一般是指有限责任公司和股份有限公司，"合伙"概念多对应于普通合伙企业和有限合伙企业，但对于德国合伙和公司，则不但其词根均是"Gesellschaft"，而且在其之下已形成了适用于所有合伙和公司类型形式的"总论部分"的学说解释以及法院判决和立法者对此的不断回应，比如本书就将该共同词根或者其共性本质描述为"为实现一定的共同目的而由法律行为设立的私法上的人的联合体"，故虽过去人们常将其不加区分地都翻译为公司，如股份有限公司（Aktiengesellschaft，AG）、有限责任公司（Gesellschaft mit beschraenckter Haftung，GmbH）、无限公司（Offene Handelsgesellschaft，OHG，相似于我们的普通合伙企业）、两合公司（Kommanditgesellschaft，KG，相似于我们的有限合伙企业）等，但为了便于读者更好地理解并与我国企业法律形式相对应，本次翻译将德国的 OHG 翻译为普通商事合伙，将 KG 翻译为有限商事合伙，同时鉴于我国的合伙和公司之间差异较大且在其之上没有一个与之相对应的上位概念，故在译文中将同时将指代公司和合伙的 Gesellschaft 翻译为合伙/公司，同时将指代合伙人和股东的 Gesellschafter 翻译成合伙人/股东，而在能够确定是明确指向合伙或者公司，或者能够确定是明确指向合伙人或股东的地方，将其作对应的翻译。

第二，关于德国合伙/公司的类型形式。针对为一个共同目的而通过法律行为设立私法上的人的联合体，德国立法者在其民法典中的两种基本类型（社团、合伙）的基础上，通过一系列的特别法，创设了众多的合伙/公司类型形式，如普通商事合伙、有限商事合伙、隐名合伙、自由职业者合伙、欧洲经济利益联盟、股份有限公司、股份制有限商事合伙、欧洲（股份有限）公司、有限责任公司、登记合作社、欧洲合作社、保险互助联合会等。此外，德国还在某类常规合伙/公司类型形式下，创设其亚种形式，如所谓的小股份有限公司、一人股份有限公司、一人有限责任公司，以及在有限责任公司之下增设更容易设立的企业主公司（有限责任）。与此同时，德国法院还通过法律继创，借助理论界的论证说理支持，通过以判决承认实务界中的新型惯常做法的方式，创设新的合伙/公司类型形式。比如，法院判决除承认民法上的合伙在一定情况下具有民事权利能力外，还承认所谓的公众性合伙，即让一个有限责任公司、股份有限公司等成为有限商事合伙中的唯一无限合伙人，而让大量的公众成为其有限合伙人，以作为筹集大量资金的手段和组织安排而应用于资本市场。如果再加上德国国内基于欧盟范围内的资本流动自由等而可采用其他欧盟成员国的合伙/公司法律形式，比如特别是英国退出欧盟前的英国无限公司，德国民众可选择的合伙/公司法律形式的范围可以说是相当广泛。在通过合伙/公司登记公示等制度解决交易安全以及民众能够分别其优缺点的情况下，德国大量提供这样的法律公共产品，是有助于组织生产和节约成本的。

第三，关于德国合伙/公司类型形式的分类。根据不同的角度，德国对其合伙/公司类型形式常作如下分类：（1）按照合伙/公司的主体资格能力，分为没有权利能力的联合体（如单纯的合伙）、有权利能力的联合体（如普通商事合伙和有限商事合伙等）和具有法律人格的联合体（如有限责任公司和股份有限公司等）；（2）按照合伙/公司的基础关系性质，分为以合伙为基础的商事合伙（如普通商事合伙和有限商事合伙等）和以社团为基础的团体法人（如有限责任公司和股份有限公司等）；（3）按照合伙人/公司股东是否对外出现，分为内部合伙（如隐名合伙）和外部合伙/公司（如普通商事合伙和有限责任公司等）；（4）按照人合性和资合性的标准，分为合伙（如普通商事合伙和有限商事合伙等）和公司（如有限责任公司和股份有限公司等）；（5）按照是否是商人的标准，分为商事合伙/公司（如普通商事合伙、有限商事合伙和有限责任公司、股份有限公司等）和非商事合伙（如隐名合伙）。普通商事合伙、有限商事合伙和有限责任公司、股份有限公司等为要式商人，即不管其是否进行商事营业，均是商人，受商法典调整。

第四，关于德国合伙/公司类型形式的体系化。鉴于德国合伙/公司类型形式众多，在理论上和立法技术上将其体系化是很重要的，一来便于社会认知接受及学生学习理解；二来便于认识本质，厘清其间各利益相关者的权利义务；三来便于比较各合伙/公司法律形式的优缺点以及其相互之间的转化变更。本书第一部分，特别是第三章关于"合伙/公司财产的地位"，以及其后章节中关于各合伙/公司类型形式下的业务执行、对外代表、多数表决、决议瑕疵和合伙人/股东诉讼、合伙人/股东责任及债权人保护等的阐述说明，均彰显了德国合伙/公司法学者和立法者的高度抽象思维能力、高超立法技术及其驾驭能力。德国也基于上述合伙/公司类型形式在本质上具有的共性，而准许采用以上合伙/公司类型形式的法律主体在不丧失其主体同一性的情况下直接改变其"法律外衣"，即比如不像我国那样，解散、注销采用普通合伙企业形式的A法律主体之后，再去新设一个采用有限责任公司形式的B法律主体，而是直接通过法律形式变更，改成采用有限责任公司形式的A法律主体，以此减少交易环节和节约交易成本。

第五，关于德国公司员工共同参与决定。依据公司员工数量的不同，德国法律规定公司监事会人数的一半或者三分之一由员工代表任职。考虑到德国公司董事会的董事是由监事会选任的，以及德国企业工厂层面也有员工共同参与决定的相关法律规定，德国公司治理在制度设计上为公司顾及员工利益提供了组织保障。有意思的还比如，其还规定监事会应有男女性别比例的指标要求。

第六，关于德国合伙/公司的小合伙人/小股东保护。相较于我国合伙企业法和公司法，德国合伙/公司法在该领域有不少有特色的制度安排，比如：（1）普通商事合伙等情况下，合伙人每年可按其出资额的4%提取款项，而无论其合伙是否盈利；（2）有限责任公司等情况下，股东可以以股东会上的信息提供存在瑕疵起诉，主张决议撤销，只要其对表决的作出具有重要性即可，而无须证明其与决议通过与否存在因果关系；（3）在合伙/公司结构变更（如收购、合伙/公司转移全部财产、企业合同、合伙/公司并入和退市等）以及合伙/公司改组（分立、合并）等严重影响小合伙人/小股东利益的情况下，小合伙人/小股东可要求退出合伙/公司，并申请法院在一个所谓的裁决程序中对合伙/公司提供的补偿的合理性进行司法审查，而该裁决程序的开启又不影响合伙/公司相关措施的登记实施；（4）德国股份有限公司法、有限责任公司法等也是以单一一个公司作为其规范调整常态的，而现实中大量采用公司集团化方式来经营管理公司，比如公司企业集团常采用的资金池或企业控制和利润转移合同等，为保护旗下的小股东和债权人，德国有相应的康采恩法律或关联企业法律。与此同时，德国公司法也有不少有利于大股东的立法安排，比如占股95％的大股东可以在提供合理补偿的情况下，逐出小股东（Squeeze-out），以节约公司相关的运营成本。

第七，关于德国合伙/公司债权人保护的问题。相较于我国合伙企业法和公司法，德国合伙/公司法在该领域也有不少有特色的制度安排，比如：（1）为确保有限责任公司等之下的股东真实足额缴纳注册资本以及保障公司注册资本制度对公司财产的约束作用，德国公司法严格贯彻资本缴付和维持原则，如针对名为现金出资而实为实物出资的规避行为，德国有限责任公司法规定其股东的出资义务继续存在；（2）在公司资不抵债、不能清偿到期债务等情况下，有限责任公司等业务执行人和股东有申请公司破产的义务，而违背该等义务的，除面临对公司债权人承担赔偿责任之外，还可能被刑事定罪；（3）针对现实中通过所谓的"公司埋藏行为"来逃避债权人追究责任的情况，比如通过公司搬家或法定代表人辞职等方式让债权人找不到或送达不到公司等，德国立法要求公司登记时必须登记送达地址和接收人；（4）针对股东滥用无限责任公司等而侵害债权人利益的情况，德国公司法没有采用否定公司法律人格的理论学说，而是创设了行为归入、责任穿透、"生存毁灭责任"等理论论证，因为该等情况下公司要继续对其债权人承担责任，不存在公司法律人格被否定的问题；（5）针对公司股东本该给公司配备注册资本却选择提供股东借款等投资方式的情况，德国公司法放弃了原来采用的将该类股东借款解释为股东出资注册资本的做法，而选择在公司破产情况下将其作为劣后债权处理的方式；6.德国康采恩法律或关联企业法律也有助于公司债权人保护。

第八，关于德国合伙/公司法的历史传承。如果从德国于中世纪就出现了其团体法人的基本形式算起，德国合伙/公司法已有几百年的历史。其间，尽管经过了建国、一战、二战，以及特别是纳粹的上台、下台，等等，类似重大的社会变动，但德国合伙/公司法的基本制度构建大体得到了保留和传承。大量的社会实践经验和法院处理各种纠纷诉讼等历史积累，为德国合伙/公司法理论发展提供了不可或缺的素材基础，而相对稳定的合伙/公司法律制度也为社会提供了宝贵的法律预期性、安全性和可靠性。

第九，关于欧盟一体化、国际资本市场全球化以及各国合伙/公司法律竞争等对德国合伙/公司法的影响。基于此，德国合伙/公司法最近几十年面临着巨大的内外部冲击，比如上市公司和非上市公司的区别对待、英国—英镑公司的大量注册，以及上市公司的内部治理改革、国际会计规则渗透以及所谓的"软法"机制的设计构建等，甚至还有欧盟层面自己创设的欧洲股份有限公司，等等。总体上讲，尽管经历了这些重大变革，德国合伙/公司法的内在优良品质仍得到了良好的维持。

第十，关于德国合伙/公司法的规范强度和密度。各国合伙/公司法都涉及合伙人/股东、管理者、员工、债权人等众多内外利益相关者，从本书的厚度和内容可以看出，德国法律对该领域的规范强度和密度是相当令人关注的。这一方面是因为德国现代社会组织化程度不断提高，另一方面也取决于其民众的接受能力、接受意愿以及相关制度的配合支持，比如德国法院等快速解决纠纷的能力和德国民众较高的受教育程度。

第十一，关于立法界、理论界、实务界、法律教学等之间的互促互进。翻译这本简明教材，感触较深的还有上述群体之间的互促互进。其体现，比如该书每页的脚注中几乎都有对相关法院判决的注释，也有不少关于立法背景的介绍和现实实践操作等阐述。还比如，德国实务界的常规典型做法，甚至是合伙/公司类型形式的变种做法，也及时被德国立法者和法院判决认可、接纳（比如公众性合伙，有民事能力的合伙等）。德国法学学生的国家考试，也是模仿诉讼中的原告，进行各种请求权的审查推演。其逻辑推演路径与法官判案的思考路径刚好是反过来的。很明显，这种互促互进是德国合伙/公司法得以长久繁荣的基础条件之一。

　　翻译这本德国合伙/公司法，历经两年有余，常受琐事打搅，幸得多方支持，方能最终杀青告捷。在此，谨对中南财经政法大学李昊教授、慕尼黑大学王轶博士等表示由衷感谢，特别感谢他们关于将 OHG、KG 等翻译成普通商事合伙、有限商事合伙等的建议。另，也诚挚欢迎大家对本译著提出宝贵意见和建议，发至邮箱：956278635@qq.com。

殷盛、王杨

2022 年 10 月 8 日

第 24 版前言 ◀

这一富有传统性的作品是由阿尔弗雷德·怀克于 1948 年创立的，并由格茨·怀克推进至第 19 版。考虑到国家法律理论观点的更新和深入变化，自第 22 版以来就不再使用怀克这一让人敬仰的名字。本版仍忠实于其基本写作方案，即"单独处理各合伙/公司类型，但……又无须放弃对共同和差异进行比较性的指出……"（格茨·怀克于第 19 版前言）。

就像到目前为止的那样，在没有回避问题的复杂性的前提下，该书希望对材料提供一个简单明了的路径。合伙/公司法进一步将欧洲法律的发展和经济上的关联性联系进来。通过简要指出外国法律和文献，以便在法律比较中从功能作用的角度去理解合伙/公司法。相似情况也适用于有关法律咨询的建议。

在合伙法中，民事合伙仍是基本形式。不管先前的基本争论，民事合伙的权利能力领域仍有许多没有解决的问题。现在，自由职业者合伙提供了有限的职业责任的选择。也鉴于资本投资法典中关于投资性有限商事合伙的特殊规定，将合伙作为公众性合伙来使用的情形仍然是有意义的。

在公司法中，有限责任公司在现实中以及考试法规规定的义务性学科中都占有显著的位置。其间，由于有限责任公司法律现代化及滥用斗争法对有限责任公司法进行了改革，相关阐述也就缩减了。除了 2016 年的股份法修正，立法者还将关于共同参与和上市公司的性别指标要求加入股份法中。会计制作和审计（虽然不是本书的直接主题），对公司法有重大的影响，尤其涉及资本缴付和资本维持规则，以及以资本市场为导向的企业的公司治理。因此，需要注意（新修订的）相关欧盟法。尤其是限定在金融服务提供者的行业性特殊法律规定，提出了许多公司法的理论问题，但在本书范围内不能对其进行研究。在成文法之外作为行为准则被提及的尤其是德国公司治理准则。煤炭钢铁企业员工的共同参与仅具有象征性价值，限于篇幅原因也不再具体介绍。此外，仍然对企业员工共同参与决定的最重要的规则和当前争议的问题进行一个定位于公司法的概括介绍。从最重要的特征出发，对欧洲股份有限公司的实施加以深化。关于监事会中性别指标的规定，这里首先感兴趣的是其规范技术基础。与超越各企业法律形式的法律状况相对应，对于改组法，将介绍其基本特征。

材料选择主要是按照考试法规中的常用义务性学科目录进行分配。但除此之外，本书还涉及合伙/公司法中典型处理模式和问题情况。因此，它为独立的深入研究，也为重点学科学习提供指导。将合伙/公司法上的提问融入法学教育案例分析中，则限于一些特别重要的提示。对于练习目的，还有一些其他的著作。与学习用书的目标设定相对应，以及出于可以一目了然的篇幅规模需要，本书只对文献和法院判决进行选择性介绍。对于来自互联网的材料，则限于机构和官方公告。

　　在之前的版本中，术语目录在其增补后已失去了控制，因此进行彻底修订。我要感谢海克·法赫（Heike Fach）女士、约翰·迪特曼（Johann Dittmann）先生和菲利普·保辛格（Philipp Pauschinger）先生在校样修改时提供的支持。

　　对这一呈现在你面前的书，提出指导和建议，总是受欢迎的。地址是 windbichler@rewi. hu-berlin. de。

克里斯蒂娜·温德比西勒

2017 年 7 月于柏林

缩略语表 ◄

德语缩写	德语全称	中文释义
a. A.	anderer Ansicht	其他观点
a. a. O	am angegebenen Ort	出处同上
a. E.	am Ende	后面部分
a. F.	alte Fassung	旧的表述
ABl. EG	Amtsblatt der Europäischen Gemeinschaften	欧共体公报
Abl. EU	Amtsblatt der Europäischen Union	欧盟公报
Abs.	Absatz	款
abw.	abweichend	偏离性的
AcP	Archiv für die civilistische Praxis	民事实务档案
AEUV	Vertrag über die Arbeitsweise der Europäischen Union	欧盟运作模式条例
AG	Aktiengesellschaft, Die Aktiengesellschaft (Zeitschrift)	股份有限公司，股份有限公司（杂志）
AIF	Alternative Investmentfonds	另类投资基金
AktG	Aktiengesetz	股份法
allg. M.	Allgemeine Meinung	一般观点
AnfG	Anfechtungsgesetz	撤销法
AO	Abgabenordnung	税收通则
ARGE	Arbeitsgemeinschaft	劳动共同体
ARUG	Gesetz zur Umsetzung der Aktionärsrechterichtlinie	股东权利指令转化法
AWG	Außenwirtschaftsgesetz	对外经济法
BAFin	Bundesanstalt für Finanzdienstleistungsaufsicht	联邦金融监管局
BaG	Bundesarbeitsgericht	联邦劳动法院
BayObLG	Bayerisches Oberstes Landesgericht	巴伐利亚州最高法院
BayObLGZ	Entscheidungen des Bayerischen Obersten Land-esgerichts in Zivilsachen	巴伐利亚州最高法院民事判决
BB	Betriebs-Berater (Zeitschrift)	企业顾问（杂志）

BC	Bilanzbuchhalter und Controller (Zeitschrift)	会计师和审计师（杂志）
bestr.	bestritten	有争议的
betr.	betreffend	涉及的
BetrVG	Betriebsverfassungsgesetz	企业组织法
BetrVG1952	Betriebsverfassungsgesetz vom 11. 10. 1952	1952 年的企业组织法
BFH	Bundesfinanzhof	联邦财税法院
BFuP	Betriebswirtschaftliche Forschung und Praxis (Zeitschrift)	企业经济研究和实践（杂志）
BGBl.	Bundesgesetzblatt	联邦法律公报
BGH	Bundesgerichtshof	联邦普通法院
BGHZ	Entscheidungen des Bundesgerichtshofs in Zivilsachen	联邦普通法院民事判决
BilMoG	Bilanzrechtsmodernisierungsgesetz	会计法现代化法
BiRiLiG	Bilanzrichtlinien-Gesetz vom 19. 12. 1985	资产负债表指令法
BörsG	Börsengesetz	股市法
BR-Drs.	Drucksachen des Deutschen Bundesrates	德国联邦参议院公报
BT-Drs.	Drucksachen des Deutschen Bundestages	德国联邦众议院公报
BVerfG	Bundesverfassungsgericht	联邦宪法法院
BVerfGE	Entscheidungen des Bundesverfassungsgerichts	联邦宪法法院判决
DAI	Deutsches Aktieninstitut e. V.	德国股市研究会（登记社团）
DB	Der Betrieb (Zeitschrift)	企业（杂志）
DCGK	Deutscher Corporate Governance Kodex	德国公司治理准则
ders.，dies.	derselbe, dieselbe	这个
DJT	Deutscher Juristentag	德国法学家大会
DÖV	Die öffentliche Verwaltung (Zeitschrift)	公共管理（杂志）
DrittelbG	Drittelbeteiligungsgesetz	三分之一参与法
DRSC	Deutsches Rechnungslegungs Standards Committee e.V.	德国会计标准委员会（登记社团）
DStR	Deutsches Steuerrecht (Zeitschrift)	德国税法（杂志）
EBOR	European Business Organization Law Review (Zeitschrift)	欧洲商事组织法展望（杂志）
ECFR	European Company and Financial Law Review (Zeitschrift)	欧洲公司与金融法律评论（杂志）
EG	Einführungsgesetz, Europäische Gemeinschaften	实施法，欧共体
eG	eingetragene Genossenschaft	登记合作社
EHUG	Elektronisches Handels-und Unternehmensregistergesetz	电子商务和企业注册法
ERCL	European Reviewof Contract Law (Zeitschrift)	欧洲合同法评论（杂志）
EStG	Einkommensteuergesetz	所得税法

EU	Europäische Union	欧盟
EuGH	Europäischer Gerichtshof	欧盟法院
EuZA	Europäische Zeitschrift für Arbeitsrecht	欧洲劳动法杂志
EuZW	Europäische Zeitschrift für Wirtschaftsrecht	欧洲经济法杂志
e. V.	eingetragener Verein	登记社团
EWiR	Entscheidungen zum Wirtschaftsrecht (Zeitschrift)	经济法判决（杂志）
EWIV	Europäische Wirtschaftliche Interessenvereinigung	欧洲经济利益联盟
EWS	Europäisches Wirtschafts-und Steuerrecht (Zeitschrift)	欧洲经济法和税法（杂志）
FamFG	Gesetz über das Verfahren in Familiensachen und in den Angelegenheiten der freiwilligen Gerichtsbarkeit	家事事件和非诉事件程序法
FASB	Financial Accounting Standards Board	会计准则委员会
FG	Festgabe	成就
f., ff.	folgende，und folgende	下面的，以及下面的
FS	Festschrift	纪念文集
GAAP	Generally Accepted Accounting Principles	公认会计原则
GbR	Gesellschaft bürgerlichen Rechts	民事合伙
GenG	Genossenschaftsgesetz	合作社法
GewO	Gewerbeordnung	营业条例
ggf.	gegebenenfalls	如果必要的话
Giur. Comm	Giurisprudenza Commerciale (Zeitschrift)	商业法（杂志）
GmbH	Gesellschaft mit beschränkter Haftung	有限责任公司
GmbHG	Gesetz betreffend die Gesellschaften mit beschränkter Haftung	有限责任公司法
GmbHR	GmbH-Rundschau (Zeitschrift)	有限责任公司观察（杂志）
GNotKG	Gerichts-und Notarkostengesetz	法院和公证费用法
GS	Gedächtnisschrift	纪念册
GuV	Gewinn-und Verlustrechnung	损益表
GWB	Gesetz gegen Wettbewerbsbeschränkungen	反限制竞争法
h. A.	herrschende Ansicht	主流观点
h. M.	herrschende Meinung	主流意见
Hrsg.	Herausgeber	出版人
IAS	International Accounting Standard	国际会计标准
IASB	International Accounting Standards Board	国际会计准则委员会
i. d. F.	In der Fassung	表述为
IFRS	International Financial Reporting Standard	国际财务报告准则
insb.	insbesondere	特别是

InsO	Insolvenzordnung	破产法
IOSCO	International Organisation of Securities Commissions	国际证券委员会组织
IPR	Internationales Privatrecht	国际私法
IPrax	Praxis des internationalen Privat-und Verfahrensrechts（Zeitschrift）	国际私法和诉讼法实务（杂志）
i. S. d.	im Sinne des/der	在这个意义上
IStR	Internationales Steuerrecht（Zeitschrift）	国际税法（杂志）
i. S. v.	im Sinne von	根据
i. V. m.	in Verbindung mit	连同
J. Corp. L.	Journal of Corporation Law（Zeitschrift）	公司法杂志（杂志）
Jura	Juristische Ausbildung（Zeitschrift）	法学训练（杂志）
JuS	Juristische Schulung（Zeitschrift）	法学教育（杂志）
JZ	Juristenzeitung	法学家报
KAGB	Kapitalanlagegesetzbuch	资本投资法典
KG	Kammergericht，Kommanditgesellschaft	柏林高等法院，有限商事合伙
KGaA	Kommanditgesellschaft auf Aktien	股份制有限商事合伙
KStG	Körperschaftsteuergesetz	法人所得税法
KWG	Kreditwesengesetz	银行法
Mio.	Million	百万
MitbestG	Mitbestimmungsgesetz vom 4. 5. 1976	员工共同参与决定法
MoMiG	Gesetz zur Modernisierung des GmbH-Rechts und zur Bekämpfung von Missbräuchen	有限责任公司法现代化及滥用斗争法
m. w. N.	Mit weiteren Nachweisen	参见
n. F.	Neue Fassung	新的表述
NJW	Neue Juristische Wochenschrift	新法学周刊
NJW-RR	NJW-Rechtsprechungs-Report Zivilrecht	新法学周刊—民事法院判决报告
NotBZ	Zeitschrift für notarielle Beratungs-und Beurkundungspraxis	公证咨询和公证证明实践杂志
NZA	Neue Zeitschrift für Arbeitsrecht	新劳动法杂志
NZG	Neue Zeitschrift für Gesellschaftsrecht	新公司法杂志
OGAW	Organismen für die gemeinsame Anlage in Wertpapieren	可转让证券集体投资承销书
OHG	Offene Handelsgesellschaft	普通商事合伙
OLG	Oberlandesgericht	州高等法院
OLGZ	Entscheidungen der Oberlandesgerichte in Zivilsachen	州高等法院民事判决
öOGH	Österreichischer Oberster Gerichtshof	奥地利最高法院
PartG	Partnerschaftsgesellschaft	自由职业者合伙

PartGG	Gesetz über die Partnerschaftsgesellschaften Angehöriger Freier Berufe	自由职业者合伙法
PublG	Gesetz über die Rechnungslegung von bestimmten Unternehmen und Konzernen，Publizitätsgesetz	公开法
RdA	Recht der Arbeit（Zeitschrift）	劳动权（杂志）
RdG	Rechtsdienstleistungsgesetz	法律服务法
RefE	Referentenentwurf	政府草案
RegE	Regierungsentwurf	政府法案
RFH	Reichsfinanzhof	帝国财税法院
RG	Reichsgericht	帝国法院
RGZ	Entscheidungen des Reichsgerichts in Zivilsachen	帝国法院民事判决
RIW	Recht der internationalen Wirtschaft（Zeitschrift）	国际经济法（杂志）
rkr.	rechtskräftig	有法律效力的
RL	Richtlinie	指令
Rn.	Randnummer	边码
Rspr.	Rechtsprechung	法院判决
S.	Seite	页
SAE	Sammlung arbeitsrechtlicher Entscheidungen （Zeitschrift）	劳动法判决汇编（杂志）
SchVG	Schuldverschreibungsgesetz	债券法
SCE	Societas Coorperativa Europea，Europäische Genossenschaft	欧洲合作社
SE	Societas Europaea，Europäische Gesellschaft	欧洲股份有限公司
SEAG	Gesetz zur Ausführung der SEVO	欧洲股份有限公司条例实施法
SEBG	Gesetz über die Beteiligung der Arbeitnehmer in einer europäischen Gesellschaft	关于员工在欧洲股份有限公司中的参与法
SEC	Securities and Exchange Commission	证券交易委员会
SEVO	Verordnung 2157/2001/EG über das statut der Europäischen Gesellschaft	欧洲股份有限公司条例（第 2157/2001 号欧盟条例）
Slg.	Sammlung	文集
SpruchG	Spruchverfahrensneuordnungsgesetz	裁决程序法
std. Rspr.	ständige Rechtsprechung	一贯的法院判决
str.	streitig	有争议的
Tz.	Textziffer	注释
UBGG	Gesetz über Unternehmensbeteiligungsgesellschaften	企业参与公司法
UG	Unternehmergesellschaft（haftungsbeschränkt）	企业主公司（有限责任）
UMAG	Gesetz zur Unternehmensintegrität und Moderni- sierung des Anfechtungsrechts	企业完整和撤销权现代化法
umstr.	umstritten	有争议的

UmwG	Umwandlungsgesetz	改组法
unbestr.	unbestritten	没有争议的
u. U.	unter Umständen	在一定情况下
VAG	Versicherungsaufsichtsgesetz	保险监管法
VGR	Gesellschaftsrechtliche Vereinigung e. V.	公司法协会（登记社团）
VO	Verordnung	条例
VVaG	Versicherungsverein auf Gegenseitigkeit	保险互助联合会
WiPrO	Gesetz über eine Berufsordnung der Wirtschaftsprüfer	关于会计师职业规范的法
WM	Wertpapier-Mitteilungen（Zeitschrift）	有价证券信息（杂志）
WpHG	Wertpapierhandelsgesetz	有价证券交易法
WpÜG	Gesetz zur Regelung von öffentlichen Angeboten zum Erwerb von Wertpapieren und von Unternehmensübernahmen	有价证券和企业收购法
Yale L. J.	Yale Law Journal（Zeitschrift）	耶鲁法律杂志
z. B.	zum Beispiel	例如
ZEuP	Zeitschrift für Europäisches Privatrecht	欧洲私法杂志
ZEV	Zeitschrift für Erbrecht und Vermögensnachfolge	继承法和财产继受杂志
ZfA	Zeitschrift für Arbeitsrecht	劳动法杂志
ZfBR	Zeitschrift für deutsches und internationales Bau- und Vergaberecht	德国和国际建筑和采购法杂志
ZGR	Zeitschrift für Unternehmens-und Gesellschaftsrecht	企业法和公司法杂志
ZHR	Zeitschrift für das gesamte Handelsrecht und Wirtschaftsrecht	商法和经济法杂志
ZIP	Zeitschrift für Wirtschaftsrecht（früher：Zeitschrift für Wirtschaftsrecht und Insolvenzpraxis）	经济法杂志（原经济法和破产实务杂志）
ZJapanR	Zeitschrift fur Japanisches Recht	日本法杂志
ZPO	Zivilprozeßordnung	民事诉讼法
ZVglRWiss	Zeitschrift für vergleichende Rechtswissenschaft	比较法学杂志

文献表 ◀

Bamberger/Roth/*Bearbeiter*	*Bamberger/Roth*，Kommentar zum Bürgerlichen Gesetzbuch：BGB，3. Aufl.，.2012
Baumbach/Hopt/*Bearbeiter*	*Baumbach/Hopt*，Handelsgesetzbuch，37. Aufl.，2016
Baumbach/Hueck/*Bearbeiter*	*Baumbach/Hueck*，GmbH-Gesetz，21. Aufl.，2017
Blaurock/*Bearbeiter*	*Blaurock*，Handbuch Stille Gesellschaft，8. Aufl.，2016
Bork/Schäfer/*Bearbeiter*	*Bork/Schäfer*，GmbHG，3. Aufl.，2015
Buck-Heeb	*Buck-Heeb*，Kapitalmarktrecht，8. Aufl.，2016
Canaris	*Canaris*，Handelsrecht，24. Aufl.，2006
Cheffins	*Cheffins*，Company Law，1997
DAI-Factbook	Deutsches Aktieninstitut（Hrsg.），DAI-Factbook：Statistiken，Analysenund Graphiken zu Aktionären，Aktiengesellschaften und Börsen，2011
Davies，Introduction	*Davies*，Introduction to Company Law，2010
Davies，Principles	*Davies/Worthington*，Gower &. Davies：Principles of Modern Company Law，9. Aufl.，2012
Ebenroth/Boujong/Joost/ Strohn/*Bearbeiter*	*Ebenroth/Boujong/Joost/Strohn*，Handelsgesetzbuch，Kommentar，Bd. 1：§§ 1-342e，3. Aufl.，2014
Eisenhardt/Wackerbarth	*Eisenhardt/Wackerbarth*，Gesellschaftsrecht I. Recht der Personengesellschaften mit Grundzügen des GmbH-und des Aktienrechts，16. Aufl.，2015
Emmerich/Habersack	*Emmerich/Habersack*，Konzernrecht，10. Aufl.，2013
Emmerich/Habersack，Aktien- und GmbH-KonzernR	*Emmerich/Habersack*，Aktien-und GmbH-Konzernrecht，8. Aufl.，2016
ErfKommArbR/*Bearbeiter*	Erfurter Kommentar zum Arbeitsrecht，16. Aufl.，2016
Erman/*Bearbeiter*	*Erman*，Bürgerliches Gesetzbuch，Handkommentar，14. Aufl.，2014
Fleischer/Wedemann	*Fleischer/Wedemann*，Prüfe dein Wissen-Handelsrecht einschließlich Bilanzrecht，9. Aufl.，2015
Flume，Juristische Person	*Flume*，Allgemeiner Teil des bürgerlichen Rechts，Bd. 1，Teil2：Juristische Person，1983
Flume，Personengesellschaft	*Flume*，Allgemeiner Teil des bürgerlichen Rechts，Bd. 1，Teil 1：Die Personengesellschaft，1977

Großkomm-AktG/*Bearbeiter*	*Hirte/Mülbert/Roth*，Aktiengesetz，Großkommentar，5. Aufl.，2015ff.
Großkomm-GmbHG/*Bearbeiter*	*Ulmer/Habersack/Löbbe*，GmbH-Gesetz，Großkommentar，2. Aufl.，2013ff.
Grundmann，Europäisches Gesellschaftsrecht	*Grundmann*，Europäisches Gesellschaftsrecht，2. Aufl.，2011
Grundmann，European Company Law	*Grundmann*，European Company Law，2007
Grunewald	*Grunewald*，Gesellschafts recht，9 . Aufl.，2014
Habersack/Verse，Europäisches Gesellschaftsrecht	*Habersack/Verse*，Europäisches Gesellschaftsrecht，4. Aufl.，2011
Heidel/Schall/*Bearbeiter*	*Heidel/Schall*，HGB，2. Aufl.，2015
Henssler/Strohn/*Bearbeiter*	*Henssler/Strohn*，Gesellschaftsrecht，3. Aufl.，2016
A. Hueck，OHG	*A. Hueck*，Das Recht der offenen Handelsgesellschaft，4. Aufl.，1971
Hüffer/*Koch*	*Hüffer/Koch*，Aktiengesetz，12. Aufl.，2016
Jauernig/*Bearbeiter*	*Jauernig*，BGB，16. Aufl.，2015
Kalss/Klampfl	*Kalss/Klampfl*，Europäisches Gesellschaftsrecht，Sonderausgabe aus Danses（Hrsg.），Handbuch des EU-Wirtschaftsrechts，2015
Kalss/Nowotny/Schauer/*Bearbeiter*	*Kalss/Nowotny/Schauer*，Österreichisches Gesellschaftsrecht，2008
Koch	*Koch*，Gesellschaftsrecht，10. Aufl.，2017
KölnerKomm-AktG/*Bearbeiter*	Kölner Kommentar zum Aktiengesetz，2. Aufl.，1986ff.；3. Aufl.，2004ff.
KölnerKomm-WpÜG/*Bearbeiter*	*Hirte/v. Bülow*，Kölner Kommentar zum Wertpapiererwerbs-und Übernahmegesetz，2. Aufl.，2010
Koller/Kindler/Roth/Morck/*Bearbeiter*	*Koller/Kindler/Roth/Morck*，Handelsgesetzbuch，Kommentar，8. Aufl.，2015
Kraakman/Armour u. a.，Anatomy	*Kraakman/Armour/Davies/Enriques/Hansmann/Hertig/Hopt/Kanda/Rock*，The Anatomy of Corporate Law，2. Aufl.，2009
Kübler/Assmann	*Kübler/Assmann*，Gesellschaftsrecht，6. Aufl.，2006
Lutter/*Bearbeiter*	*Lutter*，Umwandlungsgesetz，5. Aufl.，2014
Lutter/Hommelhoff/*Bearbeiter*	*Lutter/Hommelhoff*，GmbH-Gesetz，Kommentar，19. Aufl.，2016
Michalski/*Bearbeiter*	*Michalski*，GmbHG，Kommentar，2. Aufl.，2010
MünchHdb-GesR I	MünchenerHandbuch des Gesellschaftsrechts，Bd. 1：BGB-Gesellschaft，Offene Handelsgesellschaft，Partnerschaftsgesellschaft，Pattenreederei，EWlV，4. Aufl.，2014
MünchHdb-GesR II	MünchenerHandbuch des Gesellschaftsrechts，Bd. 2：Kommanditgesellschaft，GmbH&. Co. KG，Publikums-KG，Stille Gesellschaft，4. Aufl.，2014
MünchHdb-GesR III	Münchener Handbuch des Gesellschaftsrechts，Bd. 3：GmbH，4. Aufl.，2012
MünchHdb-GesR IV	Münchener Handbuch des Gesellschaftsrechts，Bd. 4：Aktiengesellschaft，4. Aufl.，2015

MünchKomm-AktG/*Bearbeiter*	Münchener Kommentar zum Aktiengesetz, 4. Aufl., 2016; 3. Aufl., 2008ff.
MünchKomm-BGB/*Bearbeiter*	Münchener Kommentar zum Bürgerlichen Gesetzbuch, 7. Aufl., 2015ff.; 6. Aufl., 2013ff.
MünchKommGmbHG/*Bearbeiter*	Münchener Kommentar zum GmbH-Gesetz, 2. Aufl., 2015
MünchKomm-HGB/*Bearbeiter*	Münchener Kommentar zum Handelsgesetzbuch, 3. Aufl., 2010ff.
MünchKomm-ZPO/*Bearbeiter*	Münchener Kommentar zur Zivilprozessordnung, 4. Aufl., 2012ff.; 5. Aufl., 2016
Oetker/*Bearbeiter*	*Oetker*, HGB, 4. Aufl., 2015
Raiser/Veil	*Raiser/Veil*, Recht der Kapitalgesellschaften, 6. Aufl., 2015
Raiser/Veil/Jacobs/*Bearbeiter*.	*Raiser/Veil/Jacobs*, Mitbestimmungsgesetz und Drittelbeteiligungsgesetz, 6. Aufl., 2015
Riesenhuber	*Riesenhuber* (Hrsg.), Europäische Methodenlehre, 3. Aufl., 2015
Röhricht/v. Westphalen/Baas/ *Bearbeiter*	*Röhricht/Graf v. Westphalen/Haas*, Handelsgesetzbuch, 4. Aufl., 2014
Roth/Altmeppen/*Bearbeiter*	*Roth/Alttneppen*, Gesetz betreffend die Gesellschaften mit beschränkter Haftung, 8. Aufl., 2015
Rowedder/Schmidt-Leithoff/ *Bearbeiter*	*Rowedder/Schmidt-Leithoff*, GmbHG, 5. Aufl., 2013
Saenger	*Saenger*, Gesellschaftsrecht, 3. Aufl., 2015
Saenger/Inhester/*Bearbeiter*	*Saenger/Inhester*, GmbHG, 3. Aufl., 2016
Schäfer	*Schäfer*, Gesellschaftsrecht, 3. Aufl., 2013
Schmidt/Lutter/*Bearbeiter*	*K. Schmidt/Lutter*, AlüG, Kommentar, 3. Aufl., 2015
K. Schmidt	*K. Schmidt*, Handelsrecht. Unternehmensrecht I, 6. Aufl., 2014
Scholz/*Bearbeiter*	*Scholz*, Kommentarzum GmbH-Gesetz, 1l. Aufl., 2012ff.
Schwark/Zimmer/*Bearbeiter*	*Schwark/Zimmer*, Kapitalmarktrechts-Kommentar, 4. Aufl., 2010
Soergel/*Bearbeiter*	*Soergel*, Bürgerliches Gesetzbuch, Kommentar, Bd. 1, 13. Aufl., 2000; Bd. 11/1, 13. Aufl., 2011; Bd. 2a, 13. Aufl., 2002
Spindler/Stilz/*Bearbeiter*	*Spindler/Stilz*, Kommentar zum Aktiengesetz, 3. Aufl., 2015
Staub/ *Bearbeiter*	*Staub*, HGB, Großkommentar, 5. Aufl., 2008ff.
Staudinger/*Bearbeiter*	*Staudinger*, Kommentar zum Bürgerlichen Gesetzbuch, 13. Aufl., 1993ff. und nachfolgende Neubearbeitungen
Ulmer/Habersack/Henssler/ *Bearbeiter*	*Ulmer/Habersack/Henssler* Mitbestimmungsrecht, 3. Aufl., 2012
Ventoruzzo/Conac/Goto/ Mock/Notari/Reisberg	*Ventoruzzo/Conac/Goto/Mock/Notari/Reisberg*, Comparative Corporate Law, 2015
Wackerbarth/Eisenhardt	*Wackerbarth/Eisenhardt*, Gesellschaftsrecht I, Recht der Personengesellschaften, 16. Aufl., 2015; Gesellschaftsrecht II, Recht der Kapitalgesellschaften, 2013
Wiedemann I bzw. II	*Wiedemann*, Gesellschaftsrecht, Bd. 1, 1980; Bd. 2, 2004
Wiedemann/*Frey*	*Wiedemann/Frey*, Prüfe dein Wissen-Gesellschaftsrecht, 9. Aufl., 2016

目　录

第一部分　基础知识

合伙/公司法的概念和意义

一、概念和边界界定

合伙/公司法是为实现一定的共同目的而由法律行为设立的私法上的人的联合体法。相对于其他私法，合伙/公司法的特性体现在，它首先不是以保护和满足单个人的个人利益（个体利益）为目的，而是调整多个人的共同利益。但属于合伙/公司范畴的只能是这样的共同体，即还应该满足其他条件，以便人们能够为其在基本特性上提炼出同类性的规则。只有通过如此，其逻辑体系上的总体概括才能在一个独立的法律领域中进行。从这个意义上讲，其实质是以私法上的合同为基础的针对特定目的的共同协作。**合伙/公司法是私法上的合作法**。共同目的的追求通常不止是要求（一次性的）确定的给付义务。正是作为长期的和功能上分工的团体协作，要求有程序规则、行为准则以及职权划分。合伙/公司法规范私人联合的内部关系和外部关系，即成员相互之间的及其与合伙/公司本身之间的法律关系，以及相对于第三人，尤其是合伙/公司债权人的法律地位。就这一点而言，合伙/公司法是**组织法**，但对于各合伙/公司类型，各自在不同的法律中有特别规范。

开篇论述的概念定义起到了描述和界定法律领域的作用。作为一个广泛而复杂的领域的简称，它在边缘部分是不精确的。[1] 这正像在一人公司上表现出来的那样。尽管一人公司不是人的共同体，但属于公司法，因为它为创造出特别的利益载体而利用了公司法上的团体法人组织形式。其他定义同样不会更为有效。特别是"企业法"选择了另外的视角。它必然忽视那些不是追求企业目的的合伙/公司，而且将那些不是合伙/公司的企业载体纳入在内。企业法的关注角度是不同的。对企业载体的内部组织和外部关系以及联结于企业事实基础的规则等在法律上加以系统化，肯定是一个重要的研究对象。它与合伙/公司法有众多交叉，但不重叠。[2]

1

---

[1]　Kübler/Assmann，§1 III.

[2]　比较 *K. Schmidt*，Handelsrecht，6. Aufl.，2014，§1 Rn. 23ff.，§2 Rn. 10ff.；关于在家事事件和非讼事件程序法中的"企业法上的程序"，见 *H. Roth*，JZ 2009，585，595；也见下面边码10。

1. 不是合伙/公司的共同体

2　　　　合伙/公司法的定义将那些不是合伙/公司的共同体排除在外。它们不属于下面的介绍范围，尤其需要提到的是：

● **公法上的**团体法人和其他组织形式，而不管其在其他方面的法律特征。

举例：国家，乡镇和乡镇联合体，教会，其他团体法人，公法上的机构和基金（如大学），公法上的（地区性）目的团体，水和土地团体，堤坝团体，疾病保险公司，职业合作社，工业和商业协会，手工业同业公会等。当公法上的法律主体以私法形式从事活动和与私人共同协作（公私合作关系）时，会产生混合形式和边界界定的问题。

● **家庭法上的**共同体。它们要么根本不是建立在法律行为之上，要么不是为了一个由法律行为确定和限定的目的而被建立，如作为生活共同体的婚姻，还有婚姻上的财产共有。当然，夫妻或者父母与子女之间也可以为共同实现一个较为明确确定的目的而设立合伙/公司关系（夫妻合伙/公司，家庭合伙/公司）。

● **遗产共同体**（民法典第 2032 条及其后条款）。它是基于法律的规定而产生的，即使是在基于死因处分而产生继承的情况下，也不是通过法律行为，更不是为了确定的共同目的而设立。

● 私法上的**基金**（民法典第 80 条及其后条款）。它没有成员，不是人的共同体。

● 共同体，根据法律基于共同的利益而建立起来的，例如破产程序中的**债权人共同体**或债务转让法上的同一借款的债权人（债务转让法第 5 条及其后条款），同样会运用到与合伙/公司相似的组织要素：如多数（票）决议和决议瑕疵异议权[3]，或者机关的组建（比较破产法第 21 条第 2 款第 1a 项、第 67 条、第 74 条）。

● 所谓的简单的**权利共有**（民法典第 741 条及其后条款，*共有*）。

当一个权利由多人共同享有，但参与者没有为一个共同目的而联结在一起的时候，人们称之为简单的权利共有。与此相对应，合伙/公司是非常明确地被作为目的共同体建立起来的。简单的权利共有的产生，大多没有参与者相应的意思，也就是说不是建立在合同的基础上的。因此，普通法将其表述为 *communio incidens*。

3　　　　**举例**：基于附合或混合而产生的共同所有权（民法典第 947 条、第 948 条），共同发明时的共有权利（专利法第 6 条第 2 句），以及没有在共同财产制下生活的夫妻对一标的物享有的共有权利。即使在一些情形下，如在最后提到的那种情况下，共有权利人只是通过合同才获得权利的，也仅仅存在简单的权利共有，不存在合伙/公司，只要他们相互之间在此之外没有义务共同实现一个具体的超越单纯权利获取的目的。

紧接着合伙法规定的是**民法典第 741 条及其后条款**。在**共有**的标题下，前述条款对权利共有作了*一般性规定*，也就是针对权利由多人共同享有的情形，而不管其为何种类型。[4] 这个意义上的共有是**按份共有**。

民法典第 741 条及其后条款主要规范的是共有的债法方面。在物权法上，最重要的按份共有形式是共同所有权，它在民法典第 1008 条及其后条款中规范。如果共有的标的物是一个债权，则适用民法典第 432 条（**共同债权人**）。

---

③　关于债务转让法第 20 条，见 BGH NJW 2016, 1175；关于破产法第 78 条，见 LG Hamburg ZIP 2015, 45.。

④　见关于民法典第 741 条及其后条款的教科书和评论注释；关于作为风险共同体的利益共同体，见 *Würdinger*, Theorie der schlichten Interessengemeinschaft, 1934；*Wüst*, Die Interessengemeinschaft, ein Ordnungsprinzip des Privatrechts, 1958；ders., JZ 1985, 1077（关于合同、共同体与合伙/公司的界限划分）。

共有规则也适用于作为目的共同体的合伙，只要它们同时是权利共有。这适合于这样的合伙，它拥有合伙财产，但其一方面不是法人，而另一方面又不是单纯的内部合伙。然而，"只有在法律没有作出其他规定的情况下"，才适用民法典第 742 条及其后条款（民法典第 741 条）。但是，就像在其他众多共同体情况下一样（比如婚姻上的财产共同体，遗产共同体，住宅所有权人共同体），由于合伙受到特定的法律规则规范，**民法典第 742 条及其后条款仅为了弥补法律漏洞或者基于法律援引才被从属性地**适用。

例如，由于欠缺其他规定，民法典第 744 条第 2 款也相应地适用于民事合伙和普通商事合伙，即为了维持共有物，任何一名共有人均有权利不经其他共有人同意而采取必要的措施，即所谓的紧急业务执行。[5] 民法典第 731 条第 2 款就是一个明确援引适用共有法律规定的例子。

2. 合伙/公司形式

为一个共同目的而设立私法上的人的联合体，可以以不同的形式出现。对于广义上的合伙/公司，立法者**在民法典中**创设了**两种基本类型**，供人们选择使用：

- **社团**（民法典第 21 条及其后条款），作为团体法人的基本类型；
- **合伙**（狭义上的合伙，民法典第 705 条及其后条款），为了区别于其他合伙形式，它往往被称为民事合伙（GbR）。

另外，有一系列的由**特别法**规范的**特别形式**：

- **普通商事合伙**，OHG（商法典第 105 条及其后条款）；
- **有限商事合伙**，KG（商法典第 161 条及其后条款）；
- **隐名合伙**（商法典第 230 条及其后条款）；
- **自由职业者合伙**，PartG（针对自由职业者的，自由职业者合伙法）；
- **欧洲经济利益联盟**，EWIV（1985 年 7 月 25 日的［欧共体］条例，欧洲经济利益联盟法）；
- **股份有限公司**，AG（股份法，AktG）；
- **股份制有限商事合伙**，KGaA（股份法第 278 条及其后条款）；
- **欧洲（股份有限）公司**，SE（2001 年 10 月 8 日的［欧盟］条例，2001 年 10 月 8 日的 2001/86/欧盟指令，SEAG 和 SEBG）；
- **有限责任公司**，GmbH（有限责任公司法）；
- **登记合作社**，eG（合作社法，GenG）；
- **欧洲合作社**，SCE（2003 年 7 月 22 日的［欧盟］条例，2003 年 7 月 22 日的 2003/72/欧盟指令，SCEAG 和 SCEBG）；
- **保险互助联合会**，VVaG（保险企业监督法，第 171 条至第 210 条）。

着眼于其业务活动而受特别法调整的，如**投资基金**和依据资本投资法典[6]的资本管理公司或依据信贷法[7]的信贷机构，不是真正意义上的**特别的合伙/公司形式**。在这些法律中，大多规定采用特定的合伙/公司形式，并且针对其特别的企业目的而规定有详细的组织构建。有一些名称将企业特定的目的包含在内，如针对多个企业进行合作的**共**

---

[5] BGHZ 17，181，183＝NJW 1955，1027，1028.

[6] 2013 年 7 月 4 日的资本投资法典（BGBl. 2013 I 198）以及后面的修改；对此见 *Buck-Heeb*，Kapitalmarktrecht，Rn. 906 ff.。

[7] 1998 年 9 月 9 日的信贷法（BGBl. I S. 2776）以及后面的修改。

同体企业或"joint ventur"。但是，通过何种法律形式来实现这一共同目的，无法从中得知。**康采恩**也不是特别的合伙/公司形式，而是法律上独立的企业相互之间的一种特别联结形式（比较股份法第 18 条，商法典第 290 条第 1 款），其本身不是合伙/公司或法律主体。康采恩和企业集团法属于合伙/公司法，改组法也一样。1994 年的改组法让企业在无须解散的情况下变更结构或者从一种合伙/公司形式转变为另一种合伙/公司形式成为可能（下面第三十八章）。

5　　　　不同于法律明确规范的合伙/公司类型，法律是不允许采用的。就这一点而言，契约自由受到了限制。人们称之为**合伙/公司形式法定原则**。但尽管如此，法定规则仍为具体情况下的**合伙/公司合同设计预留了很大的发挥空间**。借此，以及通过将不同合伙/公司类型结合在一起的可能性（**合伙/公司类型联结**），例如尤其是现实中特别重要并广为传播的有限责任公司与有限商事合伙结合而成的有限责任公司作为无限合伙人的有限商事合伙（对此，见下面第三十七章），提供了一个巨大的变异幅度。这通常能够满足参与者设立一个与其具体情况相适应的合伙/公司关系的需要（下面第四章边码 1）。

　　　　3. 与其他法律领域的关系

6　　　　合伙/公司法与其他法律领域紧密地交织在一起。这首先适用于民法和商法，就像有些合伙/公司法律规定存留在民法典和商法典中所清楚表明的那样。**资本市场法**具有重要的意义。服务于投资者保护和资本市场功能维护的法律规定，首先存在于股份法中，因为股份有限公司是为在市场中聚集资本的功能而法定创设的公司形式；之后颁布的关于资本市场的法律同样也涉及股份有限公司的问题。[8] 在合伙情况下，法院判决也同样基于投资者的利益，不仅在合伙法上，而且在合同法上进行了法律继创（下面第十九章边码 2）。在其他国家，资本市场法很早就已具有独立的意义。[9] 不仅通过世界范围内的资本市场开放，而且通过作为一个金融区域的欧盟内部市场，相对于团体组织规则，定位于市场规范的立法和投资者保护得到了优待。众多具有资本市场法内容的欧盟指令加速和强化了这一发展过程。这反过来导致公司法不断对求助于资本市场的公司和不求助于资本市场的公司加以区别对待（例如，比较股份法第 3 条第 2 款，第 10 条第 1 款第 1 项，第 76 条第 4 款，第 96 条第 2 款和第 100 条第 5 款）。

7　　　　有关**会计制作的法律（会计法）**不仅受合伙/公司法，而且受资本市场法上的需求的影响。对于理解合伙/公司法上的许多基本原则，对年度财务会计报告进行描述是不可或缺的，如商事合伙下的合伙盈利计算，或者是股份有限公司和有限责任公司下的资本缴付和资本维持。同时，在国际比较中，不同的会计传统也映射了合伙/公司法的重点，比如是否是合伙人/股东利益、债权人保护、投资者的信息利益或者业

---

　　⑧　关于合伙/公司法和资本市场法的关系，见 *Assmann*，AG 2015，597；Buck-Heeb，Rn. 45 ff.；Fleischer，ZIP 2006，451；Grundmann，Europäisches Gesellschaftsrecht，§ 1 Rn. 5 f.，118 ff.，618 ff.；*Hopt*，ZIP 2005，461；*ders.*，WM 2009，1873；Kalss，Anlegerinteressen：Der Anleger im Handlungsdreieck von Vertrag，Verband und Markt，2001，S. 8 ff.，273 ff.，339 ff.；Krolop，Der Rückzug vom organisierten Kapitalmarkt，2005，S. 27 ff.，195 ff.；Kübler/Assmann，§ 32；Lutter，FS Zöllner，1998，Bd. 1，S. 363；*Merkt*，FS Hopt，Bd. 2，2010，S. 2207，2228 ff.；*Mülbert*，Aktiengesellschaft，Unternehmensgruppe und Kapitalmarkt 1995 S. 105 ff.；*Schön*，RabelsZ 64（2000）I，24 ff.；Schwark，FS Stimpel，1985，S. 1085；Wiedemann I，§ 9 II；交叉重叠的典型例子就是收购法，比较 2004 年 4 月 21 日欧洲议会和欧洲理事会第 2004/25 号欧盟指令所涉及的收购要约，或者合伙/公司法在资本投资法典中的改变。

　　⑨　在美国，相关的联邦法是来源于 1933 年和 1934 年的证券法和证券交易法；关于其发展，见 *Merkt*，FS Hopt，Bd. 1，2010，S. 2207，2210 ff.

务执行发挥空间居于首要位置。不同的会计目的，特别是企业情况描述是一方面，合伙/公司盈利计算（出于盈利分配或税负征收的目的）是另一方面，要求不同的规则。[10] 针对合伙/公司，会计法被 1985 年的转化实施三个欧盟指令的立法所协调，并被该指令后续的变化所调整。但是，着眼于世界范围内的企业集团活动和开放的资本市场，欧盟和欧洲经济区的法律规范仅是其中的一部分。**国际会计制作标准**由私人性质的国际标准化委员会加以发展，并被纳入欧洲和国家法律规范之中。在这里，立法进程中也出现了一个强有力的发展趋势（下面第三十一章边码 3 及其后一个边码）。与此相应，这也适用于年度财务报告审计法。

作为经济法的核心领域，**卡特尔和竞争法**[11]不仅涉及采用合伙/公司法组织形式的企业参与，而且涉及企业之间通过合伙/公司法形式的合作。这既涉及受竞争法监控的作为合伙/公司结构变更而进行的合并（所谓的合并审查），也涉及（不允许的和例外情况下允许的）作为竞争限制行为的卡特尔。竞争法的适用应当尊重合伙/公司法上的行为模式和职权划分，但其首先在集团合伙/公司情况下越来越多地出现失败情形。[12] 与之相应，这也适用于某些行业特有的规范调整。[13] 合伙/公司法没有与竞争有关的特殊任务[14]，它也不能就卡特尔和竞争法视角下的合法性发表意见。可以将**合伙/公司法本身作为经济法的一部分**来理解，因为它为自由经济制度提供必要的工具。[15]   8

通过实务和法院判决基于其而作出的反应，合伙/公司法在设计构建上强烈地受到**税法**的影响。从合同法和合伙/公司法上看，许多设计构建是不容易理解的，而且显得不必要的复杂，甚至是不合情理的，但其背景经常是一个不能通过简单的组织结构实现的有利于税负负担的设计构建。税法通常是以企业载体的合伙/公司形式为联结点。企业法律形式中立的税负征收，这一法律政策要求尽管在迄今为止的任何税法改革中都被提到，但事后又都被其他的规范诉求所淹没（详细内容见下面第四章边码 9 及其后一个边码）。   9

此外，合伙/公司法和**劳动法**之间存在多种联结。特别在有关**企业员工共同参与决定**（下面第二十八章边码 9 及其后边码）的法律中，是通过合伙/公司法上的手段来追求劳动法上的或者至少是与劳动法相近的目标。这个由法律具体规范的领域，是这种法律思考方式的一部分，即专门着眼于其作为企业载体的作用，将特定的合伙/公司形式作为研究对象，专门加以处理，并将有效运作的企业以及连同员工（"社会团体"）一   10

---

[10] 会计法在传统上都曾是以保护债权人为特色的；而与此相反，在盎格鲁萨克逊的会计法中，为投资人提供信息的功能居于首要位置；比较 Grundmann, European Company Law, §14 Rn. 495 ff.; *Kübler/Assmann*, §19; *Jung*, Handelsrecht, 11. Aufl., §19. Das BilanzrechtsmodernisierungsG（BilMoG）von 2009 und das Bilanzrechtlinie-Umsetzungsgesetz（BilRUG）von 2015 betreiben Annäherungen.

[11] 属于其中的有作为基本性的共同体法律的欧盟运作模式条约第 101 条及其后条款以及欧盟条例；对此见 Mestmäcker/Schweitzer, Europäisches Wettbewerbsrecht, 3. Aufl., 2014 反限制竞争法及其评论注释。

[12] 比较反限制竞争法第 81 条第 4 款第 3 句，第 1/2003 号欧盟条例；*Eisele/Koch/Theile*（Hrsg.）, Der Sanktionsdurchgriff im Unternehmensverbund, 2014; Großkomm-AktG/*Windbichler*, Vor §§15 ff. Rn. 34, 37, 64; *Mestmäcker/Schweitzer*, Europäisches Wettbewerbsrecht, 3. Aufl., 2014, §9 Rn. 15ff.。

[13] 比较 *Binder*, ZGR 2015, 667; *Dreher/Ballmeier*, ZGR 2014, 753.。

[14] *Kocka/Siegrist* 在: Horn/Kocka（Hrsg.）, Recht und Entwicklung der Großunternehmen, 1979, S. 55, 95; *K. Schmidt*, §1 II 5b, c; Windbichler, Arbeitsrecht im Konzern, 1989, S. 47 ff.。

[15] *K. Schmidt*, §1 II 5a; *Windbichler*, FS 200 Jahre Juristische Fakultät der Humboldt-Universität zu Berlin, 2010, S. 1079, 1081.

起纳入其事实上的设计构建。需要与此相区别的是工厂员工共同参与决定（工厂组织结构）。后者与企业法律形式无关，而是将企业层面下的工作技术意义上定义的单位，即"工厂"作为连接点。**企业宪法的概念，也包括**企业法的概念，过去最先是在那个打算用企业有关的法律规范来取代合伙/公司法的立法政策意义来使用的。[⑯] 现代意义上，**企业法**不是独立的法律领域，而是一个法律规范的整体，这一整体既与员工、出资者和经营管理者在边界确定的企业单位内的相互协作有关[⑰]，也与这一在合伙/公司法上大多边界确定的单位外的相互关系有关。[⑱] 对于协调那些经常被忽视的重叠问题，企业法视角具有特别的意义。在其他相关情况下，企业法与合伙/公司法融合在一起，但它无论如何都不能替代或排挤合伙/公司法，因为合伙/公司除了作为企业载体外，还可以用于其他多种目的。现今，"企业组织法"也作为有些难以捉摸的 Corporate Governance 的翻译来使用。在其之下，许多众所周知的合伙/公司法问题也被讨论。关于合伙/公司中的领导和监控机制的国际讨论，不仅将法律规则，而且将经济上的和其他的激励机制以及惯例和倡导纳入进来（详细内容见下面第二十五章边码 40 及其后的边码）。

11　　　破产是合伙/公司解散的一个理由。**破产法**取代合伙/公司法的清算规则，以确保债权人的同等清偿和规范合伙/公司从经济生活中退出，以及试图对具有生存能力的企业部分进行重组和营救。[⑲] 合伙/公司的破产能力由此为破产法所扩展。合伙/公司法上的债权人保护形式是否有效，经常只有在破产时才能得到体现。合伙人/股东和合伙/公司机关在合伙/公司危机情形下的权利义务，部分是在合伙/公司法中，部分是在破产法和撤销法中规范。但在法律技术上，分散规定不是必须的。为适应其破产法特性，2008 年[⑳]将公司的破产申请义务从有限责任公司法和股份法中移到了破产法中。但合伙/公司法中留下的有些条款也可被定性为破产法。这尤其对跨国活动的合伙/公司具有意义。根据欧盟破产法第 3 条[㉑]，适用合伙/公司经济利益中心所在国的破产法（*centre of main interest*，COMI）。[㉒]

二、在实践、科研和学习中的地位

1. 实践意义

12　　　作为为追求共同目的而通过法律行为设立的私法性质的人的联合体的工具，合伙/

---

⑯　首先是 20 世纪 70 年代和 80 年代的法律政治讨论要求建立一个独立的企业法；比如比较 Ott, Recht und Realität der Unternehmenskorporation, 1977；T. Raiser, Das Unternehmen als Organisation, 1969；ders. /Veil, § 6 Rn. 8 ff.；Steinmann, Das Großunternehmen im Interessenkonflikt, 1979；Vollmer, Die Entwicklung partnerschaftlicher Unternehmensverfassungen, 1976；概览见 Wiedemann I, § 6；Rittner, FS Peltzer, 2001 S. 367；Zöllner, AG 2003, 2；也见上面边码 1 的后面部分。

⑰　适用的例子在 *Windbichler*, FS Schwark, 2009, S. 805.。

⑱　相似的见 K. Schmidt, § 1 II 4 b；ders., Handelsrecht, 6. Aufl., 2014, § 1 Rn. 23 ff.。

⑲　*Fischer*, ZGR 2006, 403；Paulus, ZGR 2005, 309；ders., Insolvenzrecht, 2. Aufl., 2010, Art. 3 Rn. 10, 207 ff.；*K. Schmidt*, InsO, 19. Aulf., 2016, § 1 Rn. 6 ff.。

⑳　EuGH, NJW 2016, 223 - Kornhaas；BGH NZG 2016, 550 - Kornhaas.

㉑　2000 年 5 月 29 日的欧盟破产程序条例（第 1346/2000 号欧盟条例，见 ABl. EG L 160，第 1 页）；通过 2015 年 5 月 20 日的第 2015/848 号欧盟条例，见 ABl. EU L141 S. 19，自 2017 年 6 月 26 日起生效。

㉒　对此见 EuGH NJW 2006, 2682 - Interedil；*Eidenmüller*, ZGR 2006, 467；Grundmann, European Company Law, § 35 Rn. 1212 ff.；Paulus, Europäische Insolvenzverordnung, 3. Aufl., 2010, Art. 3 Rn. 17 ff.；法律比较，见 J. Schmidt, ZIP 2007, 405.。

公司法具有**巨大的实践意义**。其主要的应用领域是**合伙/公司作为企业载体**参与经济生活。（上面边码 4）提到的特别形式就是服务于这些经济需要。除合作社和欧洲经济利益联盟外，它们必然（比如普通商事合伙）或者至少一般是（比如股份有限公司）追求营业目的，因而也被称为营业合伙/公司。自由职业者合伙虽然用于共同从事一项自由职业，但根据切合实际的观点，同样服务于营业目的。[23] 合作社虽然自身无须从事一项营业，但以促进其成员的营业或经济利益为己任。欧洲经济利益联盟用于促进其成员在欧盟范围内跨国的经济合作，但自己原则上不以营业为目的。

大多数合伙/公司形式不仅可供于经济性目的，而且可供于其他目的使用。它们可以追求营业目的，但同样也可以追求精神性目的，也就是非经济性目的。[24] 在社团情况下，后者完全居于首要位置，即民法典第 21 条规定的**精神性社团**。设立经济性社团要求国家授予法律人格，见民法典第 22 条。由于这是不切实际的，故作为团体法人从事经济活动就被有意识地推给了为此专门设计构建的特别形式（股份有限公司，有限责任公司等）。对于**民事合伙**，民法典第 705 条不要求经济性目的，但也不将其排除在外。

为此，合伙/公司法深受基于合伙/公司作为企业载体而产生的议题的影响。立法者的活动、法院判决、合同设计实践和法学界主要研究以营业为定位的合伙/公司，因为这是其主要的适用情形。法院判决、咨询实践、学术界和立法之间在这一领域的相互合作和思想交流有着富有活力的历史传统。[25]

另外，特别具有实践意义的还有**团体法**。团体对国家意思形成的参与，部分是由法律规定的，部分是事实上客观存在的。为实现政治和社会领域中的共同利益而作为职业、经济和其他利益团体组织起来，是广为人知的。熟悉的例子比如工会和雇主联合会、宗教团体、德国汽车俱乐部、德国环境与自然保护联盟、德国体育协会或者德国足球协会。由于团体在没有通过民主合法化的权力集中和制度化的自我管理之间摇摆不定，故经常是政治学的研究对象。[26] 那些属于合伙/公司法核心领域的但大多是社团法上的疑问，仅表现为整个公法问题的一个小片断。

13

2. 法学

在合伙/公司法中，法学发现了一个在相当特别的范围内实现私法特性的研究对象，即参与者的自主设计构建。为此，法律规定和法院判决的系统化，以及对理论上的和谐解释模式的寻求，不应该局限于对孤立情形的分析，而必须始终将规则描述作为可以使用的**事前行为指示**来加以看待。合伙/公司法作为组织法，以**设计构建和法律咨询**为其定位。因此，这也对科学研究适用，即需要为事先不能预见的困难寻找有效的利益平衡机制和冲突解决规则。这虽然适用于许多法律领域，但合伙/公司法尤其以此为特性，

14

---

[23]　对于自由职业者合伙法来说，自由职业的界限划分首先可以依据其第 1 条第 2 款来判断，其次可以依据职业法律以及在历史中发展起来的职业概貌和交易习惯来判断；那种认为自由职业的活动不在"经济领域"，或者不服务于营业的观点已经被超越了。

[24]　比较有限责任公司法第 1 条：可以为任何一个法律允许的目的设立有限责任公司。

[25]　比如见定期出版的杂志和社团举办的讨论会（连同相应的出版物），像企业法和公司法杂志以及商法和经济法杂志（各自每两年都有一个专刊）以及 RWS 论坛和公司法社团举办的讨论会，每次连同讨论会文集；也比较 *K. Schmidt*，JZ 2009，10 连同进一步的阐述。

[26]　对此见 Kübler/Assmann，§ 5 III，§ 34；MünchKomm-BGB/Reuter，7. Aufl.，Vor § 21 Rn. 62 ff.；*Teubner*，Organisationsdemokratie und Verbandsverfassung，1978；也比较 *Hadding*，ZGR 2006，137；*Picker*，ZfA 2007，129.。

因为共同目的的追求几乎就是"向未来敞开"㉗。此外，合伙/公司法还是这样一个领域，即不应该仅以狭义的法律、成文法律、法院判决标准以及法官的法律继创为研究对象。因为，正是在国际比较中，人们可以发现，历史传统、非法律形式的协定、社会规范、激励机制以及其他功能条件（下面边码 18）的作用得到了充分的展现。因此，对科学感兴趣的合伙/公司法学者应该更多地把法律比较和跨学科研究放在心中。

3. 教育

15　　合伙/公司法在法学教育中的地位，主要受到州考试法规和学院学科重点的影响。据此，至少合伙法和有限责任公司法的基本内容大多是**义务性学科**。深入学习是通过不同的结合形式，经常是股份法与资本市场法的结合，作为重点学科来提供的。从经验性学习、全面的法学基础教育以及建立于其上的专业化角度上看，至少需要对作为私法上的合作和组织的**合伙/公司法典型制度和行为模式**进行概略认识。这些虽然以民法的一般性规则为前提，但却不能从中直接推导得出。这一点适合于合伙法，同样也适合于公司法。

三、欧洲法律发展、法律比较和国际合伙/公司法

1. 欧洲法律发展

16　　欧洲经济共同体以及其后欧盟的法律、共同市场和内部市场法律很早就在重要领域影响了合伙/公司法。从一开始，基本性的共同体法律就包含了一个明确的法律协调委托（1957 年欧共体条约第 54 条第 3 款第 7 项，现在的欧盟运作模式条约第 50 条第 2 款第 g 项）。基本自由也影响合伙/公司法（下面第二章边码 26）。此外，为了使通过逐项法律协调来实现最低标准与法律规范在其他方面相互竞争等相结合，欧盟委员会在其计划中放弃了合伙/公司法的全面协调。㉘ 单个性的法律行动主要影响了合伙/公司法。就内容而言，重点在于公开、会计制度和合伙人/股东权利，还有就是合伙/公司跨境国性的迁移方面。在逐项协调成员国法律之外，特别的欧洲团体形式得到了发展。自 1989 年起，开始有欧洲经济利益联盟（EWIV）。欧洲（股份）有限公司（Societas Europaea，SE）自 1966 年开始准备，并通过由条例、指令和成员国转化实施法组成的法律束于 2005 年起供实践使用（下面第二章边码 27，第三十五章及其后一章）。自 2006 年起，开始有欧洲合作社。欧洲社团、欧洲互助联合公司和欧洲基金会没有继续推进。㉙ 正在（有很大分歧的）讨论的是欧洲私人有限公司（SPE）和一种特别容易设立的一人有限公司的变体（SUP）。超越成员国的团体设计构建是否能够得到认可，是一个市场和选择的问题。欧洲经济利益联盟只有有限的推广传播。欧洲股份有限公司则

㉗ Grundmann, Europäisches Gesellschaftsrecht, Rn. 83；*Jickeli*, Der langfristige Vertrag, 1994（insb. S. 151 ff., 207 ff., 235 f., 265）；Lutter, AcP 180（1980）84, 91 f.；也比较 *Möslein/Riesenhuber*, ERCL 2009, 248："Contract Governance"。

㉘ 比较欧盟委员会关于"在欧盟，合伙/公司法的现代化及合伙/公司治理的优化"的行动方案，见 2003 年 5 月 21 日的 KOM（2003）284；欧盟委员会的行动方案"欧洲的合伙/公司法和合伙/公司治理——为了参与的合伙人/股东和更具生存能力的企业的一个更为现代化的法律框架"，见 2012 年 12 月 12 日的 KOM（2012）740 final；*Gebauer/Teichmann*, Europäisches Privat-und Unternehmensrecht, 2016, S. 6 Rn. 85ff., 275ff.；*Habersack/Verse*, Europäisches Gesellschaftsrecht, § 3 Rn. 37ff.；*van Hulle/Maul*, ZGR 2004, 484ff.；*Kalss/Klampf*, Rn. 3ff., 550.。

㉙ 欧盟委员会的通报，ABl. EU 2006 C 64 S. 3；欧盟委员会的通报见 COM（2014）910 final, Annex II Nr. 61.。

逐渐受人喜爱。但是，欧洲公司形式也因此对成员国公司法具有意义，即不同形式的并存共同影响法律的发展。

在法律技术上，可选择作为派生性的共同体法律使用的有指令、条例和建议（欧盟运作模式条约第 288 条）。欧盟利用指令来协调法律，但指令需要成员国法律的转化实施，并且或多或少地要为其预留较大的发挥空间。相应地，德国合伙/公司法包含与指令一致的规定。这在解释时需要注意。在有法律争议的情况下，必要时还需要获得欧盟法院的预先裁决（欧盟运作模式条约第 267 条）。直接生效的条例被用于创设欧洲团体形式（对于各法律渊源，见下面第二章边码 24 及其后边码）。对于欧洲公司和欧洲合作社中的政治上特别有争议的员工共同参与决定，欧盟选择了条例与指令相结合的方式，因为正是指令的灵活性才让其转化实施成为可能（下面第三十五章边码 2）。建议虽不是有约束力的，但能够发挥出显著的影响效果。

在立法和欧盟法院判决[30]推动法律发展之外，出现了一个不仅为学术界，而且为跨国法律实践推动的探寻欧洲共同合伙/公司法的努力，即基于历史和经济的发展，通过成员国法律而作为共同存在发挥作用并获得广泛承认的基本原则（一种 ius commune）。[31] 作为法学方法，这里采用功能性的法律比较。

2. 法律比较

在合伙/公司法中，法律比较尤为特别，远远不是法学基础教学中的训练或德国法学教育中的（另外）一个专业重点。上面简要描述的欧盟法律协调和统一，首先就是以法律比较为前提。下面要讨论的国际合伙/公司法问题，也不断涉及国家法律规则的功能性比较。在高速发展的定位于市场经济的国家中，合伙/公司是经济活动的主要载体。合伙人/股东、外部投资人、债权人、员工、客户、管理者等参与者之间的需要规范的共同协作，原则上引发了相同的议题。[32] 但这些议题又被各国根据各自的法律传统、经济的历史发展和国家干预的倾向性等或多或少地不同地加以回答。因此，比如到处都有责任受到限制的合伙/公司形式，但与其相连的危险则以不同的方式加以应对。各国合伙/公司法包含渊博的经验知识。不仅对于法律协调目的，而且对于其他任何的进一步发展，都需要有效利用这些经验知识。此外，跨国的经济交往和世界范围的资本市场开放，迫使人们对其他国家的法律规定进行深入研究。对法律规则制度进行分析理解的科学兴趣，非常自然地将法律比较包含在内。

3. 国际合伙/公司法

国际合伙/公司法是指在案件事实涉及外国的情况下，确定一个人的联合体依据哪

17

18

19

[30] 连同形成一个共同原则的结果；关于归属安排和概念构建，见 Grundmann, Europäisches Schuldvertragsrecht, 1999; ders., Europäisches Gesellschaftsrecht, §4; 也比较 Müller-Graff (Hrsg.), Gemeinsames Privatrecht in der Europäischen Gemeinschaft, 1993; *Riesenhuber*, Europäisches Vertragsrecht, 2. Aufl., 2006; 法院判决览见 *Verse*, EuZW 2013, 336; *Verse/Wiersch*, EuZW 2014, 375; *dies.*, EuZW 2016, 330; *Wedemann*, 75 RabelsZ, 541 (2011).

[31] 比较，例如 die Bemühungen um einen European Model Company Act, www. law. au. dk/en/research/projects/european-model-company-act-emca［2016 年 9 月 11 日］；对此的文章在 ECFR 2016, 200 - 374; 关于 2017 的版本见 *J. Schmidt*, ZHR 180 (2017), 43; 也比较 *Hopt*, ZGR 2013, 165, 192 ff.

[32] Cheffins, S. 47 ff.; *Grundmann*, Europäisches Gesellschaftsrecht, §3; Kraakman/Hansmann, Anatomy, 2004; 关于法律功能上进行法律比较的方法，基本见 *Zweigert/Kötz*, Einführung in die Rechtsvergleichung, 3. Aufl., 1996, S. 33 ff.; Michaels, in: Reimann/Zimmermann (Hrsg.), The Oxford Handbook of Comparative Law, 2006, S. 339; 关于合伙/公司法的比较见 *Hopt*, a. a. O. (Oxford Handbook), S. 1161.

一个法律处理的法律，也就是确定**合伙/公司属人法律规范**的法律。国际合伙/公司法是**国际私法的一部分**，但其本身是国内法，包含所谓的冲突规则。从法律比较上看，对于合伙/公司属人法律规范的确定，本质上存在两个连结方法，即**住所地主义**和**设立地主义**。根据住所地主义，决定性的是人的联合体的事实管理住所在何处，而根据设立地主义，则以依据其而签订合伙/公司合同以及组建合伙/公司的法律规定为准。德国法律（民法典实施法）没有包含明确的冲突规则。欧洲议会和欧洲理事会 2008 年 6 月 17 日的关于合同之债所适用法律的第 593/2008 号（欧共体）条例（罗马 I 条例）明确不适用于合伙/公司法。[33] 以前，关于德国的国际合伙/公司法，学术界中的大部分和历来的法院判决一贯地都遵循住所地主义。[34] 然而，在欧盟范围内，住所地主义只有有限的适用性。[35]

20

在欧盟内，住所地主义远远地退于基本自由之后。合伙/公司，根据欧盟运作模式条约第 49 条和第 54 条享有迁移自由，根据欧盟运作模式条约第 56 条和第 62 条享有劳务自由。欧盟法院反复在预先裁决程序（欧盟运作模式条约第 267 条）中处理过这些问题。[36] 例如，住所地主义导致一个实际管理和主要营业活动在德国，但依据其他国家法律设立的人的联合体受德国法律规范。但这样一来，欠缺与之相对应的德国法律合伙/公司形式（带有责任限制的）所需的前提条件，特别是欠缺登记于德国商事登记簿。[37] 由此，它可能事实上阻止了参与者选择合伙/公司属人法律规范，即使他们认为外国法律对于其目的实现更为恰当。与此相反，根据设立地主义，选择合伙/公司属人法律规范是可能的。某一成员国法律遵循设立地主义，则一个根据该国法律而设立和登记的合伙/公司无须在那里拥有有效的管理住所，以使其依据设立的法律而被承认。设立地主义使得更大范围内的选择，不仅是在依据国内法的不同合伙/公司形式（对于法律形式选择，见下面第四章）之间，而且在依据外国法的合伙/公司形式之间成为可能。有时可以这样理解，只有设立地主义才符合欧盟基本自由。根据欧盟法院判决，合伙/公司实际管理住所在欧盟内的迁移，不会导致合伙/公司的迁入国拒绝给予其权利能力和诉讼能力。

但是，由此绝对没有解决欧盟范围内所有的国际合伙/公司法问题。欧盟理事会关于欧洲股份有限公司章程的第 2157/2001 号（欧共体）条例第 6 条要求，欧洲股份有限公司的章程住所地和总部应位于同一成员国；根据该条例第 8 条，保持主体同一性的住

---

[33] 2008 年 6 月 17 日的欧洲议会和欧洲理事会关于针对合同的债务关系所适用的法律的欧盟第 593/2008 号条例 (Rom I) 第 1 条第 2 款第 f 项。

[34] *Henssler/Strohn/Servatius*, IntGesR Rn. 5；GroßKomm-GmbHG/*Behrens/Hoffmann* Einl. Rn. B 20 ff.；MünchKomm-BGB/*v. Hein*, 6. Aufl., 2015, EGBGB Art. 3 Rn. 90；MünchKomm-GmbHG/*Weller* Einl. Rn. 320 ff. （以及进一步的阐述）；BGH NJW 2009, 289—Trabrennbahn；也比较 BGH ZIP 2009, 2385 (IX Zivilsenat)。

[35] GroßKomm-GmbHG/*Behrens/Hoffmann* Einl. Rn. B 35ff.；Grundmann, Europäisches Gesellschaftsrecht, Rn. 170；Bayer/J. Schmidt, ZHR 173 (2009), 735；2007 年 12 月 14 日 ein Referentenentwurf des Bundesministeriums der Justizzum IPR der Gesellschaften 不再被继续采用；对此见 MünchKomm-BGB/Kindler, IntGesR Rn. 64 及其进一步的阐述。

[36] EuGH NJW 1989, 2187 – Daily Mail；NJW 1999, 2027 – Centros；NJW 2002, 3614 = NZG 2002, 1146 – Überseering；NJW 2003, 3331 – Inspire Art；NJW 2006, 425 – Sevic；NJW 2009, 569-Cartesio；最近的 EuGH NJW 2012, 2715-Vale；Gebauer/Verse, Europäisches Privat-und Unternehmensrecht, 2016；§ 6 Rn. 19 ff.；Habersack/Verse, Europäisches Gesellschaftsrecht, § 3 Rn. 11 ff.；对于依据德美友好条约确认的以设立地主义为冲突法规则，见 BGH ZIP 2003, 720；也见下面第三十六章边码 39。

[37] 比较 BGH NIW 2009, 289-Trabrennbahn, 关于来自第三国的合伙/公司。

所地迁移是可能的。这一规定遵从了住所地主义。对于单纯的国内的合伙/公司形式，其实际管理住所和章程住所地迁移的许可，仍一如既往地取决于迁出国及接纳国各自适用的国际合伙/公司法。⑧

　　法律规则的竞争在欧盟境内仍在进行中。⑨ 依照各自功能条件的不同，这样的竞争 21 可能会产生危险的或者富有成效的结果，以及对合伙/公司法的基础性的思维模式提出质疑。

　　在美国国内适用的设立地主义之下，出现了一个各州公司法律规则间的竞争，并且导致产生了特拉华州法律的广泛领导地位。不可以将所谓的"特拉华州效应"不加区分地等同于"朝底赛跑（race to the bottom）"或者"松弛赛跑（race of laxity）"。因为在结果上，特拉华州法律，包括那里的专业司法和与之相应的专业律师，运转得绝对良好。是否可以通过竞争在欧洲或世界范围内优化合伙/公司法，决定性的还是那些不同于美国各州的框架条件。例如，没有共同的宪法，有一部虽已协调过但没有全面统一的资本市场法，并且法律传统经常相差甚远。相反，对于欧盟内的法律发展，法律协调统一的范围，也包括合伙/公司法之外的，以及信息获取的可能性是支持体制竞争的重要框架条件。⑩

四、介绍方式

　　有人从科学系统化的视角出发，主张总体概括把握广义上的合伙/公司法，并且首 22 先将具有广泛适用性的基本原则作为**"合伙/公司法总则"**来加以描述。⑪ 这与法律现状不符，因为对于合伙/公司，没有一般性的法律条文规定，如在荷兰或者法国⑫的那样。一般性的基本原则多是法学努力⑬的结果或者工作纲要，又因而对于那些对科学感兴趣的人是尤为诱人的。然而，对于那些到目前为止还没有详细研究合伙/公司法的人来说，这样的一个总则则不甚清楚，因为他们对各合伙/公司形式中的具体应用情形还不甚熟悉。因此，下面的**描述以各合伙/公司形式为出发点**。在各自相关之处，将指明

　　⑧　EuGH NJW 2009，569 Rn. 99ff. -Cartesio；NJW 2012，2715-Vale；OLG Frankfurt a. M. NZG 2017，423；以跨国界转化形式的住所迁移；*Kalss/Klampfl* Rn. 99ff.。

　　⑨　*Kalss/Klampfl* Rn. 68；Kieninger，Wettbewerb der Privatrechtsordnungen im Binnenmarkt，2002，S. 105ff.；umfassender *Rühl*，Statut und Effizienz，2011，S. 222ff.

　　⑩　比较 Cheffins，S. 421 ff.；*Davies*，Principles，Rn. 6 - 15；*Eidenmüller*，ZGR 2007，168；Kübler/Assmann，§ 35 II 2；*Grundmann*，ZGR 2001，783，797 ff.；*Rühl*，Statut und Effizienz，2011，S. 243ff.；Scholz/H. P. Westermann，Einl. Rn. 156f.；*Windbichler/Krolop*，在 Riesenhuber（Hrsg.），Europäische Methodenlehre，2. Aufl.，§ 19 Rn. 83ff.；从经济视角进行阐述的是 Heine，Regulierungswettbewerb im Gesellschaftsrecht，2003；关于美国的法律发展见 *Merkt*，US-amerikanisches Gesellschaftsrecht，3. Aufl.，2013，Rn. 17ff.。

　　⑪　比如 K. Schmidt，Erster Teil；Wiedemann I；für die Personengesellschaften *Wiedemann* II，§ § 1 - 6；也比较 Kraakman/Davies u. a.，Aunatomy。

　　⑫　在荷兰，是其 1992 年的民法典第七章（A）第 1655 条到第 1688 条；在法国，是其民法典第 1832 条及其后条款（1966 年 7 月 24 日的第 1 - 8L. 条）；捷克商法典第 56 条到第 75 条中包含关于商事合伙/公司和合作社的一般性规定（东欧经济和法律翻译手册）。

　　⑬　作为例子，比如见 *Habersack*，Die Mitgliedschaft-Subjektives und "sonstiges" Recht，1996；Lutter，，AcP 180（1980），84；K. Schmidt，Informationsrechte in Gesellschaften und Verbänden - Ein Beitrag zur gesellschaftsrechtlichen Institutionenbildung，1984；ders.，Die Beschlussanfechtungsklage bei Vereinen und Personengesellschaften - Ein Beitrag zur Institutionenbildung im Gesellschaftsrecht，Festschr. für Stimpel，1985，S. 217.。

某一法律制度是否对于其合伙/公司形式来说是特有的，还是适合作为一般性合伙/公司法的"候选人"。

不是所有的合伙/公司形式都被介绍和同等对待，这将超越简明教材的本意和范围。选择标准是理论和实践意义、法学教育安排以及传授合伙/公司法思想的能力。

23　　因此，本书以下将把**民法典中的社团法**[44]排除在外。社团是团体和法人的基本形式。但法人概念属于私法上的基本概念，因而可以将其推给民法的一般教育。法人基础理论必须跳出已有的书籍的范围，还必须将公法上的团体法人和机关也纳入进来。此外，民法上的社团法实质性地区别于商法上的具有权利能力的团体法人法。对于后者，它虽具有意义，但在不同时介绍社团法的情况下，探讨股份法和有限责任公司法仍是完全可能的。在此过程中，对于那些数量相对较少且补充适用的民法典上的社团法规定，会予以顾及。利益性团体的特殊问题领域仅很小部分属于合伙/公司法（上面边码 13），因而这一领域将连同社团法一起被排除在外。

不同的是民事合伙法。合伙这一形式经常被使用，也常作为企业载体和投资工具（下面第五章边码 3 和边码 12）。它是商法典中的合伙形式和自由职业者合伙的基本形式。普通商事合伙、有限商事合伙、隐名合伙和自由职业者合伙法是与民事合伙法紧密交织在一起的。因此，本书下面会进一步介绍民事合伙法。尽管如此，重点仍放在更为精细设计构建的普通商事合伙上。此外，对于有限商事合伙、自由职业者合伙和欧洲经济利益联盟，还包括民事合伙，普通商事合伙都是转致援引的对象。

单纯就数量而言，特别法上的合伙/公司形式就已成为合伙/公司法的主要内容（上面第一章边码 4），因而也是介绍的主要对象。限于特定专门领域的**保险互助联合会**[45]和实践意义较小的**欧洲经济利益联盟**[46]等形式，只会偶尔提及到。**自由职业者合伙**，通过其对普通商事合伙的紧密依附，原则上很容易理解。但是，由于针对其执业过错的不同寻常的责任制度，其也值得单独对待。其他的特殊性是由与自由职业者合伙形式所从事的自由职业相关的各自的职业法律给出的，在这里就不能对此进行深入探讨了。登记合作社具有可观的经济意义[47]，但是，很久以来，合作社法就已发展成为合伙/公司法之内的独立的专门领域。由于登记合作社特殊的目的设置，即根本性地区别于人合性的和资合性的营业合伙/公司，同样也根本性地区别于社团和民事合伙可能有的精神性目的，以及通过除此之外的特有行业规范的交叉重叠，不同的法律结构也就随之而来了。对其理解，要求深入钻研合作社事业的历史发展和经济上的特殊性，包括卡特尔法。一个以

[44]　关于社团法的文献资料：Kübler/Assmann，§ 10 f.；*Otto*，Handbuch zum Vereinsrecht，11. Aufl.，2016；Richtert/*Davernheim/Schimke*，Handbuch des Vereins-und Verbandsrechts，13. Aufl.，2016；*Saenger*，§ 10；Sauter/Schweyer/*Waldner*，Der eingetragene Verein，20. Aufl.，2016；K. Schmidt，Verbandszweck und Rechtsfähigkeit im Vereinsrecht，1984；Stöber，Handbuch zum Vereinsrecht，9. Aufl.，2004；Wiedemann/Frey，Nr. 16 ff.；Kommentare zu §§ 21 ff. BGB.。

[45]　关于保险互助联合会的文献资料：Kommentierungen der §§ 15 – 53b VAG a. F.；im VAG i. d. F. des Gesetzes zur Modernisierung der Finanzaufsicht über Versicherungen v. 1. 4. 2015（BGBl. 2015 I 434），在第 171—210 条中对保险互助联合会予以了规定，这在 2016 年 1 月 1 日生效。

[46]　关于欧洲经济利益联盟的文献资料：Baumbach/Hopt/Roth，Anh. nach § 160；Habersack/Verse，Europäisches Gesellschaftsrecht，§ 12；Lutter/Bayer/J. Schmidt，Europäisches Unternehmens-und Kapitalmarktrecht，5. Aufl.，2012，§ 40.。

[47]　比较合作社法第 1 条中的例举：农业生产和销售合作社、住房建设合作社、信贷合作社（比如大众的或小额的贷款银行）。

学习为目的的简短介绍几乎不可能超越单纯的法律条文内容，因而应予以放弃。合作社法几乎没有出现在考试和学习法规中。就像总是如此的那样，在需要和感兴趣的时候，具备合伙/公司法才能的法律人员可以自行研究。[48]

因此，下面的介绍包括民事合伙、普通商事合伙、自由职业者合伙、有限商事合 24 伙、隐名合伙、有限责任公司、股份有限公司、股份制有限商事合伙和欧洲股份有限公司。在实践中，有限责任公司属于最重要的公司形式，并且从作为股份有限公司的"小姐妹"发展成为一个非常独立的公司形式。由于有限责任公司，至少就其基本内容而言，几乎各州都是义务性学科，因而首先介绍它。股份有限公司不断烙下资本市场法影响的印记，故将在这一视角之下予以阐述。正不断推广传播的欧洲股份有限公司值得单独一章。此外，作为特别重要的法律形式结合的应用情形，将介绍资合性有限商事合伙。接下来的一章对合伙/公司改组给出一个概览。其余的结构变更和企业联合在各自相关的地方介绍，并仅对股份有限公司作专门的概括总结。如果对整体理解有必要的话，经济上的相关之处、与其他法律领域的横向结合和法律比较等都将被简要提及。只要是转化实施欧盟指令的国家法律规定，都会予以注明。合伙/公司法的欧盟化状况也会被一般性地顾及。

在各自相关章节之前会给出有关各合伙/公司形式的**文献提示**。

五、历史和经济基础

1. 人的联合体的历史发展

无论从科学的角度上看，还是从更好的理解法律比较和合伙/公司法欧盟化的角度 25 上看，历史基础都具有重要意义。现行法上的人的联合体有其历史蓝本。它们既有来自德国法传统的，也有来自罗马法传统的。德国法律的发展表明，在人的联合体形式上具有一个巨大的多样性。罗马法显得更为简洁和清楚，这至少是对于查士丁尼时期来说。在意大利中世纪的罗马法学对其进一步发展之后，它成为法律移植的基础。为了比较和清楚说明原则上可能的形式，下面概括介绍罗马法上的这些形式。尤其是在法律移植时期之后，它们强烈地影响着德国的发展。

（a）罗马法

罗马法上的人的联合体是*团体*（universitas）和*合伙组织*（societas）。[49] 26

团体具有权利能力，在今天的意义上讲是法人。它作为独立的统一体对外出现。财产表现为团体的财产，而非成员的财产。对于债务，仅团体承担责任，各成员不承担责任（quod universitati debetur, singulis non debetur; nec quod universitas debet, singuli debent）。在诉讼程序中，只有团体是当事人。成员变换不影响团体的存在。也就是说，在任何视角上，团体都脱离于各成员组成的多元性而独立存在。作为这样的团体，在罗马法中主要是，但不完全是国家和乡镇。

合伙组织不是法律主体，而仅是独立的单个人之间的一种债法关系。没有真正意义

---

[48] 关于合作社法的文献资料：Beuthien, GenG, 15. Aufl., 2011; Henssler/Strohn/Geibel, GenG; Pöhlmann/Fandrich/Bloehs, GenG, 4. Aufl., 2012.。

[49] Jörs/Kunkel/Wenger, Römisches Privatrecht, 3. Aufl., 1949 (Nachdruck 1978), §§44 und 151; Kaser/Knütel, Römisches Privatrecht, 20. Aufl., 2014, §§17 und 43; *Kaser*, Das römische Privatrecht, Abschnitt 2, 2. Aufl., 1975, §§214 und 267; Meissel, Societas, 2004; Zimmermann, The Law of Obligations, 1990/1992, S. 451-476.

上的与各合伙人私人财产完全分离的合伙财产，而只有用于合伙目的的按照份额方式归属于成员的财产。对于债务，各合伙人承担责任。在诉讼程序中，合伙人是当事人。原则上，每个合伙人可以随时要求解除合伙关系。一名合伙人的退伙，比如基于死亡，必然导致整个合伙的解散。

在团体情形下，单一性思想占统治地位。而与此相反，在合伙组织情况下，成员的多元性处于首要位置。

(b) 德国法因素

假如要系统化地总结归纳形式的多样性，德国法律发展也区分两种基本形式：*德国法上的团体法人和共同共有共同体*。[50]

早期，自然还没有具有独立权利能力的人的联合体。当时，欠缺能够将团体作为独立的法律主体从成员中分离出来的抽象能力。但在中世纪，就已出现形式非常不同的，用于非常不同目的的具有权利能力的团体法人，比如同业公会、商人协会、堤坝合作社等。从它们当中，可推演出德国法上的团体法人的基本形式。就像罗马法上的团体一样，它是独立的法律主体，拥有一个通过其机关表达出来的整体意思。但团体法人从成员处的脱离，不如在罗马法中走得那样远。在成员和团体法人的权利领域之间，没有一个完全的分离。团体法人虽然是一个独立的单位，但还不是如此地独立，以至于团体法人与成员之间只可能有与第三人，即与陌生人之间的那样的法律关系。其实，人们当时始终顾及这一点，即团体法人由各成员组成。团体法人和成员之间因而产生特殊类型的法律关系。它们由成员身份设立并以之为条件，因而曾被称为"是团体法上的"。这也表现在处理团体财产上。团体财产属于团体本身，因为后者是法人。然而，成员也可以在这一财产的标的物上拥有独立的权利，尤其是使用权，但不是作为如他物权那样的权利出现，而是作为自成一类的成员权。成员权根本不能为第三人或外部人员所拥有。对于债务，原则上由团体法人负责。但与此同时，大多还存在一个成员责任。总体表明，作为单个人的成员和团体法人之间在概念上的相互对立没有像在罗马法中那样得到严格贯彻。这一思路现今可以在登记合作社上得到印证，而股份有限公司则更多的是像罗马法上的团体那样设计构建。

共同共有共同体是德国法的特别产物，这可以从其诸多特性中得出。它非常实质性地区别于罗马法上的合伙组织。相对于罗马法上的合伙组织只是存在于人与人之间的单纯债法关系中，以至于合伙人仅是作为债权人和债务人而相互面对，在共同共有共同体中，发生了一个更为强烈的成员联结。成员被相互联结成为一个共同体。共同体思想远比在罗马法上的合伙组织中被更为强烈地强调。这首先表现在它完全与成员私人财产相脱离的共同体财产上。它是一个特别财产，属于所有成员共有，只能由成员共同处分（比较下面第三章边码 4 及其后边码）。共同共有共同体起源于家庭共同体。在父权统治之下，家庭成员之间形成一个共同体，分配给家庭的土地作为共同财产而归属于它。在父亲死后，成年儿子也大多继续留在家庭共同体中而相互联结，不进行遗产分割。这样的遗产共同体在中世纪曾以多种多样的形式存在，其法律形式是共同共有共同体。后来，相应的共同体也通过合同设立，尤其是也作为营业合伙。

---

[50] 对此比较 Hübner, Grundzüge des deutschen Privatrechts, 5. Aufl., 1930 (Nachdruck 1969), S. 123 ff.；Otto v. Gierke, Das deutsche Genossenschaftsrecht (4 Bände, 具有奠基性的意义), 1868 ff.；也见 Mitteis/Lieberich, Deutsches Privatrecht, 9. Aufl., 1981, Kap. I 1.。

(c) 与现行法的联结

现行法规定了与这一历史概览相对应的主要合伙/公司形式，但其在具体内容上可 28
能呈现出非常不同的设计构建。即使今天，对于人的联合体，罗马法上的团体和合伙组
织、德国法上的团体法人和共同共有共同体这四种形式仍是法律技术设计的典范。在这
里，罗马法上的团体和合伙组织形成了相差最大的对立体：在团体情况下，单一性思想
占统治地位，单个成员完全退于团体统一体之后。而在合伙组织情况下，多元性思想占
统治地位，各成员具有独立性，是仅通过债法义务而联合在一起的人。德国法上的团体
法人和共同共有共同体居于其中间。

在现行法中，可以重新找到相对应的法律形式。一个与罗马法上的合伙组织相对应
的合伙是可能的。尽管民事合伙一般是共同共有，但这不是必须的。基于契约自由，合
伙人可以完全撇开共同财产或者约定按份共有。除此之外，合伙可以是一个纯粹的内部
合伙，对外根本不出现，仅以合伙人相互之间的单纯债法关系为限。这必然适用于隐名
合伙。现今，作为一种没有法律人格但具有法律独立性的合伙形式，是一些情形下的民
事合伙以及普通商事合伙、有限商事合伙和没有权利能力的社团。在普通商事合伙情况
下，单一性思想被较为强烈地强调。它有一个自己的商号，并在其之下作为统一体对外
出现，获取权利和承担义务，起诉和被起诉（商法典第 124 条）。在对外关系上，它因
而接近于法人。与此同时，还存在法人（下面第二章边码 7）。同样在这里，人们在具
体情况下发现分层分级现象。在商法中，罗马法上的*团体*意义上的单一性思想在股份
有限公司上体现得尤为强烈，而有限责任公司和股份制有限商事合伙则让朝向合伙的过
渡形式成为可能，合作社则强烈地让人想起德国法上的团体法人。

这一法律技术上的合伙/公司形式的历史回顾，并没有就人的联合体的功能和框架 29
条件提供任何信息。还是借助于启蒙运动的思想财富，现代的烙有私法印记的合伙/公
司法才得以发展。资产阶级自由以及可以在没有时常限制的情况下从事营业活动，造就
了今天的合伙/公司法。就这一点而言，合伙/公司法是资产阶级和工业革命的产物。[51]
资本化的经济形式、市场程序作为主要导向因素（非集中化的协调）的挺进，以及由股
份有限公司经营大型企业的现象等，也作为法律议题反映出来，并带来新的规范要素，
如进行区别对待的会计法和资本市场法以及企业员工共同参与决定（上面边码 6 及其后
一个边码和边码 10）。除此之外，还有欧洲内部市场中的国境跨越和不断增加的世界范
围内的市场开放所带来的法律问题。

2. 经济基础

对合伙/公司法的经济基础的观察，应较少定位于经济历史，而更多倾向于一些也 30
与法律有重要关系的基本问题。这里，在大量的经济理论中，只指出那些与合伙/公司
法议题特别接近的理论思想，即制度经济学和行为经济学。[52]

作为经济组织的核心问题，对**经济性**的疑问是一个决定性的出发点。这有关投入物

---

[51]　进一步的阐述见 Kübler/Assmann，§ 2.。

[52]　入门性的文献资料：Cheffins, S. 3 - 213；Fleischer, ZGR 2001，1；Franck, in：Riesenhuber，§ 5；*Grundmann*，Europäisches Gesellschaftsrecht，§ 3 Rn. 79 ff.；Grundmann/Micklitz/Renner, Privatrechtstheorie, Bd. II, 2015，Teil 4；Homann/Suchanek, Ökonomik, 2. Aufl.，2005；Richter/Furubotn, Neue Institutionenökonomik, 4. Aufl.，2010；Schäfer/Ott, Lehrbuch der ökonomischen Analyse des Zivilrechts, 5. Aufl.，2013；Towfigh/Petersen, Ökonomische Methoden im Recht, 2010；Vanberg, Matkt und Organisation, 1982；Oliver E. Williamson, Die Ökonomischen Institutionen des Kapitalismus, 1990.。

与目标实现的关系和目标实现的范围。费用与成果之间的关系应该被优化。但这不必然等同于"利润最大化"，因为经济性问题出现在所有的生活领域中，即也存在于追求非常私人化的偏好以及艺术的、科学的和利他的目的情况下。对于目标实现的优化，交易合同的签订，也就是**市场程序**（在一定的范围内）被证明是一个有效的手段。当人们为了实现共同目的而联合起来时，他们通过协作、**组织**或者合伙/公司来替代（理论上可能的）大量的单个交易。企业理论研究，组织（等级制度）为什么和在哪些条件下优于合同。[53] 一个职权分配体系可以比大量的单个合同更为经济（**节约交易成本**），但同时提出了新的问题。具有决定和执行职权的人拥有信息优势，他们可能疏忽他们的义务和合伙人/股东利益而不被发现（机会主义，*principal-agent* -情形，**代理问题**）。这导致监控需求的提高，而监控反过来又产生费用。此外，着眼于合作盈利，可能出现**分配问题**。总体上讲，这是特别重要的，即在合作情况下，当事人不可能像在单个交易合同情况下那样，在一个界限确定的交易中确定所有重要的因素，并且共同目的的追求总是要求新的决定（比较上面边码 14）。解决这样的问题，法律规定通常是一个适当的手段。这尤其适用于作为预备"工具箱"使用的任意性法律。立法者的强制性干预需要特别的理由论证。由此造成的自由丧失和费用必须带来一个比没有规范情况下更为有效的资源利用，或者当追求的是其他目的时，如公平、共享和公共福利目的，必须公开目的且其费用和手段是适当的。在强制性法律之外，还分析研究其他激励机制，如任意性法律、信息改善规则、私人性质的规范体系、声誉损失等。此外，还有框架条件，如市场情况等。在方法上，需要强调的是，不仅应在理论（假设性的和数字化的）上分析相互作用，而且应评估经验数据以及从经常是非常具体的案例研究出发。

这里简要概述的经济问题，与作为典型的合伙/公司法对象的法律问题密切相关。因此，了解相邻学科的问题、知识和方法是有很大收获的，预示着法学工作质量的提高。尤其像某些法学论据事实上是乔装打扮的经济主张，但它们既没有在理论上，也没有在经验上经过研究论证。

---

[53] 具有奠基性意义的是 Coase, The Nature of the Firm, Economica (New Series), Vol. 4 (1937), S. 386 ff.；被印制在 Grundmann/Micklitz/Renner, Privatrechtstheorie, Bd. II, 2015, S. 1489；与此相反，不同的则是认为合伙/公司是一个"合同集束"（nexus of contracts）的理解模式，即所谓的合同集束理论，比如见 Procaccia, ZGR 1990, 169；Ruffner, Die ökonomischen Grundlagen des Rechts der Publikumsgesellschaft, 2000, S. 155 ff.。其他的证据在 Göthel, US-amerikanisches Gesellschaftsrecht, 3. Aufl., 2013, Rn. 78 ff. 对于法律工作者而言，这种思想不能提供什么帮助，因为法学上的合同概念是相当严格的（比较 Cheffins, S. 31 f.）；Eisenberg, 24 J. Corp. L. 819 (1999)；Sester, Projektfinanzierungen als Gestaltungs-und Regelungsaufgabe, 2004, 150 ff. （连同进一步的阐述）。

第二章 ◀
人的联合体的分类和法律渊源

一、分类

法律规定的人的联合体类型，提供了一个可观的多样性。根据合伙/公司形式的不同，法律规定在不同范围内是任意性的。因此，尽管存在合伙/公司形式法定原则的约束，但在契约自由框架下，私自治性的合伙/公司设计构建得到了发展，并且或多或少地偏离于法律规定的基本类型。此外，还可以通过一个合伙/公司作为另外一个合伙/公司的成员的方式，创设合伙/公司形式联合。为便于概要了解这一多样的表现形式，将传统性地采取不同的视角，以分组的方式总结概括人的联合体。这并不必然导致一个和谐的分类。观察视角相互重叠，而其采用的类型划分在法律发展过程中部分获得了意义，部分丧失了意义。但尽管如此，下面的分类仍是常用的。

1. 有和没有权利能力的联合体以及具有法律人格的联合体

来自文献：*Beuthien*，JZ 2003，715；*ders.*，NZG2011，481；*Flume*，Personenge-sellschaft，§5；*ders.*，Juristische Person，Kap. I；*Hadding*，FS Beuthien，2010，S. 167；*U. Huber*，FS Lutter，2000，S. 107；MünchKomm-BGB/*Schäfer*，7. Aufl.，Vor §705 Rn. 1 ff.；*K. Schmidt*，Gesellschaftsrecht，§8；*Schöpflin*，Der nichtrechtsfähige Verein，2003；*Seibert*，JZ 1996，785；Soergel/*Hadding*，BGB，13. Aufl.，Vor §21，Rn. 1 ff.；*Wiedemann* II，§1.

以人的联合体形式追求共同目的，可以或多或少地变得更加独立。在有些人的联合体情况下，重点仍始终放在成员的多元性上（**多元性原则**），而在其他的人的联合体情况下，成员则退于联合体中的联合统一之后（**单一性原则**）。[1] 然而，这并非绝对对立，存在过渡形式，即在其之下，两个原则不同地被体现出来。私自治性的形式可能强调或者弱化单一性或多元性原则。其差别反映在确定合伙人/股东相互之间以及与第三人之

1

2

---

[1] *G. Hueck*，FS Zöllner，Bd. 1，1998，S. 275，286 ff.；*U. Huber*，FS Lutter，2000，S. 107，123；*Wiedemann* I，§5 I 1.

间的关系上。这在债务责任承担上尤为明显。在一个强烈依赖于合伙人的合伙情况下，如普通商事合伙，合伙人对合伙债务承担个人责任（商法典第 128 条）。而股份有限公司的债权人只能追究这个法人的责任，不能追究单个股东的责任（股份法第 1 条第 1 款第 2 句）。

组织的权利能力，没有必要一定要等同于民法上的独立的主体的，即作为基本权的主体的。基本法第 19 条第 3 款将基本权的适用扩展到"国内的法人，只要根据它们自身的本质是可适用的即可"。人的联合体也属于此。[②] 鉴于欧盟运作模式条约第 26 条第 2 款和第 18 条，欧盟成员国的合伙/公司也享有德国的基本权保护[③]（属于下面边码 26 的欧盟基本自由）。哪些基本权适用于合伙/公司，其界定会引发很多困难。无论如何，诸如基本法第 6 条这类以自然人为前提的基本权是被排除在外的。例如基本法第 3 条、第 12 条和第 14 条是明显可以适用的。与此相对，信仰自由、一般人格权或言论自由则是有争议的。[④]

（a）成员作为法律主体

3　　仅由享有利益的人继续作为法律主体，是可能的。

举例： 邻居约定轮流照管其年龄差不多的孩子。企业约定共同利用技术进行研发（反限制竞争法第 2 条结合欧盟运作模式条约第 101 条第 3 款，关于研究和开发的第 1217/2010 号（欧盟）条例）。[⑤] 某人隐名参与一个商事企业（商法典第 230 条及其后条款）。

在这些情形下，没有形成一个被特定化出来的合伙财产。合伙不在财产法上以及对外关系中出现，不是权利和义务的主体。因此，人们称其为**内部合伙**（下面边码 13）。在本质上，合伙由合伙人之间的债法关系组成。但尽管如此，它可以通过合同产生一个内部组织。

4　　合伙在什么时候自身过渡成为法律主体，在具体情况下是富有争议的。根据民法典原有的构想，合伙的合伙人在他们的相互联结中是法律主体，而不是合伙作为法律主体。[⑥] 与此相反，只有法人才是独立的法律主体。当然，依据商法典第 124 条，对外享有广泛独立，这一开始就适用于普通商事合伙。甚至对于法律事实中经常作为企业载体出现、对外积极参与经济活动的民事合伙，人们也不断开展讨论。由于合伙财产通常作为共同共有财产而与各合伙人的财产相分离（下面第三章边码 4 及其后边码），特别财

---

② BVerfG NJW 2002，3533（连同进一步的注释）；如果合伙/公司被公法上的主体控制时，基本权的保护可能会缺失，BVerfGE 128，226-Fraport；对此的详细介绍见 *Kater*，Grundrechtsbindung und Grundrechtsfähigkeit gemischtwirtschaftlicher Aktiengesellschaften，2016.。

③ BVerfG NJW 2011，3428＝JuS2012，379 m. Anm. *Sachs*.

④ 关于信仰自由比较 BVerfG NJW 1991，2623；与此相反的特别有争议的是 die Entscheidung des US Supreme Court v. 30. 6. 2014 Burwell v. Hobby Lobby Stores，Inc.，573 US_（2014），docket No. 13－354，这使得信仰自由适用到类似有限责任公司的公司；以及 US Supreme Court v. 21. 1. 2011 Citizens United，558 US_（2010），docket no. 08－205，根据"言论自由"，这实际上允许通过法人对选举广告进行不受限制的资助。

⑤ （合法的）卡特尔可以以不同的法律形式组建；内部民事合伙也是一个可能的选择；比较 *K. Schmidt*，§ 7 I 2 bb Beispiel Nr. 2.。

⑥ 本书第 19 版的第二章第一部分第一段；*G. Hueck*，FS Zöllner，Bd. 1，1998，S. 275；*U. Huber*，FS Lutter，2000，S. 107，113 f.；Schack，BGB Allgemeiner Teil，14. Aufl.，2013，Rn. 71，137；*Jauernig/Stürner*，§ 705 Rn. 1；Zöllner，FS Gernhuber，1993，S. 563；ders.，FS Claussen，1997，S. 423，429 ff.，438；ähnlich *Beuthien*，NZG 2011，481，484："kollektive Rechtsfähigkeit"；*Saenger* Rn. 15；合伙不像这些主体，而是只有其合伙人作为一个整体才有民事行为能力。

产意义上的共同共有也曾被作为独立的对象来加以理解。[7] 自法院判决[8]通过法律继创承认民法上的外部合伙具有权利能力之后，争论的就是这些问题了，即什么时候就已存在这种类型的独立，它覆盖多广以及如何构建其法律上的，特别是诉讼程序法上的后果。第71届德国法律家大会建议就此作出一个法定的规则。[9]

(b) 具有权利能力的合伙

"具有权利能力的合伙"的第一个法定定义是1996年在民法典第1059a条第2款中做出的，之后于2000年被民法典第14条第2款所接受。然而，这一条文只有很小的澄清说明价值[10]，并且不是来自权利能力这一同一概念，比如民法典第21条及其后条款。它与欧盟消费者保护法在国内的转化实施有关。[11] 此外，改组法第191条称合伙为法律主体。自由职业者合伙法第7条的官方标题提到自由职业者合伙在"法律上的独立"。商标法第7条第3项规定，"只要合伙配备有获取权利和承担义务的能力"，就可以是商标所有人。立法材料表明，这一规定首先针对的是商法典第124条，也就是普通商事合伙和有限商事合伙，而不是针对民事合伙。[12] 破产法第11条第2款第1项以此为出发点，即在那里提到的合伙，即使不是法人，也具有独立的破产能力。其他财产体同样具有破产能力，而无须考虑其是否具有权利能力，即遗产共同体和婚姻共同体的共同财产，见破产法第11条第2款第2项。至少对于普通商事合伙、有限商事合伙、自由职业者合伙和德国法律上的欧洲经济利益联盟，人们可以断定，依据商法典第124条、自由职业者合伙法第7条、欧洲经济利益联盟条例第1条第2款结合欧洲经济利益联盟法第1条，尽管并不因此就是法人，但它们具有权利能力。[13] 在税法中，合伙，特别是法律上独立的商事合伙也一样，不是作为（机构法人）税负主体来看待的，而是各合伙人负有将合伙收益按照份额计算入其个人所得税的义务，即所谓的税负透明原则（下面第四章边码10）。合伙/公司分支机构法（商法典第13条第1款第1句）区分个体商人、法人和商事合伙。在刑法和行政违法行为处罚法中，也区分法人和具有权利能力的合伙（刑法典第14条第1款第2项，行政违法行为处罚法第9条第1款第2项和第30条第1

5

---

⑦　*Flume*，Personengesellschaft，§5；也比较 K. Schmidt，§8 III 2；MünchKomm-BGB/*Schäfer*，§705 Rn. 296ff.：共有从客体变为主体。

⑧　具有奠基性作用的是 BGHZ 146，341＝NJW 2001，1056 - ARGE Weißes Ross.。

⑨　71. DJT 2016，Abt. Wirtschaftsrecht，Beschluss I. 5. a)。

⑩　被 *Flume* 批评为同义反复，ZIP 2000，1427，1428；*Hensen*，ZIP 2000，1151；*Jauernig/Mansel*，Vor §21 Rn. 1："困惑的"；关于新的法律表述只有有限的说明价值，也见 G. Hueck，FS Zöllner，1998，Bd. 1，S. 275，279 ff.。

⑪　MünchKomm-BGB/*Micklitz/Purnhagen*，7. Aufl. §14 Rn. 9f．

⑫　BGH DB 2000，21177＝JuS 2001，507 m. Anm. *K. Schmidt*，·通过 §5 Abs. 1 Nr. 2 Marken V 变得过时；有所差异的是 *Fezer*，MarkenG，7. Aufl.，§7 Rn. 49ff.；主张将民法典第14条第2款中的描述限定在商法典第124条第1款规定的资格能力上的是 *Bork*，Allgemeiner Teil des Bürgerlichen Gesetzbuchs，3. Aufl.，2011，§5 Rn. 195；*Medicus*，Allgemeiner Teil des BGB，10. Aufl.，2010，Rn. 1099（zu §1059 a BGB）；*H. Roth*，JZ 2000，1013，1015 Fn. 17；与此分离的还有 *Jauernig/Mansel*，§14 Rn. 2.。

⑬　关于法人，见 *Bälz*，FS Zöllner，Bd. 1，1998，S. 35，62；*Raiser*，AcP 194（1994），495；*ders.*，AcP 199（1999），104；Timm，NJW 1995，3205；ders.，ZGR 1996，247，251 ff.；与此相反的判决和主流观点是 BGHZ 146，341＝NJW 2001，1056 - ARGE Weißes Ross；*BGH* NJW 2009，594；G. Hueck，FS Zöllner，1998，Bd. 1，S. 275，286；MünchKomm-BGB/*Schäfer*，Vor §705 Rn. 12f.，§705 Rn. 308f.；*Saenger* Rn. 15；*Staub/Habersack*，§124 Rn. 2（连问进一步的阐释）；*Ulmer*，AcP 198（1998），113，119；*Zöllner*，FS Claussen. 1997. S. 423，429 ff. 在法国法中，民事合伙是法人（*personne morale*）；符合逻辑推理的是要求在一个登记机构处登记（法国民法典第1842条）。但法国法是起源于"法人"的另一种理念，Windbichler，ZGR 2014，110，115，121 ff.。

款第 3 项）。

6　　　　（部分）具有权利能力的民事合伙，仍然是一个有问题的领域。[14] 在联邦普通法院第二审判庭的判决中，好像只是有一个有限的承认，即"只要"民事合伙通过参与法律交往创设权利和义务，就宣布其具有权利能力。民事合伙原则上可以接受任何法律地位，也就是说，只要没有特别的视角反对。但尽管如此，"部分权利能力"这一概念也是不成功的，因为不知道究竟具体是指的哪部分。[15] 对于在哪些前提条件下满足权利能力的判断标准，以及能达到什么程度，还没有完全弄清楚（对此进一步见下面第五章边码 6）。无论如何，上面提到的有关法律主体和权利能力的法律条文，对此并没有帮助。在民法典原有的术语中，"权利能力"与法律人格以及法人的意义是相同的（民法典第 21 条）。这在"有权利能力的"人的联合体（民法典第 14 条第 2 款）上没有此意。[16]

　　　　(c) 法人

7　　　　根据主流意见[17]，应区分具有权利能力的合伙和**具有自身法律人格**的公司（也就是法人）。献身于共同目的的权利，从成员特别权利领域中完全退出来，全部被列入独立于**单个成员的组织体之下**。单个成员尽管在经济上是利益主体，但他们在法律上对公司财产不享有权利，而仅对法人具有权利和义务。这一分离使具有自身法律人格的公司也可以仅有一名唯一的股东（一人公司）。但它因此而仍然是作为"人的共同体"，即拥有原则上为多人公司量身定做的组织结构。法人的完全独立反过来又提出这样的问题，即是否和在哪些前提条件下应仍旧例外性地回到单个股东身上，要么是着眼于法律重大事由的归入，要么是作为责任主体（**穿透**）。[18]

8　　　　关于法人的本质，存在针锋相对的理论，其主要在 19 世纪被激烈讨论。尤其是*萨维尼*的拟制说与*奥托·冯·吉尔克*的真实团体人格说针锋相对。[19] 对于现实的法律应用，鉴于法律[20]和法院判决已对各法律形式作了具体的设计构建，从中只能得出很少的东西。[21] 从法律比较上看，拟制说思想占统治地位，因为模仿自然人而构建的法人（legal person, personne morale）需要法律规范承认其为法律主体。从历史上看，法律人格首先依赖于国家的赋予（特许）。大约自 19 世纪中期开始，准则制体系得到实施，

---

　　[14] 关于"部分权利能力"，见 *Fabricius*, Relativität der Rechtsfähigkeit, 1963；认为民事合伙具有无限权利能力的是 MünchKomm-BGB/*Schäfer*, §705 Rn. 303 ff.；有所差异的是 *Wiedemann* II, §7 I 4.。

　　[15] *Beuthien*, JZ 2003, 715, 720；*Leipold*, FS Canaris, Bd. 2, 2007, S. 221, 229；*Seibert*, JZ 1996, 785.

　　[16] 关于术语上的改革建议，见 *Schäfer*, Gutachten E zum 71. DJT 2016, S. E 92ff.。

　　[17] 关于少数意见，见上面脚注 13。

　　[18] 具体细节见下面第二十四章边码 27 及其后边码；在现实中，责任穿透的问题最常在有限责任公司情况下出现；但在法律上，这一问题可以涉及所有的公司形式并与其独立性相对应，比较下面第五章边码 16 及其后一个边码。

　　[19] 概览（并连同进一步的注释）见 K. Schmidt, §8 II；Soergel/Hadding, Vor §21 Rn. 8 ff.；也比较 Münch-Komm-BGB/Reuter, Vor §21 Rn. 1 ff.；Flume, Juristische Person, S. 25 ff.；*Wolf/Neuner*, Allgemeiner Teil des BGB, 10. Aufl., 2012, §9.。

　　[20] 登记社团（民法典第 21 条）、股份有限公司和股份制有限商事合伙（股份法第 1 条第 1 款和第 278 条第 1 款）、欧洲股份有限公司（欧洲股份有限公司条例第 1 条第 3 款）、有限责任公司（有限责任公司法第 13 条）、合作社（合作社法第 17 条第 1 款）、欧洲合作社（欧洲合作社条例第 1 条第 5 款）以及保险互助联合会（保险互助联合会法第 171 条）是法人。依据民法典第 80 条及其后条款具有权利能力的基金也是私法上的法人。但它没有成员，故不属于人的共同体（上面第一章边码 2）。关于登记和准则制的意义，见 Soergel/Hadding, Vor §21 Rn. 4, 6.。

　　[21] *Jauernig/Mansel*, Vor §21 Rn. 2；关于理论争论在 20 世纪后半阶段逐渐丧失意义的详细描述，见 *Ott*, Recht und Realität der Unternehmenskorporation, 1977, S. 36 ff.。

包括为监督最低规范的遵守而要求的登记（进一步的介绍见下面第二十五章边码27）。2002年的基金法改革也用带有要求承认人格的请求权的准则制体系，取代经住所所在地联邦州的许可而获得法律人格的做法。[22] 承认具有权利能力的民事合伙（上面边码5及其后一个边码）所招致的大部分困难，来自界限界定的问题、欠缺登记和与此相关的最低条件。那种更多是受到法社会学影响的观点，即真实存在的人的团体或者后来的"企业"创设法律主体身份[23]，更多的只是针对德国法律发展的一个独特解释模式（上面第一章边码27）。尤其是着眼于承认合伙的权利能力，其法律现实性比法人理论意义更为重要的是，下面"2."探讨的作为合伙或社团（团体法人）的组织原则区别。[24]

2. （狭义上的）合伙和社团（团体法人）

民法典规范了基于自愿结合而组成的人的联合体的两个基本类型，即**社团**（民法典第21条及其后条款）和**狭义上的合伙**（民法典第507条及其后条款）。同样的区别也可以针对这里其他令人感兴趣的人的团体进行：要么是团体法人，如社团，要么是狭义意义上的合伙。在现实中，这具有重大意义，因为只要法律或协议的规定存在漏洞，就必须回过头来补充性地利用作为合伙或社团法人的基本结构。这一分类归属决定了在不同的时候，是否适用社团法或民事合伙法，以及适用哪些基本原则。

9

总的来说，这一区别是没有争议的。它与作为有无权利能力的合伙的一方和作为法人的另外一方之间存在一定的关联。社团作为团体法人的基本类型，就在其民法典中的详细规定的范围内来说，是法人（上面边码7）。与此相反，民事合伙首先是一个债法上的联结，居于特别债法部分（上面边码3）。但这两种区别不是完全重叠的。根据德国现行法律，狭义上的合伙不是法人（上面边码5及其后一个边码），但它们在法律上是可以独立的。这在普通商事合伙情况下表现得尤为明显。根据商法典第124条第1款，普通商事合伙在其商号之下具有权利能力。而在一些外国法律中，普通商事合伙也有被作为法人来理解的。正因为如此，欧共体的欧洲经济利益联盟条例也让成员国自行决定，对应其各自的国家法律规定，给其主权范围内登记的欧洲经济利益联盟配备或不配备独自的法律人格。反过来，在具有权利能力的社团之外，也有没有权利能力的社团，考虑到术语表达的问题（上面边码6），现在通常被称作未注册的社团。尽管民法典第54条想将没有权利能力的社团置于合伙法之下，但这在法律上就已经没有得到彻底贯彻（民事诉讼法第50条第2款，破产法第11条第1款第2句）。在进一步的法律发展中，对未注册的社团的处理，过去在许多视角上接近于对有法律人格的社团的处理。无论如何，未登记的社团也是被团体化地加以理解把握的。[25] 在税法中，狭义上的合伙和团体法人之间的区别，反映在这个问题上，即谁是税负主体。所以，法人所得税法第1条第1款中的目录包括法人，也包括其他的团体化组织起来的目的财产。[26] 与此

10

[22] 民法典第80条及其后条款；*Kübler/Assmann*，§12 II；*Otto*，Handbuch der Stiftungspraxis，2007，S. 23ff.。

[23] O. v. Gierke, Deutsches Privatrecht, Bd. 1, 1895, §58 ff.; ders., Die Genossenschaftstheorie, 1887; Th. Raiser, Das Unternehmen als Organisation, 1969.

[24] 由*Schäfer*（MünchKomm-BGB/，§705 Rn. 308 ff.）在具有权利能力的合伙与作为法人的公司之间进行的详细区分的主要涉及团体化的组织特征；同样如此做的是*Soergel/Hadding*，12. Aufl.，Vor §21 Rn. 17；也见*C Schäfer*，Gutachten E zum 71. DJT 2016，S. E 93.。

[25] 主流观点；*Jauernig/Mansel*，§54 Rn. Sff.；*K. Schmidt* §23 II 1, 25 II；也比较BGH v. 21. 1. 2016~VZB 19/15，JuS 2016，646 m. Anm. *K Schmidt*.。

[26] *Blümich/Rengets*，KStG，136. Aufl.，91 Rn. 107ff.

相反，合伙自身不是所得税税负主体，负有税负义务的是合伙人（下面第四章边码
10）。在其他国家，这个所谓的*税负透明原则*也为一定的法人"享用"㉗。

社团（团体法人）和狭义上的合伙之间的差异主要表现在下面几点上。

（a）成员身份的联结

11　　社团比成员的单个人格更为持久，并与之独立。与此相反，合伙原则上依赖于其成
员的存在，建立在一个较为强烈的人身联结基础上（也比较下面边码 17）。因此，在社
团情况下，成员变更原则上是允许的，而在合伙情况下则不是这样。当然，在合伙情况
下，合伙人退出和进入也是可能的，但是这是作为基本模式的偏离，需要合伙协议的特
别准许或所有合伙人的同意。实质性的差异是一般与例外的关系。

举例：普通商事合伙上的份额不能在没有全体合伙人同意的情况下出卖，而股份则
可以自由转让。普通商事合伙是合伙，而股份有限公司是社团（团体法人），尽管其名
称中含有合伙的词根。

（b）组织结构

12　　社团必须作为统一的整体来组织。也就是说，它必须有一个章程、一定的机关（成
员大会，董事会）和一个自己的名称。由于必须有一个这样的（团体化的）组织，人们
也普遍称这类人的联合体为**团体法人**。在作为思想形成机关的成员大会中，原则上适用
多数决原则（民法典第 32 条第 1 款第 3 句）。董事会无须由成员组织，也可以将这一机
关功能托付给第三人（**第三人机关原则或他人机关原则**）。对此的偏离，需要有章程条
款规定。

在**合伙情况**下，合伙人之间原则上适用**一致决定原则**，由合伙人自己执行业务（**自
营机关原则**，民法典第 709 条）。民事合伙无须有自己的名称。具体情况下的设计构建
可能完全不同。也就是说，这并不涉及绝对的对立。相反，通过私自治设计构建过渡形
式是可能的。具有决定性的还是一般和例外的关系，以及可以自由处分的范围。为此，
自营机关原则在合伙情况下被普遍视为是不可或缺的，并且多数决原则约定受到一定限
制的约束（下面第六章边码 9，第十四章边码 11）。

举例：普通商事合伙由（单个的）合伙人来代表，第三人只能补充性地引入进来，
见商法典第 125 条第 3 款。股份有限公司由董事会代表，其成员无须是股东。在普通商
事合伙中，适用一致决定原则，见商法典第 119 条第 1 款。在不能确定的情况下，合伙
协议作出的偏离性规定是可能的，见商法典第 109 条和第 119 条第 2 款。在股份有限公
司的股东大会中，即使是对章程的修改，也适用多数决原则，见股份法第 133 条和第
179 条第 2 款。

除民事合伙外，普通商事合伙、有限商事合伙、隐名合伙和自由职业者合伙也属于
狭义上的合伙。欧洲经济利益联盟（条例）是一个混合类型。尽管它存在个别的团体化
因素，特别是第三人机关原则（不是成员的人作为业务执行人），但合伙法因素占主要
地位。所有在第一章边码 4 中列举的其他联合体属于**社团（或团体法人）**。

3. 内部和外部合伙/公司

13　　这一区别仅对那些没有法律人格的合伙具有一定的意义，因为法人对外必然作为统
一体出现，因而总是外部公司。然而，对于理解整个合伙/公司法，内部和外部合伙/公

㉗　比如有限责任企业（LLC），见 *Merkt*，US-amerikanisches Gesellschaftsrecht，3. Aufl.，2013，Rn. 160；
Windbichler，ZGR2014，110，114f.。

司的区别具有根本性的意义：在**内部关系**下，应理解为合伙人/股东相互之间的关系，而在**外部关系**下，则应理解为合伙/公司与第三人的关系。合伙/公司法是否适用于多人之间的相互关系，比如他们向共同的合伙/公司财产出资、在合伙/公司的企业中共同劳动以及全面追求共同目的和相互忠实诚信等义务，或者他们相对于第三人是否共同一起作为合伙/公司出现，是不同的问题。应将这个问题，即一名合伙人/股东是否有权相对于其他合伙人/股东采取一个特定的行为，如购买一块地产（内部关系），严格地区别于另外一个问题，即如果他进行了交易，合伙/公司是否相对于第三人受到约束（外部关系）。内部关系中的亏损分担和合伙/公司在外部关系中，也就是相对于第三人的债务责任可以完全不同地加以规范，以及等等诸如此类的问题。

对内部和外部关系的区别，一个现实性的帮助手段就是商法典在规范普通商事合伙时的分段。其第二编第一章第二节，即商法典第 109 条至第 122 条，被加注有"合伙人相互之间的关系"的标题，因而是涉及内部关系的。第三节，即商法典第 123 条至第 130a 条，被加注有"合伙人与第三人的关系"的标题，故这里是外部关系。各自规范的实体问题在内部和外部关系上的归属划分（不是内容），也可以移植到其他合伙/公司类型上。

如果合伙/公司以其自己的名义对外出现，人们称之为外部合伙/公司。在其之下，不仅有合伙人/股东相互之间的关系，也有与第三人的关系，即内部和外部关系。但参与者也可以仅将内部关系置于合伙规则之下，而他们对外不共同出现。在这种情况下，人们称其为纯粹的内部合伙。[28] 最重要的例子就是隐名合伙。在其之下，投资人以这种方式参与一个商人企业，即只有后者对外出现并以其名义经营企业（商法典第 230 条及其后条款）。借助于契约自由，民事合伙也可以偏离于法定的一般模式，而被作为纯粹的内部合伙来加以设计构建（下面第五章边码 10）。然而，所有真正的商事合伙，如普通商事合伙和有限商事合伙，还有欧洲经济利益联盟（条例）和作为自由职业企业载体的自由职业者合伙都必然是外部合伙[29]，因为它们在共同的商号或名称之下对外出现。与此相反，在内部合伙情况下，一个共同的合伙名称不是必需的，严格意义上的商号（商法典第 17 条）甚至是不可能的。没有真正的合伙财产，因为一个共同的财产必然导致与第三人的关系。确切地说，如果存在一个服务于合伙目的的财产，则它要么仅属于一名合伙人，就像在隐名合伙情况下那样，要么可能是由多名合伙人在各标的物上享有一定的份额。在内部合伙的合伙人之间，针对这样的一个合伙财产而言，仅存在债法上的关系。

与此相反，一个合伙/公司不可能是纯粹的外部合伙/公司。如果多人仅在外部关系上如同合伙人/股东那样出现，而未在内部关系上作为联合体组织起来，则尽管为了保护第三人，可能要适用单个的合伙/公司法律规定，但不存在真正的合伙/公司（主流观点）。在本质上，这涉及法律表见问题（表见公司，下面第五章边码 2，以及第十二章边码 10）。

4. 人合和资合性的合伙/公司

这一区分[30]在经济上有意义。在法律上，狭义上的合伙与团体法人的区别在这里得到了反映。与不同的经济结构相对应，法律形式也是被不同地加以设计构建。最初，法

14

15

16

㉘ 关于内部合伙/公司的一般介绍，见 K. Schmidt，§ 58 II 2；MünchKomm-BGB/*Schäfer*，§ 705 Rn. 275 ff.。

㉙ 比较 RGZ 165，265；也包括 BGHZ 10，48；*Schäfer*，Gutachten E zum 71. DJT 2016，S. E 57ff.。

㉚ 关于术语：在比较老的文献中，对于第一组类型，大多使用"Personalgesellschaften"的表述。但在此期间，将其表述为"Personengesellschaften"的做法已被大多数人接受，对此持批评态度的是 *Hadding*，FS Beuthien，2010，S. 167，168。自 1956 年起，立法者开始使用这一概念（改组法）。因此，下面统一将其称为"Personengesellschaften"（合伙）。

律不知道这两个概念。它们首先是由法学界创造出来的，再为法律所接受。最先是在1956 年的改组法中，但主要是通过 1985 年的合伙/公司年度财务报告指令转换法而引入商法典（第 264 条及其后条款）的。这个区分是普遍而常用的，尤其是在欧盟的法律规范中，因而也反映在指令当中。通常，这些指令列举了可以适用它们的合伙/公司形式。但是，并没有一个针对所有合伙/公司形式的系统化的界限划分与此相连，而且这也不是总能完全成功的。主要存在如下区别。

17　　**合伙**建立在单个合伙人的人格特性基础上。成员身份依人而定，因而没有其他合伙人的同意，原则上不可以转让和继承。个人间的共同作用和对债务承担个人责任具有决定性的意义。业务由合伙人自己执行（**自营机关原则**；例外情况：欧洲经济利益联盟条例）。合伙通常是无法律人格的狭义上的合伙。但尽管如此，正是对于那些作为企业载体的合伙，其法律上的独立性可以表现得非常强烈（比较针对普通商事合伙的商法典第124 条）。

18　　与此相反，在**公司**情况下，资本参与居于首要地位。标志特征是一个数额确定的注册资本。资本是非个性化的，因而不是非常取决于各个股东的人格特性，所以资本份额原则上可以自由出卖。股东不承担个人责任，承担责任的只有公司财产。通常，不要求股东亲自参与共同劳动，业务由特定的机关执行（**他营机关原则**）。公司一般是团体和法人。这里通常采用的多数决原则是以参与范围为依据的，而不像在社团情况下那样，以成员人头数为准。

19　　合伙的基本类型是民事合伙，但普通商事合伙在组织的构成形式上更为突出，而公司的基本类型是股份有限公司。在基本类型之外，还可以发现多种多样的**混合类型**和**过渡形式**。欧洲经济利益联盟（条例）、有限商事合伙和隐名合伙也是合伙，但已存在一个显著的资本化因素。尽管一部分合伙人具有与普通商事合伙合伙人相同或者相似的地位，但另外一部分合伙人不亲自参与共同劳动，而仅承担有限责任。反过来，除股份有限公司之外，有限责任公司和股份制有限商事合伙是公司，但具有一个接近于合伙的趋势。在股份制有限商事合伙情况下，除承担有限责任的股额股东外，还有亲自参与共同劳动的承担个人责任的股东。在有限责任公司情况下，可以让一名股东个人承担追加出资义务或者让股东参与共同劳动和提高份额转让难度等，以让其人身联结更为强烈。企业主公司，即有限责任公司中的一种，因而也是公司，也必须有符合章程规定的出资，但这种出资只能以欧元形式表现（有限责任公司法第 5 条第 2 款和第 5a 条）。

20　　在**契约自由**框架范围下，可以通过当事人的意思创设**其他中间形式**。普通商事合伙就可以由此包含一定的资本化元素，即将个别合伙人排除出业务执行，而让其仅用资本，而非劳动进行参与。有限商事合伙的资本化设计构建可以更为强烈，以至于人们直截了当地称其为资本化的有限商事合伙特别形式[31]：承担个人责任的合伙人没有财产或者是一个法人，这样其无限责任在实际上没有意义。在内部关系中，投资人拥有主要的影响力，业务执行合伙人听命于有限合伙人大会的指示，而且有限合伙人大会甚至可以选举一个专门的自身享有业务领导权的监事会（管理委员会）。以投资人只具有较小影

---

[31]　早已如此认为的是 *Boesebeck*，Die „ kapitalistische " Kommanditgesellschaft 1938；关于由合同构建的中间形式，也见 *Haar*，Die Personengesellschaft im Konzern，2006，S. 10ff.；*Immenga*，Die personalistische Kapitalgesellschaft，1970；*Kübler/Assmann*，§ 21；Nitschke，Die körperschaftlich strukturierte Personengesellschaft，1970；*H. P. Westermann*，Vertragsfreiheit und Typengesetzlichkeit im Recht der Personengesellschaften，1970；*Teichmann*，Gestaltungsfreiheit in Gesellschaftsverträgen，1970.。

响力而设计构建的合伙形式，是公众性有限商事合伙，或者是公众性民事合伙。它们明显地接近于公司，通过像公众性股份有限公司那样，求助于广泛的投资公众（下面第十九章）。在有限责任公司作为无限合伙人的有限商事合伙中，合伙的因素与公司的因素相互结合（比较下面第三十七章）。另外一方面，在股份有限公司情况下，比如在家族股份有限公司情况下，人的因素也可能具有意义。此外，比如在由少数几个主要股东组成的股份有限公司情况下，其主要股东同时是董事，并且在相互紧密的人际联系之下参与劳动，如在针对新业务领域设立新公司时出现的那样（初创公司）。对此，立法者已通过针对小股份有限公司的灵活规则而予以了顾及。鉴于有限责任公司法具有广泛的任意性，有限责任公司可以更为强烈地接近于合伙：在资本投入很少的情况下，亲自提供劳务（业务执行义务）可以完全居于首要地位，也可以将股东份额转让规定要求所有股东同意。

不应与合伙与公司之间的区别相混淆的是，**资本密集型与劳动密集型企业之间的纯粹经济上的区别**。一个普通商事合伙可以有一个投资于建筑、机械、专利和其他附属物资之上的数百万的资本，而其员工数量则相对很少，这样就存在一个资本密集型企业。反过来，经济审计股份有限公司或者劳务有限责任公司通常不是资本密集型企业。不应将股东亲自参与共同劳动与劳动作为生产要素在合伙/公司企业中的意义等同看待。一个资本密集型业务领域同样很少意味着，这些资金必须用企业载体的自有资本来提供（下面第三十二章边码 8）。 21

5. 商事合伙/公司

在作为企业载体参与经济生活的合伙/公司（比较已见上面第一章边码 11）当中，商事合伙/公司（商法典第 6 条）具有最为重要的作用。商事合伙/公司是这样的合伙/公司，即必然或者至少通常经营商法典第 1 条至第 3 条意义上的商事营业，因而是**商人**，也就是要**受商法调整**、使用商号并登记于商事登记簿。真正的商事合伙/公司是普通商事合伙、有限商事合伙、欧洲经济利益联盟（条例）、股份有限公司、股份制有限商事合伙、欧洲股份有限公司和有限责任公司。根据定义，前两者必须经营一个商人性质的营业（商法典第 105 条和第 106 条）。在具体情况下，其他的商事公司则无须拥有一个营业经营，因为基于其法律形式原因就已经是商人了，即所谓的**要式商人**。尽管欧洲经济利益联盟被相对严格地限定在协作性的帮助活动之上，但至少在广义上讲，这一点也适用于它（商法典第 6 条第 2 款，股份法第 3 条和第 278 条第 3 款，欧盟理事会关于欧洲股份有限公司章程的第 2157/2001 号（欧共体）条例第 3 条第 1 款，有限责任公司法第 13 条第 3 款，欧洲经济利益联盟法第 1 条）。联系到合伙与公司的区别（上面边码 16 及其后边码），普通商事合伙和有限商事合伙被称为**商事合伙**。 22

隐名合伙尽管在商法典中规范，但**不是商事合伙**，因为不是它自身，而是只有业务执行合伙人经营一个商事营业（商法典第 230 条）。所以，隐名合伙本身不是商人，没有一个共同的商号。此外，自由职业者合伙也不是商事合伙，因为根据其法律定义（自由职业者合伙法第 1 条第 1 款第 2 句），它不从事商事营业，但是它却是外部合伙和企业主体，并且可归于广义的营业合伙概念之下。 23

二、法律渊源

1. 国家制定的法律

在国家制定的法律中，欠缺一个统一的合伙/公司法规范（上面第一章边码 22）。 24

就像已提到的那样，在**民法典**中规定有两个基本类型，即登记的（有权利能力的）社团（登记社团）和合伙。在体系上，它们不是在人的联合体法中被一起概括规范的。社团作为法人在人法部分规范，即第 21 条至第 79 条。而与此相反，与作为样本的罗马法上的合伙组织相对应，合伙则作为债关系被纳入特别债法部分，见第 705 条至第 740 条。在这一体系中，对于没有权利能力的社团，没有有意义的位置，因为它既不是法律意义上的"人"，也不是纯粹的债法关系。因此，它在民法典第 54 条中仅被简单提及，并且被实质性地置于合伙法之下。这一解决办法并不成功。为此，只要涉及团体化的组织结构，现今也广泛将社团法规定适用于没有权利能力的社团（上面边码 10）。在这里，民事合伙（上面边码 5 和边码 7）以及未登记的社团具有的广泛独立性，要求在使用术语时特别谨慎，因为在民法典中，最初是以与法律人格以及法人相同的意义来使用"权利能力"概念的（上面边码 6）。在民法典的合伙法规定之外，对于作为私法的合伙/公司法，民法上的一般性制度工具自然也可以适用，特别是民法典总论部分和债法总论部分。合伙/公司法的特别规定再补充性地或者重叠性地添加进来。

举例：在一个有关合伙/公司法的"撤销"情况下，不仅需要区分民法典第 119 条及其后条款规定的意思表示撤销、破产撤销（破产法第 129 条及其后条款）以及撤销法规定的撤销，而且需要据此加以区别，即是否可能涉及一个决议的撤销（如股份法第 243 条及其后条款）。

25 　　最初，在**商法典第二编**中规范商事合伙/公司（但有限责任公司除外）和隐名合伙。针对**普通商事合伙**的是第 105 条至第 160 条，针对**有限商事合伙**的是第 161 条至第 177a 条，针对**隐名合伙**的是第 230 条至第 236 条。这些条款现今仍然适用。1937 年的股份法改革将**股份有限公司**和股份制有限商事合伙法纳入了一个特别法。相似地，对于有限责任公司和合作社很早就已经有特别法了，见上面第一章边码 4。

一些其他的具有专门的**合伙/公司法内容的法律**还补充性地、部分以跨越具体合伙/公司形式的方式规范特定的复杂问题，也就是各自针对多个合伙/公司形式整体。

● 1994 年的**改组法**规范以合并、分立（分裂式分立、分割式分立和派生式分立）、财产转移和不同合伙/公司形式（包括个体商人以及公法上的法律主体）之间的法律形式变更等形式进行的合伙/公司结构变更。

● 1969 年的**有关特定企业和康采恩会计制作法（信息公开法）**将针对合伙/公司的会计制作和信息公开规则以修改了的形式扩大到采用其他法律形式的大型企业。在法律政策上，尤其是以企业规模取代法律形式作为联结点的做法曾经是一个重要的创新。

● 在**商法典第三编**的"商事账册"标题下的**会计法**被全面规范之后，即第 238 条至第 342a 条[32]，合伙/公司法性质的特别法中的相应规定就被限定在仅针对各自合伙/公司形式的一些补充性规定上。在第一节（商法典第 238 条至第 263 条）中，主要是会计账簿和会计报告制作义务、估价规则以及保管和提交义务，而这些也针对个体商人和商事合伙（关于合伙/公司和会计法的相关之处，也见上面第一章边码 7）。

● 同样是以跨越合伙/公司形式的方式针对不同的合伙/公司类型（包括有限责任公司作为无限合伙人的有限商事合伙的特定情形）以及合作社，不同的法律对**员工共同参与决定**（上面第一章边码 10，下面第二十八章边码 9 及其后边码）进行规范。这一

---

[32] 在转化实施欧盟第四号、第七号和第八号指令的同时，1985 年的年度财务会计报告指令实施法还将针对合伙/公司的会计制作、公开以及康采恩会计制作的法律规定移到了商法典。

杂乱的法律状况是历史造成的，现今则主要是由已改变的事实情况所带来的法律政策问题所引起。在具体情形上，**1976 年的员工共同参与决定法**适用于大型企业，而 2004 年的**三分之一参与决定法**则适用于剩下的一定法律形式的小型企业。对于欧洲股份有限公司，适用**欧盟股份有限公司员工共同参与决定法**。由于企业员工共同参与决定涉及公司监事会的组成，有时还涉及董事会的组成，这里存在一个明显的公司法性质的规则内容。

● 有多部法律涉及公司法与资本市场法的交叉重叠领域，尤其是 1994 年的**有价证券交易法**和 2001 年的关于规范有价证券收购公开要约和企业收购法（**有价证券和企业收购法**）。这两部法律包含如有基于投资者保护需要而规定的公司机关成员义务。它们原来被归入股份法，而现今则更多的是在资本市场法中独立加以规范（上面第一章边码6）。在此过程中，并不总是没有摩擦和不确定性。

● 规范特定领域的规定，特别是信贷法和保险监管法中，包含了组织义务，这使得在其转化实施为国内法时可能导致公司法上的问题。[33]

● 2013 年的资本投资法，部分是为了转化实施相关的欧盟法律，投资公司的许可和组织要求。它包含了投资股份有限公司和投资公司的特殊形式（下面第十九章边码20），与股份法和商法典中的基本形式相比，偏离很大。

从严格意义上讲，欧盟指令和条例的国内法转化实施和补充性实施法，也属于国家的制定法。然而，其规则内容与欧盟法渊源不可分割地连在一起。

2. 基本性的和派生性的共同体法律

（a）基本性的共同体法律

作为**迁移自由**（欧盟运作模式条约第 54 条）和**劳务自由**（欧盟运作模式条约第 62 条结合第 54 条）的权利人，基本性的共同体法律明确提到合伙/公司。它包含一个针对合伙/公司法的*法律协调职权*（欧盟运作模式条约第 50 条第 2g 款）。此外，其他的基本自由也间接影响合伙/公司法。迁移自由和劳务自由的意义已谈及（上面第一章边码 16及其后一个边码，和边码19）。此外，还有**资本流动自由和禁止歧视原则**。它们尤其是在外国合伙人/股东参与国内合伙/公司和反过来的时候被碰到。在这一关联上，什么是"合伙/公司"，欧盟运作模式条约第 54 条第 2 款进行了规定。所有的合伙/公司形式都进入了考虑范围，只要它们是追求一个能被广泛理解的[34]营业目的（上面第一章边码 12）。此外，"合伙/公司法"不仅意味着合伙/公司组织法，而且意味着其他规范合伙/公司与其经济领域关系的规则内容。[35]

（b）派生性的共同体法律

成员国法律的协调统一是通过指令来进行的。依据欧盟运作模式条约第 288 条，指令对成员国具有约束力。对于转化实施，存在一定的发挥空间。这样，结果上必然会出现差异，但它确保了一个共同的基础状况。转化实施经常是通过变更已有的法律来进行的，故共同体法律上的相关之处不是一看就能够明白。但是，基于解释应该符合指令的原因，以及有时候甚至负有依据欧盟运作模式条约第 267 条（上面第一章边码17）向**欧盟法院呈递疑虑的义务**，始终要求对指令转化的法律进行验明证实。条例直接有效，

26

27

---

[33] 比较 Großkomm-AktG/*Windbichler*，Vor §§ 15ff. Rn. 37；*Kalss/Klampfl*，Rn. 22ff.。

[34] *Kalss/Klampfl*，Rn. 41.

[35] *Krolop*，in：Riesenhuber（Hrsg.），Europäische Methodenlehre, 3. Aufl., 2015, §19 Rn. 1, 3.

而其实施法仅进行补充。条例主要被用于创设新的超越成员国的合伙/公司形式（欧洲经济利益联盟，欧洲股份有限公司，欧洲合作社）。下面，以概览的形式列举那些已被通过的直接影响合伙/公司法的指令、条例及其所属的法律。在此期间，好些指令已被修改，相应的还有其转化实施法。详细的阐述存在于有关欧盟合伙/公司法的文献中。[36]起初，合伙/公司法指令被逐一编号。但是，由于法律领域的交叉重叠，再加之其在成员国内的不同定义，这种划分既不明确，也不完全。此外，还存在一系列为了让一些因反复修改而变得混乱的指令再次变得更为统一（成文化）的指令。

已通过和转化实施的**指令**：

28
- 1968 年 3 月 9 日的 68/151 号/欧洲经济共同体第一号指令（**公开指令**），实施法：1969 年 8 月 15 日；由 2003 年 7 月 15 日的 2003/58 号/欧共体指令修改，2006 年 11 月 10 日的转化法（电子化的商事登记、合作社登记以及企业登记法）；由 2009 年 9 月 16 日的 2009/101 号/欧共体指令成文化；由 2012 年 6 月 13 日的 2012/17 号/欧盟指令修改（欧盟广泛注册联网系统）；转化法：2012 年 12 月 22 日的法律（插入：商法典第 9b 条）。

- 1976 年 12 月 13 日的 77/91 号/欧洲经济共同体第二号指令（**资本指令**），转化法：1978 年 12 月 13 日；由 2012 年 10 月 25 日的 2012/30 号/欧盟指令重新作出。

- 1978 年 10 月 9 日的 78/855 号/欧洲经济共同体第三号指令（**合并指令，关于国内合并**），转化法：1982 年 10 月 25 日；结合后续的修改通过 2011 年 4 月 5 日的 2011/35 号/欧盟指令实现成文化。

- 1978 年 7 月 25 日的 78/660 号/欧洲经济共同体第四号指令（**年度财务会计报告指令/会计指令**），针对第四号、第七号和第八号指令的转化法：1985 年 12 月 19 日（年度财务会计报告指令实施法）；内容上与此相关联的是 1990 年 11 月 8 日的 90/605 号/欧共同体**有限责任公司作为无限合伙人的有限商事合伙指令**以及 1990 年 11 月 8 日的 90/604 号/欧共同体**中型企业指令**，转化法：1994 年 4 月 25 日（德国市场会计报表公开和资本重新确定修改法）和 2000 年 2 月 24 日（资本化有限商事合伙指令实施法）；由 2001 年 9 月 27 日的 2001/65 号/欧盟**公允价值指令**和 2003 年 5 月 13 日的 2003/38 号/欧盟**界限值指令**以及 2003 年 6 月 18 日的 2003/51 号/欧盟**现代化指令**修改，转化法：2004 年 12 月 4 日（会计改革法）；由 2013 年 6 月 26 日的 2013/34 号/欧盟指令修改和重新表述；转化法：2015 年 7 月 17 日（会计指令转化法）；由 2014 年 10 月 22 日的 2014/95 号/欧盟指令修改，着眼于特定大企业非财务的以及涉及的多样化信息的报告（企业社会责任指令）；转化法：加强非财务信息报告法，联邦议会出版 18/11450，2017 年 3 月 9 日由德国联邦议会通过。

- 1982 年 12 月 17 日的 82/891 号/欧洲经济共同体第六号指令（**分立指令**）及其后的修改，转化法：1994 年 10 月 18 日（改组法）及其后的修改。

- 1983 年 6 月 13 日的 83/349 号/欧洲经济共同体第七号指令（合并财务会计报告/**康采恩财务会计报告指令**）；转化法：针对第四号、第七号和第八号指令的实施法（见上）；1985 年 12 月 19 日；由 2006 年 6 月 14 日的 2006/46 号/欧共体指令修改；实

㊱ *Fleischer*，ZGR 2017，1；*Grundmann*，Europäisches Gesellschaftsrecht；*ders.*，European Company Law，2. Aufl.，2012；*Habersack/Verse*，Europäisches Gesellschaftsrecht；*Kalss/Klampfl*，Europäisches Gesellschaftsrecht；*Lutter/Bayer/*〕*.Schmidt*，Europäisches Unternehmensrecht，5. Aufl.，2011（ZGR-Sonderheft 1）.

施法：2009 年 5 月 25 日（会计法现代化法）；由 2009 年 6 月 18 日的 2009/49 号/欧共
体指令修改；由 2013 年 6 月 26 日的 2013/34 号/欧盟指令**修改并重新表述**；转化法：
2015 年 7 月 17 日（会计指令转化法）；由 2014 年 10 月 22 日的 2014/95 号/欧盟指令修
改，着眼于特定大企业非财务的以及涉及的多样化信息的报告（企业社会责任指令）；
加强非财务信息报告法，联邦议会出版 18/11450，2017 年 3 月 9 日由德国联邦议会
通过。

● 1984 年 4 月 10 日的 84/253 号/欧洲经济共同体第八号指令（审计人员资格指
令/**财务会计报告审计人员指令**），关于第四号、第七号和第八号指令的实施法（见上）：
1985 年 12 月 19 日；由 2006 年 5 月 17 日的 2006/43 号/欧共体指令**取代**；由 2014 年 4
月 16 日的 2014/43 号/欧盟指令修改；转化法：2016 年 3 月 31 日（财务会计报告审计
人员监管改革法）和 2016 年 5 月 10 日（财务会计报告审计改革法）。

● 2005 年 10 月 26 日的关于来自不同成员国的合伙/公司合并的 2005/56 号/欧共
体第十号指令（跨国**合并**指令）及其后的修改；转化法：2006 年 12 月 21 日（合伙/公
司跨国合并时的员工共同参与决定），2007 年 4 月 19 日（第二部修改改组法）及其后
的修改。

● 1989 年 12 月 21 日的 89/666 号/欧洲经济共同体第十一号指令（分支机构指
令），转化法：1993 年 7 月 22 日；由 2012 年 6 月 13 日的 2012/17 号/欧盟指令修改；
转化法：2012 年 12 月 22 日的法律（插入：商法典第 9b 条）。

● 1989 年 12 月 21 日的 89/667 号/欧洲经济共同体第十二号指令（一人公司指
令），转化法：1991 年 12 月 18 日；由 2009 年 9 月 16 日的 2009/102 号/欧共体指令成
文化。

● 2001 年 10 月 8 日的关于欧洲公司（**Societas europaea，欧洲股份有限公司**）的着
眼于员工共同参与决定的 2001/86 号/欧共体补充指令，转化法：2004 年 12 月 22 日
（欧洲股份有限公司员工共同参与决定法）。

● 2003 年 7 月 22 日的关于欧洲合作社（**Societas Cooperativa Europaea，欧洲合作
社**）的着眼于员工共同参与决定的 2003/72 号/欧共体补充指令，转化法：2006 年 8 月
14 日（欧洲合作社员工共同参与决定法）。

● 2004 年 4 月 21 日的有关收购要约的 2004/25 号/欧共体指令（**收购指令**），转化
法：2006 年 7 月 8 日。

● 2007 年 7 月 11 日的指令（股东权利指令），关于上市公司股东权利行使（2007/
36 号/欧盟指令）；转化法：2009 年 7 月 30 日（股东权利指令转化法）。

● 2009 年 10 月 19 日关于欧洲股份有限公司合并、分立、部分分立……以及住所
迁移的统一税收体系的指令（2009/133 号/欧盟指令）（编纂）。

此外，还有一些只对特定行业适用的指令，尤其是针对银行业和保险业，以及创设
欧洲证券和资本市场法律的指令。这些规则对合伙/公司法也有重大的影响。同时，它
们也可能导致监管法和合伙/公司法的冲突。被特别分离出来的银行和保险公司法，会
部分提及。[37]

---

[37]　比较 *Binder*，ZGR 2015，667；*Kalss/Klampfl*，Rn. 22ff；*Langenbucher*，ZHR 176（2012），652；
Mülbert，ZVglRWiss 113（2014），521；也见关于对信贷机构和投资公司的调整和发展明确一个范围的 2014 年 5 月 15
日的 2014/59 号/欧盟指令，这宣告了统一后的公司法的某些部分是不予适用的。

已通过的条例有：

29　　● 1985 年 7 月 25 日（2137 号/85/欧洲经济共同体）的关于创设**欧洲经济利益联盟**的条例（欧洲经济利益联盟条例），实施法：1988 年 4 月 14 日（欧洲经济利益联盟法）。

　　● 2001 年 10 月 8 日的关于欧洲股份有限公司法的条例（2157 号/2001/欧盟条例，**欧洲股份有限公司条例**），实施法：2004 年 12 月 22 日（转化实施欧洲公司股份有限公司条例法）及其后的修改。

　　● 2002 年 7 月 19 日的关于应用国际会计制作标准的条例（1606 号/2002/欧盟条例，**国际会计标准/国际财务报告准则条例**），实施法：2004 年 12 月 4 日（会计改革法）；由 2008 年 3 月 11 日的 297 号/2008/欧盟条例修改。

　　● 2003 年 7 月 22 日的关于欧洲合作社法的条例（欧盟条例 1435 号/2003，**欧洲合作社条例**），实施法：2006 年 8 月 14 日（转化实施欧洲合作社条例法）。

　　● 2014 年 4 月 26 日的关于**公共企业财务会计报告审计**的特殊要求的条例（欧盟条例 537 号/2014）；实施法：2016 年 3 月 31 日（财务会计报告审计人员监管改革法）和 2016 年 5 月 10 日（财务会计报告审计改革法）

　　2004 年 1 月 20 日的关于企业合并审查条例（欧盟条例 139 号/2004，欧盟合并审查条例）涉及合并对竞争的影响，不是合伙/公司法上的技术。但尽管如此，这里也可能会产生反作用效应（上面第一章边码 8）。相应地也适用于 2014 年 4 月 16 日的滥用市场地位条例（欧盟）596 号/2014。

30　　　　其他**法案和建议**各自具有非常不同的实现可能性。早期的计划还是以一个较大的协调统一成员国法律的需要为出发点。现今，它更多是退于这样的观点之后，即欧盟法律发挥**补充性**的作用，在信息尽可能广泛和满足安全的条件下让成员国法律开展**体制竞争**以及利用作为"软"形式的**建议倡导**（比较上面第一章边码 16 及其后一个边码，下面边码 31）。[38] 另外一方面，某些建议，不管是从单点单项的，还是详细完整的角度上讲，都处于被优先照顾的地位，特别是关于资本市场导向的企业。没有通过的指令有：

　　● 1991 年 11 月 20 日的第三次修改过的第五号指令建议（之前是 1972 年 10 月 9 日，1983 年 8 月 19 日和 1990 年 12 月 13 日，结构指令），已被放弃。

　　● 1984 年的第九号指令草案（康采恩指令），已被放弃。

　　● 1987 年的修正过的指令草案（清算指令 XV/43/87 -德国），已被放弃。

　　● 1997 年 4 月 22 日的第十四号指令草案（住所迁移指令），已被放弃。

　　● 考虑到特定法律形式的公司的披露和翻译义务，2008 年 4 月 17 日的修改欧盟理事会的 68/151 号/欧洲共同体指令和 89/666 号/欧洲共同体指令建议（KOM［2008］194，已被撤回）。

　　● 2012 年 11 月 14 日的关于保障上市公司非业务管理负责人/监事会成员中男性和女性代表平衡的指令建议（COM（2012）614）。[39]

　　● 2014 年 4 月 9 日的关于修改有关企业管理声明的特定要素的 2007/36 号/欧盟（股东权利指令）以及 2013/34 号/欧盟指令（最终的 COM（2014）213），有关与关联

---

[38] *Grundmann*，Europäisches Gesellschaftsrecht，§ 6；*Krolop*，in：Riesenhuber，§ 19 Rn. 17 f.

[39] 权限基础是有疑义的，*Stöbener/Böhm*，EuZW 2013，371；也早已如此的是 *Bachmann*，ZIP 2011，1131；*Koch*，ZHR 175（2011），827.。

人和关联企业的交易。⑩

● 2014 年 4 月 9 日的关于只有一个股东的有限责任公司（*Societas unius personae*，一人公司）的建议（最终的 COM（2014）212）。⑪

下列**条例**处于法案或建议阶段：

● 1993 年 7 月 6 日的修改过的关于**欧洲社团法**的条例建议，已被放弃。

● 1993 年 7 月 6 日的修改过的**欧洲保险互助联合会法**的条例建议，已被放弃。

● 2008 年 6 月 25 日的关于欧洲私人公司法的条例建议（KOM［2008］396），已被放弃。⑫

此外，需要提及的是 1968 年 2 月 19 日的根据欧共体条约第 220 条签订的规范相互承认合伙/公司和法人的协定。在此期间，大多数欧盟成员国加入了该协定，也包括德意志联邦共和国。但由于欠缺全体成员国的签署，该协定还未生效。

需要提及的欧盟委员会建议有：

● 2004 年 12 月 14 日的就上市企业的**企业领导**成员的薪酬制定适当规则的委员会建议（建议：2004/913/欧盟），由 2009 年 4 月 30 日的建议补充（建议：2009/385 号/欧盟）；转化：2005 年 8 月 3 日（董事会薪酬公开法），还有 2009 年 7 月 31 日（董事会薪酬适当法）。

● 2005 年 2 月 15 日的有关上市公司**非业务执行董事/监事的任务**以及管理委员会/监事会的委员会建议（建议：2005/162 号/欧盟）；由 2009 年 4 月 30 日的建议补充（建议：2009/385 号/欧盟）。

● 2009 年 4 月 30 日的有关**金融服务领域薪酬政策**的委员会建议（建议：2009/384 号/欧盟）；转化：2008 年 10 月 20 日的金融市场稳定条例；还有 2009 年 7 月 31 日的董事会薪酬适当法。

● 2014 年 4 月 9 日关于企业管理报告质量（"遵守或说明"）的委员会建议（2014/208 号/欧盟）。

2012 年行动计划⑬，可以继续作为欧洲合伙/公司法发展的议事日程引入进来。法律政策的发展潮流也能从所谓的绿皮书和听证程序中察觉到。与国内法一样，克服危机的措施可以带来合伙/公司法的变化。但从中是否能够产生持续性的和系统化的结构构建，却是令人怀疑的。

31

---

⑩ 对此见 *Bayer/Selentin*，NZG 2015，7；*Selzner*，ZIP 2015，753；*Seibt*，DB 2014，1910，1913ff；*J.Vetter*，在：Fleischer/Koch/Kropff/Lutter（Hrsg.），50 JahreAktiengesetz，2016，S. 231，267ff.（连同进一步的阐述）。

⑪ 对此见下面第二十一章边码 34。

⑫ ABl. EU v. 21.5.2014 C 153，3，6；对此见下面第二十章边码 17。

⑬ 欧盟委员会在 2012 年 12 月 12 日向欧洲议会、理事会、欧洲经济和社会委员会，以及欧洲地区委员会所做的报告，涉及欧洲的合伙/公司法和合伙/公司治理——为了更多参与进来的合伙人/股东和更具生存能力的企业的现代法律框架（最终的 COM（2012）740）；对此见 *Hopt*，ZGR 2013，165.。

第三章

合伙/公司财产的地位

一、合伙/公司财产总论

1　　合伙/公司并非必须总是要有一个特定的合伙/公司财产。共同目的也可以在不利用特定财产的情况下加以追求，或者服务于合伙/公司目的的财产价值仅属于当时的一名合伙人/股东，但为共同目的而对其加以管理（上面第二章边码3、边码13及其后一个边码，内部合伙）。但是，通常会形成一个**特定的合伙/公司财产**。需要区别于合伙/公司财产的是**经济上的所有权**。后者归属于合伙人/股东，这尤其在关系经济学的时候被讨论。人们将其理解为所谓的**剩余财产索取权**，也就是合伙人/股东对清偿合伙/公司全部债务之后仍还剩余的财产享有权利。投资于合伙/公司的财产是一种风险资本，即承受亏损风险的负担。

　　在与合伙人/股东和合伙人/股东的债权人的关系中，**合伙/公司财产的独立**对于合伙/公司结构和设计构建具有决定性的意义。合伙/公司财产与合伙人/股东财产之间的分离（*asset partitioning* 或 *entity shielding*[①]）使得这成为可能，即阻止合伙人/股东（任意）**侵犯合伙/公司财产**，并由此将合伙/公司财产优先保留给合伙/公司债权人（*affirmative asset partitioning*）。反过来，合伙人/股东的债权人必须首先执行合伙人/股东的（私人）财产。这至少增大了其攻击合伙/公司财产的难度，即使这不是不可能的（*defensive asset partitioning*）。在责任限制情况下，合伙/公司的债权人不能攻击合伙人/股东的财产。

　　对于合伙/公司财产在法律上的归属，存在三种法律技术上的可能性：按份共有、共同共有和法人。对于狭义上的合伙（上面第二章边码9及其后边码），进入考虑范围的是按份共有和共同共有，而共同共有也可以针对（仍还）不是法人的团体。

---

　　① 具有奠基性作用的是 *Hansmann/Kraakman*，110 Yale L. J. 387（2000-2001）（*asset partitioning*）；*Hansmann/Kraakman/Squire*，8 EBOR 65ff.（2007）（*entity shielding*）；Großkomm-AktG/*Bachmann* §1 Rn. 68ff.；*Wiedemann* II，§1 I 2 b aa.；关于有限责任在欧洲公司法中作为基本原则，见 *Grundmann*，Europäisches Gesellschaftsrecht，Rn. 286ff；EuGH NZG 2011，183—Idryma Typou.。

二、按份共有

在按份共有情况下，**每个共有人在财产的各具体标的物上享有一个确定的份额**。只　2
要涉及物，就存在**共同所有权**，见民法典第 1008 条及其后条款。但在其他任何权利
（收益权，抵押权和专利权等）上面，也可以有一个相应的**共有权利**。原则上，每个共
有人都可以自由处分其在任何一个具体标的物上的份额（民法典第 747 条第 1 句）。尽
管可以在合同上负有未经其他合伙人同意不可以行使这一处分权的义务，但由此仅产生
一个债法上的约束（民法典第 137 条）。一个尽管如此而仍然进行的处分相对于第三人
是有效的，仅导致进行处分的合伙人因为违反合同而对其他合伙人承担赔偿义务。只有
在很少的情况下，这一脆弱的联结才能适合于合伙目的，并且它尤其不适合于合伙打算
经营一个企业的情形。每个合伙人享有对其属于企业的各具体标的物上的份额进行自主
处分的权利，如针对土地或机器，是完全不恰当的。因此，在合伙情况下，**按份共有**是
例外，必须特别约定。

在实践中，它更多的是出现在合伙设立之前就已存在按份共有的情况下。

举例：一个土地的共同所有人为多个人，他们约定对其进行共同管理、使用和利
用，但不改变所有权关系，借以避免必须在土地登记簿上登记。封闭式的不动产基金或
者追求暂时性目的的合伙，如基于各建筑业主的利益，作为内部合伙的建筑业主共同体
以建设建筑物和形成住宅所有权为目的。[2]

采用按份共有的合伙接近于简单的权利共有（上面第一章边码 2 及其后一个边码）。　3
在其之下，共有人可以达成一个共同管理的约定。但是，因为共有人在这一共同管理之
外，还追求一个共同目的，故它仍然是目的共同体并因而原则上受合伙法调整。但是，
所有的以一个共同共有财产为前提条件的规范都不适用。一个特殊类型的按份共有是住
宅所有权法规定的**住宅所有权共有**。住宅所有权共有**不是合伙**。[3]

三、共同共有

1. 共同共有财产的特殊性

法律为**合伙**规定了**共同共有**，以作为其常态。这一财产归属形式也可以在其他关联　4
情况下出现，比如*遗产共同体*（民法典第 2032 条）和婚姻上的*财产共同体*（民法典第
1416 条），还存在于共同著作权情况下（著作权法第 8 条第 2 款）。只要没有其他约定，
合伙的财产就是共同共有财产（民法典第 718 条第 1 款），作为**特别财产，因而受到物
权法**约束。合伙人不能处分属于合伙财产的各标的物上的"份额"（民法典第 719 条第
1 款，也比较民法典第 717 条）。人们就此发生争论（只有很小的现实意义），即是否究
竟有没有这样的份额。[4] 但无论如何，合伙人只能共同（"通过全部的手"）处分各具

---

②　MünchKomm-BGB/*Schäfter*，Vor §705 Rn. 47 ff.

③　住宅所有权法第 10 条第 6 款规定了一个（部分地）法律上的独立性。

④　持肯定性态度的比如有 *Schulze-Osterloh*，Das Prinzip der gesamthänderischen Bindung，1972，S. 13 ff.；
Weber-Grellet AcP 182 (1982)，316，331；持否定性态度的有**主流观点**，比如 *Erman/Westermann*，§719 Rn. 2；
Flume，Personengesellschaft，§8（S. 119）sowie §17 II（S. 351）；MünchKomm-BGB/*Schäfer*，§719 Rn. 8；
K. Schmidt，§58 IV 2；*Soergel/Hadding*！*Kießling*，§719 Rn. 5。

体标的物。这属于共同共有的本质，因而即使通过约定，也不能对其改变什么。

举例： 一个拥有一块土地作为其财产的合伙有三个同等份额参与的合伙人，即 A、B 和 C。如果在按份共有情况下，土地的三分之一属于 A，他可以自主将其出卖或者让其负担一个土地债务（民法典第 747 条）。而在共同共有情况下，只有 A、B 和 C 共同一起才能处分土地，如将其中的三分之一出卖。假如他们将其授权给 A，则 A 处分的同样也不是"他的"三分之一，而是共同的三分之一且仍参与剩余部分。

5   与此相对，各合伙人**在全部财产上享有一个份额**，也就是在合伙财产整体上。一名合伙人是否可以处分合伙财产上的这个份额，不能从财产归属形式中推导得出。在遗产共同体情况下，这样的处分是无条件允许的（民法典第 2033 条第 1 款，与第 2 款相反）。与此不同，在婚姻上的财产共同体情况下，由于其与夫妻之间的人身联结相对应，故不能对其进行处分（民法典第 1419 条第 1 款）。在合伙情况下，适用禁止处分全部财产上的份额规则。**合伙财产上的参与是**成员身份不可分离的组成部分。不是合伙人的人不能成为共同共有的共有人。通过约定，可以允许整个成员身份的转让。这样，在全部财产上的份额会作为合伙成员身份要素而被转让。因此，对于民法典第 719 条第 1 款，即以同样的方式将对合伙财产上的和归属于其的各具体标的物上的份额的处分排除在外，应该如此加以理解，即在一定形式下，第一部分是任意性的，第二部分则是强制性的。

6   民法典第 719 条第 1 款不妨碍成员身份的转让。⑤ 根据法定的基本模式，成员身份虽是不可以转让的，但合伙人可以作出偏离性的约定。假如欠缺同意，即使只是欠缺一名合伙人的同意，转让也是暂时无效的。在最终拒绝的情况下，则彻底无效，而不是像民法典第 135 条意义上的相对无效。

民法典第 719 条第 1 款的第三部分，即没有合伙人可以要求分拆合伙财产，是合伙人受共同目的束缚的自然结果。假如一名合伙人想撤出他的财产份额，则必须促使合伙解散。与描述的物权性质的联结相对应，在**强制执行**中，合伙人个人的债权人只能以这样的形式对受到共同共有束缚的财产价值采取行动，即扣押合伙人在合伙财产上的份额并宣告解散合伙（民法典第 725 条第 1 款，商法典第 135 条，民事诉讼法第 859 条第 1 款第 1 句）。再从合伙清算结存中进行债务清偿（民法典第 730 条以及第 738 条），也就是说，份额参与的**价值**必须通过解除共同共有联结来实现。无论如何，合伙人个人的债权人不能扣押合伙财产的具体标的物（民事诉讼法第 859 条第 1 款第 2 句，也比较上面边码 1）。基于合伙债务，可以强制执行合伙财产（民事诉讼法第 736 条，商法典第 124 条第 2 款；进一步说明，见下面第五章边码 8 和第十四章边码 5 和 15）。

7   **假如一名合伙人退出合伙**，而合伙又未被解散，则他必然丧失其在合伙财产上的份额，而取得了一个债法上的赔偿请求权。基于法律的原因，他的份额自动增加到其余合伙人身上（民法典第 738 条）。反过来，假如一名新合伙人进入合伙，则他由此而自动成为共同共有的成员。基于法律的原因，他在合伙财产上自动获得一个份额。在这两种情况下，都适用共同共有中典型的**扩大原有权益原则**。

2. 归属

8   共同共有财产的归属取决于合伙的类型及其独立程度（上面第二章边码 4 及其后边

---

⑤ MünchKomm-BGB/*Schäfer*，§719 Rn. 4；关于那个早期争论，即民法典第 719 条第 1 款是否表现为合伙份额转让的障碍，见 K. Schmidt，§45 III 2.（连同进一步的阐述）。

码）。假如涉及一个**被配备有能够获取权利和承担义务能力的合伙**（比较民法典第 14 条第 2 款，商法典第 124 条第 1 款，自由职业者合伙法第 7 条），合伙自身可以是**财产主体**。[⑥] *否则，合伙财产归各合伙人共同所有，即合伙人在其共同共有的联结之下自己拥有合伙财产。*[⑦] 共同共有是一个财产法上的制度，也在合伙法之外出现，但无论如何，它不独自决定合伙的法律特性和组织结构。尽管如此，被承认具有权利能力的合伙不同于法人。后者是唯一的财产主体，独立于股东。也有只有一名成员或者没有成员（基金）的法人。而对于共同共有，则始终要求有多人。

　　总结得出：共同共有财产是一个特别财产，与合伙人各自的私人财产明确分开。它摆脱了各合伙人的处分及其债权人的攻击，仅服务于合伙的特别目的。**共同共有是合伙的典型财产形式。**根据主流观点，合伙是财产主体。但尽管如此，在一些具体问题中，也可能会针对站在合伙背后的合伙人。　　9

四、法人

　　当**公司作为法律上的人（法人）**而加以独立时，公司财产与股东财产之间产生最为强烈的分离（上面第二章边码 7 及其后一个边码）。这样，公司自己参与法律交往，是权利和义务的归属主体，相应地也是**唯一的公司财产主体**。尽管合伙的合伙财产也摆脱了各合伙人的单独处分，但合伙本身原则上依赖于合伙人的组成。这样，当有许多的成员或者担心成员经常变更以及成员人格特性因而要退于社团本身之后的时候，共同共有就不恰当了。对此，团体化的组织结构更为恰当。社团通常是法人（上面第二章边码 10）。　　10

　　这样，所有属于公司财产的权利由公司自己享有。成员根本没有份额权，不仅在属于公司财产的各具体标的物上没有，而且在公司财产本身上也没有（**分离原则**）。他们仅对公司享有请求权。从中可以直接得出，**成员变更**不会以任何方式影响公司财产的地位。股东个人的债权人不能执行公司财产。**公司债权人的请求权**原则上**仅针对公司**，只有它是债务人，只有公司财产承担责任。债权人和股东之间不存在直接的关系。可见，分离原则在两个方向发挥作用（比较上面边码 1）。尽管个别时候，在法人承担责任之外，还出现成员承担或多或少的责任，但这是例外情形。　　11

---

⑥　MünchKomm-BGB/*Schäfer*，§705 Rn. 310；*Wiedemann* II，§7 I 4 a；比较上面第二章边码 5 和下面第五章边码 6。具体的界定（有争议的），比较 *K Schmidt*，NJW 2008，1841，1844；对此，这不是完全一致的，*Beuthien*，ZIP 2011，1589.。

⑦　但早期的主流观点将其视为一般规则：RGZ 141，277，280；BGHZ 34，293，296；BGH NJW 1988，556；*G. Hueck*，FS Zöllner，Bd. 1，1998，S. 275；*ders.*，19. Aufl.，1991，§3 II；*Wiedemann* I，§5 2；*Zöllner*，FS Gernhuber，1993，S. 563；*ders.*，FS Kraft，1998，S. 701；也比较 *Beuthien*，JZ 2003，715，721；*ders.*，NZG 2011，481，484；*Jauernig/Stürner*，§705 Rn. 1.。

第四章

法律形式选择和合伙/公司形式的现实意义

一、法律形式选择

1　　　　结合上面（第一章边码4）列举的合伙/公司类型，以及还可以在国外设立合伙/公司，对于追求共同目的而进行的私法上的人的联合协作，有许多具有不同法律特性的法律形式可供选择。合伙/公司合同的补充、法定类型的变异，其相互的结合（如投资性有限商事合伙）等可能性也加入进来，由此，尽管存在合伙/公司形式法定原则的约束，对于参与者的**私自治**，在具体情况下**选择**和**详细设计构建**法律形式上面，开启了巨大的发挥空间。假如证明现有的合伙/公司形式对于所追求的目的不（再）恰当，还存在这种可能性，即在不解散和新设合伙/公司的情况下，通过**法律形式变更**改变"法律外衣"（改组法第1条，第190条及其后条款）。**原则上，不存在这种意义上的法律形式强制，**即对于人的联合协作，比如依据其种类、规模、目的设置或者其他特征，各自为其规定一个完全确定的合伙/公司形式。选择适当的合伙/公司形式以及具体情况下需要达成的约定，属于实践中特别重要的合伙/公司设计构建任务。在这里，大部分法律工作由咨询、冲突避免以及创设符合利益的平衡协调的组织结构所构成。对于这一设计构建自由进行一定**限制**以及目前扭曲了的激励措施，存在于如下方面。

　　　　1. 合伙/公司目的

2　　　　对于法律形式选择，参与者共同追求的合伙/公司目的通常具有重要性。与此同时，依据法律着眼于其主要适用的情形和以此定位而制定的规则，一个或者其他的合伙/公司形式可能被证明或多或少是适当的，而一定的情况下也可能被证明是不适当的。对于法律形式选择，从人的联合体所追求的活动中，也可能给出具体的法律边界。在现行法律中，**依据合伙/公司目的确定法律形式选择的边界，**主要有三个方向。

　　　　(a) 精神性目的

3　　　　假如要在一个**狭义上的合伙**（第二章边码9及其后边码）的人的联结中追求精神性目的，也就是非经济性目的，则**只有民事合伙**可供使用。其他所有合伙必然要有经济性的目的设置，即使它们不是商事合伙，比如隐名合伙。普通商事合伙和有限商事合伙经营商事营业，而自由职业者合伙则服务于一项自由职业的共同从事。对于精神性目的，根据民法典的构想，登记的或未登记的社团**作为团体化的法律形式**，居于首要位置（**精神性社团**）。然而，也可以考虑股份有限公司、股份制有限商事合伙和有限责任公司，因为它们基于其法律形式是商事公司，但根据其目的设置不必然也是商事公司。由于这一商法性的定位，尤其是股份有限公司和股份制有限商事合伙通常较少适合于精神性目的。与此相反，非常灵活的有限责任公司则可作为公益性公司来使用。

反过来，民事合伙和社团不限于精神性的目的设置，也可以被用于经济性目的。但在具有权利能力的社团情况下，受到需要国家授予法律人格的必要条件的束缚，即民法典第 22 条中的**经济性社团**。在现实中，国家授予法律人格很少发生。应该与此相区别的问题是，精神性社团的经济活动和经济意义。① 这对于民事合伙不适用，它可以追求精神性和经济性的目的。在这里，更多的是存在这样的问题，即对于将这一法律形式作为企业载体使用的情形，必须对民法典中存在的粗略设计构建进行补充。

（b）营业目的

对于营业目的，首先**商事合伙**可供支配使用。只有针对小的营业，才考虑**民事合伙**，因为它不能经营商事营业。否则，一个这样的合伙将自动成为普通商事合伙。过去，曾为特定的目的创设一些特别的合伙/公司类型。它们也仅能用于这些目的。**自由职业者合伙**是单独为自然人共同从事自由职业规定的。而保险互助联合会则按照互助原则经营成员的保险，见保险企业监督法第 171 条。欧洲经济利益联盟和（有时）合作社是出于促进成员盈利而进行共同协作的考虑。然而，这些目的各自也可以以其他法律形式加以追求。人们可以为任何合法目的设立合伙/公司。因此，限定于特定的合伙/公司目的，是一个例外。

（c）特殊的营业行业

但是，这样就接近于**法律形式强制**了，即当特别法为特定的经济活动仅允许特定的合伙/公司类型时，尽管其大多允许在两个或多个合伙/公司类型中进行选择。此外，主要是通过官方监督和公开义务来实现保护目的。

这例如适用于**保险企业**（附加上个别保险领域中的一定例外）：只能是保险互助联合会或股份有限公司，更确切地说是欧洲股份有限公司，见保险企业监督法第 8 条第 2 款；对于**私人建房互助储金信贷社**：只能是股份有限公司，见建房互助储金信贷社法第 2 条第 2 款；对于**资本管理公司**：只能是股份有限公司，有限责任公司或投资性有限商事合伙，见资本投资法典第 17 条及其后一个条款；对于**税务咨询合伙/公司**：可以是股份有限公司、股份制有限商事合伙、欧洲股份有限公司、有限责任公司、普通商事合伙、有限商事合伙或者自由职业者合伙，见税务咨询法第 49 条第 1 款。对于信贷机构，信贷法第 2b 条第 1 款将个体商人这一法律形式一概性地排除在外。

2. 规模标准

法律上可供支配使用的合伙/公司类型没有包含规模标准，但它们明显还是各自针

① *K. Schmidt*，§ 23 III；MünchKomm-BGB/*Reuter*，Vor § 21 Rn. 47 ff.；比较联邦普通法院的关于 ADAC 案的判决（BGHZ 85, 84＝JuS 1983, 553），对此见 *Beuthien*，NZG 2015, 449；*K. Schmidt*，NJW 1983, 543；Wiedemann/Frey，Nr. 20 ff.；BGHZ 175, 12-Kolpingwerk；涉及会计制作的是 *Lutter*，BB 1988, 489；*Segna*，DStR 2006, 1568；涉及运动团体的是 BGHZ 99, 119＝NJW 1987, 1811 - Jägermeister.。

对一个较小或较大的合伙人/股东圈子而加以量身定作的。合伙，包括商事合伙（上面第二章边码 17 和边码 22），以一个一目了然的合伙人人数为出发点。其合伙人相互认识、彼此信任，并且大多还在合伙中积极共同劳动。有限责任公司，尽管是公司，也大多定位于人合性，其巨大的灵活性允许非常个性化的设计构建。与此相反，股份有限公司是作为公众性公司来设计构建的，适合作为大型企业的资本集聚盆。这在各自可以适用的规则以及允许偏离于法律规定的较窄范围上得到了反映，因而是法律形式选择的一个决定性标准。相似的适用于急需的**融资**和**资本配备**。作为**适合于资本市场的法律形式**，只有股份有限公司，更确切地说还有欧洲股份有限公司和股份制有限商事合伙才考虑范围，而合伙和有限责任公司则主要通过信贷和非公开发行获得的自有资本来融资。

3. 组织结构

7　　对于合伙/公司形式选择，组织结构（对此，又是狭义上的合伙与团体法人之间的区别，见上面第二章边码 9 及其后边码）同样是一个标准。假如都已经打算由合伙人亲自参与共同劳动，则适用于合伙的**自营机关原则**，就是其适当的法律表征。与此相反，着眼于继承情况下的继承人问题，可能应通过第三人来执行公司业务，则只有允许**第三人机关原则**的团体法人才是适当的。此外，还取决于是否希望一个封闭的合伙人/股东圈子或者对其他成员开放以及**成员身份的可转让**。根据合伙/公司形式的不同，**共同参与和监控权**的强度，也是各有差异的。在一种合伙/公司形式下，**不同种类的成员身份**是可能的，但其范围不同。原则上，普通商事合伙以广泛的合伙人平等为出发点。而与此相反，有限商事合伙以两种不同种类的合伙人为前提，即具有领导功能的承担无限责任的合伙人和承担有限责任的合伙人。后者大多仅是资本性的参与。有限责任公司允许公司业务份额的不同配备。而在股份有限公司中，则对其设有狭小的边界。在达到一定的**员工数额**时，公司是否适用企业员工共同参与决定，也是一个组织结构因素。

4. 责任关系

8　　正是在经济性的目的设置情况下，**责任限制的可能性**是非常重要的。但在非经济性的目的设置情况下，限定将要承担的风险，也经常是成员积极参与的根本前提。还是那些可以限制责任的法律形式，才使许多经济活动最终成为可能。在**资本市场**上获取大量资本的前提条件，是各投资者以一定的资本投入参与公司并借此能够将其风险限定在这一资本损失之上，而一个超越此范围的广泛责任，将要求不断研究考虑投资和复杂的决策程序。因此，对于**投资资本的聚集**，对各股东仅提出很小要求的股份有限公司，是适当的公司形式（比较下面第二十五章边码 13 及其后边码）。[②] 投资者可以由此限定其损失风险，即将其投资分散到不同领域和不同国家的不同企业之上。相似的适用于债权人。由于他们通常与许多合作伙伴存在业务关系，一个债务人破产时的债权落空风险就被分散了，因而更容易承受。后面的一个论据还适用于中小企业。如果私人财产（也被用于照料和救济晚年以及家庭生活）不会受到伤害，各企业家会更愿意**在不确定的条件下采取行动（企业家行为）**。这是合法的，并且可以通过限制责任的合伙/公司形式来加以实现。但是，责任限制也有其代价。因此，在法律形式选择时，重要的是各合伙/公司形式会在风险资本投入、信息公开、债权人保护规定以及一定情况下还有投资者保护规定等方面带来哪些负担。

---

② 关于责任范围的利益促进功能见 Großkomm-AktG/*Bachmann*，5. Aufl.，§ 1 Rn. 69f.。

5. 税法

合伙/公司类型的多样性，连同其各自的变异种类，给参与者提供了这样的可能性，即按照合伙/公司法的视角，为其计划选择最为合适的法律形式。但实际上，在现实中选择法律形式时，**税法上的影响**，对所有的合伙/公司法事务都具有决定性的意义。③通常，**咨询目的**就是一个税负有利的设计构建。

举例：（根据 BGH v. 18. 2. 2016-IX ZR191/13，NZG2016，8）：A 和 B 是一个普通商事合伙的合伙人，他们为了达到有限责任而将其与一个已经存在的有限责任公司合并（改组法第 4 条及其后条款）。由此，针对企业地块产生了总额 54 000 欧元的土地购置税。税务顾问由于疏忽没有提醒存在这种可能性，即通过普通商事合伙将企业地块转让给一个为此而设立的合伙（有限责任公司作为无限合伙人的有限商事合伙）来避免这一土地购置税，这一疏忽是有可能引起损害赔偿责任的失职。

避税是合法的，应该严格区别于逃税（偷税）和其他违法行为。④曾有众多的税负改革（1977 年、2000 年、2008 年）追求一个中立于法律形式的征税，也就是税负不应该依赖于所选择的合伙/公司形式，而应该取决于经济上的履行能力。直到今天，这一目标也未实现。这尤其归因于规范对象的高度复杂，但目标冲突也属于其中的原因。在获得国家收入之外，税法还追求经济性的和社会政策性的目标（比较税收条例第 3 条第 1 款）。这些对市场程序⑤的干预大多有不为人希望的后果（附带效应），以至于税法开始常被作为一个促进政策广受欢迎，而事后又被作为税收漏洞饱受诋毁。此外，法律技术性上还要加进来的是，必须协调不同的税负种类，以及在涉及跨国情况下维护欧盟内的基本自由，特别是迁移自由和资本流动自由。⑥下面的概述会反映一些对合伙/公司法特别重要的税法基本问题。与此同时，存在因为经常修改法律而带来负担的问题，这游离于法治国家可允许范围的边缘。这应了那句"改革之后又面临改革"的话。税法将继续作为一个"不为人希望的合伙/公司法法律渊源"。只要税负上的关联特别影响到合伙/公司法的发展，就会在各自相应的合伙/公司形式下予以提及。

在与合伙/公司设计构建有重大关系的税种中，首先应提到**所得税、法人所得税**和**营业税**⑦，之后还有地产购置税和遗产税。所得税的**税负主体**是**自然人**，而法人所得税是针对法人的盈利。在合伙情况下，业务结果，即盈利或亏损，将直接按照参与比例计入单个合伙人（**税负透明原则**），见个人所得税法第 15 条。⑧合伙人必须将分摊到他们

---

③ *Saenger* Rn. 1002ff.；*K. Schmidt*，§ 1 II 6；也比较 *Jacobs*（*Hrsg.*），Unternehmensbesteuerung und Rechts-form，5. Aufl.，2015.。

④ 将其置于模棱两可的中间位置（合法但不赞成的），所谓激进的税务设计，比较商法典第 319a 条第 1 款第 1 句第 2 项；关于针对"税基侵蚀和利润转移"（BEPS）的举措，比较：关于实施欧盟行政合作的修改以及其他针对减少利润和转移利润措施的法的政府草案，BT-Drucks. 18/9536；RL（EU）2016/1164；对此见 *Oppel* IStR2016，797.。

⑤ 税负优惠可能是不为欧盟运作模式条约第 107 条允许的资助。概览见 *Tipke/Lang/Hey*，Steuerrecht，22. Aufl.，2015，§ 19；*Immenga/Mestmäcker*，Wettbewerbsrecht，5. Aufl.，Bd. 3，*Mestmäcker/Schweitzer*，Art. 107 AEUV Abs. 1，Rn. 214ff.。

⑥ 比较 EuGH NZG 2006，109-Marks & Spencer；NZG 2014，750-Felixstowe Dock and Railway；NZG 2014，1026-SCA Group Holding BV；NZG 2014，957-Nordea Bank；NZG 2015，307-Kommission/Vereinigtes Königreich；NZG 20 15，1161-Groupe Steria.。

⑦ 自 1968 年引入符合欧盟指令的带有税前扣除的全阶段净营业额税（增值税）之后，这一税种几乎就不再对企业载体的法律组织构建产生影响。

⑧ *Saenger* Rn. 1005，1020ff.；Tipke/Lang，Steuerrecht，22. Aufl.，2015，§ 10 Rn. 1f.，10 f.

身上的份额作为自己的收入并按照其个人的税率缴税，而无论盈利是否已分配。因此，在 2008 年的企业税负改革中，引入了一个有利于合伙人的积累性公积金。[9] 企业税务局进行统一的盈利确认，只是作为计入基础使用。合伙自身不是所得税义务人。合伙在民法上的独立，要么是依据商法典第 124 条，要么是依据法院判决（上面第二章边码5），在个人所得税以及法人所得税法中没有发现与之相对应的内容。与此相反，对于**营业税**[10]，合伙以共同企业主的身份自己作为税负主体。

作为独立的法律主体，**公司**不仅直接承担营业税，而且直接承担**法人所得税**。此外，向股东分配的盈利部分会作为个人收入而被征税。从中就产生了分配利润双重负担和公司法律形式由此遭受亏待的问题，但不同的法律技术策略有助于避免这些问题。**计入程序**（例如，1976 年的法人所得税改革）允许股东将在被分配的盈利部分上已交纳的法人所得税计入其要交的所得税。**最后征税**，连同针对自然人和作为股东的合伙的所谓的**收入减半程序**（2000 年的企业税改革，类似的有法国），为公司盈利规定了一个统一的税率（这样就没有计入的可能性了），并且该税率明显低于最高可能的所得税税率。法人所得税上的前负担，由此在股份所有人（自然人或合伙）层面上被顾及，即只将已获得的盈利分配的一半计入个人所得税的计量基础。另外一种可能是所谓的补偿税（2008 年的税收改革，2009 年生效），即将法人的收益全部适用较低的税率，并在一个匿名程序中，对资本收益在其接受者之处笼统地征收 25％税率。[11] 这有利于那些个人所得较高的人，而不利于那些较低税率的投资者。平衡机制将重新威胁试图追求的简化目的。一个公司从另外一个国内的或者国外的公司获得的盈利分配可以无税负地进入公司，因为否则又要出现双重负担。征税被推迟到了盈利分配，之后才开始征收股东所得税。更进一步的问题是股市盈利的征税和损失扣除的可能性。

根据不同的经济状况，法律政策追求**盈利分配**或者**促进积累**。后者是指为了投资目的而将盈利留在公司。比如，这可以通过对保留的和分配的盈利采取不同的法人所得税税率，或者对公司和股东采取不同的税率来实现。但是，这两个目标相互矛盾，以至于税负体系一般都会遭受其害。对于外国股东和本国人参与外国公司，计入程序也很难运作。因此，除了其他目的外，废除德国国内计入程序的 2000 年企业税改革，还服务于一个该意义上的有利于欧盟的设计构建。[12] 但是，目前的代扣所得税的做法，在法律政策上也是被人批评的。

进一步的问题是**计量基础**，即要被征税的盈利的确定。这基本上取决于所得税法的规定。出发点首先是商事会计，之后须经过税法修正。为了避免法人所得税率降低而让公司未分配的盈利获得一个不为人期望的优待，2000 年将**营业税计入**以总计的形式引入合伙下不同税率规定的所得税。然而，多种案例情形表明，由此也可能产生过度补偿。2008 年的企业税改革取消了营业税下的扣除资格，并将有上限限制的税收调节作为平衡引入进来。此外，对将融资成本作为营业支出加以扣除的做法，也存在争议。企业利用他人资本，如银行信贷，必须为此支付利息。目前，企业可以在计量基础上将其扣除。由此产生了众多设计构建可能性，以将税负考虑加到经济上有意义的融资上面。

⑨ *Saenger* Rn. 1042；*Tipke/Lang/Hennrichs*，*Steuerrecht*，22. Aufl.，2015，§ 10 Rn. 220ff.
⑩ 营业税是一个地方税。它是根据营业企业的地方销售额来对其收入征税的。作为事实征税，它以营业的实际状况为出发点，而不管经营营业的法律形式如何。也比较 *Saenger* Rn. 1 006 ff.。
⑪ 所得税法第 32d 条第 1 款第 1 句；概览见 *Saenger* Rn. 1053ff.。
⑫ 见 2000 年 10 月 23 日的降低税率和企业征税改革法（BGBl. I 1433）。

因此，用一个所谓的**利息界限**来限制扣除资格，并以获得的和支付的利息之间的关系为依据。

　　亏损的处理仍旧不统一。由于**公司**自己是税负主体，亏损仅在它们自身之下产生效力，而不在股东之下。与此相反，如果一个**合伙**遭受亏损，亏损将被按照份额计入**作为共同企业主的合伙人**。如果合伙人从其他来源处获得一个负有税负义务的收入，则他就可以将其在那个不断加以缩小的范围内（个人所得税法第15a条）与亏损抵销并降低税负（下面第十九章边码2）。这导致有人为了这样的目的而选择合伙法上本不适当的合伙。

　　地产购置税对法律形式选择也有影响，因为存在让合伙/公司份额转让取代地产转让的设计构建可能性。这样就可以避免地产购置税（例子比较：上面边码9和下面第九章边码11、16）。当一个合伙/公司参与份额属于遗产，而继承人为了交税目的需要动用本可供企业支配的流动资金时，**遗产税**[13]就会给企业带来重大的负担。在继承情形下，关于对企业财产进行相对较低估值的特别规定，减轻了企业负担。但在与其他没有被优待的财产对象（如股份）关系上，这些特别规定遭到了来自宪法上平等原则的反对。但新规定根本没有终止法律政策的讨论。[14]私自治性的继承人规则安排，包括法律形式的选择，也是为了优化遗产税。

　　为了让企业载体的结构变更，即法律形式变更、合伙/公司合并或分立，不受税法障碍的阻碍，法律规定对其适用特别规则（详细内容见下面第三十八章）。由于跨国措施在迁移自由和资本流动自由框架下面临越来越少的障碍，欧盟内的税负处理就成了一个特别大的挑战，尤其是各国税负体系非常不同。

　　从合伙/公司法的视角出发，人们期待对不同合伙/公司形式尽可能地同等设计征税（**法律形式中立的征税**）。[15]借此，避免造成对一定法律形式产生偏爱的税负刺激，以及具体情况下的合伙/公司法上经常是不必要的复杂设计。参与者可以将法律形式选择更为强烈地定位在其追求共同目的的需要和利益上。尽管通过各种不同税负改革已取得了朝向法律形式中立的征税方向的进步，但其效果又总是被一些基于经济或金融政策理由而采取的不同的具体措施所削弱。因此，一个全面的改革需要，仍具有现实性。

二、合伙/公司形式的现实意义

　　合伙/公司法的应用领域和现实意义（上面第一章边码12），在**不同合伙/公司形式的使用频率**中得到了反映。这一点尤其适用于作为**企业载体**的合伙/公司。很久以来，技术、经济和信息的发展几乎在所有经济领域中都提出了超越单个企业主资本、劳动力、风险承担的要求。这必然促使更为强烈的分工和合作。虽然其有所减少，但尽管如此，个体企业现今也仍还扮演着重要的角色。如果单纯地依据数量，个体企业自始至终都是最多的企业形式。然而，假如依据企业规模、投入资本或者销售额来决定经济意义

11

---

[13] 赠与税追求同样的目的且在很大程度上遵循同样的规则。

[14] BVerfG NJW 2007，573；BVerfGE 138，136；*Erkis*，DStR 2016，1441；2016年9月22日，调解委员会关于使所得税及赠与税法与联邦宪法法院的判决相适应的法的推荐性决议22.9.2016，BT-Drucks. 18/9690。

[15] *Birk*，Steuerrecht，14. Aufl.，2011，Rn. 1105；*Knobbe-Keuk*，Bilanz-und Unternehmenssteuerrecht，9. Aufl.，1993，Einl. S. 1 ff.；*Palm*，Person im Ertragsteuerrecht，2013；*Tipke/Lang/Hey*，Steuerrecht，22. Aufl.，2015，§ 13；*Tipke/Lang/Hennrichs*，Steuerrecht，22. Aufl.，2015，§ 10 Rn. 4，也来自宪法的视角。

的话，重心将明显向合伙/公司企业方向移动。大型企业完全由合伙/公司经营，尤其是以股份有限公司的形式。在小型和中型企业情况下，合伙/公司作为载体也居于显著地位。[16]

依据所使用的数据来源的不同，不同的企业载体的分布数据差异巨大。[17]企业注册数据，结合营业税义务情况，能提供一个关于数字分布的总体印象。照此，截至2015年5月31日有230万家个体企业。其中，只有84家雇用超过了249名员工（比较商法典第267条第2款）。在453746家（已注册的）合伙中，有2644家雇用超过了249名员工。66231家公司（有限责任公司，股份有限公司）中显示有8281家如此较大规模的企业。[18]根据商业登记册的评估，科恩布鲁姆[19]提供了截至2016年1月1日的分布情况如下。

法律形式	数量	％（四舍五入后）
个体企业	158 509	9.56
普通商事合伙	24 215	1.46
有限商事合伙（包括有限责任公司作为无限合伙人的有限商事合伙）	257 681	15.55
股份有限公司、股份制有限商事合伙	7 258	0.95
欧洲股份有限公司	372	0.02
有限责任公司（包括作为无限合伙人的有限责任公司）	1 186 589	71.63
其他	13 427	0.81
总计	1 656 548	100

德国**100个最大的企业**中的企业形式分布情况，也富有启发性。[20]

年份	1978	1988	1998	2008	2010	2012	2014	与1960相比
个体企业	1	—	—	—	—	—	—	1
普通商事合伙	—	2	—	1	—	—	—	1
有限商事合伙	6	7	3	5	6	6	6	3
有限责任公司作为无限合伙人的有限商事合伙	2	—	3	4	5	7	8	—

---

[16]　法律事实调查通常见 *Kornblum*，GmbHR 1981，227；最近的 *ders.*，GmbHR 2016，691.。

[17]　关于涉及股份公司的不同的调查的问题，见 *Bayer/Hoffinann*，AG 2010，R283；*dies.*，AG 2015，R 91.。

[18]　https://www.destatis.de/DE/ZahlenFakten/GesamtwirtschaftUmwelt/UnternehmenHandwerk/Unternehmensregister/Tabellen/UnternehmenRechtsformenWZ 2008.html［1.10.2016］。关于以前的销售税统计情况见上一版。

[19]　*Komblum*，GmbHR 2016，691，692. 关于销售税统计的很大区别（例如在单个企业的情况下）源于很多的企业（小营业主、自由职业者）虽然是必须缴纳销售税的，但是不登记到商事登记簿。

[20]　21. Hauptgutachten der Monopolkommission 2016，Rn. 543；19. Hauptgutachten der Monopolkommission 2010/2011，BT-Drucks. 17/10365；17. Hauptgutachten der Monopolkommission 2006/2007，BT-Drucks. 16/10140 Tab. III 1；16. Hauptgutachten der Monopolkommission 2004/2005，BT-Drucks. 16/2960 Tab. III 7；13. Hauptgutachten der Monopolkommission 1998/1999，BT-Drucks. 14/4002 S. 230；8. Hauptgutachten der Monopolkommission 1988/89，BT-Drucks. 11/7582；关于1960年，见 Konzentrationsenquete 1964 BT-Drucks. IV/2320，71.。

续表

年份	1978	1988	1998	2008	2010	2012	2014	与 1960 相比
有限责任公司	17	16	6	6	7	7	8	13
股份有限公司，欧洲股份有限公司（2008 年起）	67	67	77	714	676	645	597	79
股份制有限商事合伙	3	3	3	2	2	3	2	—
其他	4	5	2	7	7	8	10	3

下面的一览表反映了公司及其注册资本在 1989 年和 1999 年的数字变化。[21]

年份	1989	1999	2001	2006	2007	2009	2010	2015
股份有限公司和股份制有限商事合伙的数量	2 508	7 375	12 468	15 422	14 672	13 443	12 962	16 010
注册资本（百万马克，2006 年后为百万欧元）	136 127	261 129	308 730	162 985	164 560	175 691	174 596	没有数据
有限责任公司的数量	401 687	693 200	730 600	995 940	986 172	981 876	1 016 443	1 156 434
注册资本（百万马克）	180 690	（1996 年，约 3 040 亿马克）	没有数据	没有数据	没有数据	没有数据	没有数据	没有数据

㉑ Zahlen für AG und KGaA DAI－Factbook 1999，2001 und 2006 Übersicht 01－1；für GmbH 1989 Statistisches Jahrbuch 1990 S. 125，für 1999 und 2001 Auskunft Statistisches Bundesamt，für 2006 Kornblum，GmbHR 2007，25，266；*ders*., GmbHR 2010，739，7 40；关于股份有限公司和股份制有限商事合伙见 *Bayer/Hoffmann*，AG 2010，R283；*dies*., AG 2015, R 91；也比较下面第二十五章边码 24；关于有限责任公司，比较下面第二十章边码 9。

第二部分　合伙法

第一编
民事合伙

文献资料：除文献表中提到的合伙/公司法总体阐述外，特别还有：

评论注释：关于民法典第 705 条及其后条款，尤其是 MünchKom-BGB/*Schäfer*，7. Aufl.，2017，Soergel/*Hadding/Kießling*，BGB，13. Aufl.，2012；Erman/*Westermann*，BGB，14. Aufl.，2014.。

系统化的介绍：Flume；Gummert/Riegger/Weipert（Hrsg.），Münchener Handbuch des Gesellschaftsrechts，Bd. 1，4. Aufl.，2014；*W. Müller/Hoffmann*（Hrsg.），Beck'sches Handbuch der Personengesellschaften，4. Aufl.，2014；*Westermann/Wertenbruch*，Handbuch der Personengesellschafte（Loseblatt）.。

具体问题：Dauner-Lieb，Unternehmen in Sondervermögen，1998，§ 9；*Flume* ZHR 138 (1972) 177；Habersack，JuS 1993，1；G. Hueck，FS Zöllner，Bd. 1，1998，S. 275；Reiff，Die Haftungsverfassung nicht rechtsfähiger unternehmenstragender Verbände，1996；*C. Schäfer*，Empfiehlt sich eine grundlegende Reform des Personengesellschaftsrechts? Gutachten E zum 71. Deutschen Juristentag，2016；*Ulmer*，AcP 198 (1998) 113；insbesondere zur Rechts - und Parteifähigkeit der Gesellschaft bürgerlichen Rechts：*Armbrüster*，ZGR 2013，366；*Beuthien*，NZG 2011，481；*Röder*，AcP 212 (2015)，464；*K. Schmidt*，ZHR 177 (2013)，712 ；*Ulmer*，ZIP 2001，585；Wertenbruch，Die Haftung von Gesellschaften und Gesellschaftsanteilen in der Zwangsvollstreckung，2000，Kap. 11 - 13；Zöllner，FS Gernhuber，1993，S. 563；ders.，FS Kraft，1998，S. 701.。

判决概览：Hirte，NJW 2005，718；2007，817；2008，964；2009，415；2010，2177；2011，656；2012，581；2013，1204；2014，1219；2015，1219；2016，1216。

对于旧的文献资料和法院判决，比较第 21 版的文献提示。

第五章

概念、种类和意义

一、概念

1   民事合伙是一个为实现合伙人共同追求的目的而建立在合同之上的人的联合体（民法典第705条）。它是狭义上的合伙（上面第二章边码9及其后边码），可以在法律上独立（民法典第14条第2款，上面第二章边码5及其后一个边码），原则上适合作为企业载体。

1. 合伙协议

2   合伙总是以一个作为其基础的合同为前提（下面第六章边码2及其后边码）。一个建立在其他基础上的共同体，不是合伙。这也适用于商法上的合伙，它们是民事合伙的变异。因此，仅仅是夫妻在财产共同体[1]或者继承人在遗产共同体中经营一个商事营业，还不能因此产生一个普通商事合伙。[2] 一个单纯的事实上的共同体也是不够的。但是，合伙协议也可以非正式地或默示缔结。[3]

参与合伙协议的缔结，也就是**合伙人**，可以是所有的自然人和法人，也可以是公法法人；另外，还可以是其他特定的作为统一单位参与法律交往的人的联合体，即主要是普通商事合伙和有限商事合伙，但也可以是另外一个民事合伙[4]或者一个未登记的社团。与此相反，不能是按份共有、遗产共同体、婚姻上的财产共同体、隐名合伙（详细介绍见普通商事合伙下的同样问题，下面第十二章边码4及其后一个边码）。不同于公

---

① MünchKomm-BGB/*Kanzleiter*，§1416 Rn. 8；*K. Schmidt*，Handelsrecht, 6. Aufl., 2015，§4 Rn. 31（对于企业托管持批判态度）；不同的是 Baumbach/Hopt/*Roth*，§105 Rn. 25；MünchKomm-BGB/*Schäfer*，§705 Rn. 75, 82；*Gernhuber/Coester-Waltjen*，Familienrecht, 6. Aufl., 2010，§38 Rn. 14–20.。

② *Dauner-Lieb*，Unternehmen in Sondervermögen, 1998，§7 S. 330 f.；Baumbach/Hopt/*Roth*，§105 Rn. 7；*K. Schmidt*，Handelsrecht, 6. Aufl., 2014 §4 Rn. 31；*ders.*，JuS 2004, 361；MünchKomm-BGB/*Schäfer*，§705 Rn. 28；比较 BGHZ 92, 259＝NJW 1985, 136；早已如此的也包括 BGHZ 17, 299＝NJW 1951, 311, 312；持不同观点的首先是 Fischer, ZHR 144（1989）1；BGHZ 65, 79；如果要设立一个普通商事合伙，必须将合伙份额以婚姻合同的方式明确为保留的财产；不同的是 MünchKomm-BGB/*Kanzleiter* §1416 Rn. 9f.。

③ 对于夫妻，比如见 BGH NJW 1999, 2969；BGH NZG 2016, 547；对于遗产共同体，比较 BGHZ 92, 259, 264＝NJW 1985, 136.。

④ BGH NJW 1998, 376.

司，民事合伙不能是自己的合伙人。

为了确定共同目的和设定追求共同目的的义务，一个通过所有参与者的内容一致的意思表示而成立的合同是必需的。因此，应该否定那个旧的理论观点[5]，即参与者在没有事先存在合伙协议情况下作为合伙人活动就应该足够了，即这种所谓的"事实上的合伙"也是法律意义上的真正合伙。[6] 此外，一个这样的情形在现实中几乎是不可能的，因为合伙协议也可以通过行为推定而缔结。如果合伙协议失败，例如形式无效，则就应考虑有瑕疵的合伙（下面第六章边码8）。为此，"事实上的合伙"这一称谓，其意义模糊且应该避免采用。

不应与之相混淆的是这样一个问题，即在欠缺合伙协议时，是否应该和在多大范围内保护善意第三人。这是一个信赖利益保护的问题，特别在商法中意义重大（**表见合伙**，下面第十二章边码10及其后一个边码）。

2. 共同目的

合伙目的可以是**任何合法的目的**。经济性的或精神性的目的都可以借此加以促进。科学的、艺术的、宗教的、助人为乐的、社会的、政治的等目的，都可以是合伙目标。目的也可以是利他性的，可以涉及第三人的利益。　　3

举例：艺术爱好者联合起来，通过共担费用的方式资助一位年轻艺术家；家庭成员相互承担义务，为贫穷亲戚支付生活费用；共同赌彩，即所谓的赌彩共同体[7]；共同拥有一辆汽车；为获得批发折扣价而约定共同采购；共同承租房屋（住房共同体）。

在任何情况下，都必须着眼于共同目的而愿意有一个法律上的联结。这是合伙协议的内容。共同散步或从事体育活动的约定，一般没有法律行为的特性，仍停留在社会情谊行为领域。[8] 不需要的是参与者就存在一个法律意义上的合伙有一个明确的意识。如果要经营商事营业，则会自动产生普通商事合伙。根据各自完全不同的目的，民事合伙在事实和法律上的表现形式，差异巨大（下面边码12）。

与此相反，商法上的合伙的目的，总是定位于经营营业或者参与这样的营业。在欧洲经济利益联盟情况下，目的定位于促进跨国的经济利益。而在自由职业者合伙情况下，目的则定位于一项自由职业的共同从事。可见，它们必然是经济性类型。这也适用于那些仅管理自己财产的普通商事合伙和有限商事合伙，见商法典第105条第2款第1句，因为商事登记簿上的登记已将财产管理变为商事营业。

目的必须是**所有合伙人共同的目的**。具体的合伙目的的共同拥有，不以参与者参与　4
共同目追求时的动机一致为前提，也不排除各合伙人借此同时将其不同的个人目的联系起来。

从中得出一个绝对主流的观点，即一个完全为了一个参与者的利益而缔结的合同不是合伙，即所谓的与狮子合伙。但不正确的是，仅因为不是所有的合伙人在经济性目的设置上具有一个直接的物质利益就否定合伙。根据一个比较老的观点，甚至盈利分配上的所有人参与都应该是不可或缺的。合伙目的不必须是经济性的（就像已介绍的那样），因而合伙根本不是必须要服务于成员的物质利益，也可以涉及第三人的益处（年轻艺术

---

⑤　尤其是 *Haupt*，Gesellschaftsrecht，3. Aufl.，1944，§ 6.。

⑥　与此相反的是 BGHZ 11，190，现今已是通常观点。

⑦　比较 BGH NJW 1974，1705关于义务的界限，但可以直接用合伙/公司法来分析案件。

⑧　BGHZ 39，156，158；MünchKomm-BGB/*Ulmer*/*Schäfer*，6. Aufl.，§ 705 Rn. 17 ff.

家进修、支持贫穷亲戚）。因此，即使合伙已获得盈利，参与其分配不是绝对必须的，只要在合伙目的之上存在一个其他利益即可。⑨ 例如，如果合伙目的是经营一个企业，则拥有让这个企业作为客户或供货商的利益就足够了。同样，让女儿在共同企业中作为合伙人以确保其生活基础，父亲的这一精神性利益也足够了。⑩

5　　　目的必须为所有的合伙人共同追求。与此相关的义务是合伙协议的**必要内容（推动目的实现之义务）**。参与者单纯的同向利益，还不够。⑪ 合伙由此区别于所谓的参与分红性的法律关系，即不是合伙性质的法律关系，但在其之下，有盈利参与的约定。例如借款，作为其回报的不是固定的利息，而是提供盈利份额，或者比如雇佣关系，作为受雇者报酬（红利）的是获得一定的纯利润份额。在这些情形下，所有的参与者都对获得一个尽可能高的盈利具有利益，但他们不用为这一目的而共同协作。在约定的共同目的的追求中，与单纯的权利共同体相比，还存在本质性的区别（上面第一章边码 3）。

3. 法律上的独立

6　　　民事合伙可以在法律上独立，但**根本不是法人**。然而，根据法院判决⑫和主流观点，它可以获得**权利能力**（比较上面第二章边码 4 及其后边码）。对于其边界界定，即在具体情况下，什么时候是这种情况，存在争议。作为标准，可以列举下列观点：在任何情况下，它都必须涉及一个**外部合伙**，而且必须有一个**共同共有的财产**。⑬ 一些人将能够达到获得权利能力的独立限定在那些"承载企业"的合伙之上⑭，但却没有去关心企业概念。其他人通过要求其配备自身的自主性条件**参与法律交往**，获得了相似的结果，即以自己的名义、有自己的行动机关（业务执行合伙人）和自己的责任承担能力（共同共有的财产）。⑮ 在联邦普通法院的样本性的判决中，涉及一个建筑劳动共同体，其形式是民事合伙，形成于合同设计实践并根据标准合同而被反复使用。这样，在解释上也就已经涉及标准合同了。⑯ 在这些情形下，**缺乏登记可能性**和其所属的最低要求（上面第二章边码 8），至少让其在现实中较少引人注意。⑰ 根据各合伙目的的不同，就像法院判决的那样，一个民事合伙也可以是民法典第 13 条意义上的消费者，

---

⑨　*Wiedemann* I，§ 1 I 1 b；*Flume*，Personengesellschaft，§ 3 II；MünchKomm-BGB/*Schäfer*，§ 705 Rn. 144 ff.；*K. Schmidt*，§ 59 I 3；针对有限责任公司的是 BGHZ 14，264，271；认为不是必须要有参与盈利分享的是 RGZ 90，16 f.；此外见 BGHZ 135，387＝NJW 1997，2592.。

⑩　*A. Hueck*，OHG，§ 1 I 16.

⑪　关于界限问题，见 *Wiedemann* II，§ 7 I 1. c.。

⑫　BGHZ 146，341＝NJW 2001，1056 - ARGE Weißes Ross；此后是稳固的判决；早已是如此的还有 BGHZ 78，311；79，374＝NJW 1981，1213；116，86＝NJW 1992，499；BGHZ 118，83.。

⑬　*Habersack*，BB 2001，477；*Hadding*，ZGR 2001，712，716；是否按份共有（建设业主共同体）都足够了，这至少还没有被完全解释清楚。

⑭　*K. Schmidt*，§ 58 V；现在是只关于被企业托管的民事合伙的特殊规定 ders.，ZHR 177（2013），716f.，727；对此也比较 *Schäfer*，Gutachten E zum 71. DJT，S. E 70ff.。

⑮　MünchKomm-BGB/*Schäfer*，§ 705 Rn. 305f.；*Wiedemann* II，§ 7 III 2 b.；与此相反的是 *Beuthien*，ZIP 2011，1589.。

⑯　BGHZ 146，341＝NJW 2001，1056 - ARGE Weißes Ross；对于过程的历史见 *Jauernig/Stürner* § 705 Rn. 1（S. 1187）；没有法律效力的缺席判决。

⑰　因此，根据联邦普通法院的判决（BGH NJW 2006，2189＝NZG 2006，305），民事合伙不能是一个住房所有人共同体的管理人，在联邦法院的判决中（BGH NJW 2009，594，595 obiter）予以确认；关于设立一个民事合伙的登记簿，见 *Schäfer*，Gutachten E zum 71. DJT，S. E 61 ff.；Beschluss des 71. DJT，Abt. Wirtschaftsrecht，I. 5. c.）。

尽管法律明确规定要求是自然人。[18] 在特定案例中，尽管如此，权利能力也取决于各个具体合伙人间的关系，比如，因个人需要而解除租赁房屋的租约（民法典第 573 条第 2 款第 2 项）。[19]

因此，在案例解析时，如果有必要，需要说明是否和为什么要将一个特定的民事合伙作为具有权利能力的主体来处理。例如，当合伙自己以其名义被起诉，或者涉及具有行使一定权利的能力问题时，这就有意义了。如果仅涉及是否存在一个合伙债务，也就是合伙财产以及合伙人自己同时承担责任，经常不会涉及其界限界定的问题。出于工作经济性的需要，如果对于案例解析从中不能得出什么，对民事合伙的"权利能力"进行阐述是不必要的（就像总是如此的那样）。

民事合伙可以有自己的名称，但不是商法典意义上的商号，就像在商事合伙/公司情况下的那样（比较商法典第 17 条，第 105 条第 1 款，第 124 条第 1 款和第 161 条）。由于民事合伙没有商号，因而也不存在要标注其法律形式的法定义务（比较商法典第 19 条）。[20] 过去以民事合伙形式进行的自由职业联合体经常采用"合作"或"与其他合作人"的名称，现今这只准许由自由职业者合伙法意义上的合伙采用。[21] 合伙名称享受民法典第 12 条意义上的名称保护。特定情况下，在商业活动中也可依据商标法第 5 条第 2 款和第 15 条享受保护。

改组法第 191 条第 2 款第 1 项规定，民事合伙是一个可以从其他法律主体变更而来的新法律形式的法律主体。根据改组法第 202 条第 1 款第 2 项，进行形式变更的法律主体的份额所有人，依据转变后的新的法律主体所适用的法律规定参与新的法律主体。对于法律上的独立，从中只能得出很少的东西，再加上民事合伙只是作为目标对象，而没有被作为进行形式变更的法律主体提及到。其他种类的形式变更将基于法律规定而自动出现。如果一个民事合伙起先经营一个小营业，但随着企业规模增大，以至于根据类型和规模需要以商人方式建立业务经营（比较商法典第 1 条第 2 款），则它就是经营一个商事营业并由此自动成为普通商事合伙（商法典第 105 条第 1 款；对此，见下面第十二章边码 2）。

法律上独立的民事合伙，具有开具支票和汇票的能力。[22] 它可以是一个合作社的社员[23]，也可以是一个有限商事合伙的承担有限责任的合伙人。如果是那样的话，也必须在有限商事合伙登记于商事登记簿时指明民事合伙的合伙人（商法典第 162 条第 1 款第 2 句）[24]，约定标明在法律事务中以合伙人名义出现的，其民事合伙就没有商事登记能力。相应的规定适用于土地登记。根据土地登记册法第 47 条第 2 款，在民事合伙登记时，也需要标注出单个的具体合伙人。为此，一份符合土地登记册形式（土地

7

8

---

[18] BGHZ 149，80；更多的关于住宅所有权法的，见 BGH v. 25. 3. 2015-VIII ZR 243/13，NZG 2015，905；有争议，不同的比如有 *Bork*，Allgemeiner Teil des Bürgerlichen Gesetzbuchs，3. Aufl.，2011，Rn. 169；MünchKommBGB/*Micklitz/Purnhagen*，§ 13 Rn. 19ff.；*Mülbert*，WM 2004，905，912f 又不同的是 *Wiedemann* II，§ 7 III 2 c (S. 651)；归入穿透；类似的是 *K. Schmidt*，JuS 2006，1，4f.。

[19] BGH NZG 2012，67；NZG 2017，215.

[20] 不同的可能是 MünchKomm-BGB/*Schäfer*，§ 705 Rn. 274，在合伙名称相似时。

[21] 自由职业者合伙法第 11 条；BGHZ 135，257，259＝NJW 1997，1854.。

[22] BGHZ 136，254＝NJW 1997，2754；对此，比较 *Beuthien*，NZG 2011，481，482.。

[23] BGHZ 116，86＝NJW 1992，499.

[24] 联邦普通法院判决早已这样要求了（BGHZ 148，291＝NJW 2001，3121）；也见下面第十三章边码 4 和第十八章边码 6 及其后一个边码。

登记册规定第 29 条）要求的有关民事合伙存在、合伙人状况和代理关系的声明，就足够了。其他证明不是必需的。[25] 民法典第 899a 条将土地登记法上的善意保护延伸到了登记。当然，物权法上的规定没有解决合伙存在、代理关系以及以债法为基础的事务等这些问题。土地登记并不是合伙登记。[26]

与权利能力问题平行的是，需要判断**诉讼程序中的诉讼能力**。假如合伙拥有如此程度的独立，以至于能被视为具有权利能力，则其也具有诉讼能力。这样，它就可以在其名义之下起诉和被起诉。[27] 否则的话，诉讼程序的当事人是各自当时的合伙人。在关于属于合伙财产权利的积极诉讼程序中，根据普遍观点，合伙人是必要的共同诉讼人（民事诉讼法第 62 条）。而在消极诉讼程序中，着眼于一定情况下存在不同抗辩的可能性，根据主流观点，合伙人是简单的共同诉讼人（民事诉讼法第 61 条）。[28] 对于**强制执行合伙财产**，民事诉讼法第 736 条要求一个针对所有合伙人的强制执行书。假如合伙本身以其名义被成功起诉，则可能会欠缺这样一个强制执行书。为了解决这个问题，可仅将民事诉讼法第 736 条作为一个有关名称的规定去理解。再加上从历史上看，它首先应该是防止合伙人的私人债权人强制执行合伙财产。[29] 判决是这样解释这一规定的：在执行共同共有财产时，也允许一个针对所有合伙人的强制执行书。[30] 根据破产法第 11 条第 2 款第 1 项，民事合伙具有破产能力。但只有当形成合伙财产时，才能考虑开启破产程序。也就是说，在单纯的内部合伙情况下，是不可能考虑开启破产程序的。

二、种类

1. 法定的一般情形

9　在其任意性的基本模型中，法律是以此为出发点的，即合伙人为了达到合伙目的组

---

[25]　BGH NZG 2011，698；关于基于名称的商事合伙的登记，见 BGH NZG 2011，525；OLG Düsseldorf ZIP 2017，575.。

[26]　具体来说是有争议的；反对善意保护的扩大的或许是 *Altmeppen*，ZIP 2011，1937；*Bestelmeyer*，ZIP 2011，1389；*S. Heinze*，DNotZ 2016，344；*Kesseler*，NJW 2011，1909；*Krüger*，NZG 2010，801；*Ulmer*，ZIP 2011，1689，1695ff.；*Wellenhofer*，JuS 2010，1048；不同的或许是 *Armbrüster*，ZGR 2013，366，379f.；*Jauernig/Berger* BGB § 899a Rn. 6.。

[27]　BGHZ 146，341＝NJW 2001，1056 - ARGE Weißes Ross；BGH NJW 2002，1207；2008，1378；BAG NZG 2005，264；BFH NJW 2004，2773；Henssler/Strohn/*Servatius*，BGB § 705 Rn.71；MünchKomm-BGB/*Schäfer*，§ 705 Rn. 318 ff. 从理论上来看是持怀疑态度的；*Wertenbruch*，Die Haftung von Gesellschaften，2002，S. 213 ff.；Musielak/Voith/*Weth*，ZPO，13. Aufl.，2016，§ 50 Rn. 22 a ff.；认为存在理论上解释说明需要的是 Prütting，FS Wiedemann，2002，S. 1177；Pohlmann，ZZP 115（2002）102；关于程序法上和实践中的衍生问题，见 *K. Schmidt*，NJW 2008，1841.。

[28]　MünchKomm-ZPO/*Schultes*，5. Aufl.，§ 62 Rn. 30ff.；MünchKomm-BGB/*Schäfer*，§ 705 Rn. 319，321；*Prütting/Gehrlein*，ZPO，8. Aufl.，2016，§ 62 Rn. 12，16；Zöller/*Vollkommer*，ZPO，31. Aufl.，2016，§ 62 Rn. 7；*Westermann*，NZG 2001，289，292；也比较 BGH ZfBR 2003，766.。

[29]　*K. Schmidt*，NJW 2001，993；*Wertenbruch*，Die Haftung von Gesellschaften，S. 122 ff.；也比较 BGH NJW2004，3632；NZG 2016，517。关于（仅）向负责业务执行的合伙人下达执行书的问题，见 BGH NJW 2006，2191＝NZG 2006，500；关于向一个拥有来自（非欧盟成员国）第三国的业务执行合伙人错误下达命令的问题，见 BGH ZIP 2016，.1447 Rn. 20.。

[30]　BGH NJW 2004，3634；2007，1813，1814f；Musielak/Voit/*Lackmann*，ZPO，14. Aufl.，2017，§ 736 Rn. 4；Prütting/Gehrlein/*Kroppenberg*，ZPO，8. Aufl.，2016，§ 736 Rn. 2ff.；Zöller/*Stöber*，ZPO，31. Aufl.，2016，§ 736 Rn. 2；相反的是 MünchKomm-BGB/*Schäfer*，§ 705 Rn. 321.。

成了一个共同财产，并且这一财产属于所有合伙人共同共有（民法典第718条第1款）。因此，虽然不是必然的，但根据法律上的类型，民事合伙是**共同共有**。在管理这一财产时，合伙必然对外出现。因此，它就是**外部合伙**。但是，合伙人也可以在民法典合伙规则中占统治地位的合同自由范畴的范围内，偏离性地设计构建其法律关系，而不会由此终止作为民法典意义上的合伙这一法律关系。因此，在合伙作为共同共有共同体这个一般形式之外，存在**非典型的合伙形式**。基于民法典的合伙法中占主导地位的契约自由的原因，具体情况下的法律关系类型可能是非常不同的。有两个主要形式相互区别。

2. 偏离

合伙尽管对外出现，但没有共同共有财产，也是可能的（**没有共同共有财产的外部合伙**）。[31] 这种合伙的一个应用情形是多个企业约定经营一个共同的工厂（比较企业组织法第1条第2款）。因此，一般来说没有形成企业财产。[32] 但是，也可以像罗马法上的合伙组织那样，合伙人作为共同所有人对企业财产享有按份所有（**按份共有**，上面第三章边码2），或者由一名合伙人作为**受托人**而为合伙管理财产。这样，相对于外部第三人，只有受托人才是财产主体。

合伙人形成一个共同共有财产，但放弃对外独立和作为合伙出现，人们将其称为"不独立的外部合伙"或者"广义上的内部合伙"（有争议）[33]。

合伙也可以限定在合伙人的内部关系之下（**单纯的内部合伙**，见上面第二章边码13及其后一个边码）。

举例：夫妻内部合伙：如果夫妻以一种超出一般婚姻生活共同体的框架范围的方式，通过双方的付出共同促进一个特别的目的，则就可能要考虑这种合伙。对此在法律上的联结，可以默示达成，但在这里也是不能欠缺的（见下面第六章边码6）。一个由法律规范的内部合伙情形是隐名合伙，见商法典第230条及其后条款（见下面第十八章）。

没有共同共有财产的外部合伙和内部合伙也表现出了民法典第705条的概念特征。因此，它们是**真正的合伙**，但只有在不涉及共同共有财产或者对外代表的时候，才应该适用民法典第705条及其后条款，下面将主要介绍法律上的**一般形式**，即共同共有财产的外部合伙。

三、意义和表现形式

民事合伙法，部分直接适用，部分补充适用，即只要有关商法特别形式的规定和其他有关合伙的特别法存在漏洞时。另外是类推适用，即当特定情下适用债法总则或不当得利规定不适当时。尽管民法典第54条将不具有权利能力的社团置于合伙法之下，但不具有权利能力的社团，也就是未登记的社团，原则上也还是团体。这样，适用有关民事合伙的规定就不适当了。因此，根据主流观点，其内部关系应该适用团体法（上面

10

11

---

[31] 比较 BGHZ 24, 293; BGH NZG 2008, 68; MünchKomm-BGB/*Schäfer*，Vor§705 Rn. 47（开发者—按份共有），§705 Rn. 266 ff.；这为 *K. Schmidt* 所拒绝，见其§58 II 2 b.。

[32] ErfKommArbR/*Koch*，16. Aufl.，BetrVG §1 Rn. 14; Gemeinschaftskomm-BetrVG，10. Aufl.，2014，§1 Rn. 46 ff.；*Richardi*，BetrVG，15. Aufl.，§1 Rn. 71; *Wiedemann* II，§7 I 5 d（S. 615）; *Windbichler*，Arbeitsrecht im Konzern，1989，S. 289.

[33] MünchKomm-BGB/*Ulmer/Schäfer*，6. Aufl.，§705 Rn. 279f.，284，305 f.；*Wiedemann* II，§7 I 4 a；更多的见 *Beuthien*，NZG 2011，161；反对这一可能性的是 *Schäfer*，Gutachten E zum 71. DJT，S. E 59 ff.。

第二章边码9及其后边码）。[34]

1. 直接适用

12　　　　民法典第705条及其后条款，适用于满足上面边码2至边码5提到的特征的所有合伙。[35] 法律自身也以此为出发点，即合伙人会利用其广泛的设计构建自由。这表现在众多规定当中，即"在没有其他约定的情况下"适用，比如民法典第706条第1款。但是，其他没有包含这一表述的规定，也是任意性的。这样，首先应该问合同内容。对设计构建的限制，可能来自合伙法规则中的强制性的基本内涵，也可能来自由合伙目的决定其适用的规则。[36]

首先需要提到的是带有**精神性目的的合伙**（例子见上面边码3）。在这里，就像下面的一样，应该在非团体性的、人合性设计构建的联合体的狭义上去理解合伙（上面第二章边码9）。但是，在带有经济性目的的合伙之下，也发现民事合伙这一法律形式适用于不要求以商人方式建立业务经营的营业合伙，比较商法典第1条第2款（小营业）。在商人情况下，普通商事合伙和有限商事合伙的法律形式，将民事合伙这一法律形式排挤在外（商法典第105条第1款，第161条）。假如合伙经营一个小营业或者管理自己的财产，根据商法典第105条第2款，它可以选择商事合伙形式（对此，见下面第十二章边码2）。

举例： 没有根据商法典第3条第2款在商事登记簿上登记的农民联合；此外，比如不具有自由职业者合伙形式而共同经营一个事务所的医生或律师（共同诊所或律师事务所）。

经济领域中的另外一个类型是**临时性合伙**，即为了进行具体的法律行为或者特定的具体计划而仅暂时设立合伙，并且基于此原因不能采用商事合伙形式，即使参与人自身是商人或者商事合伙。在这里，不同类型的应用情形，跨度特别大。

举例： 经济上具有特别意义的比如**证券发行银团**，即为发行有价证券（股票或债券，也比较下面的第二十六章边码1）而进行的银行联合。同样的还比如其他的联合财团，像为了一个大型计划而融资或者共同改组另外一个企业。多个企业为共同实施一个大的项目而组建工作联合体，这尤其经常和重点出现在建筑业。在这里，它常常被缩写为"工作联合体"。由于限定于一个特定的项目，根据传统观点，它不涉及商事营业，尽管一个复杂的组织是需要的并且也是通常性的。明确宣布民事合伙具有权利能力的法院判决，就是涉及这样一个工作联合体。因此，这在过去也是可能的，即在不能确定的情况下，再回到为这样的计划而通常使用的标准合同上面去。[37] 另外，还有为购买和分割一块地产而组成联合、针对特定标的的封闭式不动产基金[38]、合伙赌彩（赌彩共同体）[39]、为消遣娱乐而共同租用汽车。[40]

---

[34]　Erman/*Westermann*，§54 Rn. 5；*Flume*，Personengesellschaft，§7 I；Jauernig/*Mansel*，§54 Rn. lff.；*Kübler/Assmann*，§11；Soergel/*Hadding*，§54 Rn. 12ff.；MünchKomm-BGB/*Arnold*，§54 Rn. 3ff.

[35]　关于表见形式，见 Wiedemann II，§7 I 5.。

[36]　BGHZ 118，83，100＝NJW 1992，2222，2226 - BuM，该案涉及发行财团的责任规则，并连同对股份法第185条第4款的顾及；下面第三十二章边码21。

[37]　BGHZ 146，341＝NJW 2001，1056 - ARGE Weißes Ross.

[38]　BGHZ 186，167；*Wiedemann* II，§7 I 5 b；根据资本投资法典第1条、第139条注意其界限。

[39]　BGH NJW 1974，1705.

[40]　BGHZ 46，313＝NJW 1967，558.

　　另外需要提到的是**隐名参与**一个他人的不是商事营业的企业，就不能采用商法典上的隐名合伙这一特别形式。在**下位参与**他人的合伙/公司份额的情况下，也可以在上位和下位参与人之间采用民事合伙形式。④

　　2. 补充性适用

　　民事合伙法从属性地适用于所有商法上的合伙，即普通商事合伙、有限商事合伙、隐名合伙，此外，也适用于自由职业者合伙和欧洲经济利益联盟（主要比较商法典第105条第3款、欧洲经济利益联盟法第1条和自由职业者合伙法第1条第4款中的援引适用）。因此，从法律技术上讲，这涉及一个罕见的情形，即民法典第736条第2款要求援引适用对人合商事合伙有效的规定。从中表明，商事合伙法在现实中，被较为强烈地设计构建和往前推动（比较上面第一章边码12和边码29）。通过法院判决和学术理论，民事合伙得到了广泛的独立，进而导致好像将普通商事合伙法作为基本规则来使用了。

13

---

④　比较 BGHZ 50, 316, 320；BGH NJW 1994, 2886；Armbrüster, Die treuhänderische Beteiligung an Gesellschaften, 2001；Baumbach/Hopt/*Roth*，§105 Rn. 38 ff.；Grundmann, Der Treuhandvertrag, 1997，§12（S. 482 ff.）；MünchKomm-BGB/*Schäfer*，Vor §705 Rn. 92 ff；K. Schmidt，§63；Soergel/*Hadding/Kießling*，Vor §705 Rn. 33ff.；*Wiedemann* II，§7 I 5 b。关于与隐名合伙的区分，见下面第十九章边码5及其后边码。

第六章
合伙协议

一、内容

1 　　任何合伙都必须以一个合伙协议为前提（上面第五章边码 1 及其后边码）。在这个协议中，所有的参与人都**负有按照协议中规定的方式，推动共同目的实现的义务**。属于其中的义务首先是**缴付约定的出资**（民法典第 705 条）。出资的类型不是决定性的。它可以是提供资本（货币、地产、债权、专利等，也可以是针对一个对等给付，见下面第七章边码 1）、劳务（如承担业务执行）、提供信贷，也可以是不作为，等等。在一定条件下，出资也可以表现为一名合伙人通过其个人责任的方式来强化合伙信用。[①] 在最基本的内容之外，参与者可以规范其相互之间的法律关系，和与第三人之间在具体情况下的法律关系（有一定的限制）。

二、法律属性

1. 共同体协议和组织协议

2 　　合伙是人的共同体。合伙人不仅负有履行一定给付的义务，不仅是像一个交换合同中的债务人和债权人那样，而且同时还是一个共同体的成员。由于通常不能一开始就确定，为促进共同目的，具体情况下谁需要做什么或不做什么以及合伙关系将为合伙人产生哪些请求权，合伙协议的主要任务就是设计构建这些发展情形和提供决策机制、冲突解决机制。这就涉及一个**组织协议**（比较上面第一章边码 14 和边码 30）。[②]

　　奥托·冯·吉尔克的观点具有历史意义，即将合伙定性为人法性的关系，合伙协议定性为人法性的协议。他在这点上是正确的，即合伙协议导致参与者之间紧密的人

---

① 比较 BGH NJW 1995，197：有限合伙人以提供保证的方式作为其出资。

② 早已如此认为的比如有 *Würdinger*，Arbeitsbericht des Ausschusses für das Recht der Personalgesellschaften der Akademie für Deutsches Recht，1939，§ 8 II 3（特色鲜明的术语）；根据其实际内容，现今这已成为主流观点，即使大家在语言使用上有所差异；比如 *Flume*，Personengesellschaft，§ 2 I，II；*Lutter*，AcP 180（1980）84，97 ff.；MünchKomm-BGB/*Schäfer*，§ 705 Rn. 158；*K. Schmidt*，§ 59 I 2 c；Soergel/*Hadding/Kießling*，Vor § 705 Rn. 24；*Wiedemann* II，§ 2 I 1 a，c.。

身联结，并设定一个相互的忠实义务。与协议类型相对应，该联结超出了债法总则中根据民法典第242条适用的债权人与债务之人间的关系范围。[3] 但对于实际结论和特定法律原则的可适用性，人法性关系没有提供一个清楚的联结点。

债法和合伙法并非相互对立的。合伙位于债法的特别部分就已表明，民法典是将合伙协议作为**债法上的合同**来归类的。在共同体合同之下，与其个性化的特征相对应，民法典也将来源于共同体关系的具体权利和义务置于首位，因为它使合伙人负担作为或不作为的义务（比较民法典第194条第1款）。与此相对，这或许是可能的，即更多地将重点放在作为统一单位的共同体上面。这一思想与弗卢梅在民法总论一书中对合伙进行的系统化归类相对应。尽管如此，合伙协议首先是合同，在其之上适用债法总则的规则，只要合伙关系的特殊性（民法典第706条及其后条款）以及具体情形下的合伙特性没有导致偏离性的结果，或者共同体联结没有普遍导致偏离性的结果（如下面边码4及其后一个边码和边码7）。

2. 非交换协议

不同于被归类入债法，合伙协议是否是一个双务合同，在具体细节上存在争议。 3
这对于对双务合同有效的债务给付障碍规则（民法典第320条及其后条款）的可适用性，具有现实意义。

*帝国法院*在其一贯的判决中都将合伙协议作为双务合同来理解。[4] *联邦普通法院*尽管以前偶尔也同样这样称呼它，但至少否定来自合伙关系的公共请求权具有对等关系。[5] 特别是当合伙应该作为企业载体来运作时，不应再考虑一个单纯的债法性归类。[6] 因此，将思考主要集中在民法典第320条及其后条款的可适用性问题上。在结果上，否定性观点（各自具有差异）占主导地位。但是，那些原则上主张适用双务合同规定的人，也基于对合同类型特殊性的顾及而要求加以限制。[7] 而那些原则上否定民法典第320条及其后条款可适用性的人，在很接近于交换合同的情形下也主张进行比照适用。[8]

合伙协议不是**交换合同**。当事人不交换给付，而是在**追求一个共同目的**上负有义务协力合作。假如认为这就可以满足双务合同的概念，即一方负有一个给付义务，因为并因此另外一方也提供给付，则这也适合于合伙协议。然而，这不是一个双方互相的给付，因为合伙协议的当事人愿意促进一个共同目的。但是，各合伙人不愿意为达到这一目的而单方面出资，而是希望借助自己的给付承诺，以同时确保其他合伙人的协力合作。因此，在合伙协议情况下，不同参与者的出资也处于一个相互依赖的关系。一名合

---

③ 具有奠基性作用的是 *A. Hueck*，Der Treuegedanke im modernen Privatrecht，1947；也比较 *Wiedemann*，Das Arbeitsverhältnis als Austausch-und Gemeinschaftsverhältnis，1966.。

④ 比如 RGZ 78，303；147，340.。

⑤ *BGH* NJW 1951，308；LM Nr. 11 zu § 105 HGB；也见 BGHZ 10，44，51；涉及来自合伙关系的公共请求权（要求返还违法提取的钱款）的是 *BGH* NZG 2000，199；将第320条适用于负有义务向合伙投入地产的情形，这为 *OLG München* 明确拒绝，见 ZIP 2000，2255.。

⑥ BGHZ 112，40，45＝NJW 1990，2616，2618（针对普通商事合伙）；也比较 MünchKomm-BGB/*Schäfer*，§ 705 Rn. 161f.。

⑦ *Emmerich*，in：Heymann，HGB，2. Aufl.，1995 ff.，§ 105 Rn. 5；*Hüttemann*，Leistungsstörungen bei Personengesellschaften，1998.

⑧ Soergel/*Hadding/Kießling*，§ 705 Rn. 44 f.；MünchKomm-BGB/*Schäfer*，§ 705 Rn. 163 ff.；*Wiedemann* II，§ 2 I 2；根据债务给付障碍出现的领域不同而进行区别对待的是 *K. Schmidt*，§ 20 III；Erman/*Westermann*，§ 705 Rn. 43 f.。

伙人将不会对其他合伙人负担义务，假如其他合伙人也不承诺给付的话。从这个意义上讲，民法典第 705 条对于合伙协议概念要求合伙人相互承担义务，是正确的。

4　　　　对于为这种广义上的双务合同确定哪些法律规则的问题，不能给出统一的答案，尤其是债法现代化之后也一样。法律几乎不可能用一般性的规范，来涵盖完持续性的法律关系以及不完整的框架性合同。⑨ 民法典第 320 条及其后条款是以买卖合同为范本，按照两方关系中的交换合同而量身定作的。与此相反，经常有多人参与一个合伙。给付不限定于一次性的或者每次具体单个的交换，而是针对一个动态程序中的共同目的追求。因此，只有在例外的情况下，才考虑**适用民法典第 320 条及其后条款**，当其适合于具体的合伙协议时，即基于各种不同给付义务的联结，在合伙之下产生了与交换合同情形下相似的利益基础。情况是这样的，只有且当仅有两名合伙人（**两人合伙**）时，才能作出合同未履行的抗辩，即一名合伙人因为或者只要其他一名合伙人没有履行给付便可以拒绝履行其承诺的出资。因为一名自己没有给付的合伙人，不能强迫另外一名合伙人先行给付。当合伙由超过两个以上的人组成时，需要作出不同的决定。因为在这里，各合伙人的给付是对其他合伙人整体负责，并且不可能进行一个民法典第 320 条第 1 款第 2 句意义上的分割。一名合伙人的迟延，不应该让整个合伙瘫痪下来。但是，在一定状况下，一名合伙人不履行给付可能构成终止整个合伙关系的一个重大理由。此外，只要合伙在法律交往中对外出现，或者合伙协议在其他方面已得到了执行，尤其是已形成合伙财产时，就不再可能退出合同了。民法典第 323 条及其后条款为与合伙特殊性相适应，**由民法典第 723 条的特别条款**所代替。只对未来生效的立即解约，取代了基于合同违反但还对过去生效的合同退出⑩，并且尽管不是根据民法典第 314 条，而是根据合伙法上的特别规则。

　　举例： A 和 B 约定每周总共用 50 欧元进行共同赌彩。假如 A 到期不出资，B 也有权拒绝支付其份额，见民法典第 320 条。

5　　　　相应的适用于各具体债务合同类型的**瑕疵担保规定**，并根据各自约定的出资种类而加以确定。假如一名合伙人投入一个被证明有瑕疵的物，重新履行（民法典第 439 条）也可能是一个对于合伙来说是适当的解决办法。然而，退出合同、降价或赔偿损失通常与共同目的的追求不相一致。在具体情况下，需要通过解释来确定法律后果。通过解除合伙（民法典第 723 条）或者因为目的不能完成（民法典第 726 条）而结束合伙，仍然只是最后的手段。借助于（补充性的）解释，通常也可以解决与改变了的现实关系相协调的问题。⑪ 在适用有关共同债务和共同债权的规定（民法典第 420 条及其后条款）时，应注意**合伙法特有的组织规则的优先性**。

三、形式

6　　　　**合伙协议本身不需要一定的形式**。它可以口头缔结，也可以通过关键行为予以推定，即默示成立。⑫

⑨　MünchKomm-BGB/*Schäfer*，§706 Rn. 23；*Wiedemann* II，§2 I 2（S. 96）.

⑩　早已如此的是 RGZ 78，303；81，303。.

⑪　*BGH* NJW 1993，2101；BGHZ 123，281＝NJW 1993，3193（该案涉及补偿条款事后不适当的情形）；关于自相矛盾的条款的解释，见 *BGH* NZG 2005，593。.

⑫　BGHZ 8，249；11，192；通常观点。

举例： 一个个体商人的继承人共同继续经营企业并排除单方解散，或者以其他方式进入一个比一般遗产共同体更为紧密的联结，则通常会在其之下设立一个合伙。与此相反，继承人继续进行单纯的行为，还不够。必须要调查的是，是否在所有的参与者之间默示达成了一个超越共同继承人地位的联结。[13] 通过双方给付，夫妻在一般婚姻生活共同体的框架范围之外创造经济价值。[14] 在这里，具体情况下确定一个默示性的合同缔结，也可能是困难的。重要的是存在上面（第五章边码 2 至边码 5）描述的特征以及所有的参与者之间有一个相应的**联结意思**。与此相反，不要求有一个形成合伙的主观认识。法院判决越来越倾向于将一个具体的、长期拥有共同经济目标的生活共同体，比照民法典第 730 条及其后条款的规定加以处理。[15]

但在合伙协议包含一个本身就需要一定形式的**给付承诺**（出资义务）的情况下，合伙协议就需要一定的形式。其最重要的情形就是一名合伙人承诺投入一个地产（民法典第 311b 条）。这也适合于一名合伙人投入一个拥有地产的企业的情形。在这样一种情形下，**整个合伙协议**都必须制作成为公证文书，因为它们形成了一个统一体。但是，根据民法典第 311b 条第 1 款第 2 句，形式瑕疵可以通过履行而被治愈，即通过不动产所有权移转合意将地产转移成为合伙人共同共有所有权并登记于土地登记簿。与此相反，民法典第 311b 条不适用于仅泛泛将购买和再次出卖地产作为共同目的而定位的合伙协议，因为它没有就一个特定的地产设定直接的义务。[16] 不同的是当在其之中已包含有一个具体的购买义务时。另外，如果一个地产缴付给合伙，仅是为了让其使用，而其所有权仍保留于合伙人，则也不适用民法典第 311b 条。当合伙协议约定，根据其他法律规定需要确定的形式时，如民法典第 311b 条第 2 款或有限责任公司法第 15 条，则整个合伙协议也需要确定的形式。假如一名合伙人在没有投资情况下被吸纳入一个已存在的企业（如在家庭之内），如果在结果上是希望让其财产增加的话，就可能是赠与。这样，就适用民法典第 518 条第 1 款，且连同民法典第 518 条第 2 款规定的治愈可能性。[17]

四、合伙协议的瑕疵和有瑕疵的合伙

依据民法典第 139 条的解释规则，在**部分无效**的情况下，如果不能确定，则整个合同无效。但在大多数情形下，这不符合整体利益。为此，应该不适用或者反过来适用这个规定，以让任意性的法律规定或由补充性的合同解释产生的适当规定，来替代无效部分。[18]

7

---

[13] BGH NJW2012，3374Rn. l6ff.；Baumbach/Hopt/*Roth*，§105 Rn. 54.（后面部分）。

[14] BGH NJW 1974，2278；BGHZ 84，361，366 = NJW 1982，2236；BGHZ 87，265 = NJW 1983，1845；BGHZ 127，48＝NJW 1994，2545；BGHZ 142，137＝NJW 1999，2962；BGH NZG 2016，547；MünchKomm-BGB/*Schäfer*，Vor §705 Rn. 73ff.；Wiedemann/*Frey*，Nr. 62.

[15] BGHZ 77，55；84，388；BGH NJW 1983，2375；1986，51；1997，3371；关于可能的盈利分配之诉见 BGH NJW 2006，1268；KG FamRZ 2013，787.。

[16] 主流观点，BGH NJW-RR 1991，613 = JuS 1991，690；NJW 1996，1279；1998，376 = NZG 1998，23；MünchKomm-BGB/*Schäfer*，§705 Rn. 39；Wiedemann/*Frey*，Nr. 87.。

[17] Baumbach/Hopt/*Roth*，§105 Rn. 56；基于要作为合伙人承担责任和义务的原因，联邦普通法院明确反对赠与（见 GHZ 112，40＝NJW 1990，2616）；有所差异的是 MünchKomm-BGB/*Schäfer*，§705 Rn. 43 ff.。

[18] BGHZ 47，293，301；*K. Schmidt*，§6 I 1 b；关于保障条款在这个意义上的作用，见 BGH NJW 2010，1660＝NZG 2010，619.。

相应的适用于民法典第 154 条，尤其是在合伙已得到执行的时候。[19] 由此，人们也可以从默示缔结一个具有已得到执行的具体内容的合同出发。

8　　　合伙协议或合伙人具体的具有约束力的意思表示，也可能具有一些按照民法典总则规定而应有无效或可撤销后果的瑕疵（无民事行为能力、违背善良风俗、违法、意思瑕疵、意思不一致[20]、形式瑕疵[21]等，还有民法典第 355 条规定的撤回）（见下面第十九章边码 15 及其后边码），即**有瑕疵的合伙**。这样的法律后果也对合伙协议适用，但只有当合伙协议还未得到执行时方才如此。只要合伙协议已得到执行，适用普遍规则就会导致产生巨大的困难。因为基于一个合伙不能没有合同基础而存在的原因（上面第五章边码 2），一个自始无效的合伙协议以及溯及已往的消除合伙协议的撤销，同样会有这样的后果，即所有的基于合伙协议进行的措施都欠缺承载它们的基础。所有的法律后果都必须要恢复原状。如果这是不可能的，则必须根据不当得利原理进行补偿。关于如何解决这一困难的问题，尤其在普通商事合伙情况下具有重大意义，因而应在那里进行进一步的研究（见下面第十二章边码 11 及其后边码）。

　　　当已经形成了一个共同共有财产或者至少是一个内部的财产共同体时，则首先应当执行民事合伙协议。当还没有给付任何出资，则就没有决定性的疑虑妨碍普遍原则的适用。其他合伙人的加入并不是执行合伙协议。[22] 与此相反，如果已经开始执行协商一致的规则，则应将有瑕疵的合伙当作**完整无缺的合伙**来对待（对普通商事合伙适用的见下面第十二章边码 13 及其后边码）。但它**适用基于瑕疵主张而立即终止**的规则（下面第十章边码 1 及其后边码）。为此，对于民事合伙也适用基于重大理由的合同终止。[23]

五、合伙协议的修改

9　　　合伙协议的修改与原来的合同缔结适用同样的规则。这不仅涉及可能存在的形式要求（上面边码6），而且尤其涉及所有合伙人必须一致同意的要求（**一致决定原则**）。然而，合同也可以规定通过**多数决议**修改。根据合伙的特征，对于这样一个的协议的要求，或多或少是严格的。[24] 每名合伙人都应该能够就此有一个清楚的图像，即在哪些事情上他可能会受制于多数（详见下面第十三章边码 11）。合同修改是**基础性的事务**（下面第七章边码 10），可以涉及所有需要在合伙协议中规定的事情（如出资义务，民法典第 706 条及其后一个条款），或者根据合伙人意愿应该在那里规范的事情。

　　　在合同修改存在瑕疵时，可以考虑适用有关有瑕疵的合伙的基本原则。人们称之为**有瑕疵的合同修改**，或者当涉及一名新合伙人入伙时，则称之为有瑕疵的入伙。在这里，具有决定性的也是修改已经完成。

---

[19]　BGH NJW 1982, 2816.

[20]　BGH NJW 1992, 1501（关于隐形的意思不一致）。

[21]　BGH NJW-RR 2001, 1450；也比较 *BGH* NJW 2003, 1552（欠缺授权）。

[22]　BGH NZG 2010, 62（涉及内部合伙）。

[23]　对此的详细介绍见 MünchKomm-BGB/*Schäfer*，§ 705 Rn. 323 ff.（连同进一步的阐述）；*K. Schmidt*，§ 6 III；*BGH* NJW 1992, 1501；BGH NZG 2005, 467；也比较 BGHZ 8, 157, 166；55, 5＝NJW 1971, 375（关于非典型的或典型的隐名合伙）以及 BGHZ 13, 320（关于设立中的有限责任公司）；判决概览在 *Schäfer*，ZHR 170（2006），373.。

[24]　在这种特性下讨论确定性原则和核心领域理论，见 BGH NZG 2006, 379；BGHZ 170, 283＝NZG 2007, 259；BGH NZG 2007, 381＝JuS2007, 971 m. Anm. *K Schmidt*；BGH NZG 2009, 501；BGHZ 203, 77＝NJW 2015, 859.。

第七章
内部关系：合伙人的权利和义务、业务执行

一、合伙人的义务

从通过合伙协议而设立的共同体和组织关系中，产生了合伙人相互之间的权利和义务，即在**内部关系**中。内部关系和外部关系的区别，对于所有的合伙形式都是重要的（比较上面第二章边码 13）。最重要的义务如下。

1. 出资义务

履行出资义务（民法典第 706 条），可以完全不同地加以设计构建（上面第六章边码 1）。无论是在内容上，还是在范围上，各合伙人的出资义务都可以相互偏离。如果没有特别的约定，则合伙人承担相同的出资义务（民法典第 706 条第 1 款）。

如果需要投入物，则就应该声明是否是共同共有物，其价值是否归属于合伙财产，或者仅仅是为了使用而交付给合伙（societas **quoad dominium** 以及 **sortem** 或者 societas **quoad usum**）。[①] 决定性的是**当事人的意思**。在不能确定的情况下，则需要通过解释合伙协议来确定。民法典第 706 条第 2 款为两种情形规定了解释规则：对于可替代物或可消耗物，推定其属于共同共有所有权，但这一推定在有相反证据的情况下，是可以推翻的，并且这也同样适用于其他物，如果该物是基于评估而出资且评估并非单纯是为了确定利润分配的话。

在提供物的**所有权**时，根据物权法的规定转移所有权，是必须的。如果是债权，则须转让债权。合伙人的地位近似于出卖人的地位。当这一事实，即所有权转移义务不是来自交换合同而是合伙协议的一部分，如不要求偏离性的规则，那么，就可以将买卖法规则只作为解释工具引入进来。[②] 这样，比如提供物的合伙人要对瑕疵承担责任，但排除退出合同，因为这将导致合伙协议终止。重新履行的义务也继续存在，或者如果这是不可能的，就有义务给予价值补偿。同样，也不能降低其他合伙人的给付，因为这将

---

① 比较 BGH NZG 2009, 1107；MünchKomm-BGB/*Schäfer*, § 706 Rn. 11 ff.。
② 比较上面第六章边码 5；MünchKomm-BGB/*Schäfer*, § 706 Rn. 21 ff., 27；K. Schmidt, § 20 III 3 d.。

影响合伙目的的实现。因此，代替其位置的是提供物的合伙人承担价值减少的补偿义务。如果这还不足以满足合同的风险分担要求，假如不能成功地通过调整合同来找到解决办法的话，则其他合伙人就只还有一种可能性，即基于重大理由解除合伙协议。

假如只是**为了使用或利用**而将物交付给合伙，则近似于借用、租用、租赁。为此，可以将*借用规则、租用规则和租赁规则*引入进来，但再次需要加上基于合伙协议特性而需要的修正。需要将以上描述的用物作为出资交付给合伙的情形相区别的是，关于一名合伙人将特定的标的物**有偿**供给合伙或交付其使用的约定。这样的义务同样也可以有其合伙协议基础。③ 一个有偿的给付也可以是出资，尤其是当不这样安排，就不能或很难获得这个给付时。当这些义务是一个独立的且最多只是在表面上与合伙协议相关联的买卖合同或租用合同的标的对象（第三人性质的行为）时，则根据其内容受买卖法或租用法调整，因为它涉及一个外部关系中的真正的给付交换。

2. 追加出资义务

原则上，合伙人没有义务事后增加约定的出资，以及弥补因为亏损而减少的投资（民法典第 707 条）。在合伙协议中确定的出资是最高限额的出资。在内部关系上，不可以超出这个限额要求合伙人出资。但增加出资义务在**合伙协议已事先进行了规定**或通过**修改合伙协议而加以规定**时，是可以的。这原则上需要所有合伙人同意（上面第六章边码 9）。合伙协议设计了多数决定，也应注意其界限（上面第六章边码 9，下面第八章边码 1）。此外，即使合伙目的的实现将在没有新资金提供的情况下被危及或者成为不可能时，合伙人也没有进一步出资的义务。但合伙人可以根据实际情况按照诚信义务要求，同意其退出。④ 这通常就只剩下解散合伙了。合伙人出资义务的限定，是合伙法的一个基本原则。借此，它明确地与社团法相对立。在后者情况下，如果没有其他规定，可以通过多数决议要求增加出资（上面第二章边码 12，公司的情况有所不同，比较有限责任公司法第 53 条第 3 款）。与增加出资相区别的是，合伙解散或退出合伙时的追加出资义务（民法典第 735、739 条）和在对外关系中的责任承担（下面第八章边码 11 及其后边码）。

3. 业务执行

人们将业务执行理解为在内部关系中为了追求合伙目的而从事的活动。从广义上来理解这一概念，则其还包含事实上的日常工作，如制造产品、会计记账、处理信件（die Erledigung der Korrespondenz）。原则上，**所有合伙人都负有业务执行义务**，但合伙协议可以作出任意的偏离性规定（民法典第 709 条，下面边码 10 及其后边码）。与业务执行严格区别的是，面对第三方时代表合伙（外部关系，上面第二章边码 13，下面第八章）。

4. 诚信义务⑤

因为合伙是人的共同体和组织，参与者之间存在比简单的债法关系更为强烈的人身

2

3

---

③　比如在 *BGH ZIP* 2001，515.。

④　*BGH BGHZ* 183，1＝*JuS* 2010，162 m. Anm. *K Schmidt* 整顿或者退出.

⑤　关于诚实义务的进一步介绍，见 A. Hueck，FS Hübner，1935，S. 72 ff.；*ders.*，*Der Treuegedanke im modernen Privatrecht*，1947；MünchKomm-BGB/**Schäfer**，§ 705 *Rn.* 221 *ff.*；Saenger，*Rn.* 136 *ff.*；Zöllner，*Die Schranken mitgliedschaftlicher Stimmrechtsmacht bei den privatrechtlichen Personenverbänden*，1963，S. 335 *ff.*；部分有所限制的是 *Flume*，*Personengesellschaft*，§ 15；Wiedemann II，§ 3 II 3；诚信义务的适用和基础作用已被普遍承认，比较联邦普通法院的判决（*BGHZ* 30，195，201；37，381＝*NJW* 1962，859；44，40；64，253，257；68，81；*BGH NJW* 1986，584＝*JuS* 1986，407 *m. Anm. K. Schmidt*）；*BGH NJW* 1998，376＝*NZG* 1998，23；*BGH BGHZ* 183，1＝*JuS* 2010，162m. Anm. K. Schmidt 整顿或者退出；早已如此的还有 *RGZ* 162，394；Hüffer，*FS Steindorff*，1990，S.59；Lutter，*ZHR* 162（1998）164；Michalski，*NZG* 1998，460.。

联结。此种联结也比在交换合同情况下强大。因此，合伙人相互之间的关系由相互承担的诚信义务决定。作为合伙协议特有的义务，它超出了民法典第242条规定的一般要求。诚信义务在积极意义上包括维护合伙利益的义务，在消极意义上包括放弃所有损害合伙利益的行为的义务。这可以在合同中详细地进行约定（例如，商法典第112条：允许一个合伙人的竞争行为）。

积极义务主要是针对业务执行合伙人。诚信义务确定业务执行义务的范围和内容。但它也对非业务执行合伙人适用，比如在表决合伙事务以及业务执行合伙人被阻碍的紧急情况下，或者作为向其他合伙人告知紧急危险的义务。作为**不作为义务**，诚信义务以同样的方式存在于业务执行合伙人和非业务执行合伙人。任何合伙人都不可以向第三人告知有损合伙声誉或信用的合伙信息，即使告知的事情被证明是真实的。此外，诚信义务禁止泄露业务秘密和商业秘密。合伙人不可以为自己或亲近的人利用合伙的业务机会。[6] 在一定情况下，诚信义务限制既有权利的行使，如在行使表决权时。在严格的前提条件（具体内容存在争议）下，对于整改一家经营困难的合伙，合伙人必须接受在增加出资和退出合伙之间二选一。[7]

在**合伙人维护自己合法权益**的地方，诚信义务达到其**边界**。就像各合伙人自己的利益一样，合伙利益也是私人利益，因而不享有无条件的优先性。确切地说，人们必须区分：各合伙人仅负有通过*合伙协议*承诺的行为，不打折扣地追求合伙利益的义务。尤其在涉及业务执行时，这是正确的。其他合伙人相信业务执行合伙人会信守诺言，将其劳动奉献给合伙目的，并致力于共同目标。谁承担了合伙业务执行义务，谁就由此得到了基于所有合伙人利益而赋予其的**非自利性职权**。在此范围内，他必须将自身利益置于之后。[8] 与此相反，不同的是只要当涉及基于合伙人自身利益而赋予其的权利（**自利性权利**），如盈利份额分配权或终止合同权。这首先真正适用的还是合伙人在合伙关系之外享有的权利。合伙人不必让此类权利为合伙利益而无条件地牺牲。因为，他只承诺"以合同规定的方式"促进共同目的（民法典第705条）。在这一界限之外，他原则上是自由的，即也可以追求与合伙利益不一致的自身利益。然而，在追求这些利益时，他也需要非常小心地顾及合伙利益和其他合伙人的正当利益，尤其是要在多种可能的行为方式中选择最为体谅他人的那种行为方式。

4

5. 谨慎标准

在履行义务时，每个合伙人只需像**在自己的事务中**通常做到的那样**小心谨慎**（民法典第708条，即自己惯用的谨慎；**diligentia quam in suis**，即尽对待己物同等的注意；民法典第277条）。

5

这个来源于罗马法的规定，是基于这样一个想法，即每个合伙人只能期待其他合伙人像处理自己的事务那样处理合伙事务。由于他自愿与其他合伙人一起建立合伙，假如这与其处理自己事务时的谨慎程度相对应的话，那么他就不能抱怨其他合伙人在合伙事

---

⑥ BGH NJW 1986，584；1989，2687；BGH NZG 2013，216＝JuS 2013，462 m. Anm. *K Schmidt*；*Fleischer*，NZG 2003，985.

⑦ BGHZ 183，1＝JuS 2010，162 m. Anm. *K Schmidt*-"整顿或者退出"；Wiedemann/*Frey*，Nr. 66.。

⑧ BGH NJW 1986，584.

务中较少的谨慎。鉴于民事合伙有各种各样的应用情形，这一出发点经常是不恰当的。[9] 作为其替代，对于那些在照管自身事务的同时还照管他人事务的合伙人，他被期待能够像受托人那样具有交易通常的谨慎。由于民法典第 708 条是**任意性的**，合伙人可以由此来回应这一思想，即约定对任何过失负责。即使抛开这样的一个约定不看，也必须从严解释第 708 条。与此相对应，当一名合伙人自身作为驾驶员承担汽车驾驶任务，并同时过失伤及一名其他合伙人时，就不适用民法典第 708 条了（第 1359 条也一样）。[10] 关于公众性合伙情况下排除民法典第 708 条适用的问题，见下面第十九章边码 10。

通过民法典第 708 条是要缓和责任，而不是相反，通过超越一般过失的客观标准（民法典第 276 条）强化责任，即使合伙人在自己事务中应该尤其的特别小心。民法典第 708 条绝没有排除要对严重过失承担责任（民法典第 277 条）。民法典第 708 条适用于所有的来自合伙协议的义务，尤其是针对业务执行义务（关于超越业务执行职权的责任，见下面边码 16），但也对诚信义务适用。一个根据第 708 条应该承担责任的违约，将导致损害赔偿义务，但也可能有其他的后果，例如剥夺业务执行权、解除合伙等。

对于案例解析特别重要的是，民法典第 708 条只是确定谨慎标准，即无论如何都不能作为请求权基础来使用。只有在包含将过错作为其特性的请求权基础框架下，这个规定才有用。此外，对此还应该注意，这个规定仅在内部关系中适用。

6. 权利主张，特别是合伙之诉（actio pro socio）

6

上面提到的义务是针对其他所有合伙人整体存在的。因此，对于要求履行的请求权（**公共请求权**），首先可以由合伙人整体主张，但在合伙是独立（主体）的情况下，也可以由合伙自己主张。负责的是被任命为业务执行人和代表人的合伙人。但一个这样的公共请求权的实现，也可以由任何单个合伙人以其名义加以主张（**合伙之诉，合伙人之诉，单独起诉权**）。然而，由于履行的给付应该服务于合伙目的，单个合伙人不能为其自己主张，而只能要求**给付给合伙**。

对于所有来源于合伙关系的针对其他合伙人的请求权，都可以考虑合伙之诉。与此严格区别的是，一名合伙人基于代表权或特别诉讼执行权，而主张合伙对外对第三人享有的请求权。[11] 对于主张履行出资请求权或者基于义务违反而对合伙人享有的赔偿请求权，合伙之诉尤其重要。合伙之诉在所有的合伙情况下都发挥作用，尤其是在普通商事合伙情况下以及在作为团体法人的有限责任公司情况下。在此过程中，它经常在实际上具有**保护少数合伙人的功能**。对于合伙，它很早以来就被主流观点所承认，但直到今天，其具体的理由论证还存在争议。[12]

一种理论构建认为，各合伙人基于合伙协议而自己享有请求权（个体请求权），因

---

[9]　对此比较 *Schäfer*，Gutachten E zum 71. DJT，S. E 88；der Beschluss des 71. DJT，Abt. Wirtschaftsrecht，III. N r. 17，建议废除民法典第 708 条，只适用于商事合伙，不适用于民事合伙；对于自己通常的谨慎的证据有严格的要求，见 BGH NZG 2013，1302.。

[10]　BGHZ 46，313；关于自己通常的谨慎，也比较 *Müller-Graff*，AcP 91（1991）475；Wiedemann/*Frey*，Nr. 67.。

[11]　BGHZ 39，14；BGH ZIP 2016，1432 Rn. 15ff.。

[12]　概览见 *K. Schmidt*，§ 21 IV；主张每名合伙人一般性地享有该项权利的是 BGHZ 25，47，49 f.（相反：RGZ 171，51）；BGH NZG 2000，199；比较 *A. Hueck*，OHG，§ 18 II 3；*Grunewald*，Die Gesellschafterklage in der Personengesellschaft und der GmbH，1990；此外是 *Flume*，Personengesellschaft，§ 10 IV；也包括 Flume，Juristische Person，§ 8 V；*Hadding*，Actio pro socio. Die Einzelklagebefugnis bei Gesamthandansprüchen aus dem Gesellschaftsverhältnis，1966，S. 59 f.；*ders.*，JZ 1975，159，162；*Wiedemann* II，§ 3 III 6 a；MünchKomm-BGB/*Schäfer*，§ 705 Rn. 204 ff.。

为来源于合伙协议的给付也是向各合伙人承诺了的，以及合伙人"相互"负有义务（民法典第 705 条）。这种理解尤其适合于债法性质较强的组织上很少独立的合伙。但即使如此，诚信义务也对合伙人之诉的使用给定了限制，因为各合伙人必须尊重内部的决策机制。[13] 根据另外一种观点，单独起诉权反正都只是紧急职权（民法典第 744 条第 2 款）[14]，即只有当不能有效形成整体意思时才存在。但是，这种理论构建不区分主张公共请求权和主张对第三人享有的请求权（对此，见下面第八章边码 15 的后面部分），因为民法典第 744 条第 2 款涉及所有维护共同标的物的种类措施。与此不同的是其在程序法上的意义，即作为从成员身份中推出具有正当性的**诉讼地位**——如今是主流观点[15]，也就是以自己的名义主张他人权利（合伙的权利）的职权。考虑到合伙的内部组织，这一职权是从属性的。这一论证说明适合于法律上独立的合伙和团体法人。对于法律的适用，区别是有限的，因为任何情况下都必须顾及合伙内部的决策机制，且只能要求向合伙给付。[16] 是否可能有针对其他合伙人有效的放弃和调解，以及合伙之诉中被争论的判决的效力是否及于合伙，在具体内容上存在争议。[17]

举例：A 是一个名称为 A&B 共同律师事务所的合伙人。他以自己的名义要求合伙人 B 返还其违反合同从合伙钱箱中拿走的金额。这一返还要求不为 A 的业务执行和代表职权所覆盖。在这种情况下，A 必须尊重业务执行和代表职权规定，即找到其他合伙人并在满足条件的情况下召集合伙人大会。这一点要么来自诚信义务，如果从 A 自己的成员权利或建立在成员身份上的诉讼地位出发的话，要么作为从属性的紧急业务执行权的前提条件。由此可见，理论上的解释对案例解析只有有限的意义。

因此，合伙之诉的案例，相应地具有下列**特征**：一名合伙人以自己的名义起诉要求另外一名合伙人向合伙提供给付。其前提条件是：（1）**合伙的请求权**，（2）**基于合伙关系**（公共请求权）[18]，（3）一名合伙人主张的必要性，即从属性。其从属性的合理性可以通过诚信义务来加以论证说明。在紧急业务执行（比较民法典第 744 条第 2 款）情况下，根据合伙协议和法律规定，通过整体意思形成存在障碍来加以论证说明。

二、合伙人的权利

1. 共同管理权和共同参与权

业务执行的义务与业务执行的权利相对应。根据任意性的法定基本模型，所有合伙人共同享有业务执行权（民法典第 709 条）。然而，非业务执行合伙人也有一个自己了解合伙事务的权利。为此目的，他可以查阅合伙业务账簿和文件材料，在采用电子化方

7

---

[13]　BGH NZG 2010，783.

[14]　RGZ 112，362，367（obiter）；BGHZ 17，181，183；Staudinger/*Habermeier*，13. Aufl.，§ 709 Rn. 15；与此相反的是 Staudinger/*Keßler*，BGB，12. Aufl.，1979 ff.，§ 705 Rn. 70；予以明确的是 BGHZ 39，14，20；不同的是 Staudinger/*von Proff*，13. *Aufl.*（§ 744 Rn. 31），参阅 BGHZ 39，14，20；也比较 *Saenger*，Rn. 147，165.。

[15]　Baumbach/Hopt/*Roth*，§ 109 Rn. 32；*Bork/Oepen*，ZGR 2001，515，522 ff.；MünchKomm-BGB/*Schäfer*，§ 705 Rn. 208f.；*K Schmidt*，§ 21 IV 4b；Soergel/*Hadding/Kießling*，§ 705 Rn. 50.

[16]　BGH NZG 2010，783.

[17]　对此见 *Bork/Oepen*，ZGR 2001，515，540 ff.；MünchKomm/*Schäfer*，§ 705 Rn. 212f.；Soergel/*Hadding/Kießling*，§ 705 Rn. 50.。

[18]　BGH NJW 2001，1210＝NZG 2001，318. 偶尔合伙人之诉也会被允许用于针对第三人的请求权；是非常有争议的。

式执行业务的情况下，可以要求打印纸质件。[19] 这一**信息权**也可以通过合同来加以限制或排除。在这里，民法典第 716 条设定了一个强制性的界限：即使存在一个这样的约定，如果有理由认定存在不诚实的业务执行，合伙人仍可以主张信息权。[20] 信息权还包括要求其他合伙人报告其姓名和通讯地址。[21] 这在大的合伙的情况下，有显著的现实意义（下面第十九章边码 10）。

一个实质性的共同参与权是合伙人决议时的**表决权**。民事合伙的意思形成不是必须要在集会中产生，其他形式也可以（书面或者电子化程序、电话会议、其他沟通形式、默示行为[22]）。但无论如何，如果合伙协议没有其他规定，意思形成原则上需要一致同意。偏离性的约定和合伙人决议，尤其在商事合伙情况下具有重要意义（详细的见下面第十三章边码 3、边码 9 及其后边码）。

2. 财产权

8

最重要的财产权是**盈利分配请求权，以及合伙解散或退伙时的清算结存分配请求权**（民法典第 721 条、第 734 条和第 738 条，下面第九章边码 12 和第十章边码 8 及其后一个边码）。[23] 这些请求权针对的是合伙及合伙人整体（**公共义务**），而不是针对单个的合伙人。盈利应该按照约定的时间分配，或者在合伙解散之后分配，但如合伙存续期间较长，则应每年分配（民法典第 721 条）。盈利的计算、盈利份额的数额以及支付请求权的前提条件，依据合伙协议确定。如果没有约定，则各合伙人获得相同的份额，即使其出资不同。在没有其他规定的情况下，亏损分担份额与盈利份额相对应（民法典第 722 条）。参与亏损分担是一个内部的计算操作，从中推导不出**任何针对合伙人的支付请求权**，否则将导致产生一个依据民法典第 707 条本来没有义务的增加出资（上面边码 2）。[24] 需要与此相区别的是外部关系上的责任（下面第八章边码 9 及其后边码）。

3. 分拆禁止原则

9

合伙人的权利，原则上是**不可转让的**。在没有其他合伙人同意的情况下，第三人不应强行进入合伙关系。成员身份构成了一个整体，不能将单个权利从中分离出来（**分拆禁止原则**）。这一点在民法典第 717 条第 1 句中被强制性地加以规定。[25]

有些不同的是，仅是**为了行使**而将具体的成员权利**交付**给第三人。这以其他所有合伙人同意为前提条件，并且不可以以不可撤销的方式进行。[26] 这也适用于**全权授权行使**成员权利。与此相反，**一名合伙人的法定代理人**行使其权利无须其他合伙人同意。边缘性的情形是合伙份额上的用益权和信托关系。[27] 适用例外的是财产法性质的请求权，其

---

[19] BGH NZG 2010，61.

[20] 关于信息权的详细介绍，见 *K. Schmidt*，Informationsrechte in Gesellschaften und Verbänden，1984；更多的见 *Saenger*，Rn. 161 ff.。

[21] BGH NZG 2011，276.

[22] BGH NZG 2005，625.

[23] 关于这一请求权的类型和产生，见 BGH NJW 1989，453；关于合伙作为债务人，见 ZIP 2016，1627.。

[24] BGH NJW 1983，164＝JuS 1983，223；*K. Schmidt*，§ 59 III 1 a.

[25] 现今，这是绝对的主流观点；*Wiedemann*，Die Übertragung und Vererbung von Mitgliedschaftsrechten bei Handelsgesellschaften，1965，S. 276 ff.；此外，比较 BGHZ 3，354，357；Münch-Komm-BGB/*Schäfer*，§ 717 Rn. 5ff.；*K. Schmidt*，§ 19 III 4.。

[26] BGHZ 36，292，295＝NJW 1962，738；MünchKomm-BGB/*Schäfer*，§ 717 Rn. 9.

[27] 对此的详细介绍，见 *Armbrüster*，Die treuhänderische Beteiligung an Gesellschaften，2001；*Grundmann*，Der Treuhandvertrag，1997，§ 12；MünchKomm-BGB/*Schäfer*，§ 717 Rn. 11 ff.。

转让不触动合伙关系本身，特别是纯粹的金钱请求权。属于其中的有，例如针对具体盈利份额的请求权（不是所谓的盈利基本权，即一般意义上的盈利参与权）以及清算结存分配请求权（民法典第717条第2句）。与第三人的债法上的约定，以特定形式行使表决权（投票行为约束协议），在合伙关系上不会约束合伙人和承认第三人有任何表决权。因此，这样的协议没有从原则上违反分拆禁止原则。[28]

分拆禁止（在具体内容上，有差别），是**合伙/公司法上的成员身份性质的一个基本特征**，独立于合伙/公司形式，因而可以归入合伙/公司法"总论部分"（上面第一章边码22，第三章边码5）。

三、业务执行

1. 与其他措施的界限

由于合伙本身不能决定具体情况下应该通过哪些措施来追求其目的，故必须借助于合伙人活动，要么是合伙人单独，要么合伙人整体。对于这种活动，全部合伙人既有权利（共同管理权），也有义务（上面边码2）。与此相反，**不属于业务执行**的是涉及**合伙自身基础或合伙人相互关系**的行为[29]，如缔结或事后修改合伙协议、提高或降低出资、接纳新合伙人、同意一名现有合伙人退伙或业务执行和代表的规则。这些决定不在业务执行合伙人的职权范围内。只要合伙协议对其没有规定多数决议的话，这些需要所有合伙人的同意。再次与基础行为相区别的是特殊行为，即虽然属于业务执行，但依据其种类或规模而在合伙目的的追求中享有特殊的地位（比较商法典第116条）。

2. 业务执行和代表的关系

应该严格区分业务执行和对外代表。这一点在商法中具有特别的意义，因为商业交易的便捷和安全在那里是必需的。但是，它也对承载企业的民事合伙具有重要意义。不应该如此理解这一区别，即好像合伙人的活动对合伙来说被分拆为两部分，一定的行为属于业务执行，另外的行为属于代表。确切地说，同一个行为可以同时是业务执行行为和代表行为。**区别**在于从哪个角度来看待这个行为。对合伙来说，行为从**内部关系**上看是业务执行，从**外部关系**上看是代表。在第一种情形下，涉及内容的意思形成、职权和责任以及合伙人是否可以在没有违反其对其他合伙人的义务情况采取行为的问题。而在后一种情形下，则涉及对外的效力，因此是行为在与第三人关系中是否能够约束合伙的问题（下面第八章边码3及其后边码）。

业务执行职权和代表权可以，但不是必须要相互重叠。对于民事合伙，推导得出可能是这样的（民法典第714条，对于商事合伙不同，下面第十四章边码12及其后边码）。不对外出现的行为，如制作账册，只属于业务执行。

举例：为合伙购买物品，就同时是业务执行行为和代表行为。在内部关系中，即只要涉及与其他合伙人关系，就需要问，采取行为的合伙人是否拥有必要的业务执行职权，即决定购买的职权。而与此相反，在外部关系中，不管内部关系中的决策职权如

10

11

[28] 主流观点，BGH NJW 1967, 1963; 1987, 1890; MünchKomm-BGB/*Schäfer*, §717 Rn. 18ff.; *K Schmidt*, §21 II 4; 各自也根据相应限制。

[29] 通常观点；RGZ 162, 370, 372; BGHZ 76, 160, 164 = NJW 1980, 1463; MünchKomm-BGB/*Schäfer*, §709 Rn. 10 f.; *Wiedemann* II, §4 II 1。

何，只要采取行为的合伙人具有代表权，购买都具有约束力。在普通商事合伙情况下，这一区别的意义特别明显：在其之下，代表权是不可限制的（商法典第126条），而业务执行权则可以任意限制。在民事合伙情况下，也可能会出现相应的情形，如果合伙协议偏离于民法典第714条而对业务执行和代表作了不同的规定的话。

3. 业务执行职权

12   在作为合伙的民事合伙之下，适用**自营机关**原则，即完全由合伙人享有业务执行权（比较上面第二章边码12），且根据民法典第709条，原则上由所有的合伙人共同享有（**共同业务执行**）。共同业务执行是笨拙的，但不危险。因此，出于安全需要，它被规定为民事合伙的法定规则，而民事合伙本来就不是为参与商人性质的业务交往而设计构建的。假如合伙人希望更为灵活的业务执行，则可以通过合伙协议的相应约定来实现这一点。因此，对于任何业务，只要没有其他约定，原则上都需要**所有合伙人的同意**（民法典第709条第1款）。同意也可以默示作出，即通过有意识地任其发生的方式。除此之外，在具体情况下，合伙人也可以将一定的业务执行托付给一名或多名合伙人，即合伙人不是必须总是要共同积极行动。

在所谓的**紧急业务执行**情形下，存在**例外**：任何合伙人都可以独自采取为维持一个属于合伙财产的标的物所必要的措施（民法典第744条第2款）。[30] 这样，合伙人就是基于自身的权利以自己的名义行动。然而，由于合伙的内部职权划分的优先性，这只有在特殊情形下才进入考虑范围（也比较下面第十三章边码3）。

4. 偏离性的设计

13   共同业务执行原则，不是强制性的。合伙协议可以作出**偏离性的规定**，但必须始终让业务执行至少保留在一名合伙人的手中。**自营机关原则是强制性的**。虽然可以将一定的任务转移给非合伙人，尤其是员工。[31] 但是，合伙人不能将业务执行整体转移给第三人，而且必须遵守**分拆禁止原则**（上面边码9）。对于合同设计构建，主要考虑下面的选择可能性。

● 虽然业务执行权由所有合伙人享有，但应该由多数决议决定（**多数决定原则**）。这样，应该如何计算多数（如根据份额数额），就由合伙协议规定。如果合伙协议没有这样的规定，则对应于合伙的本质，每名合伙人一票（民法典第709条第2款）。

● 业务执行权由所有合伙人享有，但每个合伙人独自行使（**单独业务执行**）。然而，任何合伙人的业务执行都可以因为另外的合伙人的反对而停止（民法典第711条）。这在普通商事合伙情况下也适用，但是是由任意性的法规规定的（商法典第115条第1款第2半句）。在这里，重要的是它仅仅涉及内部关系。尽管存在反对但仍然进行的行为的对外效力，只能根据代表权确定。[32]

● 合伙协议**可以将单个合伙人排除出业务执行**。为此，这也是这种情况，即将业务执行转移给一名或多名特定的合伙人，因为其他所有的合伙人的业务执行职权由此都

---

[30] 主流观点，BGHZ 17, 181, 183; 39, 14, 20; BGH NZG 2008, 588 Rn. 36f.; *Flume*, Personengesellschaft, § 15 II 1 a. E.; Hueck, OHG, § 10 II 7（后面部分）; MünchKomm-BGB/*Schäfer*, § 709 Rn. 21; Wiedemann/*Frey*, Nr. 70.。

[31] 例如接受指令的业务经理，见 BGH NJW 2011, 2040, 2041f. = NZG 2011, 583, 584.。

[32] BGHZ 16, 394, 398 f. = NJW 1955, 825; BGH NJW 1997, 314; MünchKomm-BGB/*Schäfer*, § 711 Rn. 14 f.; Wiedemann/*Frey*, Nr. 71.。

被排除了（民法典第 710 条）。在这种情况下，被排除出业务执行的合伙人也没有反对权[33]，因为反对权是业务执行职权的一部分。他们保留上面在边码 7 的情况下提到的民法典第 716 条规定的信息权。与民法典第 744 条第 2 款相对应（上面边码 3 的后面部分，边码 12），紧急业务执行权也不以业务执行职权为前提。

● 合伙协议可以根据业务领域将业务执行分配给不同的合伙人，即引入一种**部门自主原则**。这超出了简单分工的范围，因为对各具体业务领域不负责的合伙人也就在此范围内被排除出业务执行。此外，也可以考虑将提到的偏离设计加以联合，如单独业务执行仅对特定的合伙人以及特定的领域适用，而其余的则采用共同业务执行等。

5. 剥夺业务执行职权

合伙人不能自己单方面摆脱业务执行义务，其他合伙人不能任意剥夺其这一权利。 14
但有些不同的是，当存在终止合伙人业务执行职权的重大理由时，比如严重的义务违反或丧失继续执行业务的能力（如因为严重的疾病）。在这样的情况下，可以通过其他合伙人的一致同意或者多数决议（如果合伙协议允许的话）**剥夺业务执行职权**（民法典第 712 条第 1 款）。[34] 反过来，在存在重大理由情况下，合伙人也可以通过"终止宣告"结束业务执行义务（民法典第 712 条第 2 款），即**辞职**。与此相反，一个没有理由的职责放弃，是违反合伙人义务的和无效的。

根据法律文字表述，剥夺的可能性，仅适用于通过合伙协议构建的特别的业务执行职权（民法典第 712 条第 1 款）。[35] 根据主流的观点，这已经被超越了，因为根据现今的法律，民事合伙已经不再对应于民法典中作为基础的类型形式。[36] 照此，基于重要的理由，根据法律而存在的参与共同业务执行也是可剥夺的。如有可能，其他可能性是根据民法典第 737 条的开除合伙人，否则就是解散合伙。由于业务执行机关是任意性的，合伙人可以约定一个适合于其合伙的规则。在有必要重新规定内部关系规则的情况下，如果满足一定的条件，诚信义务也与之一起发挥作用。[37]

6. 业务执行时的法律地位

基于合伙协议，合伙人为合伙而行动。在内容上，这让人联想起受托人的地位，因 15
为他也是为他人行动。因此，在业务执行合伙人的权利义务上，只要没有从合伙关系中得出其他结论，就应**相应地**适用**委托法**（民法典第 713 条）。

根据民法典第 644 条，在没有其他规定的情况下，业务执行合伙人必须亲自行使业务执行职权。没有其他合伙人的同意，他不可以通过全权授权让他人代理，不可以将业务执行权转移给第三人。这一点也已基于分拆禁止原则而适用（上面边码 9）。但是，这仅涉及自己的业务领导。与此相反，在执行业务时，只要根据营业种类、规模和其他合伙关系的整体情况是适当的，合伙人就可以引入辅助人。但在大多数情况下，这涉及

㉝ RGZ 102，410，412；MünchKomm-BGB/*Schäfer*，§710 Rn. 7；*Wiedemann* II，§4 II 3 a bb.

㉞ BGHZ 102，172，176＝NJW 1988，696，970；BGH NZG 2008，298.

㉟ OLG Braunschweig NZG 2010，1104；*Kübler/Assmann*，§6 III 2c；Soergei/*Hadding/Kießling*，§712 Rn. 1.（以及对于扩大的倾向）。

㊱ Erman/*Westermann*，§712 Rn. 2；*Grunewald*，1 A Rn. 47；MünchKomm-BGB*Schäfer*，§712 Rn. 4 f. und 26 f.；不同的是 *Saenger* Rn. 151.（后面部分）。

㊲ Erman/*Westermann*，§712 Rn. 2；MünchKomm-BGB/*Schäfer*，§705 Rn. 234；*Wiedemann* II，§4 II 5 a dd（S. 357）.

合伙自己的员工或者独立的服务提供者（如税务顾问），而不是业务执行合伙人的助手。[38] 一个针对业务执行活动本身的报酬，不是民法典第670条规定需要给付的**费用补偿**（比较针对普通商事合伙的商法典第110条）。业务执行来源于合伙协议，并且是作为合伙人投入来负债的。因此，一个特别的活动报酬，必须在合伙协议或者通过合伙人决议来加以规定。

7. 义务违反

16

有过错地违反业务执行义务，即要么是不履行义务，要么是不当履行义务，是违反合同的，且负有**损害赔偿**义务（民法典第280条第1款）。在此过程中，如果没有其他特别约定，需要遵守民法典第708条的**谨慎标准**（上面边码5）。

有争论的是**超越业务执行职权**时的责任。只要合伙人为合伙进行的行为不能为其业务执行职权所覆盖，就存在一个义务违反。过去，在这样的情况下，帝国法院就已认定负有责任，即当合伙人在必要谨慎的情况下，必定知道其行为处于其业务执行职权范围之外，并且也违背其他合伙人实际的或推定的意思（民法典第678条，无因管理）。在此情况下，不适用民法典第708条。[39] 与此相反，应有区别地加以判断，现已获得承认：一个行为是否仍还为业务执行职权所覆盖，这一审查属于合伙人义务，对其应适用民法典第708条。如果一名合伙人尽管已尽到处理自己事务通常的注意且无重大过失，但仍不知道其行为超越了其业务执行职权，则也不能由此谴责他。因此，他不应该有别于业务执行措施被允许的情况而承担责任，即只有当业务执行的过失根据民法典第708条的标准作为有过错的违约行为而归责于其的时候，他才应承担责任。与此相反，假如合伙人在具有民法典第708条规定的谨慎情况下必定知道其超越了职权，则他就必须接受其（第708条）适用于他。因此，在这种情况下，他的行为适用无因管理规则规定的严格责任。[40]

---

⑧ 对此的进一步介绍，见 *A. Hueck*，OHG，§10 V 2；MünchKomm-BGB/*Schäfer*，§713 Rn. 6.。

⑨ RGZ 158，302，312 f.；同样如此的是 *Gamm*，BGB，12. Aufl.，1974 ff.，§708 Rn. 2.。

⑩ BGH NJW 1997，314（OHG）；*A. Hueck*，OHG，§10 VI 5；Soergel/*Hadding*/*Kießling*，§708 Rn. 5；MünchKomm-BGB/*Schäfer*，§708 Rn. 9 ff.；针对普通商事合伙的是 Baumbach/Hopt/*Roth*，§114 Rn. 15。但与此相反，主张完全的合同责任并连同对第708条的顾及（Großkomm-HGB（Staub）/*Fischer*，3. Aufl.，1973，§116 Anm. 29）；同样如此主张的是 *Emmerich*，in：Heymann，HGB，2. Aufl.，1995 ff.，§114 Rn. 20；*Grunewald*，§1 Rn. 130；关于赔偿法的问题，见 *Fleischer*；DStR 2009，1204.。

第八章 ◀

外部关系：代表、合伙财产和责任

接下来的论述涉及对外出现的合伙，即不是单纯的内部合伙（上面第二章边码13及其后一个边码，第五章边码10）。在一个单纯的内部合伙的情形下没有代表行为，因为其缺失了外部关系。是否能够存在没有合伙财产的外部合伙和拥有合伙财产的内部合伙，是有争议的（上面第五章边码10）。

一、代表

1. 代表权

根据**自营机关原则**，对外针对第三人的合伙代表是合伙人的事情。一个通过非合伙人的代表，只能基于合伙关系之外授予的法律行为性质的全权代理来实现。也只有在合伙人具有相应代表权的情况下，他才可以以合伙的名义（即具有对合伙和其他合伙人有利或不利的效力），作出带有约束力的法律行为性质的声明。

在民事合伙情况下，**代表权的范围**根据所达成的约定确定。与普通商事合伙（商法典第125条及其后一条款）相反，它可以被任意限制。如果没有其他约定，则代表权与业务执行职权相互重叠（民法典第714条）。如没有特别的协议约定，则与共同业务执行职权（民法典第709条第1款）一起存在的还有**共同代表权**。这样，与第三人的法律行为，只有在其由所有合伙人共同缔结的情况下才对合伙有约束。与此相反，如果合伙协议规定了单独业务执行，则在没有偏离性的规定情况下，也存在**单独代表权**。[①] 在这种情况下，需要在内部关系中尊重其他合伙人的反对，但反对*对代表权没有任何限制作用*，而只对业务执行职权产生影响（上面边码4），除非这一限制为业务的其他方所知晓。代表规则同样适用于在诉讼中的代表。[②] 此外，这一代表规则，也适用于因为外在表现形式而产生的表见代理和因为容忍不反对而产生的表见代理。不透明的代表规则尤其不适用于具有企业形式的合伙。因此，会讨论普通商事合伙下代表权（部分）转移

1

----

① 关于默示授权，见 BGH NZG 2005，345.。
② BGH NZG 2010，1021，也关于代表权瑕疵的补正机会。

的法律情况（下面第十四章边码 12）。在未来的立法中，这个问题不能与登记簿中进行登记的可能性相分开。③

2　　　与业务执行职权一样，**代表权**也可以基于**重大理由而被剥夺**。假如代表权是与业务执行职权一起被授予的，则它也只能与其一起被剥夺（民法典第 715 条）。这涉及一个基础性的事务（上面第七章边码 10）。

2. 效力

3　　　首先，它适用民法典第 164 条及其后条款的规定。④ 通过以合伙名义的法律行为性质的行动而取得的权利，即要么是在共同代表情况下通过所有的合伙人，要么是在特别授予的代表权框架下通过他们之中的单个人（民法典第 714 条，上面边码 1），归属于**合伙财产**（民法典第 718 条第 1 款，下面边码 6）。义务也同样始终涉及合伙财产，但也涉及**合伙人的私人财产**。在此范围内，人们原则上至少在结果上达成了一致（关于责任的具体内容的详细介绍，见下面边码 11 及其后边码）。然而，对此在**法律上的理由论证，却存在争议**，其区别来源于合伙的独立范围（上面第二章边码 3 及其后边码）。

（a）合伙人作为法律主体

4　　　很久以来都是占绝对主流地位的、适用于所有民事合伙的所谓**个人主义性质的观点**，将为合伙进行的行为**直接**归入**合伙人**。这对应于民法典第 714 条和第 715 条中的法律条文的文字表述，并符合传统的共同共有理论（上面第二章边码 3 及其后一个边码）。在共同共有的联结中，该理论视合伙人自己为合伙财产的主体。作为合伙财产的**权利**，由合伙人根据民法典第 718 条第 1 款共同享有，即属于共同共有。由于这涉及一个共同的合同缔结，合伙人根据民法典第 427 条一起作为**连带债务人承担义务**，不仅用合伙财产，而且用其私人财产。着眼于涉及的财产，在此范围内就产生了一个**带有双重效力的单一义务**。⑤

这一变异始终具有意义，因为不是所有的民事合伙都可以作为在法律上是独立的来对待（上面第五章边码 6 及其后边码）。不是任何一个针对暂时性的私人目的的没有特别组织的小合伙，都"具有权利能力"，即使它拥有一两个作为共同共有财产的标的物。然而，根据联邦普通法院第二审判庭的自我循环式的判决要旨，一个以自己名义参与法律交往的民事合伙，必须接受他人对其这一表现形式的主张。

（b）具有权利能力的合伙

5　　　法律上独立的合伙（上面第二章边码 5 及其后一个边码），可将公司法上的代表用到**合伙本身**上。这尤其适用于作为企业载体的和在其他经济交往中出现的合伙，如建筑业工作联合体（工作联合体）。⑥ 据此，通过代表权框架下的行为，**合伙本身享有权利**

---

③　对此，比较 *Schäfer*，Gutachten E zum 71. DJT，S. E 83ff.；die Beschlüsse der Abteilung Wirtschaftsrecht des71. DJT III. 12. und 13. 建议通过在公开的登记簿上记载偏离的可能性，将独立的业务执行权和业务代表权作为通常情况。

④　关于代表理论和机构理论的学术争论在这里不应被深化；对此比如见 *Beuthien*，JZ 2011，124，126；*K Schmidt*，§ 10；也比较 BGH NZG 2010，261.。

⑤　对此比如比较 *Beuthien*，JZ2011，124，126；*Larenz*，Lehrbuch des Schuldrechts，Bd. 2，12. Aufl.，1981，§ 60 III b und IV c；v. *Gamm*，in：Kommentar zum BGB，hrsg. von Mitgliedern des BGH（RGRK），BGB，12. Aufl.，1974 ff.，§ 714 Rn. 1；Staudinger/*Keßler*，12. Aufl.，1979 ff.，§ 714 Rn. 1 ff.，14 f.；Jauernig/*Stürner*，§ § 714，715 Rn. 3；详细阐述见 *Nicknig*，Die Haftung der Mitglieder einer BGB-Gesellschaft für Gesellschaftsschulden，1972.。

⑥　BGHZ 146，341＝NJW 2001，1056 - ARGE Weißes Ross："（对外的）民事合伙具有权利能力，只要它通过参与民事事务确定了自身的权利和义务。"

和承担义务，即使是在共同代表情况下，通过所有合伙人也是如此。与民法典第718条相对应，权利归属于合伙财产，并且由此归属于作为其主体的合伙。为合伙而承接的义务，也是首先仅仅涉及有合伙财产的合伙，即所谓的共同共有债务。这样，对于合伙人用其私人财产承担广泛的个人责任，就需要另外的理由论证（下面边码11）。但无论如何，在这种情况下，合伙协议的代表规则，会导致产生了一个**机构性质的代表权**（区别于法律行为性质的代理权，对此的详细介绍，见下面第十四章边码8及其后边码）。[7]

二、合伙财产

1. 组成

在一般情况下，合伙财产是一个共同共有财产（上面第三章边码4，第五章边码9）。属于合伙财产的可以是所有具有财产价值的标的物，即不仅可以是物和任何种类的权利（债权、使用权、专利和其他无形资产），而且可以是实际上存在的客观价值，如与顾客的关系、业务经验和商业秘密。根据民法典第718条，这样的价值，可以通过作为出资的交付，或基于业务执行中的获取和物上代位而成为合伙财产。

属于合伙财产的，不仅有已经提供了的**出资**（有关出资的一般性介绍，见上面第七章边码1），而且有**对欠缴出资的请求权**。这是重要的，因为作为其结果，这一请求权构成合伙债权人的一个扣押对象。此外，所有的由一名或多名合伙人作为代表，**通过法律行为以合伙名义**获取的所得，都是合伙财产（上面边码3）。与此相反，如果一名合伙人以自己的名义出现，则即使从经济意义上看，他是在合伙事务中活动，其所得也暂时性地归他所有，而其他合伙人只有要求转让其所有权的请求权（民法典第713条和第667条）。但这一请求权已属于合伙财产。根据民法典第718条第2款，在**物上代位**情况下，所有基于属于合伙财产的权利，或者作为对属于合伙财产标的物的灭失、毁损或侵夺的赔偿而取得的标的物，都归入合伙财产，即属于合伙财产的有权利、物的孳息、损害合伙物的赔偿请求权和保险偿付款等。

2. 合伙财产和私人财产

用一名合伙人的私人财产向合伙财产进行给付，或者反过来用合伙财产向各合伙人进行给付也一样，都需要一个**权利归属变更**（比较上面第三章边码1）。因此，必须遵守有关向其他权利主体进行物的转让和权利转让的规定。这对所有需要转让的标的物适用，而不考虑从经济意义上看，单个合伙人基于其合伙参与而在合伙框架下也对其享有权利，并且合伙人至少在共同代表情况下位于交易的两方。因为，从法律上看，合伙人在属于合伙财产的各标的物上，没有份额权。作为共同共有财产（上面第三章边码4及其后边码），**合伙财产是一个独立的特别财产**。无论合伙本身在法律上是否独立，以及独立的程度如何，这都适用。民法典第718条第1款将合伙财产定义为合伙人的共同财产（对此，见上面第三章边码9）。

---

[7] *Wiedemann* II, §7 III 3 b; MünchKomm-BGB/*Schäfer*, §705 Rn. 255ff.; *K Schmidt*, §10 I 3, §60 II 2b）；比较BGH NJW 2002, 1194＝NZG 2002, 125；尽管是机构性的代表，民法典第174条仍适用于民事合伙的单方法律行为，因为民事合伙下的代表关系对于第三人来说是不能从一个登记机关处查阅得到的。这一判决不是来源于合伙/公司法庭，而是来源于土地经济法庭，但仍具有建设性意义：民法典第174条本来仅在法律行为性质的代理情况下有效，但根据该判决，当民事合伙的代表基于其权利能力被理解为机构性的，则该法条也可以适用。理由再次是登记的欠缺。

8　　　　　　在缴付出资时，必须遵守**物权法上的规定**。例如，一个动产需要根据民法典第 929 条及其后条款进行所有权转移。如果向合伙投入一块地产，则必须通过**不动产所有权移转合意和登记**于土地登记簿来完成。关于民事合伙的土地登记能力，见上面第五章边码 7。向共同共有财产进行地产投入，会导致产生地产购置税。与在第三人性质的业务情况下一样，有关善意保护的规定，也适用于这些权利转让，特别是所有权转让。在为合伙获取标的物时，根据民法典第 166 条第 1 款，应取决于参与所有权转让的合伙人的善意，即使是一名合伙人的恶意，也排除合伙的所有权取得。即使实施行为的合伙人是善意的，仍可以考虑民法典第 166 条第 2 款规定的知情归入，如果这名合伙人是按照恶意合伙人的指示行为的话。但这样的笼统说法，即某一名合伙人的恶意应该已经造成了伤害[8]，与那个通过具有机构性质的代表所体现出的法律独立不相符。[9]

　　　　　　假如一名合伙人应该从合伙那里获得一个给付，比如费用补偿或盈利分配，则同样需要根据一般规定进行转让，需要由具有代表权的合伙人进行给付。民法典第 181 条是适用的，但在涉及债务履行的情况下，不存在限制。

　　　　　　一个权利转让也仍然是**需要的**，即使进入考虑范围的标的物已处于全部合伙人的按份共有之下，或者相反应该从合伙所有权转变为合伙人的按份共有。因为，即使**在参与者相同的情况下**，共同共有和按份共有意味着**不同的权利管辖**。标的物迄今为止已处于合伙人的共同共有之下，但却在另外一个共同共有共同体的范围内，比如一个由所有合伙人组成的遗产共同体，则在将其投入民事合伙或普通商事合伙时，也需要转让。[10] 决定性的是，每个单独的共同共有共同体表现为一个封闭的特别财产。这样，由一个财产向另外一个财产进行转让，就意味着权利管辖变更。与此相反，不同的是在**维持现有的共同共有共同体的同一性**情况下，仅仅改变其法律形式，比如一个民事合伙由于其营业扩大而变为普通商事合伙，或者一个普通商事合伙通过限制一名合伙人的责任而变为有限商事合伙。这里不发生权利管辖变更，相应的也不发生权利转让。这样一来，比如就不需要就合伙地产达成不动产所有权移转合意了，简单的土地登记簿更正就够了。在通过改组而产生民事合伙的情况下（改组法第 190 条及其后条款），也不要求进行转让行为。

三、合伙债务和责任

9　　　　　　合伙债务是所有由**合伙财产**承担责任的负债。尽管法律称之为合伙人的"共同债务"（民法典第 733 条第 1 款，第 735 条第 1 句），但在结果上人们对由合伙财产承担责任达成了一致。[11] 除此之外，合伙人用其**私人财产**承担责任。

　　1. 合伙债务

　　（a）基于法律行为的债务

　　合伙债务的产生，是基于法律行为而来的义务，即基于以合伙名义且在存在代表

---

　　⑧　Bamberger/*Roth*/*Kindl*，§ 932 Rn. 13.

　　⑨　Vgl. *Habersack*，Sachenrecht，8. Aufl.，2016，Rn. 151；*K Schmidt*，§ 10 Ⅴ；Soergel/*Henssler*，§ 932 Rn. 31；*Westermann/Gursky/Eickmann*，Sachenrecht，8. Aufl.，2011，§ 46 Rn. 19：损害了机构成员的知情权。

　　⑩　关于法律理论上的构建可能性以及在此过程中出现的疑问，见 Dauner-Lieb, Unternehmen in Sondervermögen，1998，S. 478 f.；关于税务上的处理，比较 BFH DStR2010，1070.。

　　⑪　关于共有在法律上的独立性的争论，导致该术语含义不统一。着眼于不断往前发展的法律继创，将合伙财产对其承担责任的所有债务笼统地表述为合伙债务，这并没有减少多少现实争论。

权的框架下（上面边码1及其后边码）缔结的法律行为。由于民事合伙原则上适用共同代表原则，故只有在获知一名合伙人在偏离法定规则的情况下，根据民法典第714条被明确或默示授予单独代表权（通过授予相应的单独业务执行权）的情况下，第三人才能信赖单个合伙人的代表权。根据普遍适用的规则来考察，基于外在表现形式而产生的表见代理或基于容忍不反对而产生的表见代理也是可能的。[12]

对**案例解析**，这意味着在构建请求权时，首先要将合伙作为请求权的对方。在这个位置上，就民事合伙的权利能力进行论述，通常是多余的。因为，这涉及共同共有财产是否是承担责任的财产主体。而这与理论上的共同共有解释模式无关。[13] 进一步是要确定法律行为的成立（如买卖合同）和有效的合伙代表。解析顺序取决于具体情况下出现的问题。如果由于欠缺代表而不产生合伙债务，则就需要根据民法典第179条继续讨论针对行为人的请求权（假如合伙没有进行追认的话）。

只要请求权是以过错为前提的，比如民法典第280条第1款，合伙就应根据民法典第278条对其履行帮助人承担责任，并且通过类推适用民法典第31条而对为其行为的合伙人承担责任。业务执行合伙人不是履行帮助人，因为他不受指示支配，而是自己形成合伙的意思和行为。民法典第31条规定的责任行为归入，适用于所有法律上的相关行为。关于因侵权行为产生的请求权，马上见下面（下面边码10）。根据多数的但富有争议的观点，机构性的代表不是民法典第278条的意义上的法定代表人。[14]

（b）基于法律规定的债务

合伙可能要基于**不当得利**承担责任，如果并且只要正好是它受益的话。这尤其可能发生在以合伙名义缔结的合同失败而需要恢复原状的情况下。

只有在合伙具有侵权能力的情况下，合伙才可能基于侵权承担责任。对于团体，民法典第31条就可以实现这一点。这一**归入规定**，相应地适用于其他利用一个独立的特别财产的人的联合体，而这也可以是一个民事合伙。[15] 根据民法典第31条，社团对其根据组织规则任命的代表人，因在执行其职权范围内的事务时，实施了需要承担损害赔偿义务的行为而给第三人造成的损失承担负责。"根据组织规则任命的代表人"，是合伙协议或合伙人决议指派其特定任务的合伙人。此外，合伙还可能因其组织缺陷以及民法典第831条的规定，承担责任。

对于**案例解析**重要的是，类推适用的民法典第31条是一个**归入规则**，而**不是一个**

10

---

⑫ 关于默示授权，见 BGH NZG 2005，345；也比较 BGHZ 184，35 Rn. 21.。

⑬ 教学性的文献资料常常包含（多余的）"合伙的权利能力"这一分段要点（见上面第五章边码6），比如 *Lettl*，Fälle zum Gesellschaftsrecht，3. Aufl.，2016，Fall 4 Rn.14f.；*Schade*，Handels-und Gesellschaftsrecht，3. Aufl.，2014，Rn. 446；*Timm/Schöne*，Fälle zum Handels-und Gesellschaftsrecht，Bd. I，9. Aufl.，2014，Fall 12.。

⑭ *Beuthien*，JZ 2011，124，125f.；民法典第31条作为第278条的特别条款，参见 MünchKomm-BGB/*Grundmann*，§ 278 Rn. 6，10；Jauernig/*Stadler*，§ 278 Rn. 17；相似的见 Staudinger/*Löwisch/Caspers*，BGB（2009），§ 279 Rn. 115；不同的是 Erman/*Westermann*，§ 718 Rn. 8；MünchKomm-BGB/*Schäfer*，§ 718 Rn. 30；MünchKomm-BGB/*Reuter*，6. Aufl.，§ 31 Rn. 32 a. E.；关于争论的情况，见 *K Schmidt*，§ 10 IV 3；鉴于排除故意情形下的责任的可能性，产生了归入条款之间的区别，比较民法典第278条第2句。

⑮ 通常观点，比如 *Caemmerer/Ulmer*，FS Flume，1978，Bd. 1，S. 366 und Bd. 2，S. 309；Erman/*Westermann*，§ 31 Rn. 1，§ 705 Rn. 64 ff.；*Kübler/Assmann*，§ 6 III 5 b bb；MünchKomm-BGB/*Schäfer*，§ 705 Rn. 264；*K. Schmidt*，§ 60 II 4；Soergel/*Hadding/Kießling*，§ 718 Rn. 22；BGHZ 154，188 = NJW 2003，1445（相反：BGHZ 45，311 = NJW 1966，1807）；也比较 BGHZ 155，205，210 = NJW 2003，2984；BGH NZG 2007，621 = JuS 2007，1066 m. Anm. *K. Schmidt*。

请求权基础。作为请求权基础，首先必须要审查一个对此适合的法律规定，比如民法典第 823 条第 1 款。之后，再去论证为什么合伙需要对其承担责任（符合组织规则的代表人）。与此分开的是或许还要审查行为人本身的责任。在解析构建技术上，根据案例问题的不同，行为人本身的责任可能需要前置。之后，可以援引其阐述。

属于法律设定的请求权的，还有**税负债务**和雇佣员工情况下需要缴付的**社会保险费**。对此的责任关系，大多由特别法规定。但对于所得税，即使具有权利能力的合伙，也不是税务主体，而是各个合伙人（上面第四章边码 10）。与此相反，民事合伙可以是地产购置税和营业税的债务人。[16]

2. 合伙人用其私人财产承担责任

11　　对于第三人，**合伙人**原则上应**用其私人财产**，作为连带债务人对合伙债务承担**个人**责任。这一结论被普遍承认，但有着不同的理由论证。[17] 着眼于责任限制的范围和可能性，不同的理论解释会有影响。因此，在**案例解析**中，只有在可以得出与解答相关的东西时，才需要进行教义上的理由论证。

（a）理由论证

只要将合伙人本身（在其共同共有联结之下）看作为财产主体，为合伙进行的行为，就会导致产生一个带有双重效力的单一义务（上面边码 4）。过去主要在法院判决中同样广泛存在的假定，即业务执行合伙人也为了其他合伙人有一个额外的代表权，推导得出这样一个结论，即通过法律行为，合伙人在合伙之外承担义务，也就是*法律行为性质的双重义务——双重代表*。[18] 在相当广泛的范围内，这两种理由论证推导出相同的结果。

对于**基于法律规定的义务**，没有一个可以与共同缔结合同或者其过程中的有约束力的代表相比的一般性事实构成要件，即像法律行为性质的义务那样，可以导致合伙人不仅要用合伙财产，而且要用其私人财产承担责任。首先适用普遍规则：在基于法律规定的债法关系中，原则上只有那些满足各自前提条件的人承担义务，即合伙财产或者私人财产是否（单独或同时）被涉及，取决于其前提条件存在于哪个领域。联系到旧的法院判决，过去理论界中就已有个别理论主张，对于第三人着眼于臆想的合同债务而向合伙提供的给付，合伙人应用其私人财产承担完全的责任，以作为给付型不当得利返还这一情形。[19] 为了论证这一点，人们提到了与失败的合同关系紧密相连的给付，以及比照民法典第 427 条，将对其适用的合伙人连带债务人责任的规定，扩大适用到不当得利法上的恢复原状。[20]

对业务执行中的*侵权行为*，那些满足事实构成要件的业务执行合伙人，承担个人

---

⑯　BFH NJW 1987，1719（GrESt）；§ 5 Abs. 1 Satz 3 GewStG.

⑰　比较 BGH NZG 2011，580 Rn. 14：“随着认可民事法律上的外部合伙的权利能力……在结果上没有改变合伙人对于法律行为所产生的债务应承担的责任。这仅仅是构建在另一种学术基础之上。”

⑱　Soergel/*Hadding/Kießling*，§ 714 Rn. 4 f.，9 f. und 29；*Wiedemann* II，§ 7 III 4 a。尽管大多数同时出现的结果在理论论证上有所区别；*G. Hueck*，FS Zöllner，Bd. 1，1998，S. 275，293；也比较 *Beuthien*，NZG 2011，481，487f；*ders.*，JZ 2011，124，126；Jauernig/*Stümer*，§ § 714，715 Rn. 3。

⑲　BGHZ 61，338＝NJW 1974，451；对此见 *Westermann*，ZGR 1977，552；BGH NJW 1983，1905；1985，1828；对此见 *Crezelius*，JuS 1986，685。

⑳　Soergel/Hadding/*Kießling*，§ 714 Rn. 42 f.；*Habersack*，JuS 1993，1，4.

责任。如果是多个业务执行人，则根据民法典第 840 条作为连带债务人承担责任。[21] 其他合伙人需要用合伙财产承担责任，因为民法典第 31 条应相应地适用于民事合伙。但从这一推导中可以得出，首先只是合伙财产的责任。在团体（尤其是法人）情况下，民法典第 31 条也是首先将团体财产作为责任财产，而不是成员的财产。[22] 合伙人的责任需要一个额外的理由论证。

无论是法院判决，还是有一定差异的理论观点，都普遍地以合伙人对所有合伙债务承担个人责任为出发点，即责任的同时发生（**附属性**）。[23] 这一点，与适用于普通商事合伙的明确而有利于债权人的严格责任规则模式（商法典第 128 条）相对应。然而，将其扩大适用于民事合伙，并非是从民法典保持开放的合伙法律责任体系中推导而来的，而是一个法律继创的结果。[24] 对此的论据支持是一般性的原则，比如针对共同共有共同体的原则（但比较上面第三章边码 4），或者这一原则：谁作为单个人或与其他人一起从事业务，谁就得由此而产生的义务承担责任，只要其没有利用法定的或者约定的责任限制模式。就此而言，将商法典第 128 条引入进来，是引人注目的，因为民事合伙是基本形式，而普通商事合伙相反是合伙的特别表现形式（上面第五章边码 13）。只要是涉及一个组织化的、企业性参与法律交往的合伙（就像在开创性的法院判决中的那样）[25]，这一明确的法律结论是有利的。鉴于民事合伙有多种多样的表现形式，实质性的问题在于，界定什么时候存在一个这样的合伙以及其登记的欠缺（上面第五章边码 6 及其后一个边码）。关于具体情况下的附属性责任，见下面第十四章边码 16 及其后边码。将商法典第 128 条引到民事合伙之上，是否以及在哪些具体点上要求产生偏离，还没有被完全解释清楚。[26] 这也适用于这些情形，如因侵权行为（上面边码 11 末尾）而产生债务的责任、新合伙人加入时的旧债务，以及大多数情况下通过协议进行变更的可能性。

（b）责任限制

合伙人经常有这样一个利益，即将其责任限定于合伙财产（上面第四章边码 8）。在民事合伙情况下，这只有有限的可能性。自动出现的合伙人一起承担义务，但在个别情况下，可以通过**与各自当时的债权人的特别约定**来加以排除，或者以份额责任的方式来重新构建。将责任限定于合伙财产或其他财产及如何限定，必须与债权人个别地进行

12

13

---

[21] 根据民法典第 31a 条，在民事合伙的情形下，对于名义上的行为人在内部关系中的特权将会超过民法典第 708 条的规定；对此见上面第七章边码 5。

[22] *Canaris*，ZGR 2004，69，111；*Altmeppen*，NJW 1996，1017，1021 ff.；*Armbrüster*，ZGR 2005，34，56ff.；*H. Baumann*，JZ 2001，895，900 f.；*Flume*，Personengesellschaft，§ 16 IV 6；*C. Schäfer*，Gutachten E zum 71. DJT，S. E 76f.；不同于 BGH NJW 2003，1445；*Altmeppen*，NJW 2003，1553.。

[23] BGHZ 146，341＝NJW 2001，1056 - ARGE Weißes Ross；*Flume*，Personengesellschaft，§ 16 II und IV；*Reiff*，Die Haftungsverfassung nichtrechtsfähiger unternehmenstragender Verbände，1996，S. 186 ff.；*K. Schmidt*，§ 60 III 2；MünchKomm-BGB/*Schäfer*，§ 714 Rn. 34；*Wiedemann* I，§ 5 IV 1 c（针对带有经济目的的外部合伙）；不同的是旧的法院判决，比如 BGHZ 74，240，242＝NJW 1979，1821；BGHZ 79，374，377＝NJW 1981，1213.。

[24] BGHZ 146，341＝NJW 2001，1056-ARGE Weißes Ross；*Canaris*（ZGR 2004，69，84，116 ff.）认为这是违反宪法的，因为没有满足允许进行法律继创的前提条件。

[25] 对于合伙已经不再有裁判的时间点；关于判决的历史，见 Jauernig/*Mansel*，Vor § 21 Rn. 1，4；Jauernig/*Stümer*，§ 705 Rn. 1（S. 1187）；*Prütting*，FS Wiedemann，2002，S. 1177，1179 ff.：没有法律效力的失职决定，其在解决后就消除了。

[26] 关于合伙人对于一个由民事合伙作出的意思表示的“责任”，见 BGH NJW 2008，1378 ＝ JuS 2008，753 m. Anm. *K Schmidt*；Vorschläge zur gesetzlichen Regelung bei *Schäfer*，Gutachten E zum 71. DJT，S. E 73ff.。

合同上的处理。㉗ 与此相反，**没有一个通过合伙协议规定的单方面的责任限制**。尽管责任限制需要公开，但仅仅声明对外只愿意用合伙财产承担责任，是无益的。㉘ 通过格式条款来达到一个法律行为性质的责任限制，只有在特定的案件类型下才可能成功。㉙

如果一项给付只能从合伙财产中提供，则履行这一给付义务也被限定于合伙财产。例如，在需要给付一个属于合伙财产的特定标的物的情况下，像转移一块合伙地产的所有权。这一限制直接由义务的内容给出，即归根到底是与其一起被约定的。但内容上的条件限制，只及于作为首位义务的给付标的物。因此，对于次位义务，如给付障碍情况下的赔偿损失，合伙人在连带债务责任情况下用其私人财产承担责任，就仍然存在。

14
将合伙人责任限定在合伙财产上，一个更加广泛的尝试是，在合伙协议中对业务执行合伙人的代表权进行限制。这样，具有代表权的合伙人，只有以合伙财产或者责任份额为限，才能实施为其他合伙人带来责任的法律行为。否则，他们个人就要按照民法典第 179 条承担责任。㉚ 原来的法院判决——基于双重代表理论的基础——和部分理论接受了这一可能性。㉛ 在这种情况下，也基于交易安全的需要，要求这样一个代表权限制，必须是第三人可以知晓的，否则其他合伙人不能主张它。㉜

法院判决已抛弃了通过受限的代表权而产生的责任限定，因为这一途径不适合于附属性的责任。此外，那个一般性的民法异议，也具有分量，即在代理法中，尽管有着眼于要从事业务种类和规模的限制，但没有着眼于要承担责任的财产主体的限制。㉝ 对于那些情形，即民事合伙在知道和相信有责任限制可能性的情况下从事活动，法院判决的改变当然有问题。对于封闭式的不动产基金和建设业主共同体，联邦普通法院维护责任限制的可能性。㉞ 这在结论上是明白易懂的，但导致法律更加不确定。合伙人在任何情况下都可以授予业务执行和有代理权的合伙人全权代理权。例如，代表他们与债权人进

㉗　BGH NZG 2011, 580, 关于在成比例的合伙人责任的情形下的合同解释；合同签订方可以是合伙人自己，有时可以是法律行为上的代理，*K Schmidt*，NJW 2011, 2001；合伙可以订立一个有利于第三方的合同，MünchKomm-BGB/*Schäfer*，§ 714 Rn. 66.。

㉘　BGHZ 142, 315＝NJW 1999, 3483；BGHZ 134, 226＝NJW 1997, 1580＝JuS 1997, 752, 但那里是关于约定同意的份额责任；连同不同的设计构建，人们对旧的案件和公众性合伙作了例外（下面第十九章边码 22）；关于附随义务的限制取决于合伙的目的，见 MünchKomm-BGB/*Schäfer*，§ 714 Rn. 61, 63ff.；*Mülbert*，WM 2004, 905, 913f.；也比较 *Armbrüster/Hohendorf*，JZ 2017, 221, 222f.。

㉙　BGH NJW 1992, 3037；BGHZ 142, 315 ＝ NJW 1999, 3483；*BGH NZG 2005, 209*；持批评态度的是 *Armbrüster*，ZGR 2005, 34；*Canaris*，ZGR 2004, 69, 96 ff.；Casper，JZ 2002, 1112, 1113 f.；MünchKommBGB/*Schäfter*，§ 714 Rn. 62a；*Ulmer*，ZIP 2003, 113, 116 ff.；*Wiedemann* II，§ 7 III 4 b bb；也比较法律咨询条例第 51a 条第 1 款，经济审计人员条例第 54a 条和税负咨询法第 67a 条。

㉚　MünchKomm-BGB/*Schäfer*，§ 714 Rn. 68f.

㉛　比较 RGZ 155, 87；BGHZ 61, 67；BGH NJW 1985, 619；BGHZ 113, 216, 219＝NJW 1991, 922；BGH NJW 1992, 3037；此外比如见 *Canaris*，ZGR 2004, 69, 87ff.；*Kraft/Kreutz*，C III 3a dd；*Kübler*，Gesellschaftsrecht，5. Aufl.，1998，§ 6 III 4c bb；MünchKomm-BGB/*Ulmer*，2. Aufl.，1986，§ 714 Rn. 32.。

㉜　BGHZ 136, 254, 258f. ＝ NJW 1997, 2754, 2755 m. w. N.；详细介绍见 MünchKomm-BGB/*Ulmer*，3. Aufl.，1997，§ 714 Rn. 34 ff.。

㉝　BGHZ 142, 315＝NJW 1999, 3483；*Dauner-Lieb*，FS Lutter，2001，S. 835, 840 ff.

㉞　BGHZ 150, 1＝NJW 2002, 1642；BGH NZG 2011, 580；*Kübler/Assmann*，§ 6 III 5 c；*K. Schmidt*，NJW 2003, 1897, 1901 f.；没有注意到判决的变化，见 BGH（XL Senat）NZG 2010, 264 ＝ JuS2010, 356m. Anm. *K Schmidt*。关于中间过渡问题，此外有 BGH NJW-RR 2005, 118 采取法律措施的权利；NJW-RR 2006, 42 判决要点改正；*K Schmidt*，NJW 2008, 1841.。

行合同上责任限定的约定。[35]

责任限制的可能性，在过去具有重大的意义，因为当时除了民事合伙之外，没有其他针对共同从事非商人性质的营业或自由职业的法律形式可供使用。自从 1998 年商法典改革以来，小的营业经营也可以设立有限商事合伙并由此获得作为有限合伙人的责任限制（下面第十七章边码 16 及其后边码），或者自从 2008 年有限责任公司法改革以来，选择没有最低出资额要求的有限责任公司——企业主公司（有限责任）（下面第二十章边码 21）。自由职业者可以在自由职业者合伙中联合起来。对于自由职业者合伙，自由职业者合伙法第 8 条包含一个对应于自由职业活动特殊性的责任限制规则，以及责任限定的可能性（下面第十六章边码 8）。

（c）来自合伙关系的义务

对于由合伙关系本身给出的针对一名其他合伙人的义务，仅用合伙财产承担责任。在严格的条件下，例外性地用私人财产承担责任也是被承认的，假如涉及对单个合伙人清偿合伙债务进行补偿的话（民法典第 713 条、第 670 条）。[36] 对于普通商事合伙情况下的同样问题，详细介绍见下面第十四章边码 28。它必须是涉及一个例外。这一点可以由此推导得出，即否则的话，将间接导致产生一个有悖于民法典第 707 条的增加出资义务。与之相区别的是，合伙解散或退出合伙时的亏损分担（民法典第 735 条、第 739 条）。与此相反，在所谓的第三人性质的业务中，即一名合伙人如同一名另外的外部缔约主体，与合伙缔结业务，该合伙人作为债权人在本质上也具有如同第三人那样的债权人地位。[37]

3. 权利主张和强制执行

民事合伙在民事诉讼中具有当事人能力，这属于其在法律上独立的最为重要的结果之一。对此以及对于强制执行的论断，已在上面第五章边码 8 中介绍。只要合伙人要作为连带债务人对合伙债务承担个人责任，债权人就可以根据其选择，扣押合伙财产或任何单个合伙人的私人财产。用私人财产承担责任，也是首位性，而不是比如仅辅助性地承担填补责任。但是，由于针对"合伙"的强制执行书不可能强制执行合伙人的私人财产（比较商法典第 129 条第 4 款），故建议像在普通商事合伙情况下那样，同时起诉合伙及各合伙人（或者至少是被认为具有清偿能力的合伙人），借此不仅可以打开通向合伙财产的通道，而且可以打开通向合伙人财产的通道。不同于在普通商事合伙情况下，一个针对全部合伙人的强制执行书，也可以依据民事诉讼法第 736 条执行合伙财产，而在独立的民事合伙的情况下，只有当合伙本身是当事人时才可以。[38]

15

16

---

[35] BGH NZG 2006, 107；ZIP 2005, 1361；*K Schmidt*, NJW 2011, 2001, 2003f.；也比较下面第十九章边码 12.。

[36] BGH NZG 2011, 502.

[37] BGH NJW 1983, 749；OLG Köln NZG 2014, 179；MünchKomm-BGB/*Schäfter*, §705 Rn. 202 f., 220；Erman/*Westermann*, §705 Rn. 61；关于补偿请求权，见 BGHZ 148, 201, 206；对此见 *Schäfter*, a. a. O., §705 Rn. 218.。

[38] BGH NJW2011, 2048 m. Anm. *Stangl*, NJW 2016, 568；BGH NZG 2016, 221；鉴于所出现的民事合伙的不同形式，对于民事诉讼法第 736 条的改革需求，见 *Schäfer*, Gutachten E zum 71. DJT, S. E92.。

第九章
合伙人的变更

1   民事合伙是合伙。因此，根据法律上的基本模式，它的存续依赖于**不变的人的组合**。一名合伙人的退伙，原则上导致整个合伙的解散（民法典第 727 条第 1 款）。在违背意愿的情况下，合伙人无须接受一名新合伙人的强行入伙。然而，这两者都**不是强制性的**。合伙人也可以在单个合伙人退伙的情况下继续合伙（民法典第 736 条和第 738 条）。假如其他合伙人同意，合伙人入伙和退伙，以及成员身份的转让，是**可能的**，但不是法律上的常态，而是私法自治的例外（比较上面第二章边码 11）。

因此，当民法典第 723 条及其后条款讲到"解除"时，始终是指导致合伙解散的整个合伙的解除，而不是单个合伙人的身份解除。在**案例解析**中，也必须顾及这一区分。

一、一名新合伙人的入伙

1. 接纳合同

2   一名新合伙人的入伙，通常是通过新的与现有的合伙人之间的一份接纳合同来进行的[①]，即原则上要求**全部合伙人的共同参与**。尽管如此，合伙人可以利用一个代表人[②]，但代表人必须有缔结接纳合同的特别授权。业务执行合伙人根据民法典第 714 条取得的一般性合伙代表权，是根本不够的，因为这涉及合伙人相互之间的基本关系的改变（上面第七章边码 10）。**合伙协议**可以降低接纳新合伙人的难度。它可以规定**多数决议**就够了，也可以赋予单个合伙人有决定接纳合伙人的权利。例如，后者在这种情况下就具有了意义，即拥有这样权利的合伙人，在转让他自己的合伙份额时，就能够决定他的后继人。（下面边码 15）。

任何一名新合伙人的接纳，都需要所有现有合伙人的同意。相对于这一基本原则，这些情况下也不存在例外。例如，其他合伙人事先在合伙协议中声明同意通过多数决议，或具有接纳权利的人的决定来接纳有待确定的人作为新合伙人。就像合伙人所有的权利行使一样，接纳新合伙人的权利受到**诚信义务**的制约。如果有决定权利的合伙人，在违反其诚信义务的情况下选择一名新合伙人，则其他合伙人就可以拒绝接纳。即使是

---

① BGHZ 26，333；BGH NJW 1998，1226.

② BGH WM 1987，1336.

在一名合伙人享有决定权的情况下，**接纳**本身也是通过被接纳人与其他所有合伙人之间的**接纳合同**来进行的。这样，基于多数决议或具有接纳权利的合伙人的决定，其他人负有共同参与接纳合同的义务。在赋予决定接纳新合伙人的权利时，就将缔结接纳合同的授权联系起来，也是可能的。这样，具有接纳权利的合伙人就可以单独缔结合同。尽管如此，他也是以其他所有合伙人的名义行为，而这些人是真正的接纳合同的当事人。假如接纳合同有瑕疵，但入伙却已完成，则适用有瑕疵的合伙的基本原则（上面第六章边码 8）。[③]

2. 继承

原则上，对于民事合伙的参与，不能出卖和继承。合伙通过一名合伙人的死亡而解散，但合伙协议可以由此偏离于它，即规定继续合伙（**继续条款**，民法典第 727 条第 1 款；对此，见下面第十章边码 2 末尾）。只有当合伙协议规定合伙应该由死亡的合伙人的一个或多个继承人继续进行时，新合伙人的入伙才可以通过继承来实现（**继受条款**）。这样，被涉及的继承人将随着继承事由的发生而直接入伙。对此，无须继承人的特别声明和其他合伙人的特别接纳。在继承人是未成年人时，不要求监护法院对此予以的准许。[④] 对于普通商事合伙来说，商法典第 139 条包含一个后继者享有的特殊退出权，以保护其免受无限个人责任。部分理论赞成其可相应地适用于具有企业性质的民事合伙。[⑤] 但是，合伙协议也可以只赋予继承人一个入伙的权利。这样，入伙本身就取决于其是否行使这一权利（**入伙条款**）。[⑥] 假如继承人行使入伙权，则需要一个接纳合同（比较下面针对普通商事合伙的第十五章边码 5）。 3

3. 合伙的同一性和责任

通过接纳合同或继承，新合伙人将连同全部的权利和义务进入已存在的合伙，但**合伙的同一性不受影响**。因此，不要求进行合伙财产转移。确切地说，合伙财产份额将在新合伙人身上通过其入伙而自动产生。这样，从现在开始，新合伙人就自此开始成为共同共有共同体的成员（上面第三章边码 7）——扩展原则。因此，如针对合伙地产，也不要求进行不动产所有权移转合意，而是通过增加登记新合伙人来更正已不正确的土地登记簿（比较上面第五章边码 7 结尾）。[⑦] 奠定入伙基础的合伙协议，不涉及地产财产转移，而只涉及成员身份。因此，它不需要民法典第 311b 条规定要求的一定形式。一般情况下，也不产生地产购置税（也见下面边码 17）。 4

对于合伙债务，新合伙人作为合伙人承担责任（上面第八章边码 11 及其后边码）。对于入伙前产生的合伙债务，在法律上独立的合伙情况下，新合伙人比照商法典第 130 条承担责任。这一结果可能会严重影响那些加入业务中的自由职业者。但其具体内容和

---

③ BGH NJW 1992，1501；BGHZ 153，214，221；BGH NZG 2010，991（XI. Senat）；BGH ZIP 2016，1432 Rn. 21 ff.

④ BGHZ 55，269.

⑤ *Schäfer*，NJW 2005，3665；*ders.*，Gutachten E zum 71. DJT，S. E 89f.；MünchKomm-BGB/*Schäfer*，§714 Rn. 74；MünchKomm-HGB/*K Schmidt*，§139 Rn. 60；Beschluss des 71. DJT，Abt. Wirtschaftsrecht，IY. 22.；不同的是 Baumbach/Hopt/*Roth* §139 Rn. 8；*Saenger*，Rn. 227；Soergel/*Hadding*！*Kießling*，BGB §727 Rn. 34ff.；MünchKomm-BGB/*Küpper*，§1967 Rn. 46；在 BGH NZG 2014，696 Rn. 9f. 中是开放的。

⑥ BGH NJW-RR 1987，989；MünchKomm-BGB/*Schäfer*，§727 Rn. 53ff.

⑦ 因此，在转让合伙份额时，土地登记簿上的不正确登记也不能提供善意保护，见 BGH NJW 1997，860。对于更正的同意需要通过所有合伙人进行，见 OLG München NZG 2015，1305.。

法律政策上的继续发展，始终还有争议。[8]

二、合伙人退伙

1. 自愿性的退伙

5　　只有在合伙协议赋予了合伙人此种权利（民法典第 736 条第 1 款）或者其他所有合伙人对此表示同意时，自愿性的退伙才是可能的。但另外一方面，只要满足这样的前提条件，就不存在任何限制了。关于退伙在财产法上的结果，见下面边码 11 及其后边码。

2. 强制性的退伙

6　　在违背或没有被涉及的合伙人的意愿情况下将其**除名**，是可能的，要么是基于合伙协议规定的特定情况，要么是通过其他合伙人的决议。

（a）协议事由

作为合同事由，即合伙协议规定基于其可以要求一名合伙人退伙的理由，除了合伙人**解除合伙**，法律还提到了死亡和对其财产开**启破产程序**（民法典第 736 条）。这些都是具有导致合伙解散结果的情况。但是，合伙协议可以规定在其余合伙人之间继续合伙。这样，就必然有被涉及的合伙人在这样一个时刻点上退伙的结果，即如果没有这个规定，合伙将要被解散的那个时刻点。

法律列举不是完全的。合伙协议还可以规定其他事由，例如一名合伙人的私人债权人根据民法典第 725 条第 1 款解除合伙、法院任命照管人（民法典第 1896 条及其后条款）、将居所迁移到国外、达到一定的年龄、合同规定的特定期限的届满、丧失从业许可（比较自由职业者合伙法第 9 条第 3 款）。对于这样的除名条款的界限限制，首先依据民法典第 138 条。与此同时，需要对除名和补偿规定进行分开判断（下面边码 9）。如果除名或补偿条款无效，合伙协议整体不会因此而无效（上面第六章边码 7）。

（b）其余合伙人的决议

7　　通过其余合伙人的决议来开除一名合伙人，只有在**双重的前提条件下**才是被允许的，即第一，合伙协议规定在可以解除合伙的情况下，合伙在其余合伙人之间继续进行；第二，在被涉及的合伙人身上出现了其余合伙人可以因此有权共同例外性地解除合伙的事由。这样，作为解除合伙的替代，其余合伙人有权将被涉及的合伙人除名（民法典第 737 条）。这一规定的理由在于：第一，合伙人通过合伙协议条款表明愿意在一名合伙人退伙的情况下仍然继续合伙；第二，一个这样的继续合伙在这里只有在开除妨碍合伙的合伙人情况下才是可能的。

民法典第 737 条中的**法定除名规则**，是**任意性的**。合伙协议可以限制、排除、放宽和重新设计构建除名权。这也涉及需要遵守的**程序**。后者主要在普通商事合伙和有限商事合伙情况下发挥作用，但也可能出现在民事合伙情况下。作为其余合伙人一致同意的替代，也可以规定多数决议就够了。还可以将除名权赋予单个的或一类合伙人，比如有限商事合伙中承担无限责任的合伙人针对承担有限责任的合伙人。在实体上，合伙协

---

⑧　BGHZ 154，370，373＝NJW 2003，1803（涉及律师事务所）；对此见 *Habersack/Schürnbrand*，JuS 2003，739；BGH NZG 2006，106：具体情况下审查新合伙人的保护需要；BGH NZG 2011，1023；BGH NZG 2012，701 Rn. 17；NZG 2014，696；*K. Schmidt*，NJW 2003，1897，1900 ff.；MünchKomm-BGB/*Schäfer*，§714 Rn. 72 f.；也比较 BGH NJW 2008，2330＝JuS 2007，88 m. Anm. *K. Schmidt*：对于旧的债务，表见合伙人没有责任。与此相反，不适用商法典第 28 条（见 BGHZ 157，361）；不同的或许是 MünchKomm-BGB/*Schäfer*，§714 Rn. 75.。

议可以规定一定的其他除名事由，借以将其与那些对合伙重要的事情联系起来。

　　与此相反，有疑问的是，合伙协议是否可以在没有这样的具体列举的情况下，普遍性地允许通过其他合伙人决议、多数决议或者一名或几名合伙人的终止声明将一名合伙人**在无重大理由的情况下除名**，即所谓的**踢出性解约权**。这一允许，受制于民法典第138条规定的一般性限制。此类规定不是在任何情况下都是无条件地违背善良风俗。根据合伙组成及其特别关系的不同，这可能是有意义的和适当的，即一名合伙人是否继续留在合伙，被规定为依赖于已有关系的存续，或者将对此的决定保留给所有的或个别的合伙人来决定，这样，就取决于除名权的行使。它不可以违反诚信义务，即**权利行使审查**。对于合伙协议中的踢出性解约条款，或其他将无重大理由的合伙人除名交给多数或个别合伙人自由裁量的规定，法院判决要求在合伙的特别关系中存在**客观的理由**，否则这样的条款原则上是无效的。新的法院判决得到了广泛的理论支持。[⑨]

　　为了**论证说明**，联邦普通法院在一般性地提到民法典第138条（在一定情况下，因合同规定而受制于其他合伙人的自由裁量，是一种违背善良风俗的束缚）之外，还借助于一般性的合伙法观点，即尤其应该保障合伙人的自由决定，不因可能的专横的除名压力而受到限制（"**踢出性解约的达摩克利斯剑**"）。[⑩] 只有当这样的危险根据特定的情形不存在，或者其他利益相对而言具有优先性时，合伙协议的这类规定才是被允许的。这样的情形可能从合伙成立，或成员身份获取时的特殊性中给出[⑪]，或者在份额可继承或可分拆的情况下为防止合伙人人数过多时出现。[⑫] 但尽管如此，重要的是联邦普通法院将合伙协议的除名规定本身的有效性取决于特殊状况的存在，即以其制定时的关系情况和考虑为判断依据。合同性质的设计自由，由此受到限制，而这不是完全没有问题的。[⑬] 在此范围内，联邦普通法院和今天的主流观点认为，一个基于普遍有效的合同除名条款而进行单纯的权利行使审查，即仅仅判断具体除名的事实状况是不够的。[⑭]

　　最后，**除名与补偿之间的关系**也疑难重重。无重大理由地将一名合伙人除名的这一可能性，不可以导致其余合伙人以不正当的方式在被除名者承受不利的情况下获益。因此，在这里，只有当合伙协议的补偿规定（下面边码12，也见下面第十五章边码19），给被除名者提供了一个根据整个状况来说是**适当的补偿请求权**时，才可以适用。如果不是这样，或者即使通过补充性解释也不能导致产生一个适当的结果[⑮]，则根据民法典第138条，即使它本该适用于无重大理由的除名，合伙协议的补偿规定也在此范围内无

8

9

---

　　⑨　BGHZ 68，212；但自此以后，这一有争议的法院判决就首先对普通商事合伙和有限商事合伙（但也普遍对合伙）具有决定性的意义，比如 BGHZ 81，263；BGH NJW 1985，2421；NZG 2007，422；关于效力减少的可能性（部分无效），见 BGHZ 107，351；也比较 BGHZ 105，213；*Fastrich*，ZGR 1991，306；*K. Schmidt*，§ 50 III 3；MünchKomm-BGB/*Schäfer*，§ 737 Rn. 17 ff.；Soergel/*Hadding*，11. Aufl.，§ 737 Rn. 7；*Wiedemann* II，§ 5 I 3；部分比较严格，部分有所差异的是 *Flume*，Personengesellschaft，§ 10 III；详细介绍见 *Grunewald*，Der Ausschluss aus Gesellschaft und Verein，1987，S. 125 ff.；Schöne，Gesellschafterausschluss bei Personengesellschaften，1993，S. 48 ff.；关于此前的主流观点，见 *A. Hueck*，OHG，§ 29 I 2b.（连同进一步的阐述）。

　　⑩　见 BGHZ 105，213，216 f.；125，74，79.（隐名合伙）。

　　⑪　比如审查，是否能够对新的伙伴产生必要的信任，见 BGH NZG 2004，569.。

　　⑫　基于死亡的法定继承人之下的有期限限制的除名权，见 BGHZ 105，213.。

　　⑬　对此见 *K. Schmidt*，§ 50 III 3 b.（连同进一步的阐述）。

　　⑭　比如 BGH NZG 2004，569；10 年的时间周期对于自身具有合法性的除名条款来说过长。

　　⑮　关于补偿条款的补充性解释，见 BGHZ 135，387＝NJW 1997，2592＝JuS 1997，1135 m. Anm. K. Schmidt；关于补偿条款不生效力，见 BGH NZG 2006，425；DStR2014，1404.。

效。这样，补偿就应该根据民法典第 738 条的法定规则进行。[16] 对此，前提条件是，除名本身是有效的。但一个不利的补偿规定的单纯存在并不影响除名的有效性，除非其他合伙人想借此以违背善良风俗的方式获益。[17]

(c) 两人合伙

10 在一个仅由两名合伙人组成的合伙情况下，民法典第 737 条的适用将导致剩下的那名合伙人享有一个**接收权**。这以针对合伙解除情形以及退伙人身上出现重大理由且有接收条款为前提条件。而在原先拥有多名成员的合伙情况下，约定有合伙继续条款就足够了。在合伙协议中，可以详细规定接收权，就像除名权一样。在行使接收权情况下，现有的合伙财产作为一个整体转移给接收的合伙人。[18] 合伙消失，因为没有一人的民事合伙。被除名的合伙人有一个债权性质的补偿请求权。与合伙解散的决定性区别，在于共同共有的扩大原有权益原则。该原则在这里将导致产生一个概括权利继受（上面第三章边码 7）。商法典第 140 条第 1 款第 2 句对这一结论进行了澄清。[19] 立法者的目的是法律安全和企业主投入财产的价值维护。因为，在一个"活着"的企业中联结的财产，作为整体通常比其各部分之和更有价值。

3. 合伙的同一性

(a) 合伙财产

11 合伙的同一性不受一名合伙人退伙的影响，迄今为止的合伙将在其余合伙人之下继续存在。退伙合伙人在其退伙瞬间不再是共同共有共同体的成员，并由此丧失其作为共同共有人的物权性质的共同权利，而仅享有针对其余合伙人的债权性质的请求权。就像民法典第 738 条第 1 款第 1 句明确规定的那样，退伙合伙人在合伙财产上的份额，增加到其余合伙人身上（**扩大原有权益原则，上面第三章边码 7**）。[20] 这意味着从现在起，合伙继续对合伙财产享有权利，因此，只有仍还存在的合伙人对其享有权利。其余每个合伙人的权利地位都得到扩大，因为合伙人范围缩小且基于其他合伙人的存在而产生的限制也因此变小。与此相反，在退伙人份额上，不存在真正的权利继受。这不取决于各合伙人份额的高低，因为这不是涉及一个按份共有的共同权利，而是涉及一个共同共有权利。这一法律后果自动产生，不需要特别的合伙财产转移（上面边码 4）。

(b) 补偿请求权

12 作为对丧失共同共有参与的补偿，退伙人获得一个**债权性质的请求权**（民法典第 738 条），尤其是一个这么大的数额的**补偿**，即假如合伙于其退伙时解散，他能获得的金额。为此，在必要的情况下，需要评估合伙财产的价值（民法典第 738 条第 2 款，下面第十章边码 8 及其后一个边码）。请求权是针对合伙的，但存续的合伙人应就像针对第三人那样承担责任。[21] 关于补偿的数额和计算方式，可以在合伙协议中作出债权性质的偏离性的补充约定（关于界限，见上面边码 9；也比较下面第十五章边码 19）。此外，

[16] BGH NJW 1979, 104.
[17] 更多的见 *Grunewald*，§1 Rn. 143.。
[18] BGH NZG 2008, 704；2011, 828 Rn. 10.
[19] BGH NZG 2008, 704；概览见 Münch-Komm-BGB/*Schäfer*，§730 Rn. 65 ff.。
[20] 共同共有原则有时被视为与民事合伙的独立性是不兼容的；但德国法学家大会宣称反对废除，见 Beschluss des 71. DJT, Abt. Wirtschaftsrecht, I. 6.；也比较 *Schäfer*, Gutachten E zum 71. DJT, S. E 85ff.。
[21] BGHZ 148, 201, 206f. = NJW 2001, 2718；BGH NZG 2011, 858 Rn. 11 f.；MünchKomm-BGB/*Schäfer*；§738 Rn. 17；不同的是 Soergel/*Hadding/Kießling*，§738 Rn. 40.。

退伙人可要求返还其**仅交给合伙使用的标的物**。

(c) 对合伙债务的责任

对于其退伙后产生的合伙债务，退伙人不承担责任。与此相反，他**对其退伙时刻点已存在的债务承担的责任不受影响**。合伙人不能通过离开合伙而逃避以前存在的债务。债权人可能因为一名债务人的离去而遭受损失。但事后责任在时间上受到限制，即最迟5年后灭失（民法典第736条第2款结合商法典第160条）。对于普通商事合伙，这个期限自商事登记簿登记合伙人退出合伙时起开始计算。由于没有针对民事合伙的登记，确定这一关键性的时间点就已经出现了困难。但无论如何，期限应自债权人知道退伙时起开始计算（也比较下面第十四章边码24）。[22]

13

民法典第736条第2款的立法说明，即民事合伙退伙人的事后责任，可参见普通商事合伙的相关条款，而这导致民事合伙"仍然"经常性地被用于自由职业的合作关系和未注册商人企业的载体。在此期间，对于自由职业者来说，自由职业者合伙是可供使用的独立的合伙形式。1998年商法改革在商法典第2条使小营业主有了进入商法的通道，同时也使采用普通商事合伙和公司作为其法律形式成为可能。通过民法典第736条第2款的参见，民事合伙和普通商事合伙之间的这一相似性，虽满足了暂时的需要，但这还不足以建立其广泛的相似性。[23]

在内部关系中，对合伙财产享有权利的存续合伙人，须独自对旧的合伙债务承担责任。从中可以推出，他们免除了退伙人对这些债务的责任。如果合伙债务尚未到期，他们则必须提供**担保**（民法典第738条第1款第3句）。根据民法典第740条，退伙人参与其退伙时**未结业务**的盈利分配或亏损分担。但是，这些业务的执行，仅是其余合伙人的事情。其余合伙人必须在每个营业年度结束时向退伙人提供**信息**和结算报告。如果合伙财产的价值不足以覆盖合伙债务和出资，即到此为止的合伙业务执行产生了**亏损**，则退伙人必须根据其亏损分担标准参与分担亏欠数额，即在一定的情况下，向其余合伙人支付相应的金额（民法典第739条）。在这里，不包含有任何与民法典第707条相违背的增加出资（上面第七章边码2）。

三、成员身份的转让

1. 双重协议

合伙人生前的继受（对于继承，见上面边码3），在事实上表现为一名合伙人退伙与一名新合伙人入伙的结合。在法律上，也可以通过一名合伙人的退伙及与此同时的另一名合伙人的入伙来完成它，即按照上面的介绍（边码2和边码5），各自通过与其他所有合伙人签订单独合同。因此，这一构建也被称作为双重合同。民法典第717条和第719条不阻止这么做（上面第三章边码5）。此外，在合伙关系之外，退伙人和入伙人之间可能就这一共同事情的进展，存在债法性质的关系。例如，退伙人将其补偿款转让给入伙人，而入伙人再将其与对合伙的出资义务相抵销。但这不是必需的，不产生直接的

14

[22] BGHZ 117, 168＝NJW 1992, 1615（关于相应地适用旧的商法典第159条）；BGHZ 174, 7＝NJW 2007, 3784＝JuS 2008, 184m. Anm. *K. Schmidt*：附带意见。

[23] *Seibert*, JZ 1996, 785.

权利继受。⑳

　　2. 通过处分行为的转让

15　　　另外一个现实意义更为重要的较少烦琐的生前继受形式是，退伙人将其成员身份通过**合伙法上的处分行为**直接转让给入伙人。这一处分行为具有物权性质的效力，即直接导致合伙人变更（比较民法典第 413 条和第 398 条）。现今，这已被广泛承认。㉕ 必然与此相连的是合伙财产上的份额转让（上面第三章边码 5）。因此，成员身份的转让也常被称作为合伙份额的转让。但合伙财产上的份额只能与成员身份一起出让。出让者将退出合伙，而购买者必然成为合伙成员，即**分拆禁止原则**（上面第七章边码 9）。这一合伙份额的转让（作为成员身份本身的转让），必须区别于单纯的清算结存分配请求权的转让。在后者情况下，只涉及金钱债权的转让。新老合伙人之间的作为转让基础的义务行为，也是一个单纯的债法性质的行为。

　　　成员身份的转让（仅是对此的义务还不够）将改变合伙的人员组成。它直接触动合伙人相互之间的关系，是**基础性的事务**（上面第七章边码 10），故始终需要**所有合伙人同意**。一个没有这一同意而签订的转让合同，是未确定的无效，即依赖于其余合伙人的追认。㉖ 即使假如有一名合伙人拒绝，合同也是最终地无效。但同意也可以事先作出，即主要是在合伙协议中一般性地或者在一定框架下作出。可以赋予单个合伙人这样的权利，即自由地或按照约定的限制自己选择一名新合伙人并向其转让成员身份。通过这种方式，可以实现**合伙份额的自由转让**（上面边码 2）。

　　　原则上，入伙人获得一个与**退伙人一样的地位**。这适用于在赢利和亏损上的份额、清算结存分配请求权、管理权以及业务执行权和代表权。同样也适用于原合伙人的义务，比如缴付剩余出资的义务。然而，合伙协议也可以规定一个偏离于此的入伙人地位。同样，这也可以事后约定，甚至可以在份额转让之际约定。由于这涉及合伙协议的改变，故需要所有合伙人同意。如果是在份额出卖给入伙人时才达成约定的，则还需要入伙人同意。其他合伙人可以将之作为其同意的条件。在外部关系中，应该就像对待退伙人和入伙人那样去对待新老合伙人，即依据民法典第 736 条第 2 款结合商法典第 160 条适用事后责任（上面边码 13），以及在必要情况下，新合伙人比照商法典第 130 条对旧债务承担责任（上面边码 4）。

16　　　在获得其余合伙人同意的情况下，也可以**转让部分**合伙份额。这样，不会发生成员的变更，而是在转让部分份额的合伙人的成员身份继续存在的同时，一名新合伙人入伙。其结果，管理权不发生转让，而是在入伙人身上新生产生。转让的仅仅是财产法地位的一部分。受让人获得盈利分配请求权和清算结存分配请求权，但他得到的不仅是债权性质的请求权，而且有在其作为新的共同共有共同体成员身上增加产生的一个合伙财产份额。这个份额与其获得的被转让的合伙份额部分相对应。

17　　　以这样的方式进行**所有合伙人的同时变更**，也是可能的，即每个现有的合伙人通过

---

　　⑳　关于通过双重合同进行的合伙人变更，比较 BGHZ 44，231；MünchKomm-BGB/*Schäfer*，§ 719 Rn. 17 ff.；详细描述见 *U. Huber*，Vermögensanteil，Kapitalanteil und Gesellschaftsanteil an Personengesellschaften des Handelsrechts，1970，S. 354 ff.。

　　㉕　BGHZ 13，179，185；44，229，231；81，82，84；Flume, Personengesellschaft，§ 17 II；*K. Schmidt*，§ 45 III 2；MünchKomm-BGB/*Schäfer*，§ 719 Rn. 21 ff.，25 ff.；*Wiedemann* II，§ 5 II 1。

　　㉖　BGHZ 13，179；关于拒绝同意在具体情况下是违背诚信义务的，见 BGH NJW 1987，952；BGH NZG 2005，129.。

其余合伙人的同意将其份额转移给一个权利继受人。^㉗ 甚至还可以将全部合伙份额转移给一个受让人。这样，后者成为合伙财产的单独所有人并且合伙灭失（比较上面边码10）。当有不动产属于合伙财产时，这样的设计构建特别有意义。基于扩大原有权益原则，不需要进行着眼于单个地产的转让（上面边码4）。然而，在税负上，法律将主要由地产构成合伙财产的合伙份额转让等同于地产转让。这样，就会产生地产购置税（地产购置税法第1条第3款第1项）。^㉘

㉗ BGHZ 13，179，187＝NJW 1954，1155；BGHZ 44，229，231；也包括BGHZ 71，284，291；MünchKomm-BGB/*Schäfer*，§719 Rn.26.。

㉘ 因此，有争议的还有如何构建扩大原有权益原则，如果想由此在出售律所时让当事人表态同意转让其份额成为不必要的话；联邦普通法院曾认可为此目的的设立一个所谓的外部合伙所（见BGHZ 148，97＝NJW 2001，2462）。

第十章
合伙的终止

一、解散和完全终止

1   合伙不仅是一个从中逐一产生具体权利和义务的债法关系，而且是一个**持续性的法律关系**。合伙协议大多设立了一个**组织**（上面第六章边码 2）。通常，合伙有共同共有性质联结的合伙财产和合伙债务。其结果，合伙的终止，不能通过一个简单的行为来实现，而是需要一个**共同体的清算**（民法典第 730 条及其后条款）。终止是以许多步骤为前提条件的，而采取这些步骤需要一定的时间。人们将这一期间的开始称为**合伙解散**，结束称为**合伙终止**（完全终止、灭失）。只有当不再有共同财产并且合伙人之间的其他所有共同法律关系都已消除时，才实现合伙的完全终止，即达到解散的目的。只有在例外情况下，才会同时发生解散和完全终止。

在所有合伙份额聚集于一人之手时，清算就成为多余；这也发生在一名合伙人行使接收权的时候（上面第九章边码 10）。在一个纯粹的内部合伙情况下（上面第二章边码14，第五章边码 10），不存在共同共有财产和要清理的外部关系，同样不会发生清算。对于**案例解析**，重要的是在一般情况下，合伙不会随着其解散而简单消逝。

原则上，解散不会导致**合伙的法律属性发生变化**。合伙继续是共同共有共同体，**但改变了目的**。清算目的取代了迄今为止追求的合伙目的。合伙人只想终止存在的法律关系。合伙转变成为一个清算合伙，但**合伙的同一性**不会因此受到影响。合伙人的诚信义务（连同现在由清算目的确定的内容），也继续存在。[①] 根据普遍观点，合伙的解散也就意味着**变更成为一个清算合伙**，即使民法典第 730 条第 2 款给了它一个虚构的外衣（即"合伙被视为继续存在"）。清算可以通过不同的方式进行。除在破产程序情形下外，合伙人的意思是决定性的。如果欠缺特别的约定，清算按照清算程序进行（民法典第 731 条及其后条款）。对此，见下面边码 8 及其后一个边码。

二、解散理由

2   在民法典第 723 条至第 728 条中，**法律**列举了一定数量的解散理由，但其列举并非

---

① BGH NJW 1971，802；NZG 2003，73；MünchKomm-BGB/*Schäfer*，§ 730 Rn. 29.

是完全的。在此之外，一些根据**普遍的法律基本原则**而具有终止法律关系后果的事件，也进入考虑范围，特别是**没有一人的民事合伙**。因此，倒数第二名合伙人的退伙，将始终导致合伙的解散。**合伙协议**可以规定其他解散事由。与此相反，当合伙通过业务经营的扩大、商事登记簿上的登记和一定情况下的合同变更而转变成为普通商事合伙、有限商事合伙或自由职业者合伙时，不发生合伙解散。

1. 期限届满

假如根据合伙协议，合伙是针对一个确定的时间设立的（也比较下面边码 4 关于最长或最短持续期限），则随着期限的届满，解散自动出现，而无须合伙人特别决议。但合伙人可以由此反过来阻止解散的出现，即通过决议推迟规定的最后期限，或者将合伙转变成为一个不确定期限的合伙——继续存续决定（下面边码 7）。

2. 合伙目的实现或成为不可能

根据民法典第 726 条，合伙目的实现或成为不可能，将导致合伙解散。在这里，体现了一个**合伙法特有的**对民法典第 275 条和第 362 条的**一般性规定的偏离**。一般性规定不适合于组织合同。合伙目的不可能实现，必须是明显的，不可以只是暂时性的。[2] 根据情形状况的不同，合伙目的暂时不可能实现，也可能具有使合伙停顿的后果。[3]

3. 合伙人决议

原则上，解散决议必须一致通过。合伙协议也可以只要求一个多数决议，但这必须是明确规定的（上面第六章边码 9）。始终允许通过一致决议解散合伙，即通过合伙协议也不能排除它。因为，如果合伙人一致同意，可以随时废除一个这样的合伙协议规定。因此，即使约定有最短持续期限且该期限还未届满，也允许解散合伙。

4. 一名合伙人死亡

根据民法典第 727 条第 1 款，合伙因一名合伙人死亡而解散。这一点表明，合伙作为人的共同体，原则上依赖于其成员的存在。但是，法律规范本身也指出，**合伙协议**可以作出其他规定，即：

● 合伙在其余合伙人之间继续进行。这样，死亡的合伙人退出合伙，但应根据上面第九章边码 12 及其后边码描述的规则补偿其继承人（**继续条款**）。

● 合伙连同继承人或者其中的个别继承人继续进行（**继受条款或入伙条款**，上面第九章边码 3）。

即使合伙协议没有规定，合伙人也可以决议是否连同继承人继续合伙。但是，这需要所有合伙人同意，包括死者的继承人，除非合伙协议规定剩余的合伙人可以单独决定或者多数决议就够了。

一个作为合伙成员的**法人的解散**，不能等同于一名合伙人死亡，因为法人首先是清算中的法人，可以继续是合伙成员。只有当法人完全终止时，才可以与合伙人死亡相比。但在一般情况下，只要法人仍还是合伙成员并因而仍还有财产法上的权利和义务，一个这样的完全终止就不可能出现。但法人解散可以是解除合伙的重大理由，见民法典第 723 条第 1 款（下面边码 4）。

5. 破产

(a) 合伙

民事合伙将因对合伙财产开启破产程序而解散（民法典第 728 条第 1 款第 1 句结合

3

---

② RGZ 164，142；BGHZ 24，293；MünchKomm-BGB/*Schäfer*，§ 726 Rn. 4ff. 以及举例。

③ BGHZ 24，296.

破产法第 11 条第 2 款第 1 项）。这样，破产程序就取代了清算的位置（民法典第 730 条第 1 款）。但开启破产程序的提起（破产法第 13 条），还不足以成为解散理由。因欠缺财产而拒绝开启破产程序，这也不够（破产法第 26 条）。[④] 对于继续合伙的可能性，见下面边码 7。

（b）合伙人

对一名合伙人的财产开启破产程序，合伙也会解散（民法典第 728 条第 2 款）。在这种情况下，为了其债权人的利益，合伙参与中包含的财产价值，从共同共有联结中脱离出来。从中可以得出，该合伙人不能继续参与合伙。但由于合伙原则上依赖于其成员的存在，如果合伙协议没有规定，或者剩余合伙人没有在征得破产管理人同意的情况下事后约定合伙在其余合伙人之间继续进行的话，一名合伙人的破产导致合伙的解散。在最后一种情况下，破产的合伙人退出合伙（民法典第 736 条第 1 款，上面第九章边码 6），而其清偿请求权归属于破产财产。[⑤]

6. 解除合伙

4

解除合伙是现实中最重要的解散理由。它可以由一名合伙人或者一名合伙人的私人债权人声明作出。它所指的是解除整个合伙，而不是单个的成员身份（上面第九章边码 1）。

（a）通过一名合伙人解除合伙（民法典第 723 条）

在民法典第 723 条的情况下，就像在所有的解除情况下一样，区别两种情形，即正常的和特别的解除合伙。[⑥]

（aa）只有当合伙不是针对确定的时间设立时，才允许正常地解除合伙。

确定的时间应该被理解为一个同时是最长的和最短的持续期限。如果约定的仅是**最长期限**，则在此之前的解除合伙是允许的。但即使是没有解除合伙，合伙也随着期限的届满而解散。假如约定的仅是**最短期限**，则排除在这个期限届满之前正常解除合伙。在此之后，合伙以不定期限的方式存续并可以被解除。一个以一名合伙人的终身为期限设立的合伙，应该被如同一个被约定为不定期限的合伙那样对待，即在此之前已经可以解除合伙（民法典第 724 条第 1 句）。

如果合伙是针对**不确定的时间**设立的，原则上可以**随时**立即解除合伙（民法典第 723 条第 1 款）。但解除合伙**不可以**在**不适当的时间**进行，也就是不可以在一个解除合伙将给合伙带来特别不利的时间点上进行，除非正是在这个时间点上存在解除合伙的重大理由。如果没有一个这样的理由而在不适当的时间解除合伙，尽管解除合伙是有效的，但解除合伙的合伙人，对其他合伙人承担赔偿义务（民法典第 723 条第 2 款）。这涉及诚信义务的一个法定体现。

合伙协议可以规定一个**解除合伙的期限**，也可以同时规定一个**解除合伙的期日**。两者原则上可以自由确定，但不可以是依据合伙情况，特别是合伙目的而完全不恰当的。此外，不能完全排除以及在时间以外的方面，限制解除合伙权（民法典第 723 条第 3 款）。合伙协议详细设计构建的合伙解除，在什么时候包含有一个不为允许的解除合伙

---

④　比较 BGHZ 75, 178＝NJW 1980, 233；BGHZ 96, 151, 154＝NJW 1986, 851；BGH NJW 1995, 196（都涉及有限商事合伙破产）；MünchKomm-BGB/*Schäfer*，§728 Rn. 8 ff.。

⑤　BGH NJW 2007, 1067：为计算清算结余而进行的抵销，不属于破产撤销的范围；如果合伙是不动产的所有权人，则在登记簿中应当将所涉及的合伙人的破产摘要登记在内，OLG Dresden NZI 2012, 112.。

⑥　关于将一个特别的解除合伙重新解释为正常的解除合伙，见 BGH NJW 1998, 1551.。

限制，在具体情况下存在争论。⑦

解除合伙必须向**所有其余的合伙人声明。**⑧ 法律没有规定要求一个特别的形式。但如果约定一个不难遵守的形式要求（如书面形式或者挂号信），不表现为一个不为允许的解除合伙限制。

（bb）**特别的解除合伙，**以存在一个**重大理由**为前提，可以**随时立即**作出，即使合伙是针对一个确定的时间或者最短或最长期限设立的。相对于民法典第 314 条，民法典第 723 条是*特别条款*。即使在一个不适当的时间进行特别的解除合伙，也不会导致产生民法典第 723 条第 2 款规定的赔偿义务，当重大理由也恰好在对合伙不利的时间点上，为解除合伙提供了正当性。

在权衡具体情况下的整体状况之后，根据诚实信用原则，如果合伙关系继续持续到合伙协议规定的终止时间或者下一个正常的合伙解除时间，对于解除合伙的合伙人来说过为苛刻的话，则就存在一个**重大理由。**⑨ 作为**例子，**民法典第 723 条第 1 款第 3 句提到了故意或严重过失违反一个实质性的合伙人义务，以及履行这样一个义务已成为不可能。重大理由无须一定是要存在于其他合伙人身上，尤其是不以其过错为前提。准确地说，比如自身生病或者合伙企业长期不盈利，也可以为解除合伙提供正当性。此外，未成年人成年，也可以成为重大理由，但带有一定的限制（民法典第 723 条第 1 款第 3 句第 2 项，第 4 句至第 6 句；对此见下面第十四章边码 21、第十五章边码 9 关于普通商事合伙）。

排除或限制特别的解除合伙权利，是**不准许的和无效的**（民法典第 723 条第 3 款）。 5因此，在合伙协议中穷尽性地列举解除合伙的理由也是不可能的。但这样的一个列举可以对此给出依据，即参与者如何判断他们的关系，以及据此评定什么是重大理由。持续性的法律关系，可以基于重大理由而终止，是一个普遍的基本原则，比较民法典第 314 条第 1 款第 2 句，第 626 条第 1 款。在以现在的形式引入民法典第 314 条之前，民法典第 723 条第 3 款经常作为这个基本原则的体现而被提及。在合伙协议中**扩展解除合伙的权利，**无疑是允许的。

（b）通过一名合伙人的私人债权人解除合伙

在合伙存续期间，被共同共有束缚的合伙财产，摆脱了各合伙人的私人债权人的攻 6击（民法典第 725 条第 2 款，上面第三章边码 6）。合伙人的私人债权人只能扣押其债务人针对合伙的请求权，并且只有在它们是可转让的时候，即业务执行中产生的请求权、用于分配的一定的盈利份额请求权和清算结存请求权（对此，比较民事诉讼法第 829 条和第 851 条）。假如这些不够清偿债权人，则只要合伙不解散，债权人就不能扣押其债务人的也许数额很大的但束缚于其合伙参与的财产价值。为了在这里创设补救办法，民法典第 725 条第 1 款赋予了债权人这样的权利，即解除合伙，并借此以清算请求权的形式将涉及的财产价值变现。

前提条件是债权人已基于一个不只是临时性的可强制执行的债务执行书，扣押了其债务人的合伙份额（民事诉讼法第 859 条第 1 款和第 857 条第 1 款规定的可扣押性）。⑩

---

⑦ 比如 BGHZ 126，226＝NJW 1994，2536；BGH NZG 2007，65；2012，984.。

⑧ 对于同时通过多名合伙人作出的解除合伙，见 BGH NZG 2008，463.。

⑨ 关于重大理由，比较 BGH NJW 1998，146；ZIP 2003，1037；NZG 2006，135.。

⑩ BGHZ 97，392＝NJW 1986，1991；BGHZ 116，222，229＝NJW 1992，830；关于扣押执行合伙份额的进一步介绍，见 MünchKomm/*Schäfer*，§725 Rn. 8ff.。

债权人无须遵守解除合伙的期限。只要所有合伙人知晓，解除合伙即告生效。[11] 因为这涉及**债权人保护**，故合伙协议不可以排除这类解除合伙。但无疑可以规定在解除合伙情况下，合伙在其余合伙人之间继续进行（**继续条款**），即与民法典第 736 条相对应（普遍观点）。这样，其债权人解除合伙的合伙人退出合伙，债权人可以从**补偿款**中得到清偿。此外，其余合伙人可以由此避免解除合伙，即他们自己清偿债权人（类推适用民法典第 268 条）。在被涉及的合伙人与其余合伙人一起在解散合伙之前清偿债权人的情况下，其余合伙人是否有义务连同其一起继续合伙，这只能根据事情的整体状况并且在顾及合伙法上的诚信义务情况下进行决定。[12]

三、被解散了合伙的继续存在

7　　　因为被解散了的合伙在清算期间仍作为**清算合伙**继续存在，而且仅仅是目的发生了改变，因而原则上可以通过再次改变目的，来重新服务于其原有的目的或者一个其他目的。对此，原则上需要**所有合伙人一致同意**。[13] 针对破产程序终止的两种情形，民法典第 728 条第 1 款第 2 句明确规定了合伙继续存在。法律由此提及一个普遍的基本原则。继续合伙不是新设，继续保持**原有合伙的同一性**。[14] 因此，不需要合伙财产转移。

　　　当一名或多名合伙人同时退伙时，也可以在保持合伙同一性的情况下**继续合伙**（上面第九章边码 11 和边码 17）。这同样需要所有合伙人同意，也包括退伙人同意，并且在一名合伙人死亡时，还需要其继承人同意。在民法典第 725 条第 1 款和第 728 条第 2 款规定的情况下，还需要扣押质权债权人或破产管理人同意。不一样的是只有当合伙协议已规定了继续合伙，或者赋予了剩余合伙人在开除被涉及的合伙人情况下自己决定继续合伙的权利时。因为，除了这些情形外，任何合伙人均有权利通过清算途径确定其结存，而无须接受仅向其支付（经评估的）补偿款。如果他拒绝同意，则其余合伙人就只能约定一个新合伙，然而这需要重新设定合伙财产，特别是还要就合伙地产达成不动产所有权移转合意。

四、清算

8　　　清算（**清算程序**）追求这样一个**目的**，即**让合伙财产从共同共有联结中脱离出来**，以让属于各合伙人的经济价值能够供其自由支配。因此，清算首先服务于**合伙人利益**，而不是债权人利益（就像在法人情况下的那样）。在这里，债权人通过各合伙人本身直接对其负责（上面第八章边码 11 及其后边码）而得到保障。因此，法律没有特别的债权人保护规定。相应地，清算程序在合伙情况下**不是强制性地**规定要求的。确切地说，可以通过**合伙协议**或合伙人**约定**将其排除，以及通过**一个其他清算类型**将其取代或者在具体情况下任意改变它。这在现实中经常发生，通过整个合伙财产由一名合伙人接收的方式，而他再向其余合伙人支付相应的补偿。同样，也可以将合伙财产出卖给第三人或

⑪　BGH NJW 1993, 1002.
⑫　RGZ 169, 155；BGHZ 30, 2011；MünchKomm-BGB/*Schäfer*，§ 725 Rn. 22f.。
⑬　关于默示缔结继续合伙的要求，见 BGH NJW 1995, 2843.。
⑭　BGH NZG 2004, 227.

者转移给一个受托人，而受托人再为合伙人利益将其清算或出卖。尤其是在承载企业的合伙情况下，维持有生命力的企业中的各标的物之间的连接组合，大多数情况下在经济上更为有利（比较上面第九章边码 10）。

如果欠缺特别约定，则适用民法典第 730 条及其后条款（比较民法典第 731 条）。此外，具体情况下还适用下面的规定：**业务执行**由全部合伙人共同享有，即使合伙到目前为止适用其他规定，除非合伙协议有不同的规定，比如到目前为止的有关业务执行的偏离性规定，也继续适用于清算程序（民法典第 730 条第 2 款第 2 句）。然而，除了解散是因为解除合伙原因外，基于合伙协议而向一名合伙人转移的业务执行权和与此相连的代表权，将基于该合伙人利益而被视为继续存在，只要他不知道或者不应该知道解散（民法典第 729 条第 1 句）。法律借此保护业务执行合伙人免遭赔偿请求权攻击。

一名合伙人**仅**为让合伙**使用**（quoad usum）而向其**交付标的物**的，应该返还标的物（民法典第 732 条），但该合伙人不可以要求对使用让与提供赔偿（民法典第 733 条第 2 款第 3 句）。

此外，合伙财产应该首先用于清偿**合伙债务**，即民法典第 733 条第 1 款规定的共同债务。如果债务还没到期或者有争议，则应该保留所需的金额。合伙人不可以单独主张合伙人相互之间的基于合伙关系而产生的请求权。原则上，这类请求权在清算中仅是计算科目。[15] 但这不适用于基于第三人性质的业务而产生的债权。[16]

此后，应该**返还出资**，不是以原物的形式，而是根据其缴付时的价值以现金形式返还。对于劳务，不可以要求提供报酬。[17] 假如流动性资金不足以支付债务和返还出资，则应该在需要的数额范围内变现其他合伙财产，即将其转化为现金（民法典第 733 条第 2 款和第 3 款）。

合伙财产的残留剩余（**清算结存**），应该根据合伙人之间的盈利分配份额关系分配。可分的标的物应该进行实物分割（民法典第 752 条结合第 731 条第 2 句），而其他的则在转化为现金后再进行分配（民法典第 734 条）。如果合伙财产不足以清偿债务和返还出资，则对于**亏缺数额**，合伙人按照亏损分担份额分担。如果一名合伙人没有支付能力，则其余合伙人应该按照同样的标准承担这个损失（民法典第 735 条）。但尽管如此，这并不涉及事后的增加出资（民法典第 707 条），而是外部责任负担在内部关系中的分配。

在最后倒数第二名合伙人退伙情况下（上面边码 2），合伙终止。[18] 在财产归属于最后一名合伙人的情况下，无须进行清算。取代清算结存份额的是退伙人享有一个补偿请求权（上面第九章边码 10 和边码 12）。

[15] BGH NJW 1998，376；在确定补偿请求权情况下将出资债权作为计算科目，见 BGH NJW 2000，2586；DStR 2002，228；NZG 2006，185.。

[16] BGH NZG 2006，459.

[17] 关于这一基本原则的例外，比较 BGH NJW 1980，1744.。

[18] BGH NJW-RR 2002，704.

第二编
普通商事合伙和自由职业者合伙

关于普通商事合伙的文献资料：除了文献表中提到的合伙/公司法总体阐述外，还有关于商法典第二编的教科书和评论注释：

评论注释：Baumbach/Hopt/Hopt；Ebenroth/Boujong/Joost/Strohn, Bd. 1, §§105 ff.；Röhricht/v. Westphalen/Haas, §§105 ff.；Staub, HGB, §§105ff.；Koller/Kindler/Roth/Morck, HGB；MünchKomm-HGB, Bd. 2 und 3.。

系统性的介绍：*A. Hueck*, OHG, 4. Aufl., 1971；*Müller/Hoffmann* (Hrsg.), Beck'sches Handbuch der Personengesellschaften, 4. Aufl., 2014；MünchHdb-GesR Bd. 1, 4. Aufl., 2014；*Westermann/Wertenbruch*, Handbuch der Personengesellschaften, (Loseblatt).。

关于合伙法的判决概览：*Hirte*, NJW 2003, 1285；2005, 718；2007, 817；2008, 964；2009, 415；2010, 2177；2011, 656；2012, 581；2013, 1204；2014, 1219；2015, 1219；2016, 1216；*H. P. Westermann*, in：Heldrich/Hopt (Hrsg.), 50 Jahre Bundesgerichtshof, Festgabe aus der Wissenschaft, Bd. 2, 2000, S. 245.。

关于跨领域和法律比较的问题：*McCahery/Raaijmakers/Vermeulen* (Hrsg.), The Governance of Close Corporations and Partnerships – US and European Perspectives, 2004；*Haar*, Die Personengesellschaft im Konzern, 2006；*Schäfer*, Empfiehlt sich eine grundlegende Reform des Personengesellschaftsrechts? Gutachten E zum 71. Deutschen Juristentag, 2016.。

第十一章 ▶

普通商事合伙：概念、法律属性和意义

一、概念

普通商事合伙是一个其目的定位于在共同商号之下经营一个商事营业且其所有合伙人对债权人承担无限责任的合伙（商法典第105条第1款）。商法典第105条第3款表明，普通商事合伙是以民事合伙概念为基础的。因此，普通商事合伙必须首先显露出上面第五章阐述的**民事合伙的所有特征**，并且再加上下面的**其他前提条件**。

1. 经营一个商事业务

合伙目的必须定位于**经营一个商事业务**。[①] 商事营业概念由商法典第1条至第3条给出（比较关于商法的教科书和评论注释）。与此相对，普通商事合伙的适用范围就有些广了。但始终被排除在外的是自由职业。对于自由职业，可以采用自由职业者合伙法规定的自由职业者合伙形式。[②] 小商事营业性质的联结组合（比较商法典第1条第2款），可以采用民事合伙，而在其登记于商事登记簿的情况下，则是作为普通商事合伙。与商法典第2条相对应，合伙人可以进行选择。一个仅管理自己财产的合伙，也可以以普通商事合伙的形式来管理财产（商法典第105条第2款）。[③]

1

2

[①] 从法律政策上讨论，按照奥地利的企业合伙（普通商事合伙、有限商事合伙）形成一个对所有企业行为都适用的统一的合伙形式。第七十一届德国法学家大会拒绝了相应的建议；比较 *Schäfer*，Gutachten E zum 71. DJT, S. E 19, 31 ff.; Beschluss des 71. DJT, Abt. Wirtschaftsrecht, I. 3.。

[②] 关于界限划分，见 BayObLGZ 2002, 95 = NZG 2002, 718; OLG Zweibrücken NZG 2013, 105; MünchKomm-BGB/*Schäfer*, §1 PartGG, Rn. 15 ff.; 也见下面第十六章边码3。

[③] 基本上，管理自己的财产不是营业；这在两种情况下有其现实意义：第一个是企业分立后的所谓的财产占有合伙（该类合伙不经营企业，而是仅将其投资的财产租赁给负责经营的合伙），第二个是仅管理其在其他合伙/公司中的投资份额的控股性合伙/公司；BGH NJW-RR 1990, 798 = JuS 1990, 1020 m. Anm. *K. Schmidt*; BGHZ 149, 80, 86 = NJW 2002, 368; Henssler/Strohn/*Henssler*, HGB §105 Rn. 33; *Staub/Schäfer*, §105 Rn. 28; 规模和复杂程度使商业运营成为必要：Baumbach/Hopt/*Hopt*, §1 Rn. 17f. 走得比较远的是 MünchKomm-HGB/K. Schmidt (§105 Rn. 58 ff.)；所有非营业性的外部合伙都处于商法典第105条第2款规范之下。

法律强制规定的所有合伙人承担的责任、每个合伙人拥有无限的和不可限制的代表权以及商法的适用，被认为是危险的，并且使得普通商事合伙对于小的营业体来说经常是不适当的。这些危险应该只能强制商人承担。当然，民事合伙同样会导致无限责任，并也可以像一个普通商事合伙那样设计构建（上面第八章边码 1 和边码 12）。当一个民事合伙的营业成长为商事营业的规模时，合伙就自然成为普通商事合伙（下面边码 13）。

假如合伙的经营规模**事后**并且不是暂时性地退回到**小营业**，或者合伙放弃营业，比如通过出租给他人，则普通商事合伙变为**民事合伙**。④ 但这无须财产转移，因为合伙的同一性不受影响。假如有地产属于合伙财产，则只须更正土地登记簿。应该在商事登记簿上注销普通商事合伙。只要没有这么做，就得遵守商法典第 2 条、第 5 条、第 6 条和第 15 条。⑤ 然而，合伙也可以依据商法典第 105 条第 2 款进行登记，借以继续作为普通商事合伙。⑥ 有关业务执行和代表的合同约定，直到其改变前继续存在。⑦

2. 商号

3　　合伙必须使用一个共同的商号，即必须**作为一个统一体对外出现**（外部合伙，因而是"公开的"商事合伙）。商法典第 17 条及其后条款中的*商号法上的*要求，是否被重视，对于普通商事合伙的存在，并不是决定性的。一个正确构成的商号必须具有区分能力，不可以导致产生混淆。商号必须包含一个法律形式附注，以让人知道涉及一个普通商事合伙（"公开的商事合伙"或一个普遍明白的缩写，见商法典第 19 条第 1 款第 2 项）。如果普通商事合伙接收一个已存在的商事业务，则可以继续使用与此相连的商号，假如迄今为止的业务所有人或其继承人对此同意的话（商法典第 22 条第 1 款）。相应地也适用于一名合伙人被接纳入一个个体商人业务，以及合伙人员组合发生变化的情况（商法典第 24 条）。但无论如何，在继续使用商号的情况下，也要求有一个法律形式附注。

如果*没有一个自然人*合伙人属于普通商事合伙，则为了*明确其责任关系*，不仅在设定新的商号情况下，而且在继续使用接收的商号情况下，都必须加入一个相应的*商号附注*（商法典第 19 条第 2 款）。在业务交往中，商号应该明确表明这里没有一个自然人承担无限责任。因此，当另外一个带有一个承担完全责任的自然人的普通商事合伙或有限商事合伙作为合伙人属于这种合伙时，这一规定就不适用了。⑧ 此外，有关有限责任公司作为无限合伙人的有限商事合伙的介绍，见下面第三十七章边码 12。

普通商事合伙始终只能有一个商号，即使经营多个不同种类的商事业务。⑨ 在商事合伙情况下，商号不仅像在个体商人情况下那样，是一个在其之下经营业务的特别的商事名称，而且是唯一的称号并因而对商号的所有人来说是唯一的区分手段。因此，假如一个合伙可以使用两个不同的商号，则必将造成混乱。在业务交往中，将会产生有多个不同合伙的假象。原则上，这也适用于分支机构，其只能加入一个商号附注（商法典第

④ BGHZ 32，307；BGH NZG 2016，517；Baumbach/Hopt/*Roth*，§105 Rn. 8.
⑤ 其设计构建在具体情况下是有争议的，但无论如何都应该将合伙继续作为普通商事合伙来处理；比较 Baumbach/Hopt/*Hopt*，§2 Rn. 6，Baumbach/Hopt/*Roth*，§105 Rn. 8；*Saenger*，Rn. 264.（根据要求进行解决）。
⑥ 有争议的是对此是否要求有申请；持支持观点的是 Canaris，§3 Rn. 49 f.；Baumbach/Hopt/*Hopt*，§2 Rn. 6；持不同意见的是 Ebenroth/Boujong/Joost/Strohn/*Kindler*，§2 Rn. 32；*Saenger*，Rn. 264.。
⑦ 对于普通商事合伙，见 BGHZ 32，307；对于有限商事合伙，见 BGH NJW 1971，1698；BB 1972，61；*K Schmidt*，DB 1973，653，703.。
⑧ Baumbach/Hopt/*Hopt*，§19 Rn. 25.
⑨ BGHZ 67，166＝NJW 1976，2163；Baumbach/Hopt/*Hopt*，§17 Rn. 9；主流观点。

13 条第 1 款第 1 句）。

3. 责任

对合伙债权人承担的责任，不可以在任何一名合伙人之下进行限制，即不可以依照 **4**
有限商事合伙的模式（商法典第 161 条及其后条款），将责任在个别合伙人之下加以有效
限制。这一特征在商法典第 105 条第 1 款中是**普通商事合伙区别于有限商事合伙**的标准。
此外，合伙人的无限**责任**还来自商法典第 128 条的强制性规定，即作为其**法定后果**。因
此，合伙人责任无须特别约定。关于责任的内容，见下面第十四章边码 17 及其后边码。

对于**案例解析**，只有当对普通商事合伙的存在产生重大怀疑时，才应审查它。这些
就不是这种情况了，比如商号构成不正确，因为这**不影响合伙的存在**，尽管也许会有商
号法上的后果（商法典第 14 条和第 37 条）或者法律表见后果。这相应地也适用于**责
任**。如果一名合伙人否认其责任，则还会导致对普通商事合伙的存在产生怀疑。在客观
上满足其前提条件的情况下，普通商事合伙**基于法律规定**而存在。

二、普通商事合伙的法律属性

1. 合伙

普通商事合伙是狭义上的合伙（上面第二章边码 9 及其后边码），即不是社团或者 **5**
团体，因而是**合伙**。因此，在欠缺合同或法定规定的情况下，如果不能确定，则应适用
合伙的基本原则（依赖于成员的存在、自营机关原则、一致同意原则）。普通商事合伙
是**共同共有共同体**（上面第三章边码 4）。因此，其财产归属遵循共同共有规则。而这
主要在内部关系上和合伙人变更时有意义。对合伙财产的放弃，以及形成合伙人按份共
有财产，尽管在理论上是可能的[10]，但几乎不可能有多大的现实意义。

普通商事合伙法在商法典**第 105 条至第 160 条**中规定，但补充性地适用民法典关于
合伙的规定（商法典第 105 条第 3 款）。紧接着需要着重强调的是这些要点，即在其之下，
普通商事合伙法不同于民事合伙法，或者它们在普通商事合伙情况下具有特别的分量。
与此相反，不可以适用民法典关于登记社团的规定，因为普通商事合伙既不是社团（团
体），也不是法人。但这一点不适用于对民法典第 31 条的类推适用，因为该条款适用于所
有采用独立的特别财产和特别组织的人的联合体（上面第八章边码 9 及其后一个边码）。

2. 权利能力

普通商事合伙是民法典第 14 条第 2 款意义上的具有权利能力的合伙。商法典第 124 **6**
条给出了其在法律上的独立。然而，普通商事合伙**不是法人**（上面第二章边码 5 和边码
10）。对此，偶尔还有争论，但对于德国法来说，几乎已被普遍认可。[11] **税法**处理与此

---

⑪ Baumbach/Hopt/*Roth*，§124 Rn. 5.

⑫ 有争议的法院判决和主流观点：RGZ 136，270；136，402；RGZ 165，203；BGHZ 34，293，296＝NJW
1961，1022；BGHZ 110，127，128；也比较 BGHZ 146，341＝NJW 2001，1056 - ARGE Weißes Ross；BGHZ 149，
80，84＝NJW 2002，368；Baumbach/Hopt/*Roth*，§124 Rn. 1；*U. Huber*，FS Lutter，2000，S. 107，109 f.，113 f.；
A. Hueck，OHG，§3 IV；*G. Hueck*，FS Zöllner，Bd. 1，1998，S. 275，286；*Kübler/Assmann*，§7 I 2 b；
Röhricht/von Westphalen/*Haas*，§105 Rn. 6；*Saenger*，Rn. 268；*Schäfer*，Gesellschaftsrecht，§4 Rn. 2；K. Schmidt，
§§8 I 3，46 II，1；有所差异的是 ders.，AcP 209（2009），181，200f.；Staub/*Habersack*，§124 Rn. 2；Staub/
Schäfer，§105 Rn. I，38ff.；*Ulmer*，AcP 198（1998），113，119；*Zöllner*，FS Gernhuber，1993，S. 563；*ders.*，
FS Claussen，1997，S. 423，429 ff.；也比较破产法第 11 条第 2 款第 2 项；持不同意见的是 *Bälz*，FS Zöllner，1998，
S. 35，62；*Raiser*，AcP 199（1999），104；*Timm*，ZGR 1996，247，251 ff.。

相对应。不同于股份有限公司和有限责任公司，普通商事合伙本身不是法人所得税主体，各合伙人必须将其盈利份额作为收入来纳税（**税负透明原则**）。企业税务局仅是为了所有普通商事合伙合伙人，才统一确认盈利（上面第二章边码 5，第四章边码 10）。在土地税、营业税和销售税上，普通商事合伙本身是纳税义务人。这些税种以土地所有权和特定活动为连接点，因此是特定资产税和流转税。作为改组法意义上的法律主体，普通商事合伙可以将其法律形式转变成为其他法律形式（改组法第 3 条第 1 款第 1 句和第 191 条第 1 款），或者由其他法律主体通过形式变更产生。

3. 商事合伙

7　　普通商事合伙是商事合伙，因为它以经营一个商事营业为前提（商法典第 105 条结合第 1 条至第 3 条）。因此，普通商事合伙始终是**商人**（商法典第 6 条）。这也适用于仅经营小营业的或者只管理自己财产的普通商事合伙（商法典第 105 条第 2 款第 1 句）。商人身份来自普通商事合伙本身，并且在商法典第 105 条第 1 款规定的情况下，是不管其是否登记于商事登记簿（对此，见下面第十二章边码 7 及其后一个边码和边码 21）。其结果是所有由其进行的法律行为都是**商事行为**（商法典第 343 条），因而受商法规则调整。[12] 普通商事合伙适用有关**商事登记簿**的规定，尤其是商法典第 15 条。根据商法典第 238 条及其后条款，普通商事合伙有义务制作**会计账簿和会计报告**。

与此相反，普通商事合伙不受商法典第 264 条及其后条款中有关年度财务会计报告及其公开的补充性规定调整，除非普通商事合伙没有自然人作为其合伙人并且也没有自然人对其合伙人承担责任（商法典第 264a 条）。从中再次存在一个相反的例外，即当合伙被纳入另外一个公司的康采恩年度财务会计报告时（商法典第 264b 条）。这些规定是为了实施转化有限责任公司作为无限合伙人的有限商事合伙指令（上面第二章边码 28）。满足公开法中的法定**规模标准**的非常大的普通商事合伙，有义务像大型公司那样，制作财务会计报告和进行公开。[13] 对小商人制作会计账簿和会计报告义务的免除，不适用于商事合伙。

8　　根据联邦普通法院判决和较早的理论，**单个合伙人**就在其合伙人身份这一点上也具有**商人身份**。[14] 较新的主流理论观点追随这一看法，只是有些**差异**而已，并强调作为法律和企业主体的合伙与其合伙人之间的分离。但尽管如此，还取决于各自要适用的规范的目的。[15]

根据法院组织法第 109 条第 1 款，普通商事合伙的合伙人，可以被任命为商事法官。但是，不将他们作为民事诉讼法第 29 条第 2 款和第 38 条第 1 款意义上的商人来看待。[16] 在缔结和修改合伙合同本身时，合伙人不是商人，假如他在此之前没有经营商事营业的话。无论如何，缔结合伙合同不是商法典第 343 条意义上的商事行为。但合伙人

---

[12]　比较 BGH ZIP 2011, 1571.。

[13]　1969 年 8 月 5 日的关于一定企业和康采恩的会计制作的法律（公开法）；这种情况是极为罕见的；关于民事合伙依据公开法进行了公开的例子，见 Mediengruppe C. H. BECK GbR。

[14]　BGHZ 34, 293, 296 f. ＝NJW 1961, 1022；BGHZ 45, 282, 284＝NJW 1966, 1960；BGH BB 1968, 1053；*Canaris*, §2 Rn. 20；Ebenroth/Boujong/Joost/Strohn/*Kindler*, §1 Rn. 86；*Flume*, Personengesellschaft, §4 II (S. 58 f.)；*A. Hueck*, OHG, §3 III, 尤其是 Fn. 8；Röhricht/von Westphalen/*Röhricht*, 4. Aufl. 2014, §1 Rn. 75。

[15]　Baumbach/Hopt/*Roth*, §105 Rn. 19 ff.；MünchKomm-HGB/*K Schmidt*, §1 Rn. 67；Oetker/*Körber*, §1 Rn. 90；*K. Schmidt*, Handelsrecht, 6. Aufl., 2014, §4 Rn. 57；Staub/*Schäfer*, §105 Rn. 77ff.。

[16]　Baumbach/Hopt/*Roth*, §105 Rn. 20；Hopt, AcP 183（1983）608, 635 f.；有争议，不同的是 Staub/*Schäfer*, §105 Rn. 80.。

可以不拘形式地为合伙提供保证（商法典第 350 条）。[17] 现实中更为重要的问题是，合伙人在哪些情况下，即使他们不具有商人身份，仍不是民法典第 13 条意义上的消费者。普通商事合伙本身是民法典第 14 条第 1 款意义上的企业主。只要单个合伙人与普通商事合伙一起从事业务，则就不再与消费者法的保护目的有关。这比如可以在审查一般交易条件时发挥作用（民法典第 310 条第 1 款）。

4. 内部合伙和外部合伙

普通商事合伙始终同时是**内部合伙和外部合伙**（上面第二章边码 14）。只是为了保护善意第三人，普通商事合伙法上的一些规定，才适用于那些在内部没有形成合伙而只是对外像普通商事合伙那样出现的人的身上（下面第十二章边码 10）—**表见商事合伙**。反过来，合伙人也必须在共同的名称之下作为统一体对外出现，否则他们就仅形成一个内部合伙，而这可以是民事合伙或隐名合伙，并且只要涉及外部关系，就不适用普通商事合伙法。

9

三、历史、经济基础和法律比较

1. 历史

*中世纪*就已经有了一个与现今普通商事合伙相对应的合伙形式。其根源是家庭共同体。一个商人在其死亡后，多个儿子作为继承人，而他们也许在此之前就在父亲的业务中劳动。这样，极有可能的是他们共同继续经营业务。他们享有同等的权利，参与业务执行和代表，在一个共同的名称（商号）下经营业务，并对共同的债务承担全部责任。后来，相应的合伙也在非亲属关系的人员之间通过合同设立。不同于康孟达（*commenda*）（下面第十七章边码 4），其特性是每个人公开参与，以及*作为共同企业主*出现并因而对债权人承担*无限责任*。因此，这涉及一个劳动共同体和一个共同共有财产共同体。

10

在意大利，这种合伙形式自 13 世纪开始以 *compagnis* 或（非常独特的）scietas fratrum 的形式存在。后来，它也出现在*德国并在 15 和 16 世纪*中表现得尤为突出。最著名的例子就是奥格斯堡的福格尔合伙。该合伙于 1494 年依据乌尔里希、格奥尔格和雅各布·福格尔之间的合同设立。此合同是保存的最古老的合伙合同。三兄弟中的每个人都有无限制的业务执行权和代表权，都对债务承担无限责任。随着乌尔里希和格奥尔格的死亡，其继承人作为合伙人进入合伙，但他们被排除出业务执行和代表。而雅各布是王国的唯一"统治者"或者业务执行合伙人。假如在其他合伙人之下，不仅业务执行权被限制，而且责任也被限制的话，则将由普通商事合伙变为有限商事合伙。就像在当时的其他合伙下一样，确实有这种情形。

这种合伙形式的*法律规范*，主要由 1673 年的陆上贸易法令（*société générale*）、1807 年的商法典（*société en nom collectif*）带进法国，并由 1861 年的普通商法典带进德国。后者已包含了现行法的重要基本原则。着眼于有关普通商事合伙的规定，与民法典一起于 1900 年 1 月 1 日生效的 1897 年的商法典没有进行本质性的改变。直到 1998 年的商法改革，才带来了许多根本性的改变。这些改变主要涉及合伙的继续存在与合伙

---

[17] 有争议，支持这一点的是 MünchKomm-HGB/*K Schmidt*，§105 Rn. 17；K. Schmidt, ZIP 1986, 1510；Staub/*Schäfer*，§105 Rn. 81；与此相反的是 Baumbach/Hopt/*Roth*，§105 Rn. 22.（后面部分）。

人的退出。尽管如此，立法者只是描摹了合同设计实践中反正都已实现了的做法。此外，改革的一般性改变，比如商人概念和商事登记簿等，也涉及作为商事合伙的普通商事合伙。

2. 经济基础

11　　根本性的决定是这样一个出发点，即企业主的活动是否应该通过一个人单独（个体商人）或多人经营。在上面（边码 10）描述的情形中，将活着的企业加以瓜分，在经济上肯定不明智的。然而，决定基础大多是在合伙中共同协作，可以给联合中的单个合伙人的资源带来更好的盈利机会（比较上面第一章边码 30）。这不仅涉及自己的劳动力，因为普通商事合伙依赖于所有合伙人通过业务执行和代表进行共同参与，而且涉及财产投资，尤其是在合伙自有资本配备不强的情况下。作为合伙类型，普通商事合伙的经济意义存在于它让**真正的企业主共同经营**这一要素变为现实。普通商事合伙使得合伙人的劳动力、资本和信用联合起来。合伙财产的共同共有联结，将合伙财产与合伙人的私人财产区分开。对合伙债务的**无限责任**同时具有一个导向功能，即应当促使一定程度上的小心谨慎，阻止非理性的冒险。因此，普通商事合伙法律形式正是瞄准于这一点，即所有的合伙人将其全部劳动力和财力投入一个共同的企业，并且对其的参与就是其职业的从事。与此同时，每个合伙人享有的单独业务执行权和代表权，避免了否则将由多人共同参与业务执行所导致的笨拙，并确保具有商业交往所要求的灵活性。一方面是单独业务执行权和每个合伙人享有代表权，另一方面是每个人用其私人财产承担无限的个人责任，而这只有在对所有合伙人的可靠性和能力存在充分的相互信任的情况下，才可能长期承受。如果满足这些条件，普通商事合伙就省去了第三人机关情况下的监控成本，以及责任限制和利用资本市场情况下的债权人保护。但是，其所创造的经济价值束缚于合伙之中，因为参与份额没有交易市场。合伙人转变需要所有参与者的同意。

　　描述的这些特征使普通商事合伙特别适合于**小型的和中型的企业**。这些中小型企业不仅可以是在商业、手工业、工业领域中，也可以是在服务行业中。与此相反，在大型企业情况下的资本需求和责任风险，超出了对于普通商事合伙合理的框架范围。这里，有限责任公司、股份有限公司和欧洲股份有限公司是适当的法律形式；此外，也可以考虑将普通商事合伙作为企业合作形式。

3. 法律比较[18]

12　　如上面（边码 10）所述，普通商事合伙有一个很长的欧洲传统。随着大规模的法典编纂，尤其是法国*商法典*（*code de commerce*），通过加工消化广泛存在的现实经验，立法者对普通商事合伙制定了法定规则（比较上面第一章边码 14 和边码 18）。在英国法中，普通合伙（*general Partnership*）是共同从事商业活动最简单的形式（carry on a business）。[19]商事合伙和民事合伙［比较**民法合伙**（*société civile*）］之间不存在区别。在美国，除了路易斯安那州外，所有的州都要么采用了 1914 年的统一合伙法建议（UPA），要么采用了 1996 年修订过的统一合伙法（RUPA）。"合伙"这一概念包含了对一项"业务"的共同控制这一要素，这也可以产生于一个单独的项目（例如：在一块

---

⑱　对此见 *Windbichler*，ZGR2014，110.。

⑲　1890 年合伙法第 1 条第 1 款规定："合伙是从事商业活动的人之间以利润为共同目标而存在的关系。"在"商业"之中，理解商法典意义上的营业不是必须的；一个有实现盈利目的的有限的项目，就已经足够了；比较 *Lindley & Banks* on Parrnership，18. Aufl. 2002，Rn. 2 - 02.。

地产上修建房屋以及使用不动产）。其标志特征是（非要式的）合同基础、亲自参与共同劳动、个人责任和诚信义务（"*fiduciary duty*"）。合伙法被视为（和被讲授为）与代理法紧密相连的法律。较早的"集合理论"（*aggregate theory*）认为合伙人是法律主体，且合伙对合伙人存在着生存性的依赖。较新的"实体理论"（*entity theory*）将合伙自身视为法律主体。所有的这些似乎从有关共同共有的讨论中就已变得众所周知了。[20]

与普通商事合伙相对应的合伙形式的特征，在各国是不相同的。比如在法国，普通商事合伙（*société en nom collectif*）自其登记起就是法人（*personne morale*，法国商法典第 L210—6 条），并且等同于民事合伙的民法合伙（*société civile*）同样需要登记（法国民法典第 1842 条）。但在此值得注意的是，法人这一概念并非在所有法律制度中都是相同的。新的法律发展方向主要有两个：一个是强烈倾向于有限责任形式（像在有限商事合伙或有限责任公司中的那样），另一个是优先选择这种形式，即在其之下，不是合伙，而仅仅合伙人是税务主体（"转移课税"（*flow-throug taxation*））。[21]

四、现实意义

1. 普通商事合伙法

这一法律形式不仅包括那些有目的设立和维持真正的企业主共同经营的运用情形。更多的是，普通商事合伙还基于**商法典第105条的强制性适用**而始终存在，只要其肯定性的事实构成要件特征得到了满足，即只要（可从中推导得出的）在合同基础上共同经营一个商事营业，并且又没有有效约定责任限制（有限商事合伙），或者设立一个（至少是作为设立中的公司的）法人。对此，不需要一个以选择普通商事合伙法律形式为定位的合伙人意思。在此范围内，人们称商法典第105条为**兜底性的事实构成要件**。这也是一种法律形式强制（上面第四章边码4）。

一个商人死亡后，他的继承人共同继续经营业务（不仅仅是作为遗产共同体）[22]，或者当一个个体商人以对外有效的方式（否则为隐名合伙）接纳一个参与者（比较商法典第28条），就会产生一个普通商事合伙。在一个家庭中，出现这样的情形并不罕见。如果一个以民事合伙形式经营的小营业，长大进入商事营业领域，普通商事合伙将基于法律原因而自动产生（关于反过来缩小的情形，已在上面边码2中介绍）。[23] 此外，属于这里的还有有限商事合伙情况下的不成功的责任限制情形，或者比如一个设立中的有限责任公司的股东经营一个商事营业，但事后不（再）追求将其登记于商事登记簿。[24]

此外，对于**有限商事合伙**，普通商事合伙是**基本形式**。前者仅通过额外存在责任限制的合伙人（有限合伙人），来显示其不同。另外，其法律状况对应于普通商事合伙之

13

14

---

[20] *Windbichler*，ZGR2014，110，122ff.

[21] 比较 *Hennrichs*，*Brandenberg*，*U Prinz*，*Fechner/Bäuml*，*M Schmitt*，以及 *Richter/Welling* zum 在第35届柏林税务论坛的文章，FR 2010，721 ff.；关于法律比较的见 *Hey/Bauersfeld*，IStR 2005，649；*Windbichler*，ZGR 2014，110，114f.；也比较上面第二章边码10。

[22] BGHZ 92，259＝NJW 1985，136 m. Anm. *K. Schmidt*；*Wiedemann/Frey*，Nr. 97；关于结构上的问题，见 *Dauner-Lieb*，Unternehmen in Sondervermögen，1998，S. 477 ff.。

[23] BayObLGZ 2002，137，140 f. ＝NZG 2002，882；OLG Zweibrücken ZIP 2012，2254.

[24] BGHZ 22，240；下面第二十一章边码33。

下的法律状况，特别是着眼于个人承担责任的合伙人地位（无限合伙人）。因此，商法典第 161 条**明确规定**了对普通商事合伙法的**援引适用**。就像有限商事合伙一样，这也适用于资合性有限商事合伙。后者同样首先是有限商事合伙，因而在同样的范围内受普通商事合伙法规范（下面第三十七章）。

自由职业者合伙法（下面第十六章）和**欧洲经济利益联盟法**（欧洲经济利益联盟法第 1 条），也一再援引适用普通商事合伙法。由于越来越广泛的法律上的独立，通过民事合伙的发展，虽作为较为特别的合伙形式，有关普通商事合伙的规则也不断类推适用于民事合伙这一基本形式之上（上面第八章边码 12）。

2. 推广普及

普通商事合伙在数量上的推广普及，很难确定（上面第四章边码 11），但明显有所倒退。在 1978 年的营业税统计中，普通商事合伙仍还是最为常用的合伙/公司形式，位于有限责任公司和有限商事合伙之前。1986 年，普通商事合伙仍作为第二位，居于有限责任公司之后。在 2000 年，这一差距已经明显扩大了。1986 年和 2001 年，采用普通商事合伙法律形式的企业的营业额[25]，都在所有被涵盖的企业营业额的 6% 和 7% 之间。这表明，普通商事合伙尤其对中小企业具有意义。

年份	1978	1986	2000	2005	2009	2014
普通商事合伙	114 969	152 738	262 030	261 705	266 138	273 289
有限责任公司	98 329	203 564	446 797	452 946	473 782	545 352

上面（边码 12 最后）提到的允许责任限制但不导致法人所得税义务的法律形式所享有的普遍优惠，可以通过混合形式来加以追求，尤其是通过有限责任公司作为无限合伙人的有限商事合伙（对此，见下面第三十七章边码 7）。而这也导致普通商事合伙相对于其他合伙/公司类型在数量上的推广普及有所倒退。就新设合伙/公司（营业登记）而言，2010 年有 4 035 家普通商事合伙和有限商事合伙，18 288 家有限责任公司作为无限合伙人的有限商事合伙，以及 95 481 家有限责任公司；2015 年有 3 515 家普通商事合伙和有限商事合伙，16 672 家有限责任公司作为无限合伙人的有限商事合伙，以及 90 913 家有限责任公司。[26]

---

[25] 企业数量的信息、提交的销售税提前申报是根据联邦统计局的统计年鉴，www. destatis. de.。

[26] 根据营业提前申报，Statistisches Bundesamt, Statistisches Jahrbuch 2011, S. 495；Statistisches Bundesamt, Unternehmen und Arbeitsstätten, Gewerbeanzeigen in den Ländern 2015, 2016, S. 71.。

第十二章 ▶
普通商事合伙的产生和终止

一、合伙人

普通商事合伙成员，并因此也是参与普通商事合伙设立的人，原则上可以是**所有的自然人和法人**，以及这样的**人的共同体**，即在交往中作为独立的统一体出现并能承担独立的责任。这可以从普通商事合伙的本质和目的中推导得出。

合伙人数额不受限制。一个普通商事合伙可以有任意多的合伙人。普通商事合伙作为人的联结组合的本质，推导出一个最小数额，即必须由多人（至少两人）组成。一人普通商事合伙是不可能的（上面第十章边码 2）。关于作为公司的股份有限公司和有限责任公司情况下的不同情形，见下面第二十一章边码 34 及其后边码和第二十五章边码 22。同样的人，也可以形成多个普通商事合伙，就像一个个体商人可以在不同商号之下经营多个相互分开的企业那样。与此相区别的是一个普通商事合伙拥有多个工厂，尤其是不同地点的多个分支机构的情形。普通商事合伙的同一性并不因此受到影响。

1. 自然人

（a）无完全行为能力的人

对于缔结合伙协议，未成年人需要其法定代理人（父母、监护人）的参与和家庭法院的许可（民法典第 1643 条和第 1822 条第 3 项）。如果一名法定代理人本身已经是合伙人，则适用民法典第 181 条。也就是说，如有需要，要指定一位补充监护人。

对于事后的合伙协议改变，不要求家庭法院许可。[①] 但未成年人退出普通商事合伙，则无疑需要家庭法院许可，因为从未成年人的角度上看，这里存在一个营业出卖（民法典第 1822 条第 3 项）。未成年人的合伙人权利由法定代理人行使[②]，但根据民法典第 112 条授权其独立行使合伙人权利，也是可能的。[③] 对于普通商事合伙合伙人的无限的和不可限制的责任，与其成年时根据民法典第 1629a 条及第 723 条第 1 款第 3 句的责

[①] 这是主流观点，但不是没有争议的；比较 BGHZ 38, 26＝NJW 1962, 2344；*BGH* DB 1968, 932；有所区别的是 Baumbach/Hopt/*Roth*，§105 Rn. 26；*A. Hueck*，OHG，§6 IV；Staub/*Schäfer*，§105 Rn. 87；*Wiedemann* II，§2 II 5 a；Wiedemann/*Frey*，Nr. 99；不同的是 MünchKomm-HGB/*K. Schmidt*，§105 Rn. 129.。

[②] 关于这一问题领域，见 BGHZ 65, 93, 95；*Behnke*，NJW 1998, 3078；*Fortun*，NJW 1999, 754；Baumbach/Hopt/*Roth*，§105 Rn. 27。

[③] Baumbach/Hopt/*Roth*，§105 Rn. 27.

任限制和解约可能性之间的关系，见下面第十五章边码 21 和第十六章边码 9。

假如作为普通商事合伙合伙人的监护人所从事的活动，根据民法典第 1903 条归属于准许保留的范围，则对于准许，监护人人同样需要监护法院的许可（民法典第 1908i 条结合第 1822 条第 3 项）。

(b) 夫妻

对于夫妻参与，**婚姻财产法**在特别的前提条件下可能会给出一些限制。夫妻可以是一个普通商事合伙的合伙人。普通商事合伙也可以仅由夫妻组成。

增益共同体的**法定财产地位**（民法典第 1363 条及其后条款），原则上并没有涉及夫妻中的任何一方作为或者成为一个普通商事合伙成员的能力。然而，假如与此相连的是出资转移（几乎）全部的财产，则民法典第 1365 条就会介入。在**财产共同体**情况下，合伙份额可以在婚姻协议中被宣布为夫妻中的一方的保留财产（民法典第 1418 条第 2 款第 1 项）。财产共同体本身不能是合伙人。④ 在**财产分离**情况下，没有限制。对于生活伴侣，适用相同的规定（生活伴侣法第 6 条及其后条款）。

2. 法人

3 　股份有限公司、有限责任公司、登记的社团、有权利能力的基金等，还有外国法人和公法法人，都可以参与普通商事合伙。有一系列的法律规定，内含性地以法人可以具有普通商事合伙成员身份为前提条件，如商法典第 19 条第 2 款、第 130a 条、第 130b 和第 264a 条。

股份有限公司和有限责任公司在其设立时的前位阶段 **(设立中的公司)**，*即设立中的股份有限公司和设立中的有限责任公司*(其本身还不是法人)，也可以参与普通商事合伙（下面第二十一章边码 14，边码 18 以及边码 21）。相对于因为着眼于欠缺登记和由此仍看不清的成员关系和责任关系而产生的一定怀疑，联邦普通法院以此为依据，即设立中的公司已具有团体性结构，尤其是行为机关。⑤ 这一问题的现实意义，主要存在于有限责任公司作为无限合伙人的有限商事合伙设立时。据此，设立中的有限责任公司已可以作为唯一承担个人责任的合伙人。

3. 合伙

4 　**普通商事合伙**和**有限商事合伙**，在其商号之下独立出现于交易之中，具有权利能力（商法典第 124 条，民法典第 14 条第 2 款）。因此，它们毫无疑问可以成为商事合伙的合伙人。这也适用于欧洲经济利益联盟和自由职业者合伙，但后者由于其特别目的而大多不愿意选择这么做（下面第十六章）。

与此相反，以前有人反对说，着眼于债务承担和代表，通过有限商事合伙或普通商事合伙的参与，将产生不清楚的关系。这一异议是没有道理的。如果 A 普通商事合伙是 B 普通商事合伙的成员，则对于后者的债务，根据商法典第 128 条，不仅 A 普通商事合伙而且其合伙人都承担无限的个人责任。假如 A 普通商事合伙是 B 普通商事合伙的代表权合伙人，则 A 普通商事合伙的有代表权的合伙人，也对 B 普通商事合伙具有代表权。谁承担责任以及谁具有代表权，都可以轻易地从商事登记簿中确定。

与此相反，有疑问的是其他在法律上独立但没有登记的人的联合体，成为普通商事合伙的成员。对于设立中的公司（上面边码 3），争论已被肯定性地解决了。一般情况

④　Baumbach/Hopt/*Roth*，§ 105 Rn. 25，29；BayObLG ZIP 2003，480.。

⑤　BGHZ 80，129＝NJW 1981，1373；*BGH* NJW 1985，736；BGHZ 63，45＝NJW 1974，1905.（仍旧不同）。

下，设立中的公司只涉及一个过渡阶段。对于在此期间通过法律继创也被承认享有权利能力的民事合伙，可能会推出这样的结论，即这样的合伙也可以是商事合伙的合伙人。⑥ 但这样一来会导致关系不甚清楚，而这在参与普通商事合伙和有限商事合伙的情况下让人（不正确地）担心。至少对于有限责任合伙人地位，立法者规定，在申请登记于商事登记簿时，应该载明作为有限责任合伙人的民事合伙的合伙人（商法典第 162 条第 1 款第 2 句，比较上面第五章边码 7）。但与第 162 条一起由同一法律修改的商法典第 106 条，没有针对普通商事合伙作出相应的规定。从中可以得出，民事合伙作为普通商事合伙的合伙人，仍继续不进入考虑范围。⑦ 即使当人们认为这种建构是被允许的，但其无论如何也是不值得推荐的。如果人们跟随这一观点，即普通商事合伙中的成员资格会使合伙人变成商人（上面第十一章边码 8），则通过加入一个普通商事合伙，民事合伙自身也会成为普通商事合伙。⑧

外国法人可以作为合伙人，只要其根据国际私法在国内获得的承认不与之相违背（上面第一章边码 19）。⑨

4. 不适合作合伙人的联合体

与此相反，这样的人的联合体，不能参与普通商事合伙，即不对外作为统一体出现，或者不持续存在。比如是**民事合伙**（有争议，见上面边码 4），或者至少是当其在法律上不独立时，例如只是**内部合伙**。基于这个原因，**隐名合伙**也不进入考虑范围。**未登记的社团和婚姻财产共同体**同样对外不独立。**遗产共同体**定位于清算，故不适合作为普通商事合伙的合伙人。⑩ 此外，普通商事合伙不能是自己的合伙人（就像这在公司情况下是可能的那样，下面第二十三章边码 22 和第三十章节边码 6 及其后边码）。

二、成立的时间点

在设立普通商事合伙时，有三个重要的过程：合伙协议的缔结、**登记于商事登记簿**和**业务的开始**。假如所有的这三个过程都已经完成，就肯定存在一个普通商事合伙。但是，可能在此之前，就已经要（部分）适用有关普通商事合伙的规定。在此过程中，就像总是如此的那样，必须清楚区分内部关系和外部关系（上面第二章边码 13）。原则上，有关内部关系的规定，是任意性的，而有关外部关系的规定，则是强制性的或者仅在一定的方式上可以改变。一个已存在的合伙，可以通过变更而成为普通商事合伙，比如根据改组法（第三十八章），或者一个承载企业的民事合伙，长大进入商事营业范畴

⑥ 因此在此期间的主流观点，OLG Celle NZG 2012, 667; *Annbrüster*, ZGR 2013, 366, 380f.; Baumbach/Hopt/*Roth*, §105 Rn. 28, §106 Rn. 6; *Andreas Bergmann*, ZIP 2003, 2231; Ebenroth/Boujong/Joost/Strohn/*Wertenbruch*, HGB, §105 Rn. 143; Hensssler/Strohn/Hensssler, HGB §105 Rn. 56; Koller/Kindler/Roth/Morck/*Kindler*, §105 Rn. 19; MünchKomm-HGB/*K Schmidt*, §105 Rn. 99（具有现实性的关切）; Soergel/*Hadding*/*Kießling*, §718 Rn. 6; Staub/*Schäfer*, §105 Rn. 98; 在 BGH NJW-RR 1990, 798, 799 是开放的。

⑦ 因此，这在过去是绝对主流的观点; BGHZ 46, 293, 296; *BGH* WM 1966, 188, 190; 1990, 586; Staub/*Ulmer*, 4. Aufl., §105 Rn. 96.。

⑧ 这样的在法国法中，art. L. 221 - 1 Code de commerce; *Cozian/Viandier/Deboissy*, Droit des sociétés, 27. Aufl., Rn. 1204, 12311.。

⑨ BayObLG NJW 1986, 3029; OLG Saarbrücken NJW 1990, 647; *Bokelmann*, ZGR 1994, 337.

⑩ BGHZ 22, 192; *BGH* WM 1971, 308; BGHZ 58, 317＝NJW 1972, 1755; *BGH* NJW 1983, 2377; 也比较 BGH NJW 2002, 3389; 关于继承人和遗嘱执行，见下面第十五章边码 2 及其后边码。

（上面第十一章边码 13）。

1. 内部关系

对于合伙人相互之间的关系，首先**合伙协议**是**决定性的**（商法典第 109 条）。没有合伙协议，就不会有合伙（上面第五章边码 2）。将合伙人相互之间的关系纳入普通商事合伙法之下，就足够了。因此，对于普通商事合伙成立的时间点，在内部关系中，只有当事人的意思才是决定性的，而不要求登记于商事登记簿和开始业务。

举例[11]：当事人约定设立一个普通商事合伙，但被告此后以个体商人形式开展业务。原告要求法院判决被告协助将业务转变为普通商事合伙的业务并将原告登记为合伙人。被告反驳称在原告身上存在一个商法典第 133 条意义上的解散普通商事合伙的重大理由。帝国法院确定存在一个有效的合伙协议，且商法典第 133 条也因而可以适用。

这也适用于商法典第 2 条、第 3 条和第 105 条第 2 款规范的情况，即在其下，由合伙经营的营业以及财产管理，仅通过登记才成为商业营业。这样的合伙首先是民事合伙，但其内部关系受普通商事合伙法调整。[12] 基于合伙协议，合伙人负有协助申请登记义务。

在协议中，合伙人可以将合伙开始的时间点推迟，也可以追溯既往地提前确定。[13]例如，他们可以在 11 月签订协议并约定普通商事合伙在次年的 1 月 1 日才开始。这样，在内部关系中，原则上在这一天之前还不存在普通商事合伙，比如合伙人还没有执行业务的权利和义务。但是，只要根据当事人意思应采取准备行为，则在不能确定的情况下，从现在起就已开始受普通商事合伙法调整。这样，合伙人对于其在这样的措施之下的义务违反，就必定会已经因为违反合伙协议而承担责任。但是，如果没有民法典第 708 条的特别约定，就仅负有通常的谨慎义务。

2. 外部关系

7　　　商法典第 123 条规范普通商事合伙的对外效力。在与第三人的关系中，单纯的协议缔结还不够。除此之外，还必须加上一个**对外宣告**。而这可以以不同的方式进行。

（a）登记于商事登记簿

在商事登记簿上登记（下面边码 21），始终是一个对外宣告。因此，在外部关系中，普通商事合伙最迟成立于登记之时（商法典第 123 条第 1 款），因为法律允许每个人查看登记簿（商法典第 9 条第 1 款）。（成立）不取决于公告（商法典第 10 条）。但公告对这一问题具有意义，即成立是否能够对抗不知其成立的第三人（商法典第 15 条）。对于成立本身，公告是不重要的。

登记一个位于合伙登记之后的合伙开始时间点，是不可能的，即使合伙此后才应从事业务（商法典第 123 条第 3 款）。只要存在登记，合伙人就不能主张合伙的业务不是商事业务（商法典第 5 条）。但是，登记一个于合伙登记之前的时间点作为合伙开始时间点，是允许的。当合伙业务确实在此之前就已经开展了，反正它就也是涉及一个普通商事合伙（下面边码 8）。其他情况下，合伙人必须接受登记是什么就是什么。[14]

（b）业务的开始

8　　　在以合伙名义开始进行业务的情况下，也存在一个对外宣告，只要所有合伙人对此

---

[11]　RGZ 112，280.

[12]　Baumbach/Hopt/*Roth*，§ 123 Rn. 16f f.

[13]　*BGH* DB 1976，1860；*U. H. Schneider*，AcP 175（1975）279，297.

[14]　Baumbach/Hopt/*Roth*，§ 105 Rn. 7，20.

已明示或默示同意。⑮ 相对于第三人，普通商事合伙将因此而成立，如果它经营一个**商法典第1条意义上的商事营业**（商法典第123条第2款，上面第十一章边码12）。对于业务开始，准备行为就足够了，比如租用业务房屋、打广告、签订企业买卖协议等⑯，假如这些明显是商人性质的布局并且很快就需要的话。如果没有登记，商事营业仅可能存在于商法典第1条规定的情形。登记在这种情形下是宣示性的。与此相反，在商法典第2条、第3条和第105条第2款规定的情形下，小营业或财产管理（上面第十一章边码2），只有通过登记才能成为商事营业。登记在这里发挥生效性的作用。假如业务在这些情形下已于登记之前从事，就涉及一个民事合伙。

举例： 假如在没有登记的情况下，A和B就开始在共同的商号之下经营一个大众运输业务或大的商业，则对外就已存在一个普通商事合伙。与此相反，假如他们经营一个报亭，则只有通过登记才产生普通商事合伙。然而，在这种情况下也应该保护善意第三人，如果A和B如同一个普通商事合伙的成员那样对外出现（表见商事合伙，对此见下面边码10）。

关于普通商事合伙应迟一些才开始的约定，对第三人无效（商法典第123条第3款）。一个这样的约定仅对内有意义（上面边码6）。

三、合伙协议

就像每个合伙一样，普通商事合伙也必须以合伙协议为前提。对民事合伙的描述，也适用于普通商事合伙（关于合伙协议的**内容、法律属性**和**形式**，见上面第六章），但附加上一个要求，即始终是涉及一个法律上独立的外部合伙。民事合伙的其他设计变异形式，因而不进入考虑范围。普通商事合伙协议缔结本身，不是商事行为。需要特别说明的是没有合伙协议，但对外产生普通商事合伙假象的情形，此外是有瑕疵的合伙协议情形。　9

1. 表见商事合伙

假如完全**欠缺合伙协议**，即连一个失败的协议（对此见下面边码11）都根本没有存在过一次，只是单纯地作为普通商事合伙对外出现，还不足以创设普通商事合伙。⑰ 在仅是为制造假象而缔结合伙协议的情况下，在内部关系中适用当事人意思（民法典第117条第2款）⑱，对外则存在一个**表见普通商事合伙**。假如欠缺普通商事合伙的其他重要条件，这也同样适用（上面第十一章边码1及其后一个边码）。（所谓的）合伙人不可以主张存在普通商事合伙，但**善意第三人**可以主张对于他而言引起了一个普通商事合伙的外部假象。**所谓的合伙人必须接受如同一个普通商事合伙已经产生的那样被对待**。在现实意义上，这首先意味着有关所有合伙人的代表权和无限责任的普通商事合伙法律规定，获得适用。此外，假如一个合伙/公司（如民事合伙或有限责任公司）就像一个普通商事合伙那样出现，或者一个非合伙人的人像一名合伙人那样对外行为，则法律表见原则也获得适用。⑲　10

⑮　通常观点；Staub/*Habersack*，§123 Rn. 20；第71届德国法学家大会建议对此在法律中予以明确，Beschluss des 71. DJT, Abt. Wirtschaftsrecht, III. 18.；比较 *Schäfer*，Gurachten E zum 71. DJT, S. E 96.。

⑯　BGH WM 1990, 586, 587 f.；NZG 2004, 663 开设银行账户；Wiedemann/*Frey*，Nr. 98.。

⑰　BGHZ 11, 190；*BGH* NJW 1954, 231.

⑱　BGH NJW 1953, 1220；BGHZ 11, 190, 191；*BGH* WM 1966, 736；DB 1976, 2057.

⑲　比较 *OLG München* NJW-RR 2001, 1358 关于自由职业者合伙的表见合伙人；*Saenger*，Rn. 271；关于法律表见原则通常见 Baumbach/Hopt/*Hopt*，§5 Rn. 9ff.。

根据普遍的信赖利益保护原则，在商事交往中公开确立为人信赖的外在情形的人，必须接受善意第三人（知道并信赖这一法律表见的人）让其接受该外在表现情形。在有瑕疵的宣告（也包括有瑕疵的商事登记簿上登记）情况下，按照主流观点，可以考虑商法典第15条第3款规定的肯定性的公告。这样，不要求法律表见是第三人性质的行为的原因。基于存在表见合伙的第三人保护的前提条件，明显比在有瑕疵的合伙（下面边码14和边码19）情况下严格。对是否主张法律表见或固守事实上的法律状况，第三人有选择权。在有瑕疵的合伙情况下，不存在这种选择。

一个**法律表见的事实构成**，存在于作为普通商事合伙对外出现之中。对外出现可以通过申请商事登记和开始业务的方式进行，但也可以其他方式进行，比如通过报纸宣告或通过信笺使用。但受此束缚的只是以**可归入其的方式制造**这一法律表见的人，即那些自己作出这样的声明的人，或者同意他人作为"普通商事合伙"的业务执行人而为其行为的人。所以，**不受束缚的**是，不能作出法律上有效声明的人，如未成年人，只要其法定代理人和家庭法院没有表示同意。⑳ 不受束缚的还有没有得到其同意但他人以其名义行为的人。由于实际上不存在普通商事合伙，而只是基于法律安全需要才保护第三人对所谓的合伙人导致的法律表见产生的信赖，故当第三人知道真实情况时，就应该拒绝保护。在案例解析中，不应当去审查针对表见普通商事合伙（它不存在）的责任请求，而通常只审查针对这个表见普通商事合伙的合伙人的责任请求。

2. 合伙协议的瑕疵和有瑕疵的合伙

11 应该与完全欠缺合伙协议相区别的是这种情形，即虽然签订有一个这样的协议，但存在根据民法典普遍规定而导致其**无效或可撤销**的瑕疵，也包括存在根据民法典第139条规定的限制条件（上面第六章边码7）。根据普遍规则，合伙协议无效以及成功撤销的后果，是普通商事合伙不产生并因此不适用普通商事合伙法。当协议尽管有瑕疵但在事实上已被执行时，这将导致重大的实践困难和法律困难。因为，普通商事合伙已登记于商事登记簿，合伙人已履行其出资，合伙财产已形成以及合伙被自认为是合伙人的人所支配。此外，它还作为普通商事合伙出现于法律交往中，与第三人进行法律行为并承担债务，以及产生盈利或亏损等。这样，一个根据普遍规则要求进行的恢复原状将会是复杂的，并且会导致不完整的、偶然的和欠缺斟酌的后果。因此，法院判决和理论界发展了瑕疵合伙理论。

出发点是公司法（现今，法律上的规定是在公开指令（L. RL）第12条、股份法第275条及其后条款、有限责任公司法第75条及其后条款中）。帝国法院和联邦普通法院判决也逐步通过法律继创方式对合伙发展出了解决办法。对瑕疵合伙理论的基本内容，现今在结果上已达成一致。㉑ 但在具体内容上，瑕疵合伙理论的理论基础，仍未得到统一。法院判决和部分理论强调法律安全原则和交易保护原则。除此之外，尤其还有以完

---

⑳ BGHZ 17，160；也比较 BGH NJW 1977，623.（涉及授权）。

㉑ 比如比较 BGHZ 55，5，8；BGH NJW 1992，1503＝JuS 1992，792 m. Anm. *K. Schmidt*；BGH NZG 2010，1025；Baumbach/Hopt/*Roth*，§105 Rn. 76f；*Oechsler*，NJW 2008，2471（历史的法律比较的）；*Schäfer*，Die Lehre vom fehlerhaften Verband，2002（批判的）；MünchKomm-HGB/*K. Schmidt*，§105 Rn. 228 ff.；Soergel/*Hadding*/*Kießling*，§705 Rn. 70ff.；*Wiedemann* II，§2 V 1，2；此外，旧的文献资料有 *A. Hueck*，OHG，§7；*ders.*，AcP 149（1944）1 ff.；*Erman*，Personalgesellschaften auf mangelhafter Vertragsgrundlage，1947；Staub/*Ulmer*，4. Aufl.，§105 Rn. 333 ff.；*Wiesner*，Die Lehre von der fehlerhaften Gesellschaft，1980；案例分析在 Wiedemann/*Frey*，Nr. 103. 关于劳动法中的相似问题，见 ErfKommAtbR/*Preis*，BGB §611 Rn. 145 ff.。

全实施的合伙协议所产生的超越单纯债法联结的不可溯及既往地解散合伙组织结构（双重属性，上面第六章边码 2）。假如一个无效的合伙协议已被付诸实施，其作为设立共同体的组织协议，这一法律属性也会展现出来。基于很好的理由，"事实上的"协议关系理论被完全放弃了。[22] 因此，应该说有**瑕疵**的合伙，而不是"**事实上的**"合伙。这表明了一个重要的事实构成要件特征，即失败的协议。相应地，这适用于有瑕疵地加入，也适用于像有瑕疵的劳动关系。

(a) 设立阶段

只要**合伙协议尚未在任何方向上得到执行**，就只考虑合伙人之间的关系，因为外部关系还没有什么意义。在内部关系中，也没有产生财产共同体，而只存在纯粹的债法性质的合伙人关系。因此，还没有理由需要偏离于有关无效和可撤销的**普遍规定**。也就是说，如果存在一个无效理由（例如：形式瑕疵、欠缺行为能力、违法、违背善良风俗），或者协议因为错误、欺诈或威胁而最终被撤销，则任何合伙人都可以随时以任意方式对其加以主张（首先是拒绝其出资），而无须一个特别的解散之诉。[23]

12

是否在无效以及可撤销理由之上连接其他后果，特别是损害赔偿义务，应根据一般规定去确定，比如民法典第 122 条、第 280 条第 1 款、第 311 条第 2 款、第 823 条第 2 款以及相似的条款。[24] 假如无效只涉及协议的一部分，则大多数情况下不适用民法典第139 条的解释规则（上面第六章边码 7）。在现实中，大多数合伙协议，对此都包含有一个救济性条款。这样，就不会产生瑕疵合伙的问题。

(b) 合伙协议实施后的内部关系

根据现今普遍承认的**瑕疵合伙理论**，这将作为**基本原则**而适用于内部关系，即**假如通过实施瑕疵协议已产生了一个合伙关系，则就不能再溯及既往地加以消除，而只能针对未来予以解散**。即在这一阶段上，原则上不能再根据普遍原则连同溯及既往的效力，主张撤销或无效理由，而只能针对未来（关于例外，紧接着见下面边码 17）。借此可以顾及这种状况，即在合伙协议实施后，尤其是在开始形成合伙财产和创建合伙组织之后，甚至可能已着手开始业务经营，而恢复原状将面临特别巨大的困难，甚至许多时候是不可能的。

13

（aa）无论如何，其**前提条件**是有**合伙协议**，即使其成立是有瑕疵的。[25] 否则，只能考虑表见合伙（上面边码 10）。

14

此外，应考虑到合伙协议可以非要式地以及以默示方式缔结。在完全欠缺协议的情况下，一个从未为参与者即使是有瑕疵的意思所承载的纯粹事实上的共同合作，不可能在内部关系中产生合伙法上的联结。对于参与者相互之间的关系，不考虑法律表见原则，即就像其在欠缺合伙协议时在外部关系中针对善意第三人适用的那样。在合伙协议仅是为了制造假象而缔结时（民法典第 117 条第 1 款），适用同样的规定，因为合伙人在那时候正好是不愿意将其相互之间的关系置于合伙法之下。在一定情况下，适用隐藏的法律行为（民法典第 117 条第 2 款，比较上面边码 10）。在较少发生的虚假协议被

[22] *Haupt*，*关于真实的协议关系*，见 FS Siber, Bd. 2, 1, 1941, S. 1；证据在 Staub/*Schäfer*，§105 Rn. 318, 323.。

[23] Baumbach/Hopt/*Roth*，§105 Rn. 81；Wiedemann/*Frey*，Nr. 102.

[24] *BGH* NJW 1993, 2107（涉及隐名合伙）；Baumbach/Hopt/*Roth*，§105 Rn. 89.。

[25] BGHZ 11, 190；*BGH* NJW 1988, 1321；1992, 1501；NZG 2010, 1397；主流观点；Wiedemann/*Frey*，Nr. 104.。

实施的情况下，需要仔细审查是否在其之中，一个从现在起具有约束力的协议缔结意思，没有以推定的方式表达出来。

合伙协议可以通过完全不同的方式**来履行实施**。但法院的判决描述表明，必须产生法律规范不能无视其存在的事实。[26] 假如合伙已对外**从事业务经营**，即当它与第三人进行法律行为时（即使只是准备性的类型），一个被建立起来的组织就已投入运行。[27] 但是，这也是足够的，即只是在内部关系中通过缴付出资已开始形成合伙财产，或者至少是在共同共有联结不再能被轻易恢复原状的时候。[28] 单纯的申请普通商事合伙登记于商事登记簿，还不能视为执行，因为可以撤回申请。与此相反的则是已登记的情形。

15　　（bb）如果一个合伙通过实施有瑕疵的协议而在事实上设立，则作为**法律后果**，只能**针对未来**主张瑕疵，而不能溯及既往地消除合伙。对此，在普通商事合伙情况下，需要一个比照商法典第 133 条的**解散之诉**（下面边码 26）。[29]

对于解散之诉，任何一个根据普遍规则具有导致合伙协议可撤销或无效后果的理由，原则上都是足够的。由于起诉服务于这一理由的主张，故在此之外，无须再去审查是否存在一个商法典第 133 条意义上的重大理由。[30] 但是，可撤销或无效理由，需要在起诉时仍然存在，并且其主张不可以是权利滥用或违背诚信。例如，合伙关系在明知有瑕疵的情况下得到较长时间的维持，根据情形状况的不同，可能使事后的瑕疵主张不为法律所允许，即使各方知道瑕疵而仍进行的协议实施在具体情况下，甚至没有民法典第 141 条和第 144 条意义上的确认推定。形式瑕疵可以通过实施而被治愈（如民法典第 311b 第 1 款第 2 句）。[31] 民法典第 121 条规定的撤销期限，相应地也适用于起诉。

由于在 1998 年的商法改革之后，合伙人的正常解约不再导致合伙解散，而只导致合伙人退出合伙（商法典第 131 条第 3 款第 3 项），故**基于特别解约的退出**，也可作为其法律后果。[32] 此外，假如无效以及撤销理由仅是相对于其他合伙人而归责于个别合伙人的，则还必须将**除名之诉**以及**接收之诉**考虑进来（商法典第 140 条第 1 款；也比较上面第九章边码 10）。[33]

16　　（cc）直到解散判决具有法律效力为止，原则上都应将**有瑕疵的普通商事合伙作为已存在的合伙**来对待。除下面概括描述的例外之外，法定规定（但也包括有瑕疵的协议）完全适用于内部关系下的合伙人法律关系。为此，合伙人有权利和义务执行业务，而盈利和亏损则应根据所达成的约定来进行分配。合伙人的共同协作适用*诚信义务*。

[26] *BGH* NJW 1978, 2505；1992, 1501.
[27] BGHZ 3, 285, 287 f.；13, 320（涉及有限责任公司）；也比较上面边码 8.
[28] 有争议，比较 *Flume*, Personengesellschaft, § 2 III；*K. Schmidt*, § 6 III 1 b；Soergel/*Hadding/Kießling*, § 705 Rn. 75；Staub/*Ulmer*, 4. *Aufl.*, § 105 Rn. 343；*Wiedemann* II, § 2 V 3 a；也包括 BGHZ 13, 320, 312 f.；BGH NZG 2005, 472 ff., 476 ff. - Göttinger Gruppe；较为严格的是 *Kübler/Assmann*, § 26 II 2；认为应该严格限制的还有 *A. Hueck*, OHG, § 7 III 6；持批判态度的还有 Staub/*Schäfer*, § 105 Rn. 335.
[29] RGZ 165, 193；BGHZ 3, 285；通常观点。
[30] BGHZ 3, 285（与帝国法院相反）；现今是绝对主流的观点；Staub/*Schäfer*, § 105 Rn. 350.
[31] BGH NJW-RR 1991, 613.
[32] Baumbach/Hopt/*Roth*, § 105 Rn. 88, § 133 Rn. 1；Staub/*Schäfer*, § 105 Rn. 350.
[33] BGHZ 10, 44, 51；47, 301＝NJW 1967, 1961；Soergel/*Hadding/Kießling*, § 705 Rn. 78；*K. Schmidt*, § 6 III 2；Wiedemann/*Frey*, Nr. 105.

原则上，合伙人还必须履行其出资义务。[34]

（dd）着眼于**被违反的法律规范的保护目的**，在可结束的生效原则上适用一些**例外**。 17
这样，将实施中的有瑕疵的合伙，与有效设立的合伙同等对待，但应该加以限制。单单
根据其类型，就必须在合伙有效解散之前顾及协议的一定瑕疵。这可能涉及有瑕疵的合
伙关系作为整体的或个别的合伙人或者具体的协议规定。

（1）假如合伙协议**作为整体**违反法律规范的根本性规定，尤其是在合伙目的违反法
律或违背善良风俗时（民法典第 134 条和第 138 条），应该否定其任何效力，而不仅是
个别的协议条款［对此，见下面（3）］。**举例：**违反救护工作法第 3 条[35]，追求违法目
的（比如偷税[36]或走私）。在这些情形下，不可以适用有关瑕疵合伙的规定。应该根据
普遍规定恢复原状，其中首先是不当得利法（注意民法典第 817 条）。争论的是处理违
反卡特尔法的合伙。着眼于卡特尔禁止规定，部分拒绝承认有瑕疵的合伙。然而，卡特
尔禁止的不是合伙（如具有生产和销售广告报纸目的的合伙），而是竞争者之间的限制
竞争协议（如共同生产和销售一份广告报纸）。因此，其适用情形很少，应该在法律后
果上加以区别对待。[37] 在外部关系上，如果不承认有瑕疵的合伙，将在大多数情况下导
致非常不恰当的后果（下面边码 9）。关于仅为**制造假象**而缔结合伙协议的情形，已在
上面边码 10 中介绍。

（2）在**未成年人**参与合伙协议的情况下，如果欠缺需要的法定代理人或家庭法院的
参与并且事后也没有补上，关于适用瑕疵合伙规定的例外仅限定在个别参与者之上，而
对于其余合伙人则完全适用。这样，有关没有完全行为能力人得到优先保护的规定，就
介入进来。对于这些人，不产生任何债务。已履行的出资应根据所有权法或不当得利法
予以返还。[38] 与此相反，在其他方面纳入瑕疵合伙规则则是可能的，比如在积极共同劳
动情况下参与盈利分配。在确定法律后果上，必须再次进行区别对待。[39] 无完全行为能
力的人可以以任何方式主张为其保护服务的无效。而与此相反，其余合伙人则只能根据
有关瑕疵合伙规定，通过解散或者终止之诉主张瑕疵。

与此相反，那些通过恶意的**欺诈**、违法的**威胁**或违背善良风俗的**诓骗**而被促使参与

---

[34]　有争议；主张进行限制的首先是 A. Hueck，OHG，§7 III 2 a；Baumbach/Hopt/Roth，§105 Rn. 86.（并连
同对这类案例进行进一步的论证，即出资给付将只有利于实施欺诈的合伙人）。

[35]　关于法律咨询法第 1 条，见 BGHZ 62，234＝NJW 1974，1201（涉及隐名合伙）；也比较 BGHZ 75，214，217＝
NJW 1980，638：药店的从属性；BGHZ 97，243，250＝NJW 1986，65.（法律禁止职业兼业）。

[36]　OLG Koblenz WM 1979，1435.

[37]　Benner，Kartellrechtliche Unwirksamkeit von verfassten Verbänden，1993；Grunewald，§1 Rn. 174；
K. Schmidt，AcP 186（1986），421，448 ff.；ders.，FS Mestmäcker，1996，S. 763；Schwintowski，NJW 1988，
937；Spiering/Hacker，RNotZ 2014，349；也比较 BGH Beschl. v. 4. 3. 2008-KVZ 55/07，BeckRS 2008，16751
m. Anm Bischke/Brack，NZG 2009，182-Xella：联邦卡特尔办公室责成所涉及的合伙从有限商事合伙中分离出来，其
实施违反了反限制竞争法第 1 条。

[38]　BGH NJW 1992，1503＝JuS 1992，792 m. Anm. K. Schmidt.

[39]　具体来说是有争议的，比较 Grunewald，§1 Rn. 175；Soergel/Hadding/Kießling，§705 Rn. 82；Baumbach/
Hopt/Roth，§105 Rn. 84；Kübler/Assmann，§26 IV 4；MünchKomm-HGB/K. Schmidt，§105 Rn. 238 f.；
MünchKomm-BGB/Schäfer，§705 Rn. 337 ff.（批判的）；Wiedemann/Frey，Nr. 107；BGH NJW 1983，748；与此
相反，联邦普通法院曾经还支持过完全无效（BGHZ 17，166 ff）；关于民法典第 723 条第 1 款第 3 句第 2 项，第 1629a
条的影响，见 Grunewald，ZIP 1999，596，600；Staub/Schäfer，§105 Rn. 339.。

合伙的合伙人，则不具有特别的地位。[40] 尽管协议瑕疵在这里也牵涉特定的人，但与保护无完全行为能力的人不同，其保护不能对普遍偏离瑕疵合伙规定提供合理性论证。解约、解散合伙和民法典第 280 条第 1 款、第 311 条第 2 款、第 823 条、第 826 条以及相似条款规定的赔偿请求权等多种可能的选择，已提供适当的解决办法。但这并不排除被涉及的合伙人，可以在具体情况下以恶意为抗辩理由抵制一个来自瑕疵协议的苛刻要求，比如在其给付正好且只有利于对欺诈或诓骗负责的合伙人时。关于有瑕疵的加入见下面边码 20 和第十九章边码 14 及其后边码。

（3）此外，**着眼于个别法律后果**，可逐点考虑瑕疵合伙效力的例外，即要么是导致出现瑕疵的法律规则强制要求这样做，要么至少是在不伤及合伙关系存在的情况下允许这样做。根据这一标准，尤其是对于直接涉及有瑕疵的协议条款，应不予执行或者仅在对合伙存在不可或缺的范围内执行。

举例： 不考虑形式无效的协议规定，如违反民法典第 311b 条第 1 款或有限责任公司法第 15 条第 4 款规定的出资义务；不得主张通过恶意欺诈获得的过高盈利承诺或特别报酬；违背善良风俗的监控权或共同管理权排除条款也是没有约束力的，以及诸如此类的情形。假如涉及的规定不能被无替代地予以取消，则应通过补充性的协议解释来适当地填补由此产生的漏洞。[41]

18　　　　（ee）如果**解散判决**已**生法律效力**，则应根据普通商事合伙法，清算有瑕疵的合伙（下面边码 31 及其后边码）。这是瑕疵合伙理论的一个后果，并且最好地顾及了这一事实状况，即正是其他的恢复原状规定不适合于合伙协议实施后的法律关系。

就像在无瑕疵的情况下一样，也可以在有瑕疵的普通商事合伙情况下，顾及合伙协议规定的偏离性的清算规则，只要瑕疵不是正好涉及它们。同样，参与者也可以约定偏离于法律规定的清算程序。与具体情况下的事实状况相对应，经协商的解决办法特别接近于现实需要。[42]

（c）有瑕疵的普通商事合伙的外部关系

19　　　　随着与外部第三人进行法律交易，有瑕疵的合伙协议就始终处于实施之中（上面边码 14）。就像在内部关系中一样，这也适用于外部关系，即直到被解散且通过清算而终止。**有瑕疵的合伙，相对于第三人原则上都是完全有效的。**

这可以从瑕疵合伙理论中推导得出。[43] 不需要引入法律表见理论。因此，在这一关联上，第三人善意或恶意的问题也就没有了意义（上面边码 10）。原则上，有瑕疵的合伙在外部关系中也受**普通商事合伙法**调整。尤其是关于不可限制的个人责任的规定（商法典第 128 条）和法定描述的代表规则（商法典第 125 条）。普通商事合伙法上关于外部关系的开始时间，商法典第 123 条也适用（上面边码 7 及其后一个边码）。在此范围内，有瑕疵的合伙不能比无瑕疵设立的合伙获得更多的效力。对于有瑕疵的合伙与第三人在商法典第 123 条规定的关键时间点之前的法律关系，应适用民事合伙法。

此外，在外部关系中只有很少的**限制**：在这里，也适用**保护无完全行为能力的人**。如果在合伙协议上欠缺法定代理人或家庭法院的参与（上面边码 2），则不应考虑其责

　　[40]　BGH BB 1975, 758；BGHZ 26, 330, 335；BGHZ 55, 9＝NJW 1971, 375；BGHZ 63, 345＝NJW 1975, 1022；也比较 BGHZ 148, 201＝NJW 2001, 936.（涉及民事合伙）。

　　[41]　BGHZ 47, 293, 301＝NJW 1967, 1961；Soergel/*Hadding/Kießling*，§705 Rn. 77.

　　[42]　*K. Schmidt*，§6 III 2（最后部分）：法律后果大多不是"严格按规定推出的"，而是通过协商途径中的争论和谈判确定的。

　　[43]　BGHZ 44, 235, 236 f.＝NJW 1966, 107.

任。在内部关系中因**违反法律**或**严重违背善良风俗**（上面边码 17）而不被承认的合伙协议，在外部关系中也没有效力。如果参与人尽管如此仍相对于第三人像一个普通商事合伙那样出现，则适用有关表见合伙的规定（上面边码 10）。

3. 协议修改的瑕疵

就像最初的合伙协议一样，事后修改也可能遭受导致可撤销或无效的瑕疵（上面第六章边码 9）。为此，如果涉及其实施之后不能或仅在承受巨大困难的情况下才能溯及既往地予以更正的行为事件，则原则上也可以将为有瑕疵的合伙发展起来的规则，**相应地适用于有瑕疵的协议修改**。[44] 这尤其适用于有瑕疵地进入一个已存在的合伙。[45] 在相应适用的框架下，如果有必要，其他满足上述提到的条件的协议修改（比如**有瑕疵的退出或有瑕疵的合伙解散**），可以要求调整有关瑕疵合伙规定。

对于**案例解析**，根据瑕疵合伙原则，在确认一个瑕疵之后，应在"合伙协议"（或者协议修改，合伙进入）特征下，审查是否不再需要按照普通商事合伙法继续进行了。之后，应根据边码 14 审查其前提条件。由于特定情况下要求区别不同的法律后果，建议不要将公共的或者需要保护的人的优先利益，作为否定性的事实构成要件，而是将其放到法律后果规定之下。与此相反，如果得出没有存在过一个有瑕疵的合伙的结论，即只可能考虑表见合伙时，则在必要时需要考虑针对各表见合伙人的请求权。

4. 登记申请和商事登记簿上登记

每个普通商事合伙都必须申请登记于商事登记簿（商法典第 106 条）。全体合伙人负有登记申请义务，而无论其是否有业务执行权和代表权（商法典第 108 条）。申请登记在普通商事合伙住所所在地的初级法院，以商法典第 12 条规定的形式进行。申请必须包含商法典第 106 条详细规定的内容。[46] 登记的意义是不同的，视合伙是否经营商法典第 1 条或第 2 条和第 3 条意义上的商事营业或财产管理而定（上面边码 7 及其后一个边码）。在第一种情况下，登记发挥宣示性作用。合伙在登记以前就已经是普通商事合伙。假如普通商事合伙没有经营商法典第 1 条意义上的商事营业，则登记发挥生效性作用。合伙只有通过登记才变成为商事合伙。此外，根据商法典第 5 条和第 15 条的一般性规定，去确定登记和公开的效力。

四、解散和完全终止

与在所有的合伙情况下一样，需要严格区分解散和完全终止（关于民事合伙，见上面第十章边码 1）。解散意味着目的改变，即合伙不再定位于经营活动，而是清算（商法典第 145 条）。只有随着清算的结束，才进入完全终止（比较商法典第 157 条）。即使是在解散之后，也可以决议合伙继续存在，但必须在终止之前决议（下面边码 28 及其后边码）。清算无须按照法定的规定进行，合伙人也可以以其他方式实施清算（商法典第 145 条第 1 款和第 158 条，下面边码 31 及其后边码）。

20

21

22

[44] BGHZ 62, 20, 26 f.；Baumbach/Hopt/*Roth*，§ 105 Rn. 91ff.

[45] BGHZ 26, 330, 334 f.；44, 235, 236 f. ＝ NJW 1966, 107；*BGH* NJW 1988, 1321；1988, 1324；1992, 1501；1；NZG 2015, 387 Rn. 7, 10f.；*Grunewald*，§ 1 Rn. 176；*Kübler/Assmann*，§ 26 V；*K. Schmidt*，§ 6 V；*Wiesner*，Die Lehre von der fehlerhaften Gesellschaft，1980，S. 138 ff.

[46] 如果同意民事合伙作为合伙人（上面编码 4），则也应载明其合伙人，也比较 § 162 Abs. 1 S. 2 HGB；Baumbach/Hopt/*Roth*，§ 106 Rn. 6.。

1. 解散理由

23　　解散理由规定，在部分情况下偏离于民法。1998 年的商法改革规定，普通商事合伙的继续存在优先于解散，借以避免打碎经济价值，并让定位于持续存在的商事营业继续经营。商法典第 131 条第 1 款和第 2 款以穷尽的方式，列举了**法定的解散理由**。其他的解散理由可以由**合伙协议**规定，但不能以补充适用民事合伙规定的方式加以引入。合伙目的的实现或成为不可能，不是解散理由（民法典第 726 条），而只能论证解约或解散之诉的正当性。对于**所有合伙份额集中于一人之手**的情形，见下面第十五章边码 20 及其后一个边码。商法典追求法律明确性，因此，对于解散来说，根据商法典第 133 条提起形成之诉是必要的。商法典第 133 条第 1 款规定普遍的解散理由，第 2 款规定没有自然人参与的合伙的解散理由。

　　（a）期限届满（商法典第 131 条第 1 款第 1 项）

24　　合伙协议可以规定合伙的**最长持续期限**（上面第十章边码 2）。[47] 对于普通商事合伙而言，这在现实中很少见，但可能是合理的，比如在涉及利用一个有期限限制的专利权时。假如合伙在其约定的期限届满之后，默示存续，则根据商法典第 134 条的规定，视其为是不定期限的。

　　（b）合伙人决议（商法典第 131 条第 1 款第 2 项）

　　始终可以通过合伙人一致决议解散合伙，即使合伙是针对一个最短期限设立的并且该期限还未届满。在极端情形下，诚信义务可能会要求合伙人同意解散。[48] 由于这涉及一个基础性的事务，合伙协议必须要求有一个多数决议。在个别情况下，解散同样可能会违背诚信义务。[49]

　　（c）破产（商法典第 131 条第 1 款第 3 项）

25　　就合伙财产开启破产程序（上面第十四章边码 7），将自动导致合伙解散。在这种情况下，破产程序目标（破产法第 1 款）决定了合伙目的的改变，即应清偿合伙债权人。在此过程中，应尽可能地保存企业。这尤其应通过破产计划程序（破产法第 217 条及其后条款）来实现。在破产计划成功的情况下，合伙人可以继续经营合伙（商法典第 144 条，下面边码 28 及其后边码）。破产法强制性地取代了清算规定（商法典第 145 条第 1 款）。从现在起，破产管理人也负责主张合伙人对合伙债务的个人责任（破产法第 93 条）。[50] 破产申请（破产法第 13 条及其后条款），还不能导致合伙解散。因欠缺财产而驳回破产申请（破产法第 26 条），也不够。[51]

　　不同于民事合伙（民法典第 728 条第 2 款），就一名合伙人的财产开启破产程序不会导致合伙的解散，而只能导致该合伙人的退出（商法典第 131 条第 3 款第 1 句第 2 项，下面第十五章边码 12）。但合伙协议可以针对这种情况规定解散合伙。这样，根据商法典第 145 条第 2 款，只有经破产管理人同意，才可以不进行清算。然而，后面的一条规定，仍还是来自合伙人破产将导致合伙法定解散的时代。它相反不能较好地适应于

---

　　[47]　在一些国家的法律中，规定最长持续期限是强制性要求的；比如，法国商法典第 L210 - 2 条规定要求确定合伙的持续期限且不得超过 99 年。

　　[48]　BGH NJW 1960，434.

　　[49]　BGH ZIP 1986，91＝NJW-RR 1986，256＝JuS 1986，407.

　　[50]　关于破产法第 93 条的效力范围，见 BGH NJW 2002，2718＝NZG 2002，861.

　　[51]　比较 BGHZ 75，178＝NJW 1980，233；BGHZ 96，151，154＝NJW 1986，851；BGH NJW 1995，196.（都涉及有限商事合伙破产）

协议性的解散条款。

（d）法院决定（商法典第 131 条第 1 款第 4 项和第 133 条）

这所指的是法院基于商法典第 133 条规定的解散之诉而作出的形成判决。与民事合　26
伙相反（民法典第 723 条，上面第十章边码 4），仅解除合伙的意思表示是不够的。解
散之诉取代了特别的解除合伙。由于参与者希望准确地知道，普通商事合伙作为营业合
伙是否存在（上面第一章边码 12），法律试图通过法院决定来提供一个必不可少的明确
的法律基础。在有瑕疵的合伙情况下（上面边码 15），如果在合伙实施后主张一个撤销
或无效理由并由此对普通商事合伙的存续提出疑义，则存在同样的利益基础。

起诉的**前提条件**是**存在重大理由**。在此范围内，相应地适用上面第十章边码 4 及其
后一个边码描述的内容。然而，在普通商事合伙情况下，人们一般认为，依据民法典第
723 条第 1 款第 3 句第 2 项，长大成年的特别重大理由，只能使商法典第 131 条第 3 款
第 3 项意义上的退出解约成为可能，而不能是解散之诉（下面第十五章边码 13）。假如
存在一个重大理由，法院就必须宣布解散合伙。与来自商法典第 117 条、第 127 条和第
140 条的起诉不同，解散之诉可以由任何一名合伙人独立于其他合伙人提起，只要他认
为普通商事合伙的存续是不再值得期望的。多名合伙人可能同时具有起诉权。这样，他
们可以但不必须共同起诉。原则上，起诉是针对所有其余合伙人。解散判决是形成判
决，即导致合伙解散且不需要执行。解散判决没有溯及既往的效力。⁵²

就像民事合伙情况下的特别的解除合伙权一样，**不可以**事先**排除或限制**合伙人提起
解散之诉的权利（商法典第 133 条第 3 款）。与此相反，可以通过协议规定，仅起诉的
合伙人退出普通商事合伙，即普通商事合伙在其余合伙人之间存续。能够让起诉合伙人
消除其个人束缚，这就够了。同样可以约定，仅在其身上存在重大理由的合伙人退出合
伙。**放宽和简化**解散合伙的可能性，是**合法的**，尤其是合伙协议可以通过无期限限制的
解除合伙取代解散之诉，因为提供法律安全的形成之诉，仅是为了合伙人利益而规定
的。⁵³ 也允许将解散问题移到**仲裁庭**。

（e）商法典第 131 条第 2 款规定的解散理由

对于没有一个自然人对其直接或通过另外一个合伙的成员身份间接（第 131 条第 2　27
款）承担个人责任的合伙，因欠缺财产而拒绝开启破产程序（破产法第 26 条），也是解
散理由。同样的还有因为没有财产而被从商事登记簿中注销。这两个解散理由，补充了
仅只有承担有限责任的合伙（一般情况下为合伙）为其合伙人的普通商事合伙适用合伙
法的规定。这首先是破产法第 15a 条第 2 款规定的破产申请义务（下面第十四章边码
7），此外是官方注销（家事事件与非诉事件程序法第 394 条第 4 款）。在后面一种情形
下，只有事后发现存在可供分配的财产时，才进行清算（商法典第 145 条第 3 款）。

2. 合伙继续存在

假如企业不被作为整体出售或者由一名合伙人接收，普通商事合伙的解散必将导　28
致分割企业，并由此毁灭或者至少是减少一些在企业中真实存在的价值，尤其是无形
的业务价值，如组织、与客户的关系和业务经验（善意，比较商法典第 246 条第 1 款
第 4 句）。存活着的企业，通常比其各部分之和更有价值。因此，只要企业还有生命
力，通过清算实施的解散，就既不符合合伙人的真正利益，也不符合公共的真正利

---

⁵² 关于合伙/公司法上的形成之诉的详细介绍，见 *A. Hueck*，FS 150 Jahre Carl Heymanns Verlag，1966，S. 287 ff.。
⁵³ BGHZ 31，300，302.

益。此外，清算必然要解散隐形储备，而这经常还导致产生一个额外的税务负担。因此，与民事合伙情况下相似，但在还要更为广泛的范围内，法律规定合伙人在解散之后，仍可以决议合伙继续存在（上面第十章边码 7）。[54] 在此范围内，商法典第 144 条第 1 款包含了一个普遍的基本原则，即只要还没有出现完全终止，就还有继续存在的可能性。合伙人对于破产计划的同意，可以是一个隐含的继续存在的决定。[55] 合伙仍然是同样的那个合伙。在此过程中，需要区分继续存在是否应该由全体合伙人，或者仅由其中的一部分进行。

（a）通过所有合伙人的继续存在

29   合伙的继续存在是以所有合伙人同意为前提条件的，且让合伙以这种方式继续存在，始终是可行的。**例外情形**存在于合伙**破产**时。在这里，合伙债权人通常对合伙财产清算具有利益。因此，在这种情况下，只有当破产程序通过债务人的停止申请（破产法第 212 条及其后一个条款），或者通过一个规定有合伙继续存在的破产计划确认（破产法第 248 条）而终止时，才能决议普通商事合伙继续存在（商法典第 144 条第 1 款）。只有当合伙协议以偏离于第 131 条第 3 款第 2 项和第 4 项的方式决定解散合伙时，才可以在**合伙人破产和一名合伙人的私人债权人要求解除合伙时，考虑合伙继续存在的需要**。然后，根据商法典第 145 条第 2 款，只有经过债权人或破产管理人同意，才可以不进行清算。但是，合伙人（包括其领域范围内产生解散理由的合伙人）可以一致决议继续经营合伙。[56] 对于合伙的继续存在，一个多数决议只有在合伙协议规定时才是可能的，因为它包含有一个目的改变。

（b）通过一部分合伙人的继续存在

30   如果所有合伙人同意（包括退出的合伙人）并且不存在提到的例外情形（上面边码 29），由一部分合伙人继续经营合伙是允许的。在合伙协议用合伙解散取代商法典第 131 条第 3 款规定的合伙人退出并明确规定有一个这样的存续条款的情形下，其余合伙人可以不经退出的合伙人同意而决议继续经营普通商事合伙。

3. 清算

31   对于**清算目的和有关清算的偏离性约定的可能选择**，上面第十章边码 8 及其后一个边码针对民事合伙的描述也适用于普通商事合伙。由于肢解企业将毁灭价值（上面边码 28），故而偏离性约定是甚为常见的。偏离性约定尤其采用这种形式，即合伙企业作为整体出卖，或者在排除清算的情况下，连同所有积极财产和消极财产由合伙人中的一名合伙人接收。最后提到的解决办法与接收（下面第十五章边码 20 及其后一个边码）相对应。变更成为其他合伙/公司形式也是可以的，如有限责任公司，见改组法第 191 条第 3 款。这样，合伙以另外的"法律外衣"继续存在，不进行清算。

清算程序在商法典第 145 条及其后条款中，以偏离于民法的形式（上面第十章边码 8）加以规范。法律借以顾及经营商事营业的合伙的特殊性。**普通商事合伙的同一性，不受进入清算的影响**。但是它改变了其目的：由营业合伙变为清算合伙。由于清算仍属于商事营业经营，故合伙仍还是商事合伙。只要清算目的或者有关清算的特别规则不给出其他规定，可以继续适用普通商事合伙法的规定（商法典第 156 条）。

---

[54] 关于决议合伙继续存在的条件要求，见 BGH NJW 1995，2843.。

[55] Staub/*Schäfer*，§ 131 Rn. 36；Staub/*Habersack*，§ 144 Rn. 9.

[56] Baumbach/Hopt/*Roth*，§ 135 Rn. 13.

（a）合伙人

对于合伙人，原则上仍然适用普通商事合伙的相关规则，并连同清算规则中的一些 **32**
修正（商法典第 156 条）。**出资义务**受到限制，即只有当出资为清算目的所要求时，才
应被缴付。**业务执行**的权利和义务，也只有在合伙人同时是清算人的时候才存在。合伙
人的**代表权**本身会丧失。从合伙钱箱中**提取钱物**的权利，不再存在（商法典第 155 条第
2 款第 2 句）。只要清算目的不要求修正，**合伙协议规定**继续适用。合伙人针对合伙的
请求权以及反过来的请求权（下面第十三章边码 24），变为单纯的会计科目。[57] 合伙人
的责任依据商法典第 128 条和第 129 条继续存在。[58] 商法典第 159 条为合伙人的责任规
定了一个自解散登记起开始计算的特别的时效期限。但尽管如此，如果债权只是之后才
到期的（商法典第 159 条第 3 款），或者甚至是此时才产生的，则不适用这个时间点。
在清算中，仍可以设立新的债权。

（b）清算人

由专门清理结算的人（清算人）执行清算。这些人是合伙机关，对业务执行和代表 **33**
负责。在合伙自治原则下进行的偏离性设计中，非合伙人也可以被委任为清算人。

清算人依据合伙协议或者由合伙人一致决议确定（商法典第 146 条第 1 款）。合伙
人也可以委任非合伙人的人为清算人，比如债权人信任的人（"被选择的清算人"）。这
里，自营机关原则在此范围内被松动软化了。如果欠缺规定，所有合伙人均为清算人
（"天生的清算人"），而不管目前实施的业务执行和代表规定。当存在重大理由时，有
管辖权的基层法院，可以基于一名合伙人（或合伙人的继承人）的申请任命清算人（商
法典第 146 条第 2 款）。同样，清算人可以被解任（商法典第 147 条）。应将所有清算人
登记于商事登记簿（商法典第 148 条）。

与营业的合伙相反，清算人的**业务执行权和代表权**，从现在起变为**共同业务执行和
共同代表**（商法典第 150 条）。其职权范围依据清算任务确定（商法典第 149 条）。不应
过于狭窄地理解其职权范围。为履行其义务，清算人也可以缔结新的业务，特别是为清
算未了结的业务。相对于第三人，代表权基于清算目的而进行的限制（商法典第 149 条
第 2 款），只有在第三人可知晓的情况下才有效。合伙负举证责任[59]，不可能有其他针
对第三人有效的清算人代表权限制（商法典第 151 条）。

（c）清算任务

清算人的任务依据**清算目的**确定。合伙财产应从共同共有联结中脱离出来，并转移 **34**
给单个合伙人。为实现这一目的，清算人应终止正在进行的业务、清缴债权、变现其余
财产（变现原则；该原则对民事合伙并不是如此普遍地适用）以及清偿债权人，只要合
伙财产对此是足够的（商法典第 149 条）。清算人是否能够要求合伙人追加出资，是有
争议的。否则，债权人就必须去追究单个合伙人的责任。清算人可以申请开启破产程序
（破产法第 15 条第 1 款第 1 句）。合伙人担心被起诉要求承担责任的，可以提起合伙人

---

　　[57]　BGH NJW 1998，376；在确定一名退出合伙人的清偿请求权时将出资债务作为计算科目的做法，见 BGH
NJW 2000，2586；DStR 2002，228.（民事合伙）。

　　[58]　关于这种责任在民事诉讼中的认定问题，见 *Huber*，JuS 2009，129.。

　　[59]　主流观点，BGH NJW 1984，982；Baumbach/Hopt/*Roth*，§149 Rn. 7；*Grunewald*，§2 Rn. 86；Röhricht/
von Westphalen/*Haas*，§149 Rn. 20；有争议；不同的是 MünchKomm-HGB/*K Schmidt*，§149 Rn. 52；Staub/
Habersack，§149 Rn. 46.。

之诉（上面第七章边码 6）。[60] 在清算开始时，需要制作一个初始资产负债表（商法典第 150 条）。剩余的净资产，将以最终资产负债表为基础分配给合伙人（商法典第 155 条）。

分配，依据资本份额进行（下面第十三章边码 16 及其后边码），也可以进行中期分配。假如最终的资产负债表表明个别合伙人的资本份额为负数，则他们有义务按照这一比例补偿其他合伙人。[61] 补偿不再是清算人的事情，而是将其保留给合伙人。

(d) 终止

35

清算随着最终的分配而结束，合伙进入**完全终止**。普通商事合伙作为权利主体灭失，不再存在一个共同共有联结的财产。对于*未被清偿的债权人*，原有合伙人以原来的方式继续承担责任，但存在一个特别的 5 年期的时效（商法典第 159 条）。受商法保存义务规范的文件材料，需要由一名合伙人或第三人保管（商法典第 157 条第 2 款）。

4. 商事登记簿

36

必须申请将**解散**登记于商事登记簿。在开启破产程序情况下，解散基于职权原因而被登记（商法典第 143 条）。**登记**只发挥**宣示性**效力，即解散的进入独立于登记。但尽管如此，商法典第 15 条规定的公开效力，以登记和公开公告为联结点。合伙保留其商号，但应加上一个相应的附注（"在清算中"，缩写为 i. L.）。清算人和其代表权人同样负有登记义务（商法典第 148 条）。关于合伙继续存在的决议（上面边码 28 及其后边码），也有义务申请登记。[62] 如果因为接收而无须清算（下面第十五章边码 20 及其后边码），则接收人是个体商人并须以这一身份进行登记。如有需要继续使用商号的情形，适用商法典第 24 条第 2 款。

商号随着**完全终止**而灭失。这必须由清算人申请登记于商事登记簿（商法典第 157 条第 1 款，也比较商法典第 31 条第 2 款）。这个**登记**也是**宣示性的**。如果事后发现还有合伙财产，则应继续进行清算。[63]

---

[60] 对于通过清算人征缴追加的出资，见 *Grunewald*，§ 2 Rn. 87；Henssler/Strohn/*Klöhn*，§ 155 HGB Rn. 8；MünchKomm-HGB/*K Schmidt*，§ 149 Rn. 27；Staub/*Habersack*，§ 149 Rn. 31：清算目的包括对法律主体进行整体清算，因此合伙人必须根据商法典第 105 条第 3 款和民法典第 735 条支付剩余出资；也比较 BGH NZG 2012，393 公众性的民事合伙根据经过合伙人的授权；根据不同的观点，民法典第 735 条仅涉及合伙人相互之间的关系且是一个清算规则；BGH NJW 1984，435；Baumbach/Hopt/*Roth*，§ 149 Rn. 5；Ebenroth/Boujong/Joost/Strohn/*Hillmann*，§ 149 Rn. 15；*A. Hueck*，OHG § 32 V 4；Koller/Kincller/Roth/Morck/*Kindler*，§ 155 Rn. 4；*Saenger*，Rn. 329.。

[61] 举例见 Wiedemann/*Frey*，Nr. 173.。

[62] Baumbach/Hopt/*Roth*，§ 131 Rn. 31.（后面部分）。

[63] BGH NJW 1979，1987.

第十三章 ◀
普通商事合伙的内部关系

一、契约自由原则

普通商事合伙是商事合伙。其合伙人在很大范围内等同于商人。人们可以期待他们 1
拥有必要的业务能力和经验，自己维护其利益。此外，各合伙人之间的关系是非常不同
的。因此，参与者，原则上可以根据自由意愿规范其相互之间的关系。**在内部关系上**，
广泛的**契约自由占据**主导地位。[①] 法律上的规定（商法典第 110 条至第 122 条）是任意
性的（商法典第 109 条）。有时候，法律采用常用的偏离性规定，并通过其他任意性规
则来支持它们。下面的介绍主要依照法律规定的一般情形，而只是有限地谈及偏离性的
设计构建。但在案例解析中，则必须优先适用它们。此外，适用已针对民事合伙的内部
关系描述的基本原则，特别是*出资、诚信义务和合伙之诉*(上面第七章)。

二、业务执行

1. 自营机关原则和单独业务执行

对于普通商事合伙，就像所有的合伙（欧洲经济利益联盟是个例外）一样，自营机 2
关原则是强制性的（上面第二章边码 12）。但与民事合伙相反，在没有偏离性约定的情
况下，普通商事合伙适用**单独业务执行原则**。每个合伙人原则上都可以在通常的业务经
营范围内，独立于其余合伙人采取任何归属于业务执行领域（上面第七章边码 10）的
行为（商法典第 114 条和第 115 条）。

对于普通商事合伙，这一不同于民法规定的区别，是其特性。单独业务执行，对其
他合伙人来说是有风险的，但赋予了合伙非常大的灵活性，并且使迅速决定和立即行动
成为可能。因此，它对于作为企业载体的普通商事合伙来说，是恰当的。假如普通商事
合伙法律形式最终要占据一席之地，按照原有法律的理解，合伙人必须具有业务能力，

---

① 关于契约自由和其在合伙法中的界限，比较上面第二十章边码 20；此外见 *F. Hey*，Freie Gestaltung in
Gesellschaftsverträgen und ihre Schranken, 2004; *Reuter*, Privatrechtliche Schranken der Perpetuierung von Unterneh-
men, 1973; 总结归纳见 *K. Schmidt*, § 5 III; 较为通常的是 *Möslein*, Dispositives Recht, 2011, S. 186ff.。

相互认识且彼此信任。

3　　　但合伙协议可以**任意**规定**其他规则**。例如，将个别合伙人完全或部分排除出业务执行。业务可以在合伙人之间按照部门分配，比如委托部分合伙人负责商业，委托其他合伙人负责技术。对于特定的重要业务，可以规定要求所有合伙人同意或多数决议。同样，合伙协议可以规定由全体合伙人或者多名合伙人共同执行业务。但在迟延将带来危险的情况下，任何参与业务执行的合伙人都可以单独行动（商法典第 115 条第 2 款）。需要与此相区别的是，为维持合伙财产标的物而类推适用民法典第 744 条第 2 款规定的所谓的**紧急业务执行权**。该权利为任何合伙人所享有，即使他被完全排除出业务执行（上面第七章边码 12）。

4　　　就像在民事合伙情况下（民法典第 716 条，上面第七章边码 7）一样，被排除出业务执行的合伙人在这里，原则上在合伙事务范围内也享有一个广泛的**信息权**。该权利包括查阅业务账簿和其他的（即使是秘密性的）文件材料（商法典第 118 条第 1 款）。信息权可以在合伙协议中详细规定并借此加以扩大，但也可以加以限制或排除，如通过将监控权转移给一个监事会或顾问委员会的方式。然而，当合伙人有理由证明存在不诚实的业务执行，就不需要遵守这些限制（商法典第 118 条第 2 款）。[2] 除了信息权外，针对业务执行合伙人，合伙人作为整体享有一个来自民法典第 713 条和第 666 条的**质询权**。[3]

不可以将所有合伙人排除出业务执行，否则将导致非合伙人的人独享业务执行权（第三人机关原则），因而根据主流观点，这是被否定的。这产生于合伙的**自营机关原则**、**分拆禁止原则**，以及对合伙人的必要保护，免遭受完全由他人决定的命运。分拆禁止原则禁止将个别的共同管理权从合伙人地位中分离出来。[4] 然而，合伙协议本身可以规定将企业领导转移给一个或多个第三人。第三人并没有由此获得合伙法上的业务执行权（上面第七章边码 9）。其地位是建立在一个特别协议之上，因而也不是像合伙人权利那样的内部组织性的权利。[5] 合伙人仍然始终有通过决议给作为业务执行人的第三人下达指示或者以其他方式介入业务执行的可能性，因为不可能有完全的业务执行排除。一个关于通过第三人进行业务执行的合伙协议中的规定，仅应作为排除合伙人单独业务执行权来理解。此外，事实上非常接近于他人机关原则的情形是，一个属于普通商事合伙合伙人的法人（有限责任公司或股份有限公司）被独自赋予了业务执行权，而该权利由其任命的行为机关（业务执行人或董事会）行使（比较下面第三十七章边码 13）。对

② 关于信息权的详细介绍，见 *K. Schmidt*, Informationsrechte in Gesellschaften und Verbänden, 1984; *Wohlleben*, Informationsrechte des Gesellschafters, 1989.。

③ BGH NJW 1992, 1890; 关于反过来的情形（有限商事合伙相对于退出合伙的无限合伙人的询问权），见 OLG Hamm NZG 2001, 73.。

④ BGHZ 36, 292; 41, 367, 369（涉及代表权）; BGHNJW 1982, 1817; *Grunewald*, §1Rn. 43f.; *Kübler/Assmann*, §21 II 2 und 3; *K. Schmidt*, §14 II 2; Staub/*Schäfer*, §109 Rn. 33 f.。

⑤ BGHZ 36, 292; *BGH* NJW 1982, 877, 878; 1982, 1817 - Holiday Inn; *BGH* WM 1994, 237; 关于通过紧急处分途径为除名程序期间暂时委任一个第三人作为业务执行人的情形，比较 BGHZ 33, 105; 相应地可以适用于剥夺业务执行权之诉和接收份额之诉; 对协议实务非常有意义的是 *H. P. Westermann*, FS Lutter, 2000, S. 955; 此外，比较 *Reuter*, Privatrechtliche Schranken der Perpetuierung von Unternehmen 1973, S. 178 ff.; *Wiedemann* II, §8 II 2 a; 在结果上是一样的还有 *A. Hueck*, OHG, §10 II 2; 持不同观点的是 *H. P. Westermann*, Vertragsfreiheit und Typengesetzlichkeit im Recht der Personengesellschaften, 1970, S. 328 ff.; 反对主流观点的比如有 *Teichmann*, Gestaltungsfreiheit in Gesellschaftsverträgen, 1970, S. 116 ff.。

于普通商事合伙作为联合企业的情形，这一问题是现实的和重要的。⑥

2. 非通常的业务

法定的**单独业务执行**，仅适用于这些行为，即它们正好是这个普通商事合伙的商事   5
业务具有的**通常的经营行为**（商法典第 116 条第 1 款）。非通常的业务需要所有合伙人
决议，即也包括非业务执行合伙人（商法典第 116 条第 2 款）。

非通常的，是指与普通商事合伙的具体企业情况完全陌生的业务，但也包括这些业
务，即它们超出了普通商事合伙正常业务经营范围。

举例：设立分支机构，只要普通商事合伙的经营不是事先就以多个分支机构为目标；
建设新的房屋；接受或提供特别高额的信贷；不同寻常的大额的或长期的供货协议等。**基
础性的事务**不是非通常的业务，而是根本就**不归属于业务执行之下**（上面第七章边码 10）。

授予经理权，虽然无须全体合伙人同意，但需要所有**业务执行合伙人**同意，除非
迟延会带来危险。与此相反，每个业务执行合伙人都有权单独撤回经理权（商法典第
116 条第 3 款）。在很大程度上，经理权是一个信任问题。因此，就算只有一名业务执
行人（他可以是享有单独业务执行权或者共同业务执行权）对经理没有必要的信任，也
不应该授予或维持经理权。但商法典第 116 条第 3 款只涉及合伙人相互之间的内部关
系。对于针对经理人的经理权授予或撤回，适用商法典第 125 条及其后条款（下面第十
四章边码 12）。

3. 反对权

在通常的业务情况下，**任何一名其他的业务执行合伙人**都有反对权。一名业务执行   6
合伙人在从事通常的业务时，虽无须询问其他业务执行合伙人，但如果有一名其他合伙
人获知其意图并提出反对，则着眼于原则上的合伙人同等权利，必须搁置其计划采取的
措施（商法典第 115 条第 1 款）。但如果它已经被执行了，则无须恢复原状。

反对权是业务执行权本身的一部分。假如两名合伙人拥有**共同业务执行权**，则他们
也只能共同行使反对权。也就是说，假如 A 和 B 只有共同业务执行权，而相反 C 享有
单独业务执行权，则 A 需要 B 同意，如果他要想反对 C 的行为的话，而 C 则可以单独
反对其他两人的行为。即使在业务执行合伙人数量众多的情况下，仅一名合伙人的反对
也足以让措施在内部关系中成为不被允许的。只要合伙协议没有特别规定，不能通过多
数决议排除反对。

合伙人仅可以**基于普通商事合伙的利益**行使反对权，而不可以基于其（有冲突的）
自身利益。这可以从诚信义务中推导得出，而诚信义务特别适用于业务执行（上面第七
章边码 3）。在执行业务时，合伙人没有以合伙利益为准，他就违反了义务且应在有过
错的情况下承担损害赔偿义务。其结果，其余合伙人无须理会违反义务的反对。⑦ 计划
采取的措施在客观上是否对普通商事合伙有利，不是决定性的。这是一个企业主性质的
自由裁量问题。合伙人看法不同是可能的。只要反对的合伙人可以有理由相信，要维护
普通商事合伙的利益（比较股份法第 93 条第 1 款第 2 句中的表述），就必须尊重其反
对。这涉及职权划分。与此相反，决定的合理性不是法律问题。

---

⑥ *Haar*，Die Personengesellschaft im Konzern，2006，S. 202ff.；MünchKomm-HGB/*Mülbert*，附加根据商法典
第 237 条，KonzernR Rn. 138.。

⑦ BGH LM Nr. 11 zu §105 HGB，也包括 BGH NJW 1986，844；WM 1988，968；也比较 OLG Hamm BB
1993，165；Wiedemann/*Frey*，Nr. 71，123.。

4. 业务执行权的剥夺

7   就像在民事合伙情况下一样（上面第七章边码14），业务执行权也可在普通商事合伙情况下基于**重大理由**而剥夺。但对于普通商事合伙的业务执行合伙人，在合伙中工作一般具有重要的意义，常常构成其赖以生存的职业。因此，一个单纯的其余合伙人决议（就像民法典规定的那样），是不够的。业务执行权剥夺需要**法院决定**，借以就法律状况提供必要的明确性（商法典第117条）。剥夺以**其余的所有合伙人参与**为前提条件，即必须共同起诉。即使只有一名合伙人拒绝参与，法院也应驳回起诉。

在这样的情况下，不愿意起诉的合伙人可能会基于诚信义务而负有参与的义务（上面第七章边码3及其后一个边码）。同样的问题也出现在商法典第127条规定的剥夺代表权之诉（下面第十四章边码10）和商法典第140条规定的除名之诉（下面第十五章边码17）情况下（也比较有关特殊情形下合伙协议修改决议时的相似问题，见下面边码10）。⑧ 但对此仅就计划采取的措施存在重大理由还不够，而必须是基于紧迫的合伙利益所要求的。由于该措施涉及合伙人的基本关系，故还必须顾及不愿意起诉的合伙人的与此相对立的个人利益。依照严格标准，该措施必须**对合伙来说是必要的**，以及**对合伙人来说是可以接受的**。借此，可以顾及原来的相反观点中值得注意的怀疑。⑨ 据此，如果存在参与义务，则可以在必要情况下通过起诉的方式来让其履行义务。明智的是将该起诉与其应参与的剥夺之诉或除名之诉捆绑进行，但这将导致众多具体的程序法问题。⑩

法院应通过**形成判决**判起诉胜诉。尽管剥夺业务执行权的理由，在此之前已经存在，法院判决效力也不溯及既往。假如存在被起诉的合伙人在判决作出之前有滥用业务执行权的危险，可以通过紧急处分作出一个临时性的规范。假如这足以消除已产生的损害，法院应用单纯的**限制**来代替业务执行权的完全剥夺。

8   作为内部关系规定，商法典第117条是**任意性的**。合伙协议可以增大剥夺业务执行权的难度。但是否可以完全将其排除，则非常具有争议。作为冲突情形下的替代选择，始终还有开除合伙人（商法典第140条）或解散合伙（商法典第133条）。⑪ 合伙协议也可以简化业务执行权的剥夺，特别是可以用单纯的合伙人（多数）决议来代替法院判决。⑫ 甚至还可以放弃要求剥夺所需要的重大理由。然而，像走得这样远的设计构建很少。更多的是这样的约定，即通过仲裁约定取代司法程序（民事诉讼法第1029条及其后条款）。

三、合伙人决议

9   在一系列的情形下，所有的合伙人或所有的业务执行合伙人必须参与决议的作出，

---

⑧ BGHZ 64, 253, 257; 68, 81; *BGH* NJW 1984, 173; BGHZ 102, 172, 176＝NJW 1988, 969 (GbR); BGHZ 183, 1＝JuS 2010, 162 m. Anm. *K. Schmidt* 整顿或者退出; *K. Schmidt*，§47 V 1 b. (连同进一步的阐述)。

⑨ 对此见 *A. Hueck*，OHG，§10 VII 4. (连同进一步的阐述)。

⑩ BGHZ 68, 81; Baumbach/Hopt/*Roth*，§117 Rn. 7，§140 Rn. 20; *K. Schmidt*，Mehrseitige Gestaltungsprozesse bei Personengesellschaften, 1992; *Wiedemann* II，§8 II 2 d.

⑪ 进一步的介绍见 *A. Hueck*，OHG，§10 VII 11 a; Baumbach/Hopt/*Roth*，§117 Rn. 11. (连同进一步的阐述)。

⑫ BGH NJW 1973, 651; 也包括 BGHZ 86, 177, 180; 102, 172, 176＝NJW 1988, 969. (民事合伙)。

比如在非通常的业务、授予经理权、剥夺业务执行权、修改合伙协议情况下。这种共同参与，以决议的形式进行。它们可能存在于业务执行领域（就像例子表明的那样），但也可能涉及合伙基础。对于整个合伙/公司法来说，通过决议方式形成意思是特别典型的。因此，将决议作为自成一类的法律行为和合伙/公司法总论的组成部分来加以理解，是有意义的。[13] 但其在各合伙/公司形式下的特征，却是不同的。因此，必须与其各自的合伙/公司类型一起来理解合伙人/股东决议（比较上面第一章边码 22）。下面的内容，对普通商事合伙也适用。

1. 一致原则

　　原则上，合伙人应该以**一致同意的**方式作出决议（商法典第 119 条第 1 款）。不存在形式要求。与股份有限公司相反，法律没有一次要求过专门的合伙人大会。书面表决或通过个别谈话或者其他的交流方式取得一致，就够了。[14]　　10

　　单个合伙人的**表决做出**，是一个相对于其他全部合伙人的确定的意思表示。因此，具体的表决必须针对他们作出。其他合伙人可以授权一名合伙人接受表决。如在合伙人大会上表决的情况下，就应假定大会主持人获得了该项授权。假如合伙协议没有其他规定，合伙人必须**亲自**表决。合伙协议可以允许**代理**，也可以任意地就人的和事的前提条件，作出进一步的规定。此外，没有合伙人需要接受陌生人参与进来。然而，在获得所有人同意的情况下，也可以采用合伙协议没有规定的代理。与此相反，即使获得同意，也不可以在与成员身份相分离的情况下转移表决权（**分拆禁止原则**，上面第七章边码 9）。[15]

　　原则上，每个合伙人在所有决议情况下都有**表决权**。但在针对其进行剥夺业务执行权或代表权或者相似的表决情况下，应该将该合伙人排除出**表决**。[16] 商法典第 113 条第 2 款包含有一个例子。作为基本原则，这是普遍适用的，即没有人可以作自己事务的法官。然而，针对股份有限公司、有限责任公司、社团和合作社的相应规定（股份法第136 条，有限责任公司法第 47 条第 4 款，民法典第 34 条和合作社法第 43 条第 6 款），是不统一的，不能将其直接移植于普通商事合伙。但不应该因此就否定其表决权，即一名合伙人对表决对象具有的利益可能会与合伙利益发生冲突。在普通商事合伙与合伙人之间缔结法律行为的情况下，但也包括在采取组织行为时，根据事实状况和意义进行区别对待。[17] 在表决时，合伙人原则上必须以其对普通商事合伙的**诚信义务**（对此，见上面第七章边码 3 及其后一个边码）为准则。只要涉及**业务执行**措施，不仅存在表决权，而且存在**表决义务**，即有义务像普通商事合伙利益所要求的那样表决。其依据是合伙人

⑬ *K. Schmidt*，§15 I（连同进一步的阐述）；也见 *Bork*，Allgemeiner Teil des Bürgerlichen Rechts，3. Aufl.，2011，Rn. 436 ff.；Hüffer/*Koch*，AktG，§14 Rn. 4.。

⑭ 关于默示性的决议作出，见 BGH NZG 2005，625；Baumbach/Hopt/*Roth*，§119 Rn. 26f.。

⑮ BGHZ 3，354；20，363；*BGH* NJW 1970，468；关于表决权行使协议的合法性和界限，见 Baumbach/Hopt/*Roth*，§119 Rn. 17 ff.；*Noack*，Fehlerhafte Beschlüsse in Gesellschaften und Vereinen，1989，S. 66 ff.；*Wiedemann* II，§4 I 4 d；*Zöllner*，ZHR 155（1991）168.。

⑯ BGH NJW 1974，1555，1556；BGHZ 102，172，176＝NJW 1988，969；BGH NZG 2012，625（涉及民事合伙）；具有奠基性作用和进行详细介绍的是 *Zöllner*，Die Schranken mitgliedschaftlicher Stimmrechtsmacht bei den privatrechtlichen Personenverbänden，1963.。

⑰ 主张在合伙与合伙人之间进行法律行为的时候适用全面的表决权行使禁止的是 Baumbach/Hopt/*Roth*，§119 Rn. 8；Soergel/*Hadding/Kießling*，§709 Rn. 29；MünchKomm-BGB/*Schäfer*，§709 Rn. 70；*Zöllner*，Die Schranken mitgliedschaftlicher Stimmrechtsmacht bei den privatrechtlichen Personenverbänden，1963，S. 184，193 f.；持不同观点的是 A. *Hueck*，OHG，§11 III 2；MünchKomm-HGB/*Enzinger*，§119 Rn. 33.。

基于谨慎审查而获得的确信。有过错的义务违反，将导致损害赔偿义务。一个这样的义务违反，也可能存在于放弃表决。

与此相反，在涉及**合伙协议修改**的决议表决情况下，原则上存在完全的表决自由。只有在例外情况下，即一方面，协议修改在考虑到合伙或其余合伙人利益情况下是迫切要求的（集体性的要求），而另外一方面，对于被涉及的合伙人在顾及其自身利益的情况下是可接受的（个体性的可接受），才可能在这里基于诚信义务产生一个同意表决的义务。[18]

举例：在一个两名合伙人的普通商事合伙中，一名合伙人 63 岁，另外一名合伙人 71 岁。年老的合伙人不愿意等到他不再能够负责任地共同劳动并由此危及合伙和其中聚集的财产。因此，他希望在其有生之年就将其作为承担无限个人责任的合伙人地位，转移给他指定为后继人的继承人。联邦普通法院认为集体性的要求和对另外一名合伙人的个体性的可接受性已经具备，尤其是当后继人反正都已在合伙协议中规定好了的时候。[19]

2. 多数决议

11
合伙协议也可以规定多数决议。在不能确定的情况下，应该根据人头计算多数（商法典第 119 条第 2 款）。这样，每个合伙人都有一票，而无论其参与的规模。但表决分量也经常依照资本份额（下面边码 16 及其后边码）确定。根据决议对象的不同，合伙协议可以提出不同的多数要求。其范围，通过解释来确定，特别是是否仅仅应当包含进行中的事务，即业务执行，还是包含基础性的实务，尤其是合伙协议的修改。也可以针对合伙协议修改，规定要求多数决定原则。另外，决议受到权利行使是否合法的控制。

这样，合伙协议必须让人明确知道，依据合伙人意思，可以在多大范围内通过多数决议修改合伙协议（上面第六章边码 9）。在确定性理论和核心领域理论的名义下，或多或少地为多数决议设定了严格的要求。术语和细节上有争议。但无论如何，联邦法院已放弃了那种意义上的确定性原则，即详细例举决议对象。[20] 据此涉及的问题就是，相关合伙人在合伙协议中事先作的同意，到底在多大范围内是足够的。须特别谨慎的是，非通常性的合伙协议修改，比如要求减少个别的或所有的合伙人的权利或增加义务。[21] 无论如何，民法典第 134 条和 138 条是一般性的界限限制：假如从中会产生出个别合伙人遭受其余合伙人任意控制的违背善良风俗之情形，就不再允许多数决议了。[22] 这样，尽管可以规定通过多数决议增加出资，但这必须要么是确定一个最高数额限制，要么是让合伙人有一个通过退出普通商事合伙来摆脱其增加出资义务的可能性。[23]

确定的是，决议对象受到多数决定的影响，因此在具体适用情形中还应当检查，是

---

[18] 主流观点，BGHZ 44，40；对此见 *Fischer*，Anm. LM Nr. 3 zu § 114 HGB；*BGH* NJW 1987，952＝JZ 1987，95 m. Anm. *H. P. Westermann*；BGHZ 183，1＝JuS2010，162m. Anm. *K. Schmidt* 整顿或者退出；此外见 *A. Hueck*，ZGR 1972，244 ff.；*Schneider*，AG 1979，57 ff.；Staub/*Schäfer*，§ 105 Rn. 239ff.；*Westermann*，FS Hefermehl，1976，S. 225 ff.；*Zöllner*，Die Anpassung von Personengesellschaftsverträgen an veränderte Umstände，1979.。

[19] *BGH* NJW 1987，952；NZG 2005，129.。

[20] BGHZ 203，77＝NZG 2014，1296.

[21] Baumbach/Hopt/*Roth*，§ 119 Rn. 36ff.

[22] BGHZ 81，263，266＝NJW 1981，2565.

[23] BGHZ 8，41；48，251；也包括 *BGH* BB 76，948 m. Anm. *Ulmer*；此外比如 *A. Hueck*，OHG，§ 11 IV 2 und 3.。

否足够地履行了诚信义务——权利行使审查。[24] 严重伤及重要的合伙人权利的（核心领域），需要特殊的理由。[25] 对多数统治的其他限制，则来自合伙法上的同等对待原则和比例原则。

3. 决议瑕疵

关于普通商事合伙下的决议瑕疵，商法典没有任何规定。对此，仅股份法有特别的规定，但不能将其移植到普通商事合伙（上面边码 9）。在合伙法中，尤其没有无效与可撤销的决议划分。[26] 但无论如何，应该区分瑕疵是否涉及单个表决或决议。[27] 有瑕疵的决议原则上是无效的。

12

（a）表决瑕疵

表决是意思表示，因而受有关意思表示的一般性规范调整。表决可能无效，比如仅是为了制造假象而作出表决。表决还可能依据民法典第 119 条和第 123 条而被撤销。对于决议的法律后果，依据单个表决对其重要性来确定。如果要求一致同意，则整个决议无效。在多数决议情况下，取决于无效的表决对多数形成是否是必需的。

如果一个合伙人因行使表决权违反了诚信义务而应当负责（上面边码 10），则其就负有赔偿义务。根据恢复原状的原则，他必须收回其表决，因而也就不需要理会其意见，如同有过错的违反义务的反对（上面边码 6）。无论如何，在存在争议的情况下，针对拒绝的合伙人提起给付之诉，原则上是必要的。有义务同意而不同意，可以根据民事诉讼法第 894 条通过判决加以取代。[28]

（b）决议瑕疵

假如决议违反法律、善良风俗或合伙协议，其本身就有瑕疵。这样，决议原则上无效。但在具体情况下，应该区别对待。只要是仅仅涉及违反程序性规定，被涉及的合伙人就可以放弃要求遵守这类规定。例如，这就应当被接受，假如一名合伙人尽管知道程序瑕疵且没有反对而仍然参加表决。违背单纯的秩序性规定，不导致决议无效。此外，瑕疵对于表决结果，还必须是至关重要的。[29] 决议形成过程中的瑕疵，可以通过事后同意而治愈，而同意也可以默示作出。

13

合伙人可以通过民事诉讼法第 256 条第 1 款规定的针对其余合伙人的**确认之诉**，主张决议瑕疵。[30] 没有特别的起诉期限。但诚信义务要求一名不愿意让决议因为程序瑕疵而生效的合伙人不迟延地提出异议，只要他知道决议和瑕疵，或者另外在适当的期限内

---

[24] BGHZ 170，283-OTTO；BGHZ 179，13-Schutzgemeinschaft II NJW 2009，669；BGHZ 203，77 ＝ NZG 2014，1296；MünchKomm-HGB/*K Schmidt*，§119 Rn. 82ff.；关于分阶段进行的检查，见 *K Schmidt*，ZIP 2009，737，738ff.；*Ulmer*，ZIP 2015，657；*Schäfer*，ZIP 2015，1313.。

[25] *Priester*，NZG 2015，529；Soergel/*Hadding*/*Kießling*，§709 Rn. 40f.；MünchKomm-BGB/*Schäfer*，§709 Rn. 91ff.；Staub/*Schäfer*，§109 Rn. 38ff.

[26] 主流观点：BGHZ 85，350，353＝NJW 1983，1056；BGH NJW-RR 1990，474；NJW 1999，3113；Baumbach/Hopt/*Hopt*，§119 Rn. 31；不同的是 *Noack*，Fehlerhafte Beschlüsse in Gesellschaften und Vereinen，1989，S. 55 ff.，64 ff.（"全面的"和"内在的"无效）；*K. Schmidt*，§15 II 3；*ders.*，FS Stimpel，1985，S. 217；*ders.*，ZGR 2008，1，26ff.（统一的决议瑕疵法）。

[27] *A. Hueck*，OHG，§11 V；*Zöllner*，Die Schranken mitgliedschaftlicher Stimmrechtsmacht bei den privatrechtlichen Personenverbänden，1963，S. 359 ff.，373 ff.

[28] BGHZ 64，253，259＝NJW 1975，1410；BGHZ68，81＝NJW 1977，1013.

[29] BGH NJW 1987，1262，1263；BGH NZG 2014，621.

[30] *BGH* NJW 1999，3113；BGHZ 183，1整顿或者退出；BGH NZG 2014，945.。

诉讼主张瑕疵。否则，他可能遭遇失权抗辩。[31] 根据瑕疵种类的不同，也可以考虑通过抗辩来主张瑕疵。例如，如果一名合伙人在违反同等对待原则的情况下被要求承担负担，则他就可以在此范围内拒绝给付。合伙协议可以进一步规范处理有瑕疵的决议，比如规定起诉期限。

四、竞业禁止

14 　　作为一般的诚信义务（上面第七章边码 3）的具体化，对普通商事合伙合伙人适用**商法典第 112 条**规定的竞业禁止。合伙人不可以通过竞争损害自己的合伙，同时也不可以利用普通商事合伙的业务经验和业务秘密。作为内部关系规定，竞业禁止是**任意性的**。因此，如果有其他合伙人的同意，一名合伙人则可以在普通商事合伙所在的商事部门从事业务，或作为承担个人责任的合伙人参与另外一个同类型的商事合伙。原则上，竞业禁止也适用于被排除出业务执行的合伙人。

　　对于商法典第 112 条与反限制竞争法第 1 条和欧共体条约第 81 条规定的禁止限制竞争协议（**卡特尔禁止**）之间的关系，应该区别处理[32]：在一个对应于"劳动和责任共同体的法定常态"的普通商事合伙情况下，作为"必要的组成部分"，竞业禁止属于业务执行合伙人通过其行为追求合伙目的的义务范围。在此范围内，反限制竞争法第 1 条不阻碍商法典第 112 条适用于业务执行合伙人。然而，不同的可能存在于非典型的设计构建情况下，即合伙人在实质上只是进行资本性的参与（相似于有限商事合伙中的有限合伙人，而商法典第 165 条规定对其不适用竞业禁止），尤其是被排除出业务执行和合伙代表或者实际上不参与其中的合伙人。这样，假如满足反限制竞争法第 1 条规定的事实构成要件，商法典第 112 条规定的竞业禁止就无效，但没有一般情况下依据民法典第 139 条导致整个合伙协议存在瑕疵的结果。这种解决规范冲突（反限制竞争法第 1 条所禁止的正好是商法典第 112 条所要求的）的法律技术，被描述为"内在理论"。它要求各自着眼于另外一个规范而严格解释这两个规范。

15 　　假如合伙人有过错地违反了竞业禁止，合伙可以根据其选择要求**赔偿损失**，或者要求合伙人将为其自己进行的业务当作为普通商事合伙进行的业务来处理（**进入权**，商法典第 113 条第 1 款）。在后面一种情况下，合伙人必须将业务结果在补偿费用的条件下，转移给普通商事合伙。而与此相反，在与第三人的关系中，合伙人仍然是协议方。也就是说，相对于第三人，普通商事合伙既不享有权利，也不负有义务。商法典第 113 条不排除有其他合伙法上的后果，如剥夺业务执行权和代表权。在非常严重的情况下，甚至可以将合伙人除名。对于合伙解散，商法典第 113 条第 4 款作了明确的规定。

　　对于是否应该要求赔偿损失或主张进入权，其余合伙人通过决议决定（商法典第 113 条第 2 款，上面边码 10 及其后一个边码）。在此过程中，被涉及的合伙人没有表决权。如果没有形成决议，就不可以行使两个请求权中任何一个。在例外情形下，可能存

㉛　BGHZ 112，339，344＝NJW 1991，691；BGH NJW 1999，3131。

㉜　BGHZ 38，306，312＝NJW 1963，646 - Bonbonniere；BGHZ 70，331，334＝NJW 1978，1001 - Gabel-stapler；BGHZ 89，169（中介机构）；BGHZ 104，246，251＝NJW 1988，2737（涉及有限责任公司）；BGH NZG 2010，76（涉及有限责任公司）；EuGH Slg. 1994 I - 5641 - Gotrup-Klim；*Kübler/Assmann*，§ 7 II 2 b；*Lettl*，Kartellrecht，2. Aufl. 2007，§ 2 Rn. 116；*K. Schmidt*，§ 20 V 2；*Wiedemann* I，§ 13；*Armbrüster*，ZIP 1997，261 ff.。

在同意义务。这一建构与商事辅助人的竞业禁止相似（商法典第 60 条和第 61 条）。[33] 竞业禁止始终束缚合伙人，只要他是合伙成员。对于退出合伙后的时间，可以达成特别的约定。此外，还应该考虑事后仍然发生效力的诚信义务（有争论）。[34] 再次应该根据内在理论，将这两者与卡特尔禁止相协调。

区别于竞业禁止的是**业务机会理论**。在这里，也是涉及诚信义务的一个特别体现。合伙人不可以为自己利用合伙拥有的业务机会。[35]

五、资本份额

1. 概念

资本份额是一个表达**不同合伙人之间的参与关系的计算数字**。如果合伙协议偏离于商法典第 119 条规定要求按照资本份额进行表决，或者规定合伙人参与关系在法律上是重要的，资本份额就构成判断标准，比如对于商法典第 121 条第 1 款规定的盈利分配。每个[36]合伙人都通过一个可以**在资产负债表中看到**的资本份额，来参与普通商事合伙。资本份额是一个确定的货币数额。[37]

不应将资本份额，与合伙人在合伙财产上的份额（上面第三章边码 4 及其后一个边码）相混淆。因为，在共同共有共同体情况下，各参与者在共同共有财产上不享有一个以确定货币数额表达的按份份额。资本份额同样很少意味着，是一个针对普通商事合伙的债权，所以它属于全体成员，并且不能将其转移或抵押给第三人。资本份额也不能说明合伙人参与的实际经济价值。资本份额总额不同于合伙财产。

2. 计算

计算资本份额的出发点，是合伙人出资的价值。资本份额通过另外的出资和记入合伙人名下的盈利而增加，通过亏损和提取而减少。也就是说，依据这一法定基本模式，资本份额**不像股份或有限责任公司情况下的业务份额那样，表现为固定的数额**，而是处于不断变化之中。假如提取和亏损大于出资和盈利，资本份额也可以变为负数（**负的资本份额**）。

一个这样的负的资本份额，不会让合伙人负有向合伙支付相应数额的义务。[38] 确切地说，负的资本份额，也只是表达合伙人按比例的经济参与。如果合伙此时解散且不能通过可能的清算盈利消除负的余额，则意味着合伙人将在多大范围内对其他合伙人承担补偿义务。

在现实中，通过盈利、亏损和提取而导致资本份额不断变化，在大多数情况下是不

16

17

18

---

[33]　比较 BAG NJW 2009，105，106：普遍的法律理念。

[34]　OLG Düsseldorf ZIP 1990，861；*Paefgen*，ZIP 1990，839.

[35]　具有建设性意义的是 BGH NJW 1989，2687＝JuS 1990，145 m. Anm. *K. Schmidt*；*Kübler／J. Waltermann*，ZGR 1991，162.。

[36]　合伙协议可以约定一名合伙人根本就没有资本份额。这样，该合伙人就不享有依据资本份额提供的权利（盈利分配权、提取权以及参与清算结余分配权）。这一设计构建经常在有限责任公司作为合伙人的情况下被选择，比如见 *BayObLG* NZG 2005，173. 也比较 *Wiedemann* II，§ 2 III 1（S. 123 f.）. 上面第五章边码 4.

[37]　关于资本份额，见 RGZ 117，238，242；BGH NJW 1999，2438；*A. Hueck*，OHG，§ 16 V；全面描述见 *U. Huber*，Vermögensanteil, Kapitalanteil und Gesellschaftsanteil an Personalgesellschaften des Handelsrechts，1970；*ders.*，ZGR 1988，1.。

[38]　BGHZ 68，225，227＝NJW 1977，1339；BGH NJW 1999，2438；Baumbach/Hopt/*Roth*，§ 120 Rn. 22.

受欢迎的。作为反映合伙人相互关系的单纯计算数额，资本份额受契约自由支配。因此，**合伙协议**大多约定偏离性的计算规定，并且还可以约定**不变的资本份额**。在价值评估上，合伙人在内部关系中是自由的，不受会计法规定（例如：商法典第 253 条）约束。这尤其在劳务或无形资产作为出资（上面第六章边码 1）的情况下，具有意义。在咨询实践中，关于合伙人账户的规定，是一个重要的设计构建任务。

通常会在一个为每个合伙人设置**资本账户**或者**合伙人账户**中，簿记式地记载资本份额的变化。此外，对于合伙与合伙人之间的交易行为，只要不影响资本份额的数额，都会被记入一个特别的账户，比如**私人账户**或者**借款账户**。区分资本账户 I、资本账户 II 和其他账户的做法，也可以用。账户的作用根据合伙协议和合伙人决议来确定。[39]

3. 法律上的意义

19 在下列情况下，资本份额是决定性的：

- 对于**净盈利的分配**（下面边码 22），
- 对于合伙人的**提取权**（下面边码 23），
- 对于解散普通商事合伙和一名合伙人退出时的**解散结存或补偿结存计算**（下面第十五章边码 18 及其后一个边码和第十七章边码 13），
- **合伙协议**在其他方面将资本份额作为合伙人权利或义务的判断标准，比如现实中常有的针对多数决议情况的表决权。另外，还比如作为约定的追加出资的计算基础（增资）。

六、盈利、亏损和提取

1. 结果计算

20 就像每个商人（上面第十一章边码 7）一样，普通商事合伙必须在每个业务年度结束时，基于**年度资产负债表**确定一年的盈利或亏损（商法典第 121 条）。对于资产负债表的制作，适用强制性的商法规定（商法典第 238 条及其后条款）和会计通用原则（GoB）。除此之外，还存在税收条例第 144 条及其后条款规定的税法作账义务。因此，在现实中，经常约定要同时顾及税法上的作账规定。其结果，**商事资产负债表**和**税负资产负债表**相互重叠（统一资产负债表）。[40]

21 **制作年度财务报表**（资产负债表、盈利和亏损计算）是业务执行合伙人的事情。但与此相反，其最终确定是通过全体合伙人进行的。[41]依据商法典第 245 条，合伙人应签署资产负债表。

业务执行合伙人可以在商法典第 252 条及其后条款规定的框架范围内，在商事资产负债表中形成公开的和隐形的储备。与此相反，公积金的形成是利用盈利，这需要相应的合伙人决议。[42]

资产负债表反映合伙的财产与负债的关系（商法典第 242 条第 1 款）。**与前一年度的资产负债表相比，可以从中得出过去一个业务年度的合伙财产变化。财产增加是盈**

[39] 对此有建设性意义的是 *K. Schmidt*，§47 III 2 d；关于在法律上如何处理这样的额外账户，见 *BGH* BB 1978, 630 und BB 1982, 2007；Baumbach/Hopt/*Roth*，§120 Rn. 19f.；概览见 *U. Huber*，ZGR 1988, 1, 尤其是 29 ff.。
[40] BGHZ 132, 263, 270＝NJW 1996, 1678, 1680. （关于统一资产负债表情况下的商法与税法的冲突）。
[41] 关于合伙协议中的偏离性规定，见 BGHZ 170, 283＝NZG 2007, 259, 260–OTTO.
[42] *Priester*，FS U. H. Schneider, 2011, S. 985, 991 ff.；Staub/*Schäfer*，§120 Rn. 32f., 41 ff.

利，减少是**亏损**。由此可见，这仅仅取决于各自当时的财产比较变化情况，而不取决于其与最初的合伙财产（投资总额）之间的关系。与费用和收益相对应，商法典第242条第2款规定的盈利和亏损计算，首先是反映收益状况。

举例： 假如普通商事合伙过去是由1百万欧元的净资产设立的。一年后的资产负债表表明有80万欧元的净资产，则就产生了20万欧元的亏损。如果下一年的资产负债表表明有90万欧元的净资产，则就存在一个可分配的10万欧元的盈利，尽管合伙还没有重新达到最初的财产数额。

这与公司法（下面第二十五章边码3及其后边码）存在明显的对立。着眼于合伙人对合伙债务的无限个人责任，这是没有必要的，即普通商事合伙基于债权人利益，而在其可分配的盈利之前保证一定的最低财产。

2. 结果分配

这样计算出来的业务年度结果，将以**数字计量的形式**在合伙人之间进行分配，即将 22
盈利计入其资本账户或合伙协议规定的账户，将亏损从同样的账户中扣除（商法典第120条第2款）。在此过程中，首先涉及纯粹的**簿记式分配**。而要求支付的请求权，则以商法典第122条为准。对于结果分配，法律制定了下列的**任意性的**规则：

（a）盈利

假如存在盈利，则每个合伙人都可以在其资本份额上得到4%的优先股息。这在一定程度上是投资资本利息。假如盈利不够，则每个合伙人相应少分配些（商法典第121条第1款）。在业务年度中进行的投资和提取，将计算在内（商法典第121条第2款）。剩余的盈利按照人头分配（商法典第121条第3款）。这是真正的企业主盈利，即由所有合伙人共同协作（合伙）而获得的，因而应由所有合伙人同等分配。

（b）亏损

对于可能有的亏损，应该按照人头分担，而不管其资本份额的数额（商法典第121条第3款）。但由此并不产生一个合伙针对合伙人的要求弥补亏损的请求权。这为民法典第707条所禁止。债权人通过合伙人个人责任得到了保护。

在大多数情况下，这些规则被**合伙协议**所修改，以便适应合伙各自的情况。经常约定的是业务执行合伙人**就其劳动**，以工资或股息的形式获得一个**特别的报酬**，而此外的盈利才按照资本份额分配（接近于公司）。就算没有获得盈利，也可以就资本份额约定**固定的利息**。德国统一商法典曾以法定的方式规定这个规则。但相对于劳动提供，该规则优待资本参与。作为法定的基本形式，它现今因而被废除了。**排除**一名合伙人**参与盈利**，也是被允许的，与原先的视其为不为允许的于狮子合伙的主流观点相反。只要被涉及的合伙人，在其他方面对普通商事合伙的企业经营享有利益，就够了。[43] 决定性的设计构建视角，始终还是税法后果（上面第四章边码9及其后一个边码，第十一章边码6）。征税是以摊到单个合伙人身上的盈利为基础的，而不管其是否已支付或者保留于合伙。

3. 提取权

盈利和亏损的分配是一个记账过程。与此相区别的是，合伙人可以从合伙财产中提 23
取哪些款项。对于这一点，决定性的首先还是**合伙协议**。因此，应该对应于具体的合伙

[43] 主流观点 A. Hueck，OHG，§1 I 1 b；Staub/*Schäfer*；§105 Rn.18；MünchKomm-HGB/*Priester*，§121 Rn.37；也比较上面第五章边码4。

情况来设计安排。如果合伙协议没有包含任何规定，则按照商法典第 122 条第 1 款的规定进行，即每个合伙人首先可以提取其上一业务年度确定的资本份额的 4%，而不管合伙获得的盈利数额。这一规定来自这种观点，即合伙人在大多数情况下，将其全部劳动力贡献给了普通商事合伙，因此也必须从普通商事合伙那里获得金钱，以支付其生活费用，即使合伙没有获得盈利。除此之外，假如合伙获得了一个更高的盈利，合伙人也可以将其提取，但只有当这不会导致普通商事合伙明显遭受损害的时候。因此，比如当普通商事合伙尽管获得盈利，但没有清偿能力且不能得到或者仅能得到非常昂贵的信贷时，就不能提取。

此外，一名合伙人只有在得到**其余合伙人同意**的情况下，才可以从合伙钱箱（法律上的语言习惯是这样的，现今大多涉及银行结存款项）中提走金钱，即减少其资本份额（商法典第 122 条第 2 款）。不存在通过特别的资本维持规则设置的限制。这与公司相反。在公司情况下，出于债权人利益，一个对应于注册资本的公司财产得到了确保，以防止股东提取。与此相反，在普通商事合伙情况下，债权人通过所有合伙人的无限个人责任得到了保护。[44]

举例：一个普通商事合伙由 A、B、C 三个合伙人组成。A 将他的价值 2 百万欧元的企业投入进来，B 缴付 1 百万欧元的现金投资，C 仅提供他的劳动力。关于资本份额、盈利、亏损和提取权，没有达成协议约定（在现实中，这是应该避免的）。

在初始的资产负债表中，资本账户是：

A. 200 万欧元

B. 100 万欧元

C. 0 欧元

在第一年中，合伙挣得了 27 万欧元。从中，A 首先获得 2 百万欧元的 4%＝8 万欧元，B 首先获得 1 百万欧元的 4%＝4 万欧元。剩余的同等分配，即每人各自得到 5 万欧元。年底，资本账户是：

A. 213 万欧元

B. 109 万欧元

C. 5 万欧元

A 和 C 提取了他们的全部盈利，而 B 让其保留。下一年产生了一个 15 万欧元的亏损。现在，资本份额是：

A. 195 万欧元

B. 104 万欧元

C. －5 万欧元

C 的资本份额变为负数。[45] 因此，C 在下一年不可以提取。但与此相反，A 则可以提取 195 万欧元的 4%，即 78 000 欧元，尽管合伙存在亏损并且他的投资比最初的数额少了 5 万欧元，而 B 则可以提取 104 万欧元的 4%，即 41 600 欧元。这表明，对于 C 来说，这是无法承受的，如果他在这个普通商事合伙工作，并且没有其他财产或收入的

---

[44] 因此，在普通商事合伙的情况下也没有法律上所规定的合伙借贷在破产中的劣后性（下面第二十三章边码 3 以及关于有限责任公司的边码 16）。但是，假如公司是普通商事合伙的一个合伙人，则不可以由此规避资本维持规则的适用（比较破产法第 39 条第 4 款）。

[45] 在例子中，没有考虑的是那个在具体情况下有争议的问题，即将 C 提供其劳务的义务计入资产科目。事实上已经提供了的劳务，可以作为已提供的出资来加以记账。对此比较 Baumbach/Hopt/*Hopt*，§ 120 Rn. 17.

话。因此，他依赖于协议约定一个其他规则。

计提使共同共有财产的财产归属，变成了合伙人的私人财产，因此，其实施需要一个相应的法律行为。这通常是一个通过有代表权合伙人的银行转账，如果必要，也可以是现金所有权的转移。当行为人同时是接受人时，从民法典第181条中推导不出任何限制，因为根据商法典第122条第1款以及依据一个根据商法典第122条第2款做出的合伙人决议，其有一个针对合伙的权利主张。

就像始终如此的那样，对于**案例解析**重要的是，应该尊重合伙协议约定和决议的优先性。此外，应该严格区分盈利测算、盈利使用、盈利分配、提取权和事实上的提取。所要求的决议，应该用诚信义务来衡量，比如该义务可能要求合伙允许提取，以清偿已发生的税款（比较上面边码22）。

七、补偿请求权和利息

根据商法典第110条，每个合伙人在接下来的情形，都有一个针对普通商事合伙的 　24
补偿请求权，

● 对于合伙事务中的**费用**，即他根据事实状况可以认为其是必要的费用。他根据商法典第128条用其私人财产清偿合伙债务，也属于其中[46]；

● 对于**损失**，即他直接**通过**他的**业务执行**或者与此紧密相连的危险而遭受的损失。关于其他合伙人对这类请求权的责任，见下面第十四章边码28。

这一规定是民法典第670条的一个扩展（比较民法典第713条）。特别是损失的可补偿性，它在民法典第670条情况下，只有通过扩大解释才能实现，而在商法典中则被明确规定。对于所花费的金钱和损失，合伙应该按照5％的数额（商法典第352条第2款）支付利息（商法典第110条第2款）。

根据商法典第111条，无须满足迟延条件，合伙人就自到期开始负一个数额为5％的**利息义务**（商法典第352条第2款），假如他

● 没有按时履行其现金出资，

● 没有将收进来的合伙现金及时交到合伙钱箱中，

● 从合伙钱箱中擅自提取现金。

在迟延的情况下，根据民法典第288条第2款、第247条确定利息率。其余主张并没有由此被排除（商法典第111条第2款）。

---

[46]　例子见BGH NZG 2002，232＝NZG 2002，232.（涉及有限商事合伙）。

第十四章 ◀

普通商事合伙的外部关系

1   与内部关系相反，针对外部关系的法律规定，即商法典第 123 条至第 130b 条，大多是强制性的，或者仅在完全特定的方式下才是可以变更的。对于判断哪些规则涉及内部关系以及哪些规则涉及外部关系，商法典的子标题是一个有效的辅助工具（上面第二章边码 13）。

一、法律交往中的普通商事合伙

2   **商法典第 124 条第 1 款**规定了普通商事合伙在法律上的独立和法律交往中的地位。据此，普通商事合伙可以在其**商号**之下（上面第十一章边码 3）获取权利和承担义务，取得所有权和其他物权，到法院起诉和被起诉。因此，普通商事合伙的**权利能力**，被描述成为民法典第 14 条第 2 款意义上的合伙（无疑，这是非常新的并且缺乏解释说明价值，上面第二章边码 5）。尽管如此，普通商事合伙不是法人（上面第十一章边码 5）。第 124 条第 1 款规范**普通商事合伙的对外出现**。对外，普通商事合伙作为一个**自成一体的统一单位**出现。在此范围内，它接近于法人。在对第三人的外部关系中，与内部关系相反，它在很大程度上被如同一个法人那样来对待。这具体表现在如下几点上。

      1. 法律行为

3   普通商事合伙可以**在其商号之下行为**，尤其是进行法律行为。在此过程中，它必须被人代表，要么是（机构性的）通过合伙人，要么是（法律行为性质的）通过经理人或者特别代表。关于合伙人的代表权，紧接着见下面边码 8 及其后边码。对于其代表人和履行辅助人的有过错的行为，合伙比照民法典第 31 条及其后条款、第 278 条承担责任（上面第八章边码 9 结尾部分）。

      2. 侵权行为

4   普通商事合伙也具有**侵权能力**。由于它作为统一单位在法律交往中出现，并且在此过程中将合伙人作为其机关来使用，故它必须对一名合伙人在执行其负责的工作时实施的侵权和其他导致赔偿损失义务的行为负责。比照适用民法典**第 31 条**（上面第八章边码 10）。对此，不取决于代表权。

      那种在团体法人情况下存在的将机关责任，推广到具有领导功能的作为公司代表的其他人身上的发展趋势，在普通商事合伙情况下，着眼于合伙人的无限的个人责任，招致人们的怀疑。个体商人也不根据民法典第31条对其代表人承担责任。因此，充其量可以考虑一个限定于合伙财产的责任。这将与法人情况下的法律状况相对应。但在普通商事合伙情况下，着眼于商法典第128条，这将与现有的体系格格不入。①

与此相反，普通商事合伙在刑法上不承担责任（比较上面第二章边码5结尾部分），但仍可以因为刑事违法行为或行政违法行为，而根据行政违法行为处罚法第30条对其处以罚款，如果具有代表权的合伙人违反了涉及普通商事合伙的义务，或者如果普通商事合伙已经或应该获得利益的话。根据行政违法行为处罚法第29条没收普通商事合伙的标的物或其价值补偿，也是可能的。组织义务产生于行政违法行为处罚法第130条。

3. 财产主体身份

普通商事合伙可以在其商号之下，享有**权利**和承担**义务**，因而也可以登记于**土地登记簿**。商法典第124条中的表述，不可以被作为限制来加以错误地理解。自然，普通商事合伙也可以获取动产的所有权。合伙财产是典型的**共同共有财产**（上面第三章边码8）。它由出资、以合伙名义获得的财产和物上代位构成（上面第八章边码6）。债务，以合伙的名义通过法律行为而产生。在法定的债法关系情况下，还应特别注意，那些使合伙成为债务人的事实归入的构成要件（上面第八章边码9及其后一个边码）。

4. 诉讼能力

普通商事合伙可以起诉和被起诉，即它在程序中具有积极的和消极的**诉讼能力**。它没有参与诉讼程序的才能，而必须由具有代表权的合伙人来代表（比较民事诉讼法第51条第1款，下面边码8及其后一个边码）。在起诉中，对于标明当事人，给出商号就够了。合伙人在诉讼期间退出或者进入普通商事合伙，没有影响，不会出现诉讼当事人的变更。更确定地说，普通商事合伙以其当时的组成形式作为当事人。每个合伙人，由于他作为个体不是当事人，均可以作为附带第三人参与诉讼，以支持普通商事合伙。普通商事合伙自身与单个合伙人之间发生诉讼程序，也是可能的。假如一个合伙债权人不仅想获得一个针对合伙的强制执行书（商法典第124条第2款），而且想能够针对单个合伙人进行强制执行（商法典第129条第4款），则他必须起诉合伙和合伙人。这时，就是简单的（不是必要的）共同诉讼（民事诉讼法第62条）。② 从合伙程序到合伙人程序的过渡以及反过来的情形，是任意性的当事人变更。③

然而，合伙的特性，导致了一些程序法上的细节问题，比如合伙人是否可以被作为证人或者仅可以被作为当事人来讯问（民事诉讼法第445条及其后条款）。当事人讯问，被限定在具有代表权的合伙人之上，因为当事人询问也是诉讼行为，而没有代表权的合伙人应该被作为证人来讯问。④ 然而，假如合伙人与合伙同时被起诉，他们就不能被作为证人来讯问了。

5

6

---

① 对此的详细介绍，见 MünchKomm-BGB/*Reuter*，6. *Aufl*.，§31 Rn.15（连同进一步的阐述）；此外见 *Spindler*，Unternehmensorganisationspflichten，2001，S.601 ff.；支持将责任限定于合伙财产的是 *Altmeppen*，NJW 1996，1017；*Flume*，Personengesellschaft，S.344；反对这两者的是 *Kleindiek*，Deliktshaftung und juristische Person，1997，S.278 ff.；走得非常远的是 *BGH* ZIP 2007，1460；Baumbach/Hopt/*Roth*，§124 Rn.27.。

② BGHZ 54，251；63，51，54；BGH NJW 1988，2113；RGZ 123，151；136，266.（仍旧不同）。

③ BGHZ 62，131；Staub/*Habersack*，§124 Rn.26.（连同进一步的阐述）。

④ 主流观点，BGHZ 42，230；Baumbach/Hopt/*Roth*，§124 Rn.43；Staub/*Habersack*，§124 Rn.33；*K. Schmidt*，§46 II 3 a bb；Wiedemann/*Frey*，Nr.135.。

5. 破产

7   根据破产法第 11 条第 2 款第 1 项，普通商事合伙具有破产能力。破产程序的开启导致合伙的解散（上面第十二章边码 25）。**破产理由**通常只有普通商事合伙的**支付不能**（破产法第 17 条）。只有当合伙自己提起破产申请时，支付不能危险才是破产理由（破产法第 18 条），不取决于单个合伙人的支付能力。因此，即使债权人能够通过要求一个具有支付能力的合伙人偿还债务来得到清偿，破产程序也是可能的。只有当直接合伙人或其间接股东都不是自然人时，**资不抵债才**例外性地成为**破产理由**。在一个这样的合伙情况下，当出现支付不能或资不抵债时，存在申请开启破产程序的义务，且不履行该义务会受到处罚（破产法第 15a 条第 1 款）。在这种情形下，商法典第 130a 条禁止进行这种支付，即不符合忠诚经理谨慎判断要求的支付，也就是说，需要其是有利于业务的继续进行，并且违反此规定，机构性的代表将负有赔偿损失的义务。这一规定在很大程度上是模仿有限责任公司法和股份有限公司法（比较有限责任公司法第 64 条，股份法第 92 条第 2 款，下面第二十四章边码 9 及其后边码）。

二、代表

1. 基本原则

8   由于普通商事合伙自己不能行为，故在其进行法律行为时，需要代表。这一代表首先通过合伙人来进行（**机构性的代表**）。一个不是合伙人的人，虽然可以是合伙的经理人或特别代表，但这只涉及一个特别授予的**法律行为性质的授权**。首位的合伙法性质的代表，必须保留给合伙人本身，即**自营机关原则**（上面第二章边码 12）。[5]

上面（第十三章边码 4）关于业务执行时的*第三人机关原则*的描述，也相应地适用于这里。通过授予第三人一个全面的代表权，以及约定一个所有合伙人的单纯的共同代表权，或者通过向属于普通商事合伙合伙人的有限责任公司或者股份有限公司授予唯一的代表权，也可以在这里实现一个向第三人机关原则的靠拢。关于一个暂时性的对自营机关原则的偏离，见下面边码 10。

每个合伙人原则上都有代表权，并且与民事合伙相反，每个人单独进行代表——**单独代表权**（商法典第 125 条第 1 款）。因此，他无须一个其他合伙人的共同参与。代表权不会通过一个其他合伙人的反对（上面第十三章边码 6）而被排除。反对权仅涉及业务执行，并且因而仅涉及内部关系（比较上面第七章边码 11）。对普通商事合伙规定单独代表权，其理由与规定单独业务执行一样（上面第十三章边码 2）。这赋予了合伙在商事交往中所要求的灵活性。

2. 偏离

（a）合伙协议

9   合伙协议可以以**法律规定的一定方式偏离于**单独代表权原则。由于在外部关系中需要顾及第三人的利益，故不存在像业务执行情况下那样的完全的契约自由。

（aa）**个别合伙人**可以**被排除出**机构性的代表（商法典第 125 条第 1 款）。这样，只有其余合伙人享有代表权，原则上作为单独代表权。将所有的合伙人排除出代表是不可

---

⑤ BGHZ 26, 330, 333; 33, 105, 108; BGH ZIP 2011, 909 Rn. 21; Baumbach/Hopt/*Roth*，§ 125 Rn. 5 f.; Wiedemann/*Frey*，Nr. 136.。

能的，因为否则，普通商事合伙将没有机构性的代表。⑥ 至少，通过所有合伙人共同来代表，必须是可能的。根据商法典第 125 条第 1 款被排除出代表的合伙人，仍然能够获得通过法律行为进行的授权（代理权，委托书）。

（bb）合伙协议可以规定，普通商事合伙只能由全部或多个合伙人共同代表——**共同代表**（商法典第 125 条第 2 款）。这一共同代表也可以这样被设计构建，即始终必须所有合伙人共同参与，或者任何两个合伙人的共同参与也已足够。个别合伙人拥有单独代表权，而其他合伙人则只有共同代表权，也是允许的。对于向合伙做出的意思表示，针对享有共同代表权的多个合伙人中的一名合伙人做出的表示始终足够了——**消极代表**（商法典第 125 条第 3 款）。

拥有共同代表权的合伙人，可以授权其中一人从事特定的业务或业务种类（商法典第 125 条第 2 款）。这在现实中是常有的，特别是当业务执行根据专业领域进行分工，并且单个合伙人应该能够在转移给他的领域中独立缔结业务，而在其余方面适用共同代表的时候。⑦

（cc）在共同代表情况下，也可以规定由一名或多名合伙人与一名或多名经理人一起进行代表——**非真正的**或者**混合的共同代表**（商法典第 125 条第 3 款）。假如只存在一个有代表权的合伙人，非真正的共同代表是不被允许的，因为普通商事合伙通过合伙人独自代表必须始终是可能的（自营机关原则）。⑧ 只有在同时存在一个完全由合伙人代表的形式情况下，混合代表才是被允许的。

（b）剥夺

与业务执行权相似，代表权也可以**因为重大理由**，并基于所有其余合伙人的申请而**由法院判决**（形成判决）剥夺（商法典第 127 条）。对此，适用有关剥夺业务执行权的相应规定，也包括合伙协议中的偏离性约定（上面第十三章边码 7 及其后一个边码）。然而，合伙协议不可以将基于重大理由的代表权剥夺完全排除在外。⑨ 有关商事登记簿登记的要求和程序（下面边码 11），不可以被改变。在现实中，业务执行权的剥夺和代表权的剥夺，通常相互结合在一起。⑩

一个普通商事合伙的**唯一享有代表权的合伙人**的代表权，也可以被剥夺。但由于普通商事合伙不能没有机构性的代表，在这样的情况下，全部合伙人享有共同代表权，直到他们通过修改合伙协议创设出另外的代表为止。⑪ 在这种情况下，法院在剥夺代表权诉讼中，暂时任命不是合伙人的人为业务执行代表，不违背自营机关原则。假如通过共同代表权取代唯一代表权来消除不利状况更为适当的话，完全剥夺代表权可能是不恰当的。⑫

3. 登记簿上登记

代表规则必须申请登记于商事登记簿（商法典第 106 条第 2 款第 4 项），并依据商

10

11

---

⑥　BGHZ 26，330，333；33，105，108；36，292；*K. Schmidt*，§ 14 II 2 b.（连同进一步的阐述）。

⑦　富有启发性的（也包括自我缔约的问题）是 BGHZ 64，72＝NJW 1975，1117；对此持批评意见的是 *K. Schmidt*，§ 48 II 3 b.。

⑧　BGHZ 26，330，333.

⑨　BGH NJW 1998，1226＝NZG 1998，101.（涉及有限商事合伙）。

⑩　比如两名合伙人各自试图剥夺对方的业务执行权和代表权而同时进行诉讼程序，见 BGH NZG 2002，280.。

⑪　BGHZ 33，105，107 f.；51，198；*A. Hueck*，OHG，§ 20 IV 3；*K. Schmidt*，§ 48 II 4 a.

⑫　BGH NZG 2002，280.

法典第 10 条进行公告。这不适用于商法典第 125 条第 2 款第 2 句规定的授权，因为在那里不存在一个普遍的代表权规则。与此相反，可以登记的是民法典第 181 条限制的豁免。[13] 登记是**宣示性的**，即不涉及规则的生效条件。但着眼于根据商法典第 15 条的法律后果，登记是重要的。[14] 在缺乏登记和公告的情况下，不同于单独代表权这一法定基本模式的偏离，不能对抗不明知此偏离性规则的第三人。

4. 范围

12 　　依据其范围，机构性的代表权是**无限制的**（商法典第 126 条第 1 款）。它涉及所有的法庭内外的法律行为以及法律活动。因此，机构性的代表权的延伸范围，超过了法律上描述的经理人的代表权（商法典第 50 条）。这在非真正的共同代表权情况下也是如此。[15] 机构性的代表权，还始终包括出卖地产和在地产上设置负担以及授予和撤回经理权。它以同样的方式适用于通常的和非通常的[16]业务，而无论是否在内部关系中存在必要的职权。它也包括向职员发布指示的权利，因为职员也是作为第三人面对普通商事合伙。因此，对于这样的指示的效力，不取决于业务执行权，而仅取决于代表权。

　　与此相反，代表权**不涉及基础关系**，即合伙人相互之间的关系，尤其是不涉及合伙协议的修改，因为有代表权的合伙人代表的是整个普通商事合伙，而不是单个的合伙人（比较上面第七章边码 10）。因此，他也不能吸收一名新合伙人进入普通商事合伙，有效地为其他合伙人接受一名合伙人的解约通知[17]，或者将合伙的企业连同商号一起加以出卖。[18] 合伙人能够被授权采取此类措施（比较下面第十九章边码 15）。有代表权的合伙人可以以普通商事合伙的名义有效缔结一个隐名合伙协议，因为隐名合伙人不进入普通商事合伙的合伙人范围。[19]

　　代表权是**不可以被限制的**（商法典第 126 条第 2 款）。它在商法上是以确定的形式被加以描述的，并且既不能通过合伙协议，也不能通过其他约束限制它。与普通商事合伙进行法律行为的第三人，应该可以信赖这一点，即只要一名合伙人有代表权，他就在完整的范围内享有它，而无须每次都要去审查代表权的范围，尤其是商事登记簿仅就代表权的状况提供信息。在这一点上，*代表权实质性地区别于业务执行权*。后者已基于法律而受到限制，并且还可以任意约定进一步的限制。有关代表权行使的约定在内部关系中是有效的，但恰恰仅仅涉及内部关系。

13 　　代表权的不可限制原则，只保护**正直的交易**。因此，假如一个有代表权的合伙人与第三人共同恶意损害普通商事合伙——**恶意串通**，这就不发挥作用了。当第三人明知或者因为严重过失而不知道合伙人为损害普通商事合伙而有意识地滥用其代表权时，适用同样的规则。[20] 与此相反，这不会损害第三人的利益，即当他本来可以知道有代表权的合伙人超越了他的业务职权范围时，例如没有征得合伙协议规定的其余合伙人的同

[13] OLG Hamm BB 1983，858；*OLG Hamburg* BB 1986，1255；BayObLG NZG 2002，138.

[14] 对此比如见 *Jung*，Handelsrecht，1l. Aufl.，2016，§10Rn.10ff.。

[15] RGZ 134，303.

[16] 举例见 Wiedemann/*Frey*，Nr.138。

[17] BGH NJW 1993，1002.（涉及民事合伙）。

[18] BGH NJW 1995，596；对此见 *K.Schmidt*，ZGR 1995，675，678 ff.。

[19] RGZ 153，371；BGH DB 1971，189；WM 1979，71.

[20] 比较宽松的是 BGHZ 50，112，114（涉及经理且只需一般过失）；比较严格的是 BGH WM 1984，730（涉及有限责任公司的业务执行人）；BGHZ 127，239，241；BGH NJW 1994，2082.（涉及法律行为性质的授权）。

意，或者业务是在不顾另外一名合伙人的反对情况下进行的。因为，对于第三人来说，不存在一个就内部关系进行审查的义务。代表权的不可限制，符合逻辑地也不适用于普通商事合伙与一名合伙人*之间*的第三人性质的行为，因为该合伙人虽然像第三人那样面对普通商事合伙，但他必须接受代表权的内部限制对其有效。[21]

商法典第 126 条第 3 款包含了代表权的不可限制原则的一个**例外**，即允许将代表权限定在**多个分支机构中的一个分支机构的经营**之上。这以在不同的商号之下经营分支机构为前提条件。对此，商号的附注表明其本身为分支机构就足够了。该规定与分支机构经理规定相对应（商法典第 50 条第 3 款）。

作为一般性的规定，适用民法典第 181 条。[22] 然而，合伙协议可以豁免自我订约和多方代理的禁止。豁免是可以登记的（上面边码 11）。假如合伙人以多个功能性身份进行活动，如作为一个有限商事合伙中的无限合伙人的有限责任公司或者关联企业中的业务执行人，就应该利用这种可能性。

5. 代表权与业务执行权的区别

对于**案例解析**特别重要的是业务执行权与代表权的区别（比较上面第七章边码 11），即内部关系和外部关系的区别。此外，必须将基础性的事务，从合伙目的的共同追求中分离出来。业务执行与代表相比，最重要的法定规则和协议设计可能性的**区别**是：　　14

业务执行	代表
应该注意单独业务执行以及另外一个有业务执行权的人的反对（商法典第 115 条第 1 款）	单独代表权（反对在外部关系中不具有效力，商法典第 125 条第 1 款）
非通常的业务和授予经理权需要其他（业务执行）合伙人同意（商法典第 161 条）	无限制（商法典第 126 条第 1 款）
可以通过合伙协议任意限制（商法典第 109 条）	不可限制（商法典第 126 条第 2 款）
在共同业务执行情况下，在迟延存在危险时的紧急业务执行权（商法典第 115 条第 2 款）	没有"紧急代表权"
无须公开	有义务登记代表规则（商法典第 106 条第 2 款第 4 项）

三、合伙债务和责任

1. 合伙债务

合伙债务是所有由合伙财产承担责任的债务，也就是普通商事合伙自身有义务清偿　　15
的债务（比较上面第八章边码 9 及其后一个边码）。法律明确称"合伙的债务"（商法典第 128 条）。属于其中的是来自以普通商事合伙名义缔结的法律行为的义务。但基于法律规定的债务，无论其债务理由，比如来自普通商事合伙机关的侵权行为的义务、来自不当得利的债务以及公法债务如税费债务，都属于其中。

---

[21]　BGHZ 38, 26, 32 ff.；BGH DB 1973, 1117；WM 1979, 71.

[22]　比较 BGHZ 112, 339, 343＝NJW 1991, 691（涉及民事合伙）；*BGH* NJW-RR 1994, 291（涉及有限责任公司）；对于在认定针对有代表权的合伙人的赔偿请求权时的困难，见 BGH JuS 2011, 179m. Anm. *K. Schmidt*。

与此相反，普通商事合伙不对**其合伙人的私人的债务**承担责任。私人的债权人不可以执行合伙财产（商法典第 124 条第 2 款），而只能执行其债务人针对普通商事合伙的财产法上的请求权，比如依据商法典第 110 条的费用补偿请求权、来自盈利分配决议的请求权以及尤其还有（未来的）清算结存。㉓

2. 合伙人用其私人财产承担责任

对于合伙债务，一方面是普通商事合伙用合伙财产承担责任，另一方面是所有的合伙人用其全部的财产承担责任（商法典第 128 条）。这种责任是**强制性的**。它既不能通过合伙协议，也不能通过合伙人之间的其他约定来排除或限制。尤其是不可能将责任限定于合伙财产。这一**所有合伙人的无限制的和不可限制的责任**，是普通商事合伙的一个主要特征。

与此相反，**单个债权人可以通过协议**，放弃要求全部或单个合伙人承担个人责任（比较上面第八章边码 13）。这样，责任按照协议被减轻或被完全限定于合伙财产。这可以在最初的协议中约定，也可以事后约定。但反过来，免除普通商事合伙的债务而保留要求合伙人承担责任的做法，则存在疑问。㉔ 合伙人责任是附属性的（下面边码 20 和边码 25），即以存在一个合伙债务为前提条件。

（a）责任的内容

假如债务是一个金钱之债，对合伙人的责任不产生特殊性。但是，当负债是一个其他给付时，比如转移一个地产的所有权或提供一个信息，合伙人责任的内容就有争议。根据**"履行说"**，合伙人就像合伙一样有义务提供相同的给付。㉕ 根据**"责任说"**，合伙人对普通商事合伙的债务承担一个金钱的承保义务。㉖ 假如严格应用的话，两个理论都不能适当地**解决**问题。现今的主流观点追随履行说，然而不仅在理由论证上，而且在结果上都有众多差异。㉗

理论上的解释以此为根据，即商法典第 128 条规定的合伙人责任是首位性的债务，而不仅仅是比如对普通商事合伙未清偿的情形承担补偿责任或填补责任。合伙人在共同共有时具有法律主体身份的观点，就像其在民法典第 733 条第 1 款第 1 句、第 735 条第 1 句的文字表述中表达出来的那样，也支持履行说，但在普通商事合伙毫无疑问具有法律上的独立性的情况下，这较难令人信服。支持责任说的是合伙人责任的附属性，即一个以合伙为法律主体并且因而以区别合伙债务和合伙人债务为出发点的思想。但尽管如此，不能从附属性中必然推导出责任内容。

那些一再被讨论的**案例**部分远离现实，但富有启发性：由一名合伙人代表的普通商事合伙，承接了一个转移一块属于另外一名合伙人的房地产所有权的义务。即使该合伙人不准备放弃地产，比如因为该地产上建有其居住的单户住宅，或者他就地产而言对合伙没有债务，债权人也可以要求其履行地产所有权转移义务吗？在不能从其他地方获得货物的情况下，一名合伙人必须向一名合伙债权人提供其为自己业务储存的货物吗？他必须为债权人购买他自己没有的但可以从市场上购买的货物吗？一个建筑普通商事合伙

㉓ BGHZ 116，222，229.

㉔ BGHZ 47，376；对此见 *K. Schmidt*，§ 49 II 3 a.。

㉕ BGHZ 73，217；BGH NJW 1987，2367＝JuS 1987，826 m. Anm. *K. Schmidt*.

㉖ Großkomm-HGB（Staub）/*Fischer*，3. Aufl.，1967 ff.，§ 128 Anm. 6 ff.，insb. 9 ff.；*John*，Die organisierte Rechtsperson，1977，S. 250 ff.，insb. S. 254 ff.

㉗ 详细介绍见 Staub/*Habersack*，§ 128 Rn. 27 ff.；*K. Schmidt*，§ 49 III.。

的合伙人，负有代替合伙建设一个建筑物或消除瑕疵的义务吗？一个本身被排除出业务执行和代表的合伙人，可以被要求对合伙履行制作会计报表义务承担责任吗？

不能形式化地从普通商事合伙的本质或一定的合伙人责任的理论归属中，推导出合伙人责任的内容。对此，更多的是需要从**商法典第128条的目的**，以及在权衡债权人利益和合伙人利益情况下得出的民事诉讼上的现实可行性出发。㉘ 对此重要的是，由于普通商事合伙情况下欠缺一个法律确保其缴付和维持的责任资本，商法典第128条为**保护债权人**规定了全面的个人责任。这也有利于普通商事合伙的信用能力，并因而赋予合伙债权人利益以特别的分量。给予履行请求权，比单纯地将其推给金钱赔偿能更好地与这一目的相对应。后者会阻止一个将价值主要放在履行上的债权人要求合伙人首先履行债务，或者在此范围内被迫选择其不希望的金钱赔偿。另外一方面，合伙人的义务不可以表现为一个超越普通商事合伙债务的新给付。㉙

（aa）根据主流观点，**原则上应该以此为出发点，即根据商法典第128条，就像合伙一样，合伙人负有以同样的方式履行合伙债务的义务**。偏离可以从以下的观察角度得出。

（bb）假如一个给付，依据其**标的**，只能由普通商事合伙提供，则合伙人个人只承担㉚金钱赔偿责任。

举例：一个确定的作为特定之债给付的物，存在于合伙财产之中；承揽工作的给付，比如一个特别的研发工作，只能由普通商事合伙雇用的专家或利用其特别的设施来实现；普通商事合伙就作出一个意思表示负有义务。㉛

假如履行义务被协议性地限定于普通商事合伙，也适用以上规则。这可以明确约定，但也可以通过**协议解释**得出。在此过程中，出于债权人的利益，可以在可辨认程度上提出高要求（民法典第157）。

举例：在普通商事合伙是一个建筑合伙的情况下，可以约定仅由合伙设计和实施建筑，因为在范围内，业主对一定企业的信任，在大多数情况下是实质性的。比如，对于事后的瑕疵消除，可以适用不同的规定。

假如通过协议将**履行义务**限定于普通商事合伙，商法典第128条规定的合伙人责任就以金钱赔偿形式的**担保义务**存在。这必须明确区别于上面边码16后面部分探讨的协议性的*限定于合伙财产的责任限制*。通过后者，债权人完全放弃了商法典第128条规定的合伙人责任。在那些债权人尽管不能要求单个合伙人履行的情况下，作为其取代，可以考虑合伙人负有一个促使合伙履行的义务。这是正确的，即合伙人的共同责任包括了一个这样的促使义务。商法典第128条规定的个人责任最终（也）是建立在这一思想基础上的，并且设置了一个相应的激励。然而，应该拒绝将这个意义上的债权人要求合伙人促使合伙履行义务的法定请求权，作为商法典第128条规定的责任的内容来看待。因

18

19

㉘　BGHZ 23，302，305（其依据是 *A. Hueck*，OHG，§21 II 3 und 5）；*K. Schmidt*，§49 III 1 c；*Wiedemann* I，§5 IV 1，auch 2 a bb；较为严格的是 *Grunewald*，1 B Rn. 38 f.。

㉙　*Grunewald*，§2 Rn. 40f.；*K. Schmidt*，§49 III 2 c；MünchKomm-HGB/*K. Schmidt*，§128 Rn. 24；*OLG Nürnberg* WM 1996，399，402.

㉚　由此应当区别的是诉的提出；债权人可以从履行请求权转换为损害赔偿以代替给付，§281；比较 Henssler/Strohn/*Steitz*，§128 HGB Rn. 24；Staub/*Habersack*，§128 Rn. 31ff.。

㉛　BGH NJW 2008，1378＝JuS 2008，753 m. Anm. *K. Schmidt* 同意对属于合伙（民事合伙）的资产的土地设置地役权；MünchKomm-HGB/*K. Schmidt*，§128 Rn. 30.。

为，根据实际本质，对普通商事合伙存在的请求权，将由此在违背商法典第 124 条的情况下以不同的内容（内部关系中的行为）针对单个的合伙人。真正与商法典第 124 条不一致的是，一个针对有代表权的合伙人个人要求的以普通商事合伙名义**作出一个意思表示**的请求权。一个这样的请求权，只能针对普通商事合伙本身。在民事诉讼法第 894 条规定的强制执行情形中[32]，其结果额外让其更为明显。

（cc）在**可替代的给付**情况下，即当所负债的物或者行为不取决于给付人时，就像合伙一样，合伙人负有以同样的方式进行履行的义务。假如合伙人不能自己给付，但他能够花费相应的金钱让第三人代为实施，则债权人可以要求其履行，而无须接受一个单纯的金钱赔偿和一个由他导入的替代实施。[33]

（dd）假如合伙负有一个**不可替代的给付**债务，而该债务恰好（仅）能由被要求履行的合伙人提供，则需要进行区分。应该在商法典第 128 条保护的债权人利益，与同样被承认的合伙人的*不受合伙影响的私人领域*之间进行权衡。绝大多数人承认这一点，即假如合伙人相对于合伙（要么作为出资，要么在业务执行的框架范围内或者以其他的方式）负一个同样的给付义务，则他相对于债权人无论如何都负有实际履行的义务。如果没有这一义务，则合伙人至少可以在这种情况下，主张限定于金钱赔偿，即当给付承诺对于债权人来说是*明显侵入私人领域时*。在其他情况下，原则上必须赋予债权人就履行利益享有优先。与此相对，合伙人最多只能在其利益被严重损及的情况下，才能要求依照民法典第 242 条顾及其私人领域。仍未深度研究的是，民法典第 275 条第 2 款和第 3 款规定的标准，是否给出了比如履行义务向担保义务过渡的结果。

举例：在开端提到的地产案例情况下，合伙人必须将属于他的地产所有权直接转移给债权人，假如他反正都有义务将其提交给合伙或者以他方式转移所有权的话。假如不是这样（比如在涉及他居住的住宅地时，就令人怀疑），则他仅负有金钱赔偿之债，因为债权人能够从土地登记簿中得知该地产归属于私人财产。（退出的）合伙人负有交出租借物的义务。[34] 假如只有合伙人个人还储存有普通商事合伙承诺交付的而又不能从其他途径获得的货物，则取决于这一状况是否为债权人可知晓。如果不是这种情况，就像应该如此假定的那样，合伙人必须用其储存交付债权人。

假如债权人让合伙承诺一个他可以知晓的只能从一名合伙人的私人财产中，或者否则只能由该合伙人个人提供的给付，这一抗辩将不起作用，即*合伙内部的法律关系将因此对于针对债权人的外部关系具有决定性的意义*。有关合伙人责任的附属性的解决办法，也不能提供进一步的帮助。相应地，普通商事合伙没有财产履行给付时，也可能影响合伙人责任的内容。[35] 然而，这一没有财产也正好取决于合伙人是否在内部有义务提供一个能够使合伙向其债权人履行的给付。这同样需要顾及合伙的内部关系。

（ee）在**不作为义务**的情况下，尤其是在竞业禁止情况下，可能会出现特殊性。假如依据其内容，反正都只涉及普通商事合伙自身，或者只针对其达成约定，则适用上面（bb）中的阐述，而合伙人个人不受此束缚。[36] 另一方面，假如他们相对于普通商事合伙负有义务遵守的话，不作为义务也可能依据上面（dd）中的阐述而延伸到合伙人

---

[32]　BGH NJW 2008，1378＝JuS 2008，753 m. Anm. *K. Schmidt*（涉及民事合伙）。

[33]　BGHZ 73，217，221；Wiedemann/*Frey*，Nr. 144.

[34]　BGH NJW 1987，2367，2369.

[35]　这样比如 Wiedemann/*Frey*，Nr. 145；比如此处 Staub/*Habersack*，§ 128 Rn. 32.。

[36]　比如见 *RG* JW 1902，78 und RGZ 136，266；直观介绍见 *K. Schmidt*，§ 49 III 2c.。

身上。

严格地讲，合伙的不作为（如竞争上的）和合伙人的不作为，不是同样一件事情。因此，当合伙人以人员构成一样的另外一个合伙出现时，为论证其义务，会引入规避和权利滥用（民法典第242条）。[37] 由此也谈及法人情况下的在关键词**穿透**之下讨论的问题（下面第二十四章边码27及其后边码）。

(b) 合伙人责任的其他特征

商法典第128条规定的责任，是**无限制的、不可限制的、直接的、首位性的**和**连带责任性质的**责任。直接责任意味着债权人可以直接追究合伙人，而无须绕道通过合伙本身。例如在有限责任公司和设立中的有限责任公司的内部责任情况下，就是后面一种情形（下面第二十一章边码25）。责任是首位性的，因为是否先追究合伙的责任或合伙人的责任或者同时追究两者的责任，债权人享有自由。合伙人没有先诉抗辩权，比如在保证情况下的那样（民法典第771条）。就像商法典第128条第1款明确表述的那样，合伙人相互之间是连带债务人，适用民法典第412条及其后条款。每个合伙人就普通商事合伙的整个债务承担责任，不能将其（*按比例地*）推给其他合伙人。在内部关系中的内部补偿情况下，适用不同的规则。内部补偿不限于清偿债权人后补偿。从内部关系中，也可产生合伙人针对合伙或者其他合伙人的一个这样的请求权，即免被债权人要求承担责任。[38] 与此相反，**在普通商事合伙**和**其合伙人之间**，不存在**连带债务关系**。[39] 更确切地说，这涉及一个**附属性**的关系，即合伙人责任受合伙债务命运的影响。合伙人的抗辩以商法典第129条为准（下面边码25及其后一个边码）。 20

(c) 未成年的合伙人

经家庭法院同意（上面第十二章边码2）或者通过继承事件（下面第十五章边码2及其后边码），未成年人也可以成为一个普通商事合伙的合伙人。根据民法典第1629a条，对于父母或其他有代表权的人为孩子设立的或者基于死亡原因而获得的债务，未成年人只承担有限的责任。在这一点上，要求和存在家庭法院的同意，不改变什么。然而，这很难与普通商事合伙的格局和责任体制相适应。商法典第139条试图将过渡时间最小化（对此，见下面第十五章边码7及其后边码），就表明了责任限制的可能性与普通商事合伙的合伙人地位不相容。根据民法典第1629a条第2款，当涉及来自独立的营业经营的债务时，只要未成年人对此根据民法典第112条被授权了，就不适用责任限制。对于普通商事合伙来说，这也是一条可行之路，尤其是未成年人这样一来就可以自己行使其在合伙中的权利了。[40] 此外，责任限制的可能性，也适用于已成年的普通商事合伙合伙人。然而，有争议的是对于针对合伙的法定的请求权的责任，因为民法典第1629a条仅包括通过法律行为设立的债务。一个依照产生理由的责任分裂[41]，不适应于普通商事合伙情况下的附属性的责任（上面第八章边码11及其后一个边码）。一个能与商事合伙的责任理念更好协调一致的解决办法指出，商法典第128条规定的合伙人责任 21

㊲ BGHZ 59，64（沙石挖掘协议）；BGH BB 1974，482.（部分出卖一个地方垃圾清理企业）。

㊳ BGH ZIP 2007，2313＝JuS 2008，283 m. Anm. *K. Schmidt*.

㊴ 主流观点，见 *K. Schmidt*，§49 II 4 b（连同进一步的阐述）；但可能从有关连带债务的法律中引发出一些法律疑虑来，见 Baumbach/Hopt/*Roth*，§128 Rn. 19 f.。

㊵ 对此比较 BGHZ 65，93，95；Baumbach/Hopt/*Roth*，§105 Rn. 27；*Behnke*，NJW 1998，3082；*Haertlein*，JA 2000，982.。

㊶ 比如 *Grunewald*，ZIP 1999，597，598.。

是基于法律规定而存在的，因此不能建立在针对孩子有效的单个法律行为或其他行为基础上。[42] 所以，决定性的只能是导致法定责任产生的成员身份获得本身和成年时刻点时的债务存在。

因此，与民法典第 723 条第 1 款第 3 句第 2 项规定的解约权相结合，着眼于单个债务产生时间的举证，民法典第 1629a 条第 4 款规定了一定的缓和。关于普通商事合伙情况下的解约可能性，见下面第十六章边码 13。但无论如何，在现实中，建议不要在没有依据民法典第 112 条进行授权的情况下，接纳未成年人进入普通商事合伙。对未成年人的、合伙的和其债权人的利益的维护，应该在其他设计构建模式中寻求，例如作为有限合伙人入股或者隐名入股。

3. 进入和退出合伙的合伙人责任

22　　对合伙人责任的决定性时间点，首先是债务的产生。这样，谁是合伙人，谁就应依据商法典第 128 条承担责任。然而，假如一名合伙人新进入合伙，如果必须在其进入前后的债务之间加以区分的话这会是麻烦的。假如一名合伙人退出合伙，他不对在此之后设立的合伙债务承担责任。但是，他不能逃脱就之前设立的已存在的债务承担责任。因此，对于进入和退出合伙的情形，法律有特别规定。

（a）进入合伙的合伙人

23　　根据商法典第 130 条第 1 款，新进入合伙的合伙人，也对已存在的合伙债务承担责任。与商法典第 25 条规定的情形不同，这不取决于商号的继续使用。与此相反的约定对第三人无效（商法典第 130 条第 2 款）。也不能像商法典第 28 条第 2 款规定的在一名合伙人进入一个个体商人的已存在的业务而产生普通商事合伙那样，通过登记于商事登记簿而对其产生外部效力。内部关系中的约定，不受此影响。

（b）退出合伙的合伙人

24　　从普通商事合伙中退出的合伙人，对其退出之前产生的债务继续承担责任。[43] 商法典第 160 条将这一事后责任限定为最长 5 年（相似的是商法典第 26 条、第 28 条第 2 款，改组法第 45 条）。责任排除涵盖所有来自商法典第 128 条的个人责任的请求权，包括（以前特别有争议的）持续性的债法关系。事后责任的前提条件是，债务在 5 年期届满前到期和来自其中的针对合伙人的请求权已经可以执行了（民法典第 197 条第 1 款第 3 至第 5 项意义上的可执行）。期限自退出登记于商事登记簿起开始计算（商法典第 160 条第 1 款第 2 句）。但是，就像在民事合伙中一样，对于期限的开始计算而言，债权人的明确知晓就已足够（上面第九章边码 13）。[44] 就像在时效情况下一样，排除通过法律追究而中断（商法典第 160 条第 1 款第 3 句结合民法典第 204 条）。假如合伙人书面承认请求权，无须一个可执行的确认（商法典第 160 条第 2 款）。假如一名普通商事合伙的合伙人转变成为有限商事合伙的有限合伙人，也适用事后责任限制（商法典第 160 条第 3 款）。在合伙解散情况下，不适用责任排除（商法典第 159 条；对此，见上面第十

---

[42]　Staub/*Habersack*，§ 128 Rn. 9，§ 139 Rn. 38 也关于作为遗产的营业；关于民法典第 1629a 条的类似的运用，见 MünchKomm-BGB/*Huber*，§ 1629a Rn. 17；对此持批判态度的是 MünchKomm-HGB/*K. Schmidt*，§ 128 Rn. 67：不适当的规定。

[43]　关于决定性的时间点，见 BGHZ 142，324＝NJW 2000，208＝NZG 2000，135（涉及民事合伙）；BAG NZG 2004，1104；Wiedemann/*Frey*，Nr. 146.。

[44]　BGHZ 174，7＝NJW 2007，3784＝JuS2008，184m. Anm. *K. Schmidt*；Staub/*Habersack*，§ 160 Rn. 16；Baumbach/Hopt/*Hopt*；§ 26 Rn. 1.

二章边码 32 和边码 35）。

4. 合伙人的抗辩

假如一名合伙人因为合伙的债务而被追究，他可以在两个方向上进行**防御**。　25

（a）合伙的抗辩

合伙人可以主张合伙自身享有的所有抗辩权（商法典第 129 条第 1 款）。

举例：协议无效、针对普通商事合伙的债权已过时效[45]、延期、履行、免除（对此，见上面边码 16）。在例外情况下，可能有特别的只是在他之下存在的理由阻却他进行抗辩，例如在时效仅针对他及时中断时。[46]

不适用民法典第 425 条（上面边码 20）。这也对依据商法典第 160 条承担责任的退出合伙人适用。但是，合伙人仅在合伙自身能够主张的范围内享有抗辩权。因此，对于一个比如普通商事合伙已放弃或依据民法典第 242 条失权的抗辩，合伙人也被排除在外。这从**附属性**中推导得出，即合伙人对合伙债务以其当时的状态承担责任。假如合伙债务的存在，已通过一个针对普通商事合伙的具有法律效力的判决得到了确认，则这也对合伙人有效。这样，保留给合伙人的只还有他个人的抗辩（下面边码 27）。

（b）合伙的形成权

假如普通商事合伙享有主张**撤销、抵销、退出协议**的权利或者相似的*形成权*，单　26
个合伙人不能以自己的名义行使这样的权利，因为他没有处分普通商事合伙的权利。他可能会作为有代表权的合伙人以普通商事合伙的名义进行行为，但这也许不是基于合伙的利益。假如他欠缺（唯一的）代表权，他根本就不能获得利用合伙形成权的可能。因此，商法典第 129 条第 2 款和第 3 款赋予了他一个**推迟性的抗辩**。只要普通商事合伙享有一个这样的形成权，他就可以拒绝给付。

根据商法典第 129 条第 3 款的文字表述，对于抵销抗辩，应取决于债权人的抵销权。根据这一规则的意义，这就需要一个修正：合伙人不能主张抗辩，假如尽管债权人具有抵销权而合伙受抵销禁止的话（如民法典第 393 条）。因为，否则的话，通过绕道经过抗辩，债权人可能会被迫主动主张抵销。另一方面，假如合伙可以抵销的话，涉及债权人的抵销禁止不阻却抗辩的提起。

（c）合伙人个人的抗辩

此外，合伙人可以主张建立于其自身之上的抗辩（商法典第 129 条第 1）。进入考　27
虑范围的，比如有向他个人承诺的延期或者与一个私人债权的抵销，还有商法典第 160 条规定的责任限制。假如已经存在一个针对合伙的具有法律效力的判决（上面边码 25），在极其例外的情况下，合伙人可以主张其是违反诚信原则的或者是违反伦理的侵害（民法典第 826 条）。[47]

5. 合伙人作为普通商事合伙的债权人

合伙人也可以是普通商事合伙的债权人。这样，至少有合伙财产对其承担责任。对　28
于其他合伙人的责任，需要区分请求权是否来自合伙关系（公共义务），或者有一个合

[45]　合伙和合伙人的债务适用同样的诉讼时效期限，BGH NZG 201 O，264 Rn.40；但也见 BGH NJW 1981，S.2579（不能认定获得针对合伙人的债权执行书之后才开始诉讼时效）。

[46]　BGHZ 104，76＝NJW 1988，1976；主流观点，MünchKomm-HGB/*K. Schmidt*，§129 Rn.9 m.w.N.；不同的是 Staub/*Habersack*，§129 Rn.8.

[47]　*BGH* NJW 1996，658＝JuS 1996，651 m. Anm. *K. Schmidt*；NZG 2014，385；也比较 BGH ZIP 2016，2290（涉及保证）。

伙外的基础（第三人关系）。

(a) 公共义务

来自合伙关系的请求权，比如有针对提取的请求权（商法典第 122 条）或针对业务执行框架下的费用和损失的补偿请求权（商法典第 110 条）。对于这些请求权，**其余合伙人**在合伙存续期间，**不用用其私人财产承担责任**。从民法典第 707 条中可以推导得出，单个合伙人没有义务增加约定的出资，因此也不能要求其在出资义务之外承担业务执行费用。[48] 在合伙解散的情况下，这些请求权变为针对其他合伙人的结算账目（上面第十二章边码 32）。与此相反，一个退出的合伙人是第三人，并且着眼于其补偿请求权，他不再是合伙人（下面第十五章边码 18）。

法律对**补偿请求权**作了一个**例外**，即一名合伙人清偿了一个合伙债务，要么是自愿的，要么是被债权人强制追究（商法典第 128 条），而合伙又没有可以自由处分的财产。当被偶然追究的合伙人不能根据商法典第 110 条从普通商事合伙那里获得补偿，而又必须独自承担这一负担的话，将是一个过为苛刻的灾难。法律因此赋予了他这一权利，即依据民法典第 426 条第 2 款，从属性地要求其他合伙人按照其亏损分担份额按比例地进行补偿。[49]

举例：假如合伙人 A、B、C 分别以 1/2、1/3 和 1/6 的比例分担亏损，而 A 在不能从合伙财产中获得补偿的情况下，清偿了一个数额为 12 000 欧元的合伙债务，则他可以从 B 处要求 4 000 欧元和从 C 处要求 2 000 欧元的补偿。假如 C 清偿债务，则他可以从 A 处要求 6 000 欧元和从 B 处要求 4 000 欧元。如果 B 不具有支付能力，则分担到他身上的 4 000 欧元就必须按照 1/2 对 1/6 的关系，即 3 对 1 的关系分担到 A 和 C 身上。这样，C 可以从 A 处要求 6 000 欧元＋3 000 欧元＝9 000 欧元。

(b) 第三人性质的债权请求权

29

来自普通商事合伙与合伙人之间的比如买卖协议和借款协议的请求权，是合伙外的义务。对于这个问题，即合伙人是否可以针对其他合伙人采取措施以及采取措施的范围，必须顾及他的*双重地位*。他一方面是债权人并像第三人那样面对普通商事合伙，因为他的请求权不是来自合伙关系。因此，其他合伙人原则上应依照商法典第 128 条作为连带债务人对他承担责任。但另一方面，他也是合伙人。根据案件形态的不同，诚信义务可能要求他首先追究普通商事合伙的责任。只有在不能或者不是没有特别困难地才能从合伙财产中获得清偿的情况下，他才能要求其他合伙人清偿。[50] 无论如何，他在内部关系中必须承担分担到其身上的亏损份额。因为，根据上面（a）的阐述，其他被追究的合伙人否则可以再要求他补偿这一数额。所以，该合伙人债权人在此范围内不可以

---

[48] BGHZ 37, 299, 301.

[49] 主流观点，BGHZ 37, 299; 103, 72, 76; *BGH* NJW 1980, 339 und 1981, 1095（民事合伙）; Staub/ *Schäfer*，§ 110 Rn. 32; *K. Schmidt*，§ 49 V 1 und 2（也涉及这个问题，即合伙人履行合伙债务是否导致主债权的转移）; 此外还有 *Habersack*，AcP 198 (1998) 163; MünchHdbGesR I/*Herchen*，§ 69 Rn. 9 ff.; 走得很远的比如有 *Wiedemann* I，§ 5 III 2 a; 对于提前的豁免请求权，见 BGH JuS 2008, 283m. Anm. *K. Schmidt*。

[50] 根据以前的主流观点，辅助性原则普遍适用，*Ebenroth/Boujoung/〗oost/Strohn/Hillmann*，§ 128 Rn. 10; MünchKomm-HGB/*K. Schmidt*，§ 128 Rn. 12; Staub/*Habersack*，§ 128 Rn. 13, 26; 其他的见 BGH NZG 2013, 1334（关于有限合伙人的责任）; Henssler/Strohn/*Steitz*，§ 129 Rn. 10 a; 正如此处注意在具体情况中的诚信义务 MünchKomm-BGB/*Schäfer*，§ 705 Rn. 203, 220; *Erman/Westenmann*，BGB § 705 Rn. 61; *Staudinger/Habermeier*，BGB, 2003, § 705 Rdnr. 43; *Soergel/Hadding/Kießling*，§ 705 Rn. 57.。

主张请求权（*dolo facit qui petit quod redditurus est*）。准确地说，他必须扣除这一数额。[51]

举例：假如一个普通商事合伙由四名承担相同亏损份额的合伙人组成，而一名合伙人拥有 12 000 欧元的债权，则他只能要求其余的任何一名合伙人（作为连带债务人）清偿 9 000 欧元。假如确认一名合伙人没有支付能力，其他任何一名合伙人都必须承担 4 000 欧元的总金额。这样，合伙人债权人只能要求其他两名合伙人作为连带债务人清偿 8 000 欧元。

6. 总结

对于**案例解析**，从前面的阐述中，可以推导得出下面的第三人针对合伙的请求权和合伙人的责任情况下的概括性结论。　30

首先应该解释清楚**谁**应该被追究：**合伙**和/或者**单个合伙人**。尽管存在附属性原则，仍必须始终分开审查合伙人责任。因为，有关合伙人身份的或者个人抗辩的问题，在针对合伙的请求权时无须去审查。商法典第 124 条第 2 款和第 129 条第 4 款要求分开的债务强制执行书。由于合伙人责任始终以一个针对合伙的请求权为前提条件，所以应该首先审查后者。之后，可以援引适用已进行的阐述，避免重复审查。

针对合伙的请求权	典型的问题
请求权基础（协议、准协议、法律）	就像在所有民法上的任务情况下一样
存在一个普通商事合伙、普通商事合伙法的可适用性	对外生效，一定条件下的基于登记而成为商事合伙（商法典第 5 条），有瑕疵的合伙（上面第十二章边码 7 及其后边码，边码 11 及其后边码，）
普通商事合伙的义务	代表问题，包括商法典第 15 条（上面边码 8 及其后边码）归入问题（民法典第 31 条、第 278 条）

针对合伙人的请求权（商法典第 128 条）	典型问题
前提条件：针对合伙的请求权，不是公共请求权	援引适用上面的阐述，否则依据前面的模式另外审查要求依据请求权基础进行区分
被追究责任的人的合伙人身份—决定性的时间点：债务的产生，否则：—商法典第 130 条	有效地进入和退出合伙，包括商法典第 15 条，特定情况下的表见合伙人（下面第十五章边码 22）
合伙人可以主张的普通商事合伙的抗辩（商法典第 129 条第 1 款）	在时效问题情况下，或许有不同的方案（上面边码 25）
作为合伙人抗辩的合伙的形成权（商法典第 129 条第 2 款和第 3 款）	在抵销情形下，扩充性的以及限制性的解释（上面边码 26）

续表

针对合伙人的请求权（商法典第 128 条）	典型问题
合伙人个人的抗辩	履行请求权的偏离（上面边码 17 及其后一个边码）商法典第 160 条其他合伙人的第三人请求权时的特殊性（上面边码 29）
主张	针对合伙和合伙人的不同的法院管辖：民事诉讼法第 13 条、第 17 条合伙的法院管辖和仲裁约定扩及于合伙人合伙的破产：仅由破产管理人主张合伙人的个人责任，破产法第 93 条（上面第十二章边码 25）

31   债权人可以依据其意愿追究合伙或者一名或多名合伙人的责任。假如他想强制执行合伙财产，他必须起诉普通商事合伙（商法典第 124 条第 2 款）。与此相反，假如他想执行一名合伙人的私人财产，他需要一个针对这一名合伙人的强制执行书（商法典第 129 条第 4 款，上面边码 6）。因此，**同时起诉普通商事合伙和各个合伙人**，是恰当的。一个这样的合伙诉讼和合伙人诉讼的结合是非常常见的。在基于合伙债务而起诉普通商事合伙和一名承担个人责任的合伙人的情况下，被告人之间不存在必要的共同诉讼。从合伙诉讼到合伙人诉讼的过渡，是一个任意性的当事人变更（上面边码 6）。针对合伙的起诉，不会使针对合伙人的请求权开始进入诉讼，反过来也一样，因为这涉及不同的当事人。合伙与第三人之间的仲裁约定，也对合伙人有效[52]，法院管辖约定也一样。[53]如果合伙人应该被作为证人来讯问，则这只有在没有代表权的合伙人情况下才是可能的。然而，当合伙人与普通商事合伙一起被起诉时，他们不能被作为证人来讯问（上面边码 6）。

---

[52] BGH NJW 1980，1797；WM 1991，384；主流观点，Baumbach/Hopt/*Roth*，§ 128 Rn. 40 m. w. N.；不同的是 Staub/*Habersack*，§ 124 Rn. 29.。

[53] BGH NJW 1981，2644，2646；Baumbach/Hopt/*Roth*，§ 128 Rn. 41.

第十五章 ◀

普通商事合伙的合伙人变更

首先，在涉及进入、退出和法律行为性质的成员身份转让时，原则上适用有关民事合伙的相同规定（上面第九章）。偏离于此的是，1998 年的商法改革让合伙在合伙人基于一定理由退出时，继续存在成为常态。法律借此顾及了广泛存在的现实实践，即通过普通商事合伙的协议设计构建，帮助其在一定程度独立于其合伙人的存在。此外，对于普通商事合伙的合伙份额的可继承性情形（上面第九章边码 3），商法典自始以来都包含有特别的规定。因为，否则的话，在继承人对于责任限制和思考时间的利益，与普通商事合伙的严格责任、赖以依存的便捷以及其余合伙人的利益之间可能会出现冲突。在这一领域，谨慎的协议设计构建尤为重要，包括对税负的附带顾及。

一、合伙人的继承

在 1998 年的商法改革之前，合伙人死亡原则上是解散事由（比较民法典第 727 条）。但是，合伙协议通常规定，合伙仅在剩余合伙人之间或者连同死者的继承人一起继续存在，因为合伙解散将毁灭经济价值，而合伙不连同继承人一起继续存在，将被其补偿请求权严重拖累。再加上，合伙人往往力求让其最近的家属，可以作为继承人进入合伙（**家族企业**）。根据商法典第 131 条第 3 款第 3 项，在没有偏离性约定的情况下，一名合伙人的死亡只导致其退出合伙，即合伙在其余合伙人之间继续存在。在普通商事合伙情况下，无须一个继续条款。假如没有其他进一步的约定，继承人享有补偿请求权（上面第十章边码 12，下面边码 18 及其后一个边码）。补偿请求权属于遗产。

为了不让补偿请求权过多地拖累合伙，可以规定不同于民法典第 738 条第 1 款第 2 句的计算规则。常用的是账面价值条款。该条款导致退出的合伙人以及由此还有其继承人，不能参与分配企业的隐形储备和**商誉**。基于合伙继续存在的利益，甚至允许完全排除补偿。[1] 尽管如此，剩余合伙人的合伙份额的增加不是死因赠与（死因赠与有形式要求，民法典第 2301 条第 1 款第 1 句），假如在内容对等的约定情况下，对所有合伙人来说，自己份额增加的机会与自己早死亡时的相应的丧失风险相对应，即不存在无偿的捐赠。

假如应该由被继承人的一名或多名继承人或者一个其他的人获得其地位而成为合伙

1

2

---

[1] BGHZ 22, 186, 194=NJW 1957, 180；BGHZ 50, 316, 318=NJW 1968, 2003.

人，必须在合伙协议上和继承法上有规定。这一**合伙法和继承法的相互介入**，不是总是没有摩擦的，因为这两个领域，除了商法典第 139 条的部分视角外，没有被相互协调起来。

1. 继受条款

3　　假如合伙协议规定普通商事合伙**连同**一名死去的合伙人的**继承人**一起**继续存在（简单的或者一般的继受条款）**，则该继承人随着继承事由的发生而成为合伙人。多个继承人的，则各自独自成为合伙人。② 死者的合伙份额全部归属于唯一的继承人。有多个继承人的，则按照其继承份额归属于他们，不产生补偿请求权。继受以合伙协议为基础，依据继承法的基本原则进行，因此还**继承法上的继受条款**。继承人随着继承事由的发生而自动进入合伙，无须通过法律行为接纳继承人。因此，对于未成年人，也不要求民法典第 1643 条、第 1882 条第 3 项规定的家庭法院同意。③

4　　如果存在多个继承人，合伙份额上发生一个**特别权利继受**。这里，存在一个对一般继承法上的概括继受原则的突破。作为法律发展，它已被广泛承认。④ 一个与概括继受相对应的合伙人地位，向继承共同体的转移是不可能的，因为继承共同体不能是普通商事合伙的合伙人（上面第十二章边码 5）。继承人仅能共同享有一个补偿请求权，但这在继承人基于合伙协议上的继受条款而直接获得合伙人地位的情况下是不会产生的。商法典第 139 条明确以这样的继受为前提条件。因此，在此范围内，通过合伙法，法律设置了一个继承法的突破。⑤

　　合伙协议可以规定，在一名合伙人死亡后，普通商事合伙仅连同多名继承人中的一名或者几名继承人继续存在（**特别继受条款**）。出于普通商事合伙具有行动能力的需要，借此保证合伙人人数可以一目了然，避免在多个继承情形下出现合伙人人数泛滥。继受权利人的确定，可以在合伙协议中通过确定人身的和事务的特征来加以详细规定，比如年龄最大的孩子或者一定的专业教育。但也可以不加限制地将其保留给合伙人，让合伙人再通过死因处分（继承人指定或者分配指示）来决定，如果法定继承不能达到希望的结果的话。对于具有继受权利的继承人来说，**该法律后果**与一般继受条款下的法律后果相对应。他将在继承事由的时刻上连同死者的全部份额自动成为合伙人。假如多个继承人并列地具有继受权利，份额按照其继承份额分摊到他们身上。在此过程中，这也涉及一个继承法上的特别权利继受。但与一般的继受条款相反，不是所有的继承人按照其继承份额进行参与，而是仅仅他们其中的一个或一些人。就此而言，合伙法也得以贯彻。因为只有合伙协议才能够有约束力地确定，其他合伙人与谁和在哪些前提条件下继续经营普通商事合伙。

2. 进入条款

5　　当一名合伙人死亡时，只是赋予一名或多名继承人享有一个**进入合伙的权利**，人们称之为进入条款。那么，每个具体的继承人的进入通过**接纳协议**来进行，必要时是在遵守民法典第 1643 条第 1 款、第 1822 条第 3 项的条件下进行。作为有利于第三人的协

---

② 有关不同的继受条款的概览，见 *Seeger*，Jura 2007，889，890f.。

③ BGHZ 55，269＝NJW 1971，1258.

④ BGHZ 22，186，191 ff.；68，225，229 ff.；91，132，135 f.；98，48，51；108，192＝NJW 1989，3153；Staub/*Schäfer*，§ 139 Rn. 10，45。

⑤ BGHZ 50，317；68，225，236 f. ＝ NJW 1977，1339，对此见 *Ulmer*，BB 1977，S. 805；BGHZ 91，132；98，48；108，187；*BGH* NJW 1978，264；1983，2376；1985，1953；*Ulmer/Schäfer*，ZHR 160（1996）413；*Wiedemann*，Die Übertragung und Vererbung von Mitgliedschaftsrechten bei Handelsgesellschaften，1965，S. 156 ff.。

议，合伙协议赋予了一个以这种形式进入合伙的债权性质的请求权，但不能规定作为第三人的继承人有义务进入。因此，这取决于继承人作出是否行使这一权利的决定。由于继承人不是自动成为合伙人，死者的合伙份额先是增加到其他合伙人身上（上面第九章边码 11）。对此，假如合伙协议没有其他规定，产生一个归属于遗产的补偿请求权。假如一名继承人之后进入合伙，其合伙人地位必须被重新设立。然而，特别是当多个继承人当中不是所有的人都进入合伙时，出资义务直接通过与补偿请求权相抵销的方式来履行，可能会面临困难，因为补偿请求权首先必须从遗产中分离出来。假如赋予一个未成年人一个仅于成年时才得行使的进入权，基于民法典第 1629a 条、第 1822 条的原因，这可能是值得推荐的，即在此期间，可以将确定为出资的补偿价值转移成为另一名合伙人的下位参与。

3. 合伙协议与继承法之间的偏离

假如合伙协议与继承法之间的规定不一致，就会产生困难。强烈建议合伙人通过死因处分来让继承规则与合伙协议相协调，因为法律没有提供这一点。

这是在特别继受条款（上面边码 4）情况下出现，即多个继承人中只有**一个或几个继承人被允许通过继受进入合伙**。这样，也只有这些人才能通过特别继受的途径成为合伙人，因为合伙法的前提条件只有在他们之下才得到了满足。对于其余不能成为合伙人的继承人，在这种设计构建下**不产生针对合伙的补偿请求权**，因为那个或那些继承人已经获得了死者的全部的合伙人地位。但是，如果合伙份额的价值超过了继受人的继承份额的价值，**共同继承人之间的内部补偿**不受影响。在没有相反规定的情况下，具有继受权利的合伙人在清算时必须让归属于他的合伙份额的价值计算入他的遗产份额之内（**价值平衡**）。在这里，也建议通过最后意愿处分事先采取预防措施，比如通过遗嘱或遗产份额确定，因为向其余继承人进行补偿的经济负担，可能对继承人来说过于苛刻。合伙中的财产被以共同共有的形式束缚于一个有生命力的企业当中，不能被任意提取。一个可行的解决途径是在合伙份额上，为退居次位的继承人设定下位参与，而这也可以是在欠缺最后意愿安排的情况下（上面边码 5 结尾部分）。⑥

假如在合伙协议中被称为继受人的人根本就不是继承人，继承法上的继任就落空了。主流观点正确地否定了那种在合伙法上设计构建直接继受的试图。假如合伙协议应该作为有利于第三人的协议而对继受人的进入产生影响，由于个人责任的原因，它同时是使第三人负担的协议，并且还必须作为有利于第三人的处分而发挥作用。⑦ 但是，这是一种不为现行法律所知晓的设计手段。与此相反，适合这一功能的是一个**进入权**，它可以独立于继承法的情况而在合伙协议中设定。因此，在**解释**合伙协议时应该注意，单纯的文字表述本身不是决定性的，因为一般的语言使用没有精确区分继受权与进入权。对此，人们还使用其他表述，比如转让、接任和其他相似的词汇。也须考虑将继受条款**转换理解**成为进入条款。⑧ 这样，进入合伙就必须通过接纳协议来完成。

在合伙协议中可以规定，不是继承人，而是第三人应该获得因为死亡而退出的合伙人位置。对此，适当的法律形式也是一个**进入条款**（上面边码 5）。取代继承人，它为

⑥ BGHZ 50，316＝NJW 1968，2003；Baumbach/Hopt/*Roth*，§139 Rn. 17f.

⑦ 比较 *Flume*，Personengesellschaft，§18 IV，VII；对于处分要有利于第三人，见 BGHZ 41，95＝NJW 1964，1319；BGHZ 68，225，232.。

⑧ BGHZ 68，225，230 ff.；BGH NJW 1978，264；JZ 1987，880 mit Anm. *Ulmer*；举例见 Wiedemann/*Frey*，Nr. 167.。

第三人提供了进入权。在例外情况下，一个所谓的协议性质的继受条款，可以导致第三人的直接进入（不是继承法上的继受），假如继受人已经是合伙人并且因而连同这一条款缔结了合伙协议的话。这样一来，使第三人负担和有利于第三人的处分的抗辩，就不存在了。在现实中，假如死亡的合伙人的份额应该自动增加到另外一名合伙人的份额之上，这是重要的。

在进入条款的情况下，对于死亡的合伙人的继承人，一般存在一个因为死亡合伙人的退出而针对合伙的**补偿请求权**（商法典第 131 条第 3 款第 1 项），但合伙协议可以规定其他规则（上面边码 2）。⑨

4. 作为有限商事合伙继续存在

7　　对于继承人，合伙人地位在经济上可能是非常有价值的。基于与此相关联的可能在企业中从事劳动的原因，这也可能是有利可图的。但另外一方面，对于他来说，共同参与劳动（业务执行）的义务，也可能是费力的或不可完成的，而无限的个人责任可能是危险的。为了使一个愿意避免这些不利的继承人不至于被迫放弃整个继承，商法典第 139 条可以赋予其自知道继承事由发生后 3 个月内要求获得**一个有限合伙人地位**的**权利**。借此，他可以避免业务执行义务和无限责任（下面第十七章边码 10 和边码 18 及其后边码）。然而，**其余的合伙人**可以**拒绝**继承人享有有限合伙人地位。当他们其中的一个对此不同意，就够了（上面第十三章边码 10 及其后一个边码）。如果发生这样的情况，继承人可以要么连同其继承的所有权利和义务继续作为完全承担责任的普通商事合伙合伙人，要么在无须遵守一个解除期限的情况下，**退出合伙**并要求其补偿结存（商法典第 139 条第 2 款）。假如多个继承人具有继受权利，每个继承人都可以独立于其他继承人而为自己行使这一权利。

8　　假如继承人成为有限合伙人，他作为**有限合伙人的投资数额**，以被继承的投资分摊到他身上的部分为准（商法典第 139 条第 1 款）。在其之下，应该如此理解，即从被继承人死亡时的资本份额中扣除比如仍还拖欠的出资和无权利提取的款项。⑩ 假如继承人退出，普通商事合伙在其余合伙人之间继续存在。在这两种情形下，继承人对原有的合伙债务仅根据继承法的基本原则承担责任，即个人的和无限的，但他可以利用民法典规定的手段（民法典第 1975 条及其后条款，遗产管理、遗产破产），将其责任限定在遗产范围内。对于新产生的合伙债务，假如继承人成为有限合伙人，他就应根据有限商事合伙法的基本原则承担责任（下面第十七章边码 16 及其后边码），相反假如他退出合伙，则他根本就不承担责任。在悬而未决的期间内，继承人尽管（暂时）是承担个人责任的合伙人，并根据商法典第 130 条对旧的债务承担责任，以及根据商法典第 128 条对新的债务承担责任，但商法典第 139 条第 4 款规定的优待追溯于继承事由发生的时刻点。因此，商法典第 139 条第 3 款努力让悬而未决的期间尽可能地短，因为继承法上的责任限制与普通商事合伙中的合伙人地位不相兼容。继承人也必须在死亡合伙人退出合伙时申请登记于商事登记簿上（商法典第 108 条，下面边码 22），否则商法典第 15 条可能使继承法上的责任限制破灭。⑪

---

⑨　对于构建的可能性，见 Staub/*Schäfer*，§ 139 Rn. 151f.。

⑩　细节上有争议；详细介绍见 Staub/*Schäfer*，§ 139 Rn. 101ff.；MünchKomm-HGB/*K. Schmidt*，§ 139 Rn. 71 ff.；也见 BGHZ 101, 123（尤其涉及评估和责任）；关于第 139 条的问题的一般介绍，见 *K. Schmidt*，ZGR 1989，445.（连同进一步的阐述）。

⑪　Baumbach/Hopt/*Roth*，§ 108 Rn. 1，§ 139 Rn. 28；也比较 BayObLG ZIP 2003，1443.。

一旦商法典第 139 条的适用领域被开启，它就是**强制性的**。一旦合伙协议规定了普 9
通商事合伙连同继承人一起继续存在，就不能再限制他们对此的决定自由，即是否选择
较少要求的作为有限合伙人的地位。合伙协议只能针对继承人成为有限合伙人的情形，
就其盈利分配份额的数额进行不同的确定（商法典第 139 条第 5 款）。因为，这样一来，
继承人不再负有业务执行义务，并且也只是有限地参与企业风险。但是无疑，合伙协议
可以规定，一名合伙人的继承人仅能得到有限合伙人的地位（**变更条款**）。[12] 这一设计
构建值得推荐，假如继承人仍还未成年。如果必要，可以将其与合伙协议赋予的这一可
能性相结合，即成员身份在事后的一个时刻点上再转变成为普通商事合伙的合伙人身
份。借此，一方面可以保障合伙继续作为家族合伙，另一方面可以减少对合伙和其债权
人的负担和不确定性。特别是未成年人的责任风险被降低了。这样，就没有多大动力去
主张民法典第 1629a 条规定的责任限制了（上面第十二章边码 2，第十四章边码 21）。

5. 对于案例解析的建议

就像在所有的合伙人变更情形下一样，尤其是在合伙人继承时会出现有关合伙人地 10
位的问题。通常，这在历史的（按照时间顺序的）结构安排中去审查。也就是从没有争
议的合伙人地位出发。比如，以被继承人的合伙人地位为基点，再沿着变化推进。如果
涉及"合伙人身份"特征（比较上面第十四章边码 30），这可能又成为其他审查的组成
部分。对此需要注意下面的视角。

提问	结果
合伙的命运	解散或继续存在（民法典第 727 条、商法典第 131 条第 3 款第 1 项，偏离性的约定）
继续存在时：合伙份额可以被继承吗？	决定性的：合伙协议，继受条款
假如是的： (a) 继受人在合伙法上的前提条件？ (b) 继受人在继承法上的前提条件？ (c) 在（a）和（b）之间不一致时	(a) 满足（特别）继受条款的前提条件吗？ (b) 享有继承地位 (c) 通过解释或转换理解合伙协议和遗嘱来解决（对此，还有民法典第 2084 条）
继受时	自动获得合伙人地位（独自的，在多个继承人情况下按照继承份额或者合伙协议确定）
变更条款	自动获得合伙人地位，转变成为有限合伙人地位
继受没有变更条款时：商法典第 139 条要求有限合伙人地位 (b) 其余合伙人接受/拒绝 (aa) 其余合伙人接受时：有限合伙人 (bb) 拒绝时 (cc) 退出合伙时	商法典第 139 条不可以通过协议变更（商法典第 139 条第 5 款） (a) 必须在一定的期间内声明 (b) 在不能确定的情况下，要求所有合伙人同意 (aa) 被继承人的资本份额作为有限合伙人投资，相应的责任限制 (bb) 选择权：完全的合伙人地位或通过立即解除退出合伙 (cc) 基本原则：补偿请求权归属于遗产
进入条款	满足合伙协议的进入条款的前提条件吗？

[12] *K. Schmidt*，BB 1989，1702（连同进一步的阐述）；66，101；101，123，125。

续表

提问	结果
进入吗？	通过与其余合伙人的协议；例外情况下，通过合伙协议提前解决
投资被投入了吗？	比如通过补偿份额的遗赠和抵销
退出合伙的被继承人的补偿请求权	归属于遗产 数额：合伙协议（账面数额、排除），否则民法典第 738 条
当合伙份额不能被继承的：进入条款？	协议解释，必要时重新解释

6. 遗嘱执行和遗产管理

11　　被继承人作出的遗嘱执行（民法典第 2197 条及其后条款）在多大范围内涵盖合伙份额，是有争议的。在此过程中，居于首要地位的是长时间持续的**管理执行**与实质上没有什么问题的*清算执行*之间的对立。原则上，继承人在一个普通商事合伙上的份额，以及同样还有一个有限商事合伙中承担个人责任的合伙人，不归属于一个遗嘱执行人的管理。[13] 然而，这不能如此来加以论证，即合伙份额由于特别继受（上面边码 4）而不归属于遗产。[14] 起决定性作用的倒不如说是遗嘱执行人不可以在遗产范围之外为继承人设定义务，就像其作为普通商事合伙合伙人的无限的个人责任所必然要求的那样。与这一地位相关联的合伙中的广泛的个人权利和义务，也很难与不为其余合伙人所选择的遗嘱执行人的管理相一致。然而，经其他合伙人同意，继受人可以将其合伙人权利的行使托付给遗嘱执行人，并且其他合伙人的同意也可以在合伙协议中事先作出。[15]

反对遗嘱执行的理由不适用于合伙人可转让的财产权。因此，法院判决将分摊给合伙份额上的盈利分配请求权和未来的清算结存分配请求权置于遗嘱执行人的管理之下。[16] 然而，同时需要顾及的是，盈利以及一定时间之后还有清算时的份额价值，可能是通过作为合伙人的继承人的活动所共同创设的。在具体情况下，这必须通过区分遗产和私人财产来加以顾及。

对于遗产管理（民法典第 1975 条及其后条款），适用相应的规定。在一个普通商事合伙的合伙人份额情况下，这仅仅涉及财产权利，比如盈利、补偿和清算结存。[17]

---

[13]　早已是如此的是 RGZ 170, 392；BGHZ 24, 112 f.；68, 225, 239 = NJW 1977, 1339, 1343；BGHZ 91, 132, 137 = NJW 1984, 2104；BGHZ 108, 187, 195 = NJW 1989, 3152, 3154；Baumbach/Hopt/*Roth*，§139 Rn. 21；不同的是 BGHZ 98, 48；*BGH* NJW 1996, 1284；对此比较 K. *Schmidt*，§45 V 8；举例见 Wiedemann/*Frey*，Nr. 168.。

[14]　特别继受与遗产财产归属没有关系，见 *BGH* NJW 1983, 237；BGHZ 98, 48；108, 187, 195；*BGH* NJW 1996, 1284；1998, 1313＝JZ 1998, 468 m. Anm. *Ulmer*；Staub/*Schäfer*，§139 Rn. 58.。

[15]　没有争议，BGHZ 24, 106, 112＝NJW 1957, 1026；BGHZ 68, 225, 239＝NJW 1977, 1339, 1343；BGHZ 91, 132＝NJW 1984, 2104；*Ulmer*/*Schäfer*，ZHR 160 (1996) 423, 436；关于遗嘱执行涉及企业时的一般介绍，见 *Dauner-Lieb*，Unternehmen in Sondervermögen，1998, S. 270 ff.。

[16]　这首先涉及遗产管理和破产情况下的同样问题，见 BGHZ 47, 293, 296＝NJW 1967, 1961；BGHZ 91, 132, 136＝NJW 1984, 2104；*BGH* NJW 1985, 1953, 1954（自现在起开始普遍适用这一点）；BGHZ 98, 48, 56＝NJW 1986, 2431, 2433；BGHZ 108, 187, 192＝NJW 1989, 3152.。

[17]　BGHZ 47, 293 = NJW 1967, 1961；*BGH* NJW 1996, 1284；1998, 1313；Baumbach/Hopt/*Roth*，§139 Rn. 32.

当继承人根据合伙协议只能成为有限合伙人时（变更条款，上面边码 9，下面第十七章边码 26），在普通商事合伙份额或有限商事合伙无限合伙人份额的继承中，对有限责任份额的遗嘱执行就很重要了。

二、合伙人基于其他原因的退出

1. 合伙人的破产

如果合伙协议没有其他规定（解散条款），对一名合伙人的财产开启破产程序（开启裁定，破产法第 27 条），将自动导致这名合伙人的退出（商法典第 131 条第 3 款第 1 句第 2 项）。补偿结存（下面边码 18 及其后一个边码）归属于破产财产，并由此由合伙人的债权人处分。普通商事合伙在法律上的继续存在，不会由此受到伤害（上面边码 1，在民事合伙中是不同的，上面第十章边码 3）。 　　12

2. 合伙人的解除

不同于在民事合伙情况下（民法典第 723 条第 1 款），一名合伙人不仅可以解除整个合伙，而且可以解除他的成员身份。这一退出解除不导致合伙的解散，而只导致合伙人的退出。作为正常的解除是可能的，但必须遵守商法典第 132 条的解除期限和时间点。它不可以在不适当的时间进行，否则合伙人负有损害赔偿义务。尽管商法典第 132 条没有明确规定这一点，但可以回过头来利用民法典第 723 条第 2 款的法律理念或者诚信义务。基于合伙人的退出而产生的补偿请求权，可能对普通商事合伙和其企业来说是一个大的负担，所以许多合伙协议明智地限制解除可能性。然而，在此过程中，必须遵守民法典第 723 条第 3 款的底线。基于重大理由的特别解除，假如合伙协议规定了它的话，则同样是被允许的。这同样是为了保护合伙的存在，否则合伙将被置于商法典第 133 条规定的解散境地（对此，见上面第十二章边码 26）。在法律政策上，赋予了所有合伙人基于重要理由而作出退出解除的权利。[18] 　　13

民法典第 723 条第 1 款第 3 句第 2 项为长大成年的人规定了一个特别的解除权。该权利服务于民法典第 1629a 条规定的责任限制的实施（上面第十四章边码 21）。不清楚的是，这一解除在普通商事合伙情况下是使有权利依据商法典第 133 条提起解散之诉，还是使有权利进行商法典第 131 条第 3 款第 3 项意义上的解除。作者更宁愿选择后者，因为借此不仅能够充分保护长大成年的人，而且能够充分维护合伙继续存在之利益。此利益，依据商法改革的整体思路具有特别重要的分量。[19]

3. 通过合伙人的私人债权人解除

假如一名合伙人的一个私人债权人想对他的债务人的为共同共有所束缚的合伙份额的财产价值采取行动（比较上面第三章边码 6），他可以扣押（未来的）补偿请求权并让人将收取转交给他。为了实现这一请求权，商法典第 135 条给合伙人的私人债权人提供了一个独立的解除权。依据商法典第 131 条第 3 款第 1 句第 4 项，该项解除仅导致作为债务人的合伙人退出合伙，而不导致合伙的解散，就像民法典第 725 条第 1 款规定的那样。在此之前，债权人必须已经徒劳无功地试图通过强制执行合伙人的动产来满足其 　　14

[18]　Beschluss des 71. DJT, Abt. Wirtschaftsrecht, IV 23.；*Schäfer*, Gutachten E zum 71. DJT, S. E 96ff.；也比较 *Ulmer*, FS Goette, 2011, S. 545.。

[19]　*Grunewald*, ZIP 1999, 597, 599; Baumbach/Hopt/*Roth*, §133 Rn. 7; Staub/*Schäfer*, §133 Rn. 32.

债权。由于商法典第 135 条保护合伙人的债权人，所以不可以通过合伙协议让解除权变得困难。但是，合伙协议可以规定合伙的解散。在这种情况下，债权人须受到合伙协议关于补偿规则的约束（下面边码 18）。

4. 协议规定的退出

15　　合伙协议可以规定其他导致合伙人退出的理由（商法典第 131 条第 3 款第 1 句第 5 项）。常用的是年龄限制、长期丧失积极参与劳动的能力、家族合伙情况下的家庭事件。[20] 这样的条款必须设立得清楚、明确以及合理，因为它们会导致自动的退出（比较上面第十三章边码 11）。

5. 通过决议除名

16　　根据商法典第 131 条第 3 款第 1 句第 6 项，合伙人决议可以导致一名合伙人的除名。但是，借此并没有开启一个可任意除名的可能性。原则上，决议需要一致同意。根据商法典第 140 条，一个违背被涉及的合伙人意愿的除名，要求有一个重大理由和一个形成判决。合伙协议中的除名条款，受到所提到的限制（上面第九章边码 7 及其后边码）的约束，并不能为合伙人设定任何任意性的退出解除。合伙协议可以规定除名理由，但同时受到确定原则的约束。在一定情况下，具体的合伙人决议受到权利行使审查的制约。[21]

三、除名之诉

17　　假如**在一名合伙人身上**存在一个**导致合伙解散的重大理由**（商法典第 133 条，上面第十二章边码 26），为避免合伙的清算和与此相联的经济价值被打碎的危险，可以将这名合伙人除名。这一事件对于被涉及的合伙人以及整个普通商事合伙来说是如此得重大，以至于法律基于必不可少的明确性需要而要求一个**形成判决**，就像在剥夺业务执行权和代表权情况下那样（上面第十三章边码 7 和第十四章边码 10）。除了在合伙人身上存在可以整体论证合伙解散具有正当性的重大理由之外，前提条件还有所有的其余合伙人提起除名之诉（商法典第 140 条）。有关在此过程中的协作义务，上面第十三章边码 7 已作阐述。在决议提起除名之诉时，被涉及的合伙人无权进行表决。

对于被涉及的合伙人，除名是一项非常严厉的措施。因此，除名是**最极端的手段**，只有在其他方式不能达到一个令人满意的规则的情况下，才可以被使用。[22] 因此，法院应该审查，剥夺业务执行权和代表作为一个温和的手段是否还不够。在一定情况下，诚信义务可能会要求其余合伙人尽量通过协议变更（比如赋予一个作为有限合伙人的地位、限制个人的共同劳动）来达到一个所有各方都可以承受的合伙关系规则，并且只有在其被拒绝的情况下才能提起除名之诉。对于除名理由的例子：私吞财产、有理由相信存在不诚实的行为[23]；但无过错的状态也可以，比如疾病。

商法典第 140 条**不是强制性的**。除名权可以在合伙协议中被限制，甚至被完全排除。这就足够了，每个合伙人在极端例外的情形下都可以促使普通商事合伙的解散，以

---

[20]　比如 BGH NJW 1965，2253；BGHZ 105，213＝NJW 1989，834.。

[21]　比较 BGH NZG 2007，583.。

[22]　早已是如此的是 RGZ 146，169，180；BGHZ 18，350，362；主流观点，Baumbach/Hopt/*Roth*，§ 140 Rn. 6.。

[23]　BGHZ 6，113，116 ff.；31，295，304；也比较 BGH NJW 1995，597；1998，1225.。

消除一个变得不可承受的联结（商法典第 133 条，上面第十二章边码 26）。与此相反，对此不存在任何的理由，即在违背合伙人意愿的情况下将其除名并让普通商事合伙在其余合伙人之间继续存在。

除名可以通过协议**简化**。在**形式**方面，可以约定一个*简单的*合伙内部*程序*来代替除名之诉。广泛普及的比如通过其余合伙人的决议来除名，而决议也可以要求特别的甚至简单的多数[24]，或者是一定合伙人或一类合伙人享有除名权（所谓的踢出性解除）。[25]在实体上，除名可以通过规定其他的不一定必须是商法典第 133 条和第 140 条第 1 款意义上的重大理由来加以简化。但始终要求的是一个明确的**合伙协议规定**。[26] 除此之外，在具体情况下，除名权的行使不能违反诚信（比较上面第十三章边码 11）。

四、补偿结存

与成员资格一起，退出的合伙人丧失了其在合伙财产上的份额，该份额增加到剩余合伙人身上，但他对此获得了一个**补偿请求权**（上面第九章边码 11 及其后一个边码）。原则上，补偿应该向退出的合伙人提供他在合伙财产上参与的全部价值（民法典第 738 条第 1 款第 2 句，商法典第 155 条第 1 款）。在普通商事合伙情况下，必须根据商人的基本原则去测定补偿请求权。 18

原则上，以未来收益估计为基础的企业收益价值是决定性的。个别部分是很有争议的，在这里，特别必须处理预测、假设和估计。应该及时制作一个特别的**分割资产负债表、补偿负债表**。通常，决定性的时间点是退出的日期。对于基于除名判决的退出，适用一个例外。在这里，起诉的日期是决定性的，借以避免要被除名的合伙人通过拖延诉讼程序的方式来更长时间地参与普通商事合伙的盈利（商法典第 140 条第 2 款）。

分割资产负债表与仅仅服务于盈利核实的年度资产负债表是有区别的。它因而在实质上适用其他的基本原则。由于应该以收益价值为准[27]，一个针对未了结业务的单独参与（就像民法典第 740 条第 1 款第 1 句规定的那样）现已被放弃了。[28] 打碎分割价值或清算价值（民法典第 738 条第 1 款第 2 句）仅仅是一个底线。在清算计算中，合伙与退出者之间的单个请求权是不独立的会计科目。[29] 在内部关系上，退出的合伙人有要求免除其对合伙债务承担责任的请求权（民法典第 738 条第 1 款第 2 句），但他在外部关系上对其继续承担责任（商法典第 128 条、第 160 条，上面第十四章边码 24）。

评估企业，尤其是内部的业务价值（比较商法典第 246 条第 1 款第 4 句，第 248 条第 2 款），经常面临重大的困难，很容易导致争论。法定的基础状况不是强制性的，因而在合伙协议中经常规定有偏离性的规则（**补偿条款**）。广泛普及的约定是，前一年度的或者退出合伙后接下来的年度资产负债表的账面价值，应该是决定性的（**账面价值条** 19

---

[24] BGHZ 31, 295；68, 212；BGH NZG 2011, 901.

[25] BGHZ 81, 263, 265 f.；107, 351, 356.

[26] BGHZ 68, 212；81, 263；105, 213；107, 351；对于程序规则的解释，见 BGH NZG 2011, 901.。

[27] *BGH* NJW 1985, 192；BGHZ 116, 370 ＝ NJW 1992, 892, 895（涉及有限责任公司）；Baumbach/Hopt/*Roth*，§ 131 Rn. 49；*Haar*，Die Personengesellschaft im Konzern，2006，S. 498ff.。

[28] Baumbach/Hopt/*Roth*，§ 131 Rn. 45, 49；Staub/*Schäfer*，§ 131 Rn. 129, 155ff.。

[29] *BGH* NJW 1998, 376；在确定一名除名的合伙人的补偿结存时，将出资要求作为发票项目，见 *BGH* NJW 2000, 2586；*BGH* DStR 2002, 228（GbR）；比较上面第十二章边码 32。

款）。这样，退出的合伙人不参与隐形的储备和业务价值。作为基础，商事资产负债表可以被税负资产负债表取代，因为隐形的储备在后者中只有很小的意义。内部的业务价值可以通过一个确定的追加额形式来加以顾及，借以一方面让退出的合伙人也可以参与这个价值，另外一方面避免特别有问题的评估。**分期支付条款**，也是广泛普及的，即基于普通商事合伙偿付能力的利益而推迟否则将立即到期的补偿，也可以规定先支付部分金额以及在此期间的利息，此外是引入一个**中立的评估专家**。[30]

建构可能性（契约自由）的边界，首先可以从民法典第138条中推导得出。这也是**为了保护合伙人的债权人**。尽管他们不能要求比合伙人本身享有的还要多的东西，但他们无须容忍遭受那些不涉及合伙人而仅涉及债权人的补偿条款的侵害。[31] 也是为了**保护合伙人**，民法典第138条第1款被引入进来；此外，还有民法典第723条第3款和商法典第133条第3款（**内容审查**）。[32] 原则上被允许的账面价值条款，就会碰到其边界，假如它与实际价值之间存在一个特别大的不对等（特别高的隐形储备和商号价值）并且由此建立起了一个不为法律允许的解除限制的话。[33] 在评价补偿条款时，退出的原因也具有一定的意义。此外，在合伙协议缔结和事件发生期间的状况变化，也可能导致事后的不当。这在一定情况下应该通过补充性的协议解释或民法典第313条第1款来加以消除（**权利行使审查**）。[34]

五、两人合伙的特殊性

1. 接收

20
只有当至少还剩有两名合伙人时，真正意义上的合伙人退出才是可能的，因为合伙情况下没有一人合伙（上面第十章边码2）。因此，在一个仅由两名合伙人组成的普通商事合伙情况下，假如合伙应该继续存在，必须同时有一名新合伙人进入合伙。否则，合伙人退出将必然具有普通商事合伙解散的后果，而后者一般会导致清算。为了避免这种不仅在国民经济上而且从参与者的视角上看，都是不为人希望的结果，即尽管不是为了保存普通商事合伙，但无疑是为了保存企业，原商法典第142条在一定情形下赋予了两名合伙人中的一名合伙人不经清算而接收整个企业的权利（**接收权**）。与此相对应的是商法典第140条第1款第2句，由除名之诉取代解散之诉，即使只还剩有一名合伙人。这一建构可以继续用接收来表达。[35] 在两人合伙情况下，它服务于与普通商事合伙于多个合伙人时在没有被解散事由涉及的合伙人之间继续存在时一样的经济目的。

在两人合伙情况下，以满足商法典第140条第1款第1句为前提条件（上面边码17），接收也是法定除名的后果。对于重大理由和穷尽较为温和的手段，应该提出特别

㉚ 比较 BGH NZG 2005，394；Baumbach/Hopt/*Roth*，§131 Rn. 53.。

㉛ *BGH* NJW 2000，2819（涉及有限责任公司）；比较 *Wiedemann/Frey*，Nr. 158.。

㉜ 比如比较 BGHZ 123，281＝NJW 1993，3193；对此见 *Dauner-Lieb*，ZHR 158（1994）271；*Haar*，Die Personengesellschaft im Konzern，2006，S. 515ff.；*Rasner*，ZHR 158（1994）292；*Ulmer*，FS Quack，1991，S. 477；*Ulmer/Schäfer*，ZGR 1995，134；BGHZ 126，226＝NJW 1994，2536.。

㉝ BGH NJW 1979，104；1989，2685；1989，3272；1993，2101；BGHZ 123，281＝NJW 1993，3193；对此见 *Ulmer/Schäfer*，ZGR 1995，134；具有奠基性作用的是 *Heckelmann*，Abfindungsklauseln in Gesellschaftsverträgen，1973；在此期间，会计法中的修改已经使隐形储备的形成变得越来越难。

㉞ Baumbach/Hopt/*Roth*，§131 Rn. 69 ff.；详细的见 *Foerster*，ZGR 2014，396.。

㉟ Baumbach/Hopt/*Roth*，§140 Rn. 3.。

严格的要求。㊱一名合伙人依据商法典第 131 条第 3 款退出两人合伙，具有同样的效果。㊲通过合伙协议，接收同样可以被增大难度或者被排除在外或放宽条件，就像在商法典第 131 条第 3 款、第 140 条第 1 款规定的框架下可能的那样（上面边码 12 及其后边码）。合伙协议可以详细规定接收权。即使没有合伙协议的规定，合伙人也可以就企业转移给合伙人中的一个人进行约定。

基于保护合伙和保护企业的需要，1998 年的商法改革在商法典第 131 条第 3 款中让一定的事件不再导致合伙的解散，而仅导致被涉及的合伙人的退出。这限制了两人合伙情况下的自由发挥空间。由于被解散的合伙在清算结束之前继续存在，则在这段时间内也可以采取继续合伙的措施，比如接纳一名新合伙人。而合伙在倒数第二名合伙人退出时不经清算而灭失，法律就不允许这么做了。在这里，如果必要，应该采取协议性的预防措施，比如约定用合伙的解散取代合伙人的退出。㊳

2. 法律后果

随着最后一名合伙人退出，那么即使没有清算，合伙也消亡了。通过权利概括继受的方式，合伙财产变成了最后一名合伙人的单独财产。㊴不要求特别的转移行为。因此，也无须合伙不动产所有权移转合意，只需修正土地登记簿。合伙共同共有财产转变为接收人的单独财产，是没有争议的。但是，其他观点认为，其理论推理论证也不再以商法典第 142 条为依据。㊵退出者享有补偿请求权。对此，适用针对多人普通商事合伙情况下的退出合伙人的相同规定（上面边码 18 及其后一个边码）。假如除一名合伙人外，其余全部合伙人同时退出合伙，前面的规则相应适用于数人组成的合伙。
21

六、商事登记簿

合伙人的进入和退出应由全体合伙人申请登记于商事登记簿，见商法典第 107 条、第 108 条第 1 款、第 143 条第 2 款。它们可以根据商法典第 10 条予以公开。登记是宣示性的。因此，进入和退出的有效性，不取决于登记。新合伙人根据商法典第 130 条对旧债务承担责任，根据商法典第 128 条对其进入之后设立的债务承担责任，不依赖于登记。退出的合伙人尽管对其退出之后设立的债务不承担责任，但依据商法典第 15 条第 1 款，他可能在一定情况下因为欠缺登记和公开而不能主张其已退出。商法典第 160 条规定的责任限制期限（上面第十四章边码 24），自合伙人退出登记起开始计算，更确切地说，是自债权人明确知晓起。成员身份的转让（上面第九章边码 15）被作为进入和退出来加以登记。
22

㊱　Baumbach/Hopt/*Roth*，§140 Rn. 14ff. 以及举例。
㊲　Baumbach/Hopt/*Roth*，§131 Rn. 35；Staub/*Schäfer*，§131 Rn. 9.
㊳　Baumbach/Hopt/*Roth*，§131 Rn. 84；Staub/*Schäfer*；§131 Rn. 10；*K. Schmidt*，§50 I 2 c.
㊴　BGHZ 50，309；BGH BB 1973，909.
㊵　比较 Staub/*Schäfer*，§131 Rn. 9.。

第十六章

自由职业者合伙

文 献：Henssler，Partnerschaftsgesllschaftsgesetz，2. Aufl.，2008；Henssler/Strohn/Hirtz，Kommentar zum Gesellschaftsrecht，PartGG，3. Aufl.，2016；Michalski/Römermann，PartGG，4. Aufl.，2014；Münch-Komm-BGB/Schäfer，7. Aufl.，2017，Bd. 6；zur PartGmbB Lieder/Hoffmann，NZG 2014，127；Römermann/Jähne，BB2015，579；Tröger/Pfaffinger，JZ 2013，812.

一、意义

1   商法形式的法人，不适用于**自由职业者**。因为他们不经营任何营业（上面第十一章边码2）。为了共同的工作开展，他们是否能够选择公司（有限责任公司，股份有限公司），这不是公司法的问题，而是各个职业法的问题。其中，部分地原则同意（比如，对于会计师的会计师条例第27条），部分地严格限制（比如，对于医生)[①]，或者使其不具备吸引力。因此，民事合伙曾经是，现在部分地也是共同自由职业执业活动广泛采用的形式。但是，民事合伙本身只适用于作为企业载体存在。其缺乏登记公开性（上面第五章边码6）和通常的法律确定性，合伙人的个人责任比照普通商事合伙中的合伙人（上面第八章边码11），会导致不可测的风险。因此，立法者在1994年通过了自由职业者合伙法，并考虑到了自由职业执业活动的特点。

此后，**自由职业者合伙**最初不怎么受到注意，这一形式随着法律的不断完善而逐渐得到推广。1998年在改组法第3条第1款第1项被接纳到了可被合并的权利主体中。更重要的是2008年在自由职业者合伙法第8条第2款中对其责任规定进行了改变。2013年，有限职业责任的自由职业者合作（**自由职业人员有限责任公司**）成为可能。这是合作关系法律形式的一种**变体**。[②]

自由职业者合伙法在很大程度上以普通商事合伙为蓝本，这表现在大量地援引适用商法典。民事合伙法律，次要性地适用（自由职业者合伙法第1条第4款）。这对应商

[①] *Henssler*，Einf. Rn. 37ff.；Laufs/Kern/*Schlund*，Handbuch des Arztrechts，4. Aufl. 2010，§18 Rn. 17；MünchKomm-BGB/*Schäfer*，PartGG Vorbem. Rn. 20.

[②] OLG Nürnberg NZG 2014，422.

法典第 105 条第 3 款，实质上是理所应当的，因为自由职业者合伙是民事合伙这一基本类型的特殊形式（上面第二章边码 9，以及第五章边码 13）。

二、合伙人和合伙协议

1. 合伙人

合伙关系的合伙人，只能是从事自由职业的自然人（自由职业者合伙法第 1 条）。因此，不同于在普通商事合伙和民事合伙中，合伙作为合作伙伴是被排除的，即使它自己涉及自由职业者合伙。无论如何，在建立或加入的时刻，合伙人必须是活跃的职业从业者。此后的职业活动任务（例如，由于年龄原因）是否能够阻碍其保留在合作关系中，取决于所涉及的职业法（自由职业者合伙法第 9 条第 3 款）和协议建构（下面边码 10）。 2

哪些职业是自由职业者合伙法意义上的自由职业，第 1 条第 2 款进行了规定（法律定义，因此拼写上使用了大写的"F"）。基于特殊的职业资格或者有创造力的才能，为了委托人和大众的利益，它们通常以提供具有个人的、独立承担责任的和专业上独立的较高权威性的服务，作为其内容。自由职业者合伙法第 1 条第 2 款第 2 句中的列举既包含了"传统的"、成员式的职业（医生，律师），也包括较少被监管的职业。这一定义是直接的，只适用于进入没有运营营业的自由职业者合伙（自由职业者合伙法第 1 条第 1 款第 2 句）。对于商法典意义上的营业概念的界定，必要时，自由职业者合伙法第 1 条第 2 款具有指示作用。[3] 由此会产生一个交叉领域，在这个领域内，职业从业者可以在普通商事合伙/有限商事合伙和自由职业者合伙之间进行选择。[4] 是否能够在一个自由职业者合伙中共同从事不同的自由职业，取决于各自的职业法规定，比较：例如会计师条例第 28 条第 2 款，第 43a 条第 2 款（会计师，注册审计师？税务顾问和律师）。 3

2. 合伙协议

首先，合伙协议必须满足民法典第 705 条的全部要求（比较上面第五章边码 2 及其后边码）。**共同目的**必须与从事**各自的**自由职业有关。由此可能出现与营业目的严重冲突的情形。因此，经营一家药店被认为是营业，而不是药剂师的咨询行为。[5] 在某些自由职业中，营业性的活动可以作为被追求的次要目的。只要与自由职业活动相比，其处于辅助作用，就不会与自由职业者合伙这一形式对立。某些自由职业禁止营业活动，比如会计师条例第 43a 条第 3 款第 1 项。职业法的规定具有普遍的优先性（自由职业者合伙法第 1 条第 3 款）。如果合伙协议违反职业法，则应根据民法典第 134 条而考虑其无效。 4

协议需要书面形式（自由职业者合伙法第 3 条第 1 款）。当可以将其重新解释成为民事合伙时（民法典第 140 条），根据民法典第 125 条，一份仅仅是口头的或者根本没有默示行为而就已缔结的合伙协议，仍然不是无效的。作为基本内容，合伙的名称、住 5

---

③　Baumbach/Hopt/*Hopt*，§ 1 Rn. 19；OLG Zweibrücken NZG 2013，105；关于税法，比较 BFH DStR2009，421：控股合伙是税法意义上的营业。

④　MünchKomm-BGB/*Schäfer*，PartGG § 1 Rn. 17f.；OLG Zweibrücken NZG 2013，105；也比较 BGH NZG 2014，2030：税务咨询师—有限商事合伙。

⑤　持批判态度的是 *Henssler*，§ 1 Rn. 73ff.；LG Essen Beschl. v. 25.06.2009 - 7 T 170/09，BeckRS 2010，01047：医生和药剂师之间为了咨询的目的设立的合伙。对于商事营业的界限——自由职业，见 BayObLGZ 2002，95＝NZG 2002，718；Baumbach/Hopt/*Hopt*，§ 1 Rn. 19.。

所，合伙人的姓名、职业和居所，以及合伙关系的对象是必需的（自由职业者合伙法第3条第2款）。合伙关系的名称中必须包含至少一名合伙人的姓名和法律形式附注。此外，自由职业者合伙法第2条第2款援引适用商法典上的商号权。附注"合伙关系"或者"和合伙人"，过去也经常由社团运用到民事合伙形式中，现在保留给了自由职业者合伙（自由职业者合伙法第11条第1款）。⑥ 如果要将错误职业执行的责任限制在合伙财产上，则附注"有限职业责任"或者"mbB"是必需的（自由职业者合伙法第8条第4款第3句，下面边码8）。

此外，登记到自由职业者合伙登记簿中是必需的，对此，很大程度上援引适用普通商事合伙法（自由职业者合伙法第4条及其后条款）。登记对于自由职业者合伙的身份是决定性的，到那时，这个在内部关系上适用自由职业者合伙规则的合伙才是民事合伙。⑦ 它可以直接享有民事合伙法上的极大的建构设计自由（比较上面第十二章边码6）。这不同于在普通商事合伙中（上面第十一章边码13），因为合伙人享有选择自由，他们愿意以民事合伙或者是自由职业者合伙的形式共同工作，具有生效性意义的登记针对合伙形式设立了明确的关系。因此，针对协议的修改，必须采用书面形式，而不是具有生效性意义的登记。根据自由职业者合伙法第4条第1款第3句，对负有申报义务的事实的修改，需要具有宣示性意义的登记（下面边码9）。

三、内部关系

6　　　　正如在民事合伙和普通商事合伙中，**协议自由**广泛存在在内部关系中。当合伙人不能达成一致时，根据援引适用，则适用普通商事合伙法（自由职业者合伙法第6条第3款）。考虑到自由职业者合伙的特殊使用范围，内部关系上也应当强制性地考虑所涉及的职业法（自由职业者合伙法第6条第1款）。由此，可以针对内部组织提出要求，例如履行保密义务。业务执行包含提供各自自由职业的服务，因此也就不能将某一个合伙人排除在外。自由职业者合伙法第6条第2款只允许排除其他的营业执行。

四、外部关系

1. 法律性质和代表

7　　　　自由职业者合伙是一个具有权利能力的合伙，自由职业者合伙法第7条第2款援引适用商法典第124条。对外，它以登记到自由职业者合伙登记簿中而有效（上面边码5）。委托人，患者并不是与单个的职业从业者、而是与自由职业者合伙订立协议。如需要，可依据与企业有关的业务之原则解释得出。

原则上，合伙人单独代表自由职业者合伙。偏离性的约定是可能的，但需要登记到自由职业者合伙登记簿中。对此，代表适用普通商事合伙法（自由职业者合伙法第7条第3款）。由此，确保了交易安全保护（下面边码9）。代表权是无限的和不可限制的。

自由职业者合伙法第7条第4款包含了一个针对律师自由职业者合伙的特殊规定，

---

⑥　BGHZ 135，257＝NJW 1997，1854；OLG DüsseldorfGmbHR 2010，38.

⑦　*Henssler*，§7 Rn. 7ff.；Henssler/Strohn/*Hirtz*，§7 Rn. 2ff.；MünchKomm-BGB/*Schäfer*，PartGG §7 Rn. 5.

因为，根据民事诉讼法第 78 条，（只有）律师有听审权，但是自由职业者合伙被授予了程序参与和诉讼代表权。在这种情况下，自由职业者合伙通过其合伙人和工作人员来处理，但需满足规定的前提条件（律师协会中的成员），也就是说不依赖于自由职业者合伙法第 7 条第 3 款的代表规则。

2. 责任

自由职业者合伙自身以其财产对自由职业者合伙的债务承担责任，见自由职业者合伙法第 7 条第 2 款和第 8 条第 1 款，商法典第 124 条（上面第十四章边码 15）。其次，作为共同债务人，合伙人以他的个人财产按照普通商事合伙的模式承担责任，适用商法典第 129 条和 130 条（自由职业者合伙法第 8 条第 1 款）。相对自由职业者合伙的责任来说，合伙人的责任是从属性的。

自由职业者合伙法第 8 条第 2 款包含了一个**对于违反职业义务责任的特殊规定**，这形成了自由职业者合伙法的一个核心点和这一法律形式相对于民事合伙的一个根本性的优点（比较上面第八章边码 14）。在犯职业错误时，个人的、从属的责任只涉及**从事这一委托事项**，并且不是从属性地提供帮助工作的合伙人。这一法律上的**责任限制**，使得共同职业执行的风险更加清晰[8]，尤其是新进入的合伙人面临对于旧债务的责任（自由职业者合伙法第 8 条第 1 款第 2 句，包括商法典第 130 条）。

责任的总额限制，取决于有关的**职业法**，与**保险义务**相关联（自由职业者合伙法第 8 条第 3 款）。适用情形，例如会计师条例第 54 条第 1 款第 1 句，连同商法典第 323 条第 2 款。

由此产生这样一种可能性，当法律规定了一个职业责任义务保险，并且合伙[9]遵守了这一规定，正如使用作为**有限职业责任自由职业者合伙**的名称一样，对于违反职业义务的责任就被全部限制在合伙财产上（自由职业者合伙法第 8 条第 4 款）。这首先涉及律师、税务顾问和审计师组成的自由职业者合伙，其在职业法上负有投保的义务。当保险金额在具体的损失情况中不够时，在合伙财产上的责任限制也（正好）起作用。[10] 除了合伙之外，合伙人个人根据第 8 条第 1 款对于与错误的职业执行无关的债务承担责任。

3. 公开

自由职业者合伙登记簿为**自由职业者合伙**完成了与普通商事合伙相应的公开，这在民事合伙这种法律形式中的共同职业执行是缺失的。自由职业者合伙的名称相当于商法中的商号（上面边码 5）。对于登记为有限职业责任自由职业者合伙这一变种来说，出示关于责任义务保险的证明是必需的（自由职业者合伙法第 4 条第 3 款）。对于自由职业者合伙登记，自由职业者合伙法第 5 条第 2 款援引适用关于商事登记的规定。家事事件和非讼事件程序法第 374 条和第 378 条及其后条款对登记程序与商事和其他登记一起进行了规定，此外，还有规定在自由职业者合伙登记条例中。公开效果取决于商法典第 15 条。这对于代表规定（自由职业者合伙法第 7 条第 3 款）和协议变更，尤其是合伙人变更，特别具有实践意义。[11]

8

9

---

[8]　比如比较涉及民事合伙的事实，在 BGH NJW 2006，437＝NZG 2006，136；*Henssler*，§8 Rn. 11。

[9]　MünchKomm-BGB/*Schäfer*，PartGG §8 Rn. 42。

[10]　MünchKomm-BGB/*Schäfer*，PartGG §8 Rn. 43；关于自由职业者合伙针对造成了错误的职业执行的合伙人的内部追责，见 *Römermann/Jähne*，BB 1015，579，581 ff.。

[11]　根据 *Henssler*，§4 Rn. 25，与此相关的审慎要求也可能被自由职业者低估了。

五、成员变更和终止

1. 进入和退出

10   成员变更、自由职业者合伙的解散和终止，原则上取决于**关于普通商事合伙的规定**（自由职业者合伙法第 9 条第 1 款，上面第十二章边码 22 及其后边码，第十五章边码 12 及其后边码），包括协议上的构建设计可能性。合伙人存续情况的每一次变更，都需要在自由职业者合伙登记簿中进行宣示性的登记（比较上面边码 5，边码 9）。

但是，与普通商事合伙相比，它有一些重要的**例外**。因为合伙人必须是职业从业人，因此当他最终**失去必需的许可**时，根据自由职业者合伙法第 9 条第 3 款，他就自动从自由职业者合伙中退出。这一规定只涉及那些针对其有严格的许可程序（例如：医生的正式批准，或者律师职业许可）的自由职业。这是强制性的。然而，退出的法律后果，尤其是补偿问题，可以予以协议上的调整。[12] 其他阻碍自由职业执业的理由，由一般规定处理。依据商法典第 140 条，持续性地没有工作能力可以成为退出的合理理由。与自由职业者合伙法第 9 条第 3 款相对的结论是，因为其他原因而不能或不愿继续积极合作的合伙人，也能保持合伙人身份。[13] 一名合伙人的退出不导致自由职业者合伙的解散。

同样，一名新的合伙人的加入，以及**成员资格的转移**，按照合伙法的规定进行（上面第九章边码 14 及其后边码）。但是，新的合伙人必须满足自由职业者合伙**法第 1 条的前提条件**。[14] 也就是说，积极从事一份自由职业，并遵守职业法上的合作规定。因成员存续情况的变更而进行的必要的相关联的协议变更，需要书面形式（上面边码 5）。如果进行了形式上无效的协议变更，则适用关于有瑕疵的合伙的原则（上面第十二章边码 20）。新加入的合伙人对于自由职业者合伙的旧债务承担责任（自由职业者合伙法第 8 条第 1 款第 2 句，商法典第 130 条），而对于职业错误，则只根据自由职业者合伙法第 8 条第 2 款承担责任。[15] 但是，联邦法院将新加入者对于职业错误的责任还延伸到了这样的情形，即前任已经开始处理某一委托事项，而他自己又不能够再进行纠正。[16] 这一有争议的判决为有限职业责任自由职业者合伙的意义，作出了贡献。自由职业者合伙不对新加入者的旧债务承担责任。[17]

2. 一名合伙人的死亡

11   正如参与一个合伙一样，自由职业者合伙中的**成员资格**是**不可继承的**（自由职业者合伙法第 9 条第 4 款第 1 句）。一名合伙人的死亡导致其退出合伙（自由职业者合伙法第 9 条第 1 款，连同商法典第 131 条第 3 款第 1 项）。在有限责任公司和普通商事合伙的情况下，协议能够**对份额进行可继承的设定**（上面第九章边码 3，第十五章边码 3）。在自由职业者合伙中只能通过这种方式才有可能，即继承者满足自由职业者合伙法第 1

---

[12] *Henssler*，§9 Rn. 66ff.；Henssler/Strohn/*Hirtz*，§9 Rn. 21；MünchKomm-BGB/*Schäfer*，PartGG §9 Rn. 23.

[13] Henssler/Strohn/*Hirtz*，§1 Rn. 36；MünchKomm-BGB/*Schäfer*，PartGG §1 Rn. 13f.

[14] *Henssler*，§9 Rn. 105；MünchKomm-BGB/*Schäfer*，PartGG §1 Rn. 11.

[15] *Henssler*，§8 Rn. 38.

[16] BGH NZG 2010，421；对此，有很好的理由予以拒绝，见 MünchKomm-BGB/*Schäfer*，PartGG §8 Rn. 32.。

[17] BGH NJW 2010，1222＝JuS 2010，1110 m. Anm. *K. Schmidt*.

条的**成员资格的前提条件**（自由职业者合伙法第 9 条第 4 款第 2 句）。进入条款（上面第十五章边码 5）在这一前提下也是可能的。合伙协议可以设置附加的要求。

如果自由职业者合伙份额被设定为可继承的，继承人只有下述可能性，成为合伙人或者宣布其退出（自由职业者合伙法第 9 条第 4 款第 3 句）。不存在依据商法典第 139 条的其他可能性，即通过创设一个有限合伙人身份的方式而让其留在合伙内（上面第十五章边码 7 及其后一个边码）。在自由职业者合伙中，不存在与有限商事合伙的有限合伙人相与对应的东西。

3. 解散和终止

解散的原因与普通商事合伙的相一致（自由职业者合伙法第 9 条第 1 款，连同商法典第 131 条第 1 款）。解散将导致根据商法上的规定进行合伙清算（自由职业者合伙法第 10 条第 1 款）。在此之后，进入完全终止，并将自由职业者合伙登记簿上的登记删除。合伙人可以共同地继续经营一个解散了的自由职业者合伙。就清算而言，可以达成与商法典第 144 条相偏离的约定。

退出的合伙人以及自由职业者合伙解散后的合伙人的后续责任，遵照商法典第 159 条和 160 条的规定（自由职业者合伙法第 10 条第 2 款）。

12

第三编
有限商事合伙、
隐名合伙和公众性合伙

第十七章 ◀
有限商事合伙

文献资料： 除了文献表中提到的合伙/公司法总体阐述外，还有上面第十一章之前列举的关于普通商事合伙的文献资料，特别是有关商法典第 161 条及其后条款的教科书和评论注释。

关于公司作为无限合伙人的有限商事合伙的文献资料，见下面第三十七章。

一、概念和法律规定

1 　　有限商事合伙是**普通商事合伙**的一个**变型**。除了这个区别外，商法典第 161 条第 1 款中的**定义**与普通商事合伙的定义相对应，即**在一部分合伙人之下，对合伙债权人的责任以一个确定的财产投资数额为限**。此外，其必定存在所有上面第十一章边码 1 及其后

2 边码中介绍的普通商事合伙的特征。有限商事合伙情况下区分**两类合伙人**。那些承担无限责任的合伙人被称为**无限合伙人**或者**承担个人责任的合伙人**（商法典第 161 条第 1 款）。① 在每个视角上，他们的法律地位都与一个普通商事合伙的成员的法律地位相对

---

① 因为总是发生错误，故需要再次指出这一老生常谈：Komplementär（无限合伙人）与 Komplimenten（问候）没有关系，前者要写两个"e"。

应。那些**承担有限责任**的合伙人被称为**有限合伙人**②（商法典第 161 条第 1 款）。依据他们的经济地位，他们实质上只在资本上且仅以一定的数额参与合伙。他们通常不在企业中共同劳动，而无限合伙人连同其整个人格特性和全部财产与合伙紧密联结。在法律上，有限合伙人的不同类型的法律地位，集中体现在有限责任之中（对此，上面第四章边码 8 有一般性的阐述）。其表现是他们原则上被排除出业务执行和代表合伙。

在任何一个有限商事合伙中，都必须**至少存在一个无限合伙人和一个有限合伙人**。一个仅由无限合伙人组成的合伙是一个普通商事合伙，而一个仅由有限合伙人组成的有限商事合伙在法律上是不可能的。假如没有合伙人愿意承担无限的个人责任，则可以选择股份有限公司或有限责任公司形式。在其之下，债权人的利益通过其他保护性规定来加以顾及。在现实中，在这种情形下偏爱选择企业主公司（有限责任，下面第二十一章边码 44 及其后边码）或者有限责任公司作为无限合伙人的有限商事合伙这一混合形式。在其之下，通过一个有限责任公司作为唯一的无限合伙人来承担个人责任（下面第三十七章）。对于这一目的，英国的*有限责任合伙*（**LLP**）③ 或者私人有限公司（Limited，Ltd.）也可以进入考虑范围。

有限商事合伙包含了人合性因素与资合性因素的联结。它在历史上和经济上接近于隐名合伙，即使不是在法律上。但在隐名合伙情况下，资本参与不对外出现。隐名的合伙人对债权人根本不承担责任。与之相对，有限商事合伙的有限合伙人的公开的、在商事登记簿上明示的参与，可以提供一个更好的信用基础。就像普通商事合伙一样，有限商事合伙是狭义上的合伙，不是社团，并且因而也不是团体法人。它是带有一个资本性因素的合伙，并且其资本性因素还可以通过合同来增强（下面第十九章边码 14 及其后边码）。它是**共同共有共同体**和**商事合伙**。上面第十一章边码 5 及其后边码已作详细介绍。

只要法律没有特别规定，**可对有限商事合伙适用的法律**，首先是普通商事合伙法（商法典第 161 条第 2 款）。对于普通商事合伙，补充性地适用民事合伙法（商法典第 105 条第 3 款）。因此，需要适用于有限商事合伙的有：首先是商法典第 161 条至第 177a 条的特别规定；其次是普通商事合伙法的规则，即商法典第 105 条至第 160 条；再次是民事合伙法，即民法典第 705 条至第 740 条。就像在普通商事合伙情况下一样，此外还适用改组法；而在满足规模特征的情况下，还适用公开法。作为商事合伙，有限商事合伙（连同其行为和着眼于会计制作）受商法典调整。尤其是在内部关系中，法定规定大多是任意性的。这样，合伙合同具有优先性（商法典第 163 条）。下面仅仅谈及其对普通商事合伙法的实质性偏离。在此过程中，首先将法定的有限商事合伙的基本形式作为基础。

3

二、历史的和现今的意义

1. 历史和法律比较

就像普通商事合伙一样（上面第十一章边码 10），有限商事合伙可以追溯到罗马的　　4

---

② 比较脚注①；Kommanditist（有限合伙人）与 Kommando（命令）没有关系，前者要写两个"i"。

③ *Bank*, Die britische Limited Liability Partnership: Eine attraktive Organisationsform für Freiberufler?, 2006; *Wiedemann* II，§1 V 2；关于可能的英国退出欧盟的后果，见 *Teichmann/Knaier*，IWRZ 2016，243.。

（意大利的，法国的）和德国的中世纪的**法律发展**。它以这样的共同参与一个业务经营的方式为基础，即一名参与者以其名义对外单独经营企业（企业主，*tractator*），另外一名参与者仅用金钱或货物参与（投资人，*commendator*），而纯利润在两者之间进行分配。在罗马地区，人们称这种参与形式为*康孟达*（*commenda*），但这一名称也用于称呼之后在德国境内发展起的合伙。康孟达是今天的*有限商事合伙*和*隐名合伙*的根源。尤其是在罗马地区，明显能够看出这两种形式的发展和区别。

假如 *commendator* 根本不对外出现，就没有合伙商号。*commendator* 不为第三人所知，因而不对债权人承担责任。人们称其为 *participatio* 或者也称之为 *compagnia secreta*，尤其是在合伙持续存在的情况下。这就是今天的隐名合伙。

作为替代形式，*commendator* 对外出现并采用一个共同的商号。尽管只有 *tractator* 享有业务执行权和代表权，但 *commendator* 也对债权人承担责任，即使责任限定在他的投资上。人们称之为 *compagnia palese* 或者 *accomedita*。这就是今天的有限商事合伙。

在中世纪末期，这两种形式也存在于*德国*。与今天的有限商事合伙相对应的合伙形式，广为传播。但大多不是来自康孟达，而是来自普通商事合伙。在其中，尽管单个合伙人或其继承人将其资本投入合伙，但不再积极参与业务执行，并且还是仅仅以投资为限承担责任。或者，也可以一开始就以这种形式作为合伙人被接纳入合伙（举例：在奥格斯堡的 Welser 合伙以及 Ravensburger 合伙，两者都来自 15 世纪）。当商事热情和企业热情在三十年的战争影响下退却的时候，这一合伙形式退于隐名合伙之后。在普鲁士的通用邦法中，仅只有后者被规范调整。与此相反，在当时经济繁荣的法国，公开的参与形式（*société en commandite*）占据重要的地位，并且在 1673 年的法国*陆上贸易法令*以及之后 1807 年的法国*商法典*中有一个详细的规定。

此后，1861 年的德国普通商法典同时规范这两种形式。在这一点上，德国现今的法律坚持不变。但部分国家只规范了有限商事合伙，比如法国和瑞士。在英国的法律中，有限合伙对应于有限商事合伙。在美国，有限合伙最先是由纽约市于 1822 年通过模仿法国商法典引入的。接着是作为范本法的 1916 年的统一有限合伙法（ULPA）。该法几乎在所有州（路易斯安那州有一个民法典）得到了转化实施。修正版（RULPA）出现在 1976 年，1985 年进行了补充，现在已经通过统一有限合伙法于 2001 被替代。在此过程中，实质性的视角是维持作为合伙的征税方式（上面第十一章边码 12）和这一规模范围，即在其之下，有限责任合伙人（有限合伙人）能够积极参与业务执行而又不会丧失责任限制。新的形式是*有限责任合伙*(LLP) 和*有限责任有限合伙*(LLLP)。在后者情况下，所有的合伙人都承担有限责任。与此同时，依照欧洲的有限责任公司模式，还引入了*有限责任企业*(LLC，最先是 1977 年在怀俄明州)。在一定条件下，税法将其与合伙一样对待。[④]

在第一次世界大战之前，有限商事合伙在德国很少被采用。取而代之，人们选择有限责任公司，以避免每个人的个人责任，或者因为隐名合伙人的舒适地位和这一合伙形式的较大灵活性而选择隐名合伙。之后，在第一次世界大战中，有限商事合伙基于税负原因获得了较大的重要性。公司（股份有限公司和有限责任公司）遭受双重负担（上面第四章边码 10），人们因而试图借助于有限商事合伙来规避它。在此过程中，有限商事

---

④ 关于英国和美国法律的发展（尤其是在律师共同合作的视角上），见 *Henssler*，FS Wiedemann，2002，S. 907；全面的法律比较见，*Röder*，RabelsZ 78（1 0 14），1 09；*Staub/Thiessen*，§ 176 Rn. 1 ff.。

合伙在内部的设计构建上大多非常接近于公司（对此，见下面第十九章边码4及其后边码）。后来，再次基于税负原因发生了一个新的改变，即暂时比个人所得税税率低的法人所得税税率让有限责任公司显得比较有利可图。1933年后，纳粹通过提高法人所得税以及采取其他措施来对付"公司的匿名性"。为了这一目的而制定的1934年的改组法，导致许多公司变更成为合伙。在此过程中，自然会选择与公司最相似的形式，即有限商事合伙。

2. 新的发展和现今的意义

有限商事合伙现今仍还满足与历史发展相对应的法定规则引以为前提条件的功能，即作为**针对中型企业**的典型的**合伙形式**。在这一点上，它与普通商事合伙近亲并具有可比性（上面第十一章边码14）。但不同于普通商事合伙，由于有限商事合伙的资本性因素，它还适合于大型企业，假如希望在成员人数有限的情况下为其选择一个合伙形式的话。对于**家族企业**，就像对于个体商人死亡后的业务存续，有限商事合伙一样适合于个体商人生前将其近亲属纳入业务之中，特别是适合于普通商事合伙情况下的代级继受的设计构建（上面第十五章边码2和边码7）。依据2014年的销售税统计，在统计涵盖的销售额中，有限商事合伙（22.4%）取得了一个比股份有限公司和股份制有限商事合伙（17.7%）以及依照数量而言广泛普及的普通商事合伙（3.2%）还要高的份额（也比较上面第四章边码11，第十一章边码15）。

人们特别乐于采用公司作为无限合伙人的有限商事合伙（下面第三十七章）。在其之中，可以将公司的优势与合伙的优势结合起来。有限商事合伙（通常以有限责任公司作为无限合伙人的有限商事合伙）以**公众性有限商事合伙**的形式出现，反映了另外一个首先主要是由税法刺激的发展趋势。它瞄准于资本市场上的广大投资者群体，并且由此进入本由股份有限公司或股份有限商事合伙负责的领域（下面第十九章）。

三、产生和终止

1. 合伙协议

在合伙合同中，必须约定每个有限合伙人的**有限责任**和这一责任的数额。这通过规定一个确定的金额作为**责任数额**来加以实现，故也被称为**责任出资**。这尽管可以但不是必然要与内部关系中的应提供的出资（上面第七章边码1）相对应。

法律所使用的语言词汇，没有进行非常准确的区分。商法典第161条仅泛泛地讲财产出资，而商法典第162条则将需要在商事登记簿上登记的责任数额（责任出资）简称为出资。不仅在数额上，而且在标的物上，责任出资与义务出资之间存在**偏差**，都是可能的。因此，在始终以金钱形式表示的、对外部责任具有决定性意义的**责任数额**和作为对合伙目的作出贡献而应提供的**出资（义务出资）**之间，应该严格区分。后者可以以任意一种价值形式存在，如金钱、物、债权、其他权利，或者也可以以提供劳务的形式。[5]

成为一个有限商事合伙合伙人的能力，对于无限合伙人和有限合伙人来说，首先以适用普通商事合伙的基本原则为准（上面第十二章边码2及其后边码）。对于民事合伙作为无限合伙人的能力，已不存在争议了（比较商法典第162条第1款第2句）。无限合伙人，就这一身份而言，不是商人（比较上面第十一章边码8中对承担个人责任的合

右栏边码：5

右栏边码：6

---

⑤　比如 BGH NJW 1995，197：作为投资义务而提供保证；也比较 Wiedemann/*Frey*，Nr. 201.。

伙人的介绍）。

有限商事合伙也可以通过其他合伙的**合伙合同变更**而产生，特别是通过普通商事合伙的合伙人变更获得有限合伙人的地位，或者通过一名新合伙人作为有限合伙人进入一个已经存在的普通商事合伙，或者通过普通商事合伙的合伙人同意连同一名合伙人的继承人以有限合伙人的身份继续经营合伙（商法典第 139 条，上面第十五章边码 7 及其后边码）。一个公司可以变更成为一个有限商事合伙。这样，变更决议必须包含有上面提到的合伙合同的基本内容（比较改组法第 234 条）。

2. 商事登记簿

7

有限商事合伙的**商号**应该按照商法典第 18 条组成产生，或者也可以依据商法典第 22 条和第 24 条继续使用。在任何一种情形下，都要求有商法典第 19 条第 1 款第 3 项规定的**合伙形式附注**。虽然，有限合伙人的名称可以被纳入商号，但在特定情形下可能存在误导他人的危险（商法典第 18 条第 2 款）。[⑥] 在有限责任公司作为无限合伙人的有限商事合伙情况下，应该添加一个表明这一特别设计构建的附注（商法典第 19 条第 2 款，下面第三十七章边码 12 和边码 17）。

在**商事登记簿**中，根据商法典第 162 条第 1 款结合第 106 条第 2 款，除了针对普通商事合伙所要求的关于无限合伙人、商号和代表规则的信息外，还应该登记有限合伙人的名称及其各自的责任数额（责任投资）的金额。假如一个民事合伙是有限合伙人，应该申请登记其合伙人以及合伙人组成情况的每次变更（商法典第 162 条第 1 款第 2 句）。在**公告**时，无须提供有关有限合伙人的信息，这偏离于商法典第 10 条（商法典第 162 条第 2 款）。在此范围内，无须适用商法典第 15 条。这些明确规定于法律之中。但是，这使得有关公告相对于商法典第 15 条的普遍意义以及与商法典第 172 条第 1 款、第 175 条及其后一条款的相互关系等问题，尤其富有争议。[⑦]

3. 终止

(a) 解散和清算

8

就像始终如此的那样，应该区分合伙的解散和完全终止。适用有关普通商事合伙的阐述（上面第十二章边码 22 及其后边码）。有限商事合伙的变更不导致解散，比如通过有限合伙人的退出而变更成为一个普通商事合伙。在一个两人的有限商事合伙中，如果有限合伙人提起的除名之诉（商法典第 140 条，上面第十五章边码 20）胜诉，则他将变成个体商人。

(b) 唯一的无限合伙人的退出

9

有限商事合伙必须至少有一名承担无限个人责任的合伙人（上面边码 2）。因此，唯一的无限合伙人的退出会导致合伙解散。基于这种解散而处于清算中的合伙，可以再次变更成为一个营业的有限商事合伙，假如有限合伙人中的一名合伙人、第三人或者为此目的而设立的有限责任公司，在获得所有合伙人同意的情况下（比较上面第十二章边码 28 及其后边码），接受了无限合伙人地位的话。与此相反，假如合伙想在没有有限合伙人的情况下作为营业合伙继续存在，则它只能作为普通商事合伙并连同针对合伙人的

---

⑥ Baumbach/Hopt/*Hopt*，§ 19 Rn. 22；在 1998 年商法改革之前，商法典（旧版）第 19 条第 3 款就详细规定，有限合伙人的名字不能出现在商号中。

⑦ 对此见 *Grunewald*，ZGR 2003，541；*K. Schmidt*，ZIP 2002，413；关于条款的删除，见 *Schäfer*，Gutachten E zum 71. DJT，S. E 98f.；*Staub/Casper*，§ 162 Rn. 30.。

相应的责任后果。

适用情形是唯一的无限合伙人在没有继受条款情况下死亡⑧，或者当所有的继承人依据商法典第 139 条主张要求作为有限合伙人地位时。唯一的无限合伙人也可以依据商法典第 140 条而被从有限商事合伙中除名。遵守合同的有限合伙人必须有这样的可能性，即与一个不再能够容忍的无限合伙人分开。然而，除名将导致合伙的解散。⑨ 在这样的情形下，建议及时考虑让一个新的无限合伙人进入合伙，以便能够利用合伙继续存在的可能性。此外，在两个人的合伙情况下，建议用带有接收条款的合伙解散，来取代退出理由（商法典第 131 条第 3 款）。因为，在基于倒数第二名合伙人的退出而进行接收的情况下，合伙的继续存在是不可能的（上面第十五章边码 20 后面部分）。

四、内部关系

1. 业务执行

依据法律，**只有无限合伙人**享有业务执行权（商法典第 164 条）。假如一个有限责任公司是无限合伙人，其业务执行人代为其行为。通常，**有限合伙人**只用其资本，而不用其劳动力参与合伙。因此，有限合伙人**被排除出业务执行**。仅仅是在非通常的业务情况下，才要求他的同意。这与普通商事合伙的非业务执行合伙人情况下的法律基础相对应（商法典第 164 条）。 10

依据其文字表述，商法典第 164 条仅排除通常的业务情况下的反对，而对非通常的业务的处理没有作规定。因此，商法典第 116 条第 2 款可以继续适用。对于有限合伙人的保护，一个单纯的针对非通常的业务的反对权是不足够的，因为他不参与业务执行，因而经常只有事后才能获知一个非通常的措施。⑩ 就像始终如此的那样，应该在业务执行措施（非通常的业务执行措施也一样）与基础性的事务之间加以区分（上面第七章边码 10）。⑪ 对于紧急业务执行权，类推适用民法典第 744 条第 2 款。在极其例外的情况下，无限合伙人也享有这一权利，见上面第七章边码 12。此外，无限合伙人仅有一定的**监控权**（商法典第 166 条）。他们的这些权利是小于被排除出业务执行的普通商事合伙合伙人的监控权的（商法典第 118 条）。这一点可以由他们的被限制了的责任来加以解释说明。⑫

由于内部关系中存在**契约自由**，合伙合同可以规定**偏离性的规则**。它可以将**业务执行**全部或部分转移给作为合伙人的**有限合伙人**，只要没有因此违反禁止第三人机关原则。⑬ 在 11

---

⑧　举例见 Wiedemann/*Frey*，N r. 218.。

⑨　早已如此的是 BGHZ 6，113＝NJW 1952，875.。

⑩　绝对主流的观点（开始于 RGZ 158，302）；OLG Sruttgart NZG 2009，1302；Baumbach/Hopt/*Roth*，§ 164 Rn. 2；*Staub/Casper*，§ 164 Rn. 12.。

⑪　如果有限商事合伙出卖其经营的并同时表现为全部财产的企业，则也被作为基础性的事务看待并因而需要有限合伙人的同意（BGH NJW 1995，596）；制作财务会计报告原则上是业务执行措施，但财务会计报告的确认则相反不是，后者原则上需要所有合伙人一起进行（BGHZ 170，283＝NZG 2007，259-OTTO）。

⑫　关于信息权和监控权，也见 BGHZ 25，115；BayObLG NZG 2003，25；BGH NZG 2016，11 02；*K. Schmidt*，Informationsrechte in Gesellschaften und Verbänden，1984；*Goerdeler*，FS Kellermann，1991（ZGR-Sonderheft 10），S. 77；*Grunewald*，ZGR 1989，545；*U. Huber*，ZGR 1982，539.。

⑬　BGHZ 17，392，394＝NJW 1955，1394；BGHZ 51，198，201＝NJW 1969，507；*BGH* DB 1968，797；BB 1976，526.

一定的重要的但不必然是非通常的业务情况下，合伙合同可以让无限合伙人受有限合伙人同意的约束。它甚至可以将他们置于有限合伙人或者一个一般的合伙人大会所作的指示之下。据此，合伙的真正的核心领导权可以完全存在于有限合伙人的手中，而不会仅仅因此而改变他们对外针对第三人的地位。[14] 反过来，合伙合同可以进一步限制有限合伙人的权利，比如排除他们针对非通常的业务的同意权或将其职权转移给一个委员会。在具体情况下，其界限常常存在争议。[15]

2. 诚信义务

12　　作为诚信义务的特别体现，针对无限合伙人，商法典第 112 条规定了一个竞业禁止。对于有限合伙人，**不存在竞业禁止**（商法典第 165 条）。由于有限合伙人不参与业务执行、不获悉业务秘密且与业务伙伴没有关系，所以对于这样一个禁止通常没有理由。不同的情形是当有限合伙人控制了有限商事合伙的时候。[16] 在这种情况下，一个协议上的竞业禁止，不违反反限制竞争法第 1 条。[17] 但是，**一般的诚信义务**也在有限商事合伙情况下，要求无限合伙人放弃对有限商事合伙的直接损害，例如尤其是当他为有限商事合伙行为时，如在一个不是很小的范围内执行其业务。[18] 在竞争情形下，诚信义务可以导致对信息权的限制。[19]

3. 资本份额和盈利及亏损上的参与

13　　就像在普通商事合伙情况下一样，**合伙财产是共同共有财产**。无限合伙人对合伙财产的参与，就像有限合伙人那样，是通过一个**资本份额**来表示的（上面第十三章边码 16 及其后边码）。盈利的测定与在普通商事合伙情况下一样（上面第十三章边码 20 及其后一个边码）。对于**盈利和亏损的分配**，适用特别的规则（商法典第 167 条和第 168 条），并且这些规则经常被合伙合同改变。应该在计算上的结果分配与支付之间加以区分（上面第十三章边码 21 及其后一个边码）。

（a）盈利

每个合伙人从盈利中优先获得其资本份额的 4%，即有限合伙人也一样。假如合伙合同没有其他规定，剩余部分以一个适当的比例进行分配。一个按照人头进行的同等分配，就像在普通商事合伙情况下的那样，在这里是不适用的，因为必须顾及无限合伙人的劳动付出以及还有他们的较大责任（商法典第 168 条第 2 款）。"在这一前提下才适用"的法律表述，明确表明了一般会有一个合同性的约定。

盈利计入资本份额。但在有限合伙人情况下，它不可以超过内部约定的出资数额（商法典第 167 条第 2 款）。内部约定的出资数额不必然与对外具有决定性意义的责任数额相一致。也就是说，**义务出资**是**资本数额的上限**。假如盈利份额超过了这一数额，有限合伙人享有一个要求支付的请求权。该请求权不是计入资本份额（资本账户 I），而是通过作账技术计入一个私人账户（资本账户 II）。[20] 法定的规则是烦琐的，通常在客

---

[14]　BGHZ 45，204＝NJW 1966，1309 - Rektor-Fall；举例见 Wiedemann/*Frey*，Nr. 194；也比较下面边码 27。

[15]　BGHZ 119，346，357 ＝ NJW 1993，1265；*BGH* NJW 1992，1890 ＝ JZ 1993，46 m. Anm.*Wiedemann*；BGHZ 132，263，267＝NJW 1996，1678＝JuS 1996，752 m. Anm. *K. Schmidt*.

[16]　BGHZ 89，162，166＝NJW 1984，1351.

[17]　BGH NZG 2010，76 免费报纸 "Hallo"（涉及有限责任公司）；OLG Frankfurt a. M. NZG 2009，903.。

[18]　BGH NJW 1989，2687.

[19]　BGH WM 1979，1061；NJW 1995，194.

[20]　举例见 *Wiedemann/Frey*，Nr. 197.。

观上也不能满足合伙人的需要。尤其是在一个较长的时间范围内，假如无限合伙人可以通过留存盈利而不断提高其资本份额的话，资本份额的限制可能导致有限合伙人相对于无限合伙人遭受巨大的不利。因此，合同进行偏离性规定是非常普遍的。它们大多不仅涉及资本份额的确定，而且涉及盈利的分配（比较上面第十三章边码 18 和边码 22）。

（b）亏损

在合伙合同欠缺规定的情况下，同样应该适当分配亏损（商法典第 168 条第 2 款）。　14
亏损从资本份额中减去。资本份额可能由此变为负的（负数）。但是，一个负的资本份额不意味着有限合伙人负有支付义务（民法典第 735 条），并且在合伙解散时也没有该项义务。[21] 有限合伙人从来不应该支付超过欠交的出资金额。这是商法典第 167 条第 3 款的意愿。在那里，有限合伙人仅以资本份额的数额和欠交的出资数额参与亏损。但是，有限合伙人的负的资本数额，在此范围内具有意义，即在支付盈利之前，它必须**由以后的盈利填补**。在税负上，这涉及一个亏损。对于其处理，需要遵守个人所得税法第 15a 条。

4. 提取

有限合伙人**没有**一个**不管盈利与否**都要**提取**数额为其资本份额的 4% 的款项的**权　15
利**，即不适用商法典第 122 条（商法典第 169 条第 1 款第 1 句）。通常，参与有限商事合伙不表现为是一种职业行为。有限合伙人仅能要求**支付盈利份额**，并且只有在他的资本份额达到约定的已可支付的出资数额时。由此可见，他必须首先通过留存盈利来弥补以前年度的亏损。但是，假如他过去曾经收取了盈利，则他无须因为事后的亏损而将其返还（商法典第 169 条第 1 款第 2 句、第 2 款）。由此可见，法律追求的是尽可能地将出资维持在原有的数额高度，既不去增加它，也不去减少它。如果出现减少，应该重新将它弥补。合伙合同可以偏离性地规范提取权，但大多是基于自有资本形成的需要，而规定**广泛的限制**。

五、外部关系

1. 代表权

有限合伙人，没有机构性的代表权（商法典第 170 条）。这一规定是强制性的。[22]　16
也就是说，在他的作为合伙人的身份特性上，有限合伙人从来都没有代表权。这一功能被保留给了无限合伙人。与此相反，有限合伙人可以获得**法律行为性质的代理权**，可以是经理或者商事代表人。与商法典第 52 条相反，一个通过合伙合同授予给他的经理权，按照商法典第 117 条、第 127 条的基本思想，要想对内部关系有效，只有在存在重大理由情况下才能被剥夺。[23] 然而，一个没有重大理由的经理权撤回，对外是有效的。不过，有限合伙人有一个基于合伙合同要求重新授予其经理权的请求权。

唯一的无限合伙人的代表权是不能被剥夺的，因为否则的话，有限商事合伙将没有机构性的代表，而这是不被允许的。[24] 在普通商事合伙情况下存在的出路，即由所有的

---

[21] BGHZ 86，122，126＝NJW 1983，876；BGH NJW-RR 1986，226；举例见 Wiedemann/*Frey*，Nr. 198.。

[22] BGHZ 51，198，200＝NJW 1969，507.

[23] BGHZ 17，392＝NJW 1955，1394.

[24] BGHZ 51，198，200＝NJW 1969，507；BGH NZG 2002，280.

合伙人享有共同代表权（上面第十四章边码 10），在这里行不通，因为有限合伙人依据强制性的商法典第 170 条不能享有机构性的代表权。只要没有一个有限合伙人在征得所有合伙人的同意的情况下接受无限合伙人的地位，或者没有第三人在征得所有合伙人同意的情况下被作为无限合伙人接纳入合伙，就只还存在除名之诉或解散之诉的可能。基于同样的原因，假如两个享有共同代表权的无限合伙人中的一个退出合伙，就只还存在一个无限合伙人，其共同代表权将不可避免地转化成为单独代表权。[25]

2. 商人身份

17   **有限商事合伙本身是**商人，无限合伙人根据上下文也是商人（对此，见上面第十一章边码 8）。与此相反，有限合伙人不是商人。[26] 但是，他们是营业管理法意义上的营业经营者和个人所得税法第 15 条第 1 款第 1 句第 2 项意义上的共同企业主（比较上面第四章边码 10）。

3. 责任

18   无限合伙人像普通商事合伙的合伙人那样，对合伙债务承担责任（上面第十四章边码 16 及其后边码）。作为无限合伙人的有限责任公司，以法人的身份用其公司财产承担无限责任，但其股东不承担责任（下面第二十章边码 3，第二十四章边码 27）。被法律特别规范的是**有限合伙人的责任**。[27] 责任限制在经济上是有意义的（上面第四章边码 8），且在国际上普遍存在（上面第一章边码 18）。然而，责任限制不能被任意主张利用。出于债权人的利益，责任限制要求一定的财产投入以及对外公开。

（a）在出资履行之前

只要还没有履行出资，有限合伙人也直接地首位性地作为连带债务人用其全部财产承担责任，然而不是无限制的，而是只**直到**商事登记簿中登记的出资**数额（责任数额**，商法典第 171 条第 1 款）。

由此可见，这不涉及一个限定于特定标的物的责任，而是债权人可以追究其整个的私人财产，强制执行其中的任意部分，只要有限合伙人还没有履行出资义务。但是，责任在数额上受到限制。此外，对于责任，适用与针对普通商事合伙情况下的合伙人责任的相同规定（上面第十四章边码 16 及其后边码），特别是合伙人责任不是从属性的，即不管债权人是否可以从合伙财产中获得清偿。

（b）在出资履行之后

19   与此相反，假如出资已经履行，**有限合伙人的个人责任就被排除了**（商法典第 171 条第 1 款）。在部分履行出资的情况下，责任在相应的数额范围内被排除。履行出资的方式，可以是通过支付现金以及向有限商事合伙提供其他约定的履行方式，或者通过与一个针对有限商事合伙的债权相抵销[28]，或者通过留存盈利，但也可以通过清偿一个合

---

[25] BGHZ 41，367＝NJW 1964，1624.

[26] BGHZ 45，282＝NJW 1966，1960；BGH NJW 1980，1572，1574；1982，569，570；主流观点，Baumbach/Hopt/*Hopt*，§161 Rn. 5；有所区别的是 Staub/*Schäfer*，§105 Rn. 79.。

[27] 对此见 *Beyerle*，Der unbeschränkt haftende Kommanditist，1976；*Patsch*，Grundfragen der Kommanditistenhaftung，2012；*K. Schmidt*，§54；*ders.*，Einlage und Haftung des Kommanditisten，1977；*ders.*，ZGR 1976，307 und ZHR 144 (1980)，192；*Keuk*，ZHR 135 (1971)，410；*Wiedemann* II，§9 III 2.。

[28] OLG Dresden NZG 2004，1155；但免除的数额仅仅是债权的客观价值，BGHZ 95，188，196＝NJW 1985，2947＝JuS 1986，159，对此见 *K. Schmidt*，ZGR 1986，152；在发展趋势同样早已如此的是 BGHZ 61，59，70＝NJW 1973，1691，1694 f.；关于整顿的案例，见 *K Schmidt*，ZGR 2012，566；也比较 Wiedemann/*Frey*，Nr. 204，205.。

伙债权人并将其补偿请求权（商法典第110条）与合伙的出资债权相抵销[29]，等等。假如一名合伙人将他的承担个人责任的地位转变成为有限合伙人地位，大多会将其资本份额转账成为有限合伙人的出资。相似的是在通过转账进行的赠与式的合伙份额捐赠[30]。这样，重要的是还有责任数额各自为其真实价值所覆盖[31]。**客观的价值覆盖原则**，服务于债权人保护，而在内部关系中则存在估价自由。

对于一个不是以金钱形式存在的出资的处理，决定性的是其客观价值，而不是那个由合伙人约定的数额，因为由此将可能会降低债权人的安全性[32]。

举例：假如一名有限合伙人针对其1万欧元的出资义务投入了一份专利并以8 000欧元的数额计入其名下，但该专利的真实价值只有5 000欧元，则他在内部关系上，即相对于有限商事合伙，仅还有支付2 000欧元的金钱性义务，而对债权人则还要承担数额为5 000欧元的责任。

即使一名有限合伙人在经济上看是企业的唯一所有人，因为无限合伙人没有提供财产出资，针对有限合伙人的责任限制也仍然继续存在。然而，有限合伙人为有限商事合伙进行的对外出现，不可以产生他是无限合伙人的**法律假象**。否则，他将不能主张受限制的有限合伙人责任（关于穿透问题，见下面第二十四章边码27及其后边码）。

责任出资，也是献身于合伙债权人利益的财产。法律规则不能防止其免遭亏损，但无疑可以防止合伙人将责任财产从债权人那里夺走。假如**出资**事后全部或部分被**返还**，则它在此范围内视为没有被履行，即**有限合伙人**须**重新**对债权人直接**承担责任**（商法典第172条第4款）。这样的支付，是允许的[33]，但责任限制的特权将要丧失。因此，假如有限商事合伙间接地，也就是越过第三人绕道将出资返还给有限合伙人，这也适用[34]。与此相反，从无限合伙人的私人财产中向有限合伙人提供的支付，不会使其责任复活，只要无限合伙人不能以此为由再追究有限商事合伙[35]。假如一名有限合伙人退出合伙并让合伙支付**补偿结存**，也是一个出资返还行为。如果一名有限合伙人让合伙支付盈利，而尽管他的**出资基于亏损已经被减少了**，适用与返还出资时一样规定。这样，他在相应的数额范围内承担责任，除非有限合伙人依据一个尽管事实上不正确的但善意制作的资产负债表，而善意分得盈利（商法典第172条第5款）。

举例：出资责任为10万欧元，已支付了6万欧元。有限合伙人对债权人在4万欧元的数额范围内承担责任。合伙产生了一个亏损，有限合伙人从中要分担25 000欧元。这样，他的资本份额仅还有35 000欧元。尽管如此，他对债权人始终还是仅在4万欧元的数额范围内承担责任，因为他已经支付了6万欧元。现在，分摊给有限合伙人一个

20

[29]　BGHZ 39，319，328＝NJW 1963，1873，1875；BGHZ 42，192，193＝NJW 1964，2407；58，72，74＝NJW 1972，480；BGH NJW 1984，2290＝JuS 1984，812.

[30]　关于转账，见 *Tillkorn*，DNotZ 2014，724.。

[31]　关于对此是否应该顾及隐形储备，见 BGHZ 109，334＝NJW 1990，1109；*K. Schmidt*，§54 III 2 c；*Schulze-Osterloh*，ZGR 1991，510.。

[32]　BGHZ 39，319，329 f.＝NJW 1963，1873，1876；BGHZ 61，59，72＝NJW 1973，1691，1695；BGHZ 95，188，195＝NJW 1985，2947；Wiedemann/*Frey*，Nr. 203.

[33]　合伙协议可以在内部关系中作出规定，比较 BGH NZG 2013，738.。

[34]　BGHZ 47，149＝NJW 1967，1321；对于一个特殊的案件，见 BGHZ 61，149＝NJW 1973，1878；对于通过一个更高的价格的交换交易所进行的出资返还，见 BGH ZIP 2017，77.。

[35]　BGHZ 93，246＝NJW 1985，1776＝JuS 1985，733 m. Anm. *K. Schmidt*；BGHZ 112，31＝NJW 1990，3145＝JuS 1991，155 m. Anm. *K. Schmidt*；关于自愿额外支付的有限合伙人的追索权，见 BGH NZG 2005，807.。

5 万欧元的盈利，而他让合伙全部支付他。这样，他就在 65 000 欧元的数额范围内承担责任，因为除还剩有的 35 000 欧元的资本份额外，其出资被视为没有履行。

(c) 责任范围

21   就**责任数额**而言，相对于债权人，**商事登记簿上登记的金额**是决定性的（商法典第 172 条第 1 款）。这也是适用的，就算内部作为贡献而需要履行的出资与责任数额（责任出资）不一致。后者由此既不会被限制，也不会被提高。通过内部约定，责任既不能被弱化，也不会被消除。尤其是通过合伙的出资延期或豁免，相对于债权人来说是无效的（商法典第 172 条第 3 款）。

通过修改合伙合同事后**增加和减少责任数额**，是可能的，但必须**进行（具有生效性作用的）登记**（商法典第 175 条）。在登记之前，只有在增加被以商事上通常的方式公告或者有限商事合伙以其他方式告知债权人的情况下，债权人才可以主张增加（商法典第 172 条第 2 款）。在登记以前，减少相对于债权人是无效的。即使在登记之后，根据事实情况，它对于以前的债权人也是无效的（商法典第 174 条），因为否则的话，债权人的安全性可以在未经其同意的情况下被降低。

因此，应该区分出资的减少和豁免。在减少出资的情况下，出资数额本身相应被减少。例如，取代原来的 10 万欧元，有限合伙人从今以后仅还有 6 万欧元的出资责任。在豁免的情况下，出资数额保持不变。有限合伙人仅在内部关系上无须再支付被豁免的金额。他的责任数额始终还是 10 万欧元，只是在合伙内部视为其好像已经全部支付了，而当他仅支付了 6 万欧元。一个这样的约定在内部是有效的，但债权人无须让其对其适用。

22   在**有限商事合伙破产**的情况下，债权人在程序存续期间，不可以直接追究有限合伙人的责任。为了确保一个同等的债权人清偿，破产管理人独自负责行使债权人的责任追究权利（商法典第 171 条第 2 款）。[36] 通过破产法第 93 条，这一针对有限商事合伙发展起来的模式，被扩大到所有的合伙人承担个人责任的情形。

(d) 无限的有限合伙人责任

23   假如有限商事合伙（1）**在合伙登记之前**，（2）开始业务，而（3）有限合伙人对此表示同意，并且（4）相关的债权人对其作为有限合伙人的身份不知情，则有限合伙人将承担无限责任（商法典第 176 条第 1 款）。责任限制以公开为前提条件。如果没有登记，债权人可能会认为在与一个普通商事合伙交易（比较商法典第 123 条第 2 款）。作为客观的信赖保护，这一规则在基于侵权行为产生赔偿请求权的情况下，不具有意义，尽管这有争议。因为，在"侵权"中，一个始终是这种类型的信赖不进入考虑范围。[37] 此外，在设立阶段，有限合伙人可以通过反对在登记前开展业务或者向业务伙伴公开其有限合伙人身份，保护其自己免于承担无限责任。同时，商法典第 15 条第 1 款，是不可适用的，但第 15 条第 3 款或许可用。[38]

只有在涉及商法典第 1 条意义上的商事营业时，才适用商法典第 176 条第 1 款规定

⑯　对此见 BGHZ 39，319＝NJW 1963，1873；BGHZ 42，192＝NJW 1964，2407；BGHZ 58，72＝NJW 1972，480；BGHZ 82，209＝NJW 1982，883；BGHZ 109，334，344＝NJW 1990，1109，1111。根据破产法第 270 条第 3 款，在破产财产由债务人自己管理的情况下，负责的是受托管理人。

⑰　BGHZ 82，209，215；MünchKomm-HGB/*K. Schmidt*，§176 Rn. 37；相反的是，详细见 Staub/*Thiessen*，§176 Rn. 82ff.；*Wiedemann II*，§9 III 7；*Wiedemann/Frey*，Nr. 211；比较商法典第 15 条第 1 款之下的问题："没有人会因为信赖登记而让一辆汽车压死"，*Jung*，Handelsrecht，11. Aufl.，§10 Rn. 16.。

⑱　MünchKomm-HGB/*K. Schmidt*，§176 Rn. 45 ff.

的（一定情形下，是被弱化了的）责任。与此相反，它在商法典第 2 条、第 3 条、第
105 条第 2 款规定的情形下，不适用（商法典第 176 条第 1 款第 2 句）。在这些情形下，
营业或财产管理只有经过生效性**的登记**才成为商事业务，而合伙也是由此才成为有限商
事合伙的。在此之前适用有关民事合伙的规定（上面第十二章边码 8）。因此，仅针对
商事合伙，基于商事营业的经营，商法典第 176 条第 1 款第 1 句在结果上提供了一个减
轻责任的可能性，而在这里，尽管商法在事实上比民法设计得更加严格。根据目前的判
决，民事合伙不承认有有限责任的成员资格（上面第八章边码 13）。结论是非常有争议
的。这接近于比照适用第 1 句㊴，或者不适用第 1 款，**即作为表见有限合伙人㊵，承担**
（有限的）责任。但是，这就会提出增加第三人负担的法律表见问题。㊶ 缺乏开展业务
同意的合伙合同缔结，可以理解为推迟至登记时的附条件的合同缔结（比较下面边码
24）。㊷ 建议在未来的法律中，删除第 2 句。㊸ 当作为有限商事合伙开始业务时，却还没
有对外设立一个合伙（**表见合伙**），由此产生的有利于信赖它的业务伙伴的法律表见保
护（上面第五章边码 2，第十二章边码 10）不够用。错误地成为有限合伙人，则根据其
有限责任出资的标准承担责任，即责任受限。行为实施人，承担无限责任。㊹

六、合伙人的变更

首先，适用与普通商事合伙情况下一样的规定（上面第十五章），但包括下面的特
殊性。

1. 有限合伙人变更时的责任

（a）进入

如果谁作为有限合伙人进入一个已经存在的普通商事合伙或有限商事合伙，他不可　24
避免地也对之前已设立的**旧债务**承担责任，但限于他的责任出资（商法典第 173 条）。
与此相反，对于在进入和登记之间设立的债务（新债务），法律规定其为无限责任，就
像在一个新设的情形下提前开始业务时的那样（商法典第 176 条第 2 款，上面边码
21）。㊺ 一个对于业务经营继续进行的同意不是必需的，因为中断是极其脱离现实的和
不可实行的。㊻ 直至登记时为止的受限制的责任，这一现实中不为人希望的结果（有限
合伙人正是仅仅想成为有限合伙人），可以通过适当的合同设计构建来加以避免。例如，
合同将商事登记簿上登记设定为进入合伙的延缓条件以及有限合伙人（附解除条件地）

㊴　MünchKomm-HGB/*K. Schmidt*，§176 Rn. 6f.

㊵　Baumbach/Hopt/*Roth*，§176 Rn. 7；也见 BGHZ 113，216＝NJW 1991，922；对此见 *v. Gerkan*，ZGR
1992，109；无论如何，在 1998 年商法改革和关于民法典的责任的判决之前，合伙人比照商法典第 128 条。

㊶　*K. Schmidt*，§55，II 1 a aa；*Wiedemann* II，§9 III 7b.

㊷　这样见 Staub/*Thiessen*，§176 Rn. 49ff.（在推定的意义上）；更进一步的见 *Saenger*，Rn. 364.（后面部分）。

㊸　*Schäfer*，Gutachten Ezum 71. DJT，S. E 99f.；同样的，对于商法典第 162 条第 2 款，见 Staub/*Casper*，
§162 Rn. 30.。

㊹　比较，对更早的法律规定情况，见 BGHZ 61，59，6Sff. ＝NJW 1973，1691，1693；BGHZ 69，95，99f. ＝
NJW 1977，1683；Canaris，NJW 1974，455；Großkomm-HGB/*Schilling*；4. Aufl.，§176 Rn. 14；有争议，不同的
是 *Flume*，Personengesellschaft，§16 IV 5；*v. Gerkan*，ZGR 1992，109，112f.。

㊺　对此见 BGHZ 82，209＝NJW 1982，883.。

㊻　通常观点，Nachweise bei Staub/*Thiessen*，§172 Rn. 125.。

先作为隐名合伙人。[47]

（b）退出

在一名有限合伙人退出时，应该注意，**通过有限商事合伙的补偿结存支付**（上面第十五章边码第 18 及其后一个边码）表现为**出资的返还**，并且因而导致个人责任的重新复活（商法典第 172 条第 4 款，上面边码 18）。依据商法典第 160 条规定的标准，这一责任涉及退出前设立的债务。

（c）有限责任参与的转让

25　　在获得所有参与者同意的情况下，转让合伙中的成员身份，是可能的（上面第九章边码 14 及其后边码）。假如一个有限责任参与被转让，既不会在出卖人之处，也不会在购买人之处引发一个个人责任，如果出资已经被完全缴付的话。[48] 继受人获得前任的完全地位。这与现今已被承认的通过处分行为实现成员身份直接转让的思想相关联。[49] 但就算是根据原先的观点，即退出与进入之间，在通过单纯转账而同时进行的补偿结存转让情况下相互结合，也不能论证在这里可能会存在一个向退出的有限合伙人返还出资的问题。参与转让的事实会**在商事登记簿上清楚表明**，借以排除因为另外一个有限合伙人的进入而扩大责任基础的法律假象（**继受注明**）。[50]

2. 一名有限合伙人的死亡

26　　就像在普通商事合伙情况下一样（比较商法典第 131 条第 3 款第 1 句第 1 项），一名有限合伙人的死亡不会引起合伙解散。但是，一个与普通商事合伙的重大区别在于，合伙连同继承人继续存在（商法典第 177 条）。原则上，**有限责任份额**是**可继承的**。合伙合同规定可以偏离于此和排除可继承性，或者将继承人限定在特定的人，正如反过来，普通商事合伙的合伙人或无限合伙人的合伙份额，可以规定为可继承的（上面第十五章边码 3）。[51] 在继承事由的时刻点上，死亡的有限合伙人的继承人获得他的地位。如果存在多个继承人，不是继承共同体，而是各继承人通过特殊权利继受的途径，按照他们的继承份额成为有限合伙人（上面第十五章边码 4），并相应地根据商法典第 171 条和 172 条像立遗嘱者一样承担责任。对于旧债务，继承人根据商法典第 173 条承担责任。[52] 如果继承人已经是有限合伙人，则相应地增加其有限责任份额。如果继承人是无限合伙人，同样也增加其份额，但是，他不能同时又是有限合伙人（成员资格统一原则）。[53]

　　对于在有限责任参与上设立**遗嘱执行**的可能性，联邦普通法院长期不予回答，但后

---

[47] Baumbach/Hopt/*Roth*，§176 Rn. 9；MünchKomm-HGB/*K. Schmidt*，§176 Rn. 29f.；Staub/*Thiessen*，§176 Rn. 128f.；*Wiedemann* II，§9 III 6 a.

[48] BGHZ 81，82，85 = NJW 1981，2747；早已是如此的还有 BGHZ 47，149，154 f. = NJW 1967，1321；MünchKomm-HGB/*K. Schmidt*，§176 Rn. 26；Staub/*Thiessen*，§176 Rn. 111；*Wiedemann* II，§9 III 6b.。

[49] 因此，根据普遍的观点，根本不能适用商法典第 176 条第 2 款；Baumbach/Hopt/*Roth*，§176 Rn. 11；Ebenroth/Boujong/Joost/*Strohn*，§176 Rn. 26f.；MünchKorrim-HGB/K. Schmidt，§176Rn. 26.。

[50] Henssler/Strohn/*Gummert*，§176 HGB Rn. 19；Saenger，Rn. 375f.；Staub/*Thiessen*，§173 Rn. 59f.（提及与商法典第 162 条第 2 款和第 3 款的差异性）；不同的是 MünchKomm-HGB/K. Schmidt，§176 Rn. 26（后面部分）；关于惯例，向登记法院提交一份声明，用来确保没有补偿结存，见 BGH NZG 2006，15.。

[51] 对于无限合伙人的财产由一名有限合伙人继承的情形，见 BayObLG NZG 2003，476.。

[52] 主流观点，Baumbach/Hopt/*Roth*，§173 Rn. 15；MünchKomm-HGB/*K. Schmidt*，§173 Rn. 8；Staub/*Thiessen*，§173 Rn. 42.。

[53] OLG Jena NZG 2011，1301；Staub/*Casper*，§161 Rn. 47.

来予以了肯定。[54] 在此之后，连同一定的限制，遗嘱执行人可以行使与有限责任份额相连的成员权利。根据主流观点，前提是合伙人同意。同意要么是已包含在合伙合同中，要么是由合伙人事后作出。[55] 具体问题，始终还有争议，也包括着眼于遗嘱执行人的职权。

　　[54]　BGHZ 91, 132, 137 f. ＝NJW 1984, 2104；在 BGH NJW 1985, 1953, 1954 作出众多准备性阐述之后，现在是 BGHZ 108, 187, 195＝NJW 1989, 3152, 3154 f.；*Ulmer/Schäfer*, ZHR 160 (1996) 439.。

　　[55]　早已如此的是 BGHZ 68, 225, 241＝NJW 1977, 1339, 1344；*BGH* NJW 1985, 1953, 1954；Baumbach/Hopt/*Roth*，§ 139 Rn. 26；Staub/*Thiessen*，§ 177 Rn. 17 ff.。

第十八章

隐名合伙

文献资料：除了文献表中提到的合伙/公司法总体阐述外，还有上面第十一章之前列举的关于普通商事合伙的文献资料，特别是有关商法典第 230 条及其后条款的教科书和评论注释。需要强调的是 MünchKomm-HGB/*K. Schmidt*；*Blaurock*（*Hrsg.*），Handbuch stille Gesellschaft，8. Aufl.，2016（mit rechtsvergleichendem Überblick in §3）；*Hochedlinger/Fuchs*，Stille Gesellschaft，2006（Österreich）；*Krolop*，Die Gewährung von Risikokapital auf schuldrechtlicher Grundlage im Dreieck von Vertrag，Verband und Markt，2017（demnächst）。

一、概念和法律属性

1

隐名合伙是一个这样的合伙，即在其之下，某人参与另外一个人的商业营业，通过这样一个方法，即他带来一份转移财产所有权的出资，并就此获得一个盈利份额（商法典第 230 条、第 231 条第 2 款）。

1. 成员

根据法定的**基本模式**，隐名合伙有**两名成员**，即营业合伙人（业务所有人，无限合伙人）和隐名者。然而，这不是强制性的。一个商人可以与多名投资人缔结隐名合伙协议。这样，就同时产生了多个相互独立的隐名合伙。利益平行发展的不同的隐名合伙人，可以相互组织起来（民事合伙，资金池协议）。多个隐名参与，也可以在一个统一的合伙协议中被联合起来，组成**具有多个成员的隐名合伙**。[1]

营业合伙人必须是**商人或者商事合伙/公司**（如普通商事合伙、有限商事合伙、有限责任公司、股份有限公司）。作为要式商人的身份特性（商法典第 6 条第 2 款），就足够了，即就算它没有经营商事营业。[2]

隐名合伙人可以是自然人、法人、合伙，也可以是一个遗产共同体或者财产共同

---

[1] BGH NJW 1972，338；BGHZ 125，74，76 f，＝NJW 1994，1156；BGHZ 127，176，179；BGH NZG 2013，1422；Staub/*Harbarth*，§230 Rn. 108；MünchKomm-HGB/*K. Schmidt*，§230 Rn. 83；*Florstedt*，Der stille Verband，2007。

[2] BFH BB 1983，1515；*K. Schmidt*，§62 II 1 b；Staub/*Harbarth*，§230 Rn. 89。

体。依据隐名参与的设计构建不同，未成年人在必要时需要家庭法院的同意（民法典第1643条、第1822条第3项）。③ 已经以其他形式成为企业载体的合伙人的人，也可以同时成为隐名合伙人。比如，一个有限合伙人用一个隐名参与的形式（在有限责任出资之外）参与有限商事合伙。

2. "合伙财产"

不形成共同的合伙财产。确切地说，隐名合伙人将他的出资交付到营业合伙人的财 **2**
产中（商法典第230条第1款）。假如出资以物的形式存在，隐名合伙人须转移其所有权。假如出资以其他价值形式存在（对此，见上面第六章边码1），则应将这些价值以其对应的方式转交到营业合伙人的财产中。承诺提供的劳务，应向商事营业的所有者履行。作为出资，假如约定转让物的使用或利用，则应将物转交给所有人，以供其使用或利用等诸如此类的情形。投入物的估价，由参与者自由确定。让隐名合伙人在经济上影响营业合伙人的财产，存在广泛的设计构建可能性（下面边码13）。

3. 盈利参与

隐名合伙人必须参与盈利，否则就不是隐名合伙。隐名合伙人一般也分担亏损，不 **3**
过可以排除亏损分担（商法典第231条第2款）。

4. 法律属性

隐名合伙是真正的合伙，因为两方当事人就实现一个共同的目的相互负有给付义 **4**
务，也就是通过经营一个商事营业来获取盈利（上面第二章边码9及其后边码）。与有限商事合伙相似，它有一个强烈的资本性因素。隐名合伙**不是共同共有共同体**。没有共同的或者其他分开的财产。确切地说，企业仅仅属于营业合伙人。此外，隐名合伙是**纯粹的内部合伙**。它不对外出现。营业合伙人以他的名义经营企业和实施所有的法律行为。因此，隐名合伙人，就像隐名合伙本身一样，也不登记于商事登记簿。④ 没有共同的商号。仅在合伙人之间内部，存在单纯的债法上的请求权和义务（上面第二章边码3）。隐名合伙不是商事合伙，因为它本身不经营商事营业。因此，商法典第二编的子标题是"商事公司和隐名合伙"。仅营业合伙人是商人，隐名合伙人不是商人。在国际私法中，隐名合伙仅仅被作为债权关系来对待，也就是说，根据罗马第一条例第1条第1款第1句和第23条存在法律选择自由。它仍然涉及民法典第310条第4款第1句意义上的合伙。针对合伙协议，不进行普通商业条款审查（下面第十九章边码8）。

二、与类似法律形式的区别

隐名合伙，并不总是能够轻易地与类似的设计构建相区别。在现实中，过渡形式的 **5**
变化是流动的。但是，归属划分，实质性地决定可适用的法律规范。跟协议内容相比，名称是次要的。⑤

---

③　Baumbach/Hopt/*Roth*，§130 Rn. 8；MünchKomm-HGB/*K. Schmidt*，§230 Rn. 106.

④　例外：隐名参与到一个股份有限公司中，大多是股份法第292条第1款第2项意义上的部分收益支付协议，并被登记到商事登记簿中（股份法第294条）；BGHZ 156, 38, 43＝NZG 2003, 1 023；BGH NZG 2006, 540；*Emmerich/Habersack*，§14 Rn. 11 ff.；关于在有限责任公司中的相应的应用，见 BayOblG NZG 2003, 636；OLG München DStR 2011, 1139；KG GWR2014, 241 没有登记。

⑤　*Krolop*，Die Gewährung von Risikokapital auf schuldrechtlicher Grundlage im Dreieck von Vertrag, Verband und Markt，2017.

1. 民事合伙

就像普通商事合伙和有限商事合伙一样，隐名合伙是**民事合伙的下位形式**。但是，前两者通常是共同共有共同体和外部合伙（第五章边码 9），而这些都不适用于隐名合伙。隐名合伙是**典型的内部合伙**。因此，尽管原则上适用民法典的合伙法，但不是有关合伙财产和对外出现的规定。

假如营业合伙人不是商人，比如是没有在商事登记簿上登记的小营业经营者，就不存在一个商法典意义上的隐名合伙，而只存在一个作为内部合伙的民事合伙（上面第二章边码 13，第五章边码 10）。一个对个别业务的参与（临时性合伙），也是不够的。但是，在这些情形下，商法典规定可以被适当地类推适用。

2. 有限商事合伙

6

在经济上，隐名合伙非常接近于有限商事合伙（上面第十七章边码 4）。在两者之下，都涉及一个通过有限投资，并连同相应的有限风险，并且仅在资本上进行的商事营业参与。决定性的区别在于有限合伙人对外作为共同企业主出现。

在具体内容上，从中推导得出：

● 在有限商事合伙之下，有一个共同的合伙财产，而隐名合伙之下没有合伙财产（上面边码 2）。

● 有限商事合伙有一个共同的商号，隐名合伙没有共同的商号（上面边码 4）。

● 有限商事合伙被登记于商事登记簿，隐名合伙不被登记于商事登记簿。

● 有限商事合伙对外作为一个统一体出现并进行法律行为，具有侵权行为能力，可以起诉和被起诉并具有破产能力。所有的这些都不适用于隐名合伙。

● 有限合伙人对债权人直接承担责任，即使是有限的。隐名合伙人根本就不对债权人承担责任。

尽管如此，在现实中，区分在一定情况下可能是困难的。特别是出于税负的原因，隐名合伙的设计构建非常接近于有限商事合伙。[⑥] 有限商事合伙与隐名合伙以这种方式相结合也是可能的，即有限商事合伙是营业合伙人，一名或多名隐名合伙人参与其商事营业。这样，需要区分有限合伙人和隐名合伙人。他们有不同的法律地位。这还不排除一个人作为有限合伙人并且与此同时用一个出资作为隐名合伙人进行参与（上面边码 1）。

3. 下位参与

7

一个下位参与存在于这种情形，即某人以这样的方式参与一个（商事）合伙的合伙人身份的参与，即仅另外一个人（**上位合伙人**）对外是成员，尤其是针对合伙。而在内部中，下位参与人参与盈利分配，并且大多也参与亏损分担。就像在隐名合伙情况下一样，存在一个不对外出现的参与。然而，这不涉及一个商事营业，而仅涉及上位合伙人的**合伙参与**。因此，下位参与不是隐名合伙，而是民法典上的内部合伙。在所有的营业合伙/公司（上面第一章边码 12）情况下，都可以考虑设立一个下位参与。

4. 借款

8

典型的隐名合伙与借款相似。两者的共同之处是一个投资（借款金额）转移到他人的财产中去。区别具有重大的现实意义，因为借款和隐名合伙，在法律上受到非常不同的规则调整。例如，依据民法典第 310 条第 4 款第 1 句，符合形式要求的合伙参与要约

---

⑥　关于所谓的内部—有限商事合伙，见 BGH NZG 2010, 823.

不受一般交易条件的审查（下面第十九章边码8）。此外，隐名合伙人没有与民法典第490条第1款相比的解约权。

对于借款来说，其标志是借款提供人获得一个**固定的利息**。因为隐名合伙人通常都要参与业务结果，即盈利和亏损，但是，这不是强制性的。在借款情况下，也可以约定一个采取盈利参与形式的报酬（**参与性借款**，上面第五章边码5）。在隐名合伙情况下，亏损分担也可以被排除。决定性的是在考虑所有具体情况下，成员关系是否能够辨认出一个共同的目的，或者参与者仅仅是维护他们的自身利益，就像在一个单纯的信贷提供情况下的那样。[7]

因为在隐名合伙情况下，盈利参与是绝对需要的。因此，在约定一个固定的利息的情况下，就必定存在一个借款。[8] 反过来，参与亏损分担则始终说明有一个隐名合伙，因为这将与借款的本质相矛盾。在借款情况下，交出去的金钱数额应该被返回。[9] 但存在疑问的是这样的情形，即在其之下仅仅约定盈利参与，要么是完全的参与，要么是在一个固定的最低利息之外的参与。在隐名合伙情况下，固定的最低利息也是可能的。在现实中，监控权的设计构建，可以为确定当事人的意愿提供依据。监控权越是广泛，越能说明存在一个隐名合伙。假如业务所有人比如在进行重要的业务时，在内部关系上需要征得金钱提供者的同意，只能考虑隐名合伙。但是，在借款情况下也可以赋予一定的监控权。[10]

就像针对参与性借款那样，相应地也适用于其他参与性法律关系，比如针对盈利参与的劳务提供。在这里，合伙人的同等地位以及诸如此类的东西是区分的标志特征。[11]

三、法定的规则和现实意义

对于隐名合伙，首先适用商法典第230条至第237条。[12] 此外，还要考虑补充适用有关民事合伙的规定，但只有当它们不涉及对外出现和财产共同体的时候（上面边码5）。 9

现实意义从纯粹的融资关系延伸到近似于一个商事合伙的设计构建。后者也基于税负原因而具有意义，因为所谓的**非典型的隐名合伙**导致隐名合伙人具有个人所得税法第15条意义上的共同企业主身份。这样，税负上的亏损分配就是可能的（上面第四章边码10，下面边码13）。就像有限商事合伙一样，隐名合伙也被提供给广泛的投资者。由此而产生的法律问题及其解决办法，部分与公众性有限商事合伙相对应（下面第十

---

[7]　BGH NJW 1992, 2696；BGHZ 127, 176＝NJW 1995, 192；Baumbach/Hopt/*Roth*，§ 230 Rn. 4；MünchKomm-HGB/*K. Schmidt*，§ 230 Rn. 57 ff.；Staub/*Harbarth*，§ 230 Rn. 28ff.，37.。

[8]　早已如此的是 RGZ 122, 387, 390；Baumbach/Hopt/*Roth*，§ 231 Rn. 2；MünchKomm-HGB/*K. Schmidt*，§ 230 Rn. 41.。

[9]　早已如此的是 RGZ 168, 284, 286；BGH WM 1965, 1052, 1053；也比较 MünchKomm-AktG/*Habersack*，§ 221 Rn. 88, 89；隐形参与，作为由法律规定的基于债法基础而参与亏损分担的形式。

[10]　所谓的协议约定，见 *Heinrich*，Covenants als Alternative zum instiutionellen Gläubigerschutz，2008；*Kästle*，Rechtsfragen der Verwendung von Covenants in Kreditverträgen，2003；*Krolop*，Die Gewährung von Risikokapital auf schuldrechtlicher Grundlage im Dreieck von Vertrag，Verband und Markt，2017.。

[11]　BGH NJW 1992, 2696；Baumbach/Hopt/*Hopt*，§ 230 Rn. 4；Staub/*Harbarth*，§ 230 Rn. 51 ff.

[12]　历史和运用与有限商事合伙相似，见上面第十七章边码4；通过1986年的资产负债表指令法，商法典第335条至第342条被往前推进了。

九章）。此外，隐名合伙还用于员工参与企业主企业（比较财产参与法第 2 条第 1 款第 1i 项）。

隐名合伙人的存在，不需要保持不为大众所知晓，尤其是债权人。营业合伙人仅仅出于信贷的需要，就将隐名合伙人的投资告知重要的债权人，特别是他的银行。是否在营业合伙人的资产负债表上作为自有或者外来资本反映隐名参与，取决于具体情形下的设计构建。[13] 它可以是类似于自有资本的资本，并因此有助于提高营业合伙人的信用。但是，隐名合伙人并没有由此与债权人建立直接的法律关系。对于隐名合伙本身，不适用任何法定的会计制作义务，但营业合伙人作为商人负有会计制作的义务，并且相对于隐名合伙人负有内部测算义务（下面边码 11）。

四、合伙协议

10
只要隐名合伙人要缴付的出资类型，不要求遵守一个形式要求（比如民法典第 311b 条第 1 款），隐名合伙就可以通过**无法定形式要求的协议**来设立。此外，协议也可以被默示缔结，比如当一个商人性质的企业的卖家，将购买款的一部分留存在企业中。合伙仅仅通过协议的缔结而产生，不要求有一个事实上的出资履行。根据其法律属性，合伙协议首先是一个债法性质的协议，但它也可以包含组织法性质的因素，比如共同参与权和监控权（比较上面第六章边码 2）。因此，在有瑕疵的情况下，适用瑕疵合伙原则。[14]

五、内部关系

1. 营业合伙人的权利和义务

11
业务执行权仅由营业合伙人享有。针对隐名合伙人，营业合伙人也有义务经营商事营业，并对疏忽的业务执行承担责任。然而，只要不存在其他的约定，仅按照民法典第 708 条的标准（diligentia quam in suis，尽对待己物同等的注意）。隐名合伙中的诚信义务，禁止业务所有人从事与业务经营有竞争关系的活动。然而，不直接适用商法典第 112 条、第 113 条。依据民法典第 713 条、第 670 条和商法典第 110 条，营业合伙人有一个费用补偿请求权。只有在有相应约定的情况下，营业合伙人才能要求报酬，因为盈利参与通常已保障了他的利益（上面第十三章边码 22）。营业合伙人应该依照协议的约定，确定隐名合伙人的盈利（商法典第 232 条第 1 款）。

违反义务的情形，不仅可能是违背谨慎义务的业务执行，也可能是违背隐名合伙协议的行为。在其之下，首先应该恢复营业所有人的财产状况，因为根本就没有隐名合伙的"合伙财产"。隐名合伙人是否可以通过合伙之诉（上面第七章边码 6）来主张这样

---

[13] 基本上，借入资本是有例外的；Baumbach/Hopt/*Roth*，§ 230 Rn. 21，§ 236 Rn. 3；*Hoerning*，Hybrides Kapital im Jahresabschluss，2011，S. 127ff.；MünchKomm-HGB/*K. Schmidt*，§ 230 Rn. 170 ff.。

[14] BGHZ 55，5；62，234，237；*BGH* NJW 1992，2696，2698；1993，2107；2005，1784，1785；NZG 2013，1422；WuB 2016，275；Baumbach/Hopt/*Roth*，§ 230 Rn. 11；Henssler/Strohn/*Servatius*，§ 230 HGB Rn. 19；有所区别的是 MünchKomm-HGB/*K. Schmidt*，§ 230 Rn. 133 f.；不同的是 MünchKomm-BGB/*Schäfer*，§ 705 Rn. 359 f.；Staub/*Harbarth*，§ 230 Rn. 176ff.，关于争议情况的详细描述，见 Rn. 168ff.。

的请求权，是有争议的。[15]

2. 隐名合伙人的权利和义务

就像有限合伙人一样，隐名合伙人只享有很小的**监控权和信息权**。商法典第233条 **12**
在其功能上与商法典第166条相对应。这些权利的行使受诚信义务制约。[16] 隐名合伙人
不参与业务执行，在非通常的业务情况下也没有反对权。如果他不同意业务执行，则就
只能依赖于损害赔偿请求权和解约权。隐名合伙人必然参与**盈利**（上面边码3），通常
也参与**亏损**分担。

份额数额由合伙协议确定。假如仅确定盈利份额或亏损份额，则在不能确定的情况
下，该规定适用于盈利和亏损（民法典第722条第2款）。如果根本就没有约定，则隐
名合伙人获得一个依据情形状况来说是适当的盈利份额，并承受一个相应的亏损分担份
额（商法典第231条第1款）。在此过程中，应该顾及参与的数额和整个资本的数额，
但也还要顾及营业合伙人的劳务提供和双方的风险。

盈余份额是一个债权。隐名合伙人可以在确定盈利之后要求立即**支付**（商法典第
232条第1款）。只要不是出资通过以前的亏损被减少，因为首先要将其补足（商法典
第232条第2款）。假如隐名合伙人超出此范围让盈利留存于合伙，则他的出资并不因
此而被提高，因为他只是由此获得了一个一般性的金钱之债（商法典第232条第3款）。

与有限合伙人完全一样，隐名合伙人参与**亏损**分担，仅仅直到他的出资数额，而不
负有追加出资的义务（商法典第232条第2款）。在合伙协议中，可以排除参与亏损分
担（商法典第231条第2款）。

隐名合伙人的**主要义务**，是履行他的出资。出资必须被移交到营业合伙人的财产中
（上面边码2）。出资可以以所有具有财产价值的标的物的形式存在，也可以是提供劳务
的形式。

3. 非典型的隐名合伙

除盈利参与外，**法定规则是任意性的**。在现实中，一些偏离性规定特别重要，并获 **13**
得了实施。这尤其是那些基于税务后果而被典型化的偏离性规定。[17] 假如满足"企业主
风险"和"共同企业主积极活动"的两个要求，联邦财税法院承认其具有个人所得税法
第15条意义上的税法性质的共同企业主身份。而这使税负上的亏损分配，成为可能。[18]
对这里适当的设计构建再次导致产生了一定的个性化，因此也被称为"**典型的非典型
的**"隐名合伙。根据个人所得税法第15条第4款第6句，亏损分配的可能性，对于隐
名合伙人而言是被限制的。[19]

企业主风险：隐名合伙人可以在内部以这样的方式**债法性质地参与业务财产**，即
他在合伙解散时如此地被对待，就像财产共同属于两者或者所有合伙人的那样（**经济上**

---

⑮ BGH NJW 1988, 413；1995, 738；1995, 13 55（任意的诉讼担当）；对此见 Münch-Komm-HGB/
K. Schmidt，§230 Rn. 156 ff.，185（合伙之诉）；*Windbichler*，ZGR 1989, 434.（增加业务财产）。

⑯ Baumbach/Hopt/*Roth*，§233 Rn. 1；*Kort*，DStR 1997, 1372.。

⑰ Baumbach/Hopt/*Roth*，§230 Rn. 3；*Groh*，FS Kruse, 2001, S. 417；*Joost*，Die steuerliche Abgrenzung
zwischen typischen und atypischen stillen Gesellschaften, 1999；MünchKomm-HGB/*K. Schmidt*，§230 Rn. 74 ff.；
Staub/*Harbarth*，§230 Rn. 67ff.

⑱ BFHE 141, 405, 440＝NJW 1985, 93, 96；Staub/*Harbarth*，§230 Rn. 72ff.；*Wiedemann/Frey*，Nr. 244.

⑲ 未提取的利润，可以根据所得税法第34a条享受优惠，Tipke/Lang/*Hennrichs*，Steuerrecht, 22. Aufl.，
2015，§10 Rn. 220ff.。

参与业务财产）。借此，可以实现对内部价值增值的参与（商号价值，隐形储备）。这些价值一般不归属于隐名合伙人，但也不与一个隐名参与的本质相违背。[20] **共同企业主积极活动**，要求参与企业主性质的决定。就像在有限商事合伙情况下针对有限合伙人那样，针对隐名合伙人，也可以通过协议在任意范围内规定**业务执行参与**。[21]

六、"外部关系"

14
不管具体的设计构建如何，隐名合伙都**始终是内部合伙**。也就是说，它**没有外部关系**。在与第三人的关系上，营业合伙人是商事业务的唯一所有人，并以其名义经营。在经营中缔结的所有业务中，只有营业合伙人才享有权利和承担义务（商法典第 230 条第 2 款）。因此，根本就不会出现代表权的问题，因为既不是隐名合伙人，也不是合伙自身与第三人进入法律关系。

对于**业务债务**，只有所有人承担责任，而隐名合伙人不承担责任，也不以其出资的数额承担责任。假如出资还没有被履行，则隐名合伙人就其仅对营业合伙人承担责任。因此，它是一个纯粹的内部债务。[22] 据此，隐名合伙人和所有人可以任意地对出资进行约定，比如将它提高、减少、延期、豁免或返还，而不存在债权人可以反对的问题。债权人只有这种可能性，即将所有人对于欠缴的出资的债权予以扣押，就像其他任何债权人一样。除此之外，对于一个亏待债权人的合伙人约定，只要满足相应的条件，债权人享有破产法第 136 条或者撤销法规定的撤销权。因此，在与债权人关系上，隐名合伙人原则上与借款提供人相同。对于破产情形，见下面边码 17。

七、终止

1. 解散理由

15
就像在民事合伙情况下（民法典第 727 条第 1 款）一样，业务所有人的死亡，将导致隐名合伙的解散。然而，就像在普通商事合伙和有限商事合伙情况下（第 131 条第 3 款第 1 句第 1 项）一样，**隐名合伙人的死亡不是解散理由**（商法典第 243 条第 2 款）。在一个仅在资本上进行参与的情况下，合伙人的人格特性不起决定性作用。隐名**参与是可继承的**。在由一名合伙人或者隐名合伙人的一个私人债权人解除合伙的问题上，代替民法典的规定，相应地适用有关普通商事合伙的规定（商法典第 243 条第 1 款，上面第十五章边码 13 及其后边码）。因此，解除合伙受 6 个月的解除期限的制约，并且只有在业务年度结束时才能开始进行。在这里，完全排除正常的解除合伙，也是不允许的。[23] 与此相反，在存在重大理由的情况下，通过一个简单的无期限限制的解除合伙来解散合伙，而不是通过解散之诉（商法典第 234 条第 1 款，民法典第 723 条）。在与法定基本

---

[20] BGHZ 7, 174; 8, 157; BFHE 170, 345, 351.

[21] BGHZ 8, 157, 160; 也比较 BGH NJW 1992, 2696, Henssler/Strohn/*Servatius*, § 230 Rn. 30; *Krolop*, GmbHR2009, 397, 402; 也比较 *Bachmann/Veil*, AG 1999, 348.。

[22] 因此，这也适用于，当隐名合伙人根据合伙协议在内部关系中与有限合伙人享有同样的权利和义务；比较 OLG Schleswig NZG 2009, 256, 通过 BGH NZG 2010, 823 予以确定。

[23] BGHZ 23, 10, 14; 50, 316, 321; BGH NJW 1992, 2696, 2698; NZG 2012, 984：通过过长的解除期限回避了（民事合伙）。

模式相对应的两名合伙人组成的隐名合伙情况下，解除合伙导致合伙的解散。在多名成员组成的隐名合伙（上面边码 1）情况下，解除导致隐名合伙人的退出。[24]

营业合伙人的债权人，不能解除隐名合伙，因为他们能够直接强制执行由债务人独自享有的业务财产。

2. 清算

由于没有合伙财产（上面边码 2），也就不需要清算了。解散将导致合伙立即终止。但是，隐名合伙人**就清算有一个债权性质的请求权**（商法典第 235 条）。　16

应该以这种方式进行清算，即营业合伙人以一个特别的资产负债表（清算资产负债表）为基础，确定并支付隐名合伙人的**结存**。结存等于缴付的出资价值，加上或减去没有支付的以前的盈利、没有补足的亏损份额、可能有的提取和最后资产负债表中确定的前一业务年度的经营结果。即使出资是由其他价值组成的，**支付**始终**以金钱形式**进行。除此之外，隐名合伙人还要参与合伙解散时仍未终结的业务的盈利和亏损（商法典第 235 条）。根据这一计算方法，隐名合伙人不参与业务价值和隐形储备。[25] 可以在协议中约定另外一种计算方法。在隐名合伙人具有有限合伙人相似地位的非典型隐名合伙情况下，也可以这样计算清算结存，假设他是有限合伙人（比较上面第十五章边码 18）。[26] 就算依据相关基本原则计算的份额是负数，隐名合伙人也不存在补款义务。[27]

八、业务所有人的破产

通过对两名合伙人中的一名合伙人的财产开启破产程序，隐名合伙被解散（民法典第 728 条）。在业务所有人破产情况下，隐名合伙人可以要求获得他的结存（商法典第 236 条第 1 款）。这是一个针对业务所有人的债权性质的请求权，因此是普通的破产债权。隐名合伙人为此获得一个破产债权清偿率。由于他不对债权人承担责任，也就不会连同其债权而次位于其他债权人，而是以与其他债权人一样的方式受到清偿。隐名合伙人必须以这样高的数额向破产财产缴付拖欠的出资，即为补足其亏损份额所要求的金额（商法典第 236 条第 2 款），假如他还是要参与亏损分担的话。　17

隐名合伙人不能简单地要求整个的出资，而仅能要求**清算结存**，即出资扣除分摊到他头上的亏损份额（商法典第 236 条第 1 款）。

举例：出资 10 万欧元，亏损分担份额为 1/5，亏损 20 万欧元。这样，隐名合伙人的结存为 6 万欧元。在一个 20% 的非常有利的破产债权清偿率情况下，他获得 12 000 欧元，即损失 88 000 欧元。假如他还没有履行全部出资，则他将处于更为有利的地位。这样，他只需缴付他的亏损分担份额（商法典第 236 条第 2 款）。在前面的例子中，它是 4 万欧元。也就是说，他仅损失 4 万欧元。假如他已经缴付了 6 万欧元，则他将有一个 2 万欧元的结存，即在 20% 的破产债权清偿率情况下，他将获得 4 000 欧元，损失 56 000 欧元。因此，他交付得越多，也就损失得越多。

完全不同的是*有限合伙人*的地位。破产程序涉及有限商事合伙的财产，他是财产

---

[24] MünchKomm-HGB/*K Schmidt*，§ 234 Rn. 2，19；Staub/*Harbarth*，§ 234 Rn. 6.

[25] BGHZ 127，176，181＝NJW 1995，192，193.

[26] BGH NJW-RR 1995，1061；MünchKomm-HGB/*K. Schmidt*，§ 235 Rn. 63.

[27] MünchKomm-HGB/*K. Schmidt*，§ 235 Rn. 35，65；Staub/*Harbarth*，§ 235 Rn. 40.

共同所有人。其结果，他没有破产债权，而是损失整个有限责任的出资。如果还没有缴付出资，则他必须现在全额履行。如果有限责任出资高于他的亏损分担份额，则他仅在内部关系上针对其他合伙人有一个补偿请求权，并且必须在破产程序之外加以主张。

由于还没有履行其出资的隐名合伙人在破产时损失比较少，就会存在这种危险，即在面临破产时，营业合伙人仍将出资的全部或部分返还给与其或许存在紧密关系的隐名合伙人。其他债权人将由此遭受损失。因此，着眼于出资返还，不管隐名合伙人是否有损害他人的故意，破产法第136条都将赋予破产管理人一个特别的**撤销权**。其结果，被返还者必须补偿破产财产，但隐名合伙人可就他的结存全额登记为债权。假如在破产开启前一年，全部或部分豁免了隐名合伙人对已产生亏损的分担份额，则适用相应的规则。[28] 如果破产程序的开启理由是在出资返还或豁免约定之后一年才出现的，则没有撤销权。

与此相偏离，可以根据约定将隐名合伙人的出资像自有资本那样对待，例如通过协议约定劣后。[29] 这样，在业务所有人破产的情况下，隐名合伙人也将像一个有限合伙人那样被对待。

---

[28] 这涉及资产不够清偿债务的特别情形（比较破产法第135条），*Krolop*，ZIP 2007，1738.。

[29] *BGH* NJW 1981，2251；Baumbach/Hopt/*Roth*，§236 Rn. 3；MünchKomm-HGB/*K. Schmidt*，§236 Rn. 37 ff.

第十九章 ◀
公众性合伙

文献资料：在评论注释和系统化的介绍中，Baumbach/Hopt/*Hopt*，Anh. § 177 a Rn. 52 ff.；*Blaurock/Kauffeld*，Handbuch Stille Gesellschaft，8. Aufl.，2016，§ 19；Ebenroth/Boujong/Joost/Strohn/*Henze/Notz*，Ahn. B nach § 177a HGB；Henssler/Strohn/*Servatius*，Ahn. Nach § 237 HGB，Publikumsgellschaft（mit Prospekthaftung），GmbH & Co. KG und Inverstment-KG gemäß KAGB；*Kübler/Assmann*，§ § 21，32 VI；Münchener Handbuch des Gesellschaftsrechts，Bd. 2，4. Aufl. 2014，§ § 61 ff.；*K. Schmidt*，§ 57；Münch-Komm-HGB/*K. Schmidt*，§ 161 Rn. 103 ff.；Staub/*Casper*，§ 161 Rn. 122ff.；*Wiedemann* I，§ 9 III 2；Wiedemann/*Frey*，Nr. 228 - 236.。

投资者保护，特别是招股说明责任：基础的 *Assmann*，Prospekthaftung，1985；GroßkommAktG/*Assmann*，4. Aufl.，Einl. C；*Hopt und Mertens*，Gutachten und Referat zum 51. Deutschen Juristentag 1976；*Fleischer*，Gutachten F zum 64. Deutschen Juristentag，2004；Hopt，zhr 141（1977），389；rechtsvergleichend *Hopt/Voigt*（Hrsg.），Prospekt-und Kapitalmarktinformationshaftung，2005；ferner Assmann/Schütze/*Wagner*，Hdb. des Kapitalanlagerechts，4. Aufl. 2015，§ 17；*Schürnbrand*，ZGR 2014，256.。

合伙协议的内容审查：*Dannecker*，Die richterliche Inhaltskontrolle der Gesellschaftsverträge von Personengesellschaften，1992；*Fastrich*，Richterliche Inhaltskontrolle im Privatrecht，1992，S. 124 ff.；*Reuter*，AG 1979，321；*U. H. Schneider*，ZGR 78，1；*Westermann*，FS Stimpel，1985，S. 69.。

根据资本投资法典的投资—有限商事合伙：*Casper*，ZHR 179（2015），44；Staub/*Casper*，§ 161 Rn. 257ff.。

信托体系：*Armbrüster*，Die treuhänderische Beteiligung an Gesellschaften，2001；*Grundmann*，Der Treuhandvertrag，1997，S. 482 ff.；*Schäfer*，ZHR 177（2013），619；Wagner，NZG 2011，489.。

一、一般问题

法律以这种被作为典型看待的**一般情形**为出发点，即合伙是一个彼此认识的较小数额的合伙人的联合（上面第四章边码 6）。在有限商事合伙情况下，类似于普通商事合 1

伙，合伙也是以一个仍然可以一目了然的成员数额为基础。在其之下，与站得较远的投资人之间，也存在人身关系，并且投资人一方对积极活动的合伙人抱以巨大的信任。在中型企业中，尤其是家族企业，常常会遇到这样的情形。与此同时，**契约自由**的巨大发挥空间，允许**偏离性的私自治性的设计构建**（上面第二章边码 20）。除了个性化的规则外，实践还发展出了与法定基本模式存在重大区别的典型形式。具有特别意义的是利用合伙因素的变异，人们因而也称之为**资本性的合伙**，并且它们允许接纳大量的合伙人。

2   合伙的法律形式才使得这成为可能，即将合伙人在税法上作为共同企业主来对待，并将亏损分配给他们，以便能（部分地）与他的其他的负有税负义务的收入相抵销（上面第四章边码 10，第十七章边码 5）。这样的亏损折抵，过去经常通过一些特别的折旧可能性来实现，即立法者作为促进手段为特定行业或地区引入的折旧可能性（**折旧合伙**）。滥用和市场扭曲导致这种所谓的投资促进手段受到限制。个人所得税法第 15a 条限制依据账面进行的亏损分配。这样的亏损与正收入的抵销可能性，也同样受到限制。但是，采用广泛分散的合伙的参与形式，来为较大的投资项目融资，始终存在足够的动力。除了有限商事合伙之外，还可以采用隐名合伙和民事合伙。在合伙法上，这样的设计构建是令人疑惑的，因为有限商事合伙法中欠缺股份法和资本市场法中发展起来的投资者保护，并且合伙的功能原则上不是以大量的[1]合伙人为基准的。除此之外，还有可疑的运作方法（所谓的黑市）。但是，以其他交易类型为基准的消费者保护法与合伙法的重点不一致，例如债权人保护。责任理念（上面第四章边码 8）不适合于公众性合伙，特别是那个依据新的法院判决确立起来的民事合伙的责任理念。假如参与是通过贷款来融资的，对于债权人的风险就特别高。法院判决通过协议法、侵权法和合伙法中广泛存在的法律继创来提供帮助。自 1972 年以来，联邦普通法院一步一步地创设出了**公众性有限商事合伙特别法**。[2] 公众性有限商事合伙，在其通过联邦普通法院第二审判庭的法律继创途径获得的特殊性方面，非常接近于公司。但是，抛开所有的特殊性不看，它们首先是有限商事合伙，受有限商事合伙法调整。只要有限商事合伙法是强制性的，就完全适用，即首先是在外部关系上，特别是着眼于**对合伙债权人的责任承担**（下面边码 12、边码 14）。

3   **立法者**主要通过在对**投资产品的销售和信息公开义务**方面进行愈加严格的规范来予以应对，部分地在欧盟法的转化中，之后也在合伙/公司法的范围内。第一步是 1998 年的招股说明责任法，通过 2013 年的资本投资法典修改了 2004 年的投资者保护改善法、2005 年的证券招股说明责任法和 2012 年的资产投资法，最终在 2015 年制定了小投资者保护法（KleinAnlSchG）。作为犯罪构成，出现在刑法典第 264a 条（资本投资诈骗罪）。除了投资股份有限公司，**资本投资法典**[3]还只允许**投资性有限商事合伙的特殊形式**作为合伙，其从投资者处筹集资本，并根据一个确定的策略进行投资（下面边码 20）。为这些目的而存在的公众性合伙，只享受有限的存续保护，因此它们的作用在减退。当前的法律争议，也还经常涉及这些合伙。此外，不属于资本投资法典的运营合伙

---

① 不存在一个由其开始就被称为一个公众性合伙的确定数字，比较 Staub/*Casper*，§ 161 Rn. 123.。

② 对此的概览见 Staub/*Casper*，§ 161 Rn. 124f.。

③ Kapitalanlagegesetzbuch v. 4. 7. 2013，BGBl. 2013 I 1981，也见关于欧盟可转让证券集合投资计划的转化——RL 85/611/EWG 在那种情况下 RL 2013/14/EU 以及 AIFM-RL 2011/61/EU，但其没有提到合伙的组织形式；比较 Staub/*Casper*，§ 161 Rn. 257ff.。

（风力发电厂、媒体项目、船只），能够继续从公众性合伙这种形式中受益。④ 在此范围内，法院判决（特殊合伙法）对这种形式感兴趣。由于有限商事合伙在这个领域内有一个最长的发展过程可以回顾，为了概况介绍，下面就以其为出发点。

二、资本性的有限商事合伙—公众性的有限商事合伙

1. 典型的表现形式

有限合伙人的数量，可以**非常巨大**。这可能出现在那些因为多次继承而使合伙人人数大量增加的家族合伙情况下。⑤ 这样，需要一个与这种情形相适应的内部组织结构。但是，合伙也可以一开始就建立在大量的合伙人基础上。它首先由少数几个发起人设立，大部分是作为有限责任公司作为无限合伙人的有限商事合伙，并通过其他人的进入而扩大。在适当的内部组织结构之外，还应该解决对合伙不寻常的成员大量增加的问题。

有限合伙人的权利大多是被减少，但是也可以被增加。这样，合伙的**经济重点**放在作为投资人的**有限合伙人身上，即使他们**没有一个人愿意承担个人责任。这样，也赋予他们一个更强大的业务执行影响力。在一定情况下，甚至需要将整个领导权统一于他们的手中（上面第十七章边码 11 和边码 16）。可以让无限合伙人受有限合伙人指示制约。这样，业务领导就间接地存在于有限合伙人之下。对此，可以在内部免除无限合伙人的风险。尽管基于强制性的法律规定，无限合伙人对债权人承担责任，但假如他被追究责任的话，一些经济能力强大的，或者所有的有限合伙人承诺免除其经济上的负担。如果同时针对无限合伙人的劳动规定一个固定的工资，则他在经济上拥有一个非合伙人业务执行人的地位。这一规定可以与大量的有限合伙人的模式相结合。由此，人们在内部关系上实现了一个与合伙组织形式相对应的组织形式。

实现大量投资者参与的另外途径，就是现实中广泛普及的**信托模式**。在所谓的假信托中，有限合伙人的权利，被捆绑于一个理事会、咨询委员会或者一个其他的代表。⑥ 在真正的信托中，只有**一个作为投资者的受托人的有限合伙人**属于有限商事合伙，这样，投资者作为信托人仅间接参与有限商事合伙。⑦ 投资者一方大多组建一个民事合伙。

作为受托人的有限合伙人，通常是一个法人（有限责任公司或股份有限公司）。多个受托人可以各自分别针对一个特定的投资群体。受托人作为有限合伙人的地位，实质性地影响**信托关系**。假如没有其他的约定，从中引导出的义务以信托人的相应联结为基准。⑧ 在与受托人的内部关系中，信托人可以被设置成为如同一名有限合伙人。⑨ 面对有限商事合伙和无限合伙人，受托人有义务维护信托人的利益，并且在必要时对损害赔

4

5

---

④　Baumbach/Hopt/*Roth*，Anh. § 177a Rn. 56；*Buck-Heeb*，Kapitalmarktrecht，Rn. 195；Staub/*Casper*，§ 161 Rn. 125f.

⑤　比较在 BGHZ 85，350（Freudenberg）中的事实：133 个家族合伙人。

⑥　Staub/*Casper*，§ 161 Rn. 127.

⑦　比较在 BGH NZG 2008，742；2014，904 中的事实；Baumbach/Hopt/*Roth*，§ 105 Rn. 31，Anh. § 177aRn. 77；Staub/*Casper*，§ 161 Rn. 128，239.。

⑧　*BGH* DB 1980，781；出资返还情况下的责任复活。

⑨　比较 BGHZ 196，131；BGH NZG 2015，269；*Schürnbrand*，ZGR2014，256，259ff.

偿承担责任。在严重违反这一义务的情况下，根据持续法律关系普遍适用的基本原则，信托人可以特别解除信托协议，并借此摆脱他们的参与。[⑩]

2. 设立和合伙协议

（a）发起人

6　　通常，合伙协议由数量较小的发起人缔结，之后再由其他合伙人进入。在这样的有限商事合伙情况下，经常由一个有限责任公司取得无限合伙人的地位（关于资合性有限商事合伙，见下面第三十七章）。这样，有限责任公司的业务执行人，也执行有限商事合伙的业务。公众性有限商事合伙的发起人和其他设立人通过自己在有限责任公司上的参与，或者其他适当的业务份额安排来确保对有限责任公司和其业务执行人的影响力，或者自己承担这一功能任务。

（b）合伙协议的解释

7　　在解释合伙协议时，应该以**客观标准**为准。由于协议是为以后进入合伙的大量合伙人确定的，协议中没有明确表示的设立人的主观想法不是决定性的。如果没有形式上的协议变更，一个偏离于协议的实际做法，对未来同样没有约束力，即使它很长时间以来都被毫无保留地接受了。[⑪] 在有限合伙人承担附加义务的情况下，要求进行一个顾及其利益的严格解释。[⑫] 虽然在民事诉讼程序中，协议解释原则上属于事实审法院，但是客观的解释是可撤销的。[⑬] 这也使内容审查在二审法院成为可能。

（c）内容审查

8　　在设计构建有限商事合伙的合伙协议时，损害投资性合伙人的风险特别大。在没有个人施加影响的可能性的情况下，他们面临的是由发起人和设立人已缔结的并因而规定的协议。该协议还不受这样的设计构建而规定的团体法人法调整。这种情况与采用一般交易条件时的情况相同。就像在最开始的时候那样，联邦普通法院也因此在这种情况下主张以民法典第 242 条支持其对合伙协议的内容审查，不适用民法典第 305 条及其后条款（民法典第 310 条第 4 款第 1 句）。这在信托模式情况下，也被扩大到信托约定上。[⑭]

据此，应该否定这样的协议约定的效力，即不适当地限制投资性合伙人的权利，或者施加其他负担。比如，不正当地缩短针对监事的损害赔偿请求权的时效；对被委托业务执行的管理者的解任，进行不必要的为难；就有限责任参与的接收，单方面赋予作为无限合伙人的有限责任公司自由行使的选择权。[⑮] 为了保护投资者，不仅是作为内容审

　　[⑩] BGHZ 73，294＝NJW 1979，1503.；Staub/*Casper*，§161 Rn. 243；走得更远的是 Baumbach/Hopt/*Roth*，Anh. §177 a Rn. 80.。

　　[⑪] 有争议，比如此处 Staub/*Casper*，§161 Rn. 142（后面部分）；不同的是 MüchKomm-HGB/*Grunewald*，§161 Rn. 122.。

　　[⑫] BGH NJW 1979，419；NZG 2009，501；关于客观的解释，见 BGH NZG 2011，276 Rn. 12.（连同进一步的阐述）。

　　[⑬] BGH NZG 2011，276 Rn. 12；2016，1380.

　　[⑭] BGHZ 64，238，241ff.；104，50＝NJW 1988，1903；Staub/*Casper*，§161 Rn. 136ff.（连同进一步的阐述）；对于间接参与情况下利用第 307 条及其后条款对合伙协议和信托协议进行审查，见 *Grundmann*，Der Treuhand-vertrag，1997，S. 514 ff.。

　　[⑮] BGHZ 64，238＝NJW 1975，1318；BGHZ 84，11＝NJW 1982，2303；BGHZ 102，172＝NJW 1988，969；BGHZ 104，50＝NJW 1988，1903；涉及公众性的民事合伙的是 BGH NJW 1982，2495；DB 1984，179.。

查的**标准**，而且针对（补充性的）协议解释，都通过法律继创引入了**团体法上的基本原则**。[16] 约定有关成员身份的争议不是在与其他合伙人之间而是在与合伙本身之间进行，被视为是合法的和有意义的。[17]

假如那些具有使合伙承受负担并间接不利于合伙人的约定，是在合伙协议以外被约定的，内容审查和解释就不起作用了。因此，对于**有利于设立人的好处约定**，比如业务执行人的报酬以及相似的内容（相似于股份有限公司情况下的特别好处和设立费用，股份法第 26 条），只有当它们在合伙协议本身中或者在一个依照规定记录在案的合伙人决议中被记载时，才有效力。如果对资本回流给发起人不作详细陈述，会导致招股说明责任（下面边码 18 及其后一个边码）和受托人的责任（上面边码 5）。

3. 内部关系

在有限商事合伙法中，欠缺股份法规定的还要服务于保护投资性合伙人的组织结构。属于其中的是有关合伙设立、合伙人权利的设计构建、少数合伙人保护和机构责任的规定。尽管如此，基于有限商事合伙法的巨大灵活性，可以在法律技术上提供令人满意的解决办法。咨询实践证明了这一点。在一般的有限商事合伙情况下适用的协议正义机制，是建立在通过单独协议谈判而实现的正确性保障基础上的。与此相反，在公众性有限商事合伙情况下，合伙协议是由一个发起人或设立人的小圈子缔结的。因此，过去在许多情况下，出于发起人或由其指定的管理者的利益考虑，投资性合伙人的权利，在费用之外被削减或者以其他形式被侵害。这为法院判决所阻止。 　9

（a）组织

鉴于其数量大，单个的有限合伙人几乎不能独自有意义地行使其权利（监控权、对非通常的业务的同意、合伙协议修改时的共同参与、商法典第 113 条第 2 款、第 117 条、第 127 条、第 139 条第 2 款和第 140 条规定的职权）。为了共同行使权利，合伙人可以组成一个**有限合伙人大会**，以通过多数决议的方式进行决定。或者，合伙人选举一个信赖的人或**一个有限合伙人委员会、管理委员会、监事会或咨询委员会**，以让其为全部的有限合伙人行使这些权利。这些委员会也可以用于对业务执行进行监督和提出建议。发起人和设立人也通过相应的协议性质的安排设计，来确保他们在这些机关中的重大影响力。这在法律上是允许的，但隐藏了（权利）滥用的危险（上面边码 9）。[18] 在复杂的组织形式下，联邦法院延伸出了一项权利，即知晓其他同为合伙人的名字和住址，同样适用于信托合伙人。[19] 这里存在一个合伙法的成分，这在股份有限公司中是找不到的（比较股份法第 67 条第 6 款）。 　10

类似于股份法（下面第二十八章边码 37），在追究那些属于监事会、咨询委员会或者一个相似的监督机关的合伙人的**责任**时，相对于其他合伙人，**不存在根据民法典第708 条的责任减轻**（对此，见上面第七章边码 5）。这一限制是仅由人身关系上的紧密联结来论证其正当性的，而这在公众性有限商事合伙情况下正好欠缺。义务的内容和范围，应该借助于股份法上的监事义务（类推适用股份法第 116 条、第 93 条）来加以详细确定。同样着眼于损害赔偿请求权，时效不能被缩短到五年以下（股份法第 93 条第

---

[16] *Kellermann*，FS Stimpel，1985，S. 295；Staub/*Casper*，§ 161 Rn. 139f.

[17] BGH NJW 2003，1729.

[18] 比较 BGH NZG 2005，33.。

[19] BGH NZG 2010，61（涉及民事合伙）；NZG 2011，276＝JuS2011，361 m. Anm. *K. Schmidt*；NZG 2015，269.。

6 款）。相应地，也应该否定**无限合伙人**主张民法典第 708 条。假如涉及有限责任公司作为无限合伙人的情形，就像大多数情况下的那样，其业务执行人也直接对有限商事合伙承担责任，因为他们归根到底为有限商事合伙行为。[20]

(b) 合伙人决议

11 　　就像在公司情况下一样，在公众性有限商事合伙情况下，通常都为合伙人决议规定了**多数决原则**，其他针对**合伙协议的修改**。在合伙人人数众多的情况下，要求获得所有人对协议修改的同意，实际上是不可能的。而对于调整适应变化了的情况和合伙的继续发展，必须要有这种可能性。在公众性有限商事合伙情况下，对于允许采取多数决的对象，无须详细描述（上面第十三章边码 11）。[21]没有具体的合伙协议基础，理论界也不支持多数决。[22]这需要补充性的协议解释、目的论的归结或者法律继创来支撑，因为采用一致原则，一个公众性合伙是不能运行的。判决至少允许在没有协议基础的情况下，基于重大理由而通过多数决议罢免业务执行人。[23]作为**例外**，只有当合伙协议的规定是明确的，并且让人知道可能存在的额外负担的范围和规模时，才允许那种对合伙人来说特别危险的、让其承担追加出资义务的可能（上面第七章边码 2）。[24]

4. 外部关系

12 　　公众性有限商事合伙对外由无限合伙人代表。如果无限合伙人是一个合伙/公司，则通过合伙/公司的代表机关来对外代表公众性有限商事合伙。责任关系以有限商事合伙法为准（上面第十七章边码 18 及其后边码）。

　　对投资性有限合伙人危险的是依据商法典第 176 条第 2 款，对有限商事合伙在其进入和登记于商事登记簿之间因积极的业务从事而产生的债务承担无限责任。在各种情况下，这都应通过相应的协议建构和以有限责任公司作为无限合伙人的有限商事合伙作为商号名称来加以避免（上面第十七章边码 24）。[25]个人责任在投资返还情况下的复活，仅以有限商事合伙法为准（上面第十七章边码 20 及其后一个边码）。在现实中，这在善意获得一个事后被证明是不正确的盈利的情况下，具有重大的意义。在这里，适用比股份法第 62 条第 1 款第 2 句更为严格的商法典第 172 条第 5 款的规定。[26]在信托模式下，多数由受托人承担责任，但在特定情况下，受托人也可要求委托人豁免此义务，即从而在外部关系中不承担责任。[27]

---

[20] BGHZ 64, 238; 69, 207, 210 = NJW 1977, 2311; BGHZ 75, 321 = NJW 1980, 589 = JuS 1980 m. Anm. *Emmerich*; BGHZ 76, 326 = NJW 1980, 1524; BGHZ 87, 84 = NJW 1983, 1675; BGH NJW 1978, 425; DB 1980, 71; Baumbach/Hopt/*Roth*, Anh. §177a Rn.74f; *Hüffer*, ZGR 1981, 348.

[21] 早已如此的是 BGHZ 66, 82 = NJW 1976, 958; BGHZ 69, 160, 166 = NJW 1977, 2160; BGHZ 71, 53 = NJW 1978, 1382; 也包括 BGHZ 85, 350 = NJW 1983, 1056.。

[22] Baumbach/Hopt/*Roth*, Anh. §177a Rn.69b; Staub/*Casper*, §161 Rn.144; a. A. *K. Schmidt*, ZGR 2008, 1, 12ff.

[23] BGHZ 102, 172 = NJW 1988, 969; 走得更远的是 Baumbach/Hopt/*Roth*, Anh. §177a Rn.69b（连同进一步的阐述）; 也比较 BGH NZG 2015, 995; KG ZIP 2011, 659.。

[24] BGH NZG 2005, 753; 2006, 306; 相应的是，合伙法上的诚信义务在整顿情况中延伸得有点过远了（上面第七章边码 4），BGH NZG 2011, 510; 2015, 995; Staub/*Casper*, §161 Rn.188ff.; 也比较 Wiedemann/*Frey*, Nr. 233.。

[25] Baumbach/Hopt/*Roth*, Anh. §177a Rn.19.

[26] BGHZ 84, 383 = NJW 1982, 2500; Baumbach/Hopt/*Roth*, Anh. §177a Rn.82a.

[27] BGH NZG 2009, 57; 2011, 1023 Rn.36.（分别涉及民事合伙）。

5. 合伙人的进入和变更

（a）协议

进入一个合伙，法律要求与所有合伙人签订协议（上面第九章边码1及其后一个边码）。在公众性有限商事合伙之下，就有这样一个后果，即需要大量成员参与协议，严重阻碍了所追求的接纳大量的新合伙人。因此，通常在合伙协议中已**授权无限合伙人接纳新的有限合伙人**。据此，作为无限合伙人的有限责任公司，其业务执行人能够在缔结接纳协议时代表所有的合伙人。㉘ 法院判决也允许，对作为无限合伙人的有限责任公司或有限商事合伙本身进行这样的授权。㉙

（b）有瑕疵的进入

假如有限合伙人的进入是建立在**恶意的欺诈**（招股说明错误或陈述不完整，不正确介绍有限商事合伙当前的情况以及相似情形）基础上的，依据**瑕疵合伙**规则（上面第十二章边码11及其后边码），排除一个具有溯及效力的撤销。**进入合伙首先是有效的**。这样，被涉及的合伙人，享有一个不以起诉为条件的通过**特别的无期限限制的解除其成员身份**而退出合伙的权利，即使合伙协议没有明确规定这一点。㉚

一个撤销可以被解释为成员身份的解除。按照实际结果，它反正都与一个只对未来具有效力的撤销相对应。㉛ 在有限商事合伙被解散或者整体上已不再能够实现合伙的目的时，就不能再行使退出权利了㉜，因为合伙反正要进行清算。当其他合伙人以满足合伙协议所要求的多数通过继续经营决议有效地排除合伙解散时，即只有在这种情形下，才考虑特别的解除合伙权。㉝

通过特别的解除合伙，合伙人**不能摆脱**他的通过其有瑕疵的合伙进入而暂时有效设立的**出资义务**。他同样不能以恶意欺诈的抗辩来抵抗它。其结果，两者都使那些本不对恶意欺诈承担责任的合伙人遭受不利。而在此范围内，业务执行的行为不能归入他们，即使在缔结进入协议时存在代表。就像已履行的出资那样，出资义务仅在测定针对退出合伙人的**补偿结存**（上面第十五章边码18）框架下才在计算上予以考虑。只要在此过程中针对退出合伙的合伙人产生了一个亏欠数额，他就有义务履行其仍未交付的出资。㉞

（c）进入的撤回

无论是否存在意思表示欠缺，在业务范围以外的经营和远程销售中，都可以考虑一个**民法典第312b条、第312c条、312g条和第355条及其后条款规定的撤回权**。这不需要任何理由，但受到期限的约束。作为撤回的**法律后果**，有关有瑕疵的进入的基本原则

㉘ BGH NJW 1973，1604；BGHZ 63，338，345＝NJW 1975，1022，1024；*BGH* NJW 1983，1117；1985，1080.

㉙ BGH NJW 1978，1000；也比较 BGH NZG 2011，551 Rn. 10；*K. Schmidt*，§57 II 1 a.。

㉚ BGHZ 63，338＝NJW 1975，1022；经常的判决和主流观点；Baumbach/Hopt/*Roth*，Anh. §177 a Rn. 58；Staub/*Schäfer*，§105 Rn. 350.（后面部分）。

㉛ BGHZ 63，338，344 f.＝NJW 1975，1022，1024；BGH NJW 1975，1700；Baumbach/Hopt/*Roth*，Anh. §177a Rn. 58.

㉜ BGH NJW 1979，765；Staub/*Casper*，§161 Rn. 148，225.

㉝ BGHZ 69，160＝NJW 1977，2160；Staub/*Casper*，§161 Rn. 146f.

㉞ BGH NJW 1978，424；早已如此还有 BGHZ 26，330.（作为现今关于公众性的有限商事合伙的法院判决的先导）。

会加入进来（上面边码 14）。[35] 合伙人可以主张其补偿请求权，但这有可能是无用的，或者说，又会让有限合伙人责任重新恢复。[36] **消费者权益保护**规定，有撤销权的消费者大概率不受被撤销协议的后果的限制。但是，这就此与其他投资合伙人（同样是"消费者"）和债权人的利益存在冲突。欧盟法院不认为消费者权益保护是绝对的，而是为成员国法在其法律后果预留空间，其负责一个理性的平衡和一个公平的风险分担。[37] 关于撤销权规定的民法典修订，没有有关这一问题的任何说明，即没有进行法律基础的改变。

16   关于消费者权益保护的法律规定，以保护个体为目的。但招股说明责任和资本投资法典（下面边码 18 及其后边码），无论如何都还基于更为重要的经济和社会政策理由，而追求一个**资本投资的功能保护**。因此，将没有对撤回权进行解释说明或进行有瑕疵的解释说明、并因而使撤回期限不开始计算的情形，作为摆脱经长期证明不利的投资决策的手段来使用的做法，过去先是予以了容忍。[38] 通过对缺乏撤回解释说明（比较民法典施行法第 246a 条）的偏细节的利用（字号，字体，缩进，突出等），这一机会主义行为的可能性通过民法典第 356 条第 3 款第 2 句被限制。此外，适用关于权利滥用和权利丧失的基本原则，不涉及民法典第 312g 条第 2 款第 8 项。以投资为目的的进入一家合伙，是否属于上门销售撤回指令[39]的范畴，在最初绝对不是自然而然的，而是联邦普通法院[40]向欧盟法院提交的一个草案的题目。原则上，欧盟法院肯定了这个问题，只要处于中心地位的不是合伙人地位，而是资本投资。[41] 如今也以此为出发点，即使民法典第 312 条第 1 款的条文不适合有限参与。[42] 民法典第 312 条第 2 款第 2 项和第 3 项，第 495 条第 3 款的限制性规定只适用于直接的不动产业务，不适用于进入一家合伙，比较联邦普通法院 NJW 2006，1952，1954。在资本投资领域，从成员性的参与到债权性的参与形式（分红证，债权转让证书，对此见下面第三十二章边码 10 及其后边码）的转变和对此的交换协议是畅通的。因此，鉴于招股说明义务（下面边码 19），资产投资法对此予以平等对待。一家公众性合伙的投资者，在税务上是所得税法第 15 条意义上的共同企业主，但这不会让他成为消费者法意义上的企业主。

17   在通过信贷融资进入不动产基金和类似的合伙时，会产生特殊的问题。法院过去经常忙于所谓的"垃圾不动产"，也就是不值钱的或者在价值增长上显著低于预期的合伙投资目标。这样，清算结存远远低于贷款数额和**贷款协议规定的还款义务**。因此，对于

---

[35] EuGH NZG 2010，501-Friz；对此见 *Amzbrüster*，EuZW 2010，614；*Schäfer*，DStR2010，1138；BGHZ 186，167＝NZG 2010，990-Friz II（涉及民事合伙）；BGH Urt. v. 6.11.2012-II ZR 280/11，BeckRS 2012，24617 Rn. 27.。

[36] 仅比较 BGHZ 156，46，52 f. ＝ NJW 2003，2821（II. Senat）；*BGH* NJW 2006，1788，1789（XI. Senat）；2006，1952，1954；*Schubert*，WM 2006，1328.。

[37] EuGH NZG 2010，501 Rn. 44f.，48-Friz.

[38] 比较 OLG Stuttgart ZIP 2001，322（连同从相关业务中获得的信贷）；BGHZ 148，201＝NJW 2001，2718；比较严格的是 BGH NJW 2000，2270（涉及公众性的有限商事合伙）；BGH NZG 2016，1268 Rn. 17ff.；OLG Köln BKR 2012，162；详细的见 *Habersack/Schürnbrand*，ZIP 2014，749.（涉及借贷）。

[39] 1985 年 12 月 20 日的 RL 85/577/EWG；现在：2011 年 10 月 25 日的 RL 2011/83/EU.。

[40] BGH NZG 2008，460；对此见 *Oechsler*，NJW 2008，2471 指出，有瑕疵的合伙的法律框架并非德国的特色；也比较 EuGH NJW 2005，3551，3554-Schulte.。

[41] EuGH NZG 2010，501-Friz；对此见 *Annbrüster*，EuZW 2010，614；*Schäfer*，DStR 2010，1138；根据背景陈述 8，2015 年 10 月 25 日的 RL 2011/83/EU，协议在合伙法领域是不被影响的。

[42] MünchKomm-BGB/*Wendehorst*，§ 312 Rn. 17.

投资者来说，从返还贷款义务中摆脱出来是重要的。对于消费者贷款协议的撤回权（民法典第495条），与经营形式无关。当贷款和购买合伙参与份额是相关联的协议时，则适用民法典第358条（撤回通道）。但是需要注意的是，购买公众性合伙参与份额总是资产投资法第1条第2款第1项或第2项意义上的财产投资，因此是民法典第358条第5款、第359条第2款、信贷机构法第1条第11款第2项意义上的金融工具。[43] 如有可能，进入和贷款也被分开来撤回和恢复原状。[44] 因此，这一问题就转移到了债权人保护和损害赔偿上。

（d）投资者保护

资产投资法第1条第2款第1项和第2项将资产投资定义为不以有价证券进行书面确认的份额和不作为资本投资法典第1条第1款意义上的投资资产的份额而构成的份额，这种份额提供了对一家企业成果的参与，以及在一份财产上的份额，这一财产由有价证券发行人或者第三人以自己的名义为了其他方的账户而持有或管理（信托财产）。其中既包括直接参与到公众性合伙，又包括信托模式（上面边码5）。对于销售，法律要求有一份联邦金融监管局（BaFin）批准的有详细说明的招股说明书（资产投资法第7条及其后条款）。[45] 提供方必须用最多三页德国工业标准规定的A4纸篇幅，以能够让人理解的形式（附带的说明材料）起草一份所谓的资产投资—信息资料（VIB）。合伙如果公开提供参与这种投资，就有义务公开账目、进行财务会计报告和像公司一样进行公开（资产投资法第23条及其后条款），这在公司法上有特殊的意义。在缺少或者提供有瑕疵的招股说明书时，有说明义务的主体承担连带责任（资产投资法第20条及其后一个条款）。他们可以是发起人，经销商，但也可以是合伙自己（有价证券发行人）。据此，购买人可以在首次公开发行后两年内，要求其按照购买价格接收其资产投资。而这又可能导致合伙须自己"接收"一份份额参与。这与在合伙的情况下，合伙人退出时应按照购买价格的数额进行补偿（不包括根据民法典第172条第4款所承担责任的复活？）一样。这将导致增加其余合伙人和债权人的负担，并且在合伙法上是一种不能令人满意的建构设计，因为与公司相对，合伙是没有自己的份额的（比较上面第三章边码7，下面第二十二章边码21）。然而，鉴于这一明确的规定，须接受它。[46]

将资本市场法上的概念借用到公众性合伙上，会遇到边界界限，因为事实上对于公众性合伙不存在一个这样的二级市场，即作为市场操作，在其中出售和获得已有的份额来保障可互换性和形成价格。由此缺少通过资本市场的外部控制，例如在证券市场上市的股份有限公司中所存在的一样（下面第二十五章边码17及其后一个边码）。因此，说明义务和销售规则[47]具有重要的意义。

在公布针对说明责任的规定以前（有价证券销售说明书法，上面边码3），判决推

18

19

---

[43] MünchKomm-BGB/*Habersack*，§ 358 Rn. 3；*Schulze*，BGB，9. Aufl. 2017，§ 358 Rn. 14；对于消费者借贷协议的过渡性条款在民法典施行法第229条第38款中。——不应与金融工具混淆的是金融服务。

[44] MünchKomm-BGB/*Habersack*，§ 358 Rn. 92.

[45] Baumbach/Hopt/*Roth*，Anh. § 177 a Rn. 59，61；*Buck-Heeb*，Kapitalmarktrecht，Rn. 194ff.

[46] Staub/*Casper*，§ 161 Rn. 163，168；对于合伙法上的疑虑，见 *Benecke*，BB 2006，2597，2600f.；*Ziegler*，DStR 2005，30，32ff.

[47] 对此比如 *Brocker/Lohmann*，GWR2012，335.。

导出了一种特殊的民法上的说明责任，现在这已退回到法律的规定之后了。[48] 然而，依据普遍的规则主张请求权不受影响，如在协议谈判或者违法行为中的债务（资产投资法第 20 条第 6 款第 2 句）。[49]

一名被欺骗的合伙人也不能针对**有限商事合伙本身或其他的有限合伙人**主张从缔约过失中产生的**损害赔偿请求权**（民法典第 311 条第 2 款和第 3 款）。因此，他也不能将其与一个依据以上描述而仍然存在的出资债务相抵销（上面边码 15）。[50] 为论证其合理性，联邦普通法院再次利用了这一思想，即其他的投资性合伙人无须让无限合伙人（作为无限合伙人的有限责任公司及其业务执行人）在合伙进入谈判时的行为归入其下，因为他们在公众性有限商事合伙的组织框架下对其没有任何影响力。因此，只有无限合伙人和其业务执行人才应因为协议谈判时的过错而承担责任。[51] 如果无限合伙人是代为其行为和征募参与份额的，作为信托人的有限合伙人就应承担责任。[52]

信托人为投资人承担处理业务，例如借款协议和信用担保。之前，这一再陷于与法律咨询法的冲突之中。[53] 法律咨询法第 2 条关于法律服务的定义，降低了这一风险。信托人在违反义务时向购买人承担责任。

6. 投资性有限商事合伙的特殊形式

20

资本投资法（上面边码 3）将投资性有限商事合伙作为有限商事合伙的子类型引入进来。它尤其旨在筹集投资人的资本这一目的，这是为了根据一个既定的投资策略的共同投资，而不是为了经营一家营业合伙（比较资本投资法第 1 条，第 1 款）。追求这一目的只能以投资股份有限公司或者投资性有限商事合伙的形式——**法律形式强制**（上面第四章边码 5）。公开的投资性有限商事合伙和封闭的特殊投资性有限商事合伙只对职业的和半职业的投资人开放（资本投资法第 124 条、第 127 条第 1 款、第 150 条第 2 款第 2 句）。对于个人投资者，可以考虑封闭的**公众投资性有限商事合伙**（资本投资法第 149 条、第 150 条第 2 款第 1 项）。对于合伙协议的构建设计可能性，是有限的。因此，在信托模式中，必须将信托人在内部关系中像有限合伙人一样对待（比较上面边码 5）。追加出资义务和实物出资都是不允许的。根据商法典第 176 条，无限的有限合伙人责任由此被排除，即投资人不能同意提前进行的交易，而随之而来的份额取得在登记到商事登记簿时才有效。退出时的补偿请求权支付，不能当做投资的归还。不存在退出的有限合伙人的后续责任（资本投资法第 152 条）。投资性有限商事合伙必须至少有两名无限合伙人或者一个作为无限合伙人的配备至少两名业务执行人的法人——"四眼"原则，

---

[48] MünchKomm-HGB/*Grunewald*，§ 161 Rn. 192ff.；Staub/*Casper*，§ 161 Rn. 152，172；*Schürnbrand*，ZGR 2014，256，280ff.；krit. MünchKomm-BGB/Emmerich，§ 311 Rn. 136ff.

[49] BGH NZG 2013，980 Rn. 26ff.；*Buck-Heeb*，Kapitalmarktrecht，Rn. 264ff.；*Schürnbrand*，ZGR2014，256，273ff.

[50] Baumbach/Hopt/*Roth*，Anh. § 177a Rn. 63f. m. w. N.

[51] BGH NJW 1973，1604，1605；1985，380；BB 1990，12；NJW-RR 1990，229；NJW 1991，1608（也包括：其资本是维持公众性的有限商事合伙生存的有限合伙人）；WM 1992，482＝ZIP 1992，322＝NJW-RR 1992，542（例外：自己弄错了的有限合伙人）；NZG 2012，744.（在信托模式下的业务执行的创始有限合伙人）。

[52] BGHZ 84，141，144 ff. = NJW 1978，1625；BGHZ 116，7，11 f. = NJW 1992，241；*BGH* NJW 1995，130；对于受信托的有限合伙人以及其法定代表，见 BGH NZG 2008，742（违反告知义务）；ZIP 2005，20（民法典第 826 条）；NZG 2010，750-Filmfonds；ZIP 2010，2458.（关于根据民法典第 826 条的业务执行人的责任）。

[53] BGHZ 118，229，236；154，283；BGH NJW2006，2980；NJW2007，1813；*Altmeppen*，ZIP 2006，1；Baumbach/Hopt/*Roth*，Anh. § 177 a Rn. 60；*Habersack*，BB 2005，1695；Ulmer，ZIP 2005 1341.

这由联邦金融监管局监管。有限商事合伙的经营资产和有限合伙人的投资资产是分离的（资产投资法第156条）。[54] 其他的细节将投资性有限商事合伙不仅与普通的有限商事合伙，而且与公众性有限商事合伙分离开来。[55] 但商法典（关于商法典第161条第2款，第105条第3款），以及民法典中关于民事合伙的规定，包括合伙法的一般原则，仍然是标准规则。

三、隐名合伙和有限责任隐名合伙

隐名合伙也曾作为公众性合伙来使用，作为所谓的股份有限隐名合伙或者**有限责任隐名合伙**被广泛传播。其现在也还适用于那些不能纳入资本投资法之下的投资形式（上面边码3）。在其之下，大量的投资者以隐名合伙人的身份参与一个商事合伙（多个成员的隐名合伙，上面第十八章边码1）。[56] 投资者一方也可以穿插引入一个外部合伙或者一个受托人，以让其作为隐名合伙人。这样，就存在一个简单的隐名合伙，而投资者相互之间是民事合伙（下面边码22）。[57] 相对于投资者，业务所有人具有一种受托人的功能。通过将隐名参与作为个人所得税法第15条第1款第1句第2项意义上的共同企业主来设计的组织架构（上面第四章边码10），可以获得与有限商事合伙情况下一样的税负效果，而且投资者无须对外作为合伙人出现。[58] 有限合伙人的责任风险（上面第十七章边码18及其后边码）也由此被避免了。

作为纯粹的内部合伙，隐名合伙比其他合伙形式更接近于一个债法关系。因此，有人提出疑问，即在隐名合伙情况下也适用关于瑕疵合伙的原则是否恰当（上面第十八章边码10）。但在拥有法人组织结构和多个成员的隐名合伙情况下，不存在这样的疑问。[59] 在欺诈或违反说明义务的情况下，针对作出过错行为的企业所有人存在一个损害赔偿请求权，这一请求权可以超过补偿金额，但不能危害到其他隐名合伙人的清偿利益。[60]

四、民事合伙

公众性的民事合伙特别在基金领域广泛存在[61]，比如作为封闭的不动产基金或者建设业主共同体。[62] 与此同时，作为有限责任隐名合伙的基石，民事合伙也是相当重要

21

22

[54] 对于可能的资本结构，见 *Wallach*，ZGR 2014，289，307 ff.。

[55] Zur rechtspolitischen Einschätzung 关于法律政治上的评价，见 Staub/*Casper*，§161 Rn. 278ff.。

[56] 比较 OLG Celle AG 1996，370 - Göttinger Gruppe：5.5 万个协议。如果对于隐名合伙人在内部关系中被安排了与有限合伙人相似的权利和义务，这种建构也被称作为"内部—有限商事合伙"；因此，最近的见 MünchKomm-HGB/*K. Schmidt*，2. Aufl. 2007，§230 Rn. 81 ff.；§236 Rn. 37ff.；*K. Schmidt*，NZG 2009，361；也比较 *Florstedt*，Der stille Verband，2007，S. 30ff.；未来的法律见 *Wiedemann*，NZG 2016，1.。

[57] Baumbach/Hopt/*Roth*，§230 Rn. 7；MünchKomm-HGB/*K. Schmidt*，§230 Rn. 85.

[58] Staub/*Harbarth*，§230 Rn. 72ff.

[59] BGH NJW-RR 2006，178；NJW 2004，3706，3708；2004，467，469 Göttinger Gruppe；NZG 2013，1422；WuB 2016，275；*Schürnbrand*，ZGR2014，256，276f.

[60] BGH NZG 2013，1422 Rn. 25 f；*Schürnbrand*，ZGR 2014，256，277.

[61] 比较 BGH NZG 2005，753；NJW 2000，2270；KG NZG 2007，226；*Assmann/Schütze/Wagner*，Hdb des Kapitalanlagenrechts，§19 Rn. 1 ff.；*Schücking*，in：MünchHdbGesR，Bd. 1，§4 Rn. 49 ff.，51 ff.。

[62] 尤其是那个所谓的"科隆模式"，比较 BGHZ 142，325＝NJW 2000，208；*Schücking*，in：MünchHdbGesR，Bd. 1，§4 Rn. 62 f.。

的。投资者可以以这种方式参与合伙，即他们组成一个民事合伙，再仅仅让民事合伙隐名参与商事合伙（上面边码 21）。这样，公众性合伙的问题不存在于隐名合伙的层面上，而存在于民事合伙的层面上，即实际上是一个公众性的民事合伙的问题。

在法院判决改变采用合伙人的附属性责任之前，就已经有大量的公众性的民事合伙被设立，并且是以存在责任限制的可能性为出发点。对于这些合伙，通过不同的部分甚至是相互矛盾的理由论证，法院判决还在很大程度上承认了责任限制（上面第八章边码 13 及其后一个边码）。[63] 协议上的建构设计，可以进行制度上相反的设置。[64] 资本投资法在其适用范围中明确要求有限责任的投资形式，但这不能是简单地转移到民事合伙上。总之，这涉及民事合伙理论意义的其他方面和不恰当的合伙形式使用。[65]

在有瑕疵的或被撤回的合伙进入情况下，就像在有限商事合伙情况下一样，适用上面边码 14 及其后边码中阐述的基本原则。退出者获得他的补偿结存。在测定补偿结存时，应该对已履行的出资进行结算。[66]

---

[63] 概览见 MünchKomm-BGB/*Schäfer*，§ 714 Rn. 62ff.。

[64] MünchKomm-BGB/*Schäfer*，§ 714 Rn. 63ff.

[65] 比较 *Westermann*，NZG 2011, 1041.。

[66] BGHZ 156, 46, 52 f. = NJW 2003, 2821 (II. Senat)；原则上表示同意的是 *BGH* NJW 2006, 1788, 1789 (XI. Senat)。

第三部分　公司法

第一编
有限责任公司[*]

文献资料：文献表中提到的合伙/公司法总体阐述外，特别还有：

关于有限责任公司的评论注释： *Baumbach/Hueck*；Großkomm-GmbHG；*Bork/Schäfer*；*Henssler/Strohn*；*Lutter/Hommelhoff*；*Michalski*；MünchKomm-GmbHG；*G. H. Roth/Alt-meppen*；*Scholz*；*Rowedder/Schmidt-Leithoff*，*Saenger/Inhester*；*Wicke*，GmbHG，3. Aufl.，2016.。

系统化的介绍： Beck'sches Handbuch der GmbHG，5. Aufl.，2014；*Centrale für GmbH Dr. Otto Schmidt*（Hrsg.），GmbH-Handbuch，4 Ordner（Loseblatt）；*Lutter/Ulmer/Zöllner*（Hrsg.），FS 100 Jahre GmbH-Gesetz，1992；Michalski/*Michalski*，GmbHG，Bd. 1：Syst. Darst.；MünchHdb-GesR III；*Römermann*（Hrsg.），Münchener Anwaltshandbuch GmbH-Recht，3. Aufl.，2014；*K. Schmidt/Uhlenbruck*，Die GmbH in Krise，Sanierung und Insolvenz，5. Aufl.，2016.。

有关历史、法律比较和法律政策等问题的一般描述（选择）： *Bachmann/Eidenmüller/Engert/Fleischer/Schön*，Rechtsregeln für die geschlossene Kapitalgellschaft，2012；*Behrens*（Hrsg.），Die Gesellschaft mit beschränkter Haftung im internationalen und europäischen Recht，2. Aufl. 1997；*McCahery/Kiersch/Timmermann*（Hrsg.），Private Company Law Reform，2009；*G. H. Roth*（Hrsg.），Das Recht der Kapitalgesellschaften im Umbruch-ein internationaler Vergleich，1990；*Stupp*，GmbH-Recht im Nationalsozialismus，2002；*Süß/Wachter*（Hrsg.），Handbuch des internationalen GmbH-Rechts，3. Aufl.，2016.。

法律事实调查： *Bayer/Hoffmann*，GmbHR 2014，12；*dies.*，GmbHR 2014，R359；*Kornblum*，GmbHR 2016，691；*Limbach*，Theorie und Wirklichkeit der GmbH，1966；*Loidl*，Die GmbH ohne erwerbswirtschaftliche Zielsetzung，1970.。

法院判决概览： *Hirte*（oben vor §5）；Gesellschaftsrechtliche Vereinigung（VGR），Gesellschaftsrecht in der Diskussion，Jahrestagungen ab 1999；*Henze/Röhricht*，GmbH-Recht-Höchstrichterliche Rechtsprechung，2004；*Ulmer*，Das Recht der GmbH und GmbH & Co. nach 50 Jahren BGH-Rechtsprechung，in：50 Jahre Bundesgerichtshof，FG aus der Wissenschaft，Bd. 2，2000，S. 273；- Literatur zur GmbH & Co. KG unten §37.。

关于欧洲私法公司和一人公司（SUP）： BR-Drs. 479/08；*Bachmann*，ZGR 2001，351；*Bücker*，ZHR 173（2009），281；*Davies*，FS Hopt，2010，Bd. 1 S. 479；*Drygala*，EuZW 2014，491；*Gutsche*，FS Hommelhoff，2012，S. 285；*Habersack/Verse*，Europäisches Gesellschaftsrecht，§15；*Hadding/Kießling*，WM 2009，145；*Helms*，FS Hommelhof，2012，

---

* 在这一编中，没有进一步指明出处的法律条款是指有限责任公司法的条款。

S. 369；*Hommelhoff*，GesRZ 2008，337；*ders.*，ZHR 173（2009），255；*Hommelhoff/ Teichmann*，DStR 2008. 925；*dies.*，GmbHR 2009，36；*Hügel*，ZHR 173（2009），309；*Kindler*，ZHR 179（2015），330；*Lévi*，FS Hommelhoff，2012，S. 661；*Maul/Vi. Röhricht*，BB 2008，1574；*Mette*，FS Hommelhoff，2012，S. 835；*Neye*，FS Hüffer，2010，S. 717；*J. Schmidt/Bayer*，BB 2016，1923；*Steiner*，Societas Privata Europae，2009；*Teichmann*，RIW 2010，120；Verordnungsvorschlag für eine Gesellschaft mit beschränkter Haftung mit nur einem Gesellschafter（*societas unius personae*，SUP）vom 9. 4. 2014（COM（2014）212 final）。

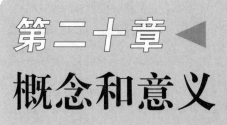

第二十章
概念和意义

一、基本概念

1. 有限责任公司的法律属性

1　　　法律没有规定有限责任公司的定义。但根据其本质性的法律特征，有限责任公司是**按照团体化形式组织起来的商事公司**。不同于合伙，它是**法人**（第 13 条）。它虽然具有"合伙的词根"，但仅是一个为了达到确定的目的而组织起来的人的联合体，即广义上的合伙/公司（上面第二章边码 9）。它可以用于法律准许的任何目的，但无论如何仍然是**要式商人**（第 13 条第 3 款连同商法典第 6 条的款）。这意味着有限责任公司的业务行为都应适用商法（而无须去审查商法典第 1 条及其后条款），并且有限责任公司负有商人性质的记账义务。除此之外，有限责任公司还受到商法典第 264 条及其后条款中的针对公司的严格的**会计制作规则**的规范。在此范围内，根据统一的法律基本原则，涉及所有的有限责任公司，即对追求精神目的的公司也不例外。这些公司也要使用一个商号并且登记于商事登记簿，当它在税法意义上是非盈利的时候，可以根据第 4 条第 2 句选择缩写"gGmbH"。

2　　　有限责任公司是**团体和民法典意义上的社团**。它独立于成员的组成，拥有**由独立的机关组成的独立组织**（上面第二章边码 9 及其后边码）。其重要的结果是，比如原则上适用**多数决原则**和直接适用民法典第 31 条，即**机关责任**。它与股份有限公司存在相似性（下面第二十五章及其后章节），但可以**设计构建**非常**人合性的**有限责任公司。作为公司，有限责任公司始终有一个由章程确定的**注册资本**。注册资本与股东要缴付的**原始出资**的金额相对应。

针对公司债务，只有公司对债权人承担责任。那种在法人情况下也可以想象的成员个人责任，原则上被排除在外。**股东**对公司债务**不承担责任**（第 13 条第 2 款）。**有限责任公司**以其全部财产对其债务**承担无限责任**。[1] 就此而言，不应该按照字面表述去理解有限责任公司的名称。相对于股份有限公司，有限责任公司较少受到严格的或者强制性的规则的规范。它尤其适合于中小企业和非经济性目的的组织以及作为企业联盟中的组成单位。有限责任公司**几乎没有通往资本市场的通道**。[2] 股份有限公司才被考虑作为通往资本市场的通道。有限责任公司的业务份额，尽管是可以转让的，但要求对此制作公证文书，因而不适合于股市交易。相应地，有限责任公司法没有包含有来自保护广大投资公众视角的规则。从经济上看，在典型的有限责任公司中，不存在股东与业务执行人之间的代理问题。其结果，法律没有包含有一个"公司治理"的方案（比较上面第一章边码 30，下面第二十五章边码 40 及其后边码）。**有限责任公司法在很大的范围内，都是任意性的**。由于有限责任公司法只有很小的规范密度，所以不断产生类推适用股份有限公司法的情况，比如决议瑕疵法（下面第二十九章边码 39）。对于是否可能有类推适用的情况，以及其在具体情况下究竟延伸多远，必须始终要准确地加以审查，即有限责任公司的特性是否阻止这么做。在一个被设计构建得非常人合性的有限责任公司情况下，或许可以考虑引入合伙的基本原则。[3] 这也涉及对公司协议的处理：应该根据民法典第 133 条和第 157 条去解释个性化的部分，而其具有团体性质的部分，则应客观而适当地通过变通方式加以解释。[4]

2. 注册资本和出资

（a）注册资本

作为公司，有限责任公司拥有一个注册资本。注册资本必须**在章程中确定**（第 3 条第 1 款第 3 项）。相应地，只可以通过修改章程增加或减少注册资本（下面第二十三章边码 23 及其后边码）。注册资本**目前最低是 25 000 欧元**（第 5 条第 1 款）。[5] 企业主公司（有限责任），这一特殊形式可以以一个更低的注册资本建立。对于最低注册资本的目的，是有争议的。它应该是服务于**债权人保护**目的，但也作为所谓的**"严肃性门槛"**[6]。后者意味着设立人通过一个最低的资金投入，来证明其计划的严肃性。法律将其限定在按照数额去确定最低金额，而不管有限责任公司的业务经营的种类和规模。尽管在法律政策讨论中，一再要求一个"适当的"资本配备，但对此欠缺切实可行的

---

[1] 关于责任限制的一般介绍，见上面第四章边码 8。

[2] 无论如何，有限责任公司可以发行债券（下面第三十二章边码 9 及其后边码），但这很少发生。

[3] Baumbach/Hueck/Zöllner/Noack, Abschn. 3 Vorbem. Rn. 4；MünchKomm-GmbHG/*Fleischer*, Einl. Rn. 176ff.

[4] Baumbach/Hueck/*Fastrich*, §2 Rn. 29 ff.；MünchKomm-GmbHG/*Wicke*, §3 Rn. 105.

[5] 在 1892 年创设有限责任公司时，其最低注册资本为 2 万马克。按照现今的购买力计算，它至少相当于 25 万欧元（T. Bezzenberger, Das Kapital der Aktiengesellschaft, 2005, S. 31）。在基于通货膨胀的原因实施调整后，1980 年的有限责任公司改革将其从 2 万马克提高到 5 万马克。随着转化为欧元，最低注册资本发生了一个很小的减少。关于进一步的改革，见下面边码 19 及其后边码。比较：对于股份有限公司，最初没有最低注册资本。还是在 1924 年才引入 5 万帝国马克的最低金额。1937 年，最低注册资本被提高到 50 万帝国马克。通过 1949 年用马克制作财务会计报告并调整资本法，最低注册资本被固定为 10 万马克（有限责任公司的最低注册资本是 2 万马克）。

[6] 总结归纳见 Haas, DStR 2006, 993；也比较下面第二十五章边码 5。

标准。⑦ 股东究竟如何一起提供物资以追求公司目的，由他们自己决定（**融资自由**）。

5   注册资本的**法律意义**是一个**计算数额**（会计账目）。因此，**不能与公司财产相混淆**。只有在公司开始时，两者才相互重合，因为业务份额的总额（下面边码 6）只有在此时，才与已经缴付的和仍还拖欠有限责任公司的出资（公司财产）相等，但条件是抛开设立费用和可能增长的支出费用不看。只要有限责任公司开始运转，这就会发生改变。每次没有支付的盈利，将在注册资本金额之外增加公司财产，但反过来，公司财产在亏损情况下降低，可能降低到注册资本之下。公司财产状况天天发生变化，但不会由此影响注册资本的金额。对于债权人，注册资本是这样一种**担保金额**，即必须至少有一次真实地缴付过它，并且只要公司财产没有超过注册资本金额，就不可以向股东进行支付（第 30 条第 1 款，**注册资本的缴付和维持原则**，下面第二十三章边码 1）。

（b）业务份额

6   注册资本由股东的原始出资组成。至少是在公司设立时，**业务份额面额的总额必须与注册资本一致**（第 5 条第 3 款第 1 句）。业务份额的面额，必须表示为以欧元为单位的整数额。各个业务份额可以是不同大小的（第 5 条第 2 款第 1 句，第 3 款第 1 句），并且现实中也经常如此。但股份与此相反，否则股份的上市交易能力将因此受到影响。有限责任公司法现代化及滥用斗争法，对于"业务份额"的语言使用予以了统一。第 5 条以后的条款中仍然提及原始出资（下面边码 19 及其后边码）。在第 3 条第 1 款第 4 项，这一要予以提供的出资一如既往地被称为**原始出资**。

7   在有限责任公司中，用业务份额来表示**成员身份**，也就是表示股东的权利义务的整体。业务份额决定股东在注册资本上的份额。以与章程相符的确定面额，来计算其业务份额。

举例：一个面额为 2 万欧元的业务份额意味着，是通过认购一份这个数额的业务份额来产生的，而其现在的价值可能比它大或者比它小。在溢价发行或者追加出资的情况下，事实上缴付的金额可能比它高，而在有瑕疵的完全缴付情况下，则可能比它小。

原则上，业务份额可以**自由转让和继承**，但制作公证文书的要求，增大了它的转让难度（第 15 条第 3 款、第 4 款）。这有利于减轻举证责任，为了使这种参与交易变得困难和（按照有争议的观点）保护潜在的股东。⑧ 章程可以规定出卖业务份额需要有公司的同意（**转让受限制的业务份额**，第 15 条第 5 款）。业务份额**不能以一个有价证券的形式来进行证券化**。尽管可以发行业务份额证，但它只是纯粹的证明文书，即其占有对成员权利的主张或者成员身份的转让来说不是必需的，而仅仅是简化合法性的证明。章程可以在这个意义上规定要求出示业务份额证。

二、意义

1. 应用范围

8   根据立法者的意图，有限责任公司首先是一个针对这样的**中小型企业**的公司形式，

---

⑦　对于什么是一个"适当的"注册资本，规定一个可以依照其推出结论的法律规则是不可能的。在企业经济学和会计法上，区分通过自有资本和他人资本融资，而自有资本又不同于注册资本。自有资本与他人资本之间的何种关系是最佳的，取决于不同的因素（比如利息水平），故因而不是能够通过一条法定规定实现的；Albach, Allgemeine Betriebswirtschaftslehre, 3. Aufl., 2001, 10.1；K. Schmidt, § 18；也见 MünchKomm-GmbHG/*Schwandtner*, § 5 Rn. 33.。

⑧　BGH NZG 2008，377 Rn. 14；Baumbach/Hueck/*Fastrich*, § 15 Rn. 21.

即在其之下，没有参与者愿意承担完全的个人责任。[9] 从大体上的现有数据来看，事实情况也符合这一点。[10] 假如愿意采用公司形式，而又由于较小的企业规模以及有限的股东数量的原因使得股份有限公司不适当的话，有限责任公司就是其典型的企业载体形式。因此，在有限责任公司之下，发现有大量的只有两个或三个股东（也有多的，但无论如何只有很少的股东）的公司，并且股东积极参加业务执行。[11] 尽管法律上适用**第三人机关原则**，但作为机关而被委任的业务执行人通常是股东，以至于奉行**事实上的自营机关原则**。[12] 在这一关联上，属于其中的还有数量惊人的**一人有限责任公司**（下面第二十一章边码34及其后边码）。依据客观事实，将一人有限责任公司刻画成为"承担有限责任的个体商人企业"会更为准确。在唯一的股东也是业务执行人的情况下，这一点尤其明显。这些小的有限责任公司的破产概率相对很大。因此，尽管有限责任公司得到了较大的推广普及（下面边码12），只要企业在具体情况下没有一个特别好的信誉，其信用都不高并且比同样规模的普通商事合伙或股份有限公司的信用差（"声誉有限的公司"）。[13] 然而，破产概率从大概2004年开始下降。[14]

将有限责任公司作为**大型企业**的法律形式来使用，无疑是合法的，但非常少。[15] 应用情形比如外国企业集团在国内设立无须单独要求进入资本市场的子公司（例如，福特有限责任公司作为福特汽车公司的子公司）。但无论如何，在1978年最大的100家德国企业中，仍有17家有限责任公司，但并列存在70家股份有限公司或股份制有限商事合伙。与此相反，2014年只有8家（上面第四章边码11）。2015年，有343家有限责任公司受到1976年的员工共同参与决定法调整，即它们单独或者与从属的康采恩企业一起各自雇用了2 000名以上的员工。[16] 会计法（比较商法典第267条），以及还有员工共同参与决定法，正朝着一个按照企业规模特征的标准来更为强烈地区别对待公司的方向发展。

有限责任公司经常在**企业集团**中出现。在康采恩集团（上面第一章边码4的后面部分）中，它被放置到母公司之下的不同的组织层级上。[17] 在这些情形下，将整个康采恩中的资金支付流整体纳入一个所谓的资金池之中，从企业经济学上讲是有意义的，也是广泛普及的现实做法。[18] 但这可能导致危机情况下出现不可承受的后果和滥用现象。法院曾积极处理过它们，因为其公司法上的分离原则（上面第三章边码1和边码10及其后一个边码，asset partiting）没有被贯彻到底（下面第二十三章边码18及其后边码）。

此外，有限责任公司适用于**共同体企业**，即在其之下，两个上级企业（偶尔也有更多的企业）一起去捆绑特别的任务或利益，如技术研发。为了分担风险，也为了获得税

9

10

---

[9] 最初没有考虑到小企业，比较脚注6。
[10] 概览见 MünchKomm-GmbHG/*Fleischer*，Einl. Rn. 198ff.。
[11] MünchKomm-GmbHG/*Fleischer*，Einl. Rn. 202.
[12] 对于法律事实上的研究（连同进一步的阐述），见 MünchKomm-GmbHG/*Fleischer*，Einl. Rn. 203.。
[13] Wiedemann/*Frey*，Nr. 252；"Gehste mit, biste hin"；auch："Gesellschaft mit beschmutzten Hosen" etc.
[14] MünchKomm-GmbHG/*Fleischer*，Einl. Rn. 207 ff.；Wiedemann/*Frey*，Nr. 252.
[15] 在2014年，38.4%的具有缴纳营业税义务的有限责任公司的营业额低于25万欧元；0.2%的公司高于2.5亿欧元；相应的股份有限公司有24%和4.3%。最大的股份有限公司贡献了38.8%的应纳税营业额，最大的股份公司则达到了90.9%（联邦统计局，Statistisches Jahrbuch 2016, S. 279；hrtps://www.destatis.de）；也比较下面第二十五章边码24。
[16] *Hans-Böckler-Stiftung*，Mitbestimmung, Mitbestimmung in Deutschland [www.boeckler.de/66935.htm]。
[17] 比较 Großkomm-AktG/*Windbichler*，Vor § § 15ff. Rn. 14, 17.。
[18] 对此的描述比如在 *Altmeppen*，ZIP 2006, 1026.。

负上的好处，利用一种有限责任公司与一个其他企业进行联结的方式，而这大多是与一个合伙联结在一起。例如，可以以这样的方式进行，即有限责任公司承担生产产品的销售（负责销售的有限责任公司与负责生产的公司并列）或者租赁整个企业（负责经营的有限责任公司与财产占有的公司并列，**经营型分立**）。这样的企业联合不少是由此产生的，即将部分财产从原有的单一企业中分离*出来*，以转移给有限责任公司（下面第三十八章边码 12 及其后一个边码）。

在受人喜爱的以**有限责任公司作为无限合伙人的有限商事合伙**（下面第三十七章）形式出现的公司类型混合的框架下，有限责任公司具有特别的意义（下面第三十七章）。在其之下，有限责任公司承接了（通常是唯一的）承担个人责任的合伙人角色（**作为无限合伙人的有限责任公司**）。不同于在企业集团情况下，这里存在一个定位于单一企业的两个公司的结合。

11　　　对于**不具有企业性质或者具有思想精神性的以及非盈利的经济目的**的联合体，有限责任公司也是适当的和常见的法律形式。[19] 在团体事务领域中，不少职业或经济性团体都是采用这种法律形式。同样还有不少研究机构、其他科学机构、艺术或其他文化机构以及少数部分私法化了的国家活动（公私合作）采用有限责任公司形式。对于公法人企业，有限责任公司的法律形式也广泛普及。有限责任公司提供了这样一个优点，即对于企业来说，商法上的计账和会计制作比陈旧的财政计划法更为适当。

2. 推广普及

12　　　作为公司形式，有限责任公司一开始（1892 年）就得到了广泛的推广普及。[20] 1979 年年底，有限责任公司的数量达到了 225 209 家，而其整个注册资本几乎高达 924 亿马克。有限责任公司借此第一次明显超过了所有股份有限公司和股份制有限商事合伙当时具有的 886 亿马克的注册资本总额（对此，也见上面第四章边码 11 以及第二十五章边码 24）。2016 年有 1 186 598 家有限责任公司。[21] 1994 年的股份法改革引入的所谓的"小股份有限公司"（下面第二十五章边码 21），没有影响有限责任公司的不断增加，但有限责任公司法现代化及滥用斗争法也引入了企业主公司（下面第二十一章边码 44 及其后边码）。

三、历史、法律比较和欧洲的发展

1. 历史

13　　　不同于商事合伙和股份有限公司，有限责任公司在德国是由立法者于 1892 年在没有历史先例的情况下，为满足确定的目的而新增创设的。[22] 也不同于其他没有历史先例的法律"发明"，有限责任公司在整体上经受起了考验。在其他许多国家中，也能见到相似的公司形式。

1870 年，德国股份法转而采用准则制。它最初相对温和。但之后基于公司设立时代的教训，股份法在 1884 年被实质性地强化了（下面第二十五章边码 27）。股份有限

---

[19]　MünchKomm-GmbHG/*Fleischer*，§ 1 Rn. 25.

[20]　MünchKomm-GmbHG/*Fleischer*，Einl. Rn. 201.

[21]　*Kornblum*，GmbHR 2016，691，692.

[22]　*K. Schmidt*，§ 33 II；*Koberg*，Die Entstehung der GmbH in Deutschland und Frankreich，1992；MünchKomm-GmbHG/*Fleischer*，Einl. Rn. 50ff.

公司由此变成一个复杂而昂贵的法律形式。股份法中广泛存在的强制性规定导致产生了一定的僵化。例如，包括公司设立审查和设立人责任在内的有关公司设立的规定，以及必须有三个公司机关（股东大会、董事会、监事会）。此外，只能在特别的集会（全体股东大会，股东会）中并且大多是在引入一名公证人员的情况下，才能作出股东决议。股东的追加出资义务或者其他义务，也被排除在外等诸如此类的规定。最初的以及直到1985 年的公司年度财务报告指令转换法还存在有关年度财务会计报告、审查和公开的严格规定，也都具有一定的影响。

所有的这些对于拥有大型企业的公司来说，是合理的，因为它基于资本需要而要求助于广大的投资公众，并且拥有大量的不断变化的成员，但不适合于只有很少成员的小公司。另一方面，在这些公司情况下，当时就已经出现了不少这种情况，即没有股东愿意承担无限责任，故不能考虑普通商事合伙和有限商事合伙形式。为了弥补这个漏洞，**立法者在股份有限公司之外创设了公司的第二种形式**，即有限责任公司。其法律就是**1892 年 4 月 20 日**的关于有限责任公司的法律（**有限责任公司法**）。

在德国，根据 1911 年的统计，就有 2 万个有限责任公司。对于当时的情况来说，这已经是一个很大的数额。在第一次世界大战期间，因为法人情况下不断增加的所得税的双重负担的原因，公司新设明显减少。这在法人所得税引入之后得到了改变，因为其税率最初远远低于个人所得税税率（关于税负负担对于法律形式选择的意义，见上面第四章边码 9 及其后一个边码）。其结果，有限责任公司得到了显著的优待，以至于其数量在短时间内上升到 7 万个以上。1936 年年底，仍还有大约 4 万个有限责任公司以及50 亿帝国马克的注册资本。自此以后，基于当时的出于意识形态考虑（抛弃"匿名"公司）而进行的向合伙转变的原因，有限责任公司的数量大幅减少。自 1945 年起，有限责任公司的数量不断增加。1961 年年底，在联邦共和国内重新又有了将近 39 000 个有限责任公司以及 167 亿马克的注册资本。1973 年，有112 063个有限责任公司以及 585 亿马克的注册资本（比较这本教材的第 17 版）。

在 1892 年之后的**进一步发展过程中**，很长一段时间以来，有限责任公司只是经历了一些较小的修改。[23] 不同于股份法，三十年代计划的全面改革没有得到实现。此外，自五十年代初期开始，与股份法相似，有限责任公司法受到不同法律的影响（比较下面第二十五章边码 34）。需要提到的比如有旧的改组法、增资法和信息公开法。信息公开法将股份法上的会计制作的基本原则，扩大到了采取其他法律形式的大型企业之上。此外，还有关于员工共同参与决定的法律。为了进行一次全面的**有限责任公司法律改革**，联邦政府曾于**1971 年**提交了一个**草案**。草案的条款数量增加了三倍，反映了对制定法定规范的过分偏爱。草案明显表现出了向 1965 年的股份法紧密靠拢的趋势。而这从有限责任公司的独立及灵活性上讲，是有问题的。基于不同的原因，这个所谓的大的有限责任公司改革没有得到成功。[24]

14

---

[23]　关于最低注册资本，见上面脚注 6。

[24]　内容全面的文献资料：RefE eines Gesetzes über GmbH, Bundesministerium der Justiz（Hrsg.）1969；RegE eines GmbHG und eines Einführungsges., BR-Drucks. 595/71（各自都有详细的理由论证）；此外见 GmbH-Reform, 1970, mit Beiträgen von *Barz/Forster/Knur/E. Rehbinder/Limbach/Teichmann*；Probleme der GmbH-Reform, 1970, mit Beiträgen von *Goerdeler/Lutter/Mertens/Rittner/Ulmer/Wiethölter/Würdinger*；*Arbeitskreis GmbH-Reform*（*G. Hueck/Lutter/Mertens/E. Rehbinder/Ulmer/Wiedemann/Zöllner*），Thesen und Vorschläge zur GmbH-Reform, 2 Bde., 1971 f.。

通过 **1980 年的有限责任公司改革**，即作为**小的改革**，实现了一些修改。除其他内容以外，该次修改涉及一人公司设立、注册资本的金额和缴付、实物出资、替代自有资本的股东借款以及股东的个体权利。[25] 商法和公司法领域中的新规定，也给有限责任公司法律带来了一些其他的改变。1994 年的清理改组法的法律，将有限责任公司以及其他公司形式作为法律主体纳入有关形式变更、合并、分立和财产转移的新的统一规定（对此，见下面第三十八章）中。1998 年的商法改革，主要让商号法自由化。破产法、资本筹集简化法、加强控制和透明度法以及欧元转换法等带来了一些其他的改变。特别是自有资本替代法受到了限制和进一步的明确。自 1999 年起，准许设立律师有限责任公司和专利代理有限责任公司（联邦律师条例第 59c 条及其后条款，专利代理条款第 52c 条及其后条款）。着眼于有限责任公司的应用和设计构建，重要的改变还有间接来自不同的税法修改（上面第四章边码 9 及其后边码）。2008 年的有限责任公司法现代化及滥用斗争法（**MoMiG**）带来了决定性的修改，对此见下面边码 19 及其后边码。

2. 法律比较

15

对应于有限责任公司模式，在欧盟成员国和世界范围内还有这样的公司形式，即它们基于有限的股东圈子和欠缺资本市场利用的原因而被经常称作为"封闭的公司"。一些国家以一个统一的公司的基础类型为出发点，再在"*public*"和"*private*"或"*close*"公司之间进行区分。[26] 区分标准是股东数量、份额转让的限制（没有上市交易的资格）和股东亲自参与共同劳动以及其他相似的标准。有些其他国家也提供一种不少是按照德国有限责任公司模式设计构建的特别公司形式。下面只提一些例子。

在奥地利，有限责任公司（在那里也是 GesmbH）同样也是非常常见的。在那里，2003 年有 95 000 家有限责任公司，其中有大概 38 000 家一人公司和 53 000 家拥有 2 到 5 名股东的公司。2007 年年末，在奥地利注册的有限责任公司有 108 626 家。[27] 最低注册资本总数为 35 000 欧元。奥地利有限责任公司是在了解德国经验的情况下于 1906 年引入的。[28]

法国同样规定有一个针对小的公司的特别法律形式，具有合伙法的要素，其名称是 *Société à responsabilité limitée*（*s.a.r.l.*）。2004 年，法国放弃要求最低资本（7 500 欧元）。不遵守特别文件制作规定而简单设立的公司，被要求公开非常广泛的信息。[29]

英国的 *private company limited by shares*（*Ltd.*）[30] 同样可以非常简单地被设立。

---

[25] 对此比较政府法案并连同其理由论证，BR-Drucks. 404/77；abgedruckt mit weiteren Materialien bei *Deutler*, Das neue GmbH-Recht – GmbH-Novelle 1980；*Centrale für GmbH Dr. Otto Schmidt*（Hrsg.），Das neue GmbH-Recht in der Diskussion，1981，mit Beiträgen von *Deutler/Hesselmann/Th. Raiser/K. Schmidt/Ulmer/Tillmann*.。

[26] 比如美国的州，见 *Merkt/Göthel*，US-amerikanisches Gesellschaftsrecht，2. Aufl.，Rn. 252 ff.；关于英国 2006 年公司法，见 *Davies*，Principles，Rn. 1 – 9；MünchKommGmbHG/*Fleischer*，Einl. Rn. 214ff.；Scholz/*H. P. Westermann*，Einl. Rn. 156 ff.。

[27] *Kalss/Noworny/Schauer/Nowotny*，Österreichisches Gesellschaftsrecht，2008，Rn. 4/10.

[28] 对其创设具有建设性意义的是 *Kalss/Eckert*，in：Doralt/Kalss（Hrsg.），Franz Klein-Vorreiter des modernen Aktien-und GmbH-Rechts，2004，S. 13，18f.；此外比较 *Kusznier*，in：Van Hulle/Gesell（Hrsg.），European Corporate Law，2006，2/I Rn. 1 ff.；Scholz/*H. P. Westermann*，Einl. Rn. 174 f.。

[29] *Cozian/Viandier/Deboissy*，Droit des societes，27. Aufl.，2014，Rn. 1079ff.；*Garnier/Buseine*，in：Van Hulle/Gesell（Hrsg.），European Corporate Law，2006，2/VIII Rn. 83 ff.；*Witt*，ZGR 2009，872，922ff.

[30] *Henssler/Strohn/Servatius*，IntGesR R. 40 ff.；*Micheler*，ZGR 2004，324；MünchKomm-GmbHG/*Fleischer*，Einl. Rn. 244ff；*Rehm*，in：Eidenmüller（Hrsg.），Ausländische Kapitalgesellschaften im deutschen Recht 2004 § 10；*Turnbull/Coleman*，in：Van Hulle/Gesell（Hrsg.），European Corporate Law，2006，2/XXV Rn. 1 ff.

它没有最低资本要求。在欧洲迁居自由框架下，其在德国的普及暂时呈跳跃式的增长，但正在下降。[31] 在英国的公司登记处（Companies House），2016 年年底共有大约 383.3 万的公司登记在册。[32] 在所谓的脱欧谈判之后，欧盟法的法律框架的废除，将如何产生影响，还需拭目以待。[33]

3. 欧洲的法律发展

欧盟没有对有限责任公司法律进行直接的协调。然而，公司法律领域中的**欧洲指令**，也对有限责任公司法律产生影响，尽管它们的重点更多的是股份有限公司（比较上面第二章边码 27 及其后一个边码）。有限责任公司属于实施公开指令[34]和合并指令[35]的范畴。年度财务会计报告指令实施法通过将规定纳入商法典第三编的方式，**协调股份有限公司和有限责任公司的会计制作**。在有限责任公司法本身当中，它首先修改了第 41 条至第 42a 条以及重新表述了第 29 条中的经营结果的使用（下面第二十二章边码 20 及其后边码）。年度财务会计报告指令被多次修改，首先涉及财务会计报告的公开和针对小公司的减轻弱化。一人公司指令[36]只带来了很小的改变，因为德国在此之前反正都已经承认了一人有限责任公司。

与欧洲股份有限公司作为股份有限公司的欧洲形式相类似（下面第三十五章），存在对按有限责任公司形式设计的欧洲的小的公司的需求。针对欧洲私人公司（"Société Fermeé Européenne-SFE" / "Société Privé européenne-SPE" / "Europäische Privatgesellschaft-EPG"），学者和团体最初起草了一个条例建议。[37] 2007 年，内部市场总长就可能的欧洲私人公司规则（**European Private Company，EPC**），提交了一个讨论文件。该文件提供了不同的选择，尤其是在一个全面的欧洲规则和一个灵活的规则之间进行选择。后者只规范一些核心问题，其余的就让位于设计构建自由，并且还通过任意性选择的示范章程来加以补充。**关于欧洲私法公司章程的条例的建议（SPE-VO）**[38]，包含相对较少的强制性的预先规定，其首先涉及公司设立和债权人保护。该建议在附件 1 中规定

边码 16

边码 17

[31] MünchKomm-GmbHG/*Fleischer*，Einl. Rn. 218ff.；*Niemeier*，ZIP 2006，2237；2007，1794；*Westhoff*，GmbHR 2007，474；BGH NZG 2011，1114 的决定对于下降也有所贡献，其指定国际上的对于有关股东决议的争议的管辖权属于章程住所地的法院。

[32] https://www.gov.uk/government/publications/incorporated-companies-in-the-uk-october-to-december－2016/incorporated-companies-in-the-uk-october-to-december-20 16♯incorporated-companies [10.4.2017].

[33] 对此比较 *Teichmann/Knaier*，IWRZ 2016，243；*Thomale/Benz/Weller*，NJW 2016，2378。2016 年年初，在德国的商事登记处记录了 8 968 家有限责任公司，见 *Komblum*，GmbHR 2016，691，692 (Tab. 2)。

[34] 1968 年 9 月 3 日的第一个指令（第 68/151 号欧洲经济共同体指令）；通过 2009 年 9 月 16 日的指令成典化（第 2009/101 号欧盟指令）；通过 2012 年 6 月 13 日的指令（第 2012/17 号欧盟指令）进行了修改（欧盟范围内的登记联网）。

[35] 2005 年 10 月 26 日，关于来自不同成员国的公司的合并的第十号指令（第 2005/56 号欧盟指令），及其修改。

[36] 1998 年 12 月 21 日的第十二号公司法指令（第 89/667 号欧盟指令，见 ABl. 1989 L 395/40）；通过第 2009/102 号欧盟指令成典化。

[37] 对此见 *Bachmann*，ZGR 2001，351；*Boucourechliev/Hommelhoff* (Hrsg.)，Vorschläge für eine Europäische Privatgesellschaft，1999；*de Kluiver/van Gerven* (Hrsg.)，The European Private Company?，1995；*Hommelhoff/Helms* (Hrsg.)，Neue Wege in die Europäische Privatgesellschaft，2001；*Grundmann*，European Company Law，§ 34 Rn. 1203 ff.；*Maul/Vi.Röhricht*，BB 2008，1574；*Van Hulle*，EWS 2000，521.。

[38] KOM (2008) 396 endg，2008/0130 (CNS) v.25.6.2008；对此见 *Arbeitskreis Europäisches Unternehmensrecht*，NZG 2008，897（关于这一工作组的进一步介绍，在 www.akeur.eu）；*Hadding/Kießling*，WM 2009，145；*Henssler/Strohn/Servatius*，IntGesR Rn. 340ft；*Hommelhoff*，FS K. Schmidt，2009，S. 671；*Hommelhoff/Teichmann*，DStR 2008，925；GmbHR 2008，897；*Krejci*，Societas Privata Europaea-SPE，2008.。

了一个内容丰富的规定任务的目录：在其中提及的要点必须在公司协议中保持一致；但内容建构尽可能地听任股东确定。同时，这一目录确定了这一领域，章程在其中优先于各自的国内法。因此，相对于欧洲股份有限公司（下面第三十五章），在非常小的范围内对各自的国内法作出了指引，反而保障了股东进行意思自治建构的广阔空间。一个其他的灵活性要素是这样一种可能性，不但管理机构所在地，而且注册地都可以迁移到另一个成员国，且均不会导致解散公司的结果（比较有关欧洲私法公司章程的条例第 7 条，更确切地说第 35 条及其后条款；关于管理机构所在地和注册地迁移问题的详细内容见下面边码 24）。这一建议被认为是过时的而被撤回。[39] 无论如何，对于特殊利益的调节技术，不依赖于此。在对一人公司（SUP）草案的猛烈批评后（下面第二十一章边码 34），可以在一定程度上期待欧洲私人公司的再度活跃。[40]

18   最重要的欧洲法律影响在于欧盟法院关于住所迁移和**迁徙自由**的判决（上面第一章边码 19；下面边码 24，第二十六章边码 39），以及由此开启的**法律规则的竞争**（上面第一章边码 21）。对于由外国公司在国内活动产生的众多具体问题以及成员国法律作为这一竞争供给中的继续发展，首先要求进行法律比较（比较上面第一章边码 18）。有限责任公司相似的公司的强力普及，显示出对相对简单、有限责任的企业主体的需求。在选择法律形式时，也有来自欧洲的其他国家的形式可供选择，尤其（还）是英国的 Ltd. 和卢森堡的 S. à. r. l. 。2008 年的改革，使德国在这一竞争中的供给能力得到了改善。

四、通过有限责任公司法现代化及滥用斗争法（MoMiG）的改革

19   在许多小的改革之后，立法者通过有限责任公司法现代化及滥用斗争法（**MoMiG**）[41]，对有限责任公司法进行了部分的根本性改造。接下来的章节涉及以前的法律状况，这对于理解是必要的。有些改革只有按照现在的法律发展来看是可以解释的。立法者对于（泛滥的）判决和法学理论建议作出了反应。[42] 改革的进行，对于旧的判决和文献的可适用性是重要的。本教科书第 21 版中含有改革和以前法律的一个全面的对照。

1. 现代化

20   与 1971 年的改革方案（上面边码 14）相比，法律走向了相反的方向。**简化**和**灵活性**占据了首要位置。目前，它也反对一些领域中存在的法院判决泛滥（隐形的实物出资、自有资本替代）。相信注册资本具有保护债权人功效的理念，受到了限制。类似于在英国私人有限公司情况下，它将重心转移到了破产法。

（a）企业主公司（有限责任）

21   企业主公司（有限责任）或者 UG（有限责任）是有限责任公司的一个变种。它的注册资本不到 2.5 万欧元的最低金额要求（下面第二十一章边码 44 及其后边码）。这与

---

[39] ABI. EU 2014 Nr. C 153/3，6；对于瑞典和匈牙利议会理事会的折中方案，见 *Freudenberg*，NZG 2010，527，以及 *Bormann／Böttcher*，NZG 2011，411.。

[40] *Bayer／J. Schmidt*，BB 2014，1219，1223；*Hommelhoff*，ZIP 2016，Beil. zu H. 22，31ff.。

[41] 2008 年 10 月 23 日的有限责任公司法现代化及滥用斗争法（MoMiG），BGBl. 2008 I 2026.。

[42] 对于"法律的倒退"是有启发性的，见 MünchKomm-GmbHG／*Fleischer*，Einl. Rn. 131 ff.。

英国、法国和其他国家中的法律情况相对应。[43] 需要一个这样的改革是明确的：到 2016 年 1 月 1 日，有 115 644 家企业主公司登记到了商事登记簿。[44] 尤其是对于那些为了生活而设立公司的人，通往责任限制的通道，将由此而尽可能的简单和便宜。它使那种绕道选择外国公司形式成为多余。这并没有排除将 UG（有限责任）用于其他目的。由于欧盟资本指令[45]不适用于有限责任公司，故成员国的立法者在涉及最低资本时是自由的。可自由选择的注册资本完全是股东的一个投资决策，最低资本作为债权人保护或者进入门槛的意义（反正都有争议），由此被抛弃了。这表明，关于资本配备的法定规则，很少与经济上的资本需要以及其满足有关（上面边码 3 及其后一个边码）。

（b）设立概述

在内部关系上，有限责任公司，既包括一般形式也包括企业主公司（UG），可以以**简化了的程序**使用示范文本来设立（下面第二十一章边码 3），这在有限责任公司法的附件中可以找到。但个性化的章程，仍是可能的和广泛存在的。这样，不会限制有限责任公司的多样性。已经通过商事和企业登记电子化法[46]中的商法改革现代化了的商事登记簿登记，被进一步简化了。尤其对于（隐藏的）实物投资，注册资本缴付规则被更容易实施的规则所取代（下面第二十三章边码 13 及其后一个边码）。　　22

（c）内部关系

在内部关系上，有限责任公司由此变得更加灵活，比如在更大的范围内把业务份额的划分（上面边码 6 及其后一个边码）交给股东决定（第三条第 1 款第 4 项；废除第 17 条）。开启善意取得业务份额的可能性，会进一步减少不利于有限责任公司生存的规则（下面第二十二章边码 22）。广泛存在的通过借款来融资的做法，导致替代自有资本法律超乎寻常的复杂。这些规定应该被简化并移到破产法中去（废除第 32a 条及其后一条）。有限责任公司在企业集团中所采用的资金池（上面边码 10），其在法律上的不安全性，也被减少了（下面第二十三章边码 20）。　　23

（d）取消迁移障碍

1998 年商法典改革引入了第 4a 条第 2 款。据此，必须选择一个地点作为公司住所，公司在此处有一个企业或者企业经营。这本该为滥用的住所选择造成困难。这一规定被没有替换地删去了，以着眼于灵活性，即为了使有限责任公司具有更大的灵活性成为可能。与此同时，在章程住所和事实管理的住所之间进行区分（上面第一章边码 19）。立法者想要允许章程住所与管理住所相分离，管理住所也可以位于国外。[47] 相较于来自遵循设立主义的国家的公司，由此可以将有限责任公司的灵活性的缺点予以去除。其必须在商事登记时登记一个国内的公司通信地址（第 10 条）。[48] 因此，可以保障行政机关和债权人审阅一家管理住所在国外的公司。由此是否能够真正地达到灵活性，取决于第 4a　　24

---

[43] *Bartolacelli*，ECFR 2016，665（意大利）；各自在 Van Hulle/*Gesell*（Hrsg.）European Corporate Law 2006：*Garnier/Buseine*，2/VIII Rn. 98 f.（法国）；*McLaughlin*，2/XII Rn. 19（爱尔兰）；*Turnbull/Coleman*，2/XXV Rn. 20 f.（英国）；*Micheler*，ZGR 2004，324.。

[44] *Kornblum*，GmbHR 2016，691，692（Tab. 2）.

[45] 第二号指令（资本指令），上面第二章边码 28。

[46] 2006 年 11 月 10 日的关于电子化的商事登记、合作社登记以及企业登记的法律（电子化登记法，BGBl. I 2553）。

[47] RegE BT-Drucks. 16/6140 S. 29.

[48] Ist eine Zustellung unter der Geschäftsadresse nicht möglich 如果在经营地址无法送达的，则允许向其公开地址进行送达，见商法典第 15a 条，以及民事诉讼法第 185 条第 2 项。

条未解决的冲突法上的问题[49]，特别是联邦普通法院在欧盟法所提供的迁移自由之外，继续适用住所地主义。[50] 关于住所迁移见下面第二十四章边码 26，第二十六章边码 39。

2. 打击滥用

25   有限责任公司众所周知的高比例破产，会因此而特别有问题，即在许多情况下，没有进行符合规定的破产程序或者一个其他的合法清算。在公司被"抢劫一空"之后，也有人故意制造这些现象（所谓的"公司或企业埋藏行为"）。在此过程中，业务执行人和股东的秘密消失，非常重要。为了打击这样的滥用行为，应当保障公司的可送达性（商法典第15a条，第25条第1款第2句）。股东的公开程度被提高了（第40条）。破产提起义务得到了确保和强化（破产法第15a条）。有损债权人的支付，被置于更为严格的撤销之下（破产法第135条）。

---

[49] 有争议的是，第4a条究竟是否是一个有限责任公司法的实体法规定，或者同时是一个冲突规定（上面第一章边码 19 及其后一个边码），比较 *Eidenmüller*，ZGR 2007，168，205 f.；Henssler/Strohn/*Servatius*，IntGesR Rn. 36；*Kindler*，IPRax 2009，189，198；*Hirte*，NZG 2008，761，766；*Heckschen*，DStR 2009，166，169；*Leible/Hoffmann*，BB 2009，58，62（开放的观点）；MünchKomm-GmbHG/*Weller*，Einl. Rn. 383ff.；*Peters*，GmbHR 2008，245，294（实体规定）；不同的是（冲突规定）Baumbach/Hueck/*Fastrich*，§4a Rn. 11；Michalski/*Leible*，SystDarst 2 Rn. 179；GroßKomm-GmbHG/*Behrens/Hoffmann*，Einl Rn. B 150；Lutter/Hommelhoff/*Bayer*，§4a Rn. 15；*Paefgen*，WM 2009，529，531；*Tebben*，RNotZ 2008，441，446f.；以及其他的见 MünchKomm-GmbHG/J. *Mayer*，§4a Rn. 10a："真实的"设立理论（冲突规定），其一直都是如此。无论如何，迁徙自由不要求明确作为冲突规定；EuGH NZG 2012，871-VALE；*Kalss/Klampfl*，Rn. 102ff.；MünchKomm-BGB/*Kindler*，IntGesR Rn. 428.。

[50] BGH NJW 2009，289-Trabrennbahn；MünchKomm-BGB/*Kindler*，IntGesR Rn. 455ff.

第二十一章

设立有限责任公司、一人公司和企业主公司（有限责任）

一、设立

有限责任公司的设立是最简单的。因此，它是设立相对比较**快捷**和**便宜**的公司。如果约定的不只是**现金出资**，而且还有**实物出资**，则还要适用额外的要求（**实物设立**）。此外，有限责任公司还可以依照改组法通过其他法律形式的**形式变更**或其他公司结构的改变而产生（下面第三十八章）。假如一个"处于储备中的"有限责任公司，即已被设立了的但没有从事业务活动或者业务活动在此期间中止了的有限责任公司，要被作为营业公司来使用，则应相应适用公司设立的部分规定（下面边码11）。

在法律上的**由多人设立公司**的**一般情形**下，至少要求有两个设立人，但这也就足够了。在**一人设立公司**的情况下，要适用一些特别的规定（下面边码37及其后边码）。**设立人**（从而也是股东）既可以是自然人和法人，也可以是设立中的公司（下边码12），还可以是合伙，即普通商事合伙和有限商事合伙（已没有争议）以及自由职业者合伙。根据当今绝对主流的观点，设立人也可以是共同共有共同体，即民事合伙、遗产共同体和没有权利能力的社团。[①]

1. 公司协议

(a) 形式

公司协议是一个组织协议（上面第一章边码14及其后一个边码）。它需要**公证形式**（第2条第1款）。随着符合形式要求的公司协议的缔结，公司就被建立起来了，即产生了一个设立中的公司（下面边码14）。设立可以采用一个简化了的程序，当公司最多有三名股东和一名业务执行人，并使用有限责任公司法附件中的示范文本时（第2条第1a款）。示范文本也需要公证的形式。业务执行人的指定、公司协议和股东名单被概括

1

2

3

[①] Baumbach/Hueck/*Fastrich*，§1 Rn. 22ff.；BGHZ 78，311＝NJW 1981，682；BGHZ 118，83＝NJW 1992，2222（涉及股份有限公司，并且对民事合伙作为设立人情况下的出资义务的责任承担进行了规范）。

在这一文件中。这一切能节约时间和费用。② 实践中，尤其是在设立一人公司和企业主公司（有限责任）的情况下，会考虑使用示范文本。对于多人公司来说，这种表格的推广被认为是不适合的，因为没有注意到一系列典型的调整所需考虑的问题。③

关于**法律术语**：尽管法律使用公司协议的称呼，但人们基于团体法上的考虑，也将其称作为**章程**。从公司协议的全部内部来看，它不必然都具有章程的特性。它也可以有其他的内容，比如债法性质的成分。对此，见下面边码7。

（b）基本内容

4　　第3条第1款为公司协议规定了不可欠缺的基本内容：商号、住所、企业经营范围、注册资本的金额以及业务份额的数量和面额。

商号必须具有标示能力和区分能力，不可以产生混淆（商法典第18条）。它必须始终包含有作为法律形式附注的"有限责任公司"，或者这一名称常用的缩写。在税法意义上非营利性的有限责任公司也能拥有附注"gGmbH"（非营利性有限责任公司）（第4条）。公司协议中所确定的住所（章程住所）必须位于国内（第3条第1款第1项，第4a条）。实际的管理住所不是必须要与其一致。在政府法案——有限责任公司法现代化及滥用斗争法之后，管理住所也可能处于国外或者被迁移至那里（上面第二十章边码24）。

企业经营范围表示公司活动的领域和类型，例如"开发和销售软件"。它不等同于公司的广泛且一般性表述的目的，例如实现利润。可以考虑的是任何一个任意的不违反一般法律的目的（第1条）。因此，不需要一定要涉及经营一个商事营业，或者为了经营一个定位于参与市场活动的企业（上面第二十章边码1）。企业经营范围必须在多大程度上具体化，是有争议的。比如"所有种类的商事业务"的空白表述，是无论如何都不够的。④ 在所谓的公司壳设立或者储备设立情况下，即还没有确定事后如何利用的有限责任公司，必须相应地标明企业经营范围，但通常是标明为"管理自己的财产"⑤。关于**注册资本和业务份额**，见上面第二十章边码4及其后边码。

（c）原始出资的认购

5　　设立人在公司协议中认购业务份额（第3条第1款第4项），采用公证形式。**每个设立人必须至少认购一个业务份额**，面额必须表示为以欧元为单位的整数额，并可以是不同大小的（第3条第1款第4项，第5条第2、3款）。由此从一开始就可以实现一个较大数额的业务份额，其之后转让时可以拆分。所有的业务份额必须由设立人自己认购。⑥ 它们被连续编号和分配。在通过采用示范文本来简化公司设立的情况下，每一个设立人只能认购一个业务份额。**所有业务份额的总额，必须与注册资本一致**（第5条第3款第2句）。原始出资同时引发出了股东的出资义务。即使法律没有明文规定，也与在股份有限公司情况下一样（下面第二十六章边码3），适用**禁止低于票面价值发行**的

② 根据关于法院和公证对于自愿管辖事项费用的法第107条的特殊待遇；MünchKomm-GmbHG/J. *Mayer*，§2 Rn. 226.。

③ *Heckschen*，DStR 2009，166，167；MünchKomm-GmbHG/J. *Mayer*，§2 Rn. 254f.

④ Baumbach/Hueck/*Fastrich*，§3 Rn. 8；*Blaschke*，DB 2011，517.

⑤ BGHZ 117，323＝NJW 1992，1824（涉及股份有限公司）；BGHZ 153，158＝NJW 2003，892.。

⑥ 在准许一人设立公司之后，原来广泛存在的信托设立（或稻草人设立）就丧失了意义；除受托人之外，委托人在一定的条件下也被作为股东来处理；走得很远的是 BGHZ 118，107＝NJW 1992，2023；关于持不同意见的理论学说，见 Baumbach/*Fastrich*，§1 Rn. 42 ff.。

规定，即要缴付的出资在价值上不可以低于原始出资的面额。这是为了保障注册资本的缴付（上面第二十章边码4及其后一个边码）。就原始出资约定一个溢价（升水，**溢价发行**）的做法，是允许的。

　　实物出资是准许的，但必须在公司协议中确定其标的物，以及与此相对应的原始出 6
资的金额（第5条第4款）。除此之外，股东必须在一个**实物报告**中说明作为其基础的价值评估是适当的。这一报告有助于登记法院进行审查。与此相反，不要求由外部经济审计师进行一个设立审查（比如像在股份有限公司情况下的那样，下面第二十六章边码6）。在申请登记于商事登记簿时，如果实物出资与认购的原始出资之间存在差额，股东则必须要用现金出资来弥补（**差额责任**，第9条）。[7] 在实物出资被过高估价不是非实质性的情况下，登记法院有权拒绝将有限责任公司登记于商事登记簿（第9c条第1款第2句）。法律不允许所谓的隐形的（或隐蔽的）**实物出资**，即将一个现金出资与一个交易行为如此得加以联结，以至于其经济结果等同于一个实物出资，从而规避严格的实物出资规定，但是可以被计入出资义务（第19条第4、5款，下面第二十三章边码14）。

　　对于**案例解析**，要求缴付出资的**请求权基础**是现金出资或实物出资，或者实物出资（较少的）价值与原始出资之间的差价，即始终是公司协议（业务份额的认购），连同第14条，也许第9条。

　　（d）任意性的内容

　　只要不涉及强制性的团体组织结构，股东就可以在最大的范围内，拟定公司协议的 7
其他内容（**设计构建自由**）。

　　第3条第2款规定，如果约定公司有一个**时间上的限制**（很少），则应将其纳入公司协议。此外，纳入公司协议的还有（现实中非常重要的）股东**的从属给付义务**（下面第二十二章边码44）。依据第26条第1款，相应地也适用于与其不同的**追加出资义务**（下面第二十二章边码40及其后一个边码）。此外，法律还多次规定，可以通过公司协议进行偏离性的或补充性的规定。这通常是适用的，即可以仅仅在很少强制性规范限定的框架下，通过公司协议来规范公司的**机关**和股东的**成员权利及义务**，比如一定的股东享有优先权、限制业务份额出卖（**转让受限制的业务份额**，第15条第5款）以及诸如此类的问题。

　　有关公司组织和股东与公司关系的规定，具有章程特性，构成公司持久依存的基础；同时，没那么具有根本性作用的协议规定，也是可以的。根据第6条第3款第2句和第4款，委任第一任业务执行人及其薪酬的规定，可以在公司协议中作出。也可以进行纯粹**债法性质的**（即非成员身份性质的）**约定**。对其加以区分是非常重要的，因为只有章程组成部分，才适用有关章程修改的特别规定（第53条及其后条款）[8] 以及应该按照团体法上的基本原则对其进行有限制的客观解释。

　　2. 业务执行人

　　在设立阶段，公司就已经需要一名或多名业务执行人。他们必须通过公司协议或事 8
后的股东决议来委任。业务执行人接收业务份额的交付和实物出资，申请将公司登记于商事登记簿（下面边码10）。第6条第2款规定，谁可以是业务执行人（下面二十二章边码4）。业务执行人可以是但不必须是股东（**第三人机关原则**，第6条第3款第1句）。

---

[7]　案例见 *Wiedemann/Frey*，Nr. 267 f.。

[8]　BGHZ 18, 205；BGH NZG 2010, 988；Baumbach/Hueck/*Zöllner/Noack*, § 53 Rn. 2ff.

3. 登记于商事登记簿

通过商事登记簿上的**生效性的登记**，作为法人的有限责任公司就成立了（第 11 条第 1 款）。登记公告虽然对于公司的成立不是必需的，但对于商法典第 15 条规定的公告效力却很重要。登记按照第 10 条中确定的内容来进行，并按照商法典第 10 条进行公告。如果有限责任公司没有按规定建立和申请登记，以及参与者没有消除异议，则法院会拒绝登记。

基于债权人的利益，为了确保注册资本的缴付（下面第二十三章边码 9 及其后边码），必须在公司**申请登记**于商事登记簿**之前缴付部分出资（最低出资缴付）**。只要没有约定实物出资，针对每个业务份额，必须至少缴付**面额的** 1/4。除此之外，这些现金缴付的总额必须**至少达到 12 500 欧元**，即法定最低注册资本的一半（第 7 条第 2 款）。**实物出资**必须**全额**履行。在申请公司登记时，出资必须已经完全处于业务执行人的自由支配之下（第 7 条第 3 款）。应该将实物出资所对应的原始出资金额记入 12 500 欧元的数额。在通过采用示范文本来**简化公司设立**的情况下，只准许现金出资，并且要么全额缴付，要么缴付一半。

申请登记应该由业务执行人共同进行（第 7 条第 1 款，第 78 条）。只有在已经缴付最低出资的情况下，才可以申请登记（第 7 条第 2 款和第 3 款，上面边码 9）。第 8 条规定了申请登记的内容（尤其是在此过程中要作出的声明），并还列举了要在申请登记中附加上的材料。这使**登记法院**能够进行**审查**（第 9c 条）。法院审查包括公司的建立及其登记申请（不仅涉及申请形式，而且涉及实体上的正确性），以及负有登记义务的事件的有效性和**实物出资的估价**。与商法改革的趋势一致，登记法院的审查为了加速而被加以限制，一个非实质性的实物出资被过高估价只是一个登记障碍。自然，这没有改变第 9 条规定的差额责任（上面边码 6）和设立人责任（下面边码 13）。依据第 9c 条第 2 款，审查公司协议内容上的正确性，受到了限制。根据第 8 条第 1 款第 6 项及接下去的一项，如果有限责任公司依照其企业经营范围将从事一项须经国家许可的活动，比如曾想依照餐饮法第 2 条和第 3 条经营一家餐厅，则必须提交**国家的许可证书**。尤其是当许可机关一方不太愿意将设立中的有限责任公司作为许可主体来对待的时候，这导致了一些不利的后果。[9] 因此，这一规定被没有替代地删除了，**官方许可的欠缺**不再是**登记障碍**了。

除业务执行人的代理权之外，还应该给出一个**国内的业务地址**（政府法案第 8 条第 4 款）。[10] **一个国内的有权接受送达的人的地址**的信息（第 10 条第 2 款第 2 句）是任意性的。这种送达的可能性，有助于公司确保它的可达到性。更为关键性的是反过来的情形，即公司或它的股东不愿意自己处于可送达到的状态。通过让国内的业务地址成为一个有义务登记的信息，就可以适用商法典第 15 条第 1 款，即没有被登记和被公告的信息改变不能对抗第三人。一个国内的有权接受意思表示的人的地址，仅仅是可以登记。第 10 条第 2 款第 2 句的第 2 半句具有一个参照商法典第 15 条第 1 款的公开效力：相对于第三人，接受意思表示的权利被视为继续存在，直到将他在商事登记簿中注销并予以公告。只有在明知的情况下，才不适用这一点。

---

⑨ 比较 BGHZ 102，209；Baumbach/Hueck/*Fastrich*，§ 8 Rn. 10；Lutter/Hommelhoff/*Bayer*，§ 8 Rn. 7。

⑩ 对此比较 OLG Düsseldorf NZG 2015，279；OLG Hamm NZG 2016，386；一个经理或者委托接收人（转交，c/o）的住址就足够了。

如果让一个已经存在的但没有从事业务经营的有限责任公司运行起来，或者将一个已经放弃业务经营的有限责任公司重新投入一个新的活动中去（**使用公司壳**），这**在经济上**与**公司新设**相对应。这是合法的。但在这里，法院判决要求业务执行人提供与公司设立时一样的信息并适用同样的资本缴付规定（下面第二十三章边码 9 及其后一个边码）。

11

4. 设立瑕疵

设立瑕疵可能是形式错误、具体股东参与时的瑕疵或者章程基本内容上的错误。在商事登记簿上进行了登记就具有广泛的治愈效力。只有在一定的非常严重的内容瑕疵情况下，**公司协议的瑕疵**才能成为公司无效之诉，或者成为登记法院依照家事事件法和非讼事件程序法第 397 条或第 399 条进行介入的基础（第 60 条第 1 款第 6 项，第 75 条，第 76 条）。股东**进入公司的声明瑕疵**，原则上在登记之后就不能再主张了。[⑪] 对已登记的公司的存在加以保护，符合欧盟公开指令。[⑫]

12

5. 设立人责任

在错误陈述以及与出资或设立费用有关的问题上存在**过错而损害公司**的情况下，业务执行人、设立人以及其可能有的幕后指使人都要**对公司**承担责任。参与人是连带责任债务人，但在其不知情的情况下，存在限的免责可能性。这在第 9a 条和第 9b 条中有详细的规定。相对于股东以及共同设立人和第三人，存在依照一般性规定的损害赔偿义务，尤其是依照民法典第 826 条或者民法典第 823 条第 2 款结合有限责任公司法第 82 条第 1 款第 1 项、第 2 项和第 5 项。第 82 条将欺诈性设立和其他错误陈述纳入刑事处罚之下。另外，设立人作为股东，对设立中的公司承担责任，在登记之后作为股东对有限责任公司承担责任（下面边码 25 和边码 31）。最后，直到登记为止，还可能有第 11 条第 2 款规定的作为外部责任的行为人责任（下面边码 27）。

13

二、设立中的公司

有限责任公司不是在一个单一的行为中，而是在多个相互承接的步骤中设立的。有限责任公司本身（即作为具有其最终构建形式的法人），只有在登记于商事登记簿之时才成立（第 11 条第 1 款）。但是，这以已经存在一个人的联合体为前提条件，并且该联合体已经显示出了未来的有限责任公司的重要特征。联合体是建立在公证制作的**公司协议**之上的（第 2 条第 1 款）。通过公司协议，**作为公司的有限责任公司的设立人相互联结在一起**，并创设出了公司的组织以及承担履行其原始出资的义务。**随着公司协议的缔结**，有限责任公司"被建立起来了"（比较股份法第 29 条）。在被建立和登记于商事登记簿之间的过程中，未来的有限责任公司作为**设立中的公司**或**设立中的有限责任公司**存在。它是一个走向最终的有限责任公司的**过渡阶段**。

14

对于设立中的公司的**法律理解**，曾是长时间非常有争议的，并且在今天也不是所有细节都被解释清楚了。[⑬] 抛开第 11 条第 2 款规定的很少有成效的行为人责任不看，关

15

---

⑪　Baumbach/Hueck/*Fastrich*，§ 2 Rn. 38 ff.

⑫　1968 年 3 月 9 日的第一号公司法指令（第 68/151 号欧盟指令，公开指令）第 12 条，在 2009 年 9 月 26 日的欧盟第 2009/101 号指令的版本中；上面第二章边码 28；*Habersack/Verse*，Europäisches Gesellschaftsrecht，§ 5 Rn. 40.。

⑬　见第十九版第三十五章第二节（第 334 页及其后页码）；*Kübler/Assmann*，§ 25 II.。

于设立中的公司的法律问题，**欠缺一个法定的规定**。法律只是间接地让人知道要求有一个法律主体，但很难将其协调起来。一方面，严格实施的注册资本缴付原则（下面第二十三章边码 1）要求尽可能地在公司最终成立的时刻点上（即登记于商事登记簿之时），将资本完整地交由公司支配（**完整无损原则**）。但另一方面，这正好由此被否定了，即法律同样以此为前提条件，即在登记之前已经要形成一个公司财产，而且以公司最终成立为定位的设立中的公司还可以处分这一财产。根据各种情况的不同，公司财产可能由此遭受严重的损害。

在设立中的公司阶段，它的机关就已经需要接收和管理最低出资。尤其是在实物出资的情况下，至少是一个有限的**业务交往参与**是不可避免的，因为在有限责任公司情况下，必须在登记前全额缴付实物出资（第 7 条第 3 款）。特别是在投入一个完整的企业时，由于不可能考虑"冻结"，企业就必须基于维持其存在的需要而由设立中的公司继续经营。因此，设立中的公司需要完全参与业务交往。同样在其他情况下，在登记于商事登记簿之前就已经完全或部分从事业务活动，虽然大多不是绝对必须的，但在经济上是合理的。

16　　　　以理论界的事先准备工作为基础[14]，联邦普通法院第二审判庭在一系列的判决中，逐步通过**法律继创**为最重要的基础性问题提出了解决办法，并且由此同时**为设立中的公司法发展出了一个部分新的完整的体系**[15]。这些法院判决在理论界获得了绝大多数的支持，尽管对具体问题仍继续存在争议。1994 年的改组法中的改组法律规定编纂，为理论上理解设立中的公司过渡到最终的法人提供了额外的动力。联邦普通法院判决主要是涉及有限责任公司情况下的设立中的公司的问题。这成为有限责任公司的设立数量远远超过股份有限公司的基础。随后的股份有限公司设立数量的增加，几乎还没有导致相应案例由最高法官判决的结果[16]。但另外，有限责任公司的特殊发展情况，也说明了一些问题，即依照要求不太高的有限责任公司法律设立的公司，经常只有脆弱的经济基础，而这导致公司在设立阶段或者之后很快就出现了问题，并进而导致就设立中的公司阶段出现的事件发生法律争议。

1. 设立前的公司

17　　　　应该与设立中的公司严格区别的是设立前的公司。它是建立在一个前协议（**前设立协议**）基础之上的。该协议可以但不必须要在针对有限责任公司的公司协议缔结之前就已经存在。通过前设立协议，设立人就设立有限责任公司负有共同协作的义务。在一定的情况下，其他人也可能负有这样的义务。

只有当前协议被制作成为公证文书的情况下，才能够设立一个缔结公司协议的法律义务。否则的话，第 2 条的形式规定将可能被规避。为准备公司设立的单纯的共同协

[14] *G. Hueck*，FS 100 Jahre GmbHG，1992，S. 127；*Priester*，ZIP 1987，280；*Stimpel*，FS Fleck，1988，S. 345；*Ulmer*，ZGR 1981，593；旧的争论情况的概览见 *Wiedemann*，Juristische Analysen 1970，439（Heft 6，S. 3）；此外比如比较 *Flume*，FS Geßler，1971，S. 3 und FS v. Caemmerer，1978，S. 517；*Ulmer*，FS Ballerstedt，1975，S. 279；具有奠基性作用的是 *Rittner*，Die werdende juristische Person，1973；深入研究具体问题的是 *Theobald*，Vor-GmbH und Gründerhaftung，1984；*John*，Die Gründung der Einpersonen-GmbH，1986.。

[15] 特别重要的 BGHZ 80，129＝NJW 1981，1373；BGHZ 105，300＝NJW 1989，710；BGHZ 134，333＝NJW 1997，1507.。

[16] 但比较 BGH NJW 2007，589＝EWiR § 41 AktG 1/07，289 m. Anm. *Krolop*；LG Heidelberg ZIP 1997，2045 m. Anm. *K.-U. Wiedemann*，ZIP 1997，2029.。

作，也可以不按照一定的形式要求进行约定。设立前的公司，**通常是民事合伙**。只有当它例外地已经着手进行一个商法典第1条意义上的商事营业时，它才变成普通商事合伙（商法典第105条第1款）。[17] 但是，它一般将其目的相应地限定在单纯的准备行为之上。**它不是未来的有限责任公司的前身，也不是设立中的公司**，因而也不会比如在其成立时过渡到有限责任公司之上。依照逻辑，在设立前阶段中，一个以未来有限责任公司的名义进行的行为（尤其是进行法律行为），还不能设立第11条第2款（下面边码27）规定的行为人责任。[18] 准确地说，只能依照一般性的规定推导得出其责任，特别是在欠缺代表权时依照民法典第179条的规定。设立前的公司一般会**基于目的的达到**而终止（民法典第726条）。对此，缔结针对有限责任公司的公司协议就算够了，还是直到有限责任公司登记于商事登记簿才算够，将取决于在具体情况下的设立前协议的内容。因此，设立中的公司和设立前的公司暂时并存是可能的。正因为如此，也应该并且必须在法律上将它们清楚分开。

2. 设立中的公司的法律属性

关于设立中的公司的法律属性，仍是有争议的。原来试图将其归入法律规范的人的联合体类型的一般模式之下的做法，比如作为民事合伙或者没有被登记的社团，不符合设立中的公司的情况。设立中的公司是一个**自成一类的联合体**（sui generis）。它已经在很大的范围内对应于有限责任公司。在公司协议之外，还应该适用有限责任公司法律规范，只要它们不是正好以登记于商事登记簿为前提条件，或者其适用在其他方面与公司设立阶段不一致。[19] 支持这样做的有这些法定的公司设立规定，即要求在公司登记之前就要有未来的公司组织和公司财产。同样还有这样的思考，即参与公司协议的设立人，通常愿意尽可能地将他们的法律关系置于他们最终追求的法律形式的规则之下。设立中的有限责任公司已经**被组织构建成团体化**了。但是，由于还不是作为财产主体的法人，根据主流观点，设立中的公司是共同共有体[20]，并且肯定还是财产主体。

3. 股东相互之间和股东与公司之间的关系

对于股东相互之间的关系，着眼于设立中的公司的设立目的，产生出了比在未来的有限责任公司中的联结还要强烈的联结，尤其是**公司协议的修改**。只有经过一致同意并且采用第2条规定的制作公证文书的形式，才可以修改公司协议。公司协议是公司设立的基础，由此也是设立中的公司中的联结，以及以后的登记于商事登记簿的基础。有关

18

19

---

[17] BGH NJW 1983，2822；BGHZ 91，148，151＝NJW 1984，2164；BGH NJW 1992，2698；1998，1645；Baumbach/Hueck/*Fastrich*，§ 11 Rn. 36.

[18] 法院判决和主流观点，比较 BGHZ 91，148＝NJW 1984，2164（放弃原有的相反判决）；*BGH* NJW 1998，1645；1998，2897；2001，1042；Baumbach/Hueck/*Fastrich*，§ 11 Rn. 37f.；*K. Schmidt*，§ 34 III 2 c, d；Großkomm-GmbHG/*Ulmer/Habersack*，§ 11 Rn. 131f.。

[19] 联邦普通法院的一贯判决，比较 BGHZ 21，242，246＝NJW 1956，1435；BGHZ 45，338，347＝NJW 1966，1311，1313；BGHZ 51，30，32＝NJW 1969，509；BGHZ 72，45，48＝NJW 1978，1978 f. m. Anm. *K. Schmidt*；原则上这样做的是 BGHZ 17，385，389＝NJW 1955，1229 und BGHZ 20，281，285.（针对合作社）

[20] BGHZ 80，129，135＝NJW 1981，1373；Großkomm-GmbHG/*Ulmerr/Habersack*，§ 11 Rn. 13f.；*Kübler/Assmann*，§ 25 I 2 b，II 3 d；Henssler/Strohn/Schäfer，§ 11 Rn. 13；Roth/Altmeppen/*Roth*，§ 11 Rn. 38；不同的是——"暂时的法人"——Baumbach/Hueck/*Fastrich*，§ 2 Rn. 13，11 Rn. 6；Lutter/Hommelhoff/*Bayer*，§ 11 Rn. 5；*Raiser/Veil*，§ 35 Rn. 100；Scholz/*K. Schmidt*，§ 11 Rn. 30；所有的观点都有一个共同点，即设立中的有限责任公司的财产与单个股东的财产相分离；MünchKomm-GmbHG/*Merkt*，§ 11 Rn. 11.。

章程修改的规定（第 53 条及其后条款），还不可以适用。[21] 相应地也适用于**每个设立人（股东）的变更**。作为协议的缔结方，股东的名称和原始出资是公司协议的必要记载内容。只有通过公司协议的正式修改，才可以对其进行改变。[22] 一个依照第 15 条的业务份额转让，在这个阶段还不被允许（也比较股份法第 41 条第 4 款第 1 句，该条款针对股份有限公司作了相应的明文规定）。**业务执行**由业务执行人负责。正是为了保障其具有行为能力，在设立阶段就应该委任业务执行人（上面边码 8）。由于已经适用团体法上的第三人机关原则，委任的业务执行人无须是设立人。关于业务执行的股东决议，可以通过简单多数作出。业务执行包括公司设立所要求的所有措施实施。超越此范围的业务活动，需要股东的一致同意，因为由此连着额外的责任风险。

20　　　　直到登记为止，对于不能通过注册资本覆盖的设立中的有限责任公司的亏损，股东按照份额承担责任，但数额上没有限制（**公司内部按份额的无限的亏损弥补责任**）。[23] 但是，在现实中，这并不意味着股东必须持续地进行支付。这一责任的意义在于这一点，即债权人借此不仅应该可以在公司登记之前，而且应该可以在公司登记之后追讨公司财产，而那些针对股东的债权也属于此（下面边码 24，31）。

　　　　4. 与第三人的关系

　　　　（a）法律上的独立

21　　　　在**外部关系**上，设立中的公司可以**普遍参与法律交往**。例如，它可以以其名义建立**银行账户**[24]，以及可以签发**汇票和支票**。[25] 它有**土地登记簿上登记的能力**[26]对此，可以通过标明未来的有限责任公司的名称（商号）并连同一个显示公司处于设立阶段的附注（"在设立中的"）[27] 的方式，进行土地登记簿上登记。在有限责任公司成立后，通过单纯的修正消除附注。设立中的公司可以**继续经营**那些被投资进来的或者由其购得的**企业**。[28] 在这些情形下，假如企业达到了商法典第 1 条第 2 款所要求的规模，就应该将商法适用于设立中的公司。与此相反，只有在登记之后，才适用第 13 条第 3 款。设立中的公司也已经能够接受一个作为**有限责任公司作为无限合伙人的有限商事合伙的无限合伙人**的地位。[29] 它具有积极的和消极的诉讼能力，可以是自愿司法管辖事项法程序中针

　　⑳　主流观点，BGHZ 21，242，246＝NJW 1956，1435；Baumbach/Hueck/*Fastrich*，§ 11 Rn. 8；Großkomm-GmbHG/*Ulmer/Habersack*，§ 11 Rn. 47；Henssler/Strohn/*Schäfer*，§ 2 Rn. 19；*Kübler/Assmann*，§ 25 II 3 d；关于奥地利，见 Nowotny/Kalss/Schauer/*Nowotny*，Rn. 4/84（连同进一步的阐述）；不同的是 Lutter/Hommelhoff/*Bayer*，§ 11 Rn. 11，14；*Priester*，ZIP 1987，280；Scholz/*K. Schmidt*，§ 11 Rn. 50，57；*ders.*，GmbHR 1997，869。。

　　㉒　BGHZ 21，242，246＝NJW 1956，1435；BGHZ 29，300＝NJW 1959，934；*BGH* NJW 1997，1507；不同的是（参照第 15 条，转让需要取得所有股东的同意）Henssler/Strohn/*Schäfer*，§ 2 Rn. 19；*K. Schmidt*，GmbHR 1997，869，872 f.。

　　㉓　具有奠基性作用的是 BGHZ 134，333＝NJW 1997，1507（放弃了原有的旧观点）；细节一如既往是有争议的；Baumbach/Hueck/*Fastrich*，§ 11 Rn. 25ff.（连同进一步的阐述）。

　　㉔　BGHZ 45，338，347＝NJW 1966，1311，1313；OLG Naumburg GmbHR 1998，239.

　　㉕　BGHZ 117，323，326＝NJW 1992，1824.

　　㉖　BGHZ 45，338，347 ff. ＝NJW 1966，1311，1313；*BayObLG* DB 1979，1500；1986，106.

　　㉗　比较 BGHZ 117，323，326＝NJW 1992，1824；BGHZ 120，103＝NJW 1993，459.。

　　㉘　BGHZ 45，338＝NJW 1966，1311；BGHZ 65，378＝NJW 1976，419；BGHZ 72，45＝NJW 1978，1978 m. Anm. *K. Schmidt*；*Kübler/Assmann*，§ 25 II 3 a：企业载体。

　　㉙　BGHZ 80，129＝NJW 1981，1373；*BGH* NJW 1985，736.

对自身登记的参与人。[30] 对于针对设立中的有限责任公司的强制执行，要求有一个针对它的强制执行书，见民事诉讼法第 735 条。比照破产法第 11 条第 1 款，人们承认它具有破产能力。[31]

(b) 代表

设立中的公司由一名**或多名业务执行人**代表。在此过程中，业务执行人作为**公司的机关**，只为公司行为。原来普遍存在的据此加以区别对待的做法，即根据他是否是以设立中的公司的名义，或者以未来的有限责任公司的名义，或者以这两者的名义对外出现，不符合这一点并且也被证明是没有成效的。假如设立中的有限责任公司是企业载体，对此就存在这样的推定，即企业相关的行为是以（当时的）企业载体的名义进行的。[32] 相反，富有争议的是代表权的范围。这可以从三个视角上推导得出：法律、公司协议以及其他的股东授权。

在任何情形下，代表权都包括为完成**法律**指派给业务执行人于公司设立阶段中的任务而进行的所有行为，即所有与出资接收和推动登记于商事登记簿有关的行为。部分理论界已经接受了第 37 条第 2 款意义上的无限制的代表权。[33] 但与此相反，设立中的有限责任公司的目的，首先定位于有限责任公司的完全设立。除此之外，对于股东，存在一个无限制的责任风险（下面边码 25）。但无论如何，公司协议可以扩大代表权并在细节上对其进行详细规定。实物出资的约定总是不仅包含有接收的授权，而且包含进一步管理和维持的授权。在投入一个企业的情况下，尤其是当未来的有限责任公司在实质上定位于对其进行经营管理的时候，这在结果上等同于授权其着手进行全部的业务经营。在一个现金和实物的混合设立或者纯粹的现金设立情况下，也可以由公司协议规定这样的授权。然而，这必须特别约定。也可以在公司协议之外并且不用满足其形式要求的情况下，**授权业务执行人着手进行全部的**或者以一定方式限制的业务经营，**但这只能由全部股东**共同进行。[34]

(c) 责任

设立中的公司的债务，首先由业务执行人在其代表权框架下通过法律行为设立。此外，还可能产生法定债务，比如税费、社会保险费（在雇用员工时）以及有时由侵权行为产生的债务（民法典第 31 条）。责任承担方案过去长期以来都是富有争议的，尤其是在法院判决和理论界用完整无损原则（下面边码 31）取代前负担禁止原则以及原来强调的行为人责任（第 11 条第 2 款）由此丧失意义之后。应该区分三个不同的构想：**设立中的公司自身的责任、股东的责任**和为设立中的公司以及未来的有限责任公司行为的

22

23

㉚　BGHZ 79, 239, 241＝NJW 1981, 873；*BGH* NJW 1998, 1079；BGHZ 117, 323, 325 ff. ＝NJW 1992, 1824.（登记程序）。

㉛　*BGH* NZG 2003, 1167；MünchKomm-GmbHG/*Merkt*，§11 Rn.54；有争议的只是，这是起因于破产法第 11 条第 1 款还是第 2 款。

㉜　BGH BB 1990, 86＝NJW-RR 1990, 220；KG GmbHR 1993, 648.

㉝　*Raiser*/*Veil*，§35 Rn.123；*W.-H. Roth*，ZGR 1984, 597, 608；Saenger/*Inhester*/*P fisterer*，§11 Rn.12；Scholz/*K. Schmidt*，§11 Rn.72 f.

㉞　BGHZ 80, 129, 139＝NJW 1981, 1373；BGHZ 80, 182＝NJW 1981, 1452；*BGH* WM 1982, 40；早已是如此的还有 BGHZ 45, 338, 343 ＝ NJW 1966, 1311；主流观点，Baumbach/Hueck/Fastrich，§11 Rn.19f.；Großkomm-GmbHG/*Ulmer*/*Habersack*，§11 Rn.68ff.；Lutter/Hommelhoff/*Bayer*，§11 Rn.17；MünchKomm-GmbHG/*Merkt*，§11 Rn.63；又不同的是 *Beuthien*，NJW 1997, 565, 566：基于事实上的参与业务交往，代表权具有商人活动一般具有的范围。

行为人责任。

24　　　　（aa）首先，**设立中的公司自身**以**公司财产**承担责任。公司财产由被投入注册资本上的财产价值（现金出资和实物出资）以及所有由公司通过可能的业务活动而另外获得的财产价值组成。此外，属于其中的还有设立中的公司对其设立人享有的请求权。只要投入的财产已经被耗尽，后者就具有特别的意义，即在公司登记之后追究所谓的前负担责任（下面边码 31）。

25　　　　（bb）与此相反，富有争议的曾是，**股东（设立人）**是否面临一个个人的外部责任。由于没有登记于商事登记簿，故还不适用第 13 条第 1 款和第 2 款。根据联邦普通法院原有的一贯判决[35]，作为共同承担义务的结果，股东在其出资债务的金额范围内承担个人责任。据此，只要还没有将出资缴付到公司财产之内，他们就得用其私人财产承担责任，但以其出资为限。过去，曾经用股东通过公司协议接受的束缚以及业务执行人作为设立中的公司的机关的代表权的功能限制，来说明论证这一责任范围。因此，与设立中的公司或者未来的有限责任公司缔结协议的第三人，不能够期待股东承担一个广泛的义务。然而，在法定设立请求权的情况下，这些责任限制的理由论证是没有用的[36]。再者，将代表权限定在一定的财产总量之上的想法，也遭到怀疑（上面第八章边码 14，关于民事合伙）。此外，它与股东在公司登记之后的无限制的前负担责任之间，存在一个价值判断上的矛盾。

　　　　因此，**法院判决接受了一个按份额的无限的内部责任**。[37] 为了弥补全部亏损，股东对设立中的有限责任公司按照他们的业务份额承担责任[38]，而不是对其债权人承担责任。设立中的公司的债权人可以由此执行股东的财产，即获得一个针对公司的强制执行书，并在强制执行中扣押公司对股东的请求权以及让人移交收取的款项。

26　　　　（cc）在破产情况下，**内部责任的实现**由破产管理人负责（比较破产法第 93 条）。此外，对于单个债权人来说，这是困难的。因此，在特别的情况下，法院判决和理论界允许**直接追究股东的责任**，但附带有具体情况下的不同限制（下面第二十四章边码 29）。股东比照他的公司参与承担按份责任，因为直接的责任追究是一个按份的内部责任的替代。因此，连带债务责任与之不兼容。[39]

27　　　　（dd）第 11 条第 2 款（相对应的是股份法第 41 条第 1 款第 2 句和公开指令第 8 条，后者也对有限责任公司适用）规定的**行为人责任**（也称行为责任），与公司责任和股东责任并存，并且独立于它们。与现今已经相当完备的设立中的公司的理论相对应，行为人责任的作用已经有所下降。最初，人们视行为人责任为一个与刑事处罚相似的惩罚，

---

[35] BGHZ 65, 378, 382＝NJW 1976, 419；BGHZ 72, 45, 49 f. ＝NJW 1978, 1978；BGHZ 80, 182, 183 f. ＝NJW 1981, 1452；BGH WM 1980, 955；也包括 BGHZ 86, 122, 125 f. ＝NJW 1983, 876；BGHZ 91, 148, 152＝NJW 1984, 2164；BGH NJW 1983, 2822.。

[36] 比较 BSG BB 1986, 2271, 2272；OLG Frankfurt GmbHR 1994, 708.。

[37] 具有基础性作用的是 BGHZ 134, 333＝NJW 1997, 1507. 联邦普通法院内负责的第二法庭起初曾因偏离于联邦社会法院和联邦劳动法院的判决而将其新方案提交给联邦最高法院审议庭讨论（NJW 1996, 1210）；那个由联邦社会法院和联邦劳动法院提起的并由联邦普通法院第二法庭据以为基础的提案就这样被解决了；比较 BAG NJW 1996, 3165；1997, 3331；BSG ZIP 2000, 494, 496；对此持批评态度的是 Lutter/Hommelhoff/*Bayer*，§11 Rn. 22；Scholz/*K. Schmidt*，§11 Rn. 9lf.。

[38] 不仅对术语而且对内容持批评态度的是 *Zöllner*，FS Wiedemann, 2002, S. 1383, 1391 ff.：这不是涉及亏损，而是涉及公司财产因各种原因减少而产生出了财产覆盖漏洞。

[39] Baumbach/Hueck/*Fastrich*，§11 Rn. 27；Großkomm-GmbHG/*Ulmer*/*Habersack*，§11 Rn. 81 ff., 112.

以针对原则上不被允许的以未来的有限责任公司名义进行的行为。于是，保护那些还没有法人对其承担责任的债权人的观点，而较早地移到了前台。然而，在设立中的公司和其股东的责任被接受的范围内，这一保护目的又退了出去。此外，过去并且现今也有部分人指出，个人责任应该能够促使被涉及的人，尽快为了有限责任公司的登记而进行申报，即所谓的**压力功能**。在设立中的公司的业务执行人**超越代表权**（上面边码22，但现实中已不那么常见了）情况下，行为人责任仍旧很重要。这同样适用于欠缺代表权的情况，即针对一个如同业务执行人那样行为的人。在这些情况下，作为特别规定的第11条第2条优先于民法典第179条。因此，其区别在这里，不适用。

谁在与第三人的法律业务交往中为未来的有限责任公司或者设立中的公司（后者与前者在实际上意义相同）行为，谁就要在全部的范围内承担个人责任。如有多个行为人的，则作为连带债务人承担责任。该规定意义上的行为人，仅是指作为业务执行人或者就像一个这样的人那样为设立中的公司或者未来的有限责任公司进行活动的人。[40] 责任只包括对法律行为性质的行为的责任，不包括法定的债，比如缴付社会保险费。[41] 通过与业务伙伴之间的协议，可以将第11条第2款规定的责任排除在外。与人员圈子的限定相对应，行为人责任也涉及一个作为业务执行人但又让他人代理的人[42]，但一个这样的代理人本身不受业务人责任束缚。[43]

只要行为人有效地让设立中的公司负担义务（即不是在前面提到的欠缺或超越代表权的情况下），**行为人责任将随着有限责任公司的成立（即登记于商事登记簿）而灭失**（下面边码32）。

5. 设立中的公司的终止

在**通常情形**下，设立中的公司通过**过渡成为有限责任公司**（即登记于商事登记簿）而终止。假如登记被最终地拒绝了，设立中的公司将因此而解散，且必须进行清算（比较民法典第726条）。一名股东可以基于重大理由解散设立中的公司（比较民法典第723条第1款）。[44] 假如股东放弃了设立公司的计划，他们也可以**通过决议解散**设立中的公司。[45] 另外一个解散理由是**破产**（下面第二十四章边码2，边码6及其后边码）。假如股东不（再）追求设立有限责任公司，但仍然继续经营公司，就不（再）涉及一个设立中的公司（下面边码33）。　　28

(a) 过渡到有限责任公司

随着有限责任公司的成立，即**在登记于商事登记簿上的时刻点上**，设立中的公司过渡到以其最终构建形式出现的作为法人的有限责任公司之上（比较第11条第1款，上面边码9）。作为单纯的前期阶段（上面边码14），设立中的公司终止。**组织和成员身份**　　29

---

[40] 主流观点和法院一贯判决，而这开始于BGHZ 47，25＝NJW 1967，828；也包括BGHZ 53，206＝NJW 1970，1043；BGHZ 65，378，380＝NJW 1976，419；BGHZ 66，359＝NJW 1976，1685；BGHZ 80，129，135＝NJW 1981，1373；BGHZ 91，148，149＝NJW 1984，2164；不同于原有的将行为人范围实质性扩大的帝国法院判决和联邦普通法院判决。

[41] BSG BB 1986，2272；*BAG ZIP* 1995，1893；Großkomm-GmbHG/*Ulmer*/*Habersack*，§11 Rn. 136；Lutter/Hommelhoff/*Bayer*，§11 Rn. 32。

[42] BGHZ 53，206＝NJW 1970，1043；*Scholz*/*K. Schmidt*，§11 Rn. 114.

[43] BGHZ 66，359＝NJW 1976，1685；Baumbach/Hueck/*Fastrich*，§11 Rn. 47.

[44] *BGH* NJW 2007，589.（涉及股份有限公司）.

[45] 根据主流观点，该决议可以比照第60条第1款第2项而以3/4多数通过；Baumbach/Hueck/*Fastrich*，§11 Rn. 30.（连同进一步的阐述）.

在有限责任公司中**继续存在**，因为它们是在公司设立阶段依法为有限责任公司创设的（连续性说）。㊻ 为设立中的公司设定的**权利和义务，过渡到有限责任公司之上**。这是自动发生的，无须专门的财产转移或者债务承接。

（b）债务的转移

30　　同一性（确切地说：概括继受）不仅导致积极财产，而且导致债务在全部范围内转移给有限责任公司。这是为了顾及设立中的公司参与业务交往的能力，其至少间接地给公司配备了这一能力并以之为前提条件（对此，见上面边码15）。概括继受在改组法第202条、第214条中找到了对应物。特别是在一个商事合伙形式变更成为一个公司的时候。上述条款明文规范了一个可比的情形。在理论界中，概括继受被多次正确指出。**有限责任公司**对**设立中的公司的所有债务承担责任**（上面边码29），但也仅对这些债务承担责任。只要设立中的公司基于法律活动不受约束，有限责任公司也不承担责任。因此，在这一关联上，实质性地是取决于业务执行人在设立中的公司阶段中具有的代表权的范围（上面边码22）。

随着人们承认有限责任公司对设立中的公司的债务承担完全责任，主流观点放弃了**前负担禁止理论**。㊼ 该理论试图由此顾及注册资本的缴付和维持原则，即设立中的公司的债务只有在一定的严格的前提条件下才应该转移给有限责任公司，借以尽可能地让公司财产在公司成立的时刻点上不承担已有的负担。但是，即使是在严格实施的情况下，前负担禁止也只能有限地实现这一目标，因为法律本身也始终强制性地将一定的费用以及法律上必要的业务施加给有限责任公司。除此之外，还不断承认突破严格的前负担禁止，例如在经济上必要的业务情况下（如作为实物出资的后果，特别是在继续经营企业时）以及在符合章程规定的业务情况下，而且根据一些人的观点，甚至是在经济上有利的业务情况下。其结果产生出来了一个整体上杂乱的、细节上不明确的且富有争议的体系。这些使得前负担禁止的适用疑难重重，效果让人怀疑。

（c）完整无损原则和前负担责任

31　　前负担禁止理论的放弃，使得有必要通过其他方式满足注册资本缴付和维持原则，即通过其他途径有效实现上面（边码5）提到的确保在有限责任公司成立的时刻点上存在完整的注册资本（**完整无损原则**）。以理论界的建议为基础，联邦普通法院通过法律继创发展出来了股东的**前负担责任**。有时，该责任是一个**账面亏损责任**。过去，它也被称为一般的差额责任。作为前负担的后果，只要注册资本在公司登记于商事登记簿的时刻点上与公司财产的价值之间存在一个差价，股东就得按照份额对公司承担弥补责任。前负担责任被如同（其余的）出资义务那样对待㊽，并且适用同样的保障措施（下面第

㊻ 绝对主流的观点，首先比较 BGHZ 80, 129, 137 ff. = NJW 1981, 1373；也见 BGHZ 134, 333, 338 f. = NJW 1997, 1507. 有争论的是，设立中的公司是否与最终的有限责任公司之间存在同一性，或者是否有限责任公司作为新产生的法律主体通过概括继受途径接替了设立中的有限责任公司。这一争论更多的是学理性的，对由法院判决发展起来的法律后果安排不会带来什么改变；比较 G. Hueck, FS 100 Jahre GmbHG, 1992, S. 127；Baumbach/Hueck/*Hueck/Fastrich*，§11 Rn. 55 ff.；Großkomm-GmbHG/*Ulmer/Habersack*，§11 Rn. 90；*Kübler/Assmann*，§25 II 3 c, III 2 a；MünchKomm-GmbHG/*Merkt*，§11 Rn. 15；*Scholz/K. Schmidt*，§11 Rn. 151f.（与状态转变的同一性）；反对认可同一性的是 *Hüffer/Koch*，§41 Rn. 16.（关于同一性）。

㊼ BGHZ 80, 129＝NJW 1981, 1373（在关键摘要中，着重强调了这一点）。

㊽ 具有奠基性作用的是 BGHZ 80, 129, 140 ff. ＝NJW 1981, 1373；也见 BGHZ 134, 333＝NJW 1997, 1507；OLG Düsseldorf DNotZ 2013, 70；Baumbach/Hueck/*Fastrich*，§11 Rn. 61（后面部分）；GroßkommGmbHG/*Ulmer/Habersack*，§11 Rn. 101.。

二十三章边码 10 及其后边码）。在设立中的公司中，纯粹的内部责任产生于前负担责任。[49]

（d）行为人责任

随着设立中的公司的所有债务向有限责任公司转移，设立人责任的目的（上面边码 27）就得到了实现。因此，随着有限责任公司登记到商事登记簿，它也就灭失了，但这也只针对那些转移到有限责任公司的债务而言。与此相反，只要业务执行人超越了他的代表权，或者一个没有代表权的人如同一个业务执行人那样行为，责任就将继续存在。因为，由此既不能使设立中的公司承担义务（如果事后未得到有效追认），作为其结果，也不能使有限责任公司承担义务。[50]

6. 失败的设立中的公司

非真正的或者失败的设立中的公司，是指设立人一开始就完全没有**设立有限责任公司的意图或事后放弃了设立**。后者主要是指发起人不再认真地推动公司登记于商事登记簿。[51] 在这样的情形下，**不适用有关设立中的公司的规定**。在事后放弃公司设立目的的情况下，这一点自该时刻起就适用。在有限责任公司成立的情况下，设立中的公司是纯粹的过渡阶段。它必然以设立有限责任公司为目的，其法律上的承认，也是仅仅建立在这一点基础上。因此，一个没有这个目标方向的人的联合，不可能是设立中的公司。它只能受那些事实上满足其事实构成特征的公司形式的法律调整，即民事合伙或者普通商事合伙（假如它经营一个商事营业的话，上面第十一章边码 2）。这样，**股东依照商法典第 128 条承担无限的个人责任**（关于民事合伙，见上面第八章边码 9 及其后边码）。[52] 在这点上，公司协议中的约定或者对外使用的名称（商号）不能改变什么。[53] 这样，股东的无限责任还包括在此之前已经设立的债务。[54]

在现实中，尤其一家设立中的公司的股东放弃设立有限责任公司的目的，至关重要。这样，假如股东立即解散设立中的公司并以这一身份进行清算，他们就可以继续主张有关设立中的公司的规定。[55] 第 11 条第 2 款规定的业务执行人的行为人责任（上面边码 27），保持不变。如果没有进行有限责任公司登记，行为人责任就将在完整的范围内继续存在。正是这样，假如设立中的公司的公司财产被过度负担并且又不能从股东个人那里得到什么东西的话，行为人责任获得了特别的意义。根据业务执行人与股东之间

[49] BGHZ 134, 133＝NJW 1997, 1507; Baumbach/Hueck/Hueck/Fastrich, §11 Rn. 66; 总的来说，对于完整性原则持批评态度的是 *Kersting*, ZHR 175 (20 11), 644; *Scholz/K. Schmidt*, §11 Rn. 157 f.。

[50] BGHZ 80, 182＝NJW 1981, 1452; 也包括 BGHZ 80, 129, 145＝NJW 1981, 1373; *BGH* NJW 1982, 932; früher schon BGHZ 69, 95, 103＝NJW 1977, 1683; BGHZ 70, 132, 139＝NJW 1978, 636; BGHZ 76, 320, 323＝NJW 1980, 1630; Baumbach/Hueck/*Fastrich*, §11 Rn. 53. (连同进一步的阐述)。

[51] BGH NZG 2003, 79; 案例见 *Lettl*, JuS 2006, 912.。

[52] BGHZ 22, 240＝NJW 1957, 218; BGHZ 80, 129, 142＝NJW 1981, 1373; BGHZ 134, 333, 341＝NJW 1997, 1507; *BGH* NJW 2000, 1194; *BGH* NZG 2004, 663; Baumbach/Hueck/*Fastrich*, §11 Rn. 32 f.; *Scholz/K. Schmidt*, §11 Rn. 162f.

[53] BGH NJW 2000, 1194; 对于民事合伙，比较 BGHZ 134, 315＝NJW 1999, 3483.。

[54] BGHZ 80, 129, 142＝NJW 1981, 1373; BGHZ 134, 333, 341＝NJW 1997, 1507; *BGH* NJW 2003, 429; Baumbach/Hueck/*Hueck*/Fastrich, §11 Rn. 33; 刨除在外的是设立中的公司根据商法典第 28 条也不承担责任的债务，见 BGH NJW 2000, 1193, 1194.。

[55] BGHZ 80, 129, 142＝NJW 1981, 1373; 也比较 BGH NZG 2008, 466 (根据能够注册的作用，设立中的有限责任公司能够像清算公司一样作为法律程序中的当事人); 也是如此的有 BGHZ 51, 30, 32＝NJW 1969, 509; 此外，见 BayObLG BB 1986, 549.。

的法律关系的不同设计构建，业务执行人对股东可能享有一个免责请求权。

三、一人有限责任公司

1. 概论

34   这属于公司的特性，即就算所有的份额集中于一人之手，股份有限公司和有限责任公司也还是能存在（**一人公司**，也叫一人独资公司 Einmann-Gesellschaft）。在股份有限公司和有限责任公司情况下，团体化的组织和成员身份，就其与公司财产和章程正式规定的资本基础之间的关系来讲，是如此独立，以至于它们在其存续上不依赖于一个由数人组成的社团存在。公司作为法人的独立及其组织结构的完整有效，不会由此受到触动。如果另外有一个股东通过取得一个业务份额而加入公司，则作为一人公司的特性就不再具备了。

这**不同于合伙**，也不同于那些其存续依赖于什么时候都有数人存在的**其他团体**。假如成员人数减少到一人，合伙将无一例外地灭失（上面第十章边码 2，第十五章边码 20 及其后一个边码）。登记的社团和合作社，都不要求一个可以与股份有限公司或有限责任公司相比拟的资本联结。它们在本质上是与人有关的。在其之下，如果其成员数量降低到一定的数额以下（根据合作社法第 80 条和根据民法典第 73 条是 3 人），将导致它们的解散或者导致相同的实际结果，即民法典第 54 条意义上的权利能力的剥夺。

在公司情况下允许一人公司存在，这已经属于没有争议的状况，并且出现于众多的法定规则之中。一人公司指令[56]要求成员国必须提供这样一个法律形式，即通过它，一个人也可以在承担有限责任的情况下经营企业。通过一人有限责任公司，无疑已经满足了这个要求。而在其他国家，这个概念曾经导致产生了不少困难。[57]2014 年，欧盟委员会提议了一个关于设立一人公司（SUP）指令的新文本，其本该使得通过电子方式进行设立得到极大的简化。在对该草案[58]进行猛烈批评后，部分人期待着欧洲私法公司的再次活跃（上面第二十章边码 17）。

35   一人有限责任公司具有**重大的现实意义**。尽管官方统计没有统计过它，但一些法律事实调查给出了一个超过 50% 的大概份额。[59]其**适用范围**，反映出了有限责任公司自身多样的可适用性（上面第二十章边码 8）。一人有限责任公司作为"**负担有限责任的个体商人企业**"起作用，即作为**唯一的企业主**的风险限制手段。在一人有限责任公司情况下，企业中设定的债务，也只是有限责任公司的债务。对于这些债务，原则上仅由这个有限责任公司承担责任，而不是由唯一的股东承担责任。公司财产和私人财产在法律上和经济上保持分离。然而，为了**保护债权人**，必须严格遵守资本缴付和维持规定。唯一

---

[56] 1989 年 12 月 21 日的第十二号指令（第 89/667 号欧盟指令，即一人公司指令）；通过 2009 年 9 月 16 日的欧盟的 2009/102/号指令成典化了；对此见 *Habersack/Verse*, Europäisches Gesellschaftsrecht, §10; *Kalss/Klampfl*, Rn. 461 ff.。

[57] *Grundmann*, Europäisches Gesellschaftsrecht, §9 Rn. 292ff.; *Habersack/Verse*, Europäisches Gesellschaftsrecht, §10 Rn. 3.

[58] 比如比较 *Beurskens*, GmbHR 2014, 738, 744ff.; *Drygala*, EuZW 2014, 491; *Eickelberg*, NZG 2015, 81; *Hommelhoff*, GmbHR 2014, 1065; *Kindler*, ZHR 179（2015）330; *Reimer/Waldhoff*, DB 2015, 2106; *J. Schmidt/Bayer*, BB 2016, 1923, 1924; *Wicke*, ZIP 2014, 1414.。

[59] *Bayer/Hoffmann*, GmbHR2014, 12ff.

的股东可以以股东担任业务执行人的身份，将企业领导的主动权掌握在自己的手中。但是，他也可以通过选任他人担任业务执行人来减轻负担。**继承法的视角**，也可能支持将个体商人企业作为一人有限责任公司来加以设计构建，借此，可以确保家族企业在继承情形下得到维持，并且将继承人之间的清算限定于业务份额的分割上面。

有限责任公司形式，可以借此简化**企业的出卖**（也可以是其他财产或单个的贵重标的物），即用经常是简单而便宜的并且在一定情况下税负上也是有利的业务份额转让，取代标的物的单个转移。这不仅可以在出卖一人有限责任公司的一方出现，而且可以在购买一人有限责任公司的一方出现。在**企业联合**的框架范围内，与一般的有限责任公司法律形式一样，一人有限责任公司具有多种多样的运作方式。它适合于企业的划离，既适用于那些母公司仍然还占有其100%的份额的企业，又适用于对外被认为是企业组成单位内的企业（比较上面第二十章边码10）。此外，在有限责任公司作为无限合伙人的有限商事合伙中**作为无限合伙人的有限责任公司**，不少是一人有限责任公司。这种类型的一个特别的设计构建是所谓的统一体公司，即在其之下，有限商事合伙拥有作为其无限合伙人的有限责任公司的全部份额（比较商法典第172条第6款，下面第三十七章边码11）。

2. 成立

一人公司可以一开始就被作为这样的公司来设立，也可以通过一个多人的有限责任公司的所有业务份额事后聚集于一个唯一的股东之手的方式产生。根据改组法第152条和第158条及其后条款，个体商人可以将他的企业或者其中的一部分划给一人有限责任公司。 36

(a) 一人设立

根据第1条，由一个唯一的人设立有限责任公司是可能的。首先，就像针对多人设立公司的那样，适用相应的设立规定，再加上一些特殊规定。取代公司协议缔结地位的是设立人单方面的声明。人们可以将其称为**组织行为**。法律将这一行为与公司协议一起统一规范，没有采用特别的专业术语。因此，这里也适用**公证形式**的要求（第2条）。(60) **其内容**与公司协议的内容相对应（第3条，上面边码4），只要它们不是正好存在于多人关系之上。通过采用示范文本来简化公司设立，也是可能的。有限责任公司法附件中包含了示范文本的变体形式，其专门适用于只由一个人来设立公司。 37

实物出资必须在申请登记于商事登记簿之前全额缴付（第7条第3款）。对于唯一的设立人投入一个企业的情形，改组法第152条及其后条款规定的财产划出，可以提供一个取代实物出资的替代选择。因此，虽然以实物入股设立公司的报告，也是必需的，但因为改组法上的概括继受，它不需要逐个加以移交（下面第三十八章边码2）。

设立阶段中的**财产状况和责任状况**，引发出了一个特别的问题。在多人设立公司的情况下，公司财产的主体是作为共同共有的设立中的公司（上面边码18）。由于在一人设立情况下欠缺一个由多人组成的设立中的公司，并且没有一个人的共同共有体，对于法律规定的在这里也要在登记于商事登记簿之前形成的公司财产，就提出了一个**归入主体**的问题。设立人不可能应该向他自己缴付最低出资。对于着眼于未来的有限责任公司 38

---

(60) 从有关费用收取的法律规定角度上讲，也是涉及单方法律行为。而这起初是有争议的，因为在协议情况下会产生更高的费用；*BayObLG* DB 1983，604；*OLG Frankfurt* WM 1983，405；*OLG Hamm* DB 1983，2679；现在已经进行了明确的规定，见 MünchKomm-GmbHG/J. *Mayer*，§2 Rn. 10，257.。

而设立的债务，也不可能未加考虑地认为是设立人的个人责任。这些问题在理论视角上未得到最终的解释说明。借助于未来的有限责任公司，部分人将设立中的公司视为具有（部分）权利能力的一人公司。这样，它自己就是法律主体。[61] 无论如何，在结果上是一致的，即将为设立中的公司发展起来的规则尽可能广泛地运用于一人设立情形。在此过程中，并非特别要取决于专业术语"一人的设立中的公司"。人们也可以视其为特别的财产体，即一个**特别财产**。这样，尽管它的主体最终还是设立人，但应该在法律上和经济上，将它与设立人的其他财产清楚分开，并且在已经形成的设立组织框架下，特别是由此阶段选任的业务执行人来管理它。[62] 财产分离的意义，将在出资缴付时表现出来。无论如何，需要法律行为性质的财产转让，即在不动产情况下，需要不动产所有权移转合意和登记。一个单纯的准备提供标的物或者存款转账，是不够的。[63]

(b) 所有的业务份额聚集于一人之手

39   在所谓的稻草人设立情况下，所有的业务份额聚集于一人之手，是一开始就被计划好了的。在法律上，作为受托人，稻草人首先具有完全的设立股东的地位，包括与此相关的责任（上面边码 5 和 13）。但对于后者，与委托人大多约定了一个免责请求权。很久以来，就已经普遍承认稻草人设立的合法性和有效性。

40   由一个唯一的股东取得业务份额，也可以通过概括继受（继承）的途径来实现。此外，是在一个两人公司中的一名股东通过失权（第 21 条）、收回（第 34 条）、除名或退出等方式离开公司，而另外一名股东或者公司自己取得自身业务份额的时候。有限责任公司拥有自己的业务份额（第 33 条），不阻碍一人有限责任公司的事后产生以及这一特性的维持。因为，实质性的标准仅仅是至少有一名股东的存在。但是，就这个意义上讲，作为自己的业务份额的所有人，有限责任公司本身不是股东（下面第二十三章边码 22）。随着有限责任公司将自己的业务份额出卖给他人，并且其不是唯一的股东，则作为一人公司的特性就终止了。

更确切地说，有疑问的是那个理论上的情形，即所有的业务份额聚集于有限责任公司自己的身上（所谓的无股东的有限责任公司）。在公司情况下，一个完全没有成员的公司，也是不可能的，尽管它享有广泛的独立性。抛开原则性的法理和体系框架不看，这也将导致作为有限责任公司最重要的机关的股东会，完全瘫痪，因为公司自身的业务份额不产生表决权。没有具有功能实现能力的意思形成机关，有限责任公司不可能继续存在。因此，理论界的主流观点正确地主张立即解散公司。[64]

3. 一人有限责任公司的组织机构

41   对于一人有限责任公司，应该以同样的方式，采用针对多人有限责任公司适用的有限责任公司的组织结构（下面第二十二章）。但存在一些**特别之处**。

---

[61] 这种理解的代表（也关于多人设立公司）有 Baumbach/Hueck/*Fastrich*，§ 2 Rn. 13，11 Rn. 6；*Raiser/Veil*，§ 35 Rn. 89；*Scholz/K. Schmidt*，§ 11 Rn. 167；针对股份有限公司的是 *Bachmann*，NZG 2001，961，962）；这解决了一些问题，但又引发了另外的一些问题，尤其是在公司设立失败的情况下；比如比较 MünchKomm-GmbHG/*Fleischer*，§ 1 Rn. 69（连同进一步的阐述）；也比较上面边码 18。

[62] Großkomm-GmbHG/*Ulmer/Habersack*，§ 11 Rn. 24f.；Lutter/Hommelhoff/*Bayer*，§ 11 Rn. 38；MünchKomm-GmbHG/*Merkt*，§ 11 Rn. 32.

[63] BayObLG DB 1994，524；Baumbach/Hueck//*Fastrich*，§ 11 Rn. 43.（连同进一步的阐述）。

[64] Baumbach/Hueck/*Fastrich*，§ 33 Rn. 19（连同进一步的阐述）；MünchKomm-GmbHG/*Löwisch*，§ 33 Rn. 18f.。

（a）股东会

在一人有限责任公司情况下，作为公司机关，股东会仅由唯一的股东组成。因此，股东决议只是建立在其各个时候的决定基础上。基于法律安全和法律明确性的需要，第48条第3款规定，在**作出决议**之后，应该不迟延地制作一个**记录**并签字。记录是为了证据目的，其欠缺不导致决议无效。[65] 章程修改，始终需要制作成公证文书（第53条第2款）。

（b）业务执行和代表

一人有限责任公司的股东可以同时是公司的业务执行人。在这种情况下，依据第35条第3款，应该将民法典第181条适用于**股东业务执行人的自我缔约**。在此过程中，需要注意股东独自构成股东会，即作为负责许可自我交易的机关。因此，根据主流观点，对于民法典第181条的适用，只能通过章程来加以豁免。[66]

42

（c）责任

与在多人公司情况下一样，也应该在一人公司情况下，将有限责任公司作为独立的法人与唯一的股东在法律上清楚分开。公司财产和私人财产归属于不同的权利主体。对于公司债务，仅有限责任公司承担责任，而对于股东的个人债务，也只由股东承担责任（**分离原则**）。

43

分离原则受到了一些**限制**。在一定的条件下，**一人公司情况下的法律上重大的事实或事件，应归入唯一的股东**或者反过来（所谓的**穿透**，下面第二十四章边码27及其后边码）。这由此顾及了其经济上的联系和人的联结。根据实际情况，一个这样的穿透，没有被限定在一人公司之上，也没有被限定在作为企业载体的法人之上。[67] 对于证明穿透做法的正当性，**仅有一人公司的事实状况还不够**。但在一人公司的特殊情况下，出现一个能够导致将公司与成员同等看待的情形的概率，远远大于在多人公司情况下。在多人公司情况下，此概率还随着成员数量的增加而急剧减少。因此，在法院判决中，有关一人有限责任公司的判决，也是占了绝大多数。

四、企业主公司（有限责任）

1. 法律属性

企业主公司（有限责任）或者UG（有限责任），是通过有限责任公司法现代化及滥用斗争法引入的**有限责任公司的一个变种**。也就是说，除了第5a条中的特别规定外，它适用有限责任公司法律。据此，企业主公司是按照团体化方式组织起来的公司，是商事公司、公司和法人。作为要式商人，它受商法上的会计制作规定的调整，包括针对公司的规定（商法典第264条及其后条款）。它是民法典第14条意义上的企业。它适用分离原则，即对于公司的债务，公司用其财产承担责任，而股东和业务执行人不承担责

44

---

[65] Baumbach/Hueck/*Zöllner*/*Noack*，§48 Rn. 48 f.；有这一发展趋势的还有 *BGH* NJW 1995，1750.。

[66] BGHZ 87，59，60 = NJW 1983，1676；Baumbach/Hueck/*Zöllner*/*Noack*，§35 Rn. 132，140；不同的是 *Altmeppen*，NJW 1995，1182，1185，NZG 2013，401；*Bachmann*，ZIP 1999，85，88；Michalski/*Lenz*，§35 Rn. 83；*Roth*/*Altmeppen*，§35 Rn. 90ff.。

[67] BGHZ 54，222＝NJW 1970，2015（处理登记协会下的责任穿透）；BGHZ 45，204（涉及一个有限商事合伙）；在一个反过来的知晓归入的案例中，民事合伙也是被作为消费者来对待的，比较上面第五章边码6。

任。公司的**商号**必须包含有"企业主公司（有限责任）"或者"UG（有限责任）"的名称。[68] 缩写是不被允许的。

设立企业主公司，可以针对**法律上允许的任何目的**（第 1 条）。但与之相反，企业主公司的特殊商号，容易让人认为这一形式只是为了企业主活动而规定的。无论如何，立法者主要着眼于"为了生存而要设立公司的人"，即那些希望从事一个独立的企业主活动的人。这在法律文本中没有反映出来。因此，也考虑将企业主公司（有限责任）作为康采恩子公司来使用，以用于快速收购措施或者为了非营利性的目的。[69] 作为公司，企业主公司可以参与另外一个公司，比如作为一个企业主（有限责任）有限商事合伙的无限合伙人（下面第三十七章边码 13）。这类设计构建是否有意义，那是另外一个问题。

2. 注册资本和业务份额

（a）注册资本

45　　由于企业主公司也是公司，所以它至少需要一个象征性的**注册资本**。注册资本应该**在章程中确定**。由于必须至少有一个业务份额，而业务份额的最低金额是 1 欧元，所以一个企业主公司可以用 1 欧元的注册资本来设立。[70] 注册资本可以被任意选择，但必须低于 2.5 万欧元，否则就涉及一个一般性的有限责任公司。注册资本是章程的组成部分，只能通过章程修改来变更（上面第二十章边码 4）。它受资本缴付和维持规定的调整（第 19 条和第 30 条，下面第二十三章）。除此之外，盈利分配的可能性，也受到负有预留公积金义务的限制（第 5a 条第 3 款）。

债权人保护应该主要由破产法来负责（下面第二十四章边码 18 及其后边码）。因为，通过特别低的注册资本而设立的企业主公司，首先就陷入"有一条腿一直在负债过度中"[71]，这里就要特别注意申请破产义务（破产法第 15a 条，详细的见下面第二十四章边码 7 及其后边码）。此外，第 5a 条第 4 款规定，在面临支付不能危险的情况下，就有不迟延地召集股东会的义务。实际上，没有额外的融资，1 欧元企业主公司是无法生存的。其建构取决于股东的融资自由（贴水、贷款等）。

（b）业务份额

46　　对于业务份额，不适用最低金额，但它必须是欧元的整数（第 5 条第 2 款）。如果多个股东设立企业主公司，每个人必须至少认购一个业务份额。这样，最低注册资本就是设立人的人数加欧元单位。业务份额的面额可以不同。一个设立人也可以认购多个业务份额（上面边码 5）。

3. 设立

47　　企业主公司可以采用示范文本进行简化设立（第 2 条第 1a 款）。但它也可以选择**一般设立形式**，假如应该在公司协议中规定超出示范的其他内容，或者存在三个以上的

---

[68] 正如政府法案第 5a 条第 1 款一样，法律使用"名称"来代替法律形式的附注，是为了使其清楚，这不涉及一个独立的法律形式。

[69] 对该命名持批评态度的比如有 *Wilhelm*，DB 2007，1510，1511；容易让人误解且是不幸的；也包括 *Seibert*，GmbHR 2007，673，675；不是美称；两者都指出了同样不幸的替代选择（责任特别有限的公司，小有限责任公司、次等有限责任公司等等）。

[70] 在爱尔兰，最低数额是 1 分尼（0.01 欧元）；见 *McLaughlin*，in：Van Hulle/Gesell（Hrsg.），European Corporate Law，2006，2/XII Rn. 19（爱尔兰）。

[71] 这样见 *Drygala*，NZG 2007，561，563；也比较 Baumbach/Hueck/*Fastrich*，§ 5 a Rn. 6。

设立人的话。不是必须要有一个"企业主"参与。设立人可以是自然人、法人或者其他的人的联合体（上面边码2）。

实物出资是**不被允许的**（第5a条第2款第2句）。此外，章程必须包含有基本内容（上面边码4及其后一个边码）。在公司被建立（上面边码14及其后一个边码）与登记于商事登记簿之间，存在一个**设立中的企业主公司**。在其之上，适用有关设立中的公司的规定（上面边码14和边码18及其后边码）。这个阶段可能是很短的。因为，只允许现金设立，并且在此期间参与业务交往活动也不是必须的。假如不再继续推动登记，就涉及一个非真正的或失败的设立中的公司（上面边码33）。**在商事登记簿上的登记，是生效性的。**只有在**完全缴付**原始出资之后，才可以申请登记。

法律没有规定一个不是通过设立产生的其他产生方式，尤其是一个一般的有限责任公司不可以通过主张第5a条而将其注册资本降低到法定的最低金额以下（第58条第2款）。通过另外一个法律主体改组产生，也是不可能的，比如从一个个体商人的财产中划分出来（改组法第152条）或形式变更（改组法第190条及其后条款），因为这与在企业主公司情形下的实物出资禁止规定相对立。[72]

4. 过渡成为一般的有限责任公司和公司改组

（a）过渡

由于企业主公司是有限责任公司的一个变种，所以它可以**不经公司改组**而过渡成为一个一般性的有限责任公司（即一个有限责任公司过渡成为另外一个有限责任公司）。[73] 形象地说，这涉及来自公司法上的生存于不稳定阶层的向上晋升到（小的）资产者。前提条件是有一个最少不低于2.5万欧元的注册资本。这只能通过增资来实现（第5a条第5款）。这样一来，针对企业主公司的特别规定，就不再适用了。对于达到最低注册资本的增资本身来说，根据法院判决，实物出资禁止已经不再适用了。[74] 公司可以保留其商号（第5a条第5款）。就此而言，增资要求更容易让人理解这一点，即法律规定要提取的公积金（下面第二十三章边码6），只可以用于利用公司资产增加注册资本的目的、弥补年度亏损或亏损结转（第5a条第3款第2句，第57c条）。

（b）公司改组

由于企业主公司是有限责任公司的一个变种，所以没有什么可以反对将它作为改组法第3条第1款第2项意义上的具有改组能力的法律主体来看待，只要不涉及它自己的产生（上面边码47）。在现实中，对于通过形式变更成为一个合伙，这可能是重要的（改组法第191条第2款。比较下面第三十八章边码2）。

48

49

---

[72]　BGH NJW2011，1883；Baumbach/Hueck/*Fastrich*，§5a Rn. 17.

[73]　对于这种"升级"的法律事实，见*Lieder/Hoffmann*，GmbHR 2011，561；Forschungsprojekt des Instituts fur Rechtstatsachenforschung zum Deutschen und Europäischen Unternehmensrecht an derRechtswissenschaftlichen Fakultät der Universität Jena［http://www. rewi. uni-jena. de/Fakult％C3％A4t/Institute/Institut＋f％C3BCr＋Recht-statsachenforschung/Forsch ungsprojekt ＋Unternehmergesellschaft. html］［30. 6. 2017］.

[74]　BGH NJW 2011，1881；MünchKomm-GmbHG/*Rieder*，§5a Rn. 42；走得更远的是*Hennrichs*，NZG 2009，1161，1162.。

第二十二章 ◀
有限责任公司的组织结构和股东的法律地位

一、有限责任公司的组织结构

1. 概览

在任何情况下，有限责任公司都要有**两个必要的机关：业务执行人**（第 6 条，第 35 条及其后条款）和**股东会**。假如说到**股东之整体**的话，就要涉及这一点，即意思形成不是必须要在一个集会中进行，并且法律没有在单个股东的权利与作为机关的股东会之间进行完全清楚的区分（第 6 条，第 35 及其后条款）。[①] 但在监事会作为第三个机关的情况下，应该加以区分。根据有限责任公司法的构想，监事会尽管是允许的，但不是必须的（**任意性的监事会**）。它可以在公司协议中被非常自由地加以规范。作为补充，第 52 条援引适用股份法的一些规定。与此相反，如果有限责任公司受行业特殊规则（例如资本投资法第 18 条第 2 款）或者**员工共同参与决定**的制约，监事会就是被强制要求的（**必要的监事会**，下面边码 19）。

通过公司协议，可以创设**其他的**机关，甚至可以是在一个任意性的或者甚至是必要的监事会之外。就这方面来说，有限责任公司法赋予了很大的设计构建自由。在现实中，人们发现不少咨询委员会、管理委员会或者股东委员会。它们大多承担咨询功能和监督功能，但有时也超出此范围承担决策职责。它们始终是额外的机构，即不能完全取代法律规定的机关。第 52 条不适用于它们（下面边码 18）。

在**各个机关的相互关系**中，有限责任公司法律赋予了**作为最高机关的股东会**以及股东之整体**明确的优先性**。与此相反，股份法试图尽可能地让各个机关之间产生平衡（下面第二十五章边码 10）。在章程职权和其他基础职权之外，股东会还享有众多的其他职权（第 46 条）。这些职权也涉及一般的业务执行领域和**对业务执行人的指示**。职权分配的具体情况，可以在公司协议中规定（**设计构建自由**，第 37 条第 1 款，第 45 条

[①] 关于股东整体与股东会的区别，见 Hüffer，FS 100 Jahre Gmb H-Gesetz，1992，S. 521；Scholz/*K. Schmidt*，§ 45 Rn. 1；Baumbach/Hueck/Zöllner，§ 45 Rn. 4，§ 48 Rn. 2.。

第 1 款）。

　　在**员工共同参与决定的有限责任公司**中，依据各自要适用的员工共同参与决定规则，重心在不同程度上向有利于那个被强制规定要求的监事会方向移动。尤其是在员工共同参与决定法的适用领域中，相对于股东之整体，法律至少要由此间接赋予业务执行人一个较为强大的地位。

　　2. 业务执行人

　　有限责任公司的**行动机关**是单个或多个的业务执行人。他们对内执行业务，对外代表公司（第 35 条第 1 款第 1 句）。[②] 业务执行人只能是自然人，但不可以存在要求照管人允许的保留（民法典第 1903 条）、涉及有限责任公司所在业务领域的由官方实施的从业禁止或者因特定的犯罪行为而被宣告为有罪（第 6 条第 2 款）。有限责任公司法现代化及滥用斗争法补充增加了因为故意实现有限责任公司法、股份法、商法典、改组法或信息公开法规定的破产拖延、虚假信息、错误描述以及欺诈、信贷欺诈、背信、扣留和贪污工资等刑事责任构成要件的情形状况。在此过程中，那些在外国发生的与第 6 条第 2 款第 3 项中提到的罪名可比拟的犯罪行为，也被涉及。强化这一规则的目的，是将这些人从业务执行中排除出去，即证明他们已不适合于企业经营。

　　（a）委任、聘用和解任

　　（aa）业务执行人是通过公司协议或股东决议来被**委任**的（第 6 条第 3 款，第 46 条第 5 项）。章程也可以将委任权转移给一个另外的机关。针对业务执行功能，章程可以赋予单个股东一个特别的权利。[③] 委任是一个**团体性的行为**，需要对方接受。它可以以附期限或不附期限的方式进行（不同的是针对股份有限公司的股份法第 84 条第 1 款第 1 项）。[④] 5

　　根据员工共同参与决定法第 31 条，在依据该法实行**员工共同参与决定的有限责任公司**中，监事会对委任独自负责。在这些情形下，应该委任一名**员工经理**，以作为同等权利的业务执行人（下面第二十七章边码 7）。根据三分之一共同参与决定法，股东会委任业务执行人的职责，不受影响。总的来说，着眼于有限责任公司的典型的机关功能，就产生了决策问题。[⑤]

　　（bb）应该与作为机关的团体性的委任相区别的是，关于**聘用**的债法性质的协议。对此，第 38 条第 1 款给出了一个暗示，即它区别对待委任的解任和来自协议的请求权。对于聘用协议（雇用协议、代理协议）的缔结，通常是由委任机关负责。但是，也考虑到一个与第三人缔结的聘用协议，比如当一个从属于康采恩的有限责任公司的业务执行人在母公司那里工作的时候。[⑥] 由于自己不参与或者很少参与公司的第三人作为业务执行人，在整体上只有有限的独立地位，所以那些**与公司员工相似的业务执行人**可能在社 6

　　[②] 关于术语：有限责任公司下的"业务执行人"是法律上的技术性术语；并不由此意味着将其功能限定在内部关系上（比较上面第七章边码 2）。因此，也不可以将其与其他企业载体形式下的针对一定领导功能而作为日常称呼使用的"业务执行人"相混淆。

　　[③] RGZ 170, 358；BGH NJW 1969, 131；GmbHR 1982, 129, 130；Baumbach/Hueck/*Zöllner*/*Noack*，§ 35 Rn. 13, 18 f.

　　[④] BGH NZG 2006, 62；附解除条件的业务执行人委任。

　　[⑤] Baumbach/Hueck/*Zöllner*/*Noack*，§ 52 Rn. 229 ff.；MünchKomm-GmbHG/*Stephan*/*Tieves*，§ 37 Rn. 39, 47.

　　[⑥] 比较 BGH NJW 1991, 1680；1998, 1315；Baumbach/Hueck/*Zöllner*/*Noack*，§ 35 Rn. 165；*Windbichler*，Arbeitsrecht im Konzern，1989，S. 502 ff.（关于这些人在员工共同参与决定法上的资格条件）。

会福利上是需要保护的。尽管如此，聘用协议不是劳动协议。[7] 但无论如何，就算业务执行人是参与份额很少的小股东，他们也可能负有参加社会保险的义务，并且能够获得企业养老金法第 17 条意义上的企业养老金以及主张有限责任公司的保护义务。[8][9] 根据联邦法院的有争议的判决，一般平等待遇法第 6 条得到了适用，因为聘用关系到"关于雇用通道以及职业上升的条件"。欧盟法院从一个独立的欧盟法的员工概念出发，将特定的有限责任公司业务执行人包含在内。[10]

在聘用协议中，通常规定薪酬、养老金以及相似的条件。这也可能与劳动法上的因素一致。[11] 然而，组织上的权利和义务，来自委任关系，只能在团体性的层面上（章程，依据章程的股东决议）进行修改，而不能通过债务协议进行修改。[12] 聘用协议根据一般规则终止，可以被正常解除或者在一定条件下被特别解除。[13]

7　　　（cc）业务执行人的**委任**，可以**被随时撤回（解任）**（第 38 条第 1 款）。一般平等待遇法是不可适用的，在这一方面，股东的决定自由是被保护的。[14] 章程可以将撤回权限定在有重大理由的情形下，但不能将其完全排除（第 38 条第 2 款）。对此，聘用协议所作的限制，是不够的。此外，需要顾及通过章程或股东约定赋予的业务执行权利。[15] 对于依照员工共同参与决定法实行员工共同参与决定的有限责任公司，适用不同的规定。对于它们，适用股份法第 84 条（对此，见下面第二十七章边码 10）。聘用协议不会通过委任的撤回而自动终止。[16]

8　　　此外，委任可以通过职位**放弃**来终止。权利滥用性质的职位放弃，在团体法上是有效的。[17] 对于同时是股东的唯一的业务执行人的职位放弃，并且没有委任新业务执行

⑦ Baumbach/Hueck/*Zöllner*/*Noack*，§ 35 Rn. 172，174 ff.（连同进一步的阐述）；Großkomm-GmbHG/*Pae-fien*，§ 35 Rn. 230，245ff.；MünchKomm-GmbHG/*Jaeger*，§ 35 Rn. 278；BGH NJW 1996，2678（设立中的有限责任公司的业务执行人）；2000，1638；BAG NJW 2003，3290；NZA 2007，1095；不同的是 BGH ZIP 2003，485：在破产法上，员工可以以第三人的身份担当业务执行人；理论界持不同意见的比如有 *Krause*，Mitarbeit in Unternehmen，2002，S. 297 ff.，310 ff.；有所差异的是 Scholz/*U. H. Schneider*，§ 35 Rn. 266.。

⑧ BGH NJW 1997，2882；BSG NJW 2006，1162（关于交纳退休金的义务）；Baumbach/Hueck/*Zöllner*/*Noack*，§ 35 Rn. 174 ff.；MünchKomm-GmbHG/*Jaeger*，§ 35 Rn. 282，285；Raiser/Veil，§ 32 Rn. 44 f.；概览见 *Preis*/*Sagan*，ZGR 2013，26；关于第三方业务经理面对有限责任公司时的消费者特征，见 BAG NJW 2010，2827.。

⑨ BGH NZG 2012，777；对此持批评意见的是 Baumbach/Hueck/*Zöllner*/*Noack*，§ 35 Rn. 178b.。

⑩ 涉及母亲保护，见 EuGH NZA 2011，143-Danosa；对于任命和雇佣的关系的影响并不清楚，比较 *Windbichler*，FS Hoffmann-Becking，2013，S. 1413；涉及在大规模裁员指令意义上的雇员数量的确定，见 EuGH NZG 2015，963-Balkaya；对此见 *Junker*，EuZA 2016，428；*Weber*/*Zimmer*，EuZA 2016，224；对于关于业务经理责任的对雇员的法院管辖权，见 EuGH IWRZ 2016，25-Holterman Ferho；对此见 *Hübner*，ZGR 2015，897.。

⑪ BGH NJW 2010，2343：禁止解雇保护法的同一运用；对此见 *Thiessen*，ZIP 2011，1029.。

⑫ Baumbach/Hueck/*Zöllner*/*Noack*，§ 35 Rn. 171.

⑬ Baumbach/Hueck/*Zöllner*/*Noack*，§ 35 Rn. 214ff.；BGH NZG 2004，90：无重大理由的正常解除；BGH NZG 2005，714：基于拖延破产的特别解除；也比较 BAG BB 2007，2298；反对在雇佣协议继续存在的情形下，在解雇后提出继续工作的请求，BGH NZG 2011，112.。

⑭ BGH NZG 2012，777 Rn. 21.

⑮ Baumbach/Hueck/*Zöllner*/*Noack*，§ 38 Rn. 8；只能以同意的方式或者在有重要理由的情况下解雇。

⑯ 公司行使公司法上的解任权不是民法典第 628 条第 2 款意义上的违约行为，见 BGH NJW 2003，351；也见 *Haertlein*，FS Schwark，2009，S. 157.。

⑰ BGHZ 121，257，261＝NJW 1993，1198；Baumbach/Hueck/*Zöllner*/*Noack*，§ 38 Rn. 86.

人的情形，可以接受一个例外。[18]法律事实已证明这是有弊端的，即那些被恶意经营的有限责任公司通过邮寄上的不可送达（上面第二十一章边码10）和业务执行人的欠缺（上面第二十章边码25）来逃避法律责任。在这些情形下，由于欠缺一名参与者申请，大多不会有法院比照民法典第29条[19]**委任一名紧急业务执行人的情况**。针对有限责任公司没有业务执行人的情形（**没有公司领导人**），第35条第1款第2句规定，公司**由股东进行消极代表**，即可以向任何一个股东作出意思表示和向他送达文书（第35条第2款第2句）。但是，因为这缺乏一个法律上的积极代表，一个没有领导人的有限责任公司不再具有诉讼能力，对其提起诉讼是不允许的。[20]

（dd）谁是具体的**业务执行人**以及其一般的**代表规则**，应该登记于**商事登记簿**（第10条第1款，第39条）。民法典第181条限制的免除，也属于代表规则。[21]商法典第15条的**公开规定**随登记义务可以介入进来。负有登记申请义务的是公司，但由在职的业务执行人代表进行。[22]公司应该通过文书来证明委任以及解任（第39条第2款）。公司应该在公司的业务信函上记载全部的业务执行人、可能有的监事会主席以及其他对第三人重要的信息（第35a条第71条第5款）。这些规定是为了转化实施公开指令。[23]

（b）业务执行和代表

业务执行人在内部关系中是执行有限责任公司的业务，并对外代表它。原则上，只要**章程**没有其他规定，适用**共同业务执行和共同代表**。这样，比如单独代表、修正过的共同代表或者部分混合的共同代表（比较商法典第125条第2款和第3款，上面第十四章边码9），只能在公司协议中约定。对于接受法律上的重要表示和文书（**消极代表**），**适用单独负责**（第35条第2款第2句）。在没有公司领导人的情形下（上面边码8），也适用于股东，可以使用**商事登记簿中登记的地址**（上面第二十一章边码10）。

相对于第三人，即在**外部关系**上，**代表权**是无限制的和不可被限制的（第37条第2款）。[24]对于债权人，业务执行人不承担责任，除了基于一个独立的请求权基础，比如依据民法典第311条第3款，违反一个来自债法关系的义务或者非法行为。根据民法典第31条，公司对其机关承担责任。

原则上，代表权受到**自我缔约禁止**（民法典第181条）的限制。这也适用于唯一的股东担任业务执行人的情形（上面第二十一章边码42），但可以在章程中规定允许自我缔约。为了简化公司设立的示范文本，提供了免除（第4项第2句）。这样，由于这涉

[18]　BayObLG NJW-RR 2000，179；OLG Düsseldorf DB 2001，261；KG GmbHR 2001，147；OLG München NZG 2012，739；OLG Frankfurt a. M. ZIP 2015，478；Lutter/Hommelhoff/*Kleindiek*，§38 Rn. 42 ff.；同样，对于滥用的解除，见 OLG München NZG 2011，432；走得更远的是 Scholz/U. H. *Schneider*/S. H. *Schneider*，§38 Rn. 90；不同的是 Baumbach/Hueck/*Zöllner*/*Noack*，§38 Rn. 90；Roth/Altmeppen，§38 Rn. 82；出于保护交易的目的，机构的任用必须始终是毋庸置疑的。

[19]　Baumbach/Hueck/*Fastrich*，§6 Rn. 32；Baumbach/Hueck/*Zöllner*/*Noack*，§35 Rn. 7a；GroßkommGmbHG/*Paefgen*，§6 Rn. 82ff.；Roth/*Altmeppen*，§6 Rn. 49.

[20]　BGH ZIP 2007，144（Rn. 11）；BGH NZG 2011，26 涉及任命一名危机经理或者进行法律程序期间的监护人的可能性；对此见 *K Schmidt*，GmbHR 2011，113.。

[21]　BGHZ 87，59，61 = NJW 1983，1676；BGHZ 114，167，170f = NJW 1991，1731；Baumbach/Hueck/*Zöllner*/*Noack*，§35 Rn. 133.

[22]　OLG Frankfurt a. M. ZIP 2006，1769；OLG Hamm Beschl. v. 23. 8. 2012-27 W 27/12，BeckRS 2013，12066.

[23]　1968 年 3 月 9 日的第一号公司法指令，在 2009 年 9 月 16 日的 2009/101 号欧盟指令的版本中。

[24]　关于范围和界限，见 *Fleischer*，NZG 2005，529；也比较上面第十四章边码13。

及一个一般的代表规则，故要求将其登记于商事登记簿（上面边码 9）。与在多人公司情况下一样，可以通过股东决议免除业务执行人受民法典第 181 条的约束，但这在具体情况下，存在争议（比较上面第二十一章边码 22）。

11 在**内部关系**中，业务执行人受到**公司协议**和**股东决议**给出的限制约束。股东决议也可以有针对业务执行事务下达**指示**的内容（第 37 条第 1 款）。保留要求同意，也是可能的并且广泛存在。在特别重要的非通常性的业务情况下，业务执行人自身有义务让股东会来处理。[25] 具体内容，在这里是有争议的。因此，建议在章程中作出规定。然而，这些内部的约束对代表权没有影响，除非其对外部的影响被明确作为与第三人的协议对象。[26]

属于**不可欠缺的业务执行人义务**的是，更新股东名单（第 40 条第 1 款和第 3 款）、作账（第 41 条）[27]、遵守资本维持规定（比较第 43 条第 3 款，下面第二十三章边码 17 及其后边码），以及在公司支付不能或资不抵债时申请破产（破产法第 15a 条，下面第二十四章边码 7）。在正常的业务领导人的义务框架下（第 43 条第 1 款），业务执行人应该监控公司的支付能力，并且必要时还应该制订一个资金计划，以尽可能早地发现流动资金的匮乏并想办法将其消除。假如产生的亏损已经使公司财产低于注册资本的一半，业务执行人还应该召集股东会或以其他方式告知股东（第 49 条第 3 款，第 84 条第 1 款第 1 项）。

在企业主公司（有限责任）中，在面临有支付不能的危险时（第 5a 条第 4 款，破产法第 18 条第 2 款，下面第二十四章边码 6 和 12），必须召集股东会。这一时间点可能早于但也可能晚于第 49 条第 3 款规定的亏损界限。决定性的仅仅是支付不能的危险。这遭到一些人的批评。另外一方面，在注册资本低于法定最低金额时，注册资本的一半对于警示功能没有什么参考价值。

(c) 责任

12 业务执行人就其**义务违反**，是否对公司承担责任，以第 43 条为准。标准是一个正常的业务领导人所具有的小心谨慎。[28] 根据第 46 条第 8 项，对于**责任追究的主张**，要求有一个股东决议。[29] 基于债权人保护的需要，不可以通过股东决议豁免业务执行人在违反资本维持规定情况下对公司承担的责任（第 43 条第 3 款第 3 句）。第 43 条涉及来自组织关系的义务。此外，谨慎义务也可能来自聘用协议。但与之相反，它没有独立的意义。[30] 公司业务在企业经营风险框架下的不利发展，不是义务违反（比较下面第二十七章边码 33 及其后一个边码）。[31] 对于不是追求经济目的的有限责任公司的名义业务执行人，民法典第 31a 条是可以适用的，只要没有涉及违反资本保持的规定。[32]

对于**案例解析**，从中得出这样一个结论，即对于公司针对业务执行人的请求权，第

---

[25] Baumbach/Hueck/*Zöllnerr/Noack*，§ 37 Rn. 7ff.，§ 46 Rn. 90.

[26] BGH NJW 1997, 2678；关于滥用商法上描述的代表权，见上面第十四章边码 13。

[27] 对于通过违反记账规定（黑色账户）的可能被刑事处罚的不诚信行为，见 BGH NZG 2010，1190.

[28] 关于举证责任分配，见 BGH NZG 2008，314；Großkomm-GmbHG/*Paefgen*，§ 43 Rn. 202ff.。

[29] 关于例外情形下的此项要求的免除，比如见 BGH NZG 2004，962.。

[30] Baumbach/Hueck/*Zöllner/Noack*，§ 43 Rn. 4；概览，见 *Kindler*，JURA 2006，364；但比较 *K. Schmidt*，§ 36 II 4 a.（涉及诉讼时效届满）。

[31] Baumbach/Hueck/*Zöllner/Noack*，§ 43 Rn. 22ff.；MünchKomm-GmbHG/*Fleischer*，§ 43 Rn. 66ff.；Großkomm-GmbHG/*Paefgen*，§ 43 Rn. 140；BGH NJW 2008，3361＝NZG 2008，751.

[32] *Piper*，WM 2011，2211，2214；不同的是 die h. L.，Baumbach/Hueck/*Zöllner/Noack*，§ 43 Ril. 46a；Henssler/Strohn/*Oetker*，GmbHG § 43 Rn. 13（连同进一步的阐述）；对于类推来说，欠缺了一个与计划相违背的法律规定的空白。如果将有限责任公司作为俱乐部的变型，并视为法人团体的基本形式，就不需要类推。

43 条第 2 款是最重要的请求权基础。通常，聘用协议、诚信义务以及其他的规定对于业务领导者义务来说，相较于作为请求权基础来说，更适合作为解释帮助。

只有在特殊情况下，业务执行人才对第三人承担责任，比如根据第 40 条第 3 款，或者当其使一个普遍的责任事实构成成为现实。假如一个没有被委任为业务执行人的人，如同一个业务执行人那样行为，在一定情况下，他同样负有相应的义务和责任。[33] 该问题领域在关键词"*事实上的业务执行人*"之下被讨论。在法国的关键词是 *dirigeant de fait*，而在英国的关键词则是 *shadow director*。在这里，刑法上的法院判决，是非常广泛的。[34] 应该与事实上的业务执行活动相区别的是有瑕疵的委任情形。后者将如同有瑕疵的公司（比较上面第十二章边码 11 及其后边码）那样被处理。

3. 股东会

有限责任公司中的股东的意思形成，大多是在股东会中进行的（第 48 条第 1 款，上面边码 1）。但这不是强制性的。股东会的职权也没有被法律封闭式地加以规定，其涵盖范围比在股份有限公司情况下广泛（比较下面第二十九章边码 2 及其后边码）。原则上，第 46 条至第 51 条是可以由章程修改的（第 45 条第 1 款）。　　13

(a) 集会和决议作出

对于股东会，没有严格的形式要求。业务执行人通过挂号信邀请集会，但需要给予一周的期限（第 51 条第 1 款）。[35] 必须至少在集会前三天告知决议对象（第 51 条第 4 款）。章程可以规定一个另外的形式，尤其是更长的期限，但必须维持一定的最低要求。[36] 假如所有的股东在场，邀请是可以放弃的（**全体到场的集会**，第 51 条第 3 款）。如果涉及章程修改，决议必须被制作成为公证文书（第 51 条第 3 款，下面边码 45）。除一人公司外，法律此外也没有一次规定要求制作会议记录（第 48 条第 3 款）。但基于证据目的的结果确认，它属于集会主持人的常规任务。

决议作出是在**股东会中**进行的，但也可以**没有集会**，如果全体股东以文本形式同意决议或者同意进行书面表决的话（第 51 条第 3 款）。在后面一种情况下，同意声明本身无须书面形式或文本形式，即也可以以口头形式进行。[37] 只要章程没有其他规定，比如规定多个表决权，表决票数按照业务份额分配，业务份额的每一欧元都提供一个表决票数（第 47 条第 2 款）。　　14

公司协议可以决定召集方式，并对股东表决规定更为严格的要求，但也可以将其进　　15

---

[33] BGHZ 104，44＝NJW 1988，1789；BGHZ 148，167＝NJW 2001，3123；BGHZ 150，61＝NJW 2002，1803；BGH NZG 2008，468；Baumbach/Hueck/*Zöllner/Noack*，§35 Rn. 9；*Fleischer*，GmbHR 2011，337；Großkomm-GmbHG/*Paefgen*，43 Rn. 20ff.；*Habersack/Verse*，ZHR 168（2004），174，189；*Merkt/Spindler*，in：Lutter（Hrsg.），Legal Capital in Europe，2006（ECFR Sonderbd. 1），S. 166，183.

[34] *Lindemann*，Jura 2005，305；MünchKomm-GmbHG/*Wissmann*，§84 Rn. 54ff.；也比较 BGH NZG 2009，1152；对此持批评态度的是 Baumbach/Hueck/*Zöllner/Noack*，§43 Rn. 3；Großkomm-GmbHG/*Ransiek*，Vor §82 Rn. 60ff.；Lutter/Hommelhoff/*Kleindiek*，§84 Rn. 7.。

[35] 该规定比现在的邮政规定老；有时会被要求交付挂号信，MünchKomm-GmbHG/*Liebscher*，§51 Rn. 19f；不同的是：Einwurf-Einschreiben，LG Mannheim NZG 2008，111；Großkomm-GmbHG/*Hüffer/Schürnbrand*，§51 Rn. 5；如果能够提供接收证明的话，使用德国邮政以外的其他递送服务是可能的，Baumbach/Hueck/*Zöllner/Noack*，§51 Rn. 12.。

[36] 比较 BGHZ 99，119，124＝NJW 1987，1811；不能缩短通知期限（见民法典第 32 条）。

[37] BGHZ 28，355，358＝NJW 1959，194，195；与此相反，合并表决是不被允许的（股东大会和书面的收集每一个决定），这是因为，这一程序必须被规定在公司协议中，BGH NJW 2006，2044.。

一步简化。因此，例如可以规定全部采用书面表决，也可以规定没有集会的口头、电话或电子表决（主流观点）。

(b) 职权

股东会职权可以在公司协议中详细规定（第 45 条第 1 款）。只要公司协议没有其他规定，股东会职权也涵盖一般的业务执行（第 37 条第 1 款的后面部分）以及年度财务会计报告的确认和盈利结果的使用（第 29 条，第 46 条第 1 项）、审查和监督业务执行措施、委任经理和全权代表人以及公司与股东的法律关系（详细规定见第 46 条）。法律**强制性**规定的是，有关**要求追加出资、章程修改和公司解散**的职权。这里涉及基础职权（第 26 条，第 53 条，第 60 条第 1 款第 2 项）。根据商法典第 318 条第 1 款第 2 句，如果章程没有其他规定，股东会选举财务会计报告审计人员，但章程也不可以将财务会计报告审计人员的选择留给业务执行人。[38]

(c) 有瑕疵的决议

关于**决议瑕疵**，法律没有规定。该漏洞应该通过适用相应的股份法规定（股份法第 241 条及其后条款，下面第二十九章边码 39 及其后边码）来填补，但始终要顾及有限责任公司的特殊性。[39]首先应该区分**无效**和**可撤销**。据此，尤其是在决议内容违反良好的道德风俗、强制性的法律（主要是基于公共利益，也包括基于债权人保护而制定的法律；比较股份法第 241 条，但应该比照有限责任公司法律对那里的形式要求规定进行修正）时，决议就是无效的。[40]其他瑕疵，仅导致决议的可撤销，特别是违反任意性的法律规则、程序规定或者章程规定。

与在股份有限公司情况下一样，决议瑕疵的**主张**，可以通过**针对公司的诉讼**来进行。不存在一定的起诉期限限制。然而，考虑到诚信义务以及对公司的重大意义，股东被要求尽可能地快速诉讼以及在一个相应的适当期限内起诉。只要章程不包含偏离性的规定，原则上就适用股份公司法第 246 条第 1 款的一个月期限。因此，就有强制性的基础阻止股东提起诉讼。[41]一个确认决议无效的或者判处撤销之诉胜诉的法院判决，将对所有的股东、业务执行人和可能有的监事会发生效力，而无论对其是否有利（形成效力，比较股份法第 248 条）。不同于在股份有限公司情况下，也可以通过其他方式主张决议瑕疵，比如通过抗辩（有争议）。[42]如果股东会主席没有确定决定结果，则可以在确认之诉（民事诉讼法第 256 条）的范围内予以明确，是否有决议以及达成哪些内容。[43]

---

[38] Baumbach/Hopt/*Hopt*/*Merkt*，§318 Rn. 1；也见 2006 年 5 月 17 日的财务会计报告审计人员指令（第 2006/43 号欧盟指令）第 37 条（在 2014 年 4 月 16 日的欧盟第 2014/56 号指令的版本中）。

[39] BGHZ 11, 231, 236 = NJW 1954, 385；BGHZ 36, 207, 210 f. = NJW 1962, 538；BGHZ 101, 113, 116 ff. = NJW 1987, 2514；主流观点，比较 Scholz/*K. Schmidt*，§45 Rn. 36；Lutter/Hommelhoff/*Bayer*，Anh. §47 Rn. 1；*Raiser*/*Veil*，§33 Rn. 71 ff.（进行了正确的支持，并且股份法已独立地进行发展）；持批评态度的是 Baumbach/Hueck/*Zöllner*/*Noack*，Vor §45 Rn. 2，Anh. §47 Rn. 3ff.。

[40] 涉及违背善良风俗的是 BGHZ 15, 382 = NJW 1955, 221；涉及严重形式瑕疵的是 BGH NZG 2006, 349.。

[41] BGH NZG 2009, 1110（连同进一步的阐述）；Baumbach/Hueck/*Zöllner*/*Noack*，Anh. §47 Rn. 9 ff.，146ff.。

[42] 对此特别见 *Noack*，Fehlerhafte Beschlüsse in Gesellschaften und Vereinen 1989；Baumbach/Hueck/*Zöllner*/*Noack*，Anh. §47 Rn. 12 ff.；Großkomm-GmbHG/*Raiser*，Anh. §47 Rn. 10；但也比较 BGH ZIP 2003, 116（反对在一个其他的诉讼中附带性地主张可撤销）；对于达成共识的解决方案，见 Scholz/*K Schmidt*，§45 Rn. 43.。

[43] 持续不断的判决，BGH NZG 2009, 1307.（连同进一步的阐述）。

恰好在人合性为特征的有限责任公司中，通过仲裁法庭来解决争议（民事诉讼法第1029 条及其后条款），是可以理解的。首先，联邦最高法院拒绝了决议瑕疵争议的可仲裁性。理论界完全压倒性地支持允许仲裁条款。联邦最高法院有时会放弃其限制性的立场，目前在特定前提下赞同决议瑕疵争议的可裁性。[44]

4. 监事会

在有限责任公司情况下，根据其法律上的基本模式，无须组建监事会，除非它处于员工共同参与决定的框架下，或者例外地根据特别法律规定必须要设立监事会。[45] 对于任意性选择的监事会，存在广泛的设计构建自由。首先，公司协议的设计构建在法律上是决定性的。第 52 条仅补充性地援引适用股份法的一些规定。[46] 根据第 52 条第 3 款，一个任意性的监事会也受到公开信息规定的约束。从公司机关职权划分的法定基本状况中，可以推导出章程自由[47]的边界。例如，强制性指派给业务执行人的业务执行和代表任务（作账、制作年度财务会计报告、破产申请义务）或者由股东会享有的章程职权，不可以被指派给监事会。除了参照股份法上的规则外，可以想象的是众多附带性的职权。

假如一个任意性的机关的面貌离监事会的面貌太远，就涉及一个其他的额外机关。它同样可以在章程自由的框架下被创设。广泛存在的比如咨询委员会或股东委员会（上面边码 2）。[48]

不同的是依据有关**员工共同参与决议**的法定规则而**必须设立监事会**情况下的状况。与在股份有限公司情况下一样（下面第二十八章边码 9 及其后边码），依据所经营的企业的规模不同，员工共同参与决议根据三分之一共同参与决定法或者员工共同决定法为进行。[49] 出于员工共同参与决定的目的，这些法律强制性地规定要求组建监事会。这些法律只是部分地而非统一地将股份法的监事会组织结构移植到了有限责任公司。

假如有限责任公司经常性地雇佣了 500 名以上的员工，则在其之下，就存在一个依照三分之一共同参与决定法第 1 条第 1 款第 3 项的共同参与决定义务。[50] 监事会的三分之一必须由员工代表组成。监事会监督业务执行，但没有委任职权，因为三分之一共同参与决定法第 1 条第 1 款第 3 项没有援引适用股份法第 84 条。对于经常性的拥有 2 000 名以上员工的有限责任公司，适用员工共同参与决定法。根据该法第 31 条，**业务执行人的委任和解任**被移交给了监事会，即就像在股份有限公司情况下那样（下面第二十五章边码 12）。这一职权也包括了与业务执行人缔结聘用协议。这可以从其与机关委任之

（页边码）18

19

44　BGH NZG 2009，620；其他的还有 BGHZ 132，278＝NJW 1996，1753；Baumbach/Hueck/*Zöllner/Noack*，Anh. § 47 Rn. 33 ff.（连同进一步的阐述）。

45　例如针对投资公司的资本投资法典第 18 条第 2 款。

46　对于援引适用的范围和解释，见 BGH NZG，2010，1186＝JuS2011，75m. Anm. *K. Schmid*t-Doberlug，涉及任意性的监事会在危机中的义务；MünchKommGmbHG/*Spindler*，§ 52 Rn. 612；对此持批评态度的是 *Schürnbrand*，NZG 2010，1207；*Thiessen*，ZGR 2011，275；*E. Vetter*，GmbHR 2011，449.。

47　章程自由的范围是非常有争议的；比较 *Reuter*，100 Jahre GmbHG，1992，S. 631，635；*ders.*，FS Steindorff，1990，S. 229，230；*Mertens*，FS Stimpel，1985，S. 417 ff.；*ders.* ZGR 1994，426；*Wiedemann*，FS Lutter，2000 S. 801；对此的进一步见 Baumbach/Hueck/*Zöllner/Noack*，§ 52 Rn. 24 ff.。

48　Baumbach/Hueck/*Zöllner*，§ 45 Rn. 17 ff.（连同进一步的阐述）；对于在公共的有限责任公司情况下的公司协议的解释，见 BVerwG NJW 2011，3735 m. Anm. *Altmeppen*。

49　有限责任公司受煤炭钢铁员工共同参与决定法调整，但这只还在理论上有这种可能，见 Baumbach/Hueck/Zöllner/Noack，§ 52 Rn. 310.。

50　根据 B*ayer/Hoffinann*，GmbHR2015，909，这一规定经常不被遵守。

间的事务上的紧密联系中推导得出，并且还与这样一个功能相对应，即在员工共同参与决定框架下，对行动机关的组成具有影响。[51] 抛开人员职权和始终由监事会享有业务执行监督权等不同的权力分配不看（股份法第111条），股东会在员工共同参与决定的有限责任公司中，也是最高机关（上面边码2）。通过员工的共同参与决定，业务执行人所受到的来自股东会的**指示束缚**，并没有被消除。[52] 股东确认年度财务会计报告的权利（第46条第1款），也不受影响。

二、股东的法律地位

1. 成员身份的取得和丧失

20　　　通过参与公司设立（上面第二十一章边码5）或者认购增资（第55条）时的一份原始出资，就产生了成员身份的**原始取得**。**派生取得**，可以是基于继承或者生前法律行为（第15条第1款）。另一方面，后者同时导致出卖方**丧失成员身份**。此外，成员身份通过失权（第21条，下面第二十三章边码15）、放弃（第27条，下面第二十三章边码5）、买回（第34条，下面边码25），股东除名或退出公司以及通过第三人的善意取得（第16条第3款）等而终止（下面边码26及其后边码）。

（a）成员身份的转让

21　　　最重要的和最经常的情形是通过业务份额的出让获得成员身份。它是通过协议进行的，需要**制作公证文书**（第15条第3款）。[53] 这不仅适用于转让本身，而且适用于义务行为，即大多是一个买受协议。然而，就这一点而言，形式上的瑕疵将被符合形式要求的履行所治愈（第15条第4款）。着眼于义务行为，形式的强制要求适用于整个协议，尤其是买受价格和其他由买受人承接的义务。**公司协议**可以规定要求出让满足**其他前提条件**，尤其是公司的同意（**转让受限制的业务份额**，第15条第5款），或者公司协议规定先买权。对于转让来说，遵守这些章程规定的条件，是其生效的前提。[54]

　　　原则上，公司本身可以取得**自己的业务份额**。但基于维持注册资本的需要，这只有在严格的前提条件下，才是被允许的（下面第二十三章边码22）。然而，即使是在依法取得之后，公司也不能行使来自自己的业务份额的成员权利。[55]

22　　　根据政府法案第16条第3款，业务份额可以从非权利人处善意取得，或者善意设置一个抵押权负担。对于这种可能性，存在现实需要，即就算有严格的转让规则，但如果仍然出现错误，比如通过继承方式、欠缺转让同意等。[56] 由于业务份额不能被证券化

---

[51] BGHZ 89，48，51 ff. = NJW 1984，733，734 ff. - Reemtsma（主流观点）；Baumbach/Hueck/*Zöllner/Noack*，§52 Rn. 303；Ulmer/Habersack/Henssler/*Ulmer/Habersack*，MitbestG §31 Rn. 38 ff.；Großkomm-GmbHG/*Paefgen*，§35 Rn. 328ff.。

[52] BVerfGE 50，290，346 = NJW 1979，694，704；BGHZ 89，48，57 = NJW 1984，733，735；Baumbach/Hueck/*Zöllner*，§37 Rn. 28；Michalski/*Michaliki*，Syst. Darst. 1 Rn. 271；MünchKommGmbHG/*Stephan/Tieves*，§37 Rn. 46；Ulmer/Habersack/Henssler/*Ulmer/Habersack*，MitbestG §30 Rn. 19 f.；Großkomm-GmbHG/*Paefgen*，§37 Rn. 22；Scholz/*U. H. Schneider/S. H Schneider*，§37 Rn. 50.

[53] 对于（处于费用原因保留下来的）外国的公证文书，见 Baumbach/Hueck/*Fastrich*，§15 Rn. 22 a（连同进一步的阐述）；处于需要进行公证的范围，见 BGH NZG 2016，1312.

[54] Baumbach/Hueck/*Fastrich*，§15 Rn. 47（连同进一步的阐述）。

[55] BGH NJW 1995，1027，1028；Baumbach/Hueck/Fastrich，§33 Rn. 23 ff.；也比较股份法第71b条。

[56] 关于错误来源的清楚介绍，见 *Bohrer*，DStR 2007，995.。

（上面第二十章边码 7），物权法以及有价证券法上的**权利表见载体**（占有或者不间断的背书链），就被排除在外了，以便与善意取得连接上。也不存在登记公开的问题，比如像土地登记簿上的登记公开，因为股东不会被登记于登记簿之上（下面边码 23）。因此，法律规定，**商事登记机关接收的股东名单**（第 40 条，下面边码 23），在其不正确的情况下拥有一个特别的信赖保护功能。[57] 提交给商事登记机关的文件，可以为所有的人通过电子方式查阅（商法典第 9 条）。

前提条件是，非权利人作为业务份额所有人被记载于提交给商事登记机关的股东名册之中，并且该**错误应归入真正的股东**，或者错误**已存在了三年或更长的时间**。如果有这种情况，真正的股东应该就股东名册中的错误记载不应归入其名下的问题承担举证责任。[58] 除买受人恶意（知道或因严重过失而不知道，比较民法典第 923 条第 2 款）之外，基于紧急处分或登记者的同意而在股东名册之中进行的异议记载，也影响善意取得。可以提出异议的做法，是模仿民法典第 899 条。善意取得一个不存在的业务份额，或者善意的无债务负担的取得，是不可能的。[59]

由此，股东名册取得了很重要的意义。[60] 通过电子程序，查阅股东名册可以在很短的时间内完成。如果购买者以股东的身份行为，则其法律行为从一开始就被视为有效，只要名册在法律行为之后不迟延地提交给商事登记机关（第 16 条第 1 款第 2 句）。通过编号来识别业务份额（上面第二十一章边码 5 和边码 10）。业务执行人基于告知和举证证明来修改名册（第 16 条第 1 款第 2 句）。当业务执行人违反第 16 条第 1 款中的义务，则对公司债权人以及其参与发生变化的股东承担责任（第 40 条第 3 款）。有限责任公司法律现代化及滥用斗争法关于股东名册的规定，带来了诸多细节问题[61]，例如特定的取得、增加出资（下面第二十四章边码 25）或者重新排号。 **23**

（b）成员身份的丧失

在现实中，通过将业务份额转让给另外一个人而结束成员身份，居于突出的地位（上面边码 20）。除此之外，成员身份的丧失也可能以其他的方式发生。如果公司协议没有其他规定，在**一名股东死亡**的情况下，其业务份额将转移到一名或多名继承人身上（第 15 条）。在与资本缴付（下面第二十三章边码 9 及其后边码）有关的因为迟延履行出资义务或有限的追加出资义务而可能采取的**失权**措施，以及因为迟延履行无限的追加出资义务而可能采取的**放弃**措施情况下，成员身份也会终止，但业务份额仍然继续存在并将为弥补缺额而被出卖。其他退出公司的情形是**没收**或*收回*（第 34 条）以及**除名、退出公司和通过第三人的善意取得**（第 16 条第 3 款，上面边码 22）。在这三种情形之下，业务份额有时是必然与成员身份一起灭失，有时是作为一种可以选择的设计构建，但公司都继续存在。在最后一种情况下，真正的所有人丧失业务份额，但享有不当得利请求权（民法典第 816）或者损害赔偿请求权。 **24**

（aa）只要**公司协议**有这样的规定，有限责任公司就可以自己**收回已完全缴付出资的** **25**

---

[57]　比较 MünchKomm-GmbHG/H*eidinger*，§ 16 Rn. 237ff.。

[58]　政府立法论证中的举例在第 87 页及其后页码处（关于第 15 部分和第 3 款）。

[59]　Baumbach/Hueck/*Fastrich*，§ 16 Rn. 26.

[60]　MünchKomm-GmbHG/*Heidinger*，§ 40 Rn. 3f.；也比较 *Marx*，Die Publizität des GmbH-Gesellschafters，2002，涉及历史发展。

[61]　BGH NZG 2011，1268；2011，516 重新排号；BGH NZG 2015，519 没有标注遗嘱执行人。

业务份额（**注销**，第 34 条）。[62] 公司协议应该规范其他的收回细节。如果收回是强制进行（**强制注销**），章程必须在涉及的股东取得业务份额之前，就已经确定其前提条件；否则，就得要求股东同意，即只可能是一个**自愿注销**（第 34 条第 2 款）。买受人应该有权知道，股份是否以及在哪些前提条件可以在违背其意愿的情况下被剥夺。对于取得时没有规定以及没有详细规范的强制注销，他无须接受。只有在征得涉及的股东同意的情况下，才能够就已存在的业务份额通过章程修改而事后引入强制注销。[63] 也可以规定让注销取决于股东之处的一定事件（如死亡、一定身份的丧失、股东义务违反以及还有现实中很重要的业务份额抵押或股东破产）的出现。此外，不可以违反同等对待的基本原则，即不可以任意而专横地选择要注销的业务份额。

通过注销，**业务份额灭失**，而通过业务份额承载的成员身份也将消失。公司协议可以详细规定涉及的股东是否以及在多大数额范围内获得作为对价的清偿。清偿不需要与业务份额的真实价值相对应。它也可以被完全排除在外。但是，在因为抵押或股东破产而收回业务份额的情况下，出于债权人保护的需要，只有在该清偿规则也适用于基于重大理由而除名的情形的情况下，清偿才可以低于业务份额的全部价值。[64] 注销**并非必定**要与一个同时进行的**注册资本降低**联系在一起。虽然业务份额的票面金额总额必须与在设立时的注册资本相对应（第 5 条第 3 款第 2 句），但此后可以比它低（但不能比它高）。[65] 但在任何情况下，都应该遵守维持注册资本的基本原则。向退出公司的股东支付的清偿，只可以来自企业可以自由支配的资金，因为第 30 条第 1 款规定，用维持注册资本所要求的财产来进行支付是法律所禁止的（第 34 条第 3 款）。起草决议已经表明，这是不可能的，必须遵守减资规定。没收决议尤其是无效的。[66] 此外，剩下的股东要向退出公司的股东承担责任，倘若他们要继续经营公司的话。[67]

26　　　　（bb）在存在一个重大理由的情况下将一名股东**从有限责任公司中除名**，这没有法律上的规定。相比以资本为定位并因而是非人合性的股份有限公司，有限责任公司有一个具有更为强烈的人合性特征的组织结构，在事实上也大多与股东之间的紧密联系相对应（上面第二十章边码 2 和边码 3 的后面部分）。这一人合性因素还被由此强化了，即由于欠缺相应的市场，业务份额经常很难被出卖或者根本就不能被出卖。就这一点而言，这一情形与合伙之下的情形相似。因此，在法院判决和理论界中很早就普遍承认，应该按照民法典第 737 条以及商法典第 140 条以之为基础的束缚人的持续性法律关系可以被解除（也比较民法典第 314 条）的一般原则，类推适用这些规定，以使其具有将一

---

[62]　对此的详细介绍，见 *Niemeier*，Rechtstatsachen und Rechtsfragen der Einziehung von GmbH-Anteilen，1982；*ders.*，ZGR 1990，314；*Grunewald*，Der Ausschluss aus Gesellschaft und Verein，1987；*H. P. Westermann*，FS 100 Jahre GmbH-Gesetz，1992，S. 447.。

[63]　BGHZ 116，359，363＝NJW 1992，892，893.

[64]　BGHZ 65，22，29＝NJW 1975，1835，1837；BGHZ 144，365～NZG 2000，1027；Baumbach/Hueck/*Fastrich*，§ 34 Rn. 25 ff.（连同进一步的阐述）。

[65]　BGH NZG 2015，429 Rn. 13；Baumbach/Hueck/*Fastrich*，§ 34 Rn. 17a.

[66]　BGH NZG 2011，783 Rn. 1lf；2016，742.

[67]　BGH NZG 2012，259 Rn. 13ff.；2016，742；因此对之前所提到的无效的后果持怀疑态度，见 Baumbach/Hueck/*Fastrich*，§ 34 Rn. 40；对此持批评态度的还有 Großkomm-GmbHG/*Ulmer/Habersack*，§ 34 Rn. 63，64a.。

名股东除名的可能性。[68]

除名也可以在公司协议没有相应规定的情况下进行。前提条件是有一个导致这样结果的**重大理由**，即基于要被除名的股东的行为或者个人原因，公司连同其一起继续存在对于其他股东来说过于苛刻，也就是说继续保留其成员身份将使公司的继续存在成为不可能或者被真实地威胁到。这不需要建立在过错的基础上。与在普通商事合伙情况下一样，只有在通过其他方式不能消除不利情形的情况下，才可以考虑作为极端措施的除名。[69] 公司协议可以规定除名并规范其细节内容，尤其是确定一定的除名理由和简化程序，比如将其限定于一个股东决议，以及在数额、计算、支付方式等方面精确规范其清偿。[70]

当章程没有另外的规定时，除名的**实施**通过相应的股东决议以及接下来的变更之诉（**除名之诉**）来进行，比照适用商法典第 140 条。[71] 通过除名，股东丧失其业务份额。他的业务份额可以由公司选择性地加以收回（注销，上面边码 25），或者通过转移给公司本身或第三人的方式加以变现。在这种情形下，即使公司协议没有规定，收回也是可以的。假如原始出资还没有被完全缴付，则只可以考虑转移给第三人，因为依照第 19 条第 2 款第 1 句和第 33 条第 1 款，收回和转移给公司的前提条件是完全缴付。被除名的股东获得一个清偿请求权，其数额是其业务份额的全部价值。但是，公司在这里也不可以进行有损注册资本的支付（第 30 条第 1 款）。因此，清偿必须从公司可以自由处分的资金中进行支付（下面第二十三章边码 19）；否则除名决定是无效的。[72] 在极端情形下，可以考虑减资。联邦普通法院曾将按期履行除名判决中详细规定的清偿作为除名生效的前提条件。[73] 考虑到股东对于清偿请求负有次要责任（上面边码 25 的后面部分），理论界对此持怀疑态度。[74]

（cc）每个股东都享有一个**基于**这样的**重大理由**而退出有限责任公司的**权利**，即它使成员身份的继续存在对于其来说过于苛刻。即使没有法定基础，这也是**被广泛承认的**。它主要以这样一个一般性原则为基础，即在持续性的法律关系情况下，基于重大理由的关系解除，必须是可能的。[75] 尤其当股东在出资义务之外面临履行其他不可承受的义务（股东负有从属给付义务的有限责任公司）的情况下，他可以考虑退出公司。与此相反，股东不可以通过退出公司来逃避其出资义务。与除名一样，退出公司也是最后的

27

28

---

⑱　早已如此的是 RGZ 169，330，334；BGHZ 9，157，162 f. ＝NJW 1953，780；BGHZ 16，317，322＝NJW 1955，667；BGHZ 80，346，352 ＝ NJW 1981，2302；BGHZ 116，359，360，369 ＝ NJW 1992，892，895；BGH NJW 2000，35；Baumbach/Hueck/*Fastrich*，Anh. § 34 Rn. 1f.（连同进一步的阐述）。

⑲　BGHZ 16，317，322 ＝ NJW 1955，667；BGH NJW-RR 1991，1249，1251；OLG Hamm GmbHR 1998，1081；OLG Rostock NZG 2002，294.

⑳　关于踢出性解约条款，见 BGH NZG 2005，968（管理者模式），2005，971（员工模式）；*Peltzer*，ZGR 2006，702；BGH NZG 2009，221；2012，259 支付清偿之前立即生效。

㉑　BGHZ 9，157，164 ff. ＝NJW 1953，780（不同于 RGZ 169，330）；自此之后，现实实践一直都是如此；BGHZ 153，285＝NJW 2003，2314（3/4 多数）；GmbH OLG Jena NZG 2006，36.（关于两人有限责任公司下的股东除名）。

㉒　BGH NZG 2011，738 Rn. 13.

㉓　BGHZ 9，157，174＝NJW 1953，780，783；比较谨慎的是 BGHZ 16，317，324 f. ＝NJW 1955，667，668；OLG Hamm DB 1992，2181，2182；OLG Düsseldorf GmbHR 1999，543，547；也比较 BGH NZG 2008，516；NZG 2009，221.。

㉔　Baumbach/Hueck/*Fastrich*，Anh. § 34 Rn. 12ff.；Großkomm-GmbHG/*Ulmer/Habersack*，Anh. § 34 Rn. 37.（反对过错责任）。

㉕　RGZ 128，1，16；Baumbach/Hueck/*Fastrich*，Anh. § 34 Rn. 18 ff.；*Röhricht*，FS Kellermann，1991 S. 361；Scholz/*Seibt*，Anh § 34 Rn. 4f.

手段。只有在不能采取其他办法（比如出卖业务份额，即使是在不利的条件下）时，才可以选择退出公司。退出公司是通过针对公司的**单方面的声明**来完成的，而不需要一个像除名要求的诉讼。对于退出公司的股东的**清偿**，适用与除名情况下相似的规定，然而没有股东的次要责任的说法。没有重大理由的退出公司的有效性，需要有公司的接受。[76]

2. 股东的权利

29　　　　应该将业务份额中包含的股东**成员权利**区别于债法上的债权人权利（比较上面第十五章边码 29，第二十一章边码 7 的后面部分）。[77] 股东权利首先以公司协议为准。有些成员权利是不可剥夺的和放弃的。[78] 人们区分管理权利（或参与管理的权利）和财产权利。由于有限责任公司是法人和公司，故应该从分离原则视角上去看待所有的财产权利（上面第三章边码 1 和边码 10）。

　　　　（a）财产权

30　　　　（aa）根据第 29 条，作为最重要的财产权利，股东在每年的决算盈利或者（有时候是经过盈利结转或亏损结转调整后的）年度盈余上拥有一个份额请求权（**盈利分配权**）。盈利分配按照业务份额的比例进行，但章程也可以规定一个另外的分配标准，或一个另外的盈利使用办法。盈利分配甚至可以被完全排除在外，而这对于公益性的有限责任公司来说很重要。

　　　　从股东拥有的一般性成员盈利分配权（**盈利分享权**）中生长出来的是具体的**盈利分配请求权**，即作为要求支付一定业务年度的盈利的请求权，但每次都只有在股东会依照第 46 条第 1 款就年度盈利结果使用进行决议（**盈利结果使用决议**，但有时候人们不准确地将其称为盈利分配决议）之后。作为其基础的是股东会依照第 46 条第 1 款于此前或者至少是同时确定的年度财务会计报告。根据第 42a 条第 1 款，年度财务会计报告的制定由业务执行人负责。在有多个业务执行人情况下，则由其共同负责制定。在中型的和大型的有限责任公司情况下，必须由股东会委任的财务会计报告审计人员（上面边码 16 的后面部分）审计（商法典第 267 条，第 316 条第 1 款）。

31　　　　对于会计制作，强制性地适用商法典第三编的规定（作为一般性规定的是第 238 条及其后条款，对公司适用的是第 264 条及其后条款；关于股份有限公司，见下面第三十一章边码 5 及其后边码），并补充适用有限责任公司法第 41 条至第 42a 条。[79] 根据商法典第 267 条、第 267a 条关于规模等级的规定，许多有限责任公司被归类为小微企业，因此，它们受惠于那里规定的简化规则。在那些属于股份法规定而适用于股份有限公司且不能移到有限责任公司上面的特别规定中，尤其**有储备提取**规则。在那里，必须顾及不同年度财务会计报告确认职权分配情况下的有关自我融资的特别要求以及盈利结果的使用（股份法第 150 条及其后一个条款，下面第三十一章边码 11 及其后一个边码）。股东会统一负责以及有限责任公司章程享有很大的设计构建自由，都与这些规定不协调。根据第 29 条第 2 款，只要章程没有包含有相应的规定，就由股东会负责在盈利结果使用决议中决定将一定金额提取为**盈余公积金**，或者作为**盈利结转**移到下一个业务年度。此外，第 29 条第 4 款规定，基于业务执行人的建议，可以从价值弥补和税负上的负债

---

⑯　BGH NZG 2014，541.

⑰　Baumbach/Hueck/*Fastrich*，§ 14 Rn. 11f.；Henssler/Strohn/*Verse*，§ 14 Rn. 46f.

⑱　Henssler/Strohn/*Verse*，§ 14 Rn. 61f.

⑲　MünchKomm-GmbHG/*Fleischer*，§ 42 以及关于商法典的评注；根据商法典第 241a 条，对小的个体营业者免除其记账义务的规定，并不适用于有限责任公司。

和所有者权益科目账户中提取盈余公积金。盈利分配权由此处于各自当时的储备提取的保留条件之下。会计法上的修改，间接影响到被确认的盈利并由此影响到其在公司法上的地位。将盈利全部分配或者全部储备的动力，不仅取决于业务经营的考虑，而且强烈地依赖于各自当时的税法规定（上面第四章边码 10）。

第 5a 条第 3 款强制性地规定，**企业主公司（有限责任）**应将减去亏损结转后的年 **31a** 度结余的四分之一提取为**法定公积金**。不同于股份法的规定（股份法第 150 条，下面第三十一章边码 11），这里对于要积攒的公积金没有一个上限。它不应当只用于利用公司资产的增资情形，也应当用于弥补年度亏损或者累计亏损（第 5a 条第 3 款第 2 句，第 57c 条），从而具有了支付阻却的功能。对第 5a 条第 3 款的违反，将导致年度财务会计报告以及盈利使用决议的无效，且股东需要归还已经收到的盈利分配。[80] 假如企业主公司转变成为一个一般的有限责任公司（上面第二十一章边码 48），即要么是通过使用公积金进行利用公司资产的增资，要么是通过股东出资来增资，就不再适用这个限制了（第 5a 条第 5 款）。

原则上，**盈利使用决议**只需要一个**简单多数**（第 47 条第 1 款）。但这隐藏了一个由 **32** 多数股东通过定位于过高的储备提取的盈利分配政策带来的不利于少数股东的危险。在极端情形下，它可能导致"饿死"少数股东的后果。少数股东保护应该依照一般规定来加以保障。如果决议违反同等对待原则，是可撤销的（上面边码 17）。除此之外，在多数股东通过过度的、且依照理性商人判断以及基于公司状况考虑不再是正当的储备提取而违背其**诚信义务**时（下面边码 24），决议也是可撤销的。[81] 为了防止出现这样的困难，建议在章程中详细规范。现实中，这也为大多数所采用。

（bb）如果章程有规定或者股东会作了决议，**其他的财产权利**和**提取权**也是合法的。 **33** 对此，没有一个像在普通商事合伙之下那样的（上面第十三章边码 23）法定规定。在任何情况下都应该严格遵守的**底线**是**维持覆盖注册资本**所需的财产（第 30 条）。关于有限责任公司资本组织结构，见下面第二十三章边码 1 及其后边码和边码 17 及其后边码。清算结余之上的份额，也属于财产权利。

只要不会由此损害注册资本（不同于股份法第 59 条中的规定），业务年度结束之前就允许对期待的盈利进行提前支付（**预支股息**或**期中股息**）。假如所期待的决算盈利没有产生，则应该按照不当得利规定返还提前支付。这可能是根据第 31 条。[82] 章程可以承诺提供固定的支付、财产提取或一个出资利息（不同于股份法第 57 条第 3 款中的规定），但只得在遵守资本维持规定的条件下进行履行。

也可以赋予股东其他的有财产价值的权利，比如有权利使用公司设施或按照有利条件订购物资。公司财产也不可以由此降低到注册资本金额之下。假如公司向股东提供一项不是股息支付或章程规定的薪酬的其他给付，且其没有等量的对价与之相对应，则称之为**隐形的盈利分配**。其**与第三人性质的业务之间的界限划分**，很重要。例如，盈利分

---

[80] Baumbach/Hueck/*Fastrich*，§ 5 a Rn. 26；关于返还的请求权基础是民法典第 812 条第 1 款，由此带来根据第 31 条的有限责任公司法上的补偿之诉（对此见下面第二十三章边码 21）。

[81] 比较 BGHZ 132，263＝NJW 1996，1678，168lf.（涉及公众性合伙）；BGH DStR 2010，1899；Baumbach/Hueck/*Fastrich*，§ 29 Rn. 30 ff.；Großkomm-GmbHG/*W. Müller*，§ 29 Rn. 82ff.；*G. Hueck*，FS Steindorff，1990，S. 45，51 f.。

[82] OLG Hamm GmbHR 1992，456；*G. Hueck*，ZGR 1975，133，141；Baumbach/Hueck/Fastrich，§ 29 Rn. 60 f.（连同进一步的阐述）。

配可以通过以一个特别有利的价格向股东出卖公司标的物的形式来进行掩盖，或者向一名作为业务执行人的股东支付过高的薪酬。这样提供的好处，就是建立公司关系（*societatis causa*）基础上的。[83] 只有在不违反第30条和顾及到*公司内部职权分配*的情况下，它才是合法的。如果公司协议没有规定，则由股东会负责。其决议受到等同对待原则和诚信义务（下面边码42）的约束，并且在其违反时是可撤销的。在税法上，隐形的盈利分配，在股东之处被作为资本参与收入来对待。在公司之处，则不允许作为营业费用来加以扣除。

(b) 管理权

34 (aa) 对于**表决权**，也适用广泛的设计构建自由。与无表决权的业务份额一样，多份表决权，也是允许的。原则上，表决权按照业务份额来计算（上面边码14）。

假如要就一名（作为业务执行人的）股东的免责、债务豁免以及与一名股东缔结一项法律业务或者对其提起一个法律诉讼等进行决议，被涉及的股东不可以参与表决（第47条第4项）。这与没有人可以是自己事务的法官这一基本原则相对应。但该原则在法律上的设计安排是不同的（也比较民法典第34条，股份法第136条第1款，合作社法第43条第6款）。在团体性的措施情况下，不存在表决权禁止，比如业务执行人的委任，但也包括其解任，只要其不是涉及因为违反义务或基于重大理由的解任。[84]

35 (bb) 法律强制性地规定股东享有一定的**信息权和查阅权**（第51a条）。这一信息权可以被随时主张，即也可以是在股东会之外。信息权被规定得非常广泛，但只可以依照其功能并且在遵守诚信义务的条件下行使。它明显超出了有限商事合伙中的有限合伙人的权利（商法典第166条）或股份有限公司的股东的提问权（股份法第131条）的范围。基于对股份法的援引适用，移植采用了司法性质的强制提供信息程序（股份法第132条，有限责任公司法第51b条；下面第二十九章边码21及其后一个边码）。

36 (cc) **特别权利**也是可以的，比如业务执行上的或委任业务执行人的特别权利。这与同等对待原则不相抵触，因为公司协议中的规定具有优先性。通过章程或章程修改提供特别权利，如果优先权与成员身份相联结，而不是与作为股东的人相联结，也可以产生出优先业务份额。只有通过章程修改且获得权利人的同意，才可以剥夺其特别权利（民法典第35条）。不管这里所指的是完全个人的特别权利，还是业务份额的特殊权限，都得通过解释来确定。[85]

37 (dd) 从成员身份中可以推导得出股东在例外情况下有权利主张公司**针对其他股东的成员身份性质的请求权**（*action pro socio*），即股东之诉。这一任务首先由公司机关，即由业务执行人（第35条第1款）和股东会（第46条第1项和第8项）负责。根据主流观点，假如公司机关不作为，单个股东也有权利**以自己的名义**主张和通过司法途径实现这样的针对其他股东的请求权，但必须以将其**给付给公司**为目的。[86] 股东之诉曾是在合伙法律中发展起来的（上面第七章边码6）。将其移植到有限责任公司身上，是与其不

---

[83] Baumbach/Hueck/Fastrich，§29 Rn. 68 ff.

[84] BGH NZG 2009，707；2009，1309（涉及同一家公司）；Baumbach/Hueck/*Zöllner*/*Noack*，§47 Rn. 82 ff.；*K. Schmidt*，§21 II 2；§36 III 3 b.。

[85] 比如 MünchKomm-GmbHG/*Goette*，§6 Rn. 71 f. 涉及业务执行。

[86] Baumbach/Hueck/*Fastrich*，§13 Rn. 36ff.；*Grunewald*，Die Gesellschafterklage in der Personengesellschaft und der GmbH 1990 S. 66 ff.；MünchKomm-GmbHG/*Merkt*，§13 Rn. 318ff.；关于争议情况，见 Großkomm-GmbHG/*Raiser*，§14 Rn. 51ff.。

同于股份有限公司的（下面第二十五章边码42，第三十章边码27）一般具有很强人合性的特征相对应。它是一个重要的**保护少数股东的工具**。另外一个不可放弃的少数股东权利，就是有权提起解散之诉，对此，必须达到注册资本的10%的份额（第61条第2款）。

3. 股东的义务

股东义务的设计构建，是与有限责任公司的基本类型相对应的，即其是股东人数有限的小型公司。所以，它们比在股份法中（下面第三十章边码32）广泛。它们还可以在公司协议中被进一步扩大，但通常不能加以限制，因为它们主要是服务于间接的债权人保护和少数股东保护，并且因而具有强制性。

（a）出资义务和追加出资义务

（aa）**出资义务**受到**注册资本缴付原则**的重大影响。它是通过公司设立（上面第二十一章边码5及其后边码）或增资（第55条及其后条款）时的认购原始出资产生的。因此，即使是比如因为隐形实物出资的原因，要求缴付出资的请求权基础也始终是与第14条相关的业务份额的认购，以及有时存在的基于权利继受而对拖欠的出资的责任或填补责任（第16条第2款，第22条，第24条）。具体的设计构建，属于有限责任公司的**资本组织结构**，需要专门介绍（下面第二十三章边码16）。

与出资义务相对应的是设立中的公司情况下的**亏损弥补责任**（上面第二十一章边码25）和登记后的**差额责任**以及**前负担责任**（上面第二十一章边码6和边码31）。因此，这些义务处于同样的防护之下（下面第二十三章边码10及其后边码）。这可能会实质性地提高参与一个有限责任公司的风险。因为，如果除了一名股东之外，所有的股东都丧失支付能力，该股东就必须承担支付全部剩余的注册资本。

（bb）在有限责任公司之下，章程可以规定**追加出资义务**（第26条）。如果这没有在原有的公司协议中规定，事后引入追加出资义务，就必须经过所有被涉及的股东同意（第53条第3款）。追加的出资**不改变注册资本**。追加出资义务的现实意义很小。[37] 法律区分有限的（第28条）和无限的（第27条）追加出资义务。两种形式可以结合起来。详细的见下面第二十三章边码4及其后一个边码。

关于要求缴付追加出资的决定，由股东会决议作出（第26条第1款）。对此，股东可以自由决定，但公司债权人不能强迫他们这么做。按照股东同等对待基本原则，应该按照股东的业务份额比例关系要求缴付追加出资（第26条第2款）。公司协议可以作其他的规定，即使是规定只让一定的股东承担追加出资义务。其逻辑推理来自被涉及的股东可以通过协议承接一个不平等的负担。与此相反，对于协议没有设定的不平等的缴付要求，股东有一个拒绝履行的权利，并且可以撤销决议。

（b）诚信义务

鉴于有限责任公司具有一个很强的人合性的设计构建，**股东**对于公司（但也包括对于其他股东）存在一个普遍的**诚信义务**。[38] 原则上，应该像在合伙之下的那样（上面第

38
39
40
41
42

[37]　Baumbach/Hueck/*Fastrich*，§26 Rn. 1；MünchKomm-GmbHG/*Schütz*，§26 Rn. 9.

[38]　BGHZ 9，157，163；BGHZ 14，25，38；BGHZ 65，15，18 f. ＝NJW 1976，191－ITT；BGHZ 98，276，279 f. ＝NJW 1987，189；也比较 BGH NZG 2004，516，517；NJW 2003，3127；NZG 2007，185；Baumbach/Hueck/*Fastrich*，§13 Rn. 26 ff.；Lutter/Hommelhoff/*Bayer*，§14 Rn. 29ff.；MünchKommGmbHG/*Merkt*，§13 Rn. 88ff.；Scholzr/*Seibt*，§14 Rn. 50 ff.；一般介绍见 *Lutter*，AcP 180（1980），84，102 ff.；*Immenga*，Die personalistische Kapitalgesellschaft，1970，S. 261 ff.；*M. Weber*，Vormitgliedschaftliche Treuebindungen，1999；*Winter*，Mitgliedschaftliche Treuebindungen im GmbHRecht，1988；*Zöllner*，Die Schranken mitgliedschaftlicher Stimmrechtsmacht bei den privatrechtlichen Personenverbänden，1963，S. 335 ff.。

七章边码 3 及其后一个边码），去确定诚信义务的内容和范围。但是，考虑到有限责任公司法律的设计构建自由导致在强调人合性的设计安排与纯粹资合性的设计安排之间存在很大的差距，诚信约束可能具有**不同的**强度。决定性的是具体情况下的事实状况。其中一个重要的**使用领域**，是业务执行决策。在那里，股东应该首先顾及公司的利益。在任何情况下，即也包括在资合性因素完全占主导地位的情况下，**诚信义务至少发挥着多数权利行使的行为标准和界限限定**的作用（关于普通商事合伙见上面第十三章边码 10，关于股份有限公司见下面第三十章边码 33）。就这一点而言，作为普遍的合伙/公司法基本原则的诚信义务，是一个被公认的手段，也包括去解决企业联合的特别问题。其结果，甚至不需要有一个特别的康采恩法律。[89]

43　　　　但是，确定**一人有限责任公司**之下的结合目的和诚信约束，有很大的难度。在这里，不可能有一个对其他股东的诚信义务，并且股东在其职权范围内强烈地影响着公司的自身利益。法院判决和大部分理论界至少在结果上主张，除了无论如何都要遵守的资本维持规则（下面第二十三章边码 17 及其后边码）之外，一人有限责任公司的唯一股东，还不可以危及公司的生存并以此规避有关清算的规定（第 66 条及其后条款）（比较下面第二十四章边码 26 及其后边码）。[90] 考虑到一人有限责任公司的广泛存在（上面第二十章边码 8），这个问题具有很大的现实意义。如果唯一的股东是股份法第 15 条意义上的企业，人们则可以称其为有限责任公司康采恩（股份法第 18 条）。因此，一人有限责任公司法律是所谓的有限责任公司康采恩法律的重要组成部分。

　　　　(c) 其他义务

44　　　　除了缴付出资义务之外，公司协议还可以**任意地**规定要求股东承担**其他任务**。如果这在原有的章程（第 3 条第 2 款）中没有规定，而要求承担新的义务或者提高已有的义务，则需要章程修改以及所有被涉及的股东同意（第 53 条第 3 款）。谁进入一个有限责任公司，谁就应该有权利知道，他必须要考虑到将来会承担哪些义务。义务可以是反复性的或一次性的给付。给付义务可以以货币、实物缴付、作为或不作为的形式存在。但无须要求规定业务份额转让受限制（比较股份法第 55 条），相应地也适用于特别权利。

　　　　在现实中，这些从属给付义务广泛存在。它们不需要均等性地涉及所有的股东。股东经常在融资义务之外还要承担提供劳务的义务，比如在有限责任公司中进行业务执行活动或者做技术开发工作。此外，还有不作为的义务，比如尤其是竞业禁止。[91] 可以考虑的还有提供实物给公司使用或赋予公司特许权等义务。原始出资义务可能在事实上远远退次于这些义务之后。这样一来，从经济上看，就存在一个只是具有公司外在形式的人的团体。正是在这一方向上，有限责任公司法律的巨大灵活性，拥有了显著的现实意义。[92]

　　[89] BGHZ 65，15 = NJW 1976，191-ITT；Baumbach/Hueck/*Beurskens*，AnhKonzernR Rn. 42ff.；*Emmerich/Habersack*，Konzernrecht，§ 30 Rn. 7ff.

　　[90] BGHZ 142，92，95 = NJW 1999，2817；BGHZ 149，10 = NJW 2001，3622 = NZG 2002，38 - Bremer Vulkan；BGHZ 151，181 = NJW，2002，9144-KBV；BGHZ 173，246 = NJW2007，2689-TRIHOTEL；*Emmerich/Habersack*，§ 31 Rn. 4ff.；但有疑问的是，对此是否是涉及一个诚信义务问题；比较 Baumbach/Hueck/*Beurskens*，AnhKonzernR Rn. 70；下面第二十四章边码 37 及其后一个边码。

　　[91] 根据反限制竞争法（上面第一章边码 8）及基本法第 12 条第 1 款，对竞业禁止进行了解释；BGHJuS 2010，547 m. Anm. *Emmerich*；BGH NZG 2010，270.。

　　[92] Baumbach/Hueck/*Fastrich*，§ 3 Rn. 32 ff.；Großkomm-GmbHG/*Ulmer*/*Löbbe*，§ 3 Rn. 58ff.；也包括与原始出资、追加出资义务和债法性约定的界限；*Noack*，Gesellschaftervereinbarungen bei Kapitalgesellschaften，1994，S. 52 ff.。

三、章程修改

对于公司协议的修改，即有限责任公司章程的修改，法律要求有一个**以表决票数四** 45
分之三多数通过的并制作成为公证文书的股东决议（第53条第2款）。这也适用于通过
简易程序（上面第二十一章边码3）设立的有限责任公司，其修改保留在示范文本范围
内。[93] 章程修改还需要有**商事登记簿上的发挥生效性作用的登记**（第54条）。公司协议
不能降低多数要求，但可以将其提高或者提出其他要求。

章程修改也可以通过这种方式进行，即**在不举行股东会的情况下，依次**将股东单个
的意思表示制作成为公证文书。[94] 在登记于商事登记簿的申请书之后，应该附加上具有
完整条文的章程以及公证人员出具的有关其实时性的证明（第54条第1款第2句，比
较下面第三十二章边码7）。对于废除或修改**没有章程性质的公司协议条款**，不需要采
用特别的形式（上面第二十一章边码7）。"章程突破"和"事实上的章程修改"概念，
对于案例解析没有什么帮助，更多的是导致困惑（也比较下面第三十二章边码4）。在
第一种情形下，涉及一个打算采取违反章程的具体措施。假如所有的股东表决同意或者
没有人提起撤销之诉，则决议尽管有瑕疵（关于决议瑕疵，见上面边码17），但仍然有
效。一个涉及（持续性地）改变章程且又不满足第53条和第54条特别要求的决议，是
无效的。[95]

对于一些**复杂的章程修改情形**，则应该适用特别规定。由于注册资本的数额和业 46
务份额的面额是公司协议的强制性的组成部分，故其变更受到章程修改规定以及其他
有关资本缴付和优先认股权规则的调整（下面第二十三章边码23及其后边码）。

假如章程修改将导致**给付义务的提高**，则需要被涉及的股东同意（第53条第3
款）。这也适用于事后的业务份额转让限制（第15条第5款）。**特别权利的剥夺**，也同
样需要被涉及的股东同意（民法典第35条），比如剥夺特别表决权和盈利分配权。具有
组织法特性的企业协议（比较股份法第291条，公司控制和盈利转移协议，比较第30
条第1款第2句，下面第三十三章边码13及其后边码）至少需要有按照章程修改规定
进行的股东同意以及商事登记簿上的登记。根据普遍存在的观点，这甚至需要所有股东
的同意。[96] 公司的改组（合并、分立、财产转移、形式变更）由改组法特别规范（下面
第三十八章）。

---

[93] OLG München NZG 2010，35；OLG DüsseldorfNZG 2010，1343.

[94] Baumbach/Hueck/*Zöllner/Noack*，§53 Rn. 55，74；Großkomm-GmbHG/*Ulmer/Casper*，§53 Rn. 46；关
于合并表决，也见 BGH NZG 2006，428.。

[95] BGHZ 123，15＝NJW 1993，2246.

[96] Baumbach/Hueck/*Beurskens*，AnhKonzernR，Rn. 105f.；*Emmerich/Habersack*，§32 Rn. 16ff.；Großkomm-
GmbHG/*Ulmer/Casper*，§53 Rn. 158；MünchKomm-GmbHG/*Harbarth*，§53 Rn. 151.

第二十三章
有限责任公司的资本组织结构

一、资本束缚体系

1. 注册资本的缴付和维持

1   由于有限责任公司是公司并且只有公司财产对债权人承担责任（第 13 条第 2 款），**资本缴付和维持原则**就成了一个重要的预防性保护措施。有限责任公司设立和增资之下的资本缴付规定，是为了确保股东按照**章程确定的注册资本金额**真实缴付公司财产。法律不能保护公司业务免遭运营不好，但能够阻却将公司财产分配给股东（下面边码 17及其后边码）。公开指令和会计指令适用于有限责任公司，但资本指令不适用于它。会计规则也间接影响到资本缴付和维持原则的贯彻。只有章程中正式确定的注册资本才是关键性的（第 42 条第 1 款）。应与之相区别的是公司为其经营活动而实际需要的资本及其融资（比较上面第二十章边码 4）。股东的融资金额，也可以以原始出资以外的其他

2   形式缴付（下面边码 3 及其后边码）。

包含于资本缴付和维持原则之中的资本组织结构，是独立于一个法定最低资本规定的。它也适用于企业主公司。因此，应该在法律政策讨论中将最低注册资本问题（上面第二十章边码 4）与资本缴付和维持问题分开。

对于案例解析，在资本缴付和维持问题之下，始终将章程规定的注册资本作为其基础，是很重要的。最低资本在其中发挥一定作用的案例非常少。不可以混淆公司财产、最低资本、章程资本和最低出资缴付。

2. 其他融资工具

3   由于注册资本与公司为追求其目的所需的资本之间没有直接的关系（融资自由，上面第二十章边码 4），因而还需要有其他的融资工具。股东可以通过章程规定追加出资（上面第二十二章边码 40 及其后一个边码）。这个工具在现实中很少被使用，但作为自有资本的变种形式是有构建意义的。此外，股东可以提供其他既不是注册资本也不是追加出资资本的投资。作为非自有资本，可以是任何形式的信贷，特别是还有股东自己提

供的借款。

（a）追加出资

追加出资义务是为了筹集资金，而不是保护债权人。追加出资在会计上是自有资本 **4**（第 42 条第 2 款），只要它不需要用于弥补亏损。不同于注册资本，它可以由公司自由处分。豁免追加出资义务是可能的。它也可以退还，只要公司财产超过注册资本。然而，法律为保护债权人规定了一个自公开退款决议起 3 个月的阻却期限（第 30 条第 2 款）。

（aa）如果章程为追加出资确定了一个不可超越的最高数额，则就存在一个**有限的追加出资义务**（第 28 条）。这样，对于被要求缴付的追加出资，股东按照拖欠出资一样的方式承担责任。即在迟延情况下，可能会失权（下面边码 15）。同样，权利前手对其可能的缺额承担责任。在有限的追加出资义务情况下，每个股东都有义务依照公司合同支付一个确定的（最大的）金额。因此，他也必须事先考虑到其缴付要求并无条件地予以缴付。相反，依照第 24 条，不存在其他股东承担填补责任的问题，因为这个特别严格的责任只是服务于注册资本的缴付。

（bb）对于**无限的追加出资义务**（第 27 条），责任不是很严格，因为在追加出资义 **5**务的金额无限的情况下，股东可能无法预测到有限责任公司将向其提出哪些要求。因为不可预测的原因，它可能会远远超过他的预期。因此，没有失权程序和权利前手承担责任的问题。并且，即使如此，股东一方还反过来具有这样的权利，即通过交出其业务份额来免除义务（**放弃、交出**）。

为了这个目的，股东必须在一个月之内向有限责任公司作出一个相应的意思表示。假如他不这么做并且又不履行公司要求其进行的支付，则有限责任公司一方可以主张视其为已让公司处分其业务份额。在这两种情况下，有限责任公司都应该在一个月之内将其业务份额公开拍卖。追加出资从收益中支付，而股东获得剩余部分。如果拍卖不能实现清偿，即最高的买价不能抵销被要求缴付的追加出资和费用，则业务份额归属于有限责任公司。有限责任公司可以为了自己而将其他自由作价变现。股东对产生的缺额不承担责任。总体上讲，对于股东来说，放弃比失权好，因为即使放弃是由公司促使的，他也可以在卖得好的情况下获得余额，而在卖得不好的情况下又会不对缺额承担责任。

放弃权是法律强制性规定的。章程只能在该范围内限制它，即规定它只有在被要求缴付的追加出资超过一定的金额时产生（第 27 条第 4 款）。其中，就存在着**有限的和无限的追加出资义务的结合**。这样，只要追加出资在规定的金额范围内，就适用有关有限的追加出资义务的规定，而只有在更高金额的情况下，才适用有关无限的追加出资义务的规定。

（b）其他自有资本

业务份额不可以以低于其票面价值的价格被认购，但可以以高于其票面价值的价格 **6**被认购（**溢价发行**，上面第二十一章边码 5）。票面价值与比其高的承诺支付之间的差价（**升水、贴水**），可以是公司合同性质的从属给付义务（第 3 条第 2 款），也可以是债法性质的义务。[①] 在会计上，只要根据这样的基础而投入的金额没有被用于弥补亏损，则就表现为**资本公积金**（商法典第 266 条第 3 款 A Ⅱ，第 277 条第 2 款）。假如股东虽然无论如何都愿意给公司配备适当的自有资本，但只愿意让其一部分作为注册资本而受到严格的束缚，则会选择这种设计构建。

[①] Baumbach/Hueck/*Fastrich*，§3 Rn. 35 f.，39，§5 Rn. 11；MünchKomm-GmbHG/*Schwandtner*，§5 Rn. 50f.

相应地适用于其他的既不是注册资本，也不是追加出资的投资。这些投资可以是一次性的支付（例如，为了重整目的）或反复性的给付，也可以是已分配盈利的取回（*分配加取回程序*），并且其法律基础可以是公司法性质的或者债法性质的类型（上面二十一章边码 7）。这样的额外出资，如果公司合同没有规定一个相应的设计构建的话，并不会导致产生特别的成员身份权利。它不是赠与。[②]

没有强制性要求提取公积金的规定（不同的是股份法第 150 条，下面第三十一章边码 11）。这种内部融资由股东自由决定。根据第 5a 条第 3 款，对于企业主公司（有限责任）存在一个例外，即提取一个**法定公积金**，无论章程规定的注册资本的高低，都应该将年盈利的 1/4 记于其下。由于注册资本可能非常低，所以它不是一个适当的参照标准（不同的是股份法第 150 条）。这一法定提取的公积金只能用于从公司资金中增加注册资本、弥补年度亏损或者亏损转结（第 5a 条第 3 款第 2 句，第 57c 条）。当企业主公司没有赚到盈利的情况下，当然就不产生提取公积金的问题。

（c）信贷，特别是股东借款

7　　有限责任公司可以通过信贷（**非自有资本**）来融资。由此会产生支付利息义务和债务偿还义务，这是作为结算的应付款项。假如股东提供信贷（**股东借款**），就涉及第三人性质的行为。但尽管如此，承诺承担借款提供义务，也可以建立在公司法的基础上。在投资自由的框架范围下，股东借款是一个受人喜爱的工具，因为即使公司没有盈利，经常的利息支付也会给股东带来收入。为了不让偿还义务使公司立刻陷于资不抵债的困境，股东可以规定他们的债权是**退居次位**的债权，即赋予其他所有债权人在破产情形下享有优先权（下面第二十四章边码 16）。具有相似效果的是股东以隐名股东的身份参与公司，即在有限责任公司和其股东之间再设立一个其他的独立的公司关系（上面第十八章和第十九章边码 21）。

8　　有限责任公司可以随时从第三人处获得信贷，特别是从**银行**那里。这里，现实中的困难经常在于公司只有很小的偿付能力，并且这相应地还将导致较高的利息。特别是在人合性的有限责任公司情况下，股东和业务执行人经常提供个人担保，比如作为保证人。就这一点而言，他们在事实上放弃了以公司财产为限承担有限责任的特权。[③]

二、资本缴付

9　　**真实而完整的注册资本缴付**是通过公司设立规定、增资规定（第 7 条及其后条款，第 55 条及其后条款）以及其他强制性的预防性保护措施（第 21 条至第 25 条）来保障的。已经阐述了的有章程中以具体数额形式确定注册资本、禁止低于票面价值发行业务份额、同时完成设立（在公司设立时认购所有的业务份额）以及最低出资缴付（上面第二十一章）。

自然，资本缴付规定涉及新的有限责任公司以及新的业务份额，也就是公司设立或增资。如果一个有限责任公司先为了储备的目的而被设立（**公司壳设立或者储备设立**，上面第二十一章边码 4 和边码 11），再事后又为了一个经济活动而被激活起来，根据其

---

② *Grunewald*，NZG 2011，613.

③ *Kübler/Assmann*，§ 18 IV；关于自有资本与他人资本之间的差别不断消失的问题，见 *Michalski/Fleischer*，System. Darst. 6 Rn. 91 ff.，122 ff.；K. Schmidt，§ 18 II 2 d.。

因为法律进一步发展而多次被批评的法院判决，相应地适用资本缴付规定。使用"旧的"外壳，即事后将一个已停止业务活动的有限责任公司投入于一个新的活动，也要作为**经济上的新设**而受到资本缴付规定的规范。④ 但无论如何，这两者都是合法的。⑤ 困难在于区分什么时候存在这样的情形⑥以及资本缴付规定和登记法院监督在具体情况下应该以哪一步为起点。由于在不采取负有登记义务的措施（章程修改、委任新的业务执行人）的情况下使用空的有限责任公司外壳在现实中是不具有操作性的，故法院判决将公开义务（告知这涉及一个经济上的新设）与各自当时的登记申请结合起来，并且要求业务执行人按照第 8 条第 2 款的规定进行保证（下面边码 12）。不进行公开，股东则相应地要承担资本减损的责任，决定性的是对外开启新的经济活动的时间点。⑦

1. 现金出资

在申请登记于商事登记簿之前，必须完成业务份额上的**最低出资缴付**（上面第二十一章边码 9），而**剩余**的部分则是有限责任公司对股东享有的**债权**。其缴付要求由业务执行人在公司合同规定的到期时间或股东作出要求缴付决议时下达（第 46 条第 2 款）。业务份额的取得者，对还未缴付的出资承担责任（第 16 条第 2 款）。在迟延缴付的情况下，股东应为还未缴付的出资支付利息（第 20 条）。公司基于前负担责任而享有的请求权（上面第二十一章边码 31），将如同出资请求权一样被对待。⑧

10

出资请求权受到**禁止豁免原则**的约束（第 19 条第 2 款第 1 句）。假如一名股东想免除其出资义务，则这只有在正式的减资框架范围下才是可能的（第 19 条第 3 款）。除此之外，针对公司要求履行金钱出资，存在一个原则性的抵销禁止。但抵销也是被允许的，当涉及这样一个资产的交付转让要求时，即其估值与按照关于实物出资规定的出资义务（第 5 条第 4 款第 1 句，下面边码 14）相一致（第 19 条第 2 款第 2 句）。只有当公司对股东在认购业务份额之后产生的债务是足值的且已到期的以及可清偿的情况下，**公司一方主张的抵销**，才是合法的。也就是说，如果公司自己具有清偿能力且不是资不抵债，公司可以通过将其对股东负有的无争议的且已到期的债务与出资请求权相抵销的方式来清偿债务。⑨ 其他不是现金出资的给付，尤其不具有消除出资义务的法律效果，如果它不是按照章程规定的实物出资约定进行的话（第 19 条第 4 款第 1 句），出资义务原则上仍将继续存在。关于就已经进行给付的出资义务（第 19 条第 4 款第 3 句）的（市场）价值估值，见下面边码 14。

11

举例：一个有限责任公司的破产管理人要求股东 E 支付 2 万欧元，因为他是从公司设立人 G 处获得其 2 万欧元业务份额的，而 G 曾为履行其已到期的出资义务，将其一个该等金额的针对第三人 D 的债权转让给了有限责任公司，但公司合同中没有约定实物出资。**请求权基础：**由 G 认购业务份额并连同第 14 条、第 16 条第 2 款和第 19 条第 2

---

④ BGHZ 117, 323＝NJW 1992, 1824（合法性）；BGHZ 153, 158＝NJW 2003, 892（壳设立）；BGHZ 155, 318＝NJW 2003, 3198（使用公司壳）；对此见 *Goette*, DStR 2004, 461, 463；要求"规范法律继造"；BGHZ 192, 341＝NZG 2012, 539 Rn. 9.。

⑤ Henssler/Strohn/*Schäfer*，§ 3 GmbHG Rn. 16ff. m. w. N.

⑥ 关于界限，见 BGH NZG 2010, 427＝JuS 2010, 545 m. Anm. *K. Schmidt*；NZG 2014, 264.。

⑦ BGHZ 192, 342＝NZG 2012, 539；Großkomm-GmbHG/*Ulmer/Löbbe*，§ 3 Rn. 159, 179ff.

⑧ 具有奠基性作用的是 BGHZ 80, 129, 140 ff.＝NJW 1981, 1373；BGHZ 134, 333＝NJW 1997, 1507；BGHZ 165, 391＝NJW 2006, 1594；对此见 *Bayer/Lieder*, ZGR 2006, 875；Baumbach/Hueck/*Fastrich*，§ 11 Rn. 61.（后面部分）。

⑨ BGH NZG 2002, 1172；Baumbach/Hueck//*Fastrich*，§ 19 Rn. 33ff.；Henssler/Strohn/*Verse*，§ 19 GmbHG Rn. 26f.

款。只有在遵守了有关实物出资规定（第 5 条第 4 款）的情况下，作为一种实物出资的转让债权才具有消除出资义务的法律效果（第 19 条第 4 款第 1 句）。在这里，不是这种情形。因此，G 还没有履行出资义务，G 和 E 应作为共同债务人对于其拖欠承担责任。⑩ 这一严重的法律后果，通过就出资义务的要求进行（市场）价值估值来减轻（第 19 条第 4 款第 3 句，下面边码 14）。

12　　　现金出资必须要处于可由业务执行人最终的且自由处分的状态（比较第 8 条第 2 款第 1 句）。通常，要将现金出资转到（设立中的）公司的一个银行账户上。因此，不允许保留和设置条件，特别是约定将其返还给股东，比如作为借款。因为，公司一方尽管由此就借款金额再次获得了一个返还请求权，但它没有处于公司法的特别保障之下。根据长久以来的法院判决和主流观点，在所谓的来回支付的情况下，不存在消除出资义务的支付。⑪ 法院判决推定在实质内容上和时间上有着紧密联系的情况下存在着这样一个来回支付的约定。这种情况与隐形的实物出资之间存在关联（下面边码 14）。它们不但绝对不是仅仅涉及有预谋的虚假出资，而且在经济上有其严重的法律后果，加上不甚明确的法律状况而出乎意料地损害参与者。⑫ 基于这一原因，立法者确认了所谓的会计视角，即假如公司向股东进行的商定的给付（比如借款）导致产生一个足值的、已到期的或者随时可以主张到期的对等支付请求权或返还请求权，则出资债务就在这一范围内而言已经履行了（第 19 条第 5 款第 1 句）。一个依照商法典规定进行的评估，是必要的。此外，还需按照第 8 条在登记中预先告知（第 19 条第 5 款第 2 句）。该规定仅适用于不归属于第 19 条第 4 款（下面边码 14）之下的事实情形，这不总是能够很简单地进行明确界限。⑬ 其实际应用，首先是所谓的现金池。⑭

2. 实物出资

13　　　实物出资是**所有不以金钱形式进行的出资**，比如债权也是实物出资。提供劳务不能作为出资（比较下面第二十六章边码 14）。实物出资必须在章程中确定，并且应该在申请登记之前全部履行（第 7 条第 3 款）。应该将物的所有权转移或将权利转让给设立中的公司。在这里，相关的**价值评估**是一个经常有问题的领域。因此，要求有一个实物设立报告。一定条件下，还有可能介入第 9 条规定的差额责任（上面第二十一章边码 6）。对于企业主公司（有限责任）来说，实物出资是不被允许的（第 5a 条第 2 款第 2 句）。在企业主公司情况下，随之而来的对隐形的实物出资的适用，也是不可以（存在争议）的。⑮

---

⑩ BGHZ 68, 191, 197 f.; BGHZ 132, 133, 137 = NJW 1996, 1286；进一步的例子见 Wiedemann/*Frey*, Nr. 269.。

⑪ BGHZ 153, 107 = NJW 2003, 825; BGH NZG 2006, 227; 2009, 944; Baumbach/Hueck/*Fastrich*, § 19 Rn. 23ff.

⑫ 比如比较 BGH NJW 2006, 1736（资金池）；对此见 *Bayer/Lieder*, GmbHR 2006, 449；与此相反，单纯地属于一个康采恩，这一点还不够（BGH NZG 2007, 300）；进一步的例子见 *Krolop/Pleister*, AG 2006, 650, 651; *Krolop*, NZG 2007, 577.。

⑬ BGH NZG 2009, 463 Rn. 9; 2009, 944, 945 Rn. 10ff.; *G. Roth*, NJW 2009, 3379.

⑭ Baumbach/Hueck/*Fastrich*, § 19 Rn. 84a ff.

⑮ Baumbach/Hueck/*Fastrich*, § 5a Rn. 12, § 19 Rn. 48; Henssler/Strohn/*Schäfer*, § 5a GmbHG Rn. 19; *Ulmer*, GmbHR2010, 1298, 1300f.; 也比较 BGH NZG 2009, 463 Rn. 9ff. -Qivive: keine Anwendung der Vorschriften über verdeckte Sacheinlagen bei generell als Sacheinlage ausgeschlossener Dienstleistung；不同的是 Großkomm-GmbHG/*Paura*, § 5a Rn. 40f.; Lutter/Hommelhoff/*Bayer*, § 19 Rn. 69; MünchKomm-GmbHG/*Rieder*, § 5a Rn. 22f.; MünchKomm-GmbHG/*Schwandtner*, § 19 Rn. 182; Roth/Altmeppen/*Roth*, § 5a Rn. 21.。

在这里，其仍保持旧的法律状态（对此见接下来的内容），但其后果只有少许的"灾难性"，因为按照概念，其只涉及较低的金额。通过章程修改来加以治愈，被排除在外。

对实物出资规定的规避，比如形式上约定了一个现金出资，但根据其约定，它是如　　14
此地与一个交易行为紧密相连，以至于达到了一个实物出资的经济效果（所谓的**隐形的实物出资**）（第19条第4款第1句）。与在一般的来回支付（上面边码12）情况下一样，已交付的金额将立刻流回给股东（实物投入者，信贷提供人）。比如，假如公司用新缴付的原始出资返还其从信贷提供人处获得的借款，则股东在经济上实现了通过提供债权而消除出资义务的效果，也就是一种实物出资。

根据以前的法律，对于因为股东将一标的物让与给公司使用而应获得的报酬，也不可以将其与出资义务相抵销（第19条第5款，旧版）。类推适用旧版股份法第27条第3款，通过这种方式试图清偿出资义务，被视为是失败的。基于其而存在的法律行为，也会被认为是无效的。股东必须再次支付。[16] 这发展出治愈的可能性，但非常复杂且容易受到影响。[17] 通过有限责任公司法现代化及滥用斗争法，新的规定应对其予以纠正。新的第19条，不能够从各方面都令人信服。[18]

在第19条第4款第1句中，首先仿myth院判决对隐形的实物出资进行了定义。[19] 股东没有被免除出资义务，然而，为了执行隐形的实物出资而采取的法律行为不是无效的（第19条第4款第2句）。在申请登记于商事登记簿或者（后面的）让与给公司的时间点，已经支付的给付的（市场）价值应在出资义务上进行归入（第19条第4款第3句）。在具体情况下，这种民法性的归入构建，没有完全解释清楚。[20] 对于投入的财产标的的足值情况，股东负有举证责任（第19条第4款第5句）。最近，现金出资与实物出资之间的区分，由此就不那么严格。隐形的实物出资仍不是没有惩罚的，因为在一个隐形的实物出资已按照约定实施完成了的情况下，即使有刑事威胁（第82条第1款第1项），业务执行人也不能保证已获得了对出资的自由支配。[21]

3. 失权和填补责任

（a）失权

一个迟延缴付出资的股东，可以被驱除出公司（**失权**，第21条）。前提条件是出资　　15
的到期（比较第46条第2项），业务执行人必须设置一个带有警告将其驱除出公司的宽限期。通过失权，业务份额并不会消失。被驱除出公司的人以及其权利前手，仍然继续对拖欠的金额承担责任（第21条第3款，第22条）。假如权利前手支付了拖欠的金额，则他就获得了该业务份额。如果这些措施都不能获得成功，则应公开拍卖业务份额（第

---

[16] 理论界用非常严厉的措辞批评这种后果：灾难的、无情的、毁坏性的（Brander, FS Boujong, 1996, S. 36, 42）；*Grunewald*, FS Rowedder, 1994, S. 111, 114；*Heidenhein*, GmbHR 2006, 455；*Lutter/Gehling*, WM 1999, 1445, 1453；*K. Schmidt*, § 37 II 4 b.。

[17] 针对未来生效的章程修改：BGHZ 132, 141；BGHZ 155, 329 = NJW 2003, 3127；Baumbach/Hueck/*Fastrich*, § 19 Rn. 46（连同进一步的阐述）；*Krolop/Pleister*, AG 2006, 650.。

[18] 对此持批评态度的，例如 Baumbach/Hueck/*Fastrich*, § 19 Rn. 47；MünchKomm-GmbHG/*Schwandtner*, § 19 Rn. 175ff.。

[19] 关于这些事实的特殊性，可能要从此后由此产生出来的案例组中持续提取出来，BGH ZIP 2016, 615. 关于是否也会包含在通常的交易业务，见 BGH NJW 2007, 765-Lurgi（关于股份有限公司）。

[20] Baumbach/Hueck/*Fastrich*, § 19 Rn. 21f.；Henssler/Strohn/*Verse*, GmbHG § 19 Rn. 58.（分别连同进一步的阐述）。

[21] Baumbach/Hueck/*Fastrich*, § 8 Rn. 13.

23 条）。如果一名股东因为前负担而应承担责任（上面第二十一章边码 31），或者存在一个有限的追加出资义务，而股东又不能履行该义务，也可以选择采用失权（第 28 条第 1 款）。

(b) 填补责任

16 在有限责任公司之下，除了个人的出资义务之外，还存在一个**所有股东承担的集体填补义务**，借以实现进一步的保障（**填补责任**，第 24 条）。假如为获得拖欠的出资已徒劳地用尽了其他所有手段，其他股东就应按照其业务份额关系对缺额进行填补。作为债权人保护的部分规定，这是强制性的（第 25 条）。就像第 24 条已明确描述的那样，该责任仅适用于现金出资，不适用于实物出资，因为实物出资反正都必须在有限责任公司登记时完全履行（第 7 条第 3 款）。在现金出资与实物出资结合的情况下，它适用于现金部分。相应地，在由于过高评估实物出资而产生差额责任（第 9 条）情况下，它也适用。同样，它也包括**前负担责任**的金额。如果因为设立中的公司的债务原因而使注册资本**完整无损原则**在有限责任公司成立时无法得到实现，就会产生前负担责任（上面第二十一章边码 31）。

三、资本维持

17 即使注册资本只被真实地缴付过一次，也不存在**保护其免遭不利业务损害**的问题。但国家法律能够阻止股东从公司处抽走资本。这里，也涉及分离原则的影响（上面第三章边码 1 和边码 10 及其后一个边码，"*affirmative asset partitioning*"）。在这里，应该从这个意义上去理解资本维持，即法律保护公司资产在注册资本金额范围内免遭股东的侵害。这一**分配阻却**，也被称作为有限责任公司法律的支柱或核心。[22]

1. 分配禁止（第 30 条）

18 注册资本是一个**计算数额**（上面第二十章边码 5）。至少是在公司登记于商事登记簿的时刻点上，必须存在该数额的**公司财产**（上面边码 9，第二十一章边码 5 和边码 31）。在有限责任公司此后的生命中，业务执行人和股东必须注意，注册资本金额至少要能为公司财产所覆盖（比较第 43 条第 3 款）。为了这个目的，应该将注册资本作为已被认购的资本记于**资产负债表的负债和所有者权益科目**（第 42 条第 1 款，商法典第 266 条第 3 款 A D）。这并非涉及一个债务，而只是一个**社团法人性质的猪形储蓄罐**。[23] 据此，只有当资产科目的资产能够覆盖债务及章程规定的注册资本时，有限责任公司的资产负债表才能够平衡。因此，会计法的修改，也会间接影响到资本维持。假如财产标的被过分宽松地定义和评估，资产科目资产就会增加；通过自身的分配阻却，会计法部分使其达到平衡，例如在商法典第 268 条第 8 款中。

19 第 30 条第 1 款包含有一个严格的强制性的**禁止向股东进行给付**的规定，假如由此将侵害到**维持注册资本所要求的公司财产**的话。对此，关键性的是**章程确定的注册资本金额**，与业务份额的缴付、追加出资和附属义务没有关系。在计算上，应该按照商法典的一般会计作账原则（详细介绍见下面第三十一章边码 5 及其后边码），将公司财产与

---

[22] BGHZ 28，77，78；105，300，302；*Bayer*，ZGR 2007，220，224；Großkomm-GmbHG/*Habersack*，§ 30 Rn. 1："边柱"；*Saenger* Rn. 797："中心规定"。

[23] 比较 *Wiedemann* I，§ 10 IV 1："会计技术上的储蓄袋"。

债务相比较。属于债务的还有准备金，但不包括公积金（上面边码6，下面第三十一章边码11和边码13）。关键性的是**向股东进行给付时的时间点**。因此，在不能确定的情况下，建议制作一个中期资产负债表。假如计算得出的净资产没有达到注册资本的金额，人们称之为账面亏损。在这种情况下[24]，**基于公司关系而向股东进行给付，是违法的**，包括盈利分配、章程规定的提取或者除名后的清偿（上面第二十二章边码33），但不包括基于第三人性质的业务而进行的债务清偿。[25] 支付禁止不仅包括金钱支付，也包括所有其他在经济上减少公司财产的给付。

第30条导致了各种各样有争议的问题。法院判决已将其适用范围扩大到了所谓的替代自有资本的股东借款（对此，见下面第二十四章边码16及其后边码）。此外，经常有问题的还有处理**公司对股东的借款**，特别是在所谓的 *cash-pools*（资金池）和公司对股东债务提供担保的情况下。如果借款只能从维持注册资本所要求的财产中支付的话，第43a条禁止公司向业务执行人提供借款。这一规定对同时不是业务执行人的股东不适用[26]，对此只能回到第30条的解释上面去。为此，通过有限责任公司法律现代化及滥用斗争法，新版的第30条第1款第2句和第3句对这一问题和法院判决作出了反应。 **20**

对于公司的给付，在公司控制和盈利转移合同的框架内（上面第二十二章边码46，下面第三十三张边码14及其后一个边码），法律包含了对企业合同的保护措施。第30条第1款不干预。公司向一名股东给付，如果其与一个针对股东的**足值的对价请求权或返还请求权**相对应的情况下，则不存在非法的支付。法律由此确定了一个**会计上的视角**。一个重要的门槛就是**足值标准**。也就是说，接受支付的股东必须在经济上是正当的，并且对价给付必须与其获得的给付在经济上的（并非只是账面上的）价值相对应。[27]

会计上的思考方法，已经在文献和法院判决中被广泛认可。然而，对于公司财产遭受侵害的确认，联邦普通法院2003年在一份判决中，曾将基于提供借款而产生的返还请求权抛开不看。[28] 只有在非常例外的情况下，返还请求权才能与提供借款相冲抵（**资产科目资产交换**）。这使得人们对企业集团中广泛存在的 cash-pools 实践（上面第二十章边码10）的合法性产生了怀疑，立法者视其为对此的推力，即在法律中明确固定下会计上的思考视角。[29]

最终，第30条第1款在第3句中将股东借款返还排除在支付禁止之外。只有在了解关于所谓的替代自有资本的股东借款的法院判决背景情况下，才可以理解这一规定。对此，见下面第二十四章边码16和边码23。

2. 返还请求权

对于违反第30条禁止性规定而进行的支付，应该将其返还给公司（第31条第1款）。这一返还请求权比一个不当得利请求权强大，并且是仿照资本缴付规定来保障的。 **21**

---

[24] 也包括在已存在资不抵债的情况下，见BGH NJW 1990, 1730.。

[25] 假如公司没有获得足值的对等给付，则涉及一个隐形盈利分配；Baumbach//Hueck/*Fastrich*，§30 Rn. 52（同进一步的阐述）；关于隐形盈利分配，也见上面第二十二章边码33。

[26] Baumbach/Hueck/*Zöllner/Noack*，§43 a Rn. 3.

[27] 对此比较 BegrRegE MoMiG, BT-Drucks. 16/6140；Baumbach/Hueck/*Fastrich*，§0 Rn. 36ff.。

[28] BGHZ 157, 72＝NJW 2004, 1111-November-Urteil；其他的与此相反的有 BGHZ 179, 71＝NJW 2009, 850-MPS（涉及股份有限公司）。

[29] Baumbach/Hueck/*Fastrich*，§30 Rn. 54.

对于它，适用其余股东承担**填补责任**和**免除禁止**规定（第 31 条第 3 款和第 4 款）。[30] **业务执行人**对公司以及被追究填补责任的股东就其补偿**承担责任**（第 31 条第 6 款）。返还请求权也不会由此而灭失，即在公司违反资本维持规定之后，公司财产通过其他方式持续性地恢复到了注册资本的金额。[31] 被排除出返还请求权范围的只有善意获得给付的接受人以及返还支付不为清偿债权人所要求（第 31 条第 2 款）和善意取得盈利份额（第 32 条）。

3. 获得自己的业务份额

22　　公司获得自己的业务份额，是一种投资返还形式。因为与之相连的危险，它尽管不同于在股份法中那样（下面第三十章边码 6）不是原则性地被禁止的，但仍然受到来自资本缴付和维持视角上的限制。公司只能获得这样的自己的业务份额，即其上的**出资已被完全缴付**（第 33 条第 1 款）。此外，公司必须用其可以自由支配的（即不为维持注册资本所要求的）**财产**来购买，并且能够提取商法典第 272 条第 4 款规定的公积金（第 33 条第 2 款）。公司自己的业务份额，在资产负债表中独立显示（商法典第 272 条第 1a 款）。法律借此防止出资请求权因为债务人和债权人的统一而灭失，防止因为自己的业务份额的价值而增加公司资产科目资产以及由此增加可分配的公司财产。业务执行人也对这些规定的遵守承担个人责任（第 43 条第 3 款）。公司不能行使来自自己的业务份额的权利（上面第二十二章边码 21 的后面部分）。

四、增资和减资

1. 章程修改

23　　注册资本的改变需要有章程的修改（上面第二十二章边码 45 及其后边码）。第 53 条和第 54 条的全部要求必须被满足。商事登记簿上的登记发挥生效性的作用（第 54 条第 3 款）。对此，产生了第 55 条及其后条款的特殊规定。

2. 增资

(a) 针对出资的增资

24　　在针对出资的增资情况下，公司获得新的自有资本（**有效增资**）。它可以是提高现有的业务份额的面值[32]，也可以是创设新的业务份额。新的业务份额也可以由目前不是股东的人认购（第 55 条第 2 款）。但是，股东可以要求公司按照其现有的公司参与关系向其提供新的业务份额（**优先认股权**）。有限责任公司法虽然对此没有作规定，但大多数认为，对于其设立可以比照适用股份法第 186 条而得出这一结果。[33] 如果股东认购业务份额，则必须缴付由此承诺的原始出资。它可以是现金出资，也可以是实物出资。连同进行一些个别的修正，公司设立法中的**资本缴付规定**也适用于增资（第 55 条及其后条款）。上面讨论过的许多问题也会在增资情况下出现。[34] 第 19 条的修改，也涉及

---

[30]　第 31 条第 3 款规定的填补责任以注册资本的金额为限（BGHZ 150，61＝NJW 2002，1803）；Baumbach/Hueck/*Fastrich*，§ 31 Rn. 24.（连同进一步的阐述）。

[31]　BGHZ 144，336＝NJW 2000，2577 - Balsam/Procedo I（放弃了原有的法院判决）；Baumbach/Hueck/*Fastrich*，§ 31 Rn. 17.（连同进一步的阐述）。

[32]　第 55 条第 3 款并未反对，通常观点，Baumbach/Hueck/*Zöllner/Fastrich*，§ 55 Rn. 46.。

[33]　Baumbach/Hueck/*Zöllner/Fastrich*，§ 55 Rn. 20 ff.；*K. Schmidt*，§ 37 V 1 a ee.

[34]　例如 BGH NZG 2002，1172：违反了抵销禁止；也包括区别增资前和增资后产生的债权。

增资。

根据第 55a 条，通过公司合同以及章程，可以授权业务执行人在最长 5 年的时间内，通过发行新的业务份额将注册资本提高到一个确定的面值（**授权资本**）。由此，这一通过股份有限公司而为人熟知的（下面第三十二章边码 29）增资形式，也可供有限责任公司使用。正如股份有限公司，授权资本在授权这一时刻不可以超过注册资本的一半。在有限责任公司的情形下，从中首先产生费用和时间优势。为了实施授权，对公司合同的登记修改，任何其他的公证不是必需的。第 55a 条的规定是很不够的，对股份法规定的类似适用是有问题的，因为立法者恰恰只采纳了股份法规定的一部分。[35]

（b）利用公司资产的增资

股东可以将公积金（比较上面边码 6）**转变成为注册资本（名义增资**，第 57c 条及其后条款）。在此过程中，没有新的资本流入公司，而只是现有的财产被置于资本维持规定规范之下。它可以是提高现有业务份额的面值，也可以是创设新的业务份额。新的业务份额应该由股东按照其参与关系来进行分配（第 57h 条，第 57j 条）。利用公司资产的增资，是将企业主公司转变成为一般的有限责任公司的一种途径（上面第二十一章边码 48）。

3. 减资

由于减资要减少为保护债权人而受到资本维持规定约束的公司资本，故减资受到特别的程序条件的约束。减资可以是为了不同的目的。**有效减资**是为了能够支付给股东，第 30 条的界限更低。它受到有利于债权人的公开和担保规定的约束（第 58 条）。**简化的减资程序**，是为了公司重整目的（比较下面第三十二章边码 45 及其后边码），故可以较为简便和快捷地执行（第 58a 条及其后条款）。应该降低业务份额的面值。注册资本甚至可以被降低到最低资本金额以下，如果同时进行一个现金增资的话。这样，就可以再次达到最低注册资本的要求（第 58a 条第 4 款，也比较下面关于股份有限公司的第三十二章边码 38 和边码 52）。

25

26

[35]　OLG München NZG 2012，426；Baumbach/Hueck/*Zöllner*/*Fastrich*，§ 55a Rn. 1.

第二十四章
终止、破产和债权人保护

一、概览

1   与在所有的外部合伙/公司情况下一样，在有限责任公司之下也应该区分解散、清算和完全终止。"只有外行才将一个团体的'解散'理解为消失。"[1] 在合伙情况下，个人责任在合伙终止后继续存在。所以，不同于在合伙情况下，有限责任公司之下的清算规定主要是为了保护债权人（比较上面第十章边码8）。与其他法律形式相比，有限责任公司更为强烈地依赖于他人的融资。而这与统计显示该法律形式具有明显的**破产倾向性**相对应。[2] 一个严重的**法律事实**问题，就是**有问题的有限责任公司**经常不按照规定进行解散和终止，而是不知怎么地，在事实上就悄然走到了消失（**所谓的企业埋藏**）。[3] 这促使法院判决对有限责任公司法律作了若干的补充以及立法者进行了相应的立法改革。尤其是 MoMiG（即有限责任公司法律现代化及**滥用斗争法**的政府法案，上面第二十章边码19），也是受到这样的法律事实的影响。它希望借此能确保公司**按照规定退出经济生活**。

    破产程序是为了实现债权人的平等清偿。假如有限责任公司还有一个企业的话，破产程序也是为了将企业作为一个经济整体而予以维持，因为企业通常有一个比其各部分的总价值高的价值。[4] 但是，破产程序只有在其被及时开启的情况下才能够实现这个目的。与此相关的是破产理由、破产提起义务以及各种保障性措施。在这里，尤其是股东和业务执行人的内部责任非常重要，因为它会被破产管理人主张（下面边码13及其后边码）。但在健康的公司情况下，对此却不存在动力。

---

①   *K. Schmidt*，§11 V 3；也比较上面第十一章边码1；举例见 Wiedemann/*Frey*，Nr. 317.。

②   2015 年有 7 400 家有限责任公司申请破产，其中 4 044 家都缺乏覆盖支出的费用来启动破产程序；与此相对，有 1 309 家合伙申请了破产，其中有 428 家启动不了破产程序（联邦统计局，GENESIS-Online Datenbank，Result-52411 - 0007，Stand 23. 1. 20 17）。

③   比较 KG ZIP 2011，1566-missbräuchliche Sitzverlegung；*Haas*，GmbHR 2006，729；*Kleindiek*，ZGR 2007，276；Seibert，FS Röhricht，2005，S. 585.。

④   见上面第一章边码11；*Paulus*，WM 2011，2205；破产法第 217 条及其后条款规定的破产计划程序主要是为了企业重组，在 2011 年 12 月 7 日的关于进一步推动企业重整法（ESUG）的版本中，BGBI. 2011 I 2582.。

如果剩余的财产还不够支付破产程序的费用，法院就会**以欠缺财产为由拒绝开启破产程序**（破产法第 26 条）。这并不必然意味着绝对不再存在财产，但其情况经常是不清楚的和复杂的。比如，公司财产也可能以享有内部的责任请求权的形式存在。在这里，债权人常常试图主张享有直接的请求权。直接的请求权。要么是从公司法上去论证说明，要么是从侵权法上去论证说明，但在结果上都可能导致一个**责任穿透**。

所有的这些都以能够追究股东和业务执行人的责任为前提。有限责任公司法律现代化及滥用斗争法的许多不同规定，就是为了这个目的。这样，即使是适用另外一个国家的破产法律，也是有益的，因为有限责任公司可能在德国之外的欧盟范围内进行业务活动（上面第一章边码 11）。

二、有限责任公司的终止

1. 解散

根据第 60 条，可以作为解散理由的有：

2

- 期限届满。
- 以复杂多数通过股东决议。
- 法院解散判决或依照第 61 条和第 62 条的行政行为。
- 开启破产程序的生效裁决，（破产法第 27）或者以欠缺财产为由拒绝开启破产程序的生效裁决（破产法第 26）。
- 登记法院的命令（家事事件和非讼事件程序法第 399 条）。
- 因无财产而被注销（家事事件和非讼事件程序法第 394 条）。

在章程中，可以规定其他的解散理由（第 60 条第 2 款）。

解散之诉在商事合伙法中却是时常存在的（上面第十二章边码 26）。解散之诉是为了**通过法院的形成判决**解散公司（第 61 条）。这个规定是为了保护少数股东。起诉可由一名**至少拥有注册资本 10%的业务份额**的股东提起。多名股东的业务份额加在一起达到这个最低数额的，可以共同起诉。起诉应该是针对有限责任公司，并且由有限责任公司住所所在地的州中级法院专属管辖（第 61 条第 2 款和第 3 款）。前提是有限责任公司在实际情况上就解散存在一个**重大理由**（第 61 条第 1 款）。在这里，它与有限商事合伙相比存在一个很大的差异。对于解散，一个仅来自股东自身的理由是不够的，也包括来自原告自身的理由。判定解散之诉胜诉的**法院判决**，具有**改变法律关系**的作用。有限责任公司将随着判决的生效而被解散。判决不发生溯及已往的效力，即使解散理由在此之前已经存在了。这个规定是**强制性的**。章程可以简化解散，尤其是将一定的事由规定为解散理由。与此相反，对于事后从客观上判断其为重大理由的情况，章程不可以将其之下的公司解散排除在外。其背景是业务份额很难被出卖。如果因为一名股东自身存在的原因而使公司的继续存在显得不可接受，则应该有终止公司束缚的可能性为其敞开。

3

但是，解散之诉的**现实意义很小**。对此，通过法律继创发展起来的基于重大理由的**除名或退出公司**发挥了很大的作用（上面第二十二章边码 26 及其后边码）。尽管各自对重大理由的判断标准不同，但其适用领域却交叉重叠。个别股东退出公司一般会作为较为温和的手段来用，优先于整个公司的解散，甚至大多会以此为由否定其构成后者的重大理由。

2. 清算

4　　　解散将导致公司的**清算**（第 65 条至第 74 条）。在清算期间，公司继续存在，但公司目的发生改变，即清算。同时，公司由**清算人**（除在破产情况下外）代表。商号应该添加一个表明清算的附注，通常为"i. L."（第 68 条第 2 款，第 70 条）。清算人应该采取措施终止有限责任公司的业务活动。这也可能以将有限责任公司经营的企业整体出卖的方式进行。在经济上，它经常比把企业打碎分割更为有利。清偿债务之后的剩余价值归股东享有（**清算结余**，第 72 条）。但为了保护债权人，剩余的公司财产只有在遵守一个阻却期限之后才可以进行分割（第 73 条）。假如在清算期间发现公司没有支付能力或者资不抵债，清算人应该申请开启破产程序（破产法第 15a 条第 1 款第 1 句，下面边码 7）。在新设合并或者吸收合并情况下，无须进行清算（改组法第 20 条第 1 款第 2 项和第 36 条第 1 款第 1 句，下面第三十八章边码 6 及其后边码）。

3. 完全终止

5　　　有限责任公司将随着**商事登记簿上的注销**而完全终止。在公司无财产的情况下，登记机关可以依照家事事件和非讼事件程序法第 394 条将其注销。如果事后查出仍还有公司财产存在，就需要进行一个**事后的清算**。[5]

三、破产[6]

1. 破产理由

6　　　根据第 15a 条第 1 款及其后条款并连同破产法第 17 条至第 19 条，破产理由有**丧失支付能力、面临丧失支付能力的危险以及资不抵债**。

如果公司不能履行到期的支付义务，就是丧失支付能力（**不能清偿**，破产法第 17 条第 1 款）。根据破产法第 17 条第 2 款，如果公司停止进行支付，就推定其丧失支付能力。[7] 假如预计到公司不能在其到期时履行已经存在的支付义务，公司就面临丧失支付能力的危险（破产法第 18 条第 1 款）。如果公司的财产不能覆盖其债务，就出现了**资不抵债**（破产法第 19 条第 2 款）。对此，决定性的不是商事资产负债表（上面第二十二章边码 31），而是一个专门制作的**资不抵债资产负债表**。[8] 在借方，应该只记入真正的债务，而不记入注册资本（比较上面第二十三章边码 18）。根据破产法第 19 条第 2 款中所谓的双层结构的资不抵债概念，在这些情况下不存在资不抵债：当企业的继续存在具有是占压倒性的可能性（**肯定性的继续存在预测**），即使债务人的资产不再能覆盖现存的债务。

2. 破产申请义务

7　　　在丧失支付能力和资不抵债的情况下，公司**负有一个及时的且最迟三周之内申请开启破产程序的强制性义务**（破产法第 15a 条第 1 款第 1 句，以及第 3 款）。这由其业务执行人代表，在一定条件下由其清算人代表，在没有公司领导人时（上面第二十二章边

---

⑤　详细介绍见 Baumbach/Hueck/*Hass*，§ 60 Rn. 62，104 ff.；案例见 Wiedemann/*Frey*，Nr. 319.。

⑥　对于具体细节，只能援引有关破产法的文献资料，尤其关于破产法的评论注释；比如 *Braun*，InsO，7. Aufl. 2017；*Paulus*，Insolvenzrecht，3. Aufl.，2017；*K. Schmidt/Uhlenbruck*，Die GmbH in der Krise，Sanierung und Insolvenz，5. Aufl.，2016.。

⑦　Baumbach/Hueck/*Hass*，§ 64 Rn. 3 ff.。

⑧　对此的概览见 Baumbach/Hueck/*Haas*，Vor § 64 Rn. 42 ff.。

码8）由每一股东代表。根据破产法第 15 条第 1 款，对申请的提起适用单独代表权原则。业务执行人负有此义务，即持续性地对公司的经济状况进行审查。期限从可以知晓破产条件成熟时开始计算。[9] 三周期限是法定的最高期限，且不能通过尝试进行重整来延长它。破产申请义务的保障措施是刑事处罚（破产法第 15a 条第 4 款）。在**没有公司领导人**的情况下，**单个股东是有这一责任的**（破产法第 15a 条第 3 款）。[10] 只有在这种情况下才不用考虑申请义务，当股东不知道破产理由或者不知道没有公司领导人时。

借此，以对抗所谓的企业埋藏策略（上面边码 1）。立法者由此提高了股东的义务和风险，并且进而避免出现没有公司领导人的现象。[11] 此外，在没有公司领导人的情况下，股东还负有破产法上的协助义务。假如股东拒绝履行义务，可能会面临承担程序费用的不利后果（破产法第 101 条第 1 款第 2 句的后面半句和第 3 款）。

通过有限责任公司法律现代化及滥用斗争法，以前在旧版有限责任公司法第 64 条中规定的**破产申请义务**被**迁移**到破产法中，并被扩大了。将破产申请义务移到破产法中以及不分法律形式地同等地适用于所有的公司和没有自然人作为承担个人责任的合伙人的合伙，表明破产申请义务具有破产法上的资质特性。与其他一些国家的法律相比，人们可以发现其对应物，比如英国和法国。破产申请义务也涉及那些应该适用德国破产法的具有可比性的外国公司，比如一个主要在德国从事经营活动的有限公司（上面第一章边码 11）。

此外，任何一个能够举证让人相信其具有法律利益的公司债权人，都有**申请权利**（破产法第 14 条第 1 款）。他也可能是一个对公司享有请求权的股东。在现实中，一再出现由社会保险机构或金融管理机构提起破产申请的现象[12]，以及公司如果继续进行支付，将面临在公司法上和破产法上出现不确定性后果的威胁。在面临资不抵债的情况下，只有公司（由业务执行人代表）才有申请权利，但不存在申请义务（破产法第 18 条）。一般情况下，股东本身没有破产申请权利。但他们可以通过股东会决议给业务执行人下达相应的指示。在没有公司领导人的情况下，每个股东都有权利提出破产申请（破产法第 15 条第 1 款第 2 句）。这与破产法第 15a 条第 3 款规定的义务相对应。

3. 处罚

（a）对减少破产财产的支付的责任

第 64 条规定（相似的：旧版第 64 条第 2 款），对于在出现丧失支付能力或者资不抵债的情况下进行的**支付，公司对业务执行人**享有一个自成一类的**赔偿请求权**。只可以进行一些不减少破产财产的给付，比如在重组的情况下，为保证公司生存而进行不可缺少的给付（**破产财产维持的需要**）。[13] 虽然其位于有限责任公司法中，但属于破产法[14]，判断标准是为了债权人利益。[15] 其他前提条件是业务执行人至少是过失（这当然是推测），

8

9

---

⑨ BGHZ 143，185＝NJW 2000，668；Baumbach/Hueck/*Haas*，§64 Rn. 105.

⑩ 比如比较 LG München I ZIP 2013，1739；MünchKomm-InsO/*Klöhn*，§15a Rn. 82ff.。

⑪ Begr. RegE MoMiG，BT-Drucks. 16/6140；S. 55.

⑫ BGH DB 2007，1808 f.（比较其中的案件事实）；此外见 *Güther/Kohly*，ZIP 2007，1349.。

⑬ 支付员工的社会保险费用不是被禁止的支付，但是雇主的部分是；BGH NZG 2008，628；NJW 2007，2118（对于股份有限公司）；NZG 2009，913；2011，303；根据刑法典第 266a 条，不支付员工的份额可能面临刑事处罚，比较 BGHSt 45，307＝NJW 2003，3787；关于义务的冲突，见 Poelzig/Thole，ZGR 2010，836.。

⑭ EuGH NZG 2016，115-Kornhaas；*Mankowski*，NZG 2016，281.

⑮ Baumbach/Hueck/*Haas*，§64 Rn. 10ff.

以及破产程序被开启或者因欠缺破产财产而被拒绝开启。[16] 此外，关于向股东进行的所有支付，其必定应预计到将导致公司丧失支付能力，就存在**支付禁止**。这补充了第 30 条规定的资本维持。但第 30 条是以资产负债表为连接点的，而这里讲的是公司的清偿能力。[17] 来源于清偿视角的请求权，也比破产法第 129 条及其后条款规定的破产撤销强大得多。应该将这个规定与区分替代自有资本的和其他的股东给付义务一起来看（下面边码 6）。

(b) 基于破产拖延的损害赔偿请求权

10　　　(aa) 根据第 43 条第 2 款，业务执行人应对**公司**因为其违反义务而迟延提起或不提起破产申请而产生的损失承担责任。会导致迟延提起破产申请的股东指示，通常是无效的，并且不能排除义务的违反（上面第二十二章边码 11）。不同于第 64 条规定的支付返还义务，这里要求进行损失的确认和计算。

11　　　(bb) 破产法第 15a 条第 1 款是**对债权人有利**的民法典第 823 条第 2 款意义上的**保护性法律**。[18] 在这里，损失的确认又有可能是个难题。那些在破产条件成熟以前就是债权人的债权人，可能会因为破产迟延而只能就其债权获得一个很小的或者甚至是零的分配额度（**老债权人之下的分配额度损失**）。在破产条件成熟之后才与有限责任公司进行业务交易的人（**新债权人**），有一个消极利益损害赔偿请求权。[19] 此外，故意拖延破产可以是违背善良风俗的侵害行为（民法典第 826 条）。

(cc) 根据破产法第 15a 条第 4 款和第 5 款，故意或过失违反破产申请义务的业务执行人，**应该承担刑事责任**。与此同时，还要考虑刑法典第 266 条和第 283 条及其后条款（背信罪、破产罪）。咨询人员可能会作为共犯而承担刑事责任。[20] 此外，在破产条件成熟以后从事业务活动，可能会由此满足欺诈罪的构成要件（刑法典第 263 条），即通过蒙骗业务对方而让其认为公司是一个具有清偿能力的公司。在公司**没有公司领导人**的情况下，由于**股东**今后也可能有义务提起破产申请（上面边码 7），所以股东不仅可能会承担破产拖延责任，而且有可能承担刑事责任。其前提条件是股东知道破产理由，或者知道没有公司领导人（破产法第 15a 条第 3 款的后面部分）。

(c) 保障措施

12　　　业务执行人和股东对公司经济状况的估计，通常会比（事后）合理判断乐观。另外，还要再加上企业经营决定的特殊性。[21] 此外，正是在小的人合性公司情况下，财务计划经常被忽视，尽管业务执行人在其业务领导义务框架下应该监督公司的支付能力，并且在一定情况下甚至应该制作一个财务计划，借以提前发现清偿能力的匮乏以及想办

---

[16]　BGH NJW 2001, 304＝NZG 2000, 1222；Baumbach/Hueck/*Haas*，§ 64 Rn. 24ff.

[17]　Baumbach/Hueck/*Haas*，§ 64 Rn. 127ff.。

[18]　BGHZ 29, 100；138, 211＝NJW 1998, 2667；Baumbach/Hueck/*Haas*，§ 64 Rn. 146；关于超过诉讼时效，见 BGH NJW 2011, 2427.。

[19]　具有奠基性作用的是 BGHZ 126, 181 ＝ NJW 1994, 2220；BGH NZG 2009, 750；Lutter/Hommelhoff/*Kleindiek*，§ 64 Rn. 41 ff.，47 ff.；Baumbach/Hueck/*Haas*，§ 64 Rn. 168 ff.；对此持批评态度的是 GroßkommGmbHG/*Casper*，§ 64 Rn. 167ff；其他的又有 MünchKomm-InsO/*Klöhn*，§ 15a Rn. 189ff.。

[20]　BGH NStZ 2000, 34；BGHZ 162, 143＝NJW 2005, 1121, 1124 f.；关于所谓的事实上的业务执行人，见上面第二十二章边码 12；对此持批评态度的是 Baumbach/Hueck/*Haas*，§ 64 Rn. 237ff.。

[21]　比较 *Englerth*，in：Towfigh/Petersen（Hrsg.），Ökonomische Methoden im Recht，2010，S. 165，182f.；*Kahnemann*，58 American Psychologist 697（2003）（2002 年 12 月 8 日的诺贝尔获奖演讲）；关于企业经营性的决定，见上面第二十二章边码 12 和下面边码二十七章边码 33 及其后一个边码。

法消除它。因此，亏损的产生使**公司财产降低到注册资本一半以下**时，第 49 条第 3 款强制性地要求召集召开**股东会**或者至少是将其告知股东（上面第二十二章边码11）。在企业主公司（有限责任）的情况下，在面临丧失支付能力危险时，应召开股东会（第5a 条第 4 款，上面第二十一章边码45）。之后要发生什么事情，法律没有作规定，也不能进行规定。它涉及对公司财务状况进行最低限度的提醒。这个规定具有信息功能和警示功能。此外，它也能在事实上促使参与者进行讨论并采取措施。

4. 破产程序——公司法视角

随着破产程序的开启，抛开股东自己管理公司的情形（破产法第 270 条及其后条款）不看，股东丧失下达指示的权利，而业务执行人或清算人也丧失业务执行权和代表权。破产管理人将承担这些任务，并追求破产程序之目的（破产法第 80 条，上面边码1）。属于其中的首先是要保护和补充公司财产（破产财产），以及拯救一个可能能存活的企业。那些**针对业务执行人和股东**的在公司健康情况下大多没有什么特别意义的**债权**，也属于要收回的债权范围。 `13`

其中包括公司设立阶段的请求权，特别是高估实物出资时的**差额责任、设立人责任和前负担责任**（上面第二十一章边码6，边码13和边码31）。此外，应该收回**拖欠的出资**。假如出资已不可能被缴付，则由其前手和其他股东承担责任（上面第二十三章边码15）。在**使用公司壳**或**经济上新设公司**的情况下，也适用真实缴付资本的要求（上面第二十三章边码9）。对于违反**第 30 条的资本维持规定**而进行的支付，应按照第31条规定要求返还（上面第二十三章边码 19 和边码 21），在一定情况下甚至要求不是接受人的其他股东返还（第 31 条第 3 款）。此外，就是要**基于其义务违反**而对业务执行人主张**赔偿请求权**（上面边码9，第二十二章边码12，第二十三章边码21）。股东的同意，并不能使业务执行人免遭因为其违反资本维持规定而让公司对其享有请求权的不利后果（第 43 条第 3 款第 3 句）。**不需要**按照第 46 条第 2 项和第 8 项作出**要求收回债权的决议**。基于义务违反的请求权的诉讼时效为 5 年（第 9b 条，第 43 条第 4 款），而出资请求权或与出资相似的请求权的**诉讼时效**为 10 年（第 9 条第 2 款，第 19 条第 6 款第 1 句，再加上的就是第 19 条第 6 款第 2 句规定的诉讼时效中止）。 `14`

第 19 条第 2 款第 2 句、第 4 款和第 5 款中关于**禁止抵销以及隐形的实物出资**的规定（上面第二十三章边码11 及其后边码），尤其是在破产情形下非常重要。在隐形的实物出资的情况下，根据交付的资产实物的价值计算拖欠的应付出资。相应地也适用于**从会计视角上看待资本维持**。如果公司由此获得了一个足值的返还请求权或对价支付请求权，公司向股东进行的给付就不被归入第 30 条第 1 款之下（上面第二十三章边码20）。此外，这个规定阻止将第 30 条的类推适用于股东借款，尤其是**现金池**（cash-pool）（下面边码23）。定位于修改法官的法律继创，而非法律条文的法律表述，可以解释说明这一点（下面边码17 及其后一个边码）。

不利于债权人的法律行为（尤其是公司支付），可能会被破产管理人撤销（破产法第 129 条及其后条款）。根据不同的情形，这些法律行为的实施时间，可以是破产程序开启前一个月至十年。不同于民法典第 119 条和第 123 条中的撤销，撤销在这一关联上并不意味着法律行为的消除，而只是创立了一个**要求将其返还给破产财产的请求权**（破产法第 143 条）。对于所有能够很快转移公司财产的手段措施，这具有很大的现实意义。破产法第 135 条、撤销法第 6 条中关于偿还股东借款的撤销的规定，具有特别重要的意义。 `15`

5. 特殊情形：股东借款

16   有限责任公司经常只有很少的自有资本（注册资本和其他的自有资本，上面第二十三章边码 3 及其后边码），对于企业主公司来说，典型性地存在融资不足。但对于融资的方式和范围，股东能够自由决定。一个为弥补资金需求而被广泛采用的手段，就是**股东借款给有限责任公司**（上面第二十三章边码 3）。只要股东自己主动赋予其他债权人优先权**（达成协议的退居次位）**[22]，就应该在清偿作为贷方的股东之前优先清偿其他债权人。因此，在资不抵债资产负债表上就不应该记载这样的借款（破产法第 19 条第 2 款第 2 句）。假如公司能够清偿所有的债权人，就可以返还股东借款。如果之后还剩有财产，则就产生一个清算结余（上面边码 4）。在公司破产的情形下，破产法第 39 条第 1 款第 5 项强制性地规定要求其退居次位。

（a）改革前：区分自有资本替代和普通借款

17   在有限责任公司法律现代化及滥用斗争法生效之前，在一般的外来资金和自有资本替代之间是进行了区分的。在经济上，如果它的作用是对按照公司目的和业务规模来说太小的注册资本或其他资本进行补充的话，股东借款发挥自有资本的功能。[23] 旧版第 32a 条将这样的股东借款作为替代自有资本的股东借款来处理，即其**提供的时间点是"一个正直的商人本应该向有限责任公司提供自有资本的时刻（公司危机）"**。在公司破产情况下，股东只能作为**最次位的破产债权人**主张其借款债权（第 32a 条第 1 款）。联邦普通法院[24]在理论界[25]的广泛支持下，连同第 32a 条和第 32b 条，通过法律继创逐步发展出了处理替代资本的股东借款以及相似事实构成要件的规则。在法律规定之外，**联邦普通法院的判决**原则上继续适用。[26] 从中导致在法院判决与法律规定之间产生出了一个有问题的并列存在。关于旧的法律情形的详细内容，比较本书第 21 版。

（b）改革后：破产法上的所有股东借款退居次位

18   在破产的情形下，更新后的破产法第 39 条第 1 款第 5 项强迫**全部的股东借款退居次位**。在偿还股东借款的情况下（上面边码 17），根据破产法第 135 条，会导致请求权偿还（破产法第 143 条）的撤销，以代替公司法上的返还借款的义务。法律作了一个时间上的限定，以取代实体上的定性判断（"自有资本替代"）。对于股东要求的支付，其发生是在提起破产申请之前一年以内的，是可撤销的。现在，第 30 条第 1 款第 3 句明确规定，第 30 条第 1 款第 1 句不适用于借款的偿还。通过这一"不适用命令"[27]，以阻

㉒ 关于为了防止负债过多的退居次位的前提条件，见 BGH NZG 2015，1121 Rn. 16ff.；*Berger*，ZIP 2016，1；Baumbach/Hueck/*Haas*，Vor §64 Rn. 59ff.；GroßkommGmbHG/*Habersack*，Anh. §30 Rn. 127，182ff.；*K Schmidt*，ZIP 2015，901.。

㉓ 富有建设性意义的例子是联邦普通法院的奠基性判决（BGHZ 31，258＝NJW 1960，285 - Lufttaxi）；相对于 2 万马克的注册资本的是 5 万 6 千马克的股东借款；关于所谓的融资计划信贷，见下面第三十七章边码 21。

㉔ 具有奠基性作用的是 BGHZ 31，258＝NJW 1960，285；此外见 BGHZ 67，171＝NJW 1977，171；BGHZ 69，274＝NJW 1978，160；BGHZ 75，334＝NJW 1980，592；BGHZ 76，326＝NJW 1980，1524；BGHZ 81，252＝NJW 1981，2570；BGHZ 81，311＝NJW 1982，383；BGHZ 81，365＝NJW 1982，386；关于法律发展的一般性介绍，见 *Hommelhoff/Kleindiek*，FS 100 Jahre GmbH-Gesetz，1992，S. 421.。

㉕ 关于有限责任公司改革前的情况的详细介绍和众多数据，见 Hachenburg/*Ulmer*，8. Aufl.，1992，§30 Anh. Rn. 68 ff.。

㉖ BGHZ 90，370，376＝NJW 1984，1891，一贯的判决和主流观点；连同进一步的阐述和对此次持批评态度的是 Baumbach/Hueck/Hueck/*Fastrich*，19. Aufl. 2010，§30 Anh. Rn. 4.。

㉗ 这样的文字见 *Thiessen*，ZIP 2007，253.。

止法院继续坚持其发展出来的判例规则。

通过破产法第 30 条和第 39 条明确规定将所有的股东借款同等处理，"替代自有资本"的特征要求就被取消了。从比较法上来说，正如总是在细节上存在不同的那样，这相当于"*衡平居次*"（*equitable subordination*）[28]。股东以第三人融资形式向公司提供资金的法律问题，仅从破产情形的视角去理解。实践中会导致这一结果，这些案件不再由联邦普通法院第二（公司法）审判委员会主管，而是由第四民法审判委员会主管。第四审判委员会也根据旧法将资本替代规则作为属于破产法的规则而加以定性，并因此适用于在国外设立的公司。[29]

（c）人员上的适用范围

仅仅是为了公司重整目的而成为股东的债权人，其借款被当作例外情形（新版破 **19** 产法第 39 条第 4 款，比较旧版第 32a 条第 2 款及第 3 款第 2 句），即所谓的**重整特权**。[30] 那些持有少于注册资本 10％且不是业务执行人的小股东的借款，也不退居次位（破产法第 39 条第 5 款）。法律将退居次位扩大到了第三人，当他的借款在经济上等同于任意一名股东提供的担保（破产法第 39 条第 1 款第 5 项第 2 半句）。这也可能是关联企业。[31] 细节是存在争议的，例如其他出资人在多大程度上被纳入适用范围这一问题，尤其是隐名股东。[32]

（d）事务上的适用范围

退居次位的规定，首先涉及**借款**。破产法第 39 条第 1 款第 5 项将这个规定扩大到 **20** 了其他类型的在经济结果上与之**相对应的法律行为**。根据有关旧版第 32 条第 2 款的法院判决，除了使用权转让例外，在给予相应的谨慎下可以继续采用的及对于这些措施富有启发性的例子是[33]：让业务执行人的薪酬继续留在公司[34]、对出卖商品的价款支付进行延期[35]、介入一个从属性企业以及[36]交存押金。[37]

假如一名股东对第三人**借给公司的借款提供担保**，这就在经济上与替代自有资本的股东借款一样。在破产情形下，破产法第 44a 条第 2 款将第三人推给担保权主张，并且只让其在因此遭受的缺额损失数额范围内参加破产程序。如果第三人是在一年期限内被提供清偿的，则其偿还是可撤销的（破产法第 135 条第 2 款）。当然，公司不能直接向第三人债权人要求偿还，而是只能向提供担保的股东主张（破产法第 143 条第 3 款）。

根据旧法，股东在公司处于危机时**让公司使用设备物资**，这在经济上被看成与提供 **21**

㉘ 关于衡平居次，见 *Huber / Habersack*，in：Lutter（Hrsg.），Legal Capital in Europe，2006（ECFR Sonderband 1），S. 308；*Skeel / Krause-Vilmar*，7 EBOR（2006），259.。

㉙ BGH NZG 2011，ll95-PIN.

㉚ Baumbach/Hueck/*Haas*，Anh. § 64 Rn. 115 a ff.

㉛ BGH NZG 2008，507（关于旧的法律）；Baumbach/Hueck/*Haas*，Anh. § 64 Rn. 56ff.，67ff.；*Habersack*，ZIP 2008，2385.。

㉜ BGHZ 193，378；Baumbach/Hueck/*Haas*，Anh. § 64 Rn. 82；Großkomm-GmbHG/*Habersack*，Anh. § 30 Rn. 27，57；*Krolop*，GmbHR 2009，397；Roth/*Altmeppen*，§ 30 Anh. Rn. 42ff.，82.

㉝ Begr. - RegE，BT-Drucks. 16/6140，S. 130；Baumbach/Hueck/*Haas*，Anh. § 64 Rn. 76ff.；GroßkommGmbHG/*Habersack*，Anh. § 30 Rn. 52ff.

㉞ BGHZ 76，326＝NJW 1980，1524；也比较 BAG ZIP 2014，927 Rn. 31.。

㉟ BGHZ 81，252，262f.＝NJW 1981，2570；也比较 BGHZ 204，83 Rn. 70.。

㊱ BGHZ 81，311＝NJW 1982，383；BGHZ 105，168，176f.＝NJW 1988，3143；也比较 BGH NZG 2008，507；对此见 *Habersack*，ZIP 2008，2385；BGHZ 196，220 Rn. 16.。

㊲ BGH NJW 1989，1733.

借款一致。在这种情况下，特别是法律后果的确定，产生了众多的问题。根据破产法第135 条第 3 款，公司可以保留股东让公司使用的物资，如果它们对企业的继续经营有重大意义的话。法律技术上并不将其按照撤销情形来对待，而是作为防止企业仓促分割的**安全措施**（比较第 21 条第 2 款第 5 项，以及破产法第 103 条及其后条款）。[38] 当破产管理人要求继续使用时，股东不得在破产程序开启后最长一年的期间内，提出其剔除要求（破产法第 47 条）。此外，作为回报，股东取得允许（公司）使用的补偿。[39]

(e) 在资产负债表中的处理

22　　不管法律上的次位处理，股东借款在交易收支中被视为外来资金，但须予以单独标明（第 42 条第 3 款）。这些特性适用于负债过多的资产负债表（比较上面边码 6）。法律上所规定的退居次位，对股东借款在负债过多的资产负债表中被计入负债项目下没有任何改变。在正常约定的次位情形下，仍能继续计入负债项目中，并因此防止负债过多（破产法第 19 条第 2 款第 2 句，第 39 条第 2 款；上面边码 16）。在审查是否存在一个第30 条第 1 款的支付禁止所引发的赤字时（比较上面边码 18），借款可以继续根据交易收支规则来处理。[40]

6. 没有开启破产程序以及因为欠缺财产而停止破产程序时的法律状况

23　　在很多情况下，缺乏能够覆盖破产费用的财产，破产程序不能开启（破产法第 26条）。根据新版第 30 条，对于股东借款，已排除类推适用第 30 条和第 31 条。对于这种情况，即没有开启破产程序或者在开启后因为欠缺财产而停止的，撤销法第 6 条、第6a 条包含有一个扩大了的**撤销可能性**，以基于全部归还了股东借款和可与之相比的给付（上面边码 15）。作为法律后果，必须让债权人可以针对可撤销的行为从有限责任公司的财产中取得点什么。债权人依据破产法第 129 条及其后条款对作为和不作为进行的撤销以及依据第 32a 条、第 32b 和破产法第 135 条对替代自有资本的股东给付的处理，都是以开启破产程序为前提的。业务执行人因违法支付而产生的赔偿义务（第 64 条第2 款，上面边码 9），也至少是以提起破产申请为条件。

24　　如果没有进行破产程序，债权人就得完全依赖于自己的法律追究。如果他们要就公司对股东和业务执行人享有的请求权这一公司财产主张执行，则可以扣押它们并要求将其收取款项转账给他们（民事诉讼法第 829 条，第 835 条及其后一个条款）。进入考虑范围的有上面边码 14 列举的请求权。因为破产拖延而产生的侵权性质的请求权，是直接针对业务执行人的，但一些情况下也直接针对股东（上面边码 11）。

在现实中，实现这些请求权是困难的，并且费用高昂。因此，法学界、法院判决和立法者以不同的方式想办法，以简化潜在请求权相对人的合法性证明以及用穿透和损害赔偿的解决办法来取代对单个的（内部的）请求权的主张。应该注意的是，"穿透"不是一个具有归纳概括能力的法律制度，而只是对法律后果的描述。对该法律后果的论证说明，可以是非常不同的（下面边码 27 及其后边码）。[41]

[38] Baumbach/Hueck/*Haas*，Anh. § 64 Rn. 125f.

[39] Beschlussempfehlung des Rechtsausschusses, BT-Drucks. 16/9737, S. 106；*Altmeppen*，NJW 2008, 3601, 3607；*Dahl/Schmitz*，NZG 2009, 325, 328ff.；*Heinze*，ZIP 2008, 110；*K Schmidt*，DB 2008, 1727；也比较 BGHZ 204, 83＝NZG 2015, 440.。

[40] BGH NZG 2009, 68.

[41] Baumbach/Hueck/*Fastrich*，§ 13 Rn. I Off.；Großkomm-AktG/*Bachmann*，§ 1 Rn. 83；GroßkommGmbHG/*Raiser*；§ 13 Rn. 51；*K Schmidt*，§ 9.

四、法律追究、公开和执行

债权人追究有限责任公司、股东和业务执行人的责任，只有在能够知晓这些人以及 25
其能够送达的地址时，才是可能的。考虑到债权人可能对股东享有请求权的众多情形，
业务执行人应该在股东的圈子内，或其参与范围发生任何变化之后修正**股东名册**。依据
第 15 条第 3 款对转让制作公证文书的公证人员，应该将其告知登记法院（第 40 条第 1
款、第 2 款；上面第二十二章边码 22）。[42] 公司应该按照第 10 条和第 39 条将业务执行
人申请登记于登记簿。在一定的情况下，商法典第 15 条介入进来（上面第二十二章边
码 9）。

所谓的企业埋藏行为（上面边码 1），是将尽可能不让人找到公司、股东和业务执 26
行人的不同手段措施结合起来加以使用的做法。属于其中的有公司迁移住所（这样，就
由另外一个商事登记机关负责管辖）、业务执行人辞职（比较上面第二十二章边码 8）
以及使用不能通过邮递送达的地址。通过法律规定**有义务在商事登记簿上登记一个国内
的业务地址**，提高有限责任公司的可送达性，尤其是其可电子化查阅，并适用商法典第
15 条（第 10 条第 1 款，上面第二十一章边码 10）。这个规定也适用于那些在国内有分
支机构的具有可比性的外国公司（商法典第 13g 条第 2 款、第 13d 条第 2 款）。尽管如
此，也可能出现在给定的地址之下没有业务机构或者没有负责的人。如果公司自愿登记
负责接收的人（第 10 条第 1 款第 2 句），则应向其送达。如果这种努力也失败了，商法
典第 15a 条结合民事诉讼法第 185 条第 2 项为这些情形增加了**公告送达**的可能性。法律
借此对抗"消失者"在所谓的公司埋藏行为下所采取的策略措施。

股东名册的价值，由此被提高了，即通过规定要求将其纳入商事登记材料，并借以
作为股东在内部关系上的合法性证明（第 16 条第 1 款）。这同时也促使公司在实际中对
股东名册进行修正。如果缺乏业务执行人而没有人有权接收法律文件或意思表示，一个
能够满足此功能要求的公司邮寄地址也自然不能提供什么益处。这个被法律定义为**没有
公司领导人**的情形，会导致这样的结果，公司由股东进行消极代表（第 35 条第 1 款第 2
句，上面第二十二章边码 8）。权威性的地址是商事登记簿上登记的地址。这也是为了
让有限责任公司不能通过其业务执行人的辞职（上面第二十二章边码 8）而变为不可送
达。对于没有公司领导人的情况，破产法第 10 条第 2 款第 2 句规定股东在破产程序中
享有**听审权**。

五、穿透解决办法、侵权性质的请求权和"生存毁灭"

1. 概览

对作为法人的有限责任公司适用的分离原则（上面第三章边码 11），导致在公司和 27
股东之间存在一个严格的法律上的分离，特别是在公司财产和单个股东的财产之间。与
此相对应，只有公司财产才对有限责任公司的债务承担责任（第 13 条第 2 款）。然而在
特殊的情况下，有限责任公司之下的重大事实或者事件，在法律上也例外性地归入股

㊷　关于历史的发展变化，见 Großkomm-GmbHG/*Paefgen*，§ 40 Rn. 15ff.；*A. Marx*，Die Publizität des GmbH-Ge-sellschafters，2002.。

东，或者反过来，即所谓的穿透。不仅对于责任问题（**责任穿透**），而且对于其他法律上重要因素的归入（**归入穿透**），都可以考虑这一点。这两者**不是有限责任公司特有的**，但在这种公司形式下获得重要性却是最为常见的。在任何情况下，穿透都是一个被置于严格的前提条件之下的例外。仅仅只有这些无论如何都是不够的，比如涉及一人有限责任公司（上面二十一章边码 35），或者一个控制股东施加主导性的影响力（比较上面第二十章边码 10），或者有限责任公司不具有清偿能力。鉴于具有可比性的效果（即对分离原则的穿透），下面也讨论一些与有限责任公司在危机情景中的终止没有关联关系的穿透情形（下面边码 32 至边码 34）。此外，如果股东或者甚至是业务执行人本身满足一项请求权的前提条件（比如一个不被允许的行为），则他们也要承担责任。

28　　对于"穿透"来说，**没有统一的法律上的理由论证**，也没有一个叫穿透的法律制度（上面边码 24）。在其适用情形的广阔领域中，不同的理论学说获得了意义。因此，**案件类型的系统化归纳，事实上比抽象性的普遍观察更为重要**。[43] 如果按照关键词来归纳，可以提到下面的一些理由论证：根据规范目的说（穿透作为规范的一种适用），要适用的规范是出发点。[44] 如果按照规范的实质意义，应该将规范适用于公司和股东，或者要求进行一个偏离于分离原则的归入，则穿透就是遵循这个规范的目的。此外，如果法人形式的利用与法律规范不对应，尤其是滥用法人形式，或者主张有限责任公司与股东之间的分离是违背诚信原则的，则有必要进行穿透（**制度性的穿透说，也被称为滥用说**）。[45] 学术术语是不统一的。上述理由论证不必然是相互对立的，而是可以互相补充的。法院判决没有采用特定的理论学说，而是使用不同的解决办法。与此相对应，应该根据各种案件类型，分别表述请求权基础。对于那些在其之下存在独立的公司或股东归入基础或请求权基础的情形，应该比那些根本就没有这些情况的情形更加严格地去认定穿透。这些情形会被专门讨论（下面边码 32—边码 34）。

　　2. 穿透解决办法的案件类型

　　（a）内部责任转变为外部责任

29　　特别是在设立中的公司情况下，内部责任在一定情况下会转变成为外部责任。根据有争议的法院判决，设立中的公司的股东责任是针对公司的。但在例外情形下，对股东的直接追究仍还是不可欠缺的，即结果上就是穿透（上面第二十一章边码 25 及其后一个边码）。在这一点上，重要的观察视角是**程序上的经济性**，即如果让债权人对公司请求权进行扣押是没有意义的走弯路。这些标准在具体情况下是有争议的。[46] 最重要的情形是设立中的公司**欠缺财产**，然而其是否存在，不是总能清楚地区分出来。但无论如何，如果因为欠缺财产而被拒绝开启破产程序，则可以认定其欠缺财产。与此相反，这

[43] KölnerKomm-AktG/*Dauner-Lieb*，§ 1 Rn. 50.

[44] 激进的是 *Müller-Freienfels*，AcP 156（1957），522；*Schanze*，Einmanngesellschaft und Durchgriffshaftung als Konzeptualisierungsproblem gesellschaftsrechtlicher Zurechnung，1975，S. 65 ff.，102 ff.；温和的是 *E. Rehbinder*，Konzernaußenrecht und allgemeines Privatrecht，1969，S. 85 ff.；概览见 Großkomm-AktG/*Bachmann*，§ 1 Rn. 87，89；Großkomm-GmbHG/*Raiser*，§ 13 Rn. 63；*K. Schmidt*，§ 9 II.。

[45] 概览见 Großkomm-AktG/*Bachmann*，§ 1 Rn. 86，90；Großkomm-GmbHG/*Raiser*，§ 13 Rn. 6lf.。

[46] BGHZ 134，333，341＝NJW 1997，1507；BGHZ 152，290＝JZ 2003 626 m. Anm. *Langenbucher*；BAG NJW 1997，3331；1998，628；BFH NJW 1998，2926；BSG ZIP 2000，494，497；Baumbach/Hueck/*Fastrich*，§ 11 Rn. 27；Großkomrn-GmbHG/*Ulmer*/*Habersack*，§ 11 Rn. 83f.

不取决于是否还有其他债权人，或者是否有业务执行人。[47]

(b) 财产及空间的混同

对于**责任穿透**，即股东对有限责任公司的债务承担个人责任（与第 13 条第 2 款的规定相反），法院判决在此范围内延续了制度性的穿透说思路，即立足于客观上的法律形式滥用或者分离原则的主张违背诚信原则。[48] 适用情形首先是**财产及空间的混同**，即在其之下，公司财产与股东的财产混同在一起，尤其是没有按照会计制度进行区分，也就是股东和公司是"在一口锅里"经营。这些情形例如会出现在经营管理不好的一人有限责任公司以及高度统一领导的康采恩情况下，比如集团中各法律上独立的企业在会计上没有被足够地区分开（关键词是"洗衣篮式的记账"，即票证仅被放在一个大篮子里）。[49] 被追究责任的股东应对这种操作具有决定性的影响力，而这个额外的前提条件通常会被满足。[50] 在这里，这种穿透责任，也是为了例外性地简化对具体情况下很难证明的（不透明性）违反资本维持规则（第 30 条和第 31 条）的法律追究。[51] 在法律技术上，可以以自相矛盾的行为（民法典第 242，*venire contra factum proprium*）为依据：谁自己不遵守分离原则，谁就必须接受别人主张具体的空间混同。

(c)"资本不足"？

这个问题与前面的讨论有紧密的关系，即**实质性的资本不足**（关键词是"灰姑娘式的有限责任公司"），是否能够成为责任穿透的正当性理由。根据现行法律，股东不存在这样的义务，即应给有限责任公司配备追求其业务目的所要求的注册资本数额（上面第二十章边码 4）。只要资本不足仅是名义上的（因为股东投入了信贷融资工具），关于股东借款的规定就享有优先性。[52] 在理论界中，曾经有人无论如何都要试图（通过不同的思想观点和理由论证）用股东或多或少的个人责任来弥补实质性的资本不足。[53] 而这与不是以事实上的资本需求为立足点的最低注册资本规则、企业主公司（有限责任）的引入以及股东的融资自由不一致，而应该通过其他方法论证说明股东要对公司的"生存毁灭"或欠缺生存能力承担责任。因此，**没有"资本不足下的责任穿透"的案件类型**。[54]

30

31

---

[47]　BGHZ 134，333，341＝NJW 1997，1507（暗示性地支持这一点）；相关的有 Großkomm-GmbHG/*Ulmer*/*Habersack*，§ 11 Rn. 83；也比较 Großkomm-GmbHG/*Casper*，Anh. § 7 Rn. 116.。

[48]　BGHZ 22，226，230；31，258，270 f. ＝NJW 1960，285；BGHZ 68，312，315＝NJW 1977，1449；BGHZ 151，181＝NJW 2002，3024–KBV（法律形式滥用）；此外见 BGHZ 54，222，224＝NJW 1970，2015（针对登记社团）以及 BGHZ 45，204，207（针对有限商事合伙）；*Schön*，FS Wiedemann，2002，S. 1271（富有建设性的构建）；*Merkt*/*Spindler*，in：Lutter（Hrsg.），Legal Capital in Europe，2006（ECFR Sonderband 1），S. 166.（从法律比较的角度）。

[49]　BGHZ 125，366，368＝NJW 1994，1801；BGH NJW 2006，1344：该种混乱必须是可归入股东的；不应该将财产混同与资金池相混淆。在资金池情况下，所有的会计制作过程通常都是可验证的（见上面第二十章边码10）。

[50]　BGHZ 125，366，368 f. ＝NJW 1994，1801.

[51]　Roth/Altmeppen/*Altmeppen*，§ 13 Rn. 136 ff.

[52]　BGHZ 90，381，388 f. ＝NJW 1984，1893–BuM/WestLB（对此，原则上也适用于股份有限公司）；通过破产法的规定代替了资本替代法，没有对这一优先性造成改变；比较 Baumbach/Hueck/*Fastrich*，§ 13 Rn. 47.。

[53]　概览见 *Wiedemann* I，§ 10 IV 3，及 § 4 III 1 b；此外比较 *Raiser*，FS Lutter，2000，S. 647；*Wüst*，JZ 1995，990.。

[54]　BGHZ 176，204＝NJW 2008，2437-Gamma＝JuS 2008，939 m. Anm. *K. Schmidt*；对此见 *Kleindiek*，NZG 2008，889；Baumbach/Hueck/*Fastrich*，§ 5 Rn. 5 f.，§ 13 Rn. 47；Großkomm-GmbHG/*Raiser*，§ 13 Rn. 142；*K. Schmidt*，§ 9 IV 4，§ 37 III 7.。

(d) 规则适用问题

32　　在适用特定的规则时，会产生是否应该以股东或公司为立足点的具体问题，比如在**经纪人案件**类型情况下。如果一个建筑有限责任公司根据其股东所进行的中介出卖其建设的建筑，不会产生经纪佣金的问题。[55] 即使公司只是被推到前面而当成定作人的，也可以依据民法典第242条，要求在股东的地产上设置**建筑工程担保抵押**。[56] 在股东与公司的关系上，不考虑适用有关**权利表见取得**的规定，因为这里不涉及善意保护规定以之为前提条件的那种交易行为。如果唯一的股东从有限责任公司处购得一块地产，则他在此过程中不可以主张公众对土地登记簿的信赖。[57] 只要法律规定某种事项的知晓和身份特性是至关重要的，则可以在充分考虑规则目的的情况下，将股东的知晓和身份特性归入公司。例如，唯一的股东不是民法典第123条第2款意义上的恶意欺诈中的第三人。[58] 如果一名债权人让其控制的有限责任公司作为拍卖竞价人参与强制执行程序，则他就必须接受这样的处理，即就像他自己竞价购得地产那样并且不可以主张公司是第三人。[59] 根据企业养老金改善法第16条，资方公司的**经济状况**对企业退休金的调整至关重要。而在一定的情况下，应该将控制股东的经济情况纳入进来一并加以考虑（**归入穿透**）。[60]

(e) 协议解释

33　　**在与第三人的协议关系中**，特别是在一人有限责任公司的时候，可以依据诚信原则，通过解释推出有限责任公司和股东同时负有义务，即使并且尤其是在欠缺股东直接承担义务的约定时。进入考虑范围的首先是**竞业禁止**、其他不作为义务或者信息提供义务，否则这些义务将可能通过主张分离原则而落空。[61] 如果向第三人出卖全部或近似于全部的业务份额，则在经济上与出卖企业本身相对应。因此，出卖人负有与出卖企业时一样的瑕疵担保义务。[62] 在法律技术上，这涉及**协议解释**的问题。

(f) 有利于股东的穿透？

34　　在所谓的反过来的穿透或有利于股东的穿透情况下，涉及一个出于股东自身利益而**将有限责任公司和唯一的股东等同处理**的问题，并且这大多是站在债权人一方来讲的。起初，联邦普通法院在一定条件下（通过对股东实施伤害行为来损害公司），承认股东有权像自己遭受损失那样以自己的名义主张公司的损失。[63] 在理论界中，绝大多数人反对这个判决。这是正确的，因为通过这种方式，将从公司财产以及由此从公司债权人那

---

[55]　BGH NJW 1971, 1839; 2009, 1809 = JuS 2009, 1054 m. Anm. *K. Schmidt*; 涉及保险经纪人 NZG 2012, 468; 也见房屋中介法第2条第2款第3项。

[56]　BGHZ 102, 95 = NJW 1988, 255; OLG Naumburg NJW-RR 2000, 311.

[57]　RGZ 126, 46; Lutter, AcP 162 (1964), 122, 159 ff.; 其他关于在交付出资时公司善意取得，见 BGH NZG 2003, 85.。

[58]　BGH NJW 1990, 1915.

[59]　BGHZ 117, 8 = NJW 1992, 1702.

[60]　BAGE 78, 87 = NZA 1995, 368; *Windbichler*, Arbeitsrecht im Konzern, 1989, S. 241 ff.; 根据联邦普通法院关于"生存毁灭性的干预"的判决是更有建设性的（下面边码36及其后边码）BAG NZA 2016, 235.（连同进一步的阐述）。

[61]　BGH NZG 2005, 296; Baumbach/Hueck/*Fastrich*, §13 Rn. 14; 详细介绍见 *Wiedemann* I, §4 III 2 a, bb.。

[62]　RGZ 120, 283, 287（一贯的法院判决）; BGH NJW 1969, 184; BGHZ 65, 246 = NJW 1976, 236; BGH NZG 2001, 751; Baumbach/Hueck/*Fastrich*, §15 Rn. 7.。

[63]　BGHZ 61, 380 = NJW 1974, 134.

里拿走赔偿金，而让股东私人财产受益。在另外一个判决中，损害赔偿的债权原则上归属于公司财产，而只是在具体情况下，因为考虑到公司在那里不享有竞争性的损害赔偿请求权，才承认股东享有一个要求向其进行给付的请求权。[64] 后者涉及**第三人损失清算**的问题。

3. 侵权责任

在极端情况下，比如破产条件尽管已经成熟但仍在没有公司重整打算的情况下故意进行有损债权人利益的经营，或者一开始就采用公司资本严重极端不足的欺诈性业务模式（例如滚雪球式的销售法），基于侵权的过错责任事实构成要件而让债权人获得请求权，比如民法典第 826 条或者民法典第 823 条第 2 款连同刑法典第 263 条。[65] 但这并不真正涉及穿透，并且被认定的法律后果不是责任而是损害赔偿。但无论如何，法院判决在此范围内是非常谨慎的，即它赋予第 31 条规定以及首先来自侵权的内部责任享有优先性。[66]

4. "生存毁灭责任"

（a）过渡到侵权性质的内部责任

很久以来，尽管有不同的理由论证和边界界定问题，都承认这样的**股东**应该负有一个**外部责任**，即他们对公司财产施加有损公司的影响并最终将公司推到破产的境地。由于有限责任公司经常被作为康采恩企业来使用（上面第二十章边码 10），曾经一段时间在关键词"符合条件的事实康采恩"之下出现了其责任事实构成要件。[67] 然而，康采恩法律规则的前提条件（即企业之间的潜在利益冲突），在这里并不发挥重要作用，因为一个不追求其他企业利益的控制股东也可以"抢劫"有限责任公司。如果有限责任公司的股东以这种方式形式不尊重公司财产所负有的清偿债权人的目的约束，即他剥夺了公司财产并且不能或者事实上不可能通过第 31 条（类推适用）和新版第 32 b 条（上面边码 17）规定的返还请求权实现具体的弥补，后来的法院判决则在"**生存毁灭责任**"的名称之下，判定股东首先负有一个外部责任。[68] 这被描述为法律继创。是将学术性的理由论证定性为公司法性质为好（基于法律形式的滥用而发生穿透），还是将其定性为侵权法性质为好，仍存在争议。在一个随后的转折中，联邦普通法院的公司法判决委员会离开了独立的责任制度，又返了回来，即同样是通过法律继创性而利用**相对**

35

36

[64]　BGH NJW 1977，1283（持批评态度，由 *Hüffer* 评论注释）；此外比较 BGH GmbHR 1995，666＝NJW-RR 1995，864；NJW 1992，368，369；Lieb，FS Fischer，1979，S. 385；Baumbach/Hueck/Fastrich，§13 Rn. 16；Großkomm-GmbHG/*Raiser*，§13 Rn. 60.。

[65]　BGH NJW 1979，2104；*OLG Oldenburg* NZG 2000，555；也包括 BGHZ 151，181＝NJW 2002，3024－KBV（利用了民法典第 826 条）；也比较 BGH NJW 2005，145－Rheumaklinik。由于不披露缺乏抵押物，（附带地）推定是通过业务执行人和股东故意实施的违背善良风俗造成的损失，在 BGHZ 176，204＝NJW 2008，2437，2440-Gamma。

[66]　BGHZ 68，312＝NJW 1977，1449；BGH NJW 1979，2104；BGHZ 126，181＝NJW 1994，2220；BGH NJW 1994，2149；BGHZ 142，116＝NJW 1999，2809；BAG NJW 1999，2298＝ZIP 1999，878 m. Anm. *Altmeppen*。

[67]　说明论证见 Großkomm-GmbHG/*Casper*，Anh. §77 Rn. 97ff.；关于这一概念的不适当性，见 Großkomm-AktG/*Windbichler*，Vor §§15ff. Rn. 49.。

[68]　BGHZ 149，10＝NJW 2001，3622＝NZG 2002，38－Bremer Vulkan；BGHZ 151，181＝NJW 2002，3024＝JZ 2002，1047 m. Anm. Ulmer－KBV；大量的理论文献见 *Altmeppen*，ZIP 2001，1837；*Emmerich/Habersack*，Konzernrecht，§31 Rn. 19；*Röhricht*，FS 50 Jahre BGH 2000 S. 83；*K. Schmidt*，NJW 2001，3577；Ulmer，ZIP 2001，2022；*Wiedemann*，ZGR 2003，283；*Wagner*，FS Canaris，Bd. 2，2007，S. 473；*M. Winter*，ZGR 1994，570，585 ff.。

于公司的侵权性质的内部责任。[69]

(b) 事实构成特征

37　　　　前提条件是唯一的股东[70]或一个控制股东或者采取一致行动的多个股东对公司**施加了一定的影响**[71]，并借滥用权利来**剥夺**有限责任公司所有的受到**优先满足债权人这一目的约束**的财产，致使公司破产或者加深其破产程度，并且没有对该侵害进行赔偿。[72] 但这并不涉及这样的措施，即它们服务于公司目的的追求，只是事后被证明是错误的决定而已。[73] 这需要一个（至少是确定的）损害故意。由于是扩大到法定资本维持规则的范围之外去保护有限责任公司的财产免遭股东侵害，所以这涉及一个法律继创。分离原则的影响力（上面第三章边码 1，第二十三章边码 17），借此被进一步强化了。股东尽管可以自由决定公司的融资和存续，但他不应该抢劫公司，故意导致债权人亏损，在此过程中让自己或第三人受益，或者是通过"冷处理的"或"粗暴的"方法规避清算规则。虽然由联邦普通法院定性为侵权法性质，但"生存毁灭责任"是被描述为股东对公司的特殊关系。[74]

(c) 意义转化模式和后果[75]

38　　　　新的联邦普通法院判决将生存毁灭式的侵害视为（法律继创出来的）内部关系中违背善良风俗的恶意侵害下的特殊案件类型。其法律后果是相对于公司的责任（**损害赔偿的内部责任**）。[76] 正如在过去的法院判决中一样，对特别事实构成的认定（连同民法典第 826 条的因素），将导致**穿透**。部分地以商法典第 128 条为范本，通过对第 13 条第 2 款进行目的性限缩解释或者作为拖延破产责任的变种来设计构建这个**外部责任**的请求权基础。[77] 如果以对债权人有一个违背善良风俗的恶意侵害为出发点，则将导致产生一个债权人针对加害人的损害赔偿请求权。[78]

责任范围和内容是不同的：在责任穿透的情况下，债权人针对公司提起一个请求权，对股东也有效。借助于导致损害产生的行为以及甚至可能是不可避免的经济发展来确定公司（也可能是债权人）的**损害赔偿请求**，通常很困难。[79] 它与第 31 条规定的请

---

[69] BGHZ 173，246 = NJW2007，2689 - TRIHOTEL；BGH NZG2008，187；BGHZ 176，204 = NJW 2008，2437；BGH NZG 2012，667，Rn.13-Wirtschaftsakademie；BGH NJW 2005，145 - Rheumaklinik（已向这一方向发展）；关于发展变化，比较 Henze，WM 2006，1653，1656 ff.。

[70] 在多人公司情况下，少数股东保护和诚信义务在内部关系中考虑了公司自身保护并间接有助于债权人；比较 BGHZ 65，15，18 f. = NJW 1976，191 - ITTT；*Emmerich / Habersack*，Konzernrecht，§ 31 Rn. 4ff.。

[71] BGH NZG 2005，177 = ZIP 2005，117；BGHZ 173，246 = NJW 2007，2689 - TRIHOTEL Rn. 44.

[72] Baumbach/Hueck/*Fastrich*，§ 13 Rn. 63ff.；*Emmerich / Habersack*，Konzernrecht，§ 31 Rn. 12ff.。这也足够了，即一名股东间接通过另外一个公司参与有限责任公司并间接施加影响，即所谓股东的股东；BGHZ 151，181 = NJW 2002，3024 - KBV；BGH NJW 2005，145 - Rheumaklinik；BGHZ 173，246 = NJW 2007，2689 Rn. 16 - TRIHOTEL；在此过程中，涉及一个归入穿透。

[73] BGH NZG 2005，214；Baumbach/Hueck/*Fastrich*，§ 13 Rn. 62，67；*Dauner-Lieb*，ZGR 2008，34，45.

[74] Baumbach/Hueck/*Fastrich*，§ 13 Rn. 55.

[75] 关于不同模式的概览，见 Großkomrn-GmbHG/*Casper*，Anh. § 77 Rn. 1 06 ff.。

[76] BGHZ 173，246 = NJW 2007，2689 - TRIHOTEL.

[77] 说明论证见 Großkomm-GmbHG/*Casper*，Anh. § 77 Rn. 107，关于拖延破产，见 Rn. 116ff.。

[78] *Wagner*，FS Canaris，Bd. 2，2007，S. 473，478，489 ff.

[79] Baumbach/Hueck/*Fastrich*，§ 13 Rn. 68；Großkomm-GmbHG/*Casper*，Anh. § 77 Rn. 120.（在外部责任中的比例损害赔偿）。

求权之间存在一个请求权竞合，不是从属性。[80] 与此相反，穿透相对于最后提到的请求权是从属性的，但如果不进行一个额外的精确微调，则会远远超出完全的个人责任的范围。

内部责任由破产管理人主张（上面边码 13 及其后一个边码）。如果没有开启破产程序且又没有一个可以转化为外部责任的情形进入考虑范围（比较上面边码 29），债权人就得必须绕道通过公司。与此相反，外部责任在破产程序中与平等清偿债权人的目的相矛盾，所以过去曾类推适用破产法第 93 条（由破产管理人主张）。[81]

将请求权基础**定性**为侵权法性质，还是定性为公司法性质，这在涉及外国的案件情况下对**国际私法规定的连结点**有影响。在外国公司情况下，侵权行为结果地，也是侵权案件的连结点（罗马第二条例第 4 条[82]；在第三国的情况下，民法典实施法第 40 条）。在德国，就是适用德国法律。但尽管如此，公司的国籍国可能是另外一个国家（上面第一章边码 19 及其后一个边码）。然而，定性不能通过移入一个规定到特定的法律中来进行公式化的处理，而必须根据法律制度的目的以及与功能相似的外国法律的比较来加以确定。[83] 在侵权法的因素之外，生存毁灭责任还有公司法的因素，即公司财产负有的优先满足债权人的目的约束方案。在内部责任方案下，违背善良风俗的侵害行为是对公司实施的。因此，必须将其作为独立的来看待，即使是涉及一人有限责任公司。在此范围内，可以利用罗马第二条例第 1 条第 2d 款的适用例外。此外，存在与破产法的交错联结。[84]

5. 对穿透和生存毁灭案件解析的建议

对于**案例解析**，从上面的介绍中可以推导得出一些结论。首先，没有一个名叫"**穿透**"或者"**生存毁灭**"的请求权基础；**也没有"康采恩责任"**的。应该优先审查这样的规定，即根据它们，股东（或者业务执行人）应该基于独立的义务理由承担责任。在此过程中，也要考虑民法典第 311 条第 3 款和第 241 条第 2 款规定的基于债法关系产生的义务违反。[85] 如果股东因为以某种可归责的形式造成了承担个人责任的法律表见而被追究责任，则充其量只是处于这个独立责任的边界地方。[86] 同样，协议解释也可以在许多情形下带来令人满意的解决办法。相应地适用解释法律规定的规则。**一般来说**，应该注意，分离原则在所有的有限责任公司情况下（也包括在一人公司和康采恩情况下）原则上都发挥完全的效力。在通过法律继创发展出来的且具有争议的制度措施之下，比如前负担责任或生存毁灭责任，关键要看解决方案与理由论证的一致性。将所使用的规定和原则作为**概括性语句**，也可能是案件类型，以置于案件解析前面。

39

---

[80] Baumbach/Hueck/*Fastrich*，§ 13 Rn. 60.

[81] BGH NJW 2005，145 - Rheumaklinik；其他在论证中的，见 *Wagner*，FS Canaris，Bd. 2，2007，S. 473，484：破产法第 92 条；同样的见 Großkomm-GmbHG/*Casper*，Anh. § 77 Rn. 160.。

[82] 关于对外部协议上的债务关系所适用的法律的欧盟的 864/2007 号条例（VO（EG）864/2007）。

[83] EuGH NZG 2016，115-Kornhaas；*Eidenmüller*，Ausländische Kapitalgesellschaften im deutschen Recht，2004，§ 4 Rn. 18 ff.；*ders.*，NJW 2005，1618，1620；也比较 *Henze*，WM 2006，1653，1655 f.；*Wagner*，FS Canaris，Bd. 2，2007，S. 473，497 ff.。

[84] 特别是 Großkomm-GmbHG/*Casper*，Anh. § 77 Rn. 183；*Haas*，ZIP 2006，1373；*Krolop*，NotBZ 2007，265；*Spindler*，JZ 2006，839.。

[85] 比较 BGHZ 126，181，183＝NJW 1994，2220.。

[86] 但在联邦普通法院旧的判决中，它被归为穿透责任（BGHZ 22，226，230）；与此相反的，比较 BGH NJW 1996，2645；2007，1529.。

第二编
股份有限公司[*]

文献资料：关于文献表中提到的合伙/公司法总体阐述，特别是关于公司法律的阐述：

关于股份有限公司的评论注释，特别是：Großkomm-AktG；*Hüffer/Koch*；KölnerKomm-AktG；MünchKomm-AktG；*Schimidt/Luther*（Hrsg.）；*Spindler/Stilz*（Hrsg.）；ferner *Grigoleit*（Hrsg.）；*Bürgers/Körber*（Hrsg.）；*Heidel*（Hrsg.），Aktiengesetz mit Kapital-marktrecht，3. Aufl.，2011；speziell zum Konzernrecht：*Emmerich/Habersack*，Aktien - und GmbH-Konzernrecht.。

关于资本市场法：Buck-Heeb，Kapitalmarktrecht，8. Aufl.，2016；*Groß*，Kapitalmark-trecht，4. Aufl.，2009；*Schäfer/Hamann*（Hrsg.），Kapitalmarktgesetze，Kommentar（Los-eblatt）；*Schwark/Zimmer*（Hrsg.），Kapitalmarktrechtskommentar，4. Aufl.，2010；*Viel*（Hrsg.），Europäisches Kapitalmarktrecht，2. Aufl.，2014.。

系统化的介绍：Frodermann/Jannott（Hrsg.），Handbuch des Aktienrechts，9. Aufl.，2017；*Happ/Groß*（Hrsg.），Aktienrecht，4. Aufl.，2015；Langenbucher，Aktien-und Kapi-talmarktrecht；*Marsch-Barner/Schäfer*，Handbuch börsennotierte AG，3. Aufl.，2014；MünchHdb-GesR IV：Aktiengesellschaft，4. Aufl.，2015；*Ziemons/Binnewies*，Handbuch der Aktiengesellschaft（Loseblatt）.

法院判决概览：Hirte，NJW 2003，1090，1154，1285；2005，477；2007，817；2008，964；2009，415；2010，2177；2011，656；2012，581；2013，1204；2014，1219；2015，1219；2016，1216；*Lutter*，Entwicklung und Fortbildung des Rechts durch Entscheidung：Der Bundesgerichtshof und das Aktienrecht，in：50 Jahre Bundesgerichtshof，FG aus der Wissen-schaft，Bd. 2，2000；*K. Schmidt*，Rechtsfortbildung im Unternehmens-und Gesellschaftsrecht durch die Rechtsprechung des BGH，NJW 2000，2917；ferner Gesellschaftsrechtliche Vereini-gung，Gesellschaftsrecht in der Diskussion，Jahrestagungen ab 1999. Zu weiter zurückliegenden Zeiträumen s. 21. Auflage dieses Lehrbuchs.。

有关历史发展的（选择）：Bahrenfuss，Die Entstehung des Aktiengesetzes von 1965，2001；*Bayer/Habersack*（Hrsg.），Aktienrecht im Wandel，2007；*Horn/Kocka*，Recht und Entwicklung der Großunternehmen im 19. und frühen 20. Jahrhundert，1979；*Kalss/Burger/Eckert*，Die Entwicklung des österreichischen Aktienrechts，2003；*Mülbert*，Aktiengesellschaft，Unternehmensgruppe und Kapitalmarkt，2. Aufl. 1996；MünchKomm-AktG/*Habersack*，Einl. Rn. 12ff.；*Schubert/Hommelhoff*，Hundert Jahre modernes Aktienrecht，1985；*Schubert/Hom-melhoff*（Hrsg.），Die Aktienrechtsreform am Ende der Weimarer Republik，1987；*Ulmer*，

Entwicklungen im Kapitalgesellschaftsrecht 1975 bis 1999, in Müller-Graff/Roth (Hrsg.), Recht und Rechtswissenschaft, 2001. - Zu jüngeren Reformen und Reformvorhaben MünchKomm-AktG/*Habersack*, Einl. Rn. 52ff.; *Windbichler*, FS 200 Jahre Juristische Fakultät der Humboldt-Universität zu Berlin, 2010, S. 1079..

有关欧洲发展的： *Bayer/J.Schmidt*，BB 2008，454；2010，387；2012，3；2013，3；2014，1219；2015，1731；*Grundmann/Möslein*，in：Bayer/Habersack（Hrsg.），Aktienrecht im Wandel，Bd. II，Grundsatzfragen des Aktienrechts，2. Kapitel；*Habersack/Verse*，Europäisches Gesellschaftsrecht，§ § 6f.；*Hopt*，FS Röhricht，2005，S. 235；*ders.*，FS H. Wiedemann，2002，S. 1013；*Kalss/Klampfl*，Europäisches Gesellschaftsrecht，2015；*Teichmann*，in：Gebauer/Teichmann（Hrsg.），Europäisches Privat-und Unternehmensrecht，2016，§ 6..

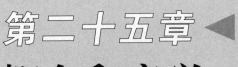

第二十五章
概念和意义

一、基本概念

1. 股份有限公司的法律属性

股份法第 1 条描述了股份有限公司的本质。股份有限公司虽然具有"合伙的词根"，但只是广义上的公司（上面第二章边码 9）。从严格的意义上讲，股份有限公司是**社团**，也就是**团体**。它独立于成员组成并**以团体化的形式组织起来**。因此，只要在股份法中存在漏洞，就不像在普通商事合伙情况下那样是补充适用民法典的合伙法规则，而是补充适用登记社团的法律规定。比如，民法典第 31 条、第 35 条就非常重要。股份有限公司有自己的法律人格，即是法人（上面第二章边码 7）。作为独立的法律主体，它是权利和义务的主体。它自己用其全部财产对其债务承担责任。法律排除成员对公司的债务承担责任。股份有限公司有**一个被分割成为股份的注册资本**。在法律上，这一注册资本的缴付和维持，以及内部组织居于首要位置，而成员的身份特性则退居次位。原则上，股份可以自由转让。股份有限公司与成员的数量和人员组成没有关系，是纯粹的**公司**（上面第二章边码 16 和边码 18）。此外，股份有限公司始终是**商事公司**，而无论其是否从

1

事商事营业。它的目的无须定位于营业或者获取盈利，如也可以是公益性的。① 即使如此，它也是商人（**要式商人**，股份法第 3 条第 1 款，商法典第 6 条第 2 款）。它适用商法规定，并且无须再审查商法典第 1 条及其后条款。

2　　在第 3 条第 2 款中，股份法区分**上市的**和**非上市的股份有限公司**。非上市股份有限公司适用较少的强制性规定，所以有较大的设计构建空间。同时，股份法使用"有价证券发行人"的概念，并且对此参照有价证券交易法第 21 条第 2 款，例如在第 20 条第 8 款中。此外，股份法还使用商法典第 264d 条意义上的"以资本市场为导向的公司"这一概念，并且参照专门领域的欧盟指令中的概念，例如在第 100 条第 5 款中。对于上市公司，还要额外适用资本市场法律的规定（有价证券交易法、有价证券和企业收购法等）。按照年度财务会计指令（上面第二章边码 28），商法典第 319a 条将这些公司概括到"涉及公共利益的企业"的概念下。因为这些概念所涵盖的内容并非完全一致，始终需要检查每一个规则的适用范围。股份有限公司是一个**世界范围内通用的公司形式**②，但各个国家的设计构建之间的差异是显著的。在欧盟范围内，相似性可以轻易地从那些将其适用范围限定于股份有限公司的指令中得知。在那里，其他成员国的与股份有限公司对应的公司形式，被一一列举。③

2. 注册资本和股份

（a）注册资本

3　　作为公司，每个股份有限公司都必须有一个**数额由章程确定的注册资本**（第 1 条第 2 款、第 23 条第 3 款第 3 项）。在其之下，应该将其理解为股东于公司设立时必须缴付的最低资本金额。注册资本必须至少达到 **5 万欧元（最低金额，**第 7 条）。它被分割成为单个的份额，即股份。如果公司发行面额股，注册资本和股份的金额必须以欧元表示（第 6 条）。注册资本是股份有限公司设立人必须缴付的最低金额。注册资本确定原则符合欧盟资本指令第 2 条和第 6 条（上面第二章边码 28）。然而，没有一个法律规定要求公司应配备与其从事的业务规模相适应的注册资本。基于不同的原因，这也是没有意义的。（上面第二十章边码 4）不同于有限责任公司，股份有限公司的注册资本在现实中通常远远超过最低金额。

举例：在 2016 年 9 月 30 日，西门子股份有限公司的注册资本达到 2 550 000 000.00 欧元，被分割成为 850 000 000.00 个无面额股（2016 年年度决算，第 14 页）。

注册资本的金额是一个**固定的**数额。在**章程未被修改**的情况下，**不可以改变它。**只有在第 202 条及其后条款规定的核准资本这一种情形下，这个原则才在一定范围内被突破（下面第三十二章边码 29）。④ 作为固定的金额，注册资本是一个计算数额（会计科目），因此不能将其与不断变化的**公司财产相混淆**（上面第二十章边码 5）。

4　　在上面西门子股份有限公司（注册资本为 25 亿 5 000 万欧元）的例子中，资产负债表上的自有资本达到 193 亿 6 800 万欧元，而公司财产达到 698 亿 1 400 万欧元（2016 年年度决算，第 7 页）。⑤

---

① 举例：柏林动物园股份有限公司，章程第 3 条（http://www.zoo-berlin.de/fileadmin/down loads/pdf/zoo/unternehmen/Satzung_zoo_Berlin_AG_i.d.F._vom_13.juni_2013.pdf）[30.6.2017]。

② *Armour/Kraakman/Davies*，in：Kraakman/Armour u.a.，Anatorny S.1 f.

③ 举例：资本指令（第二号指令）第 1 条第 1 款。

④ 一个特别的例外就是其注册资本非固定的投资股份有限公司，见资本投资法典第 108 条及其后条款。

⑤ http://www.siemens.com/investor/pool/de/investor_relations/Siemens_SAG2016_D.pdf [21.4.2017]。

　　法律试图确保**注册资本的缴付**以及**维持**一个与注册资本相对应的公司财产。股份法 5
的这个基本原则同样也被规定在资本指令中。法律首先是为了借此**保护债权人**。股份有
限公司是法人。对于债权人，只有它承担责任，而单个的股东或机关成员则不承担责
任。基于这个原因，其债权人比合伙的债权人更容易受到侵害。股份有限公司应该尽可
能地获得并维持一个与其注册资本金额相对应的（最低）财产，借以保护债权人。法律
自然不能阻止亏损的产生，但无疑可以禁止通过向股东进行支付而导致公司财产任意减
少。有一系列的具体规定服务于这一努力，即确保并维持股份有限公司的注册资本（下
面第二十六章边码 14 及其后边码，第三十章边码 20 和边码 28）。⑥

　　（b）股份

　　词语"股份"具有**三重含义**。

　　（aa）它首先表示**注册资本的组成份额**。根据第 1 条第 2 款，注册资本被分拆成为 6
单个的份额，而这些份额被称为股份。因此，这是合乎逻辑的，即用注册资本的组成份
额来表示股份：1/3 000，1/5 000 等（所谓的分数股，就像它在一些外国法律中出现的
那样）。在无面额股情况下，可从发行的股份数量与注册资本的关系中推导得出份额。
但**面额股**表现为一个固定的以欧元为单位的数额（第 8 条第 4 款）。直到 1998 年，德国
都只允许发行面额股。⑦

　　但无论如何，从计量上的注册资本参与或票面金额中，不可以推导得出这一结论，
即股份以书面的形式确认了一个确定金额的请求权，或者股份始终拥有一个确定的价
值。在经济上，它仅仅意味着在各自当时的公司财产和预期收益上有一个确定的份额。
因此，股份在股市市价中表现出来的价值，通常不同于票面金额。公司的股份市价的总
额，被称为市值或者市场价值。它通常远远高于注册资本。在上面西门子股份有限公司
（注册资本为 25 亿 5 000 万欧元，资产负债表上的自有资本 193 亿 6 800 万欧元、公司
财产为 698 亿 1 400 万欧元）的**例子**中，市值就达到 842 亿 2 300 万欧元。⑧

　　股份的**最低面额**是 1 **欧元**，而较高的面额则必须是欧元的整数倍（第 8 条第 2
款）。⑨ 股份有限公司的股份无须是同一面额。与此相反，一个股份有限公司不能同时
拥有无面额股和面额股。第 8 条第 1 款将这两种形式作为相互替代物来供人选择采用
（"要么—要么"）。在无面额股情况下，分摊到单个股份上的注册资本的份额，应该不
低于 1 欧元（第 8 条第 3 款第 3 句）。

---

　　⑥　如何才能让确定资本制、最低资本制以及资本缴付和维持原则等组成的这个体系具有保护债权人的功效能力，
是有争议的；欧盟以外的其他国家（特别是美国）不认识这些原则并用其他手段来实现债权人保护；比较 Baumbach/
Hueck/*Fastrich*，Einl. Rn. 51；*T. Bezzenberger*，Das Kapital der Aktiengesellschaft，2005；*Drygala*，ZGR 2006，
587；*Escher-Weingart*，Reform durch Deregulierung im Kapitalgesellschaftsrecht，2001，S. 235 ff.；*Hopt*，FS Wiede-
mann，2002，1013，1018ff.；*Kübler*，Aktie，Unternehmensfinanzierung und Kapitalmarkt，1989；Lutter（Hrsg.），
Legal Capital in Europe，2006（ECFR Sonderband 1）；*Merkt*，ZGR 2004，305；*Mülbert/Birke*，EBOR 3（2002）695；
资本指令为股份有限公司规定了确定资本制及其缴付和维持的最低规则。尽管持续地进行着讨论，但改变这个在整个
欧盟实施的原则是不太可能的；比较 *Kalss/Klampfl*，Rn. 312.

　　⑦　"无面额股"或"非真正的数额股"，过去很长时间都被认为与确定的注册资本不能协调一致，而面额股与注
册资本的金额建立了一个清楚的连接。在转化为欧元时面临的技术难度以及国际经验（这类股票没有特别的危险性）
压力下，股份法被 1998 年 3 月 25 日的无面额股法所修改。"份额股"的称呼避免了具有负面意义的组成部分，比如
"无金额的"或"非真实的"；但实际上，这两个另外的概念都是正确的。

　　⑧　http://www.siemens.com/investor/de/siemens_aktie/aktienkennzahlen.htm［21.4.20 17］.

　　⑨　关于原先很高的而现今很低的金额变化，见下面边码 31。

7　　　　　　(bb) 在股份之下，人们也将其理解为作为法人的股份有限公司中的**成员身份**。在这个意义上，股份反映出一系列的权利和义务（对此，见下面第三十章边码 12 及其后边码，边码 25 及其后边码）。**成员权利的内容**，不需要对所有的股份都一样。第 53a 条中所说的平等对待原则并不影响这一点，因为假如章程给股份配备了不同的权利，对其重要的同等条件就未被满足。在权利不同的情况下，每个具有相同权利的股份构成**一类**（第 11 条）。在特定的情况下，就有了意义（下面第三十二章边码 6）。例如，一定的股份可以享有优先权（**优先权股**），比如优先股息（下面第三十章边码 15 及其后边码）。人们习惯将没有优先权的股份称为**普通股**。

　　　　在上市公司情况下，从成员身份的角度去考虑问题，已退居到了次要的位置。股东作为投资者，首先是完全追求纯粹的经济利益。尽管如此，资本市场法上的义务，尤其是报告义务，是与表决权（即成员身份性质的权利）联系起来的（有价证券交易法第 21 条及其后条款）。含有成员身份性质的一些因素还是有意义的，比如在章程修改和公司结构措施情况下（下面第三十二章及其后章节）。普通股和优先股按照不同的有价证券代码来交易，其市价也大多不同。

8　　　　　　(cc) 此外，股份也被用来表示**股票**。早先流行用单独的股票形式表示成员身份。因此，成员权利的行使就与股票占有捆绑在一起，可以通过转让股票来转让成员身份。在这个意义上，股票是**有价证券**（下面第三十章边码 1）。但签发单独的证明文件，不起决定性的作用。章程可以限制或排除要求制作股票的请求权（第 10 条第 5 款）。股份是记名的（**记名股**），或者是不记名的（**不记名股**，第 10 条第 1 款）。签发何种形式的股份，必须与章程一致（第 23 条第 3 款第 5 项）。

　　　　根据第 10 条第 1 款第 2 句，**不记名股**只有在特定的前提下才是被允许的。这一限制来源于 2016 年股份法的修订部分（下面边码 33）。只要*出资还没有被完全履行*，就**只允许发行记名股**（第 10 条第 2 款）。由于支付义务仍还存在，股份有限公司必须要能够随时确定对其承担责任的股东。基于相似的理由，在存在*附属给付义务*的情况下，法律也规定采用记名股（第 55 条）。此外，假如股份转让需要公司的同意（**转让受限制的股份**），则必须发行记名股（第 68 条第 2 款）。

　　　　应该与股票区分开的是**股款缴纳凭证**（*临时凭证*）。在其之下，应理解为暂时性的成员身份的证券化（第 8 条第 6 款）。假如应该发行记名股而出资又还没有被全额支付，则就可以考虑发行股款缴纳凭证。因此，股款缴纳凭证本身绝对不可以是不记名的（第 10 条第 3 款和第 4 款）。此外，它们原则上适用与股票一样的规定。它们已经提供了完全的成员权利，是真正的有价证券（指示票据，第 68 条第 5 款）。与股票一样，只有在股份有限公司登记于商事登记簿之后，才可以发行股款缴纳凭证（第 41 条第 4 款）。关于股份转让见下面第三十章边码 1。

9　　　　　　**债券**和其他有价证券**不是股票**。它们大多是不记名的。在其之中，不是成员权利，而是针对股份有限公司的债权，被证券化了。它们也在股市上交易（比较有价证券交易法第 2 条第 1 款）。关于债券和可转化债券的特别形式以及盈利债券，见下面第三十二章边码 11 及其后边码。所谓的**衍生证券**（有价证券交易法第 2 条第 2 款）同样不是股票。

　　　　3. 董事会、监事会和股东大会

10　　　　　　股份有限公司是团体和法人。为了能够行为，它需要一定的机关。这些机关负责内部的意思形成以及其对外的实施（上面第二章边码 12）。民法典为社团规定了两个机关

（成员大会和董事会，见民法典第 26 和第 32 条；相似的是有限责任公司情况下的股东会和业务执行人，上面第二十二章边码 1）。不同于社团，股份有限公司始终有三个机关：**董事会、监事会和股东大会**。机关之间的相互关系，是通过一个**主要是强制性的职权分配**来确定的。其特征是追求大致的平衡和有效的监控机制。这个 *checks and balances* 体系占据了**"公司治理"**讨论的大部分（下面边码 40 及其后边码）。

在术语上，人们通常用**管理机关**一词来概括董事会和监事会。该词是对它们在通常的业务执行和业务决策时的共同作用的描述，以区别于没有参与其中的股东大会。对于有三个独立的机关存在，这一语言习惯没有改变什么。在商法典规定的股份法律中，就已经规定了这三个机关。最近几年的众多股份法改革，主要涉及强化监事会工作、改善董事会与监事会的协同合作以及其他方面的内容。在管理委员会体系（比如瑞士、法国（是可选择的）、意大利、西班牙、希腊、英国、爱尔兰、美国：board of directors）下，不必在形式上将业务执行和监督拆分给两个机关。但是，这些国家的法律体系也在管理委员会之中进行了功能性的区分。其依据是负责执行业务的成员和负责监督的成员。因此，至少是在大型公司中，实际上的差异并不是非常巨大，更多的只是涉及法律文化的问题。[10]

（a）董事会

业务执行和**对外代表**只存于董事会。在此过程中，董事会以自我负责的形式进行活动（第 76 条）。这是建立在这样的一个经验基础上的，即基于经济生活的需要，大多数股份有限公司下的大型企业的领导权利，必须集中于少数几个有能力的和热情从事企业活动的专家手中。只有当他们能够广泛独立地执行业务时，他们才能够成功地完成任务。在一些国家中，企业传统是一个人独居于企业之顶端（*chief executive officer-*CEO，*Président directeur général-*PDG）。与之相反，德国法律采用了**集体决议原则**（下面边码 29，第二十七章边码 6）。

11

（b）监事会

监事会**委任**和**监督董事**（第 84 条，第 111 条）。监事会既不能自己实施公司的业务执行行为，也不能对董事会下达指示。在一定的问题上，章程或监事会自己可以要求董事会征得其同意。监事会的监督，不以事后监督为限。监事会更多的是通过向董事会提建议的方式来对重要的未来业务政策施加影响。就这一点而言，监事会对应于不负责日常业务执行的管理委员会委员（管理委员会体系中的所谓的非执行董事）的部分职责。

12

（c）股东大会

股东大会是**股东**行使其权利的主要机关（第 118 条第 1 款）。股东大会拥有**基本性的职权**，对**章程修改**（第 179 条）和公司结构变更（下面第三十三章）负责。除此之外，重复出现的措施，通常也是股东大会的职责。股东大会**选举监事**，委任财务会计报告审计人员以及决定结算盈利的分配。在业务执行问题上，只有在董事会要求的情况下，股东大会才可以进行决定（第 119 条第 2 款）。再由监事会本身委任董事。股份有限公司的这两个机关的人员组成，由此受到股东大会的（间接）控制。对此也包括**可以**

13

---

⑩　*Davies*，ZGR 2001，268；*Hopt*，in：Hopt/Kanda/Wymeersch/Prigge，Comparative Corporate Governance，1998，S. 223 ff.；Großkomm-AktG/Kort，Vor § 76 Rn. 2；*von Hein*，Die Rezeption US-amerikanischen Gesellschaftsrechts in Deutschland，2008，S. 42f.，161 ff.，206f.；*Windbichler*，ZGR 1985，50；*dies.*，JZ 2008，840，845f.

解任监事会中的资方代表以及将监事任职期限限定于四年。之后，股东大会再重新决定委任。此外，股东大会可以不再给予董事会信任，这可能导致董事会的解任（第84条第3款第2句）。与此相反，股份有限公司在事实上的权力分配，却强烈地依赖于具体情况下的事实状况（下面第二十七章边码2）。

二、经济意义

1. 资本通道

14　　股份有限公司的经济意义，首先是以这种可能性为基础的，即为**获得**特定经济活动所必需的**大量资本金额**，而在**公共的资本市场**上利用广大的投资群体。根据其基本设想，股份有限公司是适合于资本市场的。对于参与一个股份有限公司，法律只提了很小的要求。它只要求支付一定的金额或股份购买价款。除此之外，股东不再承担义务，并且股东不被要求具有商人的知识和能力。但股东以此来分担企业风险，即其股份参与将依据股份有限公司经营结果的不同而获得或丧失价值。股东无须进入一个持久性的联结关系。尽管对于股份有限公司的经济运行来说，注册资本的持久性联结是必不可少的，但股份的轻易转让使得单个股东可以通过出卖来实现其参与价值（**股市交易，股票市价**），并且公司无须向股东返还出资。[11] 通过这种简单的参与形式，股份有限公司能够筹集到大量的资本。而在其他公司形式下，这通常是不可能的。与此同时，风险被分给了众多的人，以至于高风险的商业计划也可以筹集到资本，只要资本市场给企业提供了相应的机会。在公众性股份有限公司情况下，股份通常被分割成小块（1欧元的面额或者相同计算数额的无面额股），并且其市价也相应地一目了然。[12] 鉴于此，中小投资者也可以通过**参与**不同的行业来广泛**分散**其投资并借此减少**投资风险**。相应地也适用于机构投资者（保险、养老基金、投资基金）。它们的任务就是将盈利预期与风险置于适当的关系之下，投资客户资金并让其重新处于可支配的状态。

15　　这些有利于筹集大量公司资本的条件，成为股份有限公司的优势。因此，股份有限公司很久以来就是**大型企业优先选择的公司形式**。在定位于市场经济的经济体系中，它在数量上没有发挥领导性的作用，但着眼于雇用职工、投资和生产效率，也是确实扮演着领导的角色。[13] 与此相对应，追求工业化的国家正努力谋求一个现代化的股份法。在此过程中，存在不同的模范可供选择。[14]

　　一方面，股份有限公司的资本化结构（上面第二章边码18）让股东的身份特性完全退居次位。而另一方面，股份有限公司的团体化组织使得其除了适合于**企业联合**参与之外，还尤其适合作为**康采恩公司**。基于这些原因，国家和地区层面上的公共大型企

---

[11] 所谓的财产分离原则，以及实体保护原则（见上面第三章边码1和第四章边码8），在股份有限公司中是执行得最彻底的。

[12] 在上面边码4和边码6西门子股份公司的例子中：2016年9月30日的每股股价为104.20欧元；其法定股本为15亿欧元，分配到8.5亿股中，每股的可分配价值（第8条第4款）为3欧元。

[13] 2011年，15 975家大型企业（占到所有企业的0.7%）雇用了39.8%的劳动者；每名劳动者所达成的营业额、投资额和附加价值明显比中小企业更高；*Söllner* in: Statistisches Bundesamt, WISTA 1/2014, S. 40, 43；也比较上面第四章边码11。

[14] 比如中国，见 *Fu/Yuan*, PRC Company & Securities Laws – A Practical Guide, 2006；*Tomasic*, Journal of Corporate Law Studies, 2015, 285；此外见 *Wei*, Comparative Corporate Governance：A Chinese Perspective, 2003。

业，以及混合经济企业，非常喜欢采用股份有限公司形式。这也是着眼于**可能的私有化**和利用资本市场的目的。由此带来的利益冲突，也反映所提出的公司法问题上。[15]

2. 生产性资本的配置

对于**由市场程序调节的生产性资本的投入**，股份有限公司提供了优秀的公司法律前提条件。[16] 就这一点而言，单个的股份有限公司不仅要着眼于业务活动以及产品、劳务和信息的供给展开竞争，而且要着眼于资本的筹集展开竞争。假如它的收益落后于其他企业的收益或者它的预期收益不被看好，则会导致投资者将其资金投给其他企业。其结果，为公司筹集资本将变得非常艰难。它甚至可能成为投资者或其他企业的收购目标，即相信可以通过改变企业领导、业务活动等来发挥其未在股票估价中反映的经济潜力。资本市场以个人或机构不可能达到的规模和复杂程度加工处理企业信息。[17]

3. 市场控制和规范

股份有限公司开启的种种可能性，导致了权利滥用的危险。股份法历史和股份法改革昭示了众多这样的努力，即**在规范和自由发挥之间**，建立一个与各自当时的经济和政治框架条件相对应的均衡。股东和机关成员对公司债务不承担个人责任，要求有**债权人保护规定**。经济上不是专家的对具体企业状况不甚了解的广大公众群体参与公司，更容易导致**管理者获得广泛的独立**，以至于可以通过非诚实的业务活动来剥削投资者。严格的公司设立规定、广泛的公开义务以及严密的年度财务会计报告和审计等，都是为了**保护债权人和投资者**。对于股份有限公司机关相互之间的关系，应该如此加以规范，即对于业务领导来说，一方面要保证其必要的灵活性并有利于进行决策，而另一方面要保证足够的监督。股份有限公司具有通过康采恩联合和其他**企业联合**来相互联结的倾向。这使得有必要保护从属公司本身以及还有其债权人和外部股东。为此创设的**关联企业法律**（第15条至第19条，第291条至第328条）只是部分实现了这一目的。那些没有建立专门的康采恩法律的法律体系，特别是关于**多数股东与少数股东之间冲突**的法律规范，是通过（变更）适用一般性的规定来达到这一同样目的的。[18]

在**制度经济学**中，人们说这一关联中存在一系列的代理问题（*agency conflicts*）。[19] 作为投资人，股东不愿意自己经营企业，而是将这一任务让渡给作为代理人的股份有限公司的管理者。尤其是董事，他们利用他人的金钱从事企业经营活动。对于股份有限

16
17
18

---

[15]　比如比较 *Hüffer/Koch*，§394 Rn. 2ff.；*Kater*，Grundrechtsbindung und Grundrechtsfähigkeit gemischtwirtschaftlicher Aktiengesellschaften，2016，S. 105ff.。

[16]　关于使用作为法律形式的合伙（为了通过广大投资公众参与而筹集大量公司资本），以及由此所产生的问题，见上面第十九章。

[17]　资本市场在多大范围内是"有效的"，也就是实现最佳的资本配置，在具体情况下是有争议的；*Cheffins*，S. 55 ff.；*Klohn*，Kapitalmarkt, Spekulation und Behavioral Finance，2006，S. 46f., 127, 156f.；*Raines/Leathers*，Economists and the Stock Market. Speculative Theories of Stock Market Fluctuations，2000；Ruffner, Die ökonomischen Grundlagen eines Rechts der Publikumsgesellschaft，2000，S. 349 ff.；*von Hein*，Die Rezeption US-amerikanischen Gesellschaftsrechts in Deutschland，2008，S. 639ff.；更多的说明论证，见 *Langenbucher*，§1 Rn. 29ff.（资本市场的功效能力是立法规范所追求的）；*Grundmann*，European Company Law，Rn. 658；*Kübler/Assmann*，§32 II 2, 3；*Merkt*，Unternehmenspublizität，2001，S. 300, 306 ff.；*ders.*，JURA 2006，683，687 ff.；*Homann/Suchanek*，Ökonomik，2000，4.1.3.；*Schwark*，FS Lutter，2002，S. 1529.。

[18]　比较 *Forum Europaeum Konzernrecht*，Konzernrecht für Europa，ZGR 1998，672；Großkomm-AktG/*Windbichler*，Vor §§15ff. Rn. 73ff.；*Grundmann*，European Company Law，§311；*Hopt*，ZHR 171（2007），199.。

[19]　*Armour/Hansmann/Kraakman*，in：Anatomy，S. 35ff.；Ruffner, Die ökonomischen rundlagen eines Rechts der Publikumsgesellschaft，2000，S. 81，131 f.；也比较 *Kübler/Assmann*，§14 III.。

公司的情况，他们拥有巨大的信息优势。基于此，存在采取投机行为的诱惑力，即在违背股东利益的情况下，追求自己的经济利益和人身利益。从中，就产生了监督问题，即如何才能够阻止和防范这样的行为，而又不会使得为此支付的费用吞噬了措施所带来的收益。相似的也适用于大股东。他决定公司的命运并由此同时控制（被多数票否决了的）少数股东。另外，还有其他的以特别方式与股份有限公司相关联的人的利益，特别是员工利益（所谓的 stakeholder）。他们可能不能通过适当的协议设计构建以及利用保护性的法律规定来维护其利益。在这一关联上，如果说股东是公司的"所有人"，则主要是着眼于他们承担其投资亏损的风险，以及他们因此对扣除所有费用后的盈利享有的权利（residual ownership）。[20] 不可以将其与法律上的所有概念相混淆。

资本市场的**功效能力**以及由此还有其监控功能的发挥（上面边码 16），是以股票能够作为同质的大量物品进行交易和以可比方式展现公司情况为前提条件的。而这些是通过强制性的最低标准和信息义务来实现的。因此，除欧盟成员国公司法律（目前，它们在欧盟框架下被进行了一定的协调）之外，还有成员国以及欧盟资本市场法、国际标准（"best practices"）和上市规则。对于市场程序本身在多大范围内也对股份法的发展发挥影响，这在具体内容上还存在争议。[21] 但无论如何，股份有限公司非常巨大的经济意义，并不要求只考虑将强制性法律作为其规范手段。任意性的规定[22]、激励性的立法[23]、自愿遵守的行为准则、公开义务以及章程自由框架下被证明有效的运行模式[24]，都可以发挥显著的监控作用。

19　　　　不断增加的企业规模（上面边码 15），给公司带来了经济重要性的膨胀。但这并不要求必须通过公司法来保障力量的均衡和**维护公司普遍的、外在的利益**。这更多的是竞争法和**通过一般立法来加以调整**的事情。例如，不管企业载体的法律形式如何，营业经营都需要一定的官方许可（营业管理法、环境保护规定、银行和保险监督等）。那些被认为需要特别保护的人员群体，会以此身份受到特别规范的调整（劳动法、消费者保护）。与此同时，存在这样的一种发展趋势，即为大的或者上市的公司设置更大的义务——"**社会化**"[25]。作为国际私法意义上的干预法，还是作为针对欧盟基础自由限制的正当化，对于规定的这一分类，为了社会共同政治目标的需求而在法律上是与此相关的。此外，这也带来了宪法上的问题。企业共同决策机制，指明了雇员对于公司政策考虑的方向（下面第二十八章边码 9 及其后边码）。2015 年 4 月 24 日的关于男性和女性在管理职位上平等参与法（GlTeilhG），也带来了提高女性在董事会和监事会比例的规定，

---

⑳　Hansmann/Kraakman, in: Kraakman/Davies/Hansmann u. a., The Anatomy of Corporate Law, 2004, S. 13 ff.；也比较 Ruffner, Die ökonomischen Grundlagen eines Rechts der Publikumsgesellschaft, 2000, S. 135 f.；剩余监控。

㉑　关于法律体系的竞争，见上面第一章边码 21。

㉒　Armour/Hansmann/Kraakman, in: Anatomy, S. 20f；Möslein, FS Hopt, 2010, S. 2861；ders., Dispositives Recht, 2011, S. 38ff.；132ff.

㉓　Fleischer, ZHR 168（2004），673，692 ff.；Hommelhoff/Mattheus, AG 1998, 249, 250；Windbichler, FS Hopt, 2010, S. 1505.

㉔　举例：英国公司附表 A 表中的章程范本；也比较关于有限责任公司法第 2 条第 1a 款的功能，上面第二十章边码 22。

㉕　比较 Dreher, AG 2006, 213；Habersack, Staatliche und halbstaatliche Eingriffe in die Unternehmensführung, Gutachten E zum 69. DJT, 2012, S. E 36ff；Habersack/Kersten, BB 2014, 2819, 2822ff.；KölnerKomm-AktG/Mertens/Cahn, Vor § 278 Rn. 9："通过法律理论和加密法得以加强的限制（权力—官僚主义的管理支柱）"；Merkt, ZGR 2016, 201, 203；Teichmann/Rüb, BB 2015, 259f；Windbichler, NJW 2012, 2625.。

但根据其名称并不具有任何基本性的公司法目标。㉖根据商法典第289条b及其后条款的针对定位于资本市场的公司报告义务，导致应当关心那里所提及的利益（比较下面边码41）。对于股份有限公司管理者，应当或者必须在多大范围内还可以在股东利益之外追求其他利益，这不仅在法律比较上，而且在企业经济学上，都存在争议（对此，进一步见下面第二十七章边码23）。对于股份有限公司的不同的调节机制（不仅是法律上的调节机制），将在关键词**公司治理**（下面边码40及其后一个边码）之下总结论述。

参与股份有限公司，通常既不会在股东相互之间，也不会在股东与企业之间导致紧 20
密的联结。各个股东和股东群体可能会有非常不同的，甚至相互对立的利益。例如，大股东将他的参与视为自己的企业活动，而他还从事其他企业活动，在表决企业决策以及康采恩联结的优点和缺点（比较第15条及其后条款）时，就存在利益冲突风险。与此相反，投资性股东（机构投资者也一样），寻求长期的能够带来定期盈利的保值投资。投机性股东则希望通过短期的股价上涨来获取一次性的盈利，而股份有限公司未来的命运对其来说则是无所谓的。因此，没有**同质性的"股东利益"**㉗。根据在德国处于主导地位的利益多元化传统，另外还有股份有限公司企业中员工的利益。员工利益的定位，是员工工作岗位的安全和企业在社会领域中的贡献。在一定情况下，还有经济上处于依赖地位的供应商的利益以及公共利益。法律希望在这里实现一个均衡。从中可以解释说明，为什么与合伙法律和有限责任公司法律相反，立法者要为当事人的意思自治设置狭窄的边界，并且广泛创设强制性的规范。

4. 小股份有限公司和一人股份有限公司

前面提到的视角表明，股份有限公司主要是作为大型的上市企业的法律形式。适用 21
的绝大多数是强制性的并且主要是形式要求严格而复杂的股份法律。这导致在法律上和管理上（以及由此在经济上）产生巨额的费用。因此，对于不能承受这一费用的中小型企业来说，有限责任公司是更加适合的，如果他们希望采用公司法律形式的话（上面第二十章边码8）。然而，有限责任公司的优势，是以较小的信贷可能性以及广泛放弃利用资本市场为代价的。针对有限责任公司份额的交易市场是有限的，没有一个股市交易。根据改组法，有限责任公司可以转变成为股份有限公司（反之亦然）。为了让选择这样的法律形式更改成为多余，立法者松动软化了所谓的小股份有限公司的法律规定。㉘尤其是在90年代后期，股份有限公司的新设数量显著增加。这也与创设了法律

㉖　BegrRegE BT-Drucks.18/3784，S.42，119；由此应当或者能够在多大程度上对更好的企业运营起作用，是存在争议的；经验主义的研究得出这一结论，对于女性比例在所有员工中占比高的企业，以及其产品和服务主要销售给个人消费者的企业来说，女性在监事会中的积极表现作用，在统计上是显著的；由此产生的对此的全面影响不是显而易见的；*Lindstädt/Wolff/Fehre*，Frauen in Führungspositionen，2011，Untersuchung fur das Bundesministerium Für Familie，Senioren，Frauen und Jugend（https://www.bmfsfj.de/blob/93882/c676a251ed4c36d34d640a50905cb11e/frauen-in-fuehrunspositionen-lang fassung-data.pdf）[11.2.20 17]；有关研究的概览，见http://ec.europa.eu/justice/gender-equality/files/womenonboards/factsheet-general-1_en.pdf [21.4.20 17]。无论如何，因果关系的证据是有问题的，其不能通过关联性而产生。

㉗　Großkomm-AktG/*Kort*，Vor § 76 Rn.69；*Kübler/Assmann*，§ 14 II 2 c；*Ruffner*，Die ökonomischen Grundlagen eines Rechts der Publikumsgesellschaft，2000，S.458 ff.；*Siems*，Die Konvergenz der Rechtssysteme im Recht der Aktionäre，2005，S.72 ff.

㉘　1994年的关于小型股份有限公司和为了解除股份法的监管的法，见下面边码33；对此见 *Habersack*，AG 2009，1，2ff.。

规定较为宽松的资本市场分场有关。㉙ 所谓的 start-up 热情自然，与相应的开张失利和破产数额相对应。对于新设公司来说，有限责任公司这一法律形式也在此范围内得到了增强。

22   正如有限责任公司（上面第二十一章边码 34 及其后边码），股份有限公司也可以作为**一人公司**设立（第 2 条）。㉚ 在合伙情况下，如果成员数量降低到一人，就意味着合伙终止（上面第九章边码 10 和边码 16，第十章边码 1，第十二章边码 1）。而对于公司，其建立在公司财产以及团体性的内部结构之上的组织是如此独立，以至于即使不再存在多个成员，它也能够继续存在。这样，尽管不再存在一个真正的人的团体意义上的公司，但成员身份（股份）的客观存在，以及股份有限公司的法人特性（连同其团体性的组织结构）仍然继续得到维持（上面第二章边码 7）。在一些情形下，这只是股份有限公司暂时性的过渡阶段。由于股份可以轻易转让，它可以很快就变成一个多人公司。另外，在不同的企业联合设计构建情况下，一人股份有限公司是一个重要的工具。而在公司加入情形下，它甚至是必不可少的（第 319 条、第 320 条）。一人股份有限公司也被作为公共机构从事私经济活动的法律形式来使用（例如：德国铁路股份有限公司）。

23   法律将一人股份有限公司与任何其他股份有限公司同等对待。除一些例外性的规定（比较第 42 条）外，原则上适用**所有的股份法规范**。㉛ 首先，公司必须有**法律规定的机关，即董事会、监事会和股东大会**。唯一的股东独自构成股东大会。因此，他的决议就是股东大会决议，但需要相应的形式（比较下面第二十九章边码 23）。他可以将自己选入监事会或者让其委任为董事。在具体案件中，法院判决阻止一人公司的*滥用*。在具体情况下，尤其应该谨慎审查，是否以及多大范围内应该在法律上将公司与其背后的唯一股东等同处理（所谓的穿透）。这个问题主要在有限责任公司情况下被提出来（上面第二十四章边码 27）。但仅仅是只有一名股东的事实，无论如何还不能够论证说明穿透的正当性。

5. 推广普及

24   不管股份有限公司在德国最大的 100 家公司中的份额如何，股份有限公司的意义没有在其数量发展的推广普及上得到反映。其与有限责任公司的关系，可以在注册资本的聚集趋势中看出来（上面第四章边码 11，第二十章边码 12 及其后一个边码）。经济上的重要性，也体现在具有营业税课税义务的货物和服务上面。据此，2014 年，数量众多的具有营业税课税义务的有限责任公司，分摊了 38.43％的货物和服务，即 545 352 家有限责任公司，对应大约 16.82％的纳税义务主体。与此同时，8 038 家股份有限公司（包括股份制有限商事合伙和欧洲股份有限公司），即只占大约 0.25％的纳税义务主体，带来了 17.68％的货物和服务。㉜ 以 2014 年 7 月 1 日为基准日，有 534 家德国股份有限公司、

㉙ 关于建议市场组成的，见 *Buck-Heeb*，Kapitalmarktrecht，S. Aufl.，2016，Rn. 107ff.；对于是否应该以及在多大程度上能够在公司法上对资本市场为导向的公司和其他公司进行区分，见 *Bayer*，Empfehlen sich besondere Regeln für börsennotierte und für geschlossene Gesellschaften?，Gutachten E zum 67. Deutschen Juristentag，2008；*Windbichler*，JZ 2008，840.。

㉚ 在 1994 年的法律修改以前，就已经承认一人股份有限公司了，比如在股份法第 319 条（公司并入）中，但当时不能以这样的公司来新设公司。对于其扩展，见 *Bayer/Hoffmann*，AG 2016，R79.。

㉛ 关于具体细节，见 *Bachmann*，NZG 2001，961 ff.。

㉜ 联邦统计局（www.destatis.de），Fachserie 14，Reihe 8.1，2014，S. 44 Tab. 4.1.；关于历史发展，比较之前的版本。

股份制有限商事合伙和欧洲股份有限公司为第 3 条第 2 款意义上的上市公司。[33]

三、历史和法律渊源

1. 历史发展

股份法的发展历史，不仅表现了公司法在法律技术上的不断细化，而且反映了利益   25
冲突。现今，这些利益冲突在法律政策上也意义重大。属于其中的有国家监督的方式和
范围、股份有限公司作为独立法人的设计构建、股份有限公司作为股东相互之间以及与
配备有领导权力的人员群体（管理，管理人员）之间的复杂关系的设计构建，还有大企
业在经济和社会中的定位等，全部在内。

（a）在 1937 年的股份法之前的期间

股份有限公司*起源于近代初期*。尽管在古典时期的法律以及中世纪的法律中就已   26
存在相似于今天的股份有限公司的法律形式，但在其之下，无法证实其对现代股份有限
公司的产生有什么直接的影响。确切地说，它们的前身是国家债权人社团和**商业公司**
（Handelskompagnien）。最初，前者在意大利是这样的人的联合体，即将由他们缴付的资
本作为借款交给国库并为此配备社团权利和特权（热那亚的圣乔治银行，1404 年）。于
1694 年设立的英国银行只可以在其向政府提供的 120 万英镑的借款金额范围内承接债
务。对于其他债务，股东依照其股份占有的标准来承担责任。为了剥削新开发的殖民地
（美洲、东印度），自 17 世纪开始，不断在不同的国家内创设作为**殖民公司**的商业公司，
比如 1599 年的英国东印度公司（最早的）、1602 年的荷兰东印度公司和 1664 年的法国
西方印度公司。[34] 商业公司是自己具有法律人格的团体，并且大多被赋予了**公法上的国**
家主权。因此，它们需要国家特许。特许、国家主权的赋予以及与此相关的内部组织结
构的规定，是通过一个国家证书（特许状）来进行的。为此，人们称之为**特许制**。所
以，公司最初大多具有公法性的特征。

在*18 世纪*，这种公司形式扩大到了营业生活的*其他领域*，并且首先在海外贸易、
银行和保险业中发挥作用。与此同时，通过公司的独立、有限责任以及创设出了大大简
化份额转让的不记名股，这种法律形式得到了进一步的发展。在此期间，*股份业中出*
现了严重的滥用情形。这些滥用情形始终伴随着股份的历史发展。在英美法律中，股东
被作为公司财产主体来看待，公司财产由董事以信托的方式来管理。这表明股份有限公
司是一个这样的法律形式，即它很容易被那些不知廉耻的发起人和管理者滥用，以剥削
那些容易上当受骗的公众。与此相对应，立法者试图通过严厉的保护性规范来防止公众
遭受形式上不断翻新的滥用行为的侵害，但其大多只有有限的效果。在当时，巴黎约翰
法已经顾及到了欺诈性的公司设立，尤其是所谓的密西西比公司（印度公司）。几乎与
此同时，英国的"肥皂泡"公司，也导致了大规模的禁止（1720 年的*泡沫法*）。

真正的股份有限公司的繁荣期，还是开始于*19 世纪*。股份有限公司是工业化和资
本主义盛行时的典型企业形式。特许制被废除了。股份有限公司成为纯粹的私法性质的
团体。但要获得法律人格，刚开始还是需要国家许可（**许可制**）。对于欧洲大陆的法律
发展，法国居于领导地位。股份法在 1807 年的*商法典*中被调整规范。股份有限公司

---

[33] *Bayer/Hoffmann*，AG 2015，R91 ff.，对于确定数字的困难也是有益的。

[34] *Rothweiler/Geyrer*，in：Bayer/Habersack（Hrsg.），Aktienrecht im Wandel, Bd. I, S. 23, 29ff.

（即 *société anonyme*，匿名公司）被承认为私法性质的团体，但其设立需要国家的审查和许可。[35]

27　　　其他大多数国家遵循了这种模式。在*德国*，由于没有帝国立法，这一领域首先由各州法律规定，比如在 1838 年的普鲁士铁路法中。[36] 为获得所需要的资本，在股份有限公司之下的铁路公司在经济上发挥了特别大的作用。在 1850 年的普鲁士，它将近占到股份资本总额的 2/3。这还是随着铁路的国有化，才发生了变化。除此之外，股份有限公司还出现在采矿领域（与采矿法上的工会一起）和保险领域中。后来，银行领域和工业领域中的股份有限公司，开始占据越来越显著的地位。1861 年的*普通商法典*仍还以许可制为出发点，但允许各州法律进行偏离性的规定。[37]

　　　19 世纪后半期，在经济自由主义（营业自由）不断增加的过程中，国家控制开始缩退。取缔了国家许可要求，当时只是还要求股份有限公司的设立满足一定的法定最低条件。这些法定最低条件被确定于所谓的**准则制**之下。其遵守与否，由一个国家机关来审查。在德国，这一国家机关是登记法院。在有相应的证据情况下，**对于登记**于商事登记簿，当事人存在一个**法定的请求权**。股份有限公司通过登记获得权利能力。而依据旧的法律，国家机关可以根据自由裁量给予许可或拒绝给予许可。从法律比较上看，对于股份有限公司的组建，准则制（**即私法性质的法律行为加上登记**）现今已是**国际普遍标准**。[38]

　　　在德国，**1870 年的股份改革**开启了向准则制的过渡。它涉及相对少量的并且大部分只是形式性质的前提条件。跟随其后的是股份业领域中的**滥用**时期，即 19 世纪 70 年代上半期出现的所谓的**公司设立时代**。对于是否负责任地使用了由股东和债权人提供的资金，那时没有有效的监督体系。即使股份法不是这一弊端的唯一原因，众多欺诈性的公司设立，也表明准则制过于温和。因此，**1884 年的股份改革**对其进行了实质性的强化。首先，非常详细地规范了公司的设立过程，并且设立人承担严格的责任。此外，还通过一系列的大多是强制性的规则，来更大限度地保护股东。[39] **1897 年**的商法典重新规范了股份法，但没有太多原则性的改变。[40]

28　　　**第一次世界大战之后**，战争和通货膨胀带来了剧烈的财产转移。这再次导致了股份业领域中**弊端的大量显现**。股份多数权经常发生占有人转换并成为投机的对象。这也导致了股份法上特有的错误发展。其典型的例子就是**多份表决权股份**的广泛普及。

---

[35]　在法国大革命之后，股份有限公司一度被禁止，从 1796 年起才再度被允许新设；关于发展，见 *Rothweiler/Geyrer*，in：Bayer/Habersack（Hrsg.），Aktienrecht im Wandel，Bd. I，S. 23，35 ff.。

[36]　*Kießling*，in：Bayer/Habersack（Hrsg.），Aktienrecht im Wandel，Bd. I，S. 126，149ff.

[37]　*Pahlow*，in：Bayer/Habersack（Hrsg.），Aktienrecht im Wandel，Bd. I，S. 237，260ff.

[38]　在美国，纽约州早在 1811 年就出台了一部允许针对一定工业活动依照准则制设立公司的法律；1811 年的纽约法第 67 章"关于为制造目的设立公司的法律"；关于发展，见 *Allen/Kraakman*，Commentaries and Cases on the Law of Business Organization，5. Aufl.，S. 80；*Merkt*，US-amerikanisches Gesellschaftsrecht，3. Aufl. 2013，Rn. 14.。

[39]　*Reich*，in：Horn/Kocka，Recht und Entwicklung der Großunternehmen，1979，S. 255，262 ff.；*Schubert*，in：Hommelhoff/Schubert，Hundert Jahre modernes Aktienrecht，1985（ZGR Sonderheft 4），S. 64 ff.（设立人责任），96 ff.（个体权利和少数保护）。

[40]　关于这些发展的直观介绍，见 Meyers Großes Konversations-Lexikon，6. Aufl.，1902，Bd. 1，S. 242，"股份和股份有限公司"记录："股份事业的历史证明，已通过的法定规则之下不断出现欺诈和滥用，而这也促使通过法律改革来部分减少和消除它们，但公众自己也必须通过提高经济判断能力和促进健康的交易道德来为改善作出最大的贡献。"关于 1897 年商法典的股份法，见 *Pahlow*，in：Bayer/Habersack（Hrsg.），Aktienrecht im Wandel，Bd. I，S. 415；关于股份事业和股市历史发展的概览，见 *Hopt*，Kapitalanlegerschutz im Recht der Banken，1976，S. 15 ff.；关于从公开的角度探讨国家监控的替代，见 *Merkt*，Unternehmenspublizität，2001，S. 53 ff.。

与股份有限公司的资本特性相对应，原则上为每个股份提供一个投票权，即表决权按照资本参与的规模来分配。一名股东持有的股份数量越大，他在股东大会上享有的表决权数就越多，对股份有限公司的管理机关（监事会和董事会）的影响力因而也就越大。主要是针对公司重整情形，商法典规定股份可以配备多份表决权。在现实中，它起初只有很小的作用。越来越多的人开始利用这种可能性，比如为了防范股份有限公司遭受国内资本（但尤其是国外资本）"异化"的危险。假如现有的股东基于经济原因不希望或者不能够排除一名新股东的参与，他们至少还是希望阻止公司的控制权转移到陌生人的手中。因此，大股东通过章程条款创设配备有多份表决权的股份。这类股份是记名股份，只有经过公司同意才得转让。在发行（新的一般的）股份时，现有的大股东尽管在资本数量上丧失了多数，但仍然保留多数表决权以及由此对企业的控制。这样一来，多份表决权股份就普遍成为一种利用少量资本控制企业的手段。人们购买多数股份权并借此让公司向其发行多份表决权股份。多份表决权股份也许只有几千帝国马克。然后，他们再出卖原始股份并利用多份表决权股份控制企业。这样，多份表决权股份导致了资本参与与控制的分离，并进而导致歪曲股份法的基本理念。多份表决权的影响，在极端的情况下表现得尤其明显。如果最初赋予股份以两倍或三倍的表决权，则几年之后，就可能有百倍的，甚至千倍的表决权股份。

相似的弊端，也存在于所谓的**管理股**（即直接或间接属于股份有限公司自己的股份）情况下。这样，董事会可以行使表决权或者至少施加重大影响，并借此确保其权力地位。所谓的*银行表决权*。也在同样的方向上一再发挥作用。银行表决权是由此而产生的，即银行让顾客授权它以自己的名义行使在其保管库中存放的股份的表决权。由于与公司站得很近并且大多在监事会中有代表人的银行通常会表决支持董事会，故董事会和监事会的影响力也由此得到了大大增加。

所有的这些现象一起，导致**股东权利广泛遭受剥夺**以及这一基本原则的废弃，即对公司管理的影响力应该依赖于资本参与的规模以及由此承担风险的高低。与此同时，通过股东大会来控制管理者的机制，也受到了侵害。除此之外，其他弊端也暴露无遗。比如，资产负债表和公司报告欠缺透明性；公司过度获取自己的股份；按照个人威望的想法，让监事会由太多的成员或者拥有太多监事职位的人员组成。其结果，产生有效监督董事会变得不可能等诸如此类的弊端。

自20世纪20年代中期开始，人们强烈要求修改股份法。1930年至1932年的大规模经济危机，导致了一系列轰动性的企业破产（法兰克福法瓦格通用保险股份有限公司、达纳特银行、北方毛线公司），并由此让股份业中的弊端大白于天下。作为其结果，国家采取了相应的措施。首先是**1931年紧急命令**进行了**部分改革**，此外，还引入了**法律上的财务会计报告审计**。还是通过**1937年1月30日的股份法**，才实现了一个**全面的改革**。这个法律是以全面的准备工作为基础的，至少不是主要服务于纳粹思想的贯彻实施。[41] 在纳粹主义中，最初是高呼要求完全消除"匿名的"公司。然而，这种认识最终

---

[41] 这一确认是有意义的，因为通过1937年股份法实现的结构改变作为历史经验在今天的讨论中也值得充分地关注。此外，从第二次世界大战结束到1965年，联邦共和国还一直研究这一法律，对其的异议和由此而生的改革建议更多的是涉及功效能力的问题；奥地利没有进行全面的改革，1937年股份法通过众多细节修改（Austrifizierung；Umsetzung europäischer Richtlinien；AktRÄG 2009）作为结束；*Kalss/Burger/Eckert*，Entwicklung des österreichischen Aktienrechts，2003，S. 338，346 ff.；也比较 *Kropff*，in：Bayer/Habersack（Hrsg.），Aktienrecht im Wandel，Bd. I，S. 670，698ff.。

获得了胜利，即对于大型企业来说，公司形式是不可或缺的。因此，人们以此为满足，即限制其适用范围、简化小型公司向合伙或个体企业的变更（1934 年的改组法）以及在坚持其被证明有效的基本原则的前提下在个别要点上修改股份法；与此同时，将 1931 年的紧急管理法的规定融入其中。[42]

最重要的改革有：为将小型公司排除在外，采用了 50 万帝国马克的最低资本；明确规定了不同机关的职权，董事会的地位得到了强化，股东大会拥有有限的但是强制性的职权[43]；根据利益多元化原则，重新确定了董事的义务[44]；强化公开规则；限制多份表决权、管理股份和银行表决权；重新规范资本筹集（无表决权的优先股、有条件的增资和核准资本）。在形式上，1937 年的股份法取代了商法典中的股份法律（原第 178 条至第 334 条）。但是，这仅仅是基于技术原因和考虑到条款数量的大量增加。

(b) 1965 年的股份法

30

在第二次世界大战之后，股份法继续发展，但主要是通过股份法律内部的或者外部的单行法律来进行的。

● 1949 年 8 月 21 日的*用马克制作财务会计报告并调整资本法*是 1948 年货币改革的结果。具有持久意义的是注册资本最低金额从 50 万帝国马克降到了 10 万马克以及股份的最低面额从 1 000 帝国马克降到了 100 马克。两者都是顾及战后时期的资本贫乏。

● 1952 年 10 月 11 日的*员工代表共同参与决定法*、1951 年 5 月 21 日的员工在采矿和钢铁生产企业的监事会和董事会中的共同参与决定法（*煤炭钢铁员工共同参与决定法*）以及 1956 年 8 月 7 日的钢铁工业控股公司的员工共同参与决定补充法（*员工共同参与决定补充法*）是规范员工参与公司监事会和董事会的法律。1976 年的*员工共同参与决定法*扩大了企业员工共同参与决定的适用范围。对此，见下面第二十八章边码 9 及其后边码。

● 1956 年 11 月 12 日的*改组法*持久性地规范当时只是暂时允许的股份有限公司变更成为合伙或个体企业的情形。这一法律在 1969 年被修改了。现今的 1994 年改组法涵盖了法律主体的变更过程和其他的结构变更形式（下面第三十八章）。

● 所谓的*小股份法改革*(1959 年 12 月 23 日的法律）着手处理了三个紧急的改革要求：利用公司资产增资、员工股、强化盈利和亏损计算的公开规定。

31

1965 年的股份法改革在实质性部分构建了现今的股份法。接下来的改革涉及欧盟一体化、资本市场的世界范围开放以及与此相连的资本市场法的发展、对有效的监控结

---

[42] *Bayer/Engelke*, in：Bayer/Habersack（Hrsg.），Aktienrecht im Wandel，Bd. I，S. 619.

[43] 根据第 70 条第 2 款第 2 句，董事会主席在一定情形下有权通过决定性的一票来作出决定。而这曾被（错误地）解释为"领袖原则"的贯彻实施。比较 *Kalss/Burger/Eckert*, Entwicklung des österreichischen Aktienrechts, 2003，S. 320 m. Fn. 2156. 在法律比较上，它相反不是一个明显的阶层等级组织。在法国法中，董事会主席（Président Directeur Général，PDG）有业务领导权和代表权，比较 Artt. L225-51-1, L225-56 Abs. 1 code de commerce；*Cozian/Viandier/Deboissy*, Droit des societes, 27. Aufl.，2014，Rn. 530，587 ff.；关于首席执行官（CEO）的英国的影响，见 Davies, ZGR 2001，268，271；关于 CEO 的美国的影响，见 *von Hein*, ZHR 166（2002），464；*Allen/Kraakman*, Commentaries and Cases on the Law of Business Organization, 5. Aufl.，2016，S. 99："the company's Imperial Czar"；也比较 Spindler/Stilz/Fleischer，§ 77 Rn. 42.。

[44] 1937 年股份法第 70 条第 1 款的表述："董事会应在自我负责的前提下如此领导公司，即促进企业及其员工的利益和民众及帝国的共同利益。"抛开当时的时代语言不看，这与现今为很多人代表的多元化的"相关利益人价值至上"的思想相对应；也比较下面第二十七章边码 23 及其后一个边码。

构（公司治理）要求的回应以及技术发展，特别是可以进行电子化的信息交流。

1965 年 9 月 6 日的股份法，于 1966 年 1 月 1 日取代了 1937 年的股份法。不同于原先的股份法改革（如 1870 年、1884 年、1931 年、1937 年），这次改革不涉及针对具体弊端的斗争。1937 年的股份法在整体上经受起了考验。这次改革更多的是追求**一般性的经济和社会政策目标**。[45]

属于其中的尤其是努力促进**股份占有的广泛普及**，借以尽可能地让广大民众阶层参与生产性资产以及阻止资本聚集于少量大股东之手。瞄向同样方向的是简化**员工股份**的提供。员工股份不仅是为了让财产积聚于员工之手，也是为了让员工参与其工作的企业。[46] 强劲的股份扩散和员工股份的发行，要求强有力的**小股东保护**以及扩大少数股东保护。服务于同样目的的是增大股东大会在**盈利使用**上的影响力（储备金提取和盈利分配）、强化**公开义务**、改善股东的**信息权**以及加强**监事会**对董事会的**监督**。**银行的全权表决权**被置于更为严格的要求之下。它们一方面应该更好地有利于作为全权授权人的小股东的利益，而另一方面不应该不必要地为难表决权的行使。

另外一个改革重点是**规范关联企业的权利**。尽管 1937 年的股份法已经有了康采恩概念，但对于在此期间成为常态的企业联合几乎没有进行规定。1965 年的股份法包含了第一个类似于法律编纂的**康采恩法律**。通过企业联结的公开和有利于从属企业、外部股东和债权人的保护规定等等，来有效地应对公开的和隐秘的权利地位滥用。与股份法的规范对象相对应，法律规定仍以股份有限公司和股份制有限商事合伙参与企业联合为限。但尽管如此，它对德国法律的继续发展具有重要的意义。

在 1965 年的股份法上寄托的期待，仅部分地得到了实现。[47] 公司法上的提高股份作为资本投资吸引力的前提条件，尽管得到了改善，但企业自有资本配备和股份占有普及仍然落后于其他国家的情况。[48] 这可能有文化上的原因，也有部分是税法上的原因。[49]

法律的进一步发展，涉及为专门解决那些**回顾历史就可以知晓的问题**而进行的股份法修改、欧盟法律协调、内部市场完成以及处于股份法之外的但对股份法具有特别重要意义的规定。尤其是在德国缓慢形成的**资本市场法**要求不应该再只是从公司法的视角上去考虑一定的规范对象，而必须反思一些公司法规定所具有的资本市场功能。

---

[45] 关于改革问题的一般介绍，见 Wiethölter, Interessen und Organisation der AG im amerikanischen und deutschen Recht, 1961；立法资料汇编见 Kropff, Aktiengesetz, Textausgabe, 1965；关于改革的过程，见 *Kropff*, in：Bayer/Habersack（Hrsg.），Aktienrecht im Wandel, Bd. I, S. 670.。

[46] 该目的在将股份最低金额降低到 50 马克时表现得尤为明显。直到 1948 年，股份最低金额在商法典和 1937 年的股份法中都是 1 000 帝国马克。从商法典生效到 20 世纪初，职业工人的平均年工资为 1 000 马克，而 1965 年通过股份法时为 10 140 马克。也就是说，购买一个金额为 50 马克的股份，差不多需要年工资的 0.5%。

[47] *Kropff*, in：Lutter（Hrsg.），25 Jahre Aktiengesetz, 1991, S. 19；*Westermann*, ebenda, S. 79.

[48] 德国企业的自有资本率，在 80 年代末为 19.1%，而在英国、法国、美国和日本分别为 49.5%、30.1%、56.9% 和 18.7%（德国股份研究会，DAIFactbook 2000, 04‐2）。股东在整个民众的百分比，于 2000 年在德国一致都是低于 10% 的，而 1999 年在美国为 25.4%，1998 年在丹麦和荷兰大概为 30%（德国股份研究会，DAI‐Factbook 2000, 08.6‐2）；2016 年，14% 的德国民众持有股票以及股票基金（https://www.dai.de/files/dai_usercontent/dokumente/studien/2017‐02‐14%20DAI%20Aktionaerszahlen%202016%20Web.pdf [21.4.2017]）。

[49] 还是 1977 年的法人所得税改革才消除了股份有限公司分配利润面临的双重分担，即公司处的法人所得税和股东处的个人所得税；但为同样目的引入的归入程序，有损外国投资者且有其他的缺点。2000 年的企业税改革无论如何还是部分消除了这个问题，比较上面第四章边码 9。

(c) 监事会中的员工共同参与决定

32 尽管企业员工共同参与决定[50]涉及公司机关的人员组成，但自始以来就是在股份法之外被规范的。它首先是在 1920 年的企业管理委员会法中被规范。[51] 1952 年规定的三分之一的监事由员工代表组成的员工代表共同参与决定法得到了保留，并且只是为了适应 1965 年的股份法才被进行了一些调整。关于员工共同参与决定的法律（**1976 年的员工共同参与决定法**）将员工代表和股东代表同等参与引入了矿冶领域以外的大型公司的监事会，并由此对股份法产生了重大的影响。对监事会的规模和人员组成进行强制性的规定，越来越多地受到批评，因为自 1976 年以来，特别是对于上市的股份有限公司来说，法律上和经济上的框架条件已经发生了重大的变化（详细分析见下面第二十八章边码 9 及其后边码）。1952 年的员工代表共同参与决定法中的员工共同参与决定规定，被 2004 年 5 月 18 日的三分之一共同参与决定法取代，但没有进行重大修改。随着企业生产的多样化以及生产煤炭和钢铁的企业重要性的下降，1951 年引入的煤炭钢铁员工共同参与决定已经丧失了意义。

(d) 股份法的修改

33 1965 年的股份法，时常被修改。部分涉及没有重大内容发展的修改（也包括一些为适应欧盟指令而进行的调整），部分表现为对 1965 年的立法者的改革观念的明显偏离。引人注目的是不断增加的股份法的修改频率，比如自 1998 年以来的修改次数。

● 1978 年的第二个欧盟协调法对第二号指令（资本指令，上面第二章边码 28）的转化实施没有带来什么深刻的变化，因为这一指令已经强烈地受到了德国法律的影响。

● 1985 年的年度财务会计报告指令实施转化法将当时在股份法中规定的有关会计制作、年度会计报表审计和公开以及康采恩会计制作的规定纳入了商法典。自此以后，股份法只还包括一些个别的会计制作的特别规定。

● 1990 年 5 月 18 日的德意志联邦共和国和德意志民主共和国之间的有关创设经济和货币联盟的国家条约，已经在 1990 年 8 月 31 日的统一条约之前将股份法适用于了德意志民主共和国。在此之中，尽管没有股份法的修改，但在全民所有制企业私有化的过渡阶段需要有一些保驾护航的规定。[52]

● 1994 年的有关小股份有限公司和简化股份法的法律，减少了形式要求规定，尤其是减轻了小股份有限公司的负担。否则的话，它们采用有限责任公司法律形式将更为恰当。但如果是这样的话，想要公司上市，就得需要一个公司形式变更。而这一过程由此被简化了。此外，法律允许设立一人股份有限公司。

● 1998 年的**允许无面额股法律**（无面额股法，*StückAG*），废除了德国传统法律上

---

50 应与企业员工共同参与决定相分开的是，企业组织法规定的工厂员工共同参与决定。后者独立于企业法律形式，即既适用于股份有限公司的工厂，也适用于其他私权利载体的工厂。为确保工厂层面的员工共同参与决定制度和共同参与决定权利，企业组织法将工厂委员会或工厂委员会总会（在拥有多个工厂的企业中）规定为独立的机关，以作为最重要的员工利益代表机构。在企业组织法的框架中，股份有限公司是资方。因此，它在此过程中由董事会代表。相应地也适用于 1988 年 12 月 20 日的代表委员会法规定的同样独立于企业法律形式的作为高级职员代表机构的代表委员会（代表委员会或企业代表委员会总会）。在从事跨境业务的企业和企业集团中，应该在一定的前提条件下组建欧盟企业委员会（1996 年 10 月 28 日的欧盟企业委员会法，及其后续修改）。

51 发展变化见 Großkomm-AktG/*Oetker*, Vorb. Mitbestimmung der Arbeitnehmer; ders., RdA 2005, 337.。

52 1990 年 6 月 17 日的全民所有制财产私有化和重新组织法，GBl.（DDR）I, S. 300；特别是还要比较比 1994 年改组法早的 1991 年 4 月 5 日的关于信托机构管理企业分离法（BGBl. I S. 854）。该法使权利主体可以通过部分概括继受的途径实现分立。

强制要求发行具有确定面额的股份的规定（比较上面脚注 6）。

● 1998 年的关于加强企业控制和透明度的法律（**加强控制和透明度法，KonTraG**），是致力于强化股东的权利和改善监事会的监督工作。

● 1998 年的关于实施欧元的法律（*欧元实施法，EuroEG*），包含了许多有关马克过渡成为欧元的技术性的调整规定。

● 1998 年的关于商法改革的法律（*商法改革法，HRefG*），主要是基于**商号法律的改革**和会计法律的修改，但也涉及股份法。

● 2001 年的关于**记名股和简化表决权行使**的法律（**记名股和表决权简化法，NaS-traG**），是为了顾及记名股的不断普及和股东大会召开及表决权行使时采用新型技术传递信息的可能性。

● 2001 年的关于规范有价证券收购公开要约和企业收购的法律（**有价证券和企业收购法，WpÜG**），涉及企业收购和有价证券收购公开要约时的框架条件。它首先包含有资本市场法的规定（上面边码 2，第一章边码 6），但也在股份法第三编中插入了第 4 部分（股份法第 327a 条至第 327f 条）。据此，股东大会可以以提供补偿为对价，将持股为 5％ 或者更少的少数股东逐出公司，即所谓的 **Squeeze-out（逐出少数股东）**。这些规定涉及所有的股份有限公司，而不只是上市公司。

● 2002 年的关于进一步改革股份和会计法以及透明和公开的法律（**透明和公开法，TransPuG**），对有关董事会与监事会协作的规定进行了补充，并在股份法中对上市股份有限公司和其他股份有限公司进行了进一步的区别对待，同时还将没有约束力的政府委员会的**公司治理准则**[53]与具有约束力的报告义务连接起来。这一**规范技术**相对是新型的。[54] 对于上市股份有限公司来说，通过强制性的符合性说明（第 161 条）增加了公司治理准则的建议分量（下面边码 40）。

● 2003 年的关于裁决程序新规范的法律（**裁决程序法，SpruchG**），统一了股份法内外的适用于不同情形的针对股东补偿进行司法审查的特别程序。它吸取了最先在股份法中发展出来的特别程序，但进行了一些修改（下面第三十三章边码 22 及其后边码）。

● 2005 年的关于企业诚实经营和撤销权现代化的法律（**企业诚实经营和撤销权现代化法，UMAG**），一方面就撤销权的滥用采取了相应的针对性措施，而另一方面就股东权利行使的不便进行了修改。关于董事责任的规定，也重新进行了表述。[55]

● 2006 年的关于电子化的商事登记、合作社登记以及企业登记的法律（**电子化登记法，EHUG**），也改变了有关股份有限公司的登记和公告。

● 2008 年的关于有限责任公司法律现代化及滥用斗争的法律（**有限责任公司法律现代化及滥用斗争法，MoMiG**），也包含了一些股份法的重大修改。它们会被分别在书中谈及（比较上面第二十章边码 19）。

● 2009 年的关于会计法现代化的法律（**会计法现代化法，BilMoG**），针对定位于资本市场的股份有限公司，另再要求有一个独立的监事会以及审查委员成员，且其应当具有会计规则或者审计领域的专业知识。

● 2009 年的关于股东权利指令转化的法律（**股东权利指令转化法，ARUG**），除了

[53] 德国公司治理准则，www.dcgk.de（最新版都会对旧版作出提示）[30.6.2017]。
[54] 关于 comply-or explain-Ansatz Leyens，见 ZEuP 2016，388.。
[55] 概览见 *Koch*，ZGR 2006，769.。

对欧洲法律关于减轻上市股份有限公司股东权利行使难度的转化外，还首先涉及设立和增资法律修改，这带来了与新的有限责任公司法保持一致的资本缴付和维持规定。

● 2009 年的关于董事会薪酬适当的法律（**董事会薪酬适当法，VorstAG**），是立法者对于不适当的薪酬实践的一种回应。

● 2015 年的关于在私营经济和公共服务中实行**男性和女性平等参与**管理职位的法律（**男性和女性在管理职位上平等参与法，GlTeilhG**）的第 3 条，就特定的企业，规定了监事会的性别比例要求，以及就监事会、董事会及其两个管理层确定目标值的义务。

● 2015 年的*资产负债表转化法*（**BilRUG**），修改了股份法特殊的账目报告规定，并引入了对于小的股份有限公司的进一步减轻。

● 2016 年的关于欧盟 2014/56/EU 指令的审计相关规则的转化以及关于实施第 537/2014 号条例（欧盟）的相关预先规定的法的第 5 条，着眼于在公共利益企业中的财务会计报告审计（财务会计报告审计改革法，AReG），加强了审查委员会的作用。

● 另一个股份法修订案多次被作为草案提交，并最终在 2015 年作为**股份法修订案 2016** 获得通过。由此，着眼于打击洗钱，加强了参与比例的透明度（比较下面第三十章边码 1 及其后边码），进一步打击滥用的股东之诉，以及促使资本筹集变得灵活。

（e）股份法之外的改革

34 　　对于那些在 1965 年的股份法中起初还是非常现代化的或者被作为重要理念对待的领域，一些股份法之外的重大改革将它们移植到股份法之外并且添加补充了全面规定。

● 起初，通过 1969 年的信息公开法（**PublG**），商法典中只具有很小规模的关于**会计制作规则**的规定，仿照新的股份法模式（第 148 条及其后条款，第 329 条及其后条款），不分法律形式地强制性地适用于所有的大型企业。[56]

● 转化实施第四号、第七号、和第八号欧盟指令的 1985 年的**年度财务会计报告指令实施法（BiRiLiG）**，对当时主要在股份法中规定的有关会计制作、年度会计报告审计和公开以及康采恩会计制作等规则进行了重新表述，并且将它们纳入了商法典第三编[57]，借以适用于所有的合伙/公司（目前是适用于所有的商人）。

● 1994 年的**改组法（UmwG）**，将在此之前在不同法律中分散的企业变更可能性统一到了一个有关法律主体结构变更的整体规范之中，并同时转化实施了多个欧盟指令（下面第三十八章）。目前，该法律也规范股份有限公司的合并、分立、财产转让和形式变更。这样，股份法的相应规定（第 339 条及其后条款）就可以被取消了。

● 1994 年的有价证券交易法（**WpHG**，连同其后的修改）[58]，拥有一个远远大于股票交易的应用范围，但包含了一些显著具有公司法成分的规定。特别是股份法也区分上市公司和非上市公司（第 3 条第 2 款）。因此，人们应该将越来越多的公司法规定与资本市场法合一起来进行交叉审查。

● 2001 年的**有价证券和企业收购法（WpÜG**，连同其后的修改），具有一个位于公司法与资本市场法之间的居中地位。在那里，涉及公共市场上的大宗股份购买和出卖。但是，那些针对被涉及的群体的保护规定，也是利用公司法上的手段（关于进一步的发

---

[56] 在这里，可以看到一个"企业法性质的"构想。比较上面第一章边码 1 并连同脚注 2。

[57] 它们是那些被股份法从商法典中拿走规定内容后曾为内容空缺的法条。由此解释说明了会计法规定为什么没有直接接着对所有商人适用的规定，而这本属于法律体系化的要求。

[58] 该法律转化实施了透明指令（第 88/627 号欧盟指令）和内幕人员指令（第 89/592 号欧盟指令）。

展，见下面第三十三章边码4)。

● 2002 年的**国际财务报告准则条例（IFRS-VO)**[59] 规定，在资本市场上上市的母公司有义务依照国际会计制作标准制作和公开其康采恩会计报告（下面第三十一章边码40 及其后边码）。康采恩的财务会计报告曾经是 1965 年股份法的一个核心。

● 2004 年的**会计法改革法（BilReG）**着眼于国际财务报告准则条例和指令的修改，进行了一些调整。它尤其会对上市股份有限公司的会计制作和审计产生影响。

● 2004 年的**会计报表监督法（BilKoG）**是为了更好地保障会计报表制作、审计和公开等义务的履行，并且再次以上市企业为重点。

● 2005 年 8 月 3 日的关于公开董事薪酬的法律**（董事薪酬公开法，VorStOG）**强制性地要求按照人头，分类公开董事的薪酬。在此之前，这只是公司治理准则的一个建议。

● 2004/109 号/欧盟指令对在一个法律规范的市场上交易的有价证券发行人的信息透明要求进行了协调。该指令的转化实施法**（信息透明指令实施法）**于 2007 年对商法典进行了补充，并且要求上市公司的董事保证，会计制作是依照最佳的信息和良知正确进行的。据此，错误陈述构成刑事犯罪。

● 2008 年的关于防范与金融投资相关风险的法律**（风险防范法）**，其中安排了资本市场法中的修改，其目的是让金融投资者的参与变得更加透明，即对公司、股东、员工来说。[60]

● 2008 年的关于稳定金融市场的一揽子措施的转化法（金融市场稳定法，**FMStG**)，以及 2009 年的关于进一步稳定金融市场的法律（金融市场稳定补充法，**FM-StErgG**)，其中安排了公司法上的特殊规定。在金融领域的企业生存受到威胁时，应减轻涉及金融市场稳定的特殊基金（Soffin）接管份额。这一规定涉及特殊行业的例外情形。[61]

● 2009 年的关于会计法的现代化的法律（会计法现代化法，**BilMoG**)希望将企业从过多的财务会计报告花销中解放出来，并将商法典中的规定向国际会计报告标准靠拢。由此，这也间接地影响到资本缴付和维持的法律。

● 2013 年的资本投资法典（**KAGB**，连同其后的修改）在其 108 条及其后条款中规定了拥有可变资本的投资股份公司这一特殊形式。以前，这包含在投资法第 96 条及其后条款中。

● 2017 年的关于在形势报告和康采恩情况中加强企业的非财务报告的法律（非财务信息披露指令转化法，**CSR-Rcihtlinie-Umseztungsgesetz**)，使大型的定位于资本市场的资本投资公司负有就实质性的非财务方面进行报告的义务，尤其是关于环境、员工和社会方面、尊重人权以及反腐败。[62]

　　2. 法律比较[63]

在发达的工业国家中，人们会发现股份有限公司是一致的。共同的组织结构曾在不　　35

[59] 第 1606/2002 号欧盟条例（2002 年 9 月 11 日的 Abl. EG L 243，第 1 页）；通过第 297/2008 号欧盟条例进行了修改。

[60] 关于失败的指示，比较 *Windbichler*，in：Münkler/Bohlender/Meurer（Hrsg.），Handeln unter Risiko. Gestaltungsansätze zwischen Wagnis und Vorsorge，2010，S. 199，200f.。

[61] 概览见 *Wieneke/Fett*，NZG 2009，8.。

[62] 对此见 *Hennrichs/Pöschke*，NZG 2017，121；*Spießhofer*，NZG 2014，1281.。

[63] 关于法律比较在合伙/公司法中的意义的一般介绍，见上面第一章边码18.。

同的研究中被证实，特别是在"*The Anatomy of Corporate Law*"[64]。对于这样一种想法，决定性的是共同的问题语言。只有在抛开各个法律体系特性的情况下，才能发现这一问题语言。在经济上，从一个中立于法律体系的视角出发进行的问题描述，差不多都是以比如代理理论（*Principal-Agent*）为基础的。[65] 据此，作为出发点使用的是到处可以遇见的公司的一致特性、公司内部的典型冲突（即管理者与股东之间的、股东相互之间的、公司与包括债权人和员工在内的其他利益团体之间的冲突）以及处理这些冲突的技术策略组合。这些技术策略不仅由公司法和资本市场法组成，也包括社会规则、惯例、行为选择和激励体系（即所谓的 *soft law*，软法）。能够体现到处存在的公司特征的基本要素是法律人格、有限责任、可转让的股份、在委员会体系框架下进行管理、投资人共享剩余财产所有权[66]以及内部记账加外部审计[67]，即使它们各自在体现公司特征的鲜明程度上有所不同。

36　　　　这是独立于法律历史发展和法律理论解释模式的，即公司法律人格都导致一个统一的与成员和业务执行人相分离的具有自己财产的协议当事人。公司财产不会遭受成员的和业务执行人的债权人的扣押，因而也适合作为信贷的基础。[68] 责任限制给人留下了这样一个印象，即股份所有人的财产被保留给了他们的债权人。[69] 股份的可转让性尽管可以受到限制，但属于使资本募集和投资多样化成为可能的重要基础。通过委员会体系来进行管理的结构特征，不仅符合管理委员会体系，也符合监事会模式。重要的是这样一个组织方案，即从团体法上讲，由与成员分离的机关享有受到规范的业务执行权和对外的代表权。"*investor ownership*"的特征被定义成为对公司的控制权和剩余财产权。在那些规定公司机关中要有员工共同参与决定的国家中，这一特征被削弱了。[70]

　　　　即使存在重大意义的共同性，也不可以对不同法律体系之间的众多区别以及路径依赖性的发展视而不见。变化幅度是巨大的，部分涉及重大的差异，部分更多的只是涉及形式上的细节。功能性的法律比较不仅要描述不同的规则，而且要着眼于上面简要概述

[64]　*Kraakman/Armour/Hansmann* u. a.，Anatomy；也比较 *Ventoruzzo/Conac/Goto/Mock/Notari/Reisberg*，Comparative Corporate Law，2015.。

[65]　*Armour/Hansmann/Kraakman*，in：Kraakman/Armour u. a.，Anatomy，S. 4 m. Fn. 6，S. 35 ff.；也比较 *Cheffins*，1. Teil；Grundmann，Europäisches Gesellschaftsrecht，2004，Rn. 79，82 ff.；*Ruffner*，Die ökonomischen Grundlagen eines Rechts der Publikumsgesellschaft，2000，S. 131 ff.；*Windbichler*，FS 200 Jahre Juristische Fakultät der Humboldt-Universität zu Berlin，2010，S. 1079，1093ff.。

[66]　这五个标准见 *Armour/Hansmann/Kraakman*，in：Kraakman/Armour u. a.，Anatomy，2004，S. 5 ff.。

[67]　*Fleischer*，AcP 204（2004）502；*Windbichler*，in：Jürgens/Sadowski/Schuppert/Weiss（Hrsg.），Perspektiven der Corporate Governance，2007，S. 282，285 f.

[68]　财产分离原则，以及实体保护原则（上面第三章边码1，第四章边码8）。

[69]　*Armour/Hansmann/Kraakman*，in：Kraakman/Armour u. a.，Anatomy：S. 14："控制公司的权利和获取净利润的权利"。

[70]　*Baums/Ulmer*（Hrsg.），Unternehmens-Mitbestimmung der Arbeitnehmer im Recht der EU-Mitgliedstaaten，ZHR Sonderheft 72，2004；*Biagi/Tiraboschi*，in：Blanpain（Hrsg.），Comparative Labour Law and Industrial Relations in Industrialized Market Economies，8. Aufl.，2004，S. 433；*Armour/Hansmann/Kraakman*，in：Kraakman/Armour u. a.，Anatomy，S. 16；*Henssler/Braun*（Hrsg.），Arbeitsrecht in Europa，3. Aufl.，2011，B 41 ff.；*Rebhahn*，NZA 2001，763；*ders.*，20 International Journal of Comparative Labour Law and Industrial Relations（2003）271-295（Teil 1），2004（Teil 2）107-132；*ders.*，in：Gutachten zum 66. Deutschen Juristentag，Abteilung Arbeitsrecht，2006；*van Hulle/Gesell*，European Corporate Law，2006（Posterbeilage）.

的冲突，研究它们的作用方式和实际效果。

股份有限公司的管理（上面边码 10），可以被作为例子来使用。以前曾经激烈争论过，单一的董事会模式是否比监事会体系"好"。从功能上看，始终还是要在**业务领导与监督之间**进行一个组织上的**分离**。⑦ 意大利⑦、日本⑦或者法国⑦公司法上的修改证明了这一点。由章程规定来进行模式选择的可能性，不断得到加强，比如在欧洲股份有限公司情况下（下面第三十六章）。在管理和监督之间进行分离，虽然在美国公司法中没有被强制性地要求，但在资本市场法上却也很明显，特别是采用独立（于管理者的）董事和审查委员会的形式。⑦ 关于财务会计报告审计的指令⑦同样要求定位于资本市场的企业原则上要有审查委员会。从世界范围内的比较上看，尽管单一的董事会模式占据了统治地位，但其功能形式在业务领导和控制之间越来越清楚地被区别开来。关于这个或那个模式具有系统性优势的争论，通过各个模式之间的相互接近，可以被认为已经解决了。

3. 欧盟的发展

欧盟基本性的和派生性的共同体法律，对公司法的影响在股份有限公司情况下是延　37伸得最远的（比较上面第一章边码 16 及其后边码）。但即使如此，欧盟委员会在它的计划中放弃了完全的协调，选择将通过逐点协调来实现的最低标准与法律体系在其他方面进行的竞争结合起来。⑦ 根据权力授予原则，联盟立法者必须遵守欧盟运作模式条约中的权限基础，以及补充性原则和比例原则。⑦

（a）指令情况

指令整体上实现了较为紧密的协调，但烙下了所谓的**信息模式**的痕迹。尤其是针对资　38本市场上的上市公司，核心的出发点就是向市场参与者提供据此可以校正其行为的信息。⑦

---

⑦　*Böckli*，in: Hommelhoff/Hopt/v. Werder（Hrsg.），Handbuch Corporate Governance，2003，S. 201；*Chef-fins*，S. 95 ff.，108 ff.，605，621 ff.；Eisenberg，The Board of Directors and Internal Control，19 Cardozo L. Rev. 237（1997）；Grundmann，Europäisches Gesellschaftsrecht，Rn. 376 ff.；Hopt，in: Hopt/Kanda/Wymeersch/Prigge，Comparative Corporate Governance，1998，S. 223 ff.；*Hopt/Leyens*，ECFR 2004，135，160ff.；*Windbichler*，ZGR 1985，50；有所差异的是 *Davies*，ZGR 2001，268.。

⑦　比较 Art. 2399 c），2409 duodecies und octiesdecies Codice Civile；*Montalenti*，Giur. comm. 2003 I，S. 422，423 f.；*Associazione Disiano Preite*，Il nuovo diritto delle società，（hrsg. von Olivieri/Presti/Vella），2006，s. 166，186ff.，190ff.。

⑦　*Hayakawa*，7（2002）ZJapanR Nr. 14 S. 31，36 ff.；*Takahashi*，8（2003）ZJapanR Nr. 16 S. 121，136 ff.；此外比较法国的发展变化，见 *Storck*，ECFR 2004，36，41 ff.；在比利时，见 *Wymeersch*，ZGR，2004，53，54 ff.。

⑦　2001 引入了对监事会主席（président）的特殊规定，他不能同时又是业务执行人（directeur grénréral）（président dissociré）；Le Cannu/Dondero，Droit des societes，6. Aufl.，Rn. 777 f.。

⑦　2002 年的萨班斯—奥克斯利法案，第 301 节；手册（2003 年 11 月 4 日由美国证券交易委员会批准），第 303A 节（独立董事）。

⑦　2006 年 5 月 17 日的关于年度财务会计报告和合并报告审计以及修改第 78/660 号欧盟指令第 39 条（在第 2014/56 号欧盟指令的版本中）。

⑦　上面第二章边码 30；*Habersack/Verse*，Europäisches Gesellschaftsrecht，§ 4 Rn. 1；*Kalss/Klampfl* Rn. 6ff.，17ff.。

⑦　*Grundmann*，Europäisches Gesellschaftsrecht，Rn. 100；*Kalss/Klampfl* Rn. 28 ff.。

⑦　关于信息模式的进一步介绍，见 *Gebauer/Teichmann*，Europäisches Privat-und Unternehmensrecht，2016，§ 6 Rn. 114ff.；*Grohmann*，Das Informationsmodell im europäischen Gesellschaftsrecht，2006；*Grundmann*，Europäisches Gesellschaftsrecht，Rn. 227 ff.；*Kalss/Klampfl* Rn. 205 ff.。

应该作为第一个贯彻透明理念而被提到的是公开指令。[80] 此外，这保障了公司代表情况的公开。

关于指令情况，比较上面第二章边码28。对所有公司和一些类似于公司的合伙适用的关于财务会计报告的指令也属于其中。[81] 在德国法中，财务会计报告的位置是在商法典中。根据主流观点，它是公法，但在这里，将其归入了合伙/公司法。这不仅仅可以从欧盟立法者对其称呼本身中推导得出，也可以从其实体内容上推导得出。为公司规定最低的和符合章程的确定的注册资本以及其缴付和维持的资本指令，也借此规定了如何进行会计制作。基于一个共同的最低要求而实现年度财务会计报告的可比性，是跨国购买股份和提供信贷的基础，并且因此也是资本流动自由的基础。

欧盟立法者的活动，集中在那些对跨国交易特别重要的**灵活性和结构性措施**：子公司和分支机构的设立（分支机构指令）、跨国合并[82]、（与资本市场法交汇重叠的）收购指令[83]，以及旨在促进"非居民"股东参与股东大会的股东权利的指令。[84] 就此，还出现了为协调跨境破产程序的措施。[85]

(b) 设立自由

39   对于股份有限公司来说，迁移自由和资本流动自由可能是欧盟最重要的基本自由。欧盟法院的判决也一再强调这一点。这样，强大的欧盟化效果不仅是通过法律协调或调整适应来实现的，也是通过将基本性的共同体法律作为基础来发展获得的（比较上面第一章边码19，特别是关于迁移自由）。

对于股份法，资本流动自由发挥着越来越重要的作用。欧盟法院关于股份购买限制的判决主要以欧盟运作模式条约第63条为基础。[86] 但是，限制是通过公司法上的手段来进行的，特别是以所谓的金股形式（比较上面边码28关于多份表决权的历史问题和下面第二十九章边码32）。公司法与资本市场法之间的交叉重叠，也在迁移自由和资本流动自由的交汇中继续存在。

四、"公司治理"

1. 概念和发展

40   关于公司中的控制机制和监督机制的国际讨论，不仅涉及法律规范，也涉及经济上

---

⑧⑩ 欧洲经济共同体于1968年制定了第一号指令（第68/151号欧盟指令），其目的是协调那些针对成员国内的条约第58条第2款意义上的公司而为股东以及第三人利益制定的保护性规定，以便能够等值地设计构建这些规定（公开指令），及其后续的修改。

⑧① Grundmann, Europäisches Gesellschaftsrecht, Rn. 495："欧盟委员会公司法的心脏部分"；*Kalss/Klampfl* Rn. 255ff.；还见下面第三十一章边码3。

⑧② 关于不同成员国的公司的合并指令（第2005/56号欧盟指令）；进一步介绍见下面第三十八章边码17；*Grundmann*, European Company Law，§29；*Kalss/Klampfl* Rn. 183ff. 。

⑧③ *Kalss/Klampfl* Rn. 501 ff.；关于兼并法对设立自由的重要性的进一步介绍，见 Kaiser, ZHR 168（2004），542；Grundmann/Möslein, ZGR 2003, 317, 355 ff. 。

⑧④ 第2007/36号欧盟指令的第（5）条是关于股东在上市公司中特定权利的行使。

⑧⑤ 关于破产程序的第2015/848号欧盟条例 EuinsVO；理事会关于预防性重组措施的指令的建议（COM（2016）723 final）。

⑧⑥ 例如2002年6月4日的欧盟法院判决（EuGH NZG 2002, 624＝Slg. 2002, I-4809；理事会/比利时），2002年6月4日的欧盟法院判决（NZG 2002, 628＝Slg. 2002, I-4781；理事会/法国），2002年6月4日的欧盟法院判决（NZG 2002, 632＝Slg. 2002, I-4731；理事会/保加利亚），2007年10月23日的欧盟法院判决（NJW 2007, 3481；理事会/德国，大众公司法）；*Kalss/Klampfl* Rn. 64ff., 79ff. 。

的和其他的激励、惯例和建议。在法律规范之外，带有建议色彩的行为准则获得了越来越重要的意义（上面第一章边码 17 及其后边码）。这些朝好的企业经营方向发展进行的引导，部分是由国家发起的，比如德国公司治理准则（**DCGK**），部分是由私人群体和组织提出的，部分是企业内部的产物。㊲ 其内容受到各自作为其基础的法律规范的影响。在其他目标之外，德国公司治理准则还明确追求这样一个目标，即让外国人能够明白股份法上的关于以资本市场为导向的公司领导和监督（企业经营）的重要规则。在文本表述中，准则建议是通过使用"应该"这个词语来体现的。公司可以偏离它们。但如果是这样的话，公司有义务每年对其进行公开，并说明其理由（第 161 条）。准则想借此来保障德国企业组织结构的灵活性和自我规范。此外，准则还包括有无须公开就可以偏离的倡导。对于它们，准则使用比如"最好"或者"可以"等词语。语言上不是如此描述的其他准则部分，就应该理解成为是生效的法律规定。

在欧盟层面上，曾讨论采用一个统一的准则，但后来被否定了。㊳ 对于各个特别现实的问题，欧盟委员会也提出了一些建议，比如上市公司的非业务执行董事或监事的任务，管理委员会或监事会的下属委员会，以及关于就上市公司的企业领导层成员的报酬引入相应的规定。㊴ 金融危机将公司治理问题，尤其对于金融服务机构来说，推到了中心位置。㊵ 从这场讨论所产生的建议并不总是对此进行清楚地区分，即是否应当（仅仅）限于银行还是应当普遍化。㊶ 国际上引以为标准的是例如经济合作与发展组织和国际公司治理组织，或者联合国全球契约的公司治理原则。㊷

这些倡导反映了法律文化的差异，也对理解股份事业所达到的发展程度具有启迪意义。它们不仅包括法律规范，也包括其他调节机制，即所谓的软法（比较上面边码 35）。（自愿达成的）行为准则日渐增加的作用，体现在第 5 条第 1 款第 6 项，以及反不正当竞争法对 第 3 条第 3 款的附录的第 1 项和第 3 项，将有关这些软法的不真实陈述规定为不被允许的商业行为。根据 2014/95 号/欧盟指令（转化在商法典第 289d 条中），大型企业可以在其非财务声明中参照适用这些文件。

㊲ 德国公司治理准则，www.ebundesanzeiger.de［30.6.2017］；准则委员会的网址，http://www.dcgk.de/de/kodex.html［30.6.2017］，（除现行版本外，还可以获得旧的版本）；*Bachmann*，AG 2012，565；Hopt，FS Hoffmann-Becking，2013，S.563；*Ringleb/Kremer/Lutter/v.Werder*，Deutscher Corporate Governance Kodex，Kommentar，64.Aufl.，2016，此外比较 German Code of Corporate Governance des Berliner Initiativkreises（GCCG），BB 2000，1573；„ Corporate Governance Grundsätze "der Grundsatzkommission Corporate Governance，*Schneider/Strenger*，AG 2000，106；*Albach*，（Hrsg.），Konzernmanagement.Corporate Governance und Kapitalmarkt，2001；*Doralt/Kalss*（Red.），Corporate Governance，GesRZ，Sonderheft 2002；*Hommelhoff/Hopt/v.Werder*（Hrsg.），Handbuch Corporate Governance，2.Aufl.2009。。

㊳ 比较 *Kalss/Klampfl*，Rn.438f.。

㊴ 2005 年 2 月 15 日的 2005/162 号欧盟指令，见 2005 年 2 月 25 日的 Abl.EG L 52/51；2004 年 12 月 14 日的第 2004/913 号欧盟指令，见 2004 年 12 月 29 日的 ABI.L 385，S.55。。

㊵ *Bachmann*，AG 2011，181；*Hopt*，in：Hopt/Wohlmannstetter（Hrsg.），Handbuch Corporate Governance von Banken，2011，S.3，23ff.；*Hellwig*，Gutachten E zum 68.Deutschen Juristentag 2010，2011，S.E 36ff.，E 51ff.；2010 年 6 月 2 日关于金融机构的公司治理和金融政策的欧盟理事会绿皮书，KOM（2010）285（最终版）；对此见 *Bachmann*n，Referat zum 68.Deutschen Juristentag 2010，2011，S.P 17ff.。

㊶ 也例如，2011 年 4 月 5 日关于欧洲公司治理框架的欧盟理事会白皮书，KOM（2011）164（最终版）；对此见 *Buschmann*，NZG 2011，87.。

㊷ 经合组织（2015），G20/OECD 公司治理的基本原则（http://dx.doi.org/10.1787/9789264250130－de）［14.1.2017］；国际公司治理网络（ICGN）全球的公司治理原则（http://icgn.flpbks.com/icgn_global_governance_princi-ples/ICGN_Global_ Governance_Principles.pdf）［14.2.20 17］；https://www.unglobalcompact.org/［21.4.2017］。

41　　　　人们可以通过激励性的规范来促进独立调节机制的设计构建。例子就是第 107 条第 3 款第 2 句和第 3 句，124 条第 3 款第 2 句，第 171 条第 1 款第 2 句。它虽然没有规定一个审查委员会，但通过其任务描述进行了建议。商法典第 289f 条要求以资本市场为导向的股份有限公司在其形势报告中阐明一个"关于企业管理的说明"，其所进行的公司治理实践超过了法律上的要求。商法典第 289 条 b 及其后条款要求对虽非公司必要方面的，但会将注意力转移到这些主题上去的事务作一个"非财务声明"。关于内部惯例和强制性法律相互作用的一个外国例子，是萨班斯—奥克斯利法案[93]第 406 条。该条款要求上市公司就此问题进行公开，即它是否针对公司领导人的经济责任采用了"道德准则（code of ethics）"判断，以及假如没有采用的话，为什么没有（*遵守或解释*）。

　　　　这些涉及股份有限公司内部组织的法律上的和其他类型的措施，可以被理解成**内部调节**或被描述成为**公司内部治理**。此外，还有可以通过一般的协议法、消费者保护、劳动法、公法上的许可保留和监督保留以及市场机制（如信用等级，rating）和资本市场进入（比较上面边码 18）等提供外部调节。在这里，可以将其称之为**公司外部治理**。所有的这些调控机制相互补充，相互影响。[94]

2. 冲突的解决机制

42　　　　在股份有限公司的不同机关之间进行任务分配，这一法定的设计构建是对多年的相关经验的加工处理，其目的是保障基于企业利益的有效协作和相互监督，即公司治理。但是，由此并没有排除机关之间或机关成员之间以及股东之间在具体情况下会出现意见分歧。对于**冲突情形**，法律提供了解决的办法，但无论如何不是完全以可诉权利或请求法院介入为限。比如解任的可能性或者还有不再委任，拒绝责任免除，以及尤其是如特别审查、登记法院的介入等监督权，同样重要的还有多数原则。股份有限公司中的职权划分，是通过机关及其成员的权利和义务来进行的。但从中并不必然产生债法意义上的"请求权"[95]。因此，针对履行机关义务和行使机关职权，而给**股东和机关相互之间**提供**起诉权**时，应该格外地**小心谨慎**。在和谐的法定职权规则结构中，它们可能会起到异化和干扰的作用。[96]

43　　　　首先，让法院解决经济事务中的法律争议，其效率是有限的。合法性问题和合理性问题经常相互交错，并且案件裁决反正都会来得很迟。到目前为止，法院判决还没有对**机关诉讼**的合法性下结论。[97] 理论界中有部分人倡导，在一定情形下一般性地或者逐点逐项地准许机关之间或者一个机关和公司之间，就其机关功能进行给付之诉或确认之诉。然而，其具体内容仍然始终非常具有争议，尤其是应用情形的范围和界限以及当事

㉝ 网址是 www. sarbanes-oxley. com［21.4.2017］；*Brown*，in：Hopt/Wymeersch/Kanda/Baum，Corporate Governance in Context，2005，S. 143.。

㉞ 关于调控机制的相互作用，比较 *Grundmann*，Europäisches Gesellschaftsrecht，§13；*Merkt*，in：Hommelhoff/Hopt/v. Werder（Hrsg.），Handbuch Corporate Governance，2. Aufl. 2009，S. 683；*Pistor*，in：Hopt/Wymeersch/Kanda/Baum（Hrsg.），Corporate Governance in Context，2005，S. 249 und Siebert，*a. a. O.*，S. 281.。

㉟ 比较 Hüffer/*Koch*，§90 Rn. 18 ff.（涉及董事会对监事会承担的报告义务的履行）；*K. Schmidt*，§14 IV 2 b；具体细节有争议，比较 Bork，ZGR 1989，1，55；Spindler/Stilz/*Fleischer*，§90 Rn. 68ff.；*Hommelhoff*，ZHR 143（1979），288，294 ff.（带有对 1965 年股份法以前的法律情况的评注）。

㊱ 对此的详细介绍以及进一步的分析，见 KölnerKomm-AktG/*Mertens/Cahn*，Vorb. §76 Rn. 4 ff.；*Bachmann*，Gutachten E zum 70. DJT，2014，S. E 74ff.；*Flume*，Juristische Person，§11 V；*Hommelhoff*，ZHR 143（1979），288，307 ff.；Hüffer/*Koch*，§148 Rn. 2.。

㊲ BGHZ 106，54，60 ff. = NJW 1989，979，981 - Opel.

人的确定。⑱ 与公司机关作为整体的诉讼一样，它也必须适用于**单个的机关成员代替机关**或者公司主张权利的情形。但在此过程中，还会额外出现起诉权（诉讼担当，并列于合伙之诉）的问题。⑲ 在这一点上，联邦普通法院处处表现得格外谨慎。对于这些情形，它完全排除一名机关成员基于自身权利而对另外一个机关提起诉讼，并且还在一个在机关内部表决败北的少数试图通过这一途径绕道否定多数决议的时候，着重强调了这一点。这也适用于机关成员内部分群分类的情形，比如监事会中的员工代表。⑳ 再次需要不同判断的是表决中败北的单个成员就机关决议的合法性提起的诉讼。这里是无效之诉。㉑

应该与此相区别的是单个的机关成员主张其自身的权利和义务。在针对薪酬和相似给付的请求权以及反过来在针对义务违反和相似情形的赔偿请求权实现的情况下，对于起诉的可能性，是不存在疑问的。进入考虑范围的还有通过诉讼方式来防止机关地位遭受侵害。㉒ 这些诉讼应该是针对股份有限公司。它们不是上面讲的机关诉讼。㉓

此外，富有争议的是在法律规定的情形之外（下面第二十七章边码42，第三十章边码27），单个股东的起诉是否以及在大多范围内是被允许的或者在法律修改上是值得追求的。同时，必须与此区别的是：法律规定，股东自己享有要求向公司进行给付的起诉权，借以保证公司赔偿请求权的实现（下面第二十七章边码38）。只有当一名股东遭受了超越侵害公司财产之外的损失时，他才可以基于非法侵害股份法上的职权分配而主张自己的赔偿请求权（第117条第1款第2句，第317条第1款第2句）。对于股东是否可以通过确认之诉、停止侵害之诉或给付之诉介入职权冲突，法律没有进行规定。**资本市场法上的股东请求权**是与公司法上的区分开来的，尤其是因为未经允许公开内部信息而产生的赔偿请求权（有价证券交易法第37b条）。

从公司治理的角度出发，这里要求适当的谨慎，因为股份法上的规则结构是建立在其他功能条件基础上，而不是建立在法定请求权以及通过司法途径加以实现的基础上。起诉（特别是成员起诉），必须尊重这一结构并且只能是最后的手段。㉔ 法律不能仅通过请求法院介入来发挥其效力。它更多的是为行为选择范围的测定和事实上的决策寻找提供背景基础。对于判断一个法律体系是否对"股东友好"，股东诉讼的提供尤其不是恰当的标准。㉕

44

---

⑱　比较 Großkomm-AktG/*Kort*，Vor §76 Rn. 54 ff.；此外，持支持态度的比如有 *Grunewald*，§10 Rn. 101ff.；*Raiser/Veil*，§14 Rn. 95 ff.；也包括 *K. Schmidt*，§14 IV 2 b；反对机关诉讼的是 *Hüffer/Koch*，§90 Rn. 19；以前就有 *Zöllner*，ZGR 1988，392，435 ff.；也比较 *Bartels*，ZGR2008，723.。

⑲　BGHZ 106，54，60 ff. = NJW 1989，979，981 f. - Opel；BGHZ 135，244＝NJW 1997，1926 - ARAG/Garmenbeck.

⑳　BGHZ 106，54＝NJW 1989，979 - Opel.

㉑　BGHZ 122，342，347 ff. ＝NJW 1993，2307，2310 f.；BGHZ 135，244＝NJW 1997，1926 - ARAG/Garmenbeck.

㉒　比如 BGHZ 64，325＝NJW 1975，1412 - Bayer.。

㉓　KölnerKomm-AktG/*Mertens*/*Cahn*，Vor §76 Rn. 6 ff.

㉔　*Bachmann*，Gutachten E zum 70. DJT，2014，S. E 74ff.；Großkomm-AktG/*Kort*，Vor §76 Rn. 66a；Schmidt/Lutter/*Krieger*/*Sailer-Coceani*，§93 Rn. 79；关于从法社会学视角的冲突解决，见 *Raiser*，FS U. H.Schneider，2011，S. 999.。

㉕　但像 *LaPorta/Lopez-de-Silanes/Shleifer/Vishny* 主张的所谓的法律来源理论，比如 LaPorta/Lopez-de-Silanes/Shleifer，106 Journal of Political Economy 1113，1128，1130 f.（1998）；对没有足够依据而做的量化的经验的评价持批评态度，比如 z. B. *Lieder*，ZVglRWiss 109（2010），216，231f.；*Michaels*，57 The American Journal of Comparative Law（AmJCompL）765（2009）；*Voigt*，Journal of Empirical Legal Studies（JELS）5（2008），1.。

第二十六章
股份有限公司的设立和终止

1　　　　股份有限公司的设立以进行法律行为性质的活动和登记于商事登记簿为前提。假如满足了最低要求，对登记就存在一个法定的请求权（准则制，上面第二十五章边码27）。立法者致力于尽可能地阻止欺诈性设立。而这导致了这样的结果，即公司的设立过程由强制性的规定来非常详细地加以规范，并因而使其变得非常复杂。公司设立法的现实意义，较少存在于公司新设立当中。公司新设立尽管暂时有所增加，但股份有限公司始终还是大部分由已存在的其他法律形式的公司变更产生。但是，作为改组法（对此，见下面第三十八章）和经常援引使用公司设立规定的增资法（下面第三十二章边码8及其后边码）的比较标准和样本，公司设立规定还是重要的。

　　　　原商法典的股份法律和1937年的股份法区分单一或同步设立与逐步或分级设立。在单一设立情况下，设立人自己认购所有的股份。而在逐步设立情况下，应该在公司设立之后才通过公众认购而将股份投放出去。[1] 自1965年开始，逐步设立已经不再可能，**单一设立**是强制性要求的（第2条，第29条）。假如应该将股份提供给公众购买，则通常由一个银行（如果必要，由多个银行，即银行团）作为设立人参与股份有限公司并认购那些为公众确定的股份，再于股份有限公司成立之后（下面边码10），通过出卖将其投放到投资者市场（股份**发行**）。因此，有发行银行、发行银行团之说。此外，还存在这么一个可能性，即首先设立一个只有很少注册资本的股份有限公司，以后再通过增资途径提供新股认购。

　　　　股份法区分简单设立和复杂设立。假如公司设立人达成了一定的被认为是特别危险的约定（尤其是向股份有限公司投入实物资产，即**实物设立**），就是复杂设立。现实中，例如，如果要投入一个已存在的企业，这样的约定就非常重要。

---

　　① 例外：资本投资法典第109条，具有变动的资本的投资股份有限公司；在其他国家中，可以采取不同的分级设立形式，即发起人先创设好法人，之后再寻找股东作为投资人；在西班牙的法律中，2015年的公司法第4b条（涉及有限责任公司），第19条第2款；捷克商法典第162条第2款以及第164条至第168条、美国商业公司法（修订版示范文本）第6.01条、特拉华州普通公司法第102条第4款，第151条：股份只需要在章程中授权批准，其发行由董事会事后负责（管理委员会）。

一、简单设立

1. 章程的确定和注册资本的缴付（第 23 条，第 29 条）

（a）公司协议的缔结

公司协议的缔结（**章程，第 2 条**）要求**制作公证文书**（第 23 条第 1 款）。作为设立人，一个人就够了。如果是这样的话，就用一个单方面的设立声明代替公司协议。在公司协议中，设立人（第 28 条）必须认购股份，以保证所有的股份最终被全部认购（第 2 条，第 29 条）。对于设立人、认购股份的详情以及在此期间已经交付的注册资本数额，应该在公证文书中载明（第 23 条第 2 款）。**设立人**可以是自然人和法人，也可以是商事合伙，比如普通商事合伙和有限商事合伙（没有争议）。根据绝对主流的观点，其他共同共有共同体也可以是设立人，即民事合伙[②]、设立中的股份有限公司（下面边码 4）和设立中的有限责任公司（上面第二十一章边码 14）、遗产共同体、没有权利能力的社团或者共同财产制中的配偶。[③]

章程必须有一定的**必要记载事项**（第 23 条第 3 款和第 4 款），即载明商号、住所、企业经营范围、注册资本数额及其分割成为面额股或无面额股、股份面额和数量、存在多种股份类别情况下的股份类别、股份作为记名股或不记名股发行时的类别、董事数量和公告形式。[④]

商号应该依照商法典第 18 条来选择，即它必须具有区分能力且不可以导致混淆。即使是在继受商号（比如依照商法典第 22 条的商号继受）的情况下，也应该始终将**法律形式附注**"股份有限公司"或者其一般可以理解的缩写纳入商号之中（第 4 条）。

章程所确定的股份有限公司的**住所**，必须位于境内（第 5 条）。对于确定登记法院的管辖，章程住所是决定性的（第 14 条），并且对于股份有限公司来说，住所具有一个如同居所对于自然人那样的相似的法律意义，比如对于管辖法院所在地的确定（民事诉讼法第 17 条第 1 款）。这并不取决于公司是否在住所地开展经营活动，而是关系到一个使公司能够个体化的在法律上的确认。一个依据德国法律设立的股份有限公司，可以在欧盟范围内自由活动（比较上面第一章边码 19 及其后一个边码）。[⑤]

不可以通过完全一般性的无特性的名称来表示**企业经营范围**，比如"经营所有种类的商事业务"。第 23 条第 3 款第 2 项明确规定，在工业企业或商业企业之下，应该详细载明其生产的产品种类或交易的商品种类。与此相对应，在公司变更从事完全另外一种业务活动时，需要修改章程。假如对企业经营范围的描述不会导致误解的话，所谓的壳

---

② BGHZ 78, 311（涉及有限责任公司）和 BGHZ 118, 83＝NJW 1992, 2222（连同对共同原始出资的责任承担进行分析）；BGHZ 126, 226, 234 f.＝NJW 1994, 2536.。

③ 具体细节有争议；Großkomm-AktG/*Bachmann*，§ 2 Rn. 25ff.；Hüffer/*Koch*，§ 2 Rn. 10f.（都连同进一步的阐述）。

④ 根据资本指令（第二号指令）第 2 条和第 3 条的规定，也必须给出相应的必要记载事项，但不是所有的章程内容，其他的也可以包含在根据公开指令（第一号指令）应该公开的（在这里：提交给商事登记机关的）法律文件中。

⑤ 主要的治理机构是否也能位于国外，取决于将第 5 条作为冲突规定还是作为实体规定来理解；Hüffer/*Koch*，§ 5 Rn. 1 ff.；上面第二十章边码 24。

设立或预备设立也是合法的。⑥ **企业经营范围与公司目的是不一样的**。⑦

公司在电子化联邦公报上进行**义务性公告**（第 25 条）。电子化联邦公报的经营者，应将数据传递给企业登记机关，因此，也可以在那里获得数据（商法典第 8 条第 2 款第 5 项和第 3 款，第 9 条第 6 款）。章程由此可以规定将公报，更确切地说是电子化的媒介，作为补充性的和**自愿性的公告形式**。

在必要的内容之外，章程还可以包含**其他规定**。但尽管如此，只有在法律明确准许的情况下，章程才可以规定偏离于股份法的内容（第 23 条第 5 款第 1 句）。因此，与商事合伙法（比较商法典第 109 条）和有限责任公司法（比较有限责任公司法第 3 条，第 45 条第 1 款）相反，股份法的规定通常是强制性的（**股份法不可由章程处置原则**）。⑧ 章程进行补充性规定是合法的，即对那些股份法根本没有规范或者没有最终规范的问题进行规范的规定（第 23 条第 5 款第 2 句）。但是，这样的规定也必须与股份有限公司的本质一致，并且不可以违背其他强制性法律规定，比如有关员工共同参与决定的法律规定或违背善良风俗。⑨

(b) 注册资本的认购和公司的建立

3　　　法律强制性地要求设立人**认购所有的股份**，是为了确保注册资本的缴付。认购股份，意味着认购一个**确定的缴付义务**（它是公司的缴付请求权的**请求权基础**）。股份不可以以低于**票面金额或注册资本分摊于单个无面额股之上的金额**这一最低发行价格发行（**禁止低于票面价发行**；第 9 条第 1 款，资本指令第 8 条第 1 款）。注册资本至少是应该在公司设立时被全额缴付。与此相反，溢价发行是任意性的（第 9 条第 2 款）。在设立期间，要求进行最低出资缴付（下面边码 6）。其他的规定则是为了保证真实交付出资（下面边码 13 及其后边码，第三十章边码 31）。股份的认购同样需要**制作公证文书**。它与章程的确定一起进行（第 23 条第 2 款第 2 项）。

4　　　根据第 29 条，随着所有股份被认购，**公司被"建立"起来**。真正的具有完全法律人格的股份有限公司，还是只有在登记于商事登记簿之后才得以成立（第 41 条第 1 款第 1 句）。随着（公司的）建立，在设立人之间产生了一个公司法上的联结，即未来的股份有限公司的团体性结构，但它还不是法人，即**设立中的公司**或**设立中的股份有限公司**（比较上面关于设立中的有限责任公司的第二十一章边码 18）。根据绝对主流的观点，这涉及一个自成一类的联合体，一个不同于设立人的具有自身权利和义务的法律构成体。它已经在很大范围内与要设立的股份有限公司相对应。因此，只要其不是以登记为前提条件的，股份法规定就可以适用了。⑩ 设立中的股份有限公司将终止，即当其转变成为股份有限公司时，通过登记于商事登记簿而成为法人（下面边码 10，登记的效力）。

---

⑥　BGHZ 117, 323＝NJW 1992, 1824；这样，合法的公司经营范围称呼是"管理自己的财产"；BGH NJW 2003, 892（涉及有限责任公司，并将公司设立规定适用于"公司壳"的事后使用）；上面第二十一章边码 1, 4, 11。

⑦　对此以及连同进一步的说明见 Hüffer/*Koch*，§ 23 Rn. 22；关于企业经营范围的说明，见 BGH NZG 2013, 293（在指导原则"企业目的"中）。

⑧　这样的严格规定在多大的范围内是必须的或者是有意义的，在具体情形下是有争议的；对此见 *Habersack*，AG 2009, 1, 10f.；*Hopt*, in：Lutter/Wiedemann（Hrsg.），Gestaltungsfreiheit im Gesellschaftsrecht, 1998（ZGR-Sonderheft 13），S. 123；Hüffer/*Koch*，§ 23 Rn. 34；*Mertens*，ZGR 1994, 426；Schmidt/Lutter/*Seibt*，§ 23 Rn. 53；*Spindler*，AG 2008, 598, 600 ff.；也比较上面第一章边码 28。

⑨　比如 BGHZ 83, 106, 114 ff.；83, 144, 146 f.；*Schön*，ZGR 1996, 429, 436ff.。

⑩　BGH NJW 2007, 589；Hüffer/*Koch*，§ 41 Rn. 4；也比较上面关于设立中的有限责任公司的第二十一章边码 18 及其后边码。

就像对于其他具有权利能力的团体一样，对于股份有限公司，也欠缺有关设立中的公司及其特殊性的法律规定（第 41 条第 2 款和第 3 款中的简单涉及除外）。通过法律继创，联邦普通法院判决创设了一个相当完整的方案。它获得了理论界大多数的支持。这尤其涉及有限责任公司情况下存在的同样问题。其现实意义也更大。继续争论的是一人股份有限公司在设立阶段的法律属性。[11] 应该严格区别于设立中的公司的是通过缔结一个设立前协议（比较上面第二十一章边码 17）来产生的**设立前公司**。设立前公司和设立中的公司可能暂时并行存在，但应该在法律上始终将它们区分开。

2. 机关的委任（第 30 条）

为了能够具有行动能力，公司必须具有机关。这一点对设立中的股份有限公司也适用（上面第二章边码 12）。因此，设立人必须委任**第一届监事**（第 30 条第 1 款）。[12] 这也需要制作成为公证文书，因而大多与章程的确定和股份的认购结合在一起。由于股份有限公司在简单设立情况下还没有经营企业，故对于第一届监事会，还无须选举员工代表（第 30 条第 2 款）。第一届监事的任期不可以超过就第一个完整的或非完整的业务年度的监事免责进行表决的股东大会结束的时间（第 30 条第 3 款）。接下来，则依据标准性的法律规定组建新一届监事会，即也许有员工代表的参加（下面边码 17，第二十八章边码 9 及其后边码）。第一届监事会再自己委任**第一届董事**（第 30 条第 4 款）。首先由董事会代表设立中的公司。[13] 假如董事为（未来的）股份有限公司行为，则他将从股份有限公司被建立起到登记于商事登记簿为止承担个人责任（**行为人责任**，第 41 条第 1 款第 2 句，下面边码 12，也比较上面第二十一章边码 27）。

3. 部分注册资本的缴付

在股份有限公司登记于商事登记簿之前，应该就每个股份缴付其被要求缴付的金额。其数额可以由章程确定。只要没有约定实物出资，每个股份上必须至少缴付最低发行价格的 1/4[14]，并且在溢价发行时，还必须缴付超出票面数额的多余金额（溢价、升水，第 36 条第 2 款、第 36a 条第 1 款）。缴付可以以现金形式（很少）或者以向设立中的公司或董事会在一个信贷机构开设的账户汇款的方式进行。股东的出资必须**交由董事会自由支配**，即已经缴付的金额不可以受到要求返还的制约，以及要求缴付的请求权不可以受到相应债权的限制（第 36 条第 2 款，也比较第三十七章边码 1）。根据第 27 条第 4 款，正如在有限责任公司中的那样，那些所谓的来回支付的情况，要放映在资产负债表上，以接受监督（上面第二十三章边码 12）。

4. 设立报告和设立审查（第 32 条-第 35 条）

设立人应该对设立过程（即刚才描述的设立步骤）进行书面报告。这个**设立报告**将构成**董事会和监事会**接下来进行审查的基础（第 32 条及其后一个条款）。除此之外，假如设立人当中有一个人是董事或监事（现实中经常如此）或者存在一个复杂设立（下面边码 13 及其后边码），还需要由制作公证文书的公证人，或者**由法院委任的**一名或多名特别的**设立审查人**进行另外一个审查（第 33 条第 2 款至第 5 款，关于设立审查人的地

⑪　对此见 Hüffe/Koch r，§ 41 Rn. 17 a ff.。

⑫　该规定也要求委任第一任财务会计报告审计人员，并且如果委任了的话，审计人员也有商法典第 316 条及其后条款规定的任务。但即使没有委任，股份有限公司也正常地被建立起来了（Hüffer/Koch，§ 30 Rn. 10）。

⑬　代表权的范围包括设立所必须要有的事项，其余的需要设立人的同意，主流观点，比较 Hüffer/Koch，§ 41 Rn. 11（连同进一步的阐述）；不同的是 MünchKomm-AktG/Pentz，§ 41 Rn. 53：没有限制也不能限制。

⑭　这是资本指令（第二号指令）第 9 条第 1 款的最低要求。

位见第 35 条）。审查涵盖整个设立过程（第 34 条）。设立审查人的书面报告，不仅要交给董事会，而且要交给登记法院。在那里，任何人都可以查阅它（第 34 条第 3 款第 2 句）。公司管理成员的报告，也应该交给商事登记机关（第 37 条第 4 款第 4 项）。

5. 申请登记于商事登记簿和登记（第 36 条-第 39 条）

（a）登记申请

8　　全部设立人、董事和监事（第 36 条第 1 款）应该向股份有限公司住所所在地的法院提起登记申请（第 14 条）。第 37 条详细规定了登记申请的内容和其他细节。登记申请人（特别是董事会）应该对最低出资缴付以及其他内容作出声明，而且其不真实的或不完整的声明将引发法律责任（下面边码 23 及其后边码）。为了能够让法院进行审查核对，应该附上一系列的文件证书，尤其是章程、设立报告和审查报告。依据商法典第 9 条第 1 款，任何人都可以查阅递交给商事登记机关的材料，而无须提供具有特别利益的证据。查阅也可以通过企业登记网进行（商法典第 9 条第 6 款）。[15]

（b）法院审查

9　　法院就公司设立和登记申请的**合规性**进行审查。如果法院发现有瑕疵，可以拒绝登记（第 38 条第 1 款）。然而，在章程规定有瑕疵、欠缺或无效的情况下，法院不可以基于任何微不足道的小事而拒绝登记。就这一点而言，审查任务受到了限制（第 38 条第 3 款）。但假如设立报告或者审查报告不正确或不完整或者与法律规定不一致，法院也可以拒绝登记（第 38 条第 2 款第 1 句）。审查始终是合法性审查，**不涉及章程的合理性**或设立人的偿付能力。登记法院的审查是准则制的体现（比较上面第二十五章边码 27 及其后边码）。

（c）登记和登记效力

10　　随着登记[16]，**股份有限公司作为法人而成立**。登记具有**生效性的作用**（第 41 条第 1 款）。只有在这时，才产生真正意义上的股份，才可以发行股票或者股款缴纳（过渡性的）凭证，股权才可以转让（第 41 条第 4 款）。因此，只有在这时，才可以向公众出售股份（对此，见上面边码 1）。与此相反，对于公司的成立，进行登记公告不是必需的。但在与第三人的关系上，它具有商法典第 15 条中规定的公告效力。

11　　随着股份有限公司的成立，**设立中的公司**作为其前阶段**终止**（上面边码 4）。它的组织（如同还有成员身份）将在股份有限公司中继续存在。这样产生的**股份有限公司将自动获得为其设立的权利**（连续性）。[17] 对于仍未缴付的出资，它基于章程而享有请求权。已经缴付的出资以及由此而创设的设立中的公司的其余财产价值，将自动转移给作为法人的股份有限公司，而无须特别的转移行为。[18] 股份有限公司享有存于信贷机构之处的投资账户中的相应债权，即使账户是以董事的名义开设的（第 54 条第 3 款第 2 句）。同样，设立中的公司的**债务**，也转移给已经成立的股份有限公司。这对应于联邦

[15] 比较第 2009/101 号欧盟指令（公开指令）第 3 条，统一版本。

[16] 第 39 条中有关于登记内容的具体规定，商法典第 10 条中有关于公告的具体规定。

[17] 主流观点，比较上面第二十一章边码 29 及其后边码，关于有限责任公司；*G. Hueck*，FS 100 Jahre GmbHG，1992，S. 127，140 ff.；Hüffer/*Koch*，§41 Rn. 16；KölnerKomm-AktG/*Arnold*，§41 Rn. 26；*Kübler/Assmann*，§25 II 3c，III 2a，§28 III 5；MünchKomm-AktG/*Pentz*，§41 Rn. 105ff.；*K. Schmidt*，§11 IV 2 c，27，II 3 d；设立中的股份有限公司与最终的股份有限公司之间具有同一性，作为基础已被广泛接受；根据不同的观点会产生概括继受。无论如何，两种理论解释使用了连续性的观点。

[18] 具有奠基性作用的是 BGHZ 80，129＝NJW 1981，1373.。

普通法院关于有限责任公司设立法律的判决（上面第二十一章边码 14 及其后边码），也为理论界一致认可。联邦普通法院将那里进行的法律继创移植到了股份有限公司设立时的相同过程中。[19]

第一眼看上去，这将与第 41 条第 1 款至第 3 款（也比较公开指令[20]第 8 条，上面第二章边码 28）不一致。过去被普遍承认的、但现今对于股份有限公司来说也是**被超越了的前负担禁止说**，就是建立在这些条款基础上的。据此，在设立阶段为股份有限公司设立的债务不是自动，至少不是在全部范围内转移给股份有限公司。在债务方面，设立中的公司和股份有限公司之间的连续性由此受到了限制。依据这种观点，只有在法律或章程规定的情况下，登记之前设立的债务才能直接约束股份有限公司。其他据此没有自动转移给股份有限公司的债务，可以由董事会根据第 41 条第 2 款以简化形式代表股份有限公司承接，即通过与债务人签定协议并在三个月内告知债权人的方式。通常，这里的债务人就是在设立中的公司存续期间为股份有限公司行为的人。根据这种观点，通过债务承接，行为人责任也将依据第 41 条第 1 款第 2 句灭失。

董事会可以在其代表权范围内为设立中的公司设立债务（上面边码 5）。在此过程中，董事会是否以设立中的公司或者已经以未来的股份有限公司的名义行为，是没有区别的。如果公司财产因此而减少，以至于在登记时刻点不再能覆盖注册资本，则采用从判决中发展出来的**前负担责任**（下面边码 26）。随着债务转移给股份有限公司，上面（边码 5）所提到的**行为人责任**将依据第 41 条第 1 款第 2 句而灭失。[21] 因此，依照第 41 条第 2 款的通过股份有限公司以简化形式承接债务的安排，几乎就没有什么意义了。

二、复杂设立（第 26 条、第 27 条）

1. 概念

假如设立人达成了一些这样的约定，即对于年轻的公司、股东和债权人来说具有特别的危险性并因而必须纳入章程，就存在一个复杂设立。因此，需要确保其公开并且让秘密约定不能有效达成。进入考虑范围是下面的一些情形。

基于公司设立事由，可能会承诺给个别股东或第三人以个人利益（第 26 条第 1 款）。这样的**特别利益**是债权人权利。它们不与股份相联结，不归属于当时的股份所有人。在这一点上，它区别于优先权股（上面第二十五章边码 7）。在历史上（上面第二十五章边码 27），过分提供好处属于滥用情形。它们导致公司设立法律的强化。**设立开支**（第 26 条第 2 款）是针对设立人或第三人为设立公司工作或进行筹备工作而从公司财产中支付的费用和报酬。属于这里的不仅有设立费用（向公证人、法院支付的费用以及为了公告等支付的费用），而且有为设立人工作支付的报酬本身（设立人报酬）。只要设立人报酬表现为一个真实劳动的酬金，这样的设立人报酬就是完全合理的。但是，在这里也存在一个巨大的滥用危险。如果章程没有规定设立开支，设立人就必须自己承担设立费用。如果违背第 26 条规定而没有将协议规定的提供特别利益的义务和设立开支

12

13

[19] 已有这样的发展趋势的是 BGHZ 117, 323＝NJW 1992, 1824；另外还有 BGH NJW 2007, 589.。

[20] 公开指令第 8 条（第 1 号指令），规定了行为人的责任；关键的是第三人有一个债务人；*Grundmann*, Europäisches Gesellschaftsrecht，Rn. 210.。

[21] BGHZ 69, 95, 103 f.＝NJW 1977, 1683, 1689；BGH NJW 1982, 932（都是针对有限责任公司）；Hüffer/ *Koch*，§ 41 Rn. 23；MünchKomm-AktG/*Pentz*，§ 41 Rn. 109.（连同进一步的阐述）。

纳入章程，则它们将被排除在第 41 条第 3 款规定的债务承接之外。法律借以防止有人规避那些适用于此类情形的复杂设立规定。在其被纳入章程之中的情况下，这样的义务将直接涉及股份有限公司本身。与此相反，如果没有章程基础，则既不能在公司设立阶段，也不能在股份有限公司成立之后设立或履行它们（第 26 条第 3 款）。

实物设立（第 27 条第 1 款）是这些设立的**上位概念**，即允许实物出资或者规定有实物接收。**实物出资**是所有的不是由金钱组成的出资，也包括比如债权出资。**实物接收**是指设立人约定，股份有限公司有义务从一个设立人或第三人处以支付不是以股份形式存在的对价为条件，即有偿的（通常是以购买的形式）获得一个财产价值。为了防止规避法律，对于公司与设立人或者股东之间的特定协议，第 52 条（资本指令第 13 条）要求股东大会同意并登记于商事登记簿（**后继设立**）。假如公司在其设立后的前两年内从其设立人或持有公司注册资本 10% 以上股份的股东之处，以支付超过公司注册资本10% 的价款购买设备或其他财产标的，则必须满足已提到的特别的生效条件。依据第 53 条，适用与实物设立情况下一样的公司赔偿请求权（下面边码 16）。如果是在公司日常经营框架条件下或法院强制执行过程中或股市上购得财产标的，不是后继设立（第 52 条第 9 款）。

2. 实物出资

14 适合作为实物出资的**标的应该具有一个可以确定的经济价值**。[22] 不同于在合伙情况下，不可以考虑将提供劳务作为出资（第 27 条第 2 款，资本指令第 7 款第 2 句）。可以作为出资的比如有不动产、债权、参与份额、专利、著作权[23]或者在一定前提下的使用权。[24] 针对设立人自身的债权，是不能作为出资的。[25] 一个重要的实物出资情形是为获得股份而将**整个企业投入进来**。在章程中，必须载明出资的标的、投入标的的股东人员以及要向其提供的股份的票面金额或数额（第 27 条第 1 款）。对于**实物接收**，与在实物出资情况下一样，必须在章程中进行相应的记载。[26] 假如要将报酬计算入出资，就涉及一个实物出资的问题（第 27 条第 1 款第 2 句）。法律反正都不允许相互抵销（第 66 条第 1 款第 2 句）。

15 在**没有纳入章程**的情况下，股份有限公司不能接受具有消灭出资义务效力的实物出资。在股东权利指令转化法中[27]，立法者改变了以前的严格规定，即股东在任何情况下就此都须以现金形式缴付出资（旧版第 27 条第 3 款第 3 句）。旧规定引发规避行为。正如在有限责任公司中一样（上面第二十三章边码 14），立法者采纳了计入现金出资义务的做法（关于隐形实物出资见下面边码 18）。

16 资本真实缴付原则要求实物出资的价值达到股份发行金额的价值（禁止低于票面价

---

[22] 概念"财产标的"不一定必然与会计法上可在贷方科目作价记账的资产概念相等同；*Hüffer/Koch*，§ 27 Rn. 14 ff.。但无论如何，在依照商事会计法可以在贷方科目作价记账的资产情况下，是没有异议的。可以将它直接移到国际财务报告准则意义上的"财产"上（下面第三十一章边码 41）。

[23] BGHZ 29，304（一个不太著名的作曲家的歌剧）。

[24] 具体内容上有争议，特别是关于债务性的使用权是否可以作为出资；BGHZ 144，290＝NJW 2000，2369 - adidas，对此见 *Pentz*，ZGR 2001，901，908 ff.；*Hüffer/Koch*，§ 27 Rn. 18（连同进一步的阐述）；*Nabrotzki*，Lizenzen an Immaterialgüterrechteil als Mittel der Kapitalaufbringung，2008.。

[25] *Hüffer/Koch*，§ 27 Rn. 16.

[26] 关于实物出资与实物接收的结合（混合的实物出资），见 BGH NJW 2007，765＝NZG 2007，144；对此见 *Krolop*，NZG 2007，577.。

17 [27] 2009 年 7 月 30 日的股东权利指令转化法 ARUG，BGBl. 2009 I 2479.。

发行，上面边码 3），并且在溢价发行时，还应该加上多出的金额（第 36a 条第 2 款第 3 句）。由此产生的问题（尤其是估价问题）成为众多特别规定的基础。在**设立报告**中，设立人必须就实物出资和实物接收进行特别报告，并且阐述证明估价合理的理由（第 32 条第 2 款）。此外，对于估价的合理性，需要一个由法院委任的**设立审查人**进行特别审查（第 33 条、第 34 条；资本指令第 10 条）。这通常是经济审计人员。当它涉及具有一个明确市场价格或者不久之前已经开展过专家估价的特定财产标的时，根据第 33a 条，外部的设立审查不是必需的。[28] 在过高估价情况下，法院可以拒绝登记（第 38 条第 2 款）。假如法院还是进行了登记，则股东必须以现金形式弥补其价值差额（**差额责任**）。[29] 公司设立审查可能是费钱费时的。

根据第 36a 条第 2 款第 1 句，实物出资必须全部履行。对于第 2 句的含义，存在争议，特别是因为其文字表述不甚清楚。[30] 如果要将一个已经存在的至少雇用 500 名员工的企业作为实物出资投入公司，第一届监事会也仍然完全由设立人委任（第 30 条第 2 款）。在这种情况下，设立人只能委任这么多的监事，即事后要选举的股东代表的数量。然而，出于形成多数的需要，至少应该是 3 名监事。员工代表的位置暂时保持空缺并于企业投入公司后进行填补（第 31 条）。 17

3. 隐形实物出资

为了对付所谓的**隐形的**或者隐蔽的**实物出资**，德国法院和理论界发展创设出了高度复杂的规则。表面上，实物设立可以由此而穿上现金设立的外衣，即形式上规定一个现金出资，但将它与一个交易行为如此紧密地连接在一起，以至于在经济上达到实物出资的效果（第 27 条第 3 款第 1 句）。[31] 例如，假如作为出资的现金要被用于投资人向公司供货的融资，或者（尤其是在增资情况下）应该被用于清偿投资人因向公司供货而产生的债权，则是为法律禁止的，并且具有出资义务没有由此得到有效履行的法律后果。关于隐形实物出资的协议，虽然是有效的，但现金出资的义务还是继续存在。在股份有限公司登记到商事登记簿的时刻点或者之后交付的时刻点，将根据出资义务对缴付的标的进行评估（第 27 条第 3 款第 3 句）。对于评估的理论分类，存在争议。[32] 第 41 条第 3 款保持不变，其排除了未在章程中确定的实物出资的事后接收或者通过公司进行实物接收。法律借此防止有人规避实物出资情况下的设立监控和评估前提。取消评估应考虑资本真实交付规定和禁止低于票面价发行，这通过由股东来承担隐形实物出资价值维持的证明责任，以及另外承担现金出资义务来加以保障。 18

根据旧的法律状态，股东必须再次出资。着眼于已经缴付的财产标的，股东只有弱

---

[28] 2006 年为了简化，修改了资本指令，在这些情况下允许放弃外部的审查，对此详细的介绍见 *Bayer / J. Schmidt*，ZGR 2009，805；*Seibert / Florstedt*，ZIP 2008，2145，2150.。

[29] 通常观点；法律基础是接收声明；BGHZ 64，52，62；比较针对有限责任公司的有限责任公司法第 9 条。

[30] *Hüffer / Koch*，§36 a Rn. 1：“不可思议的”。该规定是为转化实施资本指令引入的。根据一种说法，第 36a 条第 2 款第 2 句仅涉及针对第三人的债权作为此等实物出资的情形（KölnerKomm-AktG / *Kraft*，2. Aufl.，§36 a Rn. 10 ff.）。但根据另外一种观点，第 1 句仅涉及使用权或利用权的让与，而第 2 句是规范一般的情形，*Hüffer / Koch*，§36 a Rn. 4；Großkomm-AktG / *Röhrich / Schall*，§36 a Rn. 6 ff.；KölnerKomm-AktG / *Arnold*，§36a Rn. 11 ff.；关于案例，见 *Richter*，ZGR2009，721.。

[31] 比较上面第二十三章边码 14，关于有限责任公司——对于不被允许劳务出资的不能适用隐形出资原则，BGH NZG 2010，343-Eurobike.。

[32] *Bayer / J. Schmidt*，ZGR 2009，805，826f.；*Ulmer*，ZIP 2009，293.

小的不当得利请求权。[33] 现实中的案件情况，是格外多种多样的，并且经常涉及增资情形（下面第三十二章边码 19）。因此，对于隐形实物出资理论，曾经总是富有争议的。尤其是在增资情况下，有很好的理由支持让针对股份有限公司的债权简单地转变成为投资，并且资本指令没有强制性地要求将其作为实物出资来对待。[34]

三、设立的瑕疵和有瑕疵的设立

公司设立要求许多具体的步骤，其中可能会出现错误。假如登记法院发现有瑕疵，则大多会作出限时清除瑕疵的暂时决定。在一定情况下，它也可能最终地拒绝登记。但是，假如**股份有限公司已登记于商事登记簿**，则公众应该可以尽可能地信赖这一点，即它确实也已经存在了。因为，不仅对于购得股份的投资者，而且对于给股份有限公司提供信贷的债权人，股份有限公司的无效都将具有难以承受的后果。与此相对应，那些在公司登记之后才被发现的设立瑕疵的法律后果，受到了限制。

1. 设立行为的瑕疵

19　　　　像这样的瑕疵，比如违反形式规定，原则上将**通过**股份有限公司的**登记**而**被治愈**。法律仅对这一情形规定了**例外**，即章程没有规定上面（边码 2）提到的**必要记载事项**或者这些规定中的一个规定是无效的。但是，即使是这样，股份有限公司也不是直接无效。它只能依据第 275 条由法院判决宣告无效，或者依据家事事件和非诉事件程序法第 397 条由官方利用职权加以注销，或者依据第 262 条第 1 款第 5 项连同家事事件和非诉事件程序法第 399 条由法院予以解散。这些规则与公开指令（第一号欧盟指令）相对应，并且为第 38 条第 3 款规定的登记法院审查范围限制所补充。无效宣告将导致股份有限公司的清算（第 277 条）。也就是说，公司不是简单地消失，而是在一个法律规范的程序中进行清算（对此，见下面边码 32）。这一法定规则是瑕疵公司原则的体现（比较上面关于有限公司的第十二章边码 11 及其后边码）。

股份法第 275 条及其后条款以及家事事件和非诉事件程序法第 397 条和第 399 条中的**法律规定**是**排他性的**。其他瑕疵既不能成为无效之诉的理由，也不能成为开启自愿性司法管辖权的程序的理由。如果章程的个别条款违背了善良风俗或者强制性的法律，则应该区别对待。假如它们属于章程的必要记载事项，则股份法第 275 条或者家事事件和非诉事件程序法第 397 条、第 399 条会介入进来。否则，只是有问题的章程规定无效，而其他章程部分保持不动。民法典第 139 条退于股份法第 275 条之后。[35]

2. 个别设立人的参与瑕疵

20　　　　个别设立人的参与瑕疵，以相似的方式通过股份有限公司登记于商事登记簿而被治愈。在股份有限公司登记之后，尤其是公司设立的意思表示和股份认购不能再因为错误、欺诈或胁迫而被撤销。缺乏真意和虚假行为，也不能再被主张。假如它们在公司登

---

[33]　具有奠基性作用的是 BGHZ 110, 47, 57 ff. ＝NJW 1990, 982, 989 ff. - IBH/Lemmerz；BGHZ 118, 83, 93 ff. ＝NJW 1992, 2222 - BuM；BGHZ 132, 133, 139＝NJW 1996, 1286（涉及有限责任公司）；BGH NJW 2007, 765；BGHZ 173, 145＝NJW 2007, 3275-Lurgi；BGHZ 175, 265＝NZG 2008, 425-Rheinmöve；*K. Schmidt*，§ 29 II 1 c.（连同进一步的阐述）。

[34]　*Windbichler/Krolop*，in：Riesenhuber, 2. Aufl.，§ 19 Rn. 28ff.，46ff.（连同进一步的阐述）；也比较英国公司法第 583 条第 3 款。

[35]　关于原始章程的组成部分无效的治愈，见 BGHZ 144, 365＝NJW 2000, 2819.（涉及有限责任公司）。

记之前被撤销，则应该依据瑕疵公司基本原则来处理已完全开展活动的设立中的股份有限公司[36]，即如有可能，应该对其进行清算。撤销权人是第 28 条意义上的设立人。不同的是*在欠缺行为能力的情况下*，以及在所谓的设立人根本就没有参与或者其签名被伪造或者无代理权的代理人代为其行为时（归入瑕疵）。但是，在这些情形下，只有个别的设立人的意思表示无效，而不是公司本身无效（比较上面第二十一章边码 12）。

对个别设立人的参与瑕疵的法律后果加以限制，虽有不同的理由论证，但在结果上是没有争议的。在面向公众的意思表示和信赖保护等观点之外，尤其是这种理论具有非常重要的意义，即股份有限公司的建立是一个组织协议。该协议将一个团体带上了征途。股份的认购使得注册资本得以产生，也由此使得股份有限公司不可缺少的基础得以产生。只要股份有限公司已经进行了登记，对于法律交往和经济交往来说，如果可以事后通过撤销个别的认购声明来剥夺公司的经济基础，则会产生严重的危害。那些个别弄错了的或者受欺骗了的等等人的利益，应该退于这一交易利益之后。法律排除股东根据民法典第 38 条以公司机关在公司设立时有侵权行为为由对股份有限公司享有赔偿请求权。因为否则的话，注册资本将会由此而被减少。[37] 但针对实施行为的机关成员或设立人个人的请求权，保持不变。[38]

3. 失败的设立和非真正的设立中的股份有限公司

假如最后没有进行登记并由此产生股份有限公司，公司设立就失败了。这样，就应该去询问设立中的股份有限公司的命运了（比较上面关于有限责任公司的第二十一章边码 33）。依据公司设立没有被往前推进的原因（如在设立人之间存在矛盾的情况下）的不同，可以通过一致同意的章程修改来清除障碍，继续推动公司设立。如果这还是不能成功，则可以通过一致同意的股东决议来**解散设立中的股份有限公司**。假如股份有限公司的登记被最终地拒绝了，设立中的股份有限公司的目的（即让股份有限公司成立）也就最终地成为不可能。依据民法典第 726 条第 2 项，它将自动解散。[39] 此外，在一定情况下，也可以基于重大理由解散设立中的股份有限公司。[40] 另外，**设立中的股份有限公司具有破产能力**。[41] 在所有的这些公司设立程序没有通过股份有限公司的登记而终结的情形下，都要求**按照一个规范的程序对设立中的股份有限公司进行清算**。假如没有开启破产程序，则该程序就得以针对股份有限公司的清算程序为依据（下面边码 41）。[42]

21

假如设立人已放弃登记目标或者登记已失败，但仍还继续从事业务活动，就涉及所谓的**非真正的设立中的股份有限公司**。在其之上，适用相应的合伙/公司形式的法律规定，即在经营一个商事营业情况下，适用普通商事合伙法，否则适用民事合伙法，并且连同各自相对应的责任后果（如有可能，类推适用商法典第 128 条）。

22

[36] Hüffer/*Koch*，§ 275 Rn. 8.

[37] RGZ 88，188.

[38] 立法者在有价证券交易法第 37d 及其后条款中作的相反决定不与之相矛盾，因为设立人不是资本市场参与者且不享受投资者保护。

[39] BGH NZG 2007，20，21 f.（obiter）；Hüffer/*Koch*，§ 41 Rn. 3.

[40] BGH NZG 2007，20，21f. 第 262 条解散理由的有限的选择不适用于尚未凝固为法人的设立中的公司。

[41] BGH NZG 2003，1167.（涉及设立中的有限责任公司）。

[42] BGH NJW 2007，589，592.

四、责任

1. 设立人责任

23 **技术意义上的狭义的设立人责任**，是从这些规定中产生的，即在规范公司设立过程的规定之外，法律为防止人们遭受公司设立时的权利滥用行为侵害而补充制定的规则。设立人和其他参与人的广泛责任，存在于对已登记的股份有限公司，而不是对股东或者其他第三人（第 46 条及其后条款）。在后继设立情况下，也相应地适用这些规定（第53 条）。股份有限公司自身的请求权，也由此间接地有利于其债权人和股东，即它们补充公司的财产。

（a）人和事实构成

24 （aa）**设立人**在三种情况下要承担责任。

（1）对设立时的不真实的和不完整的陈述（第 46 条第 1 款中有详细规定）。

（2）对设立人故意或重大过失通过实物出资、实物接收或者设立开支损害股份有限公司。原则上，所有的设立人作为连带债务人承担责任（第 46 条第 2 款）。

但在这两种情况下，任何一个设立人都可以通过此种证明来免责，即他既不知道，也不应该知道产生赔偿义务的事实（第 46 条第 3 款）。因此，设立人只对其过错承担责任，但举证责任倒置。

（3）对因为一名股东丧失支付能力或者无力履行实物出资的原因而产生的亏缺数额，但只有在被涉及的设立人是明知其无支付能力或无履行能力的情况下仍接受其参与的时候（第 46 条第 4 款）。由此可见，在这种情况下，只有过失还不够。

（bb）**设立人的幕后人**（即设立人为其利益而认购股份的人），将以同样的方式承担责任（第 46 条第 5 款）。法律想借此防止有人利用没有支付能力的稻草人来规避设立人责任。

（cc）所谓的**设立人同盟**，即在设立人及其幕后人之外，承担责任的还有那些作为秘密的设立人报酬的接受人或受益者，以及通过实物出资或者实物接收损害股份有限公司的参与人（第 47 条第 1 项和第 2 项中有详细规定）。

（dd）**发行人**，即在股份有限公司登记于商事登记簿之前或者接下来的两年内公开声明要将股份投入市场交易的人。因此，他主要是发行银行。在设立人不正确或不完整陈述或者通过实物出资或实物接收损害股份有限公司的情况下，他们也**对股份有限公司承担责任**，但仅就自己的过失承担责任（第 47 条第 3 款）。应该与此相区别的是其依据有价证券招股说明书法第 21 条及其后条款对股份购买人承担的责任。

（ee）如果**董事和监事**在公司设立时没有尽到应尽的谨慎义务（第 48 条），则应对股份有限公司承担责任。

（ff）违反了其义务的**设立审查人**、他的辅助人以及审计公司的参与审查活动的法定代理人（第 49 条）。商法典第 323 条第 1 款至第 4 款中有详细的规定。股份法第 49条援引适用这些规定。

（b）责任追究

25 法律不仅关心**股份有限公司的请求权**，而且希望它们**在事实上得到现实**。通常情况下，设立人至少是在前期阶段占据股东大会中的股份多数，故存在这样的危险，即他们想办法阻止赔偿请求权的主张。因此，第 50 条限制公司放弃或进行和解的可能性。如果股东大会通过一个简单多数要求主张请求权，则必须主张请求权。持股达到注册资本10%或者1百万的少数股东，可以要求委任**一个特别的代表人**来主张请求权（第147条第2款第2句）。在一定的前提条件下，持股达到注册资本1%或者10万的少数股东可以申请法院准许其提起诉讼，以此方式来强制主张请求权（第148条）。所需要的信息可以通过一个特别审查来获得，而特别审查程序又可以以同样的前提条件来强制加以开启（第142条）。

（c）前负担责任

注册资本缴付和维持原则（上面第二十五章边码5），要求在公司成立时刻点上按照注册资本的财产价值完整地将其交由股份有限公司支配（**完整无损原则**）。只要不是基于为设立中的公司的原因而设立债务的情况，设立人就得对公司于登记时刻点时的财产价值与注册资本之间的差额向股份有限公司承担按份责任。这个由联邦普通法院以法律继创方式为有限责任公司（上面第二十一章边码31）发展起来的**前负担责任**（也被称为账面亏损责任），取代了具有较少实用价值的前负担禁止。前负担责任是对股份有限公司承担责任。它随着公司登记而产生，并且就这一点而言，它是那个在设立中的股份有限公司之下被承认的内部责任（下面边码30）的继续。应该与此相区别的实物出资过高估价时的差额责任（上面边码16）。但是，前负担责任可能在实物出资情况下，特别是在向公司投入一个企业或者企业份额的情况下变得更为重要，例如当企业业务在此期间变得不好的时候。

2. 对个别股东的责任

参与公司设立的人对个别股东承担责任，这可能会从**一般性的规定**中推导得出，比如从民法典第823条第2款连同刑法规定（下面边码28）或者民法典第826条中推导得出，如欺诈性地诱使他人认购股份。此外，对于股东，还有有价证券招股说明书法规定的特别的**招股说明责任**（有价证券招股说明书法第21条及其后条款）。这首先涉及从事股份发行的银行（发行银行）。除此之外，在技术意义上的招股说明责任之外，还有一般民法上的招股说明责任（上面第十九章边码19）。然而，由于同步设立（上面边码3f）的原因，这样的情形在公司设立时不如在事后购买股份（所谓的二级市场）和公司增资（下面第三十二章边码18及其后边码）时那么重要。

3. 犯罪行为构成

针对设立人、董事和监事以及发行人，在民事法律责任之外，还存在一个专门的股份法上的刑事责任（第399条，第400条第2款）。犯罪行为构成尤其还因为作为民法典第823条第2款意义上的**保护性法律**而具有意义。[43] 在一定条件下，还有一般刑法上的犯罪行为构成，比如诈骗罪（刑法典第263条）、投资诈骗罪（刑法典第264a条）和背信罪（刑法典第266条）。

4. 对第三人的责任

在登记之后，股份有限公司用其全部财产对所有的以其名义和设立中的股份有限公司的名义（上面边码23）承接的债务承担无限责任。股东不承担责任（第1条第1款第2句）。然而，股份有限公司基于设立人责任（上面边码23）和针对股东而享有的请求权，也属于其财产。对于公司登记之前的责任关系，法律没有进行完整的规范调整。但在此期间，关于设立中的有限责任公司的法律继创（上面第二十一章边码18及其后边

26

27

28

29

43　BGH NZG 2005，976.

码），其也可用于设立中的股份有限公司，已经将许多问题解释清楚了。

（a）设立中的股份有限公司

设立中的股份有限公司自身是一个独立的组织，并以其财产对以其名义承接的债务承担责任。它随着股份有限公司的登记而终止。从此开始，后者成为债务人（连续性说）。如果没有登记，设立中的股份有限公司继续作为债务人。因此，它需要清算并在清算中满足债权人。为了这一目的，设立人必须按份履行其出资义务（内部责任，比较上面关于有限责任公司的第二十一章边码 25，但具体内容还有争议）。内部责任可以增加公司财产，并且因而有利于设立中的股份有限公司的债权人。在一定情况下，还需要开启破产程序。

（b）设立人作为设立中的股份有限公司的股东

30 　　原则上，设立中的股份有限公司的股东，**不对第三人**承担责任。与公司登记后介入的前负担责任（上面边码 26）相对应，联邦普通法院遵循无限的**内部责任**的方案。只有在例外情形下，债权人才可以直接追究设立中的股份有限公司的股东责任，即在绕道通过公司实现债权没有希望的或其过于苛刻的时候（上面关于有限责任公司的第二十一章边码 26）。

（c）公司机关

31 　　第 41 条第 1 款第 2 句规定的**行为人责任**，是一个真正的外部责任。然而，鉴于关于设立中的公司的法律继创，它的现实意义很小。随着债务转移给股份有限公司（即随着公司的登记），行为人责任灭失（上面边码 12）。由董事会在法律、章程或设立人一致同意授予的授权范围之外为设立中的公司或未来的股份有限公司承接的债务，不能自动转移给股份有限公司。对于这些债务，存在一个行为人责任的适用领域。此外，在没有公司登记的时候，行为人责任也具有意义。[44]

五、股份有限公司的终止

1. 解散和完全终止

32 　　与合伙一样，也应该在公司情况下区分解散和终止（上面第十章边码 1，第十二章边码 22）。法律人格、组织和公司财产（包括债务）不会在一个确定的时刻点上瞬间消除。随着"解散"，股份有限公司的目的发生改变。它不再追求章程规定的目标，如经营一个营业性业务。从即刻起，公司目的是促使公司终止。作为其手段有实施清算、清偿债权人以及向股东分配剩余财产。股份有限公司变为**清算中的公司**。但它的同一性保持不变，并且仍然是法人。为了让股份有限公司的目的改变能为外界所知晓，应该将解散登记于**商事登记簿**（第 263 条，第 398 条）。通常，商号附注中的"i. L."表示"在清算中"的意思（比较第 269 条第 6 款）。登记只是发挥宣示性的作用，不具有生效性的效力。

2. 解散理由

33 　　根据强制性的法律规定，存在如下解散理由。

（a）期限届满

这个依据章程的解散理由（第 262 条第 1 款第 1 项），与合伙情况下的情形（上面

---

[44] BGH NJW 2004, 2519.

第十章边码 2，第十二章边码 23）相对应。不同于那里的是不会有一个默示的期限延长。需要有一个明确的延长期限的决议（比较股份法第 274 条）。现实中，期限届满作为解散理由，不具有值得一提的作用。

（b）股东大会的决议

法律强制性地规定，股东大会的解散决议（第 262 条第 1 款第 2 项）需要至少一个代表注册资本 3/4 的多数。公司章程尽管可以提高其要求，但不能将决议解散的可能性完全排除在外。[45] 法院不对解散决议进行内容审查，因为它"自身就已经承载了"论证其正当合理的客观基础：法律不应该剥夺股东收回投资的自由。[46] 由此可见，即使在没有进一步论证说明的情况下，法律也不阻止一个由相应的多数通过解散企业载体来清算一个有生命力的企业（下面第二十九章边码 46，第三十三章边码 11）。

34

（c）破产

现实中最重要的解散理由是公司破产。在此过程中，应该区分两种情形：（1）如果股份有限公司不具有支付能力或者资不抵债，但仍还有足够的财产承担破产程序费用，则会基于董事会的申请（破产法第 15 条及其后一个条款）或者债权人的申请（破产法第 14 条）而**开启破产程序**。股份有限公司将由此而被解散（第 262 条第 1 款第 3 项），并依照破产法的规定进行清算。除此之外，假如股份有限公司在欧盟范围内的外国拥有财产或一个分支机构，则欧盟破产法与之相关（上面第一章边码 11）。（2）假如股份有限公司不具有支付能力或资不抵债并且不能够承担破产程序费用，则法院会基于**欠缺财产而拒绝开启**破产程序（破产法第 26）。这也将导致股份有限公司的解散（第 262 条第 1 款第 4 项），并按照股份法的规定（第 264 条及其后条款）进行清算。[47]

35

（d）无财产

如果让无财产的公司继续存在，对商事登记机关来说，将是一个不必要的负担并且同时危及业务交易的安全，因为由此可能虚构出一个不存在的信用能力。因此，家事事件和非讼事件程序法第 394 条规定了**官方利用职权进行的注销**。官方利用职权注销，也将导致股份有限公司的解散（第 262 条第 1 款第 6 项），并且（由于没有或不再有要清算的财产）同时导致公司终止。假如事后查明仍还存在可以分配的财产，则从那时起进行清算（**事后清算**，第 264 条第 2 款）。

36

（e）章程瑕疵

基于交易安全的需要，章程瑕疵只有在特别严重的情形下才能导致公司的解散（上面边码 9）。在股份法第 275 条第 1 款（在一定情况下，家事事件和非讼事件程序法第 397 条）意义上的由生效判决确认的**"无效理由"**情况下，就是这样一种情形。依据实际情况，它同样也是解散理由（第 277 条第 1 款）。[48] 这些规定是建立在转化实施公开指令基础上的（上面第二章边码 28），故应该严格按照指令的目的来加以解释。[49] 此外，家事事件和非讼事件程序法第 399 条中讲到的章程瑕疵，在登记法院确认此类章程瑕疵的决定已经生效的情况下，也导致公司的解散（**官方利用职权解散**，第 262 条第 1 款第

37

④⑤　BGHZ 103，184，189 ff. ＝NJW 1988，1579 - Linotype.

④⑥　BGHZ 76，352，353＝NJW 1980，1278（关于有限责任公司）；BGHZ 103，184＝NJW 1988，1579，1580 - Linotype；也比较 BVerfG NJW 2001，279＝NZG 2000，1117 - MotoMeter；Spindler/Stilz/*Bachmann*，§ 262 Rn. 11.。

④⑦　对此在法律政策上持批评态度的是 K. *Schmidt*，§ 11 VI 5；Spindler/Stilz/*Bachmann*，§ 262 Rn. 44f.。

④⑧　通常观点，仅比较 MünchKomm-AktG/*Koch*，§ 275 Rn. 8；K. *Schmidt*，§ 30 VI 2.。

④⑨　EuGH Slg. 1990 I S. 4135 - Marleasing；MünchKomm-AktG/*Koch*，§ 275 Rn. 23 ff.

5 项，比较上面边码 19）。⑤

只有在章程没有关于注册资本数额或企业经营范围的规定或者有关后者的规定无效时，才准许提起**公司无效之诉**（第 275 条）。只要瑕疵是涉及企业经营范围的，就可以通过修改章程来治愈它（第 276 条）。在这种情形下，只有在要求公司通过修改章程消除瑕疵并且 3 个月已过而又无果的情况下，才得提起诉讼。起诉必须在公司登记后 3 年内提起。之后，只还可以由官方利用职权注销股份有限公司（第 275 条第 3 款，对此见家事事件和非讼事件程序法第 397 条）。假如法院判决起诉胜诉，则应该以生效判决为依据，将股份有限公司的无效登记于商事登记簿。但是，股份有限公司并非由此溯及以往地自始被清算，因为股份有限公被登记和参与交易的事实，不可能恢复原状。因此，仅只能针对未来消除股份有限公司，即就像在解散情形下的一样，进行清算。到目前为止以公司名义进行的法律行为继续有效。如果为清偿股份有限公司的债务所需要，股东仍应缴付拖欠的出资（第 277 条）。在违反第 23 条第 3 款的情形（没有关于商号或股份有限公司的住所或股份面额、数量和种类或董事数量等的规定或其规定无效，此外是在有关注册资本金额的规定无效时）下，适用家事事件和非讼事件程序法第 399 条，即**官方利用职权解散公司**。登记法院应该要求股份有限公司在一定的期限内将消除瑕疵的章程修改申请登记于商事登记簿或者就其命令提出异议，否则将解散股份有限公司。如果股份有限公司没有及时按照要求行事，登记法院就正式确认章程瑕疵。随着这一处分决议的生效，股份有限公司被解散（第 262 条第 1 款第 5 项；关于后果，见上面边码 19）。

(f) 其他解散理由

38   假如一个股份有限公司依照**改组法**的规定被合并到或分立到了其他的一个合伙/公司，或者其财产全部被转移给了官方机构，则这会导致其灭失（改组法第 20 条第 1 款第 2 项，第 131 条第 1 款第 2 项），并由此出现**"没有清算的解散"**（改组法第 2 条，第 123 条第 1 款，第 174 条）。与无财产的注销（上面边码 4）相比，其决定性地区别在于法人财产通过概括继受途径而在另外一个载体之下继续存在。这样，就没有财产需要清算了（下面第三十八章边码 2，边码 8）。

只要监事会和股东大会没有想办法解任公司管理人员，法院就可以以股份有限公司管理人员的违法行为**危及公共利益**为由**解散公司**（第 396 条）。现实中，公司很少有基于这类有效的法院解散判决而被解散的。作为补充，还有社团法规定作为处罚的解散命令（**禁止**）。然而，只有在那里列举的情形下，才可以考虑解散命令（比较社团法第 3 条）。针对股份有限公司的特殊类型，特别法规定了**其他的解散理由**，比如针对银行的信贷法（信贷法第 38 条）。**章程**中的其他解散理由，比如是否赋予一名股东**解除权**，则根据主流观点而适用第 23 条第 5 款是不可行的。⑤

39   **将公司住所迁移到国外**，需要区分章程住所与公司管理住所，并据此区分迁移自由在接收国是根据欧盟运作模式条约还是根据双边协定而产生。根据以前的主流观点，通过股东大会决议进行的住所迁移，曾被理解为公司解散决议。⑤ 因为，根据住所地主义（上面第一章边码 19 及其后一个边码），公司住所迁移导致公司属人法律规范的改变，

⑤   是否由此超越了公开指令的严格规定，这曾经是有疑虑的；但由于否则将会出现惩罚真空而不（再）被人主张；比较 MünchKomm-AktG/*Koch*，§ 262 Rn. 60.。

⑤   BGH NJW 2007，589，590（obiter）；MünchKomm-AktG/*Koch*，§ 262 Rn. 19 ff.。

⑤   比较 OLG Hamm ZIP 1997，1696 m. Anm. Neye 涉及有限责任公司；MünchKomm-AktG/*Koch*，§ 262 Rn. 36f.；OLG Brandenburg BB 2005，549，850；OLG DüsseldorfBB 2001，901.。

而公司属人法律规范的改变则会导致公司的解散。但是，这通常不符合决议股东的意愿。更确切地说，有争议的是，这种情形下是否可有一个保持公司存续的迁移；如果不能保持公司存续的情况下，则不是解散，而应认定为**决议无效**。[53] 如果只是事实上的**公司管理住所**迁移，其大概更为实际些，没有股东大会决议，依据第 5 条第 2 款进行的注销不产生不良影响（有争议的，比较关于有限责任公司情形下的平行问题，上面第二十章边码 24）。因为第 5 条，**章程住所**迁移到国外将导致德国的股份法不再适用。为了保持公司的同一性，通过重整，采用接收国的一种股份有限公司形式是必要的（上面第一章边码 20）。根据欧盟法院的判决，这种迁出障碍，即为了保持继续存续而要求根据国内法有一个国内住所，不违反迁移自由。因此，这取决于迁入国的法律。[54] 但是，可以通过一个跨国的公司合并或者重整来达到想要的效果。[55]

不是解散理由的是单纯的停止企业运行、出卖企业或财产（比较第 179a 条，下面第三十三章边码 10 及其后边码）以及目的的不可实现。它们只能给股东大会作出解散决议提供一个诱因（比较第 179a 条第 3 款）。然而，解散不是必须的。股份有限公司可以获得一个新的目的。在一定情况下，可以通过章程修改来实现这一点。例如，在出卖企业之后，公司转变成为控股公司或者作为公司壳而被应用于一个新的公司目的（上面第二十一章边码 4，边码 11）。

40

3. 清算

与合伙相反，法律强制性地调整规范清算程序（清算，第 264 条第 1 款），即不能通过章程或股东大会决议将其排除在外。由此应当确保为债权人提供可靠的保护。不同于合伙的债权人可以通过合伙人继续存在的个人责任（商法典第 159 条）得到保护，如果股份有限公司可以在没有国家调整规范的清算程序下将其财产分配给股东，那么那些不能追究各个股东责任的债权人就可能会受到伤害。[56] 因此，股份有限公司的清算，首先是为了清偿债权人，其次才是向股东分配财产。由此，可以解释清楚其与普通商事合伙清算法律之间的实质性区别（上面第十二章边码 31 及其后边码）。在开启**破产程序**的情况下，没有按照第 264 条及其后条款进行的清算。作为**特别的清算程序**，破产程序具有优先性。对于公司合并、分立和财产转移给官方机构的情形，由于法律已经以其他的方式保护了债权人，也不要求按照第 264 条及其后条款进行清算（下面第三十八章边码 2，边码 8）。

41

在清算过程中，股份有限公司继续**作为法人**存在。它仍然是商事公司，并且保留商号，有清算的附注说明（上面边码 32）。原则上，可以继续适用股份法的规定（第 264 条第 3 款）。特别是继续维持**团体化的组织形式**。股份有限公司保留监事会和董事会。

42

---

[53] Hüffer/*Koch*，§ 262 Rn. 10；*Kieninger*，Wettbewerb der Privatrechtsordnungen im Europäischen Binnenmarkt，2002，S. 149；MünchKomm-AktG/*Koch*，§ 262 Rn. 37；MünchKomm-BGB/*Kindler*，IntGesR Rn. 532（在所有情况下都是无效的，也包括通过迁入国认可的情况下）；Spindler/Stilz/*Bachmann*，§ 262 Rn. 76ff.；也见 Henssler/Strohn/*Lange*，§ 5 AktG Rn. 10；已经支持以无效来代替解散的有 *Wiedemann* I，§ 15 III 1 b；首先不情愿的是清算税收。

[54] EuGH NJW 2009，569-Cartesio；NZG 2012，871-Vale；也比较 OLG Frankfurt a. M. NZG 2017，423；*Grundmann*，Europäisches Gesellschaftsrecht Rn. 867；*Heckschen*，ZIP 2015，2049；*Kalss/Klampfl*，Rn. 102ff.；*Kovács*，Der innerstaatliche und grenzüberschreitende Formwechsel，2016，S. 132ff.。

[55] 关于欧洲经济联盟的法律上的解决办法在欧洲经济利益联盟条例（EWIV-VO）第 2 条，第 12 条及其后条款，而关于欧洲股份有限公司（SE）则在欧洲股份有限公司条例（SE-VO）第 7 条、第 8 条。

[56] 这是普遍承认的分离原则"财产分离原则"或者"实体保护原则"的另外一个标志；比较上面第三章边码 1 和边码 10。

清算人取代董事的位置。假如公司章程或股东大会没有委任其他的清算人，则董事是清算人。经监事会或者持股达到注册资本的 5% 或者 50 万欧元的少数股东申请，法院可以基于重大理由解任清算人并委任新的清算人（第 265 条）。

清算人的任务是终止正在进行的业务、收缴债权、变现其他财产、清偿债权人和分配剩余财产（第 268 条第 1 款），即与普通商事合伙情况下的清算人的活动相对应（上面第十二章边码 33）。在此过程中，清算人具有如同董事那样的权利和义务，并受到监事会的监督（第 268 条第 2 款）。他们在法庭内外代表股份有限公司（第 269 条第 1 款）。基于交易安全的需要，他们的代表权就像董事的代表权那样不受到限制，也不可以被限制（第 269 条第 5 款）。出于清算结余最大化的需要，清算也可能包含有经营企业的任务，因为以企业整体的形式出卖财产标的（也就是保留工作岗位情况下的企业或者关联的企业部分），在大多数情况下比分拆出卖收益更多。

清算人应该在注明公司解散的条件下**要求债权人登记其债权**。这个要求应该在联邦电子公报上（第 25 条）公告三次（第 267 条）。人们由此可以在企业登记机关查阅到它（商法典第 8b 条第 2 款第 5 项）。债权人不听从公告要求的，不会导致债权丧失。即使债权人没有登记，也应该清偿那些清算人知道的或最后分配前知道的所有债权。只有第三次公告起一年之后，才可以向股东分配财产（**阻却期限**，第 272 条第 1 款）。在此之前，应该清偿已登记或者通过其他途径已知道的债权。如果这是不可能的，或者对债权存在争议，则应该向债权人提供担保，也就是说留存必要的数额（第 272 条）。假如没有遵守这些规定，清算人和监事将依据第 264 条第 3 款、第 268 条第 2 款、第 93 条、第 116 条以及一般性的侵权法承担损害赔偿责任。即使股东是善意的，他们也得就多得的财产对股份有限公司和债权人承担偿还责任（第 62 条），因为这不涉及盈利份额的分配。与此相反，如果遵守了保护性规定，就不能再要求交出已分配的金额了，并且不能以不当得利的名义要求返还。因为财产分配符合法律规定，因而不是没有法律基础的。[57] 由此可见，那些没有登记又不知晓此事的债权人，将一无所得。

只要还没有开始进行财产分配，就可以通过股东大会决议让公司继续存在（**公司继续决议**，第 274 条）。对于是否还可以进行合并（改组法第 3 条第 3 款）或形式变更（改组法第 191 条第 3 款），公司的存续可能性也是至关重要的。

对于清算后剩余的财产，只要就清算结余不存在特别的优先权利，就应该按照股东在注册资本上的参与关系来进行**分配**。[58] 假如不是所有的出资都已经被缴付了，则应该首先补偿已经缴付的出资，而剩余的则按照股份面额进行分配（第 271 条）。不能确定的是，因为违反通知义务而导致产生的清算剩余参与的法定损失（有价证券交易法第 20 条第 2 款，第 28 条），因为在其中不止有一个暂时性的成员权利的行使阻却，还存在财产损失。[59]

4. 完全终止

43

在清算终止后，应该将其登记于**商事登记簿**并**注销股份有限公司**（第 273 条）。通常，由此实现了完全终止，法人灭失。然而，假如事后查处仍还存在财产或者另外还需

---

[57] RGZ 124，210；通常观点。

[58] 优先分配清算结余可以是一个特别权利或者第 11 条意义上的某类股份的特殊标志；关于适用情形，见 *Loges/Distler*，ZIP 2002，467，471，473。

[59] Großkomm-AktG/*Windbichler*，§ 20 Rn. 72，82.（连同进一步的阐述）。

要进行一个清算行为，则应该重新开启清算程序（**事后清算**；第 264 条第 2 款，第 273 条第 4 款）。在这里，人们争议的是，是否应该比照设立中的股份有限公司，让已被注销的股份有限公司以事后的股份有限公司的身份在此范围内继续存在。[60]

---

[60] MünchKomm-AktG/*Koch*，§ 262 Rn. 89ff.（连同进一步的阐述）。

第二十七章
董事会

一、董事会地位概述

1 　　**董事会**对外代表股份有限公司并在内部关系上领导业务，因而具有**代表权**（下面边码 18）和**业务执行权**（下面边码 22）。**董事**不需要是股东。这是团体化组织结构的体现，因为它遵循**第三人机关原则**（上面第二章边码 12）。董事由监事会委任其职务，通过聘用协议而负有债法上的义务。对于业务执行，股东自身既不享有权利，也不负有义务。但在合伙情况下，合伙人自己领导合伙的业务（自营机关原则）。术语上应该区分的是，董事会是指整个机关。如果董事会由多人组成，这些人就是董事。

　　强制性的法定职权划分，大体在法律上确定了公司机关之间的相互关系（上面第二十五章边码 10 及其后边码）。然而，**公司内部影响力的事实分配**及其**分量**，却强烈地依赖于各自当时的事实状况，特别是依赖于股份占有的构成（股东群体）和参与者的人格特性。

　　假如一名**大股东**或者一个股东群体（如一个家族）拥有多数股份，则他们会利用这一点，以充分发挥**股东大会**的影响力，尤其是让其信赖的人占据监事会中的股东代表位置并进而再通过它占据董事位置。不一样的关系情况，会出现在股份占有广泛分散的情况下，即在纯粹的**公众性公司**情况下。然而，这种情形在德国很少。在这里，股东大会的影响力更小，股份有限公司由董事会和监事会控制。在事实上，会出现新成员由原有成员通过批准补选而产生的现象。[1] 单个股东听任于其在股东大会中的代表人，如果他们对此还表现出一点兴趣的话，或者听任于股东联合会、表决权代表人或保管股票的证券保管银行，只要其还提供这种服务（下面第二十九章边码 34）。在这种情况下，银行可以带入专业知识和经验。然而，当一个不甚成功的管理通过这种方式长期获得支持

---

[1] *Bachmann*，FS Hopt，2010，S. 337，343f. betr. Aufsichtsrat；德国公司治理准则（第 5.1.2 条第 4 句）将制定长期的未来董事继任规划规定为董事会和监事会的共同义务；也比较第 111 条第 5 款：特定公司对于女性在监事会和董事会中的数量有固定的目标数额；*Morner／Jansen／Barth*，Die Nominierung von Frauen in Aufsichtsräten und Vorständen der DAX30-und MDAX-Unternehmen，Gutachten des Reinhard-Mohn-Instituts für Unternehmensführung und Corporate Governance，Universität Witten/Herdecke，für das Bundesministerium der Justiz，2011.。

时，则会令人担心。② 机构投资者（保险，投资基金，*对冲基金*）有时候也是以其股东身份进行活动并在股东大会中行使其权利。③ 此外，立法者也试图简化股东大会的准备工作、会议进程以及表决权行使。让股东以成员身份（不仅是投资者）进行活动，也进入了欧盟层面的讨论议程。④

董事会和监事会的关系，不是只受法律规定的影响。监事会的有效性不断遭受质疑。⑤ **立法者**以不断反复的修改对此作出反应（上面第二十五章边码 33），欧盟发展也指向同一发展方向。⑥ 此外，行为规范、**公司治理基本原则**以及相似的软法（上面第二十五章边码 40 及其后一个边码），正越来越多地影响公司机关之间的相互协作。⑦ 此外，人格魅力的大小，也经常决定影响力的分量。与居于统治地位的监事会主席一样，也经常出现卓越而专断的董事会主席（非法定术语：总裁）。

2

二、组成、委任和解任

1. 董事会的组成

董事会的组成，以章程为准（第 23 条第 3 款第 6 项）。它可以由一人或多人组成。 3
在注册资本超过 300 万欧元的公司情况下，假如章程没有明确规定董事会应该仅由一人组成，则董事会应该至少由两人组成（第 76 条第 2 款）。⑧ 如果需要委任一名员工董事（员工共同参与决定法第 33 条），则董事会必须至少由两人组成。德国公司治理准则建议采用多人董事会、委任主席（下面边码 31）以及制定一个议事规则（下面边码 30）。

---

② 对此比较 *Hellwig*，JITE154（1998）328；*Hommelhoff*，FS Zöllner，Bd. 1，1998，S. 235，237 ff.；*Mülbert*，Empfehlen sich gesetzliche Regelungen zur Einschränkung des Einflusses der Kreditinstitute auf Aktiengesellschaften?，Gutachten zum 61. DJT，1996；*Wenger/Kaserer*，in：Hopt/Kanda/Roe/Wymeersch/Prigge，Comparative Corporate Governance，1998，S. 499；*Miwa/Ramseyer*，in：Hopt/Wymeersch/Kanda/Baum（Hrsg.），Corporate governance in context，2005，S. 527. 将大银行参与作为主要的融资方式，这与德国和日本的传统相对应，但慢慢地被淘汰了；*Simon/Zetsche*，ZGR2010，918，924f.。

③ 关于机构投资者的概念和意义，见 Hopt，ZHR 141（1977），389，428；Immenga，Aktiengesellschaft，Aktionärsinteressen und institutionelle Anleger，1971；- Bassen，Institutionelle Anleger und Corporate governance，2002；由于 2008 年金融危机 Fleischer/Strothotte，AG 2011，221. 在德国的基金公司管理着 2 450.39 亿欧元的财产；其中养老基金有 7.94 亿欧元（2012 年 7 月的德意志银行资本市场统计，网址为 www.bundesbank.de/statistik/statistik）。2010 年年末，在德国上市的国内股份的 11.24% 由国内基金持有；加上银行和保险机构，国内机构投资者持有的份额为 22.35%（DAI-Factbook 2011，图表为 08.1-3-1 和 1-4-1）。

④ 2007 年 7 月 11 日的关于上市公司股东行使一定权利的第 2007/36 号欧盟指令；股东权利指令转化法（ARUG，上面第二十五章边码 33）；行动计划：2012 年 12 月 12 日的欧洲公司法和公司治理——一个更为强化股东权利、公司可持续发展的现代化法律框架 v. 12. 12. 2012，COM（2012）740（终版）；*Kalss/Klampfl*，Rn. 383ff.；*Ochmann*，Die Aktionärsrechterichtlinie，2009；关于法律比较，见 Winkler，Das Stimmrecht der Aktionäre in der Europäischen Union，2006，S. 92 ff.，151 ff.，217 ff.。

⑤ 管理委员会体制也被人指责存在结构性的缺陷，见 *Cheffins*，S. 609 ff.；也比较上面第二十五章边码 10。

⑥ 比如 Empfehlung der Kommission 欧盟委员会有关实施对上市公司管理层成员薪资的适当规定的建议（第 2004/913 号建议）；欧盟委员会有关上市公司非业务执行董事/监事的任务以及管理委员会/监事会的委员会建议（第 2005/162 号建议）；关于审查委员会的其他要求在 2014 年 4 月 16 日的关于在涉及公共利益的企业中的财务会计报告审计的特殊要求的第 537/2014 号欧盟条例中；上面第二章边码 31。

⑦ 关于德国公司治理准则，见上面第二十五章边码 40 及其后一个边码；报告义务在第 161 条中，更多的见商法典第 289f 条。

⑧ 关于作为集体机构的董事会人员不足的法律后果，见 BGH NJW 2002，1128 - Sachsenmilch III.。

董事只能是**具有完全行为能力的自然人**（第 76 条第 3 款第 1 句）。[9] 监事被排除在外，因为他们应该监督董事（第 105 条第 1 款）。针对一个事先确定的但最多不超过一年的期限，监事也可以例外性地被委任为董事，以代欠缺的或被阻碍的董事。这样，他可以在此期间内拥有正式的董事身份。但反过来，他不能再作为监事进行活动（第 105 条第 2 款）。一个人也可以在多个公司中担任董事，所谓的双重身份。[10] 在上市企业或者[11]共同参与决定的企业中，监事会确定董事会中**女性参与**的比例指标（第 111 条第 5 款）。但这一规定不是有约束力的（所谓的柔性或者灵活的指标）。[12]

作为阻却委任的否定性条件，第 76 条第 3 款第 2 句和第 3 句提到了基于特定的故意的，尤其是破产和会计刑事犯罪的判刑和法院或行政机关决定的涉及企业经营范围的职业禁止。这同样适用于在国外的判刑。**章程**可以规定其他前提条件，比如最低的或最高的年龄、职业经验、其他资格能力等。[13] 在正式的董事之外，还可以任命所谓的**代理人**。这样，对于代理人，原则上适用与正式成员相同的规定（第 94 条）。在内部关系上，代理人的业务执行职权大多受到限制，但他们对外拥有**完全的代表权**。就这一点而言，将其称为代理人，很容易引起误解。

2. 董事的委任

4 　　董事会成员由**监事会**委任（第 84 条第 1 款第 1 句）。这是强制性的法律规定和部分的法定职权划分（上面边码 2），着眼于员工在监事会中共同参与决定，这也具有意义（下面第二十八章边码 9 及其后边码）。委任是一个**团体化的行为**。它需要被委任者的**接受**（同意），因为没有人可以在违背其意愿的情况下被委任为董事。[14]

5 　　委任期限**最长为 5 年**（第 84 条第 1 款第 1 句）。这一规定是为了防止股份有限公司受到一个长期委任的过分束缚。但毫无疑问，**准许重复委任**。因此，董事必须始终要重新寻求监事会的信任。另外一方面，固定的任职期限是为了增强他们的独立性。德国公司治理准则（第 5.1.2 条第 2 款）建议，在初次委任时，不要用尽最长可能的 5 年的委任期限。

　　在重新委任或者延长任期时，任期可以再次最长达到 5 年，但需要监事会重新决议。监事会最早可以在原任期结束前一年作出这个决议（第 84 条第 1 款第 2 句和第 3 句）。不同的是只有当原委任期限少于 5 年且只是为了将总任期延长到 5 年的时候（第 84 条第 1 款第 4 句）。根据判决，在提前结束委任之后进行新的委任，不是对规定的规避。[15] 假如

---

⑨　委任法人为机关成员，是可能的，比如在法国（Art. L 225 - 20 code de com.）；但必须由代表法人的自然人履行义务；也比较 2006 年公司法第 155（1）条（英国）。

⑩　BGH NZG 2009，744.

⑪　Der Anwendungsbereich ist damit weiter als derjenige für die Quote im Aufsichtsrat 因此，其适用范围对比在监事会中的比例的范围更广，比较第 96 条第 2 款；那里必须同时满足上市和共同参与决定；下面第二十八章边码 24。

⑫　BegrRegE BT-Drucks. 18/3784，S. 123；*Drygala*，NZG 2015，1129，1131ff.；Hüffer/*Koch*，§ 111 Rn. 57；Spindler/Stilz/*Fleischer*，§ 111 Rn. 77b.

⑬　具体细节上有争议；比较 Hüfferl/*Koch*，§ 76 Rn. 60；MünchKomm-AktG/*Spindler*，§ 76 Rn. 10；不可以过多地限制监事会的选择裁量自由标准，并且必须为了公司的利益是客观合理的和不得带有歧视。关于员工共同参与决定的公司，见下面第二十八章边码 9 及其后边码。

⑭　主流观点；存在两种不同的学说分类：两个相互关联的法律行为或者是公司自治所需要的共同作用的行为；GroßKomm-AktG/*Kort*，§ 84 Rn. 38；Hüffer/*Koch*，§ 84 Rn. 4；Schmidt/Lutter/*Seibt*，§ 84 Rn. 6；Spindler/Stilz/*Fleischer*，§ 84 Rn. 5；超过了作为协议的意义，见 *Baums*，Der Geschäftsleitervertrag，1987，S. 40.。

⑮　BGH NZG 2012，1027-Heberger；最初是 Hüffer/*Koch*，§ 84 Rn. 8；对此持批评态度的是 Großkomm-AktG/*Kort*，§ 84 Rn. 114ff.；Schmidt/Lurter/*Seibt*，§ 84 Rn. 16；Spindler/Stilz/*Fleischer*，§ 84 Rn. 18f.。

8

期间欠缺一名必要的董事，**登记法院**可以在紧急情况下基于一名参与者的申请暂时委任一名董事（**替代或者紧急委任**，第85条）。当公司根本就没有董事会时（没有领导），公司由监事会进行消极代表（第78条第1款第2句），这就是说，可以向其作出意思表示和送达文书（比较关于有限责任公司的上面第二十二章边码8）。

在一定情况下，监事会也可以委任**董事会主席**（第84条第2款）。关于董事会主席的法律地位，法律没有进行完整的规范。因此，存在这种可能性，通过章程或议事规则进行详细的设计构建（下面边码30）。但是，其空间受到原则上采用董事会集体决议和共同负责原则的限制。[16]

6

在员工共同参与决定法的适用领域中（下面第二十八章边码19），董事会中必须有一个**员工董事**。这样，董事会必须由多人（至少是两人）组成。员工董事是享有同等权利的董事（员工共同参与决定法第33条）。他由监事会依据适用于董事委任的一般规定进行委任。[17] 现实中，基于成功的企业领导的需要，没有一个被监事会中员工代表拒绝的人能够被委任为员工董事。在董事会中，员工董事对**人力资源和社会事务领域**（*human resources*）负责。除此之外，也可以分配给他其他任务，尤其是在只有很少董事的小股份有限公司情况下，这很重要。[18] 作为享有同等权利的成员，员工董事参与承担董事的一般任务和责任。他应该以与整个董事会达成最为一致的方式履行其义务（员工共同参与决定法第33条第2款就明确地这样规定）。假如董事会在有争议的问题上采取多数决定原则，则员工董事也可能在其任务领域中被多数表决胜出。

7

委任瑕疵会导致机关地位产生缺陷，但原则上不会使其无效。只有到监事会比照第84条第3款将其解任时，委任才终止。在此期间内，应该将其作为有效的委任来对待，而不同的是只有在特定的特别严重的瑕疵情况下。[19] 在这里，与瑕疵公司原则（上面关于普通商事合伙的第十二章边码11及其后边码）存在相似性。如果完全缺少委任，或者董事会成员在任期到期后继续任职的，在登记到商事登记簿和公告的情况下，业务往来依据商法典第15条受到保护。

8

3. 义务

不依赖于聘用协议（下面边码12及其后一个边码），从委任之中，首先产生出一个**正派且认真负责执行业务**的组织义务（第76条第1款，第93条第1款第1句，下面边码22及其后边码）。遵守法律的规定——**合法义务**。此外，还存在一个特别的**忠诚义务**

9

---

⑯ 具体细节上有争议；比较 *von Hein*，ZHR 166（2002）464；Hüffer/*Koch*，§84 Rn. 29；*Raiser/Veil*，§14 Rn. 15 ff.，23 ff.；Schmidt/Lutter/*Seibt*，§77 Rn. 7，20af.，§84 Rn. 4lf.；MünchKomm-AktG/Spindler，§84 Rn. 82.。

⑰ 仅煤炭钢铁员工共同参与决定法第13条第1款第2句规定有特殊性，即不可以在违背监事会中的员工代表多数表决意见的情况下进行委任；也比较下面第二十八章边码11。

⑱ 绝对的主流观点，对此见 Ulmer/Habersack/*Henssler*，§33 MitbestG，Rn. 42（连同进一步的阐述）；*Windbichler*，Arbeitsrecht im Konzern，1989，S. 572 ff.。

⑲ 具体细节上有争议；Großkomm-AktG/*Hopt*，§93 Rn. 44；Hüffer/*Koch*，§84 Rn. 12f.；KölnerKomm-AktG/*Mertens/Cahn*，§76 Rn. 30ff.；Spindler/Stilz/*Fleischer*，§93 Rn. 180ff.；详细介绍见 Stein，Das faktische Organ，1984；刑法司法实践走得非常远，它要求那些仅仅在事实上从事业务执行机关行为的人对应受刑罚处罚的义务违反承担责任，对此见 Spindler/Stilz/*Hefendehl* §399 Rn. 68ff.；也见上面第二十二章边码12。

或者**诚信义务**。[20] 董事应该尽力维护公司的利益，放弃所有损害股份有限公司的行为。[21] 从诚信义务中产生出对公司机密信息和秘密保守沉默的义务（**缄默义务**，第 93 条第 1 款第 3 句）。对于董事，从诚信义务中还产生出竞业禁止（第 88 条）。董事不可以为自己或者其亲近的人或企业利用公司享有的**业务机会**。[22] 对于组织和报告义务，见下面边码 28 及其后一个边码。而对于违反义务的法律责任，见下面边码 33 及其后边码。

4. 董事的解任

10　　法律只允许**基于重大理由**而提前解任董事或撤销主席的委任，并且对此负责的只有监事会（第 84 条第 3 款）。作为重大理由，进入考虑范围的首先是严重的义务违反和无能力进行正常的业务执行（第 84 条第 3 款）。[23] 着眼于董事的广泛职权，假如保留一名董事对公司来说是不可接受的，则解任的可能性就是不可或缺的。它也与可基于重大理由而终止持续法律关系的基本原则相对应。因此，这一规定是强制性的。此外，**股东大会的不信任表决**，也是解任的一个重大理由。从中产生出董事对股东大会有一个有限的依赖性（下面第二十九章边码 1）。但第 84 条第 3 款规定，如果信任是基于明显不客观的理由而被剥夺的，则仅只有不信任表决还不够。抛开这种极端情形[24]不看，监事会可以解任董事，但对此并不负有义务，而是根据自身职责通过决议来决定。

　　强制性的有限任期和有限的解任可能性之间相互影响，这一方面是为了强化董事的独立性及其进行企业活动的积极性，另一方面是为了保障其责任的实现和监事会的监督。[25]

11　　被解任的董事否认存在一个重大理由的，则该董事可以起诉要求确认解任无效。但是，在生效判决作出以前，应该将其解任视为有效。因此，该董事应该在此期间停止其他任何活动（第 84 条第 3 款第 4 句）。是否存在一个重大理由，完全由法院审查。[26]

三、聘用协议

1. 聘用协议的法律属性

12　　一个是团体性质的委任和解任，另一个是债法协议性质的聘用及其终止，应该严格

---

[20] Hüffer/*Koch*，§ 84 Rn. 10；Schmidt/Lutter/*Seibt*，§ 76 Rn. 7；Spindler/Stilz/*Fleischer*，§ 93 Rn. l17。偶尔也讲董事和监事的受托人地位，见 *Kübler*/*Assmann*，§ 15 III 5 a.。这听起来好像是盎格鲁萨克逊法系中的确定董事义务的"信托责任"。"信托责任"最初来源于不动产法（信托）并以这种观念为出发点，即股东是公司财产所有人，而董事是受托人。但该方案不可能在没有重大修正的情况下移植到现代的团体法人身上；比较 *Davies*，Introduction，S. 108，，155 f.，190；*ders.*，Principles，Rn. 16 - 17；Großkomm-AktG/*Mülbert*，Vor § § 118 - 147 Rn. 191 f.；*Merkt*，US-amerikanisches Gesellschaftsrecht，3. Aufl. 2013，Rn. 73；但不同的是 *Fleischer*，NZG 2004，1129，1131 ff.："法律移植"，但这低估了机构性质的诚信义务。

[21] 主流观点，BGHZ 10，187，193＝NJW 1953，1465；BGHZ 20，239，248＝NJW 1956，906；BGHZ 41，282，287＝NJW 1946，1367；BGHZ 49，30，31＝NJW 1968，396；BGH NJW 1986，585；详细的见下面边码 22 及其后边码。

[22] BGH ZIP 1983，689（涉及有限责任公司）；Großkomm-AktG/*Hopt*，§ 93 Rn. 166 ff.；*Kübler*，FS Werner，1984，S. 437；Schmidt/Lutter/*Krieger/Sailer-Coceani*，§ 93 Rn. 21.。

[23] 也比较 *BGH* NZG 2007，189：银行拒绝在没有事先解任一名董事的情况下延长贷款。

[24] 对此见 BGH ZIP 2017，278.

[25] 关于任期和解任可能性的联系，见 *Armour*/*Hansmann*/*Kraakman*，in：Kraakman/Armour u. a. Anatomy，S. 35，42；*Enriques*/*Hansmann*/*Kraakman*，aaO.，S. 55ff.。

[26] OLG Frankfurt a. M. NZG 2015，514-Commerzbank；Schmidt/Lutter/*Seibt*，§ 84 Rn. 49.

区分这两者（上面关于有限责任公司的第二十二章边码 5 及其后边码）。第 84 条第 1 款第 5 句和第 3 款第 5 句明确表明了这两者之间的区别：委任将作为股份有限公司机关的董事会中的法律地位转移给董事；而通过聘用协议，董事一方面对股份有限公司负有提供劳务的义务，另一方面获得了要求支付约定薪酬的请求权。[27] 聘用协议通常是**劳务协议（民法典第 611 条，第 675 条）**，但在无偿情况下则是委托协议。在缔结和解除协议时，**股份有限公司由监事会代表**（第 112 条）。

聘用协议遵循自己的规定，但它也**与委任**董事会成员存在紧密的**内容联系**。聘用协议的缔结期限不能比委任期限还要长[28]，但可以规定，在任期延长的情况下，它将于该任期届满后继续有效（第 84 条第 1 款第 5 句）。在解任时，**聘用协议的独立性**表现得尤为明显。假如董事是基于**重大理由**而被解任的，其作为董事的法律地位也就终止了。但不管这一点，聘用协议仍然继续存在，并且只能被单独解除。重要的解任理由尽管可以同时是，但不必然是立即解除劳务协议的重大理由（民法典第 626 条）。例如，这样的情形就不是，即尽管没有涉及一个明显不客观的，但毕竟还是存在疑惑的董事不信任表决。在这样的情形下，只要没有例外性地从民法典第 615 条第 2 句中推导得出限制性的规定，聘用协议就继续有效，股份有限公司就得继续支付薪酬。[29]

在许多情况下，要么是出于举证的原因，要么是基于公司或者董事会成员的声誉，当事人一般会尽量避免在法庭上争论解任的重大理由和解约理由。这样一来，董事往往会主动辞职，并且以公司支付补偿为条件一致同意终止聘用关系。在此过程中，补偿可以达到一个相当可观的数额（黄金握手，"*golden handshake*"）。这种现象经常遭受批评（比较下面边码 15 及其后边码）。

聘用协议将委任中给出的董事在组织上的义务具体化。董事与股份有限公司之间的协议，不是劳动协议。[30] 在个别情形下，特别是与具有领导职位的员工的劳动关系相比，董事的劳务关系有时还是表现出与真正的劳动关系有一定的相似性。只要不涉及任何其他规则，相应地适用个别劳动法规范就是可能的。[31] 对于协议争议，由一般的法院，而不是由劳动法院负责管辖（劳动法院法第 2 条第 4 款，第 5 条第 1 款第 3 句）。董事代表股份有限公司履行作为雇主的职责。他们还可以作为名誉法官代表资方以及商业界，见劳动法院法第 22 条第 2 款第 1 项和法院组织法第 109 条第 1 款第 3 项。

13

---

[27] 关于委任和聘用的关系，见 Großkomm-AktG/*Roth*，§ 84 Rn. 16，19 ff.；*Raiser/Veil*，§ 14 Rn. 45 f.；*Reuter*，FS Zöllner，Bd. 1，1998，S. 503.。

[28] 对于机构状态终止时所达成的雇佣关系的合意，可以作为对股份法第 84 条的 1 款的回避而无效，BAG NZG 2009，1435.。

[29] BGHZ 15，71；*BGH* LM Nr. 5 zu § 75 AktG；也比较 BGH NJW 1989，2683，2684；理由的微不足道或董事欠缺过错；着眼于聘用协议，解任不是民法典第 628 条第 2 款意义上的债务终止，见 BGH NJW 2003，351（涉及有限责任公司）；关于委任和聘用同时发生的协议规定，见 Spindler/Stilz/*Fleischer*，§ 84 Rn. 42.。

[30] 联邦普通法院的一贯判决，比如 BGHZ 10，187，191；BGHZ 36，142＝NJW 1962，340；BGHZ 79，38，41＝NJW 1981，757；BGHZ 79，291＝NJW 1981，1270；BGHZ 91，1，3＝NJW 1984，2366；BGH NJW 1989，2683；NZG 2004，90 f.，绝对的主流观点；*G. Hueck*，FS Hilger und Stumpf，1983，S. 365（连同进一步的阐述）；*Raiser/Veil*，§ 14 Rn. 47；Spindler/Stilz/*Fleischer*，§ 84 Rn. 25f.。对于有限责任公司的业务执行人，该问题有较大的争议，因为不同于董事，业务执行人受股东会指示约束（见上面第二十二章边码 3）。

[31] 比如涉及养老金的养老金法第 17 条第 1 款第 2 句，对此见 *BGH* AG 1997，265，266＝NJW-RR 1997，348；BGH NZA 2001，266＝NJW-RR 2000，1275；*BGH* NJW 1963，535（涉及休假）；KölnerKomm-AktG/*Mertens/Cahn*，§ 84 Rn. 74；Spincller/Stilz/Fleischer，§ 84 Rn. 27ff.；关于企业内部的损害赔偿的原则是不能适用的，见下面边码 33 及其后边码。

假如一个人先是作为员工（比如具有领导职位的员工）工作，然后被委任为董事，则会产生具体的问题或界限问题。在这种情况下，劳动关系可能已经终止并由聘用协议替代。[32] 劳动关系也可以暂时停止并于机关地位终止后重新复活。聘用协议不是必须要与股份有限公司本身缔结。在关联企业情况下，母公司可以缔结聘用协议，或者指定自己的员工担任从属公司的机关职位；在所谓的过渡管理的情况下，例如在紧急情况下也可以"聘用"第三人（暂时性的）担任董事会成员（**第三人聘用**）。[33] 对于有限责任公司来说，这一点在此期间已经没有争议了（上面第二十二章边码6）。然而，劳动法上规定的听从指示义务，不能改变通过委任设立的公司法上的机关义务，尤其是不能改变第76条第1款（下面边码22）。

2. 薪酬

14
在聘用协议中，应约定董事对其劳动享有的薪酬。其组成大多包括一个**固定的薪水**（包括实物待遇、保险金等）和**可变的组成部分**。后者比如有盈利参与、股息、红利或股票认购权（*stock options*）[34]、债权性质的虚拟股（*phantom stocks*），或者是按照其他标准实施的其他与企业经营结果相关联的支付。采用与经营结果相关联的薪酬形式，是为了激励董事以盈利为导向来经营管理企业；薪酬应当与经营结果相关联。根据股票期权计划在法律上设计构建的不同，股东大会必须决定其资本措施（比较下面第三十二章边码28）。其他的薪酬组成部分包括养老承诺、保险金以及实物待遇，比如使用公司自己的飞机。商法典第285条第1句第9a)项要求公开董事的总薪酬（下面边码45）。这同时间接地反映了薪酬体系的复杂性。

15
历史上，公司因为董事的薪酬过高而遭受损失是众所周知的。[35] 对于这一问题的现代视角是，（假定的）激励作用与不合理的丰厚薪酬。第87条第1款[36]规定，在确定各个董事的薪酬时，监事会有义务让**薪酬总额**与各个董事的**任务和管理结果以及公司状况处于一个适当的关系**。没有特殊的理由，不得超过普遍的薪酬。在上市公司情况下，必须将薪酬结构摆在企业持续发展之上。这也适用于退休金[37]，遗留家属津贴和类似的款项。在上市公司情况下，第120条第4款使通过股东大会批准薪酬体系成为可能，但这不具有法律上的约束力。

很多年以来，第87条（在其旧版中）都没有现实意义。过去，德国企业之下的高薪与国际上的高薪相比还是非常微薄的。随着公司法上的跨国联系的不断增加，董事薪

---

[32] BAG NZA 1994，212；2000，1013＝NJW 2000，3732（修正表述有点不同的其他的法院判决，如BAGE 49，81＝NZA 1986，792）；BGH NZG 2003，327.（第三人作为有限责任公司的业务执行人时，可以是破产法上的员工）。

[33] Großkomm-AktG/*Windbichler*，§17 Rn.48；Hüffer/*Koch*，§84 Rn.17ff.；Schmidt/Lutter/*Seibt*，§84 Rn.26；*Uffmann*，ZGR 2013，273；*dies.*，Interimsmanagement，2015；*Windbichler*，Arbeitsrecht im Konzern，1989，S.503 f.；不同的是KölnerKomm-AktG/*Mertens/Cahn*，§84 Rn.56；持怀疑意见的还有GroßKomm-AktG/Kort，§84 Rn.319 ff.；MünchKomm-AktG/*Spindler*，§84 Rn.66；悬而未决的是Spindler/Stilz/*Fleischer*，§84 Rn.39f.；或许被视为回避情形，见BGH NZG 2015，792.。

[34] 一种按照事先确定的价格在一定的条件下购买公司股票的权利；假如股票市价在行使选择权的时间点上高于该价格，这就会产生一个（客观的）盈利；MünchKomm-AktG/*Spindler*，§87 Rn.98ff.；Spindler/Stilz/*Fleischer*，§87 Rn.42f.。

[35] 见上面第二十五章边码28及其后一个边码；*Schlegelberger/Quassowski*，AktG，1937，§78 Rn.1 f.。

[36] 通过2009年7月31日的董事会薪酬适当法予以改变（上面第二十五章边码33）；对此见*Fleischer*，NZG 2009，801；*Thüsing*，AG 2009，517；其实际作用是有限的。其他的措施还在法律政策上的讨论。税收抵扣的限制在公司中必然是不成体系的，比较下面第二十八章边码7。

[37] Fonk，ZGR2009，413；Schmidt/Lutter/*Seibt*，§87 Rn.7.

酬明显被提高。甚至招致了一些滥用情形，尤其是来自美国的滥用情形。[38]（错误地）试图通过将业务领导者的薪酬捆绑到股市市价（据说与股东利益同步）上来解决监督问题（上面第二十五章边码 17 的后面部分），成为一个有问题的领域。其结果表明，它不是激励改善企业的领导能力，而是诱使操纵股市市价以及严重影响薪酬的参数。[39]现行的法律条文称之为"以激励为导向的薪酬承诺"，以及（对于上市公司而言的）在公司持续发展之上的定位。这意味着，在法律上，一定类型的激励，必须在大体上是可以期待的。激励预期大多建立在不能完全确定人的行为认识基础上。[40]经验通常滞后，事后观察不能决定事前行为的合理性。另外一个有问题的领域，就是可能不再具有激励董事工作作用的事后支付。[41]

第 87 条第 1 款没有规定专门的法律后果。无论如何，一个不适当的薪酬不会导致聘用协议的无效，因为它不能越过违背善良风俗的界限；这一规定不是民法典第 134 条意义上的禁止性的法律。[42]在一定情况下，监事会依据第 116 条对股份有限公司负有损害赔偿义务；如果根据第 120 条第 1 款出现了监事会的责任免除，则其决议是可以被撤销的。[43]

16

在法律政策上，这一情况一如既往地是不能令人满意的。但对于绝对的界限或计算模式，与公司资本配备情况一样（上面第二十五章边码 3），不存在由司法审查的适当性，也没有像一般协议法上的"公正价格"[44]。在比较法上，更为普遍的是职责规则和程序规则，即公司治理。[45]对于公开董事薪酬的法定义务，也应该从通过股东大会批准（第 120 条第 4 款）、监事会整体的权限（第 107 条第 3 款）以及导向机制的角度去解释（下面边码 45）。员工代表在监事会中的共同参与决定权（下面第二十八章边码 9 及其后边码），没有显示出明显的抑制作用。欧盟理事会建议上市股份有限公司在监事会之

17

[38] 介绍得非常清楚的是 *Bebchuk/Fried*，Pay Without Performance. The Unfulfilled Promise of Executive Compensation，2004；也见 *Cheffins*，S. 653 ff.；*Cox/Hazen*，Corporations，2. Aufl.，2003，§ 11 A；*Lutter*，ZIP 2006，733；*Fleischer*，RIW 2010，497；*Peltzer*，FS Lutter，2000，S. 571；*Thüsing*，ZGR 2003，457；*法律事实上的表述*（在董事会薪酬适当法之前）：DSW Studie zur Vorstandsvergütung http://www.dsw-info.de/DSW-Vorstandsverguetungsstudie.1321.0.html[28.5.2012]。

[39] GroßKomm-AktG/*Kort*，§ 87 Rn. 165 ff.；MünchKomm-AktG/*Spindler*，§ 101ff.；*Semmer*，Repricing-Die nachträgliche Modifikation von Aktienoptionsplänen zugunsten des Managements，2005；也比较 OLG München NZG 2008，631 m. Anm. *Habersack*-REW Energy；*Tröger*，ZGR 2009，447.。

[40] *Englerth*，in：Towfigh/Petersen（Hrsg.），Ökonomische Methoden im Recht，2010. S. 165；*van Aaken*，in：Engel/Englerth/Lüdemann/Spiecker genannt Döhmann（Hrsg.），Recht und Verhalten，2007，S. 189ff.；*J. Winter*，FS Hopt，2010，S. 1521，1525ff.；也比较 MünchKomrri-AktG/*Spindler*，§ 87 Rn. 62。

[41] 公司法上薄弱的是 BGHSt 50，331＝NJW 2006，522（Strafsache Mannesmann/Vodafone）；*Fleischer*，/*Bauer*，ZIP 2015，1901，1905f.；*Hüffer/Koch*，§ 87 Rn. 6f.；MünchKomm-AktG/Spindler，§ 87 Rn. 116；Schmidt/Lutter/*Seibt*，§ 87 Rn. 12c，14；*Spindler*，ZIP 2006，349，352 f.。

[42] *Hüffer/Koch*，§ 87 Rn. 22；Großkomm-AktG/*Kort*，§ 87 Rn. 332；Schmidt/Lutter/*Seibt*，§ 87 Rn. 17；Spindler/Stilz/*Fleischer*，§ 87 Rn. 57；关于一份过低的薪酬这种相反的情况，见 OLG Karlsruhe NZG 2012，299.。

[43] 比较 OLG München NZG 2008，631 m. Anm. *Habersack*-REW Energy（在法律修改之前）。

[44] 特定领域的特殊规定包含了详细的条款，但不是可以泛化的；比较 2008 年 10 月 17 日的金融市场稳定基金法第 6 条第 4 款，以及 2008 年 10 月 20 日的关于实施稳定基金法的条例第 5 条第 2 款第 4 项字母 a（薪酬上限为 50 万欧元，作为国家接管在金融领域企业中的担保和风险的条件），信贷机构法第 25 条第 1 款第 3 句第 6 项，第 5 款；比较 Spindler/Stilz/*Fleischer*，§ 87 Rn. 5f.。

[45] Spindler/Stilz/*Fleischer*，§ 87 Rn. 7 f.

下设立一个薪酬委员会并且其多数应由独立的成员组成。[46]

在**股份有限公司的状况发生恶化**的情况下，监事会有权利适当减少董事薪酬，如果董事薪酬随后由此变得不合理的话。被涉及的董事必须接受其薪酬的减少，但可以在遵守6周的解约期限的条件下宣告其聘用协议自下一个季度结束之时终止（第87条第2款）。这种可能性的现实意义，仍然不大，因为在公司情况不好的时候，尤其是在公司重整情况下，会尽早改变企业领导，并且总归还要订立新的协议。在这种危机的情况下，特别需要有经验的和乐于全力以赴的董事，用微薄的薪酬不可能赢得这些人，因为好的管理人员很少。[47] 董事会薪酬适当法一方面将第87条第1款第1句作为指导条款保留下来，另一方面又降低了降薪权限的界限。这种理论构建是存在争议的。无论如何，对于降薪的标准应当进行严格的例举，因为这涉及对有效协议的干涉。[48]

只有在依照监事会决议的情况下，公司才可以**向董事**或其近亲属**提供贷款**（第89条；关于有限责任公司，比较上面第二十三章边码20）。其目的是实现透明和防止滥用行为。与第87条一样，这一规定也在事后获得了现实意义，因为上面边码15提到的滥用行为，其部分就是通过公司贷款来融资的。

四、代表权

1. 范围

18
在所有的事务中，股份有限公司都由董事会在法庭内外代表（第78条第1款）。由此可见，代表权拥有一个依照商法模式[49]而由法律强制性规定的非常广泛的领域范围。这与在普通商事合伙情况下相似（上面第十五章边码12）。代表权是**不受限制的**，也是**不可以被限制的**（第82条第1款，公开指令第9条）。

只有在**极少的例外情形**下，才排除董事会代表公司，比如在董事与公司之间进行法律行为和诉讼时（第112条），或者董事不能单独行为。例如，在后继设立（上面第二十六章边码13后面部分）以及股份有限公司就其针对设立人、董事和监事的赔偿请求权进行和解和放弃（第50条、第93条第4款第3句、第116条）时，则就需要股东大会同意。在向董事会家属或居于领导职位的一定的员工提供贷款时，只要超过了月薪（第89条第2款，第3款），就需要监事会决议。尽管一定的涉及章程层面的基础性事务是由董事会实施的，但为了让其有效，还需要股东大会通过特别多数决议同意，比如企业协议（第293条）、合并协议（改组法第4条，第13条，第65条）或者出卖股份有限公司的全部财产（第179a条）。那个由法院判决例外认可的董事会义务不触动代表权，即依照第119条第2款，应将对股东法律地位具有特别意义的公司业务措施提交给股东大会表决（下面边码26）。

---

[46] 2005年2月15日的欧盟理事会的第2005/162号建议的附件1；补充的是2009年4月30日的2009/385号建议；当然，那里的出发点是单层制领导体系。

[47] Schmidt/Lutter/*Seibt*，§87 Rn.18.

[48] Hüffer/*Koch*，§87 Rn.24：独一无二的特殊规定，系统化的异物；MünchKommAktG/*Spindler*，§87 Rn.161；Spindler/Stilz/*Fleischer*，§87 Rn.60：对干扰业务基础的可用形式是有限制的；也比较BGH NZG 2016，264；对此见 *Kort*，AG 2016，209.。

[49] 相反比较民法典第26第2款第3句和第86条关于法人的规定。

2. 共同代表原则

对于积极代表，法定的**基本模式**是共同代表，即如果董事会由多人组成，则必须由 19
所有的董事共同行为（第78条第1款）。在要向股份有限公司作出意思表示时，针对一
名董事表示就足够了（**消极代表**，第78条第2款）。在积极代表情况下，章程或者经章
程授权的监事会也可以确定一个**另外的规则**（第78条第3款）。假如有两个以上的董
事，通常都会这样做，因为共同代表非常不灵活。广泛普及的是由两名董事共同代表，
或者由一名董事和一名经理共同代表（非真正的共同代表，比较商法典第125条第3
款）。除此之外，还有单独代表，而这尤其是在有董事会主席的情况下（下面边码31）。
所有的这类规定都应该登记于商事登记簿（第81条）。业务交往为商法典第15条所保
护。在公司资不抵债或者没有支付能力的情况下，每个董事独立履行破产申请义务（破
产法第15条第1款，第15a条第1款）。在没有公司领导人时（上面边码5），监事会的
每一名成员也享有进行申请的权利和负有进行申请的义务（破产法第15a条第3款）。

董事会自己不能改变代表权本身。例如，它不能赋予其一名成员享有单独代表权。
但是，它无疑可以授权个别成员实施特定的行为或特定种类的行为（第78条第4款）。
由于在其之下不存在原则性的代表权改变，故也不需要登记于商事登记簿。

3. 内部关系中的限制

在内部关系中，董事会有义务遵守章程、监事会和股东大会的决议（只要合法）以 20
及董事会议事规则和监事会议事规则等对其规定的限制（第82条第2款，下面边码25
及其后一个边码）。由于董事会的这一义务仅针对公司存在，故它不涉及代表权的**限制**，
而仅涉及**业务执行权**的限制（关于区别，见上面第八章边码2）。在外部关系中（即**相
对于第三人**），抛开上面边码18中提到的例外情形不看，这样的限制是没有意义的。对
于这一问题，即在代表权滥用情况下，可以在多大范围内对抗知晓这一滥用情形的第三
人，相应地适用普通商事合伙情况下的规定（上面第十四章边码13）。[50]

五、董事会行为的归入

依据**民法典第31条**，股份有限公司对董事会在执行其职权范围内的事务中实施的侵 21
权行为或者其他导致损害赔偿义务的行为承担责任。基于这种方式，股份有限公司具有
侵权能力（比较上面第八章边码10，第十四章边码4）。民法典第31条是一个**归入规定**，
不是请求权基础。实施行为的董事，并不能由此免除其自己的责任，比如民法典第823
条和第826条规定的责任。[51] 作为上市交易的有价证券发行人，众多不同的**公开义务**都涉
及公司本身。但这类义务的履行由董事会负责。假如董事会在此过程中实施了违背义务
的行为，则由公司承担责任。[52] 假如债权人同时是股东，就可能与禁止返还出资（第57

---

[50] 对于股份有限公司，应该在公开指令（第一号指令）第10条的规定内涵下去理解这些基本原则。关于关联企
业下的代表权滥用，比较OLG Celle BB 2002, 1438.。

[51] 比如：BGH NJW 2006, 830＝NZG 2006, 227-Kirch/Breuer, Deutsche Bank.。

[52] 比如欧盟第596/2014号条例第17条第1款、第7款或者第8条，有价证券交易法第15条规定的报告义务
（临时报告）：通过媒体、电子信息传播系统、发行人网站（关于依据有价证券交易法规定的报告、告知以及公开义务
和标注内幕信息人员具体化的条例第3a条、第5条第1句第1项和第2项）、股市、联邦金融监管局和企业登记机关进
行报告；关于责任，比如比较有价证券交易法第15条第3款、第37b条和第37c条以及有价证券招股说明书法第21条
及其后边码。

条，下面第三十章边码 20）存在冲突。资本市场法上的赔偿义务在这里享有优先性[53]，但是，公司可以追究被涉及的董事的责任。[54]

六、业务执行

1. 职责和内容约束

22   董事会在其自身职责之内领导公司（第 76 条第 1 款）。因此被认为是**最高的业务领导**。将任务授权给下级领导层或者甚至是第三人（外包，*outsourcing*），是允许的。所呈现出来的是构建一个有效的内部组织和控制机制（下面边码 29）。但董事会必须根据自己的判断自行实施重要的战略性定位。董事会应当遵守公司章程，一定情况下的股东大会决议或者监事会的同意和业务规则（下面边码 25 及其后一个边码），但**不包括命令**。因此，除了在法定的例外情形下，都不应该涉及（比如控制企业的）命令（比较第 311 条第 1 款：导致措施的*理由*）。业务领导措施，不能越过监事会（第 111 条第 4 款第 1 句）。执行机构始终是董事会，业务活动保留给了董事会。[55] 因此，监事会的同意并不能减轻董事会因为违反义务而产生的责任，第 93 条第 4 款第 2 句。

23   在业务领导中，董事会要维护**公司的利益**（比较第 93 条第 1 款第 2 句），通常称之为**企业利益**。属于其中的首先是，但不完全是股东在其资本金的保全和增值使用上具有的利益。与 1937 年的股份法不同，它没有包含明确的公共利益条款。然而，人们普遍承认，董事会在其业务执行活动中不仅要顾及股东利益，而且可以顾及股份有限公司的员工利益和公共利益。不存在这样一个法定义务，即为了股东，甚至是为了单个股东，而仅仅追求其"盈利最大化"[56]，尤其是股东利益并非一定是同质的（上面第二十五章边码 20）。但无疑，比如当董事会在顾及现有员工情况下决定厂址选择、采取有利于环境的投资活动或者向基金捐赠时，它都必须始终关注企业长期的和持续的价值创造的可能性。[57]

    1937 年的股份法第 70 条以纳粹主义用语的形式，表述了对"企业和全体职工的利益以及民族和帝国的共同使用"的强调。在 1965 年改革时，删除了这一条款，并且放弃以其他表述形式加入这样的规定。但人们在立法讨论时对此是看法一致的，即董事会在领导企业时必须注意公共利益、股东利益以及股份有限公司员工利益等这三个因素。顾及公共利益的义务，可以从第 396 条以及其他条款中推导得出。顾及员工利益的义

---

[53] EuGH EuZW 2014, 223 Rn. 64ff. m. Anm. *Kalss*-Hirrmann; BGH NJW 2005, 2450, 2452-EM. TV; Assmann/Schütze/*Fleischer*, Handbuch des Kapitalanlagerechts, 4. Aufl. 2015, Rn. 58; Baumbach/Hopt/*Kumpan*, § 21 WpPG Rn. 6.

[54] BGH NJW 2005, 2450 – EM. TV; Sethe, in: Assmann/Schneider, WpHG, 4. Aufl., 2006, § 37 b, c Rn. 102 ff.; Langenbucher, ZIP 2005, 239 ff.; Fleischer, ZIP 2005, 1805; Schwark/*Zimmer*, § § 37 b, 37 c WpHG Rn. 11 ff., 119 ff.

[55] *Grunewald*, ZIP 2016, 2009, 以及举例。

[56] 这在企业经济学中是一个传播比较广泛的观点，比较 *Siegel/Bareis/Rückle u.a.*, ZIP 1999, 2077；（报告）*Kuhner*, ZGR2004, 244, 258ff.; *Mülbert*, ZGR 1997, 129; Spincller/Stilz/*Fleischer*, § 76 Rn. 29ff.; 不同的是 *Werder*, ZGR 1998, 69. 那个在英国和美国法律中非常重要的"信托义务"回归到管理委员会成员是作为相对于股东的一种受托人（上面边码9）。即使是在这种思想下，也认为顾及其他广泛利益是合法的，只要它与企业继续存在、盈利和好的声誉存在一定的关联；*Windbichler*, FS Baums, 2017, S. 1443, 1448, 1452.。

[57] Großkomm-AktG/*Hopt*, § 93 Rn. 86 ff.; Großkomm-AktG/Kort, § 76 Rn. 52 ff.; Schmidt/Lutter/*Seibt*, § 76 Rn. 12f.; MünchKomm-AktG/*Spindler*, § 76 Rn. 73ff.; *Windbichler*, 2 EBOR (2001), S. 795.

23

务，可以从劳动法律的众多条款中推导得出。[58]

独立于历史争论的正确与否，服从法律，无论如何都属于董事会义务（所谓法定义务）。用于企业中遵守规定和内部行为规范的措施，被作为整体概括在关键词"*compliance*（服从）"之下。其是 *Corporate Governance*（公司治理）的一部分（上面边码 9，第二十五章边码 40）。[59] 借此可以明确澄清，不可以在违反例如员工或环境保护规定的情况下或者通过不正当竞争的方式追求经营方针或者企业目标（比较上面第二十五章边码 19）。在此，无须进行特别的利益讨论。

在德国，欧盟的共同壮大以及资本市场的普遍开放，要求首先就**股东利益**进行反思。这在此前因缺乏多种多样的股东群体而被忽视。最近，关于利益取向的讨论在"**股东利益**"和"**股东价值**"的关键词下被重新点燃。在美国，承担员工和社区责任的巨大的经费，为此发挥了重大的作用。[60] 导致 2008 年金融市场危机的复杂过程，一方面可以部分地归因于股东的收益利益。[61] 环境丑闻和剥削式的工作条件，以及供应商的严重事故，加速了对"**公司社会责任**"的要求。比较法上的和在广泛普及的"公司治理"建议中，到处存在被文明化了的或者"文明的"股东价值至上思考，即股东利益聚合性地表现在公司利益当中，在追求股东利益时可以顾及员工、消费者、环境、居住地区等的利益。[62] 作为企业之中的以及之上的不同利益的联结点，企业的持续生存和盈利能力（比较第 87 条第 1 款第 2 句和第 3 句）[63] 以及声誉的重要性发挥作用。在此范围内，涉及利益和谐分配的多种路径。也没有证据证明，对一个群体利益的顾及，必将在零和博弈的意义上使另外一个群体遭受损失。[64] 一个过于广泛的利益定义会有一个这样的不足，即让几乎每个董事会行为都好像具有一个好的理由并由此在事实上剥夺任何监督。[65] 首要

---

[58]　法律委员会报告和政府法案，见 *Kropff*（Hrsg.），AktG，1965，S. 97f.；MünchKommAktG/*Spindler*，§ 76 Rn. 60.。

[59]　比如，德国公司治理准则第 4.1.3 条；世界经合组织（2015），G20/OECD 公司治理的原则，S. 41（http://www. oecd-ilibrary. org/governance/g20-oecd-grundsatze-der-corporate-governance_9789264250130-de［24.4.2017］；国际公司治理网络（ICGN）全球公司治理原则 Nr. 1.2 b）；遵守所适用的法律，（http://icgn. flpbks. com/icgn_global_gover nance_principles/ICGN_Global_Governance_Principles. pdf）［24.4.20 17］；Spindler/Stilz/*Fleischer*，§ 93 Rn. 14ff.（连同进一步的阐述）。

[60]　*Allen/Kraakman*，Commentaries and Cases on the Law of Business Organization，5. Aufl.，2016，S. 289f.；*Mülbert*，ZGR 1997，129；*Schmidt/Spindler*，FS Kübler，1997，S. 515ff.

[61]　关于多方面的原因，见 *M. Hellwig*，Gutachten E zum 68. DJT，2010；*Admati/Hellwig*，Des Bankers neue Kleider，2013。

[62]　非常清楚的是英国公司法第 172 条："公司的董事必须诚信地以他所考虑的方式行动，必须尽可能地为了作为一个整体的成员的利益去推动公司的成功，并且在这样做的时候考虑到（在其他事项中）……"（接着是一系列的利益）；对此见 *Davies*，Principles，Rn. 16 - 24ff.；相似的是国际公司治理网络（ICGN）全球公司治理原则，1.1 义务：董事会应当行动……为了公司的最大利益……为了股东的利益，同时考虑到相关的利害关系人。（http://icgn. flp bks. com/icgn_glo bal_governance_principles/I CGN_Global_Governance_Principles. pdf）［14.2.2017］。

[63]　Großkomm-AktG/*Kort*，§ 76 Rn. 53f.，63.

[64]　从经济的视角，见 *R. H. Schmidt/M. Weiß*，in：Hommelhoff/Hopt/v. Werder（Hrsg.），Handbuch Corporate Governance，2. Aufl. 2009，S. 161，169ff.；接受是不适当的，见 *Müller-Michaels/Ringel*，AG 2011，101，103，只有在（纯粹的）利他动机的情况下产生"真正的"社会成本。甚至是：宗教激励下的慷慨同时也有助于自己的灵魂救赎。

[65]　*Drygala/Staake/Szalai*，Kapitalgesellschaftsrecht，§ 21 Rn. 28 f.；*Easterbrook/Fischel*，The Economic Structure of Corporate Law，1991，S. 38f.；MünchMomm-AktG/*Spindler*，§ 76 Rn. 64；*Ruffner*，Die ökonomischen Grundlagen eines Rechts der Publikumsgesellschaften，2000，S. 166ff.；Spmdler/Stilz/*Fleischer*，§ 76 Rn. 34："对于近乎专断的董事会行为的正当规则"。

重要的是，作为好的实践，有利于"股东"的保护规定和调整规范，在事实上为整个企业所遵循。与此相反，股东在其成员身份上的利益则完全由公司法来保护。而这论证说明了其在冲突情形下享有优先性是具有正当性的。

24　　　　对争议问题，股份法没有包含明确的结论。针对上市公司要求"非财务声明"（上面第二十五章边码41）的商法典第289b条及其后条款，没有包含任何义务去遵循那里所称的观念。[66] 德国公司治理准则将员工和其他与企业有关联的团体的利益作为**企业利益**来对待。[67] 这超越了第76条的法律条文，描述了一种合理的但不是强制性的解释。这种陈述式的表达，即作为法律复述，超越了准则委员会的职权范围，但其巧妙地促使董事会和监事会努力依据第161条做出一致性声明。将股东利益和其他利益并排置于同等重要位置的利益多元化的企业利益观点，[68] 日渐退到次要位置，并转变成为这样的释意，即在冲突情形下，有价值创造意义的股东利益（即上面提到的文明化了的*股东价值*）具有优先性。[69] 这一趋势基于上面提到的理由理应得支持。在现实中，其界限划定，在责任问题上（下面边码34）是有意义的。因此，肯定式的去定义企业利益是什么，不如去确定其违反什么重要。对于董事会的业务领导，利益多元化视角带来的结果是，假如董事会采取了一项（短期的）减少可分配盈利的措施，但如果基于社会原因或公共利益，该措施可以被认为对长期维护好的企业声誉（"*良好的企业公民*"good corporate citizenship）来说是正确的，则董事会就不会因此违反其对股份有限公司承担的义务并且相应地不会根据第93条承担损害赔偿责任。相应地适用于放弃一个本可以给公司带来盈利的，但长期来看可能导致声誉严重受损的措施。

2. 限制

25　　　　与代表权相反，业务执行权是可以被限制的（第82条第2款）。但这只在法律概括列举的有限范围内适用，原则上仍然保持独自负责的领导（第76条）。

（a）章程和监事会

业务执行必须在整体上服务于章程确定的企业经营范围。[70] 章程或监事会可以规定，特定种类的业务只有经监事会同意才可以实施（第111条第4款第2句，下面第二十八章边码32及其后一个边码）。

举例：购买或出售地产，超过一定数额的投资，年度预算计划，建设新的厂房，对公司特别重要的子公司措施。

---

⑥⑥　Hüffer/*Koch*，§93 Rn.7.（后面部分）。

⑥⑦　德国公司治理准则第4.1.1条："董事会自行承担责任领导企业，为了企业的利益，也考虑股东、员工和其他与企业相关的群体（利害关系人）的利益，以可持续的价值创造为目标。"

⑥⑧　Großkomm-AktG/*Kort*，§76 Rn.66，72；*Hüffer*，in：Bayer/Habersack（Hrsg.），Aktienrecht im Wandel，Bd.II，S.334，356ff.；Hüffer/*Koch*，§76 Rn.30ff.；*Kübler/Assmann*，§15 III 4a；*Raiser/Veil*，§14 Rn.14；*Wachter/Eckert*，AktG，2.Aufl.2014，§76 Rn.13ff.；大概也见 KölnerKomm-AktG/*Mertens/Cahn*，§76 Rn.15 ff.。

⑥⑨　*Grigoleit/Vedder*，§76 Rn.15ff.；*Klöhn*，ZGR 2008，110，134ff.；*Mülbert*，AG 2009，766；MünchKomm-AktG/*Spindler*，§76 Rn.64，68ff.；Schmidt/Lutter/*Seibt*，§76 Rn.23f.；Spindler/Stilz/*Fleischer*，§76 Rn.28ff.；*Ulmer*，AcP 202（2002），143，159；*Zöllner*，Die Schranken mitgliedschaftlicher Stimmrechtsmacht bei den privatrechrlichen Personenverbänden，1963，§§1-9（关于企业利益§8）；*ders.*，AG 2003，3，7 ff.。

⑦⓪　BGH NZG 2013，293；企业经营范围也不能考虑到第76条就被描述得太窄；直观感受可见 OLG Stuttgart ZIP 2007，231-SMART/Maybach；关于符合章程的企业经营范围的积极填平义务，见 OLG Köln AG 2009，416；也比较 *Grunewald*，ZIP 2016，2009.。

原则上，章程或监事会可以自由确定需要经监事会同意的业务种类和范围。[⑦] 只是其领域不可以如此广泛，以至于在事实上将由此剥夺董事会的业务领导。这将是一个不为法律期望的职权转移（第111条第4款第1句）。如果监事会拒绝其同意，可以基于董事会的提议，由一个股东大会决议来替代它。但是，该股东大会决议必须需要参与投票数的3/4的多数通过。章程既不能降低这一要求，也不能提高它（第111条第4款第3句至第5句）。

（b）股东大会

对于业务执行问题，**只有基于董事会的要求，股东大会**才可以进行决定（第119条第2款）。在其之下，董事会可能会有借以排除其对公司承担责任的好处（第93条第4款第1句，下面边码36）。假如股东大会基于董事会的要求而对一个业务执行问题作了决定，董事会就有义务遵循这个决定（第83条第2款）。在关键词"Holzmüller"之下的著名的且极富争议的判决中，联邦普通法院[⑫]**例外性地**认定，董事会在一个会给股东权利或利益带来严重影响的业务执行措施情况下，不仅有权利，而且有义务求助于股东大会。第119条第2款规定的董事会自由裁量决定提交，被缩减成为有义务提交。这个判决尽管在结果上得到了保留，但通过法律继创，它现今是以**未明文规定的股东大会职权**为基础的（下面第二十九章边码4及其后一个边码）。

3. 业务执行规则

（a）业务执行原则

在多人组成的董事会情况下，正如在共同代表情况下的一样（上面边码19），**原则上**实行**业务共同执行**（第77条第1款）。章程或董事会议事规则可以规定**偏离性的做法**。在现实中，通常也是这么做的。在董事之间分配特定的业务领域，比如向每个成员分配采购、销售、融资、研究、生产等中的一个部门（*职能式组织*）。假如必须要委任一名员工董事，则这也必定适用于人力资源和社会事务（上面边码7）。经常采用的还有所谓的*项目式组织*，即在其之下，单个董事对特定的业务领域负责，但是是对其中的所有功能活动负责。*矩阵式组织*是一个多维模式，即在其之下，依据多个组成部分划分原则来构建组织统一体。在领导康采恩的公司中，董事会任务也可以以超越于企业单位的形式来设计构建（*虚拟控制*）。[⑬] 尽管所有的这些任务分配都要涉及**企业经济学**问题，但它们**在法律上**对董事会原则上对整个业务执行**共同负责**没有影响。[⑭] 因此，在分工进行业务执行的情况下，存在相互提供信息以及在业务不良发展时予以介入的责任。在业务共同执行情况下，也可以规定由多数决议取代一致决定。这也是经常发生的。与此相反，规定一名或多名董事有权在违背多数的情况下作出决定，是违法的（第77条第1款）。

（b）报告义务

为了让监事会能够履行其监督任务（也包括在预防性的监督意义上），第90条第1

⑦ 公司章程不得以排他性的方式规范需要监事会同意的业务范围，即监事会的职权在此范围内是不可剥夺的（比较 BGHZ 124，111，127＝NJW 1994，520）。

⑫ BGHZ 83，122＝NJW 1982，1703 - Holzmüller.

⑬ *Kleindiek*，in：Hommelhoff/Hopt/v. Werder（Hrsg.），Handbuch Corporate Governance，2. Aufl. 2009，S. 787；*Schwark*，FS Ulmer，2003，S. 605（连同进一步的阐述）；关于管理任务，总的来说见 *Fleischer*，ZIP 2003，1.。

⑭ *Hoffmann-Becking*，ZGR 1998，497，506 ff.（连同进一步的阐述）；Hüffer/*Koch*，§77 Rn. 18，§91 Rn. 3；Spindler/Stilz/Fleischer，§77 Rn. 44ff.；对此持批评态度的是（涉及不适当的全面责任）*Bachmann*，Gutachten E zum 70. DJT，2014，S. E 42f.。

款和第 2 款要求董事会制作**一些报告**，并且**无须监事会特别要求**。定期报告的制作，不限于股份有限公司本身的企业。依据对公司的意义不同，它也涉及关联企业的情况。此外，**经监事会或个别监事要求**，董事会也应该进行报告（第 90 条第 3 款）。报告义务是为了衔接这两个机关的工作。此外，法律上的文字表述是对董事会任务和义务的一般性规定。然而，要表述一个适合于所有股份有限公司类型的规定是困难的。第 90 条首先确定了一个最低标准。这个规定被多次修改并由此被不断细化，比如将对企业发展偏离于以前报告的目标以及子公司和共同企业的描述纳入报告义务范围内；另外，还有德国公司治理准则（在那里是第 3.4 条）中的针对上市公司的建议。

　　（c）其他义务

29

　　在构建一个有效的**内部组织**和建立**控制机制**的一般性义务之外，第 91 条包含有在关键词**确保公司生存义务**之下涵盖的其他组织规定。第 1 款规定了**会计制作责任**。会计制作义务本身涉及股份有限公司（股份法第 3 条第 1 款，商法典第 6 条和第 238 条）。上市股份有限公司的董事会必须书面保证，年度财务会计报表、公司形势报告、康采恩财务会计报表和康采恩形势报告等是依照最佳信息和良知而正确制作的。[75] 不正确的表述是一个刑事犯罪（商法典第 331 条）。第 91 条第 2 款要求建立一个所谓的预警系统。通过引入这一规定，没有产生一个相对于原有法律状况的改变。因为，发现存在**危及公司生存的发展情况**并对之做出反应，也属于正常的业务领导的范围。但对于上市公司，这个组织目标的法定描述具有特别的意义，因为商法典第 317 条第 4 款和第 321 条第 4 款将财务会计报告审计扩及到了监督体系。第 107 条第 3 款第 2 句将内部危机管理控制全面指派给了最终成立的审查委员会。虽然在此不包含任何义务，但仍在推动建立超越第 91 条第 2 款的公司监控体系。[76]

　　在上市公司或者共同决定的公司（下面第二十八章边码 11 及其后边码）中，董事会需要决定在董事会之下的两个领导层中的女性份额的目标数字——所谓的**灵活指标**（第 76 条第 4 款）。这关系到整体人事安排的一个部分（比较第 90 条第 1 款第 1 项）。法律的目的是增加承担管理任务的女性数量（比较上面第二十五章边码 19）。这一规定并不是没有争议的。[77] 现实中具有重要意义可能首先在是，"领导层"这一概念不是法律概念，并且很难将现实中多种多样的组织形式归入其中。[78] 当董事会为了集团公司而越过自身股份公司进行计划时，无论如何是不能犯错误的。

　　着眼于章程确定的企业经营范围而归属于业务执行的行为，都为董事会活动所涵盖。在已经提到的任务之外，法律还规定：准备和执行股东大会决议（第 83 条）、监事会组成不当时的法律程序启动（第 97 条）、制作和提交年度财务会计报告和公司形势报告（商法典第 242 条、第 264 条第 1 款，股份法第 170 条第 1 款）、向监事会报告（第

---

　　[75] 商法典第 264 条第 2 款第 3 句，第 289 条第 1 款第 5 句，第 297 条第 2 款第 4 句，第 315 条第 1 款第 6 句；被称为非技术性的"资产负债表"；其范本是 2002 年的萨班斯—奥克斯利法案第 302 节和第 906 节中的规则（上面第二十五章边码 41）；进一步的介绍，见 *Fleischer*，ZIP 2007，97.（连同进一步的阐述）。

　　[76] 比较 BegrRegE BilMoG，BT-Drucks. 16/10067，S. 102；*Windbichler*，FS Hopt I，2010，S. 1505，1511f.。

　　[77] 这并非表述得不分性别，并且没有提到同样倾向的要求，*Habersack/Kersten*，BB 2014，2819，2824f.；*Hüffer/Koch*，§ 76 Rn. 66；此外，关于目标数量的标准也是不清楚的，*Drygala*，NZG 2015，1129，1131 ff.；这种措施的效率在企业经济上是没有保证的，比较 *Fehre/Lindstädt/Picard*，ZfbF 66（2014），37.。

　　[78] Schmidt/Lutter/*Seibt*，§ 76 Rn. 76f.；*Stüber*，BB 2015，2243；*Teichmann/Rüb*，BB 2015，898，902ff.；*Thüsing/Fütterer*，NZG 2015，778；*Weller/Benz*，AG 2015，457，470ff.

90 条)、在注册资本的一半遭受亏损时及时向股东大会报告（第 92 条第 1 款）以及出现支付不能或资不抵债时申请开启破产程序（破产法第 15a 条第 1 款）。此外，还可以从第 90 条的报告义务和第 93 条的责任规定中推导得出其他的行动义务。[79]

(d) 议事规则

章程可以将制定**董事会议事规则**的任务交给监事会。如果是这样，监事会对此就负有义务。章程自己也可以约束性地规范议事规则中的具体问题。只要章程没有规定，**监事会**就可以自行制定一个议事规则，但监事会不是必须要这么做。如果它没有这样做，则**董事会**就可以**自己**制定一个议事规则。但依据强制性的法律规定，对于制定或修改议事规则的决议，董事会必须一致同意（第 77 条第 2 款）。德国公司治理准则（第 4.2.1 条）建议有一个业务规则和对职责进行划分。

4. 主席

监事会可以将一名董事任命为**董事会主席**。董事会主席通常也被称为**董事会发言人**（第 84 条第 2 款，上面边码 3）。当董事会由较多的人组成时，通常会任命董事会主席。这对主席也是适用的，即在表决时，他不能在违背多数的情况下强行通过其主张（第 77 条第 1 款）。但是，这不并排除章程或议事规则赋予董事会主席在表决票数相等时享有一个决定性的投票权。在现实中，这里也同样适用这一点，即参与人员的人格魅力和特有的实现自己主张的能力，比从法律规定中可以读出的东西具有更为重要的意义。[80] 此外，在一般情况下，董事会主席具有这类委员会主席通常享有的职权。他召集会议、确定会议日程、主持会议以及确定表决结果等，但所有的这些都只能在议事规则框架下进行。关于这些事务，议事规则最好进行详细的规定。主席的任命，不影响对外代表规则。在共同代表原则或者章程或经章程授权的监事会规定的偏离性规则以及其连同登记到商事登记簿的情况下（第 78 条第 3 款，上面边码 19），都保持不变。

5. 冲突

在股份有限公司内部发生冲突时，法律规定董事会或董事享有各种不同的权利。属于其中的特别有：

- 在股东大会决议存在瑕疵时，依据第 245 条第 4 项享有撤销权，
- 依据第 249 条第 1 款提起无效之诉，
- 在监事会选举存在瑕疵时，依据第 250 条第 3 款提起确认之诉，
- 针对监事会拒绝同意的情形，求助于股东大会（第 111 条第 4 款），
- 在业务领导实务中求助于股东大会，第 119 条第 2 款，
- 关于监事会组成事项，申请启动法律程序（第 98 条第 2 款第 1 项，下面第二十八章边码 16）。

在董事会内部以及与监事会之间发生冲突时，相互依赖、激励和利益驱动而产生的解决办法，具有更为实用的优先性（上面第二十五章边码 42 及其后边码）。其经常通过"不在双方意见一致中"，得到解决。关于少数股东权和股东单独诉权，见下面第三十章边码 27。

---

[79]　比较在 Großkomm-AktG/*Hopt*，§ 93 Rn. 89 ff. 中的介绍；关于对处理单个问题的报告义务的溯及力，见 *Windbichler*，in：Möllers（Hrsg.），Geltung und Faktizität von Standards，2009，S. 19，34f.。

[80]　*Frühauf*，ZGR 1998，407（实务实践）；关于从专业意义上与 CEO 进行区分，见 Groß-komm-AktG/*Kort*，§ 77 Rn. 52ff.；Spindler/Stilz/*Fleischer*，§ 77 Rn. 42f.。

七、责任

1. 违反义务的责任

33 与董事会广泛的职权范围相对应的是违反义务的严厉责任（第 93 条第 2 款至第 5 款）。关于责任的规定，有助于恢复公司财产，以及作为动力手段而使其不要忽略义务。但尽管如此，应该始终要注意的是，**企业领导**意味着要在不确定的条件下行为。为此，糟糕的业务或**亏损**，只要它们是由**市场风险**引起的，还**不能独自构成责任事实**。[31] 企业领导的成功受到其他监督机制的制约（比较上面第二十五章边码 40 及其后边码），尤其是任期届满时的（不）再次委任和股份有限公司股份的股市市价发展，以及股东大会通过免责决议对业务执行的认可（第 120 条）。责任规定不应该伤害企业家作出决定的积极性。立法者通过第 93 条第 1 款的新规定（上面第二十五章边码 22）对此进行了澄清，并在第 2 句中表述了德国版本的"**商事判断原则（*business judgement rule*）**"。在这里，涉及企业经营失败与产生责任的不当行为之间的界限划分。只有后者才可以置于法院的监督之下。[32] 法律上的表述应当抑制这样一种倾向，即将事后证明不利的决定视为义务违反。这个所谓的**事后诸葛亮**（事后偏见或者后见之明错误）是人之常情。但尽管如此，对于法律上的判断，只有**决定时的时刻点**（也就是*事前判断*）才是决定性的。[33] 这是否是幸运的，是有争议的。自机构责任在实践中的兑现性越来越小之后，近年来引发轰动的案件让这一问题变得更加明显。因此，2014 年的第 70 届德国法学家大会就适当的规范调整提出了一些改革建议。[34]

34 第 93 条第 1 款与第 76 条第 1 款一起确立了一个行为标准（比较上面边码 9）。请求权基础是第 2 款和第 3 款。在行使企业经营自由裁量权时，董事会必须适当收集信息，并且在没有不当影响和特别利益[35]的情况下，善意地相信是为了公司的利益而行为。[36]

---

[31] 一般原则：BGHZ 135, 244 = NJW 1997, 1926 - ARAG/Garmenbeck; *Baums*, ZGR 2011, 218; Großkomm-AktG/*Hopt/Roth*, § 93 Abs. 1 Satz 2, 4 n. F. Rn. 48 ff.; Henssler/Strohn/*Dauner-Lieb*, § 93. AktG Rn. 17; Hüffer/*Koch*, § 93 Rn. 7; Spindler/Stilz/*Fleischer*, § 93 Rn. 13; 关于各国的报告，比较 *Kalss* (Hrsg.), Vorstand-shaftung in 15 europäischen Ländern, 2005.。

[32] *Bachmann*, ZHR 177 (2013), 1; *Fleischer*, FS Wiedemann, 2002, S. 827; *ders.*, ZIP 2004, 685 ff.; Hüffer/*Koch*, § 93 Rn. 9; *Koch*, ZGR. 2006, 769, 782; *Windbichler*, in: Immenga/Schwintowski/Kollmorgen (Hrsg.), Wirtschaftliches Risiko und persönliche Verantwortung der Manager, 2006, S. 42 ff.; 也比较 BGHZ 119, 305 = NJW 1993, 57 - Klöckner.。

[33] BGH NZG 2011, 549 涉及对预测的要求；在此是失败的，LG München I NZG 2014 345; 对此见 *Bachmann*, ZIP 2014, 579; 一般来说，关于事后聪明式错误见 *Englerth*, in: Engel/Englerth/Lüdemann/Spiecker genannt Döhmann, Recht und Verhalten, 2007, S. 112 ff.; *ders.*, in: Towfigh/Petersen (Hrsg.), Okonomische Methoden im Recht, 2010, S. 165, 181f.。

[34] Beschlüsse des 70. DJT, 2014, Abt. Wirtschaftsrecht, S. 20ff.; 建议见 *Bachmann*, Gurachten E zum 70. DJT, 2014, S. E 122ff.。

[35] 对于这类利益冲突，*Enriques/Hertig/Kanda* 将其称为"关联方交易"（in: Kraakman/Armour, u. a. Anatomy, S. 153 ff.）。这样，就不可以利用商事判断所形成的安全港（safe harbor）。这在德国法中是否适用，是有争议的；vgl. Hüffer/*Koch*, § 93 Rn. 25; Schmidt/Lutter/*Krieger/Sailer-Coceani*, § 93 Rn. 19. （连同进一步的阐述）。

[36] 在有"巨大风险"的情况下，应该从一开始就防止其发生；比较 Lutter/Schmidt/*Krieger/Sailer-Coceani*, § 93 Rn. 18; *Lutter*, ZIP 2007, 841, 844f.; "风险 —决定"; 不同的是 Hüffer/*Koch*, § 93 Rn. 25（后面部分）; *M. Roth*, Unternehmerisches Ermessen und Haftung des Vorstands, 2001, S. 110f.; 在此有效的是，遵循事前评估和估计企业经营范围。

如果这些条件都得到了满足，在事实构成上就已经不存在违反义务了，即使事后发现决定是不利的。自然，具体标准为争议留下了空间。这比如涉及信息要求。信息要求只是理性的企业经营决定的一个要素。[37] 信息不仅来自企业内部（Controlling，内部审查；第91条第2款意义上的预警系统），也来自企业外部（市场分析，购买企业时的 *due diligence*，鉴定人）。此外，还必须遵守内部关于决策程序的规定（议事规则，监事会同意）。假如涉及违反法律的措施，就不再去考虑其是否是企业经营行为了。这些法律可能是股份法以外的规定，比如不正当竞争、违反员工、消费者或环境保护规定（比较上面第二十五章边码19），或者是违反股份法规定。对于后者，第93条第3款包含了一个不完全的（"namentlich"＝特别是）目录。此外，还适用业务领导人的谨慎标准（第93条第1款第1句）。[38]

假如确认存在**义务违反**，则董事应在**有过错**的情况下承担责任，但**举证责任倒置**。35 一般过失就够了。谨慎标准是"一名正派的且认真负责的业务领导人具有的小心谨慎"，也就是典型性的；对此，第93条第1款也作为准则适用（双重作用）。[39] 只要董事不能证明其不涉及过错，则应对其任何导致公司遭受损失的义务违反承担责任（第93条第2款第2句）。现实中，这是意义重大的，例如在违反法律的情况下。但是，其根据不够清楚明了的法律状态时，不应当被指责。[90] 在第93条第3款列举的情形中，推定股份有限公司遭受了损失。因此，如果实施了这些不当行为中的一个行为，董事都必须要么证明他是无过错的，要么证明尽管有过错，但没有产生损失。此外，在这些情形中，法律增加了由公司债权人主张的可能性（下面边码40）。在多人组成的董事会内进行**业务分工**的情况下，应依据所分配的任务来确定**责任**，但信息义务和介入义务意义上的共同负责还是存在的（上面边码27）。而在**集体决定**情况下，一名董事不能以其他成员的表决行为作为其行为的借口。[91] 假如多名董事负有损害赔偿义务，则他们作为连带债务人承担责任。

对于董事会和监事会成员来说，可以订立广泛的责任义务保险——*director's and officer's liability insurance*（**董事和高级职员责任保险，D&O-Versicherung**）。这一方面可以保障领导人员乐于决策，另一方面也确保公司有一位有偿付能力的债权人。对此的不同意见是，归因于损害赔偿威胁而谨慎进行业务领导的机制，会遭到破坏（**道德危机**，"*moral hazard*"）。[92] 因此，第93条第2款第3句规定，在保险协议中应当约定董事会成员的免赔额。董事和高级职员责任保险在其他法律体系中也被广泛使用，其组织

---

[37]　走得太远的是 BGH NZG 2008，751 Rn. 11："从……获取所有关于事实和法律依据的可用的信息源"（涉及有限责任公司）；对此持批评态度的是 Hüffer/*Koch*，§93 Rn. 20ff.；*Windbichler*，in：Immenga/Schwintowski/Kollmorgen（Hrsg.），Wirtschaftliches Risiko und persönliche Verantwortung der Manager，2006，S. 42；Großkomm-AktG/*Hopt*/*Roth*，§93 Abs. 1 Satz 2，4 n. F. Rn. 44 ff.。

[38]　具体细节见 Großkomm-AktG/Hopt，§93 Rn. 78 ff.；*Fleischer*，ZIP 2005，141；Schmidt/Lutter/*Krieger*/*Sailer-Coceani*，§93 Rn. 6.。

[39]　根据法院判决，对于有特殊专业知识的董事会成员的谨慎义务不断增加；BGH NZG 2011，1271-Ision.（涉及监事会成员）。

[90]　Hüffer/*Koch*，§93Rn. 43ff.（连同进一步的阐述）。

[91]　关于集体决定情况下的责任，见 Spindler/Stilz/*Fleischer*，§93 Rn. 217 f.。

[92]　对此持批评态度的比如 Großkomm-AktG/*Hopt*，§93 Rn. 519；与此相反的比较 *Bachmann*，Gutachten E zum 70. DJT，2014，S. E 14ff.；Lutter/Schmidt/*Krieger*/*Sailer-Coceani*，§93 Rn. 49ff.；Spincller/Stilz/*Fleischer*，§93 Rn. 228f.。

安排区别很大。但总的来说，这一工具手段毫无争议是被允许的和被接受的。[93]

2. 请求权的维持和实现

36　　　原则上，**责任是针对股份有限公司**存在的。假如董事会的行为是建立在一个事先的**合法的股东大会决议**基础上的，则就**不会产生责任**（第 93 条第 4 款第 1 句）。因此，董事会可以由此来保护自己，即对于风险特别大的措施，事先根据第 119 条第 2 款让股东大会进行决议（上面边码 26）。但股东大会的免责决议没有这个法律效果（第 120 条第 2 款第 2 句）。监事会对措施的同意，也不排除赔偿义务（第 93 条第 4 款第 2 句）。向公司进行损害赔偿，同时维护了债权人和股东的利益，因为公司财产会由此重新得到补充。

37　　　与在设立人责任情况下相似，法律试图确保公司损害赔偿请求权的**维持**和实现。只有在 3 年之后，才允许放弃以及和解。放弃以及和解，还需要股东大会同意[94]，并且不可以有占有注册资本 1/10 的少数股东反对（第 93 条第 4 款第 3 句）。请求权的诉讼时效为 5 年，而在上市公司的情况下，则为 10 年（第 93 条第 6 款）。

38　　　负责**主张请求权**的是**监事会**（第 112 条），但它有可能不采取行动。[95] 假如**股东大会**通过一个简单多数要求主张请求权，就必须主张请求权。股东大会可以委任特别代表人主张请求权。基于持股达到注册资本 10% 或者 1 百万欧元的少数股东要求，登记法院也可以委任特别代表人主张请求权（第 147 条第 2 款）。[96] 假如不能通过这种方式主张损害赔偿请求权，持股达到注册资本 1% 或者 10 万欧元的**少数股东**，可以申请**法院**准许其以自己的名义起诉要求向公司进行给付（第 148 条）。这个**起诉许可程序**在一些具体内容上，接近于美国法律所熟悉的股东诉讼（*派生诉讼*，*derivative suit*）。[97] 依据设计方案，它涉及合伙之诉（actio pro socio）的一个特别表现形式。而这同时意味着股份法中在此之外没有一般性的合伙之诉（比较上面第二十五章边码 42 及其后一个边码）。在证明已经达到了股东少数要求之外，还要求有事实表明，公司有可能曾被故意或者严重违反法律或公司章程的行为侵害。此外，还不可以有公司的重要利益与之相抵触。

39　　　当股东大会和股东对董事过错**不知情**时，所有的这些措施都没有多大的帮助。为了能让他们获得必要的了解，第 142 条第 1 款规定股东大会的简单多数具有这种可能性，即要求由股东大会委任的或者法院任命的特别审查人对业务执行过程进行审查（**特别审查**）。假如就存在不诚实行为或者严重违反法律或公司章程行为有合理的怀疑，基于持股达到注册资本 1% 或者 10 万欧元的少数股东申请，法院可以任命特别审查人（第 142 条第 2 款）。[98] 这些限制是为了防止不必要的毫无希望的或者敲诈勒索性质的起诉和申请（比较下面第二十九章边码 52 及其后一个边码）。第 147 条第 4 款中的费用规定，则

---

[93] 比如比较 *Allen/Kraakman*，Commentaries and Cases on the Law of Business Organization，5. Aufl.，2016，S. 238f.；*Davies*，Principles，Rn. 16 - 92；*Hemeling*，FS Hoffmann-Becking，2013，S. 491；Kalss/Nowotny/Schauer/*Kalss*，Rn. 3/453；保险是为了公司的利益；改革建议见 *Bachmann*，Gutachten E zum 70. DJT，2014，S. E 46ff.。

[94] 对此比较 BGH NZG 2014，1058.。

[95] 案件事实比较 BGHZ 135，244＝NJW 1997，1926 - ARAG/Garmenbeck；对此见 *Raiser/Veil*，§ 14 Rn. 98ff.。

[96] 关于特别代表人，见 *Hüffer*，ZHR 174（2010），642；*Kling*，ZGR 2009，190；Mock，AG 2008，839；*Westermann*，AG 2009，237.。

[97] 这比如适用那个证证，即股东要求公司在一定期限内自己提起诉讼（必要条件）；Spindler/Stilz/*Mock*，§ 148 Rn. 13 ff.；也比较*Merkt/Göthel*，US-amerikanisches Gesellschaftsrecht，2. Aufl.，2006，Rn. 1031 ff.。

[98] 著名的案例：OLG Düsseldorf ZIP 2010，28-IKB；对此见 *Spindler*，NZG 2010，281；*Müller-Michaels/Wingerter*，AG 2010，903；也比较 LG München I NZG 2016，1342.。

是为了建立起另外一个谨慎性门槛，而又不会不适当地增大法律实施的难度。

3. 对公司债权人的责任

在特殊情况下，股份有限公司享有的赔偿请求权也可以**由债权人主张**。这样，就出现了董事对债权人的直接责任（第 93 条第 5 款）。这适用于第 93 条第 3 款中列举的情形。除此之外，只有在严重的义务违反情况下才适用它。前提条件是债权人从股份有限公司那里得不到清偿，故该责任是从属性的。相对于债权人，赔偿义务既不能通过董事会与股份有限公司之间的放弃或和解，也不能通过股东大会决议认可有问题的行为，来加以消除（第 93 条第 5 款）。 40

作为公司债权人享有这个责任追究权利的**理论论证说明**，部分人视其为诉讼担当，但这不能解释债权人有权起诉要求向其进行给付。根据主流观点，其存在着一个独立的请求权，确切地说是请求权的一个复制品。[99] 其现实意义是有限的，而在破产情形下，破产程序具有优先性，第 93 条第 5 款第 4 句。此外，董事可能还要依据**一般性的规定**对债权人承担个人赔偿义务，尤其是基于故意的违背善良风俗（民法典第 826 条）或者违反保护性法律（民法典第 823 条第 2 款）而产生的**侵权责任**，比如在破产拖延情况下（上面第二十四章边码 10）。像股份有限公司这样复杂的组织，存在这样一个问题，即究竟应该对侵权法上重要的组织义务和交易义务提出哪些要求。[100] 第 93 条本身不是有利于公司债权人和股东的保护性法律。作为股份有限公司的**协议相对方**，债权人可以在一定的条件下依照民法典第 311 条第 3 款和第 280 条第 1 款追究董事的责任。股东同样可能基于一般性的规定而享有请求权。[101] 然而，只要他们的损失仅存在于其股份价值的减少，他们就只能要求向公司进行给付。因为在那时，他们的损失仅是反射股份有限公司的损失（**反射损失**）。[102] 部分人支持，根据民法典第 823 条第 1 款，成员权利的侵害可以导致针对董事个人的赔偿请求权。但社团法上的理论建构，更容易让人理解，尤其是单个股东的损害赔偿之诉与股份法上的典型权限划分是不兼容的。[103]

4. 刑事责任

对于董事违反特定义务的刑事责任[104]，应以第 399 条及其后条款为准。**股份法上的** 41

[99] Henssler/Strohn/*Dauner-Lieb*，§93 AktG Rn. 48；Hüffer/*Koch*，§93 Rn. 81；MünchKomm-AktG/*Spindler*，§93 Rn. 267；Spindler/Stilz/*Fleischer*，§93 Rn. 294.

[100] 对此全面的见 *Kleindiek*，Deliktshaftung und juristische Person，1991；*Spindler*，Unternehmensorganisationspflichten. Zivilrechtliche und öffentlichrechtliche Regelungskonzepte，2001；此外见 Schmidt/Lutter/*Krieger/Sailer-Coceani*，§93 Rn. 83.。

[101] BGHZ 160，149，151 ff. = NJW 2004，2971；BGH NJW 2006，2971 - Infomatec；*Sester*，ZGR 2006，1.

[102] 对此见 *Bayer*，NJW 2000，2609，2611；*G. Müller*，FS Kellermann，1991，S. 317；*K. Schmidt*，§21 V 2；关于该规定的保护范围，见 BGH NJW 1992，3167 - IBH/Scheich Kamel；也比较 BGHZ 65，15 = NJW 1976，191 - ITT.

[103] Großkomm-AktG/*Hopt*，§93 Rn. 470；*Beuthien*，FS Wiedemann，2002，S. 755，764ff.；MünchKomm-AktG/*Spindler*，§93 Rn. 303f.；MünchKomm-BGB/*Wagner*，§823 Rn. l36；*Reuter*，AcP 197 (1997)，322ff.；Schmidt/Lutter/*Krieger/Sailer-Coceani*，§93 Rn. 79；*Zöllner*，ZGR 1998，392，430；也见下面第三十章边码 27；关于通过第 823 条第 1 款保护注册协会中的成员，见 BGHZ 110，323，327，334 = NJW 1990，2877-Schärenkreuzer (Teilnahme an Segelregatta)；*Bayer*，NJW 2000，2609；全面的见 *Habersack*，Die Mitgliedschaft-subjektives und sonstiges Recht，1996；KölnerKomm-AktG/*Mertens/Cahn*，§93 Rn. 210ff.。

[104] 关于进入考虑范围的事实构成的概览，见 MünchKomm-AktG/*Schaal*，Vor §399；*Raum*，in: Wabnitz/Janovsky (Hrsg.)，Handbuch des Wirtschafts-und Steuerstrafrechts，4. Aufl.，2014，11. Kap.；*Tiedemann*，Wirtschaftsstrafrecht BT，3. Aufl.，2011，§9.。

犯罪行为，主要涉及提供错误信息以及违反保密义务。根据破产法第 15a 条第 4 款和第 5 款，破产申请义务还通过刑事责任得到强化。此外，董事还可能成为实施刑法典第 283 条及其后条款中的**破产犯罪行为**和商法典第 331 条及其后条款中的**会计犯罪行为**的犯罪人。由于董事具有刑法典第 266 条规定的背信罪事实构成意义上的财产照管义务，故其在故意损害股份有限公司情况下，也可能构成**背信罪**。[105] 在上市公司情况下，董事还可能违反**由刑罚保障的资本市场规定**，尤其是有价证券交易法第 38 条。董事经常会拥有欧盟第 596/2014 号条例第 7 条（市场滥用行为监管规定）意义上的内幕人员信息，所以根据该条例第 14 条，他们受到由刑罚保障的禁止内幕交易的约束。依据刑法典第 264a 条（投资欺诈），提供错误信息也可能会受到刑事处罚。

在德国法律中，**没有**规定公司自身承担刑事责任的**企业刑法**。[106] 然而，刑法典第 14 条规定，应该将来自法人领域内的特定人身特征归入负责任的自然人（刑法上的机关责任）。内部的任务分配会导致在确定主犯和参与犯时出现一些特别问题。[107] 行政违法行为处罚法第 9 条和第 130 条可能导致对机关成员实施高额罚金。由公司来承担刑事处罚或者罚金，是允许的，但需要股东大会的同意。[108] 根据行政违法行为处罚法第 30 条，**可以对法人处以罚金**。

5. 其他人的责任

第 117 条第 1 款包含了一个特别的侵权事实构成。据此，其他人也可能对股份有限公司承担损害赔偿义务，即如果他们利用其对股份有限公司的影响力，故意指示董事或监事、经理、授权代表人进行损害公司或其股东利益的行为。这个规定是为了**保护团体的独立性和决策结构**，并超越了民法典第 826 条的范围。因为，根据经验，那些能够在很大范围内处分他人资本的人，对股份有限公司的董事、监事或授权代表人施加不当影响，会造成特别巨大的危害。谁**故意**指示股份有限公司的管理者损害公司或其股东的利益，也就滥用了托付给他的职权和**以不为法律允许的方式**运用了他的**影响力**，所以应该因此承担责任。间接故意就足够了，但过失还不够。影响力可能以公司法的形式传递产生（比较第 17 条），但也可能有其他的原因。[109] 作为行为人，他也可能是私法上的或者公法上的法人。假如董事和监事在违背其义务的情况下屈服于一个这样的影响并且不能免除责任的话，则他们将作为连带债务人承担责任（第 117 条第 2 款）。不能从股份有限公司处获得清偿的**债权人**，可以主张公司对施加影响的第三人和机关成员享有的**请求**

42

---

[105] BGHSt 47，148＝NJW 2002，1211；BGHSt 47，187＝NJW 2002，1585；BGH NJW 2006，453 - Kinowelt；公司法上不甚令人信服的是 BGHSt 50，331＝NJW 2006，522（Strafsache Mannesmann/Vodafone）；BGHSt 52，323＝NJW 2009，89-Siemens；BGH NZG 2010，1190- "Kriegskasse" im Ausland；BGH NZG 2017，116-HSH Nordbank。

[106] 不同的是刑法典第 75 条规定的失效和没收以及行政违法行为处罚条例第 29 条及其后条款规定的行政违法行为；也比较反限制竞争法第 81 条；比如在美国和法国，法人也可以承担刑事责任；比较 *Heine*，Die strafrechtliche Verantwortung von Unternehmen，1995；*Hetzer*，EuZW 2007，57，77；*Schroth*，Unternehmen als Normadressaten und Sanktionssubjekte，1993；*Schünemann*，Unternehmenskriminalität und Strafrecht，1979；*Wagner*，ZGR 2016，112；以及，尤其是 *Krause*，*Merkt*，*Perron und Rönnau* 的文章（ZGR 2016，185ff.）。

[107] BGHSt 37，106，126＝NJW 1990，2560，2564 - Erdal；对此见 *Schmidt-Salzer*，NJW 1990，2966；BGH ZIP 1996，2017（刑法典第 266a 条涉及有限责任公司的业务执行人）；BGHSt 52，323＝NJW 2009，89-Siemens；全面介绍见 *Spindler*，Unternehmensorganisationspflichten，Zivilrechtliche und öffentlichrechtliche Regelungskonzepte，2001；此外，*Radke*，ZIP 2016，1993，1996ff.（连同进一步的阐述）。

[108] BGH NZG 2014，1058。

[109] BGHZ 94，55＝NJW 1985，1777；MünchKomm-AktG/*Spindler*，§ 117 Rn. 16ff.

权（第 117 条第 5 款）。第 147 条和第 148 条简化了公司内部的请求权主张。

在股份有限公司之外，**遭受损害的股东**也有一个赔偿请求权，但只有在他们的损失超出了其基于股份有限公司损失而间接遭受损失的时候，因为通过赔偿股份有限公司的损失已经消除了后者（所谓的反射损失，第 117 条第 1 款第 2 句，上面边码 40 的后面部分）。在这里，除那些实施影响损害股份有限公司的人之外，董事和监事在一定条件下也要作为连带债务人承担责任（第 117 条第 2 款）。

这样一个不当影响，首先可能由大股东实施。但这个规定又不限定于他们。不是股东的人，也可能进入考虑范围，比如供货商、信贷提供人或者政客。其他员工或工会对监事会中的员工代表施加影响，也可能进入第 117 条规范之中。在股东大会中行使表决权，也可能是影响手段。假如股东在不提供补偿的情况下利用其表决权追求有损股份有限公司或其余股东的特别利益，或者他违背了诚信义务，则该股东大会决议可以被撤销（第 243 条第 2 款，下面第二十九章边码 46）。在行使通过企业协议而**合法化了的领导权力**时，**责任灭失**（公司控制协议或公司加入，第 117 条第 7 款）。在这些情形下，债权人和少数股东由康采恩法律上的规定来保护。与此相反，假如欠缺影响企业经营的合法化形式并且没有依据第 311 条进行及时的损失补偿或者没有依据第 312 条进行报告，则额外适用第 317 条及其后一个条款。

八、公开

将董事及其代表权在股份有限公司申请登记时以及其事后发生任何变更时（第 39 条、第 81 条）登记于**商事登记簿**，可以确保公开。由于这涉及有关登记义务的事实，故适用商法典第 15 条。股份法超越了这一规定，还将其对组织内部关系的后果与登记联系起来，例如，召开股东大会的权利（第 121 条第 2 款第 2 句）。[10]

公开规定遵循了公开指令（上面第二章边码 28）。第 80 条（比较，对此有关的商法典第 37a 条）规定，在针对特定接收人的**业务信函**（无论其形式如何）上，都必须载明所有董事的姓氏以及至少有一个简写的名字，以及如有可能，对董事会主席和监事会主席进行标注。另外还应该载明的有：公司的法律形式和住所、住所地的登记法院和股份有限公司在商事登记簿上的登记编号。无须注明的则是股份有限公司的资本。但如果要注明的话，就必须始终要注明注册资本以及还未履行的出资总额。这个规定不适用于这样的交流，即在现存的交易关系框架下通常使用的固定格式文本，其仅在个别情形下才需要进行填写（第 80 条第 2 款），但除了在订单的情况下（第 80 条第 3 款）。这些信息载明义务，也涉及公司分支机构的业务信函和订单（第 80 条第 4 款）。

此外，应该在**年度财务会计报告**（附件）中注明董事会和监事会的全部成员，也包括在这一业务年度期间被剔除的成员（商法典第 285 条第 1 句第 10 项）。**董事会成员的薪酬**是以**合计方式予以**注明的，而在上市公司的情况下，则需**单独**注明各个董事的薪酬（商法典第 285 条第 1 句第 9 a）项）。其具体内容还有争议，尤其是对特定薪酬组成部分进行估价特别困难。当股东大会要决定股票期权时，注明董事的总薪酬就特别重要（下面第三十二章边码 28）。只有这样，股东才能够对将要提供的机会和好处的适当数

43

44

45

---

⑩　对此见 BGH ZIP 2017，281 Rn. 41.。

额有一个完整的图像。[11] 此外，作为监督手段，公开透明可以发挥防止权利滥用的作用（比较上面第二十五章边码 40 及其后一个边码）。[12] 此外，还需要注明有关机构贷款（比较第 89 条）的详情（商法典第 285 条第 1 句第 9 项第 c 目）。第 120 条第 4 款说明，**薪酬体系**与薪酬范围起着同等重要的作用。上市公司应当在形势报告中公开其薪酬体系的基本特点（商法典第 289 条第 2 款第 4 项）。德国公司治理准则在第 4.2.5 条中建议在使用标准表格之外进行进一步的说明。上市股份有限公司的董事应该将其**自己对公司股份的交易**不可延迟地以及最迟在三个营业日之内报告给公司和联邦金融服务监督局。公司应该公开这些信息并告知企业登记机关（欧盟第 596/2014 号条例第 19 条第 3 款，有价证券交易法第 15a 条）。

[11] 比较 Großkomm-AktG/*Frey*，§ 192 Rn. 125 f.。

[12] 对此比较 Baums, ZIP 2004, 1877, 1879；Fleischer, NZG 2006, 561, 565 f.；*Martens*, ZHR 169（2005），124, 150；持怀疑态度的是 *Kramarsch*, ZHR 169（2005），112, 113；*Spindler*, NZG 2005, 689, 690；在宪法视角上持批评态度的是 *Augsberg*, ZRP 2005, 105；截至目前，缺乏令人印象深刻的作用。

第二十八章
监事会

一、根据股份法的组成和成员委任

1. 成员的数额

监事会**至少**由 3 **名成员**组成。**章程**可以规定更大的确定的数额，但该数额必须能为 3 整除，而这是为了满足共同决定法的规定而必需的。根据注册资本数额的不同，股份法规定了从 9 名到 21 名成员的**最高数额**（第 95 条第 1 句至第 4 句）。 1

监事会成员数额必须能为 3 整除，这一要求通过 2016 年股份法修订而被限制到受三分之一共同参与决定法约束的公司之下（下面边码 17 及其后一个边码）。如果公司不愿意立刻将数额提高到 6，之前的普遍规定就强制公司组成一个 3 人的监事会。有关监事数额的规定，不适用于那些受其他员工共同参与决定法调整的公司（第 95 条第 5 句，下面边码 11）。限制监事会的规模，是为了防止出现不良现象。在 1965 年的股份法以前，大的股份有限公司的监事会经常由很多成员组成。任命他们或者是基于其声望原因，或者为了维护与康采恩企业、银行、客户或供货商的关系。这样的监事会不能胜任其真正的任务，即监督董事会（"傀儡领导"，上面第二十五章边码 29）。缩小监事会，以让整个机关具有更好的功效能力，是近年来的努力方向，但截至目前一直都是失败的。[①] 但是，对此存在广泛一致的看法，即拥有 20 名和更多成员的委员会在相对很小的会议频率情况下不是非常有效。阻力主要来自那些对监事会职位具有特别利益的群体（即员工代表）。[②] 实际上，这个问题可以通过组建委员会来加以应对（下面边码 29）。在监事会之外，可以组建其他的委员会，例如管理理事会。但是，不能将监事会的任务转移给这样的委员会。股份有限公司内部的职权划分（上面第二十一章边码 11 至边码

[①] 公司治理政府委员会报告的边码 49；关于监事会规模的讨论，见 Adams, Baums, Hop, t und Kübler, in: AG 1997, August-Sonderheft; Groß-komm-AktG/*Hopt*/*Roth*, §95 Rn. 32; Hüffer/*Koch*, §95 Rn. 2; Kort, AG 2008, 137, 140f.; MünchKomm-AktG/*Habersack*, §95 Rn. 4; Schmidt/Lutter/*Drygala*, §95 Rn. 1; Ulmer/Habersack! Henssler/*Ulmer*/*Habersack*, Einl. MitbestG Rn. 71; *v. Werder*, AG 2004, 166, 179; *Arbeitskreis "Unternehmerische Mitbestimmung"*: ZIP 2009, 855. (提出了一个自己的改革建议）。

[②] *Raiser*, Gutachten B zum 66. DJT, 2006, S. B 59 f.; *Schmoldt*, in: Rieble (Hrsg.), Zukunft der Unternehmensmitbestimmung, 2004, S. 142, 143; *Schulte*, BFuP 1996, 292, 303 f.

13)，是有法律约束力的。

2. 被选举资格和其他要求

原则上，任何**具有完全行为能力的自然人**（第 100 条第 1 款）都可以被选入监事会，相反法人则不行（比较上面第二十七章边码 3）。已在应该设置监事会的商事公司中③拥有 **10 个监事职位的人**，不能接受其他的监事职位。就针对这一点而言，监事会主席应该被双倍计数（第 100 条第 2 款第 1 句第 1 项、第 3 句）。在上市公司情况下，（德国的）监事会中的成员身份，应该在选举前告知股东。对于在可类比的外国经济企业的监督委员会中的职位，应该进行告知（第 125 条第 1 款第 5 句）。在年度财务会计报告的附件中应该注明所有的职位。这个数额限制是为了保障监事能够对每个监事职位投入足够多的时间和关注度。考虑到康采恩组织中的客观情况，这个规定由此被削弱了，即对于控制企业的法定代理人（个体商人情况下就是其所有人），最多可以将其拥有的属于该康采恩企业的 5 个监事职位不计入最高数额限制（第 100 条第 2 款第 2 句）。④

不可以被选举的是股份有限公司的从属企业（第 17 条）的法定代理人，以及这样一个其他公司的法定代理人，即其监事会中有股份有限公司的董事（第 100 条第 2 款第 1 句第 2 项和第 3 项）。第一个规定是以此为出发点的，即让从属企业的领导人对控制企业的业务领导进行监督是不适当的。应当保障**康采恩内的等级差异**。第二个规定则是为了阻止法律政策上不期望看到的所谓的**交错联结**。此外，在上市公司的情况下，同一公司的**前董事会成员在**为期两年内是不可以被选举的，除非是按照拥有超过 25％投票权的股东的建议而进行选举的（第 100 条第 2 款第 1 句第 4 项）。违反监事会组成规定和被选举资格规定的情形，将导致无效，并且这可以依照第 250 条通过起诉来提出。

有疑问的是这一要求的归类，即在以资本市场为导向的公司中，以及在金融服务机构的情况下，必须至少有一名监事会成员是**财务会计报告或者财务审计的内行**（第 100 条第 5 款），所谓的金融专家。⑤ 这不应当是选举资格的前提条件，因为从理论上来说，这包括了进入这一角色考虑的每一名监事会成员，包括员工代表在内；但只有一个人必须要满足这一要求。这关系到一个**客观的任命标准**（也比较，下面边码 13 和边码 25）。⑥

---

③ 根据可能的主流观点，这只涉及德国的贸易公司，Henssler/Strohn/*Henssler*，§ 100 AktG Rn. 5；Hüffer/*Koch*，§ 100 Rn. 10；KölnerKomm-AktG/*Mertens/Cahn*，§ 100 Rn. 29；*Mader*，ZGR 2014，430，435ff.；MünchKomm-AktG/*Koch*，§ 250 Rn. 15；不同的是 Großkomm-AktG/*Hopt/Roth*，§ 100 Rn. 36ff.；MünchKomm-AktG/*Habersack*，§ 100 Rn. 19；Schmidt/Lutter/*Drygala*，§ 100 Rn. 6；Spindler/Stilz/*Spindler*，§ 100 Rn. 15；*Weller*，ZGR 2010，697，706ff.：在个案中具有法律比较功能的确认；包含国外的职位是恰当的，因为这关系到工作的效率。

④ 法定的规定只能有限地涵盖现实情形的多样性；相对于有经验的人可以在良好的办公支持下胜任比法律规定的最高数额还要多的监事职位，而有些人却在较少的监事职位情况下就明显显得负担过重。Der DCGK empfiehlt in Nr. 5.4.5，dass Vorstandsmitglieder börsennotierter Gesellschaften nicht mehr als drei konzernexterne Aufsichtsratsmandate wahrnehmen 德国公司治理准则在第 5.4.5 条中建议，上市公司的董事会成员采用最多不超过 3 个来自集团外的监事会职位。

⑤ 关于转化问题，见 OLG München NZG 2010，784；*Habersack*，AG 2008，98，101 ff.；*Kropff*，FS K. Schmidt，2009，S. 1023；Schmidr/Lutter/*Drygala*，§ 100 Rn. 58ff. 通过 2016 年 5 月 10 日的财务会计报告审计改革法去掉了"独立"的其他特征（上面第二十五章边码 33oben § 25 Rn. 33）；但是，独立性仍然是公司治理的一个问题，比较德国公司治理准则第 5.4.2 条。

⑥ *Habersack*，AG 2008，98，106：根据第 250 条第 1 款第 4 项不是无效的，但是根据第 243 条第 1 款的规定，选举的结果是可以被撤销的；在单个选举时，违反第 105 条第 5 款可以作为撤销的理由；OLG München NZG 2010，784；法律比较见 *Diekmann/Bidmon*，NZG 2009，1087；*Windbichler*；in：Hommelhoff/Hopt/v. Werder（Hrsg.），Handbuch Corporate Governance，2. Aufl.，2009，S. 661，668ff.。

同样的，董事会成员在公司活动的领域⑦这个整体中须被加以信赖，也不是对于单个成员而言的选举资格的前提条件。第 105 条第 1 款规定，**监事会职位与同一个公司的董事、董事代表人、经理或全权代表人的职位是不兼容的**（例外情形是员工共同参与决定法第 6 条第 2 款规定的作为员工代表的经理）。这不涉及**被选举资格的问题**。因为，这个规定是为了将监督机关与直接受其监督的人员清楚分开。因此，只有在其在上任之前放弃不兼容的职位情况下，这些人员才能接受选举而成为监事。否则的话，委任无效。

章程可以规定**其他人身特性的前提条件**，但只能针对那些可由股东大会在不受选举建议约束的情况下选举的监事或者是基于章程规定向监事会委派的监事（**股东代表**）⑧，而不能针对员工代表。对于后者，只有员工共同参与决定法规定才是决定性的（下面边码 9 及其后边码）。所以，就这一点而言，章程不可以限制符合被选举资格的人的范围（第 100 条第 3 款和第 4 款）。

监事的**素质**和其他资格条件（特别是**独立性**），属于激烈争论的问题。监事会欠缺效率，也归因于其成员能力的欠缺。以同等的（也针对员工代表的）可由法院审查的方式（选举撤销！）来规定这样的要求，是困难的。但作为好的企业管理的基本原则，德国公司治理准则中有一些建议（第 5.4 条）。第 125 条第 1 款第 5 句规定的信息要求，也是为了让选举程序更加透明。欧共体委员会对上市公司的监督委员会成员的独立性特征，提出了一些建议。它们应该主要以行为准则的形式来加以转化实施。⑨ 关于监事的性别比例要求，见下面边码 24。

3. 委任和解任

（a）委任

所有的监事**最长**都可以**被委任为 4 年**（第 102 条第 1 款）。原则上，监事会中的股东代表由股东大会通过简单多数**选举**（第 101 条第 1 款；对于员工代表的选举，见下面边码 18）。任期届满后再次选举，是可以的，现实中也是非常普遍的。选举经常是以**同时选举**所有要选举的监事的方式进行。这也是合法的。然而，如果股东大会主持人决定或者议事规则规定或者满足数额要求的少数股东要求采取单独选举，则必须单独选举。由章程规范调整选举程序。⑩ 德国公司治理准则第 5.4.3 条建议采取单独选举。

章程可以规定，特定的股东或特定股份的所有人有向监事会派遣股东代表的权利（**派遣权**，第 101 条第 2 款）。在第二种情形下，股份必须是转让受到限制的记名股（下面第三十章边码 5）。被派遣的监事的总数不可以超过监事会中股东代表的 1/3。派遣权是为了确保作为少数股东的公法人的影响力，比如其在混合经济企业中。⑪ 被派遣的监

⑦ "领域"的概念实际上是一个宏观经济学上的概念；大概指的是业务范围。

⑧ 关于术语的注释："资方代表"的称呼是错误的，因为股份有限公司自己才是资方。在其机关监事会中，有不同的类别被代表，但不是股份有限公司作为资方被代表；也比较员工共同参与决定法第 2 条。

⑨ 欧盟委员会的有关上市公司非业务执行董事/监事的任务……（第 2005/162 号建议，上面第二章边码 31）；Großkomm-AktG/*Hopt/Roth*，§ 100 Rn. 86 ff.。

⑩ BGHZ 180, 8＝NZG 2009, 342 Rn. 29-Kireh/Deutsche Bank；关于分开选举的一般规定，见 BGHZ 156, 38＝NJW 2003, 3412.。

⑪ 这些特殊法可能与迁移自由和资本流动自由发生冲突，比较 EuGH NJW 2007, 3481-VW；*Grundmann*，Europäisches Gesellschaftsrecht Rn. 651；*Steinfort*，Emsendungsrechte in den Aufsichtsrat im europäischen Kontext，2015.。

事具有与被选举的监事相同的地位，并且不受指示约束。⑫ 然而，他们可以被派遣权利人随时解任并由他人替代（第 103 条第 2 款）。根据第 104 条，假如监事的数额少于作出决议所需要的数额，登记法院可以基于申请而为补充监事会委任监事（**紧急委任**）。抛开欠缺决议能力不看，如果监事会在超过 3 个月的时间内拥有少于法律或章程规定的成员数额，法院也可以基于申请而补充监事会。在第 104 条中，有关于申请权以及顾及员工共同参与决定情况下的职位分配的详细规定。

在选举和派遣监事时（在员工共同参与决定的领域中也一样），需要有委任的**接受**。这可以以默示的方式进行，比如着手开始工作。随着监事会的设立，产生了一个对公司的团体法上的关系（职位说）。监事的权利和义务是由法律和章程规定的，而其薪酬则由章程，也可能是股东大会来规定（下面边码 7）。

（b）解任

5　　**股东大会**可以随时解任由其自由选举的监事，如果章程没有其他规定的话，需要 3/4 的多数决议（第 103 条第 1 款）。任何监事，不管其委任的方式如何，如果在其身上出现了一个**重大理由**，比如严重的义务违反、不独立或者持续性的重大利益冲突，都可以基于监事会的申请而由**法院决定解任**（第 103 条第 3 款和第 4 款）。⑬ 由监事会通过简单多数决定提起申请。在派遣权利人委任股东代表的情况下，满足数额要求的少数股东也享有申请权（第 103 条第 3 款第 3 句）。

（c）候补成员

6　　与董事代表人相反，**不能**委任监事**代表人**。但是，法律允许针对这种情况委任**候补成员**，即针对一名监事在其任期届满前丧失资格的情形（第 101 条第 3 款）。候补成员只能与其应替补的监事一起被同时委任。对于候补成员的委任和解任，适用与其对应的正式成员所适用的规定（第 103 条第 5 款）。候补成员不随着选举和接受职位而成为监事。但在替补情形出现时，他将直接成为监事。⑭

4. 薪酬

7　　监事的薪酬只能由**章程或者**通过**股东大会**确定（第 113 条）。这一方面是为了阻止监事会自己给自己确定薪酬，另一方面是为了阻止由其监督的董事会对之施加影响。⑮ 在现实中，相对于任务和承担的责任，（监事）报酬曾经通常是很低的。因此，提供适当的薪酬的问题，也属于公司治理的题目。最近几年，监事的薪酬得到了提高，但没有像某些董事薪金一样过高而被关注。⑯ 此外争论的是，是否应该向其提供依赖于经营结果的薪酬，就像其对董事来说很平常的那样。向监事提供**股票认购权**，在第 192 条第 2 款

---

⑫ BGHZ 36, 296, 306＝NJW 1962, 864, 866；Schmidt/Lutter/*Drygala*，§101 Rn. 24。针对有瑕疵的派遣，不可以提起第 250 条规定的无效之诉，而只能提起民事诉讼法第 256 条规定的一般的确认之诉，见 BGH NZG 2006, 138.。

⑬ 举例：OLG Hamburg AG 1990, 218 - Jansen；OLG Zweibrücken WM 1990, 1388；Großkomm-AktG/*Hopt*/*Roth*，§103 Rn. 54 ff.。

⑭ 关于后补监事的委任，也比较 BGHZ 99, 211＝NJW 1987, 902；BGH NJW 1988, 260.。

⑮ 这个问题尤其出现在美国的管理委员会体系中；比较 *Bebchuk*/*Fried*，Pay Without Performance, 2004, S. 23 ff.；*Merkt*/*Göthel*，US-amerikanisches Gesellschaftsrecht, 2. Aufl., 2006, Rn. 618 ff.。

⑯ MünchKomm-AktG/*Habersack*，§113 Rn. 7；Großkomm-AktG/*Hopt*/*Roth*，§113 Rn. 57, 131. 在企业征税时，只可以将监事薪酬的一半作为企业费用来加以扣除，而这是与整个体系不相一致的；比较 *Hüffer*/*Koch*，§113 Rn. 7；Schmidt/Lurter/*Drygala*，§113 Rn. 39；Spindler/Stilz/*Spindler*，§113 Rn. 66："完全过时的"。

第 3 项中没有规定并且是**不被允许的**。相应地适用于可转换债券，见第 221 条第 4 款。[17] 但无论如何，采用其他形式的依赖于经营结果的薪酬，是可能的。德国公司治理准则第 5.4.6 条第 2 款第 2 句建议，在这种情况下定位于持续性的企业经营结果。第 113 条第 3 款与在此期间被取消了的第 86 条相对应，但该条已经过时了。[18] 适当的费用补偿，不属于薪酬（类推适用民法典第 670 条）。试图通过额外支付酬金的（咨询）协议来提高监事的收入，必须遵守第 114 条的严格规定。针对已基于监事职位而承担的工作义务，不可以再考虑签订额外的协议。[19] 公司向监事或其近亲属提供贷款，也受到特别的限制（第 115 条）。这是为了防止董事会的不当影响。

那些基于工会的建议或偶尔也基于股东联合会的建议或者作为企业所属的员工代表而被选举的监事，经常被其团体或者根据其他义务要求将其监事薪酬的一部分上交给团体、基金或者其他组织。[20] 这样的问题少被讨论，即这样的公司法外的义务与股份法上期望的激励之间的关系。[21] 这也适用于那些由参与团体法人的公法人或地方机构委任的监事，并且其要遵守公务员法中的支付义务。[22]

5. 公开

董事会应该将监事名单递交给商事登记机关。虽然不进行登记，但商法典第 10 条规定，商事登记机关应该公告指出（现实的）名单已经被递交（第 106 条）。借此，任何人都可以通过企业登记机关获得相关的信息（商法典第 8b 条，第 9 条第 6 款）。此外，应该申请将主席及副主席的名字登记于商事登记簿（第 107 条第 1 款第 2 句）。在**业务信函**上，也需要提到主席的名字（第 80 条，上面第二十七章边码 44）。在**年度财务会计报告**的附件中，需要注明监事及其薪酬总额（商法典第 285 条第 1 句第 9 项和第 10 项）。

8

二、监事会中的员工

来自关于企业员工共同参与决定的丰富的**文献资料**：Arbeitskreis "Unternehmerische Mitbestimmung", ZIP 2009, 885; Berliner Netzwerk Corporate Governance, AG 2004, 166; GroßKomm-ktG/*Oetker*, MitbestG; *Habersack/Behme/Eidenmüller/Klöhn*（Hrsg.）, Deutsche Mitbestimmung unter europäischem Reformzwang, 2016（ZHR-Beiheft 78）;

---

[17] BGHZ 158, 122＝NJW 2004, 1109; 对此见 *Henze*, BB 2005, 165, 172 f.。在奥地利，也为监事规定有股票期权计划（奥地利股份法第 98 条第 3 款）。

[18] Hüffer/*Koch*, § 113 Rn. 9 f.（并连同进一步的阐述）。

[19] BGHZ 114, 127＝NJW 1991, 1830; BGHZ 126, 340＝NJW 1994, 2484; BGH NZG 2012, 1064-Fresenius; OLG Köln NZG 2013, 548; *Ziemons*, ZGR 2016, 839.

[20] 比如德国工会联合会的成员就将其监事薪酬的一部分交给汉斯贝克勒基金会；BAGE 151, 367 Rn. 46ff.; Hüffer/Koch, § 113 Rn. 4: 基本薪酬在 5000 欧元的，应该划走 10%，超出部分则应该划走 90%，对于有特殊任务的成员应该适用更高的基本薪酬，http://www.boeckler.de/pdf/foerderer_richtlinie_2016.pdf [19.2.2017]。

[21] 关于对这一实践的支持和反对，比较 Diskussion zum Referat von Schmoldt, in: Rieble（Hrsg.）, Zukunft der Unternehmensmitbestimmung, 2004, S. 142, 151; 对此持批评态度的是 KölnerKomm-AktG/*Mertens/Cahn*, § 113 Rn. 58; MünchKommAktG/*Habersack*, § 113 Rn. 5; Ulmer/Habersack/Henssler/*Ulmer/Habersack*, § 25 MitbestG Rn. 83b; 关于这种支付在税收上的可扣除性，也比较 BFHE 131, 506; 关于一揽子的参会出席费，见 Hüffer/Koch, § 113 Rn. 4; BAGE 151, 367 Rn. 47 仅仅留出对获得的薪资的自由处置权。

[22] MünchKomm-AktG/*Schürnbrand*, Vor § 394 Rn. 34; Schmidt/Lutter/*Oetker*, Vor § § 394, 395 Rn. 12.

Jürgens/Sadowski/Schuppert/Weiss （Hrsg.），Perspektiven der Corporate Governace. Bestimmungsfaktoren unternehmerischer Entscheidungsprozesse unter Mitwirkung der Arbeitnehmer，2007；*Kolber*，Mitbestimmung und Demokratieprinzip，2013；*Köstler/Mülle/Sick*，Aufsichtsratspraxis，10. Aufl.，2013；*Kübler/Assmann*，§ 33；MünchKomm-AktG/*Gach*，Anhang Bd. 2；ErfKomm-ArbR/*Oetker*，17. Aufl.，2017；Pistor，in：Hommelhoff/Hopt/v. Werder （Hrsg.），Handbuch Corporate Governance，2. Aufl.，2009，S. 241；Raiser，Gutachten B zum 66. Deutschen Juristentag，Abt. Arbeitsrecht，2006；*Raiser/Veil/Jacobs*，Mitbestimmungsgesetz und Drittelbeteiligungsgesetz，6. Aufl.，2015；*Rebhahn*，Verhandlungen des 66. Deutschen Juristentags，Bd. II/1：Referate，2007；*Reuter*，Der Einfluss der Mitbestimmung auf das Gesellschafts-und Arbeitsrecht，AcP 179 （1979），509；*Sadowski/Junkes/Lindenthal*，Mitbestimmung in Deutschland：Idee，Erfahrungen und Perspektiven aus ökonomischer Sicht，ZGR 2001，110；*Ulmer*，Paritätische Arbeitnehmermitbestimmung im Aufsichtsrat von Großunternehmen-noch zeitgemäß?，ZHR 166 （2002），271；*Ulmer/Habersack/Henssler*，Mitbestimmungsrecht，3. Aufl.，2012；*Wiedemann* I，§ 11 I und § 12 III 3；Wissmann/Kleinsorge/Schubert，Mitbestimmungsrecht，5. Aufl.，2017.。

1. 概述

9　　从法律比较的角度上看，企业员工共同参与决定（上面第二十五章边码 32）是一条不寻常的、相对于保护法和企业共同决定而言无论如何都是退居次位的路径。它在企业目的的实现过程中融入了员工利益。[23] 法律规定的重点是**监事会部分由员工代表组成**。与此相比较，任命**员工**作为董事（上面第二十七章边码 7），只有有限的意义。由于企业员工共同参与决定是企业载体（公司）组织的一部分，所以也遵循企业法上的思想（上面第一章边码 10 连同其他说明）。法律规定主要是定位于股份法。将其移植到其他有义务实行员工共同参与决定的公司法律形式之上，通过援引适用不是全都能够顺利成功的（上面关于有限责任公司的第二十二章边码 19）。

　　企业员工共同参与决定领域中的**现有法律状况**，是一个长期的历史发展结果。[24] 法律规定是法律政策上的妥协产物。这尤其适用于 1976 年的员工共同参与决定法。但正因为如此，它在立法过程中获得了广泛的多数，并且迄今为止都反对所有的修改建议。总体上讲，企业员工共同参与决定是一个复杂的领域，在法律技术上也很难进行规范。

---

[23] *Baums/Ulmer* （Hrsg.），Unternehmens-Mitbestimmung der Arbeitnehmer im Recht der EU-Mitgliedstaaten，ZHR Sonderheft 72，2004；Biagi/*Tiraboschi*，in：Blanpain （Hrsg.），Comparative Labour Law and Industrial Relations in Industrialized Market Economies，10. Aufl.，2010，S. 503，538f.；*Cheffins*，S. 574 ff.；*Davies*，Principles，Rn. 14 - 28；*Enriques/Hansmann/Kraakman*，in：Kraalrman/Amour u. a.，Anatomy，S. lOOff.；Länderberichte in Henssler/Braun （Hrsg.），Arbeitsrecht in Europa，3. Aufl.，2011；*Le Cannu/Dondero*，Droit des societes，Rn. 81lf.；*Rebhahn*，NZA 2001，763；*ders.*，in：Verhandlungen des 66. Deutschen Juristentags，Bd. II/1：Referate；*Riesenhuber*，Europäisches Arbeitsrecht，§ 26 Rn. 3.

[24] 关于发展过程的进一步介绍，见 Oetker，RdA 2005，337；Pistor，in：Hommelhoff/Hopt/v. Werder （Hrsg.），Handbuch Corporate Governance，2. Aufl. 2009，S. 245ff.；*Raiser/Veil*，MitbestG，5. Aufl. 2009，Einl. Rn. lff.；关于其历史发展的不同解释，比较 Gourevitch，112 Yale L. J. 1829 （2003）；Pistor，in：Blair/Roe （Hrsg.），Employees and Corporate Governance，1999，S. 163；M. J. Roe，Political Determinants of Corporate Governance，2003；也包括 Backkhaus，The Elgar Companion to Law and Economics，2. Aufl.，2005，S. 298ff.。

自联邦宪法法院的判决[25]之后，企业员工共同参与决定的合宪性，就不再有疑问了。然而，联邦宪法法院判决以及还有立法者所依据的框架条件，在此期间已经发生了重大的变化。德国企业员工共同参与决定的做法是否合理，这存在争议。经验性的研究没有提供明确的结论。[26] 监事会也由员工代表组成，这具有很高的象征性价值。[27] 员工利益对企业管理具有意义，这在结论上是没有争议的。与此相反，争论的只是法律规范的方式和范围（比较上面第一章边码 28，第二十五章边码 17 及其后边码，第二十七章边码 22 及其后边码）。比如，员工的资本参与[28]、由劳动法和集体协议（包括企业组织结构）提供的外部监控以及激励体系，都可以作为在监事会中员工共同参与决定的替代和补充。德国公司治理准则受现行法律的约束，故没有创新的源泉。

在欧盟法律发展中，德国模式没有能够得到贯彻执行。对于欧洲股份有限公司，首先规定的是采用协商约定的办法。（下面第三十六章边码 13）。**对目前法律状况的批评，针对的尤其是跨国的法律事务**，因为在德国母公司的监事会中，只有国内的康采恩公司的员工才被代表（下面边码 19），即使国外雇佣的员工占到了多数（**属地原则**）。基于高等法院的申请，欧洲法院认可了其**与欧盟法律的一致性**。[29] 对于共同参与决定法与欧盟法相违背的情况，可能造成不同的法律后果：全部不适用[30]、将国外子公司的员工纳入计算[31]、类似适用欧洲股份有限公司采用的协商一致的解决方法。[32] 作为

10

---

[25] BVerfGE 50，290＝NJW 1979，699；对此的丰富文献资料，见 ZGR 1979，444 ff；从不同法域视角进行的归纳讨论，见 *Papier*，*E. Rehbinder*，*Martens* und *Hanau*；*Ulmer*，BB 1979，398；*Th. Raiser* und *Rittner*，JZ 1979，489 und 743；*Säcker*，RdA 1979，380；*Wiedemann*，AP MitbestG §1 Nr. 1；立法期间以及联邦宪法法院判决以前作的评估报告：*Scholz*，Paritätische Mitbestimmung und Grundgesetz，1974；*Raisch*，Mitbestimmung und Koalitionsfreiheit，1975；*Th. Raiser*，Grundgesetz und paritätische Mitbestimmung，1975；*Badura/Rittner/Rüthers*，Mitbestimmungsgesetz，1976 und Grundgesetz，Gemeinschaftsgutachten，1977；*Kübler/Schmidt/Simitis*，Mitbestimmung als gesetzgebungspolitische Aufgabe，1978；*Zöllner/Seiter*，ZfA 1970，97.。

[26] Sadowski/Junkes/Lindenthal，ZGR 2001，110，127 ff.，132：总体上讲，现有的研究表明，监事会中的法定的员工共同参与决定是否具有提高效力的作用，到目前为止在实际经验上还没有被完全解释清楚；Ulmer/Habersack/Henssler/*Ulmer/Habersack*，Einl. MitbestG Rn. 71，§7 Rn. 5ff.；*Conchon*，Unternehmensmitbestimmung in Europa：Fakten und Trends zur Rechtslage，etui Bericht，2011 (http://www. etui. org/Publications2/Reports/Board-level-employee-re presentation-rights-in-Europe) [19. 2. 2017]；关于系统的问题，见 *Windbichler*，6 EBOR (2005)，507，510；*Pistor*，in：Hommelhoff/Hopt/v. Werder (Hrsg.)，Handbuch Corporate Governance，2. Aufl. 2009，S. 231，246ff.；也比较 *Auer-Rizzi/Reber*，in：Jürgens/Sadowski/Schuppert/Weiss，Perspektiven der Corporate Governance，S. 182ff.：没有区分经营的共同参与和企业员工共同参与的"参与"是需要被裁决的。

[27] *Windbichler/Bachmann*，FS Bezzenberger，2000，S. 797.

[28] 法国股法依靠"授薪股东"的参与：*Cozian/Viandier/Deboissy*，Droit des Sociétés，27. Aufl.，2014，Rn. 825 ff.；在章程中可以选择有员工参与的股份有限公司的特殊变体 (société à participation ouvrière)，Art. L 225-258ff. Code de com；如果在一个上市公司中，员工股东的群体持有超过3%的股份，则其有权选举一名代表到管理委员会以及监事会中，Art. L225-23 und L225-71 Code de com。

[29] EuGHv. 18. 7. 2017 - C-566/15；KG NZG2015，1311-Erzberger/TUI.

[30] *Behme*，EuZA2016，411，416；*Hellwig/Behme*，AG 2009，261；*Rieble/Latzel*，EuZA2011，145，163，166f.

[31] LG Frankfurt a. M. NZG 2015，683＝ZIP 2015，634m. Anm. *Krause*；OLG Zweibrücken NZG2014，740 (obiter)；关于被认为是有可能的归入，股份有限公司的介绍，见 NZG 2015，1311-TUI；*Raiser/Veil/Jacobs/Raiser*，MitbestG §1 Rn. 22，27（没有区分分支机构和子公司），§5 Rn. 30f.；关于来自管理住所地在德国的子公司的员工的归入，见 *Habersack*，AG 2007，641，645；ErfKomm-ArbR/*Oetker*，§5 MitbestG Rn. 5；Ulmer/Habersack/Henssler/*Ulmer/Habersack*，§5 MitbestG Rn. 55；关于在国内工作的来自国外子公司的员工的归入，见 Wissmann/Kleinsorge/Schubert/*Koberski*，MitbestR，MitbestG §5 Rn. 18；**反对**归入的主流观点是 OLG Stuttgart ZIP 1995，1004 m. Anm. *Mankowski*；ErfKomm-ArbR/*Oetker*，MitbestG Einl. Rn. 6；MünchKomm-AktG/*Gach*，MitbestG §5 Rn. 8；*Prinz*，SAE2015，66，72；*Seibt*，DB 2015，912，913f；Ulmer/Habersack/Henssler/*Ulmer/Habersack*，MitbestR，MitbestG §5 Rn. 55；*Winter/Marx/De Decker*，NZA 2015，1111，1112f.。

[32] Schmidt/Lutter/*Drygala*，§96 Rn. 28 ff.

公司属人法律规范的一部分（上面第一章边码 19），只针对德国康采恩母公司规定了监事会的组成要求。至少共同参与决定法第 5 条第 3 款中的部分康采恩规定，反映了这一点（下面边码 19）。然而，曾有这样的提问，即是否根据共同参与决定法第 5 条第 1 款只计算德国下属企业的员工。其论证主要依据欧洲法上的禁止歧视以及员工迁徙自由；被提出异议的理由是国际法上立法权的界限和迁移自由。不管其说服力如何，**公司法上需要**考虑的是，国外子公司应该被强行课以此义务（组织或接受德国母公司监事会的选举），其根据公司所在地和员工协议所在地是没有的或者无论如何没有这样的义务的。这与多数股东的属人法律规范（所在国）相关联。因此，这一论证是不足的，共同参与决定法不适用于外国公司，而只适用于国内的康采恩上层公司[33]；否则，这样的员工计入方式，是种歧视。不同的是，适用于仅仅在国外工作的员工，例如作为雇主的是具有德国公司属人法律规范的分支机构。在没有其他条件情况下，应该将其员工计入其内。[34]考虑到对康采恩法的协调，只是在个别点项上进行，截至目前，欧洲法院准许成员国对其企业进行国内法上的规范调整和康采恩法性质的限制性规定。[35]这一结果上的拼凑物，对于共同参与决定法的改革，在法律政策上可以说是不能令人满意的，或者也可以理解成为各公司形式之间进行相互竞争（上面第一章边码 21）的表现。

此外，**公司治理发展**过去只是慢慢地才开始与关于适当的员工共同参与决定的讨论联系起来。[36]总体上讲，强制性的德国规定被认为**太没有灵活性了**。关于监事会的规模和任务以及监事的要求和激励的讨论，大多只涉及股东代表。在那些公司机关中没有员工共同参与决定的国家中，这是理所当然的。有关公司治理的提问（上面第二十五章边码 35 及其后一个边码，边码 40 及其后边码）明确表明，企业监控机制主要要求在投资人与经营者之间寻求平衡。[37]在与员工共同参与决定的关联上，不能将两者作为"资本"扔到一个锅里，以对立于"劳动"。确切地说，这涉及**资本、劳动和经营管理之间的平衡**以及由保护性法律和劳动法提供的相关外部监控。[38]

---

[33] 如此的见 *Habersack*，AG 2007，641，644；Raiser/Veil/Jacobs/*Raiser*，MitbestG § 1 Rn. 25，27；*Henssler*，RdA 2005，330，331 涉及为了在国外的分支机构的员工实际操作的邮寄选举，没有人会反对；这不适用于子公司；比如此处 *Krause*，AG 2012，485，493f.。

[34] 对于占支配地位的所谓的辐射理论（不恰当地同等对待国外子公司和分支机构），Raiser/Veil/Jacobs/*Raiser*，MitbestG und DrittelbG，MitbestG § 1 Rn. 21 mwN；Ulmer/Habersack/Henssler/*Ulmer/Habersack* MitbestR，MitbestG § 3 Rn. 36ff；比如此处 *Henssler*，RdA 2005，330，331；有其他理由的相似的，见 *Habersack*，AG 2007，641，648；关于企业员工共同参与决定的雇佣关系的文献早已有 *Windbichler*，Arbeitsrecht im Konzern，1989，S. 497ff.。

[35] EuGH EuZW2013，664-Impacto Azul；对此见 *J. Schmidt*，GPR2014，40；*Teichmann*，ZGR2014，45，48f，72；*Verse/Wiersch*，EuZW 2014，375；国民歧视是被允许的，子公司的公司条例是决定性的；也比较 EuGH v. 18. 7. 2017-C–566/15-Erzberger/TUI Rn. 36.。

[36] *Hopt*，in：Hommelhoff/Lutter/Schmidt/Schön/Ulmer（Hrsg.），Corporate Governance，2002（ZHR-Beiheft 71），S. 27，43；*ders.*，ZIP 2005，461；*Junker*，ZfA 2005，1；*Kübler*，FS W. H. *Döser*，1999，S. 237，243；*Leyens*，Information des Aufsichtsrats，2006，S. 120 ff.；*Oetker*，RdA 2005，337；*Rieble*（Hrsg.）Zukunft der Unternehmensmitbestimmung，Schriftenreihe des Zentrums für Arbeitsbeziehungen und Arbeitsrecht（ZAAR），2004；Schwark，AG 2004，173；Ulmer/Habersack/Henssler/*Ulmer/Habersack*，Mitbestimmungsrecht，2. Aufl.，2006，Einl. MitbestG Rn. 69 ff. „Tabuthema". 对现状的批评被人轻率地解释为对员工共同参与决定的"攻击"，比较 *Hexel*，Thesen zum 66. Deutschen Juristentag；这个题目是如此具有争议，以至于在决议版本中被放弃了，http://www.djt.de/fileadmin/downloads/66/66_DJT_Beschluesse. pdf [19. 2. 2017]。

[37] 自奠基性的文章之后，这已经不是什么新鲜的了，*Berle/Means*，The Modern Corporation and Private Property，1932，印制在 *Grundmann/Micklitz/Renner*（Hrsg.），Privatrechtstheorie，Bd. II，2015，S. 1528ff.。

[38] *Windbichler*，AG 2004，190；dies.，6 EBOR（2005），507，515 ff.。

（a）法律渊源

最早的且现在还适用的是 1951 年的关于员工在采矿、钢铁生产企业监事会和董事会中共同参与决定法（**煤炭钢铁员工共同参与决定法**）。接下来的是 1956 年的对前面提到的法律的补充法（**员工共同参与决定补充法**）。它适用于煤炭钢铁领域中的控股康采恩公司。立法者曾多次就这些情况作出反应，即公司结构、员工人数以及所从事行业的改变，即这些改变会带来让公司从特定法律适用领域中摆脱出来的后果。如果能够让员工一方有更为广泛的参与可能性，比如更多的监事职位，立法者大多曾经规定原有的员工共同参与决定规定继续有限地适用。[39] 对于立法者采取这样的维持措施是否具有正当性，是值得质疑的，因为在公司继续留在一个费用高昂的员工共同参与决定规定时，相对于其他竞争企业来说，是一个不平等的对待。[40] 煤炭钢铁行业的共同管参与决定的现实意义持续不断地降低，具体的可以比较此本教科书的前一版的第二十八章边码 24。

对于特定的法律形式的企业员工共同参与决定，法律根据其规模而加以区别。1976 年的员工共同参与决定法（**员工共同参与决定法**）针对的是大型企业（超过 2000 名员工），而 2004 年的三分之一共同参与决定法则针对的是较小的大型企业（500 名员工以上）。各自的员工监事选举规则，对以上法律进行了补充。通过废除类别原则（在工人和职员之间进行区分），在一定程度上简化了费用高昂的选举程序。

（b）员工共同参与决定约定

员工共同参与决定规定是**强制性的**，不可以通过章程（股份法第 23 条第 5 款，也比较员工共同参与决定法第 25 条第 2 款）[41] 或者协议进行偏离性的规定。尽管如此，员工共同参与决定约定具有很长的历史传统。[42] 这一方面涉及这样的情形，即在其之下，所有各方虽然对合法性没有异议，但还是要想利用公司法上的设计构建空间。股东可以选举或派遣（额外的）员工代表进入监事会，其基础可能主要就是员工共同参与决定约定（下面第二十九章边码 37）。[43] 另外一种设计思路是欧洲股份有限公司员工共同参与决定补充指令。据此，关于公司跨国情况下的员工信息告知、意见听取以及可能有的共同参与决定程序，应该首先通过约定来加以确定，并且其来自欧盟范围内的所有康采恩公司的员工都应该参与进来（下面第三十六章边码 11）。建议未来的法律在员工共同参与决定法中引入开放性条款，以使这种约定成为可能并由此获得更大的灵活性。[44]

11

12

[39]　对此详细介绍，见 Großkomm-AktG/Oetker, MitbestG Vorbem. Rn. 50 ff.；*Windbichler*, Arbeitsrecht im Konzern, 1989, S. 495 f.；也比较改组法第 325 条第 1 款。

[40]　基于这个原因，采矿、钢铁制造业员工共同参与决定补充法第 3 条第 2 款第 1 句第 2 项被联邦宪法法院宣告为违宪（BVerfGE 99, 367＝NJW 1999, 1535）。

[41]　BGH NZG 2012, 347（涉及有限责任公司）；Großkomm-AktG/*Oetker*, MitbestG Vorbem. Rn. 101.（连同进一步的阐述）。

[42]　概览见 Großkomm-AktG/*Oetker*, MitbestG Vorbem. Rn. 97 ff.。

[43]　关于私自治性的员工共同参与决定规则的详细介绍，见 Großkomm-AktG/*Hopt/Roth*, §96 Rn. 22ff.；MünchKomm-AktG/*Habersack*, §96 Rn. 26ff.；*Windbichler*, Arbeitsrecht im Konzern, 1989, S. 541 ff.。

[44]　*Fleischer*, AcP 204（2004）, 502, 540；*Hommelhoff*, ZIP 2009, 1785；Hüffer! Koch, §96 Rn. 5a；*Raiser*, Gutachten B für den 66. Deutschen Juristentag, Abt. Arbeitsrecht, 2006；*Teichmann*, ZIP 2009, 1787；"企业的共同参与决定"的工作范围，ZIP 2009, 885（包含具体的法律建议）；早也如此的是 *Lutter*, FS Zweigen, 1981, S. 251, 269.。

但其具体内容还需要很多的澄清。[45]

（c）员工代表的法律地位

13 　　所有**监事都具有同等的权利**，即员工代表具有与股东代表一样的权利和义务。员工代表**自我负责地**履行其职责，不受指示和委托的约束。因此，称呼其为员工代表，只是对其委任程序的反映。所有的监事都具有同等的地位，是德国员工共同参与决定模式的标志特征。[46]煤炭钢铁员工共同参与决定法第 4 条第 3 款明确规定了同等权利和不受指示约束。这同样的也适用于三分之一共同参与决定法和员工共同参与决定法。[47]抛开委任和解任以及某些情况下的满足性别指标要求不看，股份法没有区分监事的不同类别。然而，着眼于监事会的内部规则，在员工共同参与决定法中有几个特别的规定（下面边码 30）。

　　监事的权利和义务来自作为股份有限公司机关的监事会的任务和职权（下面边码 32 及其后边码）。与董事会一样（上面第二十七章边码 23），监事会在履行职责时有义务**维护企业利益**（上面第二十五章边码 20）。与其相对应的是针对所有监事的行为标准。从同等地位原则中推导得出**所有的监事具有同等责任**（第 116 条，下面边码 37）。进一步确定企业利益，给顾及不同利益留下了空间，也包括对股份有限公司员工利益和公共利益。为此，对确保企业的持续盈利能力和增值进行共同负责，就是其有约束力的框架范围。如果片面地追求群体利益或个人利益，将是违反义务的。[48]在法律现实中，经常有人在公司治理视角下抱怨员工共同参与决定导致了这样的结果，即一方面在监事会中讨论本不属于这一层面的事情，而另外一方面当事情与员工利益无关时，员工代表经常消极不作为。[49]

（d）监事会的组成和地位确定程序

14 　　各有关员工共同参与决定的法律（上面边码 11）规定了不同的监事会组成和员工

[45] *Hellwig/Behme*, ZIP 2009, 1791；*Reichold*, JZ 2006, 812；*Windbichler*, in：Jürgen/Sadowski/Schuppert/Weiss, Perspektiven der Corporate Governance, S. 282；远远深入"企业的共同参与决定"工作范围的具体工作，ZIP 2009, 885；*I. Krolop*, Mitbestimmungsvereinbarungen im grenzüberschreitenden Konzern, 2009；对此见 *Hommelhoff*, ZGR 2010, 48.。

[46] 1920 年的企业委员会法第 70 条和 1922 年的监事会法第 3 条已是如此规定的了；在奥地利，员工代表为了其独立性而仅仅得到费用补偿，而不收取监事会薪资，MünchKomm-AktG/*Kalss*, §113 Rn. 64f.；在法国模式中，由企业委员会委派的管理委员会成员只有咨询权（劳工法第 L432 - 6 条）；*Rebhahn*, NZA 2001, 763, 771；在瑞典，管理委员会中的由工会提名的员工代表不能参与涉及劳动协议和工人罢工事宜等问题的商谈（劳动法第 14 条），对此见 *Fahlbeck*, in：Jürgens/Sadowski/Schuppert/Weiss, Perspektiven der Corporate Governance (2007), S. 132；*Sleik*, Arbeitnehmerbeteiligung in Deutschland und in Schweden, 2011, S. 291 ff.。

[47] 普遍观点，BGHZ 64, 330 f.；83, 112 f., 147 und 154；106, 65；BGHSt 54, 148 Rll. 49；OLG Stuttgart NZG 2007, 72-Carl Zeiss SMT AG；Großkomm-AktG/*Oetker*, MitbestG §25 Rn. 20ff.；MünchKomm-AktG/*Gach*, MitbestG §25 Rn. 16ff.；Raiser/Veil/Jacobs/*Raiser*, MitbestG §25 Rn. 123；Ulmer/Habersack/Henssler/*Ulmer/Habersack*, MitbestG §25 Rn. 76ff.。

[48] 绝对主流的观点，比较 BGHZ 64, 325, 330 f. = NJW 1975, 1412；Großkomm-AktG/*Hopt/Roth*, §116 Rn. 34 ff.；GroßkommAktG/*Oetker*, MitbestG §25 Rn. 22；DCGK 5.5.1.；*Wlotzke/Wißmann/Korbers/Kleinsorge*, MitbestG, §25 Rn. 94ff.；KölnerKomm-AktG/*Mertens*, Anh. §117 B MitbestG §25 Rn. 12；*Lutter/Krieger/Verse*, Rechte und Pflichten des Aufsichtsrats, 6. Aufl., 2014, Rn. 893；Ulmer/Habersack/Henssler/*Ulmer/Habersack*, MitbestG §25 Rn. 93 ff.；*Raiser/Veil/Jacobs*, MitbestG §25 Rn. 107 ff., 113；*Wiedemann* I, §11 III 2 b；联邦宪法法院在其判决（BVerfGE 50, 290 = NJW 1979, 699）中也是以一体化模式为出发点的；对此比如见 *E. Rehbinder*, ZGR 1979, 480；*Ulmer*, BB 1979, 399.。

[49] *Schiessl*, ZHR 167 (2003), 235, 254；v. Werder, AG 2004, 166, 170 f.；也比较 BGH NZG 2006, 141
16 Rn. 7，关于 IG-Metall 的前主席 Zwickel 在 Mannesmann 案中表决百万奖金时投弃权票的行为。

代表的选举程序。再加上监事会中没有员工代表的情形，监事会组成有**四种模式**（第 96 条第 1 款）：

- 没有员工代表的监事会。
- 依据三分之一共同参与决定法，监事的三分之一由员工代表组成。
- 依据员工共同参与决定法的监事会，即员工代表等额参与组成。
- 依据煤炭钢铁员工共同参与决定法或者员工共同参与决定补充法的监事会。它虽然同样是员工代表等额参与组成，但是是在引入"其他成员"的情况下。

另外还有这么一个问题，即在公司是一个康采恩控制企业的情况下，应该将哪些其他企业纳入进来（员工共同参与决定法第 5 条，三分之一共同参与决定法第 2 条）。

对于确定具体情况下应该依照哪种规定组成监事会，股份法第 97 条至第 99 条规定 15 了**地位确定程序**。法律先是以已适用过一次的法律规定继续有效为出发点（第 96 条第 4 款，连续性原则）。但假如股份有限公司的**董事会**产生了这样一种看法，即这不（再）适合了，则必须立即将其公告并同时注明依照其观点应该适用的规定（第 97 条第 1 款）。如果对此没有参与者在一个月内向法院提出申请，则就应该依照董事会提到的规定组成监事会（第 97 条第 2 款）。对此，不取决于董事会的观点在事实上是否是正确的。这是为了法律安全。在案例解析时，也应该注意这一点。对于监事会组成的正确性的怀疑，应该在地位确定程序中主张，而不可以以监事会是依照错误的规定组成的这一理由来否定监事会的存在以及其决议的有效性。[50]

在股份有限公司设立之后，始终有必要比照第 97 条第 1 款进行董事会公告。由于公司设立阶段的第一届监事会中没有员工代表（第 30 条第 2 款，上面第二十六章边码 5），董事会应该在其任期届满前及时进行公告（第 30 条第 3 款）。在以投入企业或接收企业的方式进行实物设立的情形下，必须在其实施完成之后及时进行公告（第 31 条第 3 款），以保证公司成立后的第一届监事会组成中也有员工代表。这样，就可以与上面提到的第 96 条第 2 款规定的连续性联系起来。

如果对应该依据哪种规定组成监事会存在争议或者不能确定，则由股份有限公司 16 住所所在地的**州中级法院**基于申请而加以决定（第 98 条第 1 款）。法律关于**申请权人**的规定顾及了董事会、监事会以及股东一方和员工一方的利益（第 98 条第 2 款）。任何申请权利人（董事会自己也一样）都可以在怀疑监事会组成的正确性的情况下随时向法院提出申请。法院依照家事事件和非讼事件程序法规定的程序进行决定（第 99 条第 1 款）。法院的决定自其具有法律效力时起发挥作用，并应在 6 个月内转化实施（第 98 条第 4 款）。无论有利与否，它对所有的人都具有效力，并且应该将其递交给商事登记机关（第 99 条第 5 款）。与此相反，涉及个别员工代表选举的争议，则由劳动法院在裁决程序中决定，见劳动法院法第 2a 条第 1 款第 3 项。

2. 根据三分之一共同参与决定法的监事会

（a）适用范围

三分之一共同参与决定法规范这些股份有限公司的监事会中的员工共同参与决定， 17 即雇佣了 500 名至 2 000 名员工[51]且不能满足煤炭钢铁员工共同参与决定法或员工共同

[50] 比较 BVerfG NZG 2014，460 Rn. 27f. -Ehlebracht；OLG DüsseldorfZIP 1996，1752；OLG Dresden ZIP 1997，589；OLG Frankfurt a. M. NZG 2011，353；Hüffer/*Koch*，§ 96 Rn. 28.。

[51] 将小的股份有限公司剔除，这是通过一个法律修改来实现的。因此，该限制只对那些在 1994 年 8 月 9 日之后登记于商事登记簿的公司适用（见三分之一员工共同参与决定法第 1 条第 1 款第 1 项）；老的公司必须至少有 5 名员工，BGH NZA 2012，580.。

参与决定补充法的前提条件以及不是倾向性企业（三分之一共同参与决定法第 1 条第 2 款）。三分之一共同参与决定法的适用性取决于**特定的法律形式和规模**。其法律形式还涉及股份制有限商事合伙、有限责任公司、保险互助联合会和登记的合伙社。2009 年年底，共有 1 477 家企业依照三分之一共同参与决定法的规定由员工共同参与组成监事会，其中有 695 家是股份有限公司。[52] 根据一项实证研究，在许多有限责任公司中，缺少根据三分之一共同参与决定法所必需的监事会。[53]

　　(b) 组成

18　　　　在**确定监事总数**的问题上，法律将其交由**章程**依照股份法第 95 条进行规定（上面边码 1）。在据此形成的监事会中，**员工代表**必须达到其**三分之一**（三分之一共同参与决定法第 4 条第 1 款）。假如据此只能向拥有 3 名或 6 名成员的监事会选举 1 名或 2 名员工代表，必须是企业员工。在较大的监事会情况下，除 2 名企业内部人员外，还可以选举企业外部人员。现实中，他们大多是工会代表。假如超过一半的员工是女性，至少应该选举 1 名女性员工代表（三分之一共同参与决定法第 4 条第 2 款、第 4 款）。员工代表由企业员工以**普遍的、秘密的、平等的和直接的选举方式**按照多数选举原则选举委任（三分之一共同参与决定法第 5 条）。假如公司是康采恩控制企业（第 18 条第 1 款），则国内康采恩企业的员工也有权利参与选举（三分之一共同参与决定法第 2 条第 1 款）。[54] 需要与此区别的是这样一个问题，即在员工共同参与决定的实施依赖于员工数额时，是否应该将从属企业的员工计入控制企业。三分之一共同参与决定法第 2 条第 2 款规定将其取决于康采恩联结的法律结构（协议康采恩或加入康采恩）。在这一点上，它与员工共同参与决定法第 5 条（下面边码 19）有实质性的区别。后者没有包含有这样的区别对待。对于监事会的内部规则，适用股份法的一般性规定（下面边码 25 及其后边码）。

　　3. 根据员工共同参与决定法的监事会

　　(a) 适用范围

19　　　　1976 年的员工共同参与决定法适用于所有的通常雇佣超过 2 000 名员工且不适用煤炭钢铁员工共同参与决定规定的股份有限公司（员工共同参与决定法第 1 条第 1 款和第 2 款）。在计算**员工数额**时，对于康采恩控制企业（第 18 条第 1 款），还应该将从属企业的员工计入在内（员工共同参与决定法第 5 条第 1 款）。他们也具有选举权。然而，根据主流意见，由于员工共同参与决定法受领土主权原则的制约，这仅对**国内的康采恩企业**适用（上面边码 10）。对于控制企业，员工共同参与决定法的适用性**取决于一定的法律形式**。除股份有限公司外，在其他同等的前提条件下，还包括股份制有限商事合伙、有限责任公司和登记的合作社（员工共同参与决定法第 1 条第 1 款第 1 项）；此外，在一定情形下，也包括公司作为其无限合伙人的有限商事合伙（有限责任公司或者股份有限公司作为无限合伙人的有限商事合伙，员工共同参与决定法第 4 条）。根据 2014 年的情况，共有 651 家企业依照员工共同参与决定法组建监事会，其中有 253 家股份有限公司。[55] 这个数额显得很小，但涉及众多的员工。据估计，他们大约占到全联邦范围内

[52] *Bayer/Hoffmann*，AG 2010，R151.

[53] *Bayer/Hoffmann*，GmbHR2015，909.

[54] 关于消极的选举资格，见 BAG NJW 1982，2518.。

[55] *Hans-Böckler-Stiftung*，http://www.boeckler.de/pdf/mbf_mitbestimmung_in_d.pdf [19.2.20 17].

员工总数的 20％。因为，这正好涉及大型企业。依据员工共同参与决定法第 1 条第 4 款，被排除在外的是所谓的倾向性企业。它们是这样的公司，即直接或主要服务于政治、联合政治、宗教、慈善[56]、教育、科学或艺术目的或者从事联邦宪法第 5 条第 1 款第 2 句意义上的新闻报道或言论发表。

(b) 组成

监事的数量取决于企业规模，而企业规模是按照员工数额来测定的（员工共同参与决定法第 7 条第 1 款）。监事会由股东代表和员工代表各占一半组成（**等额组成**）。为了保护员工代表，员工共同参与决定法第 26 条规定禁止妨碍和歧视。

在雇佣到 1 万名员工的企业中，各有 6 名股东代表和员工代表，即监事会共有 12 名成员。在到 2 万名员工的企业中，则各有 8 名代表，即共 16 名监事。而在超过 2 万名员工的企业中，则各有 10 名代表，即共 20 名监事（员工共同参与决定法第 7 条第 1 款）。这个强制性规定的监事会规模，被人指责为没有功效能力（上面边码 1）。

在员工代表中，应该有按照法定数额关系的**企业或康采恩员工**（第 5 条）和代表企业或康采恩的**工会代表**（员工共同参与决定法第 7 条第 2 款）。在有 6 名员工代表的情况下，应该选举 4 名企业员工和 2 名工会代表。在有 8 名员工代表的情况下，则对应的是 6 名企业员工和 2 名工会代表。而在有 10 名员工代表的情况下，则对应是的 7 名企业员工和 3 名工会代表。员工共同参与决定法的一个特别之处存在于这一点之上，即要在监事会中为**高级职员代表**保留一个监事职位。由于这类员工与雇主的关系特别紧密（"要素安排"），所以他们被排除出员工参与企业管理之列（员工共同参与决定法第 15 条第 1 款第 2 句）。根据企业组织法第 5 条第 3 款来确定高级职员的**概念**。这可以从员工共同参与决定法第 3 条第 1 款第 2 句的援引适用中推导得出。[57]

员工一方的监事（也包括工会代表）由股份有限公司的**员工选举**，但在员工共同参与决定法第 5 条第 1 款规定的情形下，则由整个国内的康采恩员工选举（员工共同参与决定法第 9；对于股东代表，仍以股份法的规定为准，见员工共同参与决定法第 8 条；上面边码 2 及其后边码）。员工共同参与决定法第 9 条至第 24 条规定了不同的选举程序。

在此过程中，适用下面的**基本原则**：选举部分由员工直接进行（**直接选举**），部分由**代表**间接进行，而代表本身由员工选举。关键是看企业的规模。与此同时，高级职员构成下位群体且（仅）具有自己的选举建议权（员工共同参与决定法第 15 条第 2 款第 2 项）。**所谓的工会代表**也是**由员工**直接或由员工代表间接**选举**的。然而，代表企业或康采恩的工会具有建议权。被建议选举的人无须与企业之间存在劳动关系。选举是**秘密**进行的，并且采用**比例选举**。

员工代表的任期以第 102 条第 1 款的规定为准。但与所有的监事一样，他们也可以**因为重大理由**而被法院基于申请**解任**（第 103 条第 3 款，上面边码 5）。在顾及特别的表决规则（下面边码 30）的条件下，也可以在员工等额参与监事会的情况下，以反对所有员工代表表决的形式通过申请法院解任的监事会决议。这是可以接受的，因为对于监事的解任，仅决议本身还不够，还必须有一个法院的决定。监事解任只能通过法院决定

20

21

22

23

---

[56] 对此的直观案例，见 BayObLG AG 1996, 33＝AP MitbestG §4 Nr. 1.。

[57] BAG NJW 1980, 2724；根据主流观点，应该将那个后来只是为了更加明确才通过企业组织法第 5 条第 4 款进行的补充规定纳入该处的援引适用；Großkomm-AktG/*Oetker*, MitbestG §3 Rn. 20.。

进行，并且法院只有在确认监事身上存在重大理由的情况下才可以宣布解任。不管是否有一个**重大理由**，在一个与选举规定相对应的程序中，**由通过员工一方通过一个特别的多数表决进行解任**，也是可能的（员工共同参与决定法第 23 条）。此外，在**被选举资格丧失**的情况下，监事职位也丧失（员工共同参与决定法第 24 条第 1 款）。[58]

4. 适用共同参与决定法的上市公司的监事会

24　　第 96 条第 2 款规定，自 2016 年 1 月 1 日起，适用共同参与决定法或者煤炭钢铁员工共同参与的（上面边码 10）企业，对于监事会有一个各 30％ 的**刚性性别指标要求**。[59] 这是一个涉及社会政策的制度措施（上面第二十五章边码 19）。其适用范围比这种关于指标数值的规定更窄（上面第二十七章边码 3，边码 29）。与同等共同决定、程序决定和不同的法律后果相协调，使得这一规定变得很复杂。合宪性及与欧盟法律的一致性是存在疑问的。[60] 对指标要求的履行情况，应在形势报告中公开（关于企业领导的说明，商法典第 289f 条第 2 款第 5a) 项[61]）。2017 年年初，在德国股票指数 30（DAX30）企业中，其女性比例占到了总数的 30.2％。[62]

　　根据基本原则，监事会的最低比例要求必须被全部满足（**整体满足**，第 96 条第 2 款第 2 句）。因为不同的选民，以及在**员工方和股东方**不同的选举程序，可能导致分歧。因此，每一方都可以在选举前通过多数作出决定，反对整体满足。那么，对于每一方来说，可以分别满足比例要求（第 96 条第 2 款第 3 句）。实践中，当一方已经满足了份额，而另一方没有的，就是关系重大了。[63] 在计算时，可能出现分数。它是在整体人数上进行数学上的上入或者下舍。[64] 如果有一个由 12 人组成的监事会，不管是整体上还是分别计算，30％ 都是 4 人。如果有一个由 16 人组成的监事会，则总比例是 5（4.8 被上入）；在分别计算的情况下则分别是 2（2.4 被下舍），也就是只有 4 个人。这将导致各自按照共同决定模式、监事会的大小产生不同的有效比例，总体满足和分别满足在 36.36％ 和 25％ 之间。[65]

　　对于员工方来说，**没有达到比例要求的法律后果**，在共同参与决定法第 18a 条中进行了规定。根据企业所属和业务代表的差别，不适合性别的被选举的人，会在选举结果

---

[58]　BAG SAE 2001，207 m. Anm. *Windbichler*.

[59]　过渡性规定在股份法施行法第 25 条第 2 款和员工共同参与决定法第 40 条第 2 款；关于立法的过程，见 *Seibert*，NZG 2016，16；关于实际的适用范围，见 *Bayer/Hoffmann*，AG 2016，R235.。

[60]　*Bachmann*，ZIP 2011，1131，1134f.；*Habersack/Kersten*，BB 2014，2819；Schmidt/Lutter/*Drygala*，§ 96 Rn. 37；Spindler/Stilz/*Spindler*，§ 96 Rn. 4；关于欧洲股份有限公司见下面第三十六章边码 17 及其后边码。

[61]　在关于加强企业在经营信息和康采恩经营信息中的非财务信息报告指令的转化法（CSR-Richtlinie-Umsetzungsgesetz）的情况下：关于加强非财务信息的报告的法，BT-Drucks. 18/11450，由德国联邦议会于 2017 年 3 月 9 日通过。

[62]　Pressegespräch des DIW Berlin："Managerinnen-Barometer 2017"，11. 1. 2017，https://www. diw. de/documents/dokumentenarchiv/17/diw _0 1. c. 550265. de/20170111 _pg_ managerinnen-barometer_ pr％C3％A4sentation. pdf ［20. 2. 2017］；关于 2015 年情况的详细的概览，见 Hans Boeckler Stiftung，https://www. boeckler. de/pdf/p_mbf_ report_2015_12_1. pdf ［30. 6. 2017］。

[63]　举例：Daimler AG，Geschäftsbericht 2016，S. 70，https://www. daimler. com/dokumente/investoren/berichte/geschaeftsberichte/daimler/daimler-ir-geschaeftsbericht - 2016. pdf ［20. 2. 2017］。

[64]　关于数学上的含入，见 *Schulz/Ruf*，BB 2015，1155；*Seibt*，ZIP 2015，1193，1195f.；逗号之后是 6 或者更大的数字，则上入；是 4 或者更小的数字时则下舍，是 5 的话就取决于下一位数字是否大于 0；但经常是从商业的含入（DIN 1333）出发；逗号之后是 5 则上入；这样的比如 BegrRegE ER-Drucks. 636/14，S. 49.。

[65]　举例见 *Schulz/Ruf*，BB 2015，1155，1156f.。

中被跳过，直到确立的比例分配。在这一过程中可以不对所有位置进行分配，根据第104条还有补选或者法院的替补委任（比较上面边码4）。在**股东方**，通过违反比例规定的股东大会或者派遣的选举，是无效的（第96条第2款第6句）；不是明确规定适用于补选或者通过法院的紧急委任（"**空席位**"）。哪些监事会成员由此被涉及，取决于选举程序。[66] 作为抢救性的服务，开始考虑根据第104条第2款、第3款第2项、第5款的替补委任。[67] 在整体满足的情况下，事后因为其他原因未达到比例要求的，当时另一方的任命始终是有效的（第96条第2款第5句）。

委任的前提条件不受影响（上面边码2及其后一个边码，共同参与决定法第7条第3款）。客观性的任命规定要求，即总的来说至少必须有一名金融专家（第100条第5款），是必须要注意的。这会导致实际的问题。对于特定性别的人的优待，没有一个同样法律后果的保留。对于尽其所能也没能找到适当性别作为合适人选的情况，缺乏例外性规定。对此，有欧盟法上的异议。[68] 如果主管的委员会失败了，则登记法院也不会有更好的运气。通过过于复杂的任命规定，没有实现公司治理的改善。

三、监事会的内部规则

对于监事会的内部规则，股份法仅包含了很少的规定（第107条至第110条）。除 **25** 此之外，还有员工共同参与决定法的规定（员工共同参与决定法第25条，第27条至第29条，第31条，第32条）。股份法上的规定大多是强制性的。在这个框架内并且顾及章程的情况下，监事会可以自己制定**一个议事规则**。监事会的活动以及其作为监督机关的功效能力，居于公司治理讨论的核心位置（上面第二十五章边码40）。[69] 关于上市公司的监事会工作，尤其是与董事会的共同协作，德国公司治理准则包含有一些建议和倡导。在那些采用管理委员会体系的国家中，也研究讨论相应的问题。在那里，更多的是关于通过管理委员会内部功能的分配来实现业务执行和监督的分开（比较上面第二十五章边码36）。在以资本市场为导向的公司中（商法典第264d条），必须至少有一名监事会成员是财务会计报告或者财务审计方面的专业人士（第100条第5款）。至于是谁，则首先必须由监事会自己确定。这不涉及委任相关的要求（上面边码2）。

1. 主席

监事会必须依据章程的详细规定从中选举一名**主席**和至少一名副主席（第107条第 **26** 1款）。只要议事规则没有其他规定，主席具有这类委员会主席通常享有的职权（上面第二十七章边码31），但没有单独决定权。法律交给了他一些具体的任务（比如第90条第1款第4项第2句、第109条第2款、第110条第1款第1句）。只有在主席被阻碍

[66] *Seibt*，ZIP 2015，1193，1199f.（集体选举或者单个选举，按时间顺序）；Spindler/Stilz/*Spindler*，§96 Rn. 38.。

[67] 持批评态度的是 Schmidt/Lutter/*Drygala*，§104 Rn. 24e f. 因为资格的从属性：wegen des Nachrangs der Qualifikation："指标先于质量"；也比较 *Teichmann/Rüb*，BB 2015，259，26lf.。

[68] *Habersack/Kersten*，BB 2014，2819，2828f.；*Teichmann/Rüb*，BB 2015，259，262f.；*dies.*，BB 2015，898，900；比较欧盟委员会2012年11月14日的关于保障在上市公司非业务领导/监事会成员中更为均衡的女性和男性代表的指令的建议，COM（2012）614终版，Art. 4 Nr. 1，3 und 6：资格比较。

[69] 比较 *Bachmann*，FS Hopt，2010，Bd. I S. 337；GroßKomm-AktG/*Hopt/Roth*，§111 Rn. 15 ff.，49 ff.；Lutter，ZHR 159（1995），287；*Schwark*，in：Hommelhoff/Lutter/Schmidt/Schön/Ulmer（Hrsg.），Corporate Governance 2002（ZHR-Beiheft 71），S. 75；*Weber-Rey*，NZG 2013，766.。

时，副主席才具有主席的权利和义务（第 107 条第 1 款第 3 句）。德国公司治理准则（第 5.2 条）尤其将与董事会及其主席经常联系的任务分配给了监事会主席。

2. 决议

27

监事会始终作为集体并通过**决议**来明确作出决定（第 108 条第 1 款）。因此，监事会不可能以默示同意或者其他方式进行意思表示。[70] 决议通常以会议的方式进行。如果没有监事反对，也可以是在不开会（也可以是视频会议）的情况下以书面、电话或电子方式进行决议（第 108 条第 4 款）。**决议能力**首先以章程为准（员工共同参与决定法第 28 条、煤炭钢铁员工共同参与决定法第 10 条中的特别规定）。此外，假如依照法律或章程规定组成的监事会的监事中至少有一半参加了决议，监事会就具有决议能力，但必须始终至少有三名监事参加，而且章程也不能改变这一点。监事会拥有少于法律或章程规定的监事数额，甚至是没有满足对其组成具有重要意义的名额比例关系，也不妨碍其决议能力（第 108 条第 2 款）。不在场的监事可以通过提交书面表决的方式参加表决（表决信使，第 108 条第 3 款）。在通常情况下，参与表决的简单多数是决定性的。这虽然没有在法律中明确规定，但其在集体决议情况下是一个普遍性的原则。

3. 会议

28

监事会必须每半年至少举行两次会议。在非上市公司情况下，监事会可以决议每半年一次会议就够了（第 110 条第 3 款）。**会议频率**属于涉及监事会效率问题的特别方面。关于上市股份有限公司的严格规定，曾被多次修改。[71] 此外，每个监事和董事会都可以随时要求主席召集会议。会议必须在召集后的两周内举行。如果没有进行召集，申请人可以自己召集会议。

通常，只有监事和董事才可以参加会议。在具体情况下，也可以邀请专家和信息提供人员参加（第 109 条）。[72] 财务会计报告审计人员应该参加监事会审查会计报告的会议（第 171 条第 1 款第 2 句）。所谓的荣誉成员或甚至大股东都是第三人，因而也是没有参会权利的人。[73] 章程可以允许被阻却的监事书面授权非成员代替其参加会议。对于监事会会议，应该制作**会议记录**，并将监事会决议以及其他内容纳入其中。决议的有效性不依赖于记录情况。记录只是为了证据目的。每个监事都可以要求给他一个记录副本（第 107 条第 2 款）。通过这种方式，监事比如可以证明他已经尽力反对其认为违法的决议，故因而不在共同负责的框架下承担责任。[74]

4. 委员会

29

监事会可以自由裁量[75]决定设置**委员会**（第 107 条第 3 款第 1 句）。委员会通常是为监事会的讨论和决议做准备或者监督其执行。监事会也可以将一些决定权交给它们。对于特别重要的事情，法律强制性地要求监事会整体自己作出决定（第 107 条第 3 款第 4 句）。对此也包含了主席的决定权、董事会的业务规则、委任和解任董事及其薪酬、召

---

[70] BGHZ 10, 187, 194＝NJW 1953, 1465；BGHZ 41, 282, 286＝NJW 1964, 1367；BGH NZG 2005, 276；2010, 943；2013, 792 Rn. 21；关于决议的解释，见 BGH NJW 1989, 1928.。

[71] 1998 年的加强控制和透明度法；2002 年的透明和公开法，见上面第二十五章边码 33。

[72] BGHZ 85, 293, 296f. ＝NJW 1983, 991；也比较 BGH NZG 2012, 347.。

[73] MünchKomm-AktG/*Habersack*，§ 109 Rn. 16ff.

[74] 比较 BGHZ 106, 54＝1989, 979 - Opel.。

[75] 不是章程，BGHZ 83, 106 ＝ NJW 1982, 1525 - Siemens；BGHZ 122, 342 ＝ NJW 1993, 2307；概览见 Großkomm-AktG/*Hopt/Roth*，§ 107 Rn. 228 ff.。

集股东大会、审查年度会计报告以及就必须取得其同意的业务决议。这并未把在这种情况下的咨询委员会排除在外。委员会的组成也保留给监事会来决定。就这一点而言，章程不可以限制其行动自由。通常，委员会应该向整个监事会报告其工作。正是在监事会的规模常常影响到其功能作用发挥的情况下，委员会成为其有效完成任务的重要措施。在上市公司情况下，监事会应该在其报告中向股东大会说明设置了哪些委员会及它们是如何工作的（第171条第2款第2句）。德国公司治理准则广泛建议设置委员会，特别是审计委员会（*Audit Committee*，第5.3.2条）。审计委员会尽管没有被法律规定要求设立，但通过第107条第3款第2句、第170条第3款第2句、第3句和第171条第1款第2句对它们的提及，也赢得了特别重要的意义。在以资本市场为导向的股份有限公司中，审计委员会必须要包含有所谓的金融专家（第107条第4款，上面边码2和边码25）。监事会自行提议谁应该被委任为年度决算审计员，并以此来支持审计委员会的建议（第124条第3款第2句）。

　　5. 依照员工共同参与决定法组建的监事会的特殊性

　　原则上，监事会应该适用**股份法的规定**（员工共同参与决定法第25条第1款）。这对于监事会的任务、权利和义务也一样。然而，员工共同参与决定法包含有一些**强制性的偏离性规定**。这些规定主要是为了确保监事会的功率能力，因为等额参与可能导致其表决时出现表决票数相等的情况。此外，尤其还要考虑到这种情形，即股东代表和员工代表各自团结一致进行相反的表决。因此，表面上的目的是**所谓的打破僵局**。实质上却是应该同时给予**股东代表**一个**优势**（但只是轻微的）。基于宪法的原因，这是必要的。[76] 　30

　　监事会主席和副主席由全体监事的2/3表决多数**选举**产生。假如选举不成功，则在第二轮选举中由股东代表选举监事会主席，由员工代表选举副主席，并且各自都以一个简单多数的方式选举产生（员工共同参与决定法第27条第1款和第2款）。**监事会决议的作出**，以规定的成员数额的一半参加会议为前提（**决议能力**，员工共同参与决定法第28条）。监事会通常是以参与投票的**简单多数**作出决议。在表决票数相等的情况下，对于同一个表决对象可以再次进行表决。如果再次出现表决票数相等的情况，并且也只有在这样的时候，监事会主席有一个第二次表决机会（与此相反，副主席在代表主席的情形下没有这一项权利），即由监事会主席投出决定性的一票（**第二次表决权**，员工共同参与决定法第29条第1款和第2款）。着眼于监事会主席在事实上对股东一方具有的重要意义，监事会主席的选举程序已经为股东设定了一个较大的影响力。监事会主席的第二次表决权更是在法律上将这个影响力进一步的固化了。但二者都是以在此之前无法在多数上达成一致为前提条件。由此可见，法律首先还是谋求协商一致。这在大多数情况下与员工共同参与决定的监事会实践相对应。

　　对于监事会最重要的任务（**委任和解任董事**），员工共同参与决定法第31条中包含了一个特别的规定。该规定补充了第84条和第85条（上面第二十七章边码4及其后边码）。委任各个董事至少需要监事会当时成员的2/3多数同意。对于不能满足这个要求的情形，法律规定了一个详细的程序，即只有在介入一个法律强制性规定要求的特别委员会（员工共同参与决定法第27条第3款）并且为获得多数同意采取了进一步的措施　31

　　[76]　BVerfGE 50, 290, 351 f., 357＝NJW 1979, 699, 705 f.；对此见上面边码9。因此，这一规定违反了所谓的空席位，上面边码24，在宪法上的考虑，比较 *Bachmann*, ZIP 2011, 1131, 1134；*Habersack/Kersten*, BB 2014, 2819；*Teichmann/Rüb*, BB 2015, 898, 900；较为容忍的是 Schmidt/Lutter/*Drygala*, §96 Rn. 30.。

之后，监事会主席才享有第二次表决权。

如果股份有限公司是**康采恩控制企业**，根据员工共同参与决定法第5条，不仅在计算员工时，而且在选举程序中都应该将康采恩从属企业的员工像自己的员工那样计算在内（上面边码10）。各个康采恩企业仍然继续受到对其适用的员工共同参与决定规则的调整。为了防止员工共同参与决定权利的累加，员工共同参与决定法第32条规定，因股份参与一个同样受到员工共同参与决定法调整的从属企业而享有的权利归属于**董事会的职权范围**，但其行使必须征得**监事会中的股东代表多数的同意**。这个规定是合理的，但在法律技术上是不成功的。与员工共同参与决定法的构想相反，它实行一种站队原则。此外，它还只是随意地涉及企业联合上的一个片断，并且与股份法上的董事会与监事会之间的职权划分也不一致。[77]

原则上，员工共同参与决定法和股份法关于监事会内部规则及其权利和义务的强制性规定，允许股份有限公司的章程和监事会的议事规则进行一些进一步的规定，尤其是**补充性的规定**（员工共同参与决定法第25条第2款）。在这一框架下，不可以约定导致限制或规避员工共同参与决定的规则，比如不尊重所有监事具有同等地位的基本原则或者削减监事会的职权。对于**监事会的决议能力**，不可以在第108条第2款第1句赋予的自由发挥空间下进行设计规范，因为它更为严格地以员工共同参与决定法第28条为准。[78] 员工不存在要求分配一定委员会中的职位的请求权，比如按照监事职位的分配比例。对此，更多的应该是以符合实际需要的视角为依据。[79] 委员会的主席可以被赋予第二次表决权，即使他不是监事会主席。[80]

四、任务

1. 委任董事和监督业务执行

32　　监事会有两个**主要的任务**：**委任和解任董事**（上面第二十七章边码4及其后边码）以及**持续监督董事会的业务执行**。

监督任务只是在第111条进行了不完整的描述。它不限于业务执行的**事后监督**，还包括向董事会**提供咨询和参与重要的业务政策制定**。[81] 在第77条第2款的框架下，监事会可以为董事会制定议事规则，并借此影响决定程序的框架条件和透明度（上面第二十七章边码30）。为了让监事会能够进行监督，监事会享有全面的**信息权**。[82] 第90条规定，董事会有义务向监事会全面**报告**，部分是以定期进行的周期性报告，部分是基于特别事由的报告。报告尤其包括计划采取的业务政策、股份有限公司的盈利、业务进展、销售情况和公司状况，并且包括对股份有限公司具有重要意义的子公司的情况以及事实

---

[77] KölnerKomm-AktG/*Mertens*/*Cahn*，Anh. §117 B MitbestG §32 Rn. 2（连同进一步的阐述）；Ulmer/Habersack/Henssler/*Ulmer*/*Habersack*，Mitbestimmungsrecht，§32 MitbestG Rn. 4；*Windbichler*，Arbeitsrecht im Konzern，1989，S. 558 f.；关于性别比例的规定，见上面边码24，但巩固了站队原则。

[78] BGHZ 83，151＝NJW 1982，1530 – Bilfinger & Berger.

[79] BGHZ 122，342＝NJW 1993，2307；OLG München AG 1995，466.

[80] BGHZ 83，106＝NJW 1982，1525 – Siemens；BGHZ 83，144＝NJW 1982，1528 – Dynamit Nobel.

[81] BGHZ 114，127 = NJW 1991，1830；BGHZ 126，340 = NJW 1994，2484；*Henze*，BB 2005，165；Großkomm-AktG/*Hopt*/*Roth*，§111 Rn. 52 ff.：监事会作为"参与决定的监督机构"；德国公司治理准则第3个规范理由和第5.1.1条。

[82] 对此的全面介绍，见 *Leyens*，Information des Aufsichtsrats，2006.。

发展偏离于原先提交的计划的情况（第 90 条第 1 款和第 2 款）。除此之外，在所有重大情形下，都应该向监事会主席特别报告。对于这些报告，即使**没有被要求**，董事会也应该主动作出。

与此同时，监事会可以**随时**主动**要求董事会报告**公司事务，包括公司与关联企业的关系以及这些企业可能对公司状况产生重大影响的业务进程（第 90 条第 3 款第 1 句）。**任何单个的监事**也可以要求这样的报告，但只能要求向整个监事会报告。单个成员不应该有一个比如要求特别提供信息的请求权（第 90 条第 3 款第 2 句）。这对于员工代表以及少数股东代表来说是重要的。因为，他们也可以在违背监事会多数以及主席的意愿的情况下强制要求报告（下面边码 36）。

任何监事都有这个权利，知晓董事会的全部报告。只要监事会没有作出其他决议，只有在监事要求的情况下才应向其提供书面报告（第 90 条第 5 款）。对于最后一点，可能是为了在特定情况下要求对报告保密的时候保护公司。此外，监事会可以审查账册、文件、钱箱、有价证券、货物以及其他财产（**审查权**，第 111 条第 2 款第 1 句和第 2 句）。它也可以将这一审查委托给单个的监事或者将特定的任务委托给特别的专家（例如注册会计师）。

监督涉及企业领导的合法性（*compliance*）和**合理性**。但它不可以导致这样的结果，即使董事会的积极主动性完全丧失，或者甚至将业务领导本身揽到自己的身上（第 111 条第 4 款第 1 句）。对于业务执行的错误，它则必须反对。属于其中的有对股份有限公司有害的业务，以及比如给公司带来太大风险的业务，但也还包括董事会欠缺积极主动性、风险监督中存在缺陷（比较第 91 条第 2 款）或者其他的组织问题。监事会没有下达指示的权利。假如它不同意董事会的业务政策或个别措施，它可以试图通过其他影响方式来实现纠正。监事会可以在万不得已的情况下解任董事，如果存在重大理由的话（上面第二十七章边码 10）。在这种情况下，重新委任的问题会间接地起作用。对于特定的业务种类，当章程没有对此进行规定时，监事会还可以要求实施这类业务必须事先征得其同意（第 111 条第 4 款第 2 句）。如果董事会对公司造成了损害，则监事会应该在赔偿请求权（第 93 条第 2 款）、实现机会以及对公司的影响之间进行审查权衡。在极端情况下，它甚至可能有义务主张请求权。[33] 此外，比较公司机关的相互协作（上面第二十五章边码 10 及其后边码和第二十七章边码 1）。**财务会计报告过程、内部控制体系**[34]以及审计人员的独立性（比较第 107 条第 3 款第 2 句），同样是监事会任务的核心领域。属于监督的是**对年度财务会计报告、形势报告和盈利分配建议的审查**（在一定情况下，还有从属性报告、康采恩财务会计报告和康采恩形势报告的审查），以及就此向股东大会报告（第 171 条，下面第三十一章边码 22）。

2. 其他任务

除此之外，依据法律，监事会还有其他任务。章程也可以给监事会规定其他额外的任务。

● 向股东大会委任的**财务会计报告审计人员**（第 119 条第 4 款）进行**审计委托**（第

[33] BGHZ 135，244＝NJW 1997，1926 - ARAG/GarmenbeckBGHZ 135，244＝NJW 1997，1926-ARAG/Garmenbeck；也比较 BGHZ 202，26 Rn. 17ff.；这一决定的范围是有争议的；比较 *Habersack*，NZG 2016，321；*Hüffer/Koch*，§111 Rn. 7；*Paefgen*，AG 2008，761.

[34] 关于有效性的评估，见 *Dreher/Hoffmann*，ZGR 2016，445.

111 条第 2 款第 3 句，下面第三十一章边码 19）。这是为了增强财务会计报告审计人员相对于董事会的独立性。

● **召集召开股东大会**，假如公司利益要求这样做的话。对于决议，简单多数始终都够了（第 111 条第 3 款）。

● 在上市公司或者受到共同参与决定规范的公司中，**为女性在董事会和监事会所占的份额**确定**目标值**（第 111 条第 5 款，上面第二十七章边码 3）。

● **就股东大会的会议议题提出建议**，特别是监事会中的股东代表和财务会计报告审计人员的选举（第 124 条第 3 款）。

● 在公司与董事之间存在法律行为或诉讼的情况下**代表公司**。这也包括公司与未来的或者已完全退出公司的董事之间的法律行为或诉讼，只要其与董事职位有关系（第 112 条）。[85] 在第 147 条第 2 款情形下，监事会相对于董事会的这代表职责通过委任特别代表而被排除在外。向财务会计报告审计人员进行审计委托（第 111 条第 2 款第 3 句），是一种相对于第三人的代表股东有限公司的情形。[86] 此外，监事会也在有关股东大会决议撤销和无效的诉讼程序中发挥作用（第 246 条第 2 款，第 249 条第 1 款）。在没有公司领导人的情况下（第 78 条第 1 款第 2 句，上面第二十七章边码 5），监事会被动地代表公司。因此，在无支付能力或者资不抵债的情况下，任何一名监事会成员都是有义务提出破产申请的（破产法第 15 条第 3 款）。

● 同意向董事、监事和一定的高级雇员**提供信贷**（第 89 条，第 115 条）。

● 只要是章程或监事会规定需要征得监事会同意，**批准同意一定的业务执行措施**（第 111 条第 4 款，比较上面第二十七章边码 25）。

● 就年度财务会计报告的审查（上面边码 33）以及自己的监督活动、会议频率**向股东大会报告**。在上市公司情况下，还应报告委员会的设置及其会议频率（第 171 条第 2 款第 2 句）。

● 参与**年度财务会计报告的确认**（第 172 条）。

● 参与**基于核准资本的股份发行**（第 202 条第 3 款第 2 句，第 204 条第 1 款第 2 句）。

● 审查公司从属于其他公司的报告（第 314 条）。

● 在上市公司情况下，参与**德国公司治理准则的遵守声明**（第 161 条）。

3. 亲自履行义务

35　　监事应该**亲自履行其义务**。他不可以将义务转移给第三人（第 111 条第 6 款），也不能委任代表人（第 101 条第 3 款，关于候补监事会成员见上面边码 6，关于表决信使见上面边码 27）。引入协助人员，并没有被排除在外。为遵守缄默义务（下面边码 30），应该约定保密并加以监督。[87] 随着时间的推移，尤其是在大公司和上市公司情况下，对监事会工作的要求逐渐提高。这使得在实践中通过一个所谓的后勤部门（*back office*）提供支持变得必要。但监事会或者其成员不可以以公司名义雇佣人员，而只能通过董事会代表。通常，董事会会提供一间监事会办公室。但同时也应当注意，监事会在外勤工作

---

[85]　BGHZ 103，213 = NJW 1988，1384；BGH NJW 1989，2055；BGHZ 130，108 = NJW 1995，2559；BGH NZG 2009，466.

[86]　*Fleischer/Wedemann*，GmbHR2010，449.

[87]　比较德国公司治理准则第 3.5 条第 2 款；*Lutter/Krieger*，DB 1995，257.。

层面上要独立于董事会。⑧ 在劳动法上，将其下达指令的权利委托给监事会主席或者某一名成员，是没有问题的。

五、矛盾冲突

对于监事会内部的矛盾冲突或者监事会与股份有限公司的其他机关的矛盾冲突，法律通过**分配权利和行动可能性**来加以应对（比较上面第二十五章边码 42 及其后一个边码）。**作为公司机关，监事会可以决定**不再委任董事会成员，或者提前结束其任期（上面第二十七章边码 5，边码 12）；在董事严重违反义务以及股东大会撤回其信任时，监事会可以将其解任（第 84 条第 3 款，上面第二十七章边码 10）。此外，通过第 90 条第 3 款第 1 句，保证了监事会对董事会享有信息权。⑧ 相对于董事会，监事会代表公司，并且在一定的情况下有义务决定主张公司的损害赔偿请求权（第 93 条第 2 款，第 112 条，第 148 条第 3 款）。假如一名监事应该基于重大理由而被解任，则监事会通过简单多数决议向法院提起对此需要的申请（第 103 条第 3 款）。

单个的**监事**可以依据第 93 条第 3 款第 2 句向董事会要求提供信息。这个个体性的权利是可诉的。⑨ 此外，在监事会的地位确定程序中，监事具有申请权（第 98 条第 2 款第 2 项）。针对股东大会决议，监事可以提起撤销之诉或无效之诉（第 245 条第 5 项，第 249 条第 1 款）。这也适用于第 250 条第 3 款规定的针对有瑕疵的监事会选举所提起的确认之诉。

在**监事会内部出现矛盾冲突**的情况下，一名表决败北的监事可以起诉要求确认（民事诉讼法第 256 条）决议无效，如果他认为决议违反法律（而不仅仅是不合理的）。⑨ 存在重大程序瑕疵或者严重违反法律或章程的决议，是无效的。在理论界中，特别是着眼于可治愈的程序瑕疵，也在讨论决议的可撤销性。这在法院判决和主流学说中，没有获得认可。⑨ 此外，股份有限公司的机关不能基于自身的权利而相互提起诉讼（这有争议。对于*机关之诉*，比较上面第二十五章边码 42 及其后一个边码中进行了讨论）。总体上讲，通过司法程序来解决矛盾冲突，更多的时候是次位性的。法院判决允许单个股东在具体案件类型中提起诉讼（下面第三十章边码 27）。作为其二级战场，可使用免责决议撤销之诉（下面第二十九章边码 3）。

被委任成为监事，将带来组织上的诚信义务束缚。而它又有可能导致**利益冲突**，尤其是因为监事职务通常是一个兼职工作。在现实中，如果有人承接了多个监事职位，甚至是相互竞争的企业的监事职位，或者自身存在企业利益、团体利益或政治利益，这尤

36

---

⑧ *Diekmann/Wurst*，NZG 2014，121，124ff.

⑧ 有争议的是，对此可供使用的是监事会的机构之诉，还是由监事会代表公司起诉；比较 *Hüffer/Koch*，§ 90 Rn. 18f.（连同进一步的阐述）。

⑨ BGHZ 85，293＝NJW 1983，991－Hertie；BGHZ 106，54，62＝NJW 1989，979－Opel（应该针对股份有限公司提起起诉）；*Hüffer/Koch*，§ 90 Rn. 22.。

⑨ BGHZ 122，342＝NJW 1993，2307；BGHZ 124，111＝NJW 1994，520－Vereinte Krankenversicherung；BGHZ 135，244＝NJW 1997，1926－ARAG/Garmenbeck；也比较 BGH NZG 2000，945；*Hüffer/Koch*，§ 108 Rn. 26ff.；监事会作出的有瑕疵的决议原则上是有效的，见 *Höpfner*，ZGR2010，505 m. w. N.。

⑨ 阐述见 *Hüffer/Koch*，§ 108 Rn. 2；特殊的具体情形：LG Mühlhausen AG 1996，527：监事会通过决议开除一名监事。

为重要。监事不可以通过有损企业利益的方式来解决这样的利益冲突。[93] 只要监事会是在预防性的监督的意义上同董事会一起参与安排企业活动经营，它就也有一个广泛的企业经营自由裁量权。但在事后监督情况下，尤其是在主张公司赔偿请求权的时候，监事会的决定选择空间不大（上面边码 33）。德国公司治理准则（第 5.5 条）建议要将面临出现的利益冲突向整个监事会公开，将已经出现的利益冲突以及其处理情况向股东大会报告。[94] 如果一个重大的利益冲突存在变成长期问题的危险，德国公司治理准则建议终止监事职位。

六、责任

37　　　对于监事责任，比照适用有关董事责任的规定（第 116 条连同第 93 条，上面第二十七章边码 33 及其后边码）。在**违反义务**的情况下，股东代表和员工代表以及被选举的监事和被派遣的监事以同样的方式承担责任。这与**所有监事具有同等地位**和受企业利益束缚原则（上面边码 13）相对应。同时，应该与监事的不同类型的任务相对应，修正"正派的且认真负责的业务领导人具有的小心谨慎"标准。理论界和法院判决特别研究了这些有问题的领域。

第 116 条第 2 句、第 93 条第 1 款第 2 句规定的**缄默义务**，同等地涉及所有的监事。它是由法律强制性规定的，不可以由章程、议事规则或者监事会决议加以弱化或者拓宽。[95] 第 116 条第 2 款还特别着重强调了它。在现实中，涉及的委员会越大，要保密就越难。这在关于监事会作用条件的讨论中是一个更广阔的视角。[96] 根据第 404 条，违反保密义务将承担刑事责任。通过董事会薪酬适当法引入的第 116 条第 3 款是宣示性的。不确认不适当的董事会薪酬，属于监事会的义务（第 87 条第 1 款）。[97] 个人的专门知识提高了谨慎义务，同时提高了责任风险。[98]

对于整体负责原则，比较上面第二十七章边码 27。对于公司赔偿请求权的实现，比较上面第二十七章边码 36 及其后边码。对于第三人实施不利影响（第 117 条第 2 款）下的连带债务人责任，见上面第二十七章边码 42。

---

[93]　Hüffer/*Koch*，§ 116 Rn. 7f.（连同进一步的阐述）。

[94]　关于涉及利益冲突的错误的准则声明，见 BGHZ 180，9＝NZG 2009，341-Kirch/Deutsche Bank；BGHZ 182，272＝NZG 2009，1270-Springer；BGH NZG 2013，783.。

[95]　BGHZ 64，325＝NJW 1975，1412；早已如此的是 G. Hueck，RdA 1975，35；Großkomm-AktG/Oetker，MitbestG § 25 Rn. 24 ff.；Großkomm-AktG/*Hopt/Roth*，§ 116 Rn. 219ff.；Raiser/Veil/Jacobs/*Raiser*，MitbestG § 25 Rn. 140；Ulmer/Habersack/Henssler/*Ulmer/Habersack*，§ 25 MitbestG Rn. 99 ff.；相反观点（基于员工代表的利益而软化义务）比如见 *Köstler/Kittner/Zachert*，Aufsichtsratspraxis，9. Aufl.，2009，Rn. 535ff.；*Kittner*，ZHR 136（1972），208；在引入第 116 条第 2 句之后，无论如何都不再可能是合理的；比较 OLG Stuttgart NZG 2007，72.。

[96]　*Baums*（Hrsg.），Bericht der Regierungskommission Corporate Governance Rn. 66 ff.；*Schiessl*，AG 2002，593，596.

[97]　关于监事会的薪资水平，标准和任务描述的相互影响，见 Dauner-Lieblvon Preen/Simon，DB 2010，377.。

[98]　BGH NZG 2011，1271 Rn. 27f. -Ision.

第二十九章 ◀

股东大会

关于股东大会的意义及其与股份有限公司的其他机关的关系，已在上面第二十五章　　1
边码13作了简单的介绍。股东大会是一个这样的机关，即在其之中，不同的股东利益
为实现团体法上的意思形成而聚集在一起。对股东大会的控制，就意味着对股份有限公
司有了一个控制性的影响力。因此，尤其是有关表决权的规定，但也包括有关股东大会
决议可撤销和无效的规定，具有重大的现实意义。即使在明确的多数关系情况下可以预
见表决结果，股东大会表决也为保护少数股东利益（也间接保护债权人利益）的信息权
和监督权提供了立足点。

在现实中，监事会中的股东代表的选举以及监事会对董事的委任等都导致公司管理
者持续性地受到股东大会多数信任的约束。在股东大会撤回信任的情况下，监事会可以
解任董事（上面第二十七章边码10）。它由此可以间接地控制董事会的业务执行。监事
会虽然不是必须要解任董事，但着眼于作为股东代表的监事身上的忠诚要求，其至少应
该认真地考虑解任董事的问题。为此，得出这样一个结论，即在股东大会中拥有多数的
人能够控制股份有限公司（比较第17条第2款）。但与此相反，假如股东大会很弱，比
如在股份广泛分散而又不能协调一致的情况下那样，就会存在一个公司管理者优势（上
面第二十七章边码2）。

一、任务

股东大会的**职责**包括**法律或章程**中明确提到的事项（第119条第1款）。　　2

1. 通常事务

属于股东大会周期性的和重复性的任务的有选举和解任监事会中的股东代表（第
119条第1款第1项，上面第二十八章边码4及其后一个边码）、选举财务会计报告审计
人员（第119条第1款第4项连同商法典第318条第1款）、财务会计决算盈利的使用
（第119条第1款第2项，第174条）。但是，确认年度财务会计报告通常不是股东大会
的任务；以后，还会在各自相关的地方谈到这些职责（下面第三十一章）。

对董事和监事的**免责**（第120条），第一眼看起来好像只是一个形式上的东西，但　　3
具有显著的现实意义。免责在法律上的意义是有限的。股份法禁止在3年期限届满前放

弃公司的赔偿请求权（第 93 条第 4 款和第 116 条；在有限责任公司情况下，有不同的规定，见上面第二十二章边码 34）。因此，免责不能具有这个意义。第 120 条第 2 款明确指出了这一点。股东大会通过免责来表示对董事和监事的公司管理的认可。这主要具有宣示性的意义，尤其是属于股份法和资本市场法上的有关监督和控制因素的信息（上面第二十五章边码 16 及其后边码，边码 38）。重要的是免责主要体现在其被否定的情形下，即在拒绝免责时。拒绝免责通常会在利益相关的公众中引起巨大的关注。一个不顾严重违反法律或者章程的免责，是可以撤销的（下面边码 44 及其后边码）。① 此外，免责是一个会引起反申请（第 126 条）和股东提问（第 131 条，下面边码 18）的会议议题。那些不由股东大会负责的业务执行事项（下面边码 4）经常也会在这一个议题下被讨论。根据第 120 条第 4 款，股东大会可以就关于批准董事会成员的薪酬体系作出决议（上面第二十七章边码 45）。这一决议不是有约束力的和不能被撤销的。② 但它提供了足够的机会去讨论问题。

除了董事会要求外，股东大会原则上**不对业务执行问题负责**（第 119 条第 2 款，上面第二十七章边码 26 和边码 36）。作为另外一个**例外**，联邦普通法院认为③，如果一项业务执行措施如此严重地影响到股东的权利和利益，以至于触动了股东大会决定股份有限公司内部组织结构的核心职权，则董事会不仅有权利，而且有义务召集召开股东大会（**未明文规定的股东大会职权**，上面第二十七章边码 26）。④ 对于在其之中存在的对股份有限公司内部通常是由法律强制性规定的职权分配的突破，只有由此才能够加以理解，即涉及与那些要求复杂多数的股东大会决议的事实构成非常接近的情形。这触动了下面要探讨的股东大会的基础性的职权（下面边码 6）。现实实践已经调整适应了这些未明文规定的股东大会职权，但仍旧没有给出明确的界限标准，比如在数量方面上。⑤

在作为始作俑者的 *Holzmüller* 案中，公司将一个占有其财产 80％并且唯一带来盈利的工厂转移给了一个子公司。董事会行使对子公司的领导权，股东大会的职权在此范围内受到了削弱（"权利剥夺效应"）。因此，联邦普通法院例外性地认可了一个未明文规定的股东大会职权。对于哪些具体情况可以与这种情形相比，是存在争议的。除此之外，人们尤其还讨论康采恩中的结构调整、上市、股票期权计划和退市（申请要求撤

---

① BGHZ 153, 47＝NJW 2003, 1032 - Macrotron；BGH NZG 2008, 309；BGHZ 180, 9＝NZG 2009, 342-Kireh/Deutsche Bank；Hüffer/*Koch*，§ 120 Rn. 11 f. （连同对旧的附限制条件的法院判决进行进一步的阐述）旧的有限制的法院判决。

② 关于股东大会决议的这一变体—咨询的决议，*Fleischer*，AG 2010, 681；关于法律比较的见 *Lieder/Fischer*，ECFR 2011, 376。

③ BGHZ 83, 122, 131＝NJW 1982, 1703 - Holzmüller；BGHZ 159, 30＝NJW 2004, 1860 - Gelatine；案例见 Wiedemann/*Frey*，Nr. 387.。

④ 对此的全面介绍，见 Großkomm-AktG/*Mülbert*，§ 119 Rn. 30ff.。

⑤ BGHZ 146, 288, 294 f. ＝NJW 2001, 1277, 1279 - Altana/Milupa（对此明确表示不予表态，即出卖实质性的业务领域从什么范围起必须提交给股东大会表决）；同样如此的是 BGHZ 159, 30＝NJW 2004, 1860, 1863 f. - Gelatine。但尽管如此，理论界试图就此类门槛进行表述，比较 Fleischer, NJW 2004, 2335, 2338；*Raiser/Veil*，§ 16 Rn. 16；Schmidt/Lutter/*Spindler*，§ 119 Rn. 30 ff.。在别的一些国家，法律规定有明确的门槛数值，比如伦敦股市的上市规定（英国规则一览表第 10 章）。

回上市允许)。⑥ 到目前为止，还没有总结得出一个具有概括归纳能力的大前提条件。

在理论界中，仍然存在不同的理由论证争论。⑦ 原有的将其依附于第119条第2款 5
的做法，遭到了大多数人的拒绝（比较上面第二十七章边码26）。因为它将在逻辑上导
致这样一个结果，即对此的股东大会决议只需要一个简单多数并且董事会的对外代表权
不受影响。相反，有人整体性地类推适用处于其附近的基础性的事务（如第179a、第
293条，改组法第13条、第65条、第125条），以作为其基础。这必然导致要求股东大
会通过复杂多数决议⑧，但同时也导致了对董事会代表权的限制。而后者明显是不为人
们所希望的。法院判决选择了开放性的**法律继创**途径，即在内部关系中要求以**修改章程
的多数**（3/4的多数）通过一个股东大会决议，但仍将其归入业务执行措施并且**无代表
权的限制**。⑨ 法律政策背景是保护股东，因为股东大会决议面临撤销的可能性并因而受
到可由任何股东主张的合法性监督（对此，见下面边码48）。在董事会违反提交义务的
情况下，股东应该拥有起诉的可能性（比较上面第二十五章边码42，下面第三十章边
码27）。

假如承认存在一个未明文规定的股东大会职权，则从中可以附带推出，董事会有义
务向股东大会提供相应的信息。比照法律规定的情形，对包括召集股东大会和报告在内
等进行相应公开，就属于此列。⑩ 如果董事会让一个协议的生效取决于股东大会的同
意，则这一点也适用。对于其具体内容，人们存在争议。⑪

2. 基础性的职权

基础性的事务不属于业务执行（上面第七章边码10，第二十七章边码18）。股东大 6
会的基础性的职权，包括**所有的有关股份有限公司组织结构构建和注册资本的根本性问
题**。这些结构措施主要是任何的章程修改（第119条第1款第5项，第179条；关于资
本的增加和减少，第119条第1款第6项、第182条及其后条款和第222条及其后条
款）、可转化债的发行（第221条）、公司改组（改组法第1条，第13条，第226条及
其后条款）、财产出售（第179a条）、企业协议的缔结（第293条）、公司并入（第319
条）和解散（第119条第1款第6项，第262条第1款第2项）以及继续经营（也比较

---

⑥　结构调整：比较 OLG Celle EWiR §119 AktG 2/01，651 m. Anm. *Windbichler*；*Fleischer*，NJW 2004，2335，2338；*Goette*，DStR 2004，927；*Hüffer/Koch*，§119 Rn. 20 ff.（连同进一步的阐述）。上市：支持由股东大会负责的有 *Lutter*，AG 2001，349；*Schlitt/Seiler*，ZHR 166（2002）544，558；持反对意见的有 *Henze*，FS Ulmer，2003，S. 211，235 f.；*Wackerbarth*，AG 2002，14 ff. 股票期权计划：比较 OLG Stuttgart NZG 2001，1089＝AG 2001，540。退市：对此持肯定意见的是 BGHZ 153，47＝NJW 2003，1032 - Macrotron（连同其他的理由论证：侵害到了那个受宪法第14条保护的成员权利）；反对这一论述的是 BVerfGE 132，99＝NZG 2012，826；现在，与此相反的是 nunmehr dagegen BGH NZG 2013，1342 - Frosta；根据主流观点，无论如何都没有此案（Holzmüller/Gelatine-Fall）：*Habersack*，AG 2005，137，141；*Krolop*，Der Rückzug vom organisierten Kapitalmarkt（Delisting），2005，S. 229 ff.，235f；MünchKommAktG/*Kubis*，§119 Rn. 84；*K. Schmidt*，NZG 2003，601，603f；在此期间，立法者将这一问题在资本市场法上进行了归类，并在证券交易所法第39条中进行了规定；此后提供了赔偿提议；*Hüffer/Koch*，§119 Rn. 36ff。

⑦　概览见 Großkomm/*Mülbert* §119 Rn. 33 ff.。

⑧　*Lutter/Leinekugel*，ZIP 1998，225，230 f.；Großkomm-AktG/*Mülbert*，§119 Rn. 50，110.（各自都连同进一步的阐述）。

⑨　BGHZ 159，30＝NJW 2004，1860，1863 - Gelatine；也比较 BGH NZG 2007，234；OLG Hamm NZG 2008，155.。

⑩　Großkomm-AktG/*Mülbert*，§119 Rn. 117ff.

⑪　BGHZ 146，288＝NJW 2001，1277 - Altana/Milupa；*Lutter/Leinekugel*，ZIP 1998，805，814.

下面第三十三章）。

3. 其他任务

7　　　除第 119 条外，股份法还在不同的地方规定了其他的股东大会职权。它们有的属于重复性事务（上面边码 2）。此外，还需要提及到的是主张来自公司设立（第 46 条及其后条款）和实施违法影响（第 117 条）的损害赔偿请求权以及针对董事或监事的因为其义务违反的损害赔偿请求权（第 147 条第 1 款），包括委任特别审查人（第 142 条第 1 款）。在这里，引入了特别的少数股东权（比较第二十七章边码 37 及其后一个边码）。另外，还有赔偿请求权的放弃和和解（第 50 条，第 93 条第 4 款，第 116 条）、后继设立协议的许可（第 52 条）、将原有的董事提前选入监事会的建议（第 100 条第 2 款第 4 项）、监事薪酬的确定（第 113 条）、豁免上市公司单独分开公开机构成员薪酬（商法典第 286 条第 5 款）以及授权董事会在公司面临被兼并威胁情况下采取抵御措施（有价证券和企业收购法第 33 条第 2 款）。

根据第 119 条第 1 款，章程可以给股东大会分配其他任务。但这个规定的现实意义很小，因为它不能对公司的三个机关之间的原则性职责划分进行任何修改，因而也不能将依据法律属于另外一个机关的职能问题规定让股东大会决议（第 23 条第 5 款）。这尤其适用于业务执行问题和年度财务会计报告的确认。但是，可以规定比如对要求交付拖欠出资进行决定。反过来，章程不能限制法律规定的股东大会职责。

二、召集

1. 集会要求

8　　　通常，股东只能在股东大会中行使其权利（第 118 条第 1 款第 1 句）。作为意思形成机关，股东大会原则上遵循**到场集会原则**。但在章程予以同意的情况下，或者在董事会依照章程授权同意的情况下，电子化参与[12]、书面或电子表决是可能的。对所有的决议都必须要制作一个经过公证的会议记录，并且至少是以一个由监事会主席签字的记录文本形式制作成文书（第 130 条，下面边码 20）。即使对于一人股份有限公司，也不适用其他的规定（上面第二十五章边码 22 及其后一个边码）。属于到场集会的是指为了行使表决权，**股东必须到场或者被人代理到场**。各种不同的法律修改[13]，简化了由代理人代理形成的股东到场（第 134 条第 3 款）以及通过电子交流方式进行的参与。

2. 召集职责

9　　　股东大会必须被召集召开（对于全体到会的大会，见下面边码 42）。对此，通常由**董事会**来负责。对于召集决议，简单多数始终都够了（第 121 条第 2 款）。监事会也有权利召集，并且当为股份有限公司利益所要求时，还有义务召集。在这里，简单多数也够了（第 111 条第 3 款）。拥有注册资本 1/20 的少数股东（其持有该部分股份至少超过

---

　　⑫ *Ochmann*，Die Aktionärsrechterichtlinie，2009，S. 110ff.，法律比较见 *Pielke*，Die virtuelle Hauptver-sammlung，2009；在公众性公司的情况下，有时，到场集会对公司而言是当作宣传活动来举行，而对股东来说是当作来消遣的短途旅行（主要的标准：招待）来参加；*Bachmann*，FS Günter H. Roth，2011，S. 37；*Bayer/Hoffmann*，AG 2016，R151；"Verpflegungsaktionäre"；同样，关于法国的情况见 *Cozian/Viandier/Deboissy*，Droit des sociétés，27. Aufl.，2014，Rn. 751.。

　　⑬ 2001 年 1 月 18 日的记名股法（BGBl. I S. 123）；2002 年 7 月 19 日的透明和公开法（BGBl. I S. 2681）；2009 年 7 月 30 日的股东权利指令转化法，BGBl. 2009 I 2479；*Paschos/Goslar*，AG 2009，14；*Seibert*，ZIP 2008，906.。

90 天）可以随时要求召集，并且当董事会和监事会拒绝召集时，可以通过诉求登记法院而强制召集（第 122 条）。为了保护股东，这个规定是强制性的。但章程可以将这个要求降低。

3. 形式和期限

股东大会通过在**公司公报上的公告**来召集召开（第 121 条第 4 款），即在**企业登记机关**之处的由**联邦电子公报**以电子化的方式召集（商法典第 25 条、第 8b 条，上面第二十六章边码 2）。发行的股票不全部是记名股票以及不能直接告知其股东的上市公司（第 3 条第 2 款），必须让召集内容和其他与行使股东权利相关的信息都能在**公司网**上可以访问到（第 124a 条）。此外，这些报告应该引入那些通过其可以在整个欧盟传播信息的媒体（第 121 条第 4a 款）。与来自公司在此拥有住所地的成员国的股东一样，"境外的"股东应该也能同样轻松地行使其权利。[14] 召集必须至少是在集会以及股东登记期限届满前 30 天进行，召集的日期或者说是开始登记的日期是不被计算在内的（第 123 条第 1 款，第 2 款第 2 句至第 4 句）。它必须给出股份有限公司的商号和住所、股东大会的时间[15]和地点。在上市公司的情况下，还包括第 123 条第 2 款至第 5 款规定的参与股东大会和行使表决权要满足的条件（第 121 条第 3 款；关于地点，见第 121 条第 5 款）。

对于那些股东圈子一目了然的公司，法律简化了召集程序。假如知道股东的名字，一封挂号信就足够了（第 121 条第 4 款第 2 句）。如果没有召集，只有在全部股东出席或者被代理出席（全体到会的大会）并且没有股东反对进行决议的情况下，才能召开股东大会（第 121 条第 6 款）。这也适用于那些否则将导致所作决议无效的召集瑕疵（第 241 条第 1 款）。[16]

在召集股东大会时，应该公布**会议日程**（第 121 条第 3 款第 2 句）。对于那些没有按照规定公布的会议议题，不可以进行**决议**。如果这仍还是发生了，则决议是可撤销的。这不适用于大会中提出的召集股东大会申请和会议议题申请（第 124 条第 4 款）。此外，会议日程对于第 131 条规定的**股东信息权**也具有重要的意义（下面边码 20 及其后边码）。对于那些不进行决议的讨论，则不需要公布（第 124 条第 4 款）。假如股东大会需要就章程修改或只有在股东大会同意时才生效的协议进行决议，比如企业协议（第 293 条），则同样要公布所建议的章程修改原文或协议的主要内容。相应地，这在未明文规定的股东大会职权的情形下也适用（上面边码 5）。董事会和监事会应该对会议日程的每个议题提出决议建议。然而，对于监事和财务会计报告审计人员的选举，则只能由监事会提出决议建议。假如少数股东在股东大会召集之后要求就一个议题进行决议，则其至少必须在召开股东大会 24 天前（上市公司为至少 30 天）向公司递交包含理由或者决议草案在内的议题（第 122 条第 2 款）。这些建议也应该按照第 124 条和第 124a 条进行公开。

4. 准备股东大会的告知义务

第 125 条中的告知义务是为了更好地准备股东大会。董事会应该在股东大会召开前 21 天（第 125 条第 1 款第 1 句）将股东大会的召集以及其他具体内容告知那些在上一次

10

11

12

---

[14]　第 2007/36 号欧盟指令的第 5 条；关于允许一个符合章程的在国外的股东大会地点，见 BGHZ 203, 68.。

[15]　对于一个为期两天的股东大会的谨慎邀请，会议要持续到半夜，当在第二天的日期作出了决议时，就不会有任何关于邀请瑕疵的责难，Großkomm-AktG/*Mülbert*，§121 Rn. 131m. w. N.。

[16]　*Hoffmann-Becking*，ZIP 1995, 1, 6；Hüffer/*Koch*，§121 Rn. 22 f.，§241 Rn. 12.

股东大会中代理股东行使表决权或要求告知的**信贷机构**、其他的**金融服务机构**以及**股东联合会**。对于可以通过代理人（第 134 条第 3 款）或股东联合会行使表决权的情形，应该予以指出。[17] 同样应该告知第 125 条第 2 款中提到的股东，特别是那些在股东名册上登记的记名股东（第 67 条第 1 款）。基于要求，还应该告知所有监事（第 125 条第 3 款）。通过这种方式，可以节省股东和监事审阅企业登记信息。在上市公司情况下，对于监事的选举建议，还应该附加上其在其他监事会或可类比的委员会中的成员身份信息（第 125 条第 1 款第 3 句，上面第二十八章边码 2）。在第 126 条和第 127 条规定的前提条件下，应该将股东申请和选举建议在规定的范围内让人可以知晓。[18]

13   那些为股东保管股份或者代替股东在股东名册上登记的**信贷机构**和其他的**金融服务机构**（所谓的**有价证券保管银行**），应该将公司依照第 125 条向其进行的**信息告知不迟延地转达给股东**（第 128 条第 1 款，第 4 款）。假如信贷机构打算在股东大会中为股东作为全权代表行使表决权或者委托他人行使表决权（下面边码 33）[19]，应该将自己就具体会议议题的表决权行使建议以及关于全权代表表决权的信息告知股东。假如银行的董事或者员工属于公司监事会或者是相反的情形，以及银行因参与公司而享有 3% 以上的表决权（有价证券交易法第 21 条）或者参与公司有价证券发行的情况下（第 135 条第 1

14   款第 4 句第 1 项、第 6 句，第 2 款），则也应该就其进行告知。

股东表决权的行使以及表决决定的作出，按计划会得到股东论坛（作为联邦电子公报的组织措施）的促进。[20] 在那里，股东和股东联合会可以邀请其他股东共同主张少数股东权利或行使表决权（第 127a 条）。邀请必须满足一定的形式要求。内容讨论不在股东论坛上进行，而是通过导航在另外的网页上进行。公司可以在联邦电子公报上指明其网页上有关于股东邀请的表态。通过企业登记机关的网页，可以找到股东论坛上公开的记录（商法典第 8b 条第 2 款第 6 项）。在公司治理视角（上面第二十五章边码 40 及其后一个边码）下，股东在其角色上被作为成员（*voice*）来讨论，而较少作为不满意公司就出卖其股份（*exit*）的投资者来看待。然而，在实践中，股东论坛并没有获得重要性。[21]

5. 定期股东大会和临时股东大会

15   **定期股东大会**是周期性的每年举行，并且至少要就决算盈利的使用以及董事和监事的免责进行决议。关于所有的这三项议题的讨论，应该结合在一起进行（第 120 条第 3 款）。关于董事会成员的免责和监事会成员的免责，每次都需要一同进行表决。如果股东大会对此作了决议，或者其股份总计已经达到注册资本的 1/10 的或其股票的票面价值已经达到 100 万欧元的少数股东要求这样做的话，单独表决就是必须的（第 120 条第

---

[17] 德国公司治理准则在第 2.3.3 条中建议公司为股东自己行使权利提供便利，并支持其通过代理人行使表决权以及想办法委任一个受股东指示约束的表决代表人。

[18] 一些会导致决议无效或可撤销的股东申请；股东申请虽然不是必须（第 126 条第 2 款第 2 项）但可以让人可知晓。出于维护"投资人关系"和公司与股东之间的关系的需要，经常允许提交一些不合理的或甚至违法的股东申请并对其加以详细讨论；比较 komm-AktG/*Butzke*，§126 Rn. 7.。

[19] 那种在这里经常出现的将其称为银行表决权或保管银行表决权（比如比较 *Raiser/Veil*，§16 Rn. 96）的说法，是不准确的，因为股票的保管并没有提供表决权，而是股东必须作出一个明确的授权且该类授权受到详细规定的规范（下面边码 34 及其后一个边码）。

[20] 具体细节在 2005 年 11 月 22 日的股东论坛条例（BGBl. I S. 3193）中有规定。

[21] Großkomm-AktG/*Butzke*，§127 a Rn. 2.

1 款第 2 句）。㉒ 应该在业务年度的前 8 个月内召集召开定期股东大会（第 120 条第 1 款，第 175 条第 1 款第 2 句）。

在有必要的情况下，比如公司利益需要（第 121 条第 1 款，第 111 条第 3 款）或者满足数额要求的少数股东要求（第 121 条第 1 款），应该指定**临时股东大会**的召开时间。此外，在注册资本损失一半的时候，召开临时股东大会是强制性要求的（第 92 条第 1 款）。对于收购要约情形，有价证券和企业收购法第 16 条第 3 款和第 4 款规定了一个特别形式的临时股东大会，并且缩短了召集的期限以及放开了大会地点的选择范围（下面第三十三章边码 8）。

三、参加权利和股东大会的流程

关于股东大会的流程㉓，法律包含了一些基本性的规定。章程可以规定更加详细的规则。除此之外，股东大会可以通过决议自己规定其议事规则（第 129 条第 1 款）。对于小公司，存在简化性的规定。但尽管如此，仍然始终要求有一个真正的（不是虚拟的）到场集会（上面边码 8）。　　16

1. 股东大会的参加

所有的股东都有参加的权利，而无论其是否享有表决权。除此之外，董事和监事，即使他们不是股东，也有权利参加。董事和监事也应该参加股东大会。章程可以规定，监事可以在一定的情形下以图像和声音传递（视频接入）的方式参加股东大会（第 118 条第 3 款）。章程或议事规则可以允许以图像和声音形式转播整个股东大会（第 118 条第 4 款）。对于公众性公司，这已经成了常态并且为德国公司治理准则第 2.3.4 条所倡导。然而，假如一名股东通过因特网跟随股东大会，也不存在真正意义上的"参加"，即使是在股东只有利用密码才可能进入该因特网的情形下。在缺席的情况下采用电子表决方式，只有根据章程以及通过章程取得授权的董事会同意时，才有可能（第 118 条第 2 款）。㉔　　17

参加股东大会或者只是行使表决权，可以通过章程规定要求股东自行登记和资格证明（第 123 条第 2 款和第 3 款）。在发行无记名股票的上市公司的情况下，由托管机关以书面形式出具的拥有股权的证明就足够了。这一证明需要在股东大会召开前第 21 天开始时取得，即所谓的 **record date（登记日**，第 123 条第 4 款）。在发行记名股票的上市公司的情况下，参加股东大会和行使表决权的资格是从登记在股票登记簿上而产生出来的（第 67 条第 2 款第 1 句）。因此，如果股份在此期间被出卖，实质上的和形式上的股东就不是一致的（下面第三十章边码 2）。以前的复杂的登记规定增加了股东参加股东大会的难度，尤其是对于外国股东来说。因此，名义权利和事实上权利的分离可能性，被接受了。㉕

2. 参与股东的名册

公司应该对出席大会的股东、被代理的股东及其代理人制作名册，并将其陈列于股　　18

㉒　如果不满足这些前提条件，会议支持人也不能组织单独表决，BGH NZG 2010, 618.。

㉓　关于股东大会的流程，见 MünchHdbGesR IV/*Hoffinann-Becking*，§ 37.。

㉔　详细内容见 Großkomm-AktG/*Mülbert*，§ 118 Rn. 99ff.。

㉕　进一步的介绍，见 Großkomm-AktG/*Mülbert*，§ 123 Rn. 2ff.。

东大会，以供参加人查阅。在参加人的名册中，应该注明面额股金额或无面额股数量以及股份种类（第129条第1款第2句和第4款）。假如有信贷机构、金融服务机构或者股东联合会被授予了**全权表决权**，并且代理人是**以涉及他人的名义**行使表决权的，则必须特别注明股份金额和种类，但不需要注明股东的名字（第129条第2款，下面边码33及其后边码）。借此，应该让人知道是利用他人的股份行使表决权的。假如有人被授权以自己的名义就不属于他的股份行使表决权（**形式股东**，下面边码33和边码36），则必须特别注明这些股份的金额和种类，但不注明股份的所有人（第129条第3款）。在这种情形下，也需要让人知道是利用他人的股份行使表决权的，尽管无须透露所有人本身。参加人名册对于表决程序具有现实意义，并且在例如撤销程序中将作为证据材料。[26]

3. 股东大会的主持人

19　　股东大会应该由**主席**主持，也由他宣告决议。[27] 章程或者业务规则确定股东大会的主持人。有时由股东大会选举主席。通常，监事会主席主持股东大会。主席决定讨论的开始、结束和中断。他有义务保障股东大会的正常进行并合理地完成会议日程。他享有为此所需要的权利。根据章程或股东大会议事规则，他还有权限制股东的发言时间和提问时间（第131条第2款第2句）[28]，甚至是将一名股东逐出股东大会。[29] 主席必须给予所有的参加人足够的机会，以阐述他们的观点。客观上不必要的或者不恰当的秩序措施，将使股东大会作出的决议可撤销（下面边码44及其后一个边码）。根据德国公司治理准则第2.2.4条，股东大会主持人有义务保障大会的顺利进行。一个正常的股东大会应该在四至六小时之内结束。

4. 质询权

20　　在股东大会中[30]，每个股东都可以就有关股份有限公司的所有事项要求提供信息，只要这是**客观判断会议议题**所要求的（第131条第1款）。其中，没有一个与欧洲议会与欧盟理事会的第2007/36/EG指令（股东权利指令）不一致的限制。[31] 质询权是为了让表决权能够有意义地行使，但也是为了让股东能够在信息充分的基础上进行监控。[32] 如何确定质询权的范围，法院判决一再处理这个问题。例如，如果涉及董事或监事的免责，则从实际上讲，所有的业务执行问题都对决议的作出具有意义。判断标准是"**客观考虑问题的股东的观点**"[33]。其涵盖包括股份有限公司与一个关联企业的关系以及关联企业自身的情况，只要它对股份有限公司的状况具有影响。假如公司是母公司，董事会

---

[26]　Großkomm-AktG/*Mülbert*，§129 Rn. 38ff.

[27]　关于大会主持，见 Schmidt/Lutter/*Ziemons*，§129 Rn. 46ff.。

[28]　BVerfG NJW 2000，349，351；BGHZ 184，239＝NZG 2010，423 m. Anm. *Kersting*；*Angerer*，ZGR 2011，27；*Hüffer/Koch*，§131 Rn. 22 a f.；Wiedemann/*Frey*，Nr. 392.

[29]　有些股东大会被股东弄成了一个不恰当的景象；例如，一名参与者进行这种捣乱，迫使大会主持人将捣乱分子驱除出大会；之后，捣乱分子再以侵害股东参与权为由提起撤销之诉；OLG Stuttgart AG 1995，234 – Daimler Benz；BVerfG NJW 2000，349.。

[30]　关于线上参与的发问权，见 *Kersting*，NZG 2010，130.。

[31]　BGH NZG 2014，27；2014，423-Porsche/VW-Beteiligungsaufbau；*Kalss/Klampfl*，Rn. 405.

[32]　关于其理论基础，见 *Merkt*，Unternehmenspublizität，2001，S. 257 ff.；法律比较见 *Siems*，Die Konvergenz der Rechtssysteme im Recht der Aktionäre，2005，S. 157 ff.。

[33]　BGHZ 160，385，＝NJW 2005，828；BGH NZG 2009，342 Rn. 39-Kireh/Deutsche Bank；NZG 2014，423-Porsche/VW-Beteiligungsaufbau；也比较第243条第4款第1句。

应该在提交康采恩财务会计报告的股东大会中，就被纳入康采恩财务会计报告的企业的状况提供信息（商法典第 290 条，股份法第 131 条第 1 款第 4 句和第 170 条第 1 款）。信息的提供应该符合认真及忠实报告原则（第 131 条第 2 款），并且必须包括所有的事实。从这个意义上讲，它必须是完整的。在上市公司情况下，股东大会中的质询权与资本市场法上的信息义务交叉重叠。

询问请求权针对的是公司。就像第 131 条第 1 款清楚表明的那样，它应该由董事会来履行。[34] 股东希望获得全面告知的利益可能会与公司希望对其业务事项保密的利益发生冲突。因此，第 131 条第 3 款排他性地列举了董事会有权**拒绝提供信息**的理由。尤其可以在这种情形下拒绝提供信息，即只要根据理性商人的判断，信息适合于给股份有限公司或关联企业带来重大的不利影响。[35] 第 131 条第 3 款还规定了其他情形。对于拒绝提供信息的问题，首先由董事会根据其义务要求裁量决定。但是，其决定将在全部范围内受到**法院的事后审查**。对于审查决定，由股份有限公司住所所在地的州中级法院专属管辖。法院依照自愿性司法管辖程序进行审查决定（第 132 条中有详细的规定）。如果拒绝提供信息是不正当的或者提供的信息是错误的或不完整的，基于此作出的**股东大会决议**，在其与决议结果有重大关系的情况下，**可被撤销**（下面边码 44 及其后边码），并且无须事先依照第 132 条进行要求强制提供信息的诉讼程序，并且后者对于撤销程序来说也不是有约束力的。[36]

为了确保平等对待所有的股东（比较第 53a 条），第 131 条第 4 款规定，如果公司因股东身份**在股东大会之外**向一名股东**提供了信息**，则公司在被要求的情况下必须在股东大会上向任何的其他股东提供该信息，即使它不是客观判断会议议题所要求的。在这种情况下，一般不存在拒绝提供信息的权利（第 131 条第 4 款第 2 句）。通过它，仅仅有限地实现了平等对待原则，因为公司应该在（下一个）股东大会中提供该信息。[37] 此外，所有的这些情形也都不受该规定调整，即在其之中，提供信息的理由不是成员身份而是其他关系，比如银行联系或企业协议（第 291 条及其后条款）。有争论的是，在关联企业中，是否可以在没有这样的协议性基础的情况下优待性地提供信息而又不会引起第 131 条第 4 款的法律后果。[38] 法律明确排除的是公司为制作康采恩财务会计报告而必须向母公司提供的信息（第 131 条第 4 款第 3 句，商法典第 294 条第 3 款）。德国公司治理准则第 5.2 条建议，监事会主席应当与投资者只进行监事会有关的交流。而这考虑到第 131 条第 1 款的规定，不是没有争议的。[39]

5. 经过公证的会议记录

股东大会中的特定程序，应该以**公证的方式制作会议记录**。被法律排除在外的有非上市公司的股东大会，只要其没有作出需要有能够修改章程的多数通过的决议。如果是

---

[34]　对股东可能提到的问题准备好相应的信息，属于股东大会的准备范畴。除此之外，股东大会期间通常有一群员工可供利用，以便让其对董事会回答提问需要的近期数据加以总结归纳。对此比较 OLG Düsseldorf AG 1992, 34；LG Frankfurt a. M. NZG 2007, 197.。

[35]　关于权衡，见 BGHZ 86, 1, 19＝NJW 1983, 878；BGH NZG 2014, 423-Porsche/VW-Beteiligungsaufbau；BVerfG NJW 2000, 129 – Scheidemandel。

[36]　BGH NZG 2009, 342, 347-Kireh/Deutsche Bank.

[37]　*Bachmann*, FS Schwark, 2009, S. 331, 332f., 346.

[38]　根据主流观点，控制性影响的运用（第 17 条）在此范围内享有特权，见 Hüffer/*Koch*, §131 Rn. 38.（连同进一步的阐述）。

[39]　*Bachmann*, in：VGR (Hrsg.), Gesellschaftsrecht in der Diskussion 2016, 2017, S. 135.

这样的话，经监事会主席签字的会议记录就够了（第 130 条第 1 款）。在以公证方式制作会议记录的情况下，所有的**决议**都应该被制作成文书。否则的话，它们将依据第 241 条第 2 款的规定而无效。[40] 这同样适用于对公司具有约束力的少数股东要求（第 130 条第 1 款第 2 句）。

需要被记录的是表决方式、**表决结果**以及**主席**对决议的**确认**。什么被主席作为股东大会通过的决议宣告并经公证人员制作成文的，什么就暂时是决定性的。关于主席不正确宣告的后果，见下面边码 25。在会议记录中，还应该记录可能存在的**股东**对股东大会作出的决议**所提的异议**（下面边码 48）。此外，如果董事会拒绝提供信息，股东可以要求将他的问题和拒绝提供信息的理由制作成文（第 131 条第 5 款）。在股东大会结束后，董事会应该将公证人员签过字的会议记录的认证副本以及其附件提交给商事登记机关（第 130 条第 5 款）。这样一来，通过商法典第 8b 条第 2 款第 1 项和第 9 条第 6 款规定对公众公开的登记材料，就可以获知所有的股东大会决议信息。上市公司应在 7 日内将**表决结果**公布在其网站上（第 130 条第 6 款）。

四、股东大会决议

1. 多数要求

24
股东大会通过决议来服务于股东的决策。对于股东大会的**决议能力**，不要求有一定数量的股东参加，但章程可以确定一个数额。决议通常要求**参加投票的简单多数**（第 133 条）。没有出席的或者没有被代理的或者放弃表决的股东不计算在内。在表决票数相同的情况下，议案申请作为被拒绝的情形来处理。

对于基础性的决议情形，**法律**规定要求**复杂多数**（通常是 3/4），但部分规定是任意性的（比如在章程修改的情况下），部分规定是强制性的（比如对于减资）。在这一点上，只要涉及要求被代理的注册资本的多数（即资本多数），则无论如何都必须要额外达到表决权的简单多数，因为否则根本就不存在一个肯定性的决议。如果表决权与资本参与不对应（下面边码 28），这就具有了意义。在一定的股东大会决议情况下，如果存在多个种类的股份，则在全体股东大会决议之外，还必须有种类股份的**特别决议**（详细介绍见下面第三十二章边码 6）。在**选举**情况下，章程可以放弃要求简单多数，比如只规定要求相对多数（第 133 条第 2 款）。**章程可以规定更为严格的前提条件，尤其是复杂多数或者最少数额的注册资本的同意**。

2. 表决结果的确认和宣告

25
所有的股东大会决议都必须**由主席**确认和宣告，并且也只有如此才能够具有效力。除此之外，只要是仅由监事会主席对会议记录进行签字还不够的话，则必须以公证的方式将它们制作成文书（上面边码 23）。

如果主席进行了不正确的宣告，比如由于决议需要一个更大的或更小的多数或者不正确地将股东表决计算在内或没有计算在内，决议就是**可撤销**的（下面边码 45，边码 49）。如果没有人要求撤销，则被宣告的决议就最终地具有了效力。与此相反，一个成功的撤销之诉将导致被宣告的决议无效（第 241 条第 5 项，第 248 条）。在一定情形下，股东**少数**也可以作出决定，比如关于董事和监事免责的单独表决（第 120 条第 1 款第 2

---

[40] 关于根据第 130 条的证明的法律性质，见 BGH NZG 2009, 342-Kireh/Deutsche Bank.。

句），或者是涉及康采恩财务会计报告的制作，就算其已满足放弃制作的前提条件（商法典第 291 条第 3 款第 2 项）。

五、表决权

1. 基本原则

在股东大会中，每个股东原则上都享有**与其股份参与相对应的表决权**（"one share - one vote"，"一股一票"；第 12 条第 1 款，第 134 条第 1 款第 1 句）。这是成员资格的一部分，并且不能将一定的最低股份数额规定为其前提条件。对于无表决权的优先权股以及导致表决权排除的情形，存在例外。 **26**

表决权在完全缴付出资之后，才得开始行使。**没有完全缴付出资的股份**，原则上没有表决权。法律借此防止出现对多份表决权股禁止（下面边码 32）的规避。章程也可以作出其他规定，但表决权必须以已缴付的出资数额为准（第 134 条第 2 款中有详细的规定）。假如所有的股份都还没有被完全缴付出资，则即使没有这样的章程规定，表决权也应该以已缴付的出资数额为准，因为否则将根本不可能有股东大会决议。

2. 表决权排除

（a）无表决权的优先权股

优先权股是指那类被设计为具有**优先股息**的股份（第 11 条，第 12 条第 1 款第 2 句）。提前派息或者附加派息是按照章程中的规定安排，如果公司在一年中没有获得足够的盈利来支付这些优先股息，则应该在下一年中将其补足（第 139 条第 1 款第 3 句）。2016 年股份法的增订扩大了可能的替换形式。[41] 除了表决权外，这些股份的所有人享有所有的权利。如果并且只要没有分配优先股息，或者拖欠的部分在下一年中也没有予以补足，则他们也享有表决权（第 140 条第 2 款）。相对于债券，优先权股作为融资手段对股份有限公司具有这样一个优点，即公司在亏损年度无须支付利息。另外一方面，没有表决权也确保了普通股东的优势地位。[42] **27**

（b）利益冲突

如果存在特定的利益冲突的危险，股东就不能再参与表决了。对于这些情况，这是强制性的和排他性的[43]，即通过决议对涉及的人免责或免除债务，或者涉及股份有限公司是否应该主张对其享有的请求权。在这些情形下，他也不能为他人行使表决权。来自其股份的表决权，也不可以由他人行使（第 136 条第 1 款，第 405 条第 3 款第 5 项）。[44] **28**

在旧的股份法中，基于利益冲突而排除表决权的情形广泛存在。但这些规定未被证明是合理的，因而被废除了。因此，抛开上面提到的情形不看，对立的自身利益并不导致表决权的排除。例如，每个股东都可以在其自己被选举为监事的时候参与表决（自利性的管理权）。但是，如果一名股东利用其表决权追求有损股份有限公司或股东的特别

---

[41] Dazu Hüffer/*Koch*, §139 Rn. 12ff.

[42] 比较大众汽车股份有限公司的股份参与情况：原始股的 52.2%，这意味着表决权，但是仅有 30.8%的法定资本持有时捷汽车股份有限公司（欧洲股份有限公司），https://www.porsche-se.com/unternehmen/beteiligungen/ [25.2.2017]；其他的运用情形包括家族企业的入市或者发放员工股。关于历史发展，见 T. *Bezzenberger*, Vorzugsaktien ohne Stimmrecht, 1991.。

[43] 比较 KölnerKomm-AktG/*Tröger*, §136 Rn. SOff.。

[44] 因为缺乏利益对抗对象，表决禁止当然不适用于一人股份有限公司，BGH NZG 2011, 950.。

利益，或者他违背了诚信义务，则可能导致股东大会决议的可撤销（第 243 条，下面边码 40 和边码 46）。这样，参与表决虽未被禁止，但在一定情况下受到法律的规范调整。

（c）公司自身的股份

29
来自公司持有自身股份的表决权，**处于休眠状态**，不能被行使。这也适用于那些属于从属企业或属于第三人的但为公司或其从属企业的利益而持有的股份（第 71 条及其后条款，特别是第 71b 条；下面第三十章边码 9）。立法者这样规定是为了抵制滥用所谓的管理股（上面第二十五章边码 28 后面部分）。第 136 条第 2 款也有助于**防止管理机关影响股东大会的意思形成**。据此，通过协议让一名股东负有义务按照股份有限公司或其董事会、监事会或其从属企业的指示进行表决或者表决支持股份有限公司董事会或监事会各自提出的建议，是无效的。此外，关于表决联合协议，见下面边码 37。

3. 表决权分量

30
表决权是**按照资本数额**行使（第 134 条第 1 款）。在**面额股**情况下，表决权是依照面额价值确定的。而在**无面额股**情况下，则是依照股份数量确定。这与资合公司的本质相对应。假如公司股份的面额是 1 欧元，谁占有总面额价值 1 万欧元的股份，谁就有 1 万个表决票数。对此，存在两个**例外**。但其在法律政策上是有争议的且总体上处于衰落阶段。

31
在**非上市公司**（第 3 条第 2 款）情况下，如果一名股东占有众多的股份，则章程可以限制其表决权（**表决权最高数额限制**，第 134 条第 1 款第 2 句至第 6 句）。例如，章程可以规定，没有人可以拥有超过 100 个的表决票数，或者在占有较大数额的股份情况下，其表决权逐级递减。对于公众性公司，自 1998 年之后，就不再允许表决权最高数额限制了。作为抵御（从董事会和监事会的视角上看）敌意收购（比较下面第三十三章边码 8）的手段，这样的章程规定在过去就是富有争议的。[45]

32
给股东配备多份表决权（**多份表决权股**），过去曾经导致了严重的滥用情形（上面第二十五章边码 28）。自 1998 年之后，它被**一概禁止**了，而不仅仅是针对上市公司（第 12 条第 2 款）。欧盟法院曾多次在基本自由视角下处理过其他欧盟成员国为保护公共或国库利益而采用多份表决权股的案件——*golden shares*（黄金股）。[46]

4. 通过第三人行使表决权

33
就像在准备股东大会的通知义务处已经谈到的那样，对于个别股东来说，亲自参加股东大会经常是不可能的或者是没有意义的（上面边码 12 及其后边码）。因此，通过第三人行使表决权具有重要的意义。它要么是通过表决权代理途径，要么是通过授权他人以自己的名义行使表决权的途径进行。此外，还存在股份占有信托形式。在其之下，信托受托人被作为真正的表决权人来看待。

（a）表决权代理

假如章程没有规定简化形式，表决权代理需要文本形式（第 134 条第 3 款第 3 句）。

[45] 比较 BGHZ 70，117；*Adams*，AG 1990，63；*Baums*，AG 1990，221；*U. H. Schneider*，AG 1990，56；*Zöllner/Noack*，AG 1991，117。在大众公司案中，援引特别法的最高额表决权在特别法的积累中被认为是违反欧盟的法律的，EuGH ZIP 2007，574-Kommission/Deutschland；2008 年 12 月 8 日的继任者法（BGBl. 2008 I 2369）取消了最高额表决权，现在章程取得了类似的效果；欧洲法院没有反对；EuGH AG 2013，921。

[46] 比如 EuGH NJW 2002，2303 – Energieversorgung Belgien；2002，2305 – Elf-Aquitaine/Energieversorgung Frankreich；NJW 2002，2306 – Ausländerdiskriminierung/Portugal；NZG 2006，942 - Privatisierung Post/Niederlande；NZG 2011，1339-GALP Energia；*Armbrüster*，JuS 2003，227；*Grundmann/Möslein*，ZGR 2003，317，324，353；*Kalss/Klampfl*，Rn. 67，84ff.。

此外，代理权的授予和撤回原则上以民法典第 167 条及其后条款为准。对于信贷机构和营业性的行为人（第 135 条）以及由公司自己委任的代理人行使表决权的情形，存在特别的规定（第 134 条第 3 款第 5 句）。

　　对于**信贷机构或金融服务机构的授权**（第 125 条第 5 款中的定义），也可以采用另外的形式，特别是可以采用电子化形式授权。但是，它不可以与其他声明混合在一起。如果信贷机构要代理表决权行使，则必须让股东提供对于行使表决权必需的证明资料，以便转交给股东联合会（第 135 条第 1 款第 5 句）。股东可以给予自己的投票指示或者以特定的形式进行全权委托（第 135 条第 1 款）。在自己的股东大会上以及以超过注册资本 20％的股本参与企业的股东大会上，信贷机构只能根据股东就具体的会议日程议案给出的明确指示代理行使表决权（第 135 条第 3 款第 3 句，第 4 款）。只可以向一个特定的信贷机构授予代理表决权。授权可以是无限期的，但仍就可以随时撤回。基于授予的代理权，银行要么在给出股东名字的情况下以其名义出现，要么**以涉及他人的名义出现**（第 129 条第 2 款第 2 句）。银行必须满足章程规定的表决权行使要求。只要不存在股东指示，信贷机构就应该像第 135 条第 2 款规定的通知中公布的那样行使表决权，除非根据情形可以认为股东在知悉事实的情况下会认可其偏离性做法。信贷机构应该将偏离性的表决行为告知股东并说明理由（第 135 条第 3 款）。任何保管股份且已向股东请求在涉及的股东大会中代为其行使表决权的信贷机构，都有义务接受股东要求其代为行使表决权的申请。因此，它不能因为不同意股东的指示而拒绝申请。对于信贷机构基于违反这些规定而产生的**损害赔偿义务**，不可以事先加以排除或者限制（第 135 条第 9 款）。与此相反，**表决行为的有效性**不受这样的义务违反的影响，只要存在授权且银行是作为代理人而依照上面的描述出现的（第 135 条第 7 款）。信贷机构违反其特定的信息义务，并不能导致股东大会决议的可撤销（下面边码 47，第 243 条第 3 款第 1 项）。 34

　　第 135 条的**规则目的**不是为了为难银行行使表决权，而是将股份有限公司的管理置于股东监控之下。同时还是为了达到这样的目的，即表决权是由股东自己或至少是根据其意愿行使的，无论如何都是为了他们的利益。基于**利益冲突的危险**，第 135 条第 2 款第 2 句明确规定，信贷机构应该以股东利益为准，并且采取**组织上的预防性措施**，以防止自己其他业务领域的利益借机流入进来。对于所采取的措施以及表决权行使，应该将其制作成文件。股东投票指示的给出以及代理权的收回，应该通过合适的（屏幕化的）表格形式加以简化。相似地也适用于股东联合会（第 135 条第 8 款）。原则性的反对**信贷机构全权代理行使表决权**，这类主张没有获得胜利，尤其是因为其框架条件发生了重大变化。立法者试图设计构建公正合理的金融服务机构代理股东规则，并推进发展其他类型的表决权代理的努力，被认为是过于官僚主义而遭受批评。[47] 35

　　为了简化股东代理，也允许**公司提名表决权代理人**（第 134 条第 3 款第 3 句）。针对原来所谓的管理股表决权（上面第二十五章边码 28）可能有的指责，通过援引适用关于信贷机构的规定，被消除了。第 71b 条和第 136 条第 2 款禁止那些在一定程度可能会导致董事和监事自我服务的表决权。[48] 可以按照董事会或者监事会建议（第 135 条第 1 款第 3 句第 2 项）进行表决全权授权，有时候被视为是有问题的，因为这样可能让股

[47]　Schmidt/Lutter/*Spindler*，§ 135 Rn. 70f.

[48]　比较 *Bachmann*，WM 1999，2100；ders.，AG 2001，635；*Habersack*，ZHR 165（2001）172，185；*Zöllner*，FS Peltzer，2001，S. 661.（关于记名股法以前的法律情况）。

东大会的控制作用失去价值。[49] 偶尔使用的 "proxy - Stimmrecht（代理投票权）" 的称呼容易让人误解。因为，美国常有的对董事或者第三人（*Proxies*）的表决授权是建立在不同的法律框架下的，并且受到资本市场法非常详细的规范。[50]

（b）表决权转让

36   此外，股东还可以将股份交给他人，**以让其以其自己的名义进行表决**。这种表决权转让程序在第 129 条第 3 款中获得了间接的承认。第 129 条第 3 款规定要求单独将形式股东纳入参加人名册（上面边码 18）。对于信贷机构，法律将这种行使他人表决权的形式排除在外（第 135 条第 1 款）。只有在记名股情况下才允许银行以自己的名义行使表决权，如果它是作为股东登记于股东名册且股东书面授权其行使表决权的话（第 135 条第 6 款）。这也适用于银行基于公司要求而依据第 67 条第 4 款第 2 句进行登记的情形（下面第三十章边码 3）。

应该将这种情形与法律禁止的将表决权从股份的其他权利中分拆出来（关于分拆禁止，见上面第七章边码 9）的做法分开，但对此因为其近似性也受到批评。[51] 这涉及一个依照民法典第 185 条的模式而进行的授权。由此可见，形式股东行使的是他人的表决权。[52]

5. 表决联合协议

37   通过协议，股东可以约定承担以一定方式进行表决的义务。该义务要么是一般性的，要么是针对具体的事项。**原则上**，这样的协议**是有效的**。[53] 然而，不可以针对这样的一个义务而承诺或提供特别的好处。购买表决权是为法律所禁止的，将作为行政违法行为而被惩罚（第 405 条第 3 款第 6 项）。股东协议约定不可以违背善良风俗或者强制性的股份法基本原则，比如第 136 条第 2 款（比较上面边码 28）。表决联合协议只有**债法性质的效力**。假如一名股东违背其义务而进行表决，其表决仍然是有效的，但他将对协议相对方承担损害赔偿义务。股东大会决议不会因为违反协议而可被撤销。依据民事诉讼法第 894 条提起的履行之诉及其强制执行申请，只涉及表决，而不涉及决议。[54] 但是，这样的情形在股份有限公司情况下只可能有很小的现实意义。股东的表决权行使约定可能会引起归入问题，特别是所谓的 acting in concert（一致行动），见有价证券和企业收购法第 30 条第 2 款和有价证券交易法第 22 条第 2 款。

6. 表决权行使时的内容约束

38   原则上，不存在股东就表决权行使承担责任的问题。虽然股东负有**诚信义务**，但其与合伙法中紧密束缚（上面第七章边码 3 及其后一个边码）是不可比的。股份有限公司

---

[49]   对此比较 *Noack*，NZG 2008，441，443.。

[50]   比较 1934 年的证券交易法第 14（a）部分，即证券交易法第 14 a - 1 - 14 a - 15 条：征集投票代理权时负有广泛信息义务（投票代理权征集）；特拉华州普通公司法第 212 条；*Hüffer/Koch*，§ 134 Rn. 26a；也比较 *Schockenhoff*，NZG 2015，657.。

[51]   *Grunewald*，ZGR 2015，347；*Hüffer/Koch*，§ 129 Rn. 12.

[52]   BGH NJW 1987，780；*Hüffer/Koch*，§ 129 Rn. 12a.

[53]   BGH NJW 1994，2536，2538；对此的一般介绍见 *A. Hueck*，FS Nipperdey，1965，S. 402 ff.；Groß-Komm-AktG/*Röhricht/Schall*，§ 23 Rn. 299 ff.；KölnerKomm-AktG/*Tröger*，§ 136 Rn. 19 f.，114；*Noack*，Gesellschaftervereinbarungen bei Kapitalgesellschaften，1994，S. 66 ff.。

[54]   BGHZ 48，163，173 = NJW 1967，1963；BGH NJW-RR 1989，1056；细节上是有争议的；*Hüffer/Koch*，§ 243 Rn. 8f.；KölnerKomm-AktG/*Tröger*，§ 136 Rn. 148；*Noack*，Gesellschaftervereinbarungen bei Kapitalgesellschaften，1994，S. 70 ff.；关于紧急司法保全，见 *Zutt*，ZHR 155（1991），190.。

中的固定职权分配以及大量匿名股东的存在，是与之存在冲突的（下面第三十章边码
33 及其后边码）。但尽管如此，**多数权的滥用**或者股东**追求特别利益**，也可能导致被涉
及的股东大会决议可撤销（下面边码 40）。通过行使表决权来故意损害股份有限公司，
将导致产生损害赔偿义务（第 117 条第 1 款）⑤，以及由此通过的股东大会决议可撤销
的后果（第 243 条第 2 款）。此外，损害赔偿义务也可能依据一般性的规定而产生，特
别是民法典第 826 条。

六、有瑕疵的股东大会决议——无效和可撤销

在股份有限公司的严格的职权划分范畴内，不仅对于通常事务中的股东大会决议，　　39
比如监事选举或盈利使用，而且更对于基础性的决定（上面边码 6），比如章程修改、
增资或减资、公司变更等，股东大会决议都是重要的组成部分（上面第二十五章边码
10 及其后面边码）。出于法律安全的需要，应该在其法律状态上存在清楚明确的结论。
但是，在股东大会决议遭遇程序瑕疵或者其内容违反法律或章程的情况下，假如可以在
数年之后，从中推导得出股东大会决议无效，是不可承受的。因此，通常应该只能通过
撤销途径，并且应该在很短的期限内主张股东大会决议的瑕疵。这样，假如期限在没有
撤销的情况下而届满，则股东大会决议是最终地确定地有效。然而，这个原则不可能完
全得到贯彻。因为，如果是这样的话，则只要不出现撤销，股东大会就可以不理会所有
强制性的股份法基本原则。在一定的瑕疵情况下，即使没有撤销，股东大会决议也是无
效的。股份法在第 241 条、第 243 条中对可撤销和无效进行了区分。⑤此外，还有不生
效力的决议，比如在股东大会决议还欠缺其他法定生效要件的时候，就像还欠缺登记于
商事登记簿的情形（下面边码 54）。

应该与股东大会决议瑕疵本身相区别的是**个别表决行为的瑕疵**。个别表决行为的无　　40
效只有在其对达到所要求的多数是必要的时候，才会对股东大会决议产生影响。假如存
在这种情况，将无效的表决计算在内，则是一个导致股东大会决议可撤销的程序瑕疵
（下面边码 45）。

对于合伙/公司法的"总论"（上面第一章边码 20）⑤，**决议瑕疵法律**是一个候选性
的组成部分。在有限责任公司法律中，区分可撤销和无效以及将撤销之诉作为形成之诉
来加以处理，得到了承认和贯彻（上面第二十二章边码 17）。与此相反，对于股份有限
公司的其他机关的决议（特别是监事会的决议），法院判决没有采用这种分类（上面第二十
八章边码 36）。可撤销在合伙中也没有获得承认，但这在理论界中存在争议（上面第十三
章边码 12）。与行政行为瑕疵之间存在一定的相似性。在那里，也同样区分无效和可撤
销。仍然继续有争议的是，在诉讼主张时，是否涉及一个统一的带有形成效力的股东大

---

⑤　第 117 条第 7 款规定了关于行使合法化的领导权的例外。

⑥　具有奠基性作用的是 *A. Hueck*，Anfechtbarkeit und Nichtigkeit von Generalversammlungsbeschlüssen bei Ak-
tiengesellschaften，1924；*ders.*，Die Sittenwidrigkeit von Generalversammlungsbeschlüssen der Aktiengesellschaften，
FS Reichsgericht，Bd. IV，1929，S. 167；全面介绍见 KölnerKomm-AktG/*Zöllner*，1. Aufl.，1970 ff.，§§ 241 ff.；
Noack，Fehlerhafte Beschlüsse in Gesellschaften und Vereinen，1989；Großkomm-AktG/*K. Schmidt*，4. Aufl.，§ 241
Rn. 1 f.；8 ff.；关于进一步的发展，见 *Habersack/Stilz*，ZGR2010，710.。

⑤　特别是比如 *K. Schmidt*，§ 15 II；*ders.*，AG 2009，248，252.。

会决议瑕疵之诉[58]，或者无效之诉是否是一种确认之诉的形式。无效和可撤销的起诉条件，是不同的。**在法律政策上**，决议瑕疵法律一方面具有对权利滥用作出反应的特征（下面边码 52 及其后一个边码），另一方面又有使股东权利发挥作用、保护持有异议的占少数的股东以及保持决议瑕疵之诉的普遍调节功能的努力的特征。这导致了法律的修改和重新进行设计构建的其他建议。[59]

1. 无效

41　　股东大会决议的无效，可以由**任何人以任何方式加以主张**。一个特别的起诉是不必要的，但其作为确认之诉（民事诉讼法第 256 条），无疑是被准许的且也为法律所规定（**无效之诉**）。对于这种起诉，假如它是由一名股东、董事会或者一名董事或监事提起的，则相应地适用有关撤销之诉的部分规定（第 249 条，下面边码 49）。撤销之诉也可以以无效理由为其支持基础。[60] 法律在第 241 条中列举了**无效理由**，但部分是通过援引适用。只要不存在明确的特别规定（下面边码 55），则只考虑第 241 条中提到的无效理由。这个规定是**排他性的**和**强制性的**。

（a）无效理由

42　　● 法律明确列举的**资本措施下的违法程序**（第 214 条的开头部分）。

● **召集瑕疵**（第 241 条第 1 项）：违反实质性的股东大会召集要求（例如没有在公司公报上公告，假如依据第 124 条第 4 款，这又是不可或缺的话；没有召集权的人召集股东大会或者欠缺最为基本的陈述说明）将导致在这个股东大会中作出的决议无效。法律借以防止那些没有听说过股东大会的股东遭受突然袭击。因此，如果尽管存在召集瑕疵，但所有的股东都出席了或者被代理出席了股东大会，则不会产生无效的问题（全体股东到会的股东大会，第 121 条第 6 款）。[61]

● **决议制作瑕疵**（第 241 条第 2 项）：原则上，股东大会决议应该以公证的方式制作成文（第 130 条，上面边码 23）。如果欠缺这种文书制作或者它包含有实质性的瑕疵，则导致股东大会决议无效。[62]

● 在非上市公司情况下，如果欠缺私人性质的书面记录或者具有严重的瑕疵，也应该适用相应的规定。[63]

● **非同寻常的内容瑕疵**（第 241 条第 3 项）：与股份有限公司本质不一致的决议，或者通过其内容违反了那些完全或主要是为了保护债权人或其他公共利益而制定的法律规定的决议，无效。有争议的是，这一概念描述表明的是狭义解释还是广义解释。就限制性使用来说，其涉及的是例外性规定。[64] "公共利益"的含义也带有法律政策考虑的特征。

举例： 分配资产负债表上没有反映的盈利；改变股份有限公司机关的基本职权；剥

[58]　Großkomm-AktG/*K. Schmidt*, 4. Aufl., § 241 Rn. 3；BGHZ152, 1＝NJW 2002, 3465：统一的诉讼标的；BGHZ 160, 253＝NJW 2004, 3561：同样的实体目的；BGH NZG 2011, 669：决议瑕疵的诉讼。

[59]　比较 *Arbeitskreis Beschlussmängelrecht*, AG 2008, 617；*Bayer/Fiebelkorn*, ZIP 2012, 2181；*Fiebelkorn*, Die Reform der aktienrechtlichen Beschlussmängelklagen, 2013；*Fleischer*, AG 2012, 765；*ders.*, ZIP 2014, 149；*Schatz*, Der Missbrauch der Anfechtungsbefugnis durch den Aktionär und die Reform des aktienrechtlichen Beschlussmängelrechts, 2012.。

[60]　BGH NJW 1995, 260；BGHZ 152, 1＝NJW 2002, 3465；BGHZ 160, 253＝NJW 2004, 3561.

[61]　举例见 OLG Stuttgart NZG 2013, 1151.。

[62]　BGH NZG 2009, 342, 343-Kireh/Deutsche Bank.

[63]　Hüffer/*Koch*, § 130 Rn. 14 d f.（连同进一步的阐述），§ 241 Rn. 30.。

[64]　比较 OLG München AG2013, 173, 175.。

夺根据员工共同参与决定法参与监事会的权利和义务的章程规定。[65]

● **违背善良风俗**（第241条第4项）：这必须是涉及其在内容上违背了善良风俗。[66]与此相反，如果股东大会决议在内容上是中性的，而对善良风俗的违背仅存在于决议的产生方式、动机或目的（对此，见下面边码44及其后一个边码），则只产生可撤销的问题。由此可见，其事实构成比民法典第138条严格。

● **成功的撤销之诉**（第241条第5项）：基于撤销之诉的通过生效判决进行的无效宣告也导致股东大会决议无效。这可以从第248条中推导得出。

● **官方的注销程序**（第241条第6项）：根据家事事件和非讼事件程序法第398条，商事登记簿上登记的股东大会决议可以被作为无效而由官方主动注销，如果其内容违反了强制性的规定且其注销为公共利益所要求。据此，只有当无效时，登记法院才可以将其注销。具有法律效力的官方注销也将导致股东大会决议无效，即使它在事实上不存在无效的理由。此外，这个规定尤其还将其他情形下存在的无效治愈可能，排除在外。

（b）无效的治愈（第242条）

为了法律的确定性，当股东大会决议登记于商事登记簿时，第241条第1项至第4项情形中的无效就被治愈了。[67]在决议制作瑕疵情况下，仅登记本身就够了（第242条第1款）。而在其他情形下，则必须还有3年期限的届满（第242条第2款）。假如有一个确认无效之诉在期限届满时已诉讼于法院，期限延长到其最终结束时。在期限届满后，能考虑的只有官方注销（第241条第6款）。通过登记申请的治愈，只涉及修改章程的股东大会决议，因为只有它们才登记于商事登记簿。假如登记法院在登记之前已发现决议瑕疵，则应拒绝其登记。成功的登记阻却消除程序，适用特别的规定（第242条第2款第5句，下面边码51）。 **43**

2. 可撤销

其他所有的法律的违反，只能让股东大会决议**可以通过起诉而被撤销**。一个股东大会决议可能同时遭遇多个瑕疵。撤销也可以以一个无效理由为其支持基础（上面边码42）。与此相反，违反股东或公司自身的债法性质的约束（上面边码37），不会导致股东大会决议违反法律或章程。 **44**

（a）撤销理由

依据导致股东大会决议可撤销的违反规则的不同，第243条第1款区分**违反法律**和**违反章程**。而根据事实情况，可以区分程序瑕疵和内容瑕疵。

程序瑕疵例如包括表决时的错误、由未按照规定组成的董事会或者监事会提出表决建议[68]，以及尤其是不正当地依据第131条拒绝提供信息（上面边码20及其后边码）。不是每个程序瑕疵都能导致股东大会决议的可撤销。[69]程序瑕疵必须与决议结果之间存 **45**

---

[65] BGHZ 83, 106, 110＝NJW 1982, 1525；BGHZ 83, 151, 153 ff. ＝NJW 1982, 1530；BGHZ 89, 48, 50＝NJW 1984, 733；相反，一方面比较*Windbichler/Bachmann*, FS G. Bezzenberger, 2000, S. 797，而另外一方面比较Hüffer/*Koch*，§241 Rn. 19f.；也比较上面第二十五章边码19。

[66] 比如已见RGZ 131, 141, 145；146, 385；166, 129, 132；也比较LG Hamburg AG 1996, 233, 234；OLG München NZG 2001, 616；OLG Dresden NZG 1999, 1109.。

[67] 对此的详细介绍见*Casper*, Die Heilung nichtiger Beschlüsse im Kapitalgesellschaftsrecht, 1998.。

[68] BGH NJW 2002, 1128 - Sachsenmilch III；BGHZ 196, 195.

[69] Einzelheiten wie fehlende Tonübertragung in den Catering-oder Sanitärbereich wurden als Beeinträchtigung der Teilnahme instrumentalisiert; die Rspr. hat das zu Recht zurückgewiesen 具体情况如缺乏音频传输在餐饮或者清洁领域被工具化为损害参与，法院判例公正地予以了驳回，比较 BGH NZG 2013, 1430.。

在关联。如果一个客观判断的股东在另外一个程序过程中可能会做出不同的表决，就属于这种情形。这个重要性判断标准最先是针对拒绝提供信息的情形发展起来的，但后来被扩大到了其他的程序瑕疵。[70] 这样，关于表决权多数反正都不会做出其他决定的观点主张，在信息缺失的情形下，就不重要了（比较第243条第4款第1句）。此外，假如公司提供证据证明法律或章程的违反对股东大会决议没有影响，撤销之诉就会败诉。

举例：一个没有表决权的人参与了表决，但所要求的表决多数在没有其投票的情况下也能够达到。

46　　　股东大会决议因违反法律或章程而产生的**内容瑕疵**，比如有违反具体的规定以及尤其是对一般性条款的违背，像平等对待原则（第53a条）和诚信义务（下面第三十章边码33及其后边码）。与此相反，**不存在**一个这样意义上的**一般性的内容审查**，即股东大会决议需要一个在法律上可以事后审查的合理性理由。但是，采用多数原则的基本程序规则，受到上面提到的一般性条款的限制。对表决败北的少数股东的成员身份地位的侵入，则必须满足必要性和恰当性的标准要求（**实质上的决议审查**）。在这里，其具体内容仍然始终有争议。[71] 在任何情况下，法律上的特别规定都具有优先性，比如当法律本身都规定有对股东的侵害时，像在所谓的 *Squeeze-out*（*逐出少数股东*）的情况下那样（下面第三十三章边码19）。

47　　　根据第243条第2款，撤销也可以以此为据，即"一名股东试图在**有损公司或其他股东利益**的情况下利用行使其表决权为自己或他人获取**特别利益**，并且该决议对于实现这个目的是适当的"。但是，如果他向其他股东就其损失提供了一个适当的补偿，并且没有违反法律或者章程，则决议就是不可撤销的（**非阻却效果**）。[72] 该规定被普遍当作为失败的规定而加以批评。[73] 再次需要尊重特别规定的优先性。尤其是对于缔结控制和盈利转移协议以及其他的公司结构改变来说，这是很重要的。对于它们，法律强制性地规定了一个带有特别审查程序的补偿要求（裁决程序，下面第三十三章边码22及其后边码）。只有在没有因为第243条第1款而可撤销的情况下，才需要反过来利用带有补偿条款的第243条第2款。

违反德国公司治理准则，**不是违反法律**，不会导致可撤销。但是，一个不正确的根据第161条所作的符合准则的声明，可以成为针对已经作出了的免责决议的撤销理由。[74] 其他决议，例如选举，是否能因为违反第161条而被撤销，是有争议的。[75] 持反对意见的理由是德国公司治理准则欠缺法规特性。但是，它可能是一个意义重大的信息瑕疵。

在一定情形下，法律明确**将撤销排除在外**。撤销之诉不能以此为其支持基础，即在

[70] BGHZ 119, 1, 18＝NJW 1992, 2760, 2764f.；BGHZ 122, 211, 238ff.＝NJW 1993, 1976, 1982f.；BGHZ 149, 158, 163 ff. -Sachsenmilch III＝NJW 2002, 1128；对重要性理论具有奠基性意义的是 KölnerKomm-AktG/*Zöllner*, 1. Aufl., 1970 ff., §243 Rn. 94 ff.；此外见 Hüffer/*Koch*, §243 Rn. 12 f., 46ff.；因果关系概念（以前的法院判决，比如 BGHZ 122, 211, 238＝NJW 1993, 1976）则不能提供多大帮助，并应该避免。

[71] 论证见 Hüffer/*Koch*, §243 Rn. 21 ff.；MünchKomm-AktG/*Hüffer/Schäfer*, §243 Rn. 44ff.。

[72] BGHZ 103, 184, 193＝NJW 1988, 1579-Linotype；Hüffer/*Koch*, §243 Rn. 31.

[73] Hüffer/*Koch*, §243 Rn. 31, 37；MünchKomm-AktG/*Hüffer/Schäfer*, §243 Rn. 72.

[74] BGHZ 180, 9 Rn. 18＝NZG 2009, 342, 345-Kireh/Deutsche Bank；BGHZ 182, 272＝NZG 2009, 1270-Umschreibungsstopp；Hüffer/*Koch*, §243 Rn. 5；Schmidt/Lutter/*Spindler*, §161 Rn. 64.

[75] 与此相反的是 Hüffer/*Koch*, §161 Rn. 32（连同进一步的阐述）；支持的在基本原则中，OLG München NZG 2009, 508 - MAN；持开放态度的是 BGH Beschl. v. 9. 11. 2009-II ZR 14/09, BeckRS 2010, 14150.。

电子化交流的情况下，股东权利因为技术故障而受到影响，除非存在故意或者重大过失。撤销之诉也不能以此为其支持基础，即信贷机构或股东联合会违反了其依据第121条第4a款，第124a条对股东负担的告知义务（第243条第3款第1项，第2项）。这个错误位于公司影响范围之外。至于对被选举的财务会计审计人员身上存在偏袒忧虑的情形，则应优先让法院依照商法典第318条第3款任命另外一名审计人员来加以纠正（第243条第3款第3项）。关于董事会薪酬体系的决议，只有建议性的意义（第120条第4款第3句）。此外，如果裁决程序法已经为股东争议清偿、补偿和份额兑换关系的适当性提供了审查程序，股东大会决议的撤销也就被排除在外了。撤销的排除，被扩大到涉及补偿适当性的信息问题争议（第243条第4款第2句）。

（b）撤销资格

根据第245条，**每个股东**都有撤销权，但只有在其在股东大会议事日程公告之前已获得股份且在股东大会中就股东大会决议**提出异议并记录在案**的情况下（第1项）。应该尽可能地让公司管理机构立即知道是否应该预计到有股东大会决议的撤销。　　48

没有出席股东大会的股东可以在**没有提出异议**的情况下主张撤销，如果他被非法禁止参加股东大会，或者公司没有按照规定召集股东大会或没有按照规定公告股东大会的决议对象（第2项）。在这些情形下，侵害的是股东参与权。在这一点上，决议是否取决于该股东的投票，是不重要的。在第243条第2款情形下，每个股东都可以在*没有提出异议的情况下主张撤销*（第245条第3项，上面边码46）。

作为公司机关，**董事会**具有撤销权（第4项）。但单个的董事或监事，只有在其因为执行决议而将实施犯罪行为或行政违法行为或者将承担赔偿责任时，才具有撤销权（第5项）。

（c）撤销之诉

股东大会决议的撤销，以向股份有限公司住所所在地的州中级法院起诉的方式进行。它必须在决议之后一个月内提起。**被告人**是股份有限公司。在这种情形下，公司由**董事会和监事会代表**（第246条）。撤销资格是一个有关起诉是否有理的问题。应该在公司公报上（上面第二十六章边码2）公告撤销之诉的提起。如果法院判决支持起诉要求，则宣告股东大会决议无效（第241条第5项）。此类判决是**具有溯及效力的形成判决**。无论是否有利，它都对公司的所有股东和机关发生效力，即使他们不是诉讼当事人（第248条）。除此之外，它还对任何人发生效力。　　49

举例：如果一个关于股息分配的股东大会决议被宣告无效，则没有参与诉讼的股东就不能主张股东大会决议对他有效并以此为由要求分配股息。

法院判决对*所有人*（*inter omnes*）具有形成效力，也适用于确认股东大会决议无效（第249条，上面边码41）。董事会应该将宣告股东大会决议无效的法院判决不迟延地提交给商事登记机关。假如股东大会决议已经登记，也应该登记法院判决（第248条）。除此之外，上市公司还应该在公司公报上公告撤销程序的终止（第248a条）。如果股东大会决议有效形成的前提条件虽已被满足，但股东大会主席宣告股东大会决议没有被通过，则只具有宣告无效作用的撤销判决就无法令人满意。因此，（只有）在这种情形下，才可以将要求确认肯定的决议结果的申请与撤销之诉结合在一起（**肯定的决议确认之诉**）。[76]

---

[76] 主流观点；BGHZ 76，191，197 ff. = NJW 1980，1465；*Zöllner*，Die Schranken mitgliedschaftlicher Stimmrechtsmacht，1963，S. 405 ff.；MünchKomm-AktG/*Hüffer*/*Schäfer*，§248 Rn. 27f.。

对确定**争议标的额**，适用特别的规定，以让股东能够在没有过高费用风险的情况下提起撤销之诉。对此，第 247 条中有详细的规定。

(d) 可撤销决议的确认

50　　对于公司来说，撤销之诉可能会带来具有很大干扰作用的不确定性。尤其是当撤销诉讼程序历经三级法院时，则可能会持续数年。如果股东大会通过一个比如派发股息的决议，该股东大会决议可以被要求撤销。依据第 244 条，股份有限公司可以借此结束由此产生的悬而未决的状态，即股东大会在避免可能存在的瑕疵情况下确认被要求撤销的股东大会决议。通过股东大会确认，撤销之诉在其争议的主要方面就被解决了。[77] 在这里，不存在重新决议的问题。[78] 否则的话，在上述例子中，将可能存在双重派发股息。如果起诉人对此有法律上的利益，即宣告可撤销的决议在直到被确认之前的时间内无效，则他可以为了这个有限的目的而继续进行诉讼（诉讼继续申请，第 244 条第 2 款）。尽管如此，确认的现实意义有限，因为股东大会的确认决议也可能被再次要求撤销。

(e) 登记阻却消除程序

51　　在其生效需要登记于商事登记簿的股东大会决议情况下，悬而未决的撤销程序通常会推迟登记的进行（家事事件和非讼事件程序法第 21 条）。撤销案件的起诉人可能滥用（下面边码 52）此程序。第 246a 条规定的登记阻却消除程序应当可以缓解有关资本措施和企业协议的股东大会决议情况下的阻却影响。这是一个**特别类型的紧急司法保全程序。对此负责**的是公司在此拥有住所地的地区**州高等法院**，而非登记法院。对判决有重大影响的是诉讼的可行性、利益的平衡以及起诉人的 1 000 欧元最低份额。如果股东大会决议依照法院的登记阻却进行了登记，而撤销之诉又事后被证明是有理的，则**股东大会决议**仍然不会被要求**恢复原状**，申请相对方只有一个**损害赔偿**请求权（第 242 条第 2款第 5 句，第 246a 条第 4 款）。

246a 条复制的是改组法第 16 条第 3 款，并在 2005 年通过企业完整和撤销权现代化法引入的。但实践中，登记阻却消除程序同样被证明是费时费力的，因此，立法者在 2009 年的股东权利指令转化法中进行了改进。依据登记阻却消除决议进行商事簿登记，此法律后果改变了决议瑕疵法，而又没有系统性的改革。这一法律状态仍然被认为是不能令人满意的。[79]

(f) 撤销权的滥用

52　　对股东大会决议进行客观的合法性审查，撤销之诉是一个重要的手段。它也是股份有限公司中的一个重要的少数股东保护措施。[80] 但由于仅一个唯一的股份都可以产生撤销权，个别股东可能会在没有什么让人信服的经济利益情况下通过撤销之诉严重影响重要的股东大会决议的顺利实施。经常，也有人以此方式利用撤销之诉，即让大股东、多数股东或其他利益者以支付补偿或者高价收购其股份的方式购买其撤销权。由公司自己向这些"令人厌恶的"股东进行法律禁止的补偿，也不时出现。补救性建议（比如引入最低持股要求、共同代表人起诉或团体起诉），也被（正确地）放弃了。作为成员权利，

[77] BGH NZG 2006，191 - Webac；Großkomm-AktG/K. Schmidt，§ 244 Rn. 15 f.．

[78] BGHZ 157，206＝NZW 2004，1165 - Sachsenmilch V；BGH NZG 2006，191，193 - Webac.

[79] *Grunewald*，NZG 2009，967；*Habersack/Stilz*，ZGR 2010，710；*Hüffer/Koch*，§ 245 Rn. 31；*Verse*，NZG 2009，1127，1131f.；Schmidt/Lutter/*Schwab*，§ 246a Rn. 8ff.，认为这一规定是违宪的。

[80] *Hüffer/Koch*，§ 245 Rn. 3；MünchKomm/*Hüffir/Schäfer*，§ 245 Rn. 5ff.；*Windbichler*，in：Timm（Hrsg.），Missbräuchliches Aktionärsverhalten，RWS-Forum 4，1990，S. 35；*dies.*，FS Buxbaum，2000，S. 617.

撤销权是个体权利。登记阻却（上面边码 51）没有排除撤销权，而是消除这样的权利滥用，即使得在商事登记簿上的登记迟延。

由于存在滥用，立法者通过裁决程序限制了撤销的可能性和由此带来的潜在阻却（上面边码 46，下面第三十三章边码 22）。^㉛ 第 243 条第 4 款的新表述，增大了利用信息权的难度。登记阻却消除程序（上面边码 51）也进而限制了非法起诉或不当起诉情况下的撤销影响，以及那些最小额起诉人，即在他们之下，经济利益远远超过其成员利益。法院早就在一系列的判决中描述了权利滥用的事实构成。假如满足权利滥用的前提条件，则应比照欠缺撤销资格的情形，以起诉没有理由为由驳回撤销之诉（上面边码 49）。^㉜

53

如果股东过分自私自利地想以此来迫使公司向其提供其没有权利要求的给付，则其撤销之诉就是权利滥用。公司为促使股东撤回起诉而提供给付的，尤其违反了第 57 条（下面第三十章边码 20 及其后边码）。在任何情况下，都需要认真考虑具体情况下的具体情形。在一定的情况下，股东可能会让自己依据民法典第 826 条而负有赔偿义务。

3. 不生效力

与无效和可撤销相区别的还有股东大会决议**悬而未决地不生效力**。^㉝ 如果一个股东大会决议虽然没有瑕疵，但其生效还必须有其他因素的介入。这尤其涉及一定股东（特别权利的所有人）或被特别涉及的股东的同意，或者必须要有参与其中的特殊股份类型股东的一个或多个特别决议，比如在股份法第 141 条、第 179 条第 3 款、第 180 条、第 182 条第 2 款、第 222 条第 2 款和第 285 条第 2 款以及民法典第 35 条规定的情形下。不生效力的股东大会决议既不是无效，也不是可撤销。它将随着欠缺部分的介入而完全有效。在此之前，不能登记于商事登记簿。但一个尽管如此而仍然进行了的登记，则可以类推适用第 242 条，即导致其治愈。对其虽不可能提起撤销或无效之诉，但无疑可以依据民事诉讼程序法第 256 条，起诉要求确认其无效。假如同意最终地被拒绝了，或者没有在适当的时间内给出同意，则股东大会决议永不生效。

54

4. 特殊情形

第 250 条至第 261 条包含有关于**监事选举和决算盈利使用**的股东大会决议的无效和可撤销、**实物增资**的可撤销、被确认的**年度财务会计报告**的无效和可撤销以及**因法律禁止的过低估价而进行特别审查**及其法律后果的特别规定（下面第三十一章边码 28 及其后边码）。监事选举决议违反**性别比例要求的**，则决议无效（第 96 条第 2 款第 6 句）。

55

㉛ 关于其作用从经验上的见 *Bayer/Hoffinann/Sawada*，ZIP 2012，897.。

㉜ 具有领头作用的判决是 BGHZ 107，296＝NJW 1989，2689 - Kochs Adler；对于通过和解结案的问题，见 *Timm*，ZIP 1990，411；此外，见 BGH NJW 1990，322 - DAT/Altana I；BGHZ 112，9，30＝NJW 1990，2747；BGH AG 1991，102，104-SEN；NJW 1992，569-Deutsche Bank；AG，1992，448.。

㉝ BGHZ 15，177，181＝NJW 1955，178；BGHZ 48，141，143＝NJW 1967，2159；*Casper*，Die Heilung nichtiger Beschlüsse im Kapitalgesellschaftsrecht，1998，S. 37 f.；*Noack*，Fehlerhafte Beschlüsse in Gesellschaften und Vereinen，1989，S. 12 f.

第三十章 ▶
股东的法律地位

一、成员身份的取得

1. 原始取得和继受取得

股份（上面第二十五章边码6及其后边码）可以通过**公司设立时的股份认购**（第2条和第29条，上面第二十六章边码3）或**事后增资时的新股认购**（第185条，下面第三十二章边码19和21）而**原始取得**。但更为常见的股份取得是从现有股东处**继受而来**。继受取得一般是通过**法律行为的转让**（这尤其发生在上市公司情况下）或者概括继受（比如在继承的情形下）。

只要已经交付股票，**股份转让**就得按照**有价证券法的基本原则**进行。股票是有价证券（上面第二十五章边码8）。权利被票证化了。在这里，也就是成员权利被票证化了，它由各自当时的票证所有人享有。依据动产所有权转让规定，包括从非权利人处的善意取得（民法典第929条及其后条款），通过**转让股票所有权**的方式来转让**不记名股**。在现今的银行交往和股市交易形式下，尤其是在混藏保管和非实物化的证券交易结算形式下，交付的替代形式发挥着非常重要的作用。占有的公开功能广泛地被记账过程所取代。①

记名股是先天的**指示票证**，而非真正的有价票证法意义上的记名票证（不可转让的票证）。也就是说，它们不能像票据那样通过背书（更准确地讲，通过意思表示一致和交付载有背书的票证）来转让（第68条第1款）。通过没有形式要求的让与声明（转让）进行转移，也是可能的。假如记名股载有一个空白背书，则它就具有了银行保管和上市交易的能力（汇票法第13条第2款，第14条第2款）。

成员身份票证化到有价证券，曾经是很有意义的，因为这事实上使得股份的可转让性变得很容易。最初，股票作为有价证券在证券交易所事实上可以进行交易。这可以采用实体法上的（无财产的）转让形式，其不存在转让相关联的不确定性（民法典第398条及其后条款）。有价证券保管法对所谓的无实体转让的细节进行了规定。对于国际有价证券交易来说，中央证券托管条例（欧盟第909/2014号条例）统一了实质性的发展

---

① 比较有价证券获取和保管法（1995年1月1日公开的版本，BGBl. I S. 34）及随后的修改。

步伐。按照证券交易所的位置，需要建立使参与交易成为可能的中间步骤，对于德国股票在美国例如美国存托凭证（ADR）。在第三人（尤其是金融服务机构）介入的情况下，大多都会在转移和保管股份时将其公司法上的成员身份计入经济意义上的所有者名下（比较第 70 条，第 128 条第 1 款，第 129 条第 3 款以及上面第二十九章边码 33 及其后边码）。因为股票凭证日益让位于更具有象征意义的全球的或者综合的凭证，其只服务于交存的目的。在跨国业务往来中，债法模式是更有效率的，电子的辅助工具使交流过程和转让过程都变得更加容易[2]，单个的股票凭证，也就失去了意义。[3]

2. 相对于公司的股东合法性

通过股份转让，股份的取得者获得了全部的成员权利。但为了行使这些权利，他还必须要能够证明其是股东，比如要参加股东大会（上面第二十九章边码 17）。在此过程中，又必须要区分不记名股和记名股。　　2

在**不记名股**情况下，与所有的不记名票证情况下一样，股票的占有，就使得其具有合法性。只要股份有限公司不能证明其欠缺所有权，则谁占有股票，谁就被视为股东。谁丧失了股票，谁就不能再主张权利，只要丢失的股票没有在公示催告程序中被法院宣告失效（第 72 条）。在实践中，负责的托管机构将向股东签发比如参加股东大会所需的证书（第 123 条第 3 款第 2 句）。

在**记名股**情况下，不依赖于票证，**股东名册上的登记**，使其具有合法性（第 67 条第 2 款）。记名股股东负有这样的义务，即让自己登记在一个由股份有限公司自己或委托他人按照商法典第 239 条第 2 款和第 4 款规定的基本原则制作的名册上。股东名册并不是公开的（比较第 67 条第 6 款）。只有他才可以行使股东权利，比如参加股东大会。股份有限公司可以因拖欠出资而追究作为股东登记的人的责任。对于公司认为是错误的登记，只有在其事先告知参与人并且他们中没有一个人在为其规定的适当期限内提出反对的情况下，公司才得将其注销（第 67 条第 5 款）。应该将股份的转让告知股份有限公司并提供证明。参与其中的信贷机构有义务向公司提交必要的说明（第 67 条第 4 款第 1句）。对于股份的获得，股东名册的变更没有**生效性的意义**。因此，可以将合法性和股票的所有进行分解，而这有时候是有意识这样做的，有时候是因为技术原因而不可避免的。法律在第 67 条第 4 款第 2 句到第 7 句中对此进行了考虑。如果记名股的获得者没有被登记到股东名册中，这样，股份出卖者的注销将导致股东名册的不完整。因此，金融服务机构有义务按照公司的要求，让自己作为替代者登记于股东名册（第 67 条第 4款第 5 句）。但这个登记不会带来表决权，比较第 135 条第 6 款。[4]　　3

在**不记名股**情况下，股份有限公司不能确切地知道目前谁是股东。出于保障股东参与关系的透明需要，有价证券交易法第 21 条及其后条款对获得或者失去上市公司中超过一定表决权门槛（3％）的股份参与规定了告知义务。而在非上市公司情况下，第 20 条第 1 款要求对拥有 25％份额的股东或者多数控股的参与进行告知。承担告知义务的人是当时的经济上的所有人。在通过信托方式登记的记名股情况下，也是如此。违反报告义务的，不能行使表决权（有价证券交易法第 20 条第 7 款，第 21 条第 4 款，第 28 条）。

② Baumbach/Hopt/*Kumpan*，HGB，2. Teil（13）DepotG Einl. Rn. 5f.；Großkomm-AktG/*Mock*，§10 Rn. 23；*Micheler*，Wertpapierrecht zwischen Schuld-und Sachenrecht，2004；Schmidt/Lutter/*Bezzenberger*，§68 Rn. 13f.

③ 真实地出示凭证的股票交易被称为"场外交易"。根据 BFHE 195，40，45f＝NJW 2001，2997，单单是场外交易这一事实，尚不足以证明有避税的嫌疑。

④ BGHZ 182，272 Rn. 8f. ＝NZG 2009，1270-Umschreibungsstopp；*Goette*，GWR 2009，459.

由于记名股起初运行笨拙，灵活的不记名股在德国长期占据统治地位。但由于记名
股在国际上广泛普及并且能让公司与其股东建立更好的联系（"*investor relations*"）以
及新技术的发展，记名股也得到了较大的推广普及。为了顾及这一点，立法者修改了第
67 条和第 68 条。灵活性以及还有匿名性，可以通过将受托人登记于股东名册的方式来
实现，如果章程同意的话（第 67 条第 1 款第 3 句）。⑤ 这样，股份有限公司当然也能确
定地通过信托方式持有的份额（第 67 条第 4 款第 2 句）。匿名性在法律政策上越来越不
可取，也是因为其与洗钱和资助恐怖主义相关联。因此，2016 年的股份法改革在第 10
条中声明将记名股作为一般情形来看待（上面第二十五章边码 8）。

3. 被限制转让的股份

章程可以由此来限制记名股（不可以是不记名股）的**可转让性**，即要求有**公司的同
意**（第 68 条第 2 款）。法律禁止以其他方式限制股份自由转让原则。⑥

同意转让由**董事会**作出。但章程可以规定，在内部关系中先由监事会或股东大会就
同意转让这一决定的作出进行决议。同意转让，原则上处于董事会或内部关系中负责的
机关的自由裁量之下。但章程可以规定可以拒绝同意的理由。假如在没有这样的理由情
况下拒绝同意转让的，出卖人就可以起诉要求其同意。在**股东负有从属义务的股份有限
公司**（第 55 条）或赋予一定的股份有派遣监事的权利（第 101 条第 2 款）的情况下，
股份的**转让限制是必要的**。假如事后通过章程修改引入股份转让限制，则必须有所有被
涉及的股东的同意（第 180 条第 2 款）。

4. 自身股份的取得

原则上，法律**禁止**股份有限公司自己取得自己的股份。与资本指令（上面第二章边
码 29）相一致，法律**排他性地列举了例外情形**（第 71 条及其后条款）。取得自身股份
将给股份有限公司带来危险，因为在经济上，这与返还出资相对应（因此，第 57 条第
1 款第 2 句中规定了法律准许取得自身股份的例外情形）。在公司取得仅部分缴付出资
的自身股份情况下，其剩余出资请求权将针对公司自己并基于混同而灭失。这两者都与
注册资本缴付和维持原则（上面第二十五章边码 5，第二十六章边码 3 和边码 14 及其后
边码）不一致。因此，在法律准许取得自身股份的大多数情形下，取得的并仍处于股份
有限公司占有之下的股份总额都不可以超过注册资本的 10%。这些股份必须是已完全
支付了的（第 71 条第 2 款第 3 句）。除此之外，公司还必须有取得自身股份所需的足够
资金，即在能够自由支配的公积金中所放置的资金（第 71 条第 2 句）。法律规定还应当
顾及取得自身股份所带来的危险。更多的法律修改，扩大了例外情形的事实构成，也使
其更加现代化了。⑦

在历史上，持有自身股份过多（有时超过 50%）的危害性主要表现在 1930 年的经
济危机中的灾难性后果。这尤其是发生在银行情况下（比如达姆施塔特州银行的倒闭）。
自那时起，有关公司取得自身股份的规定就一再被修改和强化。另一方面，在许多国家
中，作为调整资本和分配的变种形式，公司回购股份属于有效的公司法措施。在那里，
可赎回股份（*redeemable stock*）被作为特别的股份类型而让人熟知，其在一定条件下将

⑤　这一评价在法律事实上是有争议的，比较 Großkomm-AktG/*Mock*，§ 10 Rn. 24ff. m. w. N.。
⑥　BGHZ 160，253＝NJW 2004，3561.
⑦　关于发展，见 Schmidt/Lutter/*Bezzenberger*，§ 71 Rn. 11 ff.。

由公司回购。[8]

此外，公司购买自身股份，让董事会由此操控股份市价成为可能，如果其利用公司资金购买股份，以支撑其不断下跌的市价。股份有限公司还将遭遇进一步的双重损失，因为它不仅导致财产减少，而且自身股份的价值也会缩水。如果公司向具有巨大影响力的个别股东高价购买其股份，则还会危及债权人。在这里，除了注册资本遭受侵害外，还出现了因为优待个别股东而损害其他股东的后果（第 53a 条）。在上市公司情况下，这一般会涉及法律禁止的内部交易（欧盟第 596/2014 号条例第 8 条，第 14 条）。只要公司管理机关还能通过公司自身股份在股东大会中施加影响的话，更将与股份有限公司机关之间的强制性职权划分背道而驰，并且可能会巩固经营不成功的管理者的地位。

（a）例外情形的目录

根据第 71 条第 1 款，股份有限公司可以取得自身股份，　　　　　　　　7

● 假如它是为**避免一个严重的**迫在眉睫的**损失**所必要的（第 1 项）。

举例：只有通过取得自身股份的方式才能够从债务人那里获得清偿。与此相反，不可以为了一般的股份市价维护或者为了避免股东遭受损害的目的而取得自身股份。为购买滥用权利的股东之诉的目的而取得自身股份（上面第二十九章边码 52 及其后一个边码），或者为了抵制收购要约（有价证券和企业收购法第 33 条第 1 款），也是不允许的。

● 假如取得股份是为了提供给公司或关联企业的员工购买的目的（第 2 项）。[9]

● 在不同的**公司结构调整措施**之后，为了**向股东提供补偿**（第 3 项；第 305 条第 2 款，公司控制和盈利转移协议；第 320b 条，公司并入；改组法第 125 条第 1 句结合第 29 条第 1 款以及第 207 条第 1 款第 1 句）。在这里，就像在第 2 项情况下的一样，只是涉及一个过渡性的股份取得。

● 在**无偿取得公司股份**以及进行**代购委托**的情况下（第 4 项）。在这里，股份有限公司无须使用自己的资金。

● 通过**概括继受**（第 5 项；继承，合并），或者是以依据减资规定进行的股份注销为目的（第 6 项），因为，这些规定已经足够保障所有参与人的利益了（下面边码 11，第三十二章边码 41 及其后边码）。

● 作为**信贷机构或金融服务机构**，公司将自身股份纳入其有价证券交易，并且已获得股东大会的决议允许以及**交易存量**不超过注册资本的 5％（第 7 项）。

● 基于一个适用期限最长不超过 5 年的且所包括的最高数额不超过注册资本 10％的**股东大会授权**（第 8 项）。股东大会可以详细规定取得股份的目的，但不能是交易股份的目的。这并不排除公司将取得的股份再次出卖。在经济上，这具有"暂时减资"的效果。股份的出卖具有如同利用核准资本的作用。[10]因此，法律强调有关排除优先认股权的规定和平等对待原则。公司可以将取得的股份注销（关于资本措施，见下面第三十二章边码 41 及其后边码）。

在第 1 项、第 2 项、第 4 项、第 7 项和第 8 项中，所涉及的股份必须是已经完全缴付出资的股份（第 71 条第 2 款第 3 项）。注册资本 10％的门槛（上面边码 6），不适用

---

[8] *Davies*，Principles，Rn. 13-9；*Last*，Der Erwerb eigener Aktien als Ausschüttungsinstrument，2006；可赎回股票也可以用于为了进行危机控制的（暂时的）国家参与。

[9] 关于劳动法和公司法各自就发行员工股的前提条件之间的相互作用，见 Windbichler，Anm. zu BAG SAE 1991，292.。

[10] Hüffer/*Koch*，§71 Rn. 19 c ff.（连同进一步的阐述）。

于无偿取得、概括继受取得以及为实施代购委托和注销股份目的而取得股份。

（b）违反和规避

8 　　违反这些规定而实施的**债权行为**（购买），是**无效的**。与此相反，股份的**所有权转移是有效的**（第 71 条第 4 款）。但股份有限公司有义务在一年之内将违法取得的股份再次出卖，否则就必须将其注销（第 71c 条第 1 款，第 3 款）。注销按照第 237 条进行（下面第三十章边码 9）。从无效的原因行为中不产生履行请求权，故股份取得价款的支付是法律禁止的出资返还，并且会引起第 62 条规定的返还请求权。根据第 93 条第 3 款第 3 项，董事应承担损害赔偿义务。此外，违反这些规定而取得自身股份的，是第 405 条第 1 款第 4 项意义上的行政违法行为。

　　对于**从属公司**或股份有限公司在其之中拥有多数参与的**企业**以及通过第三人为股份有限公司或其从属企业的利益**取得**控股公司的股份的情形，适用相应的规定（第 71d 条）。这两者都是为了防止规避法律禁止规定。第 71a 条同样禁止其他**规避行为**。第 71e 条将接受自身股份的抵押与其取得等同对待。

（c）合法取得股份的法律后果

9 　　股份不会灭失。作为公司和法人，股份有限公司是如此得独立，以至于可以持有自身的股份。这一点不同于合伙。但在**自身股份之上**，股份有限公司**不享有权利**（第 71b 条）。与自身股份等同对待的是由从属公司或公司在其之中拥有多数参与的企业持有的或者由第三人以信托方式持有的公司股份。因此，公司没有表决权、盈利份额分配权以及清算结余份额分配权。然而，公司也没有义务，比如无须向其支付股息。其股息份额将被分摊给其余股东。自身的股份应在资产负债表中公开和进行中立性的记账（商法典第 272 条第 1a 款）。[11]

（d）认购禁止

10 　　第 56 条**禁止**股份有限公司**原始取得**自身股份，比如通过增资时的认购或者来自可转换债券。[12] 但这在公司利用自己资金增资的情况下不适用。因为，对此不涉及资金募集，而仅涉及资产负债表的内容调整（第 215 条第 1 款，下面第三十二章边码 34 及其后边码）。禁止公司在其为募集资金而增资时认购自身股份的规定，也适用于从属公司或公司在其之中拥有多数参与的企业认购公司股份的情形（第 56 条第 2 款）。第三人也不可以为股份有限公司的利益而原始取得其股份，否则必须接受以自己的名义取得股份的结果（第 56 条第 3 款）。

二、成员身份的丧失

11 　　股东地位将因为**股份转让**（上面边码 1）、**开除、注销**（宣告失效）和**股份有限公司的终止**而结束。股东的死亡也将导致成员身份的结束。股份可以继承并归入遗产。开除在出资缴付迟延的情况下是可能的（失权处分，下面边码 31）。此外，基于一个最少拥有 95% 的公司股份的股东要求，可以通过股东大会决议开除少数股东（逐出少数股东；股份法第 327a 条及其后条款，下面第三十三章边码 17 及其后边码）。只有在减资框架下才允许股份的注销（下面第三十二章边码 42）。既不可能由股份有限公司一方，

---

[11]　所谓的"净的结果"，通过 2009 年的会计法现代化法被引入；Schmidt/Lutter/*Bezzenberger*，§ 71 Rn. 56ff.。
[12]　比较资本指令（第二号指令）第 20 条（上面第二章边码 28）。

也不可能由股东一方进行股东身份的解除。因为，这将导致注册资本的非法减少。因此，股东也不能单方面地放弃成员身份。离开公司的通常途径是出卖股份。确保股份的可流通性以及通过市场程序形成价格，是资本市场法的规范对象。特别重要的公司结构措施将导致少数股东退出权的产生，并为法律所特别规范，比如第 305 条规定的签订公司控制和盈利转移协议的情形（下面第三十三章边码 15）。

股份是不可分割的（第 8 条第 5 款），也就是不能部分出让的。但法律允许在一个未分割的股份上设立权利共同体（比如以民事合伙形式）。通过修改章程，可以对股份进行重新划分。[13]

三、股东权利

对于股东的权利和义务，普遍适用**同等对待原则**。该原则在德国股份法中很早就被承认是一个普遍的法律原则，并且在资本指令通过之后由第 53a 条明确确定。它要求公司在同等条件下同等对待股东。客观上证明合理的区别对待，并没由此被排除在外。禁止的是任意而专横的区别对待。[14]假如在具体情况下，受到不利对待的人表示同意，就不适用它了。章程在法律允许的框架下确定一些不同的股份类别，是没有疑问的。在作为纯粹的公司的股份有限公司情况下，依照资本参与的金额来进行同等对待。[15]其内容上违反同等对待原则的股东大会决议，是可撤销的（上面第二十九章边码 46）。

12

1. 成员权利

股东以其作为成员的身份而享有权利。这个**团体法视角**对于作为公司法的股份法有着重大的影响。与此相反，就其角色而言，资本市场法视股东为投资者。尽管如此，成员权利也包含有保护投资者的因素，而资本市场法也会利用成员身份手段（比如通过取消投票权，有价证券交易法第 21 条，以及作为惩罚性措施的权利丧失，有价证券交易法第 28 条）。[16]

13

应该与成员权利相区别的是股东与股份有限公司之间的其他的法律关系，特别是协议关系（所谓的**第三人性质的业务**）。对于来自这样的法律关系的权利，人们将其称为团体外的权利或者**债权人的权利**。应该将它们**严格地区别于成员权利**。对于它们，适用有关法律关系的一般性规定。它们不受股份有限公司领导，也不只受公司法调整。从成员权利中，可能会给股东带来债权人的权利。一般性的成员股息分配权和来自该分配权的针对特定年度的公司确认了的股息债权，就是一个例子（下面边码 18 及其后边码）。

人们至少可以将**成员权**分为**两种类型**：一般性的成员权利和特别权利。假如后者由整个一类股东享有，则可以将其称为居中的或**第三种类型的**类别股股东优先权（比较第

---

⑬　所谓的股票分割，上市公司存在采取小额股份的趋势，比较上面第二十五章边码 31。

⑭　BGHZ 33，175 = NJW 1961，26；*Bachmann*，ZHR 170（2006），144；*G. Hueck*，Der Grundsatz der gleichmäßigen Behandlung im Privatrecht，1958；*Wiedemann* I，§ 8，II 2；在例外情况下，允许进行不一样的股息分配（BGHZ 84，303＝NJW 1983，282，案件涉及因要维护税负共同受益而要求实行最高盈利分配限制的公司）。

⑮　BGHZ 70，117，121＝NJW 1978，540；这也适用于像表决权、股息分配权等所谓的主要权利。但与此相反，在比如参加股东大会、发言权、信息权等所谓的辅助性权利的情况下，适用按照人头计算的同等对待原则。详细介绍见 Hüffer/*Koch*，§ 53 a Rn. 6 ff.。

⑯　关于公司法与资本市场法的关系，阐述已在上面第一章边码 6（连同进一步的阐述），第二十五章边码 34；关于成员身份受宪法保护以及股份作为财产标的的问题，见 *Schön*，FS Ulmer，2003，S. 1359（连同进一步的阐述）。

11 条）。

　　（a）一般性的成员权利

14　　　　原则上，一般性的成员权利由所有股东同等享有。只要它们不是建立在强制性的法律基础上，比如表决权（第 12 条第 1 款，但比较上面第二十九章边码 27），就处于公司章程的设计构建之下。但其设计构建的发挥空间，受到股份法不可由章程处置原则（第 23 条第 5 款）的限制（上面第二十六章边码 2）。如果要改变建立在章程基础上的成员权利，则需要一个正式的章程修改。

　　（b）特别权利

15　　　　在具体情况下，特别权利的概念富有争议。只有将**个别股东享有的优先权**称为特别权利，才是合理的。

　　　　举例：优先股息权，清算时的高分配份额的权利，向监事会派遣监事的权利（第 101 条第 2 款）。

　　　　依据民法典第 35 条，在没有权利人同意的情况下，股东大会不可以通过决议侵害这类优先权。一个违反民法典第 35 条的股东大会决议，不是可撤销（上面第二十九章边码 44 及其后边码），即不可以基于股东的沉默而产生法律效力，而是悬而未决的不生法律效力，即只有在股东明确同意的条件下才能获得法律效力（上面第二十九章边码 54）。

　　（c）类别股东权利

16　　　　那些不为个别股东享有的，而是为整个**一类股东**享有的权利，构成了一个特别的类型。这类股东的股份也就依照第 11 条而自成**一类**（上面第二十六章边码 2）。最重要的情形就是被赋予了一个优先股息权并为此排除表决权的**优先权股**（第 139 条及其后条款，上面第二十九章边码 27）。根据民法典第 35 条，如果要废除或限制类别股东的优先权，则需要相关种类股份的所有股东同意。这将由此使重新设计构建这种法律关系在现实上几乎成为不可能。因此，法律规定，类别股股东可以以复杂多数通过特别决议的方式来作出同意，以取代其具体股东的同意（下面第三十二章边码 6）。在一类股东之内，即对于同类股东相互之间的关系，同样也适用同等对待原则（第 53a 条，上面边码 12）。

　　2. 依照内容和功能进行的分类

17　　　　**参与管理权**，也被称为参与权，包括比如有参加股东大会的权利（上面第二十九章边码 17）、询问权（上面第二十九章边码 20 及其后边码）、表决权（上面第二十九章边码 26 及其后边码）等。**财产权**首先是盈利份额分配权（下面边码 18）、优先认股权（下面第三十二章边码 22）和按比例分配清算结余的权利（上面第二十六章边码 42）。**保护性的权利**，有时候也被称为第三类权利。[17] 参与权一般也具有保护性的功能，甚至有时还居于重要地位。但保护性的权利，比如要求委任特别审查人的权利（第 142 条第 2 款），始终还具有一个（间接的）监控功能，因而是公司治理（*Governance*）的组成部分。[18] 这些权利有时受到这样的束缚，即其主张需要满足一定的最低股份数量的要求（**少数股东权利**，下面边码 25）。

　　3. 特别重要的权利：股息权

　　（a）决算盈利份额分配权

18　　　　原则上，每个股东都享有股息权（**盈利分配权**）。在没有明确规定的情况下，**按照注册资本上的份额**来进行股息分配（第 60 条第 1 款）。进行偏离性的规定，是可以的（第 60 条

---

⑰　Schmidt/Lutter/*Spindler*，§ 142 Rn. 1.

⑱　*Kübler*/*Assmann*，§ § 14 III 2, 3 b, 15 II 1.

第3款），尤其是**优先权股**情况下的优先股息分配请求权（第139条及其后条款），但也可以在公益性的公司情况下将盈利分配权排除在外。通常，**股息采用现金形式**。假如章程有相应的规定，股东大会也可决议分配**实物股息**（第58条第5款）。[19]

假如所有股份上的出资不是同等地被缴付，股东优先获得其已缴付出资的4%，只要可分配的纯盈利是充足的（第60条第2款）。这个规定就是基于客观理由而对同等对原则进行差别处理的例子。[20]

（b）股息支付请求权

应该与股息分配权相区别的是来源于其的针对特定年度的**具体请求权**。作为独立的权　　19
利，股息支付请求权随着股东大会就盈利使用进行决议而产生（第174条）。从这个时刻开始，该请求权由各个股东按照其应得的金额作为**债权人的权利**而享有。法律剥夺了股东大会再次对它施加影响的可能性，并且可以独立地转让该权利。

为了简化股息支付请求权的转让，公司可以针对具体年度发行特别的盈利份额票证**(股息票证、息票)**。涉及后继间段息票的可更新票证，叫做**息票票根**。对于股份请求权的证券化，股东在对成员身份证券化享有请求权的同样范围内享有请求权（第10条）。由于证券化在整体上逐渐衰落（上面边码1，第二十五章边码8），息票也逐渐丧失了意义。

（c）受决算盈利的限制

只可以从年度财务会计报告确认的决算盈利中进行股息分配（第57条第3款）。因此，　　20
承诺给付确定的股息，也是法律禁止的（第57条第2款）。由于受到决算盈利的限制，会计制作法律的修改（下面第三十一章边码5及其后边码）也间接影响到可分配的盈利。法律规定将盈利分配限定于财务会计报告证实的盈利范围内，同时也包含了严格**禁止**以成员身份为基础（*societatis causa*）的其他支付，特别是**禁止隐形的盈利分配**。

在第三人性质的业务框架下进行的给付，是合法的（上面边码13）。隐形的盈利分配可以存在于公司在没有适当对价的情况下向股东提供给付的情形中。[21] 相对于有限责任公司（上面第二十二章边码33，第二十三章边码19及其后一个边码），它在禁止隐形的盈利分配问题上充分体现了股份有限公司严格的资本维持制度。在税法上，不禁止隐形的盈利分配，而只是将其如同盈利分配那样对待，尽管它是以经营费用的形式出现。现实中，特别重要的是股份有限公司向股东提供借贷，尤其是在企业集团中向母公司的所谓的资金池（*cash-pools*）提供资金（比较上面第二十章边码10）。它们可能会被归入第57条第1款。[22] 根据第57条第1款第3句，只要公司向股东提供的给付有一个**足值的清偿请求权或对价请求权**与之相对应，就不是法律禁止的出资返还（关于有限责任公司，比较上面第二十三章边码20）。

第59条规定，公司可以在业务年度结束后以预计的决议盈利为基础支付**预期股息**。　　21
这是为了顾及这种情况，即等到股东大会通过盈利使用决议时，大多要经历一个较长的时间。该规定是烦琐而复杂的，并且其现实意义很小。在其他国家，尤其是在美国，通

---

[19] 关于实物股息的意义和应用情形，见 *Lutter/Leinekugel/Rödder*，ZGR 2002，204。像众多外国法律一样，资本指令（第二号指令）允许采用实物股息。现实中尤为重要的提供股份，也包括提供子公司的股份；有家啤酒企业（Walder Bräu AG，Königseggwald）提供啤酒作为股息，http://www.walder braeu.de/brauerei/brauereiaktie/ [20.2.20 17]。

[20] *G. Hueck*，Der Grundsatz der gleichmäßigen Behandlung im Privatrecht，1958，S.202 ff.；*Hüffer/Koch*，§60 Rn.1.

[21] 举例：BGH NZG 2011，829 - Dritter Börsengang；对此见 *Fleischer/Thaten*，NZG 2011，1081.。

[22] Bürgers/Körber/*Westermann*，§57 Rn.25ff.；*Habersack*，ZGR 2009，347；*Mülbert/Leuschner*，NZG 2009，281；Schmidt/Lutter/*Fleischer*，§57 Rn.38ff.，46ff.

常存在**季度股息**。而根据德国法律采用季度股息，是**不可能的**。在法律政策上，季度股息是否真正能让股份更有吸引力，是令人怀疑的。因为，在股份广泛分散且通常被划分为很小份额的情况下，不但只能支付很小金额的季度股息，而且会导致很高的费用。

(d) 不当收取的股息

22 　　关于非法给付的后果，很久以来都是有争议的。涉及隐形的盈利分配的**协议**和其他给付，被认为是**无效的**（民法典第 134 条），根据主流的但是有争议的观点，**处分行为**也是一样。根据最新的观点和判决，**无论负担行为还是处分行为**，在违反股份法第 57 条的情况下，都是**无效的**。给付应该根据第 62 条予以返还。[23] 这个**股份法性质的返还请求权**，比单纯的不当得利请求权强大得多。依据第 62 条第 2 款，只要债权人不能从公司处获得清偿，则他也可以主张公司的请求权。对于善意情况下的以股息名义取得的款项，则股东无须返回（**善意股东保护**）。其结果，如果年度财务会计报告证实存在一个决算盈利，股东可以不加怀疑地让公司向其支付股息，除非他知道或者因过失而不知道财务会计报告是不正确的（第 62 条第 1 款）。[24]

(e) 盈利使用的基本原则

23 　　原则上，作为"剩余财产所有人（*residual owners*）"的股东对决算盈利享有请求权（上面第二十五章边码 17，第二十七章边码 23 后面部分），但只有在法律、章程或者股东大会决议或董事会和监事会没有规定不要将其分配给股东的情况下（第 58 条第 4 款）。经济意义上的"剩余财产所有权"是通过公司法来传递表达的。法律规定是以没有企业能够放弃公积金为出发点的。因此，公司管理机构可以在没有股东大会同意的情况下依照商人判断提取公积金。但另外一方面，公司管理机关不可以扣留股东过多的盈利。股东大会几乎可以在任意的范围内放弃盈利分配，决议将全部盈利或者其大部分放置于公积金之下。对于这样的股东大会决议，简单多数就够了。

　　关于盈利使用的规定是否导致产生了一个适当的利益平衡，是有争议的。[25] 公司管理机关大多对能够增大其活动空间的企业自我融资感兴趣。这促使了公司管理机关通过利用会计制作的自由裁量权来操纵公司的盈利计算（比较下面第三十一章边码 8）。对于具有企业经营利益的大股东来说，盈利分配也经常是次要性的。

24 　　提取一定数额的**法定公积金**，是**强制性的**（第 150 条，下面第三十一章边码 11 及其后一个边码）。只有针对股东大会确认年度财务会计报告（下面第三十一章边码 23）的情形，**公司章程**才可以规定要求从年度盈余中提取一定数额的**其他盈余公积金**（第 58 条第 1 款；对此，见商法典第 266 条第 3 款 A 项 III 4）。这个数额最多可以占到年度盈余的 50%，但事先应该从年度盈余中扣除要提取的法定公积金数额和亏损结转数额。

　　假如董事会和监事会确认年度财务会计报告（通常都是如此，第 172 条），它们自己可以决定提取其他盈余公积金直到年度盈余的 50%（第 58 条第 2 款第 1 句）。章程可以授权董事会和监事会将更大或更小的年度盈余份额划入盈余公积金（第 58 条第 2 款第 2 句至第 4 句）。在一定的前提条件下，第 58 条第 2a 款提供了提取其他的盈余公积

[23]　BGHZ 196，312；Schmidt/Lutter/*Fleischer*，§ 57 Rn. 73ff.（连同进一步的解释）。

[24]　不同的是在有限商事合伙情况下（商法典第 172 条第 5 款，上面第十七章边码 20）：要求双重善意；再次又不同的是在有限责任公司情况下（有限责任公司法第 31 条第 2 款和第 3 款，见上面第二十三章边码 21）。

[25]　Hüffer/*Koch*，§ 58 Rn. 2f.；Münchkomm-AktG/*Bayer*，§ 58 Rn. 18 ff.；Schmidt/Lutter/*Fleischer*，§ 58 Rn. 3ff.；Spindler/Stilz/*Cahn/v. Spangenberg*，§ 58 Rn. 4ff.；关于股息政策的意义，见 KölnerKomm-AktG/*Drygala*，§ 58 Rn. 14ff.。

金的可能性。

根据第 58 条第 3 款，**股东大会**可以在**盈利使用决议**（第 174 条第 1 款）中将更多的金额纳入盈余公积金或者提取盈余储备。假如章程对此没有规定，由股东大会自由裁量决定。这样的一个决议受到第 254 条规定的特别的**撤销之诉**的约束。但此种撤销之诉只能提供一个微不足道的少数股东保护（下面第三十一章边码 33）。如果公司章程明确授权，股东大会也可以决议不提取公积金，而是将其用于其他用途或者分配给股东（第 58 条第 3 款第 2 句），比如用于公共目的。

四、少数股东权利

股东大会之内或之外的一定的股东权利，受到要满足一定股份**数额**要求的约束。数额门槛各不相同。它可能是**注册资本的一个份额**、（股东大会中）所代表的注册资本的一个份额、**注册资本的一定股份金额**、一定的股市市价，或者**它们的结合**。最低数额要求可以由一名股东满足，也可以由为了行使权利而共同行动的多名股东一起满足。此外还有持有期限要求，就是说，股东必须证明，其持有股份已经有了一定的时间。一方面，数额要求增大了权利行使的难度，而另外一方面，它也是为了防止权利的滥用（比较上面第二十九章边码 48，边码 52 及其后边码）。此外，对于达到少数股东权利门槛的人来说，这意味着一定的影响力（上面边码 17）。着眼于多种多样的事实状况，法律上的典型化规定必定只是一个粗糙的规定，相应地也备受争议。

在登记阻却消除程序中，最低的门槛值是**1 000 股的注册资本**（第 246a 条第 2 款第 2 项门上面第二十九章边码 51），之后是注册资本的 1％或者 10 万股（第 142 条第 2 款和第 148 条第 2 款，特别审查和起诉许可程序；上面第二十七章边码 38 及其后一个边码）。对于要求召集召开股东大会，需要有注册资本的 5％（第 122 条第 1 款，上面第二十九章边码 9）。拥有注册资本 5％或者 5 万股的股东有权要求法院就特别审查中的会计特定估价进行决定（第 254 条第 2 款）。可以用注册资本的 10％阻止公司放弃制作康采恩财务会计报告（商法典第 291 条第 3 款第 2 项）。股东大会中所代表的注册资本的 10％可以影响监事选举建议的表决顺序（第 137 条）。建议选举一名最近 2 年内是董事的人员到监事会中，需要拥有对公司超过 25％的表决权（第 100 条第 2 款第 1 句第 4 项）。要求就董事和监事的免责进行分开表决（第 120 条第 1 款第 2 句，上面第二十九章边码 3）或者就主张公司的赔偿请求权任命特别的代表人（第 147 条第 2 款，上面第二十七章边码 38），需要注册资本的 10％或者 1 百万股。对于任命另外一名财务会计报告审计人员的提议，商法典第 318 条第 3 款（上面第二十九章边码 47）要求 5％的表决权或者注册资本，或者 50 万欧元的股市市值。这是不寻常的，因为对财务会计报告审计人员提出异议是一个成员身份性质的少数股东权利。在公司法中，这些权利是按照股份参与规模来计算的，而不是按照（不断变动的）股市价值。在资本市场法中，如果参与一个上市公司而享有 3％的表决权，就负有告知义务（有价证券交易法第 21 条第 1 款），即它就有可能对市场施加重大影响，因而应该公开。从 10％的门槛开始，购买方承担这样告知义务，即告知其追求的目的和资金来源（有价证券交易法第 27a 条）。

在**持有股票的时间要求**上，呈现出了一个类似的多种多样的领域。对于撤销权来说，根据第 245 条第 1 项和第 3 项，必须在公开股东大会议事日程之前就取得了股份。类似的在登记阻却消除程序中，第 246a 条第 2 款第 2 项要求最短持有时间（上面第二十九章边码51)。第148条第1款第2句第1项（起诉允许程序）要求在违反义务被知晓前的时刻就享有成员资格。根据第122条第1款第3句，对于召集要求，持有股份90天是必需的，而对于申请法院指定专项审计人员则是3个月（第142条第2款第2句）。

在法律明确规定的强制提供信息（第132条第2款）和撤销权（上面第二十九章边码48）情形中，存在针对公司的**股东单独起诉权**。除此之外，股东单独起诉权还存在于股东作为债权人和股份所有人而享有权利的情况下。与此相反，法律没有一般性地规定股东在公司内部关系事务中的起诉可能性，其要么来自自身的权利，要么来自衍生的权利。对于严重侵害成员权利的情形，法院判决承认股东有权起诉要求确认其违法，在一定条件下，甚至是起诉要求停止公司业务以及恢复原状。但其轮廓依旧模糊不清。[26]股东单独起诉权逐渐成为不适当的保护和监控手段，尤其是其打破了职责分配在组织中所实现的复杂平衡（上面第二十五章边码43及其后一个边码）。[27]

五、股东的义务

1. 主要义务：出资的缴付

28 通常，股东只有一个唯一的重要义务，即**缴付**其认购的**出资**（第54条第1款）。对于每个**原始取得**成员身份的人来说，该义务是**不可或缺的**。不认购出资义务，就没有人可以成为发起人或者获得增资情况下的股份。**免除**这个义务，是**不可能的**（第66条第1款第1句）。免除股东出资缴付义务的股东大会决议，是无效的。这同样也适用于股东与股份有限公司之间的免除协议。用其他的给付形式取代出资义务的履行，也是法律禁止的（第54条第2款，上面第二十六章边码15）。同样被禁止的是股东进行的抵销（第66条第1款第2句）。但股份有限公司一方可以进行抵销，只要股东对公司享有足值的债权。

这些规定是为了保障**注册资本缴付和维持原则**（上面第二十五章边码5），因而是**强制性的**。与其相对应的是同样是强制性的**返还出资禁止**（第57条第1款）。它是这个规定的有效补充，即只可以向股东分配决算盈利（第57条第3款，上面边码20）。关于出资义务的履行，见上面第二十六章边码6和边码14及其后边码。没有完全缴付出资的股份，必须是记名股份（第10条第2款，上面边码5和边码3）。应该在股票上记载已缴付的出资部分。这样，股份取得人才能够知道仍涉及他的出资义务的数额。还未缴付的现金出资，应该依照章程的规定缴付。章程可以将要求缴付出资的任务交给董事会。

29 对于股东来说，从有关出借给公司的借款（**股东借款**）的规则当中虽**不能产生额外的义务**，但无疑可以产生法律上和经济上的强烈束缚（比较上面第二十四章边码16及其后边码，关于有限责任公司）。在**破产情形**下，来自这样的借款的债权，将是**次位性的**，除非股东的股份参与只有10%或更少或者是涉及公司重整情形（破产法第39条第1款第5项，第4款）。截止申请开始破产程序前一年内发生的借款**返还**，都是**可撤销**

㉖ BGHZ 83，122＝NJW 1982，1703 - Holzmüller；BGHZ 136，133，140＝NJW 1997，2815 - Siemens Nold；BGHZ 164，241＝NJW 2006，374 - Mangusta Commerzbank（也包括出于法律状况确认的需要）；系统化的见 Spindler/Stilz/*Casper*，Vor §§ 241 ff. Rn. 1 ff.；也比较 BVerfG NZG 2011，1379.。

㉗ 比较 Spindler/Stilz/*Casper*，Vor §§ 241 ff. Rn. 29.（连同进一步的阐述）：没有普遍的合伙之诉。

的（破产法第 135 条第 1 款，撤销法第 6 条）。

（a）范围

出资义务的金额（第 54 条第 1 款）至少要达到股份面值或注册资本分担到各个无面额股上的金额。法律**禁止低于票面价发行股份**（第 9 条第 1 款，上面第二十六章边码 3）。在**溢价发行**（第 9 条第 2 款）的情况下，提高的不是注册资本的数额或者股东的参与份额。将多出的金额（Agio/**升水**[28]或者 Aufgeld/**溢价**）记于资本公积金科目下（商法典第 272 条第 2 款第 1 项，下面第三十一章边码 11）。

（b）对拖欠出资的责任

出于保障注册资本缴付的需要，法律对拖欠出资规定了严格的责任。它甚至可能导致迟延股东的开除（第 64 条，上面边码 11）。这些规定只涉及现金出资，而不涉及实物出资（上面第二十六章边码 14 及其后边码），并且也仅涉及记名股，因为在完全缴付出资之前不可以发行不记名股。抛开减资情形不看，法律**不允许免除**这一责任（第 66 条）。

● 每个迟延的股东都必须从公司催缴无果之日起支付 5% 的**利息**并**赔偿**其他**损失**（第 63 条第 2 款）。

● 股份有限公司可以通过起诉和强制执行的方式强制股东缴付出资。但是，公司也可以在**失权程序**中开除股东。为此，公司应该为迟延股东设置一个期限并同时警告他，即在这个期限届满之后丧失其股份以及已履行的出资。关于期限的设置，应该在公司公报上公告三次（第 64 条第 2 款）。假如该期限无果而终，通过公司公报上的公告，迟延股东的股份以及在其之上已履行的出资就"被宣告丧失了"（第 64 条第 3 款）。股票凭证将因此而无效。作为其替代，公司发行新的股份（第 64 条第 4 款）。

● 如果被开除的股东有**前手**，该前手将自此开始承担**从属性的责任**（原先的物主，第 65 条），只要他在股东名册上被登记过。为此，谁出卖一个还未完全缴付出资的股份，谁就应该预计到，他仍有可能在申请将股份转让登记于股东名册起两年内被追究责任。假如前手支付了拖欠的金额，则他就取得了成员身份并得到新的股票。

● 如果股份有限公司也不能从前手那里获得支付，则就应该不迟延地按照股市市价出卖股份或者将其公开拍卖（第 65 条第 3 款）。通过支付购买价款，买受人成为股东。假如出卖股份获得了一个比其欠缴的出资还要高的金额，则由股份有限公司获益。相反，如果出卖价款比它低，则由被开除的股东在此范围内继续承担责任。

2. 从属义务

除缴付出资外，股东**不再承担其他义务**。这样的义务也不能由章程或股东大会决议设立。与有限责任公司（上面第二十二章边码 38）相反，尤其**不能确定一个追加出资义务**。第 55 条提供了**唯一的一个例外**：章程可以对转让受限制的记名股所有人规定一个重复性的不以货币形式存在的给付义务（**股东负从属给付义务的股份有限公司**，第 55 条）。为了保护未来的股份取得人，公司章程应该规定要提供的给付是有偿的，还是无偿的。

这个规定与历史上的甜菜种植需求相对应。过去，甜菜种植者联合起来，以共同设立糖厂并承担将其甜菜供给该厂的义务。人们之所以要为此选择股份有限公司的形式，

㉘　来自意大利语的 aggio 和 aggiungere，即额外增加。

而不选择合作社的形式，是因为在合作社的形式下，不能排除成员的退出。㉙

3. 诚信义务

33   对于股东是否负有一般性的诚信义务，过去长期存在争议。㉚ 最初，根本没有这种思想，因为作为匿名的投资者，股东相互之间没有特别的信赖关系（上面第二十五章边码 14）。一种在其方式和范围上能与合伙情况下的诚信义务（上面第七章边码 3 及其后边码）相对应的诚信义务，是不适合于股份有限公司的。那种在劳动及责任共同体中建立起来的人身联结，在股份有限公司情况下通常不存在。现今，人们在结果上承认应该在一般性的诚实信用基本原则（民法典第 242 条）之外承认存在具有**不同功能**的诚信义务。但在总体上，需要克制和谨慎，以防止侵害到股份法上的严格的职权划分和组织结构（比较上面第二十五章边码 42）。㉛

关于诚信义务的理论根据，与一般的权利滥用理论根据相互交错。在任何情形下，重要的都是要对案例类型进行必要的界限划分。在内容上，应该按照成员权利的类型进行区别对待，尤其是要区别涉及公司利益的权利和股东自利性的权利。此外，还取决于公司和股东的类型，比如涉及的是否是一个家族公司或公众性公司（**真实结构**）。诚信义务是一个一般性的规定。这不是没有危险的。首先，股份法针对多数权滥用和其他侵害性影响设置的专门的保护机制，应该具有优先性，尤其是同等对待原则（第 53a 条）和关联企业法上的法律规定。例如，不可以借助诚信义务的帮助，对股东大会决议进行任意的实质审查及导致多数决定原则的废除。㉜ 在案例解析时，应该注意到这一点，并且必须具体提到诚信义务的相关问题领域、范围和内容。㉝

（a）相对于公司

34   原则上，不存在这种意义上的诚信义务，即股东对股份有限公司负有积极作为的义务。假如股东只是收取其股息，而不再在其他方面关心股份有限公司的命运，也没有违反其在公司法上的义务。㉞ 对董事会和监事会故意施加侵害公司利益的影响，即使是通过行使表决权，也会导致损害赔偿义务（第 117 条第 1 款，上面第二十七章边码 42）。

㉙　比较 OLG Celle NZG 2003，184 中的案件事实。

㉚　对此具有奠基性作用的是 *Fechner*，Die Treuebindungen des Aktionärs，1942；*A. Hueck*，Der Treuegedanke im modernen Privatrecht，1947；*Mestmäcker*，Verwaltung，Konzerngewalt und Rechte der Aktionäre，1958，S. 209 ff.；*Zöllner*，Die Schranken mitgliedschaftlicher Stimmrechtsmacht，1963，S. 335 ff.；*Lutter*，ZHR 153（1989），446；*Hüffer*，FS Steindorff，1990，S. 59；Großkomm-AktG/*Henze/Notz*，4. Aufl.，Anh. § 53 a. 联邦普通法院在其早期判决中否认股东承担一般的诚信义务（BGHZ 9，163；14，38；18，350，365＝NJW 1955，1919；BGH AG 1976，218＝JZ 1976，561 - Audi/NSU m.（abl.）Anm. *Lutter*）。*Flume*，Juristische Person，§ 8 I；Großkomm-AktG/*Meyer-Landrut*，3. Aufl.，§ 1 Anm. 34；Baumbach/Hueck/*Hueck*，Vor § 54 Rn. 11. 新的法院判决肯定了股东的诚信义务（BGHZ 103，184，194 f.＝NJW 1988，1579 - Linotype；BGHZ 127，107＝NJW 1992，3167，3171 - IBH/Scheich Kamel；BGHZ 127，107，111＝NJW 1994，3094 - BMW；BGHZ 129，136，142 f.＝NJW 1995，1739 - Girmes）；BGHZ 142，167＝NZG 1999，1158-Hilgers；理论界支持这类法院判决，但在细节上有众多的不同之处。

㉛　Großkomm-AktG/*Henze/Notz*，4. Aufl.，Anh. § 53 a Rn. 97；KölnerKomm-AktG/*Drygala*，§ 53a Rn. 81 a. E.，98f.；Schmidt/Lutter/*Fleischer*，§ 53a Rn. 42：“分寸感”是必需的。

㉜　比较 BGHZ 103，184，194 f.＝NJW 1988，1579 - Linotype；*K. Schmidt*，§ 28 I 4 b（S. 801）。

㉝　*Martin Weber*，Vormitgliedschaftliche Treubindungen，1999，S. 69 ff.（关于“正在疯狂野生繁殖的案件材料”的分类和具体化，见 S. 156 ff.）；举例见 *Lettl*，Fälle zum Gesellschaftsrecht，2008，S. 113。

㉞　关于股东作为投资者，见 *Mülbert*，Aktiengesellschaft，Unternehmensgruppe und Kapitalmarkt，2. Aufl.，1996，S. 88 ff.；关于“理性的冷淡/冷漠”，见 *Bachmann*，AG 2001，635，638；*Cheffins*，S. 62. 主张在非常特殊的例外情形下承认股东负有促进义务的是 Großkomm-AktG/*Henze/Notz*，4. Aufl.，Anh.，§ 53 a Rn. 81 ff.；Schmidt/Lutter/*Fleischer*，§ 53 a Rn. 58，（分别连同举例）。

假如股东是一个控制企业，则它不是必须要放弃对从属公司实施不利影响，只要它在同一个业务年度内想办法补偿了从属公司（第311条）。[㉟] 对于团体法对股东行为提出的其他要求，应该根据所给出的具体的事实情况的类型来加以区别对待，比如股东竞争利益的后置。[㊱] 诚信义务有时也被作为股东权利行使的范围限制来使用，比如撤销之诉（上面第二十九章边码52及其后一个边码）。

（b）股东相互之间

在法院判决和理论界中，诚信义务总是被作为行为标准或者**多数权**行使的**边界限制** 35 来使用。多数权要么是通过多数股东行使，要么是通过一类股东行使。大股东（如同还有拥有多数的种类股东）必须在实施其影响力时（在股东大会中以及以其他的方式）顾及公司的利益和少数股东在成员身份上的利益（但不是公司之外的利益）。[㊲] 由此可见，诚信义务具有保护少数股东的功能，但不以此为限。**少数种类股股东**或者**单个的股东**也不可以过分自私自利地行使其参与管理权，比如用一个可阻止决议的少数份额来阻碍公司进行必要的和可行的重整。[㊳]

（c）违反诚信义务的法律后果

违反诚信行为的法律后果，根据其背景情况而变化。在股东大会中，违反诚信而作 36 出的**投票**是**无效的**。[㊴] 这是否为决议的可撤销提供依据，就取决于此，即这一投票对于决议结果是否是至关重要的（上面第二十九章边码39，边码45）。撤销决议优先于公司的**损害赔偿**。后者只能在故意的情况下才能被主张（第117条第1款第1句）。受到侵害的股东要求赔偿的是超过公司的和由此带来的参与价值降低的损失，因此不包括间接的和**反射性的损失**。违反诚信而提起决议瑕疵诉讼，是没有理由去支持的（上面第二十九章边码53）。

㉟　根据 *Zöllner*，ZHR 162（1998），235，241 ff.，相似的 *Tröger*，Treupflicht im Konzernrecht，2000，S. 211ff.，成员身份性质的诚信义务并没有受到第311条的限制；在那里，通过对规则的批评引发了其与法律的紧张关系；不同的观点见 Emmerich/*Habersack*，§24 Rn. 28. 总体上讲，有关企业集团中的企业经营行为的法律框架还不甚令人满意（比较 Windbichler，FS Ulmer，2003，S. 683；dies.，in：Hommelhoff/Hopt/v. Werder，Handbuch Corporate Governance，2003，S. 605）。

㊱　Steindorff，FS Rittner，1991，S. 675，685，689 ff.；BGH NZG 2008，831.

㊲　BGHZ 103，184，194 f. = NJW 1988，1579 - Linotype；BGHZ 142，167，169 = NJW 1999，3197，3198；Großkomm-AktG/*Henze*/*Notz*，4. Aufl.，Anh. §53 a Rn. 63 ff.

㊳　BGHZ 129，136，142 f. = NJW 1995，1739 - Girmes；OLG München GWR2014，106；*Guntz*，Treuebindungen von Minderheitsaktionären，1997（法律比较视角）；Hüffer! Koch，§53a Rn. 20；*Seibt*，ZIP 2014，1909.。

㊴　Schmidt/Lutter/*Fleischer*，§53a Rn. 63.（连同进一步的阐述）。

第三十一章 ▸
年度财务会计报告、财务会计报告审计和盈利使用

文献资料：关于商法典第 238 条及其后条款和股份法第 150 条及其后条款的评论注释。

关于会计法的一般性介绍：Baumbach/Hopt/*Merkt*，Einl v §238；*Jung*，Handelsrecht，11. Aufl.，§§29ff.；*Roth/Weller*，Handels-und Gesellschaftsrecht. Rn. 597ff.；Wiedermann/Fleischer/*Wedemann*，Teil C.。

关于会计审计报告：*Hennrichs*，ZGR 2015，248；*Hopt*，ZGR 2015，186.。

欧洲的和国际上的会计制作：Beck'sches IFRS-Handbuch，5. Aufl.；*Buchholz*，Internationale Rechnungslegung，11. Aufl.；*Dettmeier/Pöschke*，JuS2007，313，*Grundmann*，Europäisches Gesellschaftsrecht，§§14 ff.；*Habersack/Verse*，Europäisches Gesellschaftsrecht，§9；*Hennrichs/Kleindiek/Watrin*（Hrsg.），Münchener Kommentar zum Bilanzrecht；*Heuser/Theile*（Hrsg.），IFRS-Handbuch，5. Aufl.；*Kalss/Klampfl*，Rn. 255ff.；*Pellens/Fülbier/Gassen*，Internationale Rechnungslegung，9. Aufl.；*Pöschke*，ECFR 2012，51；*Strampelli*，ECFR 2011，1.。

一、概览

1. 功能

1   假如法律不想办法**规范决算盈利的计算**，公司法上的**资本维持原则**（即致力于让股份有限公司完整地维持一个与其注册资本相对应的财产，上面第二十五章边码 5）以及关于禁止在决算盈利之外向股东进行其他支付的规定（第 57 条第 3 款），就不会有效果。有关**年度资产负债表**（下面边码 9 及其后边码）的规定就是服务于这个目的。年度资产负债表与**损益表**（下面边码 14）和**附注**（下面边码 15）一起构成**年度财务会计报告**（商法典第 242 条第 3 款，第 264 条第 1 款第 1 句）。此外，还有**公司形势报告**（下面边码 16）。这些规定比那些对所有商人适用的规定严格。后者也因此对普通商事合伙和有限商事合伙适用（上面第十三章边码 20 及其后边码）。年度财务会计报告应该由独

立的**财务会计报告审计人员**审计（下面边码 18 及其后一个边码）。此外，法律规定要求**公开**财务会计报告（下面边码 24）。对会计制作规定的违反，有的构成刑事违法，有的构成行政违法（商法典第 331 条及其后条款，股份法第 400 条及其后条款，刑法典第 283 条及其后条款中的破产犯罪行为）。

除此之外，会计制作一般还有其他的不同功能（上面第一章边码 7）。目前，这些功能往往提出彼此矛盾的要求。为此，根据各自追求的目的不同，存在不同的会计决算、会计制作规则以及其公开义务。企业经常需要就同一个时期制作多个会计决算，或者至少要就一种会计决算向另外一种会计决算的转化提供转化计算。整个会计领域处于持续不断的发展变化之中。此外，企业经营和企业融资国际化、监管的行业差异以及具体的（丑闻）事件都是其驱动力。对会计制作的要求，会计审计和公开都是公司治理的要素，这不能单纯地用法律规定来涵盖。① 在这个过程中，不能撇开而不去考虑软法（*soft law*）与私法性质的标准制定者。这符合国际上相互依赖的现状，因为没有一个国际立法者并且国际法上的条约也只有有限的功效，而其实践经验则获得了巨大的重要性。

与确认破产事由和资不抵债（上面第二十四章边码 6，第二十六章边码 35）的特殊任务相对应，**关于资不抵债的会计决算**是一个特别的资产负债表。它不是从年度资产负债表中发展而来的。② 与此相反，**税负会计决算**则表现出与商事会计决算有着明显的亲缘关系。它追求一些相似的目的，比如可分配盈利的确定，即根据公司的贡献能力来征税。因此，它是建立在商事会计决算基础上的（标准性原则，个人所得税法第 5 条第 1 款，公司所得税法第 8 条第 1 款）。与此不同，投资者和债权人往往对此有着巨大的利益，即对企业经济情况和未来的盈利能力进行评估。而这仅仅借助于上一个会计期间的盈利来进行判断，是不可能的。在没有透明的会计制作情况下，也无法实现对公司管理机关的监控。股份有限公司通常并非完全自己独自从事经营活动，而是大多还要借助于其参与企业和关联企业（上面第二十五章边码 15 和边码 17）。为此，还必须制作一个特别的会计报告，**即康采恩财务会计报告**。在这里，信息提供居于重要的地位，有时还有国际上的可比较性。这涉及公司法与资本市场法之间的交叉重叠领域（上面第一章边码 6，第二十五章边码 18）。商法上的规定也不断以是否涉及以资本市场为导向的企业而加以区别对待。此外，**资本市场法上的公开义务**，也涉及信息的提供。但除了会计制作上重要的事件外，它还包括其他事实（尤其需要比较有价证券交易法第 15 条，第 21 条及其后条款，第 37v 条及其后条款，欧盟第 596/2014 号条例第 17 条）。无论如何，对于定位于资本市场的企业来说，会计报告审计是全世界通用的基石（上面第二十五章边码 35）。关于会计审计的对象和范围以及审计人员的独立性和责任的讨论，是国际性的题目。会计审计和会计报告公开具有多种监控作用，因而是公司外部治理的组成部分（上面第二十五章边码 40 及其后一个边码）。

2

---

① 比较上面第一章边码 7、边码 14 和边码 17，第二十五章边码 35；*Kübler/Assmann*，§19；GroßKomm-AktG/*Hopt/Roth*，§111 Rn. 439；财务会计报告审计人员作为公司治理的第三个支柱；*Grundmann*，Europäisches Gesellschaftsrecht，Rn. 495；审计作为欧盟公司的核心部分；*Hennrichs*，GmbHR 2011，1065；涉及金融市场，见 *Höfling*，Gutachten F zum 68. Deutschen Juristentag，2010，S. F 33ff.；*Nonnenmacher*，FS Ballwieser，2014，S. 547.。

② BGHZ 146，264＝NZG 2001，361 m. Anm. *Habersack/Mayer*；Henssler/Strohn/*Arnold*，§19 InsO Rn. 3ff.

2. 法律渊源

3　　**商法典**规定了有关**股份有限公司年度财务会计报告**的规定（对所有商人适用的规定是商法典第 238 条及其后条款，而对公司补充适用的规定则是商法典第 264 条及其后条款）。在**股份法**中，有补充性的规定（第 150 条及其后条款）。在税法争议中，依据标准性原则，有时也需要澄清商事会计法上的问题。因此，对于商法典的解释，财政法院判决也具有重要的意义。然而，有人为此批评指出，税法不遵循债权人保护原则。③ 商法典一再转化实施不同的多次修改过的**欧盟指令**。**康采恩财务会计报告**最初于 1965 年被引入股份法，它现今也在商法典中规范（商法典第 290 条至第 315a 条，第 325 条第 3款）。**国际财务报告准则**④规定，定位于资本市场的母公司有义务按照国际会计制作标准（IAS/国际会计准则，IFRS/国际财务报告准则）制作康采恩财务会计报告（下面边码 40 及其后一个边码）。

4　　在法律中，包含有部分**会计制作基本原则**。习惯法、法院判决和商业习惯等补充了商法典的规定（商法典第 243 条第 1 款：正当作账原则）。除此之外，还有私法性质的高度专业的组织机构制定的规则成果。在国家层面上，它们是德国经济审计师学会（IDW）和德国会计制作准则委员会（DRSC），而在国际层面上，则是国际会计准则委员会（IASB）。⑤ 国际会计准则委员会制定的**关于康采恩财务会计报告的规则（IAS/IFRS）**具有约束力，其由欧盟在一个特别的程序（**Komitologiever fahren，欧盟专家委员会程序**）中签署接受了（*endorsement*，**认可**）。⑥ 除此之外，国际证监会组织（IOSCO）的推荐，也增加了标准的分量。⑦ 由于美国资本市场在全球是至关重要的以及资本市场法以市场所在地为准，在那里上市的企业截至 2007 年年底必须依照**美国通用会计准则（US-GAAP）**⑧ 制作会计决算或进行会计决算转化计算。现在，美国证券交易委员会也认可国际财务报告准则会计报告，当然只是那些根据"原有的"（没有通过欧洲认可程序加以改变的）国际财务报告准则制作的报告。⑨ 让会计制作准则彼此相互适应的努力，仍在进行中，但仅仅是吃力地往前推进。

国际财务报告准则条例适用于发行有价证券的企业康采恩会计报告。该条例委托成员国规定要求单独财务会计报告也采用国际会计准则/国际财务报告准则。德国立法者没有选择这一可能性。依照商法典的规定进行单独财务会计报告，商法典在这方面转化

---

③　BFH（GrS）DStR 2000，1682；*Crezelius*，ZIP 2003，461；*Staub/Pöschke*，§238 HGB Rn. 2f.，§242 Rn. 2，14；由于商事会计法应该与指令一致，财税法院有时必须向欧盟法院提起与征税有重大关系的前置问题，比如 EuGH JZ 2003，413m. Anm. *Luttermann*-BIAO。

④　第 1606/2002 号欧盟条例及后续修改。

⑤　德国审计研究会（http://www.idw.de/idw［24.4.20 17］）是一个审计人员自愿组成的私人性质的联合会；德国会计制作标准委员会（http://www.drsc.de/service/index.php［24.4.2017］）被联邦司法部认定为商法典第 342条意义上的会计制作委员会；国际会计准则理事会（http://www.ifrs.org/Pages/default.aspx［24.4.20 17］）是审计人员团体的一个国际联合会；比较 Baumbach/Hopt/*Merkt*，§238 Rn. 11，§342 Rn. 3.。

⑥　随同文件的签署，欧盟委员会就赋予那个由私人性质的标准制定者制作的规则条款以法律效力（国际财务报告准则条例第 3 条）；*Kalss/Klampfl*，Rn. 297；关于法律属性，见 *Schön*，BB 2004，763，766f.。

⑦　国际证监会组织（International Organization of Securities Commissions），http://www.iosco.org/［24.4.20 17］。

⑧　美国的通用会计准则；美国的会计制作规则有许多的渊源且各自具有不同的约束位阶。在现实中，具有决定性意义的那些公司上市需要遵守或者监督机构（美国证券交易委员会）要求适用的规定（狭义的美国通用会计准则）。标准制定者是财务会计准则委员会（FASB，http://www.fasb.org/horne［24.4.2017］）。对此比较 *Born*，Rechnungslegung international，5. Aufl.，2007，S. 325 ff.，331 ff.。

⑨　SEC Release No 33-8879 vom 21.12.2007，https://www.sec.gov/rules/final/2007/33-8879.pdf［24.4.20 17］.

实施了第 2013/34 号指令（以前是第 4 号指令，上面第二章边码 28）。非上市公司可以依照国际财务报告准则制作康采恩财务会计报告（商法典第 315a 第 3 款）。为实现公开信息的目的，所有公司都可以按照国际财务报告准则制作财务会计报告（商法典第 325 条第 2a 款）。然而，将一个为其他目的设计构建的会计规则作为公司盈利分配的基础，是糟糕的。贸易差额向来只是有限地反映经济状况的一个指标，并且首先要查明哪些盈利可以被分配或者以其他方式被使用。因此，商法典财务会计报告（特别是在国外）被认为是不透明的和不清楚的。如今，商法典尝试在分配功能和信息功能之间建立一种折中以及减轻企业的成本负担。[⑩] 与会计制作标准国际化问题紧密相连的是有关会计审计人员的标准、任命、监督以及责任的问题。[⑪]

二、根据商法典的会计制作

　　商法典对股份有限公司年度财务会计报告进行了规范调整。后者**对公司资本维持规定和盈利使用具有决定性的意义**。表面上，年度资产负债表好像是一个现有财产的记录，即资产和负债的记录。但它不是单纯的财产平衡表。除了信息功能的加强外，**盈利查明平衡表**中决定性的仍然是贸易差额。这同样适用于损益表（第 158 条）。法律有目的地规定，资产和债务、支出和收益是否以及如何进行计价。法律希望借此限制股息分配，从而保障**债权人的利益**以及还有**企业的持续发展**。但另外一方面，**股东**对适当分享企业盈利的合法**利益**也受到保护。因此，法律为了利润分配将特定科目排除在外；提取隐形的储备的可能性，被逐渐压制（下面边码 8）。因为，公司管理机关不然就可能越过第 58 条剥夺股东大会（也就是股东）对可分配盈利进行处分的权利，进而不适当地扩大自己经营管理的活动空间。[⑫]

　　在 1985 年的年度财务会计报告指令实施法将会计法从股份法中移到商法典的过程中，只是很小地改变了这一极其谨慎的思想。尽管第四号指令遵循英美的真实和公允视角原则（true and fair view），但商法典第 264 条第 2 款没有非常清楚地贯彻实施这个原则，并且只要求参见附注中的补充说明。[⑬] 随后的修改，加强了财务会计报告法律的信息功能；公开义务得到了强化。**依照公司规模，分等分级提出要求**（商法典第 267 条）。以资产负债表总额、销售额和雇佣员工为标准，区分微型、小型、中型和大型的公司。

5

---

　　⑩　会计法现代化法政府法案，BT-Druckss. 16/10067，第 1 页："因此，会计法现代化法的目的是，使可靠的商法典—会计法继续发展成为一个可持续的和与国际会计准则相称的健全的，但费用更合理且更简单的选择。不放弃商法典—会计法的基石（商法典—会计法仍然是支出计算和税收上收益确定的基础）和目前的会计通用原则的体系。"关于支出和信息的平衡表的紧张关系（涉及债权人保护），见 *Haaker*，ZGR2010，1055.。

　　⑪　对此见（新版的）财务会计报告审计人员指令（欧盟第 2006/43 号指令其随后的修改）；第 537/2014 号欧盟条例；2016 年 5 月 10 日的财务会计报告审计人员改革法（APAReG）；2016 年 5 月 10 日的财务会计报告审计人员监督法（AReG）；*Hennrichs*，ZGR 2015，248；Hopt，ZGR 2015，186；关于与公司治理的关系，见 Hommelhoff/Hopt/v. Werder（Hrsg.），Handbuch Corporate Governance，2. Aufl. 2009，S. 563；*Quick/Turley/Willekens*，Auditing，Trust and Governance，2008.。

　　⑫　股东试图通过第 131 条规定的信息权途径（见上面第二十九章边码 20 及其后边码）获得有关隐形储备的具体信息。宪法法院拒绝受理对同意不提供信息的法院判决提起的宪法申诉（BVerfG NJW 2000，129＝NZG 2000，194 - Scheidemandel II）。从宪法上讲，这是应该赞同的，但其裁定的理由论证并不成功；比较 *Schön*，FS Ulmer，2003，S. 1359，1378 f.。

　　⑬　对此及连同进一步的阐述见 Baumbach/Hopt/*Merkt*，§264 HGB Rn. 12ff.；也比较 EuGH Slg. 2003 1＝JZ 2003，413 - BIAO.。

　　在年度财务会计报告的制作、审计和公开上，法律授权中型或更小的公司进行简化处理，但上市公司始终被作为大型的公司来看待（商法典第 267 条第 3 款第 2 句）。下面，原则上以大型的股份有限公司为基础。

　　1. 会计原则和估价

6　　年度财务会计报告（资产负债表、损益表和附注）应该符合实体上的**正当作账原则**（商法典第 243 条第 1 款，商法典第 246 条第 2 款）。[14] 居于首要地位的实体原则是**完整性原则**（商法典第 246 条第 1 款）和**连续性原则**（商法典第 246 条第 3 款），而形式原则是**清楚明了原则**（商法典第 243 条第 2 款）。如果年度财务会计报告是**依照规定**制作的，它就是"正确"的。应该如此制作年度财务会计报告，以至于它能够整体上在这一规则框架下就股份有限公司的财产、财务和盈利状况提供一个符合实际情况的概览（商法典第 264 条第 2 款）。商法典第 247 条、第 266 条、第 275 条的科目分类规定以及清楚明了要求（商法典第 238 条第 1 款第 2 句）和原则上的抵销禁止（第 246 条第 2 款）等规定都是服务于这个目的。只要存在不同的科目分类和估价可能性，出于时间上的可比性需要，不可以从一个业务年度到另一个业务年度任意改变做账程序。公司应该就偏离性做法作出说明（商法典第 246 条第 3 款）。应该以业务年度结束日为基点制作年度财务会计报告（**结账日原则**）。通常但不必然要采用日历年。

7　　根据商法典第 252 条第 1 款第 4 项，总体上应该谨慎估价（**谨慎原则**）。这一点在商法典第 253 条中被进一步具体化了。出发点是资产的历史购置成本或生产成本，并且依照折旧而减少（**最低价值原则**）。未通过市场交易实现的价值增加，不应该导致估价的提高。[15] 对于来自供货或服务的债权，只有在公司一方履行了协议之后，即在已经挣到了"款项金额"的情况下，才可以作为收益记账（**收益实现原则**）。与此相反，如果预见到可能会出现风险和亏损，则在其实现之前就应该予以顾及（**不同等处理原则**）。[16] 在进行折旧和有时重新弥补（价值）的情况下，才允许计划外的折旧（商法典第 253 条第 3 款至第 5 款）。原则上禁止对自身形成的无形资产进行估价，这一点被部分打破了。但这种估价并不能为了分配盈利而加以使用（商法典第 248 条第 2 款，第 255 条第 2a 款，第 268 条第 8 款）。

8　　**估价规则**具有双重的**限制功能**。它们应该防止过高的估价。通过过高估价，会算出一个实际上没有挣得的盈利，并在有损股份有限公司及其债权人的情况下分配给股东。也是为了股份法上的注册资本维持（上面第二十五章边码 5），估价规则是强制性的，只要没有明确允许可以选择的话。原则上，对会计科目过高估价，将导致年度财务会计报告无效（股份法第 256 条第 5 款第 1 项，下面边码 28；关于其他的法律救济，见边码 31 及其后一个边码）。这些规定也限制向下的估价（比如商法典第 255 条第 2 款）。通过过低的估价来任意形成隐形储备，也是法律禁止的，尤其是过高的折旧。在故意错误表述的情况下，年度财务会计报告无效（第 256 条第 5 款第 1 句第 2 项）。通过过低估价，可以掩盖盈利，即剥夺分配盈利的机会。禁止任意形成隐形储备的规定，就是服务于股东和投资公众的利益。

---

⑭　概览见 *Jung*，Handelsrecht，§ 30 Rn. 14ff.；Schmidt/Lutter/*Kleindiek*，Vor § 150.。

⑮　例外：商法典第 253 条第 1 款第 3 句和第 4 句，关于信贷机构，见商法典第 340e 条第 3 款。

⑯　关于依照年度财务会计报告指令（第四号指令）第 14 条和第 30 条对或有债务作价记账的问题，见 EuGH Slg. 2003 I=JZ 2003，413 - BIAO.。

举例：X 股份有限公司在很多年以前用 5 百万欧元购买了一个有建筑物的地产。根据企业厂房通常的折旧，该地产在会计账簿上只还有 3.5 百万欧元（商法典第 253 条第 1 款第 1 句，第 3 款第 1 句和第 2 句）。即使该地产的价值在此期间有所上升并且在出卖情况下可以期待获得 6 百万欧元的收入，也应坚持这个计价（最低价值原则）。人们称这个会计计价与市场价值之间的差额为隐形储备。假如由于不动产市场的持续不景气，该地产只还能够买到 3 百万欧元，对于作价记账来说，也不要求降低其估价（商法典第 253 条第 3 款第 5 句：必须在可预见的持续贬值情况下进行一个计划外的折旧[⑰]；例外：在可预见的暂时性的贬值情况下，就已可以降低金融资产的估价）。假如不动产价格又上升，就出现了根据商法典第 253 条第 5 款的价值回升。

假如公司以单价 63 欧元购得一个产品，而其市价在结账日已经上升到了 70 欧元，则其在资产负债表中仍应以 63 欧元计价。但假如市价降到了 61 欧元，则应该记账为 61 欧元（商法典第 253 条第 4 款）。通过价格上升而产生的盈利只有在其实现时，即在真实地以更高的价格出卖了商品之后，才可以被顾及和被分配。它不应该被提前进行，因为可能会出现导致其失败的情况。与此相反，在价格下降时，则就应该立即顾及可能会出现的亏损。

X 股份有限公司曾向 Y 股份有限公司提供 1 百万欧元的借款，但不能肯定其是否能够收回，因为 Y 股份有限公司面临破产威胁。这样，X 股份有限公司就不可以将债权以其名义价值记账，而必须进行折价（商法典第 252 条第 1 款第 4 项）。相反，Y 股份有限公司则必须将该债务以完整的价值记载于其资产负债表的负债和所有者权益。

在已过去的业务年度中，X 股份有限公司曾为一个新产品的开发支付了 200 万欧元的费用，并为此申请了专利。虽然由此产生了一个无形资产，但依照商法典第 248 条第 2 款第 1 句，第 255 条第 2a 款第 1 句和第 2 句，不可以（不是：必须！）将其作价计入资产负债表的资产科目。增值受到折旧和分配禁止的约束（商法典第 253 条第 3 款第 3 句，第 268 条第 8 款）。

2. 资产负债表的内容

(a) 资产科目

法律区分**固定资产**和**流动资产**。属于固定资产的是持久服务于业务经营的资产，例如经营性用地、机器、工具设备、专利、投资参与以及其他持久或长期服务于业务经营的有价证券。流动资产的标的是所有不属于固定资产的资产，例如原材料、货物库存、为了转让的特定的有价证券以及基于供货和服务而产生的债权、在信贷机构的存款。

为公司设立和事后融资而花费的费用，不可以作为资产而被纳入资产负债表。因为对于它们，不存在真正的对价（商法典第 248 条第 1 款）。**自身形成的业务价值或商号价值**（比如商号作为名称的价值，但也包括与客户的关系、组织和相似的无形资产价值，即所谓的商誉），不可以将其记入资产科目。即使商号可能会有一个非常高的价值并且背后可能存在非常高的费用（比如广告费用支出），也适用这个规定。将其作为"资产"归类，是有疑问的，很难去确定其生产成本。[⑱] 因此，对其过高估价的危险性是非常大的，特别是在企业不景气的时候。但是，假如在获得企业时为其内在的业务价值支付了特别的金额，也就是企业支付的全部购买价款高于账面价值，这一**有偿获得的**

9

---

⑰　关于对不动产估价问题的令人印象深刻的例子，见 BGH ZIP 2017，318 - 2. Börsengang Telekom.。

⑱　会计法现代化法政府法案，BT-Drucks. 16/10067，S. 109；Baumbach/Hopt/*Merkt*，§ 248 Rn. 1：没有财产。

业务价值或商号价值作为限期可以使用的资产，**应当被计入资产科目，并按计划进行折旧**（商法典第 246 条第 1 款第 3 句，第 253 条第 3 款第 4 句）。

（b）负债和所有者权益科目

10
负债和所有者权益科目不仅要标明公司债务，它还必须纳入一定的其他会计科目，尽管其不表现为股份有限公司的债务。这些会计科目被归纳概括在商法典第 266 条第 3 款 A 项中的**自有资本**名称之下（关于其定义，见商法典第 272 条）。在企业经济学上，负债和所有者权益科目向来都反映投资资本的来源（融资），而资产科目则反映公司的资产。

（aa）对于作为资产负债表科目栏中第一栏记载的**被认购了的资本**，应该按照符合章程规定的名义数额作价记账为**注册资本**（商法典第 272 条第 1 款第 2 句，股份法第 152 条第 1 款）。其结果是，只有在公司净资产（资产总额扣除负债总额）大于注册资本的情况下（上面第二十五章边码 3），才可能存在可分配的盈利（*团体法人上的猪形储蓄罐*，比较上面第二十三章边码 18）。因此，在分配盈利之前，必须首先要弥补以往年度的亏损。

11
（bb）**公积金**同样是自有资本的组成部分，并且应该严格区别于准备金（商法典第 249 条）。在资本公积金（商法典第 262 条第 3 款 A 项 II）科目下，应该记入商法典第 272 条第 2 款第 1 项至第 3 项中提到的款项。这尤其是指股份发行时的溢价（升水；上面第二十六章边码 6，下面第三十二章边码 25）。除此之外，股份法还规定了公司减资时的资本公积金的特别分配（比较股份法第 232 条，第 237 条第 5 款）。属于**盈余公积金**（商法典第 266 条第 3 款 A 项 III）的有法定公积金、为控股或拥有多数股份的企业股份提取的公积金以及依据章程规定提取的公积金和其他盈余公积金。

第 150 条规定了**法定公积金**。在其之下，必须记入年度盈余减去可能有的亏损结转后的 5%，并且直到法定公积金加上部分资本公积金达到注册资本的 10% 或者章程规定的更高比例（第 150 条第 2 款）。但这不意味着必须要真实地集聚这个金额，比如以现金的形式或一定的价值形式形成公积金。这只涉及一个会计上的处理。它必须记入资产负债表的负债和所有者权益科目。其结果是，只有在公司净资产超过注册资本加上公积金的情况下，才可能存在可分配的盈利。只有在年度盈余和以前的盈利结余不能弥补年度赤字和以前年度亏损结余的情况下，才可以用法定公积金和资本公积金弥补（第 150 条第 3 款）。通过使用法定公积金，可以达到将来较为容易分配盈利的目的。以后年度的盈利就无须首先用于弥补亏损了。这样一来，就可以实施一个持续稳定的股息政策。

举例：注册资本为 3 000 万欧元，法定公积金和资本公积金为 300 万欧元，即总共 3 300 万欧元。资产 4 000 万欧元，负债 500 万欧元。这样，净资产达到了 3 500 万欧元，即比注册资本多了 500 万欧元，但可分配的盈利只有 200 万欧元。

注册资本为 3 000 万欧元，法定公积金和资本公积金为 300 万欧元，而净资产为 3 100 万欧元。这样，依照资产负债表存在 200 万欧元的亏损。在下一个年度中，获得了 150 万欧元的盈利。如果不引入公积金的话，必须首先用这些盈利去补偿亏损结余。其结果，仍还有 50 万欧元的亏损结余。与此相反，如果在前一个年度就已经依照第 150 条第 3 款第 1 项用法定公积金和资本公积金中的 200 万欧元弥补了年度赤字（亏损），则资产负债表是：注册资本为 3 000 万欧元，法定公积金和资本公积金为 100 万欧元，纯资产为 3 100 万欧元。由于亏损已经由此被弥补了，就可以在下一个年度中将上面提到的 150 万欧元的盈利在扣除 75 000 欧元的法定公积金之后立即用于分配。

对于**依据章程提取的公积金**，法律要求在资产负债表中独立记账（商法典第 266 条 12
第 3 款 A 项 III 3）。该公积金是指章程强制性要求提取的公积金，而不是负责的公司机
关自由裁量决定提取的公积金（第 58 条，上面第三十章边码 24）。除此之外，还可以
提取**其他盈余公积金**（商法典第 266 条第 3 款 A 项 III 4）。它们通常是在自愿的基础上
被提取的。对此，可以有一个章程依据，但不是必须的。其提取是通过当时各自的董事
会和监事会（股份法第 58 条第 2 款和第 2a 款）或者股东大会的盈利使用决议来进行的
（第 58 条第 3 款）。

据此，在制作资产负债表时已经提取了很大部分的公积金。这意味着，在股份有限
公司情况下，年度财务会计报告通常至少是在*已部分使用年度盈利结果*的情况下制作
的。因此，依据商法典第 268 条第 1 款，在资产负债表中，"决算盈利/决算亏损"科目
取代了"年度盈余/年度赤字"以及"盈利结余/亏损结余"科目。

（cc）公司应该为不确定的债务或者未了结的业务可能产生的亏损提取**准备金**（商 13
法典第 266 条第 3 款 B 项）。除此之外，公司还应该为本业务年度搁置而须在下一年度
补上的维修或废物处理费用以及没有法定义务情况下自愿承担的产品瑕疵担保义务提取
准备金（商法典第 249 条）。对于大型和中型股份有限公司，法律强制性地要求分设养老
准备金、税负准备金和其他准备金科目（商法典第 266 条第 3 款 B 项 1 至 3）。对于养老
准备金有特殊规定（比如商法典第 246 条第 2 款第 2 句、第 3 句，第 253 条第 2 款第 2
句）。税负准备金由潜在的税收负担（商法典第 266 条第 3 款 E 项，第 274 条）所决定。
所有的准备金金额只有在折现金额的限度内，才是合法的（商法典第 253 条第 2 款）。

（dd）此外，还应该在负债和所有者权益科目记载**公司债务**。其科目分类按照第
266 条第 3 款 C 项进行。在确定公司净资产时，必须从资产中扣除准备金和债务（比较
上面边码 9）。

假如在负债和所有者权益科目下以高于法律准许的金额作价记账，则就会存在一个
资产过低估价的问题（股份法第 256 条第 5 款第 3 句）。此外，相应地适用上面（边码
8）关于隐形储备的描述。

3. 损益表

在反映公司财产状况的资产负债表之外，还应该制作损益表，以作为年度财务会计 14
报告的其他组成部分（商法典第 242 条第 3 款，第 264 条第 1 款）。损益表是**经营结果
的计算**，反映公司的盈利状况。在其之中，应该将费用和收益汇编在一起。损益表说
明了盈利和亏损从哪里产生，即无论其是在经营业务中，还是通过一次性的特殊交
易。这对于公司的评判是极其重要的。法律也为它规定了一定的科目分类（商法典第
275 条）。对于股份有限公司，股份法第 158 条补充规定了一些其他科目。损益表应该
以阶梯式的形式制作。在总成本法和销售成本法之间，存在一个选择权。[19] 再次存在
以公司规模为标准的简化性规定（商法典第 276 条）。对于制作和估价，必须遵守上面
简要概述的基本原则（商法典第 252 条及其后条款）。

4. 附注和形势报告

同样作为年度财务会计报告的组成部分，还需要制作**附注**，以解释说明资产负债表 15
和损益表。法律借此弥补以严格图解化方式描述经济过程所产生的信息遗漏。在这一点
上，附注以特殊的形式贯彻实施了*真实和公允视角原则*（上面边码 5）。关于其内容，商

---

[19]　关于该选择程序，见有关商法典第 275 条的评论注释。

法典第 284 条及其后条款中有规定，并一再进行延展扩充。同时，股份法第 160 条还对股份有限公司进行了补充性的规定。对于小型股份有限公司，商法典第 288 条中包含有简化性规定。这些规定也有限地适用于中型股份有限公司。首先应该记入的是法律规定要求记入的资产负债表和损益表中的个别科目信息（**义务性的信息描述**）。此外，还应该记入那些公司行使选择权而未纳入资产负债表或损益表中的信息描述（**可选择性的信息描述**）以及**自愿性的信息描述**。

16　　中型和大型股份有限公司（尤其是以资本市场为导向的股份有限公司，第 264 条第 1 款）还应该制作一个**形势报告**，以作为年度财务会计报告的补充（商法典第 289 条及其后条款）。形势报告是会计制作的一个独立组织部分。[20] 它应该独立于国家针对盈利查明而可能进行的扭曲性规定，客观反映公司的实际情况。作为**单纯的信息工具**，形势报告强烈地着眼于未来的发展，强调动态变化。它不仅应该反映公司的业务过程，而且应该反映可预见的发展趋势，包括其重要的机会和风险。对于形势报告的内容，商法典第 289 条作了符合欧盟指令的规定，借以防止形势报告只进行一些完全一般性的或什么也不能说明的废话。尽管商法典第 289 条第 2 款中的关于信息描述的规定是被作为建议性规定来表述的，但根据会计制作基本原则，它们只要依照理性商人的判断是重要的，就不可以不遵守这些规定。这与不断着重强调要定位于信息提供的一般会计制作和特别形势报告的发展趋势相一致。对于大型的和以资本市场为导向的股份有限公司来说，商法典第 289 条第 3 款和第 4 款包含了其他的要求[21]，其中有关于公司法的细节信息描述以及涉及做账程序的内部控制体系和风险管理体系的重要特征。在内容重叠的情况下，归类到附注中具有优先性。商法典第 289b 条及其后条款要求将资本市场纳入考虑的股份有限公司就**企业领导和非财务指标进行说明**，其有时以外部准则为参考（比较第二十五章边码 41）。**对是否符合德国公司治理准则的声明要求**，在第 161 条中进行了规定。关于董事会依据最佳信息和良知就信息描述的正确性作保证，见上面第二十七章边码 29。

三、制作、审计和公开

1. 制作

17　　制作年度财务会计报告（年度资产负债表、损益表和附注）和形势报告是业务执行措施和**董事会的任务**（上面第二十七章边码 29）。依照商法典第 242 条第 1 款和第 264 条第 1 款的规定，公司对此负有义务。公司应该在每个业务年度的前三个月内针对过去年度制作年度财务会计报告（商法典第 264 条第 1 款第 3 句；第 4 句中有一个针对小型股份有限公司的最多 6 个月的期限延长）。

2. 审查

（a）财务会计报告审计人员

18　　对于大型和中型股份有限公司，**由财务会计报告审计人员进行审计**是法律**强制性**规

---

[20] 第 2013/34 号欧盟指令第 19 条；BGHZ 124，111，122＝NJW 1994，520，523 - Vereinte Krankenversicherung。

[21] 在关于加强非财务报告的法律的这一版本中，BT-Drucks. 18/11450，由德国联邦议会在 2017 年 3 月 9 日通过（CSR-Umsetzungsgesetz）。

定要求的。一个未经必要审计而产生的年度财务会计报告是无效的（股份法第256条第1款第2句，下面边码28），并且也不能被确认（商法典第316条第1款第2句）。不仅那些关于谁可以是审计人员的规定，而且那些关于审计要求的规定，也都是与欧盟指令一致的。或者更具体地说，通过欧盟条例对有关公共利益的企业进行规范。[22] 欧盟法律和有关商法典和股份法的修改，强化了对审计人员和审计的要求，以及引入了关于质量保证和职业监督更为严格的规定。[23] 只有在存在实施机制的情况下，会计制作规定才能发挥其作用。但尽管如此，公众对审计人员能够发现弊病和风险的期待经常超出其功能范围，以至于其被称为"期待缺口"[24]。专门追查犯罪行为，不是审计人员的任务。但假如他在审查范围内发现了差异或违法，他就负有**谈话义务**[25]。但人不能够"正直地审查"一个非正直的业务领导。

　　（aa）财务会计报告审计人员**由股东大会选任**（第119条第1款第4项）。监事会或股东可以提出选举建议。在以资本市场为导向的企业中，监事会应当支持其基于审查委员会推荐的建议（第124条第3款）。[26] 董事会、监事会或者持有注册资本5％或50万欧元股份份额的少数股东，可以申请要求**法院选任**其他财务会计报告审计人员，以取代被选举的财务会计报告审计人员（商法典第318条第3款，上面第三十章边码26）。法律不准许起诉要求撤销选举决议（第243条第3款第3项）。如果基于被选举的财务会计报告审计人员的个人原因而使得有必要进行法院选任，特别是在怀疑其不公正的情况下，法院应该准许申请人的申请。假如股东大会直到业务年度结束都没有选举财务会计审计人员或者被选举的审计人员已经不复存在，则也要进行法院选任（商法典第318条第3款和第4款）。谁可以是财务会计报告审计人员，在商法典第319条中有规定。他必须是涉及一个独立于要被审计的公司的审计人员或者审计公司。商法典第319条第2款至第4款列举了选任阻却障碍。针对以资本市场为导向的公司，法律对这个排除理由目录进行了补充（商法典第319a条）。审计人员应在特定的（大的）时间间隔内进行更换，其委托应进行招标（欧盟第537/2014号条例第16条、第17条第3款，商法典第318条第1a款）。德国公司治理准则（第7.2.1条）建议监事会或者审查委员会事先从计划选任的审计人员之处获得一个关于可能影响其独立性的详细声明。**审计委托**（民法典第675条意义上的缔结业务代为处理协议的要约并约定佣金）由**监事会作出**（第111条第2款第3句）。可见，公司在这里额外性地由监事会代表。这是为了保障审计人员

19

<hr/>

　　[22]　第2006/43号欧盟指令，在2014年4月16日的第2014/56号欧盟指令的版本中；2014年4月16日的第537/2014号欧盟条例；对此还有国际会计准则，关于国际审计与鉴证准则理事会见*Köhler*，ZGR 2015，204.。

　　[23]　比较上面第二十五章边码33及其后一个边码，尤其是2004年的会计报表监督法；2004年的年度财务会计报告审计人员监督法；职业监督改革法就是2007年的第7次经济审计人员条例改革；2009年的会计法现代化法（连同经济审计人员条例的修改）；2016年5月10日的财务会计报告审计改革法AReG；2016年3月31日的财务会计报告审计人员监管改革法APAReG；其他的修改来自2014年4月16日的第537/2014号欧盟条例，其对关于上市企业的审查要求进行了统一；*Marten*，FS Ballwies er，2014，S. 489.。

　　[24]　*Fleischer/Wedemann*，Nr. 411；*Marten/Quick/Ruhnke*，Wirtschaftsprüfung，5. Aufl.，2015，S. 19，467；*Merkt*，Unternehmenspublizität，2001，S. 474；*Windbichler*，FS Rokas，2012，S. 1389.

　　[25]　Baumbach/*Hopt/Merkt*，§ 317 Rn. 3；*Marten/Quick/Ruhnke*，Wirtschaftsprüfung，5. Auf!.，2015，S. 466 f.

　　[26]　假如建议是由董事会和监事会共同作出的，则这一委任决议是可撤销的（BGH NJW 2003，970＝NZG 2003，216 - HypoVereinsbank；）；对此见*Lutter*，JZ 2003，566；也比较 OLG Düsseldorf NZG 2007，235 - Metro（有效的，NZG 2008，880）。

独立于董事会。[27]

20 　　(bb) 审计对象是年度财务会计报告以及会计账簿和形势报告（商法典第 317 条）。审计不仅涉及其在形式上是否被恰当地制作了，而且涉及是否遵守了法律和章程的全部规定。对于形势报告，则应该审查其是否与年度财务会计报告一致，以及在整体上是否反映了公司的实际情况，包括未来的风险。除此之外，在上市公司情况下，还应该在审计框架下就董事会是否建立了第 91 条第 2 款意义上的适当的预警体系（上面第二十七章边码 29）进行判断（商法典第 317 条第 4 款）。随着审计范围向会计制作（*financial accounting*）之外的扩展，审计还延伸到了业务执行（*business accounting*）。业务执行本来不是财务会计报告审计人员的审计对象，而是监事会的监督对象。[28] 财务会计报告审计人员不需要有意地对非财务情况说明进行内容上的审查，而只需进行形式审查（商法典第 317 条第 2 款第 4 句至第 6 句）。

　　审计人员就账册、现金、有价证券和货物库存等享有广泛的**询问权和查阅权**。他们可以要求董事会就审计所需的任何问题加以说明（商法典第 320 条）。对此，他们有义务无条件地保持**缄默**（商法典第 323 条）。除此之外，德国公司治理准则（第 7.2.3 条）还建议监事会通过约定，反过来要求财务会计报告审计人员就审计过程中出现的对监事会工作重要的情况承担向其报告的义务。根据国际标准开展审计（商法典第 317 条第 5 款）。

21 　　(cc) 审计人员应该就审计制作一个**审计报告**并提交给监事会。在此之前，应该给予董事会表达意见的机会（商法典第 321 条）。假如审计人员不提出异议，就应该给出一个**无保留意见的审计结论**。它应该对审计对象、种类和范围进行描述并包含有审计结果的判断（商法典第 322 条）。假如审计人员要提出异议，则他应该给出有保留意见的审计结论或者完全拒绝发表意见的审计结论并说明理由。过去，不仅审计报告，而且无保留意见的审计结论都经常只是公式化的。立法者多次修改相关规定。现今，特定的且详细的陈述成为标准做法。审计报告就重要的事实状况避而不谈或者错误地作出无保留意见的审计结论，都可能构成刑事犯罪（商法典第 332 条）。

　　假如董事会或者股东大会（第 173 条第 3 款，下面边码 23）事后修改了年度财务会计报告，则在公司负有审计义务的情况下，即在大型、中型和上市股份有限公司情况下，只要修改本身是需要审计的，财务会计报告审计人员必须对其进行重新审计（**补充审计**）。如果是这种情况，已作出的无保留意见的审计结论尽管并非无效，但着眼于补充审计，需要对其进行补充（商法典第 316 条第 3 款）。

　　(b) 监事会

22 　　在审计报告（在小型股份有限公司情况下，没有此种报告）到达之后，**董事会**应该不迟延地将年度财务会计报告、形势报告和审计报告**提交给监事会**（第 170 条第 1 款和第 3 款）。同时，它还应该呈交决算盈利使用建议（第 170 条第 2 款）。监事会一方则应该对年度财务会计报告、形势报告以及某些情况下的非财务报告和盈利使用建议进行**审查**。这个义务应被看作是监事会的监督任务的一部分（第 111 条，上面第二十八章边码 32 及其后一个边码）。财务会计报告审计人员应该参加监事会或会计委员会（上面第二

---

[27]　Hüffer/*Koch*，§ 111 Rn. 25；GroßKomm-AktG/*Hopt*，§ 111 Rn. 444.

[28]　关于经济审计人员的角色变迁，见 *Escher-Weingart*，NZG 1999，909，913 ff.；*Mattheus*，in：Hommelhoff/Hopt/v. Werder（Hrsg.），Handbuch Corporate Governance，2. Aufl.，2009，S. 563，581 ff.；*Velte*，AG 2009，102.（连同经验性的陈述）。

十八章边码29）的决算会议，并就审计的重要结果进行报告（第171条第1款第2句至第4句）。法律借以让其讨论能够符合实际情况。监事会的审查义务与财务会计报告审计人员的审查任务交叉重叠。这两个机构应该互相支持（上面边码20）。但是，监事会不仅应该审查会计制作和董事会的其他措施的合法性，而且应该审查其合理性。属于其中的有选择权的行使、提取和解散储备。监事会应该就这个审查结果向股东大会提交书面报告，并且同时说明是否要提出异议以及批准董事会制作的年度财务会计报告（股份法第171条第1款和第2款）。

监事会应该在一个月内将这个报告提交给董事会。如果这没有发生，则董事会应该不迟延地为监事会确定另外一个不超过一个月的期限。假如在这个期限内也无果而终，则视为年度财务会计报告没有获得监事会的批准（第171条第3款）。

3. 确认

应该与制作区分开的是对年度财务会计报告的确认，其是一个**自成一类的团体法上的法律行为**[29]，并让年度财务会计报告制作时进行的自由裁量决定（比如有关估价确定选择或者提取或解散储备的决定）具有了约束力。在一般情况下，董事会将年度财务会计报告和形势报告提交给监事会（第170条第1款，上面边码22）。随着监事会的批准，年度财务会计报告就被确认了（股份法第172条）。在这一点上，存在一个关于公司机关相互关系的重要规定（上面第二十五章边码10）。股东大会不能够再改变已被确认的年度财务会计报告。这样，它只还能对决算盈利使用进行决定（下面边码26）。但*在两种情形下，可能会出现股东大会就年度财务会计报告进行决议确认*的问题（第173条第1款）：董事会和监事会已决定要求股东大会确认，或者监事会没批准董事会制定的年度财务会计报告。

这两者都很少见。负责的是定期股东大会（上面第二十九章边码2）。在此过程中，股东大会必须遵守那些董事会也要遵守的法律规定，尤其是只能在董事会可以那样做的范围内行使选择权。只有在法律或章程规定要求时，股东大会才可以在年度财务会计报告中提取盈余公积金（第173条第1款和第2款）。对于其他盈余公积金，它只能通过决算盈利使用决议来提取（下面边码26）。

4. 公开

与形势报告一起，年度财务会计报告也是为了向股东和公众描述股份有限公司的情况并由此让其能够对公司有一个合理的判断。为此，法律规定要求公司将年度财务会计报告、形势报告（在上市公司的情况下，包括关于企业领导的声明和根据第161条的声明在内）、无保留意见的审计结论、监事会报告（而不是财务会计审计人员的报告）、盈利使用建议和盈利使用决议**提交给联邦电子公报，以进行公开和公告**（商法典第325条及其后条款）。[30] 针对小型股份有限公司，商法典第326条和第327条在公开期限和内容上作了简化性规定。这些规定也有限地适用于中型股份有限公司。法律禁止采取超出这些简化性规定之外的其他偏离性做法（商法典第328条第1款）。出于信息公开的目的（而不是为了测算可分配的决算盈利），可以使用依照国际会计制作标准（**国际会计准则/国际财务报告准则**）制作的年度财务会计报告，以取代依照商法典制作的财务会计

[29] BGHZ 124，111，116＝NJW 1994，520 - Vereinte Krankenversicherung；BGH NZG 2009，659；*Hüffer*，§ 172 Rn. 3；*Hennrichs*，ZHR 168（2004），383.

[30] 关于会计报告公开的法律理论，见 Merkt, Unternehmenspublizität, 2001, S. 249 ff., 316 ff., 372 ff.。

报告（商法典第 325 条第 2a 款）。假如进行了法律规定要求的财务会计报告审计，则应该重述无保留意见的审计结论或者拒绝发表意见的审计结论。对于按照国际会计准则/国际财务报告准则制作的财务会计报告，只有在其被审计并且将审计人员的审计结论公开的情况下才能满足该规定的要求。

尽管无保留意见的审计结论（上面边码 21）只有有限的法律意义，但却有**巨大的现实意义**。通过公开，公众可以知晓到这一点，即依照审计人员的观点，会计账册、年度财务会计报告和形势报告是否有问题。因此，有保留意见的审计结论或者拒绝发表意见的审计结论可能会严重伤及股份有限公司的信用、股市市价和声誉。尽管法律没有强制性地要求董事会对审计人员的异议予以顾及，但通过这种方式，可以在这个方向上间接向其施加强大的压力（上面边码 2 的后面部分）。

其他公开义务，不受该法条的影响（商法典第 325 条第 5 款）。这首先涉及资本市场法上的公开义务（比如有价证券交易法第 15 条，第 21 条及其后条款）以及在股东大会之前和之中向股东提供的信息（第 124 条及其后条款，第 175 条及其后一个条款，上面第二十九章边码 8 及其后边码）。

5. 实施和会计监督

25　　国家通过不同的方式监督会计制作义务和公开义务的履行。**联邦电子公报的运营者**负责审查所提交的材料是否符合期限要求以及是否全面完整。假如它对公司主张利用简化规定的权利资格存在怀疑，则可以要求公司提供信息。如果它审查得出公司没有或者没有完整提交需要公开的材料，就应该将其告知联邦司法部。如果董事违反义务而不按时公开上述材料，则应该因为**行政违法行为**而承担责任。在行政罚款（最低 2 500 欧元，最高 25 000 欧元）威胁之下，董事往往会履行其法定义务。对此，负责监督的是联邦司法部（商法典第 329 条，第 335 条）。[31]

会计监督委员会负责监督以资本市场为导向的公司的年度财务会计报告和形势报告是否符合法律规定以及是否符合正当作账原则（商法典第 342b 条及其后条款）。假如存在违法行为的具体线索或者联邦金融监管局要求，监督委员会应该实施审查。此外，就算没有特别的原因，监督委员会也会以抽查的形式进行一般性的检查。检查程序首先立足于公司的合作和瑕疵的消除。如果这不能获得成功，监督委员会就应该将其报告给**联邦金融监管局**（有价证券交易法第 4 条）。在必要的情况下，后者将采取国家行为措施（比较有价证券交易法第 37n 条及其后条款，所谓的**强制措施**）。这里，再次反映出了与资本市场法的交叉重叠。信息公开（有价证券交易法第 37q 条第 2 款）也是为了保障**资本市场的功效作用**。此外，监督委员会在某些情况下应向检察机关和审计人员监督机构报告（商法典第 342 条第 8 款）。

四、盈利使用和亏损

1. 盈利使用决议

26　　定期的股东大会每年都会通过决议决定如何处理公司决算盈利（股份法第 174）。

㉛　关于实施规定的发展，见 *Noack*，NZG 2006，801，805。德国起初只是有限地转化实施了指令规定。EuGH ZIP 1997，2155-Daihatsu，m. Anm. *Schulze-Osterloh*；EuGH ZIP 1998，1716 Kommission/Deutschland，m. Anm. *Schulze-Osterloh*－；关于财务报表控制的通常论述，见关于 *Kuhner*，ZGR 2010，980.。

这其中含有一个强制性的职责分配。盈利使用决议为股东设定了一个债权人权利性质的股息支付请求权（上面第三十章边码 18 及其后边码；关于盈利使用的基本原则，见上面第三十章边码 23 及其后一个边码）。

假如股东大会应该例外性地自己去确认年度财务会计报告（上面边码 23），而章程又没有规定提取其他盈余公积金，则股东大会只能通过盈利使用决议来提取它。在这些情形下，有关确认年度财务会计报告和盈利使用的讨论，应该合并进行（第 175 条第 3款）。由于财务会计报告审计人员参加股东大会（第 176 条第 2 款），他们可以多次立即发表意见。即使不是这种情况，股东大会也可以就确认年度财务会计报告和盈利使用进行决议。因为否则的话，即使在肯定的审计结论情况下，也需要一个新的股东大会。但此类股东大会决议首先暂时不生效力。如果在决议作出后两周内没有就修改给出一个无保留意见的审计结论，该决议就无效（第 173 条第 3 款）。假如审计人员没有给出审计结论，则股东大会必须重新决议。然而，即使审计人员拒绝给出无保留意见的审计结论，股东大会也可以坚持其在第一个股东大会中作出的修改决议，因为不存在必须要顾及审计人员异议的强制性规定（下面边码 29 和边码 31）。

对于通常情况下已由董事会和监事会确认的年度财务会计报告，股东大会的盈利使用决议不会导致其发生改变（第 174 条第 3 款）。也就是说，它只有在新的会计制作中才应该被予以顾及。但是，为了让每个利益相关人获得一个完整的图像，应该在法律规定要求公开年度财务会计报告的地方将其作为补充信息而予以公开（商法典第 325 条第1 款第 5 句）。

2. 亏损

假如公司产生了一个亏损并且不能**由公积金弥补**，则必须将其**结转到下一年**，也就是让下一个业务年度的年度财务会计报告来负担（上面边码 11）。像在普通商事合伙情况下的那样，将亏损分配给股东是不可能的，即使只是在会计作账上进行分配。这与法人的分离原则相冲突（上面第三章边码 11，第二十五章边码 1）。因此，法律也禁止将亏损在税负上分配给股东（上面第四章边码 10）。此外，也不能决议让股东参与亏损分担，因为股东不负有追加出资的义务（第 54 条第 1 款，上面第三十章边码 32）。

五、年度财务会计报告确认的瑕疵和盈利使用决议的瑕疵

实体性的会计法、公司法上的职权分配以及外部的审计等之间的紧密交错联结，可能会导致产生瑕疵。而这些瑕疵又不适合由一般性的股东大会决议瑕疵法律（上面第二十九章边码 39 及其后边码）来规范调整。出于法律安全的需要，只有那些基于公共利益而对合规性的会计制作具有重要意义的瑕疵，才应该导致严重的法律后果。因此，股份法在第 253 条至第 261 条对需要考虑的三种情形，即董事会和监事会确认的年度财务会计报告、股东大会确认的年度财务会计报告以及盈利使用决议作了特别的规定。

1. 年度财务会计报告确认的瑕疵

（a）无效

（aa）股份法第 256 条第 1 款对年度财务会计报告的无效理由进行了规范，即除其他地方已规范的情形之外，对年度财务会计报告的确认这个团体法上的法律行为进行规

范，而**无论其确认的种类是哪一种**（上面边码 23）。㉜ 除此之外，年度财务会计报告也将是无效的，

● 如果年度财务会计报告的**内容**违反了那些完全或主要是为保护债权人而制定的规定（第 256 条第 1 款第 1 项）。这符合第 241 条第 3 项的范示（上面第二十九章边码 42）。由于年度资产负债表、损益表和附注构成一个整体，这适用于所有的这些年度财务会计报告的组成部分。比如欠缺附注，就会依照第 256 条第 1 款第 1 项而无效。㉝

● 如果公司负有法定审计义务，但没有对年度财务会计报告**进行审计**或者没有就年度财务会计报告的修改进行必要的补充审计（第 256 条第 1 款第 2 项）。

30

● 如果**审计是由不适当的人进行的**，比如他没有被选任为财务会计报告审计人员或者不能成为财务报告审计人员（第 256 条第 1 款第 3 项）。这只是涉及那些根本就不能成为财务报告审计人员的人或公司，而不涉及商法典第 319 条第 2 款至第 4 款、第 319a 条和第 319b 条规定的具体情况下的排除事由，因为股份法没有援引适用这些条款。但是无疑，审计协议可能由此而无效并连同不负担酬金债务的后果。㉞

● 如果违反了法律或章程关于**向资本公积金科目或盈余公积金科目**划入金额或者从这些科目中划走金额的规定（第 256 条第 1 款第 4 项）。

在这里，对有关年度财务会计报告**科目分类**和表格使用**规定**的违反，也属于其中。但第 256 条第 4 款规定，只有在这些违反**实质性地**影响到年度财务会计报告的清楚明了性时，才让其产生无效的法律后果。**对估价规定的违反**（上面边码 8），也同样可能会归入前面描述的规定之下。但第 256 条第 4 款将无效限定在这两种情形下：由于**会计科目的过高估价**导致计算出一个按照会计制作规定没有获取的决算盈利，并且带来了将这个盈利分配给股东的危险，故违反了股份法上资产捆束义务的基本性原则。**会计科目过低估价**，即以一个过小的数额对资产科目计价作账或以一个过高的数额对负债和所有者权益科目计价作账，只有在公司**财产和盈利状况**由此被故意错误反映或者掩饰时，才导致年度财务会计报告无效。间接故意，就够了。㉟

31

（bb）针对年度财务会计报告由董事会和监事会或者由股东大会**确认的不同情形**，法律区别性地规定了其他无效理由。

除此之外，**由董事会和监事会确认的年度财务会计报告**还可能因为这两个机关中的一个没有按照规定协同参与而无效（股份法第 256 条第 2 款）。㊱

对于**由股东大会确认的年度财务会计报告**，还适用下面一些别的无效理由（股份法第 256 条第 3 款，比较上面第二十九章边码 42）。

（1）违反**股东大会召集**的实质性要求（第 1 项，比较第 241 条第 1 项）；

（2）**股东大会决议的制作**存在实质性的**瑕疵**（第 2 项，比较第 241 条第 2 项）；

㉜ 对于股东大会改过的年度财务会计报告欠缺审计人员无保留意见的审计结论，见第 173 条第 3 款（上面边码 21 和边码 23）；增资和减资之下的一定的时间规定，见第 234 条第 3 款和第 235 条第 2 款（见下面第三十二章边码 25 和边码 45）。

㉝ BGHZ 142，382＝NJW 2000，210（涉及有限责任公司）；关于因为确认缺乏足够的通过审计人员的审查而导致的无效，见 OLG Stuttgart DB 2009，1521.。

㉞ BGHZ 118，142，147，149 f. ＝ NJW 1992，2921；BGH NZG 2010，310；Baumbach/*Hopt*/*Merkt*，§ 319 Rn. 32.

㉟ BGHZ 124，111，120＝NJW 1994，520，522 - Vereinte Krankenversicherung；BGHZ 137，378，384 f. ＝ NJW 1998，1559 - Tomberger.

㊱ BGH NJW 2003，970＝NZG 2003，216 - HypoVereinsbank；*Fortun*/*Knies*，DB 2007，1451.

（3）**撤销诉讼程序中的无效宣告判决**已具有了法律效力（第 3 项，比较第 241 条第 5 项）。

（cc）**对于实施**，法律规定可以选择使用**无效之诉**。对于无效之诉，可以比照适用第 249 条（第 256 条第 7 款）。除此之外，还可以考虑采用民事诉讼法第 256 条规定的一般性的确认之诉（上面第二十九章边码 41）。与在无效的股东大会决议情况下相似，法律在无效的年度财务会计报告情况下也规定了**基于时间流逝而发生的无效治愈**。依照无效理由的不同，有的适用 6 个月的期限，有的适用 3 年的期限，但都是自公告时起开始计算（第 256 条第 6 款）。假如在期限届满前已有一个无效之诉诉诸法院，则期限延长。对于根本就没有对年度财务会计报告进行审计或者没有进行必要的补充审计的情形，法律规定排除治愈的可能性。因为否则的话，可以通过单纯的期限届满而废除国家强制性规定的审计要求。此外，在撤销诉讼程序中的无效宣告判决已生效的情况下，法律也规定排除治愈的可能性。

（b）可撤销

对于由董事会和监事会确认的年度财务会计报告，法律没有规定可撤销。但对其的异议，可以以撤销免责决议的方式来间接主张。[37] 与此相反，对于（很少的）由**股东大会**进行的年度财务会计报告确认决议，则可以根据一般性的规定主张撤销。但存在一个实质性的限制，即不能以年度财务会计报告的内容违反法律或者章程为由主张撤销（第 257 条）。在这些情形下，依据上面边码 29 及其后一个边码中提到的规定，会产生无效的后果。因此，实质上在决议存在形式瑕疵的情况下才可考虑撤销问题。

（c）因违法过低估价而进行特别审查

针对不会导致决议无效的违法过低估价情形（上面边码 29），第 258 条至第 261 条规定了**特别审查**，以作为一种**监控权和少数股东权**（关于特别审查的其他情形，见上面第二十六章边码 25，第二十七章边码 39）。特别审查不会导致年度财务会计报告的无效，而只导致在下一个年度财务报告中考虑与之不同的估价（第 261 条）。

如果存在理由相信，年度财务会计报告中的一定会计科目不是非实质性地被过低估价，基于共同持股达到注册资本 1% 或者 10 万欧元股份的股东申请，法院（州法院，第 258 条第 3 款第 3 句，在程序上依据家事事件和非讼事件程序法）应该选任**特别审查人**（第 258 条第 2 款第 3 句连同第 142 条第 2 款）。这也同样适用，即如果存在理由相信，附注中没有或者没有完全包含有法律规定的信息描述，并且尽管股东大会中有人对此提出了询问，但董事会也没有给出欠缺的信息描述，而且该询问被要求纳入了股东大会记录。要求法院选任特别审查人的申请，必须在对年度财务会计报告进行决议的股东大会之后一个月内提出。特别审查人只能是经济审计人员或者经济审计公司。为了保障他们的独立性，适用商法典第 319 条及其后条款。此外，他们不可以是公司最近 3 年的财务会计报告审计人员（第 258 条第 4 款）。

特别审查人应该就其审查结果进行书面报告（第 259 条）。如果审查得出，被指责的会计科目实质性地被过低估价了，则特别审查人应该在其报告结论中确定，应该至少以哪个价值对某个具体的资产科目作账计价，或者应该至多以哪个价值对某个具体的负债和所有者权益科目作账计价，以及基于该等原因，应该将年度盈余提高多少金额。如果特别审查人确认附注中没有完全给出必要的信息描述，则他们应该自己给出这些信息

32

33

34

㊲　BGH NZG 2008，309；*Graff*，AG 2008，479.

描述。董事会应该将特别审查人的最终确认不迟延地在公司公报上公开。

针对特别审查人的确认，股份有限公司或持有注册资本 5% 的股份或者 50 万欧元股份的股东可以在联邦电子公报上公告后一个月内提出申请，要求法院对其进行裁决（第 260 条）。如果没有提出要求法院裁决的申请，则应该在下一个年度财务会计报告中以审查人确认的价值对其认为过低估价的会计科目作账计价。差异数额的总额应该在资产负债表的负债和所有者权益和损益表中特别注明。假如法院确认会计科目被过低估价，这也同样相应地适用（第 261 条）。

2. 盈利使用决议瑕疵

（a）无效

35　　在法律规定的一般性的无效理由（第 241 条，上面第二十九章边码 42）之外，还有这样一个无效理由，即作为**盈利使用决议基础的年度财务会计报告确认是无效的**（股份法第 253 条），除非年度财务会计报告确认的无效已经被治愈了（上面边码 32）。

（b）可撤销

36　　在法律规定的一般性的股东大会决议撤销理由（第 243 条，上面第二十九章边码 44 及其后边码）之外，决算盈利使用决议也可以在这种情况下被主张撤销，即在没有法律或章程要求的情况下，股东大会提取了一定金额的盈余公积金或盈余结余，而根据理性商人的判断以及基于对公司经济财务需要的考虑，这对于确保公司在可预见的期限内的生存能力和抗击能力是不必要的。另外一个前提条件是股份有限公司没有分配至少达到注册资本 4% 的股息。对于这样一个撤销，只有总共持有的股份达到公司注册资本 5% 或 50 万欧元的股东才有权利主张（第 254 条）。

这个规定是为了**保护少数股东**。这个规定主要是为了防止这种情况，即大股东或者股东大会中的多数股东多年通过提取过高的盈余公积金阻止分配股息并借此"饿死"少数股东，以达到迫使其交出股份的目的。然而，这个规定不是特别有作用的，因为即使是在非常高的盈利情况下，法律也只是确保股东有一个注册资本 4% 的最低股息。此外，尤其是在股市市价远远超过股份在注册资本上的股份额时（上面第二十五章边码 3），一个很小的股息就足以将撤销权排除在外。

六、康采恩会计制作

1. 功能

37　　上面简要描述的规则涉及的是公司的**单独财务会计报告**。但对于资本市场来说，单独财务会计报告不能提供足够清晰的图像。[38] 这不仅是因为会计结算基本原则是以盈利分配决算为目的的，而且是因为通常存在企业联盟（上面边码 2）。据此，康采恩会计制作追求双重目的，即**将企业集团作为一个统一的经济单位来展现并提供一个符合康采恩实际情况的经济状况图像**，也就是**对决策重要的信息公开**（尤其是针对投资人）。这以不同的财务会计报告之间存在尽可能多的**可比性**为前提。基于这个原因，在国际公开资本市场上，有必要对会计制作基本原则进行协调。对于资本市场上股票的估价，几乎只有康采恩财务会计报告才有意义。

[38] *Grundmann*，Europäisches Gesellschaftsrecht，Rn. 563 f.；*Fleischer/Wedemann*，Nr. 371.

2. 可适用的规定

根据**商法典第 290 条**，母公司应该依照商法典的规定制作一个**康采恩财务会计报告**和一个**康采恩形势报告**。对于母公司和子公司的定义，具有决定性意义的是商法典第 290 条意义上的控制关系。旧版的商法典第 290 条第 1 款将其系结在股份法的康采恩概念上，本来其就仅具有象征性的意义。[39] 康采恩财务会计报告由**资产负债表、损益表、附注、现金流量表和所有者权益变动表**组成，但可以附加补充**企业分部报告**（商法典第 297 条第 1 款）。此外，还有**康采恩形势报告**，有时还有单独的非财务声明（商法典第 315 条及其后条款）。其目的是如此来展现企业集团，即就像是涉及一个唯一的企业那样（**统一单位理论**，商法典第 297 条第 3 款）。为了达到这个目的，应该依据商法典第 300 条及其后条款的规定，将母公司和子公司的财务会计报告综合统一起来（**合并**）。   38

对此，简单地将参加的公司的财务会计报告合并起来，还不够。需要依照母公司适用的法律，重新制作一个新的财务会计报告。通过合并，所有参加的公司的负债和所有者权益科目和资产科目被综合统一起来，略去了康采恩内部的营业事件往来（商法典第 303 条）。假如参加的公司中有一个公司是以资本市场为导向的，就不可以主张商法典第 293 条规定的按照公司大小赋予的简化性安排（商法典第 264d 条，第 293条第 5 款）。

由于许多企业集团进行跨国经营活动，故它们面临着依照不同的国家法律规定制作财务会计报告的多重负担，并且以国土为限制作的康采恩部分财务会计报告也只有很小的用处。因此，商法典第 291 条为这样的母公司规定了**义务豁免的可能性**，即它同时是一个在欧盟、欧洲经济区或者一个第三国拥有住所的企业的子公司，并且该企业需要按照欧盟指令制作康采恩财务会计报告并进行审计和公开。但是，该义务豁免不可以由自身发行了有价证券的公司来加以主张利用。如果有满足一定数额要求的少数股东反对，也不能主张义务豁免（商法典第 291 条第 3 款，第 292 条第 2 款第 2 句）。   39

依照**国际财务报告准则**（上面第二十五章边码 34），在欧盟拥有住所的**以资本市场为导向的母公司**应该**依照国际会计标准（国际会计准则/国际财务报告准则）**制作康采恩财务会计报告（商法典第 315a 条）。其他母公司也可以依照国际会计准则/国际财务报告准则制作其康采恩财务会计报告（商法典第 315a 条第 3 款）。标准由委员会通过一个特别的程序签署接受（上面边码 4）。对于在美国上市的企业，为了能够获得那里的上市许可，它们也需要按照美国通用会计准则制作财务会计报告或者使用"原有的"国际财务报告准则。各方让国际会计准则/国际财务报告准则与美国通用会计准则之间实现相互承认和协调的过程，具有特殊的意义（上面边码 4）。   40

根据国际财务报告准则做账，只针对资本市场。这比如表现在其适用前提不仅有公司股份的上市，而且有公司债券的上市（债券、固定利息债券，比较下面第三十二章边码 10 及其后边码）。国际会计准则/国际财务报告准则与美国通用会计准则涉及的是纯粹的信息财务会计报告，是为了让投资者能够进行投资决策。在多次改革后，它们也还是明显地区别于以盈利测算功能为出发点的商法典。商法典遵循法典编纂原则，系统性地制定抽象规定。而国际性的规则工具尽管也有上位性的原则性规定（Framework），   41

---

[39] Großkomm-AktG/Windbichler，Vor §§ 15ff. Rn. 5，§ 17 Rn. 8，§ 18 Rn. 9；商法和欧盟法上的监控方案与股份法第 17 条意义上的从属性概念更相对应；*Grundmann*，Europäisches Gesellschaftsrecht，Rn. 569 ff.。

但占重要地位的具体标准非常强调针对具体情形和专门性。[40]

有两个基本的认识（*underlying Assumptions*）[41]特别重要：企业继续经营原则（*going concern principle*），即会计制作以企业继续经营为假设的前提条件，以及期间限定原则（*accrual basis*），即按照一定的期间测量经营结果（业务年度）。另外，还有一些关于会计信息质量特征的规定（*Qualitative Characteristics*），但它们不如各个具体会计标准重要。属于其中的有易懂性原则（*Understandability*）。商法典中也有清楚明了和容易理解的要求，但没有要求各个具体信息必须对投资具有重要的意义（*Relevance*）。此外，还适用被分割成多个具体原则的可靠性原则（*Reliability*）。该原则对应于正确作账原则，但在具体内容上有不同的表现。现实中非常重要的是可比性原则（*Comarability*）。该原则要求在会计结构组成和估价方法上与上一个年度保持一致（比较商法典第265条）。如果进行了改变，则必须公开。从一种会计体系转变成为另外一种会计体系，需要有相应的转换计算。

关于具体情况下应该设置哪些会计科目（资产、负债）的问题，应该进行动态观察，即看它在一定时间范围内在经济上是有益处的，还是会成为一种负担。与此相反，根据商法典第246条第1款，应该在会计决算日以静态的方式给出所有的资产标的和负债。这样，在应该设置哪些会计科目上，就从中产生了不同。除此之外，关于估价的规定以及盈利和亏损计算的测量方法也是不同的。对于折旧（*Depreciation*，*Impairment*），应该客观地去确定（中立，*neutrality*）。在一定情况下，允许进行超出购置费用的价值调整（Revaluation）。总体上讲，是追求尽可能地接近市场价值（*fair value*）。[42]为了反映企业的财务状况，还要制作现金流量表（*Cash Flow Statement*）、所有者权益变动表（*Statement of Changes in Equity*）以及企业分部报告（*Segment Reporting*）。商法典在其第297条中追随了这个要求（上面边码38）。

42   在美国通用会计准则中，也有一个财务会计概念框架（*Conceptual Framework*）。它在许多地方与国际会计准则一致。由于重要性原则和可靠性原则与投资者的决策直接相关，所以它们对投资者特别重要，而可比性原则（*Comparability*，*Consistency*）就只能退居其后了。美国通用会计准则也规定要求制作现金流量表（*Cash Flow Statement*）、股东权益变动表（*Statement of Changes in Stockholders' Equity*）以及企业分部报告（*Operating Segments Reporting*）。

3. 制作、批准和审计

康采恩财务会计报告和康采恩形势报告由**母公司的董事会**制作，并由一名**会计报告审计人员**审计（商法典第316条第2款）。母公司的股东大会委任审计人员（商法典第318条）。董事会将审计过的财务会计报告提交给**监事会，以寻求其批准**（第317条）。

---

[40] *Hennrichs*，GmbHR 2011，1065，1067f；*Pellens/Strzyz*，in：Hommdhoff！Hopt/v. Werder（Hrsg.），Handbuch Corporate Governance，2. Aufl. 2009，S. 533，551 ff.；*Schulze-Osterloh*，ZIP 2003，93，97 f.；Staub/］.*Wüstemann/S. Wüstemann*，Anh. § 315 a IFRS Rn. 17.

[41] 为防止在涉及来自其他规则文件和法律体系的概念时出现错误的想法，建议在处理国际财务报告准则时使用英语原文；*Schulze-Osterloh*，ZIP 2003，93，95，99；比如"asset"就不应该翻译成为"Vermögensgegenstand"，否则将混淆许多重要的差异；通常是"Vermögenswert"；也比较对于商法典第244条的批评，见 MünchKomm-AktG/*Luttermann*，2. Aufl. 2003，§ 244 HGB Rn. 25ff.。

[42] Insbesondere seit der Finanzkrise 2008 wird die fair-value-Bewertung durchaus kritisch gesehen 尤其是自2008年金融危机以来，公允价值评估被认为是非常有争议的，比较 *Strampelli*，ECFR 2011，1；关于审慎原则的衰退，见 *Moxter/Engel-Ciric*，BB 2014，489.。

如果监事会拒绝批准，则由母公司的**股东大会**决定（第 173 条第 1 款第 2 句）。不存在一个真正意义上的会计报告确认，康采恩财务会计报告对盈利分配没有直接的法律影响。尽管如此，2002 年引入了由监事会批准的要求，借以顾及康采恩财务会计报告的意义。

通过商法典第 294 条第 3 款，企业之间的信息交流得到了保障。[43] 关于康采恩会计制作的具体内容，法律一再援引适用有关单独会计报告的规定（第 298 条以及还有商法典第 315a 条第 1 款）。康采恩形势报告同样是动态的以及着眼于未来的发展变化（商法典第 315 条第 1 款，上面边码 16）。

4. 公开、实施和监督

有关公开的法律规定（上面边码 24）相应地适用于康采恩财务会计报告和康采恩形势报告（商法典第 325 条第 3 款）。这一点也适用于联邦电子公报运营者的审查义务和报告义务、联邦司法部的执法行为（商法典第 335 条）以及上市公司情况下由会计监督委员会和金融监管局实施的监控（商法典第 324b 条，有价证券交易法第 4 条和第 37n 条及其后条款）。

43

㊸　对此见 Großkomm-AktG/*Windbichler*，Vor §§ 15ff. Rn. 37；*Hüffer*，FS Schwark，2009，S. 185；*Windbichler*，FS Peltzer，2001，S. 629；*dies.*，in：Hommelhoff/Hopt/v. Werder（Hrsg.），Handbuch Corporate Governance，2. Aufl. 2009，S. 825，842.。

第三十二章 ◀

章程修改和资本措施

一、章程修改的意义、职权和程序

1. 意义和职权

1　　章程为作为团体和法人的**股份有限公司**奠定了法律上的**基础**。它在法律框架下规范公司的内部秩序。参与者之间的法律关系是建立在章程基础上的。但章程的规定可以被修改，并且不会由此影响到公司的同一性。由于这涉及股份有限公司的基础，所以这样的一个章程修改始终要求有一个**股东大会决议**（第 179 条第 1 款第 1 句，第 119 条第 1 款第 5 项）。这个规定是强制性的。修改章程的职权不可以转移给另外一个公司机关（**股东大会专属的基础职权**，上面第二十五章边码 13，第二十九章边码 4 及其后一个边码）。

　　仅仅对于单纯的编辑性修改，存在一个例外；可以将其交给监事会（第 179 条第 1 款第 2 句）。此外，在一定的资本措施情况下，可以授权董事会负责实施（第 202 条第 1 款，第 237 条第 6 款；下面边码 29 及其后边码和边码 48）。从法律比较上看，股东大会对章程修改以及资本措施享有的强制性的职权是欧盟的共同之处。[1] 与此相反，在美国法律中，董事会（board of directors）的职权则发挥着更为重要的作用。[2]

　　（a）内容

2　　对于章程修改，适用与对章程最初制定时一样的规定。在修改章程时，也必须要遵守有关其法定的基本内容和其他内容限制的规定（第 23 条第 3 款至第 5 款，上面第二十六章边码 2）。在这个框架下，股东大会原则上拥有设计构建自由。但在没有征得股东同意的情况下，它不可以增大股东的从属义务。在没有征得相关股东同意的情况下，它不可以将迄今为止转让不受限制的股份改为转让依赖于公司的同意（第 180 条），也不可以违反强制性的法律。

---

① *Davies*，Principles，Rn. 3 - 20；*Grundmann*，Europäisches Gesellschaftsrecht，Rn. 393；*Kalss*/*Nowotny*/*Schauer*/*Kalss*，Rn. 3/51ff.

② *Ventoruzzo*/*Conac*/*Goto*/*Mock*/*Notari*/*Reisberg*，S. 276f.；*Siems*，Die Konvergenz der Rechtssysteme im Recht der Aktionäre，2005，S. 212f.

同等对待原则属于强制性的法律（第 53a 条，上面第三十章边码 12）。正是在修改章程时，不可以在没有征得其同意的情况下，将部分股东置于比其他股东更坏的境地，除非章程已经有了这样的规定，即基于其他股东享有优先权。如果要重新赋予一定的股东优先权或者其他好处，则每个股东都可以要求如同其他任何股东那样在同样的条件下获得这个优先权或好处。只有在基于客观原因而为公司利益所要求时，才允许采取偏离性的做法。否则，其变更决议是可撤销的（上面第二十九章边码 40）。此外，在具体情况下，有争议的是，股东多数应该在多大范围内顾及表决败北的少数股东，即章程修改是否应该受到一个实体性的决议内容审查，以及撤销程序中能否审查实体上的合法性。[3] 原则上，复杂多数本身就是一个（程序性的）保护性措施。此外，人们必须要根据股东受影响的严重程度和公司利益来构建案例类型。这涉及诚信义务的问题（上面第三十章边码 33 及其后边码）。

应该与改变企业经营范围（第 23 条第 3 款第 2 项）的章程修改相区分的是公司目的的改变。公司章程大多不会明确表述公司目的。公司目的就是借助于企业经营而追求的目标。它们多数是追求营利性的经济目的（上面第二十六章边码 2）。假如要改变公司目的，比如未来将为公共利益经营企业，则需要股东的一致同意（民法典第 33 条第 1 款第 2 句）。[4]

公司增资和减资是特别重要的章程修改。对于它们，也要适用特别的程序性规定（下面边码 18 及其后边码）。

(b) 其他基础性的事务

股份有限公司可以决定采取一定的公司结构措施。它们不属于业务执行，而是公司基础性的事务，因为它们深刻改变股东的法律地位（**公司结构变更**，下面第三十三章）。法律上规定的特别有公司并入（第 319 条及其后条款）和企业协议（第 291 条及其后条款）。根据其法律属性，公司并入和企业协议无须是持久不变的。对于是否在其之中存在一个章程修改的成分，过去是有争议的。由于对这些措施提出的要求是模仿章程修改要求而规定的，尤其是要求有一个以复杂多数通过的股东大会决议以及登记于商事登记簿，这个争论实际上已经被解决了。通过这些方式，可以将股份有限公司非常紧密地融入一个企业联盟。但对于具有最终性的公司结构变更，则需要按照改组法的公司变更（下面第三十八章）进行。在那里，法定要求也是模仿章程修改要求来规定的。此外，各自还要加上特别的报告义务和少数股东保护措施。 3

在法律技术上，这些结构变更是由各自专门的**法律规范**调整，而不是由有关章程修改的法律规定调整。这在财产出售（第 179a 条，对此见第三十三章边码 10）情况下尤为明显。然而，这些行为是在章程规范层面上游离。因此，对于严重影响股东权利或利益的业务执行措施，理论界中就有部分人以整体类推适用基础性的事务为依据，论证说明未明文规定的股东大会职权（上面第二十九章边码 4 及其后一个边码）。

(c)"章程突破"和"事实上的章程修改"

这一些概念描述的不是*修改章程*的情形，故只有很小的益处。只有在法律规定的 4

③ 关于广泛的控制，见 Großkomm-AktG/*Wiedemann*，4. Aufl. § 179 Rn. 169 ff.；更贴近的是 MüncKomm-AktG/*Hüffer/Schäfer*，§ 243 Rn. 53ff.；与此相反的是 Hüffer/*Koch*，§ 179 Rn. 29；Schmidt/Lutter/*Seibt*，§ 179 Rn. 44.。

④ Hüffer/*Koch*，§ 179 Rn. 33.

程序中，才可以修改章程。对于与章程存在冲突的措施，应该根据一般性的规定处理。被称之为**章程突破**的是指违背了章程实质性规定的股东大会决议。违反章程，将使股东大会决议可撤销（第 243 条第 1 款）。假如不发生撤销行为，则股东大会决议仍然具有法律效力。假如这只是涉及具体情形或具体措施，是没有问题的（*个别性的章程突破*）。与此相反，假如想创设出一个持续性的状态，则需要有正式的章程修改。*一个能创设某种持续状态的章程突破，是不可能的*。[5]

如果股份有限公司机关采取了一个违反章程的事实运作，比如将公司业务活动扩大到章程规定的企业经营范围之外，即使是在长期运作的情况下，也不能导致章程的修改，而只能是**章程的违反**。董事会的行为是违反章程的。股东大会可以拒绝对其免责，也可以基于义务违反而将其解任或追究其损害赔偿责任（上面第二十七章边码 23 和边码 33）。在有限的范围内，也可以考虑要求停止行动的请求权（上面第三十章边码 27）。因此，"事实上的章程修改"概念是容易让人误解的，最好不要再使用它了。

2. 程序

（a）多数决议

5 不同于在合伙情况下，对于作为团体法人的股份有限公司（上面第二章边码 9 和边码 12），原则上适用多数决原则。对于章程修改，法律规定要求股东大会以被代表的注册资本 3/4 的复杂多数通过决议（第 179 条第 2 款）。这只涉及一个纯粹的资本多数，所以它还必须要加上任何股东大会决议都要求的简单的表决权多数（第 133 条第 1 款）。那些没有被代表的注册资本不应该计入基数，比如股东既没有出席大会，也没有委托代表出席，或者是涉及没有表决权的优先权股。章程可以规定一个更大的多数要求，也可以规定一个较小的多数要求，但必须始终是一个资本多数。此外，章程还可以规定其他要求。假如章程声明自身是不可以被修改的，这也不能排除通过一致同意的方式决议将其修改。章程修改不能受辖于第三人的同意之下。[6]

对于一定的特别重要的股东大会决议，法律将 3/4 的多数作为**最低要求**加以强制性地规定。这样，章程就只能规定一个更大的多数要求，比如修改企业经营范围（第 179 条第 2 款）、发行没有表决权的优先权股（第 182 条第 2 款）、排除增资时的股东优先认股权（第 186 条第 1 款）、附条件增资（第 193 条）、核准资本（第 202 条第 2 款）和减资（第 222 条）。但与此相反，在通常的增资（第 182 条）和利用公司资产增资（第 207 条）情况下，法律不是这样规定的。在一些情形下，法律希望简化章程修改，所以只要求简单的表决权多数，比如让章程关于监事会组成的规定事后失效（第 97 条第 2 款第 4 句，第 98 条第 4 款第 2 句）或者减少章程规定的监事薪酬（第 113 条第 1 款第 4 句）。

（b）特别决议

6 假如存在多个**股份种类**，比如普通股和优先权股，并且各个股份种类**相互之间的现有关系**将因为章程修改而发生改变，则要求遭受不利的股份种类的股东进行特别决议。而该特别决议同样需要 3/4 的资本多数（第 179 条第 3 款）。

由于这涉及缩减一个优先权的问题，如果依照民法典第 35 条处理的话，则要求相关股份种类的所有股东同意（上面第三十章边码 15 及其后一个边码）。但由此将使章程

---

⑤ BGHZ 123, 15, 19 f. = NJW 1993, 2246（涉及有限责任公司）；Habersack, ZGR 1994, 354；Hüffer/*Koch*, §179 Rn. 7 f.。

⑥ Hüffe/*Kochr*, §179 Rn. 3, 20, 23.

修改变得非常困难。因此，法律规定，**同类股份的股东**作为整体以**多数同意**的方式通过**特别决议**就够了。只要欠缺特别决议，股东大会决议就暂时不生效力（上面第二十九章边码 54）。特别决议应该要么在单独会议中，要么在股东大会上的单独表决中作出。对于单独会议的召集、参加以及有关特别决议的讨论，相应地适用有关股东大会及其决议的规定（第 138 条）。这也适用于特别决议的可撤销和无效情形。

举例：种类股 B 获得了一个 5% 的优先股息。假如这个优先股息应该被提高到 6% 或者被降低到 4%，则在第一种情形下需要普通股东的特别决议，在第二种情形下需要优先权股东的特别决议（第 141 条）。这只是一个法律上形式化的思考。在现实中，这样的措施是否有通过的希望，取决于是否提供补偿以及其是否被接受。假如要在"一股一票"的发展潮流中将无表决权的优先权股转变为普通股，则应该在经济上将优先权价值和表决权价值以及对现有普通股份的稀释影响加以对比权衡。[7]

(c) 登记簿上登记

任何修改章程的股东大会决议都必须登记于商事登记簿。**登记**对于决议的生效来说是必须的，即生效性**的**（第 181 条）。在这一点上，体现了准则制的特征（上面第二十五章边码 27）。 7

在登记以前，股东大会可以通过简单多数决议撤回登记申请，从而借此阻止章程修改的生效。[8] 登记申请应该附带**完整的章程文本**。此外，还必须包含有这样一个公证证明，即被修改过的章程规定与章程修改决议一致，并且其余的章程规定与最近一次提交的完整的章程文本一致（第 181 条第 1 款第 2 句）。借此是为了达到这样的目的，即在商事登记文件中，一个完整的章程文本始终处于此时此刻正在适用的内容状态，以让任何股东和任何利益相关的第三人都可以随时了解到它。依据第 248 条第 2 款进行的章程修改决议无效宣布登记，也是为了同样的目的。

二、筹资措施—增资

1. 筹资措施概述

股份有限公司可以通过不同的途径满足其资金需求。[9] 但有一条路已经被排除在外了：它不能强迫其成员再额外出资，因为没有**追加出资义务**（上面第三十章边码 32）。公司可以提高其章程中确定的注册资本，但以获得出资为对价（下面边码 18 及其后边码），或者也可以： 8

- 接受借款，
- 通过提供优先权来促使股东自愿额外出资，
- 提高注册资本，
- 向第三人提供一个（非股份法上的）公司参与，特别是隐名参与（上面第十八章）。

---

[7] 比如比较 *OLG Köln* NZG2002，966 - Metro；OLG Karlsruhe NZG 2006，670.。

[8] Hüffer/*Koch*，§ 179 Rn. 40；MünchKomm-AktG/*Stein*，§ 179 Rn. 53.

[9] 关于资本筹集措施的总体介绍，见 *Ekkenga/Schröer*（Hrsg.），Handbuch der AG-Finanzierung，2014；Großkomm-AktG/*Wiedemann*，4. Aufl.，Vor § 182；*Habersack/Mülbert/Schlitt*（Hrsg.），Unternehmensfinanzierung am Kapitalmarkt，3. Aufl.，20 13；*Krolop*，Die Gewährung von Risikokapital auf schuldrechtlicher Grundlage im Dreieck von Vertrag，Verband und Markt，2017.（最新的）。

在接受借款（**外部融资**）与接受新的**自有资本**之间进行决策，是一个**企业经济学的问题**（上面第二十五章边码 3）。在法律视角之外，公司的类型是该决策的决定性的框架条件。特别是在不愿意接收新股东以及利息水平相对较低的时候，非上市的中型企业常常愿意选择通过一家主要银行来提供外部融资。此外，在计算公司盈利时（考虑到所谓的利息界限，上面第四章边码 10），为外部融资花销的费用可以作为企业费用而加以扣除，但向股东进行的盈利分配则不可以扣除。对于银行和金融服务机构，其自由资本的配备受到监管法上的调整。[⑩] 据此，自有资本与外部资本之间的关系（自有资本率），对银行保留自有资金具有重要意义，并因而对于利率和银行的业务活动都是至关重要的。

(a) 接受借款

9 　　股份有限公司也可以采用经济生活中通常的信贷获取形式：银行借款、按揭借款等。当股东在股份有限公司处于欠缺或严重受限的信用能力状况下向其提供借款时，需要注意到，股东借款在公司破产情况下受到强烈的法律束缚（上面第三十章边码 29，以及上面关于有限责任公司的第二十四章边码 16 及其后边码）。另外，还有通过资本市场的外部融资形式。

10 　　(aa) 借款可以通过发行**债券**或一般性的**债券**（工业债券）来获取。对此，股份有限公司可以求助于一般性的资本市场，向众多愿意将其资本投资于（通常是）固定利率计息的有价证券（所谓的退休金证券或者*固定利息债券*）的各债权人借款。债券是**债法性质的有价证券**，要么是**不记名债券**（民法典第 793 条及其后条款），要么是**空白背书债券或记名背书债券**（比较商法典第 363 条）。它们可以被轻易转让，因而是富有吸引力的投资形式，因为权利人也可以在到期之前通过出卖而获得现金。债券是资本市场法意义上的有价证券（有价证券保管法第 1 条，有价证券交易法第 2 条第 1 款第 3 项），可以在股市上交易。它们的市价根据发行债券的股份有限公司的信用评级（*rating*）、还款期限、利息以及一般利息水平等来确定。这也可以发行一些用发行人（发行债券的公司）或者第三人财产提供担保的债券，比如针对客户的债权或者投资性的财产标的（*asset backed securities*/ABS，资产担保债券）。[⑪]

11 　　**债券不是股票**（上面第二十五章边码 9）。它们不提供成员权利，而只提供债权权利。它们大多带有固定的利息（这在股票情况下是禁止的，第 57 条第 2 款），不提供表决权。在破产时，它们是一般的破产债权。作为债权人，债券权利人优先于股东。作为业务执行措施，债券的发行由董事会决定，但有时需要征得监事会的同意（第 111 条第 4 款）。通过债券来融资，不是股份法特有的。它们也可以供采用其他法律形式的企业利用。发行这类有价证券的股份有限公司受到有关大型公司和以资本市场为导向的企业的会计制作规则的严格规范（商法典第 264d 条，第 267 条第 3 款第 2 句，第 319a 条）。

　　[⑩] 关于巴塞尔自有资本协议 http://www.bis.org/bcbs/index.htm? m=3%7C14［9.3.2017］；第 2013/36 号欧盟指令及其后续的修改；第 575/2013 号欧盟条例 CRR-VO；RL 第 2009/138 号欧盟指令及其后续的修改 Solvabilität II；在 2008 年爆发的金融危机中，当时存在的保护措施被证明不能适当地避免系统性危机；*Hellwig/Höfling/Zimmer*，Gutachten E/F/G zum 68. Deutschen Juristentag，2010；也比较 *Admati/Hellwig*，Des Bankers neue Kleider，2013.。

　　[⑪] 关于适合在资本市场上交易的有价证券的一般介绍，见 *Ekkenga*，in：Claussen（Hrsg.），Bank-und Börsenrecht，5. Aufl.，2014，§ 7；将不透明的债权不断重复性地进行证券化，在事实上促成了国际性的金融危机；普通的企业债券与那些证券是有区别的。

（bb）作为债券的**特别形式，盈利参与债券和享益权**受到股份法的规范调整。它们尽管也只是提供债权性质的请求权，但仿照了股东的盈利权。尽管存在这个相似性，它们不涉及成员权利，而只涉及纯粹的债权人权利。盈利参与债券或提供享益权的发行，需要**股东大会**以 3/4 的资本多数通过**决议**（第 221 条第 1 款和第 3 款）。对此，并不涉及章程修改，而只是涉及一个不具有外部效力的对业务执行措施的批准。但是，由于它要提供股东享有的典型财产权利，所以影响到股东的成员身份地位。[12] 对于这些有价证券，股东在其参与比例关系范围内享有**优先认购权**（第 221 条第 4 款结合第 186 条；关于优先认股权，见下面边码 22 及其后边码）。[13]

在盈利参与债券情况下，不会向其所有人承诺或者不会只是承诺提供固定的利息，而是还要将其权利与股东的盈利分配权结合起来（第 221 条第 1 款第 1 句）。　12

举例：债券按照 5% 计息，但在股东股息超过 4% 之后，其每增加一个百分点，债券利率提高 1/8%。[14]

享益权大多以**享益证券**的形式证券化了（第 221 条第 3 款）。它们可以有非常不同　13 的内容。[15] 它们大多提供一个涉及纯盈利或清算结余的份额分配权。在一定的情况下，它们也提供一些涉及利用股份有限公司机关的权利，比如那些否则将由股东享有的权利，也称之为**混合资本**。但由此赋予的权利始终是**纯粹的债权人权利**，而绝不能作为管理参与权。[16]

因此，它们**绝对没有与成员身份本身联系在一起**。相应地，也要将它们与特别权利或者优先权股东享有的权利要始终分开。如果将享益权利用于形成一个与自有资本相似设计构建的责任资本，则必须要就其在公司破产时相对于其他债权人只具有次位清偿顺序进行约定。为了让这种资本投资尽管存在这样的不利条件而仍具有吸引力，则必须相应地让其在其他方面的条件上有利可图，比如通过优先参与盈利分配，而广泛普及的还有通过发行以股票期权证形式证券化的优先权。这样，享益权就接近于带有股票期权的债券（下面边码 16）。此外，过去很长一段时间以来，在发行享益权时，其他目的都居于首要地位。现今，它们也仍然具有一定的作用，比如向设立人、员工、董事和监事提供依赖于公司业绩的薪酬、为收回优先权股份而进行补偿、为获得专利或特许权使用而支付对价等。[17]

---

[12] OLG Frankfurt a. M. AG 2013，132；MünchKomm-AktG/*Habersack*，§ 221 Rn. 129f.，150；Hüffer/*Koch*，§ 221 Rn. 9；其他观点（章程修改）；*Raiser/Veil*，§ 17 Rn. 20.。

[13] BGHZ 120，141＝NJW 1993，400 - Bremer Bankverein；关于优先权的排除，见 BGHZ 181，144＝NZG 2009，986 Mindestausgabebetrag。

[14] 比较 RGZ 118，152.。

[15] 全面介绍见 MünchKomm-AktG/*Habersack*，§ 221 Rn. 75 ff.；*Luttermann*，Unternehmen，Kapital und Genussrechte，1998；*Sethe*，AG 1993，293 und 351；其与其他融资形式（特别是隐名公司）的界限经常不甚清楚，一方面比较 BGH NJW 2003，3412 - Berliner Hypothekenbank（隐名公司），另一方面比较 BGH NJW 1993，400 - Bremer Bankverein（享益证券）。

[16] BGHZ 119，305＝NJW 1993，57 - Klöckner；对此见 *Lutter*，ZGR 1993，291；MünchKomm-AktG/*Habersack*，§ 221 Rn. 86，119 ff.；Hüffer/*Koch*，§ 221 Rn. 26.。

[17] 收益参与权属于金融工具，为了帮助在金融危机中受到威胁的金融业企业提升自有资本比例的金融市场稳定特殊基金（Soffin）对其有益；比较 2008 年 10 月 17 日的金融市场稳定促进法第 8 条，FMStBG，BGBl. 2008 I 1982，1986；对此见 *Ziemons*，NZG 2009，369.。

(b) 可转换债券和带有股票期权的债券

14 　　作为一种债券形式，**可转换债券**（convertible bond）在债权人权利之外，还瞄准于成员身份的获取。它涉及一个提供转换成股份或者认购股份权利的债券（第 221 条）。最初仅针对持有人规定了转换权。现在，2016 年的股份法增订部分地也允许股份有限公司有转换权（反过来的**可转换债券**，contingent convertible）。拥有相似效果的还有附带持有人的转换义务的借款（**强制可转换债券**，mandatory convertible）。其具体内容通常会在借款条款中详细设计构建并进行准确规定。[18] 鉴于它对未来的成员身份进行了事先决定，故这里也需要一个以复杂多数通过的**股东大会决议**（上面边码 11）。股东享有一个按照其股份拥有比例关系参与认购可转换债券（带有股票期权的债券）的请求权，但没有义务这样做，即**优先认购权**（第 221 条第 4 款连同第 186 条，比较下面边码 22 及其后边码）。

　　相对于股份，一般的债券对于投资者具有较高安全性和固定利率计息的优势。与此相反，在较高风险的同时，股份也提供了较高的盈利机会。这不仅着眼于股息，也着眼于可能的股价上涨。可转换债券将这两个优势结合在一起。可转换债券的所有人首先具有债权人的地位，可以要求固定的利息，并在公司破产时享有与通常债权人一样的安全性。但在股份有限公司发展有利时，股份市价将因此而上涨。这时，可转换债券的所有人就可以由此参与分享这一有利发展，即要么将其债券转换成为股份，要么在保留债券的情况下有权以支付相应的对价为条件而优先认购股份。

　　反过来的可转换债券主要使用于以企业重整为目的和为了增强银行的自有资本。发行者可以将这些债券转化为股票，也就是从外部资本转换为自有资本（比较第 192 条第 3 款第 2 句和第 3 句）。[19]

15 　　(aa) **可转换债券**的债权人拥有不要求返还借款（债券的票面金额），而是要求一定数量股份的权利。假如他行使了这个形成权并且转换实施完成，他就是股东，而不再是债权人了。对于债券转换为股份，可以规定一定的附加支付，也可以不规定。这样，在强制可转换债券和反过来的可转换债券的情况下，这种转换也可以与特定的条件或者事件联系起来。假如公司为了转换的目的实施了附条件增资（下面边码 27），其偿还借款义务的消除，不被视为实物出资（第 194 条第 1 款第 2 句）。

16 　　(bb) **带有股票期权的债券**首先是债券，具有要求返还借款和收取利息的权利。但它额外承认了债权人在一定时间按一定市价购买公司股份的权利 **（优先认股权或期权）**。不同于股份转换权，与债券结合在一起的优先认股权还可以通过自有票证证券化，即通过**股票期权证**。这样一来，它就可以单独转让和行使。发行优先认购权，始终以缴付一定的金钱为前提条件。据此，严格地讲，将其称之为可转换债券并不完全正确。尽管如此，第 221 条也仍然包括了这种设计构建形式。

(c) 股东自愿额外提供资金

17 　　在这种情形下，股份有限公司可以由此获得资金，即向愿意额外提供资金的股东提供一些优先权，比如优先股息权或者更高的清算结余份额分配权，也就是将他们的**股份转化为优先权股**。由于追加出资义务违反了股份法，这只能是**自愿的额外提供资金**。但通过事先承诺提供优先权，可以对这样的额外提供资金施加一个间接的压力，因为根据

[18] 关于法定基础模式的变异，见 Hüffer/Koch，§ 221 Rn. 4ff.。

[19] *Bader*，AG 2014，472；*Florstedt*，ZHR 180（2016），152；*Nodoushani*，ZBB 2011，143.

优先权种类和范围的不同，没有优先权的股份可能会遭受强烈的贬值。[20]

举例：以面额为 100 欧元的股份额外加付 100 欧元为条件，承诺提供 6％ 的优先股息。但根据股份有限公司的状况，在可预见的时间内，公司不太可能获得比这个优先股息还要多的盈利。这样一来，股东就必须要么额外提供资金，要么接受其股份贬值。

人们可以根据一般性的规定来确定其边界，比如不可以为追加出资支付设置法律上的强迫以及违反同等对待基本原则（第 53a 条，上面第二十六章边码 12）。此外，发行带有优先权的新股是允许的。在这一点上，也给老股东就购买新的优先权股带来了一定的经济压力。上面简要描述的做法在商法典中被间接承认，即商法典第 272 条第 2 款第 3 项和第 4 项规定将这种额外出资记入法定公积金。由于优先权提供将创设出一个新的股份类型，因此其实施需要有修改章程的决议（第 11 条，第 23 条第 3 款第 4 项）。

这种筹资方式尤其在公司重整及非上市公司情况下具有重要作用，因为基于股份有限公司的糟糕形势而不可能选择其他途径：不能发行债券，因为股份有限公司没有必要的信用能力；也不能增资，因为新股按照票面价值发行不出去。关于公司重整，见下面边码 45 和边码 52。

2. 增加注册资本

对于增加章程中确定的注册资本，法律规定了多种可能性：以出资为条件的增资或者一般增资（第 182 条及其后条款）、附条件增资（第 192 条及其后条款）和核准资本（第 202 条及其后条款）以及利用公司资产增资（第 207 条及其后条款）。无论如何，所有不同的增资类型都要求有一个章程修改（上面边码 1 及其后边码）。然而，它们服务于完全不同的目的，而不仅仅是为了筹集资本。　　18

（a）一般增资

作为**有效的增资**，一般增资或者**以出资为条件的增资**（第 182 条及其后条款）是为了筹集新的资金。它只能通过**发行新的股份**来进行（第 182 条第 1 款第 4 句）。提高票面数额或者注册资本份额，将会是法律禁止的追加出资义务。假如公司发行无面额股，则必须按照其与注册资本的相同比例关系增加股份数量（第 182 条第 1 款第 5 句）。　　19

（aa）**增资决议**是章程修改。第 179 条及其后条款为第 182 条及其后条款所补充。这些规定追随第二号指令的规定。[21] 公司应该将增资决议向**商事登记机关**申请登记、登记其上并加以公开（第 184 条）。　　20

增资决议的**前提条件**是现有股份的出资已经被全部缴付或者只还存在很少的或已不可收缴的余款。否则的话，不存在增资的必要。然而，这只涉及一个应然性条款。对于注册资本大部分不是作为经营资金，而是作为担保储备考虑的保险公司，章程也可以作另外的规定（第 182 条第 4 款）。

与在公司设立时一样，法律**禁止低于票面价值发行股份**，相反则允许**溢价发行**（上面第二十六章边码 3）。在溢价发行情况下，增资决议中应该确定低于此价就不应发行股份的最低金额（第 182 条第 3 款）。发行**优先权股**是可能的。这在股份有限公司状况不佳时尤为重要，因为那时以票面价值发行一般股份是不可能实施完成的。新的股份也可以作为无表决权的优先权股发行（上面第二十九章边码 27）。对于这种情形，公司章程不可以将决议所需的资本多数降低到被代表的注册资本的 3/4 以下（第 182 条第 1 款

[20]　对此的进一步介绍见 Großkomm-AktG/*Wiedemann*，4. Aufl.，§ 182 Rn. 102 ff.。

[21]　资本指令第 29 条及其后条款（第 2012/30 号欧盟指令及后续的修改）。

第 2 句）。

发行新股原则上以现金支付为条件，但也可以约定**实物出资**。如果是这样的话，在增资决议中就必须载明实物标的、针对实物出资要提供的股份票面金额以及（提供）实物出资的人（第 183 条第 1 款）。与在实物设立公司情况下一样，要求有经济审计师的审查，除非按照第 33a 条、第 183a 条第 1 款（上面第二十六章边码 16）规定是不必要的。假如实物出资的价值不是非实质性地低于为其提供的股份票面金额的价值，登记法院就应该拒绝登记（第 183 条第 3 款）。与在公司设立时一样，法律禁止隐形的实物出资（上面第二十六章边码 14 及其边码）。隐形实物出资不具有解除出资义务的法律效果，即实物出资人必须进行现金出资，然而，应根据第 27 条第 3 款和第 4 款、第 183 条第 2 款对隐蔽的隐形实物出资进行价值评估。实物出资通常会要求排除（其他）股东的优先认股权（对此，见下面边码 23 及其后一个边码）。如果发行新股部分以现金，部分以交付实物出资，或者以实物出资和报酬进行交付的，这样的做法总是被视为实物增资。[22]

21   （bb）对于增资的**实施**，要求有**股份的认购**（在第 185 条中有详细的规定）。随着认购协议的签订，（未来的）股东就负有在给定的范围内购买新股的义务，而公司负有在增资实施时向认购人在给定的范围内提供股份的义务。对于增资本身，股份有限公司不负有义务。认购协议不仅具有团体法上的因素，也具有债法上的因素。

股份有限公司可以让股份公开认购。但这不是通常的做法，因为由此相关的管理费非常高。与公司设立时设立人认购所有股份情况相似，在增资时，大多由一个银行或一个银行团（**发行银行**或**发行银行团**）在排除股东优先认股权的情况下认购全部新股。这些信贷机构负有向老股东按照其优先认股权提供新股的义务（**间接优先认股权**，有利于第三人的协议）。此外，应该将股份投入资本市场。[23] 因此，这种做法不被视为真正意义上的排除股东优先认股权情形（第 186 条第 5 款）。对于没有被利用的优先认股权，发行企业可以按照所涉及的约定将其作价变卖。[24]

22   （cc）现有的股东对于与其股份参与相对应的新的"年轻的"股份部分拥有一个**法定的优先认购权**（第 186 条第 1 款）。在没有股东同意的情况下，通常不应该改变其股份参与关系。

举例：注册资本 300 万欧元，增资 200 万欧元，则股东有权就每 3 个老股份认购 2 个新股份。[25]

23   优先认股权是可以转让的。尤其是在新股发行价有利的情况下，它表现为一种价值。股东可以通过出卖的方式来实现它（股市上的优先认股权交易）。在经济上，优先认股权属于股份投资的收益。转让收益在税法上属于资本资产所得。

优先认股权可以完全或部分被排除，比如当新股应该被用于企业收购时。优先认股权排除仅能在**增资决议**本身中作出。这就至少需要一个 3/4 的资本多数，并且章程只能规定一个比其更为严格的要求。依据第 124 条第 1 款，必须明确且符合规定地公告优先

㉒　关于混合的实物出资或者混合出资，见 BGH NZG 2003，867；也比较 BGHZ 173，145-Lurgi I；BGHZ 175，265-Rheinmöve；BGH NZG 2009，747-Lurgi II，分别关于股东权利指令转化法之前的法律状况。

㉓　关于在此过程中经常采用的"询价配购"技术，见 *Groß*，ZHR 162（1998），318；；*Schlitt/Ries*，FS Schwark，2009，S. 241；关于所谓的绿鞋期权（超额配售选择权），见 BGH AG 2009，446；Busch，AG 2002，230.。

㉔　BGHZ 118，83；BGH NJW 1995，2486 – BuM；Schmidt/Lutter/*Veil*，§ 186 Rn. 51.

㉕　进一步的举例见 Wiedemann/*Frey*，Nr. 403.。

认股权排除议案，且要求在董事会必须就其细节作书面报告的情况下（第 186 条第 3 款和第 4 款）。董事会的书面报告服务于股东大会的决议作出，但也作为撤销情况下的内容审查基础。尤其是在新股发行价格过分低廉的时候，决议是可以撤销的，因为老股东的份额将会由此被"稀释"（股份法第 255 条第 2 款）。但什么时候是这种情形，是有争议的。㉖ 由于优先认股权排除被视为一个对老股东成员身份地位特别深刻的伤害，法院判决和占主导地位的理论学说要求有事实上的正当性，这就是说，它必须是**为公司利益而必需的**。细节也是一如既往地有争议。㉗ 根据具体情形的不同，优先认股权排除具有完全不同的影响。对于事实上的合理性论证要求，就应以此为依据。

根据第 186 条第 3 款第 4 句，在上市公司情况下，只要增资是针对货币出资且不超过注册资本的 10％以及发行价格不实质性地低于股市价格，排除优先认股权就是合法的。这个规定的表述是不成功的。㉘ 该规定是以这样一个（无论如何是理性的）认识为基础，即在股份广泛分散的大型公司情况下，任何感兴趣的股东都可以毫无问题地通过在股市上购买股份来保持其参与份额，因此不需要通过优先认股权来实现这种（费用高昂的）保护。㉙ 但是，法律规定没有将这一点明确地表达出来。

此外，证明是合理而被提到的排除优先认股权的情形有，为避免新股按原有股份比例分配产生不够一股的余额、发行员工股、满足可转换债券和股票期权、公司重整目的、一般上市或者在外国股市上市以及与其他企业合作等。在现实中，对于实物增资情形，要求排除优先认股权。但仅以实物增资本身来加以论证说明还不够，还要求实物出资是符合公司利益的。㉚ 假如债权人为了公司重整目的而将其债权转换为股份资本，这种情形也是符合公司利益的。㉛

为确保股东大会在决议时的独立性和股东的法定优先认股权，股份有限公司在增资决议以前根本不可以保证第三人就其要发行的股份享有优先认股权，并且就是在增资决议以后，也只有在增资决议已排除股东优先认股权时或者在这个优先认股权已被保留的情况下才得向第三人保证（第 187 条）。在依据一般性的规定主张决议撤销之外，还为老

24

㉖ Wiedemann/*Frey*，Nr. 404；Hüffer/*Koch*，§ 255 Rn. 5ff.

㉗ 起初对股东大会决议实行比较严格的实质审查，见 BGHZ 71，40＝NJW 1978，1316 - Kali ＋ Salz；BGHZ 83，319＝NJW 1982，2444 - Holzmann；较为谨慎的是 BGHZ 125，239 - Deutsche Bank；根据新的法律状况（第 186 条第 3 款第 4 句）和法院判决，排除股东优先认购权尽管必须基于公司利益，但其适当性、必要性和正当性的要求已明显弱化了；BGHZ 136，133，138 ff. ＝NJW 1997，2815 - Siemens/Nold；BGH NZG 2006，18-Commerzbank/Mangusta I；Schmidt/Lutter/*Veil*，§ 186 Rn. 26ff.。

㉘ Hüffer/*Koch*，AktG § 186 Rn. 39a；*Lutter*，AG 1994，440 f.；Großkomm-AktG/*Wiedemann*，4. Aufl.，§ 186 Rn. 148 ff.；*Zöllner*，AG 1994，336，341.

㉙ Schmidt/Lutter/*Veil*，§ 186 Rn. 39；也比较关于公开发行有价证券时的招股说明书制作、批准和公开的法律第 4 条第 2 款第 1 句。依据该条款，如果拟上市的股份低于已上市股份的 10％，则无须公开招股说明书。在股份分散已是一般情形的美国，股东优先认股权不是法定必须的且更多的是例外情形。通过董事义务且首先是通过适当的发行价格来保护老股东免遭参与稀释；比较 *Ventoruzzo*，in：Ventoruzzo/Conac/Goto/Mock/Notari/Reisberg，S. 208ff. 在英国，股东优先认股权是在转化实施资本指令过程中引入的，但限于现金增资的情形；在实物出资中不要求任何优先认股权的排除；*Davies*，Principles，Rn. 24 - 6ff.。

㉚ 针对实物出资的增资，资本指令（第 2012/30 号欧盟指令）第 33 条不要求公司提供股东优先认股权。德国的做法（无论是旧的还是新的判决）是符合指令的，见 EuGH Slg. 1996 - I，6017，6034 ff. ＝NJW 1997，721 - Siemens/Nold；也比较 *Grundmann*，Europäisches Gesellschaftsrecht，Rn. 357 - 361；*Habersack/Verse*，Europäisches Gesellschaftsrecht，§ 6 Rn. 84；*Kalss/Klampfl*，Rn. 366f.。

㉛ *Ekkenga*，ZHR 173（2009），581；Hüffer/*Koch*，§ 186 Rn. 35.

股东提供了进一步的保护（上面第二十九章边码 44 及其后边码），依第 255 条第 2 款。

25　　　（dd）与在公司设立时（第 36a 条第 1 款）一样，针对新股，在现金出资情况下，应该至少缴付最低发行金额的 25％以及溢价发行情况下的全部升水（**最低出资**）。对于实物出资，比照适用第 36a 条第 2 款（第 188 条第 2 款）。对于已进行的增资，应该向**商事登记机关**申请登记，以及进行登记并公开（第 188 条和第 190 条中有详细规定）。在申请登记时，需要声明已缴付的最低出资（第 37 条第 1 款，第 188 条第 2 款）。只有随着**增资实施**的登记，增资才生效，该登记发挥**生效性**的作用（第 189 条）。只有这时，才可以发行股份（第 191 条）。

　　　由此可见，法律规定了*两个登记*申请和登记：增资决议和增资实施。但这两者可以相互结合起来，并且现实中大多也是这样做的（第 188 条第 4 款）。新股认购也可以在增资决议登记前进行。根据主流观点，也可以在增资决议作出之前进行新股认购。[32]尤其可能在公司重整情形下会产生这样一个加快速度的需要，假如不可能在破产法第 15a 条第 1 款第 1 句规定的三周期限内举行股东大会的话（仅比较第 123 条第 1 款：召集期限为 30 天）。

　　　（b）附条件增资

26　　　附条件增资由此区别于一般增资，即在规定的范围内才应该实施增资，正如行使股份转换权或优先认股权（第 192 条）。附条件增资可供三种情形利用：供可转换债券使用、为企业合并做准备以及向员工和业务执行成员提供优先认股权（第 192 条第 2 款第 1 项至第 3 项）。这一列举是完全性的。

　　　第 192 条至第 201 条中有**详细的规定**[33]：关于附条件增资的**决议**至少需要 3/4 的资本多数（第 193 条）。附条件增资的金额不可以高于决议时已存注册资本的一半，除非为了重整目的，可转换债券或者反过来的可转换债券（上面边码 14 及其后一个边码）应由公司转换（第 192 条第 3 款）。不存在法定的股东优先认股权，因为股份完全服务于特定的目的。只有在登记于商事登记簿时，决议才生效。在此之前，不可以发行股份（第 197 条）。假如决议已被登记，股东大会就不可以再作出内容相抵触的决议（第 192 条第 4 款）。决议的实施取决于这一点，即优先认股权人是否和在多大范围内作出一个书面的认购声明（第 198 条）。假如发生了这样的情形，董事会就发行相应的股份（*认股股份*）。董事会只可以将其用于实现增资决议中确定的目的，并且只有在完全支付对价之后才得发行它们。也就是说，在可转换债券情况下，以交出债券以及支付可能有的附加费为条件，而在带有股票期权的债券情况下，则以支付发行金额为条件（第 199 条）。假如董事会违反了这一点，尽管股份不会因此而无效，但董事应承担责任。假如公司行使了转换权，在行使的同时产生了替代权。[34]注册资本将随着认股股份的发行而提高（第 200 条）。也就是说，根据各认股权人以及转换义务人的要求及其满足的不同，增资逐步进行。与一般增资相反，增资的生效不需要一个在商事登记簿上的特别登记。但董事会应该每年至少一次就发行的认股股份申请登记（第 201 条第 1 款）。该登记是宣示性的，至少应该事后让人能够知晓已进行的注册资本增加。在实体上，与每次增资结合在一起的是**章程修改**。而章程修改是分增资决议和股份发行两步进行的。章程文字

[32]　Hüffer/*Koch*，§ 185 Rn. 6（连同进一步的阐述）；有所限制的是 Spindler/Stilz/*Servatius*，§ 185 Rn. 11.。

[33]　关于其过程，见 Großkomm-AktG/*Frey*，4. Aufl.，Vor § § 192 – 201 Rn. 2 ff.。

[34]　比较 *Ihrig/Wandt*，BB 2016，6，16.。

修改可以通过股东大会依照第 179 条第 1 款第 1 句进行，或者根据第 179 条第 1 款第 2 句将其转交给监事会。

　　（aa）对于**可转换债券**的转换（上面边码 14 及其后边码），股份有限公司需要股份。 27 对此，公司可以使用自身股份（上面第三十章边码 6 及其后一个边码），但它可能没有这些股份。这样，一个附条件增资是适宜的，尤其是不能预见到有多少债权人要行使其股份转换权或者认股权，或者在多大的范围内行使其转换券对公司是有益的。因此，通常会将发行可转换债券或对此进行授权的决议与相应数额的附条件增资决议结合起来（第 221 条第 2 款，第 193 条第 2 款第 3 项）。这样，在发行可转换债券时，就已经可以确保转换的可行性。可转换债券转换成股份时的借款债权出资，不被视为实物出资（第 194 条第 1 款第 2 句）。

　　（bb）将附条件增资用于**企业联合目的**，没有太大的现实意义。企业概念，就像其在股份法中始终是的那样，不是特指某个法律形式。所以，它无须是涉及与另一家股份有限公司的联合。⑤ 归属于企业联合概念之下的有合并、吸收式分立和派生（改组法第 2 条第 1 款、第 123 条第 1 款第 1 句和第 2 款第 1 句以及第 3 款第 1 句、第 152 条，下面第三十八章）、公司并入（第 319 条）、公司控制和盈利转移协议（第 291 条，下面第三十三章边码 13 及其后边码）以及其他的以交付自身股份为条件的其他企业份额的接收。有价证券和企业收购法第 2 条第 1 款意义上的为交换目的而进行的收购要约也归属于其下。在这些情形下，股份有限公司也可以利用自身股份（比较第 71 条第 1 款第 3 项），只要它们可供支配使用。另外一种可能性是利用核准资本（下面边码 129 及其后边码）。在现实中，核准资本更为适当，因为在附条件增资情况下，必须很早就要提到认购权人（第 193 条第 2 款第 2 项），而这与要对正在进行的交易加以保密的需求相抵触。

　　（cc）员工和业务执行成员的认股权（*stock options*）以非常不同的形式出现。**员工** 28 **股**有一个很老的传统。它是为了将财产形成于员工之手并提供有利于企业的员工动力。在法律技术上，除了使用公司自身股份（比较第 71 条第 1 款第 2 项）外，还可以考虑赋予**员工**以公司股份优先认股权。对于出资，可以使用员工对公司享有的来自其被赋予的盈利参与现金债权。但尽管如此，只是部分适用实物出资规定（第 194 条第 3 款和第 4 款）。通过附条件增资，可以确保股份有限公司在向员工承诺给付股份的条件得到满足情况下有必要的股份可供支配。员工认股权的受益人不仅可以是公司的员工，也可以是关联企业（关于其概念，见第 15 条）的员工。

　　作为取决于公司经营成果的薪酬组成部分，向**业务执行成员**承诺提供认股权（*stock options*），有着重要的作用（上面第二十七章边码 14 及其后边码）。第 192 条第 2 款第 3 项允许这样做，但监事会成员不被包含在内。⑥ 由于不能确定股票期权将在何种范围内被行使，附条件增资是一个保障有必要股份可供支配的适当形式。对于**期权方案的具体设计**，由股份大会在第 193 条第 2 款第 3 项框架下负责。人们一致同意这一点，因为这样的方案包含有一个对老股东的稀释危险。尽管如此，在职权划分上（监事会对董事薪酬负责，董事会对员工薪酬负责），可能会产生问题。⑦ 属于期权受惠人员范围

---

⑤　Großkomm-AktG/*Windbichler*，§ 15 Rn. 15 f.

⑥　在立法过程中，曾考虑将监事纳入进来。但不能预见到其正当性；BGH NJW 2004, 1109-Mobilcom；也比较上面第二十八章边码 7。

⑦　进一步介绍见 Großkomm-AktG/*Frey*, 4. Aufl.，§ 193 Rn. 58 ff.；也比较 *Semmer*，Repricing – Die nachträgliche Modifikation von Aktienoptionsplänen zugunsten des Managements 2005.。

的有公司自己的董事以及关联企业各自的业务执行机关和代表机关的成员。然而，为子公司的业务执行机关的成员描述一个适当的经营成果目标，现实中是很困难的。[38]

(c) 核准资本

29　　　　一般增资很不灵活，其要求股东大会和一次性出售完增资决议确定的全部金额。股份有限公司不能依照不同时期的资本市场状况而调整新股发行的时间和数额，或者就一个战略性的股份参与进行谈判并紧接着就迅速加以实施。**核准资本的目的**是让股份资本筹集更具有灵活性。为此，章程授权董事会自行决定通过发行新股来提高注册资本。这样，公司就可以随时发行适当数额的股份。结果上，**发行股份的决定权就从股东大会转移到了董事会**（第 23 条第 5 款第 1 句，第 119 条第 1 款第 6 项）。[39] 其重大的经济意义表现在，大量的德国上市公司都有一个核准资本。

30　　　　(aa) 为了能与欧盟指令一致以及不剥夺股东大会的权力和保护股东的利益，**对董事会的授权受到了限制**。授权必须在**章程**中有规定或者以最少 3/4 的资本多数通过事后的**章程修改**来进行（第 179 条及其后条款，上面边码 1 及其后边码）。此外，各次授权的授予期限最高不可以超过 5 年。对于要新增的资本，必须规定一个确定的数额且不可以超过授权时存在的注册资本的一半（第 202 条第 1 款至第 3 款），但可以将发行价格的确定保留给董事会。[40] 授权时就已经可以排除股东**优先认股权**，但也可以将排除优先认股权的决定权保留给董事会（第 203 条第 2 款）。在这些情形下，股东优先认股权的排除，也必须是基于公司的利益。假如要允许实物出资，则必须在授权中规定（第 205 条）。

31　　　　(bb) 对于**实施执行，董事会**决定发行股份。董事会根据各自当时的市场情况和股份市价以及欲采取其他措施的机会选择股份发行的**时间点**。只要章程没有规定，则就同样由董事会决定股份发行的具体条件（第 204 条）。在股份发行问题上，董事会应征得监事会的同意。而在确定其发行条件时，则必须要征得**监事会的同意**（第 202 条第 3 款，第 204 条第 1 款）。[41]

32　　　　对于**新股的发行**，相应地适用有关一般增资的规定（第 203 条）。股份必须被认购。假如章程没有其他规定或授权董事会自行决定，现有股东就有一个法定的优先认股权。增资的实施应登记于商事登记簿。只有在登记之后，才可以发行股份。注册资本将随着登记而被提高。其结果，章程必须被相应修改。在股东大会授予的授权框架下，也可以采取多步骤的方式，每次进行一部分的增资。

股东优先认股权的排除不仅在股东大会授权决议中，而且在董事会决议时都会产生特别大的困难。相应地适用第 186 条第 4 款的规定（第 203 条第 2 款第 2 句）。但授权董事会采取的措施以及董事会在其实施时要进行的股东优先认股权排除，大多在股东大会决议的时刻点上还根本不能确定。其结果，对于实体上的股东大会决议审查，只能找

---

[38] BGH ZIP 2009, 2436 m. Anm. *Wackerbarth*；*Goette*，FS Hopt, 2010, Bd. 1 S. 689；也比较德国公司治理准则第 4.2.3 条。

[39] 在那些不要求章程规定一个确定的注册资本的国家中，股份的发行在章程框架范围下反正都是属于管理委员会（董事会）的职权范围；Großkomm-AktG/*Hirte*，4. Aufl.，§ 202 Rn. 3, 81；*Ventoruzzo*，in：Ventoruzzo/Conac/Goto/Mock/Notari/Reisberg, S. 208, 209 f.。资本指令（第二号指令）第 25 条一般性地要求股东大会通过复杂多数决议增资，但也允许采用核准资本。

[40] BGHZ 136, 133, 141＝NJW 1997, 2815, 2817 - Siemens/Nold；BGHZ 181, 144＝NZG 2009, 986-Mindestausgabebetrag Rn. 16.

[41] 法律强制要求股东大会批准，这限制了董事会在签署认购协议时的代表权利；Großkomm-AktG/*Hirte*，4. Aufl.，§ 203 Rn. 42，§ 204 Rn. 15；Hüffer/*Koch*，§ 204 Rn. 6.。

到很少的依据要点。与此相反，对于报告义务和股东保护，董事会的决定却是一个不同寻常的介入点。据此，为了不让符合使用目的的核准资本受到危害，法院判决将对股东大会授权决议的要求降低到可以是一个抽象的措施描述。当然，它也必须是基于公司的利益。[42] 这就成了董事会（和监事会）的任务，即在企业经营自由裁量框架下去审查，已完全知晓的事实情况是否具有了基于公司利益而论证说明排除股东优先认股权的合理性。根据法院判决，在无正当理由排除股东优先认股权情况下，可以考虑由单个股东提起停止侵害之诉（比较上面第三十章边码27）。根据法院判决，董事会应该在增资实施完成后的下一次股东大会上比照第186条第4款第2句进行报告。[43]

（cc）依据第202条第4款，章程可以规定**向公司员工发行新股**。[44] 通过结合第203 33
条第4款中的豁免以及利用自愿提取的公积金缴付出资的可能性（第204条第3款），员工股的发行被进一步简化了（也比较第71条第1款第2项，第192条第2款第3项）。在利用自愿提取的公积金发行所谓的无偿员工股情况下，它与名义增资（下面边码34）存在一定的相似性。但这个规定几乎没有什么现实意义，因为尤其是基于税负的原因，通常采用的是其他的员工股发行模式。[45]

3. 利用公司资产增资

（a）目的

名义增资（第207条及其后条款）**不是一个筹资措施**，没有新的资金流进公司。它 34
有助于调整提高章程确定的注册资本，以便与比其实质性大得多的公司财产相适应。迄今为止都是可以自由支配的公积金，将由此在法律上受到约束。

股份有限公司可以通过提取储备的方式来积累一个实质性地超过注册资本的财产，但基于业务扩大而又应将其长期保留在公司中。在形式上，股份有限公司是"资本不足"。注册资本数额需要与真实的公司财产相适应，比如为了提高股份有限公司的信用能力，或者在分配盈利时，为了不让其相对于注册资本的百分比显得过高。这样，就可以将**现有的公积金转换为注册资本**。股东没有获得财产增值，因为公司财产保持不变。

举例：一个注册资本为100万欧元的股份有限公司拥有600万欧元的财产。可分配的纯盈利达到24万欧元。在将盈利全部分配的情况下，将产生一个高达注册资本24%的股息。假如注册资本被提高到400万欧元，股息就变为6%。由此表明，只存在一个完全一般的盈利。它只是通过过低的注册资本数额而显得很高。

有效增资和名义增资在法律上和经济上表现为两个根本不同的情形。在法律中，它们由分散的且大多是强制性的规定所规范（第182条及其后条款和第207及其后条款）。因此，不准许在一个股东大会决议中将有效增资和名义增资结合在一起。假如两者同时被决议通过，这就涉及两个不同的决议，并且沿着不同的路径发展。着眼于第212条，也不能决议规定获取名义增资的股份取决于股东对有效增资所生股份的认购。[46]

---

[42] 关于MHM案中的董事会依据第203条第2款第2句和第186条第4款第2句的报告要求，见OLG München ZIP 2002，1580-MHM（已生法律效力）；对此见 *Natterer*，ZIP 2002，1672.

[43] BGHZ 164，241，249＝NJW 2006，371，374-Mangusta/Commerzbank I und II；OLG Frankfurt a. M. NZG 2011，1029；Großkomm-AktG/*Hirte*，4. Aufl.，§203 Rn. 63 ff.；Hüffer/*Koch*，§203 Rn. 11 f.，35 ff.

[44] 没有提到关联企业的员工。根据主流观点，在康采恩中类推适用该条款，Hüffer/*Koch*，§202 Rn. 24；Schmidt/Lutter/*Veil*，§202 Rn. 28.。

[45] Hüffer/*Koch*，§202 Rn. 29；MünchKomm-AktG/*Bayer*，§202 Rn. 107.

[46] Hüfferr/*Koch*，§207 Rn. 6 f.（连同进一步的阐述）。

（b）前提条件

35　　　　首先，其前提条件在实质上与适用于以出资为条件的增资的规定（第 207 条第 2 款，上面边码 19）相对应。它需要有一个增资决议和登记申请。为了提高注册资本，金额必须是在作为其基础的资产负债表的资本公积金或者盈余公积金科目下被证明是空闲的不为其他目的束缚的储备（**具有转换能力的公积金**，第 208 条）。公司可以使用最近的**年度资产负债表**或者专门制作的**增资资产负债表**。但无论如何，它必须被审查和确认过且附有财务会计报告审计人员出具的无保留意见的审计结论。资产负债表的**截止日**最多不可以超过申请将增资决议登记于商事登记簿时的前八个月（第 209 条）。

（c）效果

36　　　　随着**增资决议登记于商事登记簿**，增资生效，注册资本由此被提高（第 211 条）。由于被转换的储备从经济上看一开始就属于股东，所以法律强制规定**将新股按照股东现有的股份参与关系全部分配给股东**。违反这个规定的股东大会决议，无效（第 212 条）。发行无面额股的公司也可以不发行新股而提高其注册资本（第 207 条第 2 款第 2 句）。这样，各无面额股在注册资本上所代表的份额数额（比较第 8 条第 4 款）会自动提高。没有出资的缴付。

　　　　不同于有效增资，没有（可交易的）股东优先认股权，新股**自动**归属于他们。新股经常被称为赠股，但这并不完全符合实际。只要公司没有规定排除将股份制作成股票（第 10 条第 5 款），就应该制作新的股票。股东可以在董事会要求之后一年内领取新股票。假如没有制作股票，股票领取被股份配给所取代（第 214 条第 4 款）。假如摊到一名现有股东身上的只有一个新股的一部分，即所谓的**部分权利**，其也是可以独立地被出卖和继承的（第 213 条）。

　　　　公司**自身的股份**也参与注册资本的增加（第 215 条第 1 款）。在这种情形下，不存在反对公司取得自身股份的异议，因为股份有限公司没有为取得股份而花费新的资金，并且从价值上讲，其股份参与关系仍旧保持不变。因此，根据商法典第 266 条第 3 款，注册资本的净值也没有因为这个过程本身而发生改变（上面第三十章边码 9）。通过形式增资不应影响股份参与的比例关系（比较第 216 条第 1 款第 1 句）。

　　　　对于只缴付部分出资的股份（**部分缴付出资股**），应该按照其在注册资本上的份额以及数额而让其参与分享增资。但在其之下，不能通过发行新股来实施增资（第 215 条第 2 款）。与股份相连的权利义务关系以及公司与第三人在协议关系上的经济内容，如果它们取决于盈利分配、股份票面数额或者价值等的话，比如红利分配请求权、认股权、置换权等，不可以因为名义增资而受到影响（第 216 条及其后条款）。

三、减资

1. 目的

37　　　　与增资相似，减资（第 222 条至第 240 条）也可以被用于完全不同的目的。相应地，其前提条件和实施过程都有所不同。

（a）分配不必要的资本

　　　　假如现有资本的一部分已不再被需要，一个过高的注册资本可能会成为一个沉重的包袱。在经济上，不必要的资金归股东享有。

　　　　举例：在调整适应变化的市场关系过程中，股份有限公司无替代性地停止了一个生产性的分公司、出卖了一个子公司业务、减少了供货并将其专业化。一个地产股份有限公司将其地产的一部分开发并变现出卖且不再打算购买其他的地产。

根据第 57 条，禁止返还出资。因此，股份有限公司只有在缩减注册资本并由此在其与现有注册资本的差额范围内废除公司财产受到的严格束缚情况下，才能让股东获得多余的资金。即使通过资产负债表证实资本公积金或盈余公积金科目下的储备是不必要的资金，也只有在这样的前提条件下才可能将其分配给股东。由此可见，在这类情形下，减资是为了**让公司财产从作为注册资本的束缚中解脱出来**。

这样，注册资本的减少将导致向股东进行一个事实上的给付。作为章程和资产负债表中的数额，注册资本的减少对应着公司财产在事实上的减少。这里就存在一个**有效减资**。它是有效增资（上面 18 及其后边码）的对立物。不同于在增资情况下是以出资为条件的增资为主，有效减资在现实中很少发生。

（b）冲销亏损

正好反过来，减资的目的也可以是**让注册资本降低，以适应于股份有限公司财产的减少**。假如股份有限公司遭受严重亏损，在注册资本保持不变的情况下，只要全部亏损还没有被弥补完，就不能显示出有盈利并依据第 58 条第 4 款进行分配。假如比照减少的业务总额而降低注册资本，则会较早实现盈利。

举例：注册资本为 1 000 万欧元，亏损为 400 万欧元，现有财产为 600 万欧元。股份有限公司在缩小营业规模的基础上建立了新的业务基础，现每年有 10% 的纯利润＝60 万欧元。这样，它必须花费 6 年才能用盈利弥补完亏损，并且只有在第 7 年开始才能分配一个很小的股息。假如股份有限公司将其注册资本降低到 600 万欧元，则就可以避免它。其结果，资产负债表的负债和所有者权益科目上有一个与真实财产相对应的 600 万欧元的注册资本，资产负债表得到了平衡，并且在下一年度就可以开始分配盈利了。

然而，股东必然要在其股份的票面数额或者其注册资本上的份额上受到损失。假如谁目前拥有面值 1 万欧元的股份，现今就只还有 6 000 欧元。但这仅是一个数字上的损失，因为在股份有限公司处于不利情形时，股份反正都只还有一个很低的价值。股东在注册资本降低以后也仍还拥有该价值。在股份有限公司的全部财产上，股东也仍还占有着同样的经济份额，即在例子中为 1/1 000。对于这个数字上的损失，它只有在面额股情况下才能被明显察觉到（下面边码 40）。股东获得了一个更早得到股息的预期。

在**实施**中，自然不会有用公司财产向股东进行支付的问题。确切地说，这只是涉及一个数字上的**名义减少**。它和名义增资（上面边码 34 及其后边码）具有可比性。其现实意义实质性地大于有效减资，尤其涉及公司重整的情形（下面边码 45 和边码 52）。

2. 减资的形式

从技术角度上讲，可以通过不同途径实施减资。**减资决议**必须规定**实施类型**（第 222 条第 4 款第 3 句）。法律将可能选择的不同形式结合起来，即可供所有目的使用的**一般减资**（下面边码 43）、仅为公司重整目的考虑的**简易减资**（下面边码 45）以及服务于不同目的地**通过注销股份来实现的减资**（下面边码 42）。

（a）降低票面金额或者注册资本上的份额数额

在**面额股**（第 8 条第 2 款）情况下，减资可以通过降低票面金额的方式来实施（第 222 条第 4 款第 1 句）。新的票面金额的总额必须与被减少了的新的注册资本总额相等（比较上面第二十五章边码 6）。在**无面额股**情况下，不必要进行调整，因为无面额股是

38

39

40

同等地参与注册资本且自动计算出分担其上的份额（第 8 条第 3 款）。在这两种情况下，都不可以将最低票面金额或者最低份额降低到 1 欧元（第 8 条第 2 款第 1 句和第 3 款第 3 句）以下（第 228 条规定的与增资相结合的情况，属于一个例外，见下面边码 52）。

（b）股份合并

41 减资也可以通过改变股份的数量来实现。在票面金额或份额数额否则将会降低到 1 欧元以下的情况下，这是唯一的办法（第 222 条第 4 款第 2 句）。[47] 每个股东上缴其股份，再按照一定的数额相应地取回较少数量的股份。在这里，可能会出现这种情况，即小股东没有足够的股份进行一个这样的交换。如果是这样的话，股东可以通过额外付费来填补其部分权利（所谓的 **不够一股的余额**，Spitzen），或者股份有限公司将其股份与其他股东的股份集中在一起，再为了他们的利益而将新股出卖。由于股东的股份参与结构在这里会受到影响，尤其是不利于小股东，所以公司应该尽可能地避免出现不够一股的余额情况以及在必要时可以选择尽可能小的股份金额。[48]

举例： 300 万欧元的注册资本，共有票面金额为 300 欧元的 1 万股。通过每股从 300 欧元降到 200 欧元的办法将注册资本降低到 200 万欧元。假如股份被制作成了股票（上面第二十五章边码 8），股票的修改、出卖或交换等需要股东的参与。因此，股份有限公司要求股东提交股票。对于那些尽管如此仍然不提交的股票，公司可以宣告其无效（第 73 条，第 226 条）。假如公司发行的是无面额股，其 1 万份股份就自动从 300 欧元的份额变成为 200 欧元的份额。

在以 4：1 的关系进行股份合并的情况下，A 有 10 股，B 有 5 股，C 有 1 股。在这 16 股当中，有 12 股被消除，仅有 4 股作为有效股份而被公司盖章。其中，A 获得 2 股，B 获得 1 股。第 4 个股份被出卖，A 获得其价款的 1/2，B 和 C 各自获得其价款的 1/4。由此可见，作为股东的 C 将退出公司，除非他购买第 4 个股份并为此额外付费。关于具体的股份合并事宜，由董事会决议作出。[49]

（c）注销股份

42 不同于其他两种形式，注销股份（**宣告作废**）仅涉及个别的具体的股份。但相关的股份将完全灭失。因此，为了保护股东和债权人，注销股份受到其特别的前提条件的约束（第 237 条，下面边码 47 及其后边码）。

应该将注销股份与那些保留成员权利的其他措施分开，比如失权（第 64 条，上面第三十章边码 31）、公司获得自身股份（第 71 条，上面第三十章边码 6）或者仅涉及股票证书的无效宣告（第 72 条及其后一条）。

3. 一般减资（第 222 条—第 228 条）

（a）股东大会决议

43 作为 **章程修改**（上面边码 1），一般减资必须通过至少达到 3/4 资本多数的股东大会决议来进行。章程可以规定一个更高的资本多数或者其他要求，但不能降低这个资本多数要求。股东大会决议必须给出减资的目的及其实施的类型以及确定是否要向股东返回注册资本的一部分（第 222 条第 3 款，第 4 款第 3）。对于给出减资目的的要求，应该

---

[47] 关于这种实施方式的次位性，见 BGHZ 138，71，76 f. = NJW 1998，2054 - Sachsenmilch；BGHZ 142，167，170 = NJW 1999，3197 - Hilgers；Krieger，ZGR 2000，885，892.。

[48] BGHZ 142，167，170 f. = NJW 1999，3197 - Hilgers；Hüfferr/*Koch*，§ 222 Rn. 23.

[49] BGHZ 138，71，76 f. = NJW 1998，2054 - Sachsenmilch；Hüfferr/*Koch*，§ 226 Rn. 4.

仅在技术意义上去理解，无须进行一个客观的合理性论证，但适用一般性的法律限制。[50] 就像在增资情况下一样，不仅减资决议，而且决议实施都应该向商事登记机关提出登记申请并进行登记（第 223 条，第 227 条）。但不同于增资的是，**减资随着减资决议的登记就已经生效**（第 224 条）。

（b）债权人保护

假如要将资本返还给股东，减资可能会侵害债权人的利益，因为对债权人承担责任的公司财产将会被减少。这也适用于那些只是数字上的减资，因为对于股息分配，从现在起就适用一个较低的给付阻却门槛（比较上面第三十一章边码 10）。因此，第 225 条规定了一个特别的债权人保护措施，即只要债权人的债权还没有到期，公司就必须向所有在决议公告后 6 个月内登记的债权人**提供担保**。向股东进行支付，这不仅包括出资的返回，而且包括基于减少了的注册资本而进行的股息支付。它们都只有在 6 个月的期限届满且对所有按时登记的债权人进行了清偿或者提供担保的情况下才得实施（**阻却期限**）。[51]

4. 简易减资（第 229 条—第 236 条）

（a）支付禁止

简易减资绝不能导致向股东返还出资的结果。这是法律明文禁止的（第 230 条）。它始终只是涉及一个**数字上的减资**。向股东进行其他支付也受到额外的限制。法律只允许为公司重整目的而进行的简易减资，即平衡公司财产价值的减少、弥补公司其他亏损或者向资本公积金科目提取金额。另外的前提条件是在此之前已经解散了法定公积金和资本公积金（只要它们的总额超过减资后存在的注册资本的 10%）以及盈余公积金（第 229 条）。在现实中，简易减资经常与一个同时进行的增资结合在一起（下面边码 52）。

（b）债权人保护

由于不会进行**股东出资返还**，债权人的利益只有在这一点上才会受到影响，即公司未来的盈利分配将变得较为容易。因此，简易减资加上一个**较低限度的债权人保护**就够了。法律不要求公司向债权人清偿债务或者提供担保。正遭受困难的公司也经常没有这样的能力。与此相反，公司盈利分配则受到众多限制（第 233 条）。只有在法定公积金和资本公积金加在一起达到注册资本的 10% 时，公司才可以进行盈利分配。此外，假如公司事先没有向债权人清偿债务或者提供担保，则只有在减资决议作出 2 年后才可以在一个业务年度内支付超过 4% 的股息。

5. 通过注销股份来减资（第 237 条—第 239 条）

（a）种类

通过宣告股份失效来减资的特殊之处，在于通常**不是同等地涉及所有的股东**，而是个别股东丧失其成员权利。这不是没有其他条件就允许的，因为否则的话，将违背同等对待的基本原则（第 53a 条，上面第三十章边码 12）。这个减资形式不限于特定的目的。

（aa）假如股份有限公司是为了事后将其注销而取得自身股份且大多以支付对价为条件，就称其为**自愿注销股份**。依据第 71 条第 1 款第 6 项，基于减资决议，是可以进行自愿注销股份的（上面第三十章边码 7）。不存在违反股东权利的问题，因为他们自

[50] BGHZ 138，71，76 f. = NJW 1998，2054 - Sachsenmilch；持支持态度的是 Hüfferr/*Koch*，§ 222 Rn. 14；MünchKommAktG/*Oechsler*，§ 222 Rn. 25；关于诚信义务，见 BGHZ 142，167，170 f. =NJW 1999，3197 - Hilgers.。

[51] 资本指令（第 2012/30 号欧盟指令）第 36 条；*Habersack*，Europäisches Gesellschaftsrecht，§ 6 Rn. 86.。

愿出卖其股份。这种减资形式通常只是为了减少不必要的资本而加以采用，而不是为了弥补亏损，因为股份有限公司通常必须购买股份并且有相应的闲置资产可供支配。对于继续存在的股东来说，这一措施是有利的，因为其股息分配机会将会由此得到提高。较少的股东参与盈利分配，并且盈利分配又只受到一个被降低了的分配阻却（注册资本）的制约。[52] 但这也是可能的，即大股东为了公司重整目的而无偿地让其股份供公司支配使用（第 71 条第 1 款第 4 项），或者股份有限公司已基于其他原因占有了自身股份（下面边码 49）。

48　　　　（bb）只有在**原始章程**或者相关股份被认购之时**或之前**就决议进行的**章程修改**明文规定的情况下，才允许强制宣告股份失效（**强制注销股份**）。也就是说，股东必须是取得了已受注销可能性负担的股份。但是，假如所有被涉及的股东表示同意，事后修改章程也是可以的。章程可以规定在一定的条件下应该注销股份或者只是可以这么做。

但即使是在章程准许进行注销股份的情况下，同等对待的基本原则（第 53a 条）在此范围内也仍然具有意义，即不可以任意而专横地选择要被注销的股份。通常，它是通过抽签来确定的，但章程也可以使注销股份与在股东身上出现一定情形相结合，只要这种情形发生的可能性涉及所有的股东。在没有明确规定的情况下，应该对要被注销的股份提供对价。对于其前提条件和实施过程的具体规定，应该由章程或者股东大会决议确定（第 237 条第 2 款第 2 句）。[53] 假如章程规定了强制注销股份，就不需要股东大会决议了，而是由董事会决定（第 237 条第 6 款）。

49　　　　（cc）公司可以随时依照第 237 条的规定为减资目的而注销**自身股份**。其应用情形是非常不同的。第 71c 条第 3 款例外性地规定了一个法定的注销自身股份的义务（上面第三十章边码 8）。股份有限公司可以专门为一个被决议通过了的减资而购买自身股份（第 71 条第 1 款第 6 项，上面边码 47）。在表决决议确定要涉及哪些股份（如在非上市的家族公司中）时，必须遵守同等对待原则（第 53a 条）和诚信义务原则。在现实中，较为重要的情形是依照第 71 条第 1 款第 8 项进行的基于股东大会授权的股份取得（上面第三十章边码 7 后面部分）。它只需要一个简单多数并且可以灵活确定应用目的。有价证券和企业收购法的规定不适用于股份有限公司的购买要约，因为该法律是以购买意愿人（收购人）与目标公司（其股份被购买的股份有限公司）不同为出发点的。[54] 依照第 71 条第 1 款第 8 项第 4 句，通过股市购买自身股份，只要满足同等对待的基本原则就够了。但诚信义务的问题仍未解决。在这个行为过程中，必须有一个通过注销股份来减资的股东大会决议紧随其后。

50　　　　（dd）一个特别情形是**没有减资的无面额股的注销**（第 237 条第 3 款第 3 项）。假如公司发行了无面额股，则通过股份注销，继续存在的股份在不变的注册资本上的份额将依照第 8 条第 3 款被相应提高，而不会发生在发行的股份数额与注册资本总额之间出现不一致的危险。这样，就不需要进行减资了，但必须调整章程中的股份数额。对此，可

[52]　对此比较 *Last*，Der Erwerb eigener Aktien als Ausschüttungsinstrument，2006，S. 115 ff.。

[53]　关于可能的设计构建，见 *Hüffer/Koch*，§ 237 Rn. 12；根据德国法律，作为特殊股份类别的"可赎回股份"（对此比如见 *Davies*，Principles，Rn. 13-9f.）虽然是可能的，但不是非常普及；比较上面第三十章边码 6。

[54]　主流观点；联邦金融监管局的解释决定（http://www.bafin.de/SharedDocs/Veroeffentlichungen/DE/Ausle-gungsentscheidung/WA/ae_060809_rueckerwerb.html？nn=2818492 [10.3.2017]）；*Hüffer/Koch*，§ 71 Rn. 19k f.；*Spindler/Stilz/Cahn*，§ 71 Rn. 157ff.；不同的是，关于有价证券和企业收购法的（类推）适用，见 *Baums/Stöcker*，FS Wiedemann，2002，S. 703，716ff.；有所差异的是 MünchKomm-AktG/*Oechsler*，§ 71 Rn. 231 ff.。

以授权董事会进行。这样的股份注销决议首先对自身股份具有意义，特别是在依照第71条第1款第8项购买自身股份的情况下。公司盈利分配会由此持续性地受到影响，因为股份将灭失且不能再被出卖。[55]

（b）债权人保护和简易程序

对于通过注销股份来进行减资的情形，原则上适用有关一般减资的规定（第237条第2款第1句；对此，还有第238条和第239条）。除了股东之外，债权人也可能因为注销股份而受到侵害，因为注册资本减少了，所以可以较为容易地分配盈利。此外，假如股份有限公司要为注销股份支付对价，则公司财产还会由此直接减少。因此，原则上也适用与一般减资情况下一样的一般性的债权人保护规定。即其购买股份时的对价支付（第71条第1款第6项），也是只有在半年的阻却期限届满和对债权人清偿债务或提供担保之后，才可以支付购买价款（第237条第2款第3句，第225条第2款）。对于第71条第1款第8项规定的购买自身股份，它反正都只有在其可以由自愿性公积金支付且股份已被完全缴付出资的情况下才为法律所允许（第71条第2款第2句和第3句）。 **51**

法律对三种没有危害债权人危险的情形规定了一个**简易的股份注销程序**（第237条第3款至第5款）。应该清楚地将其与简易减资情形（上面边码45）分开。它不仅可适用于强制注销股份，而且可适用于自身股份注销情形。假如要注销已被完全缴付出资的股份（包括溢价），并且它们是无偿交由股份有限公司支配的或者是利用公司决算盈利或自愿性公积金融资的，就不需要有一个特别的债权人保护。在这里，对于股份注销，不需要任何花费或者只是花费反正都是可以分配给股东的钱。第三种情形就是没有减资的无面额股注销。在这里，注册资本以及其所有的功能反正都不会受到侵害。简化存在于这些地方，即这里无须遵守半年的阻却期限，不必向债权人提供担保，并且在章程没有规定更为严格的要求情况下，股东大会决议只要用一个简单多数就够了（第237条第4款）。在注销股份和减资一起进行的情况下，应该在资本公积金科目下提取与被注销股份在注册资本上分摊的份额相对应的金额，借以让公司财产的束缚继续维持于原来的数额并防止分配过大的公司盈利（第237条第5款，第150条第3款和第4款，以及商法典第266条第3款A项II.）。

6. 增资与减资的结合——重整

（a）注册资本的减少与增加的结合

当股份有限公司遭受重大亏损时，通常只有将减资与增资结合在一起才有意义。只有减资是不够的，因为亏损尽管可以由此在会计上被注销，但它没有给股份有限公司提供新资金。但由于禁止低于票面价值发行股份（第9条），只有增资也是不够的。在很高赤字的情况下，没有人愿意按照票面价值认购股份，因为他必须担心多年不能获得股息且原有股份的市价也已相应地非常的低。从中可以解释说明这个第一眼看起来不同寻常的两个措施的结合。注册资本首先被降低，借以在会计上弥补亏损，再立即将其增加，借以向股份有限公司供给新的资金。[56] **52**

---

[55] *Last*，Der Erwerb eigener Aktien als Ausschüttungsinstrument，2006，S. 124 ff.

[56] 详细介绍比较 *Reger/Stenzel*，NZG 2009，1210；*K. Schmidt*，ZGR 1982，520 f.；*Seibt/Voigt*，AG 2009，133；也比较 OLG Schleswig NZG 2004，281.（已生效法律效力）。

图示化的举例：

	资产		负债和所有者权益	
1. 原始的资产负债表	房屋、机器等	900 000	注册资本 亏损 债务	1 000 000 −400 000 300 000
2. 减资 400 000 后的资产负债表	房屋、机器等	900 000	注册资本 债务	600 000 300 000
3. 增资 400 000 后的资产负债表	房屋、机器等 现金存款	900 000 400 000	注册资本 债务	1 000 000 300 000

对于实施的类型，有多种不同的可能性。为了简化新股的发行，可将其作为优先权股来设计构建。这样一来，大多允许老股东以再支付一定的金额为条件将其股份转换成为优先权股。将增资与让**股东自愿额外提供资金**（上面边码 17）结合在一起，借以帮助公司筹资。

这在小型的股份有限公司情况下可能会出现困难，因为原则上也不可以在减资情况下将注册资本降低到 5 万欧元的最低金额以下（第 7 条）。对于重整情形，**如果股东大会在减资的同时决议将其最少也要再提高到最低资本的话，第 228 条允许将注册资本降低到 5 万欧元以下，甚至减低到 0 欧元**。[57] 在此过程中，在这个数额范围内，法律将实物出资排除在外，理由是实物出资存在过高估价的危险以及要确保有现金流入公司。必要的商事登记簿上的登记必须在 6 个月内进行，否则措施最终地无效（第 228 条第 2 款）。此外，适用有关减资和增资的一般性规定。

举例：注册资本为 20 万欧元，减少到 3 万欧元，再增加到 15 万欧元。这里，就必须至少有 2 万欧元的现金认购。

（b）不增加注册资本的重整

53

重整也可以在不增加注册资本的情况下进行，即在减资之后，完全通过**以提供优先权为条件促使股东自愿额外提供资金**的办法筹集新的资金。

举例：在上面边码 52 提到的例子中，在减资之后，以向注册资本上分摊达到 100 欧元份额的每股支付 40 欧元为条件，提供一个优先股息权利。据此，股东就剩下的 6 000 股中的 5 000 股提供了额外的资金。由此，有 20 万欧元的新资金流入了股份有限公司。现在，资产负债表为：

资产		负债和所有者权益	
房屋、机器等	900 000	注册资本	600 000
		资本公积金	200 000
现金存款	200 000	债务	300 000

这样的措施以及还有上面边码 52 提到的结合增资的额外提供资金等都是为法律准许的。股份合并威胁（减资）会给不额外提供资金的股东带来间接压力的问题，不

---

[57] BGHZ 119, 305, 319 f. = NJW 1993, 57, 60 - Klöckner；BGHZ 142, 167, 169 f. = NJW 1999, 3197 - Hilgers.

能违反追加出资义务禁止原则，另外，也必须保障同等对待和诚信义务（上面第三十章边码 12）。[38]

举例：在按照 2∶1 关系合并面额为 1 欧元的股份时，为了避免股份合并，股东必须每股额外提供 0.5 欧元的资金。也就是说，一个拥有 2 股的股东将要么丧失 1 股，要么额外支付 1 欧元。在这两种情形下，他都要牺牲 1 欧元。

[38]　Sindler/Stilz/*Cahn/v. Spannenberg*，§ 54 Rn. 34f.

第三十三章 ◀

公司结构变更和相似措施

关于公司结构变更的一般性文献资料：*Forum Europaeum Konzernrecht*，Konzernrecht für Europa，ZGR 1998，672；*Grundmann*，Europäisches Gesellschaftsrecht，§§ 25，27；*Kalss/Klampf*，Rn. 144ff.；*Kort*，Bestandsschutz fehlerhafter Strukturänderungen，1998，§ 1；*Kraakman/Armour u.a.*，Anatomy，Kap. 7 und 8；*K. Schmidt*，§ 30.。

关于公司收购法：*Angerer/Geibel/Süßmann*，WpÜG，3. Aufl.，2017；*Assmann/Pötzsch/U. H. Schneider*（Hrsg.），WpÜG，2. Aufl.，2013；*Beck-Heeb*，Kapitalmarktrecht，8. Aufl.，2016，§§ 13ff.；Emmerich/Habersack，§ 9a；*Fleischer/Kalss*，Das neue Wertpapiererwerbs-und Übernahmegesetz-Einführende Gesetzesdarstellung und Materialien，2002；*Haarmann/Schüppen*（Hrsg.），Frankfurter Kommentar zum WpÜG，4. Aufl.，2017；*Hill*，FS Hopt，2010，Bd. 1 S. 795；*Hirte/v. Bülow*（Hrsg.），Kölner Kommentar zum WpÜG，2. Aufl. 2010；*Hopt*，Grundsatz-und Praxisprobleme nach dem Wertpapiererwerbs-und Übernahmegesetz，ZHR 166（2002），383；*ders.*，Europäisches Übernahmrecht，2013；*Langbucher*，§ 18；*Möslein*，Grenzen unternehmerischer Leitungsmacht im marktoffenen Verband，2007；*Raiser/Veil*，§§ 71ff.；*Schwark/Zimmer*（Hrsg.），Kapitalmarktrechtskommentar；*Steinmeyer*（Hrsg.），WpÜG，Kommentar，3. Aufl.，2013；*Wiedemann*，Minderheitenschutz und Aktienhandel，1968.。

关于公司财产转移：Literatur zum Aktienrecht，insb. Kommentierungen des § 179 a AktG；ferner *Brocker/Schulenburg*，BB 2015，1993；*Mertens*，Die Übertragung des ganzen Vermögens ist die Übertragung des（so gut wie）ganzen Vermögens，FS Zöllner，Bd. 1，1998，S. 385；*Mülbert*，Aktiengesellschaft，Unternehmensgruppe und Kapitalmarkt，2. Aufl.，1996；*Stellmann/Stoeckle*，WM 2011，1983.。

关于企业协议和公司并入：Literatur zum Aktienrecht，insb. Kommentierungen der §§ 291 ff. AktG；ferner *Ederle*，Verdeckte Beherrschungsverträge，2010；*Veil*，Unternehmensverträge，2003.。

关于逐出少数股东：Literatur zum Aktienrecht，insbes. Kommentierungen der §§ 327 a ff. AktG；Kommentierungen zu § 39a WpÜG；KölnerKomm-WpÜG/*Hasselbach*，§§ 327 a ff.；ferner *Rühland*，Der Ausschluß von Minderheitsaktionären aus der Aktiengesellschaft（Squeeze-out），2004.。

关于非裁决程序：Kommentare zum Spruchverfahrensgesetz：*Riegger/Wasmann*（Hrsg.），Kölner-Komm-AktG，Bd. 9 SpruchG，3. Aufl.，2013；*Klöcker/Frowein*（Hrsg.），Spruchverfahrensgesetz，2004；MünchKomm-AktG/*Kubis*，Bd. 5，4. Aufl. 2015；*Siemon*（Hrsg.），Spruchverfahrensgesetz，2007；Spindler/Stilz/*Drescher*，SpruchG；*Timm-Wagner*，Spruchverfahrensgesetz，2012.。

关于公司上市和退市：Kommentierungen zu §§ 32 und 39 BörsG，insb. *Groß*，Kapitalmarktrecht，6. Aufl.，2016；ferner *Buck-Heeb*，Kapitalmarktrecht，8. Aufl.，2016，§ 3 Rn. 145ff.；*Ekkenga*，ZGR 2003，873；*Habersack/Mülbert/Schlitt*（Hrsg.），Unternehmensfinanzierung am Kapitalmarkt，2. Aufl.，2008；*Krolop*，Der Rückzug vom organisierten Kapitalmarkt（Delisting），2005；*Langenbucher*，§§ 13，20；*Lutter*，FS Zöllner，Bd. 1，1998，S. 363；*Marsch-Barner/Schäfer*（Hrsg.），Handbuch börsennotierte AG，3. Aufl.，2014；*Mülbert*，ZHR 165（2001），104.。

一、概览

在公司结构变更概念之下，人们将其理解为直接改变公司的同一性、法律形式、资本结构、公司目的或公司机关职责等措施。[1] 对于股份有限公司，人们过去只讨论章程修改、资本措施、住所迁移以及解散。对于影响深刻的其他形式变更，由于法律明文规定为股东大会职权，这就有疑问了（上面第二十七章边码26，第二十九章边码4及其后一个边码）。法律规定不统一。有时，**资本市场法的规定**居于首要地位（收购、上市、退市），但它们也包含有公司法的因素。针对众多法律主体，1994年的改组法对一大类公司结构变更类型进行了全面的规范，包括合并、形式变更（狭义上的变更）和财产转让等特别情形。在1994年以前，这些公司结构变更类型是在股份法中（第339条至第393条）规范的，并为1969年的改组法所补充。关于就此而言不再是股份法专门所有的公司措施，见下面第三十八章。*股份有限公司转让全部财产*，现在受第179a条的调整。此外，还有对股份有限公司进行特别规定的*企业协议*（第291条至第310条）。这些规定部分可以类推适用于其他公司形式，但始终要顾及其特殊性。[2] *公司并入*（第319条至第327条）只供股份有限公司使用。主要股东可以在一定的前提条件下将少数股东*逐出公司*。这也被称为逐出少数股东。鉴于其对股东具有深刻的影响，下面还将股份上市和退市（*Delisting*）部分性地与公司结构变更同等处理。

裁决程序是通过采用对补偿或交换关系的适当性进行司法审查的形式来实现一定的公司结构变更情形下的少数股东保护，而又不必延缓这些措施本身。这个特别的公司法措施来源于股份法（旧的第306条）。现今，其程序性规定被综合概括在一个特别的法律（裁决程序法）中。

---

[1] GroßKomm-AktG/*Fleischer*，Vor § 327 a Rn. 22；*Kort*，Bestandsschutz fehlerhafter Strukturänderungen，1998，S. 1 ff.；*Wiedemann*，I，§ 6 III.

[2] Baumbach/Hueck/*Zöllner/Beurskens*，SchlAnhKonzernR Rn. 49 ff.；*Ederle*，S. 177 ff.；*Emmerich/Habersack*，§ 32（都是针对有限责任公司）；*Haar*，Die Personengesellschaft im Konzern，2006；MünchKomm-HGB/*Mülbert*，3. Aufl.，KonzernR Rn. 144 ff.（针对普通商事合伙）；关于在与不是采取股份有限公司而是采取其他法律形式的企业缔结控制协议的情况下推定存在康采恩的问题，见Großkomm-AktG/*Windbichler*，§ 18 Rn. 33；也比较有限责任公司法第30条第1款。

2　　　　　公司结构变更可能会有完全不同的理由。税负上的效果始终是设计构建的重要因素（上面第四章边码 10），但这里不对其进行探讨。企业集团的建立和变革（上面第一章边码 4 后面部分）是公司结构调整较为常见的诱因。这些措施中的一部分属于实体性的康采恩法律（上面第二十五章边码 17），故可以参看那里对其进行的深入阐述。③ 严格意义上的关联企业法（康采恩法律）是以第 15 条意义上的企业作为参与者为前提条件的。但股份有限公司法律的适用，一般不会对参与者提出特别的要求，只要涉及一个股份有限公司就可以了。通常，会涉及多数股东或者至少居于控制地位的股东为一方与少数股东或者持有广泛分散的股份的股东为另外一方之间的紧张关系。削减少数股东权利和将少数股东逐出公司的措施，可能是明智的和经济上有益的，但也隐藏着权利滥用的危险。在宪法上，假如保证了在经济上完全补偿被涉及的股东的损失，并且就审查补偿的合理性有一个司法程序可供支配使用，这些措施就是没有问题的。④

二、收购

1. 收购问题

3　　　　　"收购"一个股份有限公司是指广义上的股份购买，但其数额或权利配备能够控制股东大会并由此间接控制公司（上面第二十七章边码 1，第二十九章边码 1）。一个这样的**控制权取得**或者**控制权转变**可以通过不同的途径来实现。有购买意愿的人可以从多数股东那里购买已存在的大宗股份。股东也可以逐步增加其股份存量，比如通过股市购买其他人的股份。在狭义的收购概念之下，人们将其理解为这种情形，即有购买意愿的人（**收购人**）向一家上市公司（**目标公司**）的股东发出一个**公开的购买要约**。只要收购人在法律上有发出这样一个要约的义务，一般都是为了保护其他的股东。从少数股东的角度上看，它涉及一个退出权，但这只有在购买价表现为一个适当的补偿时才有意义。在自愿要约收购情况下，对价也是一个复杂的题目，因为所有类型的投机活动、目标公司管理机关的抵御措施（针对所谓的"*敌意收购*"）等都可能会造成混乱和操纵。另外一方面，控制权转变是一个（外在的）*公司治理*要素（上面第二十五章边码 17 及其后边码，边码 41）。⑤ 如果认为公司管理导致了企业经营不善，而新的经营管理将会带来更高的收益，收购人就会执行其收购计划（下面边码 8）。

4　　　　　德国股份法对控制股东有特别的规定，只要它是一个企业（第 291 条及其后条款），但仍旧放任控制地位的建立广泛处于不受规范的状态之下。虽然存在一个实体性的康采恩法律，但**没有清楚明确的康采恩进入保护**。⑥ 只是在超过一定的股份参与临限值时才有一个告知义务（股份法第 20 条；在上市公司情况下，是有价证券交易法第 21 条及其

---

③ 尤其是见 *Emmerich / Habersack*；KölnerKomm-AktG/*Koppensteiner*，Vorb. § 291；*Raiser / Veil*，§ § 58ff.；*K. Schmidt*，§ 17.。

④ BVerfGE 14, 263, 283＝NJW 1962, 1667, 1669 - Feldmühle；BVerfGE 100, 289, 305＝NJW 1999, 3769, 3771 - DAT/Altana；BVerfG NJW 2001, 279 - Moto Meter；NZG 2012, 826；AG 2013, 255；*Henze*, FS Peltzer, 2001, S. 181；*Mülbert/Leuschner*, ZHR 170 (2006), 615；*Schön*, FS Ulmer, 2003, S. 1359. 关于根据第 327a 条及其后条款将小股东开除出公司（对此见下面边码 16 及其后边码），见 BVerfG NZG 2007, 587 - Edscha.。

⑤ 关于企业控制权收购市场，*Grundmann*, Europäisches Gesellschaftsrecht, Rn. 948；*Hopt*, ZGR 1993, 534, 542 ff.；*Kalss/Klampfl*, Rn. 502ff.；KölnerKomm-WpÜG/*Hirte*, Einl. Rn. 15 f.；*Raiser/Veil* § 71 Rn. 6f.。

⑥ *Emmerich / Habersack*，§ § 7 ff.；Großkomm-AktG/*Windbichler*, Vor § § 15ff. Rn. 9, 44；*Raiser/Veil*，§ 60.

后条款）。但是，股份法既没有对收购人，也不对出卖人规定进一步的义务，比如提供有关出卖意愿的信息或者其他股东参与分享可能有的"大宗股份交易附加价值"⑦。这些义务也不能从诚信义务或者同等对待原则中推导获得。⑧ 控制权取得或者控制权转变隐藏着不利于少数股东的危险和资本市场功能实现的操控。从欧盟法上看，由成员国法律增加收购难度，会阻碍自由的资本流动。⑨ 经过很长的努力，欧盟收购指令于2004年被通过。⑩ 分歧点不是涉及有序收购程序在资本市场法上的必要性，而是涉及与成员国没有协调过的公司法的特殊性之间的相互关系。

从德国角度上看，问题是不可能让康采恩进入控制与实体性的康采恩法律（第291条及其后条款）不相关联地并列存在。⑪ 相对于补偿要约在其他国家中对外部股东来说是一个实质性的保护手段，德国法中还有针对已经存在的康采恩的其他法律规定。基于适应国际资本市场发展形势的需要，德国以独立于欧盟收购指令的命运的方式，于2001年通过了有价证券和企业收购法。该法律在2006年被修改，以便与指令协调一致。⑫ 基于上面提到的原因，不应该将这部法律中的公司法规定与股份法分开。

2. 有价证券和企业收购法关于公开收购要约的规定

有价证券和企业收购法是由概念规定（有价证券和企业收购法第2条）和法律**基本原则**（有价证券和企业收购法第3条）系统化地组织构建起来的。这些基本原则尤其是指收购人针对所有股东的**同等对待原则**⑬、被提到的股东必须就其决定拥有足够的时间和信息**透明原则**、目标公司的管理机关有义务维护公司**利益原则**（比较上面第二十七章边码22及其后一个边码，第二十八章边码13）。这些规范领域位于公司法和资本市场法交叠重合之处。有价证券和企业收购法不仅服务于资本市场的功效作用（**功能保护**），而且服务于参与者的保护（**个体保护**）。⑭ 法律既不应该促进收购，也不应该阻碍收购，而是应该确保一个公平有序的程序。该程序受联邦金融服务监督局（BAFin）监督（有价证券和企业收购法第4条及其后条款，第40条及其后条款）。在此范围内，法律还包含公法性质的规定。

5

---

⑦ 针对能够提供特别影响力的大宗股份（比如赋予一定少数股东权的股份份额或者甚至是控制公司的股份份额），通常会支付比从许多人处购买分散的相应股份要多的金钱；对此见 Buxbaum，FS Wiedemann，2002，S. 769.。

⑧ Habersack，in：Emmerich/Habersack，Aktien-und GmbH-Konzernrecht，Vor § 311 AktG Rn. 9；Krieger，in：MünchHdBGesR IV，§ 70 Rn. 21；MünchKomm-AktG/Altmeppen，Vor § 311 Rn. 45；Lutter，ZHR 153（1989），446，460 ff.；真正的股份所有人面临对获得股份所追求的目的进行告知的一个资本市场法上的义务，有价证券交易法第27a条。

⑨ 比较 EuGH Slg. 2002 I S. 4781＝NJW 2002，2305 - Goldene Aktie II；Kalss/Klampfl，Rn. 84ff.（连同进一步的阐述）。

⑩ 2004年4月21日的第2004/25号欧盟指令；关于立法过程，见 Grundmann，Europäisches Gesellschaftsrecht，952ff.；Kalss/Klampfl，Rn. 504.。

⑪ 关于康采恩法和收购法的关联关系，见 Herkenroth，Konzernierungsprozesse im Schnittfeld von Konzernrecht und Übernahmerecht，1994，S. 119 ff.；299 ff.；Kleindiek，ZGR 2002，546，554 ff.；GroßKomm-AktG/Windbichler，Vor § 15 Rn. 23，44.；Grundmann，European Company Law，第27章，尤其是边码945及其后边码，在一个段落中统一阐述康采恩法和收购法。

⑫ 2001年12月20日的有价证券和企业收购法（BGBl. I S. 3822）；2006年7月8日的关于转化实施2004年4月21日的收购要约指令（第2004/25号欧盟指令）的法律（BGBl. I S. 1426）。

⑬ 对比比较 Audi/NSU 案（BGH WM 1976，449＝JZ 1976，561）中的案件事实。如果是现在，该案将受有价证券和企业收购法调整；Bachmann，ZHR 170（2006），S. 144；Kalss/Klampfl，Rn. 508.。

⑭ Hopt，ZHR 166（2002），383，386；Schwark/Zimmer/Noack/Zetsche，Einl. WpÜG Rn. 10 ff.

（a）有价证券和企业收购法的适用范围

6　　　　　有价证券和企业收购法只适用于被允许在一个受到国家规范调整的市场上交易的股份，即仅涉及（广义上的，上面第二十五章边码 2）**上市的目标公司**（有价证券和企业收购法第 2 条第 3 款和第 7 款）。法律的核心概念是**要约**和发出或打算发出要约的**收购人**（有价证券和企业收购法第 2 条第 1 款和第 4 款）。收购人可以是任何人，特别是无须涉及一个康采恩法律意义上的企业（第 15 条）。但大多是这种情况。即使是在所谓的*管理层收购*（Management-buy-out）之下，即在公司业务领导成员收购股份的情况下，发起人也通常会设立一个公司。因此，该类公司[15]具有企业身份性质。在所有的收购要约不是以公开形式进行的情况下，法律排除有价证券和企业收购法的适用，比如私下购买大宗股份。[16]

　　　　要约是指为取得目标公司的有价证券而发出的**任何公开购买或者交换的要约**（有价证券和企业收购法第 2 条第 1 款）。其他规定再据此加以区分，即在全部承诺的情况下是否会产生一个控制权的取得（**收购要约**，有价证券和企业收购法第 29 条及其后条款）以及是否应该发出一个**强制性收购要约**（有价证券和企业收购法第 35 条及其后条款）。依据有价证券和企业收购法第 29 条第 2 款，持有 **30%的表决权**就已经是**控制公司**了（不同于股份法第 17 条第 2 款）。在现实中，一个 30%的股份参与通常已经能够确保是股东大会多数，因为尤其是在股份分散持有的情况下，其他许多股份在股东大会中是不被代表的（比较上面第二十九章边码 24）。[17]

（b）程序

7　　　　　**有关要约的规定**，构成了法律的真正核心。它们被分成了三章。这三章（第 10 条至第 28 条）包含有对*所有*要约适用的一般性规定，即也针对那些不以取得控制地位为目的的要约。[18] 基于资本市场法上的公开和透明的需要，应该公开**要约材料**（有价证券和企业收购法第 11 条）。要约材料必须包含有对股东重要的详细信息。对于这些信息的正确性，收购人应该按照股市法上的招股说明书责任类型承担责任（有价证券和企业收购法第 12 条）。被提供的对价可以以金钱或者有价证券的形式存在，但收购人应该确保资金的筹集（第 13 条）。在收购要约情况下，**对价的合理**性以有价证券和企业收购法第 31 条和有价证券和企业收购要约条例的规定为准。[19] 据此，决定性的是收购人以前对目标公司股份的购买价格和要约公开前 3 个月内的股市市价。不同于企业协议、公司并入和逐出少数股东（下面边码 15 和边码 20），要约收购通常不进行企业价值评估（有价证券和企业收购法要约条例第 5 条）。

　　　　目标公司的董事会应该就要约**发表意见**，并仅以公司利益为依据（有价证券和企业收购法第 3 条第 3 款，第 27 条）。[20] 在必要情况下，需要附上企业员工委员会的意见

――――――――――

　　[15]　Großkomm-AktG/*Windbichler*，§ 15 Rn. 20，47f.

　　[16]　KölnerKomm-WpÜG/*Versteegen*，§ 2 Rn. 48ff.；Schwark/Zimmer/*Noack*/*Holzborn*，WpÜG § 2 Rn. 7.

　　[17]　Großkomm-AktG/*Windbichler*，§ 17 Rn. 24（关于通过少数股份参与而控制公司的可能性）；不同于第 17 条，有价证券和企业收购法第 29 条第 2 款不考虑目标公司下的具体关系情况，但有价证券和企业收购法第 37 条使通过联邦金融监管局的豁免成为可能。

　　[18]　关于程序过程见 *Raiser*/*Veil*，§ 73；*Langenbucher*，§ 18 Rn. 40ff.。

　　[19]　2001 年 12 月 27 日的关于收购要约和强制收购要约下的要约材料内容、对价以及豁免发出和公开要约的义务的条例（有价证券和企业收购法的实施条例及后续的修改，BGBl. I S. 4263）。

　　[20]　关于应该如何理解收购情况下的公司利益的争论情况，见 Großkomm-AktG/*Hopt*，§ 93 Rn. 213ff.；*Möslein*，Grenzen unternehmerischer Leitungsmacht im marktoffenen Verband，2007，S. 339 f. ；Schwark/Zimmer/*Noack*/*Holzborn*，§ 3 WpÜG Rn. 15；Schwark/Zimmer/*Noack*/*Zetsche*，§ 33 WpÜG Rn. 5ff.。

（有价证券和企业收购法第 27 条第 2 款）。在目标公司管理机关方面，经常存在认为收购没有益处的倾向，因为收购人希望按照他的意愿组成监事会以及间接地组成董事会（上面边码 3 后面部分）。关于防御措施，见下面边码 8。

联邦金融服务监督局可以否决一个形式上或内容上不完备的要约（有价证券和企业收购法第 15 条），并且会带来严重的后果，即一年期限届满前不准许再提出新的要约（有价证券和企业收购法第 26 条）。此外，关于联邦金融服务监督局的任务和职权，比较有价证券和企业收购法第 4 条及其后条款和第 40 条及其后条款。对于这个行政程序中的法律救济手段，有价证券和企业收购法（不是有价证券交易法）规定了由法兰克福的州高级法院专属管辖（有价证券和企业收购法第 48 条第 4 款）。这与卡特尔法的规定相对应。卡特尔法同样规定由临近于案件的州高级法院作为反对卡特尔机关决定处分的法律救济机关（反限制竞争法第 63 条第 4 款）。

接受要约的股东可以基于信息提供或协议履行瑕疵而到民事法院主张赔偿请求权。出于确保法院专业能力的需要，有价证券和企业收购法第 66 条规定可以集中管辖。部分州的法律也作了集中管辖的规定。此外，存在这样一种可能性，即在（预计的）大量平行程序情况下，先在一个样本审理程序中就决定性的案情要素进行约束性的裁决。[21]

（c）防御措施

如果收购人与目标公司没有就收购达成一致，人们就称之为"敌意收购"。该概念的意义仅仅反映管理机关的看法。收购可能对企业是有害的，例如收购人仅仅对分拆企业感兴趣，或者期待的协同效应不现实，或者为了有利于其他活动而要剥削被收购的企业。这样，不仅从管理机关的角度上看，而且基于股东和员工的利益而言，抵御措施都是有意义的。与此相反，假如涉及的是一个外在的管理机关监控程序以及是为了实现存在于企业中的经济潜力，高价收购形式就是有利于股东的，而防御措施则主要是服务于董事和监事维持自己职位的利益。在法律上，处理这个冲突有不同的模式。在传统的伦敦城收购与合并守则（Londoner City Code on Take-overs and Mergers）中[22]，管理机关在要约作出后只可以在非常小的范围内活动（中立义务），而美国的法律则倾向于允许防御措施。[23]

对于如何处理收购要约，原则上是股东的事情。在要约材料公开后，可以基于要约原因而召集召开股东大会。对此，与一般性的规定不同，法律为该类股东大会规定了简化规则，借以让其加速进行（有价证券和企业收购法第 16 条第 4 款）。这是为了确保仍还可以在收购法上的时间范围内及时采取防御措施（如增资）。然而，这样一个采取抵御性措施的股东大会的意义，现已退于依照有价证券和企业收购法第 33 条第 2 款进行的储备性决议之后。[24] 有价证券和企业收购法第 33 条第 1 款包含有一个针对董事会的阻扰禁止，但该禁止可以在征得监事会同意的情况下被突破。[25] 根据第 2 款，股东大会

8

---

[21] 2005 年 8 月 16 日的有关资本市场法上的诉讼争议中的样本审理程序的法律（投资者—样本审理程序法及后续的修改，BGBl. I S. 2437）；*Wardenbach*，GWR 2013，35。

[22] 对此见 *Davies*，Principles，Rn. 28-1ff.；*Fleischer*，ZGR 2002，756；KölnerKomm-WpÜG/*Hirte*，Einl. Rn. 72 ff.；*Roßkopf*，Selbstregulierung von Übernahmeangeboten in Großbritannien，2000。

[23] 法律比较见 *Möslein*，Grenzen unternehmerischer Leitungsmacht im marktoffenen Verband，2007，S. 470 ff.；*Ventoruzzo/Conac/Goto/Mock/Notari/Reisberg*，S. 519ff.。

[24] *Langenbucher*，§ 18 Rn. 111 ff.；Schwark/Zimmer/*Noack/Zetsche*，§ 33 WpÜG Rn. 26 ff.

[25] *Langenbucher*，§ 18 Rn. 107 ff.

可以在最长 18 个月的期限范围内授权董事会采取防御措施。德国公司治理准则只是在其第 3.7 条包含有这么一个倡议，即在适当的情形下，董事会最好召集召开临时股东大会。股份有限公司章程可以偏离于第 33 条的规定，根据有价证券和企业收购法第 33a 条第 2 款选择欧盟的阻止禁止，或者根据有价证券和企业收购法第 33b 条第 2 款废除股份转让限制（转让受限制的股份，上面第三十章边码 5）以及表决权行使协议（上面第二十九章边码 37），即**欧盟的突破规则**。假如在收购公司之下没有相应的规则可供适用，目标公司的股东大会可以再次恢复有价证券和企业收购法第 33 条的适用性（**相互性的保留**，有价证券和企业收购法第 33c 条）。如何将这些资本市场法上的公司机关职权归入公司法之下，到目前为止都没有最终性地解释清楚。但在友好收购的准备阶段，目标公司董事会就与收购人达成协议上的协商一致（所谓的**投资协议**），着眼于其中立义务、董事会的独立责任和股份有限公司中的职责划分，在个案中，这可能是有问题的。[26]

(d) 强制收购要约的特殊性

9　　根据有价证券和企业收购法第 35 条，获得目标公司控制权（30％的表决权，有价证券和企业收购法第 29 条第 2 款）的股东有义务向其余股东发出收购要约（**强制收购要约**）。从功能上讲，这涉及一个作为**康采恩进入保护**（比较上面边码 4）的补偿要约。少数股东获得了一个以适当价格出卖其股份和不会被迫继续留在一个从属公司之中的机会。收购人应该公告控制权的取得，之后须制作要约材料并将其提交给联邦金融服务监督局。在联邦金融服务监督局放行之后，收购人发出要约。此外，对于程序，第 39 条规定部分援引适用有关收购要约的规定。在这里，尤其重要的是有价证券和企业收购法第 31 条和有价证券和企业收购要约条例（上面边码 7）规定的**对价审查**。

假如控制权取得是来源于收购要约，则**不要求进行强制收购要约**，见有价证券和企业收购法第 35 条第 3 款。假如具体情形的实际状况能够证明其正当性，联邦金融服务监督局可以基于申请而豁免强制收购要约（有价证券和企业收购法第 37 条第 1 款）。关于豁免的事实构成和程序，有价证券和企业收购要约条例包含有详细的规定。假如具体情形的实际状况偏离于有价证券和企业收购法中规定的典型情景，通过这种方式可以避免收购人遭受令人忧虑的经济负担。如果联邦金融服务监督局基于申请而准许不考虑一定的表决权（有价证券和企业收购法第 36 条第 3 项）并借此让其达不到表决权 30％ 的控制权临界限，则在事前就可以避免强制收购要约。尤其具有**公司法意义**的是有价证券和企业收购法第 36 条第 3 项。据此，**康采恩内部的结构变更**，是不考虑表决权的事由之一。这样，最终的独立控制权仍保留于同一个控制企业而不变。

三、财产转让

1. 第 179a 条的事实构成

10　　公司财产标的的出卖，是一个由董事会负责的业务执行事务。在**出卖全部财产之**后，股份有限公司就不再经营一个企业，而是管理作为财产的出卖价款。假如这不能为章程规定的企业经营范围所涵盖，就额外要求有一个章程修改（第 23 条第 3 款第 2 项，

[26]　OLG München NZG 2008，753；2013，459-WE. T.；LG München I NZG 2012，1152；Hüffer/*Koch*，§ 76 Rn. 41 ff.；*法律比较见 Kuhn*，Exklusivvereinbarungen bei Unternehmenszusammenschlüssen，2007.。

第 179 条；上面第二十六章边码 2，第三十二章边码 2）。此外，以改组法的形式整体转让财产，也是可能的。对此，见下面第三十八章。针对所有的其他情形，第 179a 条规定，对于约定股份有限公司有义务转让其全部财产的协议，需要获得**以复杂多数通过的股东大会决议同意**。这个规定是为了保护股东。在不合理的协议安排情况下，股东可以依据第 243 条撤销股东大会的同意决议（上面第二十九章边码 44 及其后边码）。根据第 179a 条第 2 款，应该将协议提供给股东查阅。对于财产转让协议，股东大会的决议同意是其**生效的条件**。[27] 在这一点上，董事会的代表权受到了限制。对于基础性行为而言，这是典型的。作为其前身，旧的第 361 条明文规定了这一点。在修改措辞和将其挪动到第 179a 条的过程中，立法者并没有打算改变它。

2. 财产转让作为复杂结构变更的一部分

作为与第三人进行的市场交易，财产转让是很少发生的。较为经常的，同时也较为　11
有问题的是**向多数股东**或者一个与其有关联关系的企业进行**财产转让**。有时候，它还与接下来的股份有限公司解散结合在一起（所谓的财产转让加公司解散）。[28] 假如出卖价款过低，对于股东来说，就会导致产生过低的清算结余。这不会影响到大股东，因为他自己或者他的一个关联企业在经济上继续参与分享公司财产，而外部股东则相反要遭受损失。在复杂的多步骤的公司结构变更情况下，通过撤销股东大会的同意决议或者公司解散决议来保护少数股东是不令人满意的，因为各自仅是整体措施中的一部分受到法院的审查，并且还可能不能完整评估其对股东的经济意义。[29] 此外，成功的撤销之诉只会导致股东大会决议的消除，而这经常不符合少数股东的（真正的）利益保护。法律没有规定可以在一个裁决程序中调整其价款支付。如果类似性地适用裁决程序法，是有争议的（下面边码 24）。总体上讲，这涉及一个较大的问题领域，即在复杂的多步骤的公司结构变更情况下的股东保护，以及其与改组法的界限划分和根据第 327a 条的排除。

3. 实质性财产部分的转让

假如股份有限公司将一个实质性构成企业活动重点的，但不涵盖公司全部财产的部　12
分财产出卖，这在经济上与转让全部财产几乎相同。但尽管如此，法院判决没有将第179a 条适用于这样的情形。[30] 作为其替代，可以考虑未明文规定的股东大会职权（上面第二十七章边码 26，第二十九章边码 4 及其后一个边码）。一个较为重要的区别存在于这一点之上，即一个这样的股东大会决议要求不会影响到董事会的代表权。

四、企业协议和公司并入

在所谓的实体性康采恩法律中（第 291 条至第 328 条），德国股份法规定了一些特　13

---

[27]　通常观点；Hüffer/*Koch*，§179a Rn. 13；MünchKomm-AktG/*Stein*，§179a Rn. 40f.。

[28]　比较 Moto Meter 案中的案件事实（BVerfG NJW 2001, 279）；BayObLGZ 1998, 211, 214 ff. = NZG 1998, 1001 - Magna Media；MünchKomm-AktG/*Stein*，§179a Rn. 71ff.。

[29]　在 Hoesch/Hoogovens 案（BGHZ 82, 188 = NJW 1982, 235）中，有一个关于整个方案的"基本协议"，但该协议没有提交给股东大会；关于多步骤的公司结构变更情况下的股东大会同意，见 *Baums*，FS Zöllner，Bd. 1, 1998, S. 65, 73 ff.；*Henze*，FS Wiedemann, 2002, S. 935, 949 ff.；*Windbichler*，AG 1981, 169；关于争议的情况见 Hüffer/*Koch*，§179a Rn. 21ff.（连同进一步的阐述）。

[30]　BGHZ 83, 122, 128 f. = NJW 1982, 1703 - Holzmüller（涉及旧的第 316 条）；BGHZ 159, 30 = NJW 2004, 1860-Gelatine.。

有的设计构建形式。第 291 条描述了两种协议类型。它们通常作为**公司控制和盈利转移协议**而相互联结在一起。对于这种设计构建形式来说，其推动力最初并且现今也仍还常常是*税法*（比较上面第四章边码 9 及其后一个边码）。根据法人所得税法第 14 条及其后条款，通过**组织协议**联结在一起的公司将如同只有一个公司那样被征税。除此之外，1965 年的股份法还追求这个目的，即提供一个带有债权人保护和少数股东保护的清晰的组织结构，以供企业联合采用。但尽管如此，企业协议并没有成为企业集团化的通常情形。[31] 公司并入（第 319 条及其后条款）是股份有限公司在维持其法律人格的条件下，相互之间可能有的最为紧密的联结。它大多是通往公司合并（下面第三十八章边码 6 及其后边码）的前期阶段。

1. 章程叠加以及股份法上的职权规则突破

14　　公司控制和盈利转移协议是一个**组织协议**[32]，即至少对于被控制的公司来说，它的规定应该位于章程层面之上。故为了让其生效，必须要有一个能够修改章程的多数通过的股东大会决议批准同意（第 293 条）。但由于这只是涉及一个不会最终地改变章程的协议，故人们称之为章程叠加。协议缔结程序（第 293a 及其后条款）现在已经与改组法中的公司合并法律（下面第三十八章边码 7）协调一致了。如果协议的另外一方也是股份有限公司，则也必须要求其股东大会决议同意（第 293 条第 2 款）。企业协议也可以额外地包含债法性质的因素。

在**公司控制协议**情况下，董事会在股份法上的职权规则（上面第二十五章边码 10 及其后边码）发生改变的范围内受到控制企业**指示**的约束。该类指示也可以是不利于公司的（第 308 条）。为此，出于法律明确清晰的需要，在利用其他形式施加影响（比较上面第二十五章边码 13，第二十七章边码 1，多数统治）的情况下，不称其为指示。在**公司盈利转移协议**情况下，股份有限公司有义务突破第 57 条、第 58 条和第 174 条的规定而将其全部的**决算盈利转移**给另外一个企业。在这两种企业协议类型情况下，**财产束缚**（上面第三十章边码 20 和边码 28）都被严重地松动软化了（第 291 条第 3 款，第 57 条第 1 款第 3 句）。作为其补偿，其法定公积金的提取将适用更为严厉的规定（第 300 条），但补偿首先还是协议的另外一方有义务弥补公司在协议存续期间产生的任何决算亏损（**亏损弥补义务**，第 302 条）。

公司并入是一个以要并入的公司的股东大会决议形式进行的**组织行为**，但它还需要主公司的股东大会同意（第 319 条）。该制度首先是为一人股份有限公司规定的（第 319 条第 1 款第 1 句）。但如果主公司持有要并入的公司注册资本 95％ 的股份，也可以进行公司并入（**股份占多数时的公司并入**）。随着公司并入被登记于商事登记簿，**少数股东退出公司**（第 320a 条）。因此，股份占多数时的公司并入是一个具有**逐出少数股东**效果的公司结构变更（下面边码 17 及其后边码）。公司并入同样导致主公司拥有**下达指示的权利**（第 323 条第 1 款）。与在公司控制和盈利转移情况下一样，公司财产束缚也被废除了（第 323 条第 2 款）。主公司没有弥补亏损的义务，因为债权人通过对主公司享有直接的请求权而得到了保护（第 322 条）。

　　[31]　与其他国家的法律相比，康采恩法律且尤其是企业协议用得较少，通常使用的是康采恩会计制作；GroßkommAktG/*Windbichler*，Vor §§ 15ff. Rn. 73ff.；KölnerKomm-AktG/*Koppensteiner*，Vorb. § 291 Rn. 115ff.。

　　[32]　具有奠基性作用的是 *Würdinger*，DB 1958，1451；*Emmerich/Habersack*，§ 11 Rn. 20 f.；Großkomm-AktG/*Windbichler*，§ 17 Rn. 35；*Veil*，Unternehmensverträge，2003，S. 200 ff.。

2. 外部股东和债权人保护

在公司控制和盈利转移协议情况下，那些自己不是协议一方的或者不是与协议一方有关联关系的企业的股东（**外部股东**）会遭受其股息预期完全丧失的损失，或者至少是着眼于企业领导权移到公司之外而遭受不利。因此，这些股东有一个以重复支付形式出现的对其损失进行适当补偿的请求权（第304条），或者有一个要求**控制企业以其股份形式**或在一定情况下以现金形式就其股份进行适当**清偿**的请求权（第305条）。假如股东对清偿或补偿的适当性有争议，也不会导致股东大会同意决议的可撤销，而只导致法院在**裁决程序**中对其进行裁定（第243条第4款第2句，第304条第3款第2句和第3句，第305条第5款，下面边码22及其后边码）。在股份占多数时的公司并入情况下，应该以主公司股份的形式或在一定情形下可选择地以现金形式对退出公司的股东进行清偿。在这里，清偿的适当性也是在裁决程序中进行审查的。在此范围内，法律将公司并入决议的撤销排除在外（第320b条）。

由企业协议束缚的股份有限公司的债权人，会间接地通过对公司自身的保护而得到保护。尤其是**亏损承担义务**，它通常能够阻止公司的破产。除此之外，在公司控制和盈利转移协议结束之后，债权人有一个要求协议另外一方提供担保的请求权（第303条）。在**公司并入**情况下，原有债权人从公司并入公开登记到商事登记簿起，就可以要求提供担保（第321条）。**主公司**对被并入公司的全部债务**直接承担责任**（第322条）。在这里，分离原则在此范围内被废除了。

3. 其他企业协议

第292条包含有其他的一系列企业协议。它们各自都需要股东大会同意，方能生效。但尽管如此，这里至少有一部分涉及债法性质的协议，而不是组织协议。其界限划分是困难的，细节上也是有争议的。[33] 董事会依据第76条享有的职权没有被改变，资本维持规定也没有被松动软化。尽管如此，不仅企业领导，而且盈利使用职权在经济上都被触及到了，因此法律为公司、公司的少数股东和债权人规定了一系列特别的保护性预防措施。

五、逐出少数股东（Squeeze-out）

小的少数股东经常造成与其融资贡献不相称的费用。这在上市公司情况下尤为明显。在为股东大会花费费用之外，公司还必须满足资本市场法上的公开要求，尽管有时实际上不再通过股市筹集资金。通过将股份转让给主要股东并由此让公司变为一人公司，这在个别情形下每年可以节约数百万的资金，并且唯一的股东可以更为迅速、更为灵活地从事企业经营管理活动。[34] 此外，逐出少数股东可能是其他公司结构措施的（附带性的）结果，比如公司并入（上面边码14）或者改组（改组法第62条）。关于其在宪法上的评价，见上面边码2。被逐出的股东必须获得一个可由法院审查的补偿。

---

[33]　全面介绍见 *Veil*，Unternehmensverträge，20033；此外见 Großkomm-AktG/*Windbichler*，§17 Rn.37，§18 Rn.32.。

[34]　Hüffer/*Koch*，§327 a Rn.1；KölnerKomm-WpÜG/*Hasselbach*，§327 a AktG Rn.1-9；Schmidt/Lutter/*Schnorbus*，Vor§§327a-327f Rn.2；关于现实意义，见 MünchKomm-AktG/*Grunewald*，Vor§327a Rn.16；*Schockenhoff/Lumpp*，ZIP 2013，749.。

1. 适用范围

18　　　第 327a 条及其后条款规定，**可以以现金清偿为条件，通过将少数股东的股份转让给主要股东的方式逐出持股为 5％或者更少的少数股东**。该规则适用于**所有的股份有限公司**，而并非仅适用于上市公司。该制度的适用不要求其与在此之前进行的股份收购有关联。主要股东可以是任何股东，即也可以是一个私人。它并非涉及一个康采恩法上或资本市场法上的措施。[35] 当然，退出资本市场（退市，Delisting）是其自动发生的（和所追求的）结果。主要股东提出逐出少数股东要求的唯一的前提条件是，至少有注册资本 95％的公司股份数额属于他。在这里，适用第 16 条第 2 款和第 4 款的股份计入规定（第 327a 条第 2 款）。[36] 而这不涉及表决权。不存在一个与之相对应的少数股东退出权。有价证券和企业收购法规定的强制收购要约（见上面边码 3）已经足够保护他们了，但这仅在上市公司的情形下是为法律所要求的。

　　在收购要约或强制收购要约之后，法兰克福的州中级法院可以基于申请将**剩余的股份以支付价款为对价转移给其股份占到注册资本 95％的收购人**（有价证券和企业收购法第 39a 条）。其前提条件和程序不同于第 327 条及其后条款。它是资本市场法上对一个尽管没有达到 100％成功的收购规则的补充措施。在同样的条件下，起先没有接受收购要约的股东有一个**股份收买请求权**，即他们可以向收购人提供股份，而后者必须要买下它们（有价证券和企业收购法第 39c 条）。这些规定是在转化实施欧盟收购指令时引入的。假如收购人基于其收购要约或强制收购要约，已经获得了其要约所涉及的注册资本中的至少 90％的同意，其收购要约对价就是合理清偿（有价证券和企业收购法第 39a 条第 3 款第 3 句）。在此，涉及一个不能反证的推定。[37] 有价证券和企业收购法第 39a 条规定的收购可能性，不影响第 327a 条。

2. 程序

（a）股东大会决议

19　　　第 327a 条规定的少数股东逐出是**基于主要股东的要求**而以简单多数表决通过股东大会**决议**进行的。主要股东将逐出少数股东的要求表达给董事会，董事会再与监事会一起根据一般性的规定（上面第二十九章边码 10 及其后边码）为股东大会准备这个会议议题。对于股东大会的准备和进行，第 327c 条及其后一个条款中包含额外性的规定。主要股东（不是董事会）应该制作一个书面报告，以解释说明达到了 95％的临界值以及提供的现金清偿是适当的。不要求进行一个特别的理由论证。

　　　就这一点而言，让作为公司机关的董事会和股东大会承担该义务，这个职责安排规则显得不同寻常，因为从经济上看，它涉及主要股东的事情。但介入公司机关具有这样一个好处，即利用为人熟悉的通常的程序步骤，包括与此相关的义务约束和保护手段。

---

　　⑤　*Raiser/Veil*，§ 16 Rn. 9，§ 66；是否涉及公司结构变更，是有争议的（比较 BGH NZG 2006，117，还未判决）；*Emmerich/Habersack*，§ 10 a Rn. 8；GroßKomm-AktG/*Fleischer*，Vor § 327 a Rn. 24；*Wiedemann* I，§ 6 III；关于其他国家的法律情况，见 *Helms*，in：Hommelhoff/Hopt/Lutter（Hrsg.），Konzernrecht und Kapitalmarktrecht，2001，S. 69，93 f.（Frankreich）；关于其他国家的法律规定，见 *Forum Europaeum Konzernrecht*，ZGR 1998，672，734 ff.；*Ventoruzzo/Conac/Goto/Mock/Notari/Reisberg*，S. 494ff.。

　　⑯　对此见 Großkomm-AktG/*Windbichler*，§ 16 Rn. 11 ff.；关于借助有价证券借贷实现必需的多数，见 BGHZ 180，154；*Rieder*，ZGR 2009，981.。

　　㊲　*Grunewald*，NZG 2009，332；Schwark/Zimmer/Noack/Zetsche，WpÜG § 39a Rn. 20ff.；*Süßmann*，NZG 2009，980；持开放态度的是 OLG Frankfurt a. M. NZG 2009，74，76-Schuler AG；但事实上是 OLG Frankfurt a. M. NZG 2014，543，544f.；没有可用的裁判程序，OLG Stuttgart NZG 2009，950.。

这尤其适用于**股东大会决议的撤销**（上面第二十九章边码 44 及其后边码）。只要涉及清偿的适当性问题，撤销就被排除在外，因为清偿的适当性问题可以在裁决程序中审查（下面边码第 22 及其后边码）。但是，比如可以以程序瑕疵或没有达到临界值为由，主张撤销股东大会决议（比较上面第二十九章边码 44 及其后边码）。与此相反，不对股东大会决议进行实体性的审查，即审查客观理由。[38]

(b) 清偿

在任何情形下，清偿都必须以现金形式进行。即使主要股东是一个股份有限公司，它也不能像第 320b 条第 1 款第 2 句规定的那样提供自己的股份。清偿数额由主要股东确定。清偿的**适当性**应该由专业的审查人员审查。该类审查人员由登记法院基于主要股东的申请而加以委任（第 327c 条第 2 款第 2 句和第 3 句）。审查人的报告应该交由股东查阅（第 327c 条第 3 款和第 4 款）。依据企业的全部价值来确定清偿。在上市公司情况下，股市市价通常是清偿的下限，但不是必须的。[39]为了保障少数股东的清偿价款支付请求权，主要股东必须在召集召开要决议股份转让的股东大会以前向董事会提交一个由信贷机构作出的对主要股东履行义务承担保证责任的声明（第 327b 条第 3 款）。

(c) 实施

股份转让决议应该由董事会申请**登记于商事登记簿**。随着决议的登记，少数股东的股份转移到主要股东身上（第 327e）。不要求进行单独的转让行为，登记发挥**生效性的**作用。只要有一个股东大会决议撤销之诉程序仍还悬而未决，就不可以进行登记，但除非诉讼法院确认，该撤销之诉不能阻碍登记的进行（第 327e 条第 2 款结合第 319 条第 5 款和第 6 款；登记阻却消除程序，下面边码 22）。如果有关清偿数额的裁决程序悬而未决，则不阻碍登记的进行，因为裁决程序正是要将这个争议与该措施的实施分割开。如果决议瑕疵之诉在登记的时间点仍是悬而未决的，起诉人也继续保有其诉权。[40]

六、裁决程序

1. 功能

只要影响深刻的公司措施与外部股东的一个补偿请求权结合在一起，就存在审查该补偿是否适当的问题。对于该问题，可以规定让当事人选择使用股东大会同意决议的撤销之诉。但从被涉及的股东的视角上看，这可能是一个昂贵的并且风险巨大的程序。而从公司及主要股东的角度上看，则存在公司措施被阻却的危险，因为在撤销之诉悬而未决的情况下，通常会中断商事登记簿上的登记（自愿司法管辖事项法第 127 条），就算**不是对是否采取公司措施本身，而是仅仅对清偿或补偿存在争议**。这给滥用股东之诉的人造就了一个不为人期望的刺激（上面第二十九章边码 52 及其后一个边码）。这个冲突由此得到了缓解，即**只要是在补偿适当性欠缺**是撤销理由的时候，**就将股东大会决议撤销排除在外**。作为其替代，用一个特别的程序去审查其适当性。该程序在费用承担上是对股东有利的，并且能达到一个针对所有被涉及的股东提供补偿的结果（**裁决程序**）。

20

21

22

---

[38]　主流观点，BGHZ 180, 154 Rn. 14；Hüffer/*Koch*，§ 327 a Rn. 14，§ 327 f Rn. 3；KölnerKomm-WpÜG/*Hasselbach*，§ 327 a AktG Rn. 75.。

[39]　BVerfGE 100, 289, 305 = NJW 1999, 3769, 3771 - DAT/Altana；BVerfG NJW 2007, 828；NZG 2012, 907；Hüffer/*Koch*，§ 327 b Rn. 5；Kölner-Komm-WpÜG/*Hasselbach*，AktG § 327 b Rn. 24 ff.

[40]　BGHZ 189, 32.

第 243 条第 4 款第 2 句将撤销排除扩大到了涉及裁决程序中要主张的有关财产评估的**信息瑕疵**。[41]

　　裁决程序起初与控制和盈利转移协议一起被引入第 306 条中。根据其基本方案，裁决程序是一个符合各方利益的解决办法，并且被扩大到了股份法和改组法中的其他适用情形。但其具体实施却招致了众多批评，特别是其程序过分拖延。[42] **裁决程序法**（SpruchG）中的规则就是要解决这个问题。此外，该法还将分散于股份法和改组法的规定总结归纳到了一个法律中。

　　假如不是主张补偿不适当或者与此相关的信息瑕疵，而是主张**其他瑕疵**，则可以选择使用作为少数股东保护手段的股东大会决议撤销之诉。在具体情况下，对其界限划分存在争议。但在这里，（事实上的）**登记阻却**（第 319 条第 5 款，第 327e 条第 2 款，家事事件和非讼事件程序法第 21 条，改组法第 16 条第 2 款）也招致产生滥用情形，特别是再加上登记法院不负责处理撤销之诉。为此，通过改组法，引入了所谓的**登记阻却消除程序**。在第 246a 条中，该程序被扩大到了其他情形（上面第二十九章边码 51）。

　　2. 适用情形

　　（a）股份法和改组法

23　　在公司控制和盈利转移协议（第 304 条及其后条款）、公司并入（第 320b 条）、主要股东逐出少数股东（第 327f 条）、依照改组法进行的法律主体变更以及欧洲股份有限公司或欧洲合作社进行结构变更和设立情况下，法律规定通过裁决程序来对补偿、清偿或价款支付进行审查。裁决程序法以其提到的规定的适用性为前提条件，并在其第 1 条中对它们进行了明确的归纳列举。

　　（b）法律没有规定的情形

24　　个别情形下富有争议的是这么一个问题，即是否也要开启裁决程序，即使法律没有规定这样做，但其事实状况和利益状况与法律规定的情形具有可比性。这个问题对那些采取不同于改组法规定的其他形式而进行公司变更的情形具有意义。与改组法和其他法律修改逐项扩大裁决程序适用范围相比，只要裁决程序曾经是 1965 年股份法的一个新措施，人们就可以更好地论证支持[43]其类推适用。法院判决和主流观点在不同的相关情形下支持扩大，即裁决程序第 1 条中的适用范围的规定只是宣示性的。裁决程序法只是为法律上已经规定的情形提供一个统一的程序。因此，从中不能推导得出支持或反对可以额外适用情形的结论。[44] 在法律政策上，这种情形是不令人满意的。尤其是在法律没有规范的情况下，许多适用问题没有得到解答。在退市的情况下，联邦普通法院最初已

---

　　[41] 早在新的第 243 条以前就是这样，见 BGHZ 146, 179＝NJW 2001, 1425 - MEZ；BGH AG 2001, 263 - Aqua Butzke（涉及公司改组）。

　　[42] 在 Sinalco 案中：经过 17 年，通过和解结案；Lutter/T. Bezzenberger, AG 2000, 433, 436 Fn. 17；BVerfG NZG 2012, 345：18 年的程序期间损害了有效法律保护的基本原则；关于发展，见 *Puszkajler/Sekera-Terylan*, NZG 2015, 1055.。

　　[43] *Windbichler*, AG 1981, 169.

　　[44] 比较 *BVerfG* NJW 2001, 279 - Moto Meter；BGHZ 153, 47＝NJW 2003, 1032 - Macrotron；BGH NZG 2008, 658；*Emmerich*, in：Emmerich/Habersack, Aktien-und GmbH-KonzernR, SpruchG § 1 Rn. 3；Hüffer/*Koch*, Anh. § 305 SpruchG § 1 Rn. 6 f.；MünchKomm-AktG/*Kubis*, SpruchG § 1 Rn. 1, 18；Schmidt/Lutter/*Klöcker*, SpruchG § 1 Rn. 2, 15（法官对法律发展的进一步推动）；KölnKommSpruchG/*Wasmann*, § 1 Rn. 17 ff.；根据立法资料，第 1 条的例举不是排他性的；相应地适用于其他情形应该是可能的，见法律委员会的决议建议和报告（BT-Drucks. 15/838 S. 29）。

经接受在裁决程序中审查补偿义务，后来又否定了。立法者在交易所法第 39 条第 2 款和第 3 款中进行了资本市场法上的调整。[45] 对于将裁决程序适用于法律未规定的情形，解释清楚一些问题是其前提条件。[46]

要求有一个补偿的措施必须是确定的。如果一个公司结构变更是通过时间上分层分级的各个具体步骤相互结合而进行的，这一点就会很困难。例子是所谓的财产转让加公司解散，即首先依照第 179a 条出卖公司财产，接着再解散公司（上面边码 11）。在这里，第 179a 条规定的股东大会同意决议或公司清算决议都可能是引发问题的措施。

需要审查的因素必须是确定的。在法律规定的情形中，它是提供清偿、合并股份的价值比例关系等。在上面提到的例子中，它不仅可以是财产出卖时的购买价格，而且可以是针对少数股东的清算结余（主要股东基于诚信义务而应进行额外支付？）。不同于法律规定的情形，在此过程中，也可能会涉及没有义务让专业审查人员审查的情形。此外，每一步的意义都依赖于整体目标，但这又不是非常确定的或者清楚的。

审查标准必须是确定的。假如涉及公司股份参与的丧失，就必须要足值补偿股东（比较第 305 条第 1 款："适当的清偿"；第 327a 条第 1 款："适当的现金清偿"）。什么是第 304 条第 1 款意义上的"适当的补偿"，这在第 2 款中有详细的规定。这一规定是复杂的，并且不是没有争议的。[47] 假如讨论的不是整个成员身份的价值，则必须还要预计到有一些特殊的问题。

根据各个适用情形的不同，法院修正所带来的**其他后果**是不同的。例如在逐出少数股东情况下，主要股东必须支付价款，因为他已经随着登记取得了少数股东的股份（上面边码 21）。与此相反，对于法官裁定修正过的公司控制协议，协议另外一方则可以特别解约（第 304 条第 4 款，第 305 条第 5 款第 4 句）。

应该弄清楚其与撤销权的关系，因为撤销和裁决程序不能并列地建立在同样的基础上。另外一方面，也不能轻率地废除撤销股东大会决议这一成员身份权利，特别是在股东必须决定他应该在哪个程序中采取行动的时候。[48] 在法律规定的情形中，对于基于信息瑕疵的撤销，就已经存在界限划定的问题了（上面边码 22）。法律后果也是不同的：撤销导致一个无效宣告的判决（股东大会决议被宣告无效），而裁决程序则导致法官进行修改调整。

应该确定申请相对人。裁决程序法第 5 条包含有一个明确的规定，但它对法律没有规定的情形不能提供什么帮助。

---

[45] BGHZ 153, 47＝NJW 2003, 1032-Macrotron I；被放弃了，见 BGH NZG 2013, 1342-Frosta nach BVerfG 1569/08, NZG 2012, 826；由此，不被许可的裁决程序不享受信赖保护，BVerfG NZG 2016, 61；关于发展，见 *Thomale/Walter*，ZGR 2016, 679. 在所谓的"隐形的控制协议"的情况下，是反对裁决程序的类推使用的，见 OLG München NZG 2008, 753；OLG Schleswig NZG 2008, 868.。

[46] 关于适用问题，比较 *Henze*，FS Wiedemann, 2002, S. 935, 949ff.；*Hüffer/Koch*，§ 179a Rn. 22f.；*Lutter/Leinekugel* ZIP 1999, 261；*Wiedemann*，ZGR 1999, 857, 859ff.；*Windbichler*，EWiR § 179aAktG 1/98, 1057；BayObLG NZG 2004, 1111；2005, 312 m. Anm. *Krolop*，S. 546；KG ZIP 2007, 2352（请求权）；OLG Zweibrücken NZG 2007, 908（请求期限）；此外，见 *Krolop*，Der Rückzug vom organisierten Kapitalmarkt（Delisting），2005, S. 254ff.，378f.。

[47] *Emmerich/Habersack*，§ § 21, 22.（涉及众多的细节问题）。

[48] 比较 BayObLGZ 1998, 211, 214 ff. ＝NZG 1998, 1001＝EWiR § 179 a AktG 1/98, 1057 m. Anm. *Windbichler* - Magna Medi（一方面），BGHZ 153, 47＝NJW 2003, 1032 - Macrotron（另一方面）。

3. 程序

25 　　裁决程序是一个**自愿性的司法管辖权程序**，即依照家事事件和非讼事件程序法的程序规定进行。**法院职权调查原则**属于其中（家事事件和非讼事件程序法第 26 条）。但是，参与者负有一个特别的**程序推进义务**（裁决程序法第 4 条第 2 款，第 9 条及其后一条）。负责管辖的是州中级法院的商事事务审判庭。对于程序的开启，需要有一个在 3 个月之内提起的股东**申请**，但无须像在股东大会决议撤销之诉情况下那样提起异议并记载于股东大会会议记录中。

26 　　一个特别之处是**共同代表人**（裁决程序法第 6 条）。由于程序结果约束所有被涉及的股东（裁决程序法第 13 条），法院为那些没有提出申请的股东选任一个共同的代表人，以维护他们的利益。即使申请人撤回他们的申请，共同代表人也可以继续进行程序。借此是为了消除提起滥用性申请的动力。由于程序的结束不再掌握在申请人手中，他也就不能让人购买其"累赘价值"了（比较上面第二十九章边码 52）。

　　根据经验，**证据采集**框架下的价值评估是造成裁决程序过分拖延的特别重要的因素之一（上面边码 22）。因此，在实体法上，就已经不断规定要求由法院委任专业审查人员（如第 327c 条第 2 款）。其审查报告比由一个程序参与人委任的审查人的审查报告更有分量。这个程序被扩大到了所有的法定适用情形。此外，裁决程序法第 7 条还试图实现一个更为精炼的、更有针对性的价值评估。

　　为了让费用风险不成为小股东不可逾越的障碍，通常仅申请相对人是法院费用的债务人（裁决程序法第 15 条第 2 款）。程序参与人自己承担自己的费用，除非法院基于公平原因规定了另外的分担方法（家事事件和非讼事件程序法第 81 条，裁决程序法第 15 条第 4 款）。

七、公司上市和退市

27 　　股份法、商法典和其他法律的许多规定仅对上市公司适用（比较上面第二十五章边码 2）。因此，上市和退市被看成为重要的公司结构因素。它们决定公司类型到底是公众性公司，还是人合性公司。[49] **准许公司股份**在一个股市上**交易**的前提条件是发行人提出一个**申请**（公司由**董事会代表**）和交易所作出一个行政行为（交易所法第 32 条）。股东通常要参与这个决定，因为要么由一个大股东向股市提供要出卖的股份并借以减少其股份参与（举例：德国电信股份有限公司），要么必须通过在排除股东优先认股权条件下（即在股东大会的共同作用下）实施的增资来创设要出卖的公司股份（上面第三十二章边码 19 和边码 32）。部分情况下，会将上市视为一种未明文规定的股东大会职权（上面第二十九章边码 4 及其后边码）。[50]

　　公司退市（**Delisting**）同样通过行政行为来进行。它要么是由交易所依照职权而主

㊽ "事实上的形式变更"，见 *Lutter*，FS Zöllner，Bd. 1，1998，S. 363；*Bayer*，Gutachten E zum 67. DJT，2008，S. E 81 ff.；持批评态度的是 *Windbichler*，JZ 2008，840.。

㊾ *Lutter*，FS Zöllner，1998，Bd. 1 S. 363，378f.；Schmidt/Lutter/*Spindler*，§ 119 Rn. 38；*Wackerbarth/Eisenhardt* II，Rn. 818；也还有 *Bayer*，Gutachten E zum 67. DJT，2008，S. E 124f.（章程修改）；不同的是，在此期间的主流观点，Großkomm-AktG/*Mülbert*，§ 119 Rn. 130ff.；Hüffer/*Koch*，§ 119 Rn. 23；*Langenbucher*，§ 13 Rn. 24 -25；MünchKomm-AktG/*Kubis*，§ 119 Rn. 84.。

动行为，要么是基于公司的申请（交易所法第 39 条）。⑤ 假如董事会申请终止公司股份在其唯一的股市上上市交易，将导致"公众性公司"特性的丧失并大大增大股东变现其投资的难度（上面边码 24，第二十五章边码 14）。因此，在这种情况下，交易所法第 39 条第 2 款第 3 句第 1 项要求根据有价证券和企业收购法的规定对涉及的股份提出收购要约。否则，只有当股份以相应的保护规定可以继续在另一个交易所交易时，撤销发行人的申请才是被允许的（交易所法第 39 条第 2 款第 3 句第 2 项）。撤销不应与投资人保护相矛盾。资本市场法上的解决方式有一个优点，即其不依赖于公司规章。假如交易所撤销了没有申请的许可，则有行政法上的法律保护（比较交易所法第 39 条第 1 款）。

人们将这种公司结构变更称为**"冷退市"**，即从法律技术上看，股市交易的终止只是一个附带性的结果，但达到该效果却有决定性的动机。除了逐出少数股东之外（上面边码 17 及其后边码），进入考虑范围的首先是依照改组法进行的公司变更形式（下面第三十八章），比如变更成为一个有限责任公司或与一个有限责任公司合并。有限责任公司自然不具有上市能力，因为它的业务份额不能被证券化（上面第二十章边码 7）。在这里，法律也规定了退出权并连同相应的清偿请求权（比较改组法第 29 条第 1 款，第 207 条）。⑤

28

---

　⑤　Neu gefasst durch das Gesetz zur Umsetzung der Transparenzrichtlinie-Änderungsrichtlinie v. 20. 11. 通过 2015 年 11 月 20 日的关于透明指令—修改指令的转化法进行了重写，BGBl. 2015 I 2029, 2039f.；对此见 *Groß*, AG 2015, 812.。

　⑤　对此见 *Funke*，Minderheitenschutz im Aktienrecht beim "kalten Delisting"，2005，S. 111 ff.，142ff.。

第三编
股份制有限商事合伙

第三十四章 ◀
概述

文献资料：除了文献表中提到的合伙/公司法总体阐述以及上面第二十五章中引述的关于股份法的文献资料，尤其是关于股份法第二编的评论注释，第278条—第290条之外，还有：

其他的介绍：*Arnold*，Die GmbH und Co. KGaA，2001；*Flämig*，Die Kommanditgesellschaft auf Aktien - Vor - und Nachteile für Investoren，FS Peltzer，2001 S. 99；*Bachmann*，FS K. Schmidt，2009，S. 41；*Born*，Die abhängige Kommanditgesellschaft auf Aktien，2004；*Bürgers/Fett*，Die Kommanditgesellschaft auf Aktien，2. Aufl.，2015；*Friedrich*，Anlegerschutz in der GmbH und Co. KGaA，2007；*Kölling*，Gestaltungsspielräume und Anlegerschutz in der kapitalistischen KGaA，2005；*Habersack*，FS Hellwig，2011，S. 145；*Hoffmann - Becking / Herfs*，FS Sigle，2000，S. 273；*Otte*，Die AG &. Co. KGaA，2010；*Richert*，ZIP 2014，1957；*K. Schmidt*，in Bayer/Habersach（Hrsg.），Aktienrecht im Wandel，Bd. 2，2007，S. 1188.。

来自旧的文献：*Elschenbroich*，Die Kommanditgesellschaft auf Aktien，1959；*Fischer*，Die Kommanditgesellschaft auf Aktien nach dem Mitbestimmungsgesetz，1982；*Knur*，Die Eignung der Kommanditgesellschaft auf Aktien für Familienunternehmen，FS Flume，Bd. 2，1978，S. 173；*Mertens*，Zur Existenzberechtigung der KGaA，FS Barz，1974，S. 253；*Schlitt*，Die Satzung der Kommanditgesellschaft auf Aktien，1999；*Schreiber*，Die Kommanditgesellschaft auf Aktien，1925；*Sethe*，Die personalistische Kapitalgesellschaft mit Börsenzugang，1996；*Steindorff*，FS Ballerstedt，1975，S. 127；

Ulmer（Hrsg.），Die GmbH & Co. KGaA nach dem Beschluss BGHZ 134，392，1998（ZHR-Sonderheft 67）；*Wichert*，Die Finanzen der Kommanditgesellschaft auf Aktien，1998.。

一、概念和意义

1. 法律属性

依据第 278 条的法律定义，股份制有限商事合伙是一个**具有自身法律人格**的公司，并且在其之下**至少有一名股东**对公司债权人**承担无限责任**，而其余股东在**被分拆为股份的注册资本上进行参与**且不对公司债务承担个人责任。就像其名称所表明的那样，股份制有限商事合伙是**股份有限公司与有限商事合伙之间的一个混合形式**。但在本质上，它更接近于股份有限公司。其有时作为自成一类的法律形式被归类[1]，有时作为股份有限公司的变异被归类[2]，但没有作为有限商事合伙的变异而被归入德意志一般商法典（ADHGB）中。对债权人承担无限个人责任的股东，拥有正如有限商事合伙的无限合伙人相似的地位。通常，也是这样称呼这个股东的。股份制有限商事合伙也可以有多个无限责任股东。就像从第 279 条第 2 款中推导得出的那样，无限责任股东也可以是一个法人（下面边码 5）。其余的成员（即**有限责任股东**）在实质上与股份有限公司的股东相同。但在与无限责任股东的关系上，他们有一个与有限商事合伙的有限合伙人相似的地位。

从中产生出了一个**混合性的法律规定**：股份法包含有一些特别规定（第 278 条至第 290 条）。此外，原则上相应地适用股份有限公司的规定（第 278 条第 3 款）。只有当涉及承担个人责任的股东时（不仅是在其相互之间，而且在其与有限责任股东以及与第三人之间），才适用有限商事合伙的规定（第 278 条第 2 款）。由于这又要广泛地援引适用商法典的规定以及从属性地援引适用民法典的合伙法规定，就产生出一个真正复杂化了的规范，但相比于章程严格的股份有限公司来说，其保障了更大的合同自由（第 23 条第 5 款，上面第二十六章边码 2 的后面部分）。对于股份制有限商事合伙的会计制作，适用与股份有限公司一样的规定，即商法典第三编针对所有商人的一般性规定（第 238 条及其后条款）和针对公司的补充性规定（第 264 条及其后条款）。此外，原则上还有股份法的特别规定（第 170 条及其后条款）。但这些规定都为第 286 条所修正。

作为股份有限公司的变异，股份制有限商事合伙是法人、**要式商人和公司**，即使它具有一定的合伙的倾向性（上面第二章边码 16 及其后边码）。在它的商号中，必须包含有“股份制有限商事合伙”的附注（第 279 条第 1 款）。

2. 历史和经济意义

在意大利的期初模式之后，股份制有限商事合伙的公司形式最先于 18 世纪在法国普及开来。作为有限商事合伙的变异，其不需要任何特殊的许可（*octroi*）。股份制有限商事合伙被认为是股份有限公司的前身，因为它能够发行可以交易的份额。在 1807 年的**法国商法典**中，它被作为法律制度进行同等规范，因此不受特许制约束（上

1

2

3

[1]　BGHZ 134，392～NJW 1997，1923；Großkomm-AktG/*Assmann*/*Sethe*，4. Aufl.，§ 278 Rn. 3；MünchKomm-AktG/*Perlitt*，Vor § 278 Rn. 29，§ 278 Rn. 85.

[2]　Hüffer/*Koch*，§ 278 Rn. 3；Schmidt/Lutter/*Schmidt*，§ 278 Rn. 1；Spindler/Stilz/*Bachmann*，§ 278 Rn. 1.

面第二十五章边码 26）。③ 股份制有限商事合伙在德国赢得了较大的重要性是基于这一个原因，即当时在一些德国的领土本来就适用法国商法典。在普鲁士和其他地区，股份有限公司需要许可，但股份制有限商事合伙不需要。这在 1986 年的德意志一般商法典中被法典化了，直到 1870 年（规范化体系的引入）得以普及。④ 自此之后，其重要性不断下降，偶尔还有人考虑将其废除。⑤ 在商法典和股份法中，其已经越来越接近于股份有限公司。对于广泛普及，这种法律形式明显过于复杂，其实践原因也在变动（税负好处、防止"异化"）。在 1976 年的员工共同参与决定法实施后，基于监事会在股份制有限商事合伙中较为弱势的地位，引发担心会"大规模逃离"到这一法律形式。但是，这没有出现。此外，这大概起到了作用，即目前只有自然人能够成为承担个人责任的股东。

1997 年，**判决**承认了这一可能性，即通过开设一个**有限责任公司作为无限责任股东**或者其他的法人来规避个人责任（下面边码 5）。⑥ 这使得其使用范围显著扩大。⑦ 作为股份有限公司的特别形式，它具有**上市能力**（上面第二十五章边码 2 和边码 14），并由此能够在向广大投资群体开放的同时，部分维持其人合性的公司领导结构和更大的构建自由。由于股份制有限商事合伙与股份有限公司一样，要求有一个 5 万欧元的最低资本，故对于小企业来说，几乎不会考虑将它作为比如有限责任公司作为无限合伙人的有限商事合伙的替代选择。一个特别的适用领域是职业足球。⑧

1940 年，德国有 20 个股份制有限商事合伙。1965 年以及 1970 年，联邦共和国有 31 个股份制有限商事合伙。1989 年，还有 27 个股份制有限商事合伙。⑨ 随着准许采用有限责任公司作为无限责任股东的股份制有限商事合伙以及上市数量的增加，股份制有限商事合伙的数量有明显上升（1992 年：30 个；1998 年：50 个；1999 年：超过 100 个；2011 年：228 个；2014 年：287 个；2016 年：293 个）。⑩ 2014 年，有 17 个股份制有限商事合伙上市，其股票可以公开交易。⑪ 2014 年，在德国最大的 100 个企业中，有 4 个是股份制有限商事合伙。⑫ 在 2002 年 12 月 31 日，有 10 个股份制有限商事合伙适用员工共同参与决定法。⑬ 尽管是相对较小的普及，这一法律形式总的来说守住了自己

③ Großkomm-AktG/*Assmann*/*Sethe*，4. Aufl.，Vor § 278 Rn. 8ff.

④ Großkomm-AktG/*Assmann*/*Sethe*，4. Auf!.，Vor § 278 Rn. 13ff.，23；*K. Schmidt*，in：Bayer/Habersack（Hrsg.），Aktienrecht im Wandel，Bd. 2，2007，S. 1188，1195ff.

⑤ *K. Schmidt*，in：Bayer/Habersack（Hrsg.），Aktienrecht im Wandel，Bd. 2，2007，S. 1188，1190ff.；关于法国，见 *Le Cannu*/*Dondero*，Droit des Sociétés，6. Aufl.，2015，Rn. 1049 ff.。

⑥ BGHZ 134，392 = NJW 1997，1923；1980 仍考虑一个对此构建的法律禁止，Großkomm-AktG/*Assmann*/*Sethe*，4. Aufl.，Vor § 278 Rn. 39.。

⑦ 比如比较关于大型企业 Bettelsmann SE & Co. KGaA；Fresenius SE & Co. KGaA；Fresenius Medical Care AG & Co. KGaA；Henkel AG & Co. KGaA；对此见 *Herfs*，in：MünchHdb-GesR IV，§ 76 Rn. 3ff.。

⑧ 举例：Borussia Dortmund GmbH & Co KGaA；FC Augsburg 1907 GmbH & Co KGaA；Hannover 96 GmbH & Co. KGaA；Hertha BSC GmbH & Co. KGaA（在其主页上被称作"俱乐部"）；Werder Bremen GmbH & Co. KGaA；*Herfs*，in：MünchHdb-GesR IV，§ 76 Rn. 6；*Weber*，GmbHR2013，631.。

⑨ 联邦统计局，1990 年的统计年鉴，第 126 页边码 2。

⑩ Großkomm-AktG/*Assmann*/*Sethe*，Vor § 278 Rn. 43，45；MünchKomm-AktG/*Perlitt*，Vor § 278 Rn. 1；*Kornblum*，GmbHR 2011，692，693；2014，694，695；2016，691，692；Spindler/Stilz/*Bachmann*，§ 278 Rn. 11.

⑪ MünchKomm-AktG/*Perlitt*，Vor § 278 Rn. 5.

⑫ Monopolkommission，Hauptgutachten 2016，Rn. 517.

⑬ Ulmer/Habersack/Henssler/*Ulmer*/*Habersack*，MitbestG Rn. 34.

的阵地。⑭

二、具体内容

1. 有限责任股东

重要的是股份制有限商事合伙**有两类不同的成员**，而这正好与有限商事合伙一样。 4
有限责任股东（大多也被称为简单股东）的地位广泛地对应于股份有限公司的股东的地
位。⑮ 不同于有限商事合伙的有限合伙人要在其承诺的出资范围内对债权人承担个人责
任，有限责任股东就其出资仅对公司负有义务，而不对债权人承担责任。他们也不能作
为个体而独立地对无限责任股东主张其权利，而只能通过股东大会决议集体主张权利
（下面边码 7）。不同于有限合伙人，有限责任股东可以同时是承担个人责任的股东。首
先，在上市的股份制有限商事合伙情况下，更大的构建自由提出了保护投资人的
问题。⑯

2. 无限责任股东

着眼于责任以及公司业务执行和代表，**承担个人责任的股东**或者无限责任股东具有 5
一个与有限商事合伙的无限合伙人相似的地位，或者同样也意味着与普通商事合伙合伙
人的地位相似（第 278 条第 2 款）。在股份制有限商事合伙作为法人的框架范围下，他
们同时也是扮演股份有限公司的**董事会角色**的公司机关（对此，见第 283 条、第 284 条
以及第 88 条的竞业禁止）。他们不能由一个其他的机关（监事会）任命，而是通过**公司**
合同来确定（比较第 281 条第 1 款）。因此，监事会也不能对"董事会"中女性份额确
定指标（第 111 条第 5 款第 1 句），没有员工共同参与决定法第 33 条意义上的员工
董事。

是否不仅自然人，而且法人也可以作为无限责任股东，过去长期都在争论。通过相
应适用明确要求董事是自然人的第 76 条第 3 款（第 283 条的导入句），该问题被以前的
绝大多数主流观点所否定。利用一个来自 1997 **年的根本性的判决**，联邦普通法院批评
了这个观点，并且明确宣布准许采用有限责任公司作为股份制有限商事合伙的无限责任
股东。在那里，联邦普通法院除了引证其他规定外，还以有限商事合伙情况下的相应法
律状况为论证依据（上面边码 3，下面第三十七章边码 2）。⑰ 立法者实施贯彻了这一判
决（比较第 279 条第 2 款）。这样一来，该问题现今就没有争议了。准许采用有限责任
公司作为无限责任股东的股份制有限商事合伙，引发了许多后续性的问题。⑱

有疑问的是，例如，是否应该在资本化的股份制有限商事合伙（有限责任公司作为
无限责任股东的股份制有限商事合伙）情况下，通过类推适用员工共同参与决定法第 4
条而按照那里提到的前提条件将员工共同参与决定扩大到无限责任公司。尽管联邦普通

---

⑭　比较 KölnerKomm-AktG/*Mertens/Cahn*，Vor § 278 Rn. 9：**"无论如何，这种通过法律理论和加密法增强强制**
力的法律形式，有时愿意收回权威的官僚主义的监管热情，只需要在中期的法律政策观察中证明不会是劣势。"

⑮　例如，涉及决议瑕疵法和强制退出；BGH NZG 2009，585.。

⑯　对此见 *Raiser/Veil*，§ 31 Rn. 14ff.；Spindler/Stilz/*Bachmann*，§ 278 Rn. 30f.。

⑰　BGHZ 134，392＝NJW 1997，1923；对此见 *Ulmer*（Hrsg.），Die GmbH & Co. KGaA nach dem Beschluß
BGHZ 134，392，1998；*K. Schmidt*，§ 5 III 1 c.（后面部分）。

⑱　比较 BGHZ 165，192＝NJW 2006，510；*Arnold*，Die GmbH und Co. KGaA，2001；MünchKomm-AktG/
Perlitt，§ 278 Rn. 313ff.。

法院否定性地回答了这个问题[19]，但其在理论界中仍被激烈争论。[20] 因为员工共同参与决定法中的规定是从现今看来已被超越了的想法中产生的，即无限责任股东是一个承担完全责任的自然人并且不可能有资本化的股份制有限商事合伙，否则即认可一个事后产生的法律漏洞。如何填补它，则带来了很大的立法技术难题。[21] 此外，在没有改变共同参与决定制度的情况下，立法者进行了其他的构建（第 279 条第 2 款）。[22]

（a）出资

6

承担个人责任的股东*可以*，但不是必须要通过出资来参与公司。详细内容由**章程**规定（第 281 条第 2 款）。可以将出资交付到股份制有限商事合伙的注册资本之上。这样一来，无限责任股东获得了股份，并且由此*同时是有限责任股东*。但出资也可以在注册资本*之外*存在。这样，就形成了一个*自由的公司财产*，并且不受股份法规定的注册资本的束缚。但尽管如此，也要在资产负债表上专门标注它们（第 281 条第 2 款第 1 句）。这一区分只涉及内部关系。股份制有限商事合伙对外以其全部财产承担责任（第 1 条第 1 款第 2 句）。

（b）责任

无限责任股东用其全部财产对债权人承担**强制性的、直接的、无限的且不可限制的个人责任**（第 278 条第 2 款，以及商法典第 161 条第 2 款，第 128 条，第 129 条；上面第十七章边码 18）。这并没有排除一些主要股东在内部关系中同意豁免无限责任股东，比如，基于其管理能力，为了在市场上赢得一个人去当"董事"（无限责任股东）。

（c）业务执行权和代表权

如果章程没有其他规定，无限责任股东具有公司业务执行权和代表权。在没有进行偏离性规定的情况下，他们每个人独立地行使权利（商法典第 161 条第 2 款，第 115 条，第 125 条；不同于股份有限公司情况下的股份法第 77 条第 1 款，第 78 条第 2 款）。假如无限责任股东是一个法人，则由其组织上的代表人代其行为（根据不同的法律形式，可能是业务执行人或董事会）。尽管其代表权原则上是无限的（商法典第 126 条），但在**内部关系**上，对于非通常性的业务，无限责任股东需要**有限责任股东通过股东大会决议表示同意**（商法典第 164 条和第 116 条，取代第 119 条第 2 款，章程预期）。监事会不能决定同意权的保留（第 111 条第 4 款第 2 句），但这可以在章程中进行规定。[23] 作为管理机关，无限责任股东在公司内部获得了一个与董事会在股份有限公司中的相似地位（任务清单，第 283 条）。他们的职权不是建立在专门的委任基础上，而是建立在公司合同基础上。只能依照对普通商事合伙适用的基本原则来剥夺他们的业务执行职权和代表权，即在存在重大理由的情况下通过法院决定来加以剥夺（商法典第 117 条，第

[19] BGHZ 134，392＝NJW 1997，1923；OLG CelleAG 2015，205.

[20] 一方面比较 *Joost*，ZGR 1998，334，344 ff.；*Raiser/Veil*，§ 31 Rn. 13；Ulmer/Habersack/Henssler/*Ulmer/Habersack*，MitbestG § 1 Rn. 40f.；*Steindorff*，FS Ballerstedt，1975，S. 127（支持）；另一方面比较主流观点 GroßKommAktG/*Assmann/Sethe*，Vor § 287 Rn. 15；Hüffer/*Koch*，§ 278 Rn. 22；KölnerKomm-AktG/*Mertens/Cahn*，Vor § 278 Rn. 20；MünchKomm-AktG/*Perlitt*，§ 278 Rn. 303ff.；*K. Schmidt*，§ 32 IV 2 g；*Sigle*，FS Peltzer，2001，S. 539，553 f.；Spindler/Stilz/*Bachmann*，§ 278 Rn. 85.（反对）。

[21] 比较 BGHZ 134，392，400＝NJW 1997，1923，1925（obiter）反对通过法律创制扩大所规定的共同参与决定权限。

[22] OLG Celle AG 2015，205.

[23] Henssler/Strohn/*Arnold*，§ 287 AktG Rn. 3；KölnerKomm-AktG/*Mertens/Cahn*，§ 278 Rn. 72；MünchKomm-AktG/*Perlitt*，§ 278 Rn. 111，§ 287 Rn. 54.

127 条）。对股份有限公司适用的公司章程自由设计空间有限的原则，（比较第 23 条第 5 款，上面第二十六章边码 2 后面部分），不适用于股份制有限商事合伙的组织结构构建（商法典第 109 条和第 163 条）。^㉔

3. 股东大会

股东大会只代表部分股东，即**有限责任股东**。无限责任股东本身在股东大会中没有表决权，除非他们拥有股份，即同时是有限责任股东。但即使是如此，他们的表决权在一系列的事务情况下也是被排除在外的。法律借以避免利益冲突（第 285 条第 1 款：监事选举、免责、有关赔偿请求权的决议、选举特别审查人或财务会计报告审计人员等）。另外一方面，只有在股东大会决议仅涉及有限责任股东的利益时，它们才直接有效。否则，还需要**无限责任股东的同意**（第 285 条第 2 款，援引适用有限商事合伙的法律）。必须要与无限责任股东一起决定的事务包括比如非通常的业务执行措施（上面边码 6）和基础性的事务。^㉕假如章程没有规定无限责任股东应该一起通过多数决议来作出决定，则必须要全部无限责任股东表示同意。不同于股份有限公司，始终应该由股东大会来对年度财务会计报告进行决议（第 286 条第 1 款）。这一决议也需要无限责任股东同意，因为它涉及一个共同的事务。 **7**

4. 监事会

监事会的地位也受到公司成员被分为两类的影响。一方面，它是**整个公司的机关**，具有与股份有限公司情况下一样的组成方式，也承担相应的任务，即尤其是监督作为公司业务领导人的无限责任股东。另外一方面，它也是**有限责任股东的机关**，并且以此身份贯彻实施其决议（第 287 条）。因此，股东一方的监事仅由有限责任股东选举。即使是在无限责任股东拥有公司股份的情况下，他们也不可以在选举以及解任监事时参与表决（第 285 条第 1 款第 2 句第 1 项）。鉴于存在利益冲突的危险，无限责任股东也不可以成为监事（第 287 条第 3 款）。^㉖ 适用员工共同参与决定法的上市股份制有限商事合伙的监事会，应遵守第 96 条第 2 款的份额规定（上面第二十八章边码 24）。 **8**

无限责任股东的特殊地位，其相对于监事会拥有较大的独立性，以及更大的章程自治也间接影响到了**员工共同参与决定**。尽管**员工共同参与决定法和三分之一共同参与决定法**也适用于股份制有限商事合伙（与股份有限公司一样，上面第二十八章边码 9 及其后边码），但在股份制有限商事合伙情况下，监事会只有一个比股份有限公司情况下小得多的影响力。与此相对应，员工共同参与决定也只能延伸到监事会职权范围那么远。例如，在股份制有限商事合伙情况下，监事会没有任命和解任董事的权力，因为作为股东，无限责任股东是基于公司合同（章程）而获得其地位的；同样也就不存在员工董事委任的问题（对此，见员工共同参与决定法第 31 条第 1 款第 2 句和第 33 条第 1 款第 2 句）。此外，监事会不参与公司财务会计报告的确认，因为这是股东大会的任务（第 286 条）。关于无限责任公司中的共同参与决定，见上面边码 5。

㉔ Hüffer/*Koch*，§ 278 Rn. l8f.；MünchKomm-AktG/*Perlitt*，Vor § 278 Rn. 3lff.，§ 278 Rn. 219ff.；Spindler/ Stilz/*Bachmann*，§ 278 Rn. 25 ff.

㉕ 关于股东大会权限的概览介绍，见 *Herfs*，in：MünchHdbGesR IV，§ 79 Rn. 45 ff.；关于基础事务的职责范围，见 OLG Stuttgart NZG 2003，778，783；Großkomm-AktG/*Assmann*/*Seth* e，§ 278 Rn. 123；Hüffer/*Koch*，§ 278 Rn. 17 a.。

㉖ 有争议；禁止延伸到能对无限责任股东施加影响的人员（BGH NJW 2006，510："无论如何，在能对无限责任股东施加重大影响的人员情况下也适用"）；在该判决案件中，涉及对无限责任股东份额享有用益权的权利人；也比较 BGH NZG 2005，276；KölnerKomm-AktG/*Mertens*/*Cahn*，§ 287 Rn. 10.。

第四编
欧洲股份有限公司（SE）

文献资料：**评论注释**，*Habersack/Drinhausen*（Hrsg.），SE-Recht，2. Aufl.，2016；*Kals/Hügel*，Europäische Aktiengesellschaft. SE-Kommentar，2004（Österreich）；Kölner Komm-AktG，Bd. 8；*Lutter/Hommelhoff/Teichmann*（Hrsg.），SE‐Kommentar，2. Aufl.，2015；MünchKomm-AktG Bd. 7，4. Aufl.，2017；*Nagel/Freis/Kleinsorge*，SE-Beteiligungsgesetz，2010；*Theisen/Wenz*（Hrsg.），Die Europäische Aktiengesellschaft，2. Aufl.，2005；*Timm-Wagner*，SE-Ausführungsgesetz，2012；*Ulmer/Habersack/Henssler*，Mitbestimmungsrecht，3. Aufl.，2013，SEBG；*G. C. Schwarz*，SE-VO 2006；*Spindler/Stilz*（Hrsg.），AktG，3. Aufl.，Bd. 2.。

专著、汇编和关于个别问题的文献资料（选择）：*Austmann*，in：MünchHdbGesR IV，4. Aufl.，§§83 ff.；*Baums/Cahn*（Hrsg.），Die europäische Aktiengesellschaft-Umsetzungsfragen und Perspektiven 2004/2014；*Binder/Jünemann/Koch*（Hrsg.），Die Europäische Aktiengesellschaft（SE），2007；*Blasche*，Jura 2013，268；*Eidenmüller/Engert/Hornuf*，AG 2008，721；*dies.*，AG 2009，845；*Forst*，Die Beteiligungsvereinbarung nach §21 SEBG，2010；*Gebauer/Teichmann*（Hrsg.），Europäisches Privat-und Unternehmensrecht，2016，§6；*van Hulle/Maul/Drinhausen*（Hrsg.），Handbuch der Europäischen Gesellschaft（SE），2007；*Jannott/Fordermann*（Hrsg.），Handbuch zur Europäischen Aktiengesellschaft-Societas Europaea，2. Aufl.，2014；*Mader*，Verfahrensmissbrauch nach Art. 11 SE-Richtlinie. Die Konkretisierung von Tatbestand und Rechtsfolgen einer Generalklausel，2014；*Mävers*，Die Mitbestimmung der Arbeitnehmer in der Europäischen Aktiegesellschaft，2002；*Riesenhuber*，Europäisches Arbeitsrecht，2009；§29；*Roitsch*，Auflösung，Liquidation und Insolvenz der Europäischen Aktiengesellschaft（SE）mit Sitz in Deutschland，2006；*Rose/Köstler*，Mitbestimmung in der Europäischen Aktiengesellschaft（SE），2. Aufl.，2014；*Schubert/von der Höh*，AG 2014，439；*Witschen*，ZGR 2016，644；*Witten*，Minderheitenschutz bei Gründung und Sitzverlegung der Europäischen Aktiengesellschaft（SE），2011；*Zöllter-Petzold*，Die Verknüpfung von Europäischem und nationalem Recht bei der Gründung einer Societas Europea（SE），2005.。

第三十五章 ◀
概念、法律基础和意义

一、概念和产生历史

1. 概念

欧洲公司，也被称为**欧洲股份有限公司** (**Societas Europaea, SE**)，是**团体、法人、公**   1
司和要式商人 (欧洲股份有限公司条例第 1 条[①])。它的股份份额可以在股市上交易，即
它拥有**通往资本市场的通道**（比较关于股份有限公司的上面第二十五章边码 1）。欧洲股
份有限公司是一个**欧洲的超国界的公司形式**，需要有一个跨境的关系。但在**德国设立的**
欧洲股份有限公司是一个德国公司（第 3 条第 1 款和第 7 款，欧洲股份有限公司条例）。
在设计构建和应用领域上，欧洲股份有限公司被构想成是从事跨国活动情况下**代替股份**
有限公司的选择形式，尤其是针对**大型企业**（上面第二十五章边码 14 及其后边码）。

2. 产生历史

对于合伙/公司法，欧盟委员会在其计划中谋求通过部分协调实现的最低标准与让   2
成员国法律体系在其他方面进行竞争相结合（上面第一章边码 16）。对于员工共同参与
体系，其难点更可能在于维持现状。所谓的 Davignon 报告甚至明确建议放弃这方面的
协调。[②] 在这样的背景之下，创设提供欧洲团体形式就具有了特别的意义。欧洲股份有
限公司的筹备工作是格外的困难，花费了大约 30 年的时间。[③] 最终，仍还是没有实现
让该公司形式采取彻底欧洲化的解决办法（完整的规则）。为了不让这一方案完全失败，
选择了制定一个由**欧盟指令**[④]加补充性的**欧盟条例**的途径，并且这两者都对**成员国法律**

[①] 2001 年 10 月 8 日的欧洲股份有限公司条例（第 2157/2001 号欧盟条例，2001 年 11 月 10 日的 Abl. L 294/1）。

[②] *Europäische Kommission* (Hrsg.), Abschlussbericht der Sachverständigengruppe „European Systems of
Worker Involvement" (Davignon Report), 1997, S. 4; 关于背景和内容的详细介绍，见 *Mävers*, Die Mitbestimmung
der Arbeitnehmer in der Europäischen Aktiengesellschaft, 2002, S. 294 ff.; *Wißmann*, FS Wiedemann, 2002, S. 685,
693ff.; 从统一协调员工共同参与决定标准变成为确保现有的员工共同参与决定权。

[③] 关于其历史的详细介绍，见 Habersack/*Verse*, Europäisches Gesellschaftsrecht, §13 Rn. 1 ff.; *Habersack/*
Drinhausen, Einl. SE-VO Rn. 12ff.; Lutter/Hommelhoff/Teichmann/*Lutter*, Einl. Rn. 7ff.。

[④] 2001 年 10 月 8 日的关于欧洲股份有限公司的着眼于员工共同参与决定的补充指令（第 2001/86 号欧盟指令，
Abl. EG L 294/22）；在这一章中，该指令被标注为 "SE-RL"。

进行了广泛的妥协。⑤ 政治妥协反映在欧盟条例和指令的不同目标设置的争论当中⑥，并且影响到它们的解释以及转化实施法律。但是，一个法律形式在多大程度上实现了欧洲化，不能通过看其在成员国法律上的援引适用的规模来确定。也就是说，假如实体法律没有经历协调或者未经历大规模的协调，欧洲化的形式都只是一个表面外衣。假如欧盟指令的对象是实体法律，则会减少成员国法律之间的差异。例子就是（几乎没有协调过的）与欧洲股份有限公司设立有关的法律规定⑦是一方面，而（一再继续行进的）与欧洲股份有限公司会计制作有关的法律规定⑧是另外一方面。

二、法律基础

1. 法律渊源

3　　欧洲股份有限公司是通过欧洲股份有限公司条例引入的。欧洲股份有限公司条例直接适用，但它没有规定完整的规则。对于没有规范的领域，它规定援引适用欧洲股份有限公司住所所在国的法律。在那里，相对于一般性的合伙/公司法，为引入欧洲股份有限公司而制定的成员国规定具有优先性。欧洲股份有限公司指令涉及员工共同参与决定。员工共同参与决定应该根据成员国的转化实施法和协议约定来组织安排。这从中就产生了欧盟规则层面、成员国法律、章程规则、员工共同参与约定以及成员国的**（兜底性的）法律规定**之间的复杂的相互影响。另外还有行业领域特有的管理规定（比如针对银行和保险行业的管理规定），以及有时还有资本市场法律。

4　　根据第 9 条第 1 款中的明确规定，欧洲股份有限公司受下列规范调整（作者强调）：

"（a）欧盟条例规定本身。

（b）欧洲股份有限公司的**章程**规定，只要欧盟条例明确规定准许这么做。

（c）在涉及欧盟条例没有规范的领域或者仅部分被欧盟条例规范时，以及在涉及未被其涵盖的视角上。

——成员国为转化实施专门针对欧洲股份有限公司的共同措施而制定的法律规定（在德国是**引入欧洲股份有限公司法**。⑨ 该法由**转化实施欧洲股份有限公司条例法和欧洲股份有限公司员工共同参与决定法**组成）。

● 根据欧洲股份有限公司住所所在国法律设立的股份有限公司要适用的成员国法律规定（在德国是**股份法**和**商法典**）。

● 公司章程规定，但前提条件是同样满足根据欧洲股份有限公司住所所在国法律设立的股份有限公司要满足的条件（在德国，尤其是第 23 条第 5 款）。

由成员国自己针对欧洲股份有限公司制定的法律规定必须要与那些**对股份有限公司**

---

⑤　在涉及欧洲股份有限公司条例时，也有这样的评价："……，欧洲股份有限公司在提案中是以'香肠'开始的，但以'香肠皮'结束的（*Davies*，Principles，Rn. 1-21 Fn. 153）；*Fleischer*，AcP 204（2004），502，507；也比较 *Bachmann*，ZEuP 2008，32，53ff.，法律形式的超国家的特征也使其不能以通过适用欧洲的法律的迂回道路来拯救。

⑥　Ulmer/Habersack/*Henssler*，Einl. SEBG Rn. 10f.，149ff.；许多的不一致；MünchKomm-AktG/*Kübler*，3. Aufl.，EinfEuropGes Rn. 7；*ders.*，FS M. Weiss，2005，S. 235，239；*Windbichler*，FS Canaris，2007，Bd. II，S. 1423，1427.。

⑦　对此见 *Zöllter-Petzold*，Die Verknüpfung von Europäischem und nationalem Recht bei der Gründung einer Societas Europea（SE），2005.。

⑧　关于指令的数量密度，见上面第二章边码 28。

⑨　2004 年 12 月 22 日的引入欧洲股份有限公司法（BGBl. I，S. 3675）及后续的修改。

具有决定性意义的欧盟指令相一致。"

此外，还有涉及欧洲股份有限公司的**关于员工共同参与决定的协议约定**⑩，并且有时还有兜底性的解决办法。对于员工共同参与决定的实现，适用作为欧洲股份有限条例补充的欧盟指令以及欧洲股份有限公司员工共同参与决定法。但是，这又要再次补充适用各成员国的劳动法和合伙/公司法。在所有的这些法定规则情况下，**基本性的共同体法律**都适用，特别是作为标准以及有时作为限制条件的**迁移自由、资本流动自由**和**禁止歧视原则**（上面第二章边码26）。

以上不同的法律规定虽然处于一个在冲突情形下能够清楚确定优先性和次位性的层级关系之中⑪，但它们更多的也还是相互利用，尤其是通过援引适用。例如，人们在这里就可以看到这种现象，即第9条中两次出现了章程概念：一次是在条例本身规定的章程管辖层面上，另外一次是在成员国立法的框架范围之下。⑫ 除普遍性地援引适用成员国法律之外，欧洲股份有限公司条例也包含一系列的特殊援引适用。后者有优先性。⑬ 特别是欧盟共同体法律上的部分规则只是**一个部分性的法律规范**。⑭ 它的非完整性是有意识安排的。这样，在具体情况下就要问，什么还未被这个部分法律规范所调整以及什么被交给了其他规则机制（成员国法律、章程、协议约定）。⑮ 因此，在确定（实现目的过程中出现的）法律漏洞时就得尤其小心。与在国际私法中一样，存在定性问题，即应该将一个具体问题归入哪个领域，也就是要在由欧盟、成员国以及私人创设等组成的法律大厦的复杂结构中理清头绪。

2. 方法问题

不仅对于定性问题，而且对于通过这种方式找到的相关规范的适用问题，都会提到**解释方法**的问题。⑯ **成员国**关于其法律的解释传统是各不相同的。所以，需要补充性地通过**符合指令和符合基本性的共同体法律**的方式来解释成员国法律。欧盟共同体法律是自治性的，应该优先按照符合基本性的共同体法律的方式去解释派生性的共同体法律。

5

6

---

⑩ 关于员工共同参与决定的约定本身并不是欧洲股份有限公司条例第9条意义上的法律渊源，而是独特的具有规范作用的集体协议；比较 *Habersack*，AG 2006，345，348，350；*ders.*，ZHR 171（2007），613，627f.；*Habersack/Verse*，Europäisches Gesellschaftsrecht，§13 Rn. 10，39；MünchKomm-AktG/]*acobs*，SEBG §21 Rn. 9；*Seibt*，AG 2005，413，418；Ulmer/Habersack/*Henssler*，SEBG §21 Rn. 12ff.；也见 *Windbichler*，in：Jürgens/Sadowski/Schuppert/Weiss（Hrsg.），Perspektiven der Corporate Governance，2007，S. 282，291，296ff.（自治）；不同的是Lutter/*Hommelhoff/Teichmann*，SEVO Art. 9 Rn. 53（后面部分）；*Raiser/Veil*，§26 Rn. 4f.。

⑪ *Kalss/Klampfl*，Rn. 558：规范的层级，法律金字塔。

⑫ 关于这两个章程自由的相互关系，见 *Casper*，FS Ulmer，2003，S. 51，71；Lutter/*Hommelhoff/Teichmann*，SE-VO Rn. 39ff.，56f.；*Hommelhoff*，FS Ulmer，S. 267，172 ff.；MünchKomm-AktG/*Schäfer*，SE-VO Art. 9 Rn. 20 f.，25 f.。

⑬ Spindler/Stilz/*Casper*，SE-VO Art. 9 Rn. 6.

⑭ Spindler/Stilz/*Casper*，SE-VO Vor Art. 1 Einl. Rn. 2，Art. 9 Rn. 2；从全面的法令到规则梗概；*ders.*，ZHR 173（2009），181，184ff.；*Windbichler*，FS Canaris，2007，Bd. 2 S. 1423，1426.。

⑮ 关于欧洲股份有限公司的"规范领域"的界限问题，见 *Bachmann*，ZEuP 2008，32，37 ff.，53ff.；*Brandt*，Die Hauptversammlung der Europäischen Aktiengesellschaft，2004，S. 29 ff.；*Casper*，FS Ulmer，2003，S. 51，54 ff.，67 f.；*Hommelhoff*，in：Lutter/Hommelhoff（Hrsg.），Die Europäische Gesellschaft，2005，S. 9 ff.；MünchKomm-AktG/*Schäfer*，SE-VO Art. 9 Rn. 10ff.；也比较 *Raiser*，FS Semler，1993，S. 277，282 f.；*Teichmann*，ZGR 2002，383，395 ff.。

⑯ 关于在欧洲的背景下的解释问题，见 *Canaris*，FS F. Bydlinski，2002，S. 47；*Colneric*，ZEuP 2005，225，229；*Pranzen*，Privatrechtsangleichung durch die europäische Gemeinschaft，1999，S. 449；Spindler/Stilz/*Casper*，SE-VO Art. 9 Rn. 9f.，16ff.。

此外，还有欧洲股份有限公司组织构建的特殊性（上面边码4）。

7　　　　对此，法学学说和法律实践以及还有成员国立法者的理论和实践并不总是愿意进行深入的研究。一个例子就是欧洲股份有限公司员工共同参与决定法。该法的第1条第3款规定："本法律的规定以及按照第2款达成的约定应该如此去解释，即能够促进欧共体确保欧洲股份有限公司员工共同参与决定的目标。"[17] 首先，关于欧共体目标的表述是否正确，就有争议。关于欧洲股份有限公司指令的理由论证就不仅强调了维护 *status quo*，而且强调了协议约定的优先性。[18] 此外，人们不可能抛开欧洲股份有限公司条例及其有时表述不同的目标，而孤立地去看待欧洲股份有限公司指令及其目标。[19] 即使欧洲股份有限公司员工共同参与决定法第1条第3款被认为是一种宣言性的支持性表态，成员国立法者也不能对欧洲立法者的目标进行约束性的规定。在表述解释规则时，立法者容易受到一种*微弱但有益的*（*effet-utile*）想象的引导，就像欧盟法院着眼于合同目的去确定具体规则的现实效力时发展起来的那样。[20] 但是，欧洲股份有限公司指令在一个实质性的视角上区别于其他指令，即它正好不是追求法律协调的目的，而只是在关于欧洲股份有限公司的条例中表达有关欧洲股份有限公司法律形式的琐碎性法律规则。

8　　　　1976年员工共同参与决定法和三分之一参与决定法不适用于欧洲股份有限公司，即使为转化实施欧洲股份有限公司指令第7条而制定的欧洲股份有限公司员工共同参与决定法第34条及其后条款中的德国兜底性规定已经非常接近于它们了。这与"前后一致原则"相符。对于依照规定要求的多数决议通过的偏离性约定，也不应该有异议，尤其是因为同等参与监事会组成的德国模式无论如何都没有宪法性的级别。[21] 实践中，这也没有发生。员工共同参与决定应该优先通过协议约定来规范。假如不能达成协议约定，则只能适用欧洲股份有限公司员工共同参与决定法第22条及其后条款和第34条及其后条款中的兜底性规定（下面第三十六章边码10及其后边码）。

　　　　其法律技术上的前任是关于设立欧盟企业员工委员会的指令。[22] 该指令同样优先强调通过协议约定解决办法。在这样的协议约定情况下，涉及的不是交换关系（比如货物换金钱或劳务换工资），而是组织约定。该立法技术的法律政策优点是免除了立法者进行规范的负担。根据其基本思想，由于在适当框架下通过私自治性的协商约定所达成的

---

⑰　2004年12月28日的欧洲股份有限公司员工共同参与决定法（SEBG）；相似的是2006年12月21日的关于转化实施公司跨国合并时的员工共同参与决定规则的法律（MgVG, BGBl. I S. 3332）第1条第3款。

⑱　一方面是欧洲股份有限公司的着眼于员工共同参与决定的补充指令第3项、第9项和第18项的立法考虑理由，另一方面是第7项、第8项立法考虑理由和第4条第2款（当事人的自治）；相似的是2005年10月26日的公司跨国合并时的员工共同参与决定指令（第2005/56号欧盟指令，见2005年11月25日的 Abl. EG L 310/1）的第13项和第16项立法考虑理由；也见 *Neye*, ZIP 2005, 1893, 1897 f.；关于立法考虑理由对解释的（有限的）意义，见 *Köndgen*, in: Riesenhuber（Hrsg.），Europäische Methodenlehre, 3. Aufl. 2015, §7；*Stotz*, 同样是第二十二章。

⑲　KölnerKomm-AktG/*Feuerborn*, SEBG §1 Rn. 14ff.；优先的欧洲法上的规定和解释方法；Ulmer/Habersack/*Henssler*, Einl. SEBG Rn. 149ff.；荒谬错误。

⑳　*Casper*, FS Ulmer, 2003, S. 51, 55.

㉑　*Windbichler/Bachmann*, FS G. Bezzenberger, 2000, S. 797；该问题曾经与德国的员工共同参与决定法是否适用于在德国经营的外国公司的问题一起被讨论；上面第二十八章边码10。

㉒　1994年9月22日的关于在欧洲范围内经营的企业和企业集团中引入欧洲企业委员会或者创设向员工告知信息和听取员工意见的程序的第94/45号欧盟指令，通过第2009/38号欧盟指令重新进行了调整。

意思一致结果本身就具有合法性[23]，立法者就显得没有必要去关心其内容上的正当性以及员工共同参与决定在宪法和政策上的合法性。然而，为谈判程序创设制度性的前提条件，是非常困难的且还未获得完全成功。因此，从"私法自治"和"契约自由"来说，是不恰当的。[24]

三、意义

1. 实践接受

在欧洲经济利益联盟（EWIV）没有取得较大现实意义之后，人们起初对欧洲股份有限公司能为实践所接受抱怀疑态度。[25] 但在此期间，部分知名的世界范围内活动的著名上市企业都选择采用了欧洲股份有限公司形式（举例：安联保险集团 Allianz，巴斯夫 BASF，费森尤斯集团 Fresenius，曼恩集团 MAN，保时捷汽车控股股份公司 Porsche Automobile Holding，彪马 Puma，Q-Cells，西格里碳素集团 SGL Carbon，Zalando）。欧洲股份有限公司的应用范围包括从一个康采恩（曼恩柴油机和涡轮机欧洲股份有限公司 MAN Diesel&Turbo SE）内部的小型的（没有员工的）子公司到上面提到的国际企业集团的母公司。2016 年年初，德国有 372 家欧洲股份有限公司。[26] 在欧洲股份有限公司的情况下，通过章程可以设立比根据共同参与决定法**第 7 条规模小一些的监事会**，这能够为这种公司形式的吸引力做贡献（比较上面第二十八章边码 10，下面第三十六章边码 6）。也可以找到像欧洲股份有限公司作为无限合伙人的有限商事合伙一类的联合形式（上面第三十四章边码 3）。此外，适用共同参与决定的欧洲股份有限公司使外国职工代表成为可能（比较上面第二十八章边码 10）。约 70％的欧洲股份有限公司的设立都是在捷克和德国完成的。[27]

2. 对法律发展的意义

在创设欧洲股份有限公司的准备工作和（尽管已有欧盟规范但仍然必要的）贯彻融入于各成员国法律的过程中，关于合伙/公司法的法律比较和功能分析已经取得了非常多的成果。[28] 抛开欧盟法律协调的努力不看，合伙/公司在法律比较上具有出奇的同质性。其一致的基本形式反映了共同的本质核心（上面第二十五章边码 35）。具体内容上的不同设计构建是规则提供者的竞争手段（第一章边码 21，第二十章边码 18）。欧洲合伙/公司形式还通过这种方式为该类竞争提供动力[29]，即迫使在成员国层面上采取以前

9

10

---

[23]　*Kirchner*，AG 2004，197，198；关于私法性质的协议的深刻描述，见 *Fastrich*，Inhaltskontrolle im Privatrecht，1992，S.36："规则获得承认，是因为它被希望如此，而不是因为它应该如此，也就是说，它在客观上是正确的"。也比较 Ulmer/Habersack/*Henssler*，SEBG §21 Rn.13：（相对于法律）第二层级没有建构工具。

[24]　比较 *Henssler*，ZHR 173（2009），222；*Kiem*，ZHR 173（2009），156，170ff.；*Windbichler*，in：Jürgens/Sadowski/Schuppert/Weiss（Hrsg.），Perspektiven der Corporate Governance，2007，S.282，291 ff.。

[25]　Baumbach/Hopt/*Roth*，HGB Anh. §160 Rn.2；*Kalss/Klampfl*，Rn.551.

[26]　*Kornblum*，GmbHR 2016，691，692；也比较 *Schuberth/von der Höh*，AG 2014，439.（关于发展的细节）。

[27]　*Kornblum*，GmbHR 2011，692，693；欧盟理事会关于欧洲股份有限公司条例的实用的报告（KOM（2010）676），S.3；其他的经验概述，见 *Eidenmüller/Engert/Hornuf*，AG 2008，721；*Eidenmüller/Lasdk*，FS Hommelhoff，2012，S.187；*Kiem*，ZHR 173（2009），156；MünchKomm-AktG/*Jacobs*，Vor §1 SEBG Rn.41.。

[28]　非常有建设意义的是 *Fleischer*，AcP 204（2004）502；也比较上面第一章边码 17。

[29]　*Bachmann*，ZEuP 2008，32，39ff.；"企业的员工共同参与决定"工作小组也是改革的动力；ZIP 2009，885；也比较 European Model Company Act（EMCA），ECFR2016，197ff.。

不习惯的（即使不是为法律禁止的）设计构建选择。例如，在至今只认可管理委员会的国家的欧洲股份有限公司形式下，就可以有监事会体系的公司，而德国的欧洲股份有限公司则可以拥有一个管理委员会（board）。根据欧洲股份有限公司条例第 69 条，欧盟委员会在 2010 年提交了一份关于欧洲股份有限公司经验的报告。与在文献中的一样，其在整体上确认了改革需求。[30]

　　[30]　欧盟理事会关于欧洲股份有限公司条例的实用的报告（KOM（2010）67 6）；股份和资本市场法工作小组（AAK），ZIP 2009，698；*ders.*，ZIP 2010，2221；*Casper*，ZHR 173（2009），181；*Casper/Weller*，NZG 2009，681；*Kiem*，ZHR 173（2009），156.。

第三十六章
产生和组织结构

一、设立和终止

1. 设立
（a）形式

欧洲股份有限公司条例第 2 条对欧洲股份有限公司的应用范围进行了排他性的描 1
述。① 据此，欧洲股份有限公司只能由一定的**已经存在的公司**在一定的前提条件下选择
采用。由于这涉及一个欧洲公司形式，故设立人必须具有**多国性**，即参与者必须来自至
少两个不同的成员国。② 现实的应用情形表明，欧洲股份有限公司经常作为企业集团的
一个部分出现。几个股份有限公司可以通过**合并**来设立一个欧洲股份有限公司，只要在
它们当中至少有两个公司受到不同的成员国法律规范调整（第 2 条第 1 款）。股份有限
公司和有限责任公司可以设立一个**控股的欧洲股份有限公司**（第 2 条第 2 款）。欧盟运
作模式条约第 54 条第 2 款（上面第二章边码 26）意义上的公司（也包括公法人和基金）
可以设立一个作为共同**子公司的欧洲股份有限公司**（第 2 条第 3 款）。一个成员国的股
份有限公司可以通过形式变更的公司改组转变成为欧洲股份有限公司，只要它至少已经
两年拥有一个受到另外一个成员国法律规范调整的子公司（第 2 条第 4 款）。成员国可
以规定，其主要管理地在欧盟之外的公司可以参与一个欧洲股份有限公司的设立（第 2
条第 5 款）。德国没有利用这一选择授权。③ 对欧洲股份有限公司进入的限制，通过事
实构建而被显著弱化了。不存在对设立公司的特别要求，因此多重国籍要求可以通过在
国外设立或者营业而被轻易满足。所谓的**储备欧洲股份有限公司**也可以被设立的，也就
是说公司当前还没有业务经营。④

---

① 这一设立的限制被认为是过时的，比较 MünchKomm/*Oechsler*/*Mihaylova*，SE-VO Art. 2 Rn. 3f.（连同进一
步的阐述）。

② 对多国性的必要性持批评态度的是 *Bachmann*，ZEuP 2008，32，52f；*Casper*，ZHR 173（2009），181，
189ff.；Habersack/Drinhausen/*Habersack*，SE-VO Art. 2 Rn. 4.。

③ 关于这一选择的意义，见 Spindler/Stilz/*Casper*，SE-VO Art. 2 Rn. 20；*Schwarz*，SE-VO，2006，Art. 2（介
绍了冲突法上的情况）；也比较上面第二十章边码 24。

④ OLG Düsseldorf AG 2009，629；*Grundmann*，Europäisches Gesellschaftsrecht，§ 29 Rn. 1048，1053；Lutter/
Hommelhoff/Teichmann/*Bayer*，SE-VO Art. 2 Rn. 31；MünchKomm-AktG/*Schäfer*，SE-VO Art. 12 Rn. 8；*Raiser*/
Veil，§ 24 Rn. 10ff.；Spindler/Stilz/*Casper*，SE-VO Art. 2 Rn. 21 ff.

（b）可适用的法律

2

对于不同的设立类型，欧洲股份有限公司条例包含有众多的具体的规范（欧洲股份有限公司条例第 17 条至第 37 条）。但与转化实施欧洲股份有限公司条例法一样，它没有对**公司设立过程**进行完整的规定。根据欧洲股份有限公司条例第 15 条中的援引适用，主要适用**德国股份法和改组法**。这再次包含了符合指令的部分法律（比较上面第三十五章边码 2 后面部分）。第 15 条第 2 款和第 13 条中要求进行的公开就是遵循公开指令（第一指令，比较上面第二章边码 28）。相应地也适用于商事登记簿上的登记（欧洲股份有限公司条例第 12 条第 1 款）。

一个**特殊之处**在于只有在已经规范了员工共同参与决定形式之后，才可以登记欧洲股份有限公司（欧洲股份有限公司条例第 12 条第 2 款）。在一个没有员工的欧洲股份有限公司和没有员工或者很小的设立企业的情况下，这一表述为实质性前提条件的规定导致产生了很多困难，但现在对其已经进行限制性解释了。[⑤] 雇用少于 10 名员工，不是设立障碍。**章程住所**必须要与公司主要管理所在地一致（欧洲股份有限公司条例第 17 条）。公司商号中的法律形式附注是"欧洲股份有限公司"（欧洲股份有限公司条例第 11 条），其余的适用国内的商号法。行为人责任（欧洲股份有限公司条例第 16 条第 2 款）符合公开指令第 8 条。不存在关于设立中的公司的其他规定，因此，就这方面来说也是适用国内法（欧洲股份有限公司条例第 15 条第 1 款，比较上面第二十六章边码 11 及其后一个边码）。[⑥]

（c）资本缴付

3

欧洲股份有限公司必须有一个 12 万欧元的最低注册资本（欧洲股份有限公司条例第 4 条）。在第 5 条中，欧洲股份有限公司条例规定援引适用欧洲股份有限公司住所所在地的（符合资本指令的）法律。由于在引入欧洲股份有限公司法中也没有包含有专门的规定，故在德国设立的欧洲股份有限公司的**资本缴付和维持**也受德国股份法的一般规定调整。这一点也对**增资**适用。

曾经有争议的是，作为众多法院判决的产物的**隐形实物出资**理论（上面第二十六章边码 18）是否也应该不加限制地适用于欧洲股份有限公司。尽管人们一般性地同意，援引适用的法律也包括法官法（比较第三十五章边码 6）。此外，从 *effet-utile* 原则中推导得出目的论意义上的解释，即必须如此解释有关欧洲股份有限公司的规定，以使其能够尽可能地有效确保这一法律形式的功效能力和切实可行。[⑦] 在这种背景下，对法院判决规则的可适用性提出了怀疑。现在，关于隐形的实物出资的股份法规定，被实质性地简化了（上面第二十六章边码 15 及其后一个边码，边码 18），因此不再存在概述式的

---

⑤　OLG Düsseldorf AG 2009，629；*Habersack/Verse*，Europäisches Gesellschafi：srecht，§ 13 Rn. 38；Lutter/Hommelhoff/Teichmann/*Oetker*，SEBG § 1 Rn. 15ff.；Spindler/Stilz/*Casper*，SE-VO Art. 2 Rn. 28ff.（连同进一步的阐述）；Ulmer/Habersack/*Henssler*，Einl. SEBG Rn. 7 5 ff.。

⑥　*Grundmann*，Europäisches Gesellschaftsrecht，§ 29 Rn. 1 052；Lutter/Hommelhoff/Teichmann/*Bayer*，SE-VO Art. 16 Rn. 6ff.；Spindler/Stilz/*Casper*，SE-VO Art. 16 Rn. 5ff.；关于众多的细节问题，见 *Drees*，Die Gründung der Europäischen Aktiengesellschaft（SE）in Deutschland und ihre rechtliche Behandlung vor Eintragung（Vor-SE），2006；*Zöllter-Petzoldt*，Die Verknüpfung von Europäischem und nationalem Recht bei der Gründung einer Societas Europea（SE），2005.。

⑦　比较 *Casper*，FS Ulmer，2003，S. 51，55；*Teichmann*，ZGR 2002，383，398；*Wagner*，NZG 2002，985，987；*Nagel*，in：Nagel/Freis/Kleinsorge，SE-BG，2005，2 B. Rn. 9.（连同进一步的阐述）。

观点，并且德国股份法在这方面基于援引适用可以不经修改地加以适用。⑧

2. 终止

解散、清算和终止以**股份法**为准（欧洲股份有限公司条例第 63 条，上面第二十六章　**4**
边码 32 及其后边码）。适用哪个**破产法**，则由**欧盟破产法**确定。决定性的因素是经济利
益中心点（*centre of main interest*/COMI，上面第一章边码 11）。在德国的欧洲股份有限
公司情况下，这原则上是德国，因为欧洲股份有限公司条例第 7 条要求章程住所和主要
管理地一致。这就要适用破产法规定的破产理由和破产程序。此外，欧洲股份有限公司
可以不经清算改组变更成为另外一种合伙/公司形式（欧洲股份有限公司条例第 66 条）。

一个**特殊之处**在于欧洲股份有限公司将其住所迁移到另外一个国家并由此因为违背
欧洲股份有限公司条例第 7 条而导致面临清算威胁（欧洲股份有限公司条例第 64 条）。
欧洲股份有限公司的灵活性不应该由此受到限制。它们可以选择采用按照欧洲股份有限
公司条例第 8 条和转化实施欧洲股份有限公司条例法第 12 及其后条款规定进行的**保留
身份的住所迁移**。但在一定的情况下，它必须采用这种可能性选择。转化实施欧洲股份
有限公司条例法第 52 条将章程住所与主要管理住所不一致的情形等同于股份法第 262
条第 1 款第 5 项意义上的实质性章程瑕疵。根据家事事件和非讼事件程序法第 399 条，
登记法院确定一个改正期限。在这里，可以依照欧洲股份有限公司条例第 8 条通过将主
要管理住所或章程住所迁回去的办法来加以改正。假如公司不遵守登记法院的要求，公
司将被解散并按照股份法第 264 条及其后条款进行清算（上面第二十六章边码 41 及其
后边码）。要求住所与主要管理地**一致**，不违反迁移自由。

二、内部结构

1. 公司机关
(a) 监事会或管理委员会

对于欧洲股份有限公司，既可以选择采用股份有限公司的监事会模式（双层制），也　**5**
可以选择采用其他国家熟知的管理委员会模式（单层制，比较上面第二十五章边码 10）。
章程应该强制性地规定采用何种模式（欧洲股份有限公司条例第 38 条）。针对这两种体
制，有共同的规定（欧洲股份有限公司条例第 46 条至第 51 条）。

公司应该按照章程中确定的期限委任公司机关成员，但不可以超过 6 年。只要章程
没有其他规定，机关成员可以被再次委任。在德国，只有自然人才能是公司机关成员，
因为对于股份有限公司，法律也不允许法人作为董事或监事。与第 111 条第 4 款第 2 句中
的规定相似，根据欧洲股份有限公司条例第 48 条，章程应该确定需要由监事会同意或者
（整个）管理委员会决议同意的业务种类。在公司机关成员的义务当中，只是特别提到了
保密义务，而其他的则被推给了成员国法律（欧洲股份有限公司条例第 49 条，第 51 条）。
欧洲股份有限公司条例第 51 条包含有关于决议作出的规定。但是，只要不涉及员工共同
参与规则，这些规定就退于章程规定之后。在其他方面，章程自治的范围以成员国法律
为准（欧洲股份有限公司条例第 9 条第 1 款 c) iii）。

有关**双层制**的规定（欧洲股份有限公司条例第 39 条至第 42 条，转化实施欧洲股份　**6**
有限公司条例法第 15 条至第 19 条），在一些有意思的细节上偏离于股份法。现实中具

---

⑧ Spindler/Stilz/*Casper*，SE-VO Art. 7 Rn. 2.（连同进一步的阐述）。

有重要意义的是**监事会的规模**可以由章程确定。转化实施欧洲股份有限公司条例法第17 条第 1 款仅规定了最高数量。监事会成员的数量必须能够被 3 整除，假如基于欧盟股份有限公司员工共同参与决定法要求有员工参与的话（转化实施欧洲股份有限公司条例法第 17 条第 1 款第 3 句）。与参与协议的关系据此没有解释清楚，尤其是章程在协议订立之前就已经制定了。实践中，如果基于前后一致原则（下面边码 10），预期到员工三分之一参与决定能够被 3 整除的要求就可以发挥作用。转化实施欧洲股份有限公司条例法第 17 条第 2 款的规定，也不明确，照此根据欧盟股份有限公司员工共同参与决定法的员工参与保持不受影响。不仅是转化实施欧洲股份有限公司条例法，欧盟股份有限公司员工共同参与决定法也必须保持在欧洲股份有限公司条例和欧洲股份有限公司指令的范围内。无论如何，援引股份法第 95 条第 5 句是不适当的，相对于适用于股份有限公司的共同参与决定法律，协议性的偏离约定具有优先性。[9] 根据主流观点，共同参与决定协议不能确定监事会的规模大小（下面边码 13）。

7　　在**单层制**的基本形式下，公司只有一个公司领导机关，即管理委员会。根据欧洲股份有限公司条例第 43 条第 1 款第 1 句，管理机关执行欧洲股份有限公司的业务。这种更容易让人想起有限责任公司而非股份有限公司的模式，在大型公司中已不再被采用。在管理委员会体制下，也区分日常业务执行和对它的监督（上面第二十五章边码 10 连同其他指示）。与此相对应，欧洲股份有限公司条例第 43 条第 1 款第 2 句规定，如果成员国法律允许，可以将日常业务交由一名或多名业务执行人负责。因此，业务执行与其他任务之间的准确划分就留给了成员国法律。对于德国，管理委员会是新的。转化实施欧洲股份有限公司条例法（第 20 条至第 39 条）相应地花费了较大的精力去规范管理委员会。[10] 根据转化实施欧洲股份有限公司条例法第 22 条第 1 款，管理委员会具有一种**制定方针政策的职权**，并且委任业务执行董事去负责**日常业务**（转化实施欧洲股份有限公司条例法第 40 条）。德国是如此安排设计规则的，即可以在业务执行和监督之间进行区分并且可以让员工代表作为管理委员会的成员。业务执行董事对外代表公司（转化实施欧洲股份有限公司条例法第 41 条）。与股份法第 76 条、第 84 条第三款相反，业务执行董事是可以随时被解聘的且其服从指令。[11] 为外部所知晓的仅仅是德国上市的单层制欧洲股份有限公司，因为其组织结构区别会在其是否与德国公司治理准则相一致的声明（股份法第 161 条）中加以解释说明。[12]

在以资本市场为导向的欧洲股份有限公司中（商法典第 264d 条），至少必须有一名管理委员会成员知晓会计制作或者财务会计报告审计。管理委员会在其整体上必须熟悉公司的业务领域（转化实施欧洲股份有限公司条例法第 27 条第 1 款第 2 句，援引适用股份法第 100 条第 5 款）。管理委员会可以设立审查委员会。此外，其多数应由非业务执行成员组成，至少必须有一名成员拥有上面提及的资格证明（转化实施欧洲股份有限公司条例法第 34 条第 4 款第 2 句、第 3 句）。这一规定遵从于财务会计报告审计人员指

　　[9]　但这样的见 LG Nürnberg-Fürth NZG 2010，547；相关的是 *Kiefner/Friebel*，NZG 2010，537；对此予以拒绝的是 *Forst*，AG 2010，350；*Kiem*，Konzern 2010，275；*Linnerz*，EWiR § 17 SEAG 1/10，10/2010 S. 337.。

　　[10]　对此的详细介绍见 *Bachmann*，ZGR 2008，779，784ff.；*Grundmann*，Europäisches Gesellschaftsrecht，§ 29 Rn. 1071f.；*Habersack/Verse*，Europäisches Gesellschaftsrecht，§ 13 Rn. 33f.；MünchKomm-AktG/*Reichert/Brandes*，SE-VO Art. 43 Rn. 3ff.。

　　[11]　MünchKomm-AktG/*Reichert/Brandes*，SE-VO Art. 43 Rn. 13ff.

　　[12]　彪马欧洲股份有限公司（http://about.puma.com/de/investor-relations/corporate-governance）[10.3.2017]。

令第 49 条。[13]

（b）股东大会

原则上，股东大会（欧洲股份有限公司条例第 52 条至第 60 条，转化实施欧洲股份有限公司条例法第 50 条及其后一个条款）具有与其在股份法中一样的角色功能。在欧共体法律规定的职权（第 52 条第 1 款）以外，股东大会还有股份法规定的职权（上面第二十九章边码 2 及其后边码）。最初还存在争议，即通过法律继创发展出来的未明文规定的股东大会职权（上面第二十九章边码 4 及其后一个边码）是否应该适用于欧洲股份有限公司。[14] 股份法不可由章程处置原则不能提供什么帮助，因为引用适用成员国法律的规定也将德国股份法上的股份法不可由章程处置原则（股份法第 23 条第 5 款）扩大到了欧洲股份有限公司（比较上面第三十五章边码 5）。原则上，不成文的（法官）法也属于国内法及对此可以适用的法律（比较上面第三十五章边码 6）。但必须始终进行区分，各自的事项是否为援引适用所涵盖。欧洲股份有限公司条例第 52 条第 2 句并不与法官法上所确立的职责相对立。[15]

在任何情况下，股东大会都具有**基础性的职权**（上面第二十九章边码 6）。尤其是章程修改和公司机关成员委任，不仅存在于欧洲股份有限公司条例和股份法之中，而且从法律比较上看，都是公司的普遍性的基本要素。[16] 此外，股东大会与管理机关之间的各自的职权划分幅度，也是非常的宽泛。[17]

2. 会计制作

欧洲股份有限公司条例第 61 条规定要求公司年度财务会计报告、康采恩财务会计报告及其公开等适用成员国法律，但成员国的相关法律已经广泛受到欧盟指令的影响。因此，对于康采恩财务会计报告，适用商法典，并且有时适用国际财务报告准则条例（上面第三十一章边码 3 及其后边码）。财务会计报告审计也遵循关于股份有限公司主要的统一规定（上面第三十一章边码 18 及其后边码）。对于银行和保险公司，则适用特别的规定（欧洲股份有限公司条例第 62 条）。该法律也没有偏离于（符合欧盟指令的）成员国法律。

3. 员工共同参与决定

（a）概览

在欧盟范围内，甚至是在世界范围内，关于员工共同参与决定营业性的和企业性的决策程序的观点都非常不同。因此，欧盟立法者放弃了将其协调一致的打算（上面第三十五章边码 2，还有上面第二十八章边码 9 及其后边码）。创设欧洲股份有限公司的整

8

9

10

---

[13] 2006 年 5 月 17 日的第 2006/43 号欧盟指令（ABl. EU 2006 L 157/87，在 2014 年 4 月 16 日的第 2014/56 号欧盟指令的版本中）。

[14] 对此进行详细介绍（且在结果上予以否定）的是 *Brandt*，Die Hauptversammlung der Europäischen Aktiengesellschaft，2004，S. 142 ff.；也持否定态度的是 MünchKomm-AktG/*Kubis*，SE-VO Art. 52 Rn. 22；根据与股份法第 119 条第 2 款的区别。

[15] 主流观点 *Habersack/Verse*，Europäisches Gesellschaftsrecht，§ 13 Rn. 47；KölnerKomm-AktG/*Kiem*，SE-VO Art. 52 Rn. 36；Lutter/*Hommelhoff/Teichmann*，SE-VO Art. 9 Rn. 55；*Schwarz*，SE-VO Art. 52 Rn. 35；Spindler/Stilz/*Eberspächer*，SE-VO Art. 52 Rn. 12；关于统一法所确定的不成文的职责，见 Lutter/Hommelhoff/Teichmann/*Spindler*，SE-VO Art. 52 Rn. 22，47；MünchKomm-AktG/*Kubis*，SE-VO Art. 52 Rn. 15.。

[16] 比较 Enriques/*Hansmann/Kraakman*，in：Kraakman/Armour u. a.，Anatomy，S. 55，72ff.；*Grundmann*，Europäisches Gesellschaftsrecht，Rn. 393.。

[17] *Grundmann*，Europäisches Gesellschaftsrecht，Rn. 394ff.

个计划差点就因为这一关于员工共同参与的不同观点而遭受失败。通过一个**欧盟指令**[18]来找到的解决该问题的办法，带来了双重的灵活性：其一是转化实施成为成员国法律（在德国是欧盟股份有限公司员工共同参与决定法）时存在发挥空间，其二是协议约定解决办法享有强制性的优先性。但深入研究就可以发现，其涉及的是呆板而复杂的规则。[19]

欧盟股份有限公司指令以一系列的**概念定义**开始。从这些概念定义中可以得出，员工共同参与决定不仅包括信息告知和意见听取程序，而且包括对公司机关组成施加的影响。欧盟股份有限公司指令第 2 条 k）项将"员工共同参与"定义为此种权利的行使，即确定公司监事会或管理委员会成员的一部分，或者建议或拒绝公司监事会或管理委员会成员的委任。在欧盟股份有限公司之下，不仅要规范营业经营，而且要规范员工共同参与。对于德国的欧盟股份有限公司，尤其是考虑到跨国的员工代表组织，其在工厂层面上的员工概念是非常重要的。不适用关于欧洲劳资联合委员会的规定，因为这一特殊的谈判机构决定不接受或者谈判中止。[20] 对于成员国国内的工厂层面，适用企业组织法（欧盟股份有限公司员工共同参与决定法第 47 条第 1 款），而这超越了关于通知和听证的欧洲标准。

由于欧洲股份有限公司是在来自不同成员国的已经存在的企业参与情况下被设立的（上面边码 1），可能有时会有完全不同的员工代表体系碰到一起。欧洲股份有限公司指令和欧洲股份有限公司员工共同参与决定法被如此地加以设计构建，即原则上保护企业员工共同参与的最高规格（根据监事会中的席位来测量），故偏离性的做法受到非常严格的条件限制（欧洲股份有限公司员工共同参与决定法第 15 条第 3 款）。对于雇佣超过 2 000 名员工的德国欧洲股份有限公司，这在实际上（不是在法律上，上面第三十五章边码 8）是继续实行等额参与监事会组织（**一如既往原则**）。[21]

（b）协议约定

11　要想达成协议约定，就必须要确定谈判及协议当事人。在**员工方面**，应该组建一个**特别谈判委员会**（欧洲股份有限公司员工共同参与决定法第 15 条及其后条款）。委员会中的成员代表相关企业的员工。根据劳动从事所在地的法律来选举或委任他们。对于国内的员工，则依照欧洲股份有限公司员工共同参与决定法第 8 条及其后条款进行选举。特别谈判委员会按照欧洲股份有限公司员工共同参与决定法第 11 条及其后条款规定的程序，就员工在工厂及企业层面上的参与类型和形式与相关企业的领导进行谈判。

在**企业方面**，同样有代表的问题，但还没有被完全解决。这涉及确定协议当事人和他们的职权。这里，还不应当称其为"资方"，因为"资方"是指各自的公司并且是以法人的身份作为劳动合同的一方当事人。就像有时在集体合同情况下的那样，这里的谈判当事人是作为股份有限公司或有限责任公司的法人代表的业务领导人（欧洲股份有限

⑱　2001 年 10 月 8 日的关于欧洲股份有限公司的着眼于员工共同参与决定的补充指令（SE-RL），见 2001 年 11 月 10 日的 Abl. EG Nr. 294，第 22 页。

⑲　关于改革的建议，比较 MünchKomm-AktG/*Jacobs*，SEBG Vor §1 Rn. 48.（连同进一步的阐述）。

⑳　关于欧洲股份有限公司的着眼于员工共同参与决定的补充指令第 13 条第 1 款；关于欧洲股份有限公司员工共同参与决定法第 16 条；欧洲工人理事会法案第 1 条；MünchKomm-AktG/*Jacobs*，SEBG §16 Rn. 4.。

㉑　该原则在公司形式变更情况下具有强制性，见欧洲股份有限公司员工共同参与决定法第 21 条第 6 款和第 35 条第 1 款。

公司员工共同参与决定法第 2 条第 5 款）。[22] 但在企业员工共同参与情况下，涉及的是作为**法人的欧洲股份有限公司的内部机关**。其设计构建不属于业务执行，更不属于公司的外部关系，而该部分无论如何是基础性的事务。这在欧洲股份有限公司条例第 12 条第 4 款和第 23 条第 2 款中有所暗示。前者看到了可能会出现员工共同参与协议约定和章程不一致的情形并且将其简单地规定为禁止，而后者无论如何能够规定股东大会拥有修正的保留权力。从公司治理的视角上看，这是引人注目的，即公司领导与对其进行监督的组织成员进行谈判。在法律形式转变或者后续改变的情况下，是尤为功能失调的，因为那时公司领导就对那个对其自身进行监督的机构共同决定（欧洲股份有限公司员工共同参与决定法第 18 条，下面边码 16）。[23] 因此，具有重要意义的是，存在哪些设计构建空间以及在哪些结果情况下需要股东大会同意。股东大会要么是基于同意保留的途径，要么是根据一般规定进行决议同意。[24]

对于谈判程序，规定时间表。[25] 参与设立的公司要求在计划阶段确定特别谈判委员会的组成（欧洲股份有限公司指令第 3 条第 1 款，欧洲股份有限公司员工共同参与决定法第 4 条），应当在 10 周内对此作出决定（欧洲股份有限公司员工共同参与决定法第 11 条第 1 款）。设立企业的领导被邀请到创立大会中，由此开启 6 个月的谈判期，这一期限可以友好地延长至一年（欧洲股份有限公司员工共同参与决定法第 12 条、第 20 条）。假如期限届满没有达成协议，则适用兜底性方案（欧洲股份有限公司员工共同参与决定法第 22 条、第 34 条）。这一特别谈判委员会可以以特定多数决议决定不着手进行谈判或者终止谈判，如果是这样，也不适用兜底性的规定（欧洲股份有限公司员工共同参与决定法第 16 条第 2 款）。没有规定一个与设立程序（上面边码 1 及其后边码）的特殊联结。参与者必须配合其股东大会要求、所依据的会计报告的现时性等。通过谈判程序造成的延迟，可能达到 10 个月（在没有友好延长时）。

欧洲股份有限公司员工共同参与决定法第 21 条简要地描述了**协议约定的内容**，但它"不影响当事人在其他方面的意思自治"。作为最少的内容，当事人应该约定一个与欧盟**企业员工委员会**等值的条款或者与**通知和听证**相应的程序；此外，还为新的谈判规定了期限和触发机制。协议约定也可以将居于成员国之外的企业纳入进来。对于**企业的员工共同参与**和其他规范对象，该规定包含了一些建议（欧洲股份有限公司员工共同参与决定法第 21 条第 3 款）。但这些可能的内容，没有以完全列举的形式加以规定。合同

12

13

[22] 因此，模糊地将领导机构称为"合同缔约方"，这样的见 Habersack/Drinhausen/*Hohenstatt*/*Müller-Bonanni*，SEBG § 21 Rn. 2；MünchKomm-AktG/*Jacobs*，SEBG § 21 Rn. 6；比如此处 Ulmer/Habersack/*Henssler*，SEBG § 21 Rn. 4；与此相区别的是，哪个自然人组织谈判，比较 *Jacobs*，aaO. § 13 Rn. 2；*Henssler*，aaO.；Lutter/Hommelhoff/Teichmann/*Oetker*，SEBG § 21 Rn. 20 ff. 。

[23] 德国公司治理准则在其序言中对此也不加解释地予以了规定："欧洲股份有限公司中的企业员工共同参与决定的构建原则上是通过企业领导与员工一方通过协议确定的。"欧洲股份有限公司的这种模式非常所当然地以此为出发点，即要设立的公司的董事会在就协议办法进行谈判时能够适当地代表股东利益以及子公司的股东利益。然而，不能将董事会与企业且更不能将其与整个企业集团等同视之。经营管理者代表股东时普遍存在的代理原则问题（见上面第一章边码 30 和第二十五边码 17）还导致产生另外一个利益冲突。持批评态度的是股份和资本市场法工作小组，ZIP 2009，698，699（Nr. 7）；Henssler，ZHR 173（2009），222，237 f.；MünchKomm-AktG/*Jacobs*，SEBG § 21 Rn. 7；Ulmer/Habersack/*Henssler*，SEBG § 21 Rn. 5.（连同进一步的阐述）。

[24] 在涉及 Allianz 欧洲股份有限监事会规模时出现了这个问题；特别谈判委员会试图建立一个比该欧洲股份有限公司章程规定更大的监事会。基于协议与章程不一致将导致产生的困难以及其他原因，最后放弃了该要求。

[25] 关于时间进程，见 Ulmer/Habersack/*Henssler*，Einl. SEBG Rn. 154. 。

自治不能超过包括章程范围在内的强制性的公司法律（上面边码 6，第三十五章边码 5）。㉖ 这对于涉及法人的组织规定有效，不适用于关于企业组织法上的规定和程序问题。此外，共同参与决定协议的内容必须包含员工共同参与决定的关系。㉗ 具体而言，这关系到例如这个问题，是否只有员工代表在监事会中的比例，还是监事会的绝对规模大小以及其职责和程序都能通过协议进行规定。㉘ 对此，欧洲股份有限公司条例第 40 条第 3 款援引适用章程的权限。虽然监事会的规模大小（有多少法人的组成要素），对于员工参与共同决定有间接的影响，但其本身不是欧洲股份有限公司指令第 4 条第 2g）款意义上的员工代表份额问题。共同参与决定协议不能决定法人的组成，其应当在对股东和管理层之间的权力分配冲突中予以确定（比较上面边码 11）。

14　　**章程与共同参与决定协议之间的关系**，是有争议的。二者在结果上必须是一致的（欧洲股份有限公司条例第 12 条第 4 款）。在通过合并设立欧洲股份有限公司的情况下，设立公司的股东大会可以保留对员工共同参与决定协议的同意，欧洲股份有限公司条例第 23 条第 2 款第 2 句。

　　假如章程与共同参与决定协议存在冲突，并且不进行修改，就会出现登记障碍（欧洲股份有限公司条例第 12 条第 2 款、第 4 款）。欧洲股份有限公司条例第 12 条第 4 款第 3 句为成员国开辟了一种可能性，即允许通过领导机构或者管理机构进行简化性的章程修改。德国没有借机采用。从中部分地推断出员工参与共同决定协议优先于章程。㉙但股东大会没有修改章程这一义务，特别是在决议要求是一种少数群体权利保护的手段时。这样，在一定情况下，就产生不出欧洲股份有限公司。㉚根据当前的法律现状，对于这种谈判模式，股东作用没有完全融入进去。㉛

　　（c）兜底性的解决办法

15　　假如不能在法律规定的期限（欧洲股份有限公司员工共同参与决定法第 11 条和第 20 条）内达成协议约定，就应该基于法律的强制性规定为欧洲股份有限公司组建一个

㉖ 组织和细节是有争议的；*Habersack*，AG 2006，345，348ff.；*Habersack/Verse*，Europäisches Gesellschaftsrecht，§ 13 Rn. 39；*Kiem*，ZHR 173 (2009)，156，177；KölnerKomm-AktG/*Feuerborn*，SEBG § 21 Rn. 47；MünchKomm-AktG/*Schäfer*，SE-VO Art. 12 Rn. 10f.（在章程自治的范围内，合同优先于章程）；*Raiser/Veil*，§ 26 Rn. 9（合同也优先于股份法）；Ulmer/Habersack/*Henssler*，SEBG § 21 Rn. 32ff.；*Windbichler*，FS Canaris，2007，Bd. 2 S. 1423，1429f.。

㉗ Ulmer/Habersack/*Henssler*，SEBG § 21 Rn. 30.

㉘ 主流观点不允许在合同中约定监事会的规模，*Forst*，Die Beteiligungsvereinbarung nach § 21 SEBG，2010，S. 261 ff.；*Jacobs*，FS K. Schmidt，2009，S. 795，804；KölnerKomm-AktG/*Feuerborn*，SEBG § 21 Rn. 52；*Habersack/Verse*，Europäisches Gesellschaftsrecht，§ 13 Rn. 39；*Kallmeyer*，AG 2003，197，199；*Kiem*，ZHR 173 (2009)，156，175ff.；MünchKomm-AktG/*Reichert/Brandes*，SE-VO Art. 40 Rn. 68；Spindler/Stilz/*Casper*，SE-VO Art. 12 Rn. 20 f.；Spindler/Stilz/*Eberspächer*，SE-VO Art. 40 Rn. 10；*Windbichler*，FS Canaris，2007，Bd. 2 S. 1423，1428ff.；不同的是 Habersack/Drinhausen/*Seibt*，SE-VO Art. 40 Rn. 66；Lutter/Hommelhoff/Teichmann/*Drygala*，SE-VO Art. 40 Rn. 32f.，Lutter/Hommelhoff/Teichmann/*Oetker*，SEBG § 21 Rn. 63ff.；*Teichmann*，AG 2008，797. "员工共同参与决定"工作小组；ZIP 2009，885，887，894 在其建议中，为了员工共同参与决定法的灵活性，规定通过股东大会批准员工共同参与合同。

㉙ LG Nürnberg-Fürth NZG 2010，547；*Heinze/Seifert/Teichmann*，BB 2005，2524，2525；Lutter/Hommelhoff/Teichmann/*Drygala*，SE-VO Art. 40 Rn. 34；MünchKomm-AktG/*Teichmann*，SE-VO Art. 12 Rn. 11.

㉚ KölnerKomm-AktG/*Maul*，SE-VO Art. 23 Rn. 14；Lutter/Hommelhoff/Teichmann/*Drygala*，SE-VO Art. 40 Rn. 34；MünchKomm-AktG/*Schäfer*，SE-VO Art. 23 Rn. 13；Spindler/Stilz/*Casper*，SE-VO Art. 12 Rn. 15，Art. 23 Rn. 8.

㉛ 这样坚持的是 Spindler/Stilz/*Casper*，SE-VO Art. 12 Rn. 15 a. E.；也比较上面边码 6 和 11。

企业员工委员会（欧洲股份有限公司员工共同参与决定法第 22 条及其后条款）。法律将该类企业委员会规定得非常接近于那个作为其榜样的欧盟企业员工委员会。根据法律强制性规定而进行的员工共同参与在实质上是以欧洲股份有限公司设立前的一个或多个参与公司中适用的员工共同参与模式为标准的（前后一致原则，欧洲股份有限公司员工共同参与决定法第 34 条及其后条款，上面边码 10）。在此过程中，应该根据欧洲股份有限公司的设立类型（边码 1）和相关工会规模的不同而进行区别对待。据此，在兜底性的解决办法中，没有一个统一的强制性模式。

（d）员工共同参与决定协议的修改

欧洲股份有限公司在其生命过程中可能扩张或收缩，可能吞并其他公司或者部分分立等。欧洲股份有限公司员工共同参与决定法第 21 条第 4 款规定，**在员工共同参与决定协议中可以自行约定，在**欧洲股份有限公司**进行结构性改变前**应该开展新的谈判，以及在此过程中采取何种程序。假如计划进行欧洲股份有限公司的结构性改变，**可能减损员工共同参与决定权**，欧洲股份有限公司员工共同参与决定法第 18 条第 3 款给予欧洲股份有限公司的领导层和欧洲股份有限公司劳资联合委员会权利，就员工的共同参与决定权开始新的谈判。什么是"结构性的改变"是有争议的。有充分理由要求公司采取行动的就是基础性事务，但住所迁移除外。[32] 同样，第二个前提，即对于员工共同参与决定权减损的适当性，这引发了有争议的问题。[33] 举例，比如一家截至目前没有达成员工共同决定的欧洲股份有限公司，通过吸收一家有员工共同参与决定的公司而进行合并。如没有协议或者兜底性的规定，被吸收的公司的员工将会失去他们在监事或或者管理委员会中的代表位置。单纯的员工人数变化，不涵盖在内。而这将导致一家按照三分之一共同参与决定而设立的欧洲股份有限公司后来也停留在这一员工共同参与决定制度中，假如其增长到超过 2 000 名员工（所谓的**冻结**）。[34] 激活一家储备欧洲股份有限公司（上面边码 1 后面部分，边码 2），也不被这一规定条文所涵盖。在这里，主流观点类似地适用欧洲股份有限公司员工共同参与决定法第 18 条第 3 款。[35] 此外，对于剥夺员工共同参与权的滥用行为，欧洲股份有限公司指令第 11 条和欧洲股份有限公司员工共同参与决定法第 43 条为欧洲股份有限公司提供了有针对性的手段。欧洲股份有限公司员工共同参与决定法第 45 条第 1 款第 2 项包含了一项惩罚性威胁，并由此提出确定性要求的问题。什么会被认为是滥用，与指令一致，在包括欧洲股份有限公司条例在内的整体

16

---

[32] 主流观点；Habersack/Drinhausen/*Hohenstatt*/*Müller-Bonanni*，SEBG §18 Rn. 9；KölnerKomm-AktG/ *Feuerborn*，SEBG §18 Rn. 19ff.；MünchKomm-AktG/*Jacobs*，SEBG §18 Rn. 1lf.；Ulmer/Habersack/*Henssler*，SE-BG §18 Rn. 8 f.；不同的是 Lutter/Hommelhoff/Teichmann/*Oetker*，SEBG §18 Rn. 21 ff.，基于欧洲工人理事会法案第 37 条（方法上没有超越）。

[33] 比较（都包括举例）KölnerKomm-AktG/*Feuerborn*，SEBG §18 Rn. 28ff.；MünchKomm-AktG/*Jacobs*，SEBG §18 Rn. 13ff.；Ulmer/Habersack/*Henssler*，SEBG §18 Rn. 11 ff.。

[34] 有争议，Habersack/Drinhausen/*Hohenstatt*/*Müller-Bonanni*，SEBG §18 Rn. 10；KölnerKomm-AktG/ *Feuerborn*，SEBG §18 Rn. 23；MünchKomm-AktG/*Jacobs*，SEBG §18 Rn. 12, 19；Spindler/Stilz/*Casper*，Vor Art. 1 SE-VO Einl. Rn. 20；Ulmer/Habersack/*Henssler*，SEBG §18 Rn. 14，无论如何，同时是对少数观点的论证。

[35] OLG Düsseldorf AG 2009, 629；MünchKomm-AktG/*Jacobs*，SEBG §18 Rn. 17 a. E.；Ulmer/Habersack/ *Henssler*；SEBG §18 Rn. 31（都连同进一步的阐述）；也比较关于经济上新设的法院判决，也比较上面第二十三章边码 9；Lutter/Hommelhoff/Teichmann/*Oetker*，§18 SEBG Rn. 28 f.。

规定的语境中来去确定。⑯ 无论如何，仅仅使用法律上规定的建构方法，是不能证明存在滥用的。

4. 上市的和共同参与决定的欧洲股份有限公司中的性别比例

17

上市公司和同等共同参与决定公司的监事会以及管理委员会中的固定性别比例（上面第二十八章边码 24）⑰，为欧洲股份有限公司承接了，但不是被描述成目标任务下的义务。这来源于股份法第 76 条第 4 款、第 111 条第 5 款的适用（上面边码 2，第三十五章边码 4）。⑱ 借以防止通过选择欧洲股份有限公司这一法律形式来逃避性别比例要求，这在法律政策上是合理的。⑲ 当然，鉴于欧洲股份有限公司多层次的法律依据（上面第三十五章边码 3 及其后一个边码），转化是困难的并会碰到许多障碍。这样，除此之外，德国立法者的立法能力还受到了质疑。⑳ 相关规定是不完善的。可以适用的位居次位的德国股份有限公司的法律能够提供必要的补充，这一设想不仅在方法论上，而且在实践中都过于简单。这产生了众多的差异和待解决的问题。在管理视角下，这些规定相较于对于股份有限公司的规定更加失败。

（a）适用范围

涉及的是上市的（股份法第 3 条第 2 款）欧洲股份有限公司。因为员工共同参与决定法不适用于欧洲股份有限公司，转化实施欧洲股份有限公司条例法第 17 条第 2 款第 1 句和第 24 条第 3 款第 1 句确定了其他的前提条件，即各自的委员会由同样数量的股东和员工代表占据。无论事实是否如此，但**共同参与决定协议**以及兜底性的解决办法（上面边码 11 及其后边码）要求是这样。过渡性的规定是多余的，因为在即将带来的重新任命的过程中，会渐渐达到比例要求（转化实施欧洲股份有限公司条例法第 17 条第 2 款第 2 句至第 4 句，第 24 条第 3 款第 2 句至第 4 句）。㉑ 固定比例要求既适用于监事会，也适用于管理委员会。

（b）整体满足

18

转化实施欧洲股份有限公司条例法，是以比例要求的整体满足（比较上面第二十八章边码 24）为出发点。无论对于监事会模式，还是对于单层制体系来说，都规定了异议。大体上是拒绝诉诸股份法第 96 条第 2 款第 3 句㉒，对于监事会来说有时是以股份法

---

⑯ MünchKomm-AktG/*Jacobs*，SEBG § 43 Rn. 2 ff.；Ulmer/Habersack/*Henssler*，SEBG § 43 Rn. 2，5 ff.；尤其是关于方法的问题，见 *Mader*，Verfahrensmissbrauch nach Art. 11 SE-Richtlinie，2014.。

⑰ 根据 *Schuberth*/*von der Höh*，AG 2014，439，442，在德国有 11 家同等的员工共同参与决定的欧洲股份有限公司。

⑱ MünchKomm-AktG/*Reichert*/*Brandes*，SE-VO Art. 40 Rn. 81；有疑问的是这对于单一的系统；关于系统的问题，见 *Teichmann*/*Rüb*，BB 2015，898，905f.。

⑲ 走得很远的是 *Weller*/*Harms*/*Thomale*，ZGR 2015，361，370/f.，其把性别比例作为强制性规定，并希望将其用于具有外国国籍的公司。

⑳ Lutter/Hommelhoff/Teichmann/*Drygala*，SE-VO Art. 4 Rn. 1 0；MünchKomm-AktG/*Reichert*/*Brandes*，SE-VO Art. 40 Rn. 77；*Sagan*，RdA2015，255，257ff.；*Seibt*，ZIP 2015，1193，1202（单一制的欧洲股份有限公司的违反条例的歧视）；也比较 *Ohmann-Sauer*/*Langemann*，NZA 2014，1120，1123f；不同的是 *Teichmann*/*Rüb*，BB 2015，259，264f.；但比较 *dies*.，BB 2015，898，904，涉及转化实施欧洲股份有限公司条例法（SEAG）第 17 条第 2 款：超越权限。

㉑ 适用的例子：BASF SE Bericht 2016，S. 130，http://bericht.basf.com/2016/de/serviceseiten/downloads/files/BASF_Bericht_20 16. pdf［24. 2. 2017］。

㉒ BegrRegE，BT-Drucks. 18/4227，S. 22；*Grobe*，AG 2015，289，298；Lutter/Hommelhoff/Teichmann/*Oetker*，SEBG Vor § 1 Rn. 32；MünchKomm-AktG/*Reichert*/*Brandes*，SE-VOArt. 40 Rn. 78f.；MünchKomm-AktG/*Jacobs*，SEBG Vor § 1 Rn. 51；*Sagan*，RdA2015，255，258；*Seibt*，ZIP 2015，1193，1202；*Stüber*，DStR2015，947，951.

的可适用性为基础的。[43] 对于管理委员会来说是肯定不可能的，在其中可以看到这一构建变体存在的令人担忧的缺点。[44] 其适用至今仍是不明确的。[45]

（c）与共同参与决定协议和兜底性规定的关系

法律改变不是结构改变，即要根据欧洲股份有限公司员工共同参与决定法第 18 条第 3 款引起新的谈判。[46] 共同参与决定协议可以对遵循比例的方式进行规定，但这不是必须的。比例本身也是不能处置的。[47] 考虑到来自不同成员国的员工代表，协议通常包含国家比例代表要求。兜底性规定也对此进行了规定（欧洲股份有限公司指令附录的第三部分，欧洲股份有限公司员工共同参与决定法第 36 条第 1 款第 2 句）。此外，女性和男性应当根据其份额在员工中选举出来（欧洲股份有限公司员工共同参与决定法第 36 条第 3 款第 2 句，第 6 条第 2 款第 2 句）。法律没有包含与比例要求的协调。欧洲股份有限公司员工共同参与决定法第 36 条第 2 款将来自其他成员国的员工代表的确定，交由其各自的法律规定。欧洲股份有限公司企业员工委员会只有次要性的责任。也就是说，比例的整体满足还必须与国外的选举程序相协调，但德国的立法者对此是无能为力的。[48]

（d）在没有达到比例情况下的法律后果

通过后续递补选举的办法，逐步满足比例要求（上面边码 17）。只要人们以股份法的可适用性是为了填补漏洞为出发点，则在违法的违反比例的情况下，其法律后果也可以根据股份法来确定。但这在许多方面遇到了困难。根据股份法第 96 条第 2 款第 6 句，通过股东大会的违反比例的监事会成员选举，是无效的（"空席" leerer Stuhl）。根据股份法第 104 条第 2 款和第 3 款第 2 项，可以考虑法院的替代委任。[49] 这一规定是建立在股东代表产生基础上。欧洲股份有限公司员工共同参与决定法的兜底性规定，在第 36 条第 4 款中也对通过股东大会的员工代表选举进行了规定，那么这就与员工一方的选举建议相关。然后就可以考虑例如根据股份法第 96 条第 2 款第 6 句和员工共同参与决定法第 18a 条第 2 款第 2 句的无效和替代委任，但员工共同参与决定法本身是不能适用的，也包括根据员工共同参与决定法第 18a 条第 2 款第 1 句的分配规定。对于单层制体系来说，转化实施欧洲股份有限公司条例法第 31 条第 1 款包含了无效理由的全部列举，其虽然可以援引适用转化实施欧洲股份有限公司条例法第 24 条第 2 款，但不能援引适用第 3 款（比例要求）。根据股份法第 96 条第 2 款第 6 句的无效，可以根据各自可适用的国内法，而非德国法，间接影响选举程序。但对于因为错误的选举建议而导致的撤销，转化实施欧洲股份有限公司条例法第 17 条第 5 款、第 32 条以及欧洲股份有限公司

19

20

[43]　*Teichmann/Rüb*，BB 2015，898，904f.

[44]　Habersack/Drinhausen/*Seibt*，SE-VO　Art. 40　Rn. 44b；Lutter/Hommelhoff/*Teichmann*，Art. 43　Rn. 68；*Seibt*，ZIP 2015，1193，1202；*Teichmann/Rüb*，BB 2015，898，905.

[45]　上市的彪马（欧洲股份有限公司）有管理委员会，其中包含了 1/3 的员工代表（http://about. puma. com/de/this-is-puma/management）[10.3.2017]；这样，其就不受转化实施欧洲股份有限公司条例法第 24 条第 3 款调整。

[46]　*Löw/Stolzenberg*，BB 2017，245，247；*Sagan*，RdA2015，255，256.

[47]　Lutter/Hommelhoff/Teichmann/*Oetker*，SEBG § 21 Rn. 54；MünchKomm-AktG/*Reichert/Brandes*，SE-VO Art. 40 Rn. 80；走得更远的（比例也可以任意处理）Habersack/Drinhausen/*Seibt*，SE-VO Art. 40 Rn. 44 b；Lutter/Hommelhoff/Teichmann/*Drygala*，SE-VO Art. 40 Rn. 14ff.。

[48]　MünchKomm-AktG/*Reichert/Brandes*，SE-VO Art. 40 Rn. 77.

[49]　Habersack/Drinhausen/*Seibt*，Art. 40 SE-VORn. 44c.

法第 37 条第 2 款刚好将其排除在外。⑤ 在共同参与决定协议中违反比例会导致什么样的法律后果，也是空白的。对此，实践应当为了有效的公司治理而进行安排，使所描述的法律问题不成为意义重大的问题。⑤

---

⑤　KölnerKomm-AktG/*Feuerbom*，SEBG §37 Rn. 18；MünchKomm-AktG/*Jacobs*，SEBG §37 Rn. 7；*Timm-Wtzgner*，SEAG §17 Rn. 4.

⑤　安联（欧洲股份有限公司）在其 2017 年的股东大会邀请中提及，根据共同参与决定协议委任了 6 名监事会的员工成员，其中有两名女性；对于股东这边来说，推荐了 6 人，其中女性 2 名（https://www.allianz.com/de/investor_relations/aktionaere/hauprversammlung/tagesordnungen/20 17 /）[10. 4. 2017]。

第四部分　形式混合和改组

概览

1　　　　不同的合伙/公司形式并不是孤立地并列在一起。合伙/公司类型法定原则虽然禁止任意消除它们之间的界限，但仍然可以在不同法律形式的合伙/公司之间创设出或紧或松的结合形式（上面第一章边码5），或者还可以让一个合伙/公司改变其原有的法律形式而采用一个其他的法律形式。这样的跨越法律形式的设计构建具有很大的现实意义，并且其中就有税负的原因（上面第四章边码9及其后一个边码）。其在法律上的处理部分为法律规范，而其他的则通过合同实践和法院判决获得了固定的轮廓。下面的描述就是为了介绍合伙/公司法的这一特别领域，但以各自的根本性的基本知识和原则为限。

2　　　　对于经营一个单一的企业，**有限责任公司作为无限合伙人的有限商事合伙**作为实践中最重要的且最为普及的两类合伙/公司形式进行成员身份上的紧密结合而产生的合伙/公司形式，为人所熟知，即比公司 & 有限商事合伙使用得更广泛。在合伙/公司结构变更之下，改组法对**改组**进行了详细规定。对于其他公司结构变更，由于其大多数规范已经包含在股份法中以及与其他股份法规则在内容上具有直接的关系，故在股份有限公司之下已经作了介绍（上面第三十三章）。没有详细介绍的是企业联合本身。多个企业联合成为一个企业集团，特别是在采取不同的或相同的法律形式的合伙/公司能够各自经营一个自己的企业的情况下，属于**康采恩法律**的重要组成部分（严格地讲，是作为特别领域的**关联企业法**）。[①] 不同于公司 & 有限商事合伙和合伙/公司改组，这样的企业结合对于经营一个单一的企业，不是必须的，而主要是为了让法律上独立经营的多个企业共同协作。所以，应该根据一般的合伙/公司法规则去解决其由此引发的大部分问题，特别是依照有限责任公司法中的规则。对于这样的适用情形，那里已经做了相应的阐述（例如上面第二十四章边码36）。

---

　　① 对此尤其是见 *Emmerich/Habersack*；*Großkomm-AktG/Windbichler*，Vor § § 15ff.；关于与竞争法的关系，见上面第一章边码8；卡特尔法上的合并审查（企业合并审查条例，第 139/2004 号欧盟条例，反限制竞争法第 35 条及其后条款）是以其独立的合并概念为出发点的；"兼并"概念不是狭义合伙/公司法意义上的；比较下面第三十八章边码6。

第三十七章

公司作为无限合伙人的有限商事合伙 (GmbH & Co. KG)

文献资料：除文献表中提到的合伙/公司法总体阐述的文献资料之外，*Hesselmann/ Tillmann/Mueller-Thuns*，Handbuch der GmbH & Co.，21. Aufl.，2016；*Reichert*， GmbH&Co. KG，7. Aufl.，2015.。

关于有限商事合伙的文献资料见上面第十七章，关于有限责任公司的文献资料见上面第二十章，一再研讨有限责任公司作为无限合伙人的有限商事合伙特殊性的文献资料尤其有：Baumbach/Hopt/*Hopt*，Anh. § 177 a；Röhricht/von Westphalen*Hass*/Mock，HGB，4. Aufl.，2014，§ 161 Rn 40 ff.；*Gummert*，in：MünchHdbGes R，II，4. Aufl.，2014，§ § 49 ff.；Ebenroth/Boujong/Joost/Strohn/*Henze/Notz*，HGB，3. Aufl.，2014，§ 177 a Anh.；Henssler/Strohn/Servatius，Anh. HGB Rn. 110ff；MünchKomm-HGB/ Grunewald，3. Aufl.，2012，§ 161 Rn. 46ff.；*Kübler/Assmann*，§ 22；*Raiser/Veil*，§ § 52 ff.；Scholz/*K. Schmidt*，GmbHG，11. Aufl.，2014，Anh. § 45；Staub/*Casper*，5. Aufl.，2015，§ 161 Rn. 65 ff.。

一般性地介绍法律形式混合和法律形式变更的文献资料：*Boesebeck*，Die „kapital-istische" Kommanditgesellschaft，1938；*Haar*，Die Personengesellschaft im Konzern，2006；*K. Schmidt*，§ 5 II und III；*ders.*，FS Westermann 2008，S. 1425；*Stehe*，Die personalistische Kapitalgesellschaft mit Börsenzugang，1996，S. 108ff.；*A. Teichmann*，Gestaltungsfreiheit in Gesellschaftsverträgen，1970，S. 189ff.；*H. P. Westermann*，Vertragsfreiheit und Typengesetzlichkeit im Recht der Personengesellschaften，1970；*ders.*，FS K. Schmidt 2009，S. 1709；*Zielinski*，Grundtypenvermischung und Handelsgesellschaftsrecht，1925.。

一、本质和意义

1. 概念

有限责任公司作为无限合伙人的有限商事合伙是公司 & 有限商事合伙的典型形式。　1

其通常被笼统定义为这样的一个**有限商事合伙，即唯一的无限合伙人是一个有限责任公司**。事实上，这个描述与大多数情形相对应。它清楚地表达了这种设计构建的实质性要素。因此，下面的描述以其为基础。企业主公司（有限责任）也可以是普通合伙人（上面第二十一章边码 44）。因为企业主公司不是一种独立的法律形式类型，而是有限责任公司的一种变型（上面第二十一章边码 44），针对有限责任公司作为无限合伙人的有限商事合伙的解释基本上适用于"企业主（有限责任）作为无限合伙人的有限商事合伙"。

对于**以成员身份形式进行的合伙/公司类型结合的多种类型方式**，作为举例，这里仅介绍现实中作为其典型构建形式的有限责任公司作为无限合伙人的有限商事合伙，尽管它既不是必须要正好涉及一个有限责任公司，也不是必须要涉及一个有限商事合伙，更不是各自只能是唯一的一个合伙/公司参与的企业联合。这在相关的法律规范中已经表现得非常明显：商法典第 19 条第 2 款、第 125a 条和第 130a 条等，同样的规定有商法典第 172a 条第 6 款和第 177a 条、关于会计法规定的商法典第 264a 条以及破产法第 15a 条、第 19 条第 3 款等。这些规定都只是完全一般性地要求是**合伙/公司**。其所指的就是普通商事合伙和有限商事合伙，但也指民事合伙，并且只是要求在其之下**没有一个自然人作为承担个人责任的合伙人**，或者作为合伙人参与其他普通商事合伙和有限商事合伙的合伙/公司自身也没有这样一个承担个人责任的自然人合伙人。可以有许多合伙人/以承担个人责任的形式参与到整个合伙/公司中。只要有一个自然人直接或间接承担个人责任，就不满足这里要讨论的特殊性。关于现实中的一些独特之处，见下面边码 11。由于大多数涉及的是一个有限责任公司或股份有限公司参与一个合伙，故人们称之为"公司 & Co."。其他法人也可以作为承担个人责任的合伙人，比如法语地区的有限公司[①]或基金。但这种类型的普通商事合伙非常少，并且人们也只是偶尔发现有股份有限公司作为无限合伙人的有限商事合伙。[②] 另外一种公司形式结合是非典型的股份制有限商事合伙（上面第三十四章边码 5）。也还有一些以一个英国有限公司作为唯一的无限合伙人的有限商事合伙（Ltd. & Co. KG，比较上面第十七章边码 1）。

2. 合法性

法院判决[③]**和理论界**[④]一致承认公司 & 有限商事合伙的合法性。现今，这也可以从一系列的法律规定中推导得出（上面边码 1 和第十二章边码 3）。现有的法律状态是一个长期发展的结果。在这一过程中，法学界、**协议设计实践**和法院判决以及包括**跟随其后的立法者**等都是在实际上创设了一个额外的合伙/公司形式。[⑤] 在法律比较上，这不

---

① 关于外国的股份制有限商事合伙，见 *Teichmann*，ZGR2014，220；Staub/*Casper*，§ 161 Rn. 74ff.。

② 比如比较 Gruner ＋Jahr 案（BGH NZG 2009，744）；OLG Bremen AG 1981，200-Kühne & Nagel；BGHNJW 1982，2066（Publikums-KG als AG & Co）也见 BGH NJW 1980，287；*Beckmann*，Die AG & Co. KG，1992.。

③ 开始于 1922 年的 RGZ 105，101；早已如此的是 1912 年的 BayObLG 和 1913 的 *KG*（比较 *RG a. a. O.*）；联邦普通法院在其一贯的判决中都一致追从这一点；关于发展，见 *Schläfke*，Vermögensbindung in der Kapitalgesellschaft & Co. KG als haftungsbeschränkter Personengesellschaft，2013，S. 33ff.；关于有限责任公司作为无限合伙人的有限商事合伙，比较 OLG Frankfurt a. M. NZG 2006，830；GmbHR 2008，707.。

④ 关于批评意见的概览，见 *Wiethölter*，in：Aktuelle Probleme der GmbH & Co.，1967，S. 11 ff.；旧的文献资料比如见 *J. v. Gierke*，Handelsrecht und Schifffahrtsrecht，8. Aufl.，1958，§ 37 IV 4；*Haupt/Reinhardt*，Gesellschaftsrecht，4. Aufl.，1952，§ 20 IV 5 a；*Lehmann*，Gesellschaftsrecht，2. Aufl.，1959，§ 24 I 3；也比较 *Huber*，Vermögensanteil，Kapitalanteil，Gesellschaftsanteil an Personengesellschaften des Handelsrechts，1970，S. 302 f.；*Reuter*，Privatrechtliche Schranken der Perpetuierung von Unternehmen，1973，S. 234 ff.。

⑤ 进一步的介绍见 *K. Schmidt*，§ 56 I 2；建设性的是 *Fleischer/Wansleben*，GmbHR 2017，169.。

是理所当然的。在一些法律体系中，比如在瑞士，人合性因素在其合伙情况下居于首要地位，其合伙的合伙人只能是自然人（瑞士债法第 552 条第 1 款）。然而，瑞士的公司可以作为无限合伙人参与到德国的有限商事合伙中。[6]

3. 本质

公司 & 有限商事合伙的本质受到**合伙与公司以成员身份的形式进行结合**的影响。商事合伙/公司的两种基本类型的本质要素同时碰到一起。由于两类合伙/公司形式在一个经济上和组织上统一的单位内紧密交错，故人们称之为**合伙/公司类型混合**。有限商事合伙内部关系上广泛的契约自由，以及有限责任公司相对于股份有限公司同样具有广泛的设计构建自由，为法律关系的设计构建开启和补充性地提供了一个更为广泛的自由发挥空间。这使得有限责任公司作为无限合伙人的有限商事合伙具有**多方面的适用性**，但同时也导致其非常容易被人滥用。[7] 即使法院判决和立法者对其设计构建进行了精确的处理，也没有创造出一个在没有事先确定的情况下当事人可以反过来求助于其的法律形式。两类合伙/公司形式的强制性规定无论如何都是可以适用的，但设计构建和任意性的法律调整规定则主要取决于具体的情形。 3

作为合伙/公司基本类型，有限商事合伙和有限责任公司都表明，它们不仅具有**人合性因素**，也具有**资合性因素**，即使各自具有不同的分量。对于它们的联合体，原则上也是一样地根据具体情况下的不同设计构建，要么是这个因素，要么是那个因素更居于首要地位。因此，人们不能将公司 & 有限商事合伙一概性地归入人合性的或者资合性的人的联合体。[8] 然而，那些一方面让有限合伙人将其责任限定在一定的投资数额上，而另外一方面让无限合伙人的个人责任集中于有限责任公司之下的做法，通常都是定位于公司的资合性。因为作为公司，有限责任公司尽管是以其自身全部财产承担责任，但其股东不是这样。因此，与一般的公司情况下一样，其有关公司资本配备和信用基础的问题也具有非常重要的分量（下面边码 20 及其后边码）。这解释了为什么法院判决（之后是国家法律）要将有限责任公司法律中的**债权人保护规定和资本维持规定**移到有限商事合伙身上（下面边码 17 及其后边码）。与欧盟指令一致，其会计制作也遵循有关公司的规定（商法典第 264a 条）。[9] 但除此之外，一个更具有人合性的设计构建也同样是可能的和流行的，比如在家庭合伙/公司情况下。与在公众性有限商事合伙情况下一样，也表现出明显的资合性模式（上面第十九章边码 2）。 4

4. 适用领域

由于公司 & 有限商事合伙首先是一个有限商事合伙，因此它必须以**经营一个商事营业为目标或者登记于商事登记簿**（商法典第 161 条及其后条款，第 105 条第 2 款）。作为无限合伙人的有限责任公司所具有的（要式）商人属性本身，还不足以满足商法典第 105 条第 1 款的规定。[10] 有限责任公司作为无限合伙人的有限商事合伙的适用范围在 5

---

[6] OLG Saarbrücken NJW 1990, 647.

[7] *Kübler/Assmann*, §22 I 2 e, §32 I 3 b; *K. Schmidt*, §56 I 3; *Teichmann*, ZGR 2014, 220, 221 ff.

[8] 有限责任公司作为无限合伙人的有限商事合伙偶尔归入合伙/公司；*Raiser/Veil*, §52 Rn. 3；但这不符合剩余的合伙的要素；有不同的是 *Saenger*, Rn. 420; Variante der KG.。

[9] 1990 年 11 月 8 日的有限责任公司作为无限合伙人的有限商事合伙指令及后续的修改（第 90/605 号欧盟指令，上面第二章边码 28）；对此见 Baumbach/Hopt/*Merkt*, §264 a Rn. 1; *Luttermann*, ZIP 2000, 517.。

[10] BayObLG BB 1985, 78；也比较 BGH NZG 2011, 1063；没有律师有限责任公司作为无限合伙人的有限商事合伙。

法律上与有限商事合伙的适用范围重叠，在事实也是在很大范围内与之相同（上面第十七章边码5，关于有限责任公司见上面第二十章边码8）。1998年的商法改革明显扩大了有限商事合伙的适用范围。商事营业被定义成为企业性的经营活动（商法典第1条第2款）。此外，经营小的商事营业或者仅管理自身财产的合伙也可以通过商事登记而成为普通商事合伙以及有限商事合伙。由此解决了无数的问题。[11] 这样，假如自由职业者要（额外地）从事营业活动的话，其只能使用（公司）有限商事合伙这一形式。[12]

6　　　有限责任公司作为无限合伙人的有限商事合伙的**现实意义非常大**，但欠缺准确的数量统计（关于统计的问题，见上面第四章边码11）。据报道，2009年约有20万个有限责任公司作为无限合伙人的有限商事合伙。[13] 2009年年底有24个公司 & 有限商事合伙受到员工共同参与决定法的调整，也就是说其雇佣了2 000名以上的员工。这表明，也有比较大型的企业采用这种合伙/公司形式。[14] 2014年，100个最大的德国企业中有4个企业是公司 & 有限商事合伙。[15] 大多数是**中小企业**采用这种合伙/公司形式。最后，**公众性有限商事合伙**绝大多数采用有限责任公司作为无限合伙人的有限商事合伙形式（上面第十九章边码2）。与此同时，作为一种合伙法设计构建的投资模式，民事合伙和隐名合伙也得到了成功，但同样是通过引入有限责任公司而实现的混合形式。其法律上的处理，部分地可以求助于处理有限责任公司作为无限合伙人的有限商事合伙的经验（上面第十九章边码21及其后边码）。此外，在外国公司 & Co. 的情况下，也还有许多问题没有得到解决。

5. 选择将公司作为无限合伙人的有限商事合伙的理由

7　　　上面边码3中提到的有限责任公司作为无限合伙人的有限商事合伙具有广泛的适应能力，这在选择有限责任公司作为无限合伙人的有限商事合伙或者公司 & 有限商事合伙的理由的多样性中就有相应的反映。

（a）税负视角

最初主要是税负上的考虑对设立有限责任公司作为无限合伙人的有限商事合伙具有决定性的作用。自1976年法人税改革通过计入程序消除了纯粹公司分配盈利所面临的双重税负负担之后，这一考虑就明显退居次要位置了。收入减半程序具有了相似的效果，而代扣所得税也是这样的（上面第四章边码10）。此外，这一税负上的吸引力还被由此减少了，即合伙情况下可能存在的通过负的资本账户来实现税负上有效亏损折抵受到了个人所得税法第15a条的限制。这样一来，选择纯粹折旧合伙/公司的兴趣就大大减少了，而折旧合伙/公司大多采用有限责任公司作为无限合伙人的有限商事合伙形式。但是，每次企业税负改革都总是还要追求其他的目的。现今，根据不同的各个具体情况，有限责任公司作为无限合伙人的有限商事合伙仍然还能实现税负上的好处。但这以定期的税负比较以及有时还有复杂的和重复性的设计构建为前提条件。因此，就像总是应该如此的那样，需要区分合法的（大多需要复杂设计构建和深入咨询的）避税

---

[11] 对此的进一步介绍见 K. Schmidt，§56 II 1.

[12] 比如比较会计师条例第27条第2款；上面第十一章边码2，第十六章边码4；Tersteegen，NZG 2010，651；AGH München NZG 2011，344；更加宽容的是 Karl，NJW 2010，967.。

[13] Staub/Casper，§161 Rn. 65.

[14] Ulmer/Habersack/Henssler/Ulmer/Habersack，MitbestG §4 Rn. 4.

[15] Monopolkommission，Hauptgutachten 2016，Rn. 517（连同图表 II. l）：两个有限责任公司，各一个股份有限公司和欧洲股份有限公司 & 有限商事合伙。

和非法的偷税（关于税负对法律形式选择的一般性介绍，见上面第四章边码 9 及其后一个边码）。

（b）合伙/公司法视角

自开始以来，对于创设公司 & 有限商事合伙而言，合伙/公司法视角都是决定性 **8**
的。有限商事合伙与有限责任公司的结合，使得选择那些它们两者各自都不能单独提供的规则成为可能。有限责任公司作为无限合伙人的有限商事合伙允许正式的合伙人**通过责任限制来限定风险**，而这种形式的风险限定在商事合伙情况下本来是不可能的。这就将那些**比较灵活的融资形式**连接起来了。另外，还有比有限责任公司（有限责任公司法第 55 条及其后条款，第 58 条及其后条款）**更为简单的有限合伙人的资本变更**，并且在有限合伙人的资本缴付上不会有有限责任公司法第 24 条规定的填补责任。甚至在合伙发生亏损之后，**取回投资**原则上也是可能的（但比较下面边码 21）。作为**公众性合伙**，有限责任公司作为无限合伙人的有限商事合伙拥有进入一般资本市场的通道，而该通道没有向一般的有限责任公司开放（上面第十九章边码 13，第二十章边码 3）。

这还带来了**组织结构上的优点**。对于合伙/公司内部职权和功能，可以根据具体情况的需要，在合伙/公司之间按照有限责任公司和有限商事合伙法律来进行分配。可以为有限商事合伙**创设实际上的第三人机关**（下面边码 13）。这使得引入虽然不是合伙人但有能力的人成为可能，而这也使得简单解任成为可能。特别是在成员圈子封闭的合伙/公司（家庭合伙/公司）情况下，这非常重要，尤其是为了那里需要的保证企业存续。[16]假如在一个唯一的无限合伙人死亡之后没有一名合伙人愿意承担完全的个人责任，纯粹的有限商事合伙就必须要被解散（上面第十七章边码 9）。

但是，不能忽视**这种混合形式的缺点**。对于参与者本身而言，协议设计构建和实际 **9**
运作中**不可避免的复杂安排**可能成为一个负担，而这正好在中小型企业情况下可能不能被由此（主观认为）获得的优点所抵消。对参与者可能并没有法律上利益的**复杂关系**还可能给外部第三人、客户、员工和债权人带来不确定性。此外，广泛的设计构建自由还会给那些过于高风险的，故意草率的融资活动提供动力。这就解释了为什么有限责任公司作为无限合伙人的有限商事合伙会有一个坏名声，尽管这个坏名声在具体情况下并非总是正确的。联系实践的理论人士普遍认为有限责任公司作为无限合伙人的有限商事合伙总体上是积极的。但与此相反，尽管原则上承认这种混合形式的优点，理论界中仍还有人正确地持批评性的看法。[17]

二、组织构建和法律基础

1. 参与关系

在有限责任公司作为无限合伙人的有限商事合伙的法律设计构建之下，一个重要的 **10**
要素是两个合伙/公司中的参与关系的各自安排，因为它决定合伙人/股东的影响能力。

---

[16]　MünchKomm-HGB/*Grunewald*，§161 Rn. 48ff.；*Raiser/Veil*，§52 Rn. 11，14.

[17]　*Kübler/Assmann*，§22 II 4 b；*K. Schmidt*，§56 I 3 b；*ders.*，FS Westermann，2008，S. 1425，1427 关于实体—有限责任公司作为无限合伙人的有限商事合伙："过分肥大的法律构建"，S. 1444；"一个在冒险边缘的相互关联"，这要求"运用所有的逃脱术，为了以这种模式不受制于公司法内部产生的规则"；*Teichmann*，ZGR 2014，220，221；"规避法律的产物"；*Wiedemann* I，§1 III 1 b，1 und §10 III 1 b；相当乐观的是 *Saenger*，Rn. 420；Staub/*Casper*，§161 Rn. 80 ff.。

为此，协议实践发展出了一系列的模式安排，而这些模式安排又大多在具体情况下出现了广泛的变异。实质性的**基础性决定**涉及**重叠参与**和**分开参与**两个合伙/公司。

（a）成员相同

在**成员相同**的有限责任公司作为无限合伙人的有限商事合伙中，有限合伙人同时是作为无限合伙人的有限责任公司的股东。其结果，这两个合伙/公司的参与关系大多也是一致的。对于那些成员不多的合伙/公司，这种设计构建是典型的选择模式。在这种合伙/公司之下，合伙人原则上应该是同级参与。大多在合伙/公司协议中就确定了同时参与这两个合伙/公司。

在**成员不一样**的有限责任公司作为无限合伙人的有限商事合伙中，两个合伙/公司拥有不同的合伙人/股东或者最多只是部分合伙人/股东相同。在拥有大量合伙人/股东的合伙/公司之下，要求成员相同经常是烦琐的。因此，在这里，时常只有一些有限合伙人或者甚至是第三人参与有限责任公司。尤其是在公众性有限商事合伙情况下，基于成员数量巨大的原因，要求成员一样是不恰当的。另外，这里在作为无限合伙人的有限责任公司中获得成员身份通常是为了确保发起人的影响能力。

（b）其他设计构建

11　　针对特别的需要，其他一些设计构建也获得了现实意义。[18]

在有限责任公司和有限商事合伙之间存在一个特别紧密的连接，即将作为无限合伙人的有限责任公司的所有份额转移给有限商事合伙（所谓的**一体化合伙/公司**）。这样一来，就排除了两个合伙/公司之中的参与发生相互错位和瓦解的问题，并且同时将合伙/公司的意思形成完全移到了有限商事合伙之中。[19] 考虑到有限商事合伙的资本配置，这一设计构建的合法性起初遭到了质疑。现今，其合法性可以从商法典第 172 条第 6 款中推导得出了（下面边码 20）。

如果一人有限责任公司是无限合伙人并且其唯一的股东同时是有限商事合伙唯一的有限合伙人，就产生了一个**一人有限责任公司作为无限合伙人的有限商事合伙**。对于这种结合形式的合法性，不存在异议。在这里，唯一的股东可以同时是承担执行义务的合伙人。这样一来，就得遵守有限责任公司法第 35 条第 3 款的规定，而该条款规定要适用民法典第 181 条（上面第二十一章边码 42，第二十二章边码 10）。由于有限责任公司是法人，故不存在（法律禁止的）只有一名合伙人的合伙的问题。

假如不是一个有限责任公司，而是一个有限责任公司作为无限合伙人的有限商事合伙作为另外一个有限商事合伙的无限合伙人，人们就称其为**双层的或多层的有限责任公司作为无限合伙人的有限商事合伙**。根据主流观点，这也是可以的，因为尤其是在商法改革之后，法律不再强制性地要求有限商事合伙必须要经营一个商事营业。这种复杂的设计构建大多是出于税负上的考虑，但其在税负上的优点正不断丧失。所获得的优点经常不能抵销复杂设计构建所带来的不足。

2. 产生、组织构建和终止

（a）产生

12　　公司 & 有限商事合伙可以通过**有限责任公司和有限商事合伙的新设**来设立。一个

————————

[18]　关于有限责任公司作为无限合伙人的有限商事合伙类型的进一步介绍，见 Baumbach/Hopt/*Roth*，Anh. § 177 a Rn. 6 ff.；*Kübler/Assmann*，§ 22 II 3；*K. Schmidt*，§ 56 II 3 e.。

[19]　对此的进一步介绍见 *K. Schmidt*，FS Westermann，2008，S. 1425；Staub/*Casper*，§ 161 Rn. 89ff.。

已经存在的有限责任公司设立一个有限商事合伙并同时引入有限合伙人的方式来**新设无限责任公司作为无限合伙人的有限商事合伙**，或者可以通过让一个有限责任公司作为无限合伙人取代一个或多个自然人合伙人的方式来**新设无限责任公司作为无限合伙人的有限商事合伙**。这样，在后面一种情况下，自然人合伙人就变成有限合伙人或者完全退出合伙/公司。

在新设情况下，两个合伙/公司都必须经历设立阶段。基于现实考虑，它们是同时进行的。设立中的有限责任公司就可以是一个有限商事合伙的无限合伙人。[20] 关于责任，见下面边码 18 及其后一个边码。通过合伙人/股东的加入来设立，在技术意义上不是变更（下面第三十八章边码 14）。但一个合伙/公司可以转变形式变更为一个有限商事合伙，其也可以是有限责任公司作为无限合伙人的有限商事合伙。同样，一个有限责任公司作为无限合伙人的有限商事合伙也可以根据关于合伙变更的规定变更为其他的法律形式。[21]

原有的关于**有限责任公司作为无限合伙人的有限商事合伙的商号**的问题，大多已通过商法改革解决了。两个合伙/公司各自都需要自己的商号，并且它们必须依照商法典第 30 条是可以相互区分的。通过商法典第 18 条规定的更为自由的商号组成，可以找到切实可行的解决办法。但是，在现实中，经常发现特别冗长的商号组成。重要的是商法典第 19 条第 2 款规定要求有具体的**法律形式附注**。

（b）组织上的构建

（aa）公司 & 有限商事合伙是一个有限商事合伙。因此，首先有限商事合伙法是决定性的。而根据有限商事合伙法，**业务执行和合伙代表**归于无限合伙人（商法典第 164 条，第 170 条）。在这里，就是通过一个（也可以是多个）业务执行人而行动的公司（有限责任公司法第 35 条）。也就是说，他们间接地被委任去负责有限商事合伙的业务执行和代表，但也可以由有限责任公司的股东来委任。[22] 对于代表，这一规定是**强制性的**，因为商法典第 170 条和有限责任公司法第 35 条不准许进行偏离性的规定。但有限合伙人可以直接被委任为作为无限合伙人的有限责任公司的业务执行人。在内部关系上，占主导地位的是设计构建自由。合伙/公司内部的意思形成和业务执行可以在很大范围内通过契约自由来进行规范。与此相对应的社会实践也存在多种多样的不同的设计构建。[23]

与在简单的有限商事合伙情况下一样，合伙协议可以赋予**有限合伙人较为强大的影响力**[24]，或者也可以创设出一个与公司相似的团体化结构（上面第十九章边码 10 及其后一个边码）。原则上，虽然有限责任公司章程和合伙协议适用不同的**解释规则**，但是

13

[20] 具有奠基性意义的是 BGHZ 80，129＝NJW 1981，1373；*BGH* NJW 1985，736；MünchKomm-HGB/*Grunewald*，§161 Rn. 57，95ff.。

[21] 对此见 *BGH* NZG 2005，722；Baumbach/Hopt/*Roth*，Anh. §177a Rn. 14.。

[22] 关于作为无限合伙人的有限责任公司的业务执行人委任协议以及比照有限责任公司法第 46 条第 5 款由股东会负责的问题，见 BGH NZG 2007，590；2007，751；MünchKomm-HGB/*Grunewald*，§161 Rn. 77f.。

[23] 对设计构建想象富有启发意义的是 BGH NZG 2006，154；将就作为无限合伙人的有限责任公司自愿承担责任所支付的补偿与其注册资本的数额联系在一起；被认为是违背诚信义务的是有限责任公司股东直接将其注册资本提高 42 倍。

[24] 比较 OLG Frankfurt a. M. NZG 2009，903，关于一个有限责任公司作为无限合伙人的有限商事合伙的有限合伙人地位的影响力和反垄断法上对在合伙/公司协议中强加于有限合伙人的竞业禁止的评价相互影响。

至少在文字相同的规定下，所期望的同步性还是明显的。[25] 作为**无限合伙人的有限责任公司**不必须承担出资，并且可以从**利润分配**中将其**排除在外**。但是，其通常获得对业务执行的费用支付和对个人责任的补偿。[26] 对于**企业主公司（有限责任）**作为无限合伙人的合法性，是存在疑问的，因为第 5 条第 3 款（有限责任公司法）要求建立法定公积金。[27]这是无法被遵循的，因为法律没有规定任何获利的意图（上面第二十一章边码 44）。[28]

但是，合伙协议也可以保留法律赋予**无限合伙人的首要地位**或者将其进一步强化，比如将其职权扩大到进行非通常性的业务。这样一来，**合伙领导权**就被移到了**有限责任公司**中。与此同时需要注意到的是，在这里，业务执行人受到股东指示的约束（有限责任公司法第 37 条第 1 款和第 45 条第 1 款，上面第二十二章边码 11）。因此，通过这种方式，也可以将有限责任公司的股东整体设置成为有限商事合伙的最高领导机关。正是在这里，清楚地表明上面边码 10 及其后边码讨论的参与关系规则是多么得重要。

有限责任公司的业务执行人的特殊地位，会引发出关于其对有限商事合伙负责任的问题。根据有限责任公司法第 43 条和聘用协议，他一般只对有限责任公司承担义务，而只是在例外情况下，他才会与有限商事合伙签订聘用协议（比较上面第二十二章边码 6）。但是，由于其实质性的任务是对有限商事合伙进行业务领导，法院判决发展起来了一个**基于具有保护第三人作用的协议而推导得出业务执行人应对有限商事合伙承担责任**的理论。[29]

14　　　　（bb）在**合伙人/股东会**中，需要注意涉及两个合伙/公司，其意思形成必须各自依照公司和有限商事合伙的规则进行。在这里，其难易程度也取决于其设计构建。广为普遍的是要确保成员身份与表决权以及程序规则与职权规则之间的协调兼容。在实践中，经常规定有限责任公司在有限商事合伙中不享有表决权。[30]

关于**信息权**的不同规则也导致产生了一些特殊的问题。对于有限责任公司的股东来说，信息权非常广泛（有限责任公司法第 51a 条及其后一条，上面第二十二章边码 35），而对于有限合伙人来说，该权利则很小（商法典第 166 条）。但是，在这里，同样存在设计构建的需要。在撤销决议的层面上，延续着这一双层机构：有瑕疵的决议在有限商事合伙层面是无效的，并通过针对合伙人提起诉讼来实现；而在作为无限合伙人的有限责任公司层面上，无效和可撤销之间是进行了区分的。

15　　　　（cc）在作为无限合伙人的有限责任公司的情况下，**监事会**是为法律强制要求的。如果将有限商事合伙的员工归计于它们，并因此超过了 2 000 名员工，当然，尽管这情况很少存在（比较上面边码 6），或者更为少见的是其自身就满足员工共同参与决定法的前提条件（上面第二十二章边码 19，第二十八章边码 9 及其后边码）。

企业员工共同参与决定以公司为限。从法律技术上讲，企业员工共同参与决定仅发

---

　　[25]　MünchKomm-HGB/*Grunewald*，§ 161 Rn. 62f.

　　[26]　比较 BGH NZG 2015，321.。

　　[27]　Lutter/Hommelhoff/*Lutter*，GmbHG，18. Aufl.，2012，§ 5a Rn. 4，35；*Veil*，GmbHR 2007，1080，1084f.；持批评态度的还有 Baumbach/Hopr/*Roth*，Anh. § 177a Rn. 11；*Wicke*，GmbHG，3. Aufl.，2016，§ 5a Rn. 19.。

　　[28]　*Heckschen*，DStR 2009，166，171；Lutter/Hommelhoff/*Kleindiek*，§ 5a Rn. 40；MünchKomm-HGB/*Grunewald*，§ 161 Rn. 101 ff.；Staub/*Casper*，§ 161 Rn. 72.

　　[29]　BGHZ 75，321＝NJW 1980，589；BGH NZG2013，1021＝JuS 2013，1040 m. Anm. *K. Schmidt*；关于具体的前提，见 Baumbach/Hueck/*Zöllner/Noack*，§ 43 Rn. 66.。

　　[30]　Baumbach/Hopt/*Roth*，Anh § 177 a Rn. 6，25；*K. Schmidt*，§ 56 IV 2；关于有限合伙人的团体代表，见 *BGH* NZG 2005，33.。

生在作为无限合伙人的有限责任公司身上，因为根据法律规定，只有它才是能够设立监事会的公司法律形式。与此同时，根据员工共同参与决定法第 4 条第 1 款，应该将有限商事合伙的员工计入有限责任公司。员工共同参与决定法第 4 条第 2 款确保其对公司业务执行的影响力。在具体情况下，关于企业员工共同参与决定扩展到有限责任公司作为无限合伙人的有限商事合伙之上的前提条件是非常复杂的：有限商事合伙和有限责任公司的合伙人／股东必须大体上人员相同（各自依照份额多数和表决权多数来判断），并且有限责任公司一方不可以自己拥有一个超过 500 名员工的业务经营。因此，员工共同参与决定法第 4 条不适用于成员相同的有限责任公司作为无限合伙人的有限商事合伙，即使是有限责任公司自己单独已依照 1952 年的企业组织法第 77 条第 1 款负有实行员工共同参与决定的义务。尽管如此，员工共同参与决定法第 4 条第 1 款第 2 句和第 3 句将双层、三层以及多层级的有限责任公司作为无限合伙人的有限商事合伙纳入了规范范围之内。有时，相关的康采恩企业的员工也会被计算在内（员工共同参与决定法第 5 条第 2 款）。在这里，进行这样的区别是非常重要的，因为典型的有限责任公司作为无限合伙人的有限商事合伙就是为经营一个统一的企业而采用混合形式，而不是为了形成一个康采恩而将法律上独立的企业联合起来（上面边码 2）。对于有限责任公司作为无限合伙人的有限商事合伙，三分之一共同参与决定法没有包含相关规定。据此，只有有限责任公司本身才实行员工共同参与决定，并且其条件是只要它满足法律规定的介入条件。

与因为员工共同参与决定而设立监事会相区别的是自愿设立**额外的合伙／公司机关**。在有限责任公司作为无限合伙人的有限商事合伙之下，存在众多不同的形式选择。它们远不止是比如任意性设立的监事会、咨询委员会、管理委员会、股东或有限合伙人委员会以及类似的机关。与在简单的有限商事合伙和有限责任公司情况下一样，其设立、组织构建以及职权都是以各自的合伙／公司协议为准（上面第十九章边码 10 以及二十二章边码 18）。[31]

(c) 终止

对于合伙／公司，解散理由以其法律规定为准，即对于有限责任公司，以有限责任公司法为准（上面第二十四章边码 2 及其后边码），而对于有限商事合伙，则以有限商事合伙法律为准（上面第十七章边码 8 及其后一个边码）。[32]就像总是如此的那样，应该区分解散和完全终止。较为经常出现的解散理由是破产。由于这涉及两个合伙／公司，也就要求有两个破产程序。在有限责任公司作为无限合伙人的有限商事合伙之下，基于其接近于公司的原因，不仅**丧失支付能力**是**破产理由**（与在简单的有限商事合伙情况下一样），而且**资不抵债**也是破产理由（商法典第 177a 条和第 130a 条，破产法第 19 条）。根据商法典第 177a 条和第 130a 条第 2 款，以及破产法第 15a 条第 4 款，违反破产申请义务将面临刑事处罚。假如有限责任公司作为无限合伙人的有限商事合伙只有一个唯一的有限合伙人，作为无限合伙人的有限责任公司的破产也将导致有限商事合伙终止。从中，可能给有限合伙人带来责任风险。[33]商法典第 130a 条第 1 款包含有一个与有限责任

16

[31] BGH NZG 2011，544 涉及将一名合伙人／股东从一家有限责任公司作为无限合伙人的有限商事合伙和作为无限合伙人的有限责任公司中除名的决议；对此持批评态度的是 *Münnich*，GmbHR 2011，541 im Anschluss an *K. Schmidt*，AG 1977，243，251.。

[32] Baumbach/Hopt/*Roth*，Anh. § 177 a Rn. 45 f.

[33] BGH NZG 2004，611；Baumbach/Hopt/*Roth*，Anh. § 177 a Rn. 45；关于所谓的两家合伙／公司同时破产，见 BGH NZG 2014，897.。

公司法第 64 条相对应的自可以宣告破产起实行支付禁止的规定。③④ 因为这一规定可能被定性成为破产法性质的，支付禁止对于外国法规上的无限责任公司也适用。③⑤

在健康的合伙/公司情况下，有限责任公司作为无限合伙人的有限商事合伙的复杂设计构建（上面边码 9）一再会引发产生对**回到简单合伙/公司形式**的愿望，并且大多希望成为一个纯粹的有限责任公司或者成为一个拥有一个自然人作为无限合伙人的有限商事合伙。在这里，基本上可以选择采用改组法规定的形式（下面第三十八章边码 2 和边码 6 及其后边码）。但是，合伙法上的扩大原有权益原则也可以带来有用的结果。如果将有限商事合伙的全部份额转移给有限责任公司，则有限商事合伙将随着其他合伙人/股东的退出以及直到只剩下有限责任公司而灭失。这样一来，有限责任公司将在无须清算的情况下通过概括继受途径承接有限商事合伙的财产，并且可以继续经营企业（比较上面第十五章边码 20 及其后一个边码）。③⑥

三、公司作为无限合伙人的有限商事合伙在法律交往中的特殊性

17   有限商事合伙法律与公司法律的结合，也为外部关系的法律适用给出了一些重要的视角。

1. 公开

关于**商号**，见上面边码 12 的后面部分。仿照股份法和有限责任公司法的规定（股份法第 80 条，有限责任公司法第 35a 条），商法典第 177a 条和第 125a 条规定要求有限责任公司作为无限合伙人的有限商事合伙在其**业务信函上标明相应的信息**，而这可以让其复杂的代表结构（上面边码 13）更加透明。在**会计制作**问题上，有限责任公司作为无限合伙人的有限商事合伙受到有关**公司的规定**的调整，包括**公开义务**（商法典第 264a 条和第 325 条及其后条款）。但在大多数情况下，有限责任公司作为无限合伙人的有限商事合伙可以主张利用针对小型的或者微型的合伙/公司规定的简化做法（商法典第 267 条第 1 款，第 326 条）。一家在德国从事经营活动的外国合伙/公司，通常按照商法典第 13d-13f 登记分支机构。单纯的无限合伙人地位不是分支机构。③⑦

2. 对合伙债务的责任

18   对于公司 & 有限商事合伙的合伙/公司债务的责任承担，首先以**这两个相互结合的合伙/公司形式的一般责任承担模式**为准：在有限商事合伙的合伙财产之外，只有有限责任公司作为无限合伙人依照商法典第 161 条和第 128 条对合伙债权人承担无限的个人责任，并且有限责任公司作为法人，自然还要仅以其公司财产对可能存在的自有债务承担责任（有限责任公司法第 13 条第 2 款）。有限责任公司的股东不承担责任。与此相对，与在任何的有限商事合伙情况下一样，有限合伙人依照商法典第 171 条及其后条款仅以其责任出资为限承担责任（上面第十七章边码 18 及其后边码）。只要履行了责任出资并且没有通过事后取回而减少它，有限合伙人原则上都不承担个人责任。

19   **在合伙/公司设立阶段中**，会产生**特殊的问题**。在这里，有关设立中的合伙/公司的

---

③④ 对此比较 BGH NZG 2007，462；NJW 2009，1598.。

③⑤ EuGH NZG 2016，115-Kornhaas.

③⑥ Baumbach/Hopt/*Roth*，Anh. § 177 a Rn. 47；*K. Schmidt*，§ 12 I 4 d.

③⑦ OLG Frankfurt a. M. ZIP 2008，1286；Baumbach/*Hopt*，§ 13d Rn. 1.

法律发展解释清楚了许多问题，特别是它正好主要涉及设立中的有限责任公司作为无限合伙人的有限商事合伙（上面第二十一章边码 14 及其后边码）。责任承担问题主要出现在没有将合伙/公司登记于商事登记簿之前就着手开始业务的情况下。作为有限商事合伙的无限合伙人，**设立中的有限责任公司**要依照商法典第 161 条第 2 款、第 128 条承担责任。如果因此产生了账面亏损，根据法院判决，其股东应在内部关系上按照业务份额承担无限责任（上面第二十一章边码 25），而另外一方面，业务执行人还将依照有限责任公司法第 11 条第 2 款承担责任（**行为人责任**，上面第二十一章边码 27）。假如有限责任公司已在登记于商事登记簿时成立并由此将设立中的有限责任公司的所有债务转移到了它身上，行为人责任就灭失了（第二十一章边码 32）。此外，作为设立人的股东还面临对有限责任公司承担**前负担责任**的问题，借以弥补可能出现的低于注册资本的差额（上面第二十一章边码 31）。[38]

假如**有限商事合伙**在登记于商事登记簿之前就开始着手进行业务，则在有限责任公司作为无限合伙人的有限商事合伙情况下，也适用上面（第十七章边码 23）阐述的关于**有限合伙人承担无限责任**的规则。但是，假如债权人知道其（仅仅）是作为有限合伙人进行参与的，则不产生有限合伙人承担无限责任的问题（商法典第 176 条第 1 款第 1 句后面部分）。如果合伙已以有限责任公司作为无限合伙人的有限商事合伙的名义出现于业务交往之中，并且任何第三人都可以从中直接得出参与合伙的自然人是以有限合伙人身份进行参与的，则会导致这样的结论，即在这里存在这样的例外。[39]

假如两个合伙/公司（即有限责任公司和有限商事合伙）在着手进行业务时都还没有登记于商事登记簿，上面讨论的两种责任承担情形就碰到了一起。即使两个合伙/公司的成员相同，合伙人/股东双重的成员身份也仍将导致按照两种规则来进行责任承担。

3. 资本配备和资本维护

此外，对于责任承担问题，由于欠缺一个自然人承担无限责任，这就使资本配备和资本维护具有了超出间接保护债权人之外的特别意义。它促使法院判决以及还有部分追随其后的立法改革对有限责任公司作为无限合伙人的有限商事合伙的合伙/公司资本维护采取特别措施，包括针对有限责任公司作为无限合伙人的有限商事合伙整体以及还有直接针对有限商事合伙本身的措施。作为其模范对象，可以利用有限责任公司法律的资本缴付和资本维护规则，尤其是有限责任公司法第 30 条及其后条款。在一个企业主公司（有限责任）作为无限合伙人的情况下，所有这些规定也都适用。那么，在这里，只是注册资本作为财产规模比较小。比照有限责任公司法[40]，调整规范有限合伙人的责任，必须注意不同参与形式的变化，并且在外国公司 & 有限商事合伙的情况下还是不成功的。[41]

（a）资本缴付

不仅是有限合伙人的出资，而且有限责任公司的注册资本都应该按照各自的规则进行缴付。据此，现实中非常重要的是账户和资金支付流的准确定义。[42] 由于也可以将有

20

㊳ BGH NZG 2003，393；Baumbach/Hopt/*Roth*，Anh. § 177 a Rn. 15.

㊴ 持开放态度的是 BGH NJW 1983，2260；Baumbach/Hopt/*Roth*，Anh. § 177 a Rn. 19；*K. Schmidt*，§ 56 III 3 b；Staub/*Casper*，§ 161 Rn. l06；Staub/*Thiessen*，§ 176 Rn. 138ff.。

㊵ 比如比较 BGH NJW 1995，1960；NZG 2015，225.。

㊶ 详细的见 *Schläfke*，Vermögensbindung in der Kapitalgesellschaft und Co. KG als haftungsbeschränkter Personengesellschaft，2014，S. 192ff.。

㊷ 对此直观的描述见 *K. Schmidt*，§ 56 V 1 a：作为无限合伙人的有限责任公司没有自己的银行账户且实行统一的"钱箱"。

限责任公司的业务份额作为出资投入有限商事合伙之中，就存在着这样的危险，即同样的一个财产将同时（作为有限责任公司的财产和作为有限合伙人的出资）服务于不同的合伙/公司并具有免责的作用。因此，商法典第172条第6款规定，由有限合伙人**缴付到有限商事合伙中的无限合伙人合伙份额**，对于合伙的债权人来说，不会被认可为是**免除责任的出资**，即不产生商法典第171条第1款第2部分规定的免责效果。[43] 相应地，基于对价的购买，等同于出资返还。特别是在一体化合伙/公司情况下（上面边码11），相应的设计构建尤为重要。

（b）返还出资

21　　假如合伙将一个有限合伙人的**责任出资**全部或部分返还，则该合伙人的**个人责任**将在同等范围内再次复活（商法典第172条第4款，第171条第1款）。但这不适用于超出其范围的出资缴付情况，即此类出资缴付仅在内部中有约定并且不是作为责任出资（所谓的融资计划贷款，比较上面第十七章边码21）。[44]

如果返还出资虽然是从有限商事合伙的合伙财产中支付的，但由此间接导致作为无限合伙人的有限责任公司的财产在价值上低于其注册资本，则此类返还出资**等同于法律禁止的有损有限责任公司注册资本的支付（类推适用有限责任公司法第30条）**。假如两个合伙/公司在返还出资的时间点上都是资不抵债，也相应地适用这一规定。[45] 在合伙向退出有限责任公司作为无限合伙人的有限商事合伙的有限合伙人返还出资时，也可能会出现这一结果（上面第十七章边码20）。[46] 在这里，不同于合伙人事后取回资产时适用的有限商事合伙法律上的责任承担形式（商法典第172条第4款，第171条第1款），类推适用有限责任公司法第30条第1款和第31条，不会导致一个针对合伙债权人的直接责任，而是与在有限责任公司法律中的一样，仅仅导致一个**针对公司的补偿义务**。在这里是有限商事合伙，因为涉及一个来自其财产的法律禁止的支付。[47] 合伙人不能抗辩主张，取回在有限商事合伙内部是允许的且只是有一些法律后果而已。对于不能实现的补偿请求权，其余的有限合伙人比照有限责任公司法第31条第3款承担责任。借此，可以像保护有限责任公司的注册资本那样，保护有限合伙人的出资，从而有利于债权人。法院判决最初是针对两个合伙/公司成员相同的情形发展出这一模式的，但事后也将之扩大到那些不同时是有限责任公司的股东的有限合伙人身上。[48] 对此产生了相当大的关注，因为对于将股份有限公司的资本承担扩张到（股份有限公司的）非股东的法律

---

[43]　Baumbach/Hopt/*Roth*，HGB，§172 Rn. 13；Baumbach/Hueck/*Fastrich*，§33 Rn. 20；Staub/*Casper*，§161 Rn. 96。

[44]　比较严格的是 BGHZ 104, 33＝NJW 1988, 1841：将负有义务提供的信贷（融资信贷安排）如同自有资本来加以对待；通过在有限责任公司法现代化及滥用斗争法中对有限责任公司法第30条的重新拟定而过时了；Baumbach/Hopt/*Roth*，§172a（旧版）Rn. 1.。

[45]　BGHZ 60, 324, 328 ff. ＝ NJW 1973, 1036；BGHZ 110, 342＝NJW 1990, 1725；BGH NZG 2015, 225；Baumbach/Hueck/*Fastrich*，§30 Rn. 68ff.

[46]　BGHZ 69, 274＝NJW 1978, 160；*Kübler/Assmann*，§22 IV 2 c.

[47]　Baumbach/Hueck/*Fastrich*，§31 Rn. 7.（连同进一步的阐述）。

[48]　BGHZ 110, 342, 355 ff. ＝NJW 1990, 1725, 1928 f.；对此同意的是 MünchKomm-HGB/*K. Schmidt*，§172 Rn. 128；相关的是 Baumbach/Hueck/*Fastrich*，§30 Rn. 70.（连同进一步的阐述）。

基础，论证是困难的。[49] 转用于外国法上的公司，被排除在外，尤其是因为那里很可能没有相应的资本维持规定。[50] 但是，无论如何，合伙法上的责任，对于所谓的只不过是有限合伙人来说是适用的。

（c）股东借贷

对于有限责任公司作为无限合伙人的有限商事合伙之下的**股东借贷**，联邦普通法院发展出了一些与有限责任公司之下的规定相似的规则。[51] 根据有限责任公司法律现代化及滥用斗争法，这些已经被超越了。现在，根据破产法第 39 条第 1 款第 5 项、第 4 款，要求返还股东借款的请求权退居次位，而破产程序开启前已被返还的股东借款在破产法第 135 条框架范围内将面临撤销（上面第二十四章边码 18 及其后边码）。其对具体情况下的有限责任公司作为无限合伙人的有限商事合伙的影响，就像总是如此的那样，必须根据合伙/公司的具体设计构建而加以区别对待。假如一家外国的无限责任公司的主要利益中心（*certre of main interest*-COMI）在德国，则德国的破产法对于它也适用（欧洲破产法第 3 条第 1 款第 1 句，比较上面边码 16）。

22

（d）责任穿透

主要是基于有限责任公司的情况而发展起来的责任穿透类型，也适用于作为无限合伙人的有限责任公司（*上面第二十四章边码 27 及其后边码*）。除此之外，有限合伙人也可能面临责任穿透，只要他满足相应的前提条件。基于民法典第 311 条第 3 款规定的债权债务关系而产生的直接责任不是责任穿透。前者尤其可能在业务执行人以及那些为有限责任公司作为无限合伙人的有限商事合伙行为并因此被寄予特别的人身信任的其他人的身上出现。侵权责任也不是责任穿透，因为是那个满足侵权事实构成要件的人必须赔偿损失，而这与合伙/公司法上的责任限制不可能有什么关系（上面第二十四章边码 35 及其后边码）。责任穿透解决方案在外国公司上适用与否，取决于其国际私法上的理由论证（合伙/公司法，侵权法，破产法等）。

23

[49]　Großkomm-GmbHG/*Habersack*，§ 30 Rn. 128；*Schläfke*，Vermögensbindung in der Kapitalgesellschaft & Co. KG als haftungsbeschränkter Personengesellschaft，2014，S. 218ff.；Scholz/*Westermann*，GmbHG，10. Aufl.，§ 30 Rn. 59.

[50]　*Rehm*，in：Eidenmüller（Hrsg.），Ausländische Kapitalgesellschaften im deutschen Recht，2004，§ 10 Rn. 35 ff.；适用于有限责任公司的法律形式不适用于第二号指令。

[51]　BGHZ 67，171＝NJW 1977，104；BGHZ 69，274＝NJW 1978，160；BGHZ 76，326＝NJW 1980，1524；BGHZ 81，252＝NJW 1981，2570.

第三十八章
合伙/公司改组

文献资料： 在文献表提到的合伙/公司法总体阐述中，特别是，*Grundmann*，Europäisches Gesellschaftsrecht §§25f.，28；*Raiser/Veil*，§§67 ff.；*K. Schmidt*，§§12 f.；ferner das zu den einzelnen Rechtsformen bereits angeführte Schrifttum.。

关于合伙/公司改组的评论注释： *Ballreich*，Fallkommentar zum Umwandlungsrecht，Umwandlungsgesetz - Umwandlungssteuergesetz，4. Aufl.，2016；*Dauner-Lieb/Simon* Kölner Kommentar zum Umwandlungsgesetz，2009；*Kallmeyer*（Hrsg.），Umwandlungsgesetz，Kommentar，6. Aufl.，2017；*Lutter*，UmwG，5. Aufl.，2014；*Schmitt/Hörtnagel/Stratz*，Umwandlungsgesetz/Umwandlungssteuergesetz，7. Aufl.，2016；*Semler/Stengel*，Umwandlungsgesetz，3. Aufl.，2012.。

资料手册以及具体问题阐述（选择）： *Funke*，Minderheitenschutz im Aktienrecht beim，kalten 'Delisting，2005；*Habersack/Koch/Winter*（Hrsg.），Die Spaltung im neuen Umwandlungsrecht und ihre Rechtsfolgen，1999；*Heidinger/Limmer/Holland/Reul*，Gutachten des Deutschen Notarinstituts，Bd. IV：Gutachten zum Umwandlungsrecht，1998；*Hennrichs*，Formwechsel und Gesamtrechtsnachfolge bei Umwandlungen，1995；*Hommelhoff/Hagen/Röhricht*，Gesellschafts-und Umwandlungsrecht in der Bewährung，1998（ZGR-Sonderheft 14）；*Petersen*，Der Gläubigerschutz im Umwandlungsrecht，2001；*Sagasser/Bula/Brünger*，Umwandlungen，4. Aufl.，2011；*Schnorbus*，Gestaltungsfreiheit im Umwandlungsrecht，2001；*Schwedbelm*，Die Unternehmensumwandlung，8. Aufl.，2016.。

关于法律修改以及跨国合并的法律： *Bayer/Schmidt*，NJW 2006，401；*dies.*，ZIP 2012，1481；Beck'sches Handbuch Umwandlungen International，2013；*Behme*，Rechtsformwahrende Sitzverlegung und Formwechsel von Gesellschaften über die Grenze，2015；*Behrens*，EuZW 2012，625；*Beuthien/Helios*，NZG 2006，369；*Freytag*，DB 2010，2839；*Göthel*，Grenzüberschreitende M & A-Transaktionen，4. Aufl.，2015；*Heckschen*，NJW 2011，2390；*ders.*，ZIP 2015，2049；*Kovács*，Der innerstaatliche und grenzüberschreitende Formwechsel，2016；*Neyel/Jäckel*，AG 2010，237；*Herrler*，EuZW 2007，295；*Krause*，in：Gesellschaftsrechtliche Vereinigung（Hrsg.），Gesellschaftsrecht in der Diskussion，2006，S. 39；*Nagel*，NZG 2007，57；*Riesenhuber*，

NZG 2004，15；*Siems*，EuZW 2006，135；*Simon/Merkelbach*，DB 2011，1317；*J. Vetter*，AG 2006，613；*Wagner*，DStR 2010，1629.。

一、合伙/公司改组的概念和类型

企业以现有的形式继续经营，可能会因为许多不同的原因而显得不合时宜。企业的　1
联合为参与其中的法律主体之间进行合并提供了理由。建立一个控股结构，则要求从一个合伙/公司中分离出若干领域的独立合伙/公司。如果一个以有限责任公司形式经营的企业打算上市，则在此之前就得采用能够上市的法律形式（股份有限公司，股份制有限商事合伙或者欧洲股份有限公司）等诸如此类的情形。在所有的这些情形中，都可以由此达到其追求的目的，即将涉及的合伙/公司*解散*并以其所希望的形式*重新设立*合伙/公司。但这是非常烦琐的并且会伴随税负上的不利。因此，通过**改组法**，立法者提供了一个避免这些不足的制度措施。而合伙/公司改组在税法上则是为了让那里规范的合伙/公司结构变更在税负上处于中立地位。与此同时，在合伙/公司法上，还存在改组法之外的其他的合伙/公司结构调整和合伙/公司改组的可能选择（上面第三十三章和下面边码 3 及其后边码）。

1. 改组法的组织构建和适用领域

改组法原则上区分三种合伙/公司改组类型：规范多个法律主体组合成为一个唯一　2
的法律主体的**合并**（改组法第 2 条至第 122 条），处理一个法律主体部分分离财产并将其转移给其他法律主体的**分立**（改组法第 123 条至第 173 条）以及**形式变更**（改组法第 190 条至第 304 条）。除此之外，还存在所谓的财产转让的可能选择（改组法第 174 条至第 189 条），其只有在公法人或保险企业参与的情况下才进入考虑范围，并且不要与之搞混淆的是股份法第 179a 条规范的现实中非常重要的财产转让（上面第三十三章边码 10 及其后边码）。改组法的**基本思路**是在合伙/公司形式变更时维持**法律主体的同一性**以及在合并和分立时实行没有清算的**概括继受**。[①]

其整体内容受到众多欧洲指令的影响（上面第二章边码 28）。关于合并和分立的规定，转化实施了指令，因此需要以符合欧盟指令的方式来解释它们（上面第二章边码 27）。[②] 通过第二部修改改组法的法律，将改组法第 122a 条及其后条款引入了进来（对此见下面边码 17），并对一系列其他规定进行了修改。关于合并和分立的指令在 2009 年被修改，这是为了减轻报告和记录义务，并且适应可供使用的电子化媒介。改组法的其他修改有助于其适应合伙/公司法上的这样那样的发展。

作为法典化，改组法被着重强调**体系化的组织构建**。每个合伙/公司改组类型都在一个独立的编章中加以规范，并且各个编章又各自再次由两部分组成：适用于所有法律主体的"一般规定"和包含有针对个别法律形式的额外性的或偏离性的规则的"特殊规定"。对于合并，有着非常详细的规定，而此类规定又为其他编章援引适用（积木式系统）。这一立法技术是为了顾及这种情况，即各个合伙/公司改组类型之下的具体问题经常是相同的，故遵循一致的基本原则。[③] 但这也隐藏着个别规定被忽视或者被错误适用

---

① 对合伙/公司改组理论富有建设性意义的是 *K. Schmidt*，§ 12 IV.（连同进一步的阐述）。
② 进一步的介绍见 Lutter/*Lutter/Bayer*，Einl. I Rn. 26 ff.。
③ 对此比较 *Raiser/Veil* 的描述，见其第 67 章。

的危险。在现实中适用改组法时，应该注意到这一点。

改组法以排他性的方式列举了能够参与合伙/公司改组的**法律主体**④（改组法第 3 条，第 124 条和第 191 条）。根据法律文本，改组法只规范*住所地在国内的法律主体*。考虑到欧洲的迁徙自由，这一限制被修改了（改组法第 1 条第 2 款，第 122b 条）。除了当前教材中讨论的商事合伙/公司（普通商事合伙、自由职业者合伙、有限商事合伙、有限责任公司、股份有限公司、股份制有限商事合伙和欧洲股份有限公司）之外，还包括登记社团（e. V.）、登记合作社（eG）、合作社性质的检验协会和保险互助联合会（VVaG）。此外，经济社团（作为转让财产的法律主体，民法典第 22 条）和自然人（作为接收财产的法律主体）可以参与合并（改组法第 3 条第 2 款第 2 项），而个体商人、基金和公法上的地方团体法人则可以参与派生式分立（改组法第 124 条第 1 款）。民事合伙，原则上没有被包含在内，但合伙/公司可以通过形式变更的途径改组成一个（仍有权利的，上面第五章边码 6 及其后边码）民事合伙（改组法第 191 条第 2 款第 1 项和第 226 条）。

2. 改组法之外的合伙/公司改组

3　　对于在那里被规范的合伙/公司改组类型，立法者是以排他性的方式来设计构建改组法的，见改组法第 1 条。但除此之外，仍然还有一些法定的能够通过不同途径达到同样经济效果的其他的合伙/公司改组类型和交易模式。

（a）合伙之下的基于法律规定而自动进行的改组

不同于改组法上的合伙/公司改组总是需要一个法律行为和一个具有生效性作用的登记簿上的登记（详细介绍，见下面边码 7 和边码 12），合伙之下的一定状况的进入将导致一个**自动的法律形式变更**。在协议设计实践中，人们可以利用这一法律效果。⑤

（aa）**一个普通商事合伙变更成为一个有限商事合伙，或者反过来**，可以为参与者任意选择安排，并且是通过变更合伙协议的方式来进行的。而这也可以在最初的协议中就加以规定。只要一个普通商事合伙的一名合伙人在征得其他合伙人同意的情况下限制其责任承担，或者只要有一个新的只愿意承担有限责任的合伙人被接收进入合伙，现有的普通商事合伙就变更成为一个有限商事合伙。反过来，假如所有承担有限责任的合伙人退出有限商事合伙或者他们转而承担无限责任，则有限商事合伙就变更成为一个普通商事合伙。合伙的同一性不会由此受到影响，所以也不会因而发生合伙财产转移的问题（上面第十七章边码 6）。

（bb）**一个民事合伙变更成为一个普通商事合伙或有限商事合伙，或者反过来**：只有在经营一个商事营业或者登记于商事登记簿的情况下，才可能有一个普通商事合伙或有限商事合伙。另外一方面，一个在共同名称之下经营商事营业的合伙必然是一个普通商事合伙或有限商事合伙。⑥ 其结果，一个到目前为止根本就没有经营营业的合伙或者只是经营一个小营业的并因而是民事合伙，将会自动变更成为一个普通商事合伙（只有在个别合伙人仅承担有限责任的情况下才变更成为一个有限商事合伙），如果那个由其经营的企业变更成为一个商事营业的话（对此，见上面第十一章边码 13）。在商法典第

④ "法律主体"在改组法中被作为所有能够进行改组的组织的上位概念来加以使用；有权利能力的组织只是其中的一部分，尽管它在现实中是最重要的。

⑤ 直观的例子见 K. Schmidt，§ 12 I 4，§ 44 III 2 a，§ 64 III 4 b.。

⑥ 建设性的是 BGH NZM 2010, 442＝JuS 2010, 446m. Anm. K. Schmidt.。

1条意义上的商事营业情况下，后者仅取决于业务运营的规模。反过来，如果一个普通商事合伙或有限商事合伙的营业不是暂时性地降格到小营业的水平或者放弃了经营，则它就将变更成为一个民事合伙（上面第十一章边码2）。这一变更不会触动合伙的同一性，不发生财产转移。在一个普通商事合伙或有限商事合伙变更成为一个民事合伙情况下，现有的关于内部关系的协议规定仍然继续适用，特别有关业务执行和代表的规定。在不能确定的情况下，其继续适用的范围由新的合伙目的所确定。

(cc) 假如一个民事合伙、普通商事合伙、自由职业者合伙或有限商事合伙的一名合伙人在其他所有合伙人退出合伙的情况下未经清算而承接整个企业，则该这些合伙**就变更成为一个个体企业**。合伙财产将以*概括继受*的途径统一转移到他的身上（上面第九章边码10，第十五章边码20及其后一个边码，第三十七章16）。

(dd) **一个普通商事合伙或有限商事合伙**可以以这种形式**变更成为一个隐名合伙**，即在一个两个人组成的合伙情况下，一名合伙人承接整个企业，而退出合伙的另一名合伙人同时以其补偿请求权或者其中的一部分以隐名的方式参与那个从此变成个体企业主的企业。

(ee) 与此相反，一个**个体企业**在改组法之外是不可能**变更成为一个普通商事合伙或有限商事合伙**的。可能的是依照改组法第152条将其财产划分给一个已经存在的合伙（下面边码11的后面部分），或者依照一般规定将其财产一一转移给一个新设立的合伙。根据商法典第28条，尽管一个个体企业将通过一个另外的人的"进入"而变为合伙（普通商事合伙或有限商事合伙），但这仍然只是意味着将企业投入（转移行为）到一个新设立的合伙。[⑦]

(b) 合伙/公司财产标的的逐一转让

合伙/公司改组的结果也可以由此来实现，即合伙/公司将其财产通过逐一继受的途径全部或部分转移给另外一个合伙/公司并因而取得相应的份额（*asset deal*）。这样一来，财产转移就以各种财产标的所适用规定为准（地产：民法典第873条和第925条；债权：民法典第398条；动产：民法典第929条及其后条款；等等诸如此类的相关规定）。在合伙/公司法上涉及要适用特别规定的**实物出资**（上面第二十三章边码13及其后一个边码，第二十六章边码14及其后边码）。假如要转移一个股份有限公司的所有财产，根据**股份法第179a条**，则需要有一个满足特定多数要求的股东大会决议（上面第三十三章边码10）。如果公司重要的财产部分被转移且由此影响到股东在其成员身份上的利益，则股东大会或许有着未明文规定的职权（上面第二十九章边码4及其后边码）。只要没有就解散进行特别决议，公司就不会因为出卖财产而被解散（股份法第179a条第3款）。

在全部财产被转移的情况下，逐一转让的途径大多比依照改组法进行的合并烦琐。但从多数合伙人/股东的角度上看，如果他自己对购买要转让的企业感兴趣，财产转让就可能会更有好处，因为不同于改组法和股份法第293条及其后条款（对此，见上面第三十三章边码11），股份法第179a条对小股东只规定了不是很详细的保护措施。此外，就像总是如此的那样，税负情况对所要选择的形式也有很大的影响。

(c) 合伙/公司法之外的合伙/公司结构变更

在合伙/公司法上，不是企业的每个结构变更都是重要的。只有在合伙/公司章程或

4

5

---

⑦　MünchKomm-HGB/*Thiessen*，§28 Rn. 1.

合伙/公司协议对此有规定或者企业经营范围被改变的情况下，放弃或新开设业务领域或者出卖、购买或变更标的物等才需要合伙人/股东大会同意。假如结构变更涉及合伙/公司的一个工厂，则应该遵守劳动法上的规定，比如员工代表的信息权或企业组织法第 111 条及其后条款规定的必要的利益平衡和社会福利计划。但是，仅仅一个对工厂不产生影响的合伙/公司法措施，还不够。对此有关的细节问题，属于劳动法。[⑧]

二、合并

6　　　合并也被称为**兼并**。但是，就非专业化的语言使用习惯而言，尤其是在有关竞争法上的本应该被称为联合审查的"兼并审查"（反限制竞争法第 35 条及其后条款）情况下，合并之下包含了众多的设计构建。在下面，只讨论严格的法律术语意义上的合并。法律区分两种合并形式（改组法第 2 条）。

在**吸收合并**情况下，一个或多个法律主体（转移财产的法律主体）将其财产以整体的形式转移给另外一个法律主体（接收财产的法律主体）。后者继续存在。与此相反，转移财产的法律主体灭失。作为补偿，它的成员将获得接收财产的合伙/公司的份额。在**新设合并**情况下，将设立一个新的法律主体，以便让参与合并的法律主体将其财产以整体的形式转移给它。所有现有的法律主体都灭失。作为补偿，它们的成员将获得新设的法律主体的份额。这种形式尤其会在这种情况下被考虑采用，即参与合并的法律主体大体上一样大，并且基于声誉的考虑，它们中没有一个愿意被另外一个法律主体接收兼并。在这里，也可以由多个法律主体同时进行合并。

1. 吸收合并

7　　　这种合并形式在改组法第 4 条至第 35 条中有详细的规范，而新设合并则广泛援引适用其规定。其他的援引适用则发生在别的合伙/公司改组类型情况下。因此，吸收合并规则可以被视为**改组法的核心**。吸收合并是一种合伙/公司的基础性行为，其与合伙/公司设立以及章程变更具有相似性。

（a）程序

（aa）合并的基础是**合并协议**。合并协议是在参与合并的法律主体之间由其代表机关签订的（改组法第 4 条）。

协议需要制作成为**公证文书**（改组法第 6 条）。参与合并的法律主体的份额所有人的批准（改组法第 6 条）可以在此之前或之后作出，其时间顺序是没有关系的。改组法第 4 条第 2 款允许合伙人/股东大会不就已正式签订的协议进行表决，而是对代表机关制作的书面草案进行表决。但是，如果是这样的话，代表机关就受到已被决议的文本的约束。

也可以针对一个以后的时间点或者一个未来的结果出现约定合并。例如，如果在建立一个没有那么紧密的联合时，就考虑到以后要在参与的企业之间进行合并，这样的约定就有了意义。通过排除民法典第 311b 条第 2 款的适用，改组法第 4 条第 1 款第 2 句使得这样做成为可能。另外一方面，为了防止出现一个过于长久的束缚，改组法第 7 条

---

⑧　比如比较 *Bachmann*，NZA 2002，1130；详细介绍见 *Bachner/Köstler/Matthießen*，Arbeitsrecht bei Unternehmensumwandlung und Betriebsübergang，2012；*Boecken*，Unternehmensumwandlungen und Arbeitsrecht，1996；*Mengel*，Umwandlungen im Arbeitsrecht，1997。

规定，每个协议缔约方都可以在 5 年之后解除还没有履行的合并协议。

对于**协议的内容**，改组法第 5 条规定有**最低要求**：除标明参与的法律主体之外（第 1 项），特别是合并约定（第 2 项）具有重要的意义。合并约定主要包括让每个转移财产的法律主体将其**财产**以整体的形式（在排除清算的情况下）**转移给接收财产的法律主体，其对价**是向转移财产的法律主体的份额所有人提供接收财产的法律主体的**份额或成员身份**。与此同时，应该准确地确定**交换比例（合并价值关系，第 3 项）**。就算在此过程中不能在计算上确定一个简单的比例关系，也可以通过额外的现金支付来实现平衡。而额外的现金支付也同样应该在协议中确定。在协议中，另外还要约定份额交换的实施（第 4 项）、有权参与盈利分配的起始时间（第 5 项）、会计上的业务接收时间点（第 6 项）、个别份额所有人的特别权利（第 7 项）、向合伙/公司机关成员和合并审查人员提供的特别好处（第 8 项）以及合并对员工及其代表带来的影响（第 9 项）。

关于股份有限公司合并时的交换比例的简单**举例**：假如一个转移财产的 A 公司有 100 万欧元的注册资本和 150 万欧元的企业价值，而另外一个转移财产的 B 公司有 200 万欧元的注册资本和 200 万欧元的企业价值，即 A 公司下的每股真正价值是 1.5 欧元（150%），而 B 公司下的每股真正价值是 1 欧元（100%）。假如接收财产的 C 公司有 20 000 万欧元的注册资本和 6 000 万欧元的企业价值，即每股的真正价值为 3 欧元（300%）。这样，A 公司的每个股东将以每两股获得 C 公司的一股，而 B 公司的每个股东则将以每三股获得 C 公司的一股。即交换比例对于 A 公司的股份来说是 2∶1，而对于 B 公司的股份来说则是 3∶1。但与此相反，假如 C 股份有限公司只有 2 000 万欧元的企业价值（即股份价值与面值相等），则交换比例对于 A 公司的股份来说是 2∶3，而对于 B 公司的股份来说是 1∶1。

（bb）参与合并的法律主体的代表机关应该就合并协议（特别是交换比例）制作一个详细的书面的合并报告，并且不仅要考虑到经济上的视角，而且要考虑到法律上的视角（改组法第 8 条）。如果一个法律主体与其唯一的一个份额所有人合并（下面边码 10）或者所有被涉及的份额所有人放弃要求这样做，则无须制作合并报告（改组法第 8 条第 3 款）。

（cc）接下来是**合并审查**，即由一个独立的专业人员（会计审计师）作为**合并审查人员**审查合并协议及其基础（改组法第 9 条）。

基于参与合并的法律主体的代表机关的申请，法院为其各自分别或者共同任命**合并审查人员**（改组法第 10 条）。合并审查人员的任命条件、法律地位以及责任与财务会计报告审计人员规则相同，改组法第 11 条多次援引适用其相关规定。关于审查结果，合并审查人员应该为每个法律主体分别制作一个**审查报告**，但有时也可以选择制作一个共同的审查报告。审查报告必须首先就**份额交换比例的适当性**发表意见（改组法第 12 条）。在与不制作合并报告一样的条件下，也可以不进行合并审查和制作审查报告（改组法第 9 条第 3 款，第 12 条第 3 款）。

（dd）合并协议的生效需要有参与合并的法律主体的份额所有人的**同意决议**（改组法第 13 条）。这些决议同样也需要制作成公证文书。

针对这些基础性的决议，个别法律形式的法律规定了严格的要求。对于*转移财产的法律主体*的份额所有人而言，合并隐含了一个深刻的影响。法律主体灭失，份额所有人失去其份额或成员身份并成为另外一个法律主体的份额所有人。但是，通过合并，**接收财产的**法律主体的份额所有人的利益也可能受到重大的影响：份额所有人的规模将会扩大；随同财产的接收，也接收另外一个法律主体的债务；多数关系也可能会发生变化；等等诸如此类的影响。

(ee) 接下来是由每个法律主体的代表机关各自分别将其合并**申请登记**于商事登记簿。接收财产的法律主体的代表机关也有权为所有转移财产的法律主体提出申请登记（改组法第 16 条第 1 款）。相应的登记簿上的**登记**必须首先是*在转移财产的法律主体之下进行*（改组法第 19 条第 1 款第 1 句）。接下来的针对接收财产的法律主体的登记簿上的登记将使合并最终完成。该登记发挥**生效性**的作用。如果两个法律主体由同一个登记法院负责，则新的第 19 条第 1 款第 2 句准许同时进行登记。

(b) 法律效果

(aa) 只有随着接收财产的法律主体在**登记簿上进行了登记**，才产生真正的**合并效果**（改组法第 20 条）。转移财产的法律主体灭失。其份额所有人成为接收财产的法律主体的份额所有人。与此同时，每个转移财产的法律主体的财产（包括所有的债务）以整体的形式转移到接收财产的法律主体身上，并且为此不需要逐个的转移行为（**概括继受**）。

因此，在地产情况下，只有随着接收财产的法律主体的登记，才应该修正土地登记簿上的登记。对于与第三人之间的还没有履行的双务协议所生的义务，如果债务结合将会使接收财产的法律主体之下发生不一致的后果或者严重的不公正的话，改组法第 21 条规定了基于公正原则进行的内容修改。

(bb) 合并可能会导致这样的后果，即让份额所有人处于一个采取其他不同法律形式的法律主体之中，而该法律主体在一定条件下只为其提供较少的权利或为债权人提供较少的保障。因此，法律为所有的法律主体规定了一个特别的**份额所有人保护**。服务于此目的的尤其是合并程序的设计安排（上面边码 7），即试图通过尽可能的信息提供和专业人员审查来防止个别参与者作出错误的决定以及进行欺骗性的活动。此外，存在这样一种可能性，即在一个**裁决程序**中让法院对份额的**交换比例**进行审查，以期能够获得额外的现金支付补偿（改组法第 15 条第 1 款）。改组法对这一程序进行了规范调整（上面第三十二章边码 22 及其后边码）。在此范围内，法律将针对合并决议的**撤销之诉**排除在外（改组法第 14 条第 2 款）。假如一个法律主体被合并到了一个采取其他法律形式的法律主体之中，则后者必须向转移财产的法律主体中反对合并决议的份额所有人提供一个适当的**现金清偿**（改组法第 29 条）。就算是一个上市的股份有限公司被合并到了一个非上市的股份有限公司之中，也适用这一规定（改组法第 29 条，上面第三十三章边码 28 和下面边码 16）。撤销之诉也在此范围内被排除在外，并且取而代之的是裁决程序中的对清偿数额的法院审查（改组法第 14 条）。

原则上，不会进行一个合并为公司利益所要求或者符合目的的实体上的内容审查。作为撤销理由的内容瑕疵可能是诚信义务违反或者多数合伙人/股东违背诚信义务进行表决以及追求特别利益。[9] 这种类型的起诉原则上将导致登记阻却（改组法第 16 条第 2 款）。但是，登记阻却可以为依照改组法第 16 条第 3 款进行的登记阻却消除程序所克服

---

[9] 比较形象的是针对 T-Online 公司股东大会决议同意将其并入其母公司（德国电信公司）而提起的撤销之诉；*Hofmann/Krolop*, AG 2005, 866（连同进一步的阐述）；关于追求只对多数股东有利的税负好处这种特别利益的问题，见 *BGH* NZG 2005, 722 - FPB Holding；拒绝承认其为特别利益的一方面是 OLG Düsseldorf ZIP 2001, 1717（已生法律效力），另一方面是 LG Hanau AG 2002, 534（已生法律效力）。

（比较上面第二十九章边码51）。原则上，合并的登记是不可以逆转的（改组法第20条第2款），即使撤销之诉仍悬而未决。就算撤销之诉的原告最后胜诉，他们也不能要求恢复原状，而只能要求赔偿损失（改组法第16条第3款第6句）。[⑩]

（cc）合并的实质性意义在于不需要进行清算，借以简化合伙/公司财产的转移。但它也可能危及到所有参与合并的法律主体的债权人利益。接收财产的法律主体将用其全部财产（即所有法律主体合并在一起的财产）对其自己的债务以及还有转移财产的法律主体的债务承担责任，而其在之前可能展现出更好的贷款信誉。合并程序中的控制至少是间接地为了**保护债权人**。对此，改组法第22条赋予所有参与合并的法律主体的债权人要求**提供担保**的权利，只要他们还不能要求清偿债务或者要求依照第2款提供特别的保障。前提条件是各个债权人在作为其债务人的法律主体的合并登记公开时起6个月内为此目的进行了申报。此外，他还必须举出证据，让人相信其债权清偿将因为合并而受到危及。假如一个合伙因为合并而灭失，则其合伙人将依照改组法第45条承担一个接近于商法典第160条的**事后责任**（上面第十五章边码24，也见下面关于形式变更的边码15）。

（dd）改组法第23条为**特别权利人的所有人**提供了一个特别的保护（所谓的**防稀释保护**）。据此，接收财产的法律主体尤其应该给转移财产的法律主体的可转换债券、盈利参与债券和享益证券（上面第三十二章边码11）的所有人提供具有同等价值的权利。

（ee）**管理人员**对参与合并的法律主体**承担责任**，而这也补充性地间接保护份额所有人和债权人。假如**转移财产的法律主体**的代表机构和监督机构的成员在审查其法律主体财产状况和缔结合并协议时没有履行所要求的谨慎义务，则他们应该依照一般性规定（如股份法第93条）就此对其法律主体承担责任。与此同时，改组法第25条第1款中包含有一个合伙/公司自身的请求权基础，也有利于债权人和份额所有人。因为转移财产的法律主体将随着合并的登记而不复存在，着眼于属于和针对其本身的所有的请求权，法律假定转移财产的法律主体还继续存在（改组法第25条第2款）。由此，部分突破了转移财产的法律主体将随着合并的登记而灭失的原则。在针对**接收财产的法律主体**的机关成员的赔偿请求权情况下，不会提出这样的问题。在这里，改组法采用了一个特别的诉讼时效规则（改组法第27条）。

（ff）在针对转移财产的法律主体进行了合并登记之后，**合并瑕疵**就只还能够被有限地加以主张。合并协议欠缺制作公证文书的瑕疵将随着**登记**而被**治愈**（改组法第20条第1款第4项），即尽管存在这样的形式缺陷，合并协议仍然有效。在登记之后，其他瑕疵不再能够影响合并本身的有效性（改组法第20条第2款）。就其基本思想而言，这对应于股份有限公司之下的设立瑕疵的处理方式（上面第二十六章边码19）。只有在克服重大困难的情况下，才能够将一个合并恢复原状（"*unscrambling the eggs*"）。这样的瑕疵却不能通过合并登记而被治愈，即还可以被继续加以主张，只要不会由此影响到合并的效力。它们尤其是作为赔偿请求权的基础。

2. 新设合并

在这里，相应地适用吸收合并的大部分规定。只是每个参与合并的法律主体都被视为是转移财产的法律主体，而新设的法律主体则被当作是接收财产的法律主体（改组法　9

---

⑩　举例：T-Online公司并入其母公司（德国电信公司）的登记阻却消除，见 *OLG Frankfurt/M.*，NZG 2006，227；不同于初审判决，即 *LG Darmstadt* AG 2006，127＝EWiR §16 UmwG 2/06，57 m. Anm. *Krolop.*。

第 36 条）。在法律技术上，这种合并形式通常是这样进行的，即转移财产的法律主体首先决议或缔结新设的法律主体的章程或合伙/公司协议。之后，转移财产的法律主体的财产再按照描述的合并程序，通过概括继受转移给新设的法律主体。在此过程中，原则上应该遵守新设法律主体的相关设立规定，特别是有关实物设立的规定（改组法第 36 条第 2 款）。在有股份有限公司参与的情况下，还可能要遵守事后设立规定（改组法第 67 条）。但是，如果转移财产的法律主体涉及的是公司，则适用一定的简化规则（改组法第 58 条第 2 款，第 75 条第 2 款）。

3. 各法律形式和康采恩特有的特殊规定

10 　　一般的合并规则为针对各个具体法律形式的特殊规则所补充（改组法第 39 条及其后条款）。它们部分作了简化性的规定，但主要是强化上面描述的合并程序。例如在合伙情况下，原则上规定要求有所有合伙人的同意（改组法第 43 条第 1 款），而在公司情况下，合并决议则只需由一个复杂多数作出（改组法第 50 条，第 65 条）。在股份有限公司情况下，任何情形下都要求进行合并审查（改组法第 60 条）。此外，对于要进行决议表决的股东大会的准备和进行，还存在特别的规定（改组法第 49 条，第 61 条及其后条款）。对于公司情况下通常要求有的**增资**，法律作了一些简化性的规定。在股份有限公司情况下，尤其是不需要排除股东优先认股权（对此，见上面第三十二章边码 23）。实物出资审查一般也是不必要的（改组法第 69 条），因为合并程序已经发挥了相应的功能。

　　此外，对于一个 100％**的子公司**合并到母公司（"*upstream*"或"*short form merger*"）的情况，改组法作了一些简化性的规定。在这种情况下，合并协议不需要对份额交换进行规定（改组法第 5 条第 2 款）。合并报告（改组法第 8 条第 3 款）和合并审查（改组法第 9 条第 3 款，第 12 条第 3 款）也是不必要的。在股份康采恩中，接收财产的公司决议要求，如果至少有 90％**的股份参与，则由此被简化了**（改组法第 62 条第 1 款和第 2 款），即在职权分配上，这些核心业务变为业务执行措施。[11] 考虑到欧洲准则[12]，改组法第 62 条第 5 款第 1 句根据收购法上的特殊逐出（上面第三十三章边码 18）规定了一**个合并特有的逐出**。假如转移财产的股份有限公司的至少 90％（代替股份法第 327a 条中的 95％）的股份资本掌握在接收财产的股份有限公司手中，则转让财产的股份有限公司可以在签订合并协议后的 3 个月内，按照股份法第 327a 条及其后条款的程序决定逐出外部股东。[13]

三、分立

1. 分立类型

11 　　分立由此来区别于合并，即不是一个法律主体的全部财产，而只是其中的部分财产通过部分的**概括继受**转移给另外一个法律主体。改组法规定了三种分立类型：**分裂式分立**（改组法第 123 条第 1 款）将导致一个法律主体的财产分给其他多个法律主体，其对

---

⑪　*Neye/Jäckel*，AG 2010，237，239.

⑫　第 2009/109 号欧盟修改指令的转化；*Wagner*，DStR 2010，1629，1633.。

⑬　对此进一步的介绍，见 *Neye/Jäckel*，AG 2010，237，240；Henssler/Strohn/］*unker*，§62 UmwG Rn. 18ff.；也比较 OLG Harnburg NZG 2012，944.。

价是它们提供相应的份额（非专业的，是由一个公司中产生出两个新的公司）；**分割式分立**（改组法第 123 条第 1 款）是为了将部分财产转移给另外一个法律主体，其对价是后者提供相应的份额（不同于分裂式分立的是原有的法律主体继续存在）；在**派生式分立**（改组法第 123 条第 1 款）情况下，与分裂式分立之下一样，部分财产将被转移给另外一个法律主体，但由此产生的份额不是提供给转移财产的法律主体的份额所有人，而是转移财产的法律主体本身（简单地说，是从一个公司中产生出一个母公司和子公司）。

与合并一样，所有的这三种分立类型都可以选择以**被其他法律主体吸收**的目的而进行分立，或者以**为了新设一个法律主体的目的**而进行分立；也可以将其联合起来，即将一定的部分财产转移给一个已经存在的法律主体，而将另外的部分财产转移给一个拟新设的法律主体（改组法第 123 条第 4 款）。与合并情况下一样，在分立情况下也有一些各法律形式特有的特殊规定。它们原则上对应于合并情况下的特殊规定（上面边码 10）。将**个体商人**的财产划分给一个已经存在的或拟新设的公司（改组法第 152 条至第 160 条），可以让一个个体商人经营的企业通过不复杂的方式转而采用一个限制责任的法律形式，并且通常是转变成为一个一人有限责任公司（对此，见上面第二十一章边码 34 及其后边码）。

2. 分立程序

分立程序实质性地对应于**合并程序**。法律在改组法第 125 条中规定援引适用其规则。　　　　　　　　　　　　　　　　　　　　　　　　　　　　　　　　　　12

据此，分立原则上也要经历六个阶段：首先是要制定**分立协议或接收协议**（改组法第 126 条），其基本内容与合并协议的最低要求大体相同。只有在分裂式分立和分割式分立情况下才要求规定份额交换（改组法第 126 条第 1 款第 3 项和第 4 项）。在派生式分立情况下，不发生份额交换。在为新设一个法律主体的目的而进行分立的情况下，分立计划取代分立协议（欠缺协议当事人，改组法第 136 条）。之后是要制定一个由独立的**分立审查人员审查**的分立报告。在**审查报告**中，应该确定审查结果（改组法第 125 条第 1 句，第 9 条及其后条款）。在派生式分立情况下，不进行审查（改组法第 125 条第 2 句）。分立协议应该由参与分立的法律主体的份额所有人通过**决议**同意（改组法第 125 条第 1 句，第 13 条）。接下来要申请登记（改组法第 129 条）和**登记**到商事登记簿（改组法第 130 条）。

相对于合并，分立存在下列**特殊性**。由于不是要转移一个法律主体的全部财产，而只是转移其中的部分财产，故分立协议必须**详尽描述**要转移的积极财产标的和消极财产标的以及其**分割**（改组法第 126 条第 1 款第 9 项）。假如没有进行这样的工作，登记法院通常会拒绝登记分立。如果尽管如此还是被登记了，则会在回答涉及的标的属于谁的问题上发生困难（下面边码 13）。在转移财产的法律主体的份额所有人应该获得的接收财产的法律主体的份额分割问题上，法律赋予参与者广泛的设计构建自由（改组法第 126 条第 1 款第 10 项）。据此，也可以进行一个所谓的**不坚持原有比例关系的分立**，即在其之下，个别份额所有人获得一个比其按照计算本应该获得的大的或者小的份额，直到达到完全地驱逐出去。[14] 法律借此使得通过相对简单的方式来净化复杂的或者不适当的参与关系成为可能，比如在家庭合伙/公司中。在这种情况下，为了保护涉及的份额所有人，法律规定要求所有份额所有人的同意（改组法第 128 条）。在按原有比例的分

---

[14] 所谓的分离至零，OLG München NZG 2013，951；Henssler/Strohn/*Wardenbach*，UmwG § 128 Rn. 2ff.。

立进行新设的情况下，假如仅有股份有限公司参与，则不需要分立通知和期中资产负债表（改组法第 143 条）。[15]

3. 分立的法律效果

13　　　　只有在分裂式分立的情况下，转移财产的法律主体才灭失（改组法第 131 条第 1 款第 2 项）。在分割式分立和派生式分立的情况下，转移财产的法律主体连同其剩余的财产继续存在。与分立协议规定的分割情况相对应，转移财产的法律主体的份额所有人（以及在派生式分立情况下，转移财产的法律主体）通过将分立登记到商事登记簿上而成为参与分立的（接收财产的）法律主体的份额所有人（改组法第 131 条第 1 款第 3 项）。与此同时，分立协议中描述的财产标的连同债务*作为一个整体转移到接收财产的法律主体身上* **（部分的概括继受）**。[16]

假如有一块地产属于要转移的部分财产，则只是需要一个土地登记簿的修正（上面边码 8）。假如分立协议没有或者没有足够准确地分配财产标的，在不能确定的情况下，则它们保留于转移财产的法律主体之中。[17] 这在转移财产的法律主体灭失的分裂式分立情况下是不可能的。因此，针对这种情形，改组法第 131 条第 3 款规定*按比例分配涉及的财产标的或其财产价值*。

基于改组法第 125 条中的援引适用规定，**份额所有人和债权人的保护**原则上对应于合并之下的规定（上面边码 8），但还适用一些特别的规定。在*派生式分立*情况下，对于份额所有人，自然不会有交换比例或清偿的审查问题（改组法第 125 条），因为那里既不发生交换，也不发生清偿。由于将哪些财产分配给哪个法律主体是由参与分立的法律主体自由确定的，所以他们在分配债务的问题上原则上也是自由的。[18] 对此，不同于在依照一般规定进行的单个转移（民法典第 414 条及其后条款）的情况，不需要债权人同意。如果债权人的债权被分到了一个拥有财产或获利能力比其现有债务人少或差的法律主体之下，这会是很糟糕的。因此，通过第 2 款和第 3 款中的区分，改组法第 133 条第 1 款规定转移财产和接收财产的法律主体以共同债务人身份承担责任。法律主体的责任（根据分立计划没有对债务进行分配），按照商法典第 160 条的模式在时间上设定了期限，即只能在分立登记后 6 年之内主张（改组法第 133 条第 3 款）。作为附加，法律给予债权人要求提供担保的可能（改组法第 22 条，上面边码 8）。在所谓的工厂分裂的特殊情形中，即将工厂的全部财产转移给一个合伙/公司（拥有财产的合伙/公司），而另外一个合伙/公司仍然继续经营工厂（经营财产的合伙/公司），这两个合伙/公司的共同债务将额外地扩大到依照企业组织法第 111 条至第 113 条规定的员工社会规划、补偿和清偿请求权以及依照工厂养老法规定的可能存在的养老请求权（改组法第 134 条）。

四、形式变更

14　　　　狭义上的改组是形式变更。形式变更将导致"法律外衣"的改变，但法律主体的同

---

⑮　由此可以论证，在更新份额时不需要进一步的说明，因为在这个意义上没有进行重新分配；*Bayer/Schmidt*，ZIP 2010，953，958.。

⑯　*K. Schmidt*，§ 12 IV 4；Lutter/*Teichmann*，§ 123 Rn. 4 ff.；也比较 OLGHamm Urt. v. 4. 3. 2010 - I - 2 U 98/09，BeckRS 2010，08022.。

⑰　Lutter/*Priester*，§ 126 Rn. 58，Lutter/*Teichmann*，§ 131 Rn. 107.

⑱　Lutter/*Priester*，§ 126 Rn. 63，72.

一性不受影响。由于始终只有一个法律主体参与形式变更，故没有像对于合并和分立所必需的协议。

1. 程序

形式变更的决定性的法律行为是份额所有人的**改组决议**（改组法第 193 条）。针对准备工作，代表机关应该提交一份**改组报告**。改组报告在法律上和经济上对形式变更和法律主体的份额所有人的未来参与情况进行阐述（改组法第 192 条）。在内容上，它与合并报告和分立报告（上面边码 7）或企业协议报告（股份法第 293a 条）相对应。法律没有规定对改组本身进行审查，但现金清偿的适当性（下面边码 16）应该由一个改组审查人员审查（改组法第 208 条，第 30 条第 2 款）。改组决议应该申请**登记**于相关登记簿之中（改组法第 198 条）。为了防止通过形式变更来规避公司的严格的设立规定（特别是实物设立情况下的资本缴付规定；对此，见上面第二十三章边码 13 及其后边码），连同一定的修改，改组法第 197 条规定附加性地适用新法律主体的**设立规定**。

变更决议的**基本内容**可以从改组法第 194 条中推导得出：新法律形式（第 1 项），新法律主体的名称或商号（第 2 项），现有的份额所有人参与新法律主体的类型和范围（第 3 项和第 4 项）[19]，对一定的特别权利所有人的处理（第 5 项）、可能存在的向反对的份额所有人提供的清偿（第 6 项）以及有关形式变更给员工及其代表人带来一定法律后果的规定（第 7 项）。除此之外，在通过形式变更为一个（另外的）合伙/公司情况下，变更决议中还必须包含新公司的章程和合伙协议（改组法第 218 条第 1 款，第 243 条第 1 款）。

由于在形式变更之下依照事物本质涉及章程以及和合伙协议的修改，改组决议始终要求一个**复杂多数同意**。在合伙形式变更的情况下，只要合伙协议没有例外性规定可以用一个*较小的多数*，则要求所有合伙人的同意，并且合伙协议规定的较小的多数必须达到 3/4（改组法第 217 条第 1 款）。在一个公司形式变更成为另外一个公司形式或者一个有限商事合伙的情况下，只要章程没有提出一个更高的要求，则需要一个 3/4 的多数（改组法第 232 条第 2 款，第 240 条第 1 款）。在一个公司形式变更成为一个民事合伙、普通商事合伙或自由职业者合伙的情况下，其要求是最严格的。在这里，始终要求所有股东的同意（改组法第 233 条第 1 款），因为新的合伙人地位将给股东带来个人责任。以此类推，也必须至少要求有那些人的同意，即承担有限责任的合伙人角色要变成为承担无限责任的合伙人角色。这涉及未来的有限商事合伙的无限合伙人（改组法第 233 条第 2 款）和股份制有限商事合伙的承担个人责任的股东（改组法第 217 条第 3 款，第 240 条第 2 款）。

2. 法律效果

随着形式变更登记于国家法律为新法律形式规定的登记簿之中，法律主体在没有改变其同一性的情况下获得新的法律形式（比较改组法第 202 条第 1 款第 1 项）。份额所有人依照新法律形式适用的规定参与法律主体（改组法第 202 条第 1 款第 2 项）。与分立和合并情况下一样，原则上在形式变更之下也不能在登记之后再主张变更程序的瑕疵（改组法第 202 条第 1 款第 3 项，第 3 款）。

在一个合伙/公司形式变更成为一个**有限责任公司作为无限合伙人的有限商事合伙**情况下，或者在反过来的这一现实中非常重要的形式变更情况下，份额所有人的同一性

15

---

[19] 界限：第 3 项涉及是否进行参与，而第 4 项涉及如何参与的问题（Lutter/Decher，§ 194 Rn. 6）。

产生了一些困难。由于法律没有将有限责任公司作为无限合伙人的有限商事合伙规定成为一个独立的法律形式，并且至多只是将它作为有限商事合伙的特别形式来加以处理（上面第三十七章边码 1），改组法也在这一点上没有包含特别的规定。[20] 由此产生了这样一个问题，即那个为形式变更成为一个无限责任公司作为无限合伙人的有限商事合伙需要的作为无限合伙人的有限责任公司如何才能够成为新合伙的成员。在这里，根据主流观点，将合伙人范围的连续性作为形式变更的强制性组织结构原则，已经由此被突破了。[21] 如果人们允许在改组过程的框架下同时进行新合伙人的加入（在这里就是有限责任公司），改组就是能够成功的。以此类推，在反过来的情形（即一个有限责任公司作为无限合伙人的有限商事合伙形式变更成为一个有限责任公司或股份有限公司）下，那个不再需要的作为无限合伙人的有限责任公司也可以通过这种方式退出公司。此外，与分立情况下一样，一个不坚持原有比例关系的形式变更，也是可以的。也就是说，份额所有人不是必须要以其在原有的法律形式中的参与范围参与新的法律形式。

16   为保护份额所有人和债权人，法律在实质内容上规定了与合并和分立情况下一样的预防措施（在具体内容上，比较改组法第 195 条及其后一个条款和第 204 条及其后条款）。商法典第 128 条规定的合伙人个人责任在形式变更这一时刻点起的后五年内继续存在，见改组法第 224 条。也就是说，普通商事合伙、有限商事合伙或股份制有限商事合伙的承担个人责任的合伙人不能通过形式变更成为一个有限责任公司或股份有限公司来逃避其无限责任。对份额所有人具有特别意义的是提供**现金清偿**（改组法第 207 条）。在形式变更之下，始终要求提供现金清偿。在这里，也将有关份额交换比例或提供现金清偿的数额争论推给裁决程序并禁止提起撤销之诉（改组法第 195 条第 2 款，第 196 条，第 210 条，第 212 条；上面第三十三章边码 22 及其后边码）。此外，与在其他的改组类型情况下一样，改组决议（只）能在登记以前基于一般的理由而被撤销。但是，与一个股份有限公司形式变更成为一个有限责任公司或一个（有限责任公司作为无限合伙人的）有限商事合伙必然相连的股市退出（即结束股市交易），从其本身来看，还不能成为改组决议撤销的正当理由。[22] 股东通过退出权和相应的清偿得到保护（改组法第 207 条）。这也适用于一个上市的股份有限公司合并到一个非上市的股份有限公司之中的情形（改组法第 29 条第 1 款，上面第三十三章边码 27）。

五、跨国的合伙/公司改组，特别是合并

17   根据其字面表述，改组法的适用范围起初只包括境内的法律主体。从中推导得出了一个广泛普及的结论，即不允许进行一个有外国的法律主体参与的改组。[23] 对于一个外国合伙/公司合并到一个德国法律主体之中的情形，欧盟法院在 SEVIC 判决中判定这种

---

[20] 与此相反，对于变更成为股份制有限商事合伙则存在特别规定，但其现实意义不大，比如比较第 218 条第 2 款、第 221 条和第 233 条第 3 款。

[21] BGH NZG 2005，722；Lutter/*Decher*/*Hoger*，§ 202 Rn. 12.（连同进一步的阐述）。

[22] Lutter/*Decher*/*Hoger*，§ 195 Rn. 20.（连同进一步的阐述）。

[23] 关于冲突法上的问题，比较 MünchKomm-BGB/*Kindler*，4. Aufl.，IntGesR Rn. 400；也比较 Lutter/*Lutter*/*Drygala*，4. Aufl.，§ 1 Rn. 4 ff.（连同进一步的阐述）。

观点与迁居自由不一致。㉔ 不久之后，欧盟就通过了跨国合并指令。㉕ 德国立法者在改组法第 122a 条及其后条款中贯彻实施了该指令。㉖

与在欧盟股份有限公司情况下相似，员工共同参与决定应该以哪个国家规定为准的问题，在跨国合并指令之下也曾经是特别棘手的。人们最后就此达成了一致，即采用那个为欧盟股份有限公司发展起来的模式（谈判解决和法定兜底规定；见上面第三十六章边码 10）。但在此过程中，应该注意到有一系列的细节差异。㉗ 在德国法律中，关于员工共同参与的问题被一个独立的法律所规范。㉘

借此，至少对于合伙/公司的跨国合并已存在法律依据，但仍还有一系列的具体问题等待解决。无论如何，只要进行企业经营的法律主体是居于国外的，都为合伙人/股东规定了一个清偿请求权，而无论其法律形式是什么（改组法第 122i 条）。㉙

如果为了这一目的而只能设立一个新的合伙/公司，则改组法第 122a 条及其后条款也允许跨国的改组。㉚ 由此产生了保持国籍不变的住所迁移的效果（上面第二十六章边码 39）。此外，设立欧洲股份有限公司代替跨国的改组。迁居自由究竟在多大范围内要求准许采用其他改组类型㉛以及这样的交易行为应该以哪个国家的法律规定为准，还没有解释清楚。

㉔ EuGH Slg. 2005 - I, 10 805＝NJW 2006, 425, 对此见 *Grundmann*, Europäisches Gesellschaftsrecht, § 26 Rn. 920; *Habersack/Verse*, § 3 Rn. 19; *Lutter/Bayer*, § 122a Rn. 1lff.; *Siems*, EuZW 2006, 135; 也比较 OLG München NZG 2006, 513.（一家有限责任公司合并一家仅在德国活动的英国的有限公司）。

㉕ 公司跨国合并指令（第 2005/56 号指令），对此见 *Bayer/Schmidt*, NJW 2006, 401; *Kalss/Klampfl*, Rn. 183ff.。

㉖ 2007 年的修改改组法的第二部法律; *Krause*, in: Gesellschaftsrechtliche Vereinigung (Hrsg.), Gesell-schaftsrecht in der Diskussion, 2006, S. 39, 46 ff.; *Lutter/Bayer*, § 122a Rn. 14ff.; *J. Vetter*, AG 2006, 613; 基于欧盟法视角而持批评态度的是 *Herrler*, EuZW 2007, 295.。

㉗ 公司跨国合并指令（第 2005/56 号指令）第 16 条，对此见 *Kalss/Klampfl*, Rn. 204; *Kisker*, RdA 2006, 206, 209; *Nagel*, NZG 2006, 97, 98.。

㉘ 关于合并时员工共同参与决定的法律（MgVG, BGBl. I 2006, S. 3332）; *Nagel*, NZG 2007, 57。

㉙ 关于法律政策的背景，见 *Lutter/Bayer*, § 122h Rn. 1 ff.。

㉚ *Lutter/Bayer*, § 122a Rn. 24ff.; 关于跨国的形式转变的情形，见 OLG Frankfurt a. M. NZG 2017, 423.。

㉛ 举例: 跨国的公司分立，比较 Henssler/Strohn/*Decker*, UmwG § 1 Rn. 13; *Lutter/Drygala*, § 1 Rn. 11 ff.; 关于跨国的形式转变，见 EuGH NJW 2009, 569-Cartesio; NZG 2012, 871-Vale; OGH Wien Beschl. v. 10. 4. 2014 - 6 Ob 224/13d, BeckRS 2016, 80393.。

术语索引 ◀

黑体字数字表示本书章的序号，瘦体字数字表示边码。主要出处以*斜体数字*（也为边码）形式表示。

图书在版编目（CIP）数据

德国公司与合伙法：第 24 版/（德）克里斯蒂娜·
温德比西勒著；殷盛，王杨译. --北京：中国人民大
学出版社，2023.3
（外国法学精品译丛）
书名原文：Gesellschaftsrecht
ISBN 978-7-300-31375-7

Ⅰ.①德… Ⅱ.①克… ②殷… ③王… Ⅲ.①公司法
-研究-德国 Ⅳ.①D951.622.9

中国国家版本馆 CIP 数据核字（2023）第 020535 号

Gesellschaftsrecht，24th rev. and add. Edition by Christine Windbichler
9783406680595
© Verlag C. H. Beck oHG，München 2017
Simplified Chinese edition © 2023 by China Renmin University Press Co.，Ltd.
All rights reserved.

外国法学精品译丛
主 编 李 昊

德国公司与合伙法（第 24 版）

[德] 克里斯蒂娜·温德比西勒（Christine Windbichler） 著
殷 盛 王 杨 译
Deguo Gongsi yu Hehuo Fa

出版发行	中国人民大学出版社		
社　址	北京中关村大街 31 号	**邮政编码**	100080
电　话	010 - 62511242（总编室）		010 - 62511770（质管部）
	010 - 82501766（邮购部）		010 - 62514148（门市部）
	010 - 62515195（发行公司）		010 - 62515275（盗版举报）
网　址	http://www.crup.com.cn		
经　销	新华书店		
印　刷	北京七色印务有限公司		
规　格	185 mm×260 mm　16 开本	**版　次**	2023 年 3 月第 1 版
印　张	36 插页 1	**印　次**	2024 年 3 月第 2 次印刷
字　数	945 000	**定　价**	168.00 元

版权所有　侵权必究　印装差错　负责调换